MEYERS
GROSSES
TASCHEN
LEXIKON

Band 22

MEYERS GROSSES TASCHEN LEXIKON

in 24 Bänden

Herausgegeben und bearbeitet
von Meyers Lexikonredaktion
3., aktualisierte Auflage

Band 22:
Tec – Uns

B.I.-TASCHENBUCHVERLAG
Mannheim/Wien/Zürich

Chefredaktion:
Werner Digel und Gerhard Kwiatkowski

Redaktionelle Leitung der 3. Auflage:
Dr. Gerd Grill M.A.

Redaktion:
Eberhard Anger M.A., Dipl.-Geogr. Ellen Astor,
Dipl.-Math. Hermann Engesser, Reinhard Fresow, Ines Groh,
Bernd Hartmann, Jutta Hassemer-Jersch, Waltrud Heinemann,
Heinrich Kordecki M.A., Ellen Kromphardt, Wolf Kugler,
Klaus M. Lange, Dipl.-Biol. Franziska Liebisch, Mathias Münter,
Dr. Rudolf Ohlig, Heike Pfersdorff M.A., Ingo Platz,
Joachim Pöhls, Dr. Erika Retzlaff,
Hans-Peter-Scherer, Ulrike Schollmeier, Elmar Schreck,
Kurt Dieter Solf, Klaus Thome, Jutta Wedemeyer, Dr. Hans Wißmann,
Dr. Hans-Werner Wittenberg

CIP-Titelaufnahme der Deutschen Bibliothek

Meyers Großes Taschenlexikon: in 24 Bänden/hrsg. u. bearb.
von Meyers Lexikonred. [Chefred.: Werner Digel
u. Gerhard Kwiatkowski].
Mannheim; Wien; Zürich: BI-Taschenbuch-Verl.
Früher im Bibliograph. Inst., Mannheim, Wien, Zürich.
ISBN 3-411-11003-1 kart. in Kassette
ISBN 3-411-02900-5 (2., neu bearb. Aufl.)
ISBN 3-411-02100-4 (Aktualisierte Neuausg.)
ISBN 3-411-01920-4 (Ausg. 1981)
NE: Digel, Werner [Red.]
Bd. 22. Tec – Uns. – 3., aktualisierte Aufl. – 1990
ISBN 3-411-11223-9

Als Warenzeichen geschützte Namen
sind durch das Zeichen (Wz) kenntlich gemacht
Etwaiges Fehlen dieses Zeichens bietet keine Gewähr dafür,
daß es sich um einen nicht geschützten Namen handelt,
der von jedermann benutzt werden darf

Das Wort MEYER ist für
Bücher aller Art für den Verlag
Bibliographisches Institut & F.A. Brockhaus AG
als Warenzeichen geschützt

Lizenzausgabe mit Genehmigung
von Meyers Lexikonverlag, Mannheim

Alle Rechte vorbehalten
Nachdruck, auch auszugsweise, verboten
© Bibliographisches Institut & F.A. Brockhaus AG, Mannheim 1990
Druck: Klambt-Druck GmbH, Speyer
Einband: Wilhelm Röck GmbH, Weinsberg
Printed in Germany
Gesamtwerk: ISBN 3-411-11003-1
Band 22: ISBN 3-411-11223-9

Tecchi, Bonaventura [italien. 'tekki], * Bagnoregio (Prov. Viterbo) 11. Febr. 1896, † Rom 30. März 1968, italien. Schriftsteller. - Ab 1939 Prof. für Germanistik in Padua, dann in Rom; Verf. literarhistor. Arbeiten zur neueren dt. Literatur sowie Autor psycholog. Romane („Die Egoisten", 1959; „Die Ehrbaren", 1965) und Erzählungen.

Technetium [zu griech. technētós „künstl. gemacht"] (früher Masurium), chem. Symbol Tc; radioaktives, nur künstl. darstellbares Element aus der VII. Nebengruppe des Periodensystems der chem. Elemente, Ordnungszahl 43, Dichte 11,5 g/cm³, Schmelzpunkt 2172 °C. An Isotopen sind Tc 90 bis Tc 110 bekannt, wobei Tc 98 mit $4,2 \cdot 10^6$ Jahren die längste Halbwertszeit hat. T. ist ein silbergraues Schwermetall, das in der Erdkruste in äußerst geringen Mengen durch Kernumwandlung aus Molybdän entsteht; künstl. erhält man T.isotope durch Beschuß von Molybdän mit Protonen, Neutronen, Deuteronen oder Alphastrahlen. Das wichtigste, in Kernreaktoren anfallende T.isotop ist das betastrahlende Tc 99, das in der Nuklearmedizin sowie in Isotopenbatterien verwendet wird. Das schon 1871 von D. I. Mendelejew vorausgesagte Element wurde 1937 von E. G. Segrè erstmals durch Bestrahlen von Molybdän mit energiereichen Deuteronen erhalten.

Technicolor-Verfahren ⓦ ↑ Film.

Technik [zu griech. technikós „handwerkl., kunstfertig"], urspr. im Sinne des Aristotelischen Begriffs Techne svw. Kunstfertigkeit; gemeinhin ein individuelles oder zunftmäßig überliefertes Verfahrenswissen in allen Lebensbereichen, in denen gewisse Fertigkeiten eine Rolle spielen, also etwa in der Kunst (z. B. Mal-T.), in der Medizin (z. B. Operations-T.) oder im tägl. Leben (z. B. Verkaufs-T.). Heute versteht man unter T. die Gesamtheit aller Objekte (Werkzeuge, Geräte, Maschinen u. a.), Maßnahmen und Verfahren, die vom Menschen durch Ausnutzung der Naturgesetze und -prozesse sowie geeigneter Stoffe hergestellt bzw. entwickelt werden und sich bei der Arbeit und in der Produktion anwenden lassen. Darüber hinaus bezeichnet T. die Wiss. von der Anwendung naturwiss. Erkenntnisse. Die Einteilung der T. in bestimmte Sachbereiche erfolgt nach prakt. und organisator. Gesichtspunkten. Durch die T. sind in der Vergangenheit die Lebensbedingungen des Menschen zunehmend verbessert und erweitert worden. Andererseits beeinflußt jedoch die T. heute die Umwelt schon so weit, daß ernste biolog. Schäden bereits eingetreten sind und der Nutzen der T. in ihrem heutigen Ausmaß nicht mehr unbestritten ist. Die verbreitetste Einschätzung des Verhältnisses von T. und Wissenschaft (v. a. Naturwissenschaft) ist naturalist. ausgerichtet. Sie nimmt an, der Mensch mache sich mit Hilfe der T. die Natur bzw. ihre Gesetze nutzbar, indem er wiss., d. h. theoret. Wissen anwendet. Diese Auffassung verkennt, daß die modernen Erfahrungswiss. in ihren Forschungsmöglichkeiten vom augenblickl. Stand der Beobachtungs-, Experimentier- und Meß-T. sowie der Informations- und anderer T. abhängen. Der Stand der T. allein (im Sinn von Expertenwissen) reicht jedoch nicht zur Erklärung histor. Veränderungen aus, unter denen sich neue techn. Zielsetzungen verwirklichen lassen. Erst die mit techn. Entwicklungen eng verknüpfte Veränderung handwerkl. Produktionsformen bis hin zur industriellen Produktionsform hatte eine „techn. Revolution" zu einem Maschinenzeitalter zur Folge, der eine zweite techn. Revolution im 20. Jh. durch die Automatisierung entspricht. Die weltweite, die Grenzen der T. aufzeigende Debatte über ökolog. Probleme und die Beachtung sog. Nebeneffekte hat in letzter Zeit der teleolog., d. h. von Zielsetzungen her argumentierenden T.auffassung zu neuer Anerkennung verholfen.

Geschichte: Als Verfertiger erster Steinwerkzeuge gilt der Homo habilis. Sicher nachweisbar sind Werkzeugherstellung und Feuergebrauch für den Sinanthropus (Pekingmensch). Seit dem Neolithikum versteht es der Mensch, durch bes. Techniken (wie Schleifen oder Polieren) seine Werkzeuge zu verbessern und Spezialwerkzeuge und -waffen zu produzieren. Von großer Bed. für diese Zeit war auch das Aufkommen der keram. Technik. Die Bronzezeit leitete die Periode der Metallbearbeitung ein. Im Ggs. zum Bronzeguß konnte man Eisen, das der Eisenzeit ihren Namen gab, damals nicht schmelzen, sondern ledigl. durch Schmieden bearbeiten. Nur den Chinesen gelang schon relativ früh (etwa im 4. Jh. v. Chr.) die Herstellung von Gußeisen; in Europa wurde dies erst im MA möglich. In den

Technik

großen vorgriech. Kulturen (Ägypten, Mesopotamien), wo das Leben und speziell der Ackerbau wesentl. von den großen Strömen Nil, Euphrat und Tigris bestimmt wurde, wurde bereits eine Fülle techn. Probleme bewältigt: Durch Anlegen von Dämmen, Be- und Entwässerungsanlagen, Kanälen und Wasserleitungen sowie den Bau von Wasserrädern suchte man diese Ströme zu nutzen. Verschiedene handwerkl. T. entwickelten sich und bewirkten eine Verselbständigung des Handwerks. Die Herstellung von Glas war schon in frühgeschichtl. Zeit bekannt. - In Griechenland erreichte Keramik, Plastik und Architektur höchsten künstler. Rang. Die Römer zeichneten sich v. a. durch hervorragende Leistungen im Bauwesen, im Bergbau und in der Herstellung von Kriegsmaschinen aus. In Indien besaß man schon in den ersten nachchristl. Jh. Kenntnisse über die Stahlherstellung. Viel weiter zurück reichen die Anfänge techn. Fertigkeiten in China, wo schon sehr früh Töpferei, Bronze- und Eisenguß, Steinzeug und Porzellan, Papier, Schießpulver, Kompaß, Druck mit bewegl. Typen u. a. bekannt waren. - Die Fortschritte der T. im MA liegen v. a. in der zunehmenden Ersetzung der körperl. Arbeitskraft des Menschen durch Naturkräfte und durch tier. Arbeitskraft. Vom 12. Jh. an verbreiteten sich Wasserräder und Windmühlen. Die Weiterentwicklung des Pflugs trug wesentl. zur Produktivitätssteigerung in der Landwirtschaft bei. In etwa gleicher Weise wirkte die Einführung des Spinnrads und des Trittwebstuhls in der Textilverarbeitung. Die Kriegs-T. wurde zu Beginn des 14. Jh. durch das Schießpulver revolutioniert. Die Entwicklung des Hochofens bewirkte einen Aufschwung der eisenverarbeitenden Industrie. Die Baukunst erzielte mit der Errichtung von Domen und Kathedralen neue Höhepunkte. Die Erfindung des Buchdrucks im 15. Jh. hatte weitreichende Konsequenzen für die gesamte kulturelle Entwicklung. - Das wiss.-techn. Denken begann in der Renaissance (F. Brunelleschi, L. B. Alberti und Leonardo da Vinci). Zu Beginn der Barockzeit entwickelte G. Galilei die Mechanik zu einer Naturwiss. und legte damit, in Verbindung mit dem Experiment, die Grundlage für die techn. Wissenschaften. Im Zeitalter der Aufklärung begann, ausgehend von Großbrit., die Industrialisierung; die Textil-T., das Berg- und Hüttenwesen und die eisenverarbeitende Ind. waren ihre Vorreiter. Zahlr. neue Arbeitsmaschinen wurden entwickelt sowie Werkzeugmaschinen zu ihrer Herstellung eingeführt. Die T. des 19. Jh. war v. a. geprägt durch das Aufkommen von Verbrennungsmotoren und elektr. Maschinen sowie zahlr. Kraft- und Arbeitsmaschinen. Die Eisenbahn ließ die Entfernungen auf dem Land schrumpfen; das Dampfschiff überwand die Ozeane in kürzerer Zeit als das Segelschiff. Telegrafie und Fernsprechverkehr ermöglichten die Kommunikation über große Entfernungen. - Das 20. Jh. sah nicht nur eine vielfältige Vervollkommnung der T., sondern durch die Einführung der Fließbandarbeit und die wachsende Automatisierung (etwa seit der Jh. mitte) eine so tiefgehende Umwälzung, daß häufig von einer zweiten industriellen Revolution gesprochen wird. Die während des 2. Weltkrieges entstandenen programmgesteuerten Rechenautomaten und die Miniaturisierung der elektron. Bauelemente während der letzten Jahre haben hieran entscheidenden Anteil. Auf dem Gebiet des Verkehrswesens ermöglichte der Kraftwagen eine stetige Zunahme des Individualverkehrs. Das Flugzeug eroberte sich den Luftraum für den Personen-, Post- und Güterverkehr (daneben auch als Waffenträger bei krieger. Auseinandersetzungen). Raketentechnik und die Raumfahrt dehnten den der T. unterworfenen Raum weiter aus. Satelliten sind heute für die Nachrichtenübermittlung, für die Wettervorhersage u. a. Aufgaben unentbehrlich. Film und Fernsehen traten als Medien der Massenkommunikation auf. Die Photographie fand durch die Reproduktionsphotographie Eingang in die Drucktechnik und ist dabei, in Verbindung mit elektron. Hilfsmitteln eine vollkommene Umstellung zu bewirken. Große volkswirtsch. Bedeutung erlangten die Produkte der chem. Industrie. In der Energieversorgung tritt neben die Rohstoffe (Kohle, Erdgas, Erdöl) und die Wasserkraft in jüngster Zeit die Kernenergie, deren Anwendung wegen des Abfallagerungsproblems und der befürchteten radioaktiven Verseuchung bei Reaktorunfällen jedoch nicht unumstritten ist.

⚏ *Wie funktioniert das? Die T. im Leben von heute. Hg. v. der Red. Naturwiss. u. Technik des Bibliograph. Inst. Mhm. u. a.* [3] *1986. - Böge, A.: Das Techniker-Hdb. Wsb.* [8] *1985. - Kleine Enzyklop. T. Hg. v. J. Jentzsch u. a. Ffm.* [3] *1985. - Naturwiss. u. T. Hg. v. G. Zachmann (Die Große Bertelsmann Lexikothek). Gütersloh 1985. 3 Bde. - Ropohl, G.: Die unvollkommene T. Ffm. 1985. - Brockhaus Naturwiss. u. T. Wsb. 1983. 5 Bde. - Fachlex. ABC T. Hg. v. B. Rohr u. H. Wiele. Thun u. Ffm. 1983. - Franke, H. W., u. a.: T. in unserer Welt. Gütersloh u. a. Neuaufl. 1983. - Klemm, F.: Gesch. der T. Rbk. 1983. - Landels, J. G.: Die T. in der antiken Welt. Dt. Übers. Mchn.* [3] *1983. - Petermann, T.: T. u. menschl. Zivilisation. Köln 1983. - T. u. Gesellschaft. Hg. v. H. Sachsse. Mchn.* [2] *1983. 3 Bde. - Die T. Von den Anfängen bis zur Gegenwart. Hg. v. U. Troitzsch u. Wolfhard Weber. Braunschweig 1982. - Brentjes, B., u. a.: Gesch. der T. Köln 1978. - Rapp, F.: Analyt. T. philosophie Freib. 1978. - Sachsse, H.: Anthropologie der T. Braunschweig 1978. - Lex. der T. Begründet v. O. Lueger. Hg. v. H. Franke. Stg.* [4] *1960-72. 17 Bde. -* ↑ *auch Technikbewertung.*

technisches Bildungswesen

Technikbewertung (Technikfolgenabschätzung; engl.: technology assessment), ein Forschungsgebiet, das techn. Entwicklungen vorausschauend analysiert, deren Folgen für Umwelt und Gesellschaft abschätzt, die zu erwartenden Auswirkungen an bedeutsamen Wertvorstellungen mißt und auf Grund dessen Empfehlungen an die zuständigen Entscheidungsinstanzen in Wirtschaft und Politik abgibt.
Die T. befaßt sich einerseits mit bekannten Techniken, deren Einsatz ausgeweitet werden soll, andererseits mit neuen Techniken, deren Entwicklung zunächst lediglich als möglich erscheint.
In der T. geht es vorrangig weniger um Fragen der techn. Perfektion und Präzision einer Entwicklung oder um Wirtschaftlichkeit; im Vordergrund stehen die unbeabsichtigten, zunächst nicht ohne weiteres erkennbaren Nebenwirkungen, Sekundär- und Tertiärfolgen ökolog., ökonom., sozialer und polit. Art. Eine universelle T. bemüht sich darum, alle nur irgend denkbaren Nebenwirkungen zu erfassen; eine partielle T. beschränkt sich dagegen auf einen bestimmten Bereich.
Herkunft und Institutionalisierung: Als „technology assessment" geht das Konzept der T. auf eine Initiative des amerikan. Kongreßausschusses für Wissenschaft und Raumfahrt in den 1960er Jahren zurück. In der BR Deutschland soll beim Forschungsausschuß des Bundestages eine Lenkungsgruppe für T. eingerichtet werden.
📖 *Gesellschaft, Technik, Risikopolitik. Hg. v. J. Conrad. Bln. u.a. 1983.* - *Böhret, C./ Franz, P.: Technologiefolgenabschätzung. Ffm. 1982.* - *Münch, E./Renn, O./Roser, T.: Technik auf dem Prüfstand. Methoden u. Maßstäbe der Technologiebewertung. Essen; Gräfelfing 1982.*

Techniker [griech.-frz.], allg. eine Berufsbez. für alle in der Technik Tätigen, ohne eine spezielle „Technikerausbildung" durchlaufen zu haben (Radiotechniker, Fernsehtechniker oder Zahntechniker). I. e. S. alle Berufe, die den Abschluß einer techn. Fachschule voraussetzen (staatl. geprüfter Techniker). Ihre Ausbildung erfolgt auf *Technikerfachschulen* (in der Schweiz: Technikerschulen), die unter staatl. oder privater Trägerschaft stehen. Als „mittlere Führungskräfte" stehen die T. meist zw. dem Facharbeiter und Ingenieur. Ihre Aufgaben liegen außer im Handel und Handwerk v. a. in techn. Funktionsbereichen (Konstruktion, Entwicklung, Fertigungsplanung, Arbeitsvorbereitung und Fertigung).

Technikum [griech.-nlat.], früher allg. Bez. für Ingenieurschulen.
◆ in der *Schweiz* früher allg. verwendete Bez. für die Höheren Techn. Lehranstalten (HTL, Ingenieurschulen), die i. d. R. nach einer abgeschlossenen Berufslehre v. a. in den Abteilungen Maschinenbau, Elektrotechnik, Reaktortechnik, Mikrotechnik, Heizung–Lüftung–Klima, Hochbau, Tiefbau und Chemie vertiefende techn. Kenntnisse während einer dreijährigen Ausbildung zum Ingenieur-Techniker vermitteln.

Technikunterricht, meist in den ↑Sachunterricht integriertes Unterrichtsfach. Fächerübergreifend sollen techn. Sachverhalte vermittelt werden. Lernziele sind u. a.: selbständiges Lösen von techn. Problemen durch elementares Konstruieren, Experimentieren und Erforschen, Kennenlernen einfacher Sachverhalte der Werkstoffbearbeitung und der dazu notwendigen Geräte. Mögl. Arbeitsformen des T. sind: Konstruieren und Gestalten u. a. mit vorgefertigten Bauelementen und verformbaren Werkstoffen; Demontieren und Montieren, Erkunden von Arbeitsplätzen. An den berufl. Schulen ist der T. Teilbereich verschiedener Studiengänge, u. a. von Bautechnik und Elektrotechnik.

technische Gestaltung ↑Industriedesign.

technische Hochschulen und Universitäten, wiss. Hochschulen für Forschung und Lehre insbes. in den Natur- und Ingenieurwiss.; Fachrichtungen können v. a. sein: Mathematik, Physik, Chemie, Bau-, Maschinen- sowie Bergbau- und Hüttenwesen, Elektrotechnik, Architektur, Landwirtschaft, Bio- und Geowiss., Pharmazie. Seit den 1950er Jahren wurden den t. H. u. U. u. a. philosoph. und sozialwiss. Fachbereiche bzw. Fakultäten angegliedert, die z. B. ein Lehrerstudium ermöglichen. Die t. H. u. U. haben sich aus höheren gewerbl. und techn. Spezialschulen (z. B. polytechn. Schule in Karlsruhe ab 1825) entwickelt, die meist Ende des 19. Jh. TH und um die Jh.wende den Univ. gleichgestellt wurden. 1967 wurden die TH Stuttgart und Karlsruhe in Univ., Berlin (1956), München (1970) sowie Braunschweig, Clausthal-Zellerfeld und Hannover (1968) in **techn. Universitäten (TU)** umbenannt. Die Hochschulen in Aachen und Darmstadt haben die Bez. **techn. Hochschule (TH)** beibehalten. Bei der Diskussion um die Gleichberechtigung von TH und TU wurde die Rangdifferenz zw. Grundlagenforschung, die der Univ. allein zugesprochen wurde, und angewandter Forschung, die den TH zugewiesen wurde, zum Hauptstreitpunkt, sie aber als unhaltbar erwies.

technischer Assistent, in Berufsfachschulen und ähnl. Lehranstalten ausgebildete Fachkraft v. a. zur Entlastung von Wissenschaftlern; führt in Instituten, Kliniken und Laboratorien praxisbezogene Detailarbeiten (z. B. Durchführung und Auswertung von Versuchsreihen) durch.

technische Richtkonzentrationen ↑TRK-Werte.

technisches Bildungswesen, Sam-

Technisches Hilfswerk

melbez. für die Ausbildungsstätten, die auf techn. Berufe vorbereiten oder der Ausbildung in einem techn. Beruf dienen. Dazu zählen in der BR Deutschland die techn. Zweige der Berufsschulen, Berufsgrundschulen, Berufsaufbauschulen, Berufsfachschulen, Fachoberschulen, Fachschulen, Fachhochschulen sowie die TH und TU.

Technisches Hilfswerk, Abk. THW, dem Bundesamt für Zivilschutz eingegliederte nicht rechtsfähige Bundesanstalt; nimmt als Teil des Katastrophenschutzes techn. Dienste wahr; entstand ab 1950 in Nachfolge der 1919 gegr. Techn. Nothilfe; heutiger Status seit 1953; rd. 55 000 ehrenamtl. Helfer.

technisches Werken, Lernbereich in Fachverbindung mit Arbeitslehre, Textilgestaltung bzw. Textilarbeit oder Hauswirtschaftslehre; an Sonder-, Haupt-, Real- und integrierten Gesamtschulen sowie Gymnasien; je nach Schultypus und Bundesland unterschiedl. geregelt.

technisches Zeichnen, die Anfertigung exakter, maßstabsgerechter [Konstruktions]zeichnungen von techn. Gegenständen (Maschinenteilen, Werkstücken u. a.), die insbes. als Vorlagen für die Fertigung dienen.

technische Truppe, in der Bundeswehr Teil der Logistiktruppen des Heeres mit der Aufgabe, die materielle Einsatzbereitschaft aller Truppen des Heeres aufrechtzuerhalten.

technische Überwachung, durch Gesetze bzw. Verordnungen festgelegte Überprüfung von Kfz. und Kfz.führern (im Hinblick auf deren geistige und körperl. Eignung zum Führen eines Kfz.) (§ 29 StVZO) sowie Überwachung bestimmter techn. Anlagen (z. B. Dampfkessel) durch amtl. anerkannte Sachverständige oder Prüfer bzw. durch *Techn. Überwachungs-Vereine,* Abk. TÜV (eingetragene Vereine, Selbstverwaltungsorganisationen der Wirtschaft) bzw. (in Hessen) durch die Staatl. Techn. Überwachung.

Technisierung [griech.], die Einführung techn. Hilfsmittel (insbes. Kraft- und Arbeitsmaschinen) in Lebensbereiche, die zuvor weitgehend durch handwerkl. oder andere manuelle Tätigkeit bzw. den Einsatz menschl. Körperkraft bestimmt waren.

Technizismus [griech.], Sammelbez. für Auffassungen, die die Technik, ihre Verfahren, Kategorien, Vorstellungsinhalte usw. mehr oder weniger verabsolutieren und zur Grundlage der Lösung von Problemen aller Art machen; T. sieht im techn. Fortschritt, der grundsätzl. positiv beurteilt wird, die Basis des sozialen Fortschritts.

Technokratie [griech., zu téchnē „Kunst, Handwerk" und krátos „Stärke"], gesellschaftstheoret. Bez. für eine Gesellschaft, in der die rationale, sachgerechte, funktionale und effektive Planung und Durchführung aller gesellschaftl. Ziele vorherrscht. Den „Sachzwängen", den von den techn. Mitteln und Geschehensabläufen scheinbar unumgängl. vorgegebenen Bedingungen und Umständen geben die **Technokraten** bei der Bewältigung eines Problems Vorrang vor allen „bloß" sozialen, bedürfnisorientierten Lösungsmöglichkeiten. Die Ausrichtung der gesellschaftl. Entwicklung nach wiss.-techn. Kriterien verringert die Bed. demokrat. Willensbildung und polit. Entscheidungsprozesse. [Instrumentelle] Wiss., Managertum, Experten werden zu den eigtl. Entscheidungsträgern.

Technologie [griech.], in vielen Wiss.bereichen mit entsprechender Einteil. Nuancierung verwendete Bez. für das Zusammenspiel verschiedener Aktionsbereiche, allg. die Gesamtheit der Arbeitsvorgänge [für eine bestimmte Aufgabe]; i. e. S. die Lehre von der Gewinnung und/oder Verarbeitung von Roh- und Werkstoffen zu techn. Produkten. Als T. wird auch das Verfahren und die Methodenlehre eines einzelnen [ingenieurwiss.] Gebietes oder eines bestimmten Fertigungsablaufs sowie der alle techn. Einrichtungen u. ä. umfassende Bereich eines Forschungsgebietes (z. B. Raumfahrt-T.) bezeichnet, ferner der einzelne *technolog. Prozeß,* d. h. die Gesamtheit der zur Gewinnung und/oder Bearbeitung eines Materials bzw. Werkstücks erforderl. Prozesse, einschl. der Arbeitsmittel, Werkzeuge, Arbeitsorganisation usw. - Eine weitere, umfassendere Bedeutung, nämlich T. als Wiss. von den techn. Produktionsprozessen, erlangte der Begriff seit Anfang der 1960er Jahre.

technologische Lücke, aus dem Engl. („technological gap") übernommene Bez. für den Abstand in der techn. Forschung, im techn. Wissen und im Einsatz techn. Methoden zw. verschiedenen Ländern und Ländergruppen, insbes. zw. den wirtschaftl. hochentwickelten und den unterentwickelten Ländern der Erde.

Teckel [niederdt.], svw. ↑Dackel.

Tecklenburg, Stadt im Teutoburger Wald, NRW, 200 m ü. d. M., 8 900 E. Kreismuseum; Freilichtspiele; Luftkurort. - Entstand im 13. Jh. um die in der Mitte des 12. Jh. erstmals gen. Burg der Grafen von T.; 1388 Stadt. - Schloßruine (v. a. 16./18. Jh.); ev. Stadtkirche (16. Jh.; Grablege der Grafen von T.); zahlr. Fachwerkhäuser (16.–18. Jh.).
T., ehem. westfäl. Gft.; kam von den urspr. Grafen von T. (ab 1. Hälfte des 12. Jh.) 1263 an die Grafen von Bentheim, 1329 an die Grafen von Schwerin (die den Namen T. weiterführten), ab 1557 nochmals an bentheim. Besitz (ab 1606 Linie Bentheim-T.); nach Erbstreitigkeiten mit den Grafen von Solms-Braunfels geteilt (1696); 1707/29 preußisch.

Tectona, svw. ↑Teakbaum.

Tecumseh (Tecumtha), * Piqua (Ohio) zw. 1768 und 1780, ✕ bei Thamesville (Ontario) 5. Okt. 1813, Häuptling der Shawnee. -

Suchte ab etwa 1805 mit einer Konföderation aller Stämme des Mittelwestens das Vordringen der weißen Siedler zu hemmen, scheiterte jedoch nach der Niederlage seiner Krieger am Tippecanoe River (7. Nov. 1811); fiel als Brigadegeneral in brit. Diensten.

Ted, engl. männl. Vorname, Kurzform von Theodore (↑Theodor) und von Namen, die mit „Ed-" gebildet sind (z. B. Eduard).

Teddy [...di; engl.], leichter Plüsch mit langem Flor; u. a. als Futterstoff, für Kinder- und Damenmäntel verwendet.

Tedeum [lat.] (Ambrosianischer Lobgesang), nach den Anfangsworten „*Te Deum laudamus*" („Dich, Gott, loben wir") benannter Hymnus der lat. Liturgie. Die Autorschaft des T. ist ungeklärt. Der heutige Text ist erstmals im Antiphonar von Bangor (um 690) überliefert. - Als liturg. Gesang bildet das T. seit dem 5. Jh. in monast. und röm. Offizium den Abschluß der Matutin und ist bis heute der bevorzugte Dankhymnus bei feierl. liturg. Handlungen. - Volkssprachl. Übers. und Luthers Umdichtung „Herr Gott, dich loben wir" benutzen die überlieferte Melodie. In der Fassung von I. Franz (*1719, †1791) „Großer Gott, wir loben dich" wurde das T. zum geistl. Volkslied. Mehrstimmige Bearbeitungen gibt es seit dem 13. Jh., v. a. von O. die Lasso, G. F. Händel, J. Haydn, G. Verdi, A. Bruckner.

Tee [chin.], (echter T.) die getrockneten Blattknospen und jungen Blätter des ↑Teestrauchs, die je nach Herkunft und Qualität 1–5% Koffein, ferner Theobromin, Theophyllin, etwas äther. Öl und 7–12% Gerbstoffe enthalten. Beim Aufbrühen werden das Koffein und die Aromastoffe rasch, die Gerbstoffe, die auch die Bräunung bestimmen, erst nach und nach ausgezogen. Je nach Behandlung der frisch gepflückten jungen Triebe wird schwarzer, grüner und Oolong-T. unterschieden. Bei der Herstellung des **schwarzen Tees** wird das Pflückgut nach dem Welken gerollt (um die Zellwände aufzubrechen) und dann in Gärkammern bei 35–40 °C über vier Stunden fermentiert, wobei es sich durch Oxidationsvorgänge rotbraun bis schwarz färbt. Das Trocknen des schwarzen T. erfolgt bei 85 bis 125 °C. - Beim **grünen Tee** unterbleibt die Fermentation. Durch kurzes Dämpfen über siedendem Wasser bleibt die grüne Farbe erhalten. Nach dem Rollen wird der grüne T. bei etwa 70 °C getrocknet. - Grüner T. ist ebenso wie der halbfermentierte, „gelbe" **Oolong-Tee** v. a. in China und Japan verbreitet. Die Handelssorten werden nach der Blattqualität unterschieden: *Flowery Orange Pekoe* (im wesentl. nur Knospen), *Orange Pekoe* (Knospen und oberstes Blatt), *Pekoe Souchong* (das zweite Blatt) und *Souchong* (das dritte, größte Blatt). Der Rest wird als *Fannings* (Blattbruch und Blattstiele), als *Backsteintee* (Ziegel-T., Tafel-T.; zusammen-

Teestrauch. Zweig mit Blüten

gepreßte Blattabfälle) und als *Dust* (abgesiebter Teestaub) gehandelt. Fannings und Dust werden v. a. in Aufgußbeutel abgefüllt. Auch die beim Rollen gebrochenen Blätter werden sortiert und in den Qualitäten *Broken Orange, Pekoe, Broken Pekoe* oder *Broken* angeboten. Der beste T. kommt aus den klimat. günstigen Hochlagen von Darjeeling, Ceylon und Assam (Temperatur im Jahresdurchschnitt 18 °C, 2 000 mm Jahresniederschlag).

Geschichte: Der T. soll in China schon um 2700 v. Chr. bekannt gewesen sein, er fand aber erst im 6. Jh. n. Chr. allg. Verbreitung, zunächst wohl als Arzneimittel. Um 1000 n. Chr. war der T. in China zum Nationalgetränk geworden. Durch Vermittlung der Araber kam der T. im MA nach Europa, wo er zuerst im 9. Jh. erwähnt, aber erst im 17. Jh. zur Handelsware wurde. Die Ostind. Kompanie verbreitete den T. ab 1660 auch in England.

📖 *Maronde, C.:* Rund um den T. Ffm. ²²1985. - *Ruske, S.:* T. Herkunft - Mischungen - Rezepte. Niedernhausen 1980. - *Okakura, K.:* Das Buch vom T. Dt. Übers. Ffm. 1979.

♦ allg. Bez. für Getränke aus Aufgüssen und Abkochungen bestimmter Pflanzenteile bzw. für die dazu verwendete, meist getrocknete Substanz, z. B. Kräutertee, Pfefferminztee.

TEE, Abk. für: Trans-Europ-Express, auf Grund eines Abkommens zw. den Eisenbahnverwaltungen von sieben (später neun) europ. Ländern 1957 in Betrieb genommenes Reisezugsystem mit komfortabel ausgestatteten, schnellen Reisezügen (nur 1. Klasse). In der BR Deutschland verkehrte der letzte TEE-Zug („TEE Rheingold") bis Mai 1987.

Teegewächse, svw. ↑Teestrauchgewächse.

Teehybriden ↑Rose.

TEEM, Abk. für: Trans-Europ-Express-Marchandises, schnelle, über große [internat.] Strecken verkehrende Güterzüge.

Teen [engl. ti:n], kurz für ↑Teenager.

Teenager [engl. ˈtiːneɪdʒə; gebildet aus der engl. Nachsilbe -teen der Zahlen 13 bis

Teer

19 (thirteen, fourteen usw.) und age „Alter"], Junge oder Mädchen zw. 13 und 19 Jahren; meist jedoch für die 13- bis 16jährigen gebraucht.

Teer, flüssige bis halbfeste, braune bis schwarze, bei der therm. Zersetzung (Schwelung, Verkokung, Vergasung) von Stein- und Braunkohle, Holz, Torf und Öl (Erdöl, Schieferöl) neben gasförmigen und leichtflüchtigen Substanzen anfallende Produkte. Wichtig ist v. a. der **Steinkohlenteer,** wobei der durch Schwelung erhaltene *Schwel-T.* v. a. Phenole, Naphthene und höhere aliphat. Kohlenwasserstoffe, der bei der Verkokung erhaltene *Kokerei-T.* (Hochtemperatur-T.) v. a. aromat. und heterocycl. Verbindungen enthält; alle diese T.bestandteile sind wichtige chem. Rohstoffe und werden durch Destillation des T. gewonnen. Das bei 180 °C übergehende *Leichtöl* enthält Benzol, Phenol, Pyridin, Anilin und aliphat. Kohlenwasserstoffe, das bei 180–230 °C folgende *Carbolöl* (Mittelöl) besteht zu 35% aus Phenolen, die mit Natronlauge vom zurückbleibenden, aus Benzol, Pyridin und Chinolin bestehenden *Neutralöl* abgetrennt werden. Zw. 230 und 270 °C geht *Naphthalinöl* über, zw. 270 und 300 °C das aus Naphthalinhomologen, Diphenyl und organ. Fluorverbindungen bestehende *Waschöl* (das zum Auswaschen von Benzol aus Kokereigasen sowie als Holzschutzmittel verwendet wird), bei 300–350 °C das als Holzschutzmittel und zur Anthracengewinnung verwendete *Anthracenöl.* Der Rückstand der T.destillation ist das Pech. **Braunkohlenteer** ist eine gelblich- bis dunkelbraune, flüssige oder wachsartige, aus 8–20% Paraffin, 20–30% sog. Kreosoten (saure Bestandteile wie Carbonsäuren, Naphthensäuren und Phenole) und bis 10% asphaltartigen Substanzen zusammengesetzte Masse. Das bei der T.destillation aus Braunkohle anfallende Leicht- und Mittelöl wird zu Kraftstoffen (Benzin und Dieselöl) verarbeitet, ein weiteres Produkt ist Paraffinöl.

📖 *Franck, H.-G./Collin, G.: Steinkohlen-T. Bln. u. a.* 1968. - *Gundermann, E.: Chemie u. Technologie des Braunkohle-T. Bln.* 1964.

Teeren und Federn, Form der amerikan. Lynchjustiz; nachdem Gesicht und Oberkörper des Opfers mit Teer bestrichen worden sind, wird darüber in Korb Federn ausgeschüttet. So wird das Opfer (oft auf einer dreikantigen Stange) durch den Ort getragen und anschließend aufgehängt, ertränkt oder verbrannt.

Teerfarbstoffe, Farbstoffe, die früher aus den aus Teer gewonnenen (heute anderweitig hergestellten) Verbindungen synthetisiert wurden.

Teerkrebs (Teerkarzinom), nach längerem Umgang mit Kohle, Teer und Pech auftretender Krebs der Haut (Spinaliom), des Kehlkopfs oder der Lunge.

Teerose ↑ Rose.

Tees [engl. tiːz], Fluß in NO-England, entspringt in den Pennines, mündet bei Teesside mit einem Ästuar in die Nordsee, 113 km lang.

Teesside [engl. 'tiːzsaɪd], engl. Ind.agglomeration an der Mündung des Tees, 410 000 E. Verwaltungssitz der Gft. Cleveland in Middlesbrough; kath. Bischofssitz; polytechn. Hochschule. V. a. petrochem., Eisen- und Stahlind., Schiffbau u. a.; Hafenanlagen entlang dem Tees. - Das 1283 erstmals als Stadt gen. **Stockton-on-Tees** erhielt 1310 Marktrecht. **Middlesbrough** entwickelte sich um ein 686 gegr. Kloster, wurde 1853 Stadt und 1878 Sitz eines kath. Bischofs. **Thornabyon-Tees,** seit dem 8. Jh. bezeugt, erhielt 1892 Stadtrecht. T. besteht aus diesen Städten und weiteren Gemeinden.

Teesteuer, Verbrauchsteuer auf Tee, der aus dem Zollausland oder dem Zollausschlüssen eingeführt wird. Die T. wird neben dem Einfuhrzoll erhoben.

Teestrauch (Camellia sinensis), in Assam und Oberbirma beheimatete Art der ↑ Kamelie; kleiner Baum oder Strauch mit wechselständigen, immergrünen, etwas ledrigen, lanzettförmigen, 4–10 cm langen Blättern; Blüten weiß, bis 3 cm im Durchmesser, zu 1–4 in den Blattachseln. Der T. wird in zwei Varietäten gegliedert: in den 10 bis 15 m hohen **Assamteestrauch** (Camellia sinensis var. assamica) und den meist nur 3–4 m hohen **Chin. Teestrauch** (Camellia sinensis var. bohea). In Kultur wird der T. durch Schnitt in einer Höhe von 1–2 m gehalten, um die Ernte zu erleichtern. Außer zur Erzeugung von Tee wird der T. auch für die Gewinnung von Koffein für Medikamente und für Colagetränke angebaut.

Teestrauchgewächse (Teegewächse, Theaceae), Pflanzenfam. mit rd. 600 Arten in 35 Gatt.; überwiegend in Gebirgswäldern der Tropen und Subtropen, einige Arten auch in den gemäßigten Breiten N-Amerikas und O-Asiens; meist immergrüne Bäume oder Sträucher mit einfachen Blättern; Blüten meist einzeln in den Blattachseln; Früchte als Kapseln, Steinfrüchte oder Beeren ausgebildet. Als Ziersträucher werden u. a. Arten der ↑ Kamelie verwendet. Die wichtigste Art ist der Teestrauch.

Teewurst, streichfähige Rohwurst aus magerem Schweine- und Rindfleisch.

Tefilla [hebr. „Gebet"], in der jüd. Religion Bez. für das Gebet allg. und bes. für das Schemone Esre.

Tefillin [hebr. „Gebetsriemen"], jüd. Gebetsriemen mit zwei Kapseln, die bestimmte, auf Pergament geschriebene Bibelstellen enthalten. Die T. werden beim Morgengebet an Kopf und Arm angelegt, ihr Tragen ist Pflicht für jeden männl. Juden ab dem 13. Lebensjahr.

Teflon ⓦ [Kw.], Handelsbez. für einen Kunststoff aus Polytetrafluoräthylen († auch Kunststoffe, wichtige Kunststoffgruppen [Übersicht]).

Tegea, antike Stadt auf der Peloponnes, sö. von Tripolis; wohl im 6. Jh. v. Chr. durch Synoikismos entstanden. Mußte sich dem Peloponnes. Bund anschließen; ab 367 im Arkad., ab 223 im Achäischen Bund. Ausgegraben wurden u. a. Teile der Stadtmauer und der Tempel der Athena Alea (ein in der Antike berühmter Neubau durch Skopas 350/340).

Tegel [zu lat. tegula „Ziegel"], süddt.-östr. Bez. für tonig-mergelige Gesteine.

Tegeler See, seeartige Ausbuchtung der Havel im NW von Berlin.

Tegernsee, Stadt am O-Ufer des Tegernsees, Bay., 731 m ü. d. M., 5 000 E. Heimatmuseum, Olaf-Gulbransson-Museum; heilklimat. Kurort, Mineralbad. - Entstand um das 746 gestiftete Kloster T., die bedeutendste Benediktinerabtei Bayerns; 12.–15. Jh. reichsunmittelbares Stift, 1803 säkularisiert. Der Ort wurde 1954 zur Stadt erhoben. - Die Pfarrkirche Sankt Quirin ist barock, das Schloß klassizist. umgestaltet.

T., Moränenstausee am Alpennordrand, Bay., 725 m ü. d. M., 9 km^2 groß, bis 72 m tief.

Tegnér, Esaias [schwed. tɛŋˈneːr], * Kyrkerud (Verw.-Geb. Värmland) 13. Nov. 1782, † Växjö 2. Nov. 1846, schwed. Dichter. - Ab 1812 Prof. für Gräzistik; ab 1824 Bischof von Växjö. Verbindet in seinen Werken Anregungen der antiken Literatur, der dt. Klassik und des Idealismus mit den Tendenzen der zeitgenöss. Romantik; sein patriot. Gedicht „Svea" (1811) ist eine Neubelebung nord. Mythologie, das Epos „Die Frithiofs-Sage" (1825) eine Darstellung altskand. Lebens.

Tegucigalpa [span. teɣusiˈɣalpa], Hauptstadt von Honduras, im zentralen S, 900–1 000 m ü. d. M., 533 600 E. Kath. Erzbi-

---

Teer. Schema eines Destillationsverfahrens zur Gewinnung von Leicht-, Carbol-, Naphthalin-, Wasch-, Anthracenöl und Pech aus Steinkohlenteer. Im Wärmeaustausch gegen die Dämpfe der Carbolölkolonne sowie gegen Dämpfe der Vakuumkolonne wird der Steinkohlenteer erhitzt, der danach in den unteren Teil der Entwässerungskolonne eintritt, die unter atmosphärischem Druck arbeitet. Die erforderliche Wärme für die Entwässerung des Teers wird über den Sumpfumlauf durch den Röhrenofen A zugeführt. Über der Entwässerungskolonne wird ein Wasser-Leichtöl-Gemisch abdestilliert. Nach Kondensation, Kühlung und Trennung der Phasen wird ein Teilstrom des Leichtöls als Rückfluß aufgegeben. Etwa in der Mitte der mit Unterdruck arbeitenden Carbolölkolonne wird der im Sumpf anfallende Teer eingespeist. Über einen Sumpfumlauf durch den Röhrenofen tritt Wärme hinzu

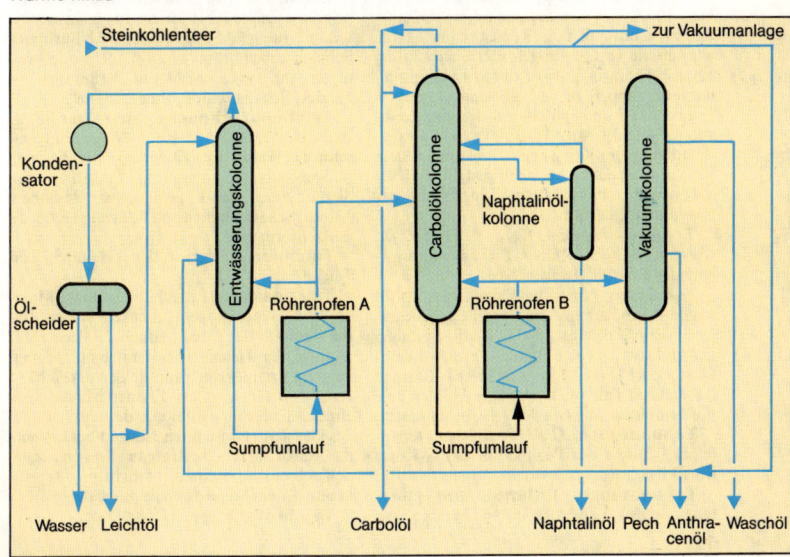

Teheran

schofssitz; Akad. der Wiss.; 2 Univ. (gegr. 1847 bzw. 1978), Konservatorium, Inst. für zentralamerikan. Kultur, für Geschichte, für Anthropologie; Nationalarchiv, -bibliothek und -museum, Theater; Konsumgüterind., ⚒.- 1579 gegr., seit 1880 Hauptstadt von Honduras. Die heutige Stadt ist aus 2 Teilen zusammengewachsen, dem eigtl. T., das sich den Hang des Picacho hinaufzieht, und dem in der Ebene liegenden **Comayagüela** (im Kern eine Indianersiedlung). - Kathedrale (1758–82), Kirche Los Dolores (1736–1815).

Teheran ['teːhəraːn], Hauptstadt von Iran, am S-Fuß des Elbursgebirges, 5,7 Mill. E. Sitz der Reg. sowie der Behörden des Verw.-Geb. T.; 6 Univ., Kunsthochschule, Polytechnikum, Militärakad., Lehrerseminar, Sporthochschule, Forschungsinst. und ausländ. Kulturinst., Institut Pasteur, Nationalbibliothek, Museen, u. a. archäolog. Museum, Museum für zeitgenöss. Kunst, ethnolog. Museum, Rundfunk- und Fernsehsender. Wirtschaftszentrum des Landes, internat. Messen; großer Basar. Konsumgüter-, chem. Ind., Kfz.montage, Erdölraffinerie u. a. Betriebe. Knotenpunkt des Straßen- und Schienenverkehrs (u.a. Autobahn nach Karadsch). Der internat. ⚒ des Landes, Mehrabad, liegt unmittelbar westl. der Stadt.
Bauten: Zahlr. Moscheen, u. a. Schahmoschee und Sepah-Salar-Moschee (beide 19. Jh.), Golestanpalast (18./19. Jh.), Schahyaddenkmal (1971; mit audiovisuellem Museum).
Geschichte: In frühislam. Zeit unbed. Kleinstadt, erlicht erst im 16. Jh. einen Basar und eine Mauer; im 17.Jh. Sitz eines Gouverneurs; seit 1786 offizielle Hauptstadt des Landes.
Auf der **Konferenz von Teheran** (28. Nov.–1. Dez. 1943), der ersten gemeinsamen Konferenz zw. Churchill, F. D. Roosevelt und Stalin, wurden die von Stalin geforderte Errichtung einer 2. Front in Europa durch Landung alliierter Truppen in der Normandie und S-Frankr. im Sommer 1944 mit der gleichzeitigen sowjet. Offensive koordiniert, die sowjet. Beteiligung am Krieg gegen Japan nach dem Sieg in Europa in Aussicht gestellt und die „Westverschiebung" Polens zugunsten der Sowjetunion geplant.
📖 *T. - Jalta - Potsdam*. Hg. v. A. Fischer. Dt. Übers. Köln 1985. - Ahrens, P. G.: *Die Entwicklung der Stadt T.* Opladen 1966.

Tehuacán [span. teɥaˈkan], mex. Stadt auf der S-Abdachung der Cordillera Volcánica, 1 670 m ü. d. M., 47 000 E. Kath. Bischofssitz; Kurort. - Gegr. 1540. - Franziskanerklosterkirche (16. Jh.); Kirche El Carmen (18. Jh.). Im Tal von T. wurde in Höhlen eine Kulturabfolge ab etwa 9000 v. Chr. entdeckt.

Tehuantepec, Golf von [span. teɥanteˈpɛk], Bucht des Pazifiks an der S-Küste Mexikos.

Tehuantepec, Isthmus von [span. teɥanteˈpɛk], Landenge im sö. Mexiko, zw. dem Golf von Campeche und dem Golf von Tehuantepec, morpholog. Grenze zw. dem Kontinent Nordamerika und der mittelamerikan. Landbrücke.

Teichfrosch, svw. Wasserfrosch († Frösche).

Teichhuhn (Grünfüßiges T., *Gallinula chloropus*), über 30 cm lange, fast weltweit verbreitete † Ralle, v. a. auf stehenden Süßgewässern, in deren Uferdickicht und in Sümpfen; brütet in einem Bodennest meist an vegetationsreichen Ufern; Teilzieher. - Abb. S. 14.

Teichjungfern (Lestidae), mit über 100 Arten bes. an Tümpeln und Teichen weltweit verbreitete Fam. schlanker, metall. grüner, bronze- oder kupferfarbener Kleinlibellen († Libellen); Flügel farblos, werden in Ruhe schräg nach hinten ausgebreitet. Die acht einheim. Arten werden zu den *Binsenjungfern* (Lestes) bzw. *Winterlibellen* (Sympecma) gestellt.

Teichkarpfen † Karpfen.

Teichläufer † Wasserläufer.

Teichlinse (Spirodela), Gatt. der Wasserlinsengewächse mit drei fast weltweit verbreiteten Arten. Die einzige einheim. Art ist die **Vielwurzelige Teichlinse** (*Spirodela polyrrhiza*) mit oberseits grünem, unterseits rotem, blattartigem Sproß.

Teichmolch (Grabenmolch, *Triturus vulgaris*), 8–11 cm langer, schlanker † Molch in Europa und Asien (bis Sibirien); Oberseite beim ♂ gelblichbraun bis olivgrün, mit runden, braunen Flecken, Unterseite weißlich; ♂ zur Paarungszeit mit Rückenkamm; häufigste einheim. Molchart in Tümpeln und Wassergräben.

Teichmuschel (Schwanenmuschel, *Anodonta cygnaea*), bis 20 cm lange Muschel, v. a. in ruhigen Süßgewässern M-Europas; Schalen außen bräunlichgrün, mehr oder weniger oval, Innenschicht mit Perlmutter bekleidet; Schalenschloß ohne „Zähne".

Teichnapfschnecke (*Acroloxus lacustris*), kleine, bis 7 mm lange † Wasserlungenschnecke (keine Napfschnecke!) in stehenden Süßgewässern Europas (mit Ausnahme von Skandinavien) und gemäßigter Regionen Asiens; Schale länglich-schildförmig bis flachmützenförmig.

Teichner, Heinrich der † Heinrich der Teichner.

Teichoskopie [griech., zu teíchos „Mauer, Wall" und skopeĩn „blicken"], Bez. für die Episode der „Ilias" (Buch 3, Vers 121–244), in der Helena vor den trojan. Mauer aus dem Priamos die Haupthelden der Achäer zeigt. Danach wird als T. oder **Mauerschau** ein dramentechn. Mittel v. a. des antiken und des klassizist. Dramas der Neuzeit bezeichnet, das dazu dient, bestimmte Szenen (z. B. Schlachten) durch eine Art synchroner Reportage auf der Bühne zu vergegenwärtigen.

Teichrohrsänger † Rohrsänger.

Teilchenbeschleuniger

Teichrose (Mummel, Nuphar), Gatt. der Seerosengewächse mit wenigen Arten auf der nördl. Halbkugel; ausdauernde Wasserpflanzen mit herzförmigen Blättern; Blüten mit gelben oder roten Hüllblättern und zahlr. Staubblättern. Die bekanntere der beiden einheim. Arten ist die **Gelbe Teichrose** (Nuphar luteum) mit wohlriechenden, gelben, kugeligen Blüten (5 cm im Durchmesser).

Teichschildkröte, svw. Europ. Sumpfschildkröte (↑ Sumpfschildkröten).

Teichwirtschaft, die Bewirtschaftung von Teichen zur Zucht und Produktion von Speisefischen. Man unterscheidet Karpfen- und Forellenteichwirtschaft. **Karpfenteiche** benötigen nur einen geringen Wasserzufluß und sind, außer den zur Überwinterung tieferen *Winterteichen*, flach und warm (Sommertemperaturen über 20 °C). **Forellenteiche** werden u. a. kostenaufwendig als kleine, 1,5–2 m tief ausgehobene Längsteiche mit senkrechten Wänden oder als Rundbecken (Westeuropa, Skandinavien, USA) angelegt. - Werden entsprechend angelegte, nur kurzfristig (Mai/Juni) zum Ablaichen flach mit Wasser überflutete (bespannte) Bodenflächen während des übrigen Jahres als Acker genutzt, spricht man von *Feld-Teich-Wechselwirtschaft*. - ↑ auch Fischzucht.

Teide, Pico de [span. ðe ˈtɛjðe], höchster Berg der Kanar. Inseln, auf Teneriffa, 3 718 m; Vulkankegel mit kleiner Caldera; am S-Hang Seilbahn, die von 2 356 m auf 3 555 m Höhe hinaufführt.

Teigdruck, ein bei Bucheinbänden des 15. und 16. Jh. verwendetes Reproduktionsverfahren, bei dem ein Metall- oder Holzstempel mit der Musterung in eine teigartige Masse eingedrückt wurde, die auf das vorher mit Leim überzogene Papier aufgetragen war. Das reliefartige Gebilde wurde meist rot oder mit Gold eingefärbt.

Teige, Karel [tschech. ˈtɛjɡɛ], * Prag 13. Dez. 1900, † ebd. 1. Okt. 1951 (Selbstmord), tschech. Schriftsteller und Publizist. - 1920 Mitbegr. der Künstlergruppe „Devětsil"; theoret. Wortführer des Poetismus. Forderte eine „Poesie aller Sinne" sowie die Aufhebung der Grenzen zw. Künstler und Gesellschaft, Kunst und Leben durch einen humanist. Sozialismus. 1934 Gründer (mit V. Nezval) einer surrealist. Gruppe. Geriet Mitte der 1930er Jahre in eine bis zu seinem Tode dauernde Isolation.

Teiggrind ↑ Glatzflechte.

Teigmaul ↑ Glatzflechte.

Teigwaren (Nudeln), Lebensmittel aus Getreide, die zum Verzehr gegart werden müssen. Nach den Getreideprodukten unterscheidet man Hartgrieß-, Mehl-, Vollkorn-, Graumehl-T., nach den Zutaten Wasser-, Milch-, Eier-T. (pro kg Grieß oder Mehl drei Eier) u. a., nach der Art der Formung Bandnudeln, Fadennudeln, Makkaroni, Spaghetti (sog. lange Ware), ferner Hörnchen, Spätzle, Sternchen usw. (sog. kurze Ware).

Teilbarkeit, Eigenschaft einer ganzen Zahl, ↑ Teiler zu besitzen. Für natürl. Zahlen gelten folgende Teilbarkeitsregeln: Eine natürl. Zahl ist (ohne Rest) teilbar durch:

2, wenn die letzte Ziffer durch 2 teilbar oder 0 ist;
3, wenn die Quersumme der Zahl durch 3 teilbar ist;
4, wenn die letzten beiden Ziffern eine durch 4 teilbare Zahl darstellen oder 00 lauten;
5, wenn die letzte Ziffer eine 0 oder 5 ist;
8, wenn die letzten drei Ziffern eine durch 8 teilbare Zahl darstellen oder 000 lauten;
9, wenn ihre Quersumme durch 9 teilbar ist;
10, wenn die letzte Ziffer eine 0 ist.

Teilbürgschaft ↑ Bürgschaft.

Teilchen (Korpuskel, Partikel), allg. die Bez. für [sehr] kleine materielle Körper, z. B. *Staub-T.* und *Schwebe-T.* in Gasen und Flüssigkeiten (↑ auch Kolloid); in der Mikrophysik die *atomaren T.*, das sind Atome und Moleküle (sowie ihre Ionen), Elektronen und Atomkerne (z. B. Deuteronen, Alpha-T.), Nukleonen sowie alle übrigen ↑ Elementarteilchen.

Teilchen-Antiteilchen-Paar ↑ Paarerzeugung.

Teilchenbeschleuniger (Akzeleratoren), Bez. für verschiedenartige Vorrichtungen zur Beschleunigung elektr. geladener Teilchen (Elektronen, Protonen, Ionen). Um hochenerget. Teilchen zu erhalten, läßt man sie eine sehr hohe [Beschleunigungs]spannung durchlaufen oder man richtet es so ein, daß die Teilchen eine oder mehrere relativ kleine Spannungen sehr oft in derselben Richtung durchlaufen und ihre Energie stufenweise erhöhen. Daraus ergeben sich zwei verschiedene Bauarten von T., die *Linearbeschleuniger* und die *Kreis-* bzw. *Zirkularbeschleuniger*.

Bei den **Linearbeschleunigern** erfolgt die Beschleunigung auf geradlinigen Bahnen. Als *klassische* oder *statische Linearbeschleuniger* werden solche mit stat. elektr. Beschleunigungsfeld bezeichnet; ihre Maximalenergie ist auf wenige MeV beschränkt. Heute bezeichnet man i. e. S. nur die sog. **Hochfrequenz-Linearbeschleuniger** als Linearbeschleuniger. Eine stufenweise Beschleunigung wird dadurch erreicht, daß die Teilchen eine Reihe zylindr. Röhren (sog. *Driftröhren*) durchlaufen, die abwechselnd an die beiden Pole eines Hochfrequenzgenerators gelegt sind, so daß zw. den Driftröhren ein elektr. Hochfrequenzfeld konstanter Frequenz herrscht. Man erreicht auf diese Weise eine Beschleunigung von Elektronen auf bis zu 20 GeV.

Große Bedeutung erlangten Linearbeschleuniger beim Bau sog. **Schwerionenbeschleuniger.** Damit werden zunächst mäßig geladene

13

Teilchenbeschleuniger

Teichhuhn

Ionen vorbeschleunigt und durch eine Metallfolie (Stripper) geschossen, wobei sie weitere Elektronen verlieren; die nunmehr hochionisierten Ionen werden dann in weiteren Beschleunigerstufen auf ihre Endenergie gebracht. Mit Schwerionenbeschleunigern lassen sich Atomkerne aller chem. Elemente auf so hohe Endenergien (über 10 MeV/Nukleon) beschleunigen, daß die auf der Coulomb-Abstoßung der Atomkerne beruhenden Schwellenenergien (6,6 MeV/Nukleon bei Urankernen), bei der zwei aufeinandertreffende Kerne miteinander zu reagieren beginnen, überschritten werden.

Bei den **Kreisbeschleunigern** werden die beschleunigten Teilchen durch ein magnet. Führungsfeld auf kreisförmigen Bahnen geführt und können auf diese Weise ein oder mehrere elektr. Felder fast beliebig oft durchlaufen. Die wichtigsten Kreisbeschleuniger sind das *Zyklotron*, das *Synchrozyklotron*, das *Betatron* und das *Synchrotron*. 1. Das **Zyklotron** (von *E. O. Lawrence* 1932 entwickelt) besteht aus zwei flachen, metallischen, durch einen Schlitz getrennten D-förmigen Halbkreisdosen *(Duanten)*, die im Hochvakuum zw. den Polen eines starken Magneten angeordnet sind. Die aus einer Ionenquelle im Zentrum ausgehenden Teilchen laufen im homogenen Magnetfeld in den Duanten auf Spiralbahnen von innen nach außen. Jeweils beim Übergang von einem Duanten in den anderen erfahren die Teilchen durch ein elektr. Feld eine Beschleunigung. Die Frequenz der das elektr. Feld bewirkenden Spannung ist so einzurichten, daß die Teilchen pro Umlauf zweimal eine Beschleunigung erfahren. Nach Erreichen einer bestimmten Energie werden die beschleunigten Teilchen durch eine sog. *Ablenkelektrode* tangential aus dem Zyklotron herausgeführt. Infolge der relativist. Massenzunahme bei hohen Geschwindigkeiten würden die Teilchen bei konstanter Frequenz der Spannung außer Tritt geraten. Um dies zu verhindern, muß man entweder diese Frequenz oder aber die magnet. Kraftflußdichte oder auch beide Größen geeignet ändern. Diese Synchronisation erfolgt beim sog. **Synchrozyklotron**; erreichbare Endenergie über 1 GeV. 2. Das **Betatron** (*Elektronenschleuder*) arbeitet nach dem Prinzip des Transformators. Ein zylindr. Eisenkern trägt eine sog. *Erregerwicklung* (entsprechend der Primärwicklung des Transformators), die von einem Wechselstrom durchflossen wird. An die Stelle der Sekundärwicklung tritt eine evakuierte Ringröhre, in die Elektronen eingeschossen werden. Durch elektromagnet. Induktion entsteht in der Ringröhre ein ringförmiges elektr. Wechselfeld in einer zum Magnetfeld senkrechten Richtung, das die Elektronen beschleunigt. 3. Das **Synchrotron** ist ein T. zur Erreichung höchster Energien, bei dem geladene Teilchen während ihrer Beschleunigung in einer evakuierten Ringröhre durch ein magnet. Führungsfeld auf einer Kreisbahn mit konstantem Radius gehalten und an mehreren Stellen der Umlaufbahn durch geradlinige Hochfrequenzstrecken beschleunigt werden. Dabei steigen sowohl die Stärke des magnet. Führungsfeldes wie die Frequenz des elektr. Beschleunigungsfeldes während einer Beschleunigungsperiode synchron mit der wachsenden Energie der umlaufenden Teilchen an. Auch das Synchrotron arbeitet wie das Betatron im Impulsbetrieb, d. h., nach einer bestimmten Beschleunigungsperiode verläßt ein kurzzeitiger Strahlimpuls hochenerget. Teilchen das Beschleunigungsgefäß, oder es wird an einem Innentarget ein kurzzeitiger Impuls von Quanten- oder Teilchenstrahlung erzeugt.

Zusatzanordnung an T., die die gesamte kinet. Energie der beschleunigten Teilchen für Elementarteilchen- und Kernreaktionen auszunutzen gestatten, sind die sog. **Speicherringe**. Zwei sich mehrfach schneidende oder ein gemeinsames Teilstück besitzende hochevakuierte Ringgefäße werden in jeweils entgegengesetzter Umlaufrichtung vom Beschleuniger mit hochenerget. Teilchen gefüllt; die Teilchen (Elektronen, Positronen, Protonen und Antiprotonen) werden durch magnet. Führungsfelder so lange auf sich nicht kreuzenden Bahnen gehalten und gespeichert, bis die Strahlintensitäten so hoch sind, daß die Wahrscheinlichkeit für den „frontalen" Zusammenstoß zweier Teilchen genügend groß ist, wenn die Teilchenstrahlen so abgelenkt werden, daß sie einander durchsetzen.

Die T. sind v. a. in der Kern- und Hochenergiephysik ein wichtiges Hilfsmittel beim Studium der verschiedenen Wechselwirkungen und der Struktur der Elementarteilchen. Eini-

ge Typen werden in der Medizin zur Strahlentherapie, in der Technik zur zerstörungsfreien Werkstoffprüfung, in der Chemie zur Polymerisation von Monomeren verwendet. - Abb. S. 16 f.
📖 *Boussard, D.: Die T. Dt. Übers. Stg. 1975. - Daniel, H.: Beschleuniger. Stg. 1974. - Livingston, M. S.: Particle accelerators. A brief history. Cambridge (Mass.) 1969. - Persico, E., u. a.: Principles of particle accelerators. New York 1968.*

Teilchendetektor, Gerät zum Nachweis und zur Zählung (Teilchenzähler) atomarer Teilchen bzw. Elementarteilchen. Elektronen, Ionen u. a. geladene Teilchen werden durch ihre ionisierende Wirkung beim Durchgang durch Materie registriert; bei ungeladenen Teilchen werden erst durch Sekundärprozesse ionisierende Teilchen ausgelöst und diese dann gezählt. Als T. dienen Halbleiterdetektoren, Szintillationszähler, Ionisationszähler, Proportionalzähler, Spitzenzähler, Tscherenkow-Zähler, Zählrohr, auch die Nebelkammer, die Blasenkammer oder Kernspurplatten sowie Gammaspektrometer.

Teilchenstrahlen, svw. ↑ Korpuskularstrahlen.

Teilchen-Welle-Dualismus, svw. ↑ Welle-Teilchen-Dualismus.

Teildruck, svw. ↑ Partialdruck.

Teileigentum, beim Wohnungseigentum das Sondereigentum an nicht zu Wohnzwecken dienenden Räumen eines Gebäudes in Verbindung mit dem Miteigentumsanteil an dem Grundstück, zu dem es gehört.

Teiler, Begriff der Zahlentheorie; in der elementaren Zahlentheorie wird eine ganze Zahl b als T. einer ganzen Zahl a bezeichnet, wenn a darstellbar ist in der Form $a = g \cdot b$, wobei g ebenfalls eine ganze Zahl ist; a nennt man dann *Vielfaches* von b; man sagt auch, a sei durch b *teilbar*, a *enthält* b oder b *geht auf* in a und schreibt dafür kurz: $b|a$ (gelesen: b teilt a). Jede ganze Zahl a hat die *trivialen* oder *uneigtl.* T. $\pm a$ und ± 1; alle anderen T. bezeichnet man als *echte* oder *eigentl. Teiler.* Natürl. Zahlen, die keine echten T. besitzen, heißen ↑ Primzahlen. Als *gemeinsamen* T. mehrerer Zahlen $a_1, \ldots, a_n$ bezeichnet man jede Zahl d, die T. jeder dieser Zahlen ist, für die also gilt: $d|a_1$ und $d|a_2$ und ... und $d|a_n$; die größte dieser gemeinsamen T. heißt *größter gemeinsamer T.* (abgekürzt ggT).

teilerfremd (teilerfrei, relativ prim), gesagt von Zahlen, die außer der Eins keinen gemeinsamen ↑ Teiler besitzen.

Teilerhebung, nur an einem Teil der Grundgesamtheit durchgeführte Erhebung; in der Marktforschung z. B. als Schätzung und Enquete, in der analyt. Statistik als Repräsentativerhebung und Stichprobe.

Teilhabe (soziale T.), unpräziser Begriff, der die Inhalte von Partizipation (konkret sich manifestierende Teilnahme, demokrat. Mitbestimmung) und Status (gesellschaftl. Stellung) umfaßt.

Teilhaber, im Handelsrecht der [mit einem Geschäftsanteil beteiligte] Gesellschafter einer Personengesellschaft.

Teilhard de Chardin, Marie-Joseph Pierre [frz. tɛjardɔʃarˈdɛ̃], * Landsitz Sarcenat bei Clermont-Ferrand 1. Mai 1881, † New York 10. April 1955, frz. Paläontologe, Anthropologe und Philosoph. - Jesuit; 1922 Prof. am Institut Catholique in Paris; zw. 1923 und 1939 Forschungsreisen nach China, wo er an der Auswertung der Ausgrabung des Pekingmenschen beteiligt war, sowie nach Afrika und Indien; 1939-46 kriegsbedingter Aufenthalt in Peking, 1946 Rückkehr nach Frankr.; ab 1951 in New York. - In seinem philosoph. Hauptwerk „Der Mensch im Kosmos" (1955) unternimmt T. de C. den Versuch, Ergebnisse der modernen Naturwiss., insbes. die materialist. Evolutionstheorie (seit Darwin), und die christl. Heilslehre bzw. Heilsgeschichte in Einklang zu bringen. Sein Hauptargument ist, daß die Materie, um Geist (in Gestalt des Selbstbewußtseins des Menschen) hervorzubringen, als Urmaterie bereits beseelt gewesen sein müsse und sich durch Evolution schließl. im Bewußtsein des Menschen ihrer selbst bewußt werde. Auf dieser Stufe der Evolution, dem qualitativen Sprung von der „Biosphäre" zur „Noosphäre", wird der Mensch zum Träger der weiteren Entwicklung, die sich T. de C. in einer myst. Vision als eine teleolog. Entwicklung aller menschl. Kulturen zu einer einzigen Weltkultur, dem „Punkt Omega", denkt. - Die kath. Kirche hat T. de C. nicht nur seinen „Evolutionismus" vorgehalten, sondern auch seinen Fortschrittsoptimismus, der mit den christl. Grundannahmen der Erbsünde und des Jüngsten Gerichts nur schwer vereinbar sei.
📖 *Hemleben, J.: P. T. de C. in Selbstzeugnissen u. Bilddokumenten. Rbk. 71. Tsd. 1976. - Delfgaauw, B.: T. de C. u. das Evolutionsproblem. Dt. Übers. Mchn. ³1971. - Cuénot, C.: Unsere dynam. Welt. T. de C. zw. Dogma u. Wiss. Dt. Übers. Olten u. Freib. 1968. - Gosztonyi, A.: Der Mensch u. die Evolution. T. de Chardins philosoph. Anthropologie. Mchn. 1968. - Cuénot, C.: P. T. de C. Leben u. Werk. Dt. Übers. Olten u. Freib. 1966.*

Teilindossament ↑ Indossament.

Teilkaskoversicherung ↑ Kraftverkehrsversicherung.

Teilmauser (partielle Mauser), bes. Art des Gefiederwechsels (↑ Mauser) bei vielen Vögeln (v. a. den Singvögeln), bei der im Unterschied zur **Vollmauser** (Klein- und Großgefieder werden zusammen gemausert) nur das Klein- oder das Großgefieder mehr oder weniger wechselnd gewechselt wird. Die T. erfolgt i. d. R. im Winter als zweite Mauser nach einer Vollmauser im Sommer (nach der Brutzeit).

Teilmenge

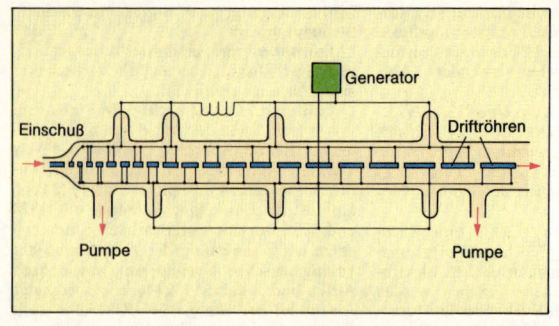

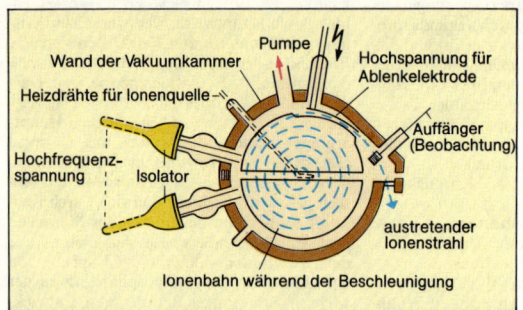

Teilchenbeschleuniger. Oben: Linearbeschleuniger mit Driftröhren; unten: Zyklotron (schematisch)

Teilmenge ↑Mengenlehre.

Teilnahme, im strafrechtl. Sinne die Mitwirkung bei einer fremden Straftat. Diese kann ↑Anstiftung oder ↑Beihilfe sein. Teilnahmehandlungen sind nur strafbar, wenn sie sich auf eine vorsätzl. und rechtswidrige Haupttat beziehen. Die Strafe der Teilnehmer richtet sich nach der Strafdrohung für den Täter, wobei die Strafzumessung für jeden Beteiligten ohne Rücksicht auf die Schuld anderer nach seiner individuellen Schuld bemessen wird.

Teilschuldverschreibung, in einer eigenen Urkunde verbriefter Teil des Gesamtbetrages einer als Anleihe herausgegebenen Schuldverschreibung.

Teilstaatstheorie ↑Deutschland (Völkerrechtliche Stellung nach dem Zweiten Weltkrieg).

Teilstreitkräfte, die Hauptbereiche der Gesamtstreitkräfte, im allg. Heer, Marine, Luftwaffe.

Teiltöne (Partialtöne), den harmon. Schwingungen entsprechende Töne, aus denen alle Klänge bestehen. Der Teilton mit der niedrigsten Schwingungszahl (*1. Teilton*) gilt als *Grundton*, die übrigen als ↑Obertöne.

Teilung, die Bestimmung eines Punktes C auf einer Strecke $\overline{AB}$ oder deren Verlängerung, so daß der Quotient $\overline{AC} : \overline{CB}$ eine vorgegebene rationale Zahl $\lambda = m/n$ (das Teilverhältnis) annimmt. Wenn der Teilpunkt C zw. den Endpunkten der zu teilenden Strecke liegt, spricht man von einer *inneren* T. ($\lambda > 0$), anderenfalls von einer *äußeren* T. ($\lambda < 0$) (↑auch harmonische Teilung, ↑Goldener Schnitt).
◆ ↑Zellteilung.

Teilungsabkommen, Schadenteilungsabkommen zw. Versicherern und Versicherungsträgern zur Vermeidung schwieriger Regreßfragen bei Schäden, für die mehrere Versicherer haften. T. sind von bes. Bedeutung in der Kraftverkehrsversicherung.

Teilungsanordnung, testamentar. Anordnung des Erblassers darüber, welcher Erbe bei der Auseinandersetzung (Teilung) des Nachlasses bestimmte Gegenstände erhalten soll. Die T. führt nicht zu einem direkten Erwerb des Gegenstandes durch den Begünstigten, sondern verpflichtet lediglich die Miterben (bzw. den Testamentsvollstrecker), ihm den Gegenstand bei der Auseinandersetzung gegen Anrechnung auf den Erbteil zu überlassen.

Teilungsgewebe, svw. ↑Bildungsgewebe.

Teilungsmasse, 1. im *Konkurs* das gesamte zur Konkursmasse gehörige Vermögen des Gemeinschuldners bzw. die bereinigte, d. h. nach Durchführung von Aufrechnungen, Freigaben und nach Befriedigung der Massegläubiger zur Verteilung an die Konkursgläubiger gelangende Masse; 2. in der *Zwangsversteigerung* die Gesamtheit des Bargebots nebst 4% Zinsen seit Zuschlag und dem Erlös von bes. versteigerten oder verwerteten Gegenständen.

Teilungsspindel (Kernteilungsspindel), svw. ↑ Kernspindel.

Teilurteil, ein Endurteil, in dem über einen Teil eines Streitgegenstandes oder über einen von mehreren verbundenen Streitgegenständen entschieden wird; gegen ein T. können Rechtsmittel eingelegt werden.

Teilwert ↑ Bewertung.

Teilzahlung ↑ Abzahlungsgeschäft.

Teilzahlungsbanken, Spezialkreditinstitute, die Abzahlungsgeschäfte durch Kredite finanzieren; häufig als Kundenkreditbanken mit Handelsfirmen verbunden, wobei die Handelsfirmen das Waren-, die T., davon getrennt, das Kreditgeschäft abwickeln.

Teilzahlungskredit, Kredit an Käufer zur Vorfinanzierung von bewegl., meist langlebigen Gütern oder Dienstleistungen mit am Tage der Krediteinräumung nach Höhe und Fälligkeitsterminen festgelegten Rückzahlungsraten.

Teilzeitbeschäftigung, Arbeitsverhältnis, bei dem eine geringere als die übliche durchschnittl. Arbeitszeit vereinbart ist. Häufigste Form ist die [v. a. von Frauen ausgeübte] Beschäftigung für die Hälfte der tägl. Arbeitszeit *(Halbtagsbeschäftigung)*. Teilzeitbeschäftigte, die regelmäßig weniger als 20 Stunden wöchentl. arbeiten, unterliegen nicht der Arbeitslosenversicherungspflicht.

Teilzeitschule, Bez. für eine Schulart, deren Unterricht nur einen Teil der zur Ausbildung vorgesehenen Zeit beansprucht; v. a. die Berufsschule, im Ggs. zu den ↑ Vollzeitschulen.

Teilzieher, Vogelarten, bei denen nur ein Teil der Individuen (meist die nördl. Populationen) einer Art nach S zieht (z. B. Star, Ringeltaube, Kiebitz, Teich- und Bläßhuhn). - ↑ auch Strichvögel.

Teinach, Bad ↑ Bad Teinach-Zavelstein.

Teinochemie [zu griech. teínein „(an)spannen"], Zweig der physikal. Chemie, der sich mit der Erzeugung mechan. Energie bei chem. Prozessen befaßt.

Teiresias, Gestalt der griech. Mythologie. Thebens blinder Seher, der dem Ödipus Vatermord und Blutschande kündet.

Teirlinck, Herman [niederl. 'te:rlıŋk], * Molenbeek-Saint-Jean 24. Febr. 1879, † Beersel bei Brüssel 4. Febr. 1967, fläm. Schriftsteller. - Verfaßte Gedichte und naturalist. Erzählungen aus der Welt der Bauern; später Großstadtromane mit psychologisierender Tendenz („Das Elfenbeinäffchen", 1909); auch dem Expressionismus nahestehende Dramen, die formal vom ma. Mysterienspiel beeinflußt sind.

Teilchenbeschleuniger. Schwerionenbeschleuniger UNILAC in Darmstadt

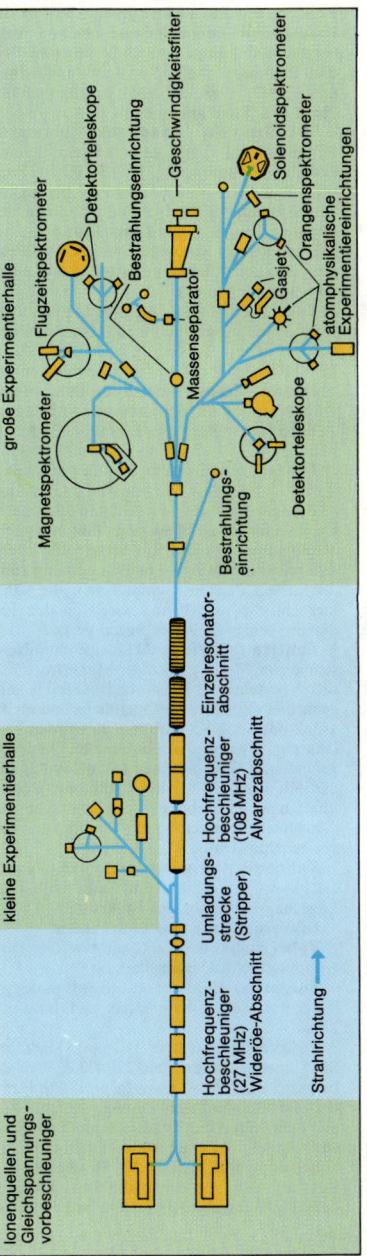

Teisiphone

Teisiphone, eine der drei †Erinnyen.
Teitgen, Pierre-Henri [frz. tɛd'ʒɛn]. * Rennes 29. Mai 1908, frz. Politiker. - Bed. Rolle in der Résistance, geriet 1944 in dt. Haft, konnte jedoch fliehen; 1945–58 Abg. für die MRP (deren Vors. 1952–56), zw. 1944 und 1956 wiederholt Min. und stellv. Min.-präs. (1947, 1948, 1953/54); setzte sich für die dt.-frz. Aussöhnung ein.
Teixeira de Pascoaes [portugies. tɐʃ'ʃɐjrɐ ðə pɐʃ'kwaiʃ], eigtl. Joaquim Pereira Teixeira de Vasconcelos, * Gatão (Distr. Porto) 2. Nov. 1877, † ebd. 4. Dez. 1952, portugies. Schriftsteller. - Seine lyr. und ep. Gedichte, Dramen, Biographien, Romane und Essays sind großenteils Ausdruck eines spezif. portugies., myst.-pantheist. verklärten Sehnsuchtskults („saudosismo").
Teja (Theia, Tejus, Theja), ✕ Mons Lactarius (= Sant'Angelo a Trepizzi bei Positano) 553, letzter ostgot. König in Italien (seit 552). - Erfolgreicher Heerführer und Nachfolger des Totila; sein Heer wurde von den Byzantinern unter Narses am Mons Lactarius geschlagen.
Tejo [portugies. 'tɐʒu], Fluß in Portugal. †Tajo.
Tejus [brasilian. te'ʒu; indian.-portugies.] (Echte T., Groß-T., Tupinambis), Gatt. der †Schienenechsen mit vier Arten in Südamerika, darunter der **Bänderteju** (Solompenter, Tupinambis teguixin); bis 1,4 m lang, oberseits schwarz, mit 9–10 Querbändern aus runden, gelben Flecken; kommt auch in die Nähe menschl. Siedlungen und wird von den Indianern seines Fleisches wegen gejagt.
Tektite [zu griech. tēktós „geschmolzen, schmelzbar"], aus glasartiger Masse (rd. 75% SiO_2) bestehende, meist rundl. Gebilde mit genarbter oder gerillter Oberfläche und meist grünl. oder bräunl. Färbung. T. wurden bislang nur in einigen eng begrenzten Gebieten gefunden, z. B. in Böhmen („Moldavit"), auf der indones. Insel Billiton („Billitonit"). Herkunft bzw. Entstehung der früher auch als Glasmeteorite bezeichneten T. sind nach wie vor sehr umstritten.
Tektonik [zu griech. tektonikḗ (téchnē) „Baukunst"], Lehre vom Bau und den Lagerungsstörungen der Erdkruste.
tektonische Beben †Erdbeben.
Tela [lat.], in der Anatomie svw. Gewebe, Gewebsschicht, Gewebsblatt.
Telamon, Held der griech. Mythologie. Vater des „Telamoniers" Ajax und des Teukros.
Telanaipura (früher Djambi), Stadt im SO Sumatras, Indonesien, 230 400 E. Verwaltungssitz einer Prov., Univ. (gegr. 1963); im Handelszentrum, Erdölgewinnung, Hafen, ✈. - Seit dem 7. Jh. Hauptstadt des hinduist. Reiches Malaju, das später unter die Oberhoheit von Sriwijaya, 1275 des javan. Reiches Singasari, im 14. Jh. von Majapahit kam. Die seit dem 16. Jh. muslim. Herrscher von Djambi (bis 1973 Name von T.) schlossen 1643 einen Bündnisvertrag mit den Niederländern, denen sie das Handelsmonopol einräumten. 1858 kam das Sultanat Djambi unter die Schutzherrschaft der niederl. Ostindienkompanie, 1901 unter deren direkte Verwaltung.
Tel Aviv-Jaffa, größte Stadt Israels, entlang der Mittelmeerküste, 327 300 E. Verwaltungssitz des Distr. Tel Aviv; 2 Universitäten, Informationszentrum für Wiss. und Technik, Inst. für Talmudforschung, Afroasiat. Inst. für Zusammenarbeit, Hebr. Konservatorium, ausländ. Kulturinstitute; Museen, u. a. für Ethnologie und Volkskunde, für Naturwiss. und Technik; Theater, Nationaloper, Kammertheater; Planetarium, Zoo. Wirtschaftszentrum Israels, mit internat. Fachmessen und Diamantenbörse; Vermarktung und Verarbeitung von Zitrusfrüchten, Melonen, Getreide und Wein. Leder-, Textil- und Bekleidungsind., Zuckerfabrik, Herstellung von Möbeln, chem. Produkten, Elektrogeräten: in Jaffa bed. Kunstgewerbe.
Geschichte: Jaffa (griech. Ioppe) war seit dem 5. Jt. v. Chr. besiedelt, seit etwa 1500 v. Chr. inschriftl. (als Japu) belegt; im 1. Jt. v. Chr. wichtige Hafenstadt für Jerusalem, Grenzstadt der Philister und des israelit. Stamms Dan; kam erst 144 v. Chr. fest in jüd. Hand, ab 64/63 röm.; wurde im 4. Jh. n. Chr. Bischofssitz; während der Kreuzzüge stark befestigt; sollte nach dem Teilungsplan von 1947 arab. bleiben, wurde aber 1948 im 1. Israel.-Arab. Krieg von Israel erobert und 1950 mit **Tel Aviv** (1908 als zionist. Siedlung gegr.; 1948–50 Hauptstadt Israels) vereinigt. - Am 14. Mai 1948 proklamierte in Tel Aviv der Nationalrat der Juden den Staat Israel.
Bauten: In Jaffa: Franziskanerklosterkirche Sankt Peter (1654), Große Moschee (1810); in Tel Aviv: über 400 Synagogen und zahlr. Profanbauten, u. a. Kunstgalerie Helena Rubinstein (1959) mit Konzerthalle, Tempel der Kultur (1957).
tele..., Tele... [griech.], Bestimmungswort von Zusammensetzungen mit der Bed. „fern, weit".
Telebrief, Bez. für einen in Entwicklung befindl. Briefdienst, bei dem der Transport eines Briefes durch Übermittlung über Fernsprechkabel oder [Satelliten]funk ersetzt wird. An öffentl. Eingabegeräten werden (sog. elektron. Briefkästen) die Schriftzeichen u. a. des Briefes photoelektronisch in elektr. Signale umgewandelt und übertragen. Am Zustellpostamt nimmt ein Ausgabegerät die ankommenden Signale auf und erstellt eine Kopie des Briefes; diese wird nach automat. Kuvertierung wie ein herkömml. Brief zugestellt.
Telefax [Kw.], Fernkopiereinrichtung über das öffentl. Fernsprechnetz der Dt. Bundespost; seit 1979. - †auch Fernkopierer.
Telefon [griech.], svw. Fernsprechapparat, Fernsprecher (†Fernsprechen).

Telegrafie

Telefonhandel, im außerbörsl. Freiverkehr der [telefonisch oder telegrafisch] abgewickelte Handel zw. Banken, insbes. der Handel mit amtlich nicht notierten Effekten.

Telefonie [griech.], svw. ↑Fernsprechen.

Telefonseelsorge, Form der Stadtseelsorge, die jedem Anrufer die Möglichkeit zu anonymem seelsorgl. Gespräch mit geschulten (meist ehrenamtl.) Mitarbeitern bietet, v. a. wenn sich der Anrufer in Not, Verzweiflung und Selbstmordgefahr befindet. Die T. arbeitet Tag und Nacht und ohne jeden religiösen bzw. ideolog. Druck.

Telefonüberwachung, auf Grund des ↑Abhörgesetzes bei Vorliegen des begründeten Verdachts staatsgefährdender Straftaten angeordnete Überwachung des Fernmeldeverkehrs (Fernschreiben, Telefongespräche, Funkverkehr, Telegramme).

Telefunken ↑AEG-Aktiengesellschaft.

Telegraaf, De [niederl. də teːləˈxraːf „Der Telegraph"], niederl. Tageszeitung, ↑Zeitungen (Übersicht).

Telegraf (Telegraph), Gerät zur Übertragung codierter Informationen auf opt., akust. oder elektr. Wege. - Für die schreibmaschinenähnl. T.apparate hat sich die Bez. Fernschreiber durchgesetzt.

Telegrafenalphabet (Telegraphenalphabet), die Gesamtheit der in einem Telegrafiersystem den zu übertragenden Buchstaben, Ziffern, Zeichen zugeordneten Codeelementfolgen. Das *Morsealphabet* verwendet Kombinationen von Punkten und Strichen, wobei die Strichlänge drei Einheiten (Punktlängen) beträgt. Eine erste internat. Normung wurde mit dem *Internat. T. Nr. 1* (ein sog. Fünferalphabet) erreicht; seit 1929 ist das *Internat. T. Nr. 2* eingeführt, ebenfalls ein *Fünferalphabet*, das mit Gruppen von je fünf gleich langen Schritten, Strom- und Pausen- bzw. Plus- und Minusschritten arbeitet, denen ein Start- oder Anlaufschritt vorangeht und ein Stopp- oder Sperrschritt folgt. Für Spezialfälle mit größerem Bedarf an Schrittkombinationen werden Codes mit größerer Stellenzahl verwendet. Das 7-Schritt-Alphabet wird v. a. bei Funk-Fernschreibübertragungen benutzt.

Telegrafie (Telegraphie), die Übermittlung von Informationen in Form von codierten Signalen, heute die übl. Art der T. werden die zu übertragenden Informationen (in Form von Buchstaben-, Zahlen- oder Zeichenfolgen) vom Sender (z. B. Fernschreiber) nach einem bestimmten Code (Telegrafenalphabet) in elektr. Schrittfolgen (Impulse) umgesetzt und nach der Übertragung über Leitungen (als modulierter [Träger]gleichstrom bei der *Gleichstromtelegrafie* bzw. mittels amplituden- oder häufiger frequenzmodulierter Wechselströme bestimmter Frequenz bei der *Wechselstromtelegrafie*) oder auf dem Funkwege (*Funktelegrafie*) im Empfänger wieder in ihre urspr. Form zurückverwandelt.

Telegrafie. Oben: Geber (vorn) und Empfänger des ersten Schreibtelegrafen mit Gewichtsantrieb von Samuel Morse (1837); unten: erster elektromagnetischer Schreibtelegraf von Carl August Ritter von Steinheil (1836)

Geschichte: Buschtrommeln, Feuer- und Rauchzeichen, mit denen Nachrichten über große Entfernungen weitergegeben wurden, können als Vorläufer der T. angesehen werden. Die systemat. Entwicklung begann mit dem Flügeltelegrafen von C. Chappe (1791/ 1792). In größerem Umfang wurde von

Telegramm

der T. in Deutschland vom 19. Jh. an Gebrauch gemacht. Die Ablenkung einer Magnetnadel bildete die Grundlage für elektromagnet. Telegrafen durch C. F. Gauß und W. E. Weber (1833), C. A. von Steinheil (1836) und andere. Den entscheidenden Durchbruch erzielte der 1837 von S. Morse konstruierte und 1844 verbesserte Schreibtelegraf. Eine Verlegung von Seekabeln begann 1839, die erste Kabelverbindung für die T. zw. Europa und Nordamerika erfolgte 1857/58. Die drahtlose T. begann gegen 1900 mit Versuchen von K. F. Braun, G. Marconi u. a.; die erste Verbindung über den Ärmelkanal gelang Marconi 1899, die erste über den Nordatlantik 1901. Der Bildtelegraf wurde ab 1901 von A. Korn entwickelt. Wesentl. Beiträge zur Entwicklung des Fernschreibers lieferte E. Kleinschmidt (* 1875, † 1977).

Telegramm, von der Post im Telegrafendienst (auf Wunsch auf bes. Schmuckblättern) telegrafisch übermittelte Nachricht, die - neben Dienstvermerken der Post - Anschrift, Text und Unterschrift enthält.

Telegraph... ↑ Telegraf...

Telegraphenalphabet ↑ Telegrafenalphabet.

Telegraphen-Union, Abk. TU, 1913 in Berlin gegr. dt. Nachrichtenagentur, an der seit 1916 der Hugenbergkonzern beteiligt war, seit 1919 mehrheitl.; 1933 mit Wolffs Telegraphen-Bureau (WTB) zum Dt. Nachrichtenbüro GmbH (DNB) vereinigt.

Teleki, Pál Graf, * Budapest 1. Nov. 1879, † ebd. 3. April 1941, ungar. Geograph und Politiker. - Am Sturz der Räterepublik beteiligt; 1920 Außenmin.; 1920/21 Min.präs., erneut seit Febr. 1939; versuchte, sich dem dt. Druck zu widersetzen, und beging Selbstmord, als Ungarn an der dt. Aggression gegen Jugoslawien teilnehmen sollte.

Telekinese, die psych. Beeinflussung externer Materie (z. B. „Tischrücken") durch angebl. okkulte Kräfte. T. wird im Ggs. zu sog. mentalen paranormalen Phänomenen, wie Hellsehen oder Telepathie, zur Gruppe der sog. phys. oder physikal. paranormalen Phänomene (↑ Parapsychologie) gerechnet.

Telekolleg, Weiterbildungseinrichtung in Form eines Medienverbundsystems aus Fernsehsendungen, schriftl. Begleitmaterial und einem Gruppenunterricht, der etwa einmal im Monat die Teilnehmer versammelt. 1967 auf Grund eines Vertrages zw. dem Freistaat Bayern und dem Bayer. Rundfunk gegr. und begonnen. Telekolleg I führt zur Fachschul-, Telekolleg II zur Fachhochschulreife. Nach Beginn in Bayern schlossen sich der SWF, der SDR, der SR und der WDR sowie die entsprechenden Bundesländer dem System an.

Telekommunikation, der Austausch von Nachrichten und Informationen über größere Entfernungen mit Hilfe von T.*mitteln* wie Fernsprecher, Fernseh- bzw. Bildschirmgerät, Fernkopierer u. ä.

Telekommunikationsordnung, Abk. TKO, Kurzbez. für die Verordnung über die Bedingungen und Gebühren für die Benutzung der Einrichtungen des Fernmeldewesens der Dt. Bundespost vom 5. Nov. 1986.

Telekopie, svw. Fernkopieren; auch die dabei entstehende Kopie des Originals.

Telekratie, aus dem Frz. übernommener (auf ähnl. Vorgänge übertragener) Begriff, der urspr. [polem.] die zentrale Rolle bezeichnete, die in der 5. Republik den direkten - v. a. über das staatl. Fernsehen vorgetragenen - Appellen de Gaulles an das Volk (unter Umgehung des Parlaments oder in Konfrontation mit ihm) für die plebiszitäre Legitimation der Regierungspolitik zukam.

Telemachos, Sohn des ↑ Odysseus. T. ist Hauptperson der ersten vier Bücher der „Odyssee", die deshalb „Telemachie" genannt werden.

Telemann, Georg Philipp, * Magdeburg 14. März 1681, † Hamburg 25. Juni 1767, dt. Komponist. - 1704 Organist und Musikdirektor in Leipzig, danach Hofkapellmeister in Sorau, ab 1706 in Eisenach, ab 1712 Kapellmeister und Musikdirektor in Frankfurt am Main, ab 1721 Musikdirektor der fünf Hauptkirchen und Kantor am Johanneum in Hamburg, ab 1722 auch Leiter der Oper. - T. schuf Kompositionen aller Gatt. seiner Zeit: etwa 50 Opern, Oratorien, 46 Passionen, Messen, Psalmen, etwa 1400 Kirchenkantaten, 70 weltl. Kantaten, 40 „Kapitänsmusiken", Lieder, Oden, Kanons; etwa 125 erhaltene Orchestersuiten (von etwa 1000), etwa 120 Solokonzerte für verschiedene Instrumente, Kammer-, Klavier- und Orgelwerke. T. gehörte in seiner Zeit mit G. F. Händel und J. A. Hasse zu den drei dt. Musikern, die erstmals zu abendländ. Geltung gelangten. Für sein Schaffen ist es ebenso charakterist., daß er sich der Tendenzen der dt., poln., frz. und italien. Musik nutzbar zu machen wußte, wie sein Streben, seinem Publikum, dem Bürgertum, entgegenzukommen.

Telemark, Verw.-Geb. im südl. Norwegen, 15 315 km^2, 162 300 E (1985), Hauptstadt Skien. T. reicht vom Skagerrak bis auf die Hardangervidda; zahlr. meist langgestreckte Talseen gliedern die bergige Landschaft. Ein großes Wasserkraftpotential hat schon früh zur Entstehung lokaler Ind.zentren geführt.

Telematik [Kw. aus ↑ **Tele**... und Infor**matik**], Bez. für: 1. die Kopplung von Datenverarbeitungsanlagen und Telekommunikationsmitteln; 2. die wiss. Verknüpfung von Informatik und [Tele]kommunikationswissenschaft.

Telemetrie [griech.], die automat. Übertragung von Meßwerten oder -daten über eine größere Entfernung über Draht oder auf dem Funkwege *(Radiotelemetrie)*. Die T. gewann zunehmend Bedeutung in der Biologie *(Bio-T.)* und Medizin zur drahtlosen Übertragung von Daten über Körperfunktionen u. a. bei Versuchspersonen (z. B. in der Sportmedizin) oder zur Überwachung von Patienten (z. B. in Intensivstationen).

Teleobjektive ↑ photographische Objektive.

Teleologie [zu griech. télos „Ziel, Zweck"], Lehre von der Zielgerichtetheit menschl. Handlungen, der Naturereignisse und des Geschichts- bzw. Entwicklungsverlaufs im allg. (Ggs. Dysteleologie). Nach der *ontolog. Auffassung* der T., die in der Scholastik systemat. ausgebaut wurde, kann jedes Geschehen, auch das Naturgeschehen im ganzen, in bezug auf ein ihm innewohnendes Ziel als sinnvoll erklärt und verstanden werden. Dieses Verständnis ermöglicht es auch, soziale Normen durch den Hinweis auf naturgegebene bzw. gottgewollte Sinnzusammenhänge (v. a. der Über- und Unterordnung) zu legitimieren. Die theolog. T. des MA wird in der Renaissance von der bis zur Aufklärung vorherrschenden anthropozentr. T., die am Modell des Mechanismus ausformuliert wird, abgelöst. In der Gegenwart wird versucht, mit Hilfe von kybernet. Modellen die T. neu zu formulieren: Die Erzeugung eines [Gleichgewichts]zustandes, in dem sich das jeweilige System durch eine bestimmte Ordnung seiner Elemente selbst erhält, wird als Eigenschaft des Systems angesehen. Dabei wird das Zusammenwirken der einzelnen Geschehnisse als „Funktionieren" dargestellt und als Ziel im Sinne eines sinnvollen bzw. zweckmäßigen Ergebnisses verstanden. - Die *methodolog. Auffassung* der T. besteht darin, bestimmte Geschehnisse, insbes. menschl. Handlungen, durch Verwendung der Mittel-Zweck-Beziehung in ihren Eigenschaften zu beschreiben und als sinnvoll oder sinnlos (und als mögl., wahrscheinl. oder notwendig) zu erklären.
📖 Spaemann, R./Löw, R.: Die Frage Wozu? Gesch. u. Wiederentdeckung des teleolog. Denkens. Mchn. 1985. - Furger, F.: Was Ethik begründet. Deontologie u. T. Köln 1984. - Müller, Peter: Transzendentale Kritik u. moral. T. Würzburg 1983. - Engels, E. M.: Die T. des Lebendigen. Bln. 1982.

Teleostei [...te-i; griech.] (Teleostier, Echte Knochenfische), seit dem Lias bekannte, heute mit rd. 20 000 Arten in Meeres- und Süßgewässern weltweit verbreitete Überordnung wenige Zentimeter bis etwa 4 m langer Knochenfische, die sich aus den Strahlenflossern entwickelt hat; mit meist vollständig verknöchertem Skelett, vorstülpbarem Maul und Schuppen ohne Ganoidüberzug. - Zu den T. gehört die überwiegende Mehrzahl (rd. 30 Ordnungen) aller rezenten Knochenfische.

Telepathie [griech.], die angebtl. ↑ außersinnliche Wahrnehmung fremdseel. Phänomene, z. B. von Gefühlen, Vorstellungen, Gedanken („Gedankenlesen", „Gedankenübertragung") anderer, meist nahestehender Personen.

Telephon (Telefon) [griech.], svw. Fernsprechapparat, Fernsprecher.

Teleprocessing [engl. 'tɛlɪproʊsɛsɪŋ], svw. Datenfernverarbeitung (↑ Datenverarbeitung).

Teleskop [griech.], svw. Fernrohr; auch Bez. für radioastronom. Geräte (Spiegel-, Radio-T.) und Nachweisgeräte für Höhenstrahlen, Neutrinos u. a. Elementarteilchen.

Teleskopantenne, aus dünnen, ineinanderschiebbaren Metallrohrstücken zusammengesetzte Stabantenne, u. a. als Fahrzeugantenne.

Teleskopaugen, stark hervortretende bis röhrenförmig ausgezogene Augen bei manchen Fischen und Kopffüßern, bes. bei Tiefseebewohnern, auch bei Schlammbewohnern flacherer Gewässer.

Teleskopfisch (Teleskopgoldfisch), Zuchtform des ↑ Goldfischs mit stark vortretenden, nach oben gerichteten Augen.

Teleskopfische (Giganturidae), Fam. schlanker, etwa 5-10 cm langer Knochenfische; Tiefseefische mit stark vortretenden Augen, weit nach hinten gerückter Rücken- und Afterflosse und peitschenförmig ausgezogenem unterem Teil der Schwanzflosse.

Telespiele, svw. ↑ Bildschirmspiele.

Telestichon [zu griech. télos „Ende" und stíchos „Vers"], schmückende Figur in Gedichten; die am Ende der Verse (oder Strophen) stehenden Buchstaben ergeben, von oben nach unten gelesen, einen bestimmten Sinn.

Teletex, von der Dt. Bundespost betriebener Fernmeldedienst für die Textkommunikation; Übertragungsgeschwindigkeit 2 400 Bit/s. Als Teletex-Endgeräte können u. a. Speicherschreibmaschinen und Textverarbeitungsanlagen verwendet werden.

Teletext, allg. Bez. für unterschiedl. Systeme zur elektron. Übermittlung von Texten, die auf dem Bildschirm eines Fernsehgeräts dargestellt werden; i. e. S. die brit. Version des in der BR Deutschland als ↑ Bildschirmzeitung bezeichneten Systems, die dort unter den Bezeichnungen Ceefax bzw. Oracle entwickelt wurde.

Television [televi'ʒjoːn, engl. 'tɛlɪvɪʒən], aus dem Engl. übernommene Bez. für ↑ Fernsehen.

Telexnetz [Kw. aus engl. *teleprinter exchange* „Fernschreiberaustausch"] ↑ Fernschreibnetz.

Telgte, Stadt an der Ems, NRW, 52 m ü. d. M., 16 600 E. Heimatmuseum; Maschinenbau, Bauind. - 1090 erstmals erwähnt; 1238 Errichtung einer Burg bei T. durch die Bischöfe von Münster, kurz darauf Stadtrecht. - Spätgot. Pfarrkirche (1868 erweitert); barocke Wallfahrtskapelle.

Tell, Wilhelm, schweizer. Sagengestalt, Nationalheld der Schweiz. Nach der Sage wird T., ein Jäger und Meisterschütze aus dem Dorf Bürglen (UR), von dem habsburg. Landvogt H. Geßler gezwungen, einen Apfel vom Kopf seines Sohnes zu schießen. Nach Gelingen des Schusses tötet T. den verhaßten Tyrannen und gibt damit das Zeichen zum Volksaufstand gegen die habsburg. Herrschaft. Aus dem Anfang des 16. Jh. stammt das „Urner T.-Spiel"; 1734 erschien Aegidius Tschudis „Chronicon Helveticum", das neben J. von Müllers „Geschichten der schweizer. Eidgenossenschaft" (1786–1808) Quelle für Schillers klass. Drama „W. T." (1804) wurde.

Tell, Bez. für Ruinenhügel, svw. Tall, Tel, Tappe.

Tellatlas ↑ Atlas.

Tellenbach, Gerd, * Groß-Lichterfelde (= Berlin) 17. Sept. 1903, dt. Historiker. - Prof. in Gießen (1938), Münster (1942), Freiburg im Breisgau (1944); u. a. Mgl. der Zentraldirektion der Monumenta Germaniae historica, Direktor des Dt. Histor. Instituts in Rom (1962–72). Forschungsschwerpunkte: europ. MA, Personenforschung; u. a. „Libertas" (1936), „Die Entstehung des Dt. Reiches" (1940).

Teller, Edward [engl. 'tɛlə], * Budapest 15. Jan. 1908, amerikan. Physiker ungar. Herkunft. - Mußte nach Forschungstätigkeit in Leipzig und Göttingen 1933 Deutschland verlassen; Prof. in Washington, New York, Chicago und an der University of California in Berkeley. Von T. stammen bed. Beiträge zur Kernphysik und Quantentheorie. Er war maßgebl. an der Entwicklung der Atom- und Wasserstoffbombe beteiligt, deren exponierter Befürworter er wurde. 1962 erhielt er den Enrico-Fermi-Preis.

Tellereisen (Tritteisen), wm. Bez. für ein Fangeisen (für Raubwild), bei dem durch Betreten einer Trittplatte *(Teller)* die Spannvorrichtung zweier Bügel gelöst wird, wodurch diese zusammenschlagen; in der BR Deutschland verboten.

Tellerschnecken (Planorbidae), Fam. der Wasserlungenschnecken, v. a. in stehenden Süßgewässern; Schale meist planspiralig linksgewunden. T. bilden in den Tropen und Subtropen Hauptzwischenwirte für Saugwürmer (z. B. für die Erreger der Bilharziose). Die größte und bekannteste in Deutschland lebende Art ist die ↑ Posthornschnecke.

Téllez, Gabriel [span. 'teλεθ], span. Dichter, ↑ Tirso de Molina.

Tellmuscheln [griech./dt.], svw. ↑ Plattmuscheln.

Telloh ['tɛlo], Ruinenhügel der altorientral. Stadt Girsu im südl. Irak, von Gudea von Lagasch ausgebaute Residenzstadt. Frz. Ausgrabungen (1877–1933) fanden Baureste wohl eines Ningirsutempels (3. Jt. v. Chr.) sowie zahlr. feinbearbeitete Dioritstatuen (bes. des Königs Gudea) in sumer. Stil (gefunden in einem späteren aramäischen Palast auf den Ruinen Girsus); Funde zahlr. Siegelabrollungen aus sumer. Zeit und einer Bibliothek mit für die Erschließung bes. der altsumer. Sprache wichtigen Keilschrifttexten.

Tellur [zu lat. tellus „Erde"], chem. Symbol Te; halbmetall. Element aus der VI. Hauptgruppe des Periodensystems der chem. Elemente, Ordnungszahl 52, mittlere Atommasse 127,60, Schmelzpunkt 449,5 °C, Siedepunkt 989,8 °C. T. tritt in einer silberweißen metall., hexagonal kristallisierenden und einer braunschwarzen, amorphen Modifikation auf; alle Verbindungen des dem Selen und Schwefel chem. ähnl. T. sind giftig. Mit $1 \cdot 10^{-6}$ Gew.-% Anteil an der Erdkruste steht T. in der Häufigkeit der chem. Elemente an 74. Stelle. In der Natur kommt T. selten gediegen, meist in Form von Schwermetalltelluriden, in Kupfer-, Blei- und Molybdänerzen und zus. mit Gold und Silber vor. T. wird bei der elektrolyt. Kupferraffination aus dem Anodenschlamm gewonnen; es wird als Legierungsbestandteil für Blei, Kupfer und Gußeisen zur Erhöhung der Härte und Zähigkeit verwendet, Schwermetalltelluride finden in der Halbleitertechnik Verwendung. - T. wurde 1783 entdeckt.

Telluride [lat.], die Salze des in wäßriger Lösung schwach sauer reagierenden, gasförmigen, übelriechenden, sehr giftigen Tellurwasserstoffs, H_2Te.

Tellurwismut, svw. ↑ Tetradymit.

Tellus, röm. Erd- und Fruchtbarkeitsgöttin, der bei den Griechen Gäa entspricht. Im Kult erscheint sie eng mit Ceres verbunden.

telolezithale Eier [griech./dt.] ↑ Ei.

Telome [griech.], Grundorgane fossiler Urlandpflanzen (↑ Nacktpflanzen). T. sind ungegliedert, radiärsymmetr. und bestehen aus einem einfachen, zentralen Leitgewebsstrang, einem Rindenmantel aus Grundgewebe und einer kutinisierten Epidermis. Die Verzweigung ist dichotom (gabelig).

Telomere [griech.], in der *Genetik* Bez. für die beiden Enden eines Chromosoms.

Telomerisation [griech.], Spezialfall der radikal. Polymerisation (z. B. von Äthylen, Styrol, Tetrafluoräthylen), bei der relativ kurze Molekülketten *(Telomere)* entstehen, deren Wachstum durch eine radikalbildende Substanz (z. B. Chloroform, Tetrachlorkohlenstoff, Sulfurylchlorid) begrenzt werden, wobei eines der Radikale die Polymerisation in Gang bringt, das andere das Kettenwachstum beendet.

Telonisnym [griech.], Sonderform des Pseudonyms: statt des Verfassernamens werden nur dessen letzte Buchstaben angegeben; v. a. im Journalismus üblich.

Telophase [griech.], letztes Stadium einer Zellteilung (Mitose oder Meiose), gekennzeichnet durch die Entspiralisierung der Chromosomen und die Bildung zweier Tochterkerne und Tochterzellen.

Telos [griech.], Ziel, [End]zweck.

telquel (tel quel) [frz. tɛl'kɛl], „so wie", eine Qualitätsklausel, die den Verkäufer vom Risiko bei der Gattungsschuld befreit, indem sie den Käufer verpflichtet, auch geringere Ware als solche von „mittlerer Art und Güte" anzunehmen.

Tel Quel [frz. tɛl'kɛl], 1960 von P. Sollers u. a. in Paris gegr. avantgardist. literar., seit 1968 auch polit. engagierte linksorientierte Zeitschrift; eingestellt 1982.

Telstar [engl. 'tɛlstɑ:], Name zweier amerikan. Kommunikationssatelliten, die zur Erprobung kommerzieller Fernsprech- und Fernsehverbindungen entwickelt und gestartet wurden (T. 1 am 10. Juli 1962, T. 2 am 7. Mai 1963); Durchmesser 0,88 m, Energieversorgung mittels 3600 Solarzellen.

Teltow ['tɛlto], Stadt am südl. Stadtrand von Berlin, am T.kanal (37,8 km lange Wasserstraße von der Havel zur Spree, davon rd. 20 km in Berlin [West], 1948 gesperrt, 1981 wiedereröffnet), Bez. Potsdam, DDR, 50 m ü. d. M., 14 500 E. Schwermaschinenbau, Elektro-, chem.-pharmazeut., Baustoff- und Süßwarenind. - Entstand an der Stelle einer wend. Siedlung; planmäßige Anlage, 1232 oder kurz danach Stadtrecht.

T., Grundmoränenlandschaft der mittleren Mark Brandenburg, in Berlin (West) und im Bez. Potsdam, DDR.

Tel Ubeidiya [hebr. ubɛjidi'ja], bedeutendste altpaläolith. Fundstelle in Israel, am rechten Jordanufer, etwa 3 km nach dessen Ausfluß aus dem See Genezareth; Ausgrabungen seit 1960: Knochenreste (Tierknochen, menschl. Schädelbruchstück) sowie v. a. mehrere Schichten mit Steinwerkzeugen (u. a. grobe Faustkeile).

Telugu ['te:lugu, te'lu:gu], zu den drawid. Sprachen gehörende offizielle Sprache des ind. Unionsstaates Andhra Pradesh mit etwa 38 Mill. Sprechern und eigener Schrift.

Telukbetung ↑ Tanjungkarang.

Tema, wichtigste Hafenstadt von Ghana, am Golf von Guinea, 59 000 E. Bedeutendstes Ind.zentrum des Landes; Fischereihafen; Eisenbahnendpunkt. Newtown (Baubeginn 1954); bildet mit dem westl. gelegenen Accra eine städt. Agglomeration von 1,4 Mill. E.

Temes-Cerna-Furche [ungar. 'tɛmɛʃ, rumän. 'tʃerna], von der Cerna und ihren Nebenflüssen nach S und von der Temes nach N entwässerte Einsattelung mit der Porta Orientalis als Paß (515 m ü. d. M.), zw. Banater Gebirge und Südkarpaten, in SW-Rumänien.

Temesvar ['tɛmɛʃva:r, 'tɛmɛsva:r], rumän. Stadt am Rand des Großen Ungar. Tieflands, 303 500 E. Verwaltungssitz des Verw.-Geb. Timiş, Sitz eines kath., eines rumän.-orth., eines serb.-orth. und eines ref. Bischofs;

Univ. (gegr. 1962), techn., medizin., landw. Hochschule, zahlr. Forschungsinst., Sternwarte; Museum des Banats (mit Freilichtmuseum); rumän., ungar. und dt. Theater, Oper; Maschinenbau, elektrotechn., chem. Leder-, Textil- u. a. Ind.; ⚒.

Geschichte: Liegt an der Stelle dak. und röm. Niederlassungen; schon in der Völkerwanderungszeit befestigt, seit dem 12. Jh. als administrativer Mittelpunkt bezeugt; im 14. Jh. zeitweise Residenz der ungar. Könige; 1552 von den Osmanen erobert, wurde Mittelpunkt des gleichnamigen Verw.-Geb., nach der Befreiung durch Prinz Eugen (1716) Sitz der Banater Landesadministration; 1723–65 Errichtung einer neuen Festungsanlage und Erneuerung des Stadtkerns mit rechtwinklig angeordneten Straßen und meist einstöckigen Bauten.

Bauten: Schloß (14. und 15. Jh.); barock sind die röm.-kath. Kathedrale, die serb. Kathedrale, das Franziskanerkloster, das Rathaus, das Präsidentschafts- und das Bischofspalais.

Temin, Howard Martin, * Philadelphia 10. Dez. 1934, amerikan. Biologe. - Prof. für Onkologie an der University of Wisconsin in Madison; klärte bei Stoffwechseluntersuchungen an durch Viren infizierten Tumorzellen den Chemismus der Virusreplikation auf und wies ein Enzym (die reverse Transkriptase) nach, das die „Umschreibung" der Virus-RNS in eine entsprechende Zellen-DNS bewirkt. T. erhielt 1975 (mit D. Baltimore und R. Dulbecco) den Nobelpreis für Physiologie oder Medizin.

Temirtau [russ. tɪmɪr'tau], sowjet. Stadt nördl. des Karaganda-Kohlenbeckens, Kasach. SSR, 225 000 E. Hochschule des Karaganda-Hüttenkombinats, Standort eines der größten Betriebe der sowjet. Eisen- und Stahlind. - Seit 1945 Stadt.

Tempel [zu lat. templum „Tempel"], in vielen Kulturen und Religionen ein aus dem Profanen ausgegrenzter Bau oder Bezirk, der dem sakralen Kult vorbehalten ist. Der T. wird auch als Haus oder Wohnung der Gottheit begriffen und gilt oft als Abbild des Kosmos. Im alten **Mesopotamien** entstanden aus einfachen vorgeschichtl. Rechteckräumen mehrere T.typen, die meist nur in Grundmauern erhalten sind: der T-förmigen Innenräume mit seitl. Raumgruppen der T. von Uruk (4./3. Jt.) und die Herdhaus-T. des Osttigrislandes (Ischtar-T. von Assur). Aus dem Langraum-T. mit Zugang von der Schmalseite entwickelte sich der assyr. T. mit einem vorgelegten Breitraum an der Eingangsseite (seit dem 15. Jh. v. Chr., Sin-Schamasch-T. von Assur). Die babylon. T. bestanden seit dem Ende des 3. Jt. aus einer ummauerten Raumgruppe mit Innenhof, an den sich ein Breitraum mit Kultnische axial anschließt. Die Zikkurats waren stufenförmige Podeste, auf denen kleine Hoch-T. standen. Die **hethit.**

Tempelblöcke

Tempel sind gekennzeichnet durch Torbauten und Innenhöfe, von denen aus die Kulträume nur durch mehrere Vorräume in wechselnder Richtung zugängl. sind. Der **ägypt. Tempel** hat seit dem Neuen Reich axial angeordnete Tempelgebäude, sie setzen sich aus dem Prozessionsweg, den Pylonen, Säulenhof, Säulensaal, mehreren Vorsälen und der Kammer für das Kultbild zus. (Karnak, Luxor, Idfu). Die Felsentempel von Nubien (Abu Simbel) und die Totentempel der Könige, häufig mit einem Göttertempel (Reichsgott Amun) verbunden, übernehmen diese Abfolge der T.teile. Der **jüd. Tempel** Salomos in Jerusalem war nach der bibl. Überlieferung ein Langhaus-T. mit abgetrenntem Allerheiligsten an einer Schmalseite. Er wurde unter phönik. Einfluß errichtet. Die Ursprünge des **griech. Tempels** liegen im hellad. Megaronbau des 9. Jh. v. Chr., dem Saalhaus mit Opferherd für Kultversammlungen (8./7. Jh.) und kapellenartigen Schreinen (für ein Kultbild) mit Mittelstützen unter dem Dach. Daraus entstanden der langgestreckte T. aus Cella, Zwischenstützen zum Vorraum sowie Anten, die Gliederung der Cella in Adyton und Opisthodon mit inneren Säulenreihen und der Säulenumgang, der in verschiedenen Grundrißtypen auftritt. Das griech. Festland entwickelte die dor. ↑ Säulenordnung, Insel- und O-Ionien die ion. Ordnung. Plast. Schmuck zierte Giebel, Metopen und beim ion. T. das Gebälk. Der **röm. Tempel** ist im 2. Jh. v. Chr. aus dem **italo-etrusk. Tempel**, einem *Podium-T.* mit Fronttreppe und Säulenvorhalle durch Verschmelzung mit griech. Bauformen entstanden. Die korinth. Ordnung wird bevorzugt. Es gibt viele Sonderformen, meist ohne Rückhalle und oft mit dem Altar in der Treppe. Als Forums-T. ist er eng mit dem öffentl. Leben verbunden. Die T. in **Mesoamerika** sind kleine Hoch-T. auf Stufenpyramiden, die einzeln oder in Gruppen stehen. In den Zentralanden und an der Küste sind T. auf großen Plattformen verbreitet. In Nord- und Zentralamerika gab es umfriedete heilige Bezirke, vielleicht mit kleinen vergängl. Bauten darin. In Asien spielten T. eine bed. Rolle in der hinduist. und buddhist. Baukunst (↑ Stupa). Der **hinduist. Tempel** war im 4. Jh. (Gupta) eine Cella mit einem Steinplattendach, manchmal mit Vorhalle mit Pfeilern. Dieser Schrein wurde auf eine Plattform (später mit Terrassen) gestellt, um ihn herum wurde ein Umgang gelegt, der Schrein erhielt mehrere Stockwerke und wurde zum Turm. Nebenkapellen und (im MA) auch Kulthallen entstanden. - Abb. S. 26.

📖 *Kähler, H.: Der röm. Tempel. Ffm. u. a. Neuaufl. 1982. - Gruben, G.: Der T. der Griechen. Mchn. ³1980. - Michell, G.: Der Hindu-T. Köln 1979. - Berve, H./Gruben, G.: T. u. Heiligtümer der Griechen. Mchn. 1978. - Teichmann, F.: Der Mensch u. sein T. Stg. 1978–80. 2 Bde. - Sauneron, S./Stierlin, H.: Die letzten T. Ägyptens. Freib. u. Zürich 1978. - Rupprecht, K.: Der T. v. Jerusalem. Bln. 1977.*

Tempelblöcke, ein Schlaginstrument, bestehend aus mehreren (meist 4–5) an einem Ständer befestigten hohlen Holzkugeln mit längl. Schlitz, die mit Schlegeln angeschlagen werden. Die von den verschiedenen Größen der Kugeln abhängige Tonhöhe ist annähernd bestimmbar. T. werden im Tanz- und Unterhaltungsorchester und auch in der Neuen Musik verwendet.

Tempelgesellschaft (Jerusalemsfreunde, Dt. Tempel), pietist. Freikirche, 1856 als Probesiedlung auf dem Kirschenhardthof (= Burgstetten, Rems-Murr-Kreis) von C. Hoffmann, 1861 auf einer Synode ebd. endgültig gegründet. Ziel der T.: Aufbau des endzeitl. Gottesreichs und Überwindung des bibl. „Babylon"; keine Bindung an Schrift oder Dogma. In der BR Deutschland gehören heute noch etwa 300 Mgl. der T. an.

Tempelherren ↑ Templerorden.
Tempelprostitution ↑ Prostitution.
Tempelwagen, riesige Prozessionswagen mit Dämonen- und Götterfiguren im hinduist. Kult.
Tempelweihfest ↑ Chanukka.

Temperamalerei [italien./dt., zu lat. *temperare* „mischen"], Malerei mit Künstlerfarben, die aus anorgan. Pigmenten in Emulsionen aus trocknenden Ölen (Leinöl, Mohn-, Nußöl) und wäßrigen Bindemitteln (Lösungen von Eigelb oder alkal. aufgeschlossenem Kasein) bestehen und matt und deckend auftrocknen. Vor Entwicklung der ↑ Ölmalerei übliche Technik; heute auch als *Plakat-* oder *Schultemperafarben* angeboten.

Temperament [lat.], die für ein Individuum spezif., relativ konstante Weise des Fühlens, Erlebens, Handelns und Reagierens; auch der spezif. Grad der Antriebsstärke. - Versuche, verschiedene Grundformen des T. zu beschreiben und mit körperl. Gegebenheiten in Beziehung zu setzen, gehen bis ins Altertum zurück. So findet sich in der hippokrat. Schrift „Über die Natur des Menschen" die Unterscheidung von T.typen nach dem Vorherrschen bestimmter Körpersäfte: Blut, Schleim, gelbe und schwarze Galle (↑ Sanguiniker, ↑ Choleriker, ↑ Phlegmatiker, ↑ Melancholiker). Neuere Versuche, Körperbau und T. aufeinander zu beziehen, finden sich u. a. bei E. Kretschmer. Da es reine oder ideale T.typen kaum gibt, erscheinen neuere Versuche der Persönlichkeitspsychologie, empir. unabhängige Faktoren des T. zu finden und beim Individuum die jeweilige Ausprägung dieser Faktoren zu bestimmen, angemessener.

Temperatur [zu lat. *temperatura* „gehörige Mischung, gehörige Beschaffenheit"], Maß für den Wärmezustand eines Körpers und damit eine der Größen, durch die der physikal. Zustand eines Körpers oder

Temperaturskala

TEMPERATURSKALEN

	Fahrenheit (°F)	Rankine (°R[ank])	Celsius (°C)	Kelvin (K)	Réaumur (°R)
:depunkt des Wassers, impfpunkt	+212 °F	671,67 °R	+100 °C	373,15 K	+80 °R
irpertemperatur s Menschen	+98,6 °F	558,27 °R	+37 °C	310,15 K	+29,6 °R
hmelzpunkt des Eises, spunkt	+32 °F	491,67 °R	±0 °C	273,15 K	±0 °R
	±0 °F	459,67 °R	−17 7/9 °C	255,37 K	−14,22 °R
soluter Nullpunkt	−459,67 °F	0 °R	−273,15 °C	0 K	−218,52 °R

Fahrenheitgrad = 1 Rankinegrad   1 Celsiusgrad = 1 Kelvin

Systems (z. B. eines Gases) beschrieben wird. Viele physikal. Eigenschaften eines Körpers oder Systems, wie z. B. Druck, Volumen, elektr. Widerstand oder Aggregatzustand sind eindeutig von der T. abhängig und können infolgedessen zur T.messung verwendet werden († Thermometer). Nach der kinet. bzw. statist. Theorie der Wärme ist die T. eines Körpers bzw. Systems ein Maß für die mittlere kinet. Energie je Freiheitsgrad der sich in ungeordneter Wärmebewegung befindlichen kleinsten Bestandteile (Moleküle). Die tiefstmögliche T. eines Körpers ist damit aber diejenige, bei der die kinet. Energie seiner Moleküle gleich Null ist; sie wird als *absoluter Nullpunkt* bezeichnet. Will man die T. eines Körpers erhöhen, so muß man ihm Energie zuführen, etwa in Form von Wärme oder mechan. Energie (z. B. Erwärmen eines Körpers durch Reiben, Erwärmen eines Gases durch Zusammendrücken). Umgekehrt erniedrigt sich die Temperatur eines Körpers, wenn man ihm Energie entzieht. SI-Einheit der T. ist das † Kelvin.
♦ (temperierte Stimmung) in der *Musik* † Stimmung.

Temperaturgradient [...di-ɛnt], räuml. Änderung der Temperatur, Temperaturgefälle.

Temperaturmeßfarben, Metallverbindungen (u. a. Kobalt-, Nickel-, Chrom- und Kupferverbindungen), die in einem bestimmten Temperaturbereich meist durch Kristallwasserabgabe oder durch chem. Reaktion reversibel oder irreversibel die Farbe wechseln. T. werden zur Temperaturkontrolle bei Öfen, Maschinen, elektr. Kontakten und Reaktionsgefäßen verwendet.

Temperaturmethode † Empfängnisverhütung.

Temperaturregler (Thermostat), das Einhalten einer bestimmten (von Hand einstellbaren) Temperatur bewirkender Regler (z. B. in Bügeleisen, Kühlanlagen, Brutschränken u. a.). Bimetall-T. enthalten Bimetallstreifen, die sich bei einer bestimmten Temperatur so stark durchbiegen, daß ein im Heiz- bzw. Kühlkreis liegender Kontakt unterbrochen bzw. hergestellt wird. Andere T. arbeiten mit Thermoelementen, Widerstandsthermometern oder auch pneumatisch. *Thermostatventile* an Heizkörpern enthalten einen metallenen Faltenbalg mit einer Flüssigkeit, die sich bei Temperaturerhöhung stark ausdehnt und dadurch ein Ventil (Schieber) betätigt. - Abb. S. 28.

Temperatursinn (Thermorezeption, Thermoperzeption), die Fähigkeit (wahrscheinl.) aller Tiere und des Menschen, mittels Thermorezeptoren in der Körperoberfläche bzw. Haut (auch Mund- und Nasenschleimhaut) [örtl.] Unterschiede in der Umgebungstemperatur bzw. Änderungen derselben wahrzunehmen. Der T. dient dem Aufsuchen der optimalen Umgebungstemperatur und bei Parasiten dem Auffinden des Wirts und steht bei Warmblütern im Dienst der Thermoregulation. Beim Menschen kann man objektiv und subjektiv eine Kälteempfindung, erfaßt durch die Kälterezeptoren des sog. *Kältesinns*, und eine Wärmeempfindung, erfaßt durch die Wärmerezeptoren des *Wärmesinns*, unterscheiden. Bei lokaler Einwirkung von Temperaturen über 45 °C wird eine schmerzhafte Hitzeempfindung durch bes. Hitzerezeptoren hervorgerufen.

Temperaturskala, auf physikal. Gesetzmäßigkeiten zurückgeführte, durch † Fundamentalpunkte bzw. † Fixpunkte festgelegte Einteilung der Temperaturwerte. Die *empir.*

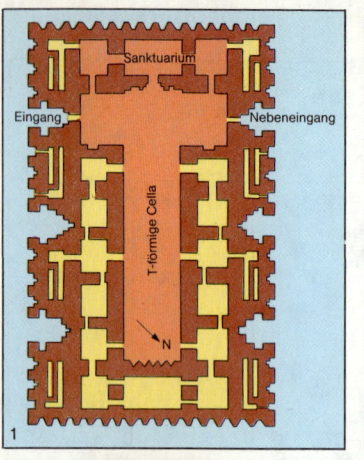

1
- Sanktuarium
- Eingang
- Nebeneingang
- T-förmige Cella

2
- Sin-Tempel
- Adad-Tempel
- Schamasch-Tempel
- Enki-Tempel
- Ninurta-Tempel
- Hof
- Ningal-Tempel
- Eingang
- Hof
- Hof
- Eingang

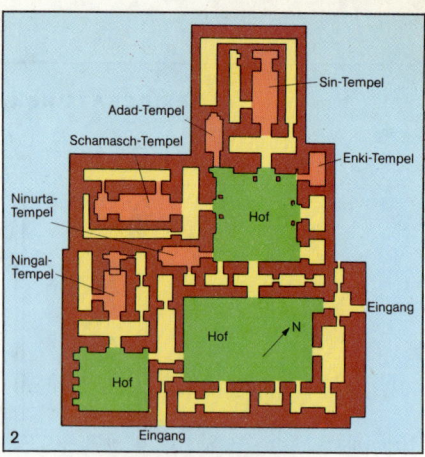

3
- Allerheiligstes
- Saal der Opfer
- Festsaal
- Vorhalle
- Hof
- Eingang

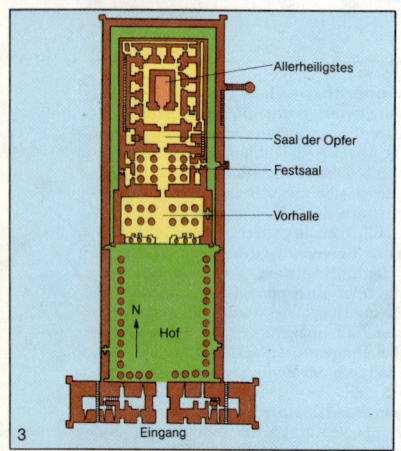

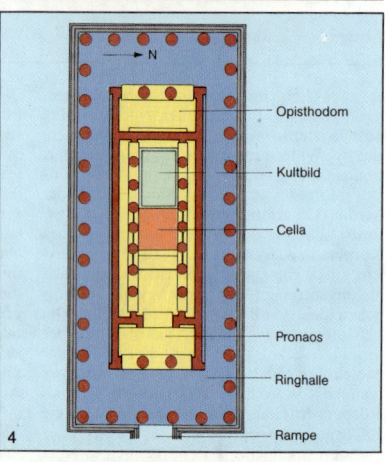

4
- Opisthodom
- Kultbild
- Cella
- Pronaos
- Ringhalle
- Rampe

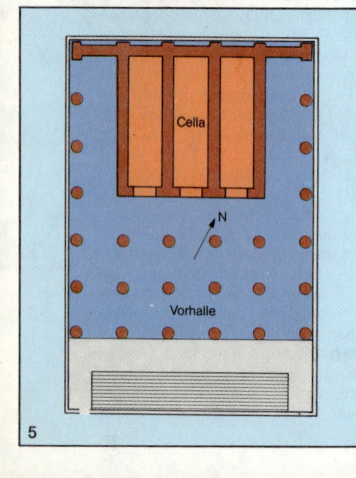

5
- Cella 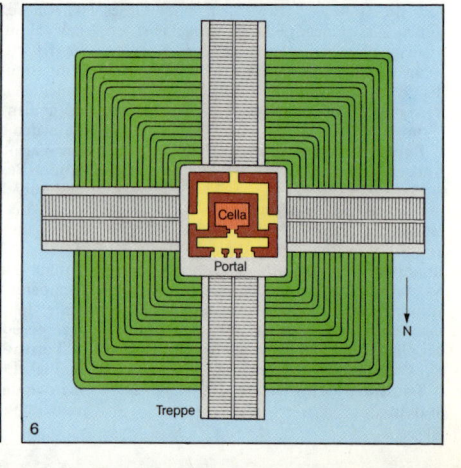
- Vorhalle

6
- Cella
- Portal
- Treppe

Temperaturskalen gehen von einer temperaturabhängigen Stoffeigenschaft aus, z. B. der Wärmeausdehnung von Flüssigkeiten oder Gasen. Sie werden dadurch festgelegt, daß man zwei möglichst gut reproduzierbare Temperaturen, die Fundamentalpunkte, auswählt und diesen je einen Zahlenwert in der zu definierenden T. zuordnet. Das Skalenmaß und damit die Größe eines Temperaturgrades ist dann dadurch bestimmt, daß man das Temperaturintervall zw. diesen beiden Punkten, den *Fundamentalabstand*, in so viele gleiche Teile aufteilt, wie die zahlenmäßige Differenz zw. den beiden zugeordneten Zahlenwerten angibt. Soweit es das zur Festlegung der T. verwendete Meßverfahren zuläßt, wird die T. beiderseits der Fundamentalpunkte nach oben und unten im gleichen Gradmaß erweitert. Zu diesen empir. Temperaturskalen gehören die ↑Celsius-Skala, die ↑Fahrenheit-Skala und die ↑Rankine-Skala. Die theoret. T. der Physik ist die 1848 von Lord Kelvin erstmals aufgestellte *thermodynam.* oder *absolute T. (Kelvin-Skala)*; sie ist von den thermo. Eigenschaften der Thermometersubstanz unabhängig und beruht auf der Anwendung des 2. Hauptsatzes der Thermodynamik, nach dem die bei einem ↑Carnot-Prozeß ausgetauschten Wärmemengen proportional zu den absoluten Temperaturen sind, bei denen der Austausch stattfindet. Dabei ergibt sich eine tiefste Temperatur, der ↑absolute Nullpunkt, die dadurch definiert ist, daß eine zw. ihr und einer höheren Temperatur arbeitende Carnot-Maschine den Wirkungsgrad 1 hat. Der absolute Nullpunkt, dem in der Celsius-Skala der Wert $-273{,}15\,°C$ entspricht, und der Tripelpunkt des Wassers, dessen Temperatur zu 273,16 K (↑Kelvin) festgelegt ist, sind die beiden Fundamentalpunkte dieser Temperaturskala. Zw. der thermodynam. Temperatur T in K und der Celsius-Temperatur t in °C gilt dann die Umrechnung: $T = t + 273{,}15$. Die Differenzen zweier in °C bzw. Kelvin gemessenen Temperaturen sind gleich.

Temperaturumkehr ↑Inversion.
temperente Phagen [lat./griech.] (temperierte Phagen, gemäßigte Phagen), Bakteriophagen, deren DNS bei Infektion von Bakterien im Ggs. zu virulenten Phagen keinen Vermehrungszyklus startet, sondern als Prophage in das Genom des Wirtes integriert und mit diesem vermehrt wird. Der Prophage vermittelt Resistenz gegen verwandte Phagen. T. P. sind als Modellsysteme für Tumorviren von allgemeinerem Interesse. Zellen, die einen Prophagen enthalten, werden als *lysogen* bezeichnet.

Temperenzler [zu lat. temperare „mäßigen"], Anhänger einer Mäßigkeits- und Enthaltsamkeitsbewegung (v. a. in bezug auf Alkoholkonsum).

Temperguß [lat.-engl./dt.] ↑Gußeisen.

temperieren [zu lat. temperare „mäßigen"], die Temperatur regeln, auf einen bestimmten Wert halten; auch svw. [ein wenig] erwärmen.

♦ mäßigen, mildern.

temperierte Stimmung ↑Stimmung.

Tempern [lat.-engl.], allg. Bez. für eine Wärmebehandlung eines Werkstoffs. Das T. dient z. B. bei Glaswaren und Kunststoffprodukten dazu, die beim raschen Abkühlen entstehenden Spannungen im Kristallgefüge zu beseitigen, bei Metallegierungen zur Verbesserung der mechan., elektr. oder magnet. Eigenschaften.

Tempest [engl., zu lat. tempestas „Wetter, Sturm"], 1965 entworfenes Sportsegelboot für 2 Mann, das mit Trapez gesegelt wird und einen Spinnaker tragen kann; seit 1972 olympische Klasse.

tempestoso [italien.], musikal. Vortragsbez.: stürmisch, heftig, ungestüm.

Tempetal, Engtal des Pinios zw. Ossa und Olymp, Nordgriechenland, 10 km lang, bis 50 m breit; von der Antike bis in die Neuzeit von großer strateg. Bedeutung.

Tempi passati [italien.], (das sind) [leider/zum Glück] vergangene Zeiten.

Temple [engl. tɛmpl], Henry John, ↑Palmerston, Henry John Temple.

T., Shirley, verh. S. T. Black, * Santa Monica (Calif.) 23. April 1928, amerikan. Filmschauspielerin. - 1931–50 beim Film; populärster Kinderstar der 1930er Jahre (u. a. „Der kleinste Rebell", 1935; „Heidi", 1937; „Die kleine Prinzessin", 1939); 1974–76 Botschafterin der USA in Ghana.

T., William, * Exeter 15. Okt. 1881, † Canterbury 26. Okt. 1944, engl. anglikan. Theologe. - 1929 Erzbischof von York, ab 1942 von Canterbury. Zählte zu den führenden Vertretern des engl. sozialen Protestantismus. Ab 1927 starkes Engagement für die ökum. Bewegung; bereitete 1937 die Weltkirchenkonferenz von Edinburgh vor. 1938 erster Präsident des Vorläufigen Ausschusses des Ökumen. Rats der Kirchen.

Templerorden (Arme Ritterschaft Christi vom Salomon. Tempel), geistl. Ritterorden,

Linke Seite:
Tempel. 1 Uruk. Tempel D des Inannaheiligtums Eanna (4. Jt. v. Chr.);
2 assyrischer Tempel im Tempelbezirk des Königspalastes Sargons II. in Chorsabad (Dur-Scharrukin; 8. Jh. v. Chr.);
3 ägyptischer Tempel. Horustempel in Idfu (237 bis 57 v. Chr.); 4 griechischer Tempel. Libon von Elis, Zeustempel in Olympia (etwa 470 bis 456);
5 italo-etruskischer Tempel. Tempel des Jupiter Optimus Maximus Capitolinus in Rom (6. Jh. v. Chr.);
6 mesoamerikanischer Tempel. Toltekische Tempelpyramide des Kukulkán in Chichén Itzá (11. Jh.)

Templewood of Chelsea

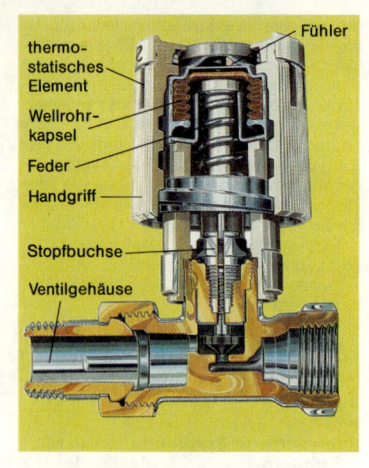

Temperaturregler. Querschnitt eines Thermostatventils

Labels: Fühler; thermostatisches Element; Wellrohrkapsel; Feder; Handgriff; Stopfbuchse; Ventilgehäuse

gegr. 1119 von Hugo von Payens. Der Name der **Templer** (Tempelherren) leitet sich von ihrem Domizil auf dem Tempelberg in Jerusalem her (ab 1291 auf Zypern); Tracht: rotes Kreuz auf weißem Gewand. Der T. unterstand einem Großmeister und gliederte sich in die 3 Klassen der Ritter, Kapläne und dienenden Brüder (braune oder schwarze Tracht). Der vom Papsttum reich privilegierte T. breitete sich rasch v. a. in W- und SW-Europa aus und verfügte durch seine internat. Verflechtungen und Beteiligungen an Finanzgeschäften über erhebl. Reichtümer. 1307 ließ Philipp IV., der Schöne, von Frankr. alle frz. Templer einschl. des Großmeisters J. B. de Molay verhaften und ihnen, in engem Zusammenspiel kirchl. und weltl. Instanzen, den Prozeß machen. Papst Klemens V. hob den T. unter frz. Druck 1312 auf.

Templewood of Chelsea, Samuel Hoare [engl. 'tɛmplwʊd əv 'tʃɛlsɪ], Viscount (seit 1944), * Cromer (Norfolk) 24. Febr. 1880, † London 7. Mai 1959, brit. Politiker. - 1910–44 konservativer Unterhaus-Abg., 1922–29 (mit kurzer Unterbrechung) Luftfahrtmin.; bereitete als Staatssekretär für Indien (1931–35) die ind. Verfassungsreform von 1935 vor, 1935 Außenmin., 1936/37 1. Lord der Admiralität, 1937–39 Innenmin., 1939/40 Lordsiegelbewahrer; wirkte als Sonderbotschafter in Madrid 1940–44 erfolgreich den dt. Bemühungen entgegen, Spanien zum Kriegseintritt zu bewegen.

Templin, Krst. in der Uckermark, Bez. Neubrandenburg, DDR, 61 m ü. d. M., 14 100 E. Heimatmuseum; Holzverarbeitung Mühlen. Fremdenverkehr. - 1270 erstmals erwähnt, spätestens 1314 Stadtrecht. - Fast vollständig erhaltene ma. Stadtmauer mit 3 Toren; Barockkirche Sankt Maria Magdalena (1749) mit Turm und Portal des Vorgängerbaus (13. Jh.).

T., Landkreis im Bez. Neubrandenburg, DDR.

Tempo [italien.; zu lat. tempus „Zeit"], allg. svw. Geschwindigkeit; Schnelligkeit, Hast.

♦ in der *Musik* die Geschwindigkeit bzw. der Geschwindigkeitsgrad musikal. Vorgänge. Notenwerte und aus ihnen gebildete Rhythmen sind nur relativ zueinander in ihrem Zeitwert bestimmt. Erst durch das T. werden sie auf absolute, objektiv meßbare Zeitdauer und -relationen festgelegt. Bei nicht takt- oder mensurengebundener Musik ist der T.eindruck oft unmittelbar abhängig von der Dichte einander folgender Schallereignisse. Bereits für die antike Quantitätsrhythmik bezeugt (z. B. vierzeitig: ‿‿ langsam, ◡◡ ◡◡ rasch), findet sich diese T.auffassung bes. in der experimentellen Musik des 20. Jh. (konkrete Musik, serielle, elektron. und graph. notierte Musik). I. e. S. ist T. das für die neuzeitl. Musik charakterist. „Zeitmaß" oder die „Bewegung", d. h. die eigens festzulegende Geschwindigkeit einer Komposition. Für den T.eindruck maßgebend ist hier nicht so sehr die vordergründige Dichte der Tongebungen, sondern die zugleich vom ↑Takt abhängige Dichte der Zählzeiten bzw. Schlagbewegungen beim Dirigieren. Als mittleres T. gelten etwa 60–80 Zähl- bzw. Schlagzeiten pro Minute, was im Prinzip der normalen Pulsfrequenz entspricht. Manchmal ergibt sich das gemeinte T. schon aus der Art des Notenbildes (bei älterer Musik aus Taktart, Gattung und satztechn. Faktur; maßgebend sind jedoch die meist hinzugefügten T.wörter, deren Bedeutungen im Laufe der Zeit beträchtl. schwanken können, sowie die Hinweise auf den Charakter des Vortrags. Zu den langsamen Tempi gehören ↑largo, ↑adagio, ↑grave, ↑lento, zu den mittleren ↑andante, ↑moderato, zu den schnellen ↑allegro, ↑vivace und ↑presto. Häufig wird weiter differenziert, z. B. ↑andantino, ↑allegretto, auch mit Ausdrücken der Steigerung (molto, assai; con brio) oder Abschwächung (meno, ma non troppo). Eine Beschleunigung des T. fordern ↑accelerando, ↑stringendo, eine Verlangsamung ↑ritardando, ↑ritenuto, die Rückkehr zum alten Zeitmaß a tempo, tempo primo, das Beibehalten des T. bei Taktwechsel l'istesso tempo (entweder Viertel = Viertel oder Takt = Takt). Das ↑Metronom erlaubt die genaue Festlegung des T. z. B. M. M. ♩ = 88 bedeutet, daß die Viertelnote $1/88$ Minute dauert (M. M. = Metronom Mälzel). Im 20. Jh. findet sich auch die Angabe der Aufführungsdauer eines Abschnitts, Satzes und Werkes, z. B. 2'30" = 2 Minuten, 30 Sekunden (B. Bartók).

📖 *Machatius, F.-J.: Die Tempi in der Musik*

um 1600. Laaber 1977. - *Kümmel, W. F.: Musik u. Medizin.* Freib. 1977. - *Behne, K.-E.: Der Einfluß des T. auf die Beurteilung v. Musik.* Köln 1972. - *Hermann-Bengen, I.: T.bezeichnungen. Ursprung. Wandel im 17. u. 18. Jh.* Tutzing 1959.
◆ im *Sport* allg. Bez. für die (hohe) Geschwindigkeit eines Sportlers (T.läufer) oder einer Mannschaft (T.spiel).

Tempora, Mrz. von ↑Tempus.

Temporalien [lat.], Bez. für weltl. Besitz und Hoheitsrechte der Bischöfe und Äbte.

Temporalsatz [lat./dt.], ↑Adverbialsatz, der ein Geschehen zeitl. einordnet, z. B.: *„Als er abfahren wollte,* begann es zu regnen". Zur Kennzeichnung der Zeitverhältnisse werden u. a. die Konjunktionen *während, als* (Gleichzeitigkeit), *nachdem* (Vorzeitigkeit) und *bevor, ehe* (Nachzeitigkeit) benutzt.

tempora mutantur, nos et mutamur in illis [lat.], die Zeiten ändern sich, und wir ändern uns in ihnen (angebl. nach Kaiser Lothar I.).

temporär [lat.], zeitweilig, vorübergehend.

Tempo rubato [italien. „gestohlener Zeitwert"] (verkürzt rubato), in der Musik im 17./18. Jh. Bez. für Tempoverzögerungen und -beschleunigungen bei einer das Zeitmaß fest beibehaltenden Begleitung *(gebundenes T. r.),* im 19./20. Jh. für ein Schwanken des Tempos selbst *(freies T. r.).*

Temps modernes, Les [frz. tãmɔ'dɛrn], frz. literar.-polit. Monatsschrift, gegr. 1945 von J.-P. Sartre, M. J.-J. Merleau-Ponty, S. de Beauvoir, R. Aron u. a., geleitet von Sartre. Wichtigstes Organ des frz. Existentialismus und der radikalen intellektuellen Linken.

Temptations [engl. tɛmˈteɪʃəns „Versuchungen"], amerikan. Gesangsquintett mit wechselnder Besetzung; 1959 gegr.; wohl die erfolgreichste Soulgruppe; wurde zunächst bekannt durch den intensiven Vortragsstil und die starke rhythm. Akzentuierung ihrer Songs, ab Anfang der 1970er Jahre mit sinfon. arrangiertem Soul, wobei die Vokalgruppe zeitweilig hinter faszinierenden instrumentalen Arrangements zurücktrat.

Tempus (Mrz. Tempora) [lat. „Zeit"], grammat. Kategorie beim Verb, die eine Äußerung zeitlich (als mit dem Sprechakt gleichzeitig, vergangen oder zukünftig) einordnet und die in bestimmten Formen des Verbs, den sog. Zeitformen („Tempora"), ausgedrückt wird; dabei werden nach dem Vorbild der lat. Grammatik unterschieden: Präsens, Präteritum, Futur, Perfekt, Plusquamperfekt, Futurum exaktum. Die beiden letzten werden als *relative Tempora* den übrigen als *absoluten Tempora* gegenübergestellt, da sie nicht zu dem Sprechakt selbst, sondern zu dem Zeitpunkt eines anderen Geschehens in Beziehung stehen. Der Form nach werden *einfache* und *zusammengesetzte (periphrast.) Tempora* unterschieden, je nachdem ob Hilfsverben zur Formenbildung dienen oder nicht (er *kam*: er *ist gekommen*: er *wird kommen*).
◆ in der ↑Mensuralnotation zunächst die übl. Zählzeit, der Zeitwert einer Brevis; seit Anfang des 14. Jh. die Unterteilung der Brevis in drei (T. perfectum; Zeichen O) oder zwei Semibreven (T. imperfectum; Zeichen C).

Tenasserim Range [engl. tə'næsərɪm 'reɪndʒ], Gebirgszug im südlichsten Birma entlang der Grenze gegen Thailand, bis 2 072 m hoch.

Tenazität [lat.], Zähigkeit, Ziehbarkeit, Zugfestigkeit, Reißfestigkeit.

Tenbruck, Friedrich Heinrich, * Essen 22. Sept. 1919, dt. Soziologe. - Prof. in Frank-

David Teniers d. J.,
Chirurgischer Eingriff
(undatiert).
Madrid, Prado

Tenda

furt (1963) und Tübingen (seit 1967); Forschungsspektrum: Probleme der soziolog. Theorie, der Wissenssoziologie, der Rollentheorie, der sozialen Prozesse und des sozialen Wandels, der Jugendsoziologie, der Religionssoziologie, der gesellschaftl. Planung.

Tenda, Colle di ↑ Alpenpässe (Übersicht).

Tendenz [lat.-frz.], Hang, Neigung; Absicht; Entwicklung[slinie].

Tendenzbetriebe (Tendenzunternehmen), Unternehmen und Betriebe, die unmittelbar und überwiegend 1. polit., koalitionspolit., konfessionellen, karitativen, erzieher., wiss. oder künstler. Bestimmungen oder 2. Zwecken der Berichterstattung oder Meinungsäußerung dienen (§ 118 Abs. 1 Betriebsverfassungsgesetz [BetrVG]). Für T. ist die Anwendung des BetrVG eingeschränkt. Die Pflicht, einen Wirtschaftsausschuß zu bilden, entfällt in T.; bei Betriebsänderungen (z. B. Stillegung oder Verlegung eines Betriebs) entfällt der Interessenausgleich. Wieweit dem Betriebsrat ein Mitspracherecht bei personellen Angelegenheiten zusteht, die solche Arbeitnehmer betreffen, die den Tendenzcharakter des Betriebs durch ihre Arbeit verwirklichen *(Tendenzträger)*, ist umstritten. Der bes. Schutz für T. *(Tendenzschutz)* bezweckt die Sicherung des aus dem Grundrecht auf freie Meinungsäußerung abgeleiteten Rechts der Inhaber solcher Betriebe, die Tendenz frei zu bestimmen; die Mitbestimmungsrechte der Arbeitnehmer stehen demgegenüber zurück.

tendenziös [lat.-frz.], deutlich eine Tendenz erkennen lassend; parteilich zurechtgemacht, gefärbt.

Tendenzliteratur, Literatur, die die künstler. Werte hinter polit.-ideolog. Bezüge zurücktreten läßt oder in der diese Bezüge das eigentl. Anliegen des Autors sind.

Tendenzschutz ↑ Tendenzbetriebe.

Tender [engl., zu lat. tendere „ausstrekken, darreichen"] (Begleitschiff), Zubringer- bzw. Anlandungsschiff in der Passagier- und Kreuzschiffahrt; Mutter- und Versorgungsschiff in der Marine für Bootsgeschwader.
◆ Behälter für Kohle oder Treibstoff und Wasser hinter dem Lokführerhaus von sog. *T.lokomotiven;* in Form eines Anhängers bei sog. Lokomotiven mit *Schlepp-T.,* als *Kabinen-T.* mit zusätzl. Kabine für das Zugbegleitpersonal.

tendieren [lat.], zu etwas neigen, auf etwas abzielen.

Tendo (Mrz. Tendines) [lat.], in der Anatomie svw. Sehne (↑ Tendrjakow).

Tendrjakow, Wladimir Fjodorowitsch [russ. tındrı'kɔf], * Makarowskaja (Geb. Wologda) 5. Dez. 1923, † Moskau 3. Aug. 1984, sowjet. Schriftsteller. - Seit 1948 Mgl. der KPdSU; stellt in Erzählungen und Romanen eth. und soziale Probleme des sowjet. Alltags dar, u. a. „Das Gericht" (E., 1961), „Der Fund" (Nov., 1966).

Tenebrio [lat.], svw. ↑ Mehlkäfer.

teneramente [italien.], musikal. Vortragsbez.: zart, schmeichelnd.

Ténéré [frz. tene're], Dünengebiet in der Sahara, östl. des Aïr, Republik Niger.

Teneriffa (span. Tenerife), größte der Kanar. Inseln, zu Spanien, 1 929 km², 570 000 E (1980), Hauptort Santa Cruz de Tenerife. Im zentralen Teil der vulkan. Insel liegt eine große ↑ Caldera, aus der sich mit 1 500 m relativer Höhe der Vulkan Pico de Teide erhebt. Trotz fehlender ständiger Wasserläufe wird T. von vielen engen und steilen Trockentälern radial zerschnitten. Die N-Flanke ist den regenbringenden Passatwinden ausgesetzt, der S-Teil liegt im Regenschatten. Mittels künstl. Bewässerung Anbau von Bananen, Tomaten, Reben, Kartoffeln, Getreide und Tabak. Die Flora ist äußerst artenreich, bes. an Blütenpflanzen; Vorkommen des ↑ Drachenbaums; in höheren Lagen z. T. Kiefernwald mit Baumheide; berühmter botan. Garten; wichtigster Wirtschaftszweig ist der Fremdenverkehr; internat. ✈.

Teneriffe, frz. Zwerghund, Varietät des ↑ Bichons; Fell wollig gekraust, völlig weiß oder mit zart beigefarbenen oder dachsgrauen Flecken bes. an den Ohren.

Tengen, Stadt im Hegau, Bad.-Württ., 571-615 m ü. d. M., 4 000 E. Ackerbürgerstadt. - Ersterwähnung 1112, seit dem 13. Jh. Stadt; seit 1971 mehrfach Eingemeindungen, u. a. (1973) von **Blumenfeld** (1362 erstmals Stadt gen.). - In Blumenfeld Deutschordensschloß (16. Jh., jetzt Altersheim), in Tengen Torturm und Turm der Hinterburg.

Teng Hsiao-p'ing (Deng Xiaoping) [chin. dəŋɛjaʊpıŋ], * Kwangan (Prov. Szetschuan) 22. Aug. 1904, chin. Politiker. - Mgl. des ZK der KPCh 1945-67, 1973-76 und seit 1977, des Politbüros (sowie Generalsekretär) 1956-67; 1952-67 stellv. Min.präs.; fiel 1967 als „Konterrevolutionär" der Säuberung zum Opfer und war etwa 3 Jahre im Arbeitslager; 1973 rehabilitiert, ab Jan. 1975 1. Stellv. Min.präs. sowie stellv. Vors. des ZK und des Politbüros; als „Kapitalist" im April 1976 aller Ämter enthoben; im Juli 1977 erneut rehabilitiert und wieder in seine Ämter eingesetzt, demissionierte 1980 als stellv. Min.präs.; 1983-90 Vors. der Staatl. Militärkommission; trat 1987 von allen Parteiämtern zurück, blieb aber weiterhin polit. einflußreich.

Tengissee, Salzsee auf der Kasachischen Schwelle, sw. von Zelinograd, 1 590 km².

Tenhumberg, Heinrich, * Lünten (= Vreden) 4. Juni 1915, † Münster (Westf.) 16. Sept. 1979, dt. kath. Theologe. - 1958 Weihbischof und seit 1969 Bischof von Münster; leitete 1966-69 das Kath. Büro in Bonn.

Teniente, El, Ort in Z-Chile, in den Anden, 2 500 m ü. d. M.; bed. Kupfermine; Nebenprodukte sind Gold und Silber.

Teniers, David, d.J. [niederl. təˈniːrs], * Antwerpen 15. Dez. 1610, † Brüssel 25. April 1690, fläm. Maler. - Sohn und Schüler von David T. d. Ä. (* 1582, † 1649); ab 1651 Hofmaler in Brüssel; gründete 1665 eine Kunstakad. in Antwerpen. In seinen zahlr. bäuerl. Genreszenen wird v. a. der Einfluß von A. Brouwer deutlich. Neben der Schilderung des fläm. Volkslebens schuf er auch Landschaften, religiöse Bilder und Innenansichten von Gemäldegalerien. - Abb. S. 29.

Tenkodogo, Dep.hauptort im sö. Burkina Faso, 7 100 E. Straßenknotenpunkt. - Um 1100 Zentrum eines Mossireiches.

Tenkterer (lat. Tencteri), westgerman., zu den Istwäonen gehörendes Volk, von Cäsar 55 an der Mosel- oder Maasmündung besiegt; 12/11 von Nero Claudius Drusus Germanicus endgültig unterworfen.

Tennant, Smithson [engl. ˈtɛnənt], * Selby (Yorkshire) 30. Nov. 1761, † Boulogne 15. Febr. 1815, brit. Chemiker. - Prof. in Cambridge; wies nach, daß Diamant aus Kohlenstoff besteht und entdeckte Osmium und Iridium.

Tenne, feste (meist gestampfte) Bodenfläche zum Dreschen.

Tennengau, Gebiet im östr. Bundesland Salzburg, zw. Untersberg im NW, Tennengebirge im S und Salzkammergut im NO.

Tennengebirge, stark verkarsteter Teil der Salzburg.-Oberöstr. Kalkalpen, östl. der Salzach, bis 2 431 m hoch.

Tennent, Gilbert [engl. ˈtɛnənt], * Nordirland 1703, † Philadelphia (Pa.) (?) 1764, engl. presbyterian. Theologe. - Ab 1718 in Pennsylvania, 1726–44 in New Brunswick (N. J.); bed. Buß- und Erweckungsprediger.

Tennessee [engl. ˈtɛnəsiː, tɛnəˈsiː], Bundesstaat im SO der USA, 109 152 km^2, 4,7 Mill. E (1985), Hauptstadt Nashville.
Landesnatur: Den Tal- und Höhenzügen des Großen Appalachentals schließt sich im W das ↑Cumberland Plateau an. Das flache Nashville Basin (180 m), im Z von T., ist von Bergrücken umrahmt. Das westl. des N-S verlaufenden Tales des T. River gelegene flachhügelige Gebiet fällt zum Mississippi ab. Die Flüsse sind über weite Strecken künstl. gestaut. - T. liegt in der Übergangszone vom feucht-kontinentalen zum subtrop.-kontinentalen Klimabereich. - Die natürl. Wälder setzten sich v. a. aus Hickory, Eiche, Schwarznuß, Buche, Esche und Zeder zusammen. Aufforstung und Schutzbestimmungen haben die mit der europ. Landnahme z. T. gerodete Waldbedeckung wieder auf 52 % ansteigen lassen.
Bevölkerung, Wirtschaft, Verkehr: Rd. 84 % der Bev. sind europ., rd. 16 % afrikan. Herkunft; daneben indian. und asiat. Minderheiten. Führende Religionsgruppen sind die Südl. Baptisten, die Methodisten und die Negerbaptisten. Neben zahlr. Colleges bestehen 5 Universitäten. - Mais ist das Hauptanbauprodukt, gefolgt von Weizen, Gerste, Hafer, Klee, Tabak, Kartoffeln, Gemüse und (im S) Baumwolle. Die Viehwirtschaft spielt eine bed. Rolle; die Forstwirtschaft ist eine weitere Erwerbsquelle. - An Bodenschätzen werden Kohle, Zinkerze, Phosphate, Kupfererze, Pyrit, Glimmer u. a. abgebaut. Führend sind die chem. und die Kunstfaserind.; metallproduzierende und -verarbeitende Ind. v. a. im Raum Knoxville-Alcoa; bed. Fremdenverkehr. - Das Eisenbahnnetz ist rd. 9 100 km, das Straßennetz rd. 134 000 km lang. T. verfügt über 74 öffentl. ✈.

Geschichte: Die ersten Weißen im westl. T. waren 1541 Spanier, Ende des 17. Jh. bereisten frz. Entdecker das Gebiet; um 1750 drangen in das von Stämmen der Cherokee bewohnte östl. T. die ersten Briten ein, um 1770 folgten ihnen die ersten Siedler; mit der endgültigen Abtretung durch North Carolina an die Bundesreg. 1790 als Bundesterritorium südl. des Ohio organisiert und 1796 in die USA aufgenommen. Schloß sich 1861 als letzter Staat den ↑Konföderierten Staaten von Amerika an; der O von T., in dem sich eine für die Union eintretende Gegenreg. bildete, blieb im Bundeskongreß vertreten, im Sezessionskrieg hart umkämpft, erlitt große Schäden; wurde 1866 als erster Staat der Konföderation wieder in die Union aufgenommen.
📖 *Dykeman, W.: T. New York. Neuaufl. 1984. - Corlew, R. E.: T.: A short history. Knoxville (Tenn.)* ^{2}*1981.*

Tennessee River [engl. ˈtɛnəsiː ˈrɪvə], linker und längster Nebenfluß des Ohio, entsteht durch Vereinigung der Quellflüsse Holston River und French Broad River im Großen Appalachental, mündet nahe Paducah; 1 049 km lang (einschl. Holston River 1 239 km).

Tennessee Valley Authority [engl. ˈtɛnəsiː ˈvælɪ ɔːˈθɒrɪtɪ], Abk. TVA, eine von der amerikan. Bundesregierung 1933 gegr. Behörde mit dem Ziel, das Notstandsgebiet im Tal des Tennessee River durch staatl. Maßnahmen zu sanieren; Sitz Knoxville. Insgesamt baute die TVA 22 der 32 Stauwerke im Einzugsbereich des Tennessee River und erwarb 4 weitere; die restl. Stauwerke gehören der Aluminium Company of America. Unter Ausnutzung der gewonnenen Energie entstanden etwa 1 600 neue Ind.betriebe (v. a. chem. Industrie).

Tennis [engl.; zu frz. tenez! „haltet (den Ball)!"], ein in seiner heutigen Form um 1875 in Großbrit. entwickeltes Rückschlagspiel, das von 2 männl. oder weibl. Spielern (Herren- oder Dameneinzelspiel) oder von 4 Spielern (Herren-, Damen- oder Mixeddoppelspiel) ausgetragen wird. Gespielt wird mit *T.schlägern (Rackets),* deren Schlagfläche aus längs und quer in einen ovalen Rahmen ge-

Tennisellbogen

spannten Darm- oder Kunststoffsaiten besteht sowie mit einem weißen (auch gelben oder orangefarbenen) Filz überzogenen *T.ball* (Durchmesser 6,35–6,67 cm) über ein in der Mitte eines Spielfeldes befindl. Netz, wobei der Ball auf jeder Seite des Spielfeldes höchstens einmal auf dem Boden aufspringen darf. Man unterscheidet Hartplätze (Bodendecke besteht aus rotem Ziegelmehl oder gemahlenem rotem Naturstein), Asphalt- und Betonplätze (Allwetterplätze) sowie Rasenplätze (**Lawn-Tennis**); bei Hallen-T. wird auf Beton, Parkett, Kunststoff- oder Kunstfaserteppichboden gespielt. Das rechteckige Spielfeld ist 23,77 m lang, im Einzelspiel 8,23 m und im Doppelspiel 10,97 m breit und wird von weißen Linien, den Seiten- und Grundlinien, begrenzt. Das in der Spielfeldmitte befindl. Netz hängt an einem zw. 2 Pfosten gespannten Drahtseil; es muß in der Mitte 0,915 m, außen 1,06 m hoch sein. Jede Spielfeldhälfte weist unmittelbar am Netz 2 Aufschlagfelder auf, die von den Seitenlinien des Einzelspielfeldes und einer Mittellinie sowie von einer parallel zum Netz in 6,40 m Entfernung gezogenen Aufschlaglinie begrenzt werden. In diese Felder ist zu Beginn jedes Ballwechsels der *T.ball* zu schlagen. Der „Aufschlag" erfolgt so, daß der den Ballwechsel beginnende Spieler (Aufschläger), den Ball über seinen Kopf hochwirft und ihn von oben in das schräg gegenüberliegende Aufschlagfeld schlägt (bei Netzberührung Wiederholung), und zwar abwechselnd von rechts und links zu Beginn jedes neuen Ballwechsels. Der Spieler, der diesen Aufschlagball annehmen muß (Rückschläger), darf ihn erst nach dem gültigen Auftreffen auf dem Boden des Aufschlagfeldes annehmen und zurückspielen. Jeder Ball, der von einem Spieler ins Netz oder ins „Aus" (d. h. außerhalb des Spielfeldes auftreffend) oder erst nach zweimaliger Bodenberührung geschlagen wird, ist für den Gegner ein gewonnener Punkt. Nach jedem Spiel geht der Aufschlag an den Rückschläger über (bzw. in abwechselnder Folge an einen Spieler der gegner. Mannschaft bei Doppelspielen). 6 gewonnene Spiele ergeben einen Satzgewinn, wobei aber der Gewinner einen Vorsprung von 2 Spielen haben muß.

📖 *Brechbühl, J.: T. von A–Z. Derendingen* ²*1985. - Scholl, P.: Richtig T. spielen. Mchn.* ¹⁻⁴*1983–84. 2 Bde. - Douglas, P.: Das T.-Hdb. Dt. Übers. Mchn. 1982.*

Tennisellbogen (Tennisarm), durch Überanstrengung verursachte Knochenhautreizung am Schlagarm von Tennisspielern.

Tennit, svw. ↑ Tinnit.

Tenno [jap. „himml. Kaiser"], Titel der Herrscher Japans; gelten als direkte Nachfahren der Sonnengöttin Amaterasu.

Tennstedt, Klaus, * Merseburg 6. Juni 1926, dt. Dirigent. - War 1958–62 Operndirigent in Dresden, 1962–71 in Schwerin, ab 1972 in Kiel, 1979–81 Chefdirigent des NDR-Sinfonieorchesters in Hamburg, seitdem beim London Philharmonic Orchestra.

Tennyson, Alfred Lord (seit 1884) [engl. ˈtɛnɪsn], * Somersby (Lincolnshire) 6. Aug. 1809, † Aldworth bei Reading 6. Okt. 1892, engl. Dichter. - Sohn eines Geistlichen; hochgeehrter offizieller Dichter des Viktorianismus (1850 Krönung zum Poet laureate). Seine spätromant. Dichtung kennzeichnet eine knappe, bildhaft treffende, rhythm. Sprache, v. a. „Freundes-Klage" (1850), eine Elegie auf den Tod seines Freundes A. H. Hallam, an der T. 17 Jahre lang arbeitete, die „Königs-Idyllen" (1859–85; 12 Kleinepen in Blankver-

Teotihuacán. Mondplatz und Sonnenpyramide (Ansicht von Norden)

sen) um König Artus und die Tafelrunde; schrieb auch Gedichte und [bühnenfremde] Dramen.

Tenochtitlán [span. tenɔtʃti'tlan], Hauptstadt des Aztekenreiches, ↑Mexiko (Stadt).

Tenor [lat.-italien., zu lat. tenere „halten"], musikal. Stimmlagenbez. für die hohe Männerstimme (Umfang c-a^1[c^2]); in der mehrstimmigen Musik des 13.–16. Jh. war der Tenor ['teːnɔr] die den ↑Cantus firmus tragende Stimme, zunächst als tiefste Stimme, zu der im 14. Jh. der **Contratenor** hinzutrat (seit 1450 aufgeteilt in Contratenor altus, svw. ↑Alt, und Contratenor bassus, svw. ↑Baß). - Bei Instrumentenfamilien Bez. für die der T.stimme entsprechende Mittellage.

Tenor [lat.], Sinn, Wortlaut; Inhalt (z. B. eines Gesetzes).
◆ (Entscheidungsformel, Entscheidungssatz, Urteils-T.) ↑Urteil.

Tenorhorn, zur Familie der Bügelhörner gehörendes Blechblasinstrument in Tenorlage, in B- (Umfang E-b^1), seltener C-Stimmung, gewöhnl. mit drei Ventilen; in Tuba-, Trompeten- oder Helikonform gebaut.

Tenorit [nach dem italien. Botaniker M. Tenore, *1780, †1861] (Melaconit, Kupferschwärze), monoklines, in dünnen Täfelchen oder erdigen Massen auftretendes schwarzes Mineral, chem. CuO. Es entsteht v. a. als Verwitterungsprodukt von Kupfererzen; größere Vorkommen in Zaïre (Shaba), USA (Michigan) und Chile (Atacama); Mohshärte 3,5; Dichte 5,8–6,4 g/cm^3.

Tenorschlüssel, der ↑C-Schlüssel auf der 4. Notenlinie.

Tenos ↑Tinos.

Tenotomie [griech.], operative Durchtrennung einer Sehne.

Tenrecidae [Malagassy] ↑Borstenigel.

Tenreks [Malagassy], svw. Madagaskarigel (↑Borstenigel).

Tenrikio (Tenrikyo) [jap. „Lehre von der himml. Vernunft"], neue Religion in Japan, 1838 von der Bäuerin Miki Nakajama (*1798, †1887) begr., die sich auf göttl. Offenbarungen berief. Das Heilsziel der T. wird in einem frohen Leben gesehen, dessen eth. Voraussetzung die Reinigung des Herzens vom Staub, einer Art Sünde, ist. Die T. zählt heute innerhalb und außerhalb Japans mehr als 2 Mill. Anhänger.

Tenside [lat.], auf Grund ihrer Molekülstruktur als Wasch-, Reinigungs-, Spül- und Netzmittel verwendete ↑grenzflächenaktive Stoffe. - ↑auch Waschrohstoffe.

Tension [lat.], svw. Dehnung bzw. Spannung; in der physikal. Chemie häufig verwendete Bez. für [Dampf]druck; auch svw. Tendenz zur Ausbreitung (z. B. wird die Tendenz einer festen Substanz, in Lösung überzugehen, als Lösungs-T. bezeichnet).

Tensor [lat., zu tendere „spannen"] (Affi-

Teotihuacán

nor), eine in der Differentialgeometrie und Physik verwendete mathemat.-physikal. Größe, die im allg. eine Funktion des Ortes und der Zeit ist und eine Verallgemeinerung des Vektorbegriffs darstellt.

Tentakel [lat.], in der *Zoologie* Bez. für meist in der Umgebung der Mundöffnung stehende, mehr oder weniger lange, schlanke, sehr bewegl. Körperanhänge bei niederen Tieren, v. a. bei Nesseltieren, Kopffüßern (mit Saugnäpfen), Schnecken, Bartwürmern, Tentakelträgern. Die reich mit Sinnesorganen versehenen T. dienen als Tastorgane *(Fühler)* v. a. dem Aufspüren der Beutetiere und (als *Fangarme, Fangfäden*) zu deren Ergreifen, Festhalten und Einbringen in die Mundöffnung.
◆ in der *Botanik* Bez. für die bei den Arten des Sonnentaus auf der Blattoberfläche angeordneten haarähnl., berührungsempfindl. ↑Emergenzen mit endständigen, ein klebriges Sekret absondernden Drüsenköpfchen.

Tentakelträger (Kranzfühler, Tentaculata), Stamm der Wirbellosen mit rd. 5000 etwa 0,5 mm bis 30 cm (meist jedoch nur wenige mm) langen Arten im Meer und (seltener) im Süßwasser; fast ausschließl. festsitzende, häufig koloniebildende Tiere; Mundöffnung von einem Tentakelkranz umgeben; Darmkanal U-förmig. T. ernähren sich durch Herbeistrudeln von Kleinplankton mit Hilfe des Wimperepithels der Tentakel.

Tenuis (Mrz. Tenues) [lat., eigtl. „dünn"], stimmloser Verschlußlaut, z. B. [k, p, t]. - Ggs. ↑Media.

tenuto [italien.], Abk. ten., in der Musik Anweisung, die Töne ihrem vollen Wert entsprechend auszuhalten.

Ten Years After [engl. 'tɛn jıəz 'ɑːftə „zehn Jahre danach"], 1967 entstandene brit. Rockmusikgruppe (der Name soll sich angebl. auf das Entstehungsjahr der Rockmusik beziehen); bestehend aus dem Sänger und Gitarristen A. Lee (*1944), dem Bassisten L. Lyons (*1944), dem Keyboardspieler C. Churchill (*1942) und dem Schlagzeuger R. Lee (*1945); gilt als erfolgreichste und beständigste brit. Bluesband.

Teos, bed. antike (ion.) Hafenstadt in W-Kleinasien beim heutigen Sıgacık, sw. von İzmir; Heimat des Anakreon; um 543 v. Chr. wanderten (unter dem Druck der Perser) viele Bewohner nach Abdera aus, das sie neu gründeten. Dionysoskult; Sitz der (gesamtgriech.) Dionysoskünstlergemeinschaft (sog. *Techniten*, Schauspieler und Musiker). – Überreste u. a. des hellenist. Theaters, des Dionysostempels (2. Jh. v. Chr.), des Gymnasions.

Teotihuacán [span. teotiɥa'kan], Ruinenstadt 40 km nö. der Hauptstadt Mexiko. Die 2300 m hoch gelegene Stadt wurde im 2. Jh. v. Chr. von Flüchtlingen aus dem Hochtal von Mexiko (Ausbruch des Vulkans Xitli) gegründet; führend eine krieger. Adelsschicht.

Tepaneken

T. besaß um 100 n. Chr. 60000 E, um 600 mehr als 150000 E (auf 20 km²). Zw. 650 und 750 wurde T. aufgegeben. - Die schachbrettartige Anlage der Stadt entstand um 200 n. Chr. An der Kreuzung der beiden Hauptachsen Verwaltungszentrum (3. Jh. n. Chr., mit sog. Quetzalcoatl-Pyramide mit reichem Plastik- und Reliefschmuck, 5. Jh.) und Hauptmarkt. Im Nordteil der N–S-Achse („Straße der Toten") liegen die große „Sonnen"- und die „Mondpyramide" sowie Tempel (5. Jh. n. Chr.). Die meisten Gevierte wurden durch einstöckige Wohnhäuser und Paläste eingenommen; bed. Wandmalereien. Hochentwickelt waren Bewässerungsfeldbau, Verwaltung, Handel (Abbau von Obsidian) und [Kunst]handwerk. Hervorzuheben sind Tongefäße, teils mit Stuck überzogen und bemalt, Tonfiguren und Stein-Schneiderei, bes. Masken des 5.–7. Jh. aus Jade.
Adams, R. E.: Prehistoric Mesoamerica. Boston (Mass.) 1977. - Haberland, W.: Zentral-Mexiko. Hamb. 1974.

Tepaneken, voreurop. Volk in Zentralmexiko, mit Nahua-Sprache, das um 1230 Azcapotzalco besetzte und von dort aus um die Hegemonie im Becken von Mexiko kämpfte. Nachdem sie zeitweilig den mächtigsten Staat in Zentralmexiko gebildet hatten, führten Versuche, die verbündeten Azteken zu unterwerfen, 1430 zur aztek. Eroberung von Azcapotzalco und zum Ende des T.staates.

Tepe, Bez. für Ruinenhügel, svw. Tappa.

Tephra [griech. „Asche"], Sammelbez. für vulkan. Lockerstoffe.

Tephrit [griech.], graues, selten schwarzes basalt. Ergußgestein mit porphyr. Gefüge, Hauptbestandteile: Plagioklas, Augit und Feldspatvertreter.

Tepic [span. te'pik], Hauptstadt des mex. Staates Nayarit, am Río T., 935 m ü. d. M., 177000 E. Kath. Bischofssitz; Museum, Theater; Verarbeitung landw. Erzeugnisse. - Gegr. 1531; Stadtrecht (Ciudad) seit 1711. - Kathedrale (1750); Kirche Santa Cruz (Pilgerziel) eines nur in Ruinen erhaltenen Franziskanerklosters.

Tepidarium [lat.] ↑ Thermen.

Tepl, Johannes von ↑ Johannes von Tepl.

Tepler Hochland, plateauartiges Bergland (um 700 m ü. d. M.) in der ČSSR, um Teplá (dt. Tepl) in Böhmen.

Teplice [tschech. 'tɛplitsɛ] (dt. Teplitz), Stadt im sö. Vorland des Erzgebirges, ČSSR, 230 m ü. d. M., 54600 E. Heimatmuseum, Erzgebirgstheater. Ältestes Heilbad Böhmens (Gicht, Ischias, Rheumatismus, Lähmungserscheinungen); Braunkohlentagebau. - Entwickelte sich um das 1156 erwähnte Kloster **Teplitz** im 13. Jh.; erhielt 1467 Stadtrecht. Die (seit 762 bekannten) Heilquellen trugen zur Blüte der Stadt bei; 1895 Angliederung des Badeortes **Schönau.** - Rathaus (1545); Dekanatskirche (um 1700 barocker Umbau); barocke Dreifaltigkeitssäule (1718); ehem. Schloß (v. a. 18. Jh.).

Tepoztlán [span. tepos'tlan], mex. Ort, 20 km nö. von Culiacán, 4300 E. - Am Marktplatz Dominikanerkloster (1559–80). Auf dem T. um 600 m überragenden **Cerro del Tepotzteco** Reste eines aztek. Tempels.

Teppich [zu griech.-lat. tapetum mit gleicher Bed.], textiles Erzeugnis, das v. a. als Bodenbelag oder Wandbehang genutzt wird. Aus Wolle (der Flor) gefertigt, auch aus Seide (China, Persien), heute vielfach aus synthet. Material, hat er abgesehen von der schmückenden Funktion die Aufgabe, vor Kälte zu schützen. T. werden hauptsächlich mit verschieden eingefärbten Fäden gewirkt oder geknüpft, gelegentlich auch aus Filz gefertigt mit Applikation; ein modernes Verfahren ist das Tufting (↑ Teppichboden). Moderne Spritzverfahren erzielen täuschend Musterung ohne verschiedenfarbige Fäden. Im MA wurden europ. Wandteppiche auch gestickt. - **Wirkteppiche:** Bei den gewirkten, d. h. mit einfacher Bindung gewebten meist kleineren T. bilden die verschiedenfarbigen Schußfäden das Muster; die durch den Farbwechsel (Schußwechsel) bedingten Schlitze werden durch Verschlingen der Endfäden oder rückseitiges Vernähen geschlossen. Den oriental. Wirk-T. nennt man Kelim, den europ., genauer den frz., oft gemäldeartigen gewirkten Wand-T. des 17. und 18. Jh. Gobelin. - **Knüpfteppiche:** Zunächst wird die Kette meist senkrecht auf ein Rahmengestell gespannt. Nachdem die ersten festigenden „Schüsse" (Querfäden) eingebracht sind, werden kurze Fäden um die Kettfäden geschlungen (ein sich wiederholender Vorgang); sie bilden als Flor das Muster. Gearbeitet wird - außer beim Nomadenteppich - mit einer Farbvorlage. Kette und Schuß sind beim oriental. T. meist aus Baumwolle (beim europ. des 17./18. Jh. aus Leinen oder Hanf); der nach Abschluß der Herstellung gleichmäßig geschorene Flor besteht aus Wolle, seltener aus Seide. Am weitesten verbreitet ist der **türk.** *Knoten* (Gördesknoten), bei dem das Fadenstück vor zwei Kettfäden gelegt, die Enden zw. diesen beiden Kettfäden gemeinsam wieder hervorgezogen werden; beim **pers.** *Knoten* (Senneknoten; in O-Iran, Indien und China angewandt), erscheint jeweils ein Fadenende neben einem Kettfaden. Den Wert eines T. bestimmen u. a. die Anzahl der Knoten; der Spielraum reicht von 200 pro dm² bei einfachen Nomaden-T. bis zu 12700 bei Arbeiten alter pers. Hofmanufakturen, deren Feinheit von den im 19. Jh. aufgekommenen europ. Maschinen in keiner Weise erreicht wird. Die oriental. T.knüpferei ist eine traditionelle Kinderarbeit (70–80000 feine Knoten pro Woche).

Geschichte: Die älteste überlieferte Darstellung eines T. (Kelims) wird um 5000 v. Chr.

Teppichboden

datiert (Çatal Hüyük), die ältesten realen Funde aus dem Altai-Gebirge um 500 v. Chr. (Pasyrykteppiche). Schon im Altertum war Vorderasien und bes. Persien als T.zentrum bekannt. Mit regionaltyp. Eigenheiten entwickelte sich - vermutl. unter dem Einfluß chin. T.kunst - eine geometr., von einer Bordüre eingefaßte Musterung mit stark stilisierten Pflanzen und Tieren, die auch heute noch zu finden ist (Türkei, Kaukasus, Turkestan). Diese T.kunst gelangte auch in Ägypten zu hoher Blüte z. Zt. der Mamelukkenherrscher, nach Indien gelangte sie unter den Moguln. Eine eigene Entwicklung erfolgte in Persien im 15. und 16. Jh. an der Hofmanufaktur. War sonst nur auf Gebets-T. ein Mittelfeld, die Gebetsnische, ausgespart (i. d. R. an einer Schmalseite von einer Art Giebel begrenzt), so wurden hier auch bei anderen T. die Muster um ein Mittelfeld zentriert, das z. B. ein Medaillon einnimmt; es herrschen florale Ranken, also die Kurve statt der Geraden. Daneben gibt es noch eine kleine Gruppe höf. Tier- und Jagd-T.; der florale T. kann wohl allg. als Gartensymbol angesehen werden, auch wenn eine spezielle Gruppe Garten-T. abgegrenzt wird. Diese pers. T.kunst wurde v. a. von der türk. Hofmanufaktur in Istanbul, auch von Bursa und Kaschgar aufgenommen. - ↑ auch Orientteppiche (Übersicht).

Im nördl. Europa kannte man im MA nur gewirkte und gestickte Wand-T., berühmt der ↑ Bayeux-Teppich. Spanien kannte infolge des Kontakts mit den Mauren Knüpfteppiche. Dort wurden sie sicher schon im 13. Jh. (Manufaktur in Alcaraz, sw. von Albacete), im übrigen Europa seit dem Ende des 14. Jh. importiert. Zwar wurden eigene Manufakturen im 16. Jh. in England, mit dem Beginn des 17. Jh. in Frankr. gegr., im 18. Jh. in England auch die erste Knüpfmaschine entwickelt, eine nennenswerte eigene Produktion ist jedoch erst mit der Einführung der Bányai-Knüpfmaschine in den 1920er Jahren entstanden, doch erreichten diese Erzeugnisse weder die Feinheit noch die künstler. Originalität der handgearbeiteten Stücke. Bes. im 19. Jh., aber auch schon eher wurde viel speziell für den Export nach Europa (z. B. sog. Polen-T.) und dann auch Amerika gearbeitet. Zu den traditionellen Exportländern kommen heute noch nordafrikan. hinzu (Berber), auch Länder, die Nachknüpfungen pers. Muster anbieten (Indien). - Beim **industriellen Teppich** werden unterschieden: Glatte T. (z. B. Haargarn-T.), Noppen- oder Schling-T. (z. B. Brüsseler T., Bouclé-T.), Velours- oder Flor-T. mit aufgeschnittenen Noppen (zur Technik moderner Nadelflor-T. ↑ auch Teppichboden). - Mit modernen Designs machten sich im 20. Jh. v. a. skand. T. einen Namen, außerdem entwickelten sich verschiedene Zentren für künstler. T.wirkerei (Wand-T.), z. B. in Aubusson (J. Lurçat) oder in Ägypten.

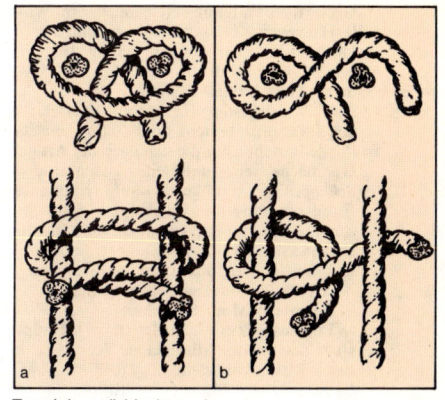

Teppich. a türkischer oder Gördesknoten, b persischer oder Senneknoten

Gerard Terborch d. J., Ein Knabe floht seinen Hund (um 1653–55). München, Alte Pinakothek

Bennett, I.: Teppiche der Welt. Neuausg. Mchn. 1981. - Bausback, P.: Antike Orientteppiche. Braunschweig 1978. - Schlosser, I.: Der schöne T. im Orient und Okzident. Mchn. 1978.

Teppichboden, in Form von breiten Bahnen oder einzelnen Fliesen verlegter Fußbodenbelag, dessen Oberschicht (Laufschicht)

Teppichkäfer

aus textilen Materialien (Chemiefasern, Wolle, Haargarn, Kokos-, Sisalfasern) und dessen Unterschicht (Unterboden) häufig z. B. aus geschäumtem Kunststoff gefertigt ist. Nach dem Herstellungsverfahren unterscheidet man *Nadelvliesteppiche*, deren Laufschicht aus ↑ Nadelfilz besteht, und *Tuftingteppiche* (Nadelflorteppiche), die sich nach der Art der Oberfläche weiter unterteilen lassen, u. a. in *Schlingenware* (mit nicht aufgeschnittenen Florgarnschlingen), *Veloursware* (mit geschnittenem Flor und veloursartiger Oberfläche) und sog. *Strukturware* (mit strukturierter Oberfläche, z. B. durch unterschiedl. lange oder teilweise aufgeschnittene Schlingen).

Teppichkäfer ↑ Speckkäfer.

Teques, Los [span. los 'tekes], Hauptstadt des Staates Miranda in Venezuela, in der Küstenkordillere, 1 170 m ü. d. M., 90 000 E. Kath. Bischofssitz; Erholungsort. - Gegr. 1777.

Tequila [te'ki:la; nach der gleichnamigen mex. Stadt], aus einer Agavenart destillierter mex. Branntwein.

Tera... [griech.], Vorsatzzeichen T, Vorsatz vor physikal. Einheiten, bezeichnet das 10^{12}fache der betreffenden Einheit.

Terai, nördl. Ausläufer des Ganges-Brahmaputra-Tieflandes am Fuß der Himalajavorberge, im N durch die Siwalikketten begrenzt, 70–300 m ü. d. M., 15 bis über 50 km breit (Indien und Nepal).

Teramo, italien. Stadt in den nördl. Abruzzen, 265 m ü. d. M., 52 100 E. Hauptstadt der Prov. T.; kath. Bischofssitz; jurist. Fakultät, Observatorium; Museum, Gemäldesammlung. Ind.keramik, metallverarbeitende und Nahrungsmittelindustrie. - In der Antike **Interamnia,** in röm. Zeit Munizipium und Colonia. Im MA zuerst mit dem langobard. Hzgt. Spoleto vereinigt, dann von Grafen bzw. Bischöfen (seit dem 7. Jh. Bistum) regiert; 1156 durch Brand fast völlig zerstört, in der Folge wieder aufgebaut. - Röm. sind die Reste eines Amphitheaters und der Stadtbefestigung. Roman. Dom (nach 1156 neu erbaut, später erweitert), got. Kirche San Domenico (z. T. 13. Jh.); got. bischöfl. Palais (14. Jh. ff.).

teratogen [griech.], in der *Medizin* und *Pharmakologie* für: zu Mißbildungen führend, Mißbildungen erzeugend.

Teratom [griech.], durch örtl. begrenzte Störung der Embryonalentwicklung entstehende gut- oder bösartige Mischgeschwulst, die Differenzierungsprodukte (unausgereift als *Embryoid,* ausgereift als *Embryom* bezeichnet) aller drei Keimblätter in mehr oder weniger ungeordneter Form nebeneinander enthält; bevorzugter Sitz im Bereich der Keimdrüsen.

Terbium [nach dem schwedischen Ort Ytterby], chem. Symbol Tb; metall. Element aus der Reihe der Lanthanoide des Periodensystems der chem. Elemente, Ordnungszahl 65, relative Atommasse 158,9254, Schmelzpunkt 1 360 °C, Siedepunkt 3 123 °C. Das in zwei Modifikationen unterschiedl. Dichte vorkommende T. verhält sich chem. wie die übrigen Lanthanoide, mit denen zus. es in Form von Phosphaten und Silicaten in der Natur auftritt. In der Häufigkeit der chem. Elemente steht T. an 59. Stelle; es ist an der Zusammensetzung der Erdkruste mit $8,5 \cdot 10^{-5}$ Gew.-% beteiligt. T. wird nur als Bestandteil von Cermischmetall verwendet. - T. wurde 1843 von C. G. Mosander entdeckt.

Terborch, Gerard, d. J. [niederl. tɛr'bɔrx], * Zwolle 1617, † Deventer 8. Dez. 1681, niederl. Maler. - Ausbildung in Haarlem; Reisen nach England, Italien, Spanien; 1645–48 als Porträtmaler in Münster („Beeidigung des Friedens vom 15. Mai 1648", London, National Gallery); ab 1654 in Deventer. Nach 1650 schuf T. v. a. bürgerl. Genrebilder, die meist wenigen Figuren in ausgewogener Komposition, ruhig beschäftigt, kostbar gekleidet; charakterist. in der schwebenden Harmonie von Figur und Raum, Farbe und Ton, Bewegung und Ruhe. - Abb. S. 35.

Terboven, Josef, * Essen 23. Mai 1898, † Oslo 11. (?) Mai 1945 (Selbstmord), dt. Politiker. - Stieß 1923 zur NSDAP, nahm am Hitlerputsch teil; MdR 1930–45; ab 1933 preuß. Staatsrat, ab 1935 Oberpräs. der Rheinprov.; als Reichskommissar für die besetzten norweg. Gebiete (1940–45) Inhaber der obersten Regierungsgewalt im Zivilbereich.

Terbrugghen, Hendrick [niederl. tɛr'bryxə], * Deventer (?) 1588 (?), ⌑ Utrecht 9. Nov. 1629, niederl. Maler. - Schüler von A. Bloemaert; vermutl. 1604–14 in Italien, wurde zum bedeutendsten Vermittler der Kunst Caravaggios in Utrecht. In seinen großformatigen Halbfigurenbildern verbindet sich die realist. Charakterisierung und neuartige Lichtführung Caravaggios mit niederl. Tradition.

Terceira [portugies. tər'sɐjrɐ], mit 396 km² drittgrößte Insel der ↑ Azoren.

Terebinthe [griech.], svw. ↑ Terpentinpistazie.

Terebratuliden (Terebratulida) [lat.], Ordnung der Armfüßer mit rundl. bis ovaler Schale; Vorkommen vom oberen Gotlandium bis heute.

Terebridae [lat.], svw. ↑ Schraubenschnecken.

Terengganu (Trengganu), Gliedstaat Malaysias, im O der Halbinsel Malakka, 12 955 km², 542 300 E (1980), Hauptstadt Kuala Terengganu. Von der Küste steigt das Gebiet nach W zu einem dicht bewaldeten Bergland an, das T. von der übrigen Halbinsel isoliert. Verkaufsprodukte sind Kautschuk und Kopra, ferner getrockneter und gesalzener Fisch. Am Dungun findet sich die größte Eisenerzgrube Malaysias. - Das früher zu

Terminal

Thailand gehörende Gebiet wurde 1909 brit. Protektorat und schloß sich 1948 dem Malaiischen Bund an.

Terenz (Publius Terentius Afer), *Karthago 185 (um 195?), †159 während einer Griechenlandreise, röm. Komödiendichter. - Kam als Sklave nach Rom. Seine 6 Stücke stammen aus den Jahren 166–160. Anders als Plautus schloß er sich in der Stoffbehandlung strenger an die griech. Originale an, wobei auf Wahrscheinlichkeit und sorgfältige Motivation geachtet wurde; vorgeführt werden sensible Figuren und differenzierte eth. Probleme; die Handlungen sind meist komplizierte Intrigengeflechte. Wegen seiner „Milde" bald geschätzt, bald kritisiert, war T. (neben Cicero und Vergil) von der Antike bis zum 18. Jh. der meistgelesene Schriftsteller des Lateinunterrichts. Beeinflußte u. a. L. Ariosto und Molière.

Terenzbühne ↑Theater.

Terephthalsäure [Kw.] ↑Phthalsäure.

Teresa de Jesús [span. δε xe'sus] ↑Theresia von Ávila, hl.

Teresa von Ávila ↑Theresia von Ávila, hl.

Tereschkowa, Walentina Wladimirowna, *Maslennikowo bei Jaroslawl 6. März 1937, sowjet. Kosmonautin. - Sie unternahm vom 16.–19. Juni 1963 als erste Frau der Welt einen Raumflug (48 Erdumläufe in der Raumkabine Wostok 6).

Teresina, Hauptstadt des brasilian. Bundesstaates Piauí, am Río Parnaíba, 65 m ü. d. M., 378 000 E. Kath. Erzbischofssitz; Univ. (gegr. 1968); Handels- und Verarbeitungszentrum landw. Produkte; Eisenbahnendpunkt. - Seit 1852 Hauptstadt des Bundesstaates Piauí.

Terezín [tschech. 'tɛrɛziːn], Stadt in der ČSSR, ↑Theresienstadt.

Tergum [lat.] (Rückenschild), der dorsale, sklerotisierte Teil (Sklerit) jedes Rumpfsegments der Insekten im Unterschied zum ventralen Sternum.

Terlaner [nach dem Tiroler Ort Terlan (Prov. Bozen)], grünl., milder, anregender Weißer Burgunder (Zumischung von Riesling u. a.) aus dem Etschtal.

Term [frz., zu lat. terminus „Grenzzeichen, Ziel"], in der formalen Logik und Metamathematik Bez. für jede spezielle Zeichenreihe in einer formalisierten Theorie, mit der eines der in der Theorie betrachteten Objekte dargestellt wird. - Die T. werden gewöhnlich durch induktive ↑Definition aus der Menge der Zeichenreihen ausgesondert, indem man gewisse *Grund-* oder *Prim-T.* und Regeln zur Bildung zusammengesetzter T. angibt.

♦ (Energie-T.) Bez. für die einzelnen Energiezustände von Atomen und Molekülen, insbes. im Hinblick auf ihre Anordnung in einem *Termschema*, der graph. Darstellung aller Terme bzw. Energiestufen in einem Diagramm.

Die einzelnen T. werden dabei durch waagrechte Striche dargestellt, deren Abstände vom Nullniveau maßstäblich den Energiedifferenzen zum Grundzustand entsprechen. Seitl. an jedem T. werden die zugehörigen Quantenzahlen notiert; die mögl. Übergänge zw. den einzelnen Termen werden durch Pfeile oder Striche veranschaulicht. Gibt man an der Ordinate nicht die Energie *W* selbst, sondern $W/(hc)$ (*h* Plancksches Wirkungsquantum, *c* Lichtgeschwindigkeit) an, so lassen sich die Wellenzahlen $\tilde{v} = 1/\lambda$ (λ Wellenlänge) der zugehörigen Spektrallinien als Abstände zw. dem jeweils oberen *Ausgangs-T.* und dem unteren *End-T.* ablesen. T., die sich in der Hauptquantenzahl und Drehimpulsquantenzahl nicht unterscheiden, jedoch durch verschiedenen Spin der Elektronen unterschiedl. Energiewerte haben, faßt man zu *Multipletts* zusammen. Ihre Energiedifferenzen sind in allg. gering, so daß den zugehörigen Übergängen sehr eng beieinanderliegende Spektrallinien entsprechen (z. B. die beiden Dublettterme D_1 und D_2 des Natriums).

Termes [russ. tɪr'mjes], Hauptstadt des sowjet. Geb. Surchandarja in der Usbek. SSR, am Amu-Darja, 66 000 E. PH, Theater, Zoo, Baumwollentkörnung, Nahrungsmittel- und Baustoffind.; Hafen. - Verschiedene alte Vorgängersiedlungen, u. a. eine große Stadt (1.–3. Jh.); 10.–12. Jh. bed. Handels- und Handwerkszentrum sowie Flußhafen; in der 2. Hälfte des 13. Jh. Verlagerung der Stadt um 7 km nach O, auf das rechte Ufer des Surchandarja. Im 15. Jh. entstand an der Übergangsstelle über den Amu-Darja die Siedlung **Pattakessar**, die schließl. Stadt wurde und auf die der Name T. übertragen wurde. - Erhalten sind Baudenkmäler aus dem 9. Jh. und der Palast der örtl. Herrscher des 11./12. Jh. mit großer Vorhalle.

Termessos, Ruinenstätte einer antiken Bergstadt 30 km nw. von Antalya, Türkei; erhalten sind u. a. Stadtmauer (2. Jh. v. Chr.), Theater, Odeion (Bau für Musikaufführungen), Tempel, Sarkophage und Grabbauten, Felsgräber. T. ist Teil des 6 700 ha großen Nationalparks *Termessus.*

Termin [lat.], allg. ein festgelegter Zeitpunkt; Liefer-, Zahlungstag; im *Prozeßrecht* ein [vom Gericht festgelegter und im voraus] bestimmter Zeitpunkt, zu dem von Gericht und Parteien gemeinsame [Prozeß]handlungen vorgenommen werden sollen.

terminal [lat.], bes. in der Biologie für: das Ende, die Grenze betreffend; endständig.

Terminal [engl. 'tə:mɪnl; lat.], Abfertigungsgebäude oder -anlage eines Flughafens für Fluggäste oder Luftfracht *(Fracht-T.);* Umschlaganlage für Container *(Container-T.)* in Häfen und an Bahnanlagen; Be- und Entladeanlage für Tanker *(Erdöl-T.).*

♦ in der elektron. Datenverarbeitung svw. Datenstation; besteht aus Ein- und Ausgabe-

Terminalia

werk [mit Datensichtgerät] und Datenübertragungswerk. Ein **intelligentes T.** ist ein programmierbares T., das bestimmte Funktionen ausführen kann, die andernfalls der zentrale Computer übernehmen müßte.

Terminalia [lat.], svw. ↑ Almond.

Terminalien [...li-ɛn; lat.] ↑ Terminus.

terminativ [lat.], svw. ↑ perfektiv.

Termineinlagen ↑ Einlagen.

Termingeschäft, Börsengeschäft zum Kurs des Tages des Geschäftsabschlusses, dessen Erfüllung jedoch im Unterschied zum ↑ Kassageschäft bzw. (bei Waren) ↑ Lokogeschäft erst zu einem vereinbarten späteren Termin erfolgt. Gegenstand von T. können Wertpapiere, Devisen oder Waren sein. - Arten: Beim **Fixgeschäft** (unbedingtes T.) wird ein bestimmter Termin (meist der Ultimo) für die Abwicklung festgelegt, der jedoch verlängert werden kann; beim **Prämiengeschäft** (bedingtes T.) kann ein Vertragspartner gegen Zahlung einer Prämie vom Vertrag zurücktreten. Unterarten sind das *Vorprämiengeschäft*, bei dem der Käufer das Recht erwirbt, am Stichtag unter Zahlung der vereinbarten Prämie zu abandonnieren (zurückzutreten), das *Rückprämiengeschäft*, bei dem der Verkäufer das Recht hat, an einem bestimmten Termin die Stücke zum vereinbarten Kurs zu liefern oder gegen Zahlung der vereinbarten Prämie auf die Lieferung zu verzichten, das *Stellagegeschäft* (Stellgeschäft), eine Kombination von Vor- und Rückprämiengeschäft, und das *Nochgeschäft* (im Warenterminhandel), ein Optionsgeschäft, verbunden mit dem durch Zahlung einer Prämie zu erwerbenden Recht einer ein- oder mehrmaligen Nachforderung oder Nachlieferung der gleichen Menge.

terminieren [lat.], zeitlich festlegen, befristen.

Termini Imerese, italien. Stadt an der N-Küste Siziliens, 77 m ü. d. M., 26 000 E. Kurort mit jod- und bromhaltigen Thermen, Seebad; Hafen; chem. und Kfz.ind. - 407 v. Chr. als **Thermai** von Karthagern gegr., auch von Einwohnern des zerstörten Himera besiedelt; 252 v. Chr. röm. (**Thermae Himerenses**), unter Augustus Colonia. - Reste eines röm. Amphitheaters, barocker Dom (17. Jh.).

Terminismus [lat.], durch Wilhelm von Ockham begründete Position des Nominalismus im Universalienstreit; die Universalien haben keine reale Existenz; sie sind nur „Termini conceptus", d. h. im Geist vorgestellte Begriffswörter, die Aussagen über existierende Gegenstände ermöglichen.

terministischer Streit, durch J. G. Böse (* 1662, † 1700) ausgelöste literar. Auseinandersetzung im Pietismus des 17./18. Jh. um den theolog. **Terminismus**, d. h. die Auffassung, daß der Heilswille Gottes und damit die Gnadenfrist für den Sünder zeitl. begrenzt sei; von der luth. Orthodoxie strikt abgelehnt.

Terminmarkt, Teilbereich der Börse, an dem Termingeschäfte abgeschlossen werden.

Terminologie [lat./griech.], allg. svw. Fachsprache; i.e.S. die Gesamtheit der in einer spezif. (von der Umgangssprache unterschiedenen) Bedeutung verwendeten Wörter und Fachausdrücke eines Fachgebietes. - In vielen Wiss. befindet sich die T. durch Neuinterpretation alter Termini und ihre Ersetzung durch neue, häufig modische Termini sowie Einführung von Neubildungen und Fremdwörtern in einem steten Prozeß des Wandels. Deshalb wird die Frage, wie die Bedeutung der jeweils verwendeten Wörter eindeutig ist, zu bestimmen ist, zu einem zentralen Problem der Wiss. selbst. - Internat. geregelt sind die T. der medizin. Anatomie, die Benennung der Kategorien, z. B. der Arten, in der systemat. Zoologie und Botanik sowie die Namengebung der chem. Elemente und Verbindungen (↑ Nomenklatur).

Terminpapiere, zum Terminhandel an der Börse zugelassene Wertpapiere.

Terminus [lat.], in Rom Begriff und vergöttlichte Personifikation der Grenze, bes. des Grenzsteins. Zu Ehren des T. wurden jährl. am 23. Febr. die **Terminalien** begangen.

Terminus [lat.], 1. allg. svw. Fachausdruck, Fachwort; 2. in der philosoph. Tradition Bez. für die Begriffswörter (Prädikatoren) im ↑ Syllogismus; 3. in der Sprachphilosophie Synonym zu Bezeichnung.

Terminus technicus [lat.], Fachwort, Fachausdruck.

Termiten [lat.] (Isoptera), mit rd. 2 000 Arten in den Tropen und Subtropen verbreitete Ordnung staatenbildender Insekten, nächstverwandt mit den Schaben und Fangheuschrecken (nicht dagegen mit den Ameisen); Körper etwas abgeflacht, 0,2–10 cm lang (eierlegende ♀♀); Geschlechtstiere mit Facettenaugen und zeitweise geflügelt; Arbeiter und Soldaten ungeflügelt, fast stets augenlos, meist weißlich; Mundwerkzeuge beißendkauend (mit Ausnahme der Soldaten). - Bei T. gibt es ausgeprägte Kasten: 1. *Primäre Geschlechtstiere* (geflügelte ♂♂ und ♀♀): Diese erscheinen einmal im Jahr. Nach kurzem Hochzeitsflug und anschließendem Abwerfen der Flügel gründen je ein ♂ und eine ♀ eine neue Kolonie. Nach der Begattung und Eiablage werden die ersten Larven aufgezogen, die dann als Helfer fungieren. ♂ und ♀ bleiben als König bzw. Königin zusammen und erzeugen alle anderen Koloniemitglieder. 2. *Ersatzgeschlechtstiere* (mit kurzen Flügelanlagen oder völlig ungeflügelt): Diese können bei Verlust der primären Geschlechtstiere aus Arbeiterlarven nachgezogen werden. 3. *Arbeiter* (fortpflanzungsunfähige, stets ungeflügelte ♂♂ und ♀♀): Sie machen normalerweise die Masse des Volks aus und übernehmen gewöhnlich (es. mit den Larven) alle Arbeiten, v. a. die Ernährung der übrigen Kasten; ihre Nahrung besteht nur aus pflanzl. Substanzen.

Terneuzen

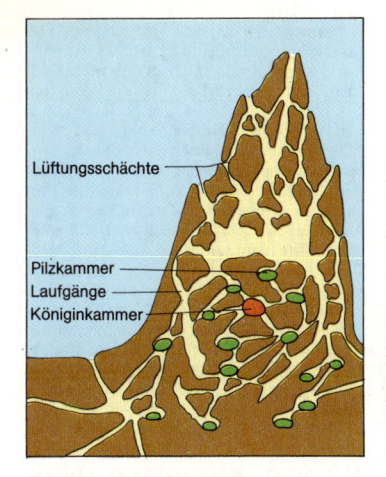

Termiten. Links: Schnitt durch ein Hügelnest pilzzüchtender Termiten; rechts: Termitenbau

(Labels on figure: Lüftungsschächte, Pilzkammer, Laufgänge, Königinkammer)

4. *Soldaten* (fortpflanzungsunfähige ♂♂ und ♀♀): Mit meist großem, stark sklerotisiertem Kopf, sehr kräftigen Mandibeln und entsprechend starker Kiefermuskulatur *(Kiefersoldaten)* bzw. schwachen Mandibeln und nasenartigem Stirnzapfen, an dessen Spitze eine mächtige, zur Verteidigung ein klebriges Sekret ausscheidende Stirndrüse mündet *(Nasensoldaten, Nasuti)*. – Die lichtscheuen T. legen ihre *Nester* meist unterird. oder in Holz an; mit zunehmendem Alter ragen die bei manchen Arten steinharten Bauten über den Erdboden hinaus, z. T. bis 6 m hoch und in arttyp. Struktur und Gestalt. Das Baumaterial besteht aus zerkautem Holz, mit Speichel vermischtem Sand bzw. Erde oder Kotteilchen. Im Innern der Bauten finden sich zumeist konzentr. um den zentralen Wohnraum der Königin angeordnete Kammern für Eier, Larven und Pilzgärten. – In trop. Gebieten sind einige Arten der T. wegen der Zerstörung von Holz (Möbel, ganze Gebäude) sehr schädl. und gefürchtet. Nach M-Europa wurde aus Nordamerika die *Gelbfußtermite* (Reticulitermes flavipes) in den 1950er Jahren eingeschleppt. Nach S-Europa (Mittelmeergebiet) sind zwei Arten vorgedrungen: die *Erdholztermite* (Reticulitermes lucifugus) und die *Gelbhalstermite* (Kalotermes flavicollis).

Termitenfliegen (Termitoxeniidae), rd. 30 sehr kleine Arten umfassende Fliegenfam., ausschließl. in Termitenbauten vorkommend (↑Termitengäste); Flügel stummelförmig, Hinterleib der ♀♀ durch die stark entwickelten Ovarien stark angeschwollen.

Termitengäste (Termitophilen), verschiedene Insektenarten sowie manche Spinnen und Milben, die sich zeitweilig oder dauernd als Parasiten, Räuber oder Kommensalen in den Nestern von Termiten aufhalten. Manche T. geben auch Körpersekrete an ihre Wirte ab, die diese begierig aufnehmen.

Termonde [frz. tɛr'mõd] ↑Dendermonde.

Termone [Kw.], hormonähnl., geschlechtsbestimmende Stoffe bei bestimmten niederen Pflanzen und Tieren, v. a. bei Flagellaten. Das Mengenverhältnis in den Zellen zw. den das ♂ Geschlecht bestimmenden *Androtermonen* und den das ♀ Geschlecht bestimmenden *Gynotermonen* entscheidet über die endgültige Ausprägung des Geschlechts bei einem Kopulationsprodukt.

Termschema ↑Term (Energieterm).

Terms of trade [engl. 'tə:mz əv 'treɪd „Handelsbedingungen"], die ↑Austauschrelation zw. den Import- und Exportgütern eines Landes, in ihrer einfachsten Form berechnet als Verhältnis zw. den (gewichteten) Preisindizes für Einfuhr- und für Ausfuhrgüter oder (bei den *Commodity T. of t.*) als Mengenverhältnis zw. bestimmten Gütern.

ternär [lat.-frz.], dreifach, aus drei Grundstoffen zusammengesetzt; z. B. t. *Verbindung*, eine aus drei Elementen aufgebaute chem. Verbindung.

Ternate, Vulkaninsel der N-Molukken, Indonesien, vor der W-Küste von Halmahera, 106 km², bis 1715 m hoch, Hauptort T. an der O-Küste. – Wurde im 15. Jh. Sitz eines muslim. Sultans, der große Teile der Molukken kontrollierte; ab 1599/1683 unter niederl. Herrschaft.

Terneuzen [niederl. tɛr'nø:zə], niederl. Hafenstadt am S-Ufer der Westerschelde, 35 300 E. Obst- und Gemüseauktionen; u. a. chem. Ind., Schiffbau und -reparaturen.

Terni

Terni, italien. Stadt im südl. Umbrien, 130 m ü. d. M., 111 300 E. Hauptstadt der Prov. T.; kath. Bischofssitz; Museen, Gemäldegalerie; Stahlwerke, Waffen- und Maschinenfabriken, Textil- und chem. Ind. - In der Antike **Interamna,** angebl. 673 v. Chr. von Umbrern gegr.; in röm. Zeit Munizipium; lag während des ganzen MA im Kampf mit Narni und Spoleto, bevor es 1420 an den Kirchenstaat fiel; im 2. Weltkrieg stark zerstört. - Reste eines Amphitheaters (32 n. Chr.) und der röm. Mauer; roman.-got. Dom (im 17. Jh. erneuert), roman. Kirche San Salvatore (12. Jh.) mit Fresken; Palazzo Bianchini und Palazzo Spada (beide 16. Jh.).

Ternifine [frz. tɛrni'fin], altpaläolith. Fundstelle in NW-Algerien, im Tellatlas, westl. von Tighennif; bed. Fundplatz der Übergangsphase vom älteren zum mittleren Acheuléen Nordafrikas. Hier wurden 3 Unterkiefer und 1 Schädelstück des Homo erectus (Atlanthropus mauretanicus; nordwestafrikan. Menschenform der Homo-erectus-Gruppe) gefunden.

Ternovaner Wald, Gebirge in Jugoslawien, südl. Fortsetzung der Jul. Alpen, bis 1 495 m hoch.

Terpandros (Terpander), griech. Musiker des 7. Jh. v. Chr. - Aus Antissa (Lesbos); als bedeutendster Vertreter der lesb. Kitharodenschule v. a. in Sparta tätig; maßgebl. für die Ausgestaltung des Nomos; galt in der Antike als Erfinder der Kithara.

Terpene [griech.], im Pflanzen- und Tierreich häufig vorkommende, gesättigte oder ungesättigte Kohlenwasserstoffe, die sich formal als Kondensationsprodukte des Isoprens auffassen lassen (daher auch als *Isoprenoide* bezeichnet); ihre substituierten Derivate (Terpenalkohole, -aldehyde, -ketone, -carbonsäuren und -ester) werden auch **Terpenoide** genannt. Niedermolekulare T. sind u. a. Bestandteile äther. Öle, höhermolekulare T. sind z. B. die Steroide und Karotinoide, zu den hochmolekularen T. gehört z. B. der Naturkautschuk. Die T. werden nach der Anzahl der ein T.molekül zusammensetzenden, aus je 5 Kohlenstoffatomen bestehenden *„Isopreneinheiten"* (Summenformel C_5H_8) eingeteilt in *Hemi-T.* (eine C_5-Einheit), *Mono-T.* (zwei C_5-Einheiten), *Sesqui-T.* (drei C_5-Einheiten), *Di-T.* (vier C_5-Einheiten), *Tri-T.* (sechs C_5-Einheiten), *Tetra-T.* (acht C_5-Einheiten) und *Poly-T.* (n C_5-Einheiten). Bei den Mono-T. lassen sich acycl., mono-, bi- und tricycl. Verbindungen unterscheiden; zu den acycl. Mono-T. gehören z. B. das Zitral, zu den monocycl. Mono-T. z. B. Menthol und Thymol, zu den bicycl. Mono-T. z. B. Kampfer und Thujon. Ein bekanntes Di-T. ist das Phytol, zu den Tri-T. zählen z. B. Squalen und die Steroide, die Karotinoide sind Tetra-T.; Kautschuk, Guttapercha und Balata gehören zu den Polyterpenen.

Terpentin [zu griech. terébinthos „Terpentinpistazie, Terpentin"], Bez. für die beim Anritzen der Rinde harzreicher Kiefernarten austretenden Harze (Balsame), die sich durch Destillation in 70 bis 85 % feste Bestandteile, v. a. Harzsäuren († Kolophonium), und 15 bis 30 % flüchtige Bestandteile, v. a. das aus Terpenkohlenwasserstoffen bestehende † Terpentinöl, trennen lassen. - Terpentinartige Produkte wurden bereits in der Antike v. a. zum Abdichten von Schiffsböden benutzt. Später verwendete man Lärchen-T. sowie Pistazien-T. in der Medizin für Pflaster und Salben.
◆ unkorrekte Bez. für † Terpentinöl.

Terpentinöl (Oleum Terebinthinae), farbloses bis hellgelbes, dünnflüssiges, würzig riechendes äther. Öl; Destillationsprodukt aus Terpentin; Lösungsmittel für Harze, Kautschuk, Lacke und Wachsprodukte. T. dient zur Herstellung von Terpenverbindungen, Riechstoffen, Schuhcreme und Bohnerwachs. T. bewirkt auf Haut und Schleimhaut starke Reizungen.

Terpentinölersatz, Lösungsmittelgemische (z. B. aus hochsiedendem Benzin, aromat. und cycl. Kohlenwasserstoffen), die ein ähnl. Lösungsvermögen wie Terpentinöl besitzen, aber billiger herzustellen sind.

Terpentinpistazie [...tsi-o] (Terebinthe, Pistacia terebinthus), im Mittelmeergebiet heim. Art der † Pistazie; 2–5 m hoher, laubabwerfender Strauch oder Baum mit duftenden Zweigen, unpaarig gefiederten Blättern und bräunlichgelben Blüten mit roten Staubbeuteln und Griffeln. Aus der rötl. Rinde wird das wohlriechende **Chios-Terpentin,** aus den Gallen werden Gerbstoffe gewonnen.

Terpineol [griech./arab.], in fünf Isomeren vorkommender, monocycl., ungesättigter Terpenalkohol; das in äther. Ölen enthaltene, fliederartig riechende α-Isomer wird auch künstl. hergestellt und in der Parfümindustrie verwendet.

Terpolymere [lat./griech.] (Terpolymerisate), durch Kopolymerisation dreier verschiedener Monomere erhaltene Mischpolymerisate.

Terpsichore [...çore] † Musen.
Terpsiphone [griech.] † Monarchen.
Terra australis [eigtl. lat. terra australis incognita „unbekanntes Südland"], seit der Antike herrschende Vorstellung von einem unbekannten Land im S; bei der Suche nach ihm wurde Australien entdeckt; J. † Cook wies auf seiner 2. Reise (1772–75) die Nichtexistenz nach.

Terracina [italien. terra'tʃi:na], italien. Hafenstadt am Tyrrhen. Meer, im südl. Latium, 16 m ü. d. M., 37 000 E. Kath. Bischofssitz; archäolog. Museum; Marktort, Fischereihafen und Seebad. - Geht auf die alte volsk. Siedlung **Anxur** zurück, die 329 v. Chr. röm. Colonia (**Tarracina**) und zur bedeutendsten Küstenstadt Latiums neben Ostia wurde; seit dem 4. Jh. als Bischofssitz bezeugt; während der Völkerwanderung zerstört; teilte später die Geschicke des Kirchenstaates. - Reste zweier röm. Thermen, eines Tempels, eines Amphitheaters und eines Triumphbogens; Dom (1074, 12.-14. und 17. Jh.) mit antiken Säulen und Mosaik aus dem 12./13. Jh.

Terra di Siena [italien.] (Sienaerde), in der Toskana (früher v. a. bei Siena) und an anderen Fundorten gewonnenes Gemenge von eisenhaltigen Tonmineralen, das gebrannt als Farbpigment verwendet wird; enthält bis zu 65% Eisen(III)-oxid, Fe_2O_3.

Terra ferma [lat.-italien. „festes Land"], die ehem. Festlandsbesitzungen Venedigs, die seit Ende des 14. Jh. auf Kosten bes. der Visconti und Carrara zu einem geschlossenen Territorium zw. Adria, Alpen, Po und Adda ausgebaut wurden. Die T. f. umfaßte Venetien mit Belluno, Feltre, Bassano [del Grappa], Padua, Verona, Friaul, Brescia, Bergamo, Ravenna (bis 1509). Nach dem Niedergang des Orienthandels und dem Verlust der Gebiete in der Levante bildete die T. f. die wirtsch. Grundlage der venezian. Herrschaft bis 1797.

Terragni, Giuseppe [italien. terˈraɲɲi], * Meda bei Mailand 18. April 1904, † Como 19. Juli 1943, italien. Architekt. - 1926 war er Mitbegr. des „Gruppo 7", der nach seinem Zusammenschluß mit dem „Movimento Italiano per l'Architettura Razionale" ein von Kontinuität geprägtes „rationalist." Bauen propagierte. Sein Hauptwerk ist die Casa del Popolo (ehem. Casa del Fascio) in Como (1932 ff.).

Terrain [tɛˈrɛ̃ː; lat.-frz.], Gebiet, Gelände; Grundstück.

Terrakotta [lat.-italien. „gebrannte Erde"], bei niedriger Temperatur gebrannte unglasierte Tonware mit meist rötl. Scherben. Diese älteste, einfachste Keramik bzw. Tonplastik ist auf der ganzen Welt anzutreffen; man benutzt den Namen jedoch nur für den griech.-röm., später den italien. Raum. Das Material wurde für Gefäße, als Baumaterial und für Plastiken genutzt. Die Oberfläche der Gefäße und Statuetten wurde mit Tonschlicker, einer Tonaufschlämmung, verschönt, z. T. mit geritzten Ornamenten verziert oder bemalt. Bes. bekannt sind die Tanagrafiguren (3. Jh. v. Chr.). Als Baumaterial war T. v. a. bei Holzbauten als Witterungsschutz von Bed.: Reliefs als Fries und Gebälkverkleidung. Große vollplast. Werke entstanden in Griechenland im 5. Jh. v. Chr. und bei den Etruskern im 6. und 5. Jh. v. Chr. (als Bauplastik und Figurensarkophage), bes. berühmt der Apollon von Veji (um 500 v. Chr.). Erneut wurde bemalte T. ein beliebtes Material für Bauplastik und Plastik in der Renaissance Italiens (bes. bekannt L. Della Robbia) und gelangte von dort auch in die dt. Kunst (Tonplastik von der Spätgotik [Weicher Stil] bis zum Barock). - Abb. Bd. 6, S. 254.

Terramaren (Terremaren) [lat.-italien.], bronzezeitl. Siedlungen an oberitalien. See- und Flußufern („Pfahlbauten"), z. T. mit Wall und Graben befestigt.

Terramycin ⓦ [lat./griech.] ↑Tetrazykline.

terra nullius [lat. „Niemandsland"] ↑Dereliktion.

Terrapene [indian.] ↑Dosenschildkröten.

Terrarium [lat.], Behälter zur Haltung bes. von Lurchen und Kriechtieren entweder in Räumen *(Zimmer-T.)* oder im Freien *(Freiland-T.).* Zimmerterrarien bestehen meist aus einem Metallrahmen (gelegentl. auch Holzrahmen) mit Glasverkleidung, die zur besseren Durchlüftung meist teilweise durch Metall- oder Kunststoffgaze ersetzt ist. Neben einer biotopgerechten Bepflanzung sind v. a. geeignete Bodenbeschaffenheit, das Vorhandensein von Versteck- und Klettermöglichkeiten, ausreichende Belüftung, Belichtung und (bei wärmebedürftigen Arten) Heizung von Bedeutung. Für viele Kriechtiere und die meisten Lurche ist ein Wasserbecken im T. erforderlich. - Eine Kombination von T. und Aquarium wird als *Aqua-T.* bezeichnet; es wird in Verbindung mit einer Sumpfpflanzenzone zum *Sumpfaquarium.* - Als T. werden auch ganze Gebäude von öffentl. Schauanlagen bezeichnet, die Lurche und Kriechtiere zeigen.

Terra rossa [lat.-italien. „rote Erde"] ↑Bodenkunde.

Terra sigillata [lat.], moderne Bez. für dünnwandiges röm. Tafelgeschirr aus Ton mit glänzend rotbraunem Schlicküberzug und Reliefverzierung; voll entwickelt in Italien (Arretium, Puteoli) ab etwa 30 v. Chr.; im 1. Jh. n. Chr. Werkstattgründungen in Südgallien, im 2. Jh. in Mittel- und Ostgallien u. a. röm. Provinzen. Wichtiges Datierungsmittel bei Ausgrabungen.

Terrasse [frz., eigtl. „Erdaufhäufung" (zu lat. terra „Erde")], Hangstufe; man unterscheidet: 1. Fluß-T., die entweder durch tekton. Bewegungen oder Klimaschwankungen entstehen; z. B. schnitten sich während der Zwischeneiszeiten die Flüsse in die während der Eiszeiten aufgeschütteten Schotterebenen ein, wobei die ↑Deckenschotter der Günz- und Mindeleiszeit, die **Hochterrasse** der Riß- und die **Niederterrasse** der Würmeiszeit entsprechen; 2. Denudations-T., entstanden durch Verwitterung und Abtragung wechselnd widerständiger Gesteine; 3. Land-T., ↑Schichtstufenlandschaft; 4. Strandterrassen. - Abb. S. 44.

◆ künstl. Hangstufe beim ↑Terrassenanbau.
◆ befestigte Plattform oder auch größerer Vorbau (meist ohne Überdachung) am Erdgeschoß eines Gebäudes.

Terrassenanbau, weltweit verbreitetes Verfahren der landw. Bodennutzung, bei dem steil geneigte Hänge in weniger geneigte oder ebene Parzellen (Terrassen) umgestaltet und damit die Bearbeitung erleichtert und Bodenabspülungen durch Regenfälle verhindert werden; Anwendung z. B. in M-Europa beim Weinbau in Weinbergen, in SO-Asien zur künstl. Bewässerung der auf den Berghängen angebauten Kulturen (Reis, Tee).

Terrassenpunkt, ↑Wendepunkt mit horizontaler Wendetangente.

Terrazzo [lat.-italien., eigtl. „Terrasse"] ↑Beton.

terre des hommes [frz. tɛrdɛ'sɔm „Erde der Menschlichkeit"], TdH, 1959 in der Schweiz begr., seit 1967 auch in der BR Deutschland bestehende Organisation, die Kindernot und -elend bekämpft; ben. nach einem Buch des frz. Schriftstellers A. de Saint-Exupéry. Nach der 1966 beschlossenen Charta von TdH ist es Aufgabe der Organisation, hilflos dem Hunger, Elend, der Verlassenheit, Leid oder Schmerzen ausgelieferten Kindern ohne Vorbehalte polit., konfessioneller oder rass. Art so schnell und umfassend wie mögl. zu helfen und die Öffentlichkeit über die Ursachen von Unterdrückung und Kinderleid zu informieren. Nat. terre-des-hommes-Sektionen bestehen außer in der BR Deutschland (terre des hommes Deutschland e. V. mit fast 200 Arbeitsgruppen; Geschäftsstelle Osnabrück) auch in Frankr., Österreich, der Schweiz, Luxemburg, Belgien, den Niederlanden, Dänemark, Norwegen und Spanien sowie in Syrien und Indien. Die Projekte von TdH werden nahezu ausschließl. durch Spenden finanziert.

Terres Australes et Antarctiques Françaises [frz. 'tɛrz o'stral eãtark'tik frã'sɛːz], frz. Überseeterritorium im südl. Ind. Ozean und in der Antarktis, umfaßt die Kerguelen, die Crozetinseln, die Île Nouvelle-Amsterdam, die Île Saint-Paul und Terre Adélie, rd. 440 000 km²; Verwaltungssitz Paris.

terrestrisch [zu lat. terra „Erde"], 1. die Erde betreffend, zu ihr gehörend; 2. auf dem Festland gebildet.

terrestrisches Eisen, in der Natur vorkommendes elementares, kub. kristallisierendes, nur wenig Kobalt und Nickel enthaltendes Eisen, das in Form von Körnern, Schüppchen, Tropfen oder auch größeren Klumpen in Basalten durch Reduktion von Eisenerzen mit Kohle entstanden ist. - ↑auch Meteoreisen.

Terrier ['tɛriər; engl. eigtl. terrier dog „Erdhund" (zu lat. terra „Erde")], oder sehr alt, aus England stammende, formenreiche Rassengruppe von Haushunden (urspr. Jagdhunde) mit länglich-schmalem Kopf und meist kleinen Kippohren; häufig drahthaarig. Nach der Größe unterscheidet man *hochläufige* T. (z. B. ↑Airedalterrier, ↑Bedlingtonterrier, ↑Bullterrier) und *niederläufige* T. (z. B. ↑Schottischer Terrier).

terrikol [lat.], auf oder im Erdboden lebend; auf Tiere bezogen.

Terrine [frz., eigtl. „irdene Schüssel" (zu lat. terra „Erde")], große Suppenschüssel, meist mit Deckel; auch Pastetenform.

territorial [lat.], zu einem [Staats]gebiet gehörend, es betreffend.

Territorialgewässer, der Küstenstreifen des Meeres, in dem der Küstenstaat durch einseitige Erklärung volle Hoheitsgewalt beansprucht, die im Ggs. zum Küstenmeer keinen Beschränkungen durch Völkergewohnheitsrecht unterworfen ist; früher allg. 3 Seemeilen, heute bis zu 200 Seemeilen. - ↑auch Seerechtskonferenzen.

Territorialheer, Teil des Heeres der dt. ↑Bundeswehr, der unter nat. Kommando die Aufgaben der territorialen Verteidigung wahrnimmt und im Ggs. zum Feldheer im Verteidigungsfall nicht der operativen Führung der Nato unterstellt ist; besteht im Frieden nur zu einem geringen Teil aus aktiven Truppen (meist Geräteeinheiten), die erst bei einer Mobilmachung auf volle Stärke gebracht werden.

Territorialitätsprinzip [lat.], Grundsatz der Rechtsgeltung und -anwendung, nach dem der räuml. Aspekt (meist das Hoheitsgebiet eines Staates) und nicht der personenbezogene ausschlaggebend ist. Auf der Gebietshoheit basierend, ist das T. ein Wesenszug des modernen Staates. Es herrscht vor im gesamten öffentl. Recht sowie im Strafrecht (Strafrechtsgeltungsbereich).

Territorialprinzip (Territorialsystem, Territorialismus), Bez. für die dt. prot. Kirchenverfassung des 18./19. Jh. (Anfänge im 17. Jh.); das T. übertrug das Episkopalsystem auf das landesherrl. Kirchenregiment und betonte die territoriale Integrität des Staatsgebiets auch in bezug auf die Konfession.

Territorium [lat.], allg. ein Teil der Erdoberfläche. Im *Völkerrecht* das Hoheitsgebiet eines Staates; auch ein (umgrenztes) Gebiet, das zu keinem Staat gehört.
♦ vom MA bis 1806 Bez. für das Herrschaftsgebiet der Landesherren und Städte *(Territorialherren)* im Unterschied zu dem des Hl. Röm. Reiches. War das T. anfängl. *offenes* T. (in dem Gebiet bestanden auch Rechte anderer Herren), so wandelte es sich später zum *geschlossenen* T. *(Territorialstaat)*.
♦ in der *Ökologie* begrenztes Gebiet innerhalb des Lebensraums einer Tierart.

Terror [lat.], allg. svw. 1. Schreckens-, Gewaltherrschaft; 2. rücksichtsloses Vorgehen, Bedrohung; 3. Einschüchterung, Unterdrückung. I. e. S. eine Erscheinungsform des [polit.] Machtkampfes und Machtmißbrauchs, bei denen demokrat. Spielregeln und Rücksichten auf Leib, Leben und Güter des Gegners außer acht gelassen werden; nach „klass." Verständnis Gewaltmaßnahmen „von oben" (Staats-T. oder Polizei-T.), mit

terroristische Vereinigung

denen despot. oder totalitäre Herrscher Opposition oder Widerstandsbewegungen unterdrücken. Mittel solcher Schreckensherrschaften, die es schon im Altertum gab und deren herausragendsten Formen im 20. Jh. die NS-Herrschaft in Deutschland sowie der Stalinismus in der Sowjetunion darstellen, sind u. a. Vermögenskonfiskation, Zwangsarbeit, Deportation, Mißhandlung und andere Foltermaßnahmen, Zwangsaustreibung von Minderheiten, Massenexekution und „Liquidierung" polit. Gegner. - Zur Gewaltanwendung revolutionärer oder extremist. Gruppen ↑ Terrorismus.

terrorisieren [lat.-frz.], (jemanden) bedrohen, einschüchtern; Terror ausüben.

Terrorismus [lat.], Sammelbez. für unterschiedl. Formen polit. motivierter Gewaltanwendung v. a. durch revolutionäre oder extremist. Gruppen und Einzelpersonen, die auf Grund ihrer zahlenmäßigen Unterlegenheit gegenüber dem herrschenden Staatsapparat nicht auf bes. hervorragende Vertreter des herrschenden Systems gezielten, meist grausamen *direkten Aktionen* die Hilflosigkeit des Reg.- und Polizeiapparates gegen solche Aktionen bloßstellen, Loyalität von den Herrschenden abziehen und eine revolutionäre Situation schaffen wollen; sie unterscheiden sich durch die Verfügbarkeit bzw. Nichtverfügbarkeit von Macht und Herrschaft und die Form der Gewaltanwendung vom staatl. angeordneten oder tolerierten ↑ Terror, der von Staatsorganen oder von durch diese gedeckten privaten Gruppen durchgeführt wird. Die Abgrenzung der Bezeichnungen Terrorist, Freiheitskämpfer, Widerstandskämpfer, Guerilla (Guerillero) ist problematisch. Der Wortgebrauch hängt meist vom Standpunkt des Betrachters ab, wobei die Bez. für polit. motivierter Gewalttaten Betroffenen in moralisch abwertendem Sinne für diejenigen verwandt wird, die sich selbst als Freiheits- oder Widerstandskämpfer verstehen.

Seine *theoret. Grundlage* fand der T. v. a. im revolutionären ↑ Anarchismus, dessen wichtigster Theoretiker, M. A. Bakunin, die Vernichtung jegl. Gesellschaftsform („Pandestruktion") forderte, woraus sein Schüler S. G. Netschajew (* 1847, † 1882) die Kampfform der „Propaganda der Tat" entwickelte, die jede rächende Tat an einem Vertreter herrschaftl. Ordnung rechtfertigte. Zumindest zeit- und teilweise haben sich im 20. Jh. zur Befreiung von fremder Herrschaft die nat. Befreiungsbewegungen in der Dritten Welt, die ↑ ETA, die ↑ Irisch-Republikanische Armee (IRA), jüd. Organisationen im Kampf gegen Briten und Araber in Palästina vor 1948 (z. B. ↑ Irgun Zwai Leumi) sowie die ↑ palästinensischen Befreiungsorganisationen im Kampf gegen Israel terrorist. Mittel bedient. Die von palästinens. Gruppen zur politischen Erpressung unternommenen Flugzeugentführungen brachten den Übergang zum *internat. T.* mit dem Phänomen der Zusammenarbeit von Terrororganisationen unterschiedlichster polit. Ausrichtung.

In der *BR Deutschland* hat sich der T. 1968 aus einem kleinen Teil der student. Protestbewegung entwickelt. Die größtenteils der Baader-Meinhof-Gruppe („Rote Armee Fraktion", RAF) und ihren Nachfolgeorganisationen zugeschriebenen Anschläge waren zunächst noch mit sozialrevolutionären Zielvorstellungen verbunden; später (v. a. um 1972 und 1977) galten terrorist. Gewalttaten jedoch meist dem Ziel, die Freilassung inhaftierter Terroristen zu erpressen. Dadurch sah sich der Staat herausgefordert, mit Gesetzesänderungen z. B. im Strafgesetzbuch (neuer Straftatbestand der Bildung einer terroristischen Vereinigung), in der Strafprozeßordnung, im Gerichtsverfassungsgesetz, im Waffen- und Sprengstoffrecht, in der Bundesrechtsanwaltsordnung und mit der Neuschaffung des Kontaktsperregesetzes (↑ Kontaktsperre) sowie mit dem Ausbau des Bundeskriminalamtes und der Verstärkung des Bundesgrenzschutzes und der Polizeikräfte der Länder dem T. gegenüber Stärke zu demonstrieren und dem Sicherheitsbedürfnis der Bürger Rechnung zu tragen. Dabei zeigte sich jedoch, daß in der notwendigen jurist. und polit. Auseinandersetzung mit dem T. die liberale Demokratie ihre Identität verlieren und Grundrechte und -freiheiten über das notwendige Maß hinaus eingeschränkt werden konnten, ohne daß die Gefahr weiterer Anschläge unmittelbar gebannt wurde. Neben den linksextremist. Terrorbewegungen, deren Aktionen i. d. R. gegen einzelne Repräsentanten des staatl. und gesellschaftl. Systems intendiert sind (z. B. auch seitens der ab Beginn der 1970er Jahre aktiven „Roten Brigaden" in Italien), treten insbes. seit 1980 verstärkt neofaschist. bzw. neonazist. Terrorgruppen mit auf Verunsicherung der Bev. oder bestimmter Gruppen zielenden Aktionen in den Vordergrund - so v. a. in Italien (Attentat von Bologna), Frankr. (Synagogenattentat in Paris) und in der BR Deutschland (Attentate auf Ausländerwohnheime, Oktoberfestattentat sowie Attentate gegen Firmen und amerikan. Einrichtungen).

📖 Sterling, C.: *Das internat. Terrornetz. Aufbau, Organisation, Finanzierung, Aktion.* Bergisch Gladbach 1983. - *Analysen zum T.* Hg. v. B.-Min. des Innern. Wsb. 1981/82. 3 Bde. - Meyer, Thomas: *Am Ende der Gewalt?* Bln. 1980. - Rock, M.: *Anarchismus u. Terror.* Trier ²1979. - Wördemann, F.: *T.* Bln. 1979. - Fetscher, I.: *T. u. Reaktion.* Köln 1978. - Boor, W. de, u. a.: *Ursachen des T. in der BR Deutschland.* Bln. 1978.

terroristische Vereinigung, nach § 129a StGB eine Vereinigung, deren Zwecke

Terrorkrieg

und Tätigkeiten darauf gerichtet sind, Mord, Totschlag, Völkermord, erpresser. Menschenraub, Geiselnahme oder gemeingefährl. Straftaten (z. B. Angriff auf den Luftverkehr) zu begehen. Gründung einer t. V. und Mitgliedschaft in ihr werden mit Freiheitsstrafen von 1-10 Jahren (Rädelsführer und Hintermänner nicht unter 3 Jahren), Unterstützung und Werbung für sie mit 6 Monaten bis 5 Jahren bestraft.

Terrorkrieg, völkerrechtswidrige Form der Kriegführung, die unter Mißachtung des Unterschieds zw. Kombattanten und Nichtkombattanten massiv gegen die Zivilbevölkerung vorgeht.

Terry, Dame (seit 1925) Ellen [engl. 'tɛrɪ], * Coventry 27. Febr. 1847, † Small Hythe bei Tenderten (Kent) 21. Juli 1928, engl. Schauspielerin. - Mutter von E. G. Craig; bed. Shakespeare-Interpretin; 1878-1902 Zusammenarbeit mit H. ↑ Irving.

Tersakis, Angelos, * Nafplion 16. Febr. 1907, † Athen 3. Aug. 1979, neugriech. Schriftsteller. - Bed. neugriech. Dramatiker und Erzähler; schildert anschaul. und mit psycholog. Verständnis menschl. Probleme, Leidenschaften und Charaktere.

Terschelling [niederl. tɛr'sxɛlɪŋ], eine der Westfries. Inseln, 18 km vor der niederl. Küste, 91 km², bis 32 m ü. d. M., Hauptort ist der Fischerei- und Fährhafen West-Terschelling.

Terskei-Alatau [russ. tɪr'skjej], 375 km langer Gebirgszug des Tienschan, in der Kirgis. SSR, bis 5 216 m hoch; z. T. vergletschert.

Terson, Peter [engl. tɔːsn], eigtl. P. Patterson, * Newcastle upon Tyne 24. Febr. 1932, engl. Dramatiker. - Behandelt in seinen realist.-zeitkrit. Stücken engagiert v. a. die Probleme von Jugendlichen in der modernen Industriegesellschaft; u. a. „Die Lehrlinge" (1968), „Zicke-Zacke" (1970), „Aber Fred, Freud ist tot" (Uraufführung 1972).

Tersteegen, Gerhard, eigtl. Gerrit ter Steegen, * Moers 25. Nov. 1697, † Mülheim a. d. Ruhr 3. April 1769, dt. ev. Mystiker. - Urspr. Kaufmann und Bandwirker; ab 1728 Schriftsteller und pietist. Seelsorger; einer der bedeutendsten Vertreter der ev. Mystik; zahlr. Schriften und Kirchenlieder.

Tertia [lat. „die dritte"], früher übl. Bez. für die 4. (Untertertia) und 5. (Obertertia) Klasse des Gymnasiums (8. und 9. Klasse).

Tertian (Terzian) [lat.], in der Orgel eine ↑ gemischte Stimme, meist zweichörig, zu $1^3/_5$-Fuß und $1^1/_3$-Fuß, gebaut v. a. vom Barock bis zur Romantik.

tertiär [lat.-frz.], die dritte Stelle in einer Reihe einnehmend.

◆ in der *Chemie* in mehrfacher Bedeutung verwendetes Wort: *t. Salze* sind Salze dreibasiger Säuren, bei denen alle drei Wasserstoffatome durch Metallatome ersetzt sind; *t. Kohlenstoff-* und *Stickstoffatome* sind mit drei weiteren Kohlenstoffatomen verbunden.

Tertiär [lat.-frz.], die ältere Formation der Erdneuzeit; ↑ Geologie (Formationstabelle).

Tertiärbereich, Sammelbez. für alle Bildungseinrichtungen, die an den Sekundarbereich II (↑ Sekundarstufe) anschließen und dessen Abschluß voraussetzen: Universitäten, Gesamthochschulen, techn., pädagog., Kunst- und Fachhochschulen.

tertiärer Sektor ↑ Sektor (der Volkswirtschaft).

Tertiarier (Terziar) [mittellat.] ↑ Dritter Orden.

Tertium comparationis [lat.], Vergleichspunkt, das Gemeinsame („Dritte"), in dem die zu vergleichenden Gegenstände oder Sachverhalte übereinstimmen.

Tertium non datur [lat.] (Satz vom ausgeschlossenen Dritten), log. Axiom, das nur in der klass. Logik allg. gültig ist; es besagt, daß A oder *nicht-A* gilt: $A \vee \neg A$; ein „Drittes (d. h. eine dritte Möglichkeit) besteht nicht".

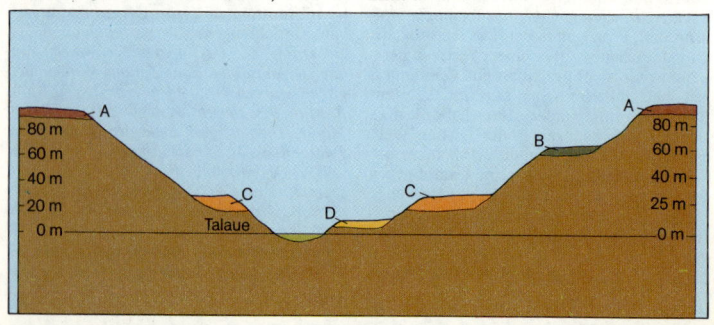

Flußterrasse. Schnitt durch ein Tal mit eiszeitlichen Terrassen; A ältere Deckenschotter (100 m über dem heutigen Fluß; Günzeiszeit), B jüngere Deckenschotter (65 m über dem heutigen Fluß; Mindeleiszeit), c Hochterrasse (25 m über dem heutigen Fluß; Rißeiszeit), D Niederterrasse (10 m über dem heutigen Fluß; Würmeiszeit)

Tertullian (Quintus Septimius Florens Tertullianus), * Karthago um 160, † ebd. nach 220, lat. Kirchenschriftsteller. - Zunächst Rhetor in Rom, um 195 Übertritt zum Christentum und Rückkehr nach Nordafrika; trennte sich um 205 von der christl. Gemeinde in Karthago, um sich dem ↑Montanismus anzuschließen. Trotz seiner Trennung von der röm. Kirche zählt T. zu den bedeutendsten Lehrern der alten Kirche. T. gilt wegen seiner Neuprägung theolog. Begriffe, knapper Sentenzen und der Übernahme militär. und jurist. Formulierungen als Schöpfer der lat. Kirchensprache.

Teruel [span. te'rṷel], span. Stadt im Iber. Randgebirge, 916 m ü. d. M., 26 800 E. Verwaltungssitz der Prov. T.; kath. Bischofssitz; Priesterseminar; Holzhandel und -verarbeitung. - Bauten im Mudejarstil, u. a. Kathedrale (v. a. 16. Jh.; Turm von 1257) und 2 Türme; Aquädukt (16. Jh.).

Terylen ⓦ [engl. 'tɛrɪli:n], Handelsbez. für aus Terephthalsäure und Äthylenglykol hergestellte Polyesterfasern.

Terz, Abram [russ. tjɛrts], Pseud. des russ. Schriftstellers A. D. ↑Sinjawski.

Terz [zu lat. tertia „dritte"], das Intervall, das ein Ton mit einem 3 diaton. Stufen entfernt gelegenen Ton bildet. Man unterscheidet die große (c–e), kleine (c–es), übermäßige (c–eis, klangl. gleich der Quarte) und die verminderte T. (cis–es, klangl. gleich der großen Sekunde). Seit dem 16. Jh. gilt die T. als bestimmendes Intervall des ↑Dreiklangs. Das seit J.-P. Rameau in der Harmonielehre grundlegende Prinzip der Terzenschichtung der Akkorde wurde in der Musik des 20. Jh. weitgehend aufgegeben.

◆ die zweite der „kleinen" Horen des kirchl. ↑Stundengebets; im Mönchsoffizium morgens um 9 Uhr gebetet.

Terzerol [lat.-italien.], kleine ein- oder doppelläufige Vorderladerpistole.

Terzett [lat.-italien.], seit dem 19. Jh. Bez. für eine Komposition für drei konzertierende Singstimmen, meist mit Instrumentalbegleitung. - ↑auch Trio, ↑Tricinium.

◆ Bez. für eine dreizeilige, formal (oft zus. mit einem zweiten T.) geschlossene, syntakt. jedoch oft unabgeschlossene Gedichteinheit oder Strophe, z. B. die beiden Schlußstrophen des ↑Sonetts.

Terzi, Filippo, * Bologna um 1520, † Lissabon 10. April 1597, portugies. Baumeister italien. Herkunft. - Seit 1577 im Dienst des portugies. Hofes (Festungsbauten u. a.); wichtig sein frühbarocker Kirchenbau nach dem Vorbild von Il Gesù: São Vicente de Fora in Lissabon (1582 ff.).

Terzian ↑Tertian.

Terzine [lat.-italien.], dreizeilige italien. Strophenform mit durchlaufender Reimverkettung nach dem Schema aba/bcb/cdc/ded/... und einem abschließenden Vers, der den Mittelreim der letzten Strophe aufgreift; von Dante für seine „Divina Commedia" entwickelt. Seit dem 15. Jh. Versmaß v. a. der bukol. Dichtung, im 19. Jh. u. a. bei G. Leopardi, G. Carducci und G. Pascoli als Versmaß lyr. Dichtung, in der dt. Romantik bei A. W. Schlegel, Goethe, F. Rückert, später bei S. George, H. von Hofmannsthal, R. Borchardt, J. Weinheber.

Terzka (Terzky, tschech. Trčka), Adam Erdmann, Graf von der Lipa (seit 1628), * um 1599, † Eger 25. Febr. 1634 (ermordet), kaiserl. General (nach 1630). - Schwager und engster Vertrauter Wallensteins; erreichte im 1. Pilsener Revers (12. Jan. 1634) die persönl. Verpflichtung der Offiziere auf Wallenstein; zus. mit C. Frhr. von Ilow und W. Kinský beim Festmahl des Kommandanten J. Gordon ermordet.

Terzquartakkord, die zweite Umkehrung des Septimenakkords mit der Quinte im Baß.

Teschen ↑Český Těšín, ↑Cieszyn.

Teschner, Richard, * Karlsbad 21. März 1879, † Wien 4. Juli 1948, östr. Puppenspieler. - Seit 1909 in Wien; schuf Figurenbühnen und Schattenfiguren nach javan. Vorbild; gestaltete auch die Handlung selbst.

Teschub (Teschup, Teschschub), der Wettergott der Churriter.

Tesla, Nikola, * Smiljan 10. Juli 1856, † New York 7. Jan. 1943, amerikan. Physiker und Elektrotechniker serb. Herkunft. - Mitarbeiter von T. A. Edison; entwickelte ab 1881 (unabhängig von G. Ferraris und F. Haselwander) das Prinzip des Elektromotors mit rotierendem Magnetfeld (Drehstrommotor) und gab 1887 das Mehrphasensystem zur elektr. Energieübertragung an. 1891 führte er erstmals den von ihm erfundenen Tesla-Transformator vor.

Tesla [nach N. Tesla], Einheitenzeichen T, SI-Einheit der magnet. Induktion oder Flußdichte. 1 T ist gleich der Flächendichte des homogenen magnet. Flusses 1 Weber (Wb), der die Fläche 1 m^2 senkrecht durchsetzt: $1\,T = 1\,Wb\,m^{-2}$.

Tesla-Transformator [nach N. Tesla] (Hochfrequenztransformator), ein spezieller Transformator zur Erzeugung hochfrequenter Wechselströme geringer Stromstärke, aber sehr hoher Spannung bzw. hochfrequenter elektr. Schwingungen. Eine aus wenigen Windungen bestehende Spule (Primärspule) eines durch Funken erregten elektr. Schwingkreises umschlingt eine lange, aus vielen Windungen einlagig gewickelte Sekundärspule (Tesla-Spule), in der hochfrequente, sog. Tesla-Schwingungen angeregt (induziert) werden. Zur Erwärmung tieferliegender Gewebsbereiche oder innerer Organe wird zu medizin. Zwecken (↑Diathermie) eine Tesla-Spule geringer Windungszahl gewählt; diese liefert bei geringen Spannungen hohe [Diathermie]ströme bei für den menschl. Körper ungefähr. Frequenzen oberhalb von 100 kHz.

Tesnière, Lucien [frz. tɛ'njɛːr], *Mont-Saint-Aignan (Seine-Maritime) 13. Mai 1893, † Montpellier 6. Dez. 1954, frz. Sprachwissenschaftler. - Ab 1937 Prof. in Montpellier. V. a. durch sein postum erschienenes Werk „Éléments de syntaxe structurale" (hg. 1959) wurde er zum wichtigsten Theoretiker der ↑ Dependenzgrammatik.

Tessar ⓦ [Kw.] ↑ photographische Objektive.

Tessarini, Carlo, *Rimini um 1690, † nach dem 15. Dez. 1766, italien. Violinist und Komponist. - Wirkte u. a. an der Kathedrale in Urbino; komponierte Sonaten und Konzerte v. a. für Violine.

Tessenow, Heinrich [...no], *Rostock 7. April 1876, † Berlin 1. Nov. 1950, dt. Architekt. - 1920 Leiter der Architekturabteilung der Dresdner Kunstakad., 1926 Prof. an der TH in Berlin. Seine Bauten, u. a. das Dalcroze-Institut in Dresden-Hellerau (1910–12), kennzeichnet ein wohlproportionierter, puritan. schmuckloser Neuklassizismus; Arbeiterreihenhäuser und Wohnhäuser in den Gartenstädten Hellerau und Hopfengarten bei Magdeburg in sachlich einfachem Stil.

Tesserakt (Hyperkubus), eine dem Würfel analoge Struktur im vierdimensionalen Raum („vierdimensionaler Würfel").

Tessin, Nicodemus, d. Ä., *Stralsund 7. Dez. 1615, † Stockholm 24. Mai 1681, schwed. Baumeister. - Vater von Nicodemus T. d. J.; 1646 königl. Architekt und Baumeister in Stockholm. 1662 ff. entstand sein Hauptwerk, das Lustschloß ↑ Drottningholm; Dom in Kalmar (1660 ff.).

T., Nicodemus Graf (seit 1714), d. J., *Nyköping 23. Mai 1654, † Stockholm 10. April 1728, schwed. Baumeister. - Hauptmeister des schwed. Barock. Sein bevorzugtes Interesse galt der Gartenkunst; 1681/82 Schloß-, Hof- und Stadtarchitekt in Stockholm. Sein Hauptwerk ist das Stockholmer Schloß (nach 1697).

Tessin, (amtl. Cantone Ticino [italien. ti'tʃiːno]) südschweizer. Kt., 2811 km², 275 300 E (1986), Hauptstadt Bellinzona. Das T. umfaßt das Alpengebiet des Sankt Gotthard mit den Tälern des Tessin, des Brenno, der Maggia und der Verzasca sowie die Magadinoebene und das N-Ende des Lago Maggiore, die zus. den *Sopraceneri* bilden. Der kleinere, südl. der Monte-Ceneri-Kette gelegene *Sottoceneri* umfaßt das Vedeggiotal, das Geb. um den Luganer See und das Mendrisiotto und bildet bereits einen Übergang zur Poebene. Dank der geschützten Lage ist das Klima stark mediterran geprägt. Während im nördl. Sopraceneri Almwirtschaft vorherrscht, dominieren am Lago Maggiore, im unteren Tessintal sowie im Sottoceneri Getreide-, Gemüse-, Tabak- und Weinbau. Vertreten sind Uhren-, Textil- und Nahrungsmittelind., Tabakverarbeitung; Maschinen- und Apparatebau. Zentren des Fremdenverkehrs sind Lugano, Locarno und Ascona.

Geschichte: 196 v. Chr. war der südl. Teil, 15 v. Chr. das gesamte T. von den Römern erobert worden; 12.–14. Jh. im Besitz von Mailand, die Visconti waren die bedeutendsten Herren; 1496–1516 von den Eidgenossenschaft erobert und in der Folgezeit als gemeinsames Untertanengebiet *(Ennetbergische Vogteien)* verwaltet; 1803 entstand der Kanton Tessin.

Verfassung: Nach der Verfassung vom 4. Juli 1830 liegt die Exekutive beim vom Volk auf 4 Jahre gewählten Staatsrat (Consiglio di Stato; 5 Mgl.). Die Legislative bilden der vom Volk auf 4 Jahre gewählte Große Rat (Gran Consiglio; 90 Mgl.) und das Volk selbst. Seit 1969 besitzen die Frauen Stimm- und Wahlrecht.

T., linker Nebenfluß des Po, entspringt am Nufenenpaß in der Gotthardgruppe, durchfließt den Lago Maggiore, mündet sö. von Pavia, 248 km lang.

Tessiner Schule, Architektengruppe in der Schweiz, die seit Ende der 60er Jahre den Kontrast zw. gebauter Geometrie und Landschaft herausstellen und das Verständnis für das Zusammenwirken von Natur und Technik wecken will; Vertreter: M. Botta, E. Gisel, B. Reichlin, F. Reinhart.

Test [engl., zu altfrz. test „Tiegel für alchimist. Experimente" (zu lat. testum „Geschirr")], allg. svw. Untersuchung, Probe, Prüfung auf das Vorliegen bestimmter Kriterien, insbes. Gütekriterien.

♦ in der *Statistik* das mathemat. Verfahren zur zufallskrit. Prüfung von Hypothesen an Zufallsstichproben.

♦ in der *Psychologie* ↑ psychologische Tests.

Testa [lat.], svw. Samenschale.

Testakte (Test Act), engl. Gesetz von 1673, das die Zulassung zu öffentl. Ämtern an die aktive Zugehörigkeit zur anglikan. Staatskirche, die Ableistung des Suprematseids und die Verwerfung der kath. Abendmahlslehre band; 1829 aufgehoben.

Testament [lat.], in der Vulgata die lat. Entsprechung (testamentum) für das hebr. Wort berit („Bund Gottes mit den Menschen"). Seit dem 2. Jh. allg. übl. Bez. für die Sammlungen der Schriften des Alten und Neuen Bundes (Altes Testament, Neues Testament).

♦ im Erbrecht die einseitige, frei widerrufl. Willenserklärung des Erblassers, in der er den Erben abweichend von der gesetzl. ↑ Erbfolge bestimmt *(letztwillige Verfügung,* einseitige Verfügung von Todes wegen). Die Freiheit, nach Belieben Verfügungen zu treffen *(Testierfreiheit)* wird lediglich durch Pflichtteilsrechte, einen ↑ Erbvertrag oder ein gemeinschaftl. T. beschränkt. Voraussetzung für ein gültiges T. ist die *Testierfähigkeit* des Erblassers (als Unterart der ↑Geschäftsfähigkeit die Fähigkeit, ein Testament zu errichten, zu ändern oder aufzuheben), die beschränkt auf das öffentl. T. mit dem 16. Lebensjahr beginnt. Entmündigte sind nicht testierfähig. Der Erblasser muß das Testament stets persönl. errichten und darf sich keines Vertreters bedienen. Das **öffentliche Testament** wird durch mündl. Erklärung oder Übergabe einer Schrift zur Niederschrift eines Notars errichtet. Das **eigenhändige (holographische) Testament** ist die handgeschriebene und unterschriebene Erklärung des Erblassers, wer Erbe sein soll. Diese sog. ordentl. T.formen sind für den Normalfall vorgesehen. In den Fällen, in denen der Erblasser wegen naher Todesgefahr nicht (mehr) in der Lage ist, ein öffentl. T. vor einem Notar oder einem Richter zu errichten, kann er die fremdhändige, vom Erblasser unterzeichnete letzte Wille, vor dem Bürgermeister des Aufenthaltsortes und zwei Zeugen (Dorftestament) oder vor drei Zeugen (Drei-Zeugen-Testament) in einem **Nottestament** niedergelegt werden. Ein **gemeinschaftl. Testament** kann nur von Ehegatten errichtet werden und zwar als eigenhändiges T. in der Weise, daß der eine Ehegatte das T. schreibt und beide handschriftl. unterzeichnen. Es ist gegenseitiges T., wenn sich die Ehegatten gegenseitig zu Erben einsetzen. Soll der beiderseitige Nachlaß nach dem Tod des Überlebenden an einen oder mehrere Dritte (meist die Kinder) fallen, liegt i. d. R. ein sog. ↑Berliner Testament vor. Die im gemeinschaftl. T. getroffenen Verfügungen sind wechselbezüglich, wenn mindestens ein Ehegatte seine Verfügung nur mit Rücksicht auf die Verfügung des anderen gemacht hat. Zu Lebzeiten der Ehegatten können sie nur dadurch einseitig widerrufen werden, daß dem anderen eine notariell beurkundete Widerrufserklärung zugeht. Nach dem Tod eines Ehegatten ist der Widerruf mögl., wenn der Überlebende die Erbschaft ausschlägt oder wenn sich der bedachte Dritte gegenüber dem überlebenden Ehegatten einer schweren Verfehlung schuldig gemacht hat.

In *Österreich* und der *Schweiz* gilt im wesentl. dem dt. Recht Entsprechendes; in Österreich mit der Besonderheit, daß eine letztwillige Verfügung, die keine Erbeinsetzung enthält, *Kodizill* genannt wird; in der Schweiz mit der Abweichung, daß ein gemeinschaftl. T. nicht zulässig ist.

📖 *Friedmann, E.: Privat-T. Bad Waldsee* ²⁰1984. - *Stahr, F.: ABC der Vertrags- u. T.muster.* Wien ⁴1982. - *Herold, G./Kirmse, K. W.: Vorteilhafe T.gestaltung.* Freib. ⁴1981.

◆ ↑politisches Testament.

Testamentsvollstrecker, vom Erblasser testamentarisch berufene Person(en) zur Ausführung seiner letztwilligen Anordnungen (§§ 2197 ff. BGB). Hat der Erblasser nichts anderes bestimmt, umfaßt die Testamentsvollstreckung die Verwaltung des Nachlasses sowie die Verfügungsbefugnis über die Nachlaßgegenstände. Der Erbe kann nur diejenigen Nachlaßgegenstände herausverlangen, deren der T. zur Erfüllung seiner Aufgabe nicht bedarf. Dem T. wird zum Beweis seiner Stellung ein *T.zeugnis* ausgestellt; er hat Anspruch auf eine angemessene Vergütung. Bei nicht ordnungsgemäßer Testamentsvollstreckung ist er dem (den) Erben schadenersatzpflichtig. Das Amt des T. beginnt mit der Annahme und endet mit der Erfüllung der zugewiesenen Aufgaben (spätestens nach 30 Jahren), Kündigung durch den T., Tod des T. sowie Entlassung durch das Nachlaßgericht.

Testat [lat.], Bescheinigung, Zeugnis, Beglaubigung.

Testbenzin ↑Benzin (Tabelle Benzine).

testieren [lat.], 1. bescheinigen, bestätigen; 2. ein Testament machen.

Testierfähigkeit ↑Testament.

Testierfreiheit ↑Testament.

Testis [lat.], svw. ↑Hoden.

Testone (Mrz. Testoni) [italien.], urspr. mailänd. Silbermünze (svw. „Kopfstück"), geprägt seit 1474, ben. nach dem Kopfbild des Fürsten; schnell weithin aufgegriffen (z. B. seit Anfang des 16. Jh. der frz. Teston, ferner die „Dicken" in der Schweiz u. a.); im 16. Jh. als Hauptmünze durch die Taler überflügelt.

Testosteron [Kw.], wichtigstes männl. ↑Geschlechtshormon (Androgen) beim Menschen und bei den übrigen Wirbeltieren. Chem. Strukturformel:

Testtheorie, in der *Psychodiagnostik* die Gesamtheit der Annahmen und Methoden, die der Bestimmung der Zuverlässigkeit (Reliabilität) und Gültigkeit (Validität) eines Tests dienen. Die *klass. T.* geht davon aus, daß jeder Testwert eines Probanden sich aus einem „wahren" Wert und aus einem Fehleranteil (durch äußere Störungen beim Testen, [konditionelle] Schwankungen des Verhaltens, Einflüsse nicht interessierender Persönlichkeitsmerkmale) zusammensetzt; sie entwickelte daher Methoden zur Abschätzung und Minimierung des Fehleranteils.

◆ in der *mathemat. Statistik* Bez. für die Gesamtheit der Verfahren zur Untersuchung der allg. Eigenschaften von Tests sowie zur Nachprüfung der Gültigkeit statist. Hypothesen auf Grund von Stichproben.

Testudines [lat.], svw. ↑Schildkröten.

Testudinidae [lat.], svw. ↑Landschildkröten.

Testudo [lat.], Hauptgatt. der Land-

Tetanie

schildkröten mit zahlr. Arten, darunter Griech. Landschildkröte, Breitrandschildkröte, Riesenschildkröte.

Tetanie [griech. (zu ↑Tetanus)], auf einer Verminderung des in Form von Ionen vorliegenden Calciums in den Körperflüssigkeiten beruhende neuromuskuläre Übererregbarkeit. Krankheiten bzw. Ursachen, die zu einer Verminderung des Calciumspiegels im Blutplasma führen, sind u. a. chron. Niereninsuffizienz und Rachitis. Die Ionisation des Calciums wird vermindert durch jede Alkalose (infolge vermehrter Bindung an Plasmaalbumine), z. B. durch den Verlust von Magensäure (saures Erbrechen) oder durch die Zufuhr von Basen (z. B. größerer Mengen von Hydrogencarbonaten). - Zur Diagnose einer T. dient u. a. die Prüfung der neuromuskulären Erregbarkeit. - Die *manifeste T.* äußert sich subjektiv in Angstgefühlen, Parästhesien (Kribbeln und Ziehen in den Gliedmaßen), einem Gefühl der Taubheit im Bereich der Gesichtshaut, in Herzklopfen, Herzbeschwerden und Kopfschmerzen. Bezeichnend sind v. a. die tetan. Krampfzustände im akuten tetan. Anfall bes. der Extremitäten, die gewöhnl. bei vollem Bewußtsein auftreten. - Zur Behandlung des akuten tetan. Anfalls werden Calciumsalze (z. B. Calciumgluconat) intravenös injiziert.

Tetanus [zu griech. tetanós „Spannung, Verzerrung einzelner Glieder"], svw. ↑Wundstarrkrampf.

Tetanusschutzimpfung, Schutzimpfung gegen ↑Wundstarrkrampf.

Tete, Distr.hauptstadt im NW von Moçambique, am Sambesi, 175 m ü. d. M., 53 500 E. Kath. Bischofssitz; landw. Handelszentrum. - 1531 gegr.; die heute verfallene Festung São Tiago diente als Basis für Züge ins Reich des Monomotapa.

Tête-à-tête [tɛta'tɛːt; frz.; eigtl. „Kopf an Kopf"], Gespräch unter vier Augen; vertraul. Zusammenkunft.

Teterow [...ro], Krst. am NW-Rand der Mecklenburger Schweiz, Bez. Neubrandenburg, DDR, 30 m ü. d. M., 11 500 E. Landmaschinenbau, Möbel- und Nahrungsmittelind.; nahebei Grasbahnrennstrecke für Motorradrennen. - Neben einer wend. Burg im 13. Jh. gegr., kurz vor 1272 Schwerin-Güstrower Recht, 1312 erstmals als Stadt bezeichnet. - Frühgot. Stadtkirche (13. Jh.), zwei Tore der ma. Stadtbefestigung.

T., Landkr. im Bez. Neubrandenburg, DDR.

Tethys, Titanin (↑Titanen).

Tethys [griech., nach der gleichnamigen Titanin], ein Mond des Saturn; mittlere Entfernung vom Saturn 294 800 km; Umlaufzeit 1,89 Tage; Durchmesser 1 060 km.

Tetley, Glen [eng.. 'tɛtlɪ], * Cleveland 3. Febr. 1926, amerikan. Tänzer, Choreograph und Ballettdirektor. - 1962-70 Mgl. (zuletzt Kodirektor) des Nederlands Dans Theater; 1974-76 Nachfolger von J. Cranko in Stuttgart. Seine zuweilen esoter. Ballette (u. a. „The tempest", 1979) stellen eine bewußte Abkehr vom Handlungsballett dar.

Tetmajer-Przerwa, Kazimierz [poln. tɛt'majɛr'pʃɛrva], auch K. Przerwa Tetmajer, * Ludźmierz (Galizien) 12. Febr. 1865, † Warschau 18. Jan. 1940, poln. Schriftsteller. - Mgl. der literar. Bewegung „Junges Polen", Verf. impressionist. Naturlyrik, melod. Liebesgedichte, Novellen [v. a. über die Tatra und ihre Bewohner: „Der hochwürdige Herr Kanonikus", 1894] sowie Romane und Dramen.

Tétouan [frz. te'twã], Prov.hauptstadt in NW-Marokko, 199 600 E. Fakultät für Theologie und Philosophie, Hochschulen für Kunst, für Musik und Tanz; Kunst- und Folklore- sowie archäolog. Museum, Textil-, elektrotechn. u. a. Industrie. - Kalifenpalast (17. Jh.).

Tetra, Abk. für: ↑Tetrachlorkohlenstoff.

tetra..., Tetra..., tetr..., Tetr... [griech.], Bestimmungswort von Zusammensetzungen mit der Bed. „vier".

Tetrachloräthan (Acetylentetrachlorid), $CHCl_2-CHCl_2$, Derivat des Äthans; farblose, nicht brennbare, chloroformartig riechende, giftige Flüssigkeit, Lösungsmittel für Fette und Öle.

Tetrachlorkohlenstoff (Kohlenstofftetrachlorid, Tetrachlormethan), CCl_4, Abk. Tetra, Derivat des Methans; farblose, stark lichtbrechende, süßl. riechende, giftige, nur mit organ. Lösungsmitteln mischbare Flüssigkeit, die früher wegen ihrer Unbrennbarkeit als Feuerlöschmittel verwendet wurde (heute wegen der Bildung äußerst giftigen Phosgens verboten). T. hat Bedeutung als Lösungsmittel, z. B. für Fette, Harze und Kautschuk, sowie als Ausgangsstoff zur Herstellung organ. Chlorverbindungen; Herstellung durch Chlorieren von Schwefelkohlenstoff, Methan oder höheren Kohlenwasserstoffen.

Tetrachord [...'kɔrt; griech.], Anordnung von 4 aufeinanderfolgenden Tönen im Rahmen einer Quarte. Das T. bildet die Grundlage des griech. Tonsystems.

Tetrade [griech.], Vierheit; aus vier Einheiten bestehendes Ganzes.

Tetradecansäure [griech./dt.], svw. ↑Myristinsäure.

Tetradymit [griech.] (Tellurwismut), meist in blättrigen Aggregaten vorkommendes, blaugraues Mineral, chem. Bi_2Te_2S. Größere Vorkommen befinden sich in Kanada und Westaustralien. Mohshärte 1,5 bis 2; Dichte 7,2 bis 7,9 g/cm³.

Tetraeder [griech.] (Vierflach, Vierflächner), von vier Dreiecken begrenzter Körper, eine Pyramide mit dreieckiger Grundfläche. Das von vier gleichseitigen Dreiecken begrenzte *regelmäßige* T. (meist kurz T. genannt) ist eines der fünf ↑platonischen Körper.

Tetragon [griech.], svw. ↑Viereck.
tetragonal [griech.], viereckig; das Viereck betreffend.
Tetragramm ↑Jahwe.
Tetrahydrofuran (Tetramethylenoxid), ein cycl. Äther; farblose, leicht brennbare Flüssigkeit (Flammpunkt −24 °C), die als Lösungsmittel u. a. für Lackrohstoffe, Druckfarben und Klebstoffe verwendet wird.
Tetrakishexaeder [griech.] (Pyramidenwürfel), von 24 gleichschenkligen Dreiecken begrenzter Körper (je vier bilden eine flache Pyramide auf einer Würfelfläche); Kristallform des kub. Kristallsystems.
Tetralin ⓇⓌ [Kw.] (1,2,3,4-Tetrahydronaphthalin), partiell hydriertes Naphthalin; das flüssige T. wird als Lösungsmittel für Lakke verwendet.
Tetralogie, eine Folge von vier eine innere Einheit bildenden Dichtungen.
Tetrameter, in der griech.-röm. Metrik ein Vers, der sich aus 4 metr. Einheiten zusammensetzt; am häufigsten ist der *trochäische T.:*

$$\stackrel{\_}{\smile}\stackrel{\_}{\smile} x \stackrel{\_}{\smile}\stackrel{\_}{\smile} x \,\|\, \stackrel{\_}{\smile}\stackrel{\_}{\smile} x \stackrel{\_}{\smile}\stackrel{\_}{\smile} \acute{x}.$$

Urspr. wohl ein Tanzrhythmus, findet er sich in der griech. Dichtung v. a. als Sprechvers in der Tragödie, in der Jambendichtung und in der Komödie; in der lat. Dichtung strenge Nachbildungen bei M. T. Varro und Seneca.
Tetramethylenoxid, svw. ↑Tetrahydrofuran.
Tetramethylsilan (TMS), Si(CH$_3$)$_4$, farblose Flüssigkeit, die in der NMR-Spektroskopie als Bezugssubstanz verwendet wird (liefert nur ein einzelnes scharfes Signal).
Tetranitromethan, C(NO$_2$)$_4$, farblose, stechend riechende, giftige Flüssigkeit, die sich nur mit Initialsprengstoffen zur Detonation bringen läßt; bildet mit Kohlenwasserstoffen hochexplosive Gemische.
Tetraodontidae [griech.], svw. ↑Kugelfische.
Tetraodontiformes [griech./lat.], svw. ↑Haftkiefer.
Tetrapoden (Tetrapoda) [griech.], svw. ↑Vierfüßer.
Tetrapodili [griech.], svw. ↑Gallmilben.
Tetrarchie [zu griech. tetrarchía „Viererherrschaft"], 1. in der Antike durch Vierteilung eines Territoriums entstandenes Herrschaftsgebiet (z. B. in Thessalien, Galatien, Judäa), meist unter eigenen Dynasten *(Tetrarchen);* 2. die Reichsteilung Diokletians (ab 293 n. Chr.), die die Aufteilung des röm. Imperiums unter 2 Augusti (Diokletian, Maximian) und unter 2 Caesares (Konstantius, Galerius) vorsah.
Tetrazen [Kw.] (5-(4-Amidino-1-tetrazeno)-5H-tetrazol-Hydrat), gelbl., wasserunlösl. Kristalle bildende, äußerst schlagempfindl. Verbindung; Verwendung als Initialsprengstoff.

Tetrazykline (Tetracycline) [griech.], von Bakterien der Gattung Streptomyces gewonnene, oral wirksame Breitbandantibiotika und deren halbsynthet., substituierte Derivate, die gegen zahlr. grampositive und gramnegative Bakterien sowie auch gegen Spirochäten, Mykobakterien und Rickettsien wirksam sind (durch Hemmung der bakteriellen Proteinsynthese). Die ersten T. waren das 1948 gefundene *Chlortetrazyklin* (Aureomycin ⓇⓌ) und das 1949 gefundene *Oxytetrazyklin* (Terramycin ⓇⓌ).
Tetrode [griech.] (Vierpol[elektronen]röhre, Zweigitterröhre, Schirmgitterröhre), spezielle Elektronenröhre für Verstärker- und Sendeschaltungen mit einem zw. Steuergitter und Anode liegenden *Schirmgitter.*
Tetrosen [griech.], Monosaccharide mit vier Kohlenstoffatomen im Molekül, z. B. die ↑Erythrose.
Tetryl [griech.] (N-Methyl-N,2,4,6-tetranitroanilin), als Sprengstoff (Detonationsgeschwindigkeit 7 850 m/s) verwendete, hellgelbe, giftige, kristalline Substanz.
Tetschen (tschech. Děčín), Stadt an der Elbe, ČSSR, 132 m ü. d. M., 55 700 E. Museum; Maschinenbau-, Nahrungsmittel- und Textilind.; Elbhafen. - Entstand bei der 1128 erstmals erwähnten gleichnamigen Burg. - Die Burg wurde im 16.Jh., 1670 und 1790 umgebaut. Barockkirche (17. Jh.).
Tettigonioidea [griech.], svw. ↑Laubheuschrecken.
Tettnang, Stadt im östl. Bodenseebekken, 466m ü. d. M., 14 800 E. Textil- und kunststoffverarbeitende Ind., Elektrogerätebau. - 882 erstmals erwähnt; der Ort wurde 1280–90 zw. einer Burg und der älteren Dorfsiedlung mit langem Straßenmarkt angelegt; erhielt 1297 Stadtrecht. - Barockes Neues Schloß (1712 ff.; jetzt Museum), ehem. Altes Schloß (1667; jetzt Rathaus).
Tetzel, Johannes (Johann), * Pirna um 1465, † Leipzig 11. Aug. 1519, dt. kath. Theologe und Ablaßprediger. - Dominikaner; 1504–10 Ablaßprediger seines Ordens in verschiedenen dt. Ländern und Diözesen; 1509 Inquisitor für Polen; 1517 Generalsubkommissar des Mainzer Erzbischofs Albrecht II., Markgraf von Brandenburg, für die Ablaßpredigt in der Kirchenprov. Magdeburg. In seinen frivolen Predigten traten Reue und Buße völlig hinter dem Gelderlös zurück, was Luther zur Veröffentlichung seiner 95 Thesen veranlaßte.
Tetzner, Lisa, * Zittau 10. Nov. 1894, † Lugano 2. Juli 1963, dt. Jugendschriftstellerin. - ∞ mit dem Schriftsteller K. Kläber; ab 1933 im Exil in der Schweiz. Verf. didakt. Jugendliteratur mit zeitgenöss. Problemstellung, v. a. mit „Erlebnisse und Abenteuer der Kinder aus Nr. 67. Die Odyssee einer Jugend" (9 Bde., 1943–49), in der sie sich mit den Ereignissen im nat.-soz. Deutschland aus-

Teuerlinge

Hallers Teufelskralle

einandersetzt. Auch bed. Märchensammlerin.

Teuerlinge (Cyathus), weltweit verbreitete Gatt. der ↑Nestpilze mit zwei Arten in M-Europa: **Gestreifter Teuerling** (Cyathus striatus; mit innen senkrecht gestreiftem [gerripptem] Fruchtkörper) und der etwas größere **Topfteuerling** (Cyathus olla; mit innen ungestreiftem [glattem] Fruchtkörper); beide Arten ab Spätsommer auf humusreichen Böden oder (faulendem) Holz.

Teufe, bergmänn. Bez. für Tiefe, z. B. eines Schachtes.

Teufel, von griech. diábolos („Verleumder"; lat. diabolus) abgeleiteter Begriff für die Personifikation der widergöttl. Macht. Die Gestalt des T. geht im christl. Bereich auf den Satan des A. T. zurück und ist mitbeeinflußt von der gottesfeindl. Figur des Ahriman im Parsismus, vom Gott Pan und den dämon. Satyrn der griech. Religion. Im MA und in der beginnenden Neuzeit findet der T.glaube seine stärkste Verbreitung. - Der T. erscheint leibhaftig als Kröte, Fisch, Drache, Katze, Hund, Wolf, Bär, Schwein, Ochse, aber auch als Neger, Soldat, Jäger, Bauer oder als schönes Mädchen. Die Sage kennt ihn als dämon., gefürchtetes Wesen, den höll. Helfer (Stallknecht, Bergmann, Seemann, Koch, Brückenbauer) und in tierähnl. Gestalt mit Hörnern, Vogelkrallen, Bocksbeinen, Flügeln, Hufen und Schwanz. Zur Verkörperung des absolut Bösen treten burleske Züge hinzu, in denen das Dämonische hinter schwankhaft-menschl. Zügen zurücktritt. Seit dem 12. Jh. erscheint der T. auch in Gerichtsszenen vor Gott als Ankläger der Menschheit oder Christi. Der T. gilt als gefallener Engel und kann vom Menschen angerufen und durch Pakt zu Hilfeleistungen veranlaßt werden. Diese T.pakttheorie (Dämonenpakttheorie) hatte großen Einfluß auf den spät-ma. und neuzeitl. Hexenwahn (↑Hexe, ↑auch Faust, Johannes). In diesem Zusammenhang spielt die Lehre vom ↑Inkubus eine wichtige Rolle, v. a. auch für die Entstehung des T.kults. Im Gefolge von Luthers T.glauben kommt es im 16. Jh. zu ausgedehnter T.literatur, in der der T. zu einer stets gegenwärtigen, für alles Unglück und Böse zuständigen Instanz wird. Religiöse und Volksliteratur bewahren diesen populären T.glauben bis zum Einsetzen der modernen Entmythologisierungsversuche.

Der T. in der Literatur: in den Oster- und Passionsspielen wurde der T. in urweltl. Zeit gestürzte T. fast immer als Unterlegener dargestellt. Als gefallenen Engel, der einem Irrtum unterlegen ist, sahen ihn J. Milton und F. G. Klopstock. Eine Rehabilitation erfuhr die Gestalt des T. in der Romantik. In der Dichtung Byrons wandelt sich der T. vom gefühllosen Spötter zum Freund des Menschen und Anwalt der Gerechtigkeit. Der Gedanke der Erlösung des T. taucht auf bei A. de Vigny, T. Gautier, P. J. de Béranger, V. Hugo. Als Lichtbringer erscheint Luzifer bei G. Carducci, A. Strindberg, R. Dehmel, G. B. Shaw; als krit. Begleiter des Menschen u. a. bei Goethe, F. M. von Klinger und C. D. Grabbe. ⌑ *Hofgärtner, I.:* T. u. Dämonen. Mchn. 1985. - *Nigg, W.:* Der T. u. seine Knechte. Freib. ²1985. - *Gloger, B./Zöllner, W.:* T.glaube u. Hexenwahn. Wien 1984. - *Haag, H.:* Abschied vom T. Köln ⁴1984. - *Haack, F. W.:* Satan, T., Lucifer. Was ist davon zu halten? Mchn. ⁴1982. - *Fischer, Klaus P./Schiedmair, H.:* Die Sache mit dem T. Ffm. 1980.

Teufelsabbiß (Gemeiner T., Succisa pratensis), Kardengewächs der Gatt. ↑Abbiß in Europa, W-Sibirien und N-Afrika; 0,15 bis 0,80 m hohe Staude mit lanzettförmigen, ganzrandigen oder gesägten Blättern und dunkelblauen Blüten in kugeligen Köpfchen; verbreitet auf Magerwiesen.

Teufelsanbeter ↑Jesiden.

Teufelsauge, svw. ↑Adonisröschen.

Teufelsaustreibung ↑Exorzismus.

Teufelsbart ↑Alpenkuhschelle.

Teufelsblumen, Bez. für verschiedene Arten der ↑Fangheuschrecken, deren stark verbreitete, farbenprächtige Vorderbeine (Fangbeine) bunten Blütenblättern gleichen und dadurch Insekten anlocken.

Teufelsei (Hexenei), volkstüml. Bez. für das Jugendstadium des Fruchtkörpers der Stinkmorchel und anderer Rutenpilze; weiße, eigroße, von komplizierter Hülle umschlossene Gebilde, die in ihrem Innern den noch nicht gestreckten Fruchtkörper beherbergen.

Teufelskrabbe (Meerspinne, Große Seespinne, Maia squinado), größte Krabbenart (Fam. Seespinnen) im Mittelmeer; Körperlänge bis 12 cm; mit langen, schlanken Scheren und rotem, zottig behaartem Rücken mit Warzen und Höckern; tarnt sich u. a. mit

Texas

Muschelschalen und Steinchen; wird gegessen.

Teufelskralle (Rapunzel, Phyteuma), in Europa heim. Gatt. der Glockenblumengewächse mit rd. 30 Arten; Stauden mit in Ähren oder Köpfchen stehenden, blauen, weißen, purpurfarbenen oder gelben Blüten; z. T. Gartenzierpflanzen. Bekannte Arten sind u. a. **Halbkugelige Teufelskralle** (Phyteuma hemisphaericum), bis 30 cm hoch, Blätter lanzettförmig, Blütenköpfchen halbkugelig, mit schwärzl.-blau-violetten Blüten; verbreitet in den Alpen; **Hallers Teufelskralle** (Phyteuma halleri), 0,3–1 m hoch, mit herzförmig-dreieckigen unteren und eiförmig-lanzettförmigen oberen Blättern, Blütenköpfchen etwa 6 cm lang, walzenförmig, mit schwarzvioletten bis schwarzblauen Blüten; in den Voralpen und Alpen.

Teufelsmesse (schwarze Messe), vom MA bis ins 19. Jh. verbreitete, heute nur noch gelegentl. zu Ehren des Teufels oder einer Hexe begangene, der kath. Meßfeier nachgebildete orgiast. und obszöne Feier.

Teufelsmoor, weitgehend abgetorfte, urspr. aus Hoch- und Niedermooren bestehende Landschaft in Nds. beiderseits der Hammeniederung, aus der bei Worpswede die Geestinsel des 51 m ü. d. M. erreichenden Weyerberges herausragt.

Teufelsnadel (Blaugrüne Mosaikjungfer, Aeschna cyanea), in Europa bis Kleinasien verbreitete, 5–6 cm lange Libelle (Fam. Teufelsnadeln); Körper grün, blau gefleckt, mit schwarzen Linien, Flügel farblos; an Tümpeln.

Teufelsnadeln (Edellibellen, Aeschnidae), weltweit verbreitete Fam. der Libellen mit über 600 schlanken, meist sehr bunten Arten, davon 13 in Mitteleuropa. - Zu den T. gehören u. a. die Mosaikjungfern (↑ Aeschna) und die ↑ Königslibellen.

Teufelsrochen (Mantarochen, Hornrochen, Meerteufel, Mobulidae), Fam. der Rochen mit wenigen Arten, v. a. in trop. und subtrop. Meeren; meist sehr große Tiere mit je einem löffelartigen Lappen an jeder Seite der breiten Mundöffnung; ovovivipar oder lebendgebärend. Die größte Art mit fast 7 m Brustflossenspannweite ist der harmlose **Riesenmanta** (Manta, T., Manta birostris), der nur in warmen Meeren vorkommt und ein Gewicht bis zu 2 000 kg erreichen kann.

Teufelszwirn, svw. ↑ Bocksdorn.
◆ svw. ↑ Kleeseide.

Teukros (Teucer, Teucrus), Held der griech. Mythologie. Vor Troja der beste Bogenschütze der Griechen.

Teutates, in der kelt. Mythologie der Name eines gall. Hauptgottes. Spätere Quellen berichten, daß ihm Menschen durch Ertränken geopfert wurden. T. hatte sowohl krieger. Funktionen als auch die eines Schutzgottes in Friedenszeiten.

Teuthoidea [griech.], svw. ↑ Kalmare.

Teutoburger Wald, langgestreckter Höhenzug in NRW und Nds., verläuft über rd. 120 km in nw. Richtung, trennt die Westfäl. Bucht vom Weserbergland, bis 468 m hoch. Der sö. Teil wird **Lippischer Wald,** der mittlere Osning genannt. Der T. W. wird aus mehreren parallel verlaufenden, stark bewaldeten Schichtrippen gebildet. Der S gehört zum Naturpark Südl. T. W./Eggegebirge. - Im **Teutoburgiensis saltus** (Tacitus, Annalen 1,60) vernichtete der Cheruskerfürst Arminius mit Verbündeten 9 n. Chr. ein röm. Heer unter Publius Quinctilius Varus. Die genaue Lage des Schlachtortes ist unbekannt.

Teutonen (lat. Teutoni, Teutones), german. Volk an der W-Küste Jütlands und an der Elbmündung, das um 120 v. Chr. nach S zog und mehrmals die Römer besiegte. 102 v. Chr. von Gajus Marius bei Aquae Sextiae (= Aix-en-Provence) vernichtend geschlagen.

Teutsch, Friedrich, * Schäßburg (Sighişoara) 16. Sept. 1852, † Hermannstadt 11. Febr. 1933, siebenbürg. ev. Theologe. - Zunächst Publizist und Lehrer; 1896–1906 Seelsorger; 1906–27 Bischof der ev. Kirche der Siebenbürger Sachsen, ab 1927 der ev. Kirche in Rumänien; bed. Geschichtsschreiber Siebenbürgens. Setzte die von seinem Vater Georg Daniel T. (* 1817, † 1893) begonnene „Geschichte der Siebenbürger Sachsen" fort (1907–26) und veröffentlichte eine „Geschichte der ev. Kirche in Siebenbürgen" (1921/22).

Teutsche Merkur, Der, 1774–89 Name der 1773 von C. M. Wieland als „Der Dt. Merkur" gegr. literar. Zeitschrift.

Tewet [hebr.], der vierte, 29 Tage zählende Monat (Dezember/Januar) des jüd. Jahres.

Tewfik ↑ Taufik Pascha.

Tews, Johannes [teːfs], * Heinrichsfelde (Pommern) 19. Juni 1860, † Berlin 28. Juni 1937, dt. Pädagoge und Schulpolitiker. - War seit 1890 in verschiedenen Funktionen für den Dt. Lehrerverein tätig; T. setzte sich für die Erwachsenenbildung, die akadem. Lehrerbildung und die ↑ Einheitsschule ein.

Tex [lat.] ↑ Garnnumerierung.

Texaco Inc. [engl. ˈtɛksəkoʊ ɪnˈkɔːpəreɪtɪd], amerikan. Erdölkonzern, Sitz New York; zweitgrößter Erdölkonzern der Erde; gegr. 1926 als The Texas Corp., heutiger Name seit 1959.

Texanischer Brunnenmolch ↑ Brunnenmolche.

Texas [ˈtɛksas, engl. ˈtɛksəs], Staat im S der USA, am Golf von Mexiko, 691 030 km², 15,7 Mill. E (1983). Hauptstadt Austin.
Landesnatur: T. hat Anteil an 3 Großlandschaften: Golfküstenebene, Great Plains (mit High Plains) und Rocky Mountains. Die lagunenreiche Golfküstenebene ist etwa 600 km lang, im N etwa 500 km, im S etwa 150 km breit. Das Geb. zw. Rio Grande und Pecos River ist im allg. gebirgig und liegt zw. den

51

Rocky Mountains im N und der Sierra Madre Oriental im S. Zw. zentralen Becken und dem Tal des Pecos River liegen die Guadalupe Mountains mit dem höchsten Berg des Staates (2667 m). Die Great Plains senken sich von etwa 760 m im W auf rd. 250 m im O. Die High Plains, südl. des Canadian River Llano Estacado gen., liegen zw. 900 und 1200 m hoch. - Ost-T. hat subtrop. Klima; Steppenklima herrscht in den High Plains; ein Teil des SW ist wüstenhaft. Sowohl Hitzeperioden mit Temperaturen von mehr als 38 °C als auch Frosteinbrüche sind im ganzen Staat möglich. - Hickorybäume und Zypressen wachsen entlang den Flüssen. Die Trockengeb. des zentralen und westl. T. sind durch einen Mesquitebaumgürtel charakterisiert. In den Gebirgen des sw. T. finden sich Kiefer, Tanne, Wacholder und Eiche.
Bevölkerung, Wirtschaft, Verkehr: 80% der Bev. leben in städt. Siedlungen. Am höchsten ist die Bev.dichte im O, am niedrigsten im W. Mexikaner und Personen mex. Abstammungen leben v. a. im äußersten S, rd. 12% der E sind schwarzafrikan. Herkunft; außerdem leben indian. und asiat. Minderheiten in T. Größte Religionsgemeinschaft ist die röm.-kath. Kirche. Neben zahlr. Colleges verfügt T. über 19 Univ. T. ist einer der führenden Agrarstaaten der USA, Hauptanbauprodukt ist Baumwolle, die fast 30% der kultivierten Landes einnimmt. Auf dem Bewässerungsland der Küstenebene wird Reis angebaut. Im Tal des Rio Grande entstand ein ausgedehntes Gemüse- und Obstbaugebiet. Bed. Rinderhaltung, daneben Schweine- und Angoraziegenzucht. Nach den Einkünften aus seinen Bodenschätzen nimmt T. den 1. Platz unter den Staaten der USA ein. An erster Stelle stehen die Gewinnung von Erdöl, Erdgas und Asphalt. Weitere wichtige Bodenschätze sind Graphit, Schwefel, Magnesiumchlorid, Gips, Salz, Steine und Erden. V. a. während des 2. Weltkriegs wurden zahlr. kriegswichtige Ind.betriebe in T. gegr., v. a. Flugzeug- und Schiffbau sowie petrochem. Ind. Die Weltraumforschung der USA ließ in T. eine leistungsfähige elektron. Ind. entstehen. Das Kontrollzentrum für bemannte Weltraumflüge befindet sich in Houston. Wichtige Zweige sind auch die Nahrungsmittelind. und der Fremdenverkehr. - Das Eisenbahnnetz ist 30614 km, das Straßennetz 423840 km lang. Wichtigste Häfen sind Houston, Beaumont und Port Arthur. Neben zahlr. privaten ⚓ gibt es 322 öffentl. ⚓.
Geschichte: Die ersten Europäer im Gebiet des heutigen T. waren Spanier, doch erst Ende des 17. Jh. gründeten sie erste Niederlassungen. Mit Billigung der mex. Reg. entstanden ab 1821 Siedlungen von Einwanderern aus den USA. Die Spannungen mit der mex. Reg. (Sklavenfrage; Rechtssystem; Verbot weiterer angloamerikan. Einwanderung; Weigerung,

T. als eigenen Staat zu verwalten) entluden sich 1835 in einem Aufstand der Angloamerikaner. Der Versuch mex. Truppen, den Aufstand zu unterdrücken (Schlacht von Alamo, 6. März 1836; ↑ auch San Antonio), scheiterte, als die Texaner am 21. April 1836 am San Jacinto River die mex. Truppen schlugen und den mex. Präs. General A. L. de Santa Anna gefangennahmen. T. war nun ein unabhängiger Staat; 1845 wurde T. als 28. Staat in die Union aufgenommen. Der folgende Mex. Krieg brachte im Frieden von Guadalupe Hidalgo 1848 T. seine im wesentl. noch heute gültigen Grenzen. Im Sezessionskrieg, in dem es auf der Seite der Konföderierten Staaten von Amerika stand, blieb T. von größeren Schäden verschont.
📖 *Jordan, T. G./Bean, J. L.: T. Boulder (Colo.) 1983. - Reese, J. V./Kennamer, L.: T. Land of contrasts, its history and geography. Austin (Tex.) 1972.*

Texasfieber, durch den Blutparasiten Babesia bigemina hervorgerufene, von der Rinderzecke übertragene, seuchenhafte Hämoglobinurie bei Rindern in warmen Ländern (bes. in Texas, Mexiko und Argentinien).

Texasklapperschlange   ↑ Klapperschlangen.

Texcoco de Mora [span. tes'koko], Stadt im Hochbecken von Mexiko, 2250 m ü. d. M., 18000 E. Kath. Bischofssitz; Glas-, Textil- und chem. Ind. - Nachfolgerin von **Texcoco,** einem der 3 Stadtstaaten des chichimek. Dreibundes (zus. mit Tenochtitlán und Tlacopán); sank v. a. infolge einer Pestepidemie (1575/76) zu einem unbed. Ort ab. Die berühmte Bibliothek wurde von span. Mönchen verbrannt. - Kirche San Francisco (17. Jh., an der Stelle einer früheren Kirche).

Texel [niederl. 'tɛsəl], größte und westlichste der Westfries. Inseln, 2 km von der niederl. Küste bei Den Helder entfernt, 22 km lang, bis 9 km breit. Hauptorte sind Den Burg und der Fischerei- und Fährhafen Het Horntje.

Texel, svw. ↑ Dechsel.

Text [zu lat. textus „Geflecht, Zusammenhang" von texere „flechten, zusammenfügen" (zu griech. téktōn „Baumeister")], der eigtl. Wortlaut einer Schrift im Ggs. zu den Anmerkungen (Glossen, Marginalien, Kommentare); der genaue Wortlaut oder der Wortlaut im Unterschied z. B. zur Illustration [eines Buches], zur Melodie [eines Liedes]; auch Schriftwerk überhaupt. In der *Sprachwiss.* ist T. die hierarchisch an höchster Stelle (also über dem Satz) einzuordnende sprachl. Einheit, charakterisiert durch das gebundene und sinnvolle Vorkommen von Sprachelementen. Je nach Eingrenzung und Bestimmung soll T. die Gesamtheit der in einer Sprache vorliegenden Äußerung umfassen oder alle Äußerungen einer Person bzw. die jeweils abgeschlossenen Teilmengen davon. Der Sprach-

Textverarbeitung

wissenschaftler bemüht sich um das Aufdecken der Regeln, die einen in einer bestimmten Situation geäußerten Ein-Wort-T. (z. B. „Hilfe!") oder eine Folge von Sätzen als T. ausweisen; der Literaturwissenschaftler hingegen versucht dessen mögliche sekundäre Strukturiertheit auf der Ebene der künstler., der ästhet. Organisation aufzuzeigen.

Textilausrüstung ↑ Appretur.

Textilchemie, Teilgebiet der Chemie, das sich mit den chem. Aspekten bei der Gewinnung, Herstellung und Verarbeitung von Textilfasern, mit der Textilveredelung sowie der Entwicklung und Anwendung chem. Substanzen und Verfahren zur Textilpflege und -prüfung beschäftigt.

Textildruck, svw. ↑ Stoffdruck.

textiles Gestalten, Unterrichtsfach der allgemeinbildenden Schulen, früher unter der Bez. „Nadelarbeit" oder häufiger „Handarbeit". Die heutigen Fachbez. sind je nach Bundesland unterschiedl. (Textilgestaltung, textiles Werken, Textilarbeit/-technologie). Der Schüler soll ein selbständiges, selbsttätiges und individuelles Gestalten erlernen, in Form des freien Experimentierens mit textilem Material, im Gebrauch textiler Techniken wie Färben, Weben u. a. mit dem Ziel der Herstellung eines funktionsbezogenen Gegenstandes.

Textilglas, Bez. für in Garnen, Geweben, Vliesstoffen u. ä. verarbeitete Glasfasern.

Textilhilfsmittel, Bez. für alle chem. Produkte, die z. B. als Netzmittel, Waschmittel bei der Verarbeitung von Textilfasern, als Zusätze zu Spinnlösungen u. a. bei der Herstellung von Chemiefasern sowie als Färbereihilfsmittel, Avivage-, Appretur-, Imprägnier-, Hydrophobierungsmittel u. a. bei der **Textilveredelung,** d. h. zur Erzielung bestimmter Eigenschaften verwendet werden.

Textilien [zu lat. textilis „gewebt, gewirkt"], allg. Bez. für beliebige Gefüge aus verspinnbaren Fasern; i. e. S. die daraus hergestellten Halb- oder Fertigfabrikate (Garne, Zwirne, Filze, Gewebe, Gewirke, Gestricke u. ä.); allgemeinsprachl. v. a. Bez. für die Fertigfabrikate der Bekleidungsindustrie.

Textilindustrie, Zweig der Verbrauchsgüterind., der die Herstellung von Garnen und Geweben und deren Verarbeitung in Spinnereien und Webereien, Textilveredelungsbetrieben, Strickereien und Wirkereien [sowie Konfektionsbetrieben] umfaßt. Die T. ist bes. lohnintensiv; Unternehmen der T. sind überdurchschnittlich häufig in relativ gering industrialisierten Gebieten angesiedelt.

Textilkennzeichnungsgesetz, Gesetz vom 1. 4. 1969 i. d. F. vom 25. 8. 1972, das für Textilerzeugnisse die Angabe von Art und Gewichtsanteil der verwendeten textilen Rohstoffe (↑ Textilrohstoffe) in einer vom Gesetz näher bestimmten Art und Weise vorschreibt.

Textilrohstoffe, nach dem Textilkennzeichnungsgesetz (als „textile Rohstoffe") Bez. für Natur-, Chemie- und industriell hergestellte Fasern, die sich verspinnen oder zu textilen Flächengebilden verarbeiten lassen.

Textiltechnik, die Gesamtheit der techn. Einrichtungen und Verfahren zur Verarbeitung von Textilrohstoffen zu Textilerzeugnissen und Textilien. Wichtige Zweige der T. sind Spinnerei, Weberei, Strickerei und Wirkerei sowie Textilveredelung.

Textilveredelung ↑ Textilhilfsmittel.

Textkritik, philolog. Methode der Geistes-, Rechts- und Bibelwiss. zur krit. Prüfung solcher Texte, deren Authentizität nicht gesichert ist oder von denen mehrere autograph. Entwürfe oder Fassungen (Redaktionen) vorliegen. Die Analyse der Texte und ihrer Überlieferung soll zur Herstellung (Synthese) eines dem Original nahestehenden Textes (Archetypus) oder zu einer vom Autor mutmaßl. intendierten Fassung führen. Für die Herstellung solcher Texte hat die ↑ Philologie bestimmte method. Schritte entwickelt.

Textlinguistik, die den ↑ Text als Analyseeinheit betrachtende sog. transphrast., d. h. satzübergreifend konzipierte Linguistik.

Textsorten, Bez. für verschiedene Klassen von Texten, die sich in bestimmten Eigenschaften unterscheiden. Die Art der verschiedenen T.gruppen hängt von den bei der Einteilung angewandten Kriterien ab, z. B. Gespräch, Reklame, Zeugnis, Pressebericht, Reportage oder ästhet., erzählende, jurist., wiss. und literar. Texte. Auch die moderne Literaturwiss. hat den Begriff T. eingeführt. Im Ggs. zu der an einer prinzipiellen Gattungstrias (Epik, Lyrik, Dramatik) orientierten Einteilung der älteren Literaturwiss. versucht man heute mit Hilfe der *Texttypologie,* literar. Texte u. a. auch nach funktionalen oder sozialen Kriterien zu bestimmen.

Texttheorie, innerhalb der Informationsästhetik der Darstellung statist., semant. und ästhet. Verfahren der Textanalyse und (experimentellen) Textherstellung. Die T. hat wesentl. Bed. für den Zusammenhang experimenteller literar. Strömungen mit der Linguistik.

Textur [lat.], in der *Zytologie* ↑ Zellwand.
◆ in der *Petrographie* ↑ Gefüge.

Textura [lat. „Gewebe"] ↑ gotische Schrift.

Texturierung [lat.], Sammelbez. für alle Verfahren, durch die glatte endlose Chemiefäden (Endlosfäden, Chemieseiden) gekräuselt und gebauscht werden. Durch die T. werden u. a. Dehnbarkeit, Feuchtigkeitsaufnahmevermögen und Wärmehaltigkeit der aus den Chemiefäden hergestellten Textilien erhöht.

Textverarbeitung, Sammelbez. für alle Methoden und Verfahren zur rationalisierten Verarbeitung von Texten beliebiger Art; umfaßt die Arbeitsgänge des Formulierens, Diktierens, Schreibens, Vervielfältigens usw. bis hin zur Archivierung; heute v. a. Bez. für die computerunterstützte Erstellung und Verarbeitung von Texten.

Tezcatlipoca [span. teskatli'poka; aztek. „rauchender Spiegel"], eine der Hauptgottheiten der Azteken, urspr. wohl Hauptgott der Tolteken. Allmächtig, oft unheilbringend, verbunden mit Krieg und blutigen [Menschen]opfern, auch Urzauberer.

tg, Funktionszeichen für Tangens († trigonometrische Funktionen).

tgh, Funktionszeichen für Hyperbeltangens († Hyperbelfunktionen).

Th, chem. Symbol für † Thorium.

Thackeray, William Makepeace [engl. 'θækərı], * Kalkutta 18. Juli 1811, † London 24. Dez. 1863, engl. Schriftsteller. - Neben C. Dickens der bedeutendste Romancier der viktorian. Zeit. Seine Romane geben ein mit Ironie oder auch Sarkasmus gezeichnetes Sittenbild der gehobenen engl. Mittelklasse und des Adels sowie treffende Darstellungen von Egoisten und Snobs wieder und üben illusionslos Kritik am bürgerl. Leben. „Vanity Fair. A novel without a hero" (R., 1847, dt. 1849 u. d. T. „Der Markt des Lebens", u. a. auch u. d. T. „Jahrmarkt der Eitelkeit") um die Gestalt der skrupellosen Abenteurerin Becky Sharp, ist eine entlarvende Darstellung menschl. Schwächen. Dem histor. Roman aus dem England der Zeit Königin Annas, „Geschichte des Henry Esmond" (1852), gingen umfassende philolog. und histor. Studien voraus. - *Weitere Werke:* Die Memoiren des Junkers Barry Lyndon (R., 1844), Die Newcomes (1854), Die Virginier (1857), Roundabout papers (Essays, 1863).

Thaddäus, aus der Bibel übernommener männl. Vorname (Herkunft und Bed. unbekannt).

Thaddäus † Judas Thaddäus, hl.

Thadden-Trieglaff, Reinold von, * Mohrungen (Ostpreußen) 13. Aug. 1891, † Fulda 10. Okt. 1976, dt. Jurist. - 1937 und 1946 Vizepräs. des Christl. Studenten-Weltbundes; Mgl. der Bekennenden Kirche; 1949 Wiederbegründer und bis 1964 Präs. des Dt. Ev. Kirchentages.

Thaer, Albrecht Daniel [tɛːr], * Celle 14. Mai 1752, † Gut Möglin bei Wriezen 26. Okt. 1828, dt. Landwirt. - Zunächst kurfürstl. Hofarzt; betrieb später auf seinem Hof bei Celle die Intensivierung des Ackerbaus mit Hilfe der Fruchtwechselwirtschaft. Ab 1804 in preuß. Diensten, gründete 1806 auf dem ihm zur Verfügung gestellten Gut Möglin die erste dt. landw. Akad., deren Leiter er wurde. 1810–19 war er außerdem Prof. in Berlin. T. gilt als Begründer einer systemat. Landwirtschaftswissenschaft.

Thai (Tai), zu den Paläomongoliden gehörende, Thaisprachen sprechende Völker und Stämme in S-China und Hinterindien. Zu den T. gehören v. a. die früher **Siamesen** gen. T.

i. e. S., das Staatsvolk Thailands, die † Lao, † Lü und † Schan. Urspr. siedelten die Thaivölker am unteren Jangtsekiang, von wo sie in der Hanzeit (206 v. Chr. bis 220 n. Chr.) von den nach S vordringenden Chinesen ins westl. und südl. Bergland abgedrängt wurden. In W-Yünnan bestand etwa 740–1253 das Thaireich der Nan-Chao. Die Yai Thai („Große Thai") im Tal des Saluen wurden die Vorläufer der Schan im birman. Hochland, die Thai Noi („Kleine Thai") ließen sich in Laos und N-Thailand nieder und bildeten den Kern der heutigen Staatsvölker von Laos und Thailand. Nach Eroberung des Kgr. der Khmer gründeten sie 1238 das Reich Sukhothai, das etwa das heutige Thailand mit Nordlaos umfaßte. 1353 spaltete sich das laot. Kgr. Lanchang ab.

Thai (Thailändisch, früher auch Siamesisch gen.), zu den Thaisprachen, einer Untergruppe der sinotibet. Sprachen gehörende Sprache v. a. in Thailand, mit denen sie gemeinsame Merkmale wie einsilbige Wortwurzeln, isolierende Struktur und bedeutungsunterscheidende Worttöne besitzt. In Anlehnung an das Khmeralphabet schuf König Rama Khamhäng von Sukhothai (etwa 1275 bis 1317) ein Schriftsystem, aus dem die heutige Thaischrift mit 44 Konsonanten und 14 Vokalzeichen abgeleitet ist.

Thailand

(amtl.: Muang Thai), konstitutionelle Monarchie in SO-Asien, zw. 5° 36' und 20° 28' n. Br. sowie 97° 30' und 105° 45' ö. L. **Staatsgebiet:** T. grenzt im NW und W an Birma, im S an die Andamanensee, Malaysia und den Golf von Thailand, im O bzw. NO an Kambodscha und Laos. **Fläche:** 514 000 km². **Bevölkerung:** 50,6 Mill. E (1985), 98,4 E/km². **Hauptstadt:** Bangkok. **Verwaltungsgliederung:** 72 Prov. (Changwat). **Amtssprache:** Thai. **Staatsreligion:** Buddhismus. **Nationalfeiertag:** 5. Dez. (Geburtstag des Königs). **Währung:** Baht (B) = 100 Stangs (St., Stg.). **Internationale Mitgliedschaften:** UN, ASEAN, ASPAC, Colombo-Plan, GATT. **Zeitzone:** MEZ + 6 Stunden.

Landesnatur: Der Kernraum von T. ist das rd. 140 km lange und an der Küste bis 100 km breite Menamtiefland. Zw. dieser Anschwemmungsebene und der birman. Grenze erstrecken sich bis 2 000 m aufragende Gebirgsketten, die Teil des südostasiat. Zentralgebirges sind. Ihre Fortsetzung finden sie in S-T. auf der Halbinsel Malakka, die im Isthmus von Kra eine nur Breite von 40–50 km erreicht. Das nordthailänd. Gebirgsland besteht aus N–S-verlaufenden Ketten (im Doi Angka 2 595 m), die intramontane Becken einschließen. NO-T. wird vom Korathplateau (bis 1 328 m) eingenommen, das nach W und S in Steilstufen abbricht. Im südostthailänd.

Thailand

Bergland greift noch die Chaîne des Cardamomes (bis 1 633 m) von Kambodscha herüber.
Klima: T. wird vom trop. Monsunklima geprägt. Die Regenzeit während des sommerl. SW-Monsuns dauert von Mitte Mai bis Okt. Die übrige Zeit des Jahres ist trocken. Eine Ausnahme bildet nur die Halbinsel Malakka, wo die O-Seite ganzjährig Niederschläge erhält. Durchschnittl. fallen jährl. zw. 1 000 und 2 000 mm Niederschlag; Spitzenwerte werden auf der Halbinsel Malakka erreicht (bis 6 000 mm). Die Jahresmittel der Temperatur liegen bei 25–29 °C; jahreszeitl. Schwankungen sind sehr gering. Die Temperaturmaxima liegen im April.
Vegetation: Rd. 40% der Landfläche sind von Wald bestanden. Nach der Niederschlagsmenge und Höhenlage findet sich trop. Regenwald, immergrüner Bergwald sowie laubabwerfender Wald, auf dem Korathplateau vereinzelt Savannen. An den Küsten überwiegend Mangrovenwälder.
Bevölkerung: Staatstragendes Volk sind die Thai mit rd. 90% der Gesamtbev.; als Folge der Kriege und einer umfangreichen Wanderbewegung ist die ethn. Struktur jedoch außerordentl. kompliziert. Neben den Thai lebt in den südl. Prov. eine geschlossene Minderheitengruppe von 1 Mill. Malaien. Ferner leben in T. etwa 3–5 Mill. Chinesen. Im Grenzgebiet zw. T., Birma und Laos leben schätzungsweise 500 000 Angehörige von Bergvölkern. Annähernd 95% der Gesamtbev. bekennt sich zum Buddhismus. Daneben gibt es Muslime und Christen. Schulpflicht besteht für alle 7–13jährigen. Unter den 14 Hochschulen sind 11 Universitäten.
Wirtschaft: T. ist Agrarstaat. Land- und Forstwirtschaft sind mit 22% (1983) am Bruttosozialprodukt und mit knapp 70% am Export beteiligt. T. ist einer der führenden Reisexporteure Asiens. Weitere wichtige Produkte sind Mais, Maniok, Kautschuk, Jute, Kenaf, Zuckerrohr, Tapioka, Ananas und Sojabohnen. T. ist der drittgrößte Erzeuger von Naturkautschuk (11% der Weltproduktion) und der achtgrößte Zuckerproduzent der Erde. Von Bed. ist außerdem die Seidenraupenzucht. In der Forstwirtschaft spielen Holzarten wie Teak und Yang eine wichtige Rolle. In der Fischereiwirtschaft liegt das Schwergewicht auf der Meeresfischerei. Auf dem bergbaul. Sektor ist der Zinnerzabbau bed. (rd. 10% der Weltförderung). Weitere wichtige Bergbauprodukte sind Wolframerz, Antimonerz, Braunkohle, Erdgas. Die thailänd. Ind. ist traditionell auf die Verarbeitung von Agrarerzeugnissen ausgerichtet. Neben Reismühlen, Zuckerfabriken, Sägewerken, Ziegeleien und Zementfabriken haben v. a. drei Erdölraffinerien sowie Betriebe der Eisen- und Stahl-, petrochem., holzverarbeitenden, Reifen- und Textilind. Bedeutung. Der Fremdenverkehr ist einer der wichtigsten Devisenbringer.
Außenhandel: Die wichtigsten Handelspartner sind Japan, die USA, Saudi-Arabien, Singapur, Malaysia, die BR Deutschland, die Niederlande und Hongkong. Exportiert werden u. a. Naturkautschuk, Reis, Mais, Gemüse und Obst, Zucker, Fische, Garne, Gewebe und Bekleidung sowie Rohzinn, importiert werden v. a. Maschinen, Apparate, Kunststoffe, Eisen und Stahl, Erdölderivate und Kunstdünger.
Verkehr: T. besitzt kein zusammenhängendes Straßen- und Eisenbahnnetz, v. a. der N des Landes ist ungenügend erschlossen. Die Länge des Eisenbahnnetzes beträgt 3 735 km, die des Straßennetzes 33 148 km. Die Binnenschiffahrt spielt eine wichtige Rolle. Bed. Überseehafen ist Bangkok, in dem 90% des thailänd. Außenhandels umgeschlagen werden. Die staatl. Luftverkehrsgesellschaft Thai Airways International bedient die Auslandsstrecken. Der internat. ✈ von Bangkok ist das wichtigste Flugverkehrskreuz SO-Asiens; er wird von 45 internat. Fluggesellschaften angeflogen.
Geschichte: Um die Mitte des 8. Jh. gründeten die aus dem sw. China abgedrängten Thaivölker in W-Yünnan das Kgr. Nan-Chao, dessen Macht sich im 9. Jh. von Assam im W bis nach Tonkin im O erstreckte. Gegen Ende des 9. Jh. verlor Nan-Chao seine staatl. Unabhängigkeit an die chin. Tangdynastie. Nachdem die Thai in den nördl. dünn besiedelten Gebieten des Khmerreiches Fuß gefaßt hatten, gründeten sie das Reich von *Sukhothai* (1238), das seine Herrschaft schließl. bis Luang Prabang im N, Wiangchan (= Vientiane) im O, Ligor auf der Halbinsel Malakka im S und Pegu im W ausdehnte. Aus den Vormachtstreitigkeiten der südl. von Sukhothai gelegenen Thai-Ft. ging Mitte des 14. Jh. der Fürst von U Thong als Sieger hervor. Er errichtete einen neuen Staat, das Reich von *Ayutthaya*, unterwarf Sukhothai und eroberte Kambodscha. Nach langdauernden Feindseligkeiten mit den unabhängigen Thai-Ft. im N und unaufhörl. blutigen Auseinandersetzungen mit den Birmanen wurde Ayutthaya, durch innenpolit. Wirren geschwächt, 1569 zum Vasallenstaat Birmas, doch stellte König Naresuan 1584 das Reich wieder her und erweiterte es auf Kosten der Khmer und des Reiches von Pegu. Durch einen 1686 abgeschlossenen Vertrag wurde Frankr. zeitweilig die Errichtung von Handelsniederlassungen, die ungehinderte Missionstätigkeit fz. Priester und die Stationierung frz. Truppen in der Hauptstadt zugestanden. 1767 wurde Ayutthaya von den birman. König Alaungpaya erobert und zerstört.
Paya Tak (⚰ 1767–82), ein General chin. Abstammung, vertrieb die Birmanen; sein Nachfolger war der Begründer der noch heute herrschenden *Chakkridyn.*, General Paya Chakkri. Er bestieg mit dem Titel Rama I.

Thailand

(⚭ 1782–1809) den Thron und verlegte seine Residenz nach Bangkok. Die Aufgabe der Isolation des Landes, die Öffnung gegenüber dem W und eine kluge Außen- und Handelspolitik mit den europ. Großmächten und den USA (1855 Freundschaftsvertrag mit Großbrit., 1856 Handelsabkommen mit den USA und Frankr.) ließen T. als einziges Land SO-Asiens dem Druck des europ. Kolonialismus widerstehen und ermöglichten die Wahrung der staatl. Unabhängigkeit. Unter König Rama V. (Chulalongkorn, ⚭ 1868–1910) wurde die Modernisierung aller Bereiche des staatl. und öffentl. Lebens (u.a. Abschaffung der Sklaverei, Einführung eines westl. orientierten Schul-, Steuer- und Justizwesens) durchgeführt. Obwohl T. vor einer direkten Kolonialherrschaft bewahrt blieb, mußte es empfindl. Eingriffe in seine Hoheitsrechte hinnehmen. Auf frz. und brit. Druck trat es weite Gebiete seines Territoriums ab (1885 und 1907 das Gebiet östl. des Mekong an Laos, 1907 Battambang und Siem Reap an Kambodscha. 1932 wurde das absolutist. Reg.system durch einen Staatsstreich westl. geschulter Intellektueller und Offiziere in eine konstitutionelle Monarchie überführt und eine neue Verfassung verkündet. Schon 1938 jedoch errichtete Marschall Pibul Songgram eine Militärdiktatur, die T. an der Seite Japans in den 2. Weltkrieg führte. Zahlr. unblutige Putsche, Reg.-umbildungen und Parlamentsauflösungen beherrschten die instabile polit. Szene von T. in der Nachkriegszeit. Nach der Ermordung König Ramas VIII. 1946 riß Pibul Songgram durch einen erneuten Staatsstreich die Reg.gewalt an sich (8. Nov. 1947), wurde aber im Sept. 1957 durch einen unblutigen Staatsstreich S. Thanarats gestürzt; alle polit. Parteien wurden aufgelöst, die Verfassung außer Kraft gesetzt und eine verfassunggebende Versammlung konstituiert. Nach dessen Tod wurde General T. Kittikachorn Reg.chef einer Militärdiktatur, die nur kurz (1968–71) von einer Periode mit demokrat. Verfassung unterbrochen wurde. Die Reg. Kittikachorn verfolgte eine prowestl. antikommunist. Außenpolitik mit enger Bindung an die USA (Abkommen über techn., wirtsch. und militär. Zusammenarbeit), denen während des Vietnamkriegs Flugbasen zur Verfügung gestellt wurden. Kittikachorn mußte im Okt. 1973 wegen polit. Unruhen mit seiner Reg. zurücktreten. Der Versuch, T. demokrat. zu regieren, schlug fehl, im Okt. 1976 beendete ein neuer Militärputsch das demokrat. System und setzte die Verfassung außer Kraft. Die Militärjunta setzte eine Zivilreg. ein, unter der T. nach dem geforderten militär. Abzug der USA eine vorsichtige Neutralitätspolitik einschlug, aber ein Jahr später durch einen erneuten Putsch gestürzt wurde. Dem neuen Machthaber, General Kriangsak Chamanand gelang es, eine Amnestie für die Teilnehmer der Unruhen von 1976 durchzusetzen, den Einfluß seiner konservativen Gegner im Militär durch eine geschickte Beförderungspolitik einzudämmen und die Armee zu entpolitisieren. Nachdem im Dez. 1978 die neue Verfassung in Kraft gesetzt worden war, wurden im April 1979 Wahlen zum Unterhaus abgehalten, die aber keinen eindeutigen Sieger brachten, aber trotz des Boykotts der Opposition die Wahl Kriangsak Chamanands zum neuen Min.präs. ermöglichten. Außenpolit. verbesserte T. sein Verhältnis zu China und zu den USA, v.a. wegen der Bedrohung durch Vietnam nach dessen Einmarsch in Kambodscha. V.a. an der Wirtschaftspolitik scheiterte Kriangsak Chamanand schließl.; Ende Febr. 1980 trat er zurück, zu seinem Nachfolger wählte das Parlament den bisherigen Verteidigungsmin. General Prem Tinsulanonda (* 1920). Mit ihm erlebte T. trotz verschiedener Putschversuche eine Phase relativer innenpolit. Stabilität. Einen Machtkampf mit der Armeeführung um die

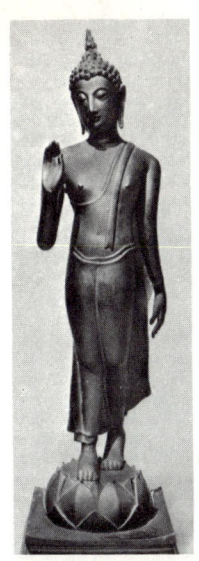

thailändische Kunst

Thailändische Kunst. Von links: Schreitender Buddha aus Sukhothai (14. Jh.). Privatbesitz; Kopf einer Buddhastatue (7./8. Jh.). Bangkok, Nationalmuseum; Garuda, König der Vögel, Feind der Schlangen (13. Jh.). Bangkok, Nationalmuseum

Abwertung der Währung Ende 1984 konnte Prem Tinsulanonda für sich entscheiden, nachdem er der Armee einen budgetären Ausgleich zugesichert hatte. Sein Gegenspieler, General Arthit Kamglangek, verlor im Mai 1986 sein Amt als Oberbefehlshaber der Armee und wurde im Sept. endgültig entlassen. Die Wahlen vom Juli 1986 entschied die Democratic Party für sich; Min.präs. blieb Prem Tinsulanonda bis zu den Wahlen 1988. Aus diesen ging die Chart Thai als stärkste Kraft hervor. Neuer Min.präs. wurde Chatichai Choonhavan.

Politisches System: Nach der Verfassung vom 22. Dez. 1978 ist T. eine konstitutionelle Monarchie. *Staatsoberhaupt* ist der König (seit 1946 Rama IX. Bhumibol Adulayedej); er ist Oberbefehlshaber der Streitkräfte und religiöses Oberhaupt. Die *Exekutive* liegt bei der Reg. unter Führung des Premiermin., der nicht Mgl. des Parlaments sein muß; die Reg. ist dem Parlament verantwortlich. Die *Legislative* nimmt das Zweikammerparlament wahr, das aus dem Senat (Oberhaus) und dem Repräsentantenhaus (Unterhaus) besteht. Die 225 Mgl. des Senats werden auf Vorschlag des Premiermin. vom König ernannt, die 324 Abg. des Repräsentantenhauses werden vom Volk gewählt. Von den zahlr. *Parteien*, die sich im Juli 1988 an den Wahlen beteiligten, sind die stärksten im Repräsentantenhaus: Chart Thai (87 Sitze), Social Action Party (54 Sitze), Democratic Party (48 Sitze), Ruam Thai (35 Sitze), Prachakon Thai (31 Sitze), Community Action Party (9 Sitze) und United Democratic Party (5 Sitze). Die wichtigsten *Gewerkschaften* sind der Council of Labour Unions of Thailand, der National Council of Thai Labour und der National Labour Council. *Verwaltungsmäßig* ist das zentralist. regierte T. in 71 Prov. untergliedert, die einem von der Reg. ernannten Gouverneur unterstehen. Das *Rechtswesen* ist dreistufig, Magistrats- und Prov.gerichte nehmen die Rechtsprechung in 1. Instanz wahr, ihnen übergeordnet sind Appellationsgerichte und der Oberste Gerichtshof. Die *Streitkräfte* umfassen insgesamt 254 000 Mann (Armee 166 000, Marine 40 000, Luftwaffe 48 000). Die Wehrpflicht beträgt 2 Jahre. Paramilitär. Kräfte sind rd. 103 000 Mann stark.

📖 *T. Geographie. Gesch., Kultur, Religion, Staat, Gesellschaft, Politik, Wirtschaft.* Hg. v. J. Hohnholz. Tüb. 1980. - Clarac, A.: *Kunst- und Reiseführer mit Landeskunde.* Dt. Übers. Stg. 1979.

Thailand, Golf von, Meeresbucht zw. der Halbinsel Malakka und der SW-Küste Hinterindiens; Anrainer sind Thailand, Kambodscha und Vietnam.

Thailändisch ↑ Thai.

thailändische Kunst, die von Indien ausgehende Einführung des Hinajana-Buddhismus im 3. Jh. n. Chr. führte zu einer wachsenden Gemeinsamkeit im Kunstschaffen der in Mittel- und S-Thailand lebenden Völker (Mon, Khmer, Indonesen und Birmanen). Die

thailändische Literatur

nach N-Thailand einwandernden Thaivölker verschmolzen die vorgefundenen fremden Stilelemente mit eigenen künstler. Vorstellungen zu einem in den verschiedenen Schulen der Reiche ausgeprägten Kunststil. In der sog. Dwarawatikunst der den Khmer verwandten Mon entstanden unter dem Einfluß einer erneuten Indisierung im 6./7. Jh. riesige Statuen des meditierenden oder lehrenden Buddha aus Stein oder Bronze, oft in charakterist. europ. Sitzhaltung. Die Ziegelbauten der Mon sind durch reichen Dekor in Stuck oder Terrakotta gekennzeichnet. Im 11. bis 13. Jh. wurde Lop Buri zum Zentrum einer auf der Khmerkultur (kambodschan. Kunst) fußenden Kunstschule, die wesentl. Anteil am Entstehen der späteren Ayutthayakunst hatte. Im Reich von Sukhothai gelangte die t. K. im 13./14. Jh. durch den Einfluß Ceylons zu ihrem Höhepunkt. Ihr Hauptwerk ist der Typus des schwerelos schreitenden verinnerlichten Buddha. Das nordthailänd. Reich von Lan Na prägte im 13. Jh. den herrscherl. Buddha vom sog. Löwentyp (Lan-Na-I-Stil) und gelangte später zu einer Verschmelzung mit der Sukhothaikunst. Die Kunst des Reiches von Ayutthaya (Mitte 14.–18. Jh.) besaß weniger Originalität. Durch Adaption des künstler. Erbes früherer Perioden wurde der prunkvollmajestät. Typ des Buddha im Herrscherschmuck entwickelt. Auch der Baudekor der chin. beeinflußten Tempel der Ayutthaya sowie der Bangkokperiode (19. Jh.) ist überladen. Die zeitgenöss. t. K. greift ältere Formen auf. Hochentwickelt ist das Kunsthandwerk mit Lackarbeiten, Perlmuttintarsien, Keramik mit Prägedekor und Seidenweberei.

📖 Boisselier, J.: Malerei in Thailand. Dt. Übers. Stg. u. a. 1976. - Boisselier, J./Beurdeley, J.-M.: Kunst in Thailand. Dt. Übers. Stg. u. a. 1974. - Boisselier, J.: La sculpture en Thaïlande. Freib. 1974.

thailändische Literatur, ältestes Zeugnis ist eine Steininschrift aus dem Jahre 1292 in der (in Form eines königl. Rechenschaftsberichts) die staatsbürgerl. Rechte des Volkes festgehalten werden. Für die späteren Jh. von Bed. waren v. a. histor., höf. und volkstüml. Epen. Bedeutendstes Werk der Nationaldichtung, das „Ramakien", ist eine über 45 000 Verse enthaltende thailänd. Version des ind. „Ramajana". Mit dem Beginn der späteren Ayutthayaperiode (etwa 1650–1767) erlebte die t. L. eine Blütezeit. Es entstanden v. a. poet. Lehrbücher, ein alle Wissensgebiete (Geschichtsschreibung, Gesetzgebung, Medizin, Naturwiss. u. a) behandelndes Prosaschrifttum, Bühnenbearbeitungen religiöser und weltl. Stoffe. Die moderne t. L. zeigt unter dem Einfluß des Westens die Ablösung alter Formen und neue Themen, oft mit sozialkrit. Tendenzen.

Die **laotische Literatur** ist hinsichtl. ihrer Thematik und dichter. Ausformung der t. L. verwandt. Standen in der klass. Dichtung des ind. Kulturerbes das religiöse Schrifttum und Bearbeitungen des „Ramajana" im Vordergrund, so war in Versromanen die Lebenswelt der Laoten bestimmend. Die moderne laot. Literatur hat Romane, Dramen und neue Lyrikformen hervorgebracht.

📖 Mosel, J. N.: Trends and structure in contemporary Thai poetry. Ithaca (N. Y.) 1961. - Wenk, K.: Die Metrik in der t. L. Hamb.; Tokio; Wsb. 1961.

thailändische Musik, in ihrer heutigen Ausprägung ist die t. M. der lokalen Hochkulturtradition des 19. Jh. verpflichtet und dürfte sich seit dem Beginn der Ayutthayaperiode (1350–1767) aus der direkt oder indirekt vermittelten Begegnung mit chin., ind., indones. und der Khmermusik auf der Basis v. a. mündl., auf keinem traditionellen Notationssystem basierender Überlieferung allmähl. herausgebildet haben. Da das ehem. Siam zur Kolonialzeit unabhängig blieb, konnten sich die vom Königshof und adeligen Kreisen getragene „klass." Kunstmusik sowie die buddhist. Ritualmusik bis heute ohne nennenswerte westl. Beeinflussung erhalten. - Die thailänd. Kunstmusik verdankt ihre frühe ethnomusikolog. Beachtung ihrem einzigartigen Tonsystem: Die Oktave wird in 7 prinzipiell gleich großen Schritten (Isotonie) durchmessen. In dieser Weise sind die Instrumente mit nur geringen Abweichungen gestimmt, während sich die Singstimme weniger exakt an die gleichtönige Skala hält. Die höf. und buddhist. Instrumentalensembles setzen sich zusammen aus Gongkessel-Spielen verschiedener Größe und Anordnung, Xylophonen, Metallophonen, Becken, Einzelgongs, Trommeln, Flöten, Schalmeien sowie Saiteninstrumenten. Hauptbestandteile des klass. Repertoires sind Instrumentalsuiten, virtuose Variationen sowie Sakral-, Theater- und Vokalmusik. - Die im N und NW Thailands lebenden Bergstämme, die dem chin. Kulturkreis angehörenden Yao und Miao sowie die tibetobirman. Karen, Akha, Lahu, Lisu und Lawa verfügen über autochthone Musikkulturen. Ihr musikal. Repertoire gehört v. a. dem schamanist. Ritual an. Verbreitet sind hier die Mundorgel (mit mag. Funktion) und die Maultrommel.

📖 Morton, D.: The traditional music of Thailand. Berkeley (Calif.) 1976.

Thaisprachen, zu den sinotibet. Sprachen gehörende Sprachengruppe, die sich in folgende Untergruppen gliedert: die südöstl. Gruppe mit dem literar. und als Verkehrssprache Thailands bed. Thai und den Sprachen Lü und Khün, gesprochen am Ufer des Saluen; die nördl. Gruppe mit folgenden Einzelsprachen: dem Laotischen, Staatssprache des ehem. Kgr. und der jetzigen demokrat. VR Laos; den Schan-Mundarten des zum Hoheitsgebiet Birmas gehörenden Schanstaates;

dem Yuan (oder Lanna-Thai) in N-Thailand; zur *östl. Gruppe* gehören zahlr. Splittergruppen in S-China, N-Vietnam und auf Hainan, wie u. a. Dioi, Tho, Laqua und Li. - Charakterist. Merkmale der T. sind bedeutungsdifferenzierende Worttöne, einsilbige Wortwurzeln, isolierende Struktur und Bestimmung der grammat. Kategorien durch die Satzstellung.

Thakur, Rabindranath ↑Tagore, Rabindranath.

Thalamus [zu griech. thálamos, eigtl. „Wohnung, Frauengemach"], i. w. S. zusammenfassende Bez. für die den dritten Gehirnventrikel umschließenden Wände des Zwischenhirns (↑ Gehirn) der Wirbeltiere. Die beiden seitl. Wände, der (paarige) *T. i. e. S.*, weisen meist eine beträchtl. Dicke auf; bei primitiven Vertebraten, v. a. den Lurchen, enden im T. (also dem primären Sehzentrum) die Fasern des (paarigen) Sehnervs, weshalb der T. auch als (paariger) *Sehhügel* bezeichnet wird. Kennzeichnend für den Säuger-T. sind v. a. die efferenten, phylogenet. jungen Faserverbindungen zur Großhirnrinde, die beim Menschen ihre höchste Ausbildung erreicht haben. Allg. darf der T. mit seinen zahlr. afferenten sensor. Bahnen als wichtigste subkortikale (also unbewußt arbeitende) Sammel-, Umschalt- und Integrationsstelle der allg. körperl. Sensibilität (Tastempfindung, Tiefensensibilität, Temperatur- und Schmerzempfindung, Seh-, Gehör- und Riechfunktionen) angesehen werden, als ein Ort, den alle zum Bewußtsein gelangenden Impulse passieren müssen und an dem gleichzeitig „unwesentliche", die Konzentration störende Meldungen abgeschirmt werden.

Thalassämie [griech.] (Mittelmeeranämie), v. a. im Mittelmeerraum auftretende erbl. hämolyt. Anämie, der eine Störung der Hämoglobinsynthese zugrunde liegt.

thalasso..., thalatto... [griech.], Bestimmungswort von Zusammensetzungen mit der Bed. „Meer".

Thalatta, Thalatta! [griech. „das Meer, das Meer!"], freudiger Ausruf (nach dem Ruf der griech. Teilnehmer am Zug der Zehntausend beim Anblick des Schwarzen Meeres [Xenophon, „Anabasis" 4, 7]).

thalatto... ↑thalasso...

Thalattokratie, im Ggs. zur ↑Geokratie Vorherrschaft der Meere, bezogen auf erdgeschichtl. Zeiten.

Thale/Harz, Stadt am Austritt der Bode aus dem Harz, Bez. Halle, DDR, 152–222 m ü. d. M., 16 300 E. Heimatmuseum; Bergtheater; Eisen- und Hüttenwerk, Schwebebahn zum Hexentanzplatz. - Entstand spätestens im 13. Jh. um das im 8. Jh. gegr. Frauenkloster Wenthusen (1524/25 im Bauernkrieg zerstört; nur der roman. Westquerbau der Kirche ist erhalten); 1922 Stadtrecht. - Walpurgishalle in „altgerman." Stil (1901).

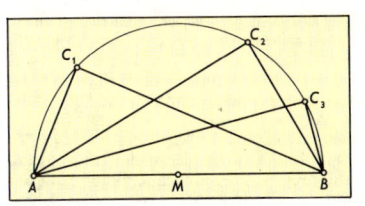

Thales von Milet. Thales-Kreis

Thales von Milet, * Milet um 625, † um 547, griech. (?) Philosoph und Mathematiker. - Begründer der ion. Naturphilosophie und frühester Vertreter des Hylozoismus; gilt seit dem 5. Jh. als der erste der Sieben Weisen. T. nahm als Seinsgrund des Kosmos nicht myth. Kräfte, sondern das Wasser an. Der nach ihm ben. geometr. Lehrsatz (*Satz des Thales*) war bereits den Babyloniern bekannt: Alle Winkel, deren Scheitel auf einem Halbkreis, dem sog. **Thales-Kreis,** liegen und deren Schenkel durch die Endpunkte eines Durchmessers gehen, sind rechte Winkel.

Thalheimer, August, * Affaltrach (= Obersulm [bei Heilbronn]) 18. März 1884, † Havanna 19. Sept. 1948, dt. Politiker. - Seit 1904 Mgl. der SPD, Mitbegr. des Spartakusbundes und der KPD, 1919–23 Mgl. der KPD-Zentrale und Theoretiker der Partei; nach Parteiausschluß (1929 als „Rechter") Mitbegr. und Führer der Kommunist. Partei-Opposition (KPO), 1933 Emigration nach Frankr., Leiter der illegalen KPO, 1941 Flucht nach Kuba.

Thalia ↑Musen.

Thalia, von F. Schiller hg. literar. Zeitschrift; erschien zuerst (1785) als „*Rhein. T.*", dann bis 1791 als „*T.*", 1792/93 als „*Neue T.*" (Nachdr. 1969).

Thalidomid [Kw.] (3-Phthalimidopiperidin-2,6-dion, Handelsbez.: Contergan), heute nicht mehr verwendetes, schwere Mißbildungen an menschl. Embryonen und bei Erwachsenen Nervenschädigungen verursachendes Schlaf- und Beruhigungsmittel. Chem. Strukturformel:

Thalidomiddysmelie (Thalidomidembryopathie), Dysmeliesyndrom des Neugeborenen infolge Einnahme von Thalidomid während der Frühschwangerschaft (je nach dem Termin der Einnahme durch die Mutter kommt es u. a. zum Fehlen der Ohrmuscheln, zu schweren Arm- oder Beinmißbildungen, inneren Mißbildungen). - ↑auch Conterganprozeß.

Thallium

Thallium [zu griech. tháflein „grünen" (nach seiner charakterist. grünen Spektrallinie)], chem. Symbol Tl; metall. Element aus der III. Hauptgruppe des Periodensystems der chem. Elemente, Ordnungszahl 81, mittlere Atommasse 204,37, Dichte 11,85 g/cm³, Schmelzpunkt 303,5 °C, Siedepunkt 1 457 °C. Das weiche, weiß glänzende Schwermetall wird wegen seiner großen Reaktionsfähigkeit unter inerten Kohlenwasserstoffen aufbewahrt. In seinen Verbindungen liegt T. meist einwertig, seltener dreiwertig vor; T. und seine Verbindungen sind sehr giftig. In der Erdkruste ist T. zu $3 \cdot 10^{-5}$ Gew.-% enthalten und steht in der Häufigkeit der chem. Elemente an 65. Stelle. T. kommt v. a. in Sulfidmineralen anderer Metalle (Pyrit, Zinkblende) vor; eigene T.minerale sind sehr selten. Es wird aus dem beim Abrösten der Sulfide anfallenden Flugstaub gewonnen. T. wird zur Herstellung von Quecksilberlegierungen für die Füllung von Thermometern, in Form von T.sulfid, -selenid, -tellurid und -arsenid in der Halbleitertechnik sowie in Form von T.sulfat als Ratten- und Mäusegift verwendet. - T. wurde 1861 von Sir W. Crookes spektralanalyt. im bei der Schwefelsäureherstellung anfallenden Bleikammerschlamm entdeckt.

Thalliumvergiftung, durch Thalliumverbindungen (bes. in Schädlingsbekämpfungsmitteln) hervorgerufene Vergiftung. Symptome der *akuten T.:* Übelkeit und Erbrechen, Leibschmerzen, Bauchkrämpfe, Durchfall, später Polyneuropathie, Nierenschädigung, nach 2-3 Wochen Haarausfall; in schweren Fällen Muskelzuckungen und Koma. - Die *chron. T.* geht mit Appetitlosigkeit, Abmagerung, Muskelschwäche und wiederholtem Haarausfall einher.

Thallophyta [griech.], svw. ↑ Lagerpflanzen.

Thallus (Mrz. Thalli) [griech.], vielzelliger Vegetationskörper der niederen Pflanzen (↑ Lagerpflanzen), der im Ggs. zum Kormus (↑ Kormophyten) der höheren Pflanzen nicht in echte Organe gegliedert ist und keine oder eine nur wenig ausgeprägte Gewebsdifferenzierung aufweist. Die Gestaltung des T. reicht von einfachen Zellfäden über verzweigte und flächige, jeweils mittels einer Scheitelzelle wachsende Formen (Grünalgen) bis zu dem aus gewebeähnl. Zellverbänden (Plektenchym) bestehenden T. der Rotalgen bzw. der Fruchtkörper vieler Pilze und der morpholog. hochdifferenzierten Formen mit Ansätzen zu echter Gewebsbildung (Braunalgen, Moose).

Thalluspflanzen, svw. ↑ Lagerpflanzen.

Thälmann, Ernst, * Hamburg 16. April 1886, † KZ Buchenwald 18. Aug. 1944, dt. Politiker. - U. a. Rollkutscher, Hafen- und Transportarbeiter; ab 1903 Mgl. der SPD, gehörte zum linken Parteiflügel; trat 1917 zur USPD über, 1920 mit der linken USPD zur KPD; ab 1921 Hamburger KPD-Vors.; 1919-33 Mgl. der Bürgerschaft; 1922/23 einer der Führer der linken Opposition in der KPD, kam 1924 in die Parteiführung; 1924 als Kandidat in das Präsidium des Exekutivkomitees der Komintern berufen; 1925 Kandidat für die Reichspräsidentenwahl; Führer des Roten Frontkämpferbundes; übernahm nach der Absetzung R. Fischers im Sept. 1925 die Leitung der KPD, die er als Vertrauensmann Stalins trotz vieler Schwächen bis 1933 innehatte; 1924-33 MdR, 1932 erneut Präsidentschaftskandidat; am 3. März 1933 verhaftet, nach 11½ Jahren Einzelhaft durch die SS ermordet.

Thamar, Frauengestalt des A. T.; Schwiegertochter des Jakobssohns Juda, die sich - verwitwet - als Dirne verkleidet ihrem Schwiegervater hingab, um nicht kinderlos zu bleiben. Im N. T. (Matth. 1,3) im Stammbaum Jesu erwähnt.

Than (engl. Thane [zu altengl. thegn „Degen"]), im angelsächs. England urspr. der Gefolgsmann; seit dem 9. Jh. Angehöriger des Dienstadels, der mindestens 5 Hufen Land besitzen mußte; nach 1066 ging der T. in England im niederen Adel auf; in Schottland bis ins 15. Jh. als Kronvasall nachweisbar.

Thanarat, Sarit, * Nakhon Phanom 16. Juni 1908, † Bangkok 8. Dez. 1963, thailänd. Feldmarschall und Politiker. - Unterstützte 1947 den Staatsstreich L. Pibul Songgrams (in dessen Militärreg. ab 1955 Verteidigungsmin.), den er 1957 stürzte; regierte nach einem weiteren Staatsstreich (Okt. 1958) 1959-63 diktator. als Ministerpräsident.

Thanatologie [griech.] ↑ Sterbensforschung.

Thanatos, bei den Griechen Begriff und Personifikation des Todes. Im Volksglauben wurde T. nie richtig heimisch und schließl. durch Charon verdrängt.

Thanatos-Maler, griech. Vasenmaler des 5. Jh. v. Chr. - Um 440 entstand u. a. die weißgrundige „Lekythos mit Thanatos und Hypnos, die einen gefallenen Krieger hinwegtragen" (London, Brit. Museum).

Thanh Hoa [vietnames. θajn hụa], vietnames. Hafenstadt am Ma, 15 km oberhalb dessen Mündung in den Golf von Tonkin, 31 000 E. Verwaltungssitz der Prov. T. H.; kath. Bischofssitz; chem., Holz- und Nahrungsmittelindustrie.

Thanh Phô Hô Chi Minh [vietnames. θajn fo ho tʃi min] (Ho-Chi-Minh-Stadt; früher Saigon), vietnames. Stadt am N-Rand des Mekongdeltas, rd. 4 Mill. E. Sitz des buddhist. Oberhauptes in S-Vietnam und eines kath. Erzbischofs; zwei Univ., landw. Hochschule, Technikum, archäolog. Inst., bakteriolog. Inst., Verwaltungs-, Kunstakad., Konservatorium; Museum; botan. Garten. - Wichtigstes Ind.zentrum S-Vietnams; die Betriebe befinden sich überwiegend im Randbereich der

Agglomeration. Der von Seeschiffen erreichbare und mit dem Mekongdelta verbundene Flußhafen ist der wichtigste Hafen S-Vietnams; Eisenbahnendpunkt, ⚑.

Saigon war ehem. befestigte Khmersiedlung, kam im 17. Jh. unter die Herrschaft der Annamiten; wurde nach Eroberung durch frz. Truppen (1859) Sitz des frz. Gouverneurs von Kotschinchina, Hauptstadt des frz. Indochina 1887–1902; 1945 von jap. Truppen erobert; 1954–76 die Hauptstadt Süd-Vietnams; 1976 in Than Phô Hô Chi Minh umbenannt. - Europ. Stadtbild durch Bauten im Kolonialstil, Alleen und Parks. Der von chin. Einwanderern gegründete Vorort Cholon ist dicht bebaut, von zahlr. Kanälen durchzogen und hat, u. a. durch seine Pfahlbauten, asiat. Gepräge.

Thanjavur [tæn'dʒɑ:vʊə], ind. Stadt im Cauverydelta, Tamil Nadu, 45 m ü. d. M., 184 000 E. Kath. Bischofssitz; Colleges. Bed. Kunsthandwerk. Nahrungsmittel- und Baumwollindustrie. - Berühmt ist der Brihadischwara-(Schiwa-)Tempel, erbaut unter Radscharadscha d. Gr. (985–1012).

Thanka (Thangka) [tibet.], tibet. Rollbild auf grobem Leinen (in grellen Farben).

Thanksgiving Day [engl. 'θæŋksgɪvɪŋ 'deɪ] (Danksagungstag), in Massachusetts 1621 von den Pilgervätern erstmals als Dankfest für die [erste] Ernte gefeiert; von G. Washington 1789 offiziell auf den 26. Nov. gelegt; seit 1941 am 4. Donnerstag im Nov. gefeiert. In Kanada fällt der T. D. auf den 2. Montag im Oktober.

Thann, frz. Stadt im Oberelsaß, Dep. Haut-Rhin, an der Thur, 7 800 E. Museum; chem. und Textilind., Textilmaschinenbau; Weinbau und -handel. - Entstand aus einer älteren Siedlung (**Kattenbach**) nördl. und einer jüngeren (**Neu-Thann**) südl. der Thur, 1304 erstmals als Oppidum gen.; 1360 Stadt (1364 Ummauerung). - Spätgot. Münster (1320–1516), ehem. Kornhalle (16. Jh.), Reste der ma. Stadtbefestigung.

Thant, Sithu U ↑ U Thant, Sithu.

Thar, Wüstensteppe im NW Vorderindiens (v. a. in Indien, zum kleineren Teil in Pakistan), zw. der Aravalli Range im SO und dem Tiefland von Indus und Sutlej im NW, rd. 260 000 km². Die innere T. wird als Dauerweideland für extensive Schaf- und Ziegenzucht in halbnomad. Form genutzt, in den am Rand gelegenen T. Ackernutzung (Hirse, Bohnen, Sesam); Salzgewinnung.

Tharandt, Stadt an der Wilden Weißeritz, Bez. Dresden, DDR, 212 m ü. d. M., 3 600 E. Forstwirtsch. Sektion der TU Dresden (gegr. 1811 als Forstlehranstalt). - Unterhalb der 1216 erstmals bezeugten Burg T. (nach 1568 verfallen) in der 2. Hälfte des 15. Jh. entstanden; 1609 Stadtrecht; hieß nach Edelsteinfunden bis ins 17. Jh. **Granaten.** - Forstbotan. Garten (1811) mit Schweizerhaus (1892).

Tharaud, Jérôme [frz. ta'ro], eigtl. Ernest T., * Saint-Junien (Haute-Vienne) 18. März 1874, † Varengeville-sur-Mer (Seine-Maritime) 28. Jan. 1953, und sein Bruder Jean, eigtl. Charles T., * Saint-Junien (Haute-Vienne) 9. Mai 1877, † Paris 8. April 1952, frz. Schriftsteller. - Behandelten in ihren [gemeinsam verfaßten] Reportagen v. a. Zeitfragen wie die Kolonialpolitik in N-Afrika oder die Situation des Ostjudentums; schrieben auch psycholog. motivierte Romane sowie Biographien; Jérôme T. wurde 1938, Jean T. 1946 Mgl. der Académie française.

Tharsicius, hl. (Tarsicius), röm. Märtyrer des 3. Jh. - Als T. (wahrscheinl. Diakon) röm. Christen die eucharist. Speise bringen wollte, soll er vom Pöbel überfallen und gesteinigt worden sein („Märtyrer der Eucharistie"). Das von T. dabei getragene Gewand (Dalmatik) heißt deshalb auch **Tharsiciusrock.** - Fest: 15. August.

Thasos, griech. Insel im Thrak. Meer, 378,8 km², 1 203 m hoch, größter Ort und Hauptstadt ist T. (2 300 E). - Mit Teilen des gegenüberliegenden Thrak. Festlandes Anfang des 7. Jh. v. Chr. von ion. Griechen aus Paros erobert; reich v. a. durch seine Goldbergwerke; 492–478 pers. besetzt, wurde Mgl. des Att.-Del. Seebundes, von dem es jedoch 465 abfiel; 463 gewaltsame Wiedereingliederung bei Verlust eines Großteils der Einnahmen aus den Goldbergwerken (bis 446); 340/339 vom Makedonenkönig Philipp II. eingenommen; 196 v. Chr. von Rom für frei erklärt; im MA schwand ihre Bedeutung. Ausgrabungen seit dem 19. Jh., u. a. gut erhaltene marmorne Stadtmauer (begonnen im 5. Jh. v. Chr.) mit Türmen und Toren (bed. v. a. das reliefierte Tor des Zeus und der Hera), die von hellenist. und röm. Säulenhallen umgebene Agora, darunter das Rathaus, über dem eine frühchristl. Basilika (4. Jh.); Neubau 6. Jh.) errichtet wurde. Wichtig v. a. das Herakleheiligtum (7.–6. Jh.); zahlr. Votivgaben (7.–5. Jh.) fanden sich im Artemistempel.

Thassilo, männl. Vorname, ↑ Tassilo.

Thatcher, Margaret Hilda [engl. 'θætʃə], * Grantham 13. Okt. 1925, brit. Politikerin. - Chemikerin und Rechtsanwältin; seit 1959 konservative Unterhaus-Abg., 1970–74 Min. für Erziehung und Wiss.; 1975–79 Oppositionsführerin; seit Mai 1979 als erste Frau in der brit. Geschichte Premierminister.

Thayer, Alexander Wheelock [engl. θeə, 'θeɪə], * Natick bei Boston 22. Okt. 1817, † Triest 15. Juli 1897, amerikan. Musikforscher. - Verf. einer grundlegenden Beethoven-Biographie: „Ludwig van Beethovens Leben" (dt. 1866–1908, engl. hg. 1921).

Thayngen ['ta:ŋən], Bez.hauptort im schweizer. Kt. Schaffhausen, 9 km nö. von Schaffhausen, 451 m ü. d. M., 3 800 E. Museum; Maschinenbau, Nahrungsmittel- und Baustoffindustrie. - Kirche (1157 erwähnt, um

Theater

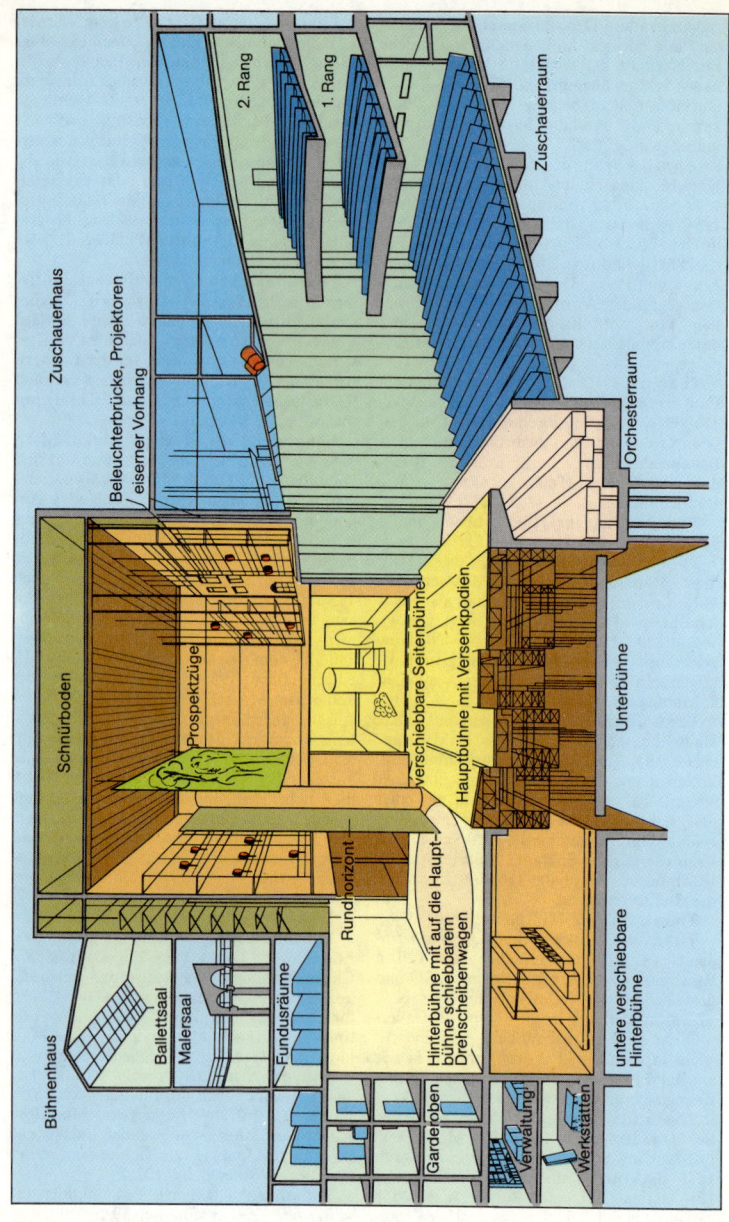

Theater. Querschnitt eines modernen Theaterbaus

1500–10 nach Beschädigungen [1499] wiederhergestellt). - Bed. Fundort mehrerer urgeschichtl. Siedlungsplätze: u. a. die Höhle *Keßlerloch* mit reichen Funden des Magdalénien.

Thea, weibl. Vorname, Kurzform von ↑Dorothea, ↑Theodora oder ↑Therese.

Theaceae [chin.], svw. ↑Teestrauchgewächse.

Theater [zu griech. théatron „Schauplatz"], Bez. 1. für jede szen. Darstellung eines äußeren oder inneren Geschehens auf einer Bühne, wobei diese Darstellung sowohl mit Hilfe künstl. Figuren (z. B. Puppenspiel, Schattentheater) als auch durch Menschen (professionelle Schauspieler, Laiendarsteller, Sänger, Tänzer) erfolgen kann; zur letzteren Form gehören sowohl die Pantomime, lebende Bilder, das Ballett, das Schauspiel, Oper, Operette, Singspiel, Musical, Musiktheater, nichtliterar. Formen wie der Mimus und das Stegreifspiel sowie die verschiedensten Formen des Laienspiels; 2. für die Gesamtheit aller Einrichtungen, die eine Darstellung dieser Art ermöglichen; 3. für die Gesamtheit des künstler., techn. und organisator. Ensembles, das Planung, Inszenierung und Realisierung von T.aufführungen übernimmt; 4. für die Gesamtheit aller dieser Elemente.

Der **Theaterbau** besteht i. d. R. aus zwei Hauptteilen, dem Bühnen- und dem Zuschauerhaus, die beide durch brandsichere Wände und den **eisernen Vorhang,** der aus sicherheitstechn. Gründen (Feuerschutz) vorgeschrieben ist, voneinander getrennt sind. Zum Bühnenhaus gehören die Bühne als eigtl. Spielfläche, mit der dazugehörenden Bühnenmaschinerie, Künstlergarderoben, Proberäume, Chor- und Ballettsaal, techn. Betriebsräume, Werkstätten, meist auch die Verwaltungsräume. - Seit Ende des 19. Jh. gelten als wichtigste maschinelle **Bühnensysteme** (die miteinander kombiniert werden können): 1. die **Drehbühne** (im Bühnenboden ist eine kreisförmige Fläche eingelassen, die sektorenartig mit den einzelnen Szenenbildern bebaut ist; bei der Drehung gelangen die einzelnen Sektoren vor die Bühnenöffnung); 2. die **Schiebebühne;** sie ermöglicht den Szenenwechsel mit Hilfe von sog. Bühnenwagen, flachen, auf Rollen leicht bewegl. Podien; 3. die **Versenkbühne** (die Verwandlung der Bühne wird durch hydraul. Heben oder Senken des Bühnenbodens erreicht); 4. die **Doppelstockbühne** (zwei übereinanderliegende Spielflächen sind starr miteinander verbunden, die eine im Ausgangszustand in der Höhe der Spielebene, die andere in der Unterbühne; zum Szenenwechsel wird die gesamte Konstruktion angehoben, wodurch die Dekoration der oberen Spielfläche in der Obermaschinerie verschwindet). Die Bühne wird durch den **Rundhorizont** (große, vom Bühnenbis zum Rollenboden reichende, die gesamte Bühnenfläche umspannende Leinwand) zum Hintergrund abgeschlossen. - Die Gesamtheit der techn. Einrichtungen, die bei einer T.aufführung eingesetzt werden (**Bühnen-** bzw. **Theatermaschinerie**), wird wiederum in Unter- und Obermaschinerie geteilt. Zur *Untermaschinerie* gehören u. a. die Unterbühne, die Versenkungen und die Antriebselemente. Der *Bühnenboden* trägt mehrere Unterteilungen *(Bühnenpodien),* die - mit weiteren Einzelversenkungen ausgestattet - elektr. oder hydraul. bewegt werden können. Zur Obermaschinerie zählen alle oberhalb des Bühnenbodens liegenden maschinellen Einbauten. Sie sind v. a. im *Rollenboden (Schnürboden)* untergebracht, ein über dem Bühnenraum liegendes Geschoß aus stählernen Trägern oder Fachwerken, in dem auch Arbeitsgalerien, Beleuchtungsbrücken, Verbindungstreppen, Vorhänge, Prospekte, Berieselungsanlagen u. a. Sicherheitsvorrichtungen untergebracht sind. - Zum **Zuschauerhaus** gehört als Mittelpunkt der *Zuschauerraum,* der von Foyers, Zuschauergarderoben, Eingangs- und Kassenhallen umgeben ist. Der Zuschauerraum umfaßt insgesamt bis zu 1 200 (in Ausnahmefällen bis zu 2 000) Zuschauerplätze (die letzte Sitzreihe sollte höchstens 30 m von der Bühne entfernt sein). Bei Opern- und gemischten Bühnen befindet sich zw. der Bühne und dem Zuschauerraum der meist versenkte *Orchesterraum.*

Die **Theateraufführung** gilt als eine Kunstform, die i. d. R. aus dem Zusammenspiel verschiedener Künste (darstellende, bildende Kunst, Literatur, Musik) in der kollektiven Arbeit verschiedener Künstler entsteht und sich jeweils während einer *T.vorstellung* neu realisiert. T. gilt als ein Medium, die T.aufführung als Kommunikation zw. den an einer Aufführung Beteiligten und dem [Präsenz]publikum; durch die Möglichkeit der Kontaktaufnahme und aktuellen Reaktion auf das Publikum unterscheidet sich das T. von vergleichbaren Massenmedien (Funk, Fernsehen, Film). - Mitgestalter einer T.aufführung sind der ↑Dramaturg und der Regisseur (↑Regie), der in Absprache mit der Inszenierung vorbereitet und die Proben mit den Schauspielern bis zur **Premiere** leitet. Für die Konzeption der gesamten Bühnenausstattung (einschl. der Kostüme und Masken) ist der **Bühnenbildner,** für den reibungslosen Ablauf der Vorführung der **Inspizient** und für Textunsicherheiten der Schauspieler während der Aufführung der **Souffleur** zuständig. Im Musik-T. werden leitende künstler. Funktionen zusätzl. von der musikal. Oberleitung, dem **Dirigenten,** von der **musikal. Einstudierung,** der **Ballettleitung** und der **Chorleitung** wahrgenommen. Gesamtverantwortl. für den künstler. Betrieb und den Spielplan ist i. d. R. der **Intendant.** - Die **techn. Abteilungen,** denen der techn. Leiter bzw. techn. Direktor vor-

Theater

steht, sind u. a. der Bühnenbetrieb, die Beleuchtungs-, die Elektroakustik-, die Requisiten-, die Kostüm- und die Maskenbildnerabteilung. - Zuständig für die **Theaterverwaltung** ist der Verwaltungsdirektor, dem Wirtschafts-, Haushalts-, Einkaufsabteilung, das Abonnentenbüro, die Betriebskasse und die Kartenkassen, das Personalbüro und die Hausverwaltung unterstehen. - *Träger* der T. sind Kommunen, kommunale Verbände, Bundesländer oder (in Österreich) der Bund, die ihre T. subventionieren, oder private Träger, die von den zuständigen Kommunen unterstützt werden können. - **Verbände und Vereinigungen:** Der Deutsche Bühnenverein e. V. fungiert in der BR Deutschland als Arbeitgeberverband der dt. T. und schließt mit der dem DGB angeschlossenen Genossenschaft Deutscher Bühnen-Angehöriger Tarifverträge ab. In *Österreich* vertritt die Gewerkschaft Kunst,. Medien, freie Berufe - Sektion Bühnenangehörige - die Interessen der T.mitarbeiter, in der *Schweiz* der Schweizer. Bühnenkünstlerverband, der mit dem als Arbeitgeberverband fungierenden Schweizer. Bühnenverband einen Gesamttarifvertrag abgeschlossen hat.

Die **Theaterkritik** in Zeitungen, Zeitschriften, Funk und Fernsehen beurteilt neben einer literatur- oder musikkrit. Würdigung des aufgeführten Werkes v. a. die szen. Realisierung des Werkes in ihren einzelnen Komponenten (Interpretation, Regie, Ausstattung, Besetzung usw.), oft auch allg. die Gesamtkonzeption eines T. und dessen Standortbestimmung und Einordnung in theater- und kulturpolit. Strömungen. Die geforderte Aktualität führte in der 2. Hälfte des 19. Jh. zu sog. *Nachtkritiken*, bei denen spontane, subjektive Eindrücke oft überwogen; heute erscheinen vor der distanziert wertenden T.kritik, meist am Tage nach der Premiere, kurze sachl. *Vorberichte* über die Tendenz einer Inszenierung und ihre Aufnahme durch das Publikum. - Die **Theaterwissenschaft** als Hochschuldisziplin ist erst Anfang des 20. Jh. entstanden (1923 Gründung des ersten theaterwiss. Inst. an der Univ. Berlin). Wichtige **Theaterzeitschriften** sind „Theater heute" (1960 ff.) und „Maske und Kothurn" (1955 ff.).

Geschichte: Die *Ursprünge* des europ. T. werden im *dionys.* Kult der Griechen gesehen; an den Festen, die zu Ehren des Dionysos veranstaltet wurden, entwickelten sich aus Tänzen, Wechselreden, Trink- und Festgesängen Komödie und Tragödie, in denen ein oder mehrere Schauspieler einem Chor gegenüberstanden, der mit Sprechgesang und Tanz die Handlung kommentierte. Gespielt wurde auf dem Marktplatz in Athen, seit dem 5. Jh. v. Chr. im dafür errichteten *Dionysos-T.* und in weiteren T. mit einem ansteigenden Zuschauerraum (*Theatron;* Fassungsvermögen bis über 40000 Menschen) und ↑ Orchestra.

Elemente dieser Aufführungen waren neben dem rhythm. gesprochenen Dialog Musik, Gesang, Tanz und Ausstattung der Schauspieler in Form von Masken, farbigen und üppigen Kostümen einschl. des Kothurn; einziges Dekorationsmittel bildeten die Periakte. Mit der Loslösung vom dionys. Kult verlor der Chor seine Bedeutung, in hellenist. Zeit wurde er nicht mehr verwendet. Neben den literar. Formen der Tragödie und Komödie entwickelte sich der Mimus als Volkskomödie. In *Rom* existierte schon früh eine dem Mimus verwandte Form, die Atellane; mit Aufnahme der griech. Kultur wurde die neue att. Komödie übernommen. Im *röm. T.bau* war das *Bühnengebäude*, das die Orchestra nun zum Halbkreis reduzierte, der Mittelpunkt. - Obwohl auch *weltl. Spiele* existieren (Neidhartspiele, ↑ Fastnachtsspiele, ↑ Abele Spelen, Klucht, ↑ Farce), ist die bestimmende T.form des *MA* jedoch das *geistl. Spiel*, das seine bedeutendste Form im *Osterspiel* hatte, das später zum *Passionspiel* erweitert wurde. Die Ausdehnung des Stoffes des geistl. Spiels machte die Ausweitung des Spielraums und dessen Verlagerung aus der Kirche auf öffentl. Plätze notwendig; gleichzeitig entwickelten sich adäquate Bühnenformen, wie die **Wagenbühne** (die Schauplätze waren auf Wagen aufgebaut, die an den Zuschauern vorbeifuhren), die **Simultan-Raum-Bühne** (Schauplätze an verschiedenen Plätzen, zu denen sich Zuschauer und Schauspieler begaben) und **Simultan-Flächen-Bühne** (Schauplätze nebeneinander auf einem größeren Podium).

Neuzeit: Ende des 15. Jh. bildeten sich verstärkt nat. Ausprägungen des T. heraus. Die meisten theatral. Ausdrucksmöglichkeiten dieser Zeit besaß das *italien. T.*, das in der Renaissance sowohl auf dem Gebiet des *Volks-T.* mit der ↑ Commedia dell'arte als auch mit dem *höf. T.* (sog. Huldigungsspiele für die Fürsten, die in prunkvollen Festzügen [↑ Trionfi] endeten; allegor. Festspiele; Intrigen- und Verwechslungskomödien) großen Einfluß auf die Entwicklung des europ. T. hatte; italien. *Humanisten* versuchten die antike röm. Komödie aufzuführen, für die sie in Anlehnung an das antike Bühnenhaus die **Terenzbühne** (Badezellenbühne) entwickelten, mit einer freien Vorderbühne als Spielfäche, hinter der mit Vorhängen verschließbare Türen die Häuser der mitspielenden Personen andeuteten. Mit dieser **Einortbühne** wurde die *Simultanität* des ma. T. durch *Sukzession* ersetzt, an der das T. der Neuzeit i. d. R. bis heute festgehalten hat. S. Serlio entwickelte 1508 die **Winkelrahmenbühne**, aus einer breiten Vorder- und einer nach hinten ansteigenden schmaleren Bildbühne bestehend, auf der zwei mit bemalter Leinwand bespannte stumpfwinklige Winkelrahmen rechts und links und ein nach rückwärts abschließender perspektiv. bemalter Prospekt angebracht

Theater

sind. Die Winkelrahmenbühne ist die Vorläuferin der sich im 17.Jh. gleichzeitig mit dem Entstehen fester T.bauten allg. durchsetzenden neuzeitl. **Guckkastenbühne**, bei der Zuschauer- und Bühnenraum architekton. getrennt sind und für den Zuschauer durch den Bühnenrahmen nur ein Teil des Bühnenraums sichtbar wird. Die Bühnenausstattung der Guckkastenbühne wurde zuerst durch die die Winkelrahmen ersetzenden *Telari* (fünf perspektiv. bemalte Dreiecksprismen; **Telaribühne**) bestimmt; neue szen. Möglichkeiten brachte die **Kulissenbühne** von G. B. Aleotti und die Einführung der **Winkelperspektive** (Schaffung einer Raumillusion durch Schrägstellung der Perspektivachse) u. a. von F. Galli da Bibiena und seinen Söhnen. Seine bedeutendste Form erhielt das italien. T. des Barock durch seine *Oper*, die sich aus dem musikal. Zwischenspielen († Intermedium) entwickelte, sich der techn. Möglichkeiten der Kulissenbühne an den Hof-T. bediente und mit einer weiterentwickelten Bühnentechnik (Flugapparate, Wellenmaschinen, künstl. Beleuchtung usw.) T. zum reinen *Illusions-T.* machte. Das vom Rationalismus geprägte *frz. T.* stellte Aufbau des Stücks, Art der Schauspielkunst sowie Gestaltung der Kostüme und der Bühne unter strenge Regeln. 1680 entstand als frz. National-T. die † Comédie-Française. Das frz. T. befreite sich während des 18.Jh. von seinen starren rationalist. Regeln v. a. unter dem Einfluß der neuen Lebensstile des Rokoko, wobei v. a. das *Jahrmarkt-T.* („Théâtre de la Foire"), dessen satir. Stücke sich zur † Opéra comique entwickelten, Vorreiter war. Kostüm und Dekoration sollten nun nicht mehr typisierend, sondern der Wirklichkeit nachgebildet sein. F. J. Talma setzte endgültig das *histor.* echte Kostüm durch. Die erstarrte konservative Grundhaltung der Comédie-Française des 19. Jh. führte 1887 zur Gründung des † Théâtre-Libre. - In *England* erreichte das T. unter der Herrschaft Elisabeths I. seinen Höhepunkt (sog. *Shakespeare-T., elisabethan. T.*) und beeinflußte durch die in Wandertruppen organisierten † englischen Komödianten das dt. T. nachhaltig. Seit 1576 entstanden feste T.häuser mit der sog. **Shakespearebühne** (offene Podiumsbühne ohne illusionist. Kulissen).
In *Deutschland* nahmen engl. Truppen auch dt. Schauspieler auf, die später oft eigene **Wanderbühnen** (T.gruppen ohne eigenes Haus) bildeten, die meist † Haupt- und Staatsaktionen aufführten (im 17.Jh. v. a. „Magister Velten" [J. † Velten]). Im 18.Jh. versuchte die „Neuberin" (F. C. † Neuber) zus. mit J. C. Gottsched das Niveau des dt. T. zu heben. Gleichzeitig wurde im 18.Jh. versucht, ein dt. † Nationaltheater zu gründen, das die Entwicklung einer einheitl. dt. T.kunst sowie die kulturelle, letztl. auch die polit. Einigung der dt. Nation fördern und für alle Stände und Schichten offen sein sollte (erster Versuch 1767–69 in Hamburg). Dieser Entwicklung suchten die dt. Fürsten mit der Gründung von *Hof-T.* entgegenzuwirken (1775 Gotha, 1776 Wien [† Burgtheater], 1777 Mannheim, 1786 Berlin und Weimar). Mit der Umbenennung des Wiener T. in ein National-T. sollte eine Synthese zw. reinem Hof- und Volks-T. geschaffen werden, wobei Wiener Volksstücke ausgeschlossen, dafür literar. Sprechstücke aufgeführt wurden, gleichzeitig eine einheitl. Bühnensprache geschaffen, ein festes Ensemble gehalten, aber auch eine strikte T.zensur durchgeführt wurde. Zum Vorbild für das deutschsprachige T. wurde das Weimarer Hof-T. unter der Intendanz von Goethe (1791–1817). - Zu Beginn des 19.Jh. prägten schauspieler. Individualität und Virtuosität einzelner Schauspielerpersönlichkeiten das dt. T.; K. F. Schinkel verringerte im Bühnenbild die Bühnentiefe zugunsten einer Verbreiterung des Bühnenraums (**Reliefbühne**). Der Individualisierung der Schauspielkunst wirkte allmähl. die sich erst im 19. Jh. durchsetzende szen. Leitung (z. B. E. Devrient, H. Laube) entgegen. Eine Regie im heutigen Sinne entwickelten die Meininger. - Naturalist. Dramen wurden zuerst vom Théâtre-Libre in Paris (1887), dann von der Freien Bühne Berlin (1889) gespielt und gefördert; O. Brahm war Wegbereiter eines naturalist. Aufführungsstils, dessen **Illusionsbühne** (die räuml. Wirklichkeit des Dramas wird mit Hilfe der Architektur, Malerei und Requisiten möglichst realist. vergegenwärtigt) zu Beginn des 20.Jh. von der ausschließl. mit andeutenden, stilisierten Ausdrucksmitteln arbeitenden **Stilbühne** verdrängt wurde. M. Reinhardt entwickelte neue Inszenierungsformen (z. B. Arenaspiele in Zirkuszelten) v. a. bei Realisierungen expressionist. Dramen; E. Piscator bemühte sich mit Massenszenen, neuen techn. Mitteln (Photo-, Filmprojektionen, intensiver Einsatz der Bühnenmaschinerie, Simultanszenen mit mehrgeschossigen Spielflächen und der Übernahme der theatral. Form der Revue um das **polit. Theater**, das im Ggs. zum Illusions-T. aktuelle polit. und soziale Fragen aufgreift oder für polit. Vorstellungen agitieren will. Piscator bezog sich u. a. auf das russ. Revolutions-T. (u. a. W. E. Mejerchold, W. W. Majakowski), das wichtige Impulse vom 1898 gegr. Moskauer Künstler-T. erhielt. B. Brechts † episches Theater schloß im Ggs. zu Piscators Inszenierungsformen jede emotionale Wirkung aus. Während der NS-Zeit mußten viele Regisseure und Schauspieler emigrieren. Viele Stücke dt. Autoren wurden in dieser Zeit vom Schauspielhaus Zürich uraufgeführt. Als Reaktion auf Brechts ep. T. sind das T. des Existentialismus (J.-P. Sartre, A. Camus) und das † absurde Theater anzusehen. A. Artauds Konzept des T. der Grausamkeit steht ebenfalls im strikten Ggs. zu Brecht; zugleich

Theateragentur

beeinflußte es jedoch das polit. motivierte T. der 1960er und 1970er Jahre, das sich im Ggs. zum *Stadt-T.* konventioneller Prägung zum *kollektiven T.* entwickelte (v. a. ↑Living Theatre) und neue Wirkungsmöglichkeiten (z. B. *Straßen-T.*) erschloß. Diese Entwicklung beeinflußte viele junge Regisseure, Schauspieler und T.architekten, die versuchen, ein T. zu verwirklichen, das das Publikum in die Handlung einbeziehen und reagieren läßt und die persönl. Distanz zw. Agierenden und Betrachtern aufhebt. Zur Erreichung dieser Ziele entfernt sich der *moderne T.bau* von der v. a. von der Guckkastenbühne vorgegebenen Zweiteilung zu einer T.architektur, die Bühne und Zuschauerraum als Einheit auffaßt und in einer großen Halle zusammenfaßt, um Spielfläche und Zuschauersitze nach den Erfordernissen eines Stücks, des Ensembles oder der Zuschauer jeweils neu anordnen zu können. Dieser Intention kommen oft kleine, zusätzl. im T.bau untergebrachte **Experimentiertheater** (z. B. das Ulmer Podium, 1969) entgegen.

Handlex. T. Hg. v. M. Brauneck u. a. Rbk. 1985. - Doll, H. P./Erken, G.: T. Stg. 1985. - Iden, P.: T. als Widerspruch. Mchn. 1984. - Batz, M./Schroth, H.: T. zw. Tür und Angel. Rbk. 1983. - T.-Lex. Hg. v. H. Rischbieter. Zürich u. Schwäbisch Hall Neuaufl. 1983. - Brauneck, M.: T. im 20. Jh. Rbk. 1982. - Hofmann, Jürgen: Krit. Hdb. des westdt. T. Bln. 1982. - Frenzel, H. A.: Gesch. des T. Köln 1979. - Blume, H. D.: Einf. in das antike T.wesen. Wsb. 1978. - Der Raum des T. Hg. v. H. Huesmann. Mchn. 1977. - Molinari, C.: T. Freib. 1975. - Melchinger, S.: Gesch. des polit. T. Ffm. 1974. 2 Bde. - Knudsen, H.: Methodik der T.wiss. Stg. u. a. 1971. - Schubert, H.: Moderner T.bau. Internat. Situation. Stg. u. Bern 1971. - Brook, P.: Der leere Raum. Dt. Übers. Hamb. ³1970.

Theateragentur (Bühnenvermittlung), Agentur zur Vermittlung von Schauspielern und Regisseuren auf Provisionsbasis. In der BR Deutschland können private T. nur mit Genehmigung der Bundesanstalt für Arbeit tätig werden. Als öffentl. T. fungiert die Zentrale Bühnen-, Fernseh- und Filmvermittlung (ZBF), Frankfurt am Main, die unentgeltl. arbeitet.

Theater auf dem Theater ↑Spiel im Spiel.

Theater der Grausamkeit, nach A. ↑Artauds „Manifeste du théâtre de la cruauté" (1932) eine Darstellungsart, die sich auf die spontanen, rituellen, mag., gest. und illusionären Elemente des Theaters zurückbesinnt und durch die Aufhebung der Trennung zw. Zuschauerraum und Bühne den Zuschauer einbeziehen und verändern will. Unter „Grausamkeit" wird von Artaud dem Zuschauer zugefügte *ästhet. Schock* verstanden, der die im konventionellen Unterhaltungstheater bewahrte Distanz zw. Bühne und Zuschauer zerstört und rücksichtslos in die Gemüter der Zuschauer einzieht. Dabei wird mit Schreien, disharmon. Musik, Licht, Farbe, Masken und anderen Mitteln gearbeitet. Artauds Konzept des T. d. G. hat zahlr. Dramatiker (z. B. J. Genet, E. Ionesco, S. Beckett), Regisseure und Theatergruppen (z. B. J.-L. Barrault, P. Brook, das Living Theatre) beeinflußt.

Theaterdichter (Bühnendichter), im 18. und 19. Jh. Autor, der (in der Regel gegen festes Honorar) Theaterstücke, aber auch Epiloge, Prologe, Übersetzungen exklusiv für ein Theater verfaßte.

Theatergemeinden, Besucherorganisationen auf christl. Grundlage, die sich im 1951 gegr. „Bund der Theatergemeinden e. V." mit Sitz in Bonn zusammengeschlossen haben.

Theaterkostüm ↑Kostüm.

Theaterkritik ↑Theater.

Theaterschulen (Schauspielschulen), staatl., kommunale oder private Ausbildungsstätten, die in bestimmten Studiengängen oder ausschließl. den künstler. Nachwuchs an Musik- und Schauspieltheatern (Schauspieler, Sänger, Tänzer, Bühnenbildner und -ausstatter) ausbilden. Die Aufnahme erfolgt nach einer Eignungsprüfung; die Ausbildungsdauer beträgt mindestens 3 Jahre. Als bekannte T. gelten in der *BR Deutschland* u. a. die Hochschule der Künste Berlin, die Staatliche Hochschule für Musik Ruhr - Folkwanghochschule für Musik, Theater Tanz - Essen, die Hochschule für Musik und Darstellende Kunst Frankfurt am Main und Hamburg, die Staatl. Hochschule für Musik und Theater Hannover, die Otto-Falckenberg-Schule in München und die Staatl. Hochschule für Musik und darstellende Kunst in Stuttgart; in *Österreich* die Hochschulen für Musik und darstellende Kunst in Graz und Wien; in der *Schweiz* das Konservatorium für Musik und Theater Bern, das Internat. Opernstudio, die Schweizer. Theater-Tanzschule sowie die Schauspiel-Akademie in Zürich. Eine der bedeutendsten T., bes. für den Film, wurde das 1948 von E. Kazan und C. Crawford gegr. **Actors Studio**. Wichtige Elemente der Ausbildung sind Improvisation, psycholog. Durchdringung der Rolle, eine naturalist. Charakterdarstellung und Gruppendiskussion. Schüler waren u. a. M. Brando, J. Dean, P. Newman, A. Quinn.

Theaterwissenschaft ↑Theater.

Theaterzeitschriften ↑Theater.

Theatiner (offiziell lat. Ordo Clericorum Regularium vulgo Theatinorum, Abk. OTheat; Cajetaner), Name für die Mgl. des 1524 von dem hl. ↑Cajetan von Thiene und Gian Pietro Carafa (↑Paul IV., Papst) in Rom gegr. Ordens von Regularklerikern mit dem Ziel der religiösen Reform des Klerus. - 1633 wurden die weibl. Kongregationen der „Oblaten von der Unbefleckten Jungfrau Maria" (gegr. 1583) und der „Eremitinnen" (gegr.

1617) als **Theatinerinnen** dem Orden eingegliedert.

Théâtre italien [frz. teɑtritɑ'ljɛ̃], Aufführungen der seit der 2. Hälfte des 16. Jh. in Paris sporad. auftretenden italien. Commedia-dell'arte-Truppen, insbes. aber des festen Ensembles der ,,Comédie-Italienne" in Paris.

Théâtre-Libre [frz. teɑtro'libr „freies Theater"], von A. ↑ Antoine 1887 gegr. Privatbühnenverein, der von seinen Mgl. durch einen Jahresbeitrag finanziert wurde und in geschlossenen, vor der staatl. Zensur geschützten Aufführungen durch Amateurschauspieler der naturalist. Moderne (z. B. H. Ibsen, G. Hauptmann, L. N. Tolstoi) zur Premiere verhalf. Nachfolgegründungen waren die Berliner ↑ Freie Bühne, das Londoner Independent Theatre (gegr. 1891) und das ↑ Moskauer Künstlertheater.

Théâtre National Populaire [frz. teɑtrənɑsjɔnɑlpɔpy'lɛːr], Abk. T. N. P., 1920 vom frz. Staat gegr. Volkstheater in Paris; unter der Leitung von J. ↑ Vilar (1951–63) erlebte das T. N. P. internat. Anerkennung.

Theatrum mundi [griech./lat.] ↑ Welttheater.

◆ frühe Bez. für Guckkasten mit bewegl. Figuren.

◆ eine im 17. Jh. entstandene Darstellungsform wandernder Puppenspieler: Flachfiguren werden auf Laufschienen mechan. durch eine reich illuminierte Szene bewegt; beabsichtigt waren sowohl Information als auch Belehrung über das Weltgeschehen.

Thebain [griech., nach der altägypt. Stadt Theben], in Opium enthaltenes, sehr giftiges Alkaloid, das ähnl. wie Strychnin krampferregende Wirkung besitzt.

Thebais, griech. Bez. für das Gebiet um die altägypt. Stadt Theben. In die Kirchengeschichte ist die T. als wichtige Mönchslandschaft eingegangen.

Thebaische Legion, christl. Soldatenschar aus der Thebais, die im späten 3. Jh. wegen ihres Glaubens nach und nach hingerichtet wurde. - Die Verehrung der Soldatenheiligen war weit verbreitet.

Theben, ehem. Stadt in Oberägypten, beiderseits des Nil. Im Alten Reich unbed. Prov.-stadt; Hauptstadt in der 18. Dyn. und religiöses Zentrum. Die Zerstörung durch Assurbanipal 633 leitete den Niedergang ein. - Die Wohnstadt lag auf dem O-Ufer des Nil (heute ↑ Karnak und ↑ Luxor). Die Nekropolen auf dem W-Ufer umfassen das Tal der Königsgräber (↑ Biban Al Muluk), das Tal der Königinnengräber (Biban Al Harim) sowie Hunderte von Felsgräbern von Beamten der 11. und 17.–20. Dyn. mit Wandmalereien. Auf dem W-Ufer auch eine Reihe von Totentempeln bes. des Neuen Reiches (↑ Ramesseum, Tempelanlage Ramses' III. *[Madinat Habu]* und Amenophis' III., zu der die *Memnonkolosse* gehörten). - Abb. S. 68.

⊕ *Michałowski, K.:* T. Dt. Übers. Wien u. Mchn. 1974.

T., griech. Stadt 60 km nw. von Athen, 218 m ü. d. M., 19 000 E. Zentraler Ort für das südl. Böotien. - Der Sage nach von Kadmos gegr., Ort der Sage von Ödipus und den Sieben gegen Theben. In spätmyken. Zeit Zentrum eines Kgr., gründete im 7. Jh. einen böot. Städtebund (bis 479); stand in den Perserkriegen auf pers. Seite; festigte seine führende Stellung in dem 447 gebildeten Böotischen Bund. 382–379 hielt Sparta die Kadmeia (Akropolis) besetzt; mit dem Sieg von Epaminondas und Pelopidas 371 bei Leuktra brach T. die Vormacht Spartas und errichtete selbst die Hegemonie über Griechenland, scheiterte aber schließl. am Eingreifen König Philipps II. von Makedonien (338 Niederlage bei Chaironeia). Nach einem Aufstand gegen Alexander d. Gr. 335 zerstört; 316 wiedererrichtet; erlangte in byzantin. Zeit vorübergehend Bed. als Zentrum der Seidenherstellung. - Reste des myken. Königspalastes, Turmruine der Kreuzfahrerburg (13. Jh.).

⊕ *Beister, H.:* Unterss. zu der Zeit der theban. Hegemonie. Bonn 1970. - *Vian, F.:* Les origines de Thèbes, Cadmos et les Spartes. Paris 1963.

Theile, Johann, * Naumburg/Saale 29. Juli 1646, ⌑ ebd. 25. Juni 1724, dt. Komponist. - Ab 1675 in Hamburg wirkend, war T. an der Errichtung der Oper am Gänsemarkt beteiligt, zu deren Eröffnung 1678 er die Oper „Adam und Eva oder Der erschaffene, gefallene und aufgerichtete Mensch" komponierte. Er war ab 1685 Kapellmeister in Wolfenbüttel, ab 1691 in Merseburg/Saale und ging zw. 1713 und 1717 nach Naumburg. Neben „Welt. Arien und Canzonetten" (1667) sowie Instrumentalwerken komponierte er v. a. Kirchenmusik.

Theiler, Max [engl. 'θɑɪlə], * Pretoria 30. Jan. 1899, † New Haven (Conn.) 11. Aug. 1972, amerikan. Mikrobiologe südafrikan. Herkunft. - Ab 1930 bei der Rockefeller Foundation tätig; ab 1964 Prof. an der Yale University; Forschungen über Tropenkrankheiten, bes. über das Gelbfiebervirus. T. entwickelte einen Impfstoff zur aktiven Immunisierung gegen das Gelbfieber. 1951 erhielt er den Nobelpreis für Physiologie oder Medizin.

Theileria [nach dem britt. Bakteriologen Sir A. Theiler, * 1867, † 1936], Gatt. mikroskop. kleiner, stäbchen- oder scheibenförmiger Sporentierchen, die durch Parasitismus in Erythrozyten und Lymphozyten bei Säugetieren z. T. gefürchtete Krankheiten hervorrufen; werden durch Zecken übertragen.

Thein (Tein) [chin.], Bez. für das in den Blättern des Teestrauchs enthaltene Alkaloid ↑ Koffein.

Theiomonismus [griech.] ↑ Pantheismus.

Theismus [zu griech. theós „Gott"], die Annahme eines persönl., überweltl. Gottes,

Theiß

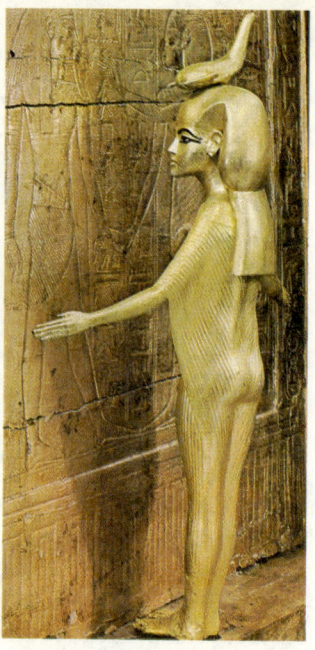

Theben. Links: Wandmalerei aus dem Grab des Menna (18. Dynastie); rechts: Göttin Selkis aus dem Grab Tutanchamuns (um 1340). Kairo, Ägyptisches Museum

der (im Ggs. zur Auffassung des Deismus) als eine die Welt erhaltende und lenkende, mit seiner Schöpfung, dem Menschen und seiner Geschichte in Verbindung stehende Macht angesehen wird. T. wird meist gleichbedeutend mit Monotheismus gebraucht.

Theiß, größter, linker Nebenfluß der Donau, entspringt (2 Quellflüsse) im SW der Waldkarpaten, UdSSR, bildet auf 62 km die rumän. Grenze am Rand der Maramureşsenke, verläßt in der Enge von Huszt die Karpaten und tritt in das Große Ungar. Tiefland ein, durchfließt (ab Szolnok in generell südl. Richtung) in mäandrierendem Lauf das östl. Große Ungar. Tiefland, mündet 40 km nnw. von Belgrad, Jugoslawien, etwa 970 km lang, vor der Begradigung im 19. Jh. 1430 km lang, Einzugsgebiet 157000 km², mehrfach gestaut.

Theißblüte (Palingenia longicauda), größte europ. Art der ↑Eintagsfliegen mit 35 (♂) bis 38 mm (♀) langem Körper und (beim ♂) bis 8 cm langen Schwanzborsten; bes. im Niederungsgebiet von Theiß und Donau, meist in riesigen Mengen.

Theißkultur, nach dem Fluß Theiß ben. neolith. Kulturgruppe (4. Jt. v. Chr.) des Ungar. Tieflandes und der angrenzenden Gebiete; gekennzeichnet u. a. durch flechtwerkverzierte, seltener auch pastos bemalte Keramik; stark von der gleichzeitigen Vinčakultur geprägt.

Thekamöben [griech.], svw. ↑Schalamöben.

Theke [griech.], Laden, Schanktisch.

Thekla, aus dem Griech. übernommener weibl. Vorname (Bed. ungeklärt).

Thekla, legendäre Jungfrau, Märtyrerin. - T. gilt als Schülerin und Begleiterin des Apostels Paulus. Ihr Grab in Seleukeia in Kilikien (= Silifke) wurde im 4. Jh. zum vielbesuchten Wallfahrtsort; in Deutschland viel verehrt als Pest-, Feuer- und Sterbepatronin.

thekodonte Zähne [griech./dt.], Zähne, die im Unterschied zu ↑haplodonten Zähnen in Höhlungen (Alveolen) der Kieferknochen verankert sind; bei Säugetieren (einschl. Mensch) und beim Krokodil.

Thekodontier (Thecodontia) [griech.], ausgestorbene Ordnung formenreicher Reptilien, die vom Oberperm bis zum Ende der Trias lebten; etwa 0,2–5 m lange, durch thekodonte Zähne gekennzeichnete, teilweise biped auf den Hinterbeinen laufende Tiere, aus denen sich u. a. die Stammgruppen für die späteren Dinosaurier, Flugsaurier und Vögel entwickelten.

Thema [griech., eigtl. „das Gesetzte"], Hauptgedanke; Aufgabe, zu behandelnder Gegenstand; Leitmotiv; Gesprächsstoff.
◆ in der *Musik* ein prägnanter musikal. Gedanke, der als tragender Formteil eines Stücks wesentl. auf Wiederkehr, Bearbeitung, Verarbeitung hin angelegt ist, gegebenenfalls auch auf Gegenüberstellung oder Kombination mit weiteren Themen. Die Gestalt (Umfang, Bauweise, Sinnfälligkeit) und die Funktion eines T. hängen von Gattung, Form, Kompositionsstil und Werkintention ab. So gehen die Themenbegriffe z. B. von Fuge, Variationswerk und Sonate weit auseinander. Das in der frühen Neuzeit entstandene T. hat in der aufblühenden Instrumentalmusik unterschied. Ausprägungen erfahren, v. a. nach drei Richtungen: 1. Der Typus des von den Einzelstimmen einer Komposition nacheinander vorgetragenen T., vorbereitet in der Vokalpolyphonie des 15./16. Jh. durch das Prinzip der Imitation, findet sich im ↑ Subjekt der ↑ Fuge und umfaßt meist ein bis vier Takte. Eine Doppelfuge hat zwei, eine Tripelfuge drei Themen. 2. Die frühe ↑ Variation des 16./17. Jh. kennt neben dem Typus des Basso-ostinato-T. (↑ Ostinato) auch den des Liedthemas. Variationswerke der Folgezeit beruhen u. a. auf Tanz-, Marsch-, Liedsätzen und Arien, vorwiegend in zweiteiliger Form sowie auf einsätzigen Themen. 3. In der klass.-romant. ↑ Sonatensatzform tritt in der Regel einem markanten, bewegten Haupt-T. ein kantables Seiten-T. gegenüber. Das T. selbst, nicht immer klar begrenzt, besteht meist aus mehreren gegeneinander abgesetzten Gliedern (↑ Motiv), die zumal bei den Wiener Klassikern an eine harmon.-metr. Ordnung (↑ Metrum, ↑ Periode) gebunden sind. Motiv, Vorankündigung und Vorbereitung des T. (seit Beethovens 9. Sinfonie), Ableitung der Themen von einer Grundgestalt (F. Liszt, „Les préludes"), Vermehrung des themat. Materials (A. Bruckner, G. Mahler), Verschleierung und schließl. Preisgabe des T. (A. Schönberg op. 19) kennzeichnen die weitere Entwicklung. - Unter **themat. Arbeit** versteht man die Zerlegung des T. in selbständige, für sich weiterverarbeitete Glieder; seit J. Haydns op. 33 (1781) bevorzugtes Kompositionsprinzip der Klassik.

Thema [griech.], urspr. Bez. byzantin. Heeresabteilungen, später auf die von Kaiser Herakleios zunächst in Kleinasien eingerichteten großen Militärbezirke übertragen, in denen Truppen angesiedelt wurden und die gleichzeitig Verwaltungsgebiete waren.

Thematik [griech.], Leitgedanke; Themenstellung; Themenwahl; Aufstellung, Einführung und Verarbeitung eines Themas; Gesamtheit der auf einen bestimmten Zusammenhang (Kunst, Musik) bezogenen Themen.

thematische Karte ↑ Karte.

Themavokal (Bindevokal, Bildungsvokal), in der Sprachwiss. Bez. für einen Vokal, mit dessen Hilfe von der Wurzel eines Wortes der Stamm gebildet wird, insbes. der zw. Verbalwurzel und Personalendung eingeschobene Vokal. Für die indogerman. Sprachen ist ein Einschub eines Vokals (erschlossen) *e/o* bei den sog. themat. Verben typisch, während bei den athemat. Verben die Personalendungen unmittelbar an den Verbalstamm angefügt werden; Nominal- oder Verbalformen ohne T. können durch sog. Thematisierung zu themat. Formen erweitert werden, meist zur Erleichterung der Flexion.

Themis, bei den Griechen Begriff, vergöttlichte Personifikation und Schirmerin des „Rechts", Mutter der Horen und Moiren.

Themistokles, * Athen um 525, † Magnesia am Mäander kurz nach 460, athen. Politiker. - Schuf als Archon 493/492 durch Anlage des Hafens von Piräus die Voraussetzungen für die See- und Handelsmacht Athens. Nach Ausschaltung polit. Gegner (v. a. des Aristides) gelang es ihm, 482 ein Bauprogramm für 200 Kriegsschiffe durchzusetzen. Als Führer des athen. Kontingents erzwang er die Schlacht bei Salamis (Ende Sept. 480); ließ 479/78 gegen spartan. Widerstand Athen befestigen; wurde 471 (?) durch Ostrazismus verbannt und (468/466 ?) wegen angebl. Hochverrats zum Tode verurteilt. T. floh 465 nach Persien und starb als Lehnsmann des Großkönigs. - Biographien von Cornelius Nepos und Plutarch.

Themse (engl. Thames), Hauptfluß Englands, entspringt an der O-Flanke des Cotswold Hills, fließt im Oberlauf in östl. Richtung, wendet sich bei Oxford nach SO, durchbricht oberhalb von Reading das Schichtstufenland, folgt der Längsachse des Londoner Tertiärbeckens, mündet unterhalb von London mit einem 148 km langen und bis 9 km breiten Ästuar in die Nordsee; 346 km lang, schiffbar bis Lechlade. Im Londoner Stadtteil Greenwich wurde 1982 ein Sturmflutsperrwerk in der T. fertiggestellt.

Thenard, Louis Jacques Baron (seit 1824) [frz. te'naːr], * La Louptière (= La Louptière-Thénard, Aube) 4. Mai 1777, Paris 20. (21. ?) Juni 1857, frz. Chemiker. - Ab 1804 Prof. in Paris; z. T. Zusammenarbeit mit J. L. Gay-Lussac; entwickelte das auch *Thenards Blau* genannte Pigment Kobaltultramarin (↑ Kobaltblau) und entdeckte 1818 das Wasserstoffperoxid.

Theo, männl. Vorname, Kurzform von Namen, die mit Theo- gebildet sind.

Theobald, männl. Vorname, latinisierte Form von Dietbald (unter Anlehnung an Namen, die mit griech. theós „Gott" gebildet sind).

Theobroma [griech.], svw. ↑ Kakaobaum.

Theobromin [griech.] (3,7-Dimethylxanthin), in Kakaobohnen, schwarzem Tee und Kolanüssen enthaltenes Alkaloid; farblose,

Theodelinde

bitter schmeckende Kristalle mit leicht harntreibender und herzkranzgefäßerweiternder Wirkung.

Theodelinde, langobard. Königin, ↑Theudelinde.

Theoderich, latinisierte Form (Theodericus) des männl. Vornamens Dietrich.

Theoderich, Name got. Könige:

T. I. (Theoderid), ⚔ auf den Katalaun. Feldern 451, König der Westgoten (seit 418). - Begründer des Tolosan. Reiches; erreichte wohl 425 die Anerkennung der Unabhängigkeit durch Rom; verband sich mit Flavius Aetius gegen die Hunnen und fiel in der Entscheidungsschlacht.

T. der Große (lat. [Flavius] Theodericus), * um 453, † Ravenna 30. Aug. 526, König der Ostgoten (ab 474, in Italien ab 493). - Aus dem Geschlecht der Amaler; führte sein Volk an die untere Donau (als Foederati anerkannt), wurde durch Kaiser Zenon 488 beauftragt, Odoaker zu bekämpfen, und gewann Italien 489/493, das er durch bed. Römer (Cassiodor, Boethius) verwalten ließ. 497 von Anastasios I. als König unter Oberhoheit des Kaisers anerkannt; scheiterte mit dem Versuch einer Stabilisierung des westeurop. Staatengefüges durch Eheverbindungen seiner Fam. mit Burgunder-, Vandalen-, Westgoten- und Thüringerfürsten. T. wurde nach seinem Tod früh zur Sagengestalt (Dietrich von Bern).

Theoderich von Prag, eigtl. Theodorich (auch Dittrich, Dětřich, Jetřich), † Prag vor dem 11. März 1381, böhm. Maler. - Hofmaler Kaiser Karls IV. in Prag, wo er 1359–81 urkundl. erwähnt wird. Sein Hauptwerk ist der Zyklus von 129 Tafelbildern in der Kreuzkapelle auf Burg Karlstein mit Kreuzigung und Brustbildern von Heiligen sowie Fresken (Kapellenweihe um 1360).

Theodizee [zu griech. theós „Gott" und díkē „Gerechtigkeit"], i. e. S. der Versuch einer Rechtfertigung Gottes angesichts des von ihm trotz seiner Allmacht und Güte zugelassenen (phys.) Übels, (moral.) Bösen und Leidens in der Welt; i. w. S. Bez. für die Gesamtheit der Probleme der philosoph. Gotteserkenntnis. Das Motiv der T. tritt in fast allen Religionen auf, wird jedoch erst in der Verbindung von christl. Frömmigkeit und griech. Philosophie zu einem theoret. Problem. Die Ausgangsfragen bleiben gleich: Entweder will Gott eine vollkommene Welt schaffen, kann es aber nicht, oder er kann es, will es aber nicht, oder er will es weder, noch kann er es, er will und kann es, wogegen aber der fakt. Zustand der Welt spricht. Leibniz, der den Ausdruck „T." (1697) geprägt hat, unternimmt den umfassendsten Versuch, das Problem theoret. zu lösen, indem er zw. einem metaphys., phys. und moral. Begriff des Bösen unterscheidet und die Welt als die „beste aller mögl. Welten" versteht. Im dt. Idealismus will Schelling das Böse als eine Stufe im Prozeß der Selbstwerdung Gottes, die Geschichte als Prozeß der Überwindung des Bösen verstehen. Für Hegel stellt der Gang der Weltgeschichte die „wahrhafte T., die Rechtfertigung Gottes in der Geschichte" dar.

Theodolit, mechan.-opt. Präzisions-

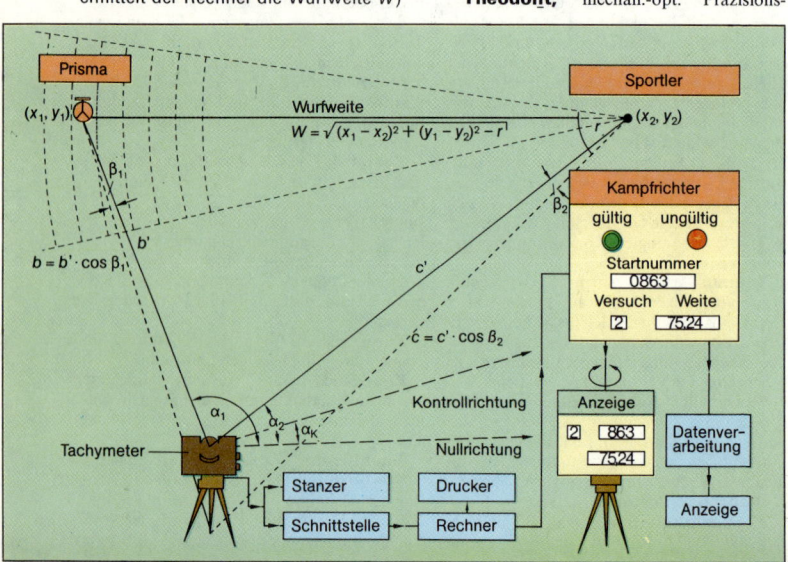

Theodolit. Wurfweitenmessung mit Hilfe eines registrierenden, elektronischen Tachymeters (nach Messung der Winkel α_1, α_2 und α_K ermittelt der Rechner die Wurfweite W)

$W = \sqrt{(x_1 - x_2)^2 + (y_1 - y_2)^2 - r^2}$

$b = b' \cdot \cos \beta_1$

$c = c' \cdot \cos \beta_2$

instrument zur Bestimmung von Horizontal- und Vertikalwinkeln; Genauigkeit: ± 1 Winkelsekunde (1″) beim sog. *Sekunden-T.* oder ± 1 Winkelminute (1′) beim *Minuten-T.;* Aufgabenbereiche: Vermessungswesen, Triangulation, Entfernungsmessung [mit Basislatte]. Hauptbestandteile: Grundplatte mit horizontalem Teilkreis *(Limbus),* eine um die Vertikal- oder Stehachse drehbare, gabelförmige Fernrohrhalterung *(Alhidade)* mit vertikal angeordnetem Höhenteilkreis, ein um die waagrechte Achse schwenkbares (360°) Fernrohr (typ. Vergrößerung 30 ×) mit Faden- oder Strichkreuz, 2 Skalenmikroskope (typ. Vergrößerung 40 ×), Dosen- und Röhrenlibelle zum Horizontieren (Senkrechtstellen der Stechachse); der T. ist auf einem dreibeinigen Stativ montiert. T. mit Einrichtungen zur Entfernungsmessung werden als **Tachymeter** *(Schnellmesser)* bezeichnet. *Elektron. Tachymeter* arbeiten mit einem modulierten Infrarotsender und einem Reflektor (z. B. aus Tripelprismen) am Zielpunkt. Die Entfernung wird durch Phasenvergleich zw. reflektiertem und Referenzsignal bestimmt und digital angezeigt oder auf Lochstreifen ausgegeben.

Theodor, männl. Vorname, eigtl. „Gottesgeschenk" (griech. Theodoros, zu theós „Gott" und dōron „Geschenk").

Theodor I. Laskaris, * um 1185, † Nizäa 1222, Kaiser von Nizäa (seit 1204). - Schwiegersohn von Alexios III. Angelos; nach der Eroberung Konstantinopels durch die Kreuzfahrer des 4. Kreuzzuges (1204) gelang T. die Gründung des neuen byzantin. Reichs von Nizäa.

Theodor von Mopsuestia, * Antiochia (= Antakya) um 352, † Mopsuestia (= Misis) bei Adana 428, syr. Kirchenschriftsteller und Bischof (ab 392). - Mönch; bedeutendster Exeget der Antiochen. Schule; schrieb Kommentare zu fast allen bibl. Büchern, dazu zahlr. theolog. Abhandlungen; zu Unrecht als Urheber des Nestorianismus angesehen und 553 auf dem 2. Konzil von Konstantinopel als Häretiker verurteilt.

Theodora (Theodore), weibl. Form des männl. Vornamens Theodor; Kurzformen: Dora, Doris.

Theodora, * Konstantinopel um 500, † ebd. 28. Juni 548, byzantin. Kaiserin. - Gattin des byzant. Kaisers Justinian I., d. Gr., vor ihrer Heirat Schauspielerin; nach der Thronbesteigung Justinians karitativ tätig und kirchl. zugunsten des Monophysitismus engagiert, übte großen polit. Einfluß aus. Mit ihrer Unerschrockenheit verhinderte T. beim Nikaaufstand (532) die Flucht des Kaisers und rettete ihm so Thron und Reich.

Theodorakis, Mikis [neugriech. θεοδο-'rakis], * auf Chios 29. Juli 1925, griech. Komponist. - 1964-67 Abgeordneter der EDA-Partei (Vereinigte Demokrat. Linke) im griech. Parlament, gründete 1964 die „Demokrat. Jugend Lambrakis", war 1967-70 (wie schon 1947-49) inhaftiert. T. komponierte Ballette, Orchesterwerke, Kammermusik, Oratorien (u. a. „Canto general" nach P. Neruda, 1973), Liederzyklen, Musik zu klass. Tragödien, Filmmusiken (u. a. „Alexis Sorbas", 1964). Schrieb u. a. „Mein Leben für die Freiheit" (1972).

Theodoros Prodromos, † Konstantinopel um 1166, byzantin. Dichter. - Hatte Kontakte zum Hof der Komnenen, die auch u. a. die Adressaten seiner teilweise in griech. Volkssprache geschriebenen Bettelgedichte waren; schrieb u. a. den Versroman „Rhodanthe und Dosikles", die dramat. Parodie „Katomyomachía" („Katzenmäusekrieg") sowie satir. Gedichte.

Theodoros Studites (Theodor von Studion), hl., * Konstantinopel 759, † auf den Prinzeninseln (= Istanbul) 11. Nov. 826, byzantin. Theologe. - Aus vornehmer byzantin. Familie, um 780 Mönch im Kloster Sakkudion (Bithynien), dort 794 Abt. Zog 797 mit seiner Klostergemeinde in das Studion-Kloster in Konstantinopel um, das zu einem Idealkloster für das byzantin. Mönchtum formte. Wirkte als erbitterter Gegner der Ikonoklasten. In der dafür verhängten Verbannung starb er. Seine monast. Erneuerungsarbeit führte zu einer Renaissance des byzantin. Mönchtums († Studiten). - Fest: 11. November.

Theodosia † Feodossija.

Theodosianischer Kodex, svw. Codex Theodosianus, † Byzantinisches Reich, † Theodosius II.

Theodosius, männl. Vorname, eigtl. „Gottesgeschenk" (griech. Theodosios, Weiterbildung von Theodotos, zu theós „Gott" und dotós „geschenkt").

Theodosius, Name von Herrschern des Röm. Reichs bzw. des Byzantin. Reichs:

T. I., der Große, * Cauca (= Coca, Prov. Segovia, Spanien) 11. Jan. 347, † Mediolanum (= Mailand) 17. Jan. 395, röm. Kaiser (seit 379). - Durch Gratian 379 zum Augustus im Osten erhoben, legte 382 den Konflikt mit den Westgoten durch deren vertragl. Ansiedlung als Foederati in Thrakien bei, unterwarf bis 394 auch den Westteil des Reiches. 380 getauft; beendete mit dem 1. Konzil von Konstantinopel (381) durch Sanktionierung der Beschlüsse des 1. Konzils von Nizäa den Kirchenstreit seit 325. Die Teilung des Imperiums (395) unter die Söhne Arcadius und Honorius bedeutete das Ende der Reichseinheit.

T. II., * Konstantinopel 30. Aug. 401, † ebd. 28. Juli 450, byzantin. Kaiser (seit 408). - Sohn und Nachfolger des Arcadius; stand unter dem Einfluß seiner gelehrten Gattin Athenais, auf die die Kodifizierung der unter Konstantin d. Gr. erlassenen Gesetze („Codex Theodosianus", 438) zurückzuführen ist; beendete

Theodulf

den Krieg gegen die Perser (421/422) mit einem hundertjährigen Friedensvertrag.

Theodulf von Orléans [ɔrle'ã], * in Katalonien um 750, † Le Mans (?) 821, karoling. Theologe und Dichter westgot. Herkunft. - Ab 778 (780?) am Hof Karls d. Gr.; 798 Bischof von Orléans und Abt von Fleury; bed. Vertreter der karoling. Renaissance; seine Gedichte zeugen vom gesellschaftl. und literar. Leben am Hof; Verteidiger des †Filioque. In eine Verschwörung verwickelt, wurde er 818 von Ludwig dem Frommen zu lebenslanger Klosterhaft verurteilt.

Theogonie [griech.], myth. Bericht über die Herkunft der Götter, an den sich oft Göttergenealogien anschließen.

Theokratie [zu griech. theokratía „Gottesherrschaft"], ganz von der Religion her geprägte und durch sie legitimierte Staatsform *(Gottesstaat)*, in der religiöse und weltl. Ordnung deckungsgleich sind. Die Staatsgewalt liegt entweder in der Hand einer einzigen Person, die selbst als Gott bzw. dessen Stellvertreter auf Erden angesehen wird, oder wird von der Priesterschaft ausgeübt. T. waren im Alten Orient Ägypten, das alttestamentl. Israel; in der Neuzeit Tibet bis 1950.

Theokrit (Theokritos), * Syrakus um 310, † um 250, griech. Dichter. - Erhob den Stegreif-Mimus zur literar. Gattung; gestaltete erstmals [realist.] Leben und Lieder der sizilian. Hirten und wurde so zum Begründer der Hirtendichtung.

Theologia crucis (Kreuzestheologie), von M. Luther geprägte Bez. für die am Kreuz Christi und am einzelnen Christen orientierte Theologie im Ggs. zur scholast.-spekulativen „Theologia gloriae" (Theologie der Herrlichkeit), die nur über Gottes Sein spekuliere und deshalb nicht wie die T. c. zur wahren Erkenntnis Gottes und der Rechtfertigung gelange.

Theologia deutsch (T. teutsch), um 1430 von einem unbekannten Verfasser, vielleicht von dem Heidelberger Theologieprofessor Johannes de Francfordia (Der Frankfurter), unter dem Einfluß Meister Eckharts und im Umkreis der Gottesfreunde verfaßte asket.-myst. Schrift über die myst. Vereinigung mit Gott; die erste Gesamtausgabe wurde 1518 von M. Luther veröffentlicht.

Theologia naturalis (T. rationalis) [lat.], svw. †natürliche Theologie.

Theologie [zu griech. theología „Rede, Lehre von Gott"], systemat. reflektierende Entfaltung religiöser Glaubensaussagen. Der **Begriff Theologie** ist erstmals bei Platon bezeugt, für den er Aufdeckung des Wahrheitsgehalts der von allen Abstrusitäten gereinigten religiösen Mythenerzählungen bedeutet. Dagegen nennt Aristoteles die Mythenerzähler selbst Theologen (im Unterschied zu den Philosophen), kennt aber darüber hinaus T. auch als philosoph. Reflexion der metaphys. Dimension. Wegen der Rückbezogenheit des Begriffs auf die hellenist. kult.-myth. Tradition wurde er in den christl. Sprachgebrauch erst allmähl. einbezogen, endgültig wohl erst im 4. und 5. Jh. (Eusebios von Caesarea, Athanasios u. a.). Selbst dann aber wurde er meist spezialisiert als Lehre von Gott (Trinitätslehre) gebraucht. Erst mit dem Beginn der Hochscholastik (etwa ab 1200) wurde er zum Oberbegriff für die wiss. Beschäftigung mit allen Gegenständen der christl. Tradition: T. wurde zur *Glaubenswissenschaft*. In diesem Sinne wird die Bez. T. bis heute benutzt und mittlerweile auch für jede systemat. Lehre anderer Religionen (z. B. T. des Islams) oder auch religiöser Schulen (T. der Schule von Chartres, des Sufismus u. a.) oder auch einzelner Autoren oder Werke (T. Luthers, des Markusevangeliums, der „Bhagawadgita" usw.) verwendet.

Theologie und Religionswissenschaft. Die T. als Wiss. und die Religionswiss. beziehen sich grundsätzl. auf denselben Gegenstand: die religiöse Verfaßtheit des Menschen sowie die Ausprägung von Religionen in der Geschichte. Während aber die Religionswiss. alle Religionen als prinzipiell „gleichwertige" Artikulationen menschl. Religiosität voraussetzt, geht die T. von der „Wahrheit" der je eigenen Tradition aus: Sie reflektiert das Phänomen Religion von einer vorgegebenen Überzeugung („Glauben") her, selbst wenn sie sich mit anderen Religionen befaßt (so gibt es z. B. eine christl. T. außerchristl., eine islam. T. nichtislam. Religionen usw.). Religionswiss. und T. können hierbei durchaus die gleichen wiss. Methoden anwenden, die sich nach den jeweils untersuchten Aspekten differenzieren. Allerdings gibt es eine T., die auch nur annähernd den heutigen wiss. Anforderungen genügt, bisher beinahe ausschließl. im Christentum, insofern sie die europ. Aufklärung vollzogen hat.

Theologie als Wissenschaft. Die christl. T. kann in dreifacher Weise als Wiss. verstanden werden: 1. *T. als method. exakte Reflexion und Darlegung des sich auf Jesus gründenden Glaubens an Gott.* Hierbei wird im Glauben die Wahrheit der christl. Sache (als offenbart) vorausgesetzt und in Auseinandersetzung mit den jeweiligen Wiss. (mit dem „Denken") sich selbst und anderen gegenüber verantwortet (Apologetik). Zunächst geschah dies in Konfrontation und mit den Mitteln der hellenist. Philosophie, so daß diese T. hellenist.-metaphys. T. ist. Erst mit der „krit. Wende" der Neuzeit und dem Aufkommen der modernen Wiss. entfaltet die T. ihre Aussagen in der Auseinandersetzung mit krit. Philosophie, Natur- und Humanwissenschaften. Dadurch gelangte diese Art der T. zu einer radikalen systemimmanenten Kritik der Möglichkeit des Redens von Gott. Die heutige theolog. Auseinandersetzung wird wesentl. geprägt von der Aufgabe, die traditionelle metaphys. T. so umzuformen, daß sie dem „Ende der Metaphysik" Rechnung trägt. 2. *T. als histor. Wissenschaft.* Hierbei wird nicht Gott zum Gegenstand der T., sondern die histor. Gestaltformen, die das Reden von Gott im Verlauf der christl. Geschichte gefunden hat. 3. *T. als Erfahrungswissenschaft.* Ausgangspunkt ist die krit. Erkenntnis, daß alles Reden von Gott auf menschl. religiöser Erfahrung beruht, die sich jeweils im Kontext und in den Sprach- und Handlungsmodellen der eigenen geschichtl. Situation ausdrückt. Von anderen Erfahrungswiss. unterscheidet sich T. dann nur noch darin, daß in ihr „letzte" bzw. „erste" menschl. Erfahrungen reflektiert werden. **Institutionalisierung der theolog. Wissenschaften.** Die T. wurde bis ins MA hinein von Männern betrieben, die auf Grund einer bes. geschichtl. Situation oder eines kirchl. Amtes literar. tätig wurden; eine kirchl. oder wiss. Ausbildung gab es so gut wie nicht. Im Altertum kann man lediglich in den östl. Zentren Antiochia (Syrien) und Alexandria (Ägypten) von theolog. Schulen reden. Erst mit der Vermittlung des Christentums in den noch wenig entwickelten abendländ. (german. und kelt.) Kulturraum war T. nicht mögl. im Umkreis von [Kathedral- und Kloster]schulen; T. wurde zur schul. (d.h. scholast.) Vermittlung. Mit der Wende zur Hochscholastik schlossen sich, zunächst in Paris ab 1200, verschiedene Schulen zu einer „universitas magistrorum et scholarium" („Zunft/Gilde von Lehrern und Schülern") zusammen; in der Folgezeit entstanden an vielen Orten Europas die neuen „Universitäten". Die T., die ganz wesentl. zur Entstehung der Univ. beigetragen hat und einen zentralen Platz in deren Wissenschaftsgefüge besaß, ist jedoch im Verlauf der letzten 200 Jahre wegen ihrer kirchl.-konfessionellen Rückbindung und der kirchenamtl. Überwachung der Orthodoxie der Lehrenden in ihrer Stellung im Wissenschaftskanon der staatl. Univ. umstritten, in vielen Ländern aus ihr entfernt und an kirchl. Hochschulen (Priesterseminare) verwiesen worden. **Die theolog. Disziplinen.** In ihren Anfängen kannte die T. naturgemäß keine exakte method., objektbezogene Differenzierung in verschiedene Fachgebiete. Erst allmähl. schälte sich ein verbindl. Fächerkomplex heraus, der sich nach drei method. Kriterien ordnen läßt (wobei die Grenzen oft fließend sind): 1. *histor. T.:* Bibelwiss. (Exegese des A.T. und N.T.; alttestamentl. und neutestamentl. T.), Kirchengeschichte, T.geschichte, kanonist. Rechtsgeschichte, Religionsgeschichte u.a.; 2. *systemat. T.:* Dogmatik (Systematik), Ethik (Moral-T.), Fundamental-T.; 3. *prakt. T.:* Pastoral-T. (prakt. T.), Kirchenrecht, Liturgiewiss. (Liturgik), Religionspädagogik (Katechetik).

📖 *Jones, H.: Die Logik theolog. Perspektiven.* Gött. 1985. - *T. im Dialog.* Hg. v. *A. Kolb.* Graz 1985. - *Marquardt, F. W.: T. u. Sozialismus.* Mchn. ³1985. - *Sauter, G./Stock, A.: Arbeitsweisen systemat. T.* Mainz u. Mchn. ²1982. - *Bochenski, J. M.: Logik der Religion. Dt. Übers.* Paderborn u.a. ²1981. - *Türcke, C.: Zum ideologiekrit. Potential der T.* Köln 1979. - *Mussinghoff, H.: Theolog. Fakultät im Spannungsfeld v. Staat u. Kirche.* Mainz 1979. - *Scheffczyk, L.: Die T. u. die Wiss.* Aschaffenburg 1978. - *Winzeler, P.: Ev. T.* Stg. 1978. - *Pannenberg, W.: Wiss.theorie u. T. Ffm.* 1977. - *Lorenz, D. Wiss.-freiheit zw. Kirche u. Staat.* Konstanz 1976. - *Gatzemeier, M.: T. als Wiss.?* Stg. 1974–75. 2 Bde. - *Albert, H.: Theolog. Holzwege.* Tüb. 1973. - *Bayer, O.: Was ist das, T.? Eine Skizze.* Stg. 1973. - *Sauter, G., u.a.: Wissenschaftstheoret. Kritik der T.* Mchn. 1973.

Theologie der Befreiung, svw. ↑Befreiungstheologie.

Theologie der Religionen, svw. ↑Religionstheologie.

Theologie der Revolution ↑politische Theologie.

theologische Ethik, in der ev. Theologie die Lehre vom Ethos; Fundament ist die Rechtfertigung des Sünders aus dem Heilshandeln Christi: Nicht das moral. Handeln des Menschen bewirkt sein Heil, sondern die Gnade Gottes; Quellen des Ethischen sind die Bibel und das Gewissen. T. E. wendet sich gegen die nomist. und die kasuist. Gesetzeserfüllung; systemat. Grundlage der Ethik ist die luth. Zweireichelehre. Der t. E. entspricht in der kath. Theologie die ↑Moraltheologie.

theologische Hochschulen ↑kirchliche Hochschulen.

theologische Tugenden, svw. ↑göttliche Tugenden.

Theologumenon [griech.], allg. eine theolog. [Grund]aussage; i.e.S. eine [elementare] Aussage, der im Ggs. zu den Glaubenssätzen (noch) keine allg. Verbindlichkeit zuerkannt ist.

Theomantie [griech.], Weissagung durch göttl. Eingebung.

theomorph [griech.], in göttl. Gestalt [auftretend, erscheinend].

Theonomie [griech.], Gottesgesetzlichkeit; Begriff der christl. Ethik zur Bez. der Bindung des sittl. Handelns an den Willen Gottes, im Unterschied zur *Autonomie,* der Selbstbestimmung des Menschen.

Theopantismus [griech.] ↑Pantheismus.

Theophan der Klausner, eigtl. Georgi Goworow, * Orel 1815, † bei Tambow 1894, russ.-orth. Theologe. - Wirkte als Lehrer an verschiedenen theolog. Akad. in Rußland; 1859–62 Bischof von Tambow und 1863–66 von Wladimir. Zog sich dann in die Einsamkeit zurück und lebte als Mönch (Starez).

Theophanes

Mit seiner geistl. Lehre wurde er zum bedeutendsten Vertreter des russ. ↑Hesychasmus; von großem Einfluß auf die russ. Frömmigkeit.

Theophanes Confessor (Theophanes Homologetes), hl., *Konstantinopel (= Istanbul) um 750 (765?), †auf Samothrake (= Samothraki) 12. März 817 (?), byzantin. Historiker. - Mönch und Abt eines von ihm gegr. Klosters in Bithynien; verteidigte entschieden die Bilderverehrung und wurde deswegen von Kaiser Leon V. auf die Insel Samothrake verbannt; Autor einer „Weltchronik", die für die byzantin. Geschichte der Jahre 769–814 von größtem Wert ist.

Theophanes der Grieche ↑Feofan Grek.

Theophanie [griech.], in der Religionsgeschichte das zeitl. begrenzte, den menschl. Sinnen zugängl. Erscheinen der bekannten Gottheit (verwandt der ↑Epiphanie). Im A. T. v. a. an den Wendepunkten der Geschichte Israels (Berufung des Mose, der Propheten u. a.), im N. T. z. B. Verklärung Jesu u. a.

Theophanu (Theophano), *um 955, †Nimwegen 15. Juni 991, Röm. Kaiserin, Regentin (seit 983). - Verwandte des byzantin. Kaisers Johannes I. Tsimiskes; seit 972 ∞ mit Kaiser Otto II., auf den sie großen Einfluß ausübte; bereitete nach dessen Tod (983) als Regentin, unterstützt von Erzbischof Willigis von Mainz, ihren Sohn Otto III. auf das Kaisertum vor.

Theophil (Theophilus), männl. Vorname, eigtl. „Gottesfreund" (griech. Theophilos, zu theós „Gott" und phílos „lieb, befreundet").

Theophrast (Theophrastos), eigtl. Tyrtamos, *Eresos um 372, †Athen 287, griech. Philosoph. - 322 Nachfolger des Aristoteles in der Leitung des Peripatos. In seinen über 200 Schriften (nur teilweise erhalten) führte T. die Philosophie von Aristoteles krit. fort. In der Metaphysik übernahm er die Aristotel. Teleologie, kam aber zu dem Schluß, daß die gesamte Natur nicht von einer einheitl. Teleologie bestimmt sein könne, was ihn v. a. zu der Forderung veranlaßte, für jeden Gegenstandsbereich eine eigene Methodologie zu entwickeln.

Theophrastus Bombastus von Hohenheim ↑Paracelsus.

Theophyllin [griech.] (1,3-Dimethylxanthin), Alkaloid aus der Gruppe der Purinbasen, das in geringen Mengen in Teeblättern enthalten ist; koffeinähnl. Wirkung.

Theopomp (Theopompos), *Chios um 378, †Alexandria (?) nach 323 (wohl um 300), griech. Geschichtsschreiber. - Lebte u. a. am Hofe Philipps II. von Makedonien; schrieb 12 Bücher „Hellēniká" (behandelter Zeitraum: 411–394; Fortsetzung des Werks von Thukydides) und 58 Bücher „Philippiká" (Zeitraum: 359–336), eine Zeitgeschichte mit Rückgriffen auf die Vergangenheit und zahlr. auch nichthistor. Exkursen; nur Fragmente erhalten.

Theorbe (Tiorba) [italien.], Baßlaute mit Spielsaiten und Bordunsaiten. Die Bordune, die nur angezupft, nicht gegriffen werden, sind in einem zweiten Wirbelkasten oberhalb des ersten angebracht. Der Unterschied zum verwandten Chitarrone besteht in dem kürzeren, seitl. versetzten und geschweiften Hals. Die v. a. als Generalbaßinstrument verwendete T. kam im 18. Jh. außer Gebrauch.

Theorell, Hugo [schwed. teu'rɛl], *Linköping 6. Juli 1903, †Stockholm 15. Aug. 1982, schwed. Biochemiker. - Prof. in Uppsala und Stockholm (dort zugleich Leiter des medizin. Nobelinstituts); arbeitete v. a. über Enzyme. 1934 stellte er erstmals das zuerst 1932 isolierte gelbe Atmungsferment rein dar (↑Flavoproteide, ↑auch Atmungskette). Kurz danach gelang es ihm, dieses Enzym reversibel in Flavinfarbstoff (Koenzym) und Trägerprotein (Apoenzym) zu spalten. Für seine Arbeiten über die Oxidasen erhielt er 1955 den Nobelpreis für Physiologie oder Medizin.

Theorem [griech.], allg. jeder Lehrsatz, der für wahr gehalten werden muß (z. B. wegen Bestätigung durch Experiment); insbes. eine Aussage innerhalb eines wiss. Systems, die aus den Axiomen dieses Systems durch Beweis oder log. Ableitung gewonnen wird.

theoretisch [griech.], die Theorie betreffend, rein wissenschaftlich; die Wirklichkeit nicht [genügend] berücksichtigend, von ihr abstrahierend; beschauend, betrachtend.

theoretische Chemie ↑Chemie.

theoretische Philosophie, seit der Aristotel. Einteilung der Wiss. der Bereich der Philosophie, deren Gegenstand die („reine") Theorie ist, u. a. Logik, Methodologie, Metaphysik, im Unterschied zur prakt. Philosophie.

Theorie [griech.-lat., zu griech. théa „das Anschauen, das Angeschaute" und horáein „sehen"], 1. Bez. für die Erkenntnis um ihrer selbst willen; auf keine Zwecke außerhalb ihrer selbst gerichtet, ist sie nicht anwendungs- bzw. praxisorientiert (reine T.). 2. Bez. sowohl für ein System von (wiss.) Aussagen über eine (hypothet.) gesetzmäßige Ordnung als auch über einzelne empir. Befunde (Tatsachenbehauptungen) und empir. Festsetzungen (eines bestimmten (realen oder postulierten) [idealen]) Erkenntnis- bzw. Objektbereichs. - ↑auch Wissenschaftstheorie.

Theorie und Praxis, v. a. im Rahmen des Marxismus verwendetes Begriffspaar, das das Problem des Zusammenhangs zw. Erkenntnis und Handeln andeutet; untrennbare dialekt. Einheit, indem 1. die Praxis Grundlage aller Theorie ist; 2. die Praxis Wahrheitskriterium zur Überprüfung der Theorie ist; 3. die Theorie eine gezielte Veränderung der Praxis ermöglicht.

Theosophie [zu griech. theós „Gott" und sophía „Weisheit"], religiös (meist synkretist.) motivierte Weltanschauung, die versucht, über Philosophie, Theologie und andere Wiss. hinaus von einem Glauben aus zu einer höheren Wahrheitsschau aufzusteigen, um zu höchster Ethik und Vollendung im Sein zu gelangen. Theosoph. Denken ist seit der Antike bekannt und bewegte sich stets in deutl. Nähe zu Askese, Mystik, Astrologie und Okkultismus. Nur Auserwählte können das ungewöhnl. Wissen von Gott und Welt (Geheimwissen) empfangen. - Einflüsse der T. sind in der Philosophie- und Theologiegeschichte vielfach zu spüren, z. B. in Gnosis und Neuplatonismus, in der Kabbala, bei den Rosenkreuzern, den Katharern und anderen Reformbewegungen, bei Hildegard von Bingen, Paracelsus, K. Schwenckfeld, S. Franck, J. Böhme, F. von Baader u. a. Bes. nachhaltig wirkt die T. in der Sophiologie der russ. Religionsphilosophie (Solowjew, Berdjajew, S. N. Bulgakow). In der T. gilt das Ich des Menschen als unsterbl., das Leben als eine zykl. Folge von Reinkarnationen und die Identität aller Seelen mit dem höchsten Göttlichen. - Eine bes. Form der T. stellt die von R. Steiner begründete Weltanschauung der ↑Anthroposophie dar.

📖 *Böhme, E.: T. als Lebensweisheit. Stg. 1985.* - *Besant, A.: Uralte Weisheit. Dt. Übers. Mchn. 1981.* - *Wehr, G.: Alle Weisheit ist von Gott. Gütersloh 1980.* - *Jinarajadasa, C.: Die Welt als Vorstellung, Gefühl u. Wille. Dt. Übers. Graz* ²*1977.*

Theosophische Gesellschaft, 1875 in New York von H. P. Blavatsky und H. S. Olcott gegr. Gesellschaft mit dem Ziel, die verstreuten Wahrheiten der Theosophie zu sammeln und sie durch die Bildung einer universalen Bruderschaft der Menschheit, durch vergleichendes Studium von Religion, Philosophie und Naturwiss. im Leben zu verwirklichen. Die schon bald einsetzende starke Hinwendung zu Buddhismus und Hinduismus (Sitz der T. G. ist seit 1882 Adyar bei Madras in Indien) führte 1913 zur Abspaltung der Anthroposophie, da R. Steiner, 1902-13 Generalsekretär der dt. T. G. in Berlin, sich weigerte, eine Heilsbotschaft, die über das Christusereignis hinausgeht, anzunehmen und zu vertreten.

Theotokos [griech. „Gottesgebärerin"], wohl aus der alexandrin. Theologie kommende Bez. für die Gottesmutter Maria; seit dem 3. Jh. in Theologie und Frömmigkeit allg. verbreitet.

Theoxenien [griech.], Bez. für kult. Mahlzeiten mit „Götterbewirtungen" im altgriech. Kult.

Thephillim, svw. ↑Tefillin.

Thera, griech. Insel, ↑Santorin.

Therapeut [zu griech. therapeutēs „Pfleger"], behandelnder, einen Therapieplan durchführender Arzt; in der Behandlung bestimmter Krankheiten bes. erfahrener Arzt.

Therapeuten [griech.], asket. jüd. Gemeinschaft des 1./2. Jh., dem beschaul. Leben, dem Gebet und Schriftstudium gewidmet; die Askese wurde in Fasten und Verzicht auf Privatbesitz gelebt. - Die Kirchenväter sahen in den T. Vorläufer der christl. Mönche.

Therapie [zu griech. therapeía „das Dienen, Pflege"], alle [medizin.] Maßnahmen zur Heilung einer Krankheit. Während die *spezif. T.* möglichst gezielt auf die Krankheit abgestimmt ist, bedient sich die *unspezif. T.* allg. heilungsfördernder Maßnahmen. Die *kausale T.* ist gegen die Krankheitsursachen gerichtet, z. B. gegen Krankheitserreger; die *symptomat. (pallative) T.* dagegen zielt nur gegen bestimmte Krankheitserscheinungen, z. B. Schmerzen.

Therapsida [griech.], ausgestorbene, formenreiche Ordnung säugetierähnl. Reptilien, die vom mittleren Perm bis in die Obertrias v. a. S-Afrikas und der Kontinente der Nordhalbkugel verbreitet waren. Die T. näherten sich in zahlr. Entwicklungslinien dem Bau der Säugetiere, die sich wohl aus ihnen entwickelt haben. Die T. waren meist mittelgroß, teils fleisch-, teils pflanzenfressend und höchstwahrscheinl. in gewissem Ausmaß warmblütig.

Theremin, Leon, eigtl. Lew Sergejewitsch Termen, * Petersburg 15. Aug. 1896, russ. Physiker. - Konstruierte mehrere elektron. Musikinstrumente, u. a. 1920 das ↑Ätherophon, das später in „Thereminovox" umbenannt wurde.

Theresa (Teresa), gen. Mutter T., eigtl. Agnes Gonxha Bojaxhio, * Skopje 27. Aug. 1910, ind. Ordensgründerin alban. Herkunft. - Trat mit 18 Jahren den „Schwestern von Loreto" bei, einem Zweig der Engl. Fräulein; unterrichtete an einer Mädchenmissionsschule des Ordens in Kalkutta Geographie. 1948 erhielt sie von ihrem Orden die Erlaubnis, die Unterrichtstätigkeit aufzugeben, um sich ganz den Armen in den Slums von Kalkutta widmen zu können. 1950 gründete sie die Kongregation „Missionaries of Charity" (Missionarinnen der Liebe; Sitz Kalkutta) mit dem Ziel der Sorge für die Sterbenden, Waisen und [Lepra]kranken. Die Kongregation ist heute weltweit mit etwa 1800 Mgl. in 203 Niederlassungen verbreitet (inzwischen auch ein männl. Zweig mit etwa 200 Brüdern). Mutter T. erhielt 1971 als erste Trägerin den „Friedenspreis des Papstes" und 1979 den Friedensnobelpreis.

📖 *Muggeridge, M.: Mutter Teresa. Dt. Übers. Freib.* ¹²*1984.* - *McGovern, J.: Christi Liebe weitergeben. Das Leben der Mutter Teresa. Dt. Übers. Freib.* ²*1980.*

Therese (Theresa, Theresia), weibl. Vorname griech. Ursprungs, eigtl. wohl „Bewohnerin von Thera".

Therese von Konnersreuth ↑Neumann, Therese.

Theresia von Ávila (Teresa von Ávila,

Theresia

Teresa de Jesús, eigtl. Teresa de Cepeda y Ahumada, gen. T. die Große, hl., * Ávila 28. März 1515, † Alba de Tormes (Prov. Salamanca) 4. Okt. 1582, span. Mystikerin. - Trat 1535 in den Orden der Karmeliten in Ávila ein; lebte in überstrenger Buße; von Visionen (1556/60) geleitet, widmete sie sich der Reform ihres Ordens (Unbeschuhte Karmeliten) und der Gründung neuer Frauenklöster (zus. mit ihrem geistl. Freund Juan de la Cruz). Ihre aus geistl. Vorträgen für Ordensangehörige hervorgegangenen Schriften sind christolog. orientiert. T. ist seit 1617 Patronin Spaniens und wurde 1970 zum „Doctor Ecclesiae" ernannt. - Fest: 15. Oktober.

Theresia vom Kinde Jesu (T. v. K. J. und vom hl. Antlitz, Theresia von Lisieux), eigtl. Marie Françoise Thérèse Martin, gen. Kleine hl. Theresia, hl., * Alençon 2. Jan. 1873, † Lisieux 30. Sept. 1897, frz. Karmelitin. - Trat 1888 mit Sondererlaubnis Leos XIII. bereits mit 15 Jahren in den Karmelitenorden in Lisieux ein; begann 1895 ihre Autobiographie „Geschichte einer Seele" (hg. 1898), die wie ihre Gedichte, Gebete und Briefe eine klare christozentr. und kirchl. Theologie zeigt; seit 1927 Hauptpatronin aller Missionen.

Theresienstadt (tschech. Terezín), Stadt an der Eger, ČSSR, 146 m ü. d. M., 2 700 E. - In T. wurde von der SS im Nov. 1941 ein KZ errichtet als Durchgangslager für den Transport von Juden in die Vernichtungslager, seit Anfang 1942 auch als Lager für Juden, die zumindest vorerst nicht ermordet werden sollten (propagandist. als „Gegenbeweis" gegen die Gerüchte vom Massenmord an Juden benutzt). Von den bis April 1945 in T. rd. 141 000 Inhaftierten starben im Lager rd. 33 000, etwa 88 000 wurden in Vernichtungslager deportiert. Auf dem Gelände befindet sich heute eine Gedenkstätte.

Theriak [griech.], beliebtes Arzneimittel des MA in der Zubereitungsform einer †Latwerge, v. a. gegen Vergiftungen und Seuchen (z. B. Pest). Es war auf komplizierte Weise aus über 60 (später über 80) Bestandteilen zusammengesetzt. Die Bestandteile waren in erster Linie getrocknete pflanzl. Drogen und Gewürze, darunter Meerzwiebel, Baldrian und Opium, ferner u. a. Schlangenfleisch und gebrannter „Chalcanth" (Vitriol), der später durch Eisenoxid ersetzt wurde.

theriomorph [griech.], tiergestaltig (religionsgeschichtl. von tiergestaltig gedachten Gottheiten gesagt).

Thérive, André [frz. te'ri:v], eigtl. Roger Puthoste, * Limoges 19. Juni 1891, † Paris 4. Juni 1967, frz. Schriftsteller und Literaturkritiker. - Mitbegründer und Theoretiker des Populismus, von dem er sich jedoch später abwandte.

therm..., Therm... †thermo..., Thermo...

Thermae Himerenses †Termini Imerese.

Thermaischer Golf, Golf des nördl. Ägäischen Meeres, zw. der Halbinsel Chalkidike und der Griech. Halbinsel.

Thermalbad [griech./dt.], von mineralhaltigen Thermen gespeistes Frei- oder Hallenbad, meist in einem über Heilquellen verfügenden Badeort.

Thermalisierung [griech.], die Abbremsung von atomaren bzw. Elementarteilchen (insbes. schneller Neutronen im Kernreaktor) auf Geschwindigkeiten, die ihrer Wärmebewegung bei der betreffenden Umgebungstemperatur entsprechen.

Thermalloy [griech./frz.] (Calmalloy), weichmagnet. Legierung; 60–65% Nickel, 30–35% Kupfer, geringe Beimengungen von Mangan und Eisen.

Therme [griech.] †Quelle.

Thermen [griech.], öffentl. Badeanstalten der Antike. Die ältesten Badeanlagen, sowohl griech. wie röm., waren bescheiden an Größe und Ausstattung, v. a. Wannen- und Schwitzbad. Ab dem 1. Jh. v. Chr. bestehen die T. gemäß dem Badevorgang aus der Folge von Auskleideraum (Apodyterium), mäßig warmem Bad (Tepidarium), Warmbad (Kaldarium), Kaltbad (Frigidarium), danach evtl. noch ein Schwitzbad (Laconium), außerdem Warmluftraum (Sudatio), in Reihung oder ringförmiger Anlage, auch verdoppelt oder anders variierte Grundrisse. In aufwendigen T., insbes. den Kaiser-T., kommen offene und gedeckte Ringkampfanlagen (Palästren), ein Freibad (Natatio) und Massageräume hinzu, ferner Unterhaltungsräume, Geschäfte, Bibliotheken, weite Gärten, Wandelhallen, Wasserkünste und Statuenschmuck. Die Räume selbst waren mit Mosaiken geschmückt. Die Einrichtung der T. hatte große Bed. im tägl. Leben der wohlhabenden Römer, es gab auch T. für Frauen oder bestimmte Öffnungszeiten nur für Frauen; daneben auch gemischter Besuch. Die Anlagen der T. gehören zu den bed. architekton. Leistungen der Römer (Tonnengewölbe, Kuppelkonstruktionen von großem Durchmesser, †Hypokaustum).

Thermi [neugriech. 'θermi], Ort an der O-Küste der griech. Insel Lesbos, nw. von Mitilini. Ausgrabung (1929–33) von 5 Siedlungsschichten (der Kupfer- und der frühen Bronzezeit zugeordnet, den beiden ersten Kulturschichten von Troja verwandt).

Thermidor [griech.-frz.], 11. Monat des Kalenders der Frz. Revolution (19. bzw. 20. Juli bis 17. bzw. 18. August).

Thermik [zu griech. thérmē „Wärme, Hitze"], durch starke Erwärmung des Bodens und der darüberliegenden Luftschichten hervorgerufener Aufwind. Die besten Bedingungen für die Entwicklung von therm. Aufwinden sind um die Mittagszeit über Gebieten gegeben, deren Oberfläche sich bei Sonneneinstrahlung stark erwärmt (Sand, trockene Erde, Getreidefelder, Felsen, Häuser); die

thermische Anregung

als Ausgleich erforderl. Abwinde treten in der Nachbarschaft (Wiesen, Wälder, Gewässer) auf. Die überhitzte Luft löst sich in Form großer Warmluftblasen *(T.blasen)* von 200 bis 500 m Durchmesser vom Boden ab und steigt mit rund 3 bis 5 m/s Geschwindigkeit auf. Diese T.blasen oder die vorwiegend in Zusammenhang mit Wolken auftretenden *T.schläuche* werden von den Segelfliegern zum Höhengewinn ausgenutzt.

Thermionikelement [griech./lat.] (thermion. Energiewandler, thermion. Konverter), eine den glühelektr. Effekt ausnutzende Vorrichtung zur direkten Umwandlung hochwertiger, d. h. auf hoher Temperatur befindl. Wärmeenergie in elektr. Energie. Ein T. besteht aus zwei großflächigen Elektroden in einem evakuierten oder mit Cäsiumdampf gefüllten Gefäß. Die aus einem hochschmelzenden Metall mit hoher Austrittsarbeit bestehende Kathode (sog. *Emitter*) wird bis auf etwa 1 800 °C aufgeheizt, wobei Elektronen austreten. Diese werden von der Anode (sog. *Kollektor*), deren Material eine geringere Austrittsarbeit besitzt und auf wesentl. niedrigerer Temperatur gehalten wird, absorbiert und fließen über einen Außenkreis wieder zum Emitter zurück. Mit neueren T. erreicht man bei Arbeitstemperaturen von 1 800 °C Leistungsdichten von 20 W/cm²; Wirkungsgrad etwa 10%, Spannungen etwa 1 V. Anordnungen von in Reihe geschalteten T. bezeichnet man als *Thermionikgeneratoren (thermion. Generatoren)*. - Abb. S. 80.

thermisch [griech.], die Wärme betreffend, durch Wärme verursacht.

thermische Anregung (Temperaturanregung), die ↑Anregung von Atomen und Mo-

Thermographie. Schema eines Wärmesichtgeräts (unten). Die durch das Siliciumfenster einfallende Infrarotstrahlung wird von einem rotierenden, zehnflächigen, doppelseitig bedampften Spiegel (Sp) auf eine Anordnung von sechs Infrarotdetektoren reflektiert. Nach Umwandlung der Infrarotstrahlung in elektrische Signale werden diese über sechs Verstärker einer Anordnung von sechs Leuchtdioden zugeführt. Das rote, sichtbare Licht der Leuchtdioden gelangt über den rotierenden Spiegel und eine Umlenkoptik durch das Okular ins Auge des Betrachters. Die zehn Spiegelflächen haben eine geringfügig unterschiedliche Neigung zur Drehachse des Spiegels, wodurch die sechs Zeilen zehnmal untereinandergelegt werden und so ein Wärmebild von 60 Zeilen entsteht; Thermogramm eines Hauses (oben); die verschiedenen Farben sind ein Maß für die unterschiedlichen Intensitäten (linke Leiste; unten höchster Wärmegrad) der Wärmeabstrahlung

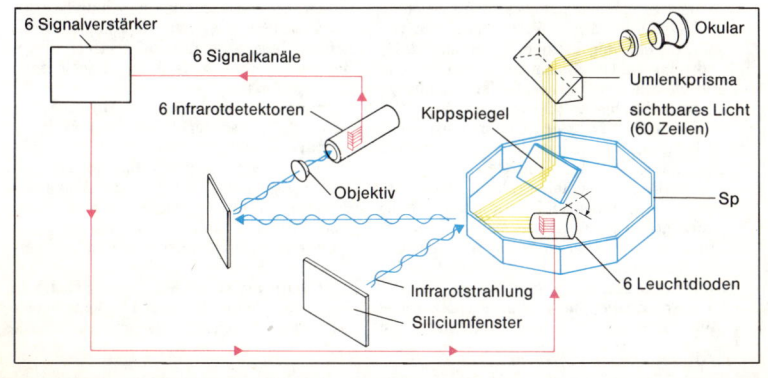

thermische Elektronenemission

lekülen (z. B. in einem Gas) infolge inelast. Zusammenstöße bei ihrer Wärmebewegung.
thermische Elektronenemission, svw. ↑ glühelektrischer Effekt.

thermische Energie, svw. ↑ Wärmeenergie.
◆ (t. E. eines Teilchens) die kinet. Energie, die ein sich im therm. Gleichgewicht mit seiner Umgebung befindl. Teilchen (z. B. Gasmolekül) auf Grund seiner Wärmebewegung besitzt.

thermische Geschwindigkeit, die der therm. Energie eines Teilchens entsprechende Geschwindigkeit; sie liegt bei Zimmertemperatur bei einigen 100 m/s; bei therm. Neutronen wird sie häufig mit 2 200 m/s angegeben.

thermische Strahlung, svw. ↑ Wärmestrahlung.

Thermistor [Kw. aus griech. thermal und lat.-engl. resistor „Widerstand"], elektron. Bauelement ([Halb]leiter), bei dem die Temperaturabhängigkeit seines Widerstands zu Meß- und Regelzwecken genutzt wird.

Thermitschmelzschweißen [griech./dt.] ↑ Schweißverfahren.

thermo..., Thermo..., therm..., Therm... [zu griech. thérmē „Wärme, Hitze"], Bestimmungswort von Zusammensetzungen mit der Bed. „Wärme, Hitze; Wärmeenergie; Temperatur".

Thermoanalyse (thermische Analyse), Bez. für analyt. Verfahren, bei denen unter dem Einfluß von Temperaturänderungen auftretende Effekte Rückschlüsse auf die physikal.-chem. Eigenschaften von Substanzen zulassen oder bei denen man die bei physikal.-chem. Prozessen auftretenden Temperaturänderungen und Wärmetönungen mißt.

Thermochemie [...çe...], Teilgebiet der physikal. Chemie, das sich mit den bei chem. Reaktionen auftretenden Wärmeumsätzen beschäftigt und die Abhängigkeit des Stoffumsatzes und des chem. Gleichgewichts von der Temperatur u. a. thermodynam. Größen untersucht, wobei zwei sog. **thermochemische Gesetze** gelten: 1. Die bei der Bildung einer Verbindung umgesetzte Wärme ist gleich der zur Spaltung dieser Verbindung erforderl. Wärme mit umgekehrtem Vorzeichen. 2. Die von einem chem. System aufgenommene oder abgegebene Wärmemenge ist unabhängig vom Reaktionsweg (Hess-Gesetz).

Thermodiffusion, eine in Flüssigkeits- oder Gasgemischen, in denen ein Temperaturgefälle besteht, auftretende physikal. Erscheinung: Leichtere Moleküle bzw. Isotope eines Isotopengemischs diffundieren bevorzugt in Richtung zunehmender Temperatur, die schwereren entgegengesetzt dazu, so daß eine geringfügige Entmischung bzw. Isotopenanreicherung eintritt.

Thermodynamik (Wärmelehre), Teilgebiet der Physik, in dem das Verhalten physikal. Systeme bei Zu- oder Abführung von Wärmeenergie und bei Temperaturänderungen untersucht wird. Grundlage der T. sind die sog. **Hauptsätze der Wärmelehre:**
1. Hauptsatz: Wärme ist eine bes. Form der *Energie;* sie kann in festen Verhältnissen in andere Energieformen umgewandelt werden und umgekehrt. In einem abgeschlossenen System bleibt die Summe aller Energiearten *(mechan., therm., elektr., magnet.* und *chem. Energie)* konstant *(Satz von der Erhaltung der Energie).*
2. Hauptsatz (Entropiesatz): Die ↑Entropie eines abgeschlossenen thermodynam. Systems kann sich nur durch Austausch mit der Umgebung ändern oder sie kann sich nur von selbst vermehren (d. h., sie kann nicht vernichtet werden). Damit ist gleichzeitig der Richtungscharakter aller Wärmevorgänge ausgedrückt: Wärme kann nicht von selbst von einem kälteren auf einen wärmeren Körper übergehen.
3. Hauptsatz (Nernstsches Wärmetheorem): Die Entropie eines festen oder flüssigen Körpers hat am absoluten Nullpunkt den Wert Null. Das heißt aber, der absolute Nullpunkt ist prinzipiell nicht erreichbar.
Als Nullter Hauptsatz der Wärmelehre wird häufig der folgende aus zwei Teilen bestehende Satz bezeichnet: a) Alle physikal. Körper lassen sich eindeutig in Klassen gleicher Temperatur einteilen; b) werden zwei Körper aus verschiedenen Klassen genügend lange in Berührung gebracht, so gleichen sie ihren Zustand an und gelangen in die gleiche Klasse.
⚇ *Baur, H.: Einf. in die T. irreversibler Prozesse. Darmst. 1984. - Schreiner, J./Schreiner, W.: Anschaul. T. Ffm. u. a.; Aarau u. a. 1983. - Doering, E./Schedwill, H.: Grundll. der Techn. T. Stg.* ²*1982. - Elsner, N.: Grundll. der techn. T. Wsb.* ³*1982. - Baehr, H. D.: T. Bln. u. a.* ⁵*1981. - Eder, F. X.: Arbeitsmethoden der T. Bln. u. a. 1981–83. 2 Bde. - Kortüm, G./Lachmann, H.: Einf. in die chem. T. Whm.* ⁷*1981.*

thermodynamische Prozesse, Bez. für Zustandsänderungen, die in einem physikal. System ablaufen und v. a. mit dem Austausch von Wärmeenergie, Arbeit und Entropie sowie dem Ausgleich der Temperatur innerhalb dieses Systems und mit seiner Umgebung verbunden sind (z. B. die verschiedenen ↑ Kreisprozesse).

thermodynamische Temperatur (absolute Temperatur) ↑Temperaturskala.

thermoelektrische Effekte, Sammelbez. für den Seebeck-Effekt (thermoelektr. Effekt i. e. S.), den Peltier-Effekt, den Thomson-Effekt und eine Reihe weiterer durch die Thermoelektrizität bedingter Effekte.

thermoelektrische Kraft, svw. ↑ Thermokraft.

Thermoelektrizität, zusammenfassende Bez. für alle Erscheinungen in elektr. leitenden festen Stoffen (Metalle und Halbleiter),

Thermometer

in denen Temperaturdifferenzen, elektr. Spannungsdifferenzen bzw. Ströme und Wärmeenergien (oder Wärmeströme) miteinander verknüpft sind; häufig werden einschränkend unter T. nur die auf dem ↑ Seebeck-Effekt beruhenden Erscheinungen verstanden.

Thermoelement, ein Leiterkreis aus zwei oder mehreren verschiedenen Metallen oder halbleitenden Materialien, deren Verbindungsstellen (Lötstellen) auf verschiedene Temperaturen gebracht, infolge des ↑ Seebeck-Effektes eine Thermospannung bzw. einen Thermostrom liefern. T. mit metall. Leiterpaar werden v. a. zur Temperaturmessung verwendet; sie dienen auch als Strahlungsmeßgeräte *(Strahlungs-T.)*, insbes. in der Infrarotspektroskopie. T. aus halbleitenden Materialien werden zur direkten Umwandlung von Wärmeenergie in elektr. Energie verwendet.

Thermofixieren ↑ Pflegeleichtausrüstung.

Thermograph, Temperaturschreiber; ein registrierendes Thermometer, nach dem Prinzip des Bimetallthermometers. Die Bewegungen des Bimetallstreifens werden auf einen Schreibhebel übertragen, der die Temperaturschwankungen auf einer Registriertrommel aufzeichnet *(Thermogramm)*.

Thermographie, Verfahren zur Abbildung von Objekten mittels ihrer Wärmestrahlung (Infrarotstrahlung). Die Sichtbarmachung und Aufzeichnung von Temperaturverteilungen auf Oberflächen und von Temperaturänderungen mit Hilfe der T. wird z. B. dort angewandt, wo die über einen bestimmten Wert hinausgehende Erwärmung eines Bauteils zu dessen Zerstörung führen kann (z. B. in der Elektronik) oder wo [energieverschwendende] Wärmeisolationsfehler (z. B. an Wohnhäusern) ausfindig zu machen sind. Die T. wird auch zur zerstörungsfreien Werkstoffprüfung angewandt, da Materialeinschlüsse und andere Inhomogenitäten unterschiedl. Wärmeflußdichten hervorrufen, die sich im Wärmebild der Oberfläche abzeichnen. *Wärmesichtgeräte* dienen zur direkten Betrachtung und Untersuchung bruchgefährdeter Bauteile, *Wärmebilder* **(Thermogramme)** werden mit sog. *Wärmebildgeräten* **(Thermographen)** aufgenommen. Beide Geräte enthalten einen infrarotempfindl. Sensor (IR-Sensor; meist mit flüssigem Stickstoff gekühlt), auf den das zu untersuchende Objekt mittels Rasteroptik (z.B. rotierendes Spiegelpolygon und Kippspiegel) zeilen- und punktweise abgebildet und in elektr. Signale umgewandelt wird; diese ergeben, auf einem Bildschirm dargestellt, ein Thermogramm, dessen verschiedene Grau- oder Farbabstufungen jeweils bestimmten Temperaturbereichen entsprechen. Ein neuartiges Verfahren bedient sich der flüssigen Kristalle und wird als *Platten-T.* bezeichnet. Dabei werden zwei dünne Glasplatten oder durchsichtige Kunststoffolien, zw. denen sich eine dünne Schicht aus einer flüssigkristallinen Substanz befindet, in direkten Kontakt mit der zu untersuchenden Oberfläche gebracht. Die flüssigkristalline Substanz nimmt dann bei Vorhandensein von Bereichen unterschiedl. Temperatur an diesen Stellen unterschiedl. Farbe an. Auf diese' Weise lassen sich z. B. in der Medizin Temperaturmuster der Haut aufzeichnen, die ihre Durchblutung sowie Tumorbildungen aufzeigen. - Abb. S. 77.
⌑ *Weber, Helmut, u. a.: T. im Bauwesen.* Sindelfingen 1981.

Thermokauter, elektr. beheiztes (Elektrokauter, Brenneisen) oder tiefgekühltes (Kryokauter) chirurg. Instrument, mit dem Operationen oder Gewebsverschorfungen vorgenommen werden.

Thermokopierverfahren ↑ Kopierverfahren.

Thermokraft, die beim ↑ Seebeck-Effekt auftretende elektromotorische Kraft *(Thermospannung);* ihre Größe hängt von der Art der beiden zu einem geschlossenen Stromkreis zusammengelöteten elektr. Leiter sowie von der Temperaturdifferenz an den Lötstellen ab. Der von ihr hervorgerufene Strom wird als *Thermostrom* bezeichnet. Ursache der T. ist die Temperaturabhängigkeit der Kontaktspannung, die in der Berührungsschicht zw. zwei Leitern unterschiedl. Elektronendichte und Austrittsarbeit entsteht (↑ Kontaktelektrizität).

Thermolumineszenzmethode ↑ Altersbestimmung.

Thermolyse [griech.], durch Erhitzen bewirkte Spaltung chem. Verbindungen.

thermomagnetische Effekte, Sammelbez. für eine Reihe von physikal. Effekten, die in elektr. leitenden Substanzen (v. a. Elektronenleitern) bei Vorhandensein eines konstanten Magnetfeldes durch eine quer bzw. parallel zu den magnet. Feldlinien verlaufende Wärmeströmung hervorgerufen werden, z. B. der ↑ Nernst-Effekt und der ↑ Righi-Leduc-Effekt.

Thermometer, Gerät zur Messung der Temperatur eines Körpers. Die Messung kann erfolgen, indem man das T. oder Teile davon in unmittelbaren Kontakt mit dem Meßkörper bringt *(Berührungs-T.)* oder indem man die vom Meßobjekt ausgesandte Strahlung anhand der damit verbundenen Erwärmung u. Änderung z. B. des elektr. Widerstands mißt *(Strahlungs-T. bzw.* ↑ *Pyrometer,* ↑ *Bolometer)*. Zur Messung der Temperatur mit Berührungs-T. sind eine Reihe von physikal. Phänomenen geeignet, insbes. die Änderung des Volumens von Flüssigkeiten und festen Körpern mit der Temperatur. Dieser Effekt liegt den *Ausdehnungs-T.* zugrunde, insbes. den *Flüssigkeits[ausdehnungs]-T.*; sie sind meist als *[Flüssigkeits]glas-T.* ausgeführt, bei

79

Thermometrie

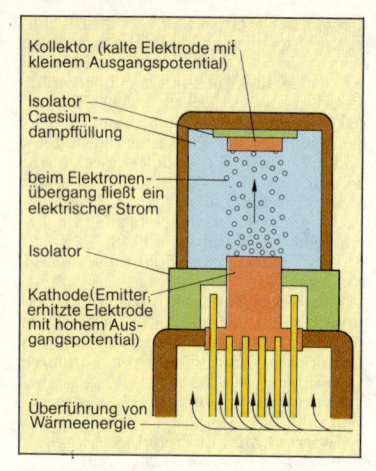

Kollektor (kalte Elektrode mit kleinem Ausgangspotential)

Isolator

Caesiumdampffüllung

beim Elektronenübergang fließt ein elektrischer Strom

Isolator

Kathode (Emitter, erhitzte Elektrode mit hohem Ausgangspotential)

Überführung von Wärmeenergie

Thermionikelement. Schema eines Thermionikgenerators

denen eine Meßkapillare an ein flüssigkeitsgefülltes Glasgefäß als Fühler angesetzt ist; nimmt die Temperatur zu, so dehnt sich die Flüssigkeit aus und steigt in der Kapillare hoch; nach Eichung der angebrachten Skala kann man die Temperatur des Fühlers ablesen. Je nach dem gewünschten Meßbereich verwendet man als Meß- oder T.flüssigkeit organ. Flüssigkeiten, z. B. Alkohol (*Alkohol-T.*), Toluol oder Pentan und sehr häufig Quecksilber (*Quecksilber-T.*; Meßbereich von −35 °C bis 600 °C).

Beim **Maximumthermometer**, z. B. dem **Fieberthermometer**, sorgt eine Einschnürung der Kapillare dafür, daß bei Abkühlung der Quecksilberfaden abreißt und liegen bleibt. Das **Minimumthermometer** ist ein Alkohol-T. mit weiter Kapillare, das waagerecht gelagert ist. Im Alkoholfaden liegt ein kleiner Glasstift, der beim Rückgang der Temperatur durch die Oberflächenspannung am Ende des Flüssigkeitsfadens mit zurückgeführt wird, weil er die Grenzfläche nicht durchdringen kann. Bei Temperaturanstieg fließt die Flüssigkeit an ihm vorbei. Sein dem T.gefäß abgewandtes Ende zeigt das Temperaturminimum an. Das **Maximum-Minimum-T.** dient zum Messen der höchsten bzw. tiefsten Temperatur innerhalb eines best. Zeitraumes. Ein Schenkel eines U-förmigen Kapillarrohres ist vollständig, der andere nur z. T. (Ausgleichsgefäß) mit Alkohol gefüllt. Der Alkoholfaden ist von einem Quecksilberfaden unterbrochen, der mit seinen beiden Kuppen 2 Glasstäbchen (mit an der Kapillarwand federnd anliegendem Draht) im linken bzw. rechten Schenkel entsprechend der tiefsten bzw. höchsten Temperatur bleibend, verschiebt. Nach dem Ablesen werden die Glasstäbchen (samt Draht) durch Klopfen oder mittels Magnet zurückgeholt. **Bimetallthermometer** bestehen aus einem häufig spiralförmigen Streifen von zwei aufeinandergeschweißten Metallen verschiedener Ausdehnungskoeffizienten, z. B. Kupfer und Nickelstahl. Dieser Streifen krümmt sich bei steigender Temperatur; an seinem Ende ist ein Zeiger bzw. beim *Thermograph* eine Schreibvorrichtung angebracht. In Gasen und siedenden Flüssigkeiten, die in einem festen Volumen untergebracht sind, hängt der Druck von der Temperatur ab. Im **Gasthermometer** [von Jolly] befindet sich im Meßfühler ein nahezu ideales Gas, dessen Druck bei konstantem Volumen *linear* von der Temperatur abhängt. Bei **Dampfdruckthermometern** (*Dampfspannungs-* oder *Tensions-T.*) ist der Druck im Wasser und Wasserdampf enthaltenen Fühler gemäß der Dampfdruckkurve ein Maß für die Temperatur. Hier wie beim Gas-T. wird die Temperaturmessung auf eine Druckmessung zurückgeführt. Sehr verbreitet sind T., die auf einem elektr. Umwandlungseffekt beruhen. Häufig sind das Thermoelement und das **Widerstandsthermometer**, bei dem die Temperaturabhängigkeit des Widerstandes eines Leiters ausgenutzt wird; als Meßfühler dient ein elektr. Widerstand z. B. aus Platin, Kupfer oder Nickel. Die sehr empfindl. reagierenden **Halbleiterthermometer**, die zunehmend eingesetzt werden, arbeiten mit Halbleiterwiderständen (Heißleiter), die jedoch eine nichtlineare Abhängigkeit ihres Widerstandes von der Temperatur aufweisen.

📖 *Weichert, L., u. a.: Temperaturmessung in der Technik. Grafenau* [3]*1981. - Henning, F.: Temperaturmessung. Bln. u. a.* [3]*1977. - Hdb. der techn. Temperaturmessung. Hg. v. F. Lieneweg. Braunschweig 1976.*

Thermometrie [griech.], svw. Temperaturmessung.

Thermonastie [griech.], durch Temperaturänderung ausgelöste Bewegung (↑Nastie) pflanzl. Organe (z. B. das Sichöffnen und Sichschließen der Blüten der Gartentulpe).

thermonukleare Reaktion, svw. ↑Kernfusion.

thermonukleare Waffen, Bez. für die auf der Kernfusion beruhenden Waffen (↑Wasserstoffbombe). - ↑auch ABC-Waffen.

thermophil, wärmeliebend; von Mikroorganismen gesagt, die bevorzugt in einem Temperaturbereich von 40 bis 55 °C leben bzw. in diesem Bereich ihr Wachstumsoptimum haben.

Thermoplaste, svw. thermoplast. ↑Kunststoffe.

Thermopylen, etwa 7 km lange Engstrecke in M-Griechenland, zw. dem Malischen Golf und dem Fuß des Kallidromon, urspr. nur bis 40 m, heute etwa 4 km breit; am westl. Eingang Schwefelthermen. In der

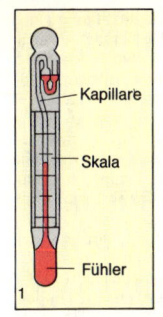

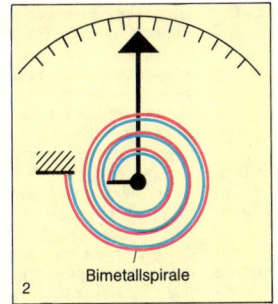

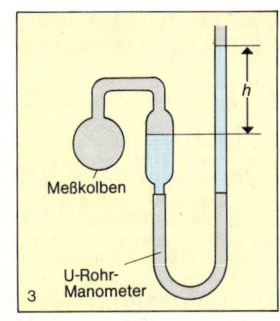

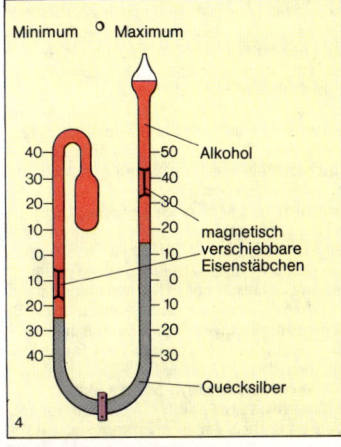

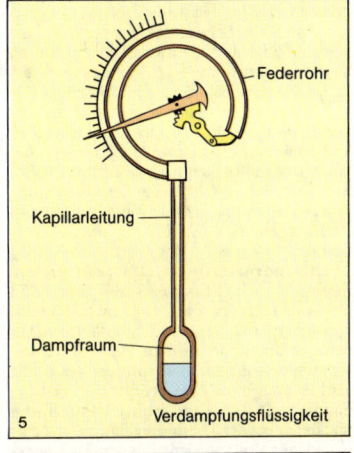

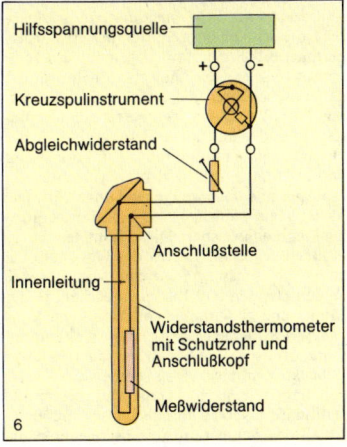

Thermoregulation

Thermometer. Schematische Darstellungen von:
1 Flüssigkeits-, 2 Bimetall-,
3 Gas- (die Höhe *h* ist ein Maß für den Druck des im Meßkolben eingeschlossenen Gases und damit für die gemessene Temperatur),
4 Maximum-Minimum-, 5 Dampfdruck-, 6 Widerstandsthermometer

Antike befestigt; Leonidas-Denkmal. - Berühmt durch die Vernichtung der griech. Truppen unter Leonidas (480 v. Chr.) durch das pers. Heer Xerxes' I.; spätere Versuche, die T. gegen Eindringlinge zu sperren, verliefen ebenfalls meist erfolglos.

Thermoregulation (Temperaturregulation, Wärmeregulation), die Fähigkeit homöothermer (gleichbleibend warmer) Organismen, ihre Körpertemperatur unter wechselnden Umweltbedingungen und unterschiedl. eigenen Stoffwechselleistungen bei geringen Schwankungen konstant zu halten. Abweichungen von der normalen Körpertemperatur werden zum einen durch Wärmebildung, zum anderen durch Wärmeabgabe, daneben auch durch Wärmeisolierung des

Thermorezeptoren

Organismus (Fettschicht, Haarkleid, Gefieder) und bes. Verhalten (Aufsuchen von schattigen, kühlen bzw. sonnigen, warmen Plätzen) weitgehend verhindert. - Die Wärmebildung im Dienst der T. wird v. a. durch eine Zunahme der motor. Nervenimpulse mit einer entsprechenden Steigerung des Skelettmuskelstoffwechsels (Zunahme des reflektor. Muskeltonus bis zum Kältezittern) bewerkstelligt. Mechanismen der Wärmeabgabe an die Umgebung sind die Wärmeleitung, Konvektion und die Wärmeabstrahlung von der Haut (sie sind variabel durch Aufrichten von Haaren bzw. Federn und können durch Zunahme der Hautdurchblutung gesteigert werden) sowie die Abkühlung durch Wasserverdunstung von der Hautoberfläche (aktiv geregelt durch die Schweißsekretion). Auch die Schleimhäute der Atemwege können durch Wasserverdunstung an der Wärmeabgabe beteiligt sein, bes. bei hechelndem Atmen. - Die T. erfolgt über zentralnervöse Steuerungsvorgänge, v. a. über Thermoenterorezeptoren († Thermorezeptoren). Im vorderen Hypothalamus und im Rückenmark gibt es ein „Kühlzentrum", das Abwehrreaktionen gegen höhere Erwärmung einleitet, sowie ein „Heizzentrum" gegen eine Abkühlung des Körperkerns.

Thermorezeptoren (Temperaturrezeptoren), nervale Strukturen des tier. und menschl. Körpers, die Temperaturänderungen registrieren. Bei den homöothermen Lebewesen unterscheidet man **Thermoenterorezeptoren** *(Temperaturenterorezeptoren)*, die als Innenrezeptoren die Temperatur im Körperinnern (v. a. die des Bluts) kontrollieren und daher bei der Thermoregulation eine entscheidende Rolle spielen, von den **Thermoexterorezeptoren** *(Temperaturexterorezeptoren)*, die als Außenrezeptoren in der Körperperipherie, d. h. der Haut, liegen und die Temperaturreize aus der Umwelt aufnehmen und daher (neben ihrer Bed. auch bei der Thermoregulation) v. a. den Temperatursinn repräsentieren, der auf das äußere Verhalten des Organismen Einfluß nimmt. Funktionsweise und anatom. Struktur der Thermoenterorezeptoren sind noch weitgehend ungeklärt. Die T. der Haut sind in Form von **Temperaturpunkten** nachweisbar. Diese kommen in erhöhter Dichte im Bereich des Gesichts (v. a. an der Nasenspitze und am Mund) sowie an den Händen und Füßen, außerdem in der Mund- und Nasenhöhle vor. Man kann *Kaltpunkte (Kältepunkte)*, die eine Kaltempfindung auslösen, von bes. *Warmpunkten (Wärmepunkte)* unterscheiden. Beide Rezeptortypen haben je nach Temperatur bestimmte stationäre [Nerven]impulsfrequenzen. Beim Abfall des Temperaturniveaus reagieren die Kaltrezeptoren zunächst mit einer erhebl. Steigerung der Impulsfrequenz („überschießende Erregung"), während bei den Warmrezeptoren die Frequenz stark abfällt oder ganz aufhört („überschießende Hemmung"). Bei einer Temperaturerhöhung zeigen dagegen die Warmrezeptoren eine überschießende Erregung, die Kaltrezeptoren eine überschießende Hemmung. Anschließend stellt sich dann bei den Rezeptoren der für die neue Temperatur charakteristische neue Frequenzwert ein. Ihre maximale Empfindlichkeit (höchste stationäre Impulsfrequenz) haben die Kaltrezeptoren des Menschen bei Temperaturen um 25 °C, die Warmrezeptoren bei solchen um 43 °C. Bes. viele Kältepunkte (10–20 pro cm^2) finden sich beim Menschen im Bereich des (bes. kälteempfindl.) Gesichts und hier wiederum v. a. an den Lippen. Demgegenüber besitzen die Handinnenflächen nur 1–5 Kältepunkte pro cm^2. Wärmepunkte sind im allgemeinen seltener; sie sind beim Menschen an den Augenlidern und am Ellbogen bes. angehäuft. - Die Zuordnung der T. zu bestimmten histolog. Strukturen ist bislang noch nicht restlos gelungen. Möglicherweise handelt es sich um freie Nervenendigungen.

Thermosgefäße ⓦ [griech./dt.], doppelwandige Gefäße, die wegen des evakuierten Hohlraumes zw. den innen zusätzl. verspiegelten Wandungen einen äußerst geringen Wärmeaustausch mit der Umgebung haben. T. halten daher eingebrachte Substanzen, z. B. Lebensmittel, längere Zeit hindurch auf nahezu gleichbleibender Temperatur. - †auch Dewar-Gefäß.

Thermospannung †Thermokraft.

Thermostat [griech.], Vorrichtung zum Konstanthalten der Temperatur eines Raumes oder Gefäßes; Kombination von Temperaturregler und Wärmequelle (z. B. als Thermostatventil am Heizkörper) oder Kühlaggregat. - †auch Temperaturregler.

Thermostrom (thermoelektrischer Strom) †Thermokraft.

Thermotaxis (Thermotaxie) [griech.], bei freibewegl. Organismen eine durch Temperaturdifferenzen ausgelöste phobische oder gerichtete Orientierungsbewegung.

Theromorphen [griech.] (Theromorpha, Synapsiden, Synapsida, Theropsiden), Bez. für einen der beiden (phylogenet.) Hauptäste, die sich im Oberkarbon aus einer Gruppe primitiver Saurier († Kotylosaurier) abgespalten haben; etwa 2–4 m lange Tiere, die zu den Säugetieren (vom frühen Jura) geführt haben. - †auch Sauromorphen.

Therophyten [griech.], wiss. Bez. für die †Kräuter.

Thesaurus [zu griech. thēsaurós „Schatz, Schatzhaus"] (Mrz. Thesauri, Thesauren), alphabet. und systemat. geordnete Sammlung aller sprachl. und sonstigen Bezeichnungen eines bestimmten Anwendungsbereichs (z. B. einer Fachsprache) nach ihren semant. Beziehungen. Die Thesauri sind als Funktionsträger im Rahmen eines Dokumentationssystems grundlegende Hilfsmittel zur Wiederauffindung und inhaltl. Erschließung von Dokumenten und zur Wiedergewinnung von Information über jedes gewünschte Element des erfaßten Bereichs. Urspr. war T. ledigl. Bez. für eine Sammlung des Gesamtbestandes einer Sprache zu deren lexikal. Bearbeitung („T. linguae Latinae", „T. linguae Graecae").

These [zu griech. thésis „das Setzen"], allg. svw. aufgestellter Lehrsatz oder Leitsatz, der als Ausgangspunkt für die weitere Argumentation dient. In der *dialekt. Argumentation* die Ausgangsbehauptung, der die *Antithese* gegenübergestellt wird.
◆ in der *Logik* eine Behauptung, deren Begründung in Frage steht.

Theseion [griech.] ↑ Theseus.

Thesenstück (auch Tendenzstück), in der Tradition der sozialkrit. Sittenstücke stehendes Drama (Hörspiel, Sketch usw.), in dem die Richtigkeit einer bestimmten These dargestellt werden soll. Handlung und typisierte Personen sind weitgehend abstrakt und funktional nur im Hinblick auf die dialekt. Auseinandersetzung zugunsten nur eines Aspektes konstruiert. Z. B. bei G. B. Shaw, P. Weiss, B. Brecht; hinzuzurechnen sind die Stücke des frühen Arbeitertheaters, des Agitpropund Straßentheaters.

Theseus, Gestalt der griech. Mythologie, Nationalheld der Athener. In der Argolis geboren und (von dem Kentauren Cheiron) erzogen, tritt T. als Jüngling die Heimfahrt zu seinem Vater nach Athen an. In sechs Abenteuern, die er unterwegs zu bestehen hat, befreit er Land und Leute von sechs Plagen. In Athen übernimmt T. die Aufgabe, die Stadt von dem grausamen Tribut zu befreien, mit dem sie von Kretas König Minos belegt worden ist: jährl. sieben Knaben und sieben Mädchen als Fraß für den Minotaurus zu stellen. Mit ↑ Ariadnes Hilfe besteht der Held auch dieses Abenteuer erfolgreich, verschuldet freilich bei seiner Rückkehr den Tod seines Vaters Ägeus. Als dessen Nachfolger vereinigt er die att. Gemeinden und stiftet eine Reihe von Festen, darunter die Panathenäen. - Auf einem Zug gegen die Amazonen gewinnt der Held deren Königin Hippolyte als Beute und wird von ihr Vater des ↑ Hippolytos. - Der T.kult ist früh bezeugt. Er wurde v. a. in den Theseion gen. Tempeln (bes. in Athen) gepflegt.

📖 *Brommer, F.: T. Darmst. 1982.*

Thesmophorien [zu griech. thesmophóros „gesetzgebend"] ↑ Demeter.

Thespis, griech. Tragödiendichter des 6. Jh. v. Chr. - Stammte aus dem att. Demos Ikaria, trat 536/535 bis 533/532 bei den großen Dionysien in Athen zum ersten Mal mit einer Tragödie auf.

Thespiskarren, i. e. S. der Wagen, auf dem Thespis seine Stücke aufgeführt haben soll (überliefert bei Horaz); übertragen gebraucht für eine Wanderbühne.

Thessalien, Landschaft (Region) im O des mittleren Griechenland, deren Kern zwei weite, durch die bis 700 m hohe mittelthessal. Schwelle getrennte Becken bilden, die allseitig durch Gebirge abgegrenzt werden. Die Gebirge werden weidewirtsch. genutzt. Der Großgrundbesitz aus türk. und frühgriech. Zeit wurde im Zuge der Landreformen aufgelöst und in mittelgroße bäuerl. Betriebe aufgeteilt. Zugleich entstanden zahlr. Siedlungen, bes. nach 1923 für die Flüchtlinge aus Kleinasien. Die Ind. konzentriert sich v. a. auf die beiden städt. Zentren Wolos und Larisa.
Geschichte: Seit Beginn dieses Jh. umfangreichste Ausgrabungen neolith. Siedlungen in Griechenland; vereinzelt auch paläolith. Funde. In der Antike waren die herrschenden Großgrundbesitzer durch ihre Reiterei berühmt. T. hatte eine Bundesverfassung (Thessal. Bund unter einem Bundesfeldherrn [Tagos]; die Einheit des Landes wurde erst unter Jason von Pherä Anfang des 4.Jh. v. Chr. erreicht; 352 wurde T. von König Philipp II. Makedonien angegliedert; 196 erneut unabhängig, 148 von Rom unterworfen, gehörte zunächst zur Prov. Achaia (ab 27 v. Chr.), kam im 1.Jh. n. Chr. zur Prov. Macedonia, bildete seit Diokletian eine eigene Provinz.

Thessalonicherbriefe (Abk. 1. Thess./ 2. Thess.), im N.T. zwei Briefe des Apostels Paulus an die Gemeinde in Thessalonike (Saloniki). - 1. Thess., wohl Ende des Jahres 50 oder Anfang 51 geschrieben, betont den Autorität der apostol. Verkündigung und gibt Ermahnungen für das Leben der Gemeinde; 2. Thess., dessen Echtheit umstritten ist, spricht vom jüngst. Gericht und ermahnt zum Leben aus dem Glauben.

Thessalonike, antiker Name von ↑ Saloniki.

T., nach der Eroberung Konstantinopels durch die Kreuzfahrer (1204) gegr. Kreuzfahrerstaat (Kgr.), ben. nach der Stadt T. (↑ Saloniki); umfaßte die Stadt, ferner Teile Thrakiens und Makedoniens sowie Thessalien. 1224 von dem Despoten von Epirus (1227 oder 1228 in der Stadt T. zum byzantin. Kaiser gekrönt) erobert, den 1230 den Bulgaren unterlag. Seine Nachfolger gerieten in Abhängigkeit von Kaiser Johannes III. Dukas Batatzes von Nizäa, der T. 1246 endgültig unter seine Herrschaft brachte.

Theta [griech.], 9. Buchstabe des urspr., 8. des klass. griech. Alphabets: Θ, ϑ.

Theten [griech.], die grundbesitzlose, unterste Klasse (Lohnarbeiter, Handwerker) der 4 Klassen der athen. Bürger; gewannen durch die athen. Seemacht- und Flottenpolitik wegen ihres Einsatzes auf den Schiffen an Bedeutung.

Thetford Mines [engl. 'θɛtfəd 'maɪnz],

Thetis

kanad. Bergbaustadt 80 km südl. von Quebec, 20 000 E. Zentrum des bedeutendsten Asbestgewinnungsgebiet der Erde.

Thetis, in der griech. Mythologie die schönste der Nereiden, um deren Gunst Zeus und Poseidon werben; von Peleus Mutter des ↑Achilleus.

Theudelinde (Theodelinde), † 627 (628?), langobard. Königin. - Tochter des Bayernhzg. Garibald I. (⚭ um 570); seit 589 ∞ mit dem Langobardenkönig Authari. Nach dessen Tod schuf sie durch ihre Heirat mit Agilulf die rechtl. Voraussetzung für dessen Nachfolge im Königtum; vermittelte den Frieden zw. den arian. Langobarden und der röm.-kath. Kirche.

Theuerdank, Versepos, ↑Maximilian I., Kaiser.

Theveste ↑Tébessa.

Thevetie (Thevetia) [nach dem frz. Mönch A. Thevet, *1503/04, †1592], Gatt. der Hundsgiftgewächse mit neun Arten im trop. Amerika; kleine Bäume oder Sträucher mit großen, gelben, in Trugdolden stehenden Blüten mit trichterförmiger Krone. Die wichtigste, in den Tropen häufig als Zierstrauch angepflanzte Art ist der **Gelbe Oleander** (Thevetia peruviana) mit linealförmigen Blättern und zahlr. duftenden Blüten.

Thiabendazol [Kw.] (2-(4-Thiazolyl)-benzimidazol), als Wurmmittel, heute auch als Fungizid (z. B. zur Mehltaubekämpfung und zur Schimmelverhütung bei Zitrusfrüchten) verwendete heterocycl. Verbindung.

Thiamin [Kw.], svw. Vitamin B_1 (↑Vitamine).

Thiazole [Kw.], zwei heterocycl. Verbindungen (Thiazol und Isothiazol) mit einem Schwefel- und einem Stickstoffatom im fünfgliedrigen Ring. Thiazol ist der Grundbaustein der Thiazolfarbstoffe und des Vitamins B_1. Chem. Strukturformeln:

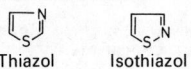

Thiazol   Isothiazol

Thibaud, Jacques [frz. ti'bo], * Bordeaux 27. Sept. 1880, † am Mont Cemet bei Barcelonnette 1. Sept. 1953 (Flugzeugunglück), frz. Violinist. - Unternahm erfolgreiche, weltweite Konzertreisen, bildete 1905 mit A. Cortot und P. Casals ein berühmtes Kammermusiktrio und gründete 1943 mit Marguerite Long (*1874, †1966) den „Concours international de piano et violon M. Long-J. Thibaud".

Thibaut [frz. ti'bo], frz. Form des männl. Vornamens Theobald.

Thibaut IV (Thibaud IV) **de Champagne** [frz. tibo'katrə], * Troyes 30. Mai 1201, † Pamplona 7. Juli 1253, König von Navarra (seit 1234), frz. Dichter. - Zählt zu den besten frz. Minnesängern; mit seinen [Liebes]liedern einer der bedeutendsten Lyriker des frz. Mittelalters.

Thibaut, Anton Friedrich Justus [frz. ti-'bo], * Hameln 4. Jan. 1772, † Heidelberg 28. März 1840, dt. Jurist und Musiktheoretiker. - Prof. in Kiel, Jena und Heidelberg; forderte ein einheitl. dt. Zivilgesetzbuch. Im eigenen Singverein (seit 1810), in dem auch C. M. von Weber und R. Schumann mitwirkten, förderte er das Studium der A-capella-Musik.

Thidrekssaga (Þiðreks saga), altwestnord. Erzählung über den Sagenhelden Dietrich von Bern (Þiðrekr), entstanden in der Mitte des 13. Jh. in Norwegen.

Thiedemann, Fritz, * Weddinghusen (heute zu Weddingstedt, Landkr. Dithmarschen) 3. März 1918, dt. Springreiter. - 1956 und 1960 Mannschaftsolympiasieger, 1953 Vizeweltmeister, 1958 Europameister, fünfmal dt. Meister.

Thiele, Rolf, * Redlice (Böhmen) 7. März 1918, dt. Filmregisseur. - Zunächst Produktionsleiter; drehte ab 1951 eigene Filme, v. a. nach Literaturvorlagen, z. B. „Die Barrings" (1955; nach W. von Simpson), „El Hakim" (1957; nach J. Knittel), „Das Mädchen Rosemarie" (1958; nach E. Kuby), „Wälsungenblut" (1964; nach T. Mann), „Grieche sucht Griechin" (1966; nach F. Dürrenmatt).

Thielicke, Helmut, * Barmen (= Wuppertal) 4. Dez. 1908, † Hamburg 5. März 1986, dt. ev. Theologe. - 1942-45 Leiter des theolog. Amtes der Württemberg. Landeskirche in Stuttgart; 1945 Prof. in Tübingen, seit 1954 in Hamburg; entschiedener Vertreter der Bekennenden Kirche; verfaßte zahlr. wichtige Arbeiten zur luth. Dogmatik und Ethik. - *Werke:* Offenbarung, Vernunft und Existenz (1936), Theolog. Ethik (1951-64), Der ev. Glaube. Grundzüge der Dogmatik (1968-73), Mensch sein - Mensch werden (1976).

Thieme, Hans, * Naunhof 10. Aug. 1906, dt. Zivilrechtslehrer und Rechtshistoriker. - Prof. u. a. in Göttingen und Freiburg im Breisgau. Arbeiten v. a. zur dt. Rechtsgeschichte. - *Werke:* Grundzüge der dt. Rechtsgeschichte (1934, mit K. von Schwerin), Das Naturrecht und die europ. Privatrechtsgeschichte (1947).

T., Ulrich, * Leipzig 31. Jan. 1865, †ebd. 25. März 1922, dt. Kunsthistoriker. - Begründete zus. mit F. Becker (*1864, †1928) das umfassende „Allg. Lexikon der bildenden Künstler von der Antike bis zur Gegenwart" (37 Bde., 1907-50).

Thieme Verlag KG, Georg ↑Verlage (Übersicht).

Thierack, Otto Georg, * Wurzen 19. April 1889, † Sennelager (= Paderborn) 22. Nov. 1946 (Selbstmord), dt. Jurist und Politiker. - 1933 als sächs. Justizmin. mit der Gleichschaltung beauftragt, 1935 Vizepräs. des Reichsgerichts; versuchte als Präs. des Volksgerichtshofs (1936-42) und Reichsjustizmin. (1942-45) mit allen Mitteln, die Justiz dem NS-System unterzuordnen.

Thierry, Alexandre [frz. tjɛ'ri], * Paris

1646 oder 1647, † ebd. 1. Dez. 1699, frz. Orgelbauer. - Mgl. einer bed. Orgelbauerfamilie, arbeitete v. a. in Paris, u. a. vollendete er die von seinem Vater *Pierre T.* (* 1604, † 1665) begonnene Orgel von Saint-Germain-des-Prés (1668; nicht erhalten) und baute Orgeln für Saint-Louis des Invalides (1679–87; Gehäuse und einige Pfeifen erhalten) und Saint-Cyr (1687). Sein Neffe *François T.* (* 1677, † 1749) baute v. a. die Orgel von Notre-Dame (Paris, 1730–33; nur das Gehäuse erhalten).

Thiers, Adolphe [frz. tjɛːr], * Marseille 14. April 1797, † Saint-Germain-en-Laye 3. Sept. 1877, frz. Politiker und Historiker. - Zunächst Journalist; im Jan. 1830 Mitbegr. der oppositionellen liberalen Zeitung „Le National". Ab 1830 Abg. und Mgl. des Staatsrats; 1832–36 mehrmals Min.; 1836 und 1840 Min.präs. und Außenmin.; widersetzte sich dem Staatsstreich des späteren Napoleon III. und wurde 1851 verhaftet (bis 1852 im Exil). Ab 1863 Abg. und Führer der liberalen Opposition gegen die napoleon. Außenpolitik. Er suchte 1870 vergebl. die Großmächte mit Hilfe gegen Preußen; 1871–73 Präs. der 3. Republik; schlug im Mai 1871 den Aufstand der Pariser Kommune nieder. Seine Werke „Geschichte der frz. Staatsumwälzung" (10 Bde., 1823–27) und „Geschichte des Consulats und des Kaiserreichs" (20 Bde., 1845–62) führten zu einer positiven Beurteilung der Frz. Revolution und unterstützten den Kult um Napoleon I.

Thiers [frz. tjɛːr], frz. Stadt am Rand der Limagne, Dep. Puy-de-Dôme, 439 m ü. d. M., 18 000 E. Museum (u. a. Sammlung des Messerschmiedehandwerks). - Zentrum des Messerschmiedehandwerks. Die auf dem linken Ufer der Durolle gelegene Siedlung wurde 532 von den Franken zerstört; entstand auf dem rechten Ufer neu. - Roman. Kirchen Saint-Genès und Église du Moutier; Bürgerhäuser (15.–17. Jh.).

Thiery, Herman [frz. tjeˈri], fläm. Schriftsteller, ↑ Daisne, Johan.

Thiès [frz. tjɛs], Regionshauptstadt in Senegal, östl. von Dakar, 117 000 E. Nahrungsmittel- und Textilind., Lkw-Montage; Verkehrsknotenpunkt mit Eisenbahnreparaturwerkstätte. Nahebei Phosphatabbau.

Thieß, Frank, * Eluisenstein bei Ogre (Livland) 13. März 1890, † Darmstadt 22. Dez. 1977, dt. Schriftsteller. - Während des NS vorwiegend in Wien und Rom; prägte das Schlagwort von der „inneren Emigration", zu der er sich bekannte. Verfasser zahlr. einfühlsamer Romane und Novellen; im Mittelpunkt stehen oft Grenzsituationen des menschl. Gefühlslebens („Die Verdammten", R., 1923), erot. Konflikte („Frauenraub", R., 1927), Probleme der Jugend, später v. a. histor. und zeitgeschichtl. Themen („Tsushima", R., 1936), machtvolle Persönlichkeiten der Geschichte („Die griech. Kaiser", R., 1959). Auch kulturphilosoph. Arbeiten, Essays sowie Dramen. *Weitere Werke:* Stürm. Frühling (R., 1937), Das Reich der Dämonen. Der Roman eines Jt. (1941, Neufassung 1968), Caruso (1941–46), Freiheit bis Mitternacht (Autobiogr., 1965), Der schwarze Engel (Novellen, 1966), Der Zauberlehrling (R., 1975).

Thietmar, alter dt. männl. Vorname, Nebenform von Dietmar.

Thietmar (Dietmar) **von Merseburg,** * Walbeck (?) (Landkr. Haldensleben) 25. Juli 975, † 1. Dez. 1018, ma. Chronist. - Aus dem Hause der Grafen von Walbeck; 1009 von König Heinrich II. mit dem Bistum Merseburg belehnt. Seine nach dem 13. Nov. 1012 begonnene Chronik behandelt die Zeit von Heinrich I. bis 1018 und ist in ihrer Detailfülle eine unersetzl. Quelle v. a. für die otton. Ostpolitik.

Thiêu, Nguyễn Văn ↑ Nguyễn Văn Thiêu.

Thigmomorphose [griech.], durch mechan. Kontakt (Berührung) mit einer Unterlage ausgelöste Gestaltänderung an Pflanzen bzw. pflanzl. Organen; z. B. Bildung von Haftscheiben beim Wilden Wein nach Kontakt der Ranken mit einer rauhen Oberfläche.

Thigmotaxis [griech.], durch Berührungsreize ausgelöste (positive oder negative) Orientierungsbewegung frei beweglicher Organismen; z. B. das Bestreben mancher Tiere, ihren Körper in möglichst engen Kontakt mit einem festen Gegenstand zu bringen.

Thigmotropismus [griech.], svw. Haptotropismus (↑ Tropismus).

Thika, Stadt in Z-Kenia, nö. von Nairobi, 18 500 E. Forschungsstation für Sisalanbau; Handels- und Ind.zentrum: Obstkonservenfabrik, Textil- und Bekleidungsind., Kfz.montage.

Thilde (Tilde), weibl. Vorname, Kurzform von Mathilde oder Klothilde.

Thilo (Tilo), männl. Vorname, Kurzform von mit Diet- gebildeten Namen.

Thimbu, Hauptstadt von Bhutan, im Tal des gleichnamigen Flusses, etwa 3 000 E. Kunsthandwerk, Wollweberei, ✈. - Die 1965 in Anlehnung an eine Klosterburg entstandene Stadt löste Punakha als Hauptstadt ab.

Thimig, östr. Schauspielerfamilie; bed.:
T., Hans, * Wien 23. Juli 1900, Schauspieler und Regisseur. - Sohn von Hugo T.; subtiler Komiker; 1918–24 am Burgtheater in Wien, 1924–49 Regisseur an verschiedenen Bühnen und beim Film; 1949 wieder am Burgtheater, seit 1959 Lehrer am Reinhardt-Seminar.
T., Helene, * Wien 5. Juni 1889, † ebd. 7. Nov. 1974, Schauspielerin. - Tochter von Hugo T.; spielte nach Verpflichtungen u. a. in Meiningen, am Königl. Schauspielhaus Berlin und am Dt. Theater Berlin unter Max Reinhardt (1917–33); ∞ mit M. Reinhardt; emigrierte 1933 nach Wien, 1938 dann in die USA (bis 1946); 1948–54 und 1960 Prof. an der Wiener Akad. für Musik und darstellende

Thimig

Kunst; außergewöhnl. vielseitiges Repertoire.
T., Hermann, * Wien 3. Okt. 1890, † ebd. 7. Juli 1982, Theater- und Filmschauspieler. - Sohn von Hugo T.; Komiker und Charakterdarsteller. 1914-24 am Dt. Theater Berlin; 1924 am Theater in der Josefstadt Wien.
T., Hugo, * Dresden 16. Juni 1854, † Wien 24. Sept. 1944, Schauspieler. - Seit 1874 am Wiener Burgtheater, 1912-17 dessen Direktor; gilt als herausragender Charakterkomiker und Repräsentant des Burgtheaterstils.

Thing (Ding, Tageding, Schrannengericht), in german. Zeit die Volks-, Heeres- und Gerichtsversammlung, auf der alle Rechtsangelegenheiten des Stammes (auch die Entscheidung über Krieg und Frieden) behandelt wurden. Zu verurteilende Täter wurden zum Verfahren verhaftet („dingfest gemacht"). Das T. fand unter Vorsitz des Königs (Stammes-, Sippenoberhauptes) unter freiem Himmel an bestimmten Orten *(Mal-, T.statt)* nur bei Tag statt. Es konnte bis zu 3 Tagen dauern und begründete für alle Freien (d. h. Waffenfähigen) die Pflicht zum Erscheinen mit Waffen *(T.pflicht)*. Die Entscheidungen wurden einstimmig getroffen. Während des T. bestand ein Sonderfriede *(T.friede)*, dessen Verletzung streng bestraft wurde. Vom *echten T.*, das zu bestimmten Zeiten (meist dreimal im Jahr) stattfand, ist das nach Bedarf einberufene *gebotene T.* zu unterschei-

Hans Thoma, Im Sonnenschein (1867). Karlsruhe, Staatliche Kunsthalle

den. In fränk. Zeit wandelte sich das T. immer mehr zur Gerichtsversammlung unter Leitung des Grafen bzw. Zentenars. Obgleich das T. teilweise bis ins 18. Jh. bestand, verlor es bereits im MA die anfängl. Bed.; an seine Stelle trat die Gerichtsverfassung der Städte und Territorien.

Thingvallavatn [isländ. 'θiŋgvadlavahtn], größter See Islands, 84 km^2, 114 m tief, liegt in der Ebene Thingvellir.

Thingvellir [isländ. 'θiŋgvɛdlɪr], Ebene in SW-Island, ein tekton. Graben mit spaltendurchsetzten Lavafeldern. - Im MA gab es ein Bistum T.; hier tagte 930-1800 das isländ. Althing. Am 17. Juni 1944 wurde hier die Republik proklamiert.

Thio- [zu griech. theĩon „Schwefel"], Vorsilbe am Namen anorgan. und organ. Verbindungen, die den Ersatz eines Sauerstoffatoms durch ein Schwefelatom kennzeichnen.

Thioalkohole, svw. ↑Mercaptane.

Thiobarbiturate ↑Barbitursäure.

Thiocarbamid [Kw.], svw. ↑Thioharnstoff.

Thiocyanate (Rhodanide), die Salze und Ester der ↑Thiocyansäure. Die meist wasserlösl. Salze (allg. Formel Me'SCN) färben sich in Gegenwart von Fe^{3+}-Ionen dunkelrot (Nachweis für T. und Fe^{3+}-Ionen); *Kaliumthiocyanat (Kaliumrhodanid),* KSCN, wird zur Herstellung von Kältemischungen, Schädlingsbekämpfungs- und Textilhilfsmitteln sowie in der Photographie verwendet. Einige höhere Ester werden in der Schädlingsbekämpfung eingesetzt.

Thiocyansäure (Rhodanwasserstoffsäure), $H-S-C\equiv N$, farbloses, leicht wasserlösl. Gas; die T. befindet sich im tautomeren Gleichgewicht mit der **Isothiocyansäure,** $S=C=N-H$, deren Ester als ↑Senföle bekannt sind. Die Salze und Ester der T. heißen ↑Thiocyanate.

Thioglykolsäure (Mercaptoessigsäure), $HS-CH_2-COOH$, flüssige, farblose, unangenehm riechende Verbindung; T. und ihre Salze *(Thioglykolate)* werden zur Synthese schwefelhaltiger Farbstoffe, zur Herstellung von Dauerwellpräparaten, kosmet. Enthaarungsmitteln und Präparaten zur Permanentverformung von Wollwaren verwendet.

Thioharnstoff (Thiocarbamid, Schwefelharnstoff), $H_2N-CS-NH_2$, farblose, kristalline, wasserlösl. Substanz, die u. a. zur Herstellung von Aminoplasten und Vulkanisationsbeschleunigern sowie zur Synthese heterocycl. Verbindungen dient; einige Kondensationsprodukte mit substituierten Malonsäureestern werden als Injektionsnarkotika verwendet.

-thiol [griech./arab.], Suffix der chem. Nomenklatur; kennzeichnet Verbindungen mit der Gruppe $-SH$ (Thiole, Mercaptane).

Thiole [griech./arab.], svw. ↑Mercaptane.

Thionville [frz. tjõ'vil] (dt. Diedenhofen),

frz. Stadt an der Mosel, Dep. Moselle, 40 600 E. Eisenerzbergbau, metallurg. Industrie. - Seit dem 8. Jh. belegt; bevorzugte Residenz der Karolinger und Sitz der von Kaiser Ludwig I., dem Frommen, einberufenen Konzilien. 870 an das Ostfränk. Reich; im Hoch-MA zu Luxemburg; 1445 an das Hzgt. Burgund, danach an das Haus Österreich; 1659 frz.; im 18./19. Jh. bed. Festung. - Got. ehem. Schloß, got. Altes Rathaus (1669 aufgestockt), Rathaus (ehem. Klarissenkloster, 1695); Wohnhäuser, z. T. mit Laubengängen (16./17. Jh.).

Thionylchlorid [griech.] (Schwefligsäurechlorid), $SOCl_2$, farblose, stechend riechende, stark lichtbrechende Flüssigkeit; Chlorierungsmittel in der organ. Chemie.

Thiophen [griech.] (Thiofuran), heterocycl. Verbindung mit einem Schwefelatom im fünfgliedrigen Ring; farblose Flüssigkeit, die als Zwischenprodukt u. a. bei der Arzneimittel- und Schädlingsbekämpfungsmittelherstellung auftritt. Durch Hydrieren entsteht das sehr unangenehm riechende, als Odoriermittel für Gase verwendete *Tetrahydro-T.* Chem. Strukturformeln:

Thiophen Tetrahydrothiophen

Thioplaste (Polyäthylenpolysulfide, [Alkyl]polysulfide, Polysulfidkautschuk), gegen Sauerstoff, Säuren und zahlr. organ. Lösungsmittel beständige, kautschukartige Polymere, die durch Polykondensation von Alkylhalogeniden und Natriumpolysulfid erhalten werden:

$$n Cl-CH_2-CH_2-Cl + n Na_2S_x \rightarrow$$
$$\rightarrow (-CH_2-CH_2-S_x-)_n + 2n NaCl.$$

Thiosulfate, die Salze der Thioschwefelsäure $H_2S_2O_3$; die Alkali-T. lösen Schwermetallverbindungen unter Komplexbildung, z. B. Silbersalze unter Bildung von $[Ag(S_2O_3)_2]^-$; das Natrium-T. $Na_2S_2O_3$ wird als Fixiersalz in der Photographie verwendet.

Third stream [engl. 'θəːd 'striːm „dritte Strömung"], Bez. für eine um 1960 entstandene musikal. Stilrichtung, in der Gestaltungsmittel der abendländ. Neuen Musik mit Elementen des zeitgenöss. Jazz kombiniert wurden. Der Begriff geht auf G. Schuller zurück.

Thisbe ↑Pyramus und Thisbe.

Thixotropie [zu griech. thíxis „Berührung" und trópos „Wendung"], Eigenschaft bestimmter Gele, die sich bei mechan. Beanspruchung (Rühren, Schütteln, Ultraschall) verflüssigen (Solzustand), bei Beendigung der mechan. Beanspruchung jedoch wieder verfestigen. Thixotrope Flüssigkeiten werden als nichttropfende Lacke verwendet; bei tonigem Baugrund kann T. als unerwünschte Erscheinung auftreten.

Thjórsá (Þjórsá) [isländ. 'θjoursau], längster Fluß Islands, entsteht als Gletscherfluß in Z-Island, mündet rd. 20 km sö. von Selfoss in den Atlantik, 230 km lang.

Thököly, Imre (Emmerich) Graf [ungar. 'tøkøli], * Késmárk (= Kežmarok) 25. Sept. 1657, † Izmit 13. Sept. 1705, Fürst von Oberungarn (1678/82–85) und Siebenbürgen (1690). - Ab 1678 Anführer der Kurutzen, besetzte bis 1680/82 dank frz. und osman. Unterstützung bald ganz Oberungarn, konnte sich aber nicht halten, im Türkenkrieg 1683–99 brach sein nordungar. Ft. in wenigen Jahren zusammen. Lebte ab 1699 im Exil.

Tholen [niederl. 'toːlə], niederl. Insel und Gem. im Schelde-Rhein-Maas-Mündungsgebiet, mit Nordbrabant durch 2 Brücken verbunden, 12 km², 19 000 E, Hauptort T. an der O-Küste. Landw., Kleinbetriebe der Leder- und Nahrungsmittelindustrie.

Tholey ['toːlaɪ], Gem. am Fuß des Schaumberges, Saarland, 376–447 m ü. d. M., 12 100 E. - Roman.-frühgot. Abteikirche (13. Jh.) mit barockem Chorgestühl, Klostergebäude (13., 16. und 18. Jh.).

Tholos [griech.], in der griech. Antike urspr. ein runder Kultbau, auch mit Profanbau, auch mit umlaufender Säulenhalle (Monopteros); u. a. in Delphi (6. Jh. v. Chr.) und Samothrake (um 280 v. Chr.). - Abb. Bd. 5, S. 122.

Thom, René [frz. tɔm], * Montbéliard 2. Sept. 1923, frz. Mathematiker. - 1957–63 Prof. in Straßburg, seitdem am Institut des Hautes Études Scientifiques in Bures-sur-Yvette (Essonne) tätig; entwickelte eine unter der Bez. *Katastrophentheorie* bekanntgewordene Theorie der Singularitäten bestimmter differenzierbarer Abbildungen und versuchte damit, sprunghaft auftretende oder katastrophenartige Phänomene.

Thoma, Hans, * Bernau (Landkr. Waldshut) 2. Okt. 1839, † Karlsruhe 7. Nov. 1924, dt. Maler. - Entscheidende künstler. Anregung verdankte er Courbets Realismus (Parisreise 1868). Schuf poet.-stimmungsvolle Landschaftsbilder aus dem Schwarzwald („Sommer", 1872; Berlin, neue Nationalgalerie), vom Rhein („Der Rhein bei Säckingen", 1873; ebd.) und dem Taunus („Taunuslandschaft", 1881 und 1890; München, Bayer. Staatsgemäldesammlungen), Bildnisse („Mutter und Schwester", 1866; Karlsruhe, Staatl. Kunsthalle) und Stilleben. - Abb. auch Bd. 6, S. 295.

T., Ludwig, Pseud. Peter Schlemihl, * Oberammergau 21. Jan. 1867, † Rottach (= Rottach-Egern) 26. Aug. 1921, dt. Schriftsteller. - Sohn eines Forstbeamten; bis 1899 Rechtsanwalt, dann Redakteur beim „Simplicissimus", in dem er gegen polit. Klerikalismus, Wilhelminismus, Untertanengeist und Hinterwäldlertum gerichtete Satiren veröffentlichte. 1907 zus. mit H. Hesse Hg. der Zeitschrift „März"

Thomanerchor

(gegen „großstädt. Leben"). Ab 1914 zunehmend nationalist. gesinnt. Das immer noch weit verbreitete Vorurteil über T. als heimattümelnder, gemütl. Autor von „Lausbubengeschichten" (1905), „Erste Klasse" (Schwank, 1910) und „Jozef Filsers Briefwexel" (1912) verdeckt die Ambivalenz von Gesellschaftskritik und nat. Pathos in seinem Werk. Zur Entwicklung der Komödiendichtung seit 1900 haben die Lustspiele und satir. Einakter „Die Medaille" (1901), „Die Lokalbahn" (1902) und „Moral" (1909) beigetragen.

Thomanerchor, aus Schülern der wohl bis 1212 zurückreichenden Thomasschule in Leipzig gebildeter Knabenchor. Zu den **Thomaskantoren** zählen u. a.: G. Rhau (1518–20), J. H. Schein (1616–30), J. Kuhnau (1701–22), J. S. Bach (1723–50), J. A. Hiller (1789–1804), K. Straube (1918–39), G. Ramin (1940–56), K. Thomas (1956–60), E. Mauersberger (1961–72), H.-J. Rotzsch (seit 1972).

Thomas, aus der Bibel übernommener männl. Vorname aramäischen Ursprungs, eigtl. ein Beiname mit der Bed. „Zwilling".

Thomas, hl., Apostel. – In den neutestamentl. Apostelverzeichnissen wird T. als einer der „Zwölf" genannt. Johannes nennt ihn „T. Didymos" (T. der Zwilling) und schildert den „ungläubigen T.". – Die spätere Überlieferung macht T. zum Apostel in Persien und Indien. Altkirchl., stark gnost. geprägte Schriften beanspruchten seine Verfasserschaft: T.akte, T.evangelium, Kindheitserzählung des T. und T.apokalypse. – Fest: 3. Juli (früher 21. Dezember).

Thomas a Kempis (T. von Kempen), eigtl. T. Hemerken, latin. Malleolus, * Kempen 1379 oder 1380, † Kloster Agnetenberg bei Zwolle 25. Juli 1471, dt. Mystiker. – Sohn eines Handwerkers, ab 1399 Regularkanoniker im Kloster Agnetenberg. Bedeutendster Vertreter der ↑Devotio moderna. Verfaßte zahlr. Schriften in lat. Sprache; sein Name bleibt unlösbar mit der Erbauungsbuch „De imitatione Christi" („Über die Nachfolge Christi") verbunden, obwohl seine Verfasserschaft nicht unbestritten ist.

Thomas von Aquin (T. Aquinas), hl., gen. Doctor communis und Doctor angelicus * Burg Roccasecca bei Aquino 1225 (1226?), † Fossanova 7. März 1274, scholast. Theologe und Philosoph. - Adliger Herkunft, im Kloster erzogen; studierte ab 1239 die Artes liberales in Neapel; trat 1243 in den Dominikanerorden ein; seit 1245 Studium bei Albertus Magnus in Paris und 1248–52 in Köln; lehrte 1252–56 in Paris, 1259–69 in Orvieto, Viterbo und Rom, 1269–72 wieder in Paris und ab 1272 in Neapel; starb auf der Reise zum Konzil von Lyon.

T. entwickelte – die von seinem Lehrer Albertus Magnus begonnene Hinwendung zum Aristotelismus weiterführend - eine globale Synthese von Glauben und Wissen, Offenbarung und Vernunft, Gnade und Natur- bzw. Schöpfungsordnung, Übernatur und Natur, Theologie und Philosophie in und zu einem System axiomat.-spekulativer Theologie, v. a. in seinem Hauptwerk – dem Höhepunkt der Scholastik überhaupt – „Summa theologiae" (auch „Summa theologica"; entstanden 1266–73). Theologie ist für T. streng rational aufgebaute Wiss. im aristotel. Sinne, d. h. Deduktion aus ersten Prinzipien, den „Articulae fidei". Da ihr Gegenstand die Wahrheit Gottes ist, also das letzte Prinzip selbst, ist sie die fundamentale Wiss. schlechthin, die sich aber nicht auf evidente Prinzipien gründen läßt, sondern „mitgeteilte", auf Autoritätswissen basierende Wiss. ist. – Theolog. grundlegend ist die Identifizierung des bibl. Schöpfergottes mit dem Sein selbst, das reines Denken, In-sich-Wirken, Actus purus (↑Actus) ist. In der neuplaton. Hierarchie hat das Seiende an Gott, dem Sein selbst, teil. Der Grad der Vollkommenheit des Seienden ist bestimmt durch den Grad der Teilhabe. Da dieser unterschiedl. ist, ergibt sich daraus der gestufte, hierarch. Aufbau der Welt. Das in seiner Geschöpflichkeit endl. Seiende ist zwar vom Sein selbst (Gott) scharf zu unterscheiden und analog auch das Wissen vom Glauben bzw. die Philosophie von der Theologie, aber das Seiende ist auf Grund der Teilhabe am göttl. Sein auf dieses bezogen (↑Analogia entis). Der in dieser gestuften Schöpfungsordnung als Einheit von Leib und Seele definierte Mensch ist in seinem Erkenntnisstreben auf das selige Schauen Gottes, in seinem Willen auf das höchste Gut gerichtet. Quelle des auf Offenbarung gerichteten Glaubens ist das Lumen supranaturale (das „übernatürl. Licht"); erste Wirkursache der natürl. Erkenntnis mit der sinnl. erfahrbaren Welt als ihrem Objekt ist das ↑Lumen naturale (das „natürl. Licht"). Die mit dem natürl. Licht erkannten Wahrheiten sind Vorstufe der Glaubenswahrheiten (Praeambula fidei), die nur geglaubt, nicht aber philosoph. bewiesen werden können. – Erkenntnistheoret. vertritt T. einen gemäßigten Realismus: Das Allgemeine kann nicht unmittelbar, sondern nur über die Abstraktion aus der Erfahrungserkenntnis erkannt werden. – Im Blick auf die Heilsgeschichte entwickelt T. seine Lehre eines auf natürl. Vernunft geg. und durch prakt. Vernunft zu realisierenden ↑Naturrechts, in dessen Rahmen auch seine Anschauung von Staat, Obrigkeit und Gesellschaft zu sehen ist. – Die krit. Auseinandersetzung mit der Lehre des T. (angeregt v. a. durch die ↑Franziskanerschule) erreichte mit deren Verurteilung 1277 ihren Höhepunkt, doch bereits 1309 wurde sie zur Ordensdoktrin der Dominikaner erhoben. Durch die Heiligsprechung des T. (1323) und seine Erhebung zum Kirchenlehrer (1567) wurde der Wirkung seiner Lehre auch institutionell abgesichert. – Fest: 7. März.

Thomas-Fermi-Modell

📖 *Müller, Klaus: T. v. A. Theorie u. Praxis der Analogie. Ffm. 1983.* - *Kühn, W.: Das Prinzipienproblem in der Philosophie des T. v. A. Amsterdam 1982.* - *Pieper, J.: T. v. A. Leben u. Werk. Mchn. 1981.* - *Kluxen, W.: Philosoph. Ethik bei T. v. A. Mainz* ²*1980.* - *Anzenbacher, A.: Analogie u. Systemgeschichte. Mchn. 1978.* - *Holz, H.: T. v. A. u. die Philosophie. Mchn. u. a. 1975.* - *Weidemann, H.: Metaphysik u. Sprache: eine sprachphilosoph. Untersuchung zu T. v. A. u. Aristoteles. Freib. u. Mchn. 1975.*

Thomas von Canterbury ↑ Thomas Becket.

Thomas von Celano ↑ Tommaso da Celano.

Thomas von Kempen ↑ Thomas a Kempis.

Thomas, Ambroise [frz. tɔ'mɑ], * Metz 5. Aug. 1811, † Paris 12. Febr. 1896, frz. Komponist. - Seit 1871 Direktor des Conservatoire. Komponierte v. a. Opern, u. a. „Mignon" (1866), „Le Caïd (1849), „Hamlet" (1868); daneben Ballette, Kammermusik, geistl. und weltl. Vokalwerke.

T., Dylan [engl. 'tɔməs], * Swansea (Wales) 27. Okt. 1914, † New York 9. Nov. 1953, engl. Schriftsteller walis. Herkunft. - Urspr. Reporter. Einer der bedeutendsten engl. Lyriker des 20. Jh.; seine häufig dem Surrealismus, gelegentl. der Neuromantik zugerechneten Werke mit den Hauptthemen Schöpfung, Natur, Liebe und Tod beziehen ihren poet. Reiz aus der Kraft der Naturbilder und einer fast barocken, oft überschäumenden, leidenschaftl.-beschwörenden Metaphorik. Ab 1950 Vortragsreisen durch die USA. Verfaßte auch Kurzgeschichten („Eines Kindes Weihnacht in Wales", hg. 1955) und Hörspiele („Unter dem Milchwald", 1954 [auch als Schsp.]).

T., Jess [engl. 'tɔməs], * Hot Springs (S. Dak.) 4. Aug. 1927, amerikan. Sänger (Heldentenor). - V. a. bed. Wagner-Sänger, u. a. in München, Berlin, Bayreuth, New York.

T., Kurt ['--], * Tönning 25. Mai 1904, † Bad Oeynhausen 31. März 1973, dt. Komponist und Chorleiter. - War 1945–56 Kantor an der Dreikönigskirche in Frankfurt am Main, 1956–60 Thomaskantor in Leipzig, 1960–65 Leiter der Chorkonzerte des Bach-Vereins Köln. Komponierte v. a. geistl. („Markus-Passion", 1927) und weltl. Chorwerke.

T., Llewellyn Hilleth [engl. 'tɔməs], * London 21. Okt. 1903, amerikan. Physiker brit. Herkunft. - Prof. in Columbus (Ohio), in New York und Raleigh (N. C.). Bed. Arbeiten u. a. zur Quantenmechanik der Atome und zur Theorie der Teilchenbeschleuniger.

T., Sidney Gilchrist [engl. 'tɔməs], * Canonbury (= London) 16. April 1850, † Paris 1. Febr. 1885, brit. Metallurg. - Erfand 1876/77 zus. mit seinem Vetter, dem Chemiker P. C. Gilchrist (* 1851, † 1935), ein Verfahren zur Erzeugung von Eisen und Stahl aus phosphorreichem Erz (↑ Thomas-Verfahren). Er ließ sich auch die Verwendung der entstehenden Schlacke als Düngemittel *(Thomasmehl)* patentieren.

Thomas Becket [engl. 'tɔməs 'bɛkɪt] (T. von Canterbury), hl., * London 21. Dez. 1118, † Canterbury 29. Dez. 1170, engl. Lordkanzler, Erzbischof von Canterbury (seit 1162). - Studium in Paris, Bologna und Auxerre; ab 1155 Kanzler, Freund und Ratgeber König Heinrichs II.; 1162 vom König zum Erzbischof von Canterbury erhoben; legte im gleichen Jahr das Kanzleramt nieder und wurde ein unerbittl. Verfechter kirchl. Rechte und päpstl. Politik. T. B. widersetzte sich der Wiedereinführung königl. Vorrechte im kirchl. Bereich. 1163/64 wurde T. B. der Felonie (Treuebruch gegenüber dem Lehnsherrn) angeklagt und floh nach Frankr. (1164–70) zu Papst Alexander III. Nach langen Verhandlungen kam es zw. Papst, König und T. B. 1170 zu einer Einigung und zur Rückkehr von T. B. nach Canterbury. Wurde nach einer zornigen Äußerung des Königs über seine Weigerung, suspendierten Bischöfen ohne vorhergehende Loyalitätserklärung gegenüber dem Papst die Absolution zu erteilen, von vier Rittern in der Kathedrale während der Vesper getötet; danach als Märtyrer gefeiert und schon 1173 heiliggesprochen; der König unterzog sich 1174 der öffentl. Kirchenbuße. T. B. sowie seine Auseinandersetzung mit der weltl. Macht sind vielfach Gegenstand der Literatur, v. a. bearbeitet von Tennyson („Becket", 1884), T. S. Eliot („Mord im Dom", 1935) und J. Anouilh („Becket oder die Ehre Gottes", 1959).

📖 *Püschel, B.: T. à B. in der Lit. Bochum 1963.*

Thomas Bradwardine [engl. 'tɔməs 'brædwədi:n] ↑ Bradwardine, Thomas.

Thomaschristen, Selbstbez. der Christen an der südwestl. Malabarküste Indiens. Nach alter Überlieferung soll der Apostel Thomas hier das Christentum verkündet und bei Mailapur den Märtyrertod erlitten haben. Die Liturgie der T. *(malabar. Liturgie)* gehört zur antiochen. (westsyr.) Liturgiefamilie. Durch mehrere Spaltungen zerfiel die alte Kirche Indiens in eine Vielzahl von Kirchen, z. B. [Syro]malankaren, Syromalabaren jakobit. (syr.-orth.) Kirche, Mar-Thomas-Kirche. - ↑ auch orientalische Kirchen (Übersicht).

Thomasevangelium, Name mehrerer apokrypher Schriften, v. a. für die „Kindheitsgeschichte des Herrn von Thomas dem Israeliten"; legendenhaftes (ind. Sagen nachgebildetes [?]) apokryphes Evangelium über das Leben des Knaben Jesus; informativ für die damalige Welt der Kinder.

Thomas-Fermi-Modell [engl. 'tɔməs, nach L. H. Thomas und E. Fermi], spezielles ↑ Atommodell *(statist. Atommodell),* das insbes. zur näherungsweisen Beschreibung von Atomen mit hohen Ordnungszahlen verwendet wird.

89

Thomasin

Thomasin von Circlaere (Zerklaere) [ˈtoː-mazin, tsɪrˈklɛrə], * in Friaul um 1186, † nach 1216, mittelhochdt. Dichter. - Domherr in Aquileja; verfaßte um 1215/16 das moralphilosoph. Werk „Der wälsche Gast" (über 14 700 Verse), ein weitverbreitetes, umfangreiches Lehrgedicht auf das höf. Tugendsystem.

Thomasius, Christian, * Leipzig 1. Jan. 1655, † Halle/Saale 23. Sept. 1728, dt. Jurist und Philosoph. - Prof. in Halle; neben S. Pufendorf bedeutendster Vertreter der dt. Aufklärung und des Naturrechts, das er wie die Sittlichkeit im Common sense begründet sah, während er das positive Recht als obrigkeitl. Zwangsfestsetzung verstand; sein Eintreten für religiöse Toleranz und für die Humanisierung der Strafprozeßordnung trug wesentl. zur Beseitigung der Hexenprozesse und der Folter bei.

Thomaskantor, der Kantor der Thomaskirche in Leipzig und Leiter des ↑Thomanerchors.

Thomas Morus ↑More, Sir Thomas.

Thomas-Verfahren [nach S. G. Thomas], heute nur noch selten angewandtes Verfahren zur Stahlerzeugung aus phosphorreichen Eisenerzen, wobei durch die am Boden des mit bas. Futter (Dolomitsteinen oder -stampfmassen) ausgekleideten Konverters (*Thomas-Konverter*, *Thomas-Birne*) befindl. Düsenöffnungen Luft in das flüssige Roheisen geblasen wird; die Begleitstoffe des Eisens verbrennen unter heftiger Wärmeentwicklung, so daß eine äußere Wärmezufuhr nicht erforderl. ist. Der zu Phosphorpentoxid oxidierte Phosphor wird mit dem als Zuschlag beigefügten Kalk verschlackt (**Thomasschlacke**), die fein gemahlen als Phosphatdünger (**Thomasmehl, Thomasphosphat**) in den Handel kommt. Der nach dem T.-V. hergestellte **Thomasstahl** enthält neben Eisen 0,05 %–0,5 % Kohlenstoff, bis 0,3 % Silicium, bis 0,9 % Mangan, bis 0,08 % Phosphor und bis 0,07 % Schwefel; er dient zur Fertigung von Schienen, Profileisen und Blechen.

Thomismus, Sammelbez. für an ↑Thomas von Aquin anschließende theolog.-philosoph. Positionen und Richtungen des 14.–19. Jh., die dessen System oder einzelne Denkansätze z. T. stark veränderten. Im 19. Jh. (v. a. in der 2. Hälfte) erlebte der T. in seiner urspr. aristotel. Form eine neue Blüte (Neuscholastik), die zu wichtigen krit. Neuausgaben der Werke des Thomas von Aquin führte.

Thomisten, Vertreter des Thomismus.

Thompson [engl. tɔmpsn], Sir Benjamin, brit.-amerikan. Chemiker und Physiker, ↑Rumford, Sir Benjamin Thompson, Earl.

T., Francis, * Preston 18. Dez. 1859, † London 13. Nov. 1907, engl. Dichter. - Mystiker in Anlehnung an W. Blake; „Der Jagdhund des Himmels" (1893) zählt zu den wichtigsten Werken der neueren engl. kath. Dichtung.

Thomsen, Christian Jürgensen, * Kopenhagen 29. Dez. 1788, † ebd. 21. Mai 1865, dän. Prähistoriker und Altertumskundler. - Begründer des Dreiperiodensystems in der Kulturgeschichte.

Thomson [engl. tɔmsn], Sir (seit 1943) George, * Cambridge 3. Mai 1892, † ebd. 10. Sept. 1975, brit. Physiker. - Sohn von Sir Joseph John T.; Prof. in Aberdeen (1922–30), London und Cambridge (ab 1952). Bestätigte 1927 (unmittelbar nach C. J. Davisson und L. H. Germer) durch den Nachweis von Beugungserscheinungen beim Durchgang von Elektronenstrahlen durch Metallfolien den Welle-Teilchen-Dualismus des Elektrons. Erhielt hierfür 1937 (zus. mit Davisson) den Nobelpreis für Physik.

T., James, * Ednam (Borders Region) 11. Sept. 1700, † Richmond (= London) 27. Aug. 1748, schott. Dichter. - Seine [von J. Haydn 1801 vertonte] Blankversdichtung „Die Jahreszeiten" (1726–30, endgültige Fassung 1746) beeinflußte auch die kontinentale Literatur, bes. durch die Beschreibung von Naturschönheiten und deren Wirkung auf den Menschen.

T., Sir (seit 1908) Joseph John, * Cheetham Hill (= Manchester) 18. Dez. 1856, † Cambridge 30. Aug. 1940, brit. Physiker. - Mitbegr. der modernen Atomphysik. Ab 1884 Prof. und Direktor am Cavendish Laboratory in Cambridge, ab 1915 Präs. der Royal Society; untersuchte v. a. den Elektrizitätsdurchgang in Gasen und im Vakuum, wobei er 1896/97 die elektr. Leitfähigkeit von Gasen bei Absorption von Röntgenstrahlen sowie die elektr. und magnet. Ablenkung der Kathodenstrahlen nachwies, insbes. das Ladungs-Masse-Verhältnis der vermuteten Kathodenstrahlteilchen bestimmte und somit zum eigtl. Entdecker des Elektrons wurde. 1906 Nobelpreis für Physik.

T., Virgil, * Kansas City (Mo.) 25. Nov. 1896, amerikan. Komponist, Dirigent und Musikkritiker. - 1940–54 Musikkritiker des „New York Herald Tribune". Komponierte Opern, u. a. „Four saints in three acts" (1934; nach G. Stein), Ballette, Orchesterwerke, Kammer- und Klaviermusik, Chorwerke, Lieder, Bühnen- und Filmmusiken. - † 30. Sept. 1989.

T., Sir William, brit. Physiker, ↑Kelvin, William Lord K. of Largs.

Thomson-Brandt S. A. [engl. tɔmsn; frz. brät ɛsˈa], einer der führenden europ. Konzerne der Elektro- und Elektronikindustrie, Sitz Paris, gegr. 1893 als Thomson Houston, umbenannt 1972; 1981 vom frz. Staat übernommen. Bekannt wurde T.-B. u. a. durch den Erwerb einiger Konkurrenzunternehmen, z. B. Gesellschaften der Unterhaltungselektronik mit Markennamen wie Nordmende, Saba, Videocolor, Telefunken Fernseh- und Rundfunk GmbH.

Thomson-Effekt [engl. tɔmsn; nach W. Thomson, Lord ↑Kelvin of Largs], (thermo-

elektr. T.-E.) ein in einem aus einheitl. Material bestehenden elektr. Leiter bei Stromdurchgang und bei Bestehen eines Temperaturgefälles auftretender thermoelektrischer Effekt in Form einer zusätzl. zur Jouleschen Wärme auftretenden Erwärmung bzw. einer Abkühlung des Leiters.
◆ (galvanomagnet. T.-E.) ein v. a. in Elektronenleitern bei Vorliegen eines senkrecht zu einem elektr. Stromfluß gerichteten Magnetfeldes auftretender Effekt, der sich in einer Änderung des elektr. Widerstands äußert.

Thomsongazelle [engl. tɔmsn; nach dem schott. Entdecker Joseph Thomson (*1858, †1895)] ↑ Gazellen.

Thomson-Gruppe [engl. tɔmsn], brit.-kanad. Unternehmensgruppe, aufgebaut von R. H. Thomson of Fleet (*1894, †1976). Die Gruppe umfaßt Zeitungen, darunter (seit 1966) „The Times", Zeitschriften, mehrere Werbefernsehsender, Rundfunksender, Druckereien, Buchverlage und sonstige Betriebe in nahezu allen englischsprachigen Ländern.

Thomson-Modell [engl. tɔmsn; nach Sir J. J. Thomson und W. Thomson, Lord ↑ Kelvin of Largs] ↑ Atommodell.

Thonburi, thailänd. Stadt am Menam, gegenüber von Bangkok (seit 1972 eingemeindet), rd. 628 000 E. Univ.; Sägewerke, Reismühlen, Konserven- u. a. Industrie. - 1767–82 Hauptstadt Thailands; bis 1972 Verwaltungssitz des Verw.-Geb. (Chanwat) Thonburi. - Bekannt ist der „schwimmende Markt", unter den Bauwerken bes. der Tempel Wat Arun.

Thonet, Michael ['tonɛt], *Boppard 2. Juli 1796, †Wien 3. März 1871, dt. Industrieller. - Erfinder eines Verfahrens zum Biegen von Holz (1830), gründete mit Hilfe von Metternich in Wien eine Möbelfabrik. Die *T.-Stühle* wurden weltberühmt.

Thonon-les-Bains [frz. tɔnɔle'bɛ̃], frz. Stadt am Genfer See, Dep. Haute-Savoie, 27 000 E. Volkskundemuseum des Chablais; Heilbad; Elektro-, Papier- und Nahrungsmittelindustrie. - Kirche Saint-Hippolyte mit roman. Krypta (12. Jh.). Nahebei Schloß Ripaille (15.–18. Jh.) mit ehem. Kartause (17. Jh.).

Thöny [...ni], Eduard, *Brixen 9. Febr. 1866, †Holzhausen = Utting a. Ammersee 26. Juli 1950, östr. Karikaturist. - Seit 1897 ständiger Mitarbeiter am „Simplicissimus" in München; karikierte bes. das Militär; eigene Alben (u. a. „Der Leutnant", 1899).
T., Wilhelm, *Graz 10. Febr. 1888, †New York 1. Mai 1949, östr. Maler. - Seit 1938 in New York. Malte und zeichnete Landschaften, Stadtimpressionen, Gruppenbilder, Porträts.

Thor (german. Donar), altgerman. Gott, neben Odin (Wodan) die bedeutendste und gewaltigste Gestalt unter den Asen; Gott des Donners, der Winde und Wolken, schenkt im Gewitter Fruchtbarkeit; sein Attribut ist der Hammer Mjöllnir. T. kämpft im Weltuntergangsmythos mit der Midgardschlange, die in diesem Kampf ebenso wie T. den Tod findet. Bedeutsam in der Geschichte der Auseinandersetzung zw. dem heidn. Germanentum und dem jungen Christentum ist die Überlieferung, daß Bonifatius 724 als „Gottesgericht" eine dem T. geweihte Eiche gefällt habe.

Thor [toːr; engl. θɔː], Typenbez. einer einstufigen amerikan. Flüssigkeitsrakete; 1955–59 als militär. Mittelstreckenrakete entwickelt, später Startstufe von Raumfahrt-Trägerraketen.

Thora (Tora) ['toːra, to'raː; hebr. „Lehre, Weisung, Gesetz"], im Judentum Bez. für den Pentateuch, insbes. nur für 5. Mos. (Deuteronium). Die T. als das Gesetz Gottes ist das Kernstück jüd. Glaubens und die Grundlage für das eth. Verhalten der Juden. Im Verlauf eines Jahres wird sie - in Abschnitte eingeteilt - im Gottesdienst am Sabbat aus der „T.rolle" vorgelesen. - ↑ auch Thoraschrein. - Abb. S. 92.

Thorakotomie [griech.], operative Eröffnung der Brusthöhle.

Thoraschrein ['toːra, to'raː] (Aron Ha-Kodesch), alttestamentl. Bez. für den Bundeslade, dann für den vielfach künstler. reich geschmückten, symbol. das Allerheiligste des Tempels repräsentierenden Aufbewahrungsort der Thora in der Synagoge.

Thorax [griech.], bei *Wirbeltieren* (einschl. Mensch) svw. ↑ Brustkorb.

Thoraxchirurgie, die Chirurgie der im Brustkorb enthaltenen Organe (insbes. des Herzens und der Lunge).

Thorbecke, Johan (Jan) Rudolf, *Zwolle 14. Jan. 1798, †Den Haag 4. Juni 1872, niederl. Politiker. - Führer der liberalen Reformpartei; 1848 als Vors. der Verfassungskommission maßgebl. an der Umgestaltung der Niederlande in eine konstitutionelle Monarchie beteiligt; 1849–53, 1862–66 und 1871/72 Reg.chef.

Thórðarson, Thórbergur [isländ. 'θoʏrðarson], *Hala (Suðursveit) 12. März 1889, isländ. Schriftsteller. - Bauernsohn; Lehrer; wegen radikaler polit. Haltung entlassen. Gilt als Wegbereiter der modernen Literatur in Island („Unterwegs zu meiner Geliebten", R., 1938); setzte sich v. a. mit dem Kapitalismus und den Kirchen krit. auseinander.

Thoreau, Henry David [engl. 'θɔːroʊ], *Concord (Mass.) 12. Juli 1817, †ebd. 6. Mai 1862, amerikan. Schriftsteller. - Mgl. der Transzendentalisten; radikaler Nonkonformist und Individualist („Über die Pflicht zum Ungehorsam gegen den Staat", 1849). Lebte 1845–47 mit dürftigsten Hilfsmitteln in einer selbstgebauten Blockhütte am Walden Pond bei Concord; Schilderung dieser Zeit in „Walden" (1854). Auch bed. Tagebücher.

Thorén (Euler), nach dem schwed. Eiskunstläufer Per Thorén (*1885, †1926) ben.

Thorenburg

Thora. Verlesung der Thora aus einer Thorarolle

Sprung im Eiskunstlauf: Beginnt mit einem Bogen rückwärts-auswärts, nach Absprung volle Drehung in der Luft, Landung auf dem anderen Bein, Auslauf rückwärts-einwärts.

Thorenburg, rumän. Stadt, ↑Turda.

Thorez, Maurice [frz. tɔ'rɛːz], * Noyelles-Godault (Pas-de-Calais) 28. April 1900, † während einer Schiffsreise im Schwarzen Meer 11. Juli 1964, frz. Politiker. - Trat 1920 von der SFIO zur Kommunist. Partei über; 1925 Mgl. des Politbüros, 1930–64 Generalsekretär, verfolgte einen stalinist. Kurs; 1932–39 Abg., vertrat ab 1934/35 die Volksfrontpolitik; 1939–45 in der Sowjetunion, 1945–64 Abg. beider Konstituanten bzw. der Nat.versammlung. 1945/46 Min. ohne Geschäftsbereich, 1946/47 (mit kurzer Unterbrechung) stellv. Min.präsident.

Thorianit [zu ↑Thorium], seltenes, relativ stark radioaktives Mineral, das kub., schwarze bis bräunlich-schwarze oder dunkelgraue Kristalle bildet, chem. $(Th,U)O_2$; abbauwürdige Vorkommen in der Sowjetunion (Sibirien), in Indien und den USA. Mohshärte 6,5; Dichte 9,7 g/cm³.

Thorium [nach dem altgerman. Gott Thor], chem. Symbol Th; radioaktives metall. Element aus der Reihe der Actinoide des Periodensystems der chem. Elemente, Ordnungszahl 90, mittlere Atommasse 232,04, Dichte 11,72 g/cm³, Schmelzpunkt 1750 °C, Siedepunkt etwa 4790 °C. An Isotopen sind Th 212 bis Th 236 bekannt; das Isotop Th 232 besitzt mit $1,39 \cdot 10^{10}$ (= 13,9 Mrd.) Jahren die längste Halbwertszeit und ist Ausgangselement der *Thorium-Zerfallsreihe,* deren stabiles Endprodukt das Bleiisotop Pb 208 *(Thorblei, Thoriumblei)* ist. Das weiche Schwermetall wird nur von konzentrierten Säuren und Basen angegriffen; mit Sauerstoff reagiert es bei Rotglut zu **Thoriumdioxid** (Thorerde), ThO_2, das als keram. Werkstoff für hochtemperaturfeste, chem. resistente Geräte verwendet wird. Mit 0,0011 Gew.-% Anteil an der Erdkruste steht T. an 40. Stelle der Häufigkeit der chem. Elemente. T. wird aus dem Monazitsand gewonnen und im Gemisch mit Plutonium oder angereichertem Uran als Kernbrennstoff sowie (in Form des Isotops Th 232) als Brutstoff für das spaltbare Uranisotop U 233 verwendet. - T. wurde 1828 von J. J. Berzelius im Mineral Thorit entdeckt.

Thoriumemanation, svw. ↑Thoron.

Thorláksson, Guðbrandur [isländ. 'θɔrlaųksɔn], * 1541 oder 1542, † Hólum 20. Juli 1627, isländ. Bischof. - Seit 1571 Bischof in Hólar. Setzte sich für die Durchführung der Reformation in Island ein und veröffentlichte 1584 die erste vollständige isländ. Bibelübersetzung; stellte die genaue geograph. Lage Islands fest und erarbeitete die erste brauchbare Landkarte der Insel.

Thorn, Gaston, * Luxemburg 3. Sept. 1928, luxemburg. liberaler Politiker. - Seit 1959 Abg.; seit 1961 Präs. der Demokrat. Partei; 1969–74 Min. für auswärtige Angelegenheiten, Außenhandel, öffentl. Verwaltung sowie körperl. Erziehung, 1974–79 Reg.chef (Staatsmin.) und Außenmin. einer sozial-liberalen Koalition; seit 1970 bereits Präs. der Liberalen Internationalen, 1976 Präs. der Föderation der liberalen und demokrat. Parteien der EG; 1979 Mgl. des Europ. Parlaments; 1979/80 stellv. Reg.chef, Außen- sowie Justiz- und Wirtschaftsmin.; 1981–84 Präs. der EG-Kommission.

Thorn (poln. Toruń), poln. Stadt an der unteren Weichsel, 50 m ü. d. M., 186 200 E. - Hauptstadt des Verw.-Geb. Toruń; Univ. (gegr. 1945), mehrere wiss. Forschungsinst., Museen; Theater. Maschinen- und Fahrzeugbau, feinmechan., Elektro-, chem., Textil-, Nahrungsmittelind.; Flußhafen.

Geschichte: Als Siedlung um die vom Dt. Orden ab 1234 errichtete Burg (1454 zerstört) entstand die heutige Altstadt auf dem rechten Weichselufer; sie erhielt 1233 die ↑Culmer Handfeste. An ihrem Ostgraben wurde die Neustadt angelegt, die 1264 ihre Handfeste erhielt (1454 Vereinigung beider Stadtteile). Im 14. Jh. Mgl. der Hanse. 1454 sagten sich die Bürger vom Dt. Orden los. Nachdem der Dt. Orden im **1. Thorner Frieden** (1. Febr. 1411) trotz der Niederlage bei Tannenberg sein Gebiet außer dem Land Dobrzyń und Schamaiten behauptet hatte, mußte er im **2. Thorner Frieden** (19. Okt. 1466) Pomerellen, das Culmer Land und das Ermland samt den schon 1454 abgefallenen Städten Danzig, Elbing, T. und Marienburg (einschl. der Burg) an Polen abtreten und für den Rest des Ordensstaates Treueid und Heerfolge leisten. 1557 wurde die Reformation eingeführt; 1724 ließ die poln. Reg. 14 Bürger wegen jesuitenfeindl. Kundgebungen hinrichten (**Thorner**

Blutgericht). Kam 1793 an Preußen (1815 endgültig); in der Folge zur Festung ausgebaut; fiel 1920 an Polen, gehörte 1939–45 zum Reichsgau Danzig-Westpreußen; seit 1945 wieder zu Polen.
Bauten: Erhalten blieben auf der Weichselseite die Stadtmauern (14. Jh.) mit 3 Tortürmen. Altstädt. Kauf- und Rathaus (1602/03 im Renaissancestil umgebaut; heute Distriktmuseum). Altstädt. Pfarrkirche Sankt Johann (im 15. Jh. vollendet). Marienkirche (14. Jh.) mit Mausoleum der schwed. Prinzessin Anna Wasa (1636); Neustädt. Pfarrkirche Sankt Jakob (14. und 15. Jh.), barocke Patrizierhäuser.

Thornaby-on-Tees [engl. 'θɔ:nəbɪ ɔn 'ti:z] ↑ Teesside.

Thorndike, Edward Lee [engl. 'θɔ:ndaɪk], * Williamsburg (Mass.) 31. Aug. 1874, † Montrose (N. Y.) 10. Aug. 1949, amerikan. Psychologe. - Prof. an der Columbia University; befaßte sich in empir. Untersuchungen vorwiegend mit Fragen des Lernens und Verhaltens bei Tieren (↑ Behaviorismus) sowie mit Fragen der menschl. Erziehung und der Intelligenzuntersuchung. Die von ihm vertretene Theorie des Lernens durch Versuch und Irrtum (Trial-and-error-Methode) hatte weitreichenden Einfluß auf die Lernforschung in der Psychologie und Pädagogik.

Thorn-Eberswalder Urstromtal, O–W gerichtete Talung im östl. Norddt. Tiefland, von Warthe und Netze, auf einer kurzen Strecke auch von der Weichsel als Flußbett benutzt.

Thorneycroft, George Edward Peter [engl. 'θɔ:nɪkrɔft], Baron of Dunston (seit 1967), * Dunston (Staffordshire) 26. Juli 1909, brit. Politiker. - 1938–66 konservatives Unterhaus-Mgl.; entwickelte als Handelsmin. 1951–57 mit H. Macmillan den Plan für die EFTA; Schatzkanzler 1957/58; 1960–62 Luftfahrt-, 1962–64 Verteidigungsmin.; 1975–81 Vors. der konservativen Parteiorganisation.

Thorn Prikker, Johan (Jan), * Den Haag 6. Juni 1868, † Köln 5. März 1932, niederl. Maler und Glasmaler. - Seit 1904 in Deutschland. Ausgehend vom Jugendstil und von symbolist. Tendenzen kam T. P. in seinen [Wand]bildern, Mosaiken, Glasfenstern, v. a. für kath. Kirchen im Rheinland (Köln), zu einem expressiv-myst. Stil.

Thornton, Henry [engl. 'θɔ:ntən], * London 10. März 1760, † Kensington Gore (= London) 16. Jan. 1815, brit. Nationalökonom. - Bankier (u. a. Gouverneur der Bank von England), unabhängiger Unterhausabg. (ab 1782). Von großem Einfluß auf die Entwicklung der Geldtheorie und Geldpolitik; sah einen Zusammenhang zw. dem Umfang der Notenausgabe und der Höhe des Bankzinses im Verhältnis zur Profitrate dergestalt, daß ein unter der Profitrate liegender Bankzins über die Kreditnachfrage zu einer größeren Geldmenge führt.

Thraker

Thoroddsen, Gunnar [isländ. 'θɔ:rrodsn], * Reykjavík 29. Dez. 1910, † ebd. 25. Sept. 1983, isländ. Politiker. - 1947–58 Bürgermeister von Reykjavík, danach Botschafter in Dänemark; seit 1961 stellv. Vors. der Unabhängigkeitspartei; 1974–78 Min. für Energie und Ind.; 1980–83 Min.präsident.

Thoron [zu ↑ Thorium] (Thoriumemanation), veraltete Bez. für das radioaktive Radonisotop Rn 220, ein Zwischenglied der Thorium-Zerfallsreihe; Zeichen Tn oder ThEm.

Thorpe [engl. θɔ:p], Jeremy, * London 29. April 1929, brit. Politiker. - 1959–79 Unterhaus-Mgl. (als radikaler Liberaler); 1967–76 Führer der Liberal Party.

T., Jim, eigtl. James T., * bei Prague (Okl.) 28. Mai 1888, † Lomita bei Los Angeles 28. März 1953, amerikan. Leichtathlet. - Indianer; gilt als bisher erfolgreichster Leichtathlet der USA; Sieger im Fünf- und Zehnkampf bei den Olymp. Spielen 1912 in Stockholm; 1913 umstrittene Aberkennung der Medaillen wegen geringfügiger Verstöße gegen das Amateurstatut.

Thors, Ólafur [isländ. θɔrs], * Borgarnes 19. Jan. 1892, † Reykjavík 31. Dez. 1964, isländ. Politiker. - Seit 1925 Mgl. des Althings; leitete 1934–62 die Unabhängigkeitspartei; ab 1932 mehrfach Min. (u. a. 1940–46 Außenmin.) und Min.präs. (1942, 1944–46, 1949/50, 1953–56 und 1959–63); maßgebl. an der Trennung Islands von Dänemark (1944) und der Ausarbeitung seiner republikan. Verfassung beteiligt.

Thorvaldsen, Bertel [dän. 'tɔrvalsən], * Kopenhagen 13. Nov. 1768, † ebd. 24. März 1844, dän. Bildhauer. - Der bedeutendste Klassizist der skand. Bildhauerkunst; besuchte die Kunstakad. in Kopenhagen, 1797–1842 (mit Unterbrechungen) in Rom. Hier entwickelte T. seinen Stil in der Schulung an den röm. Kopien der klass. griech. Skulptur im Sinne Winckelmanns. Er schuf harmon. und anmutige Figuren, Reliefs und Denkmäler; u. a. 1819/20 ff. Ausstattung der Frauenkirche in Kopenhagen; Grabmal Papst Pius' VII. (1823–31, Rom, Peterskirche), Reiterstandbild Kurfürst Maximilians-I. in München (1830–39). - Abb. Bd. 5, S. 74.

Thot, ägypt. Mondgott; oft als Mensch mit Ibiskopf dargestellt. T. ist Berechner der Mondphasen und des Mondumlaufs, der Gott, der die Schreib- und Rechenkunst erfunden hat.

Thousand Islands [engl. 'θaʊzənd 'aɪləndz], Inselgruppe im Sankt-Lorenz-Strom, an dessen Ausfluß aus dem Ontariosee, Kanada und USA.

Thraker (lat. Thraces), indogerman. Volk, das in eine Vielzahl von Stämmen gegliedert war und seit dem 2. Jt. v. Chr. Thrakien sowie die vorgelagerten Inseln (v. a. Samothrake) bewohnte, ferner Dakien (↑ auch Daker), dazu

Thrakien

seit dem 8. Jh. v. Chr. auch die nordwestkleinasiat. Landschaften Mysien und Bithynien. Die T., die bis dahin als eigene sprachl., ethn. und kulturelle Einheit angesehen werden, gingen schließl. im Zusammenhang mit der beginnenden Slawisierung der Balkanhalbinsel seit dem 6./7. Jh. unter.
Von der hochstehenden Kultur der T. zeugen zahlr. Grabhügel und Schatzfunde († auch thrakische Kunst). Von der Religion der T. ist wenig bekannt; eine bes. Stellung unter den Göttern hat der meist als Reiter auf der Jagd dargestellte Heros (sog. „thrak. Reiter"), der verschiedene Schutzfunktionen ausübt.
📖 *Danov, C. M.: Altthrakien. Dt. Übers. Bln. u. New York 1976. - Wiesner, J.: Die T. Studien zu einem versunkenen Volk des Balkanraumes. Stg. 1963.*

Thrakien (Thrazien), histor. Landschaft auf der östl. Balkanhalbinsel, in Griechenland, Bulgarien und der Türkei. T. umfaßt die S-Abdachung der Rhodopen und die ihr vorgelagerte Küstenebene sowie die Schwemmlandebene beiderseits der unteren Maritza und die von der mittleren Maritza durchflossene Beckenzone zw. Rhodopen im S und Balkan im N, das Thrak. Tiefland.
Geschichte: Im Altertum urspr. das gesamte Gebiet im NO der Balkanhalbinsel. Das thrak. Küstengebiet und die Chalkidike waren seit etwa 750 v. Chr. Ziel griech. Koloniebildungen, die in der klass. Epoche zum Einflußbereich Athens zählten und die thrak. Stämme kulturell (Schrift, Münzen, Götterkulte) beeinflußten. Seit etwa 520/518 gehörten die Thraker teilweise zum Perserreich. Zur Bildung eines eigenen thrak. Reiches kam es um 450, als Teres, der König der Odrysen, die verschiedenen Stämme (Besser, Thynen, Bistonen u. a.) einigte. Seine größte Ausdehnung erreichte dieses Reich unter Sitalkes (um 440–424), als es im N das ganze Land bis zur Donau umfaßte. 341 v. Chr. wurde T. makedon., gehörte z. T. zum Keltenreich von Tylis und war seit 15 v. Chr. röm. Klientelstaat. Im N entstand die röm. Prov. Moesia († Mösien), im S 45 n. Chr. die röm. Prov. Thracia. Im Byzantin. Reich war das Gebiet um das Marmarameer das Thema T., den größten Teil des alten T. verloren die Byzantiner an die Bulgaren. Seit der Mitte des 14. Jh. wurde T. osman. († Rumelien); die Kriege und Friedensschlüsse zw. 1912 und 1923 führten zur heutigen Grenzziehung zw. der Türkei, Griechenland und Bulgarien.

Thrakisch, zu den indogerman. Sprachen gehörende Sprache der Thraker, die enge Beziehungen zum Dakischen aufweist. Das T., das in frühbyzantin. Zeit ausgestorben ist, ist nur aus dürftigen Überresten spärlich bekannt; neben Zeugnissen an Personen- und geograph. Namen in antiken Quellen werden dem T. in erster Linie auf Grund des Fundgebietes einige kurze Inschriften in griech. Schrift und aus klass.-griech. Zeit zugewiesen; die Interpretation dieser Texte ist trotz häufiger Versuche strittig, die Lautentwicklung der Sprache daher nicht voll aufgeklärt, so daß über engere Beziehungen zu anderen indogerman. Sprachen wenig auszusagen ist.

Thrakische Chersones [çɛr...], antike Bez. für die Halbinsel † Gelibolu.

thrakische Kunst, Dolmen aus der frühen Eisenzeit (12.–6. Jh.) in SO-Bulgarien und bes. die außergewöhnl. eleganten Gefäße des Goldschatzes von Waltschitran (8. Jh., Sofia, Nationalmuseum) bezeugen ein entwickeltes kulturelles Leben der thrak. Stämme. Im 6.–3. Jh. zeigt die Kunst der Thraker einen Tierstil, der dem skyth. Tierstil ähnelt, er verbindet die älteren lokalen Traditionen mit der Kunst der griech. Kolonien am Schwarzen Meer (Pflanzenstil) sowie achämenid. Einflüssen (u. a. Goldschatz von Panagjurischte, 4./3. Jh. v. Chr., Plowdiw, Archäolog. Museum). Neben zahlr. Silberfunden enthielten die thrak. Grabhügel Geräte für den tägl. Gebrauch, Waffen, Schmuck und Pferdegeschirr (offenbar wurden Pferde und Sklaven mitbestattet), bes. in Duwanlii (Ende 6.–An-

Thrakische Kunst.
Bronzemodel für
Edelmetallbeschläge aus
Nordostbulgarien (um 490 v. Chr.).
Schumen, Volksmuseum

fang 4.Jh.) und Wraza (4.Jh. v.Chr.) in der Nähe von Plowdiw.
📖 *Gold der Thraker. Ausstellungskat. Römisch-German. Museum. Köln 1979. - Venedikov, I./ Gerassimov, T.: T. K. Dt. Übers. Wien u. Mchn. 1973.*

Thrasybulos, Tyrann von Milet um 600 v.Chr. - Verteidigte Milet erfolgreich gegen die lyd. Bedrohung; seine Herrschaft galt als Blütezeit Milets.

T., *um 445, ✕ Aspendos 388, athen. Feldherr und Politiker. - Demokrat; Gegner des oligarch. Staatsstreiches 411/410; 404 verbannt. Er fiel jedoch 404/403 in Attika ein und führte durch Eroberung des befestigten Grenzortes Phyle und der Festung Munichia (Piräus) den Sturz der Dreißig Tyrannen herbei.

Thrazien ↑Thrakien.

Threni [griech.-lat.], svw. ↑ Klagelieder Jeremias.

Threnos [griech.], Gatt. des antiken griech. Chorliedes; urspr. die dichter. Totenklage in der Tragödie; chor. Klagegedichte.

threo- [Kw.], in der Stereochemie verwendete Vorsilbe; zeigt an, daß 2 in einem Molekül benachbart vorliegende asymmetr. Kohlenstoffatome entgegengesetzte Konfiguration haben (z. B. bei der ↑Threose).

Threonin [Kw.], (2-Amino-3-hydroxybuttersäure), Abk. Thr (auch T), eine essentielle Aminosäure.

Threose [Kw.], $CH_2OH-CHOH-CHOH-CHO$, ein zu den in der Natur nicht vorkommenden Tetrosen gehörendes Monosaccharid.

Thriller [engl. ˈθrɪlə; engl.-amerikan., zu to thrill „durchbohren, spannen machen"], angloamerikan., auch im Dt. übl. Bez. für auf emotionale Spannungseffekte ausgerichtete Romane, Theaterstücke, v. a. aber Filme, Hör- und Fernsehspiele, die auf die totale Einbeziehung des Konsumenten in das Geschehen bis hin zur Erzeugung einer phys. Reaktion (Schauder, Angst) abzielen; sie wird geschaffen durch die Möglichkeit der vollständigen Identifikation mit dem Schicksal des Helden, der durch unerklärl. erscheinende (aber nicht unerklärt bleibende) bedrohl. Ereignisse geängstigt wird (insbes. Mord[androhungen]). Gestaltet werden meist dem Gespenster- und Horrorgenre zuzurechnende Kriminalfälle.

Thrombektomie [griech.], operative Beseitigung eines ↑Thrombus nach Gefäßeröffnung.

Thrombin [griech.], für die ↑Blutgerinnung wichtiges eiweißspaltendes Enzym im Blut, das aus Prothrombin entsteht und Fibrinogen in Fibrin umwandelt.

Thromboplastin [griech.] (Thrombokinase, Faktor III), in den Thrombozyten gespeichertes Lipoproteid, das bei der Blutgerinnung als proteolyt. Enzym in Gegenwart von Calciumionen über die Umwandlung von Prothrombin in Thrombin die Fibrinbildung veranlaßt.

Thrombose [griech.] (Blutpfropfbildung), Entstehung eines Blutgerinnsels (↑Thrombus) in der Blutbahn mit Blutgefäßverengung oder Blutgefäßverstopfung) mit den entsprechenden Krankheitssymptomen. Zu den Ursachen einer T. gehören eine vermehrte Blutgerinnungstendenz, eine (örtl.) Schädigung der Gefäßwand und eine (örtl.) Verlangsamung der Blutströmungsgeschwindigkeit. Diese Bedingungen sind bes. nach Operationen und Verletzungen der unteren Extremität gegeben. Bevorzugter Sitz einer T. sind die Venen der unteren Extremität und des Beckens. Zu den Folgen der T. zählt v. a. die Lungenembolie (↑Embolie).

Thrombozyten [griech.] (Blutplättchen) ↑Blut.

Thrombus [griech.] (Blutpfropf), im lebenden Organismus entstehendes oberflächlich rauhes, brüchiges, mit der Gefäßwand verklebtes Blutgerinnsel, das zu einer Thrombose führt.

Thron [griech.-lat.], hervorgehobener Sitz eines welt. oder geistl. Würdenträgers, Zeichen der Herrschaft (auch Gottes). Aus dem Altertum sind assyr. und altägypt. T. überliefert. Sie waren mit Tiergestalten wie Löwen oder Stieren geschmückt. Im A. T. erwähnte T. haben ihre Entsprechungen in Synagogen sowie in den frühchristl. Kirchen, wo der Sitz des Bischofs (Cathedra) seit dem 4. Jh. häufig auf Stufen gestellt und von einem Baldachin überspannt wurde. Der T. Karls des Gr. in der Aachener Pfalzkapelle (Ende des 8. Jh.) gewann nachträgl. Bed. als ein Symbol der Reichsgewalt. In der darstellenden Kunst des MA werden Christus und Maria oft thronend gezeigt; der leere T. gilt wie schon im antiken Kult als Ausdruck geistiger Anwesenheit (Etimasia).

Thronentsagung ↑Abdankung.

Thronfolge (Sukzession), Übernahme der Rechte und Pflichten eines Monarchen durch dessen Nachfolger kraft Wahl oder Erbrechts. - Im german. Recht vollzog sich die T. nach Geblütsrecht; der König wurde in der Volksversammlung gewählt und auf den Schild erhoben. Alle männl. Mgl. des Königssippe waren ohne Rangunterschied wählbar, doch konnte ein König seine Nachfolge durch verbindl. Vorschlag (**Designation**) beeinflussen. Für das T.recht des MA war charakteristisch, daß sich die T. in mehreren Akten vollzog (**Stufenwahl**): Wahl (Auswahl bzw. Benennung eines Kandidaten), Kur (formalrechtl., dann gerichtl. Urteil nachgebildetes Wahlverfahren, bestehend aus dem Kürspruch des Erzbischofs von Mainz als vornehmstem Reichsfürsten, der Folge der übrigen Fürsten und Großen sowie dem Konsens des anwesenden Volkes), Krönung, Besitz-

Thronfolger

ergreifung am Reich (Königsumritt). Das Wahlprinzip setzte sich endgültig seit dem Interregnum (1254–73) durch; gleichzeitig wurde der Kreis der Wähler auf die Kurfürsten eingeschränkt, so daß Wahl und Kur zusammenfielen. In den dt. weltl. Ft. und in den meisten Monarchien (außer Polen) setzte sich dagegen die Erbfolge durch.

Thronfolger, nach der jeweiligen Erbfolgeordnung designierter Nachfolger eines Herrschers. - ↑auch Prinz.

Thronrede, (vom Reg.chef entworfene) Rede, mit der der Monarch einer konstitutionellen Monarchie die Sitzungen der Volksvertretung eröffnet; enthält die Grundsätze des Regierungsprogramms.

Thron und Altar, auf die sakrale Wurzel der Monarchie verweisende Formel der frz. Geistlichkeit des Ancien régime („le trône et l'autel"); im Preußen der Restauration zur Losung eines den Staat stützenden antirevolutionären Denkens erhoben. Die Formel wandelte sich seit den 1830er Jahren (H. Heine) zum polem. Schlagwort des Liberalismus und Sozialismus gegen das den monarch. Obrigkeitsstaat charakterisierende enge Bündnis von Monarchie und Staatskirche.

Thugga ↑Dougga.

Thugut, Johann Amadeus Franz de Paula Frhr. von (seit 1772) [...gu:t], * Linz 31. März 1736, † Wien 28. Mai 1818, östr. Staatsmann. - Diplomat im auswärtigen Dienst; 1794 Staatskanzler und Außenmin.; seine Politik richtete sich zugleich gegen Preußen und Frankr. und war zum Scheitern verurteilt (Rücktritt am 25. Dez. 1800 nach den Niederlagen des 1. und 2. Koalitionskrieges).

Thuille, Ludwig, * Bozen 30. Nov. 1861, † München 5. Febr. 1907, östr. Komponist. - 1888 Prof. an der Königl. Musikschule in München; verfaßte eine bed. „Harmonielehre" (1907; mit R. Louis); komponierte u. a. Opern („Theuerdank", 1897; „Lobetanz", 1898; „Gugeline", 1901), Orchester-, Kammer- und Klaviermusik, Chorwerke, Lieder.

Thuja [griech.] ↑Lebensbaum.

Thujon [griech.] (Absinthol, Tanaceton), im äther. Öl des Lebensbaums, Salbeis, Echten Wermuts und Rainfarns enthaltene pfefferminzartig riechende Terpenverbindung; starkes, epilept. Krämpfe hervorrufendes Nervengift; es gelangt bei der Extraktion von Wermutpflanzen in Wermutwein und ↑Absinth und verursacht das Vergiftungsbild des Absinthismus.

Thukydides, * Athen zw. 460 und 455, † um 400, athen. Geschichtsschreiber. - Nach unglückl. Teilnahme am Peloponnes. Krieg 424–404 in Verbannung. In seiner Monographie über den Peloponnes. Krieg (erhalten 8 Bücher bis 411), den er als die bisher gewaltigste Auseinandersetzung begriff, sah T. als Aufgabe die exakte Ermittlung der Fakten, ihre objektive Beschreibung sowie die Darlegung histor. wirksamer, vornehml. in der menschl. Natur liegender Kräfte und ihrer Gesetzmäßigkeit. Dies bedeutete für ihn Unterscheidung und genaue Analyse von tieferer Ursache und äußeren Anlässen, Verzicht auf Publikumswirksamkeit und auf Einzelheiten zugunsten allg. Zusammenhänge polit.-militär. Geschichte, die hier erstmals vorrangig wurde. Damit kann T. als Begründer der wiss. polit. Geschichtsschreibung betrachtet werden. Das für ihn Wichtige, Problemat. und Grundsätzl. legte er in Exkursen, Proömien, im Dialog und in Reden dar.

Thule, antike Bez. einer Insel im N, erstmals von Pytheas erwähnt; umstritten ist, ob er die Insel erreichte oder nach dem Hörensagen berichtete; nach Tacitus die Shetlandinseln; nach dem byzantin. Geschichtsschreiber Prokop Skandinavien; heute meist mit dem mittelnorweg. Küstengebiet (so zuerst F. Nansen) gleichgesetzt.

T. (Qaanaaq), grönländ. Siedlung am Murchinsonsund, 400 E. Verwaltungssitz für Nordgrönland. - Geht auf den 1910 von K. Rasmussen gegr. Handelsposten T. an der S-Küste des Wolstenhomefjordes zurück, 1953 verlegt. Am Ort des alten Handelspostens befindet sich heute der im 2. Weltkrieg errichtete und seit 1951 ausgebaute Luftwaffenstützpunkt der USA **Dundas** (etwa 300 E).

Thulegesellschaft, Name des 1918 gegr. logenartigen Bundes (rd. 1 500 Mgl.; u. a. R. Heß, A. Rosenberg, G. Feder, D. Eckart), der, völk. Vorkriegstraditionen aufnehmend, in München antisemit. Propaganda trieb und gegenrevolutionäre Gruppen (u. a. die NSDAP) unterstützte; entwickelte sich zum militanten Kampfbund, der durch Gründung von Freikorps die bayr. Räterepublik bekämpfte.

Thulin, Ingrid, * Sollefteå 27. Jan. 1929, schwed. Schauspielerin. - Schuf eindringl., subtile Interpretationen von existentiell gefährdeten Frauen, insbes. in Filmen von I. Bergman, u. a. „An der Schwelle des Lebens" (1957), „Das Schweigen" (1963). - *Weitere Filme:* Götterdämmerung/Die Verdammten (1968), Schreie und Flüstern (1972), Moses (1975), Eins und eins (1977), Der Freibeuter (1985).

Thulium [nach der sagenhaften Insel Thule], chem. Symbol Tm; metall. Element aus der Reihe der Lanthanoide des Periodensystems der chem. Elemente, Ordnungszahl 69, relative Atommasse 168,93, Dichte 9,33 g/cm^3, Schmelzpunkt 1 545 °C, Siedepunkt 1 727 °C. Das silberweiße Schwermetall ähnelt in seinem chem. Verhalten den übrigen Lanthanoiden; zus. mit diesen kommt es in den Seltenerdmineralen vor. Mit $1,9 \cdot 10^{-5}$ Gew.-% Anteil an der Erdkruste steht es in der Häufigkeit der chem. Elemente an 67. Stelle. T. wird nur in Form von Cermischmetall verwendet; das gammastrahlende Isotop Tm 170 wird u. a. zur zerstörungsfreien Werkstoffprüfung verwendet. - T. wurde 1879 von P. T. Cleve in einem Erbiummineral durch Spektralanalyse entdeckt.

Thumb, dt. Baumeisterfamilie, die zus. mit den Familien Mossbrugger und Beer zu den Begründern der ↑ Vorarlberger Bauschule zählt; bed. Vertreter:

T., Michael, *um 1640, † Bezau 19. Febr. 1690. - Vater von Peter T.; errichtete u. a. die Augustiner-Chorherren-Stiftskirche in Wettenhausen (1670ff.); Wallfahrtskirche auf dem Schönenberg bei Ellwangen (1686ff.), sein Hauptwerk, ein mustergültiges Beispiel des „Vorarlberger Kirchentypus" (nach seinen Plänen vollendet von seinem Bruder Christian T. und F. Beer von Bleichten).

T., Peter, *Bezau 18. Dez. 1681, † Konstanz 4. März 1766. - Bei seinem Vater Michael T. und seinem Schwiegervater F. Beer von Bleichten geschult; zählt zu den hervorragendsten Vertretern des dt. Spätbarock und Rokoko. Bereits in seinen Frühwerken, der ehem. Abteikirche Ebersmünster (1719–27) und der Abteikirche Sankt Peter im Schwarzwald (1724–27), besticht die einheitl. Wirkung der Innenräume. Sein berühmtes Hauptwerk ist die Wallfahrtskirche in ↑ Birnau, ein Spätwerk ist der Bibliothekssaal des Benediktinerstifts Sankt Gallen (1766 vollendet). - Abb. S. 98.

Thun, Bez.hauptort im schweizer. Kt. Bern, am Ausfluß der Aare aus dem Thuner See, 557 m ü. d. M., 37 000 E. Histor. Museum, Kunstsammlung; Fremdenverkehr. Munitionsfabrik, Maschinen- und Apparatebau, Nahrungsmittel-, Textilind., Verlage. - Erhielt 1264 Stadtrechte; kam 1384 durch Kauf an Bern; Sitz des Berner Landvogts; 1798–1803 Hauptstadt des Kt. Oberland. - Auf dem Schloßberg neben der Burg (12. Jh.) spätgot. Amtsschloß (1429) und Kirche (1738) mit got. Turm; Rathaus (1514 ff.) mit Laubendurchgang.

Thunbergie (Thunbergia) [nach dem schwed. Botaniker C. P. Thunberg, *1743, †1828], Gatt. der Akanthusgewächse mit rd. 150 Arten in den Tropen und Subtropen der Alten Welt; oft windende Sträucher, Stauden oder Kräuter mit einfachen Blättern und trichterförmigen Blüten. Die bekannteste der zahlr. in Kultur befindl. Arten ist die **Schwarze Susanne** (Thunbergia alata); bis 2 m hohes windendes Kraut mit eiförmigen Blättern; Blüten braungelb, trichterförmig, einzeln und langgestielt.

Thunder Bay [engl. 'θʌndə 'bɛɪ], kanad. Hafenstadt an der T. B. des Oberen Sees, 183 m ü. d. M., 112 000 E. Kath. Bischofssitz; Univ. (gegr. 1965), Museum; kanad. Endpunkt der Schiffahrt auf den Großen Seen. Papier-, Mühlenind., Metallverarbeitung, Omnibus- und Schiffbau, Erdölraffinerie; Endpunkt mehrerer Eisenbahnlinien, ⚓. - Entstand 1970 durch Vereinigung der Städte **Port Arthur** und **Fort William** sowie der westl. bzw. sw. anschließenden Townships McIntyre und Neebing.

T. B., Bucht am NW-Ufer des Oberen Sees, in der kanad. Prov. Ontario.

Thünen, Johann Heinrich von, *Gut Canarienhausen (Landkr. Friesland) 24. Juni 1783, † Gut Tellow (Landkr. Teterow) 22. Sept. 1850, dt. Nationalökonom. - Untersuchte den Zusammenhang von Grundrente und Standort der landw. Produktion, formulierte eine Theorie der Abhängigkeit der Grundrente von der Entfernung des landw. Betriebes von seinem Markt bzw. Konsumtionsort (sog. *T.sche Kreise* oder *T.sche Ringe*). T. gilt auch als Begründer der ↑ Grenzproduktivitätstheorie.

Thuner See, von der Aare durchflossener Alpenrandsee im schweizer. Kt. Bern, 558 m ü. d. M., 48,4 km², 22 km lang, bis 3 km breit und 217 m tief; an den Ufern zahlr. Kur- und Fremdenverkehrsorte, u. a. Spiez.

Thunfische [griech.-lat./dt.], zusammenfassende Bez. für die Gatt. *Thunnus* und einige weitere nah verwandte Gatt. etwa 0,5–5 m langer Makrelen in Meeren der nördl. bis südl. gemäßigten Regionen; Körper spindelförmig, mäßig schlank; Beschuppung weitgehend rückgebildet; Rücken von Hautverknöcherungen unterlagert; Schwanzflosse annähernd mondsichelförmig gestaltet. - T. können ihre Körpertemperatur bis über 10 °C über die Umgebungstemperatur erhöhen. Es sind kraftvolle, gesellige Schwimmer, die sich räuber. von kleineren Schwarmfischen (bes. Heringen) ernähren. Unter ihnen finden sich geschätzte Speisefische, die v. a. während ihrer Laichzeit in Küstengewässern gefangen werden. - Zu den T. gehören u. a. der ↑ Bonito und der Unechte ↑ Bonito.

Thun und Hohenstein, Franz Anton Fürst von (seit 1911), *Tetschen 2. Sept. 1847, † ebd. 1. Nov. 1916, östr. Politiker. - Ab 1879 Mgl. des östr. Abgeordnetenhauses, ab 1881 des Herrenhauses und ab 1883 des böhm. Landtags; Führer der tschech. Konservativen. Als Statthalter von Böhmen (1889–96, erneut 1911–15) trat er 1890 für den dt.-tschech. Ausgleich ein. 1898/99 östr. Min.präs. und Innenmin., trat zurück, als die Durchsetzung der Sprachenverordnungen K. F. Badenis in der Obstruktion der dt. Parteien scheiterte.

Thuralpen, Gebirgsgruppe in den schweizer. Kt. Sankt Gallen und Appenzell, umfaßt die **Appenzeller Alpen** mit dem ↑ Säntis und die ↑ Churfirsten.

Thurandt, Burganlage oberhalb von ↑ Alken.

Thurber, James [engl. 'θəːbə], *Columbus (Ohio) 8. Dez. 1894, † New York 2. Nov. 1961, amerikan. Schriftsteller und Zeichner. - Seine [selbst illustrierten] satir. Skizzen,

Thurgau

Peter Thumb, Wallfahrtskirche in Birnau (1746 ff.; Blick auf den Hochaltar)

Fabeln, Erzählungen und Essays üben Moralkritik an der Zeit, u. a. „75 Fabeln für Zeitgenossen" (1956).

Thurgau, schweizer. Kt., 1 013 km², 190 700 E (1986), Hauptstadt Frauenfeld. T. umfaßt die nordöstlichsten Teile des Schweizer Mittellands an Bodensee und Hochrhein. Mehrere W–O gerichtete Senken gliedern das Gebiet; zw. der mittleren Thur und dem Bodensee erstreckt sich der flache Seerücken. In der Landw. dominiert die Viehhaltung. Das thurgauische Bodenseeufer ist das wichtigste schweizer. Obstbaugebiet neben dem Wallis; auch Weinbau. Neben Textil- und Stickereiind. v. a. Maschinen- und Fahrzeugbau, chem. sowie Nahrungsmittelindustrie; Fremdenverkehr.
Geschichte: Das Gebiet des heutigen T. wurde 58 v. Chr. von den Römern unterworfen; fiel 455 n. Chr. in den Besitz der Alemannen; um 700 christianisiert; im 8. Jh. Gau des Fränk. Reiches; 861 wurde der westl. Teil als Zürichgau abgetrennt. 1264 fiel der T. als Land-Gft. an die Grafen von Habsburg; 1460 von den Eidgenossen erobert und als gemeine Herrschaft verwaltet. Die Reformation setzte sich bis 1529 durch, ab 1531 wurde T. jedoch teilweise rekatholisiert. 1798–1803 Kt. der Helvet. Republik; ab 1803 selbständiger Kanton.
Verfassung: Nach der Verfassung vom 28. Febr. 1869 liegt die Exekutive beim vom Volk auf 3 Jahre gewählten Regierungsrat (5 Mgl.). Die Legislative bilden der vom Volk auf 3 Jahre gewählte Große Rat (129 Mgl.) und das Volk selbst. Es besteht Frauenstimm- und -wahlrecht in Schulsachen 1969, in kantonalen Angelegenheiten seit 1971.

Thurii (Thurioi), griech. Kolonie am Golf von Tarent, Neugründung von Sybaris; zw. 446 und 442 v. Chr. auf Initiative des Perikles gegr.; seit 282 v. Chr. röm. besetzt, seit 194 als **Copia** Colonia latin. Rechts; Reste beim heutigen Turio.

Thüringen, histor. Landschaft in der DDR, umfaßt die heutigen Bez. ↑Erfurt, ↑Gera und ↑Suhl. - Anfang des 5. Jh. n. Chr. Reichsgründung der Thüringer. 531 von Franken und den ihnen verbündeten Sachsen besiegt, kam der auf das Gebiet zw. Harz-Unstrut-Linie und Thüringer Wald, Werra und Saale eingeengte thüring. Stamm unter fränk. Einfluß; im 8. Jh. missioniert. Unter den Herrengeschlechtern mit gräfl. Gewalt gewannen im 11.Jh. die *Ludowinger* die Führung, die 1130 Landgrafen von T. wurden. Als Reichsfürsten und Kreuzfahrer, Förderer der Minnesänger und des Kirchenwesens (v. a. Ludwig IV., Gemahl der hl. Elisabeth) genossen sie hohes Ansehen. 1180 erwarben sie die Pfalz-Gft. Sachsen. Mit Heinrich Raspe, dem Gegenkönig Friedrichs II., starben die Ludowinger 1247 im Mannesstamm aus. T. fiel an den Wettiner Markgrafen von Meißen (1294–1307 veräußert), der hess. Anteil der Ludowinger kam 1264 an die Grafen von Brabant. Seit dem 14. Jh. erweiterten die Wettiner ihre Herrschaft auf Kosten der meisten thüring. Grafen, doch gelang ihnen die Bildung eines Einheitsstaates nicht, und durch die Leipziger Teilung von 1485 zersplitterten die Wettiner selbst ihren Besitz in T.: Hauptmasse von Eisenach im W bis Zwickau im O, von Coburg im S bis Buttstädt im N kam an die Kurlinie der Ernestiner, der N von Groitzsch im O bis östl. von Treffurt im W an die Albertin. Linie. Am Ende des 17. Jh. bestanden 10 Linien der Ernestiner, 9 der Reußen (Vögte von Weida, Gera und Plauen), 3 der Schwarzburger; Kurmainz hatte die Landesherrschaft über Erfurt gewonnen und war auf dem Eichsfeld zu einem größeren Territorium gelangt; Brandenburg hatte sich mit dem Saalkreis nach T. vorgeschoben. Die albertin. Besitze, seit 1547 kursächs., seit 1806 königl., fielen 1815 an Preußen, das schon 1803 Erfurt, das Eichsfeld, Nordhausen und Mühlhausen gewonnen hatte. Erst 1920 wurden die verbliebenen thüring. Kleinstaaten - 4 ernestin. Sächs. Hzgt., die Ft. Schwarzburg (Rudolstadt und Sondershausen) und Reuß (jüngere und ältere Linie) - zum Land T. (Ver-

Thymian

fassung vom 11. Febr. 1921, Hauptstadt Weimar) vereinigt, das seine Eigenstaatlichkeit bis 1934 verlor. In den letzten Wochen des 2. Weltkrieges besetzten amerikan. Truppen T., überließen es aber im Juli 1945 den Sowjets. Bei den ersten Landtagswahlen (20. Okt. 1946) erhielt die SED 50 von 100 Sitzen. 1948 wurde der Reg.sitz von Weimar nach Erfurt verlegt. 1952 traten an die Stelle des Landes Thüringen die Bezirke Erfurt, Gera und Suhl.

Geschichte Thüringens. Hg. v. H. Patze u. W. Schlesinger. Köln 1968-82. 6 Bde.

Thüringer Becken, durch zahlr. Höhenzüge und Hochflächen gegliederte Mulde zw. Harz und Thüringer Wald.

Thüringer Pforte ↑ Unstrut.

Thüringer Wald, Kammgebirge zw. der oberen Werra und dem Thüringer Becken (DDR und BR Deutschland), erstreckt sich von Hörschel mit 60 km Länge und einer von 15 auf 30 km zunehmenden Breite nach SO. In das schmale Gebirge (mit dem Rennsteig als Kammlinie) haben sich zahlr. kurze Flüsse tief eingeschnitten; die dazwischenliegenden Hochflächenreste (bei 650-850 m ü. d. M.) werden von Porphyrhärtlingskuppen (Großer Beerberg 982 m, Schneekopf 978 m, Großer Inselsberg 916 m) überragt. Das Klima ist in weiten Teilen rauh, niederschlags- und schneereich. Der T. W. ist weitgehend bewaldet, die landw. Nutzung gering; größere Bed. haben Forstwirtschaft, Ind. (Porzellan, Glaswaren, Spielzeug, Waffen) und Fremdenverkehr.

Thüringer Zither ↑ Cister.

Thüringisch, ostmitteldt. Mundart, ↑ deutsche Mundarten.

Thurioi ↑ Thurii.

Thurneysen ['tʊrnˈaɪzən], Eduard, * Wallenstadt (Kt. Sankt Gallen) 10. Juli 1888, † Basel 21. Aug. 1974, schweizer. ev. Theologe. - Seit 1927 Seelsorger, seit 1929 daneben auch Prof. für prakt. Theologie in Basel; mit K. Barth und F. Gogarten Begründer der dialekt. Theologie. - *Werke:* Das Wort Gottes und die Kirche (1927), Die Bergpredigt (1936), Seelsorge im Vollzug (1968).

T., Rudolf, * Basel 14. März 1857, † Bonn 9. Aug. 1940, dt. Sprachwissenschaftler schweizer. Herkunft. - Prof. in Jena, Freiburg im Breisgau, ab 1913 in Bonn; verfaßte neben indogermanist. und romanist. Arbeiten insbes. Studien zum Keltischen, v.a. zur altir. Sprachwiss. („Handbuch des Altir.", 1909), Philologie („Die ir. Helden- und Königssage", 1921) und später v. a. Rechtsgeschichte.

Thurn und Taxis, dt. Fürstenfam. aus dem urspr. lombard. Geschlecht der Taxis; seit 1615 im Besitz des erbl. Reichspostgeneralats; 1695 Reichsfürsten. Die T. u. T. verloren 1701 Besitz und Posten in den span. Niederlanden und siedelten 1702 nach Frankfurt am Main (seit 1730 Bau der Frankfurter Residenz), nach der Übertragung des Prinzipalkommissariats beim Regensburger Reichstag (1743/48) nach Regensburg über. Nach dem Verlust aller linksrhein. Posten 1802 wurde das Haus 1806 mediatisiert, erhielt jedoch 1815 eine bundesunmittelbare Stellung. Die T. u. T. mußten am 1. Juli 1867 die gesamte Postorganisation gegen eine Abfindung von 3 Mill. Talern an den preuß. Staat abtreten. Seit 1899 Herzöge von Wörth und Donaustauf; heute im Besitz verschiedener Bank- und gewerbl. Unternehmen.

Thurnwald, Richard, * Wien 18. Sept. 1869, † Berlin 19. Jan. 1954, dt. Ethnologe und Soziologe. - Unternahm als Assistent am Berliner Völkerkundemuseum, später als Prof. in Halle/Saale und Berlin Feldforschungen in Melanesien, Mikronesien, Neuguinea und Tanganjika; maßgebl. Begründer der dt. Ethnosoziologie.

Thusis, Bez.hauptort im schweizer. Kt. Graubünden, am Hinterrhein, am Eingang der Via Mala, 719 m ü. d. M., 2 500 E. Sommerfrische. - Entwickelte sich nach der Eröffnung des Weges durch die Via Mala (1471-73). - Spätgot. Kirche (1506); Haus Rosenroll (1634), Schlößli Rosenroll (1727).

Thusnelda, weibl. Vorname (Herkunft und Bed. nicht geklärt).

Thutmosis, Name von 4 ägypt. Königen der 18. Dyn. in gräzisierter Form. Bed. v. a.:

T. I., ⚭ 1506 (?)–1493. - Er leitete die Eroberung Asiens und damit die imperialist. Phase des Pharaonenreiches ein, drang bis zum Euphrat vor; Bauten: Neubau des Amuntempels zu Karnak; Grab in Biban Al Muluk.

T. III., ⚭ 1490–1436. - Bis zum 22. Lebensjahr unter Vormundschaft seiner Stiefmutter und Tante ↑ Hatschepsut. T. (der „Erobererpharao") unterwarf die Stadtstaaten Palästinas und Syriens; Bauten u. a. in ↑ Karnak, wo die Kriegsannalen in bes. Sälen aufgezeichnet sind, Statuen erhalten.

Thyateira (Thyatira) ↑ Akhisar.

Thyatiridae [griech.], svw. ↑ Eulenspinner.

Thyestes, Gestalt der griech. Mythologie, Bruder des ↑ Atreus.

Thyllen [griech.] (Füllzellen), im Kernholz verschiedener Laubbäume auftretende blasenartige Ausstülpungen von Zellen des Holzparenchyms (↑ Holz), die in das Lumen benachbarter, funktionslos gewordener Gefäße eindringen und diese vollständig verschließen. T. dienen daneben auch der Reservestoffspeicherung oder als Gefäßverschluß nach Verletzung.

Thymallinae [griech.], svw. ↑ Äschen.

Thymian (Thymus) [griech.-lat.], Gatt. der Lippenblütler mit über 30 Arten in Eurasien und N-Afrika; durch den Gehalt an äther. Ölen aromat. duftende Halbsträucher oder Zwergsträucher mit kleinen, ganzrandigen Blättern und blattachsel- oder endständi-

99

Thymidin

gen Blüten in Scheinquirlen. Bekannte Arten: **Feldthymian** (Feldkümmel, Thymus serpyllum), in Europa und Asien verbreitet; polsterbildender Halbstrauch (bis 30 cm hoch) mit rosafarbenen Blüten; Steingartenpflanze; **Gemeiner Thymian** (Garten-T., Thymus vulgaris), ästiger Halbstrauch (20–40 cm hoch) mit grausamtig behaartem Stengel und unterseits dicht weißfilzig behaarten Blättern; Blüten lilarosa; Gewürz- und Heilpflanze (Bronchial-, Magen-, Darmerkrankungen).

Thymidin [griech.] (Desoxythymidin, Thymin-2-desoxyribosid) ↑Thymin.

Thymin [griech.] (5-Methyluracil), zu den Nukleinsäurebasen zählende Pyrimidinverbindung (Pyrimidinbase), die in Form ihres Desoxyribosids *Thymidin* in der ↑DNS, stets gepaart mit Adenin, vorkommt.

Thymol [griech./arab.] (2-Isopropyl-5-methylphenol), in den äther. Ölen von Thymianarten u. a. Lippenblütlern enthaltenes, heute meist synthet. gewonnenes Phenolderivat, das wegen seiner antisept. Wirkung u. a. Mundwässern und Zahnpasten zugesetzt wird.

Thymolblau (Thymolsulfophthalein), als Säure-Base-Indikator verwendeter Farbstoff mit einem Farbumschlag von Rot nach Gelb bei pH-Wert 1,2 bis 2,8 und von Gelb nach Blau bei pH-Wert 8,0 bis 9,6.

Thymoleptika [griech.], bes. zur Behandlung endogener Depressionen verwendete stimmungsaufhellende Arzneimittel v. a. mit tricycl. Molekülstruktur.

Thymosin [griech.], Trivialname für ein aus Thymusdrüsen isoliertes Peptidhormon, das die Thymozyten befähigt, eigene von fremden Gewebszellen zu unterscheiden; zirkuliert im Blut; spielt eine wichtige Rolle bei Abstoßungsreaktionen von Transplantaten.

Thymus, svw. ↑Thymian.

Thymus [griech.] (T.drüse, Brustdrüse), paarige, im Hals- und/oder Brustbereich vor dem Herzbeutel liegende, aus Epithelwucherungen der embryonalen Kiementaschen hervorgehende „endogene Drüse" (ohne eigtl. Drüsenzellen) der Wirbeltiere, mit Ausnahme der Rundmäuler. Der T. ist während der Embryonal- bzw. Jugendzeit stark entwickelt, wird jedoch während der Geschlechtsreife und danach nahezu völlig rückgebildet (nicht bei Robben, Delphinen und verschiedenen Nagetieren, v. a. nicht bei Ratten und Mäusen). Der T. ist ein lymphat. Organ (↑Lymphsystem), das auch beim neugeborenen Menschen gut entwickelt ist und unter dem Einfluß der Geschlechtshormone wieder verschwindet, indem es sich bis auf einen Restkörper in Fettgewebe umwandelt. Der T.wirkstoff (vermutl. ein Wachstumshormon) ist noch unbekannt. - Der T. spielt eine nicht unwesentl. Rolle für das Wachstum. Er hemmt die (körperl.) Geschlechtsreife (als Antagonist zu den Keimdrüsen) und ist durch die Bildung weißer Blutkörperchen bzw. die Antikörperbildung wichtig für Immunreaktionen des Körpers (z. B. auch für die „verzögerte" Abstoßung von Gewebstransplantationen).

Thyreocalcitonin [griech./lat.], svw. ↑Calcitonin.

thyreogen [griech.], von der Schilddrüse ausgehend, durch ihre Tätigkeit bedingt (bes. von Krankheiten gesagt).

Thyreoglobulin [griech./lat.], kolloides jodhaltiges Glykoproteid, v. a. Sekretionsprodukt der ↑Schilddrüse.

Thyreostatika [griech.], Stoffe, die durch Behinderung der Jodeinbaus zur Hemmung der Synthese von Schilddrüsenhormon führen. **Jodisationshemmer** (Synthesehemmer i. e. S.) werden bei Überfunktion der Schilddrüse bes. zur Vorbereitung einer operativen Schilddrüsenentfernung und bei thyreotox. Krisen zus. mit Jod angewandt; **Jodinationshemmer** (Transporthemmer) werden eingesetzt, wenn andere T. nicht wirken oder zu starke Nebenwirkungen hervorrufen.

thyreotropes Hormon [griech.] (Thyreotropin, thyreoidstimulierendes Hormon, TSH, Thyrotrophin), Hormon (Glykoproteid) des Hypophysenvorderlappens, das die Jodidaufnahme durch die Schilddrüse und die Freisetzung der Schilddrüsenhormone aus Thyreoglobulin stimuliert. Seine Sekretion wird durch ein Neurohormon des Hypothalamus angeregt und durch Somatostatin gehemmt.

Thyristor [griech.-lat.] (GCS, Thyrator, Vierschichttransistor, Vierschichttriode), ein gleichrichtendes und steuerbares Halbleiterbauelement (Halbleiterventil) auf Siliciumbasis mit z. Z. im allg. verschieden dotierten n- und p-leitenden Bereichen in der Reihenfolge npnp, Anschlüssen an den beiden äußeren Zonen (p-Zone als Anode) und einer zusätzl. an der inneren p-Basiszone ankontaktierten Steuerelektrode *(Gate, Tor)*. Wird bei positiver Polung der Anode gegenüber der Kathode eine bestimmte Spannung, die *Kippspannung*, überschritten, bauen die injizierten Ladungsträger die mittlere Sperrschicht ab, so daß der T. wie eine in Durchlaßrichtung betriebene Halbleiterdiode wirkt, was ihn für das Schalten und Steuern hoher Ströme geeignet macht. Weitere Anwendungen des 1956 eingeführten T. u. a. in Regelschaltungen, Gleichrichtern mit steuer- bzw. regelbarer Ausgangsspannung, Wechselrichtern und regelbaren Antrieben (z. B. Steuerung der Fahrmotoren von E-Loks).

Thyrotrophin [griech.], svw. ↑thyreotropes Hormon.

Thyroxin [griech.] (3,3',5,5'-Tetrajodthyronin, T_4), wichtigstes, v. a. an Thyreoglobulin gebundenes Schilddrüsenhormon; Wirkung: Steigerung des Grundumsatzes und die Erhöhung der Ansprechbarkeit des Organismus auf Catecholamine (↑ auch Schilddrüse). Chem. Strukturformel:

HO—[benzene]—O—[benzene]—CH$_2$—CH—COOH
                                   |
                                   NH$_2$

Thysanoptera [griech.], svw. ↑ Blasenfüße.

Thysanura [griech.], svw. ↑ Borstenschwänze.

Thysdrus ↑ El-Djem.

Thyssen, August, * Eschweiler 17. Mai 1842, † Schloß Landsberg (= Essen) 4. April 1926, dt. Industrieller. - Gründete 1871 die T. & Co. KG und 1890 die August Thyssen-Hütte AG in Duisburg, woraus sich der T.-Konzern entwickelte.

T., Fritz, * Styrum (= Mülheim a. d. Ruhr) 9. Nov. 1873, † Buenos Aires 8. Febr. 1951, dt. Industrieller. - Sohn von August T.; leitete 1926-39 den T.-Konzern, unterstützte ab 1923 finanziell die NSDAP, der er 1931 beitrat. Während des NS kam es zu wachsenden Meinungsverschiedenheiten zw. ihm und der Führung des Regimes, v. a. wegen der Judenverfolgung, was ihn 1939 zur Emigration in die Schweiz zwang; 1941 in Frankreich verhaftet, verbrachten er und seine Frau die Jahre bis 1945 im Konzentrationslager.

Thyssen-Gruppe, dt. Konzern der Eisen- und Stahlind., Sitz Duisburg; in der zweiten Hälfte des 19. Jh. von A. Thyssen aufgebaut. Hauptunternehmen war die 1890 gegr. August Thyssen-Hütte AG. 1926 ging der Konzern in den Vereinigten Stahlwerken AG auf, die nach dem 2. Weltkrieg entflochten wurden. Als eine der Nachfolgegesellschaften wurde 1953 die *August Thyssen-Hütte AG* wiedergegründet, die zur Kerngesellschaft beim Neuaufbau des Konzerns wurde; 1971 Verschmelzung mit *Niederrhein. Hütte AG* und der *Hüttenwerk Oberhausen AG,* 1974 Zusammenschluß mit der *Rheinstahl AG,* 1976 umbenannt in *Thyssen AG vorm. August Thyssen-Hütte AG Duisburg* (erzeugt werden Roheisen, Rohstahl, Walzstahl). Für den Investitionsgüterbereich fungiert die *Thyssen Industrie AG* (früher Rheinstahl AG), für den Bereich Handel die *Thyssen Handelsunion AG* als Kerngesellschaft. Zahlr. Tochtergesellschaften und weitere Beteiligungen im Inland (z. B. Mannesmannröhren-Werke AG, Blohm + Voss AG) und im Ausland.

Ti, chem. Symbol für ↑ Titan.

Ti., lat. Abk. für: Tiberius.

Tiahuanaco [span. tiaṷa'nako], bolivian. Ort nahe dem Titicacasee, westl. von La Paz am Rand eines präkolumb. Ruinenfelds (20 km^2), ehem. 300 und 800 Kultzentrum der **Tiahuanacokultur,** deren Kern das Hochland von Bolivien bildet (Altperu). Residenz des zeitweilig bed. Reiches (um 600-800) war ver-

Tiahuanaco. Sonnentor mit dem Hochrelief eines Schöpfergottes

mutl. Huari; die ↑ Huarikultur ist Erbe der klass. Tiahuanacokultur und wird heute auch als T.-Huari-Kultur bezeichnet. Kennzeichnend sind pfeilartige große Steinskulpturen und Keramik in leuchtenden Farben mit streng geometrisierten Mustern (bes. Jaguar und Kondor). Die gleichen Muster finden sich auch auf farbigen Textilien. Die Bauwerke sind weitgehend abgetragen, gut erhalten das Sonnentor (ehem. Tempeltor).

Tiamat, in der babylon. Mythologie göttl. Personifikation des Salzmeers. Im babylon. Lehrgedicht „Enuma elisch" errringt Marduk durch Sieg über T. die Oberherrschaft über die Götter und erschafft aus den Leichnamshälften der T. Himmel und Erde.

Tiara [pers.-griech.], Kopfbedeckung altiran. Herrscher, kegelförmig, mit Diademreif am unteren Rand; auch assyr. Könige trugen eine Art Tiara.
♦ außerliturg. dreifache Krone des Papstes (erstmals 1342 belegt) als Zeichen seiner [auch] weltl. Macht; deshalb von Paul VI. 1964 symbol. abgelegt.

Tiaret, alger. Stadt im Hochland der Schotts, 1050 m ü. d. M., 63 000 E. Hauptstadt des Verw.-Gebiets T.; Universitätszentrum, Wollkombinat, Karosseriewerk; Bahnstation, Straßenknotenpunkt, ✈. - Gegr. im 9. Jh. von Berbern.

Tibaldi, Pellegrino, auch Pellegrino de' Pellegrini gen., * Puria (= Valsolda, Prov. Como) 1527, † Mailand 27. Mai 1596, italien. Maler und Baumeister. - Als Maler durch die röm. Michelangeloschule geprägt (Freskogemälde in kraftvoll-bewegtem Figurenstil; Bologna, Palazzo Poggi, Cappella Poggi an San Giacomo Maggiore). Seine Bauten (San Fedele in Mailand; San Gaudenzio in Novara) gehen von Vignola aus und tendieren zu klass.

Tibbu

Monumentalität. 1587 berief Philipp II. T. als Bauintendanten des Escorial nach Spanien.

Tibbu, Volk in der Sahara, ↑Tubu.

Tiber (italien. Tevere), größter Fluß Italiens, entspringt im südl. Etrusk. Apennin, erreicht bei Passo Corese die Röm. Campagna und mündet westl. von Lido di Ostia mit einem Delta in das Tyrrhen. Meer; 405 km lang.

Tiberias, Stadt in Israel, am W-Ufer des Sees von Genezareth, zw. 206 m u. d. M. und 100 m ü. d. M., 28 000 E. Archäolog. Museum; Winterkurort (heiße Mineralquellen); Knotenpunkt des Überlandomnibusverkehrs in N-Israel. - Urspr. weiter südl. gelegen; 21 n.Chr. gegr. und nach Kaiser Tiberius ben.; wurde gegen Ende des 2.Jh. Zentrum jüd. Gelehrsamkeit; 637 arab.; 1099–1187 in der Hand der Kreuzfahrer.

Tiberias, See von ↑Genezareth, See von.

Tiberias, aus dem Lat. übernommener männl. Vorname.

Tiberius (Tiberius Julius Caesar), eigtl. Tiberius Claudius Nero, * Rom 16. Nov. 42 v. Chr., † Misenum (am heutigen Kap Miseno) 16. März 37 n.Chr., röm. Kaiser (seit 14 n.Chr.). - Sohn der Livia Drusilla und ab 38 v.Chr. Stiefsohn Oktavians (Augustus) (ab 4 n.Chr. adoptiert); erhielt als potentieller Nachfolger des Augustus früh entsprechende Ehren und öffentl. Tätigkeiten (u.a. 13 und 7 v.Chr. Konsul); ∞ in unglückl. ↑Julia. Nach seiner Reg.übernahme zügelte er die Expansionsversuche des Germanicus in Germanien (Rheingrenze) und hielt die röm. Positionen im Osten. Konservativ im Sinne des Augustus, herrschte T. auf den Senat gestützt, geriet jedoch unter den Einfluß (etwa ab 20) des Sejan, zog sich 21/22 nach Kampanien und ab 27 nach Capri zurück. T. besaß als Herrscher einen klaren Blick für das innen- wie außenpolit. Erreichbare; das in den Quellen überlieferte düstere Persönlichkeitsbild (Tacitus, Sueton, Cassius Dio Cocceianus) wird ihm kaum gerecht.

Tibesti, Gebirge in der östl. Sahara, im N der Republik Tschad mit Ausläufern nach S-Libyen; stark zerklüftete Vulkanlandschaft, bis 3 415 m hoch; Wohngebiet der Tubu; zentraler Ort ist Bardaï. Im T. finden sich zahlr. frühgeschichtl. Felszeichnungen. - 1869 erstmals von G. Nachtigal bereist.

Tibet ['ti:bɛt, ti'be:t], autonome Region in W-China, 1 221 600 km^2, 1,93 Mill. E (1983), überwiegend Tibeter, Hauptstadt Lhasa. Von dem Hauptkamm des Himalaja und seiner N-Abdachung erstreckt sich die Region über die südtibet. Längstalfurche, den Transhimalaja und das Hochland von T. bis zur Tanglhakette bzw. zum Kunlun nach N. Auf Grund der Höhenlage der meisten Landschaftsräume und ihrer klimat. Ungunst liegt der siedlungs- und wirtschaftsgeograph. Schwerpunkt im östl., vom ind. Monsun beeinflußten Teil der südtibet. Längstalfurche (Tsangpotal), v.a. im Raum Shigatse–Lhasa–Tsangpoknie. Hier findet sich eine der höchsten Anbaugrenzen der Erde: Anbau von Gerste bis 4 200 m ü. d. M. Ein weiteres Siedlungsgebiet stellen die Stromfurchen im Bereich der osttibet. Randketten dar. In den tief eingeschnittenen Tälern wird Reisanbau bei künstl. Bewässerung, außerdem Weizen- und Gerstenanbau betrieben. Viehzucht gibt es sowohl in den Ackerbaugebieten als auch bei den nomadisierenden Tibetern; es werden Schafe, Jaks, Pferde und Rinder gehalten. Im Gebiet von Lhasa und Shigatse sowie in den größeren Orten des Tsangpotales kam es unter chin. Anleitung zur Ansiedlung von Nahrungsmittel-, Textil-, Leder-, Holz-, Glas-, pharmazeut. und keram. Ind., die heute bereits den Großteil der Bev. mit den nötigen Verbrauchsgütern versorgen kann. An Bodenschätzen gibt es Kohle und Erdöl. Die Voraussetzung für eine allg. wirtsch. Entwicklung schuf v.a. der Ausbau der Fernstraßen in den 1950er und 60er Jahren, eine erste Eisenbahnverbindung ist in Bau.

Geschichte: 620–649 wurden die nomad. Hochlandstämme vereinigt und Lhasa zur Hauptstadt gemacht. Die Könige förderten den Buddhismus, während die Adelspartei der alten Bon-Religion anhing. In der Mitte des 9.Jh. kam es zu einer grausamen Verfolgung des Buddhismus und zur Restauration der Bon-Religion; danach zerfiel das Reich in kleinere Fürstentümer. Im 13.Jh. kam T. zeitweilig unter die Vorherrschaft der Mongolen; danach beanspruchten die chin. Dynastien der Ming (1368–1644) und Mandschu (1644–1911) die Oberhoheit über Tibet. Nach 1400 reformierte Tsong-kha-pa den Lamaismus und gründete die Gelbmützensekte, die „gelbe Kirche". Sein Nachfolger wird später als der erste der Dalai Lamas bezeichnet, doch erhielt erst der 3. 1568 von den Mongolen diesen Titel. Der „große 5." Dalai Lama (1617–82) verstand es, mit mongol. Hilfe die polit. Macht der „gelben Kirche" auszudehnen. 1717 wurde Lhasa von den Dsungaren erobert, diese wurden von den Chinesen vertrieben, die daraufhin T. als ihr Protektorat behandelten. Mehrere tibet. Aufstände wurden von den Chinesen blutig unterdrückt. Eine brit. Militärexpedition drang 1904 gewaltsam bis Lhasa vor, doch erkannten Großbrit. (1906) und Rußland (1907) die chin. Oberhoheit über T. an. In den Wirren der chin. Revolution von 1911 gelang es, die chin. Truppen und Behörden zu vertreiben. Auf der Konferenz von Simla 1914 wurden Teile von Ost-T. China zugesprochen, der größte Teil von T. wurde de facto bis 1950 unabhängig. Nach dem Einmarsch der Chinesen in T. 1950/51 wurde dessen „Rückkehr" in die VR China im Vertrag von Peking 1951 unter

Zusicherung regionaler Autonomie erklärt. Tibet. Aufstände 1958/59 wurden niedergeschlagen, die hierarch. Struktur beseitigt. 1959 floh der 14. Dalai Lama nach Indien, wo er eine Exilreg. bildete; eine Fluchtbewegung von beträchtl. Ausmaß setzte ein. Die Neuordnung von Gesellschaft und Wirtschaft erfolgt nach dem Muster der VR China. 1965 wurde die „Autonome Region T." errichtet.
📖 *Peissel, M.: Königreiche im Himalaya. Welt der tibet. Kultur. Mchn. 1985. - Der Weg zum Dach der Welt. Hg. v. Claudius C. Müller u. W. Raunig. Ffm. 1982. - Lehmann, P.-H./Ullal, J.: T. Hamb. 1981. - Han Suyin: Chinas Sonne über Lhasa. Das neue T. unter Pekings Herrschaft. Mchn. 1980. - Mehra, P.: Tibetan polity, 1904–37. Wsb. 1976. - Harrer, H.: Sieben Jahre in T. Mein Leben am Hofe des Dalai Lama. Bln. Neuausg. 1974. - Hoffman, H.: T. A handbook. Bloomington (Ind.) 1974. - Tucci, G.: T. Dt. Übers. Mchn. u.a. 1973. - Shakabpa, T. W. D.: T. A political history. New Haven (Conn.) 1967. - Dalai Lama: Mein Leben u. mein Volk. Die Tragödie Tibets. Dt. Übers. Mchn. u. Zürich 38. Tsd. 1964.*

Tibet, Hochland von ['ti:bɛt, ti'be:t], Hochland im südl. Innerasien, China, mit rd. 2 Mill. km² und einer mittleren Höhe von 4 500 m die ausgedehnteste geschlossene und höchstgelegene Landmasse der Erde, zugleich der isolierteste Großraum Asiens, da allseits von bis 7 000–8 000 m Höhe erreichenden Gebirgsmauern umrahmt (Kunlun in N, osttibet. Randketten im O, Himalajasystem im S sowie Pamir und Karakorum im W). Den zentralen Raum bildet das abflußlose Hochland *Changtang* in durchschnittl. 4 500–5 000 m Höhe; in großen Abständen durchziehen es W–O streichende Gebirgsketten meist geringer relativer Höhe (selten bis 500 m), die sich im W und NW gegen die Gebirgsschnürung um Kunlun, Pamir und Karakorum hin zusammendrängen. Zw. diesen Ketten liegen flache, von Schutt erfüllte oder von Salzseen und -sümpfen eingenommene Becken. Das nö. H. v. T., das *Hochland von Tsinghai*, gehört bereits den peripher entwässernden Räumen des Hochlandes an. Südl. des Bayankaraschan, der Wasserscheide zw. den Quellgebieten von Hwangho und Jangtsekiang, schließen sich die *osttibet. Randketten* an; es sind eng gescharte, in Gipfellagen z. T. vergletscherte Gebirgsketten, die durch parallel verlaufende, schluchtartig eingeschnittene Stromtäler voneinander getrennt werden. Südl. des Transhimalaja der Hauptwasserscheide zw. den abflußlosen Gebieten Innerasiens und dem Ind. Ozean, erfolgt die periphere Entwässerung in der *südtibet. Längstalfurche*, einer über 1 600 km langen Grabenzone zw. Transhimalaja und Himalaja. Das innere H. v. T. besitzt extrem kontinentales Klima; lediglich die östl. und südl. Randgebiete unterliegen der Einwirkung des Monsuns.

Tibetanischer Halbesel ↑Halbesel.
Tibeter (Eigenbez. Bodpa), teils zu den Mongoliden (Bauern in W- und Z-Tibet), teils zu den Turaniden (v. a. die Nomaden im NO und O sowie die ehem. Oberschicht) zählendes Volk im Hochland von Tibet sowie in den angrenzenden Teilen des Himalaja. Die T. sind bzw. waren Anhänger des Lamaismus. - Nach 1959 flohen etwa 80 000 T. nach Indien, Sikkim, Nepal und Bhutan; etwa 1 000 leben heute in der Schweiz.
Tibetisch, zur tibetobirman. Gruppe der sinotibet. Sprachen gehörende Sprache in der autonomen Region Tibet, angrenzenden Gebieten sowie einigen Sprachinseln, u. a. in Indien. Die Schrift mit 30 Grundbuchstaben wurde kurz nach 632 n. Chr. nach der nordwestind. Guptaschrift geschaffen. Die Schriftsprache hat sich seit dem 7. Jh. entwickelt und wurde stark von der Übersetzungsliteratur aus dem Sanskrit geprägt, daneben entstand eine tibet. Kanzleisprache. Von den zahlr. Dialekten der Umgangssprache wurde der von Lhasa maßgebend. Im T. werden die Beziehungen im Satz durch Partikel bestimmt; im Wortschatz gibt es heute viele Lehnübersetzungen aus dem Chinesischen.
tibetische Kunst ↑zentralasiatische Kunst.
tibetobirmanische Sprachen, zu den sinotibet. Sprachen gehörende Sprachgruppe, die sich in folgende Untergruppen gliedert: *Tibeto-Himalaya-Sprachen,* u. a. mit Tibetisch sowie Newari und Lepcha in Nepal; *Birma-Sprachen,* zu denen u. a. die birman. Sprache sowie Arakanisch am Golf von Bengalen gehört; weitere Gruppen sind die *Assam-Sprachen* und die *Lolo-Sprachen*.
tibetochinesische Sprachen ↑sinotibetische Sprachen.
Tibetsteine ['ti:bɛt, ti'be:t], Handelsbez. v. a. für schön gefärbte Aventurine.
Tibia [lat.], svw. Schienbein (↑Bein).
◆ altröm. Knochenflöte, später lat. Bez. für gedoppelte Rohrblattinstrumente (↑Aulos).
Tibor, männl. Vorname, ungar. Form von ↑Tiberius.
Tibull (Albius Tibullus), *um 50, †um 17 v. Chr., röm. Elegiendichter. - Aus begüterter Ritterfamilie; bedeutendstes Mgl. des Dichterkreises um M. Valerius Messalla; die träumerisch-assoziative Folge der Gedanken verleiht seinen sprachl. und metr. sorgsam gefeilten Elegien eine unverwechselbare Stimmung; sie lassen durchweg eine krit. Einstellung gegenüber seiner Zeit und der Weltstadt Rom erkennen: Ablehnung des Krieges, Distanz von Staat und Politik, Sehnsucht nach Geborgenheit in einfachen ländl. Verhältnissen. In der aus 4 Büchern bestehenden Sammlung *(Corpus Tibullianum)* sind nur 2 Bücher von T. selbst.
Tiburnia ↑Sankt Peter in Holz.
Tiburón, Isla [span. 'izla tiβu'rɔn], mit

Tiefenbronner Altar (1432). Die Seefahrt der Maria Magdalena. Ausschnitt aus dem linken Außenflügel

1 208 km² die größte Insel im Golf von Kalifornien, Mexiko, bis 1 215 m hoch.

Tic (Tick) [frz.], (Tic convulsif) krampfartiges, willkürl. nicht unterdrückbares Zucken von Muskeln oder Muskelgruppen, bes. häufig im Gesichtsbereich. Tics treten als Folge psych. (meist neurot.) Störungen, aber auch nach Schädigungen des Zentralnervensystems auf.

◆ (Tic douloureux) schmerzhafte Gesichtszuckungen bei Trigeminusneuralgie.

Tichon [russ. 'tixɐn], auch Tychon, eigtl. Wassili Iwanowitsch Belawin, * Toropez (Geb. Kalinin) 31. Dez. 1865, † Moskau 7. April 1925, russ.-orth. Theologe und Patriarch (ab 1917). - Mönch; 1897 Bischof von Lublin, 1898 der Aleuten, 1907 von Jaroslawl, 1914 Erzbischof von Wilna, 1917 Metropolit von Moskau; versuchte energisch, den Einfluß des sowjet. Staats auf die Kirche zu verhindern; deshalb 1922 verhaftet. Nach einjähriger Haft Wiedererrichtung seines Patriarchats; T. stand jedoch weiterhin unter ständigem staatl. Druck.

Tichonow [russ. 'tixɐnɐf], Nikolai Semjonowitsch, * Petersburg 4. Dez. 1896, † Moskau 8. Febr. 1979, russ.-sowjet. Schriftsteller. - 1921 Mgl. bei den „Serapionsbrüdern"; 1946-76 Abg. des Obersten Sowjets. Einer der bedeutendsten sowjet. Lyriker; seine Gedichte sind durch Klarheit, Präzision und Bildhaftigkeit des Ausdrucks gekennzeichnet; bevorzugte Themen, auch seiner Versepik, sind Krieg und Revolution. Seine Erzählungen tragen häufig phantast.-exot. Züge („Erzählungen aus Pakistan", 1950).

T., Nikolai Alexandrowitsch, * bei Dnepropetrowsk 14. Mai 1905, sowjet. Politiker. - Ingenieur; seit 1940 Mgl. der KPdSU; seit 1965 einer der stellv. Min.präs.; seit 1966 Mgl. des ZK der KPdSU; seit 1976 1. Stellv. Min.präs.; 1979-85 Mgl. des Politbüros; 1980-85 sowjet. Min.präs. als Nachfolger des zurückgetretenen N. A. Kossygin.

Ticino [italien. ti'tʃiːno] ↑ Tessin.
Ticinum ↑ Pavia.
Tick [frz.], svw. ↑ Tic.
◆ umgangssprachl. für fixe Idee, Schrulle.
Ticket [engl.], Flug-, Fahr-, Eintrittskarte.
Tidehafen ↑ Hafen.
Tiden [niederdt.] ↑ Gezeiten.
Tidenhub ↑ Gezeiten.
Tidikelt, Senkungsgebiet und Oasenlandschaft in der zentralen Sahara, in Z-Algerien.
Tidore, Insel der N-Molukken, Indonesien, unmittelbar südl. von Ternate, 117 km², bis 1 730 m hoch, Hauptort T. an der SO-Küste. - Seit dem 15. Jh. Sitz eines muslim. Sultans, mit Ternate um die Herrschaft über die Molukken konkurrierend; seit 1521 portugies., 1606-63 span. Niederlassung, seit 1667 unter niederl. Herrschaft.
Þiðreks saga ['tiːdrɛks], svw. ↑ Thidrekssaga.
Tieck, Ludwig, Pseud. Peter Lebrecht, Gottlieb Färber, * Berlin 31. Mai 1773, † ebd. 28. April 1853, dt. Dichter, Literaturtheoretiker, Theaterkritiker und Übersetzer. - Produktivster und wandlungsfähigster Autor der frühromant. Generation: Entwarf die Gatt. der Märchennovelle und des Künstlerromans, schuf die romant. Stimmungslyrik, realisierte das Prinzip der romant. Ironie und entwickelte die Formen der zeitkrit. und histor. Biedermeiernovelle. Während seines Studiums (Theologie, Geschichte, Literatur) mit Wackenroder Kunstwanderungen in Franken. Lebte 1794-99 in Berlin; nach Bekanntschaft mit A. W. und F. Schlegel bis 1801 in Jena im Kreis der Frühromantiker; danach Aufenthalte u. a. in Dresden, Italien, S-Deutschland, Frankr. und England. 1825-41 Dramaturg des Dresdner Hoftheaters; danach auf Einladung Friedrich Wilhelms IV. in Berlin (u. a. Berater der königl. Schauspiele; Einleitung einer Renaissance der Shakespeare-Darstellung auf der dt. Bühne).

Tiefenschrift

Begann mit Erzähltexten im Stil der Spätaufklärung; schrieb dann, v. a. nach engl. Vorbildern, den Briefroman „Geschichte des Herrn William Lovell" (1795/96), in dem aus dem Widerspruch von Phantasieexistenz und sinnleerer Lebensmechanik ein vorromant. Nihilismus exponiert wird. Mit „Der blonde Eckbert" (1797) begründete T. das romant. dt. Kunstmärchen. Im Künstlerroman „Franz Sternbalds Wanderungen" (1798) wird die Figur des vagabundierenden Malerpoeten zum Muster romant. Welterfahrung. Alle Dichtungsgattungen und den Kanon romant. Motive verband T. in dem Lustspiel „Kaiser Octavianus" (1804) zum Gesamtkunstwerk. Den Anstoß für die Sammlung und Erschließung ma. Literatur gab die Anthologie und Übersetzung „Minnelieder aus dem Schwäb. Zeitalter" (1803). Den Übergang zu einem frührealist. Stil bezeichnet u. a. die Novelle „Liebeszauber" (1811), in der Traumschau und Realitätserfahrung miteinander verknüpft sind. K.W.F. Solgers Ironiebegriff bestimmte Tiecks Einfall vom novellist. Wendepunkt, der mit einer unerwarteten, aber natürl. Umkehrung der Geschichte eine Dialektik von Wunder und Alltäglichkeit bewirken will. Mit den späten Novellen, die u. a. die Thematik des Künstlerromans in ein biedermeierl. Bildungsprogramm transponierten („Der junge Tischlermeister", 1836), begründete T. das Genre der histor. und biograph. Novelle in Deutschland; ihre konservativ-monarchist. Kritik richtete sich gegen burschenschaftl. Revolutionsvorstellungen, liberale Forderungen des Jungen Deutschland, jedoch auch gegen restaurative Frömmigkeit („Die Verlobung", 1823); histor.-krit. ist die Novelle „Der Aufruhr in den Cevennen" (1826). „Vittoria Accorombona" (R., 1840) ist eine fortschrittl. Stellungsnahme zur Frauenemanzipation. Dem romant. Konzept der Weltliteratur diente seine geniale und epochemachende Übersetzung des „Don Quijote" (1799–1801). Zus. mit A. W. von Schlegel Übersetzer und Hg. der Dramen Shakespeares („Schlegel-T."-Übersetzung"; 1825–33). Hg. der Werke u. a. von Kleist, Novalis, Lenz.

📖 *Schwering, M.: Epochenwandel im spätromant. Roman. Untersuchungen zu Eichendorff, T. u. Immermann. Köln 1985. - Wesollek, P.: L. T. oder der Weltumsegler seines Innern. Stg. 1984. - Kreuzer, I.: Märchenform u. individuelle Gesch. Gött. 1983.- Mühl, B.: Romantiktradition u. frühen Realismus. Ffm. 1983. - Günzel, K.: König der Romantik. Das Leben des Dichters L. T. Tüb. 1981.- Ribbat, E.: L. T. Königstein/Ts. 1977.*

Tief, Rinne in Küstengewässern.
◆ svw. ↑Tiefdruckgebiet.

Tiefbau, ↑Abbau von Lagerstätten nutzbarer Minerale, die so tief unter der Erdoberfläche liegen, daß sie nicht im Tagebau abgebaut werden können.

◆ Teilgebiet des Bauwesens, umfaßt die Arbeiten des Straßen-, Eisenbahn-, Erd- und Grundbaues, des Wasserbaues und der Abwasserbeseitigung.

Tiefbettfelge ↑Felge.
Tiefbohrung ↑Bohren.
Tiefdecker ↑Eindecker.
Tiefdruck ↑Drucken.

Tiefdruckgebiet (Tief, Zyklone), Gebiet niedrigen Luftdrucks, in das in den unteren Schichten Luftmassen unterschiedl. Temperatur einströmen. Dieser Zustrom von Luft führt zu Aufwärtsbewegungen, die mit Wolken- und Niederschlagsbildung verbunden sind. Die meisten T. der gemäßigten Breiten entstehen aus einer wellenförmigen Deformation der Polarfront (↑Polarfronttheorie), wobei sich vor der nach N vorstoßenden Warmluft eine *Warmfront*, westl. davon vor der nach S vordringenden Kaltluft eine *Kaltfront* ausbildet. Gleichzeitig erniedrigt sich der Luftdruck weiter, bis das T. den Höhepunkt seiner Entwicklung mit ausgeprägtem *Warmsektor* (Warmluftsektor) erreicht hat und der Alterungsprozeß beginnt: Da sich die Kaltfront schneller bewegt als die Warmfront, wird in der Folge der zw. beiden liegende Warmsektor immer mehr eingeengt und die Warmluft schließl. vom Boden abgehoben; aus Kalt- und Warmfront ist eine ↑Okklusion entstanden. Die langgestreckte Verbindung zweier T. wird als **Tiefdruckrinne** bezeichnet.

Tiefenbronn, Gem. 10 km sö. von Pforzheim, Bad.-Württ., 4300 E. In der got. Pfarrkirche Hochaltar von H. Schüchlin (1469) und der berühmte **Tiefenbronner Altar** mit der Darstellung der Magdalenenlegende, auf dem Rahmen signiert (Lucas Moser) und datiert (1432). Stilist. beeinflußt vom Meister von Flémalle und der burgund. Miniaturmalerei.

Tiefengesteine ↑Gesteine.
Tiefenlinien ↑Perspektive.
Tiefenpsychologie, von E. Bleuler 1910 geprägte, seither unterschiedl. verwendete Sammelbez. für psycholog. und psychotherapeut. Lehren und Schulen, die die Bed. unbewußter Prozesse betonen. Zur T. zählen neben der Psychoanalyse v. a. Richtungen, die sich zwar aus ihr entwickelt, aber eigene Systeme aufgebaut haben, so z. B. die analyt. Psychologie C. G. Jungs, die Individualpsychologie A. Adlers, die Existenzanalyse sowie in gewisser Weise auch die Daseinsanalyse.

Tiefenrausch, beim Tieftauchen (etwa ab 50 m) auftretende, dem Alkoholrausch ähnl. Erscheinung, die zur Bewußtlosigkeit führen und tödlich enden kann. Die Ursache des T. ist noch nicht sicher bekannt (narkot. Wirkung von Stickstoff und/oder anderen Gasen bei erhöhtem Partialdruck in den Körpergeweben?).

Tiefenschärfe, svw. ↑Schärfentiefe.
Tiefenschrift, svw. ↑Edison-Schrift.

Tiefensehen

Tiefensehen ↑ binokulares Sehen.

Tiefensehschärfe (Tiefenwahrnehmungsschärfe), der kleinste Abstand zweier hintereinanderliegender Objektpunkte, die beim binokularen (beidäugigen) Sehen einem Beobachter noch verschieden weit von ihm entfernt erscheinen.

Tiefensensibilität (Propriozeption) ↑ Sensibilität.

Tiefenstruktur, in der generativen Grammatik die syntakt. Struktur eines Satzes, die Grundlage seiner semant. Interpretation ist und die durch Transformationen in die ↑ Oberflächenstruktur des Satzes umgewandelt wird. Die T. als theoret. Konstrukt gibt an, aus welchen lexikal. und grammat. Morphemen ein Satz besteht und in welchen syntakt. Beziehungen diese Morpheme bzw. Gruppen von ihnen zueinander stehen.

Tiefenwinkel, in einer vertikalen Ebene liegender Winkel unterhalb der Horizontalen (die den einen Schenkel des T. bildet).

Tieffenbrucker, dt. Instrumentenbauerfamilie des 15. und 16. Jh. aus Tiefenbruck (= Roßhaupten bei Füssen). - Bes. bed. war *Kaspar T.* (* um 1514, † 1571), vermutl. seit 1553 in Lyon; baute reichverzierte Lauten und Violen und war an der Entwicklung der Violine beteiligt.

Tiefgang, der Abstand der Wasserlinie vom tiefsten Punkt eines Schiffes. - ↑ auch Freibord.

Tiefgefrieren ↑ Gefrieren.

Tiefgründung ↑ Grundbau.

Tiefkühlen ↑ Gefrieren.

Tiefkühlkette (Gefrierkette), System von Lagerung und Transport gefrorener (tiefgekühlter) Lebensmittel mit dem Zweck, das Gefriergut auf dem Weg vom Hersteller bis zum Endverbraucher ohne Unterbrechung ständig auf der erforderl. Temperatur von mindestens $-15\,°C$ oder kälter zu halten.

Tiefladeanhänger (Tieflader), für Schwertransporte verwendeter Fahrzeuganhänger, dessen Ladefläche im wesentl. aus einer auf dem tiefgekröpften Teil des Fahrgestellrahmens aufliegenden oder in den Rahmenaufbau eingefügten Plattform besteht.

Tiefland ↑ Flachland.

Tieflandrind, svw. ↑ Niederungsvieh.

Tiefpaß ↑ Filter.

Tiefsee, Bereich des Weltmeeres mit Tiefen von mehr als 1 000 m. Damit umfaßt die T. den unteren Teil des Kontinentalabhanges, die T. becken und -gräben sowie den größten Teil des mittelozean. Rückensystems; insgesamt 318 Mill. km^2 (d. 62% der Erdoberfläche oder rd. 80% des Weltmeeres).

Tiefseeanglerfische (Ceratioidei), Unterordnung der Armflosser mit über 100, wenige Zentimeter bis etwa 1 m langen Arten, überwiegend in der Tiefsee (bis 4 000 m Tiefe); nur die ♀♀ haben Angelorgan und ein Leuchtorgan an dessen Ende; bei vielen Arten sind die ♂♂ zwerghaft klein (Zwergmännchen), sie heften sich an viel größeren ♀♀ fest und verwachsen mit diesen. - ↑ auch Anglerfische.

Tiefseebergbau, Teilbereich der Meerestechnik zur Gewinnung von Tiefsee-Erzen, insbes. der auf dem Meeresboden lagernden Mangan- und Phosphoritknollen sowie hydrothermalen Erzschlämme (wie z. B. die kupfer- und zinkhaltigen Tiefseeschlämme des Roten Meeres). Erforderl. sind ferngesteuerte Meeresbodenfahrzeuge und Explorationssysteme sowie neuartige Prospektierungsverfahren, die neben einer genauen Lokalisierung eine opt. Aufnahme des Tiefseebodens mit Unterwasserkameras oder seine akust. Abbildung (z. B. nach dem Sonarverfahren) sowie eine Bestimmung der Metallgehalte an Ort und Stelle erlauben, ferner neuartige Fördermethoden, sowie Aufbereitungs- und Aufschlußverfahren.

Tiefseefauna, die Tierwelt der Tiefsee mit Vertretern aus fast allen Tierstämmen, die jedoch auf unterschiedl. maximale Wassertiefen verteilt sind; z. B. Fische bis in Tiefen von rd. 7 600 m, Schwämme bis etwa 8 660 m, Foraminiferen, manche Korallen, Faden- und Ringelwürmer, verschiedene niedere Krebstiere, Weichtiere und Seegurken bis über 10 000 m Tiefe. Der meist zarte, leichte Körper der Tiefseetiere ist häufig bizarr gestaltet, besitzt oft lange Körperanhänge sowie rückgebildete oder ungewöhnl. große, hochentwickelte Augen (Teleskopaugen). Die Fische der Tiefsee haben häufig eine extrem große Mundöffnung mit langen, spitzen Zähnen und längs des Körpers nicht selten artspezifisch angeordnete Leuchtorgane; ihre Schwimmblase ist meist rückgebildet oder mit einer fettartigen Substanz angefüllt. Alle Vertreter der T. leben räuberisch oder von Detritus (absinkende, abgestorbene Pflanzenreste), da autotrophe Organismen wie die Pflanzen als Produzenten von organ. Substanz in den lichtlosen Tiefen des Meeres nicht zu existieren vermögen (Braun- und Rotalgen kommen nur bis in rd. 200 m Tiefe vor).

Tiefseegraben, langgestreckte, rinnenförmige, küstenparallel verlaufende Einsenkungen im Meeresboden mit Tiefen von über 6 000 m, 300–4 000 km lang mit steilen Flanken. Typ. ist ihre Randlage in den Ozeanen und die Häufigkeit der hier auftretenden Erdbeben; über ihre Entstehung ↑ Plattentektonik.

Tiefstrahler, starke Leuchte für direkte Beleuchtung von oben, Lichtkegel mit Öffnungswinkel bis 120°; für Straßen, große Hallen, Sportstadien.

Tieftemperaturkautschuk, svw. Cold Rubber (↑ Synthesekautschuk).

Tieftemperaturphysik (Kryophysik, Cryophysik), Forschungsgebiet der Physik, das seine Untersuchungen der physikal. Eigenschaften der Materie bei Temperaturen nahe dem absoluten Nullpunkt durchführt; hierbei treten als bes. Eigenschaften der Materie die Supraleitung und die Suprafluidität auf. Die Untersuchung dieser Phänomene liefert Kenntnisse über die Struktur der Materie (insbes. des Festkörpers) und ergibt zunehmend Möglichkeiten techn. Anwendung (z. B. Bau leistungssparender supraleitender Magnete, verlustlose Übertragung elektr. Energie).

Tieftemperaturtechnik (Kryotechnik), Teilgebiet der ↑ Kältetechnik; befaßt sich mit der Erzeugung und Anwendung tiefer und tiefster Temperaturen bis nahe an den absoluten Nullpunkt (0 K).

Tiefziehen ↑ Blechverarbeitung.

Tiegel [zu lat. tegula (von griech. téganon) „Pfanne"], allg. svw. Pfanne, flacher Behälter.
◆ im *chem. Laboratorium* Bez. für kleine Behälter mit aufsetzbarem Deckel aus Porzellan, Quarz, Gußeisen, Edelstahl, Platin u. a., die zum starken Erhitzen von Substanzen verwendet werden; zum Transport der [heißen] T. dient die *Tiegelzange*.
◆ im *Hüttenwesen* svw. Tiegelofen (↑ Schmelzöfen).
◆ in der *Drucktechnik* Bez. für den bei Anwendung des Druckprinzips Flach-Flach (*T.prinzip*) verwendeten Druckkörper; auch Kurzbez. für die *T.druckmaschine* oder *T.druckpresse* (↑ Druckmaschinen).

Tiegelöfen (Tiegel) ↑ Schmelzöfen.

Tiele, Cornelis Petrus, * Rotterdam 16. Dez. 1830, † Leiden 11. Jan. 1902, niederl. prot. Theologe und Religionswissenschaftler. - Seit 1877 Prof. für Religionsgeschichte in Leiden. Mit seinem Hauptwerk „Kompendium der Religionsgeschichte" (1876) gilt T. als Begründer der modernen vergleichenden Religionsgeschichte.

Tielke, Joachim, * Königsberg (Pr) 14. Okt. 1641, † Hamburg 19. Jan. 1719, dt. Instrumentenbauer. - Bed. Lauten- und Violenmacher, baute meist reich verzierte Instrumente von hervorragendem Klang.

Tiemann, Walter, * Delitzsch 29. Jan. 1876, † Leipzig 12. Sept. 1951, dt. Maler, Schrift- und Buchkünstler. - Mitbegr. der ↑ Janus-Presse; schuf insbes. für den Insel-Verlag Buchillustrationen, Bucheinbände, Signete; schuf etwa 20 Druckschriften, v. a. für K. Klingspor.

Tiengen/Hochrhein ['tiŋən] ↑ Waldshut-Tiengen.

Tienschan (Tian Shan) [chin. tjænʃan], durch Ketten und Becken gliedertes Gebirgssystem in Z-Asien (UdSSR und v. a. China), erstreckt sich von der Kysylkum im W über rd. 2 500 km bis zur Gobi im O, höchste Erhebung Pik Pobeda (7 439 m; auf der sowjet.-chin. Grenze). Die Schneegrenze liegt im NW zw. 3 600 und 3 800 m, im Zentrum zw. 4 200 und 4 450 m, im O noch höher.

Tiento [span.], dem italien. ↑ Ricercar ent-

Giovanni Battista Tiepolo, Europa inmitten der Künste. Ausschnitt aus dem Deckenfresko (1753) im Treppenhaus der Würzburger Residenz

sprechendes span. Orgelstück des 16./17. Jahrhunderts.

Tientsin (Tianjin) [chin. tjændzın], regierungsunmittelbare Stadt in NO-China, an der Vereinigung von Pehho, Tzeyaho, Yuntingho und Tachingho zum Haiho, 5 Mill. E. Zwei Univ. (gegr. 1919 und 1960), Inst. für Hämatologie der Chin. Akad. der medizin. Wiss., Inst. für Gemüsebau der Chin. Akad. der Land- und Forstwirtschaftswiss., Observatorium, stadthistor. Museum. Zweitgrößter Handelshafen Chinas. Teppichherstellung, Textil-, Nahrungsmittel-, Eisen- und Stahlind., Werften, Maschinenfabriken, Fahrzeug- und Motorenbau, feinmechan., opt., chem. u. a. Ind., Erdölraffinerie. - Unter der Sungdynastie (960–1127) gegr., als Handelsplatz 1404 umwallt; wurde im Westen v. a. durch den **Vertrag von Tientsin** (1858) bekannt; Öffnung als Vertragshafen 1860; die sö. davon gelegene europ. Niederlassung wurde im Boxeraufstand 1900 stark zerstört.

Tiepolo, Giovanni Battista, * Venedig 5. März 1696, † Madrid 27. März 1770, italien. Maler. - Zunächst unter dem Einfluß u. a. G. B. Piazzettas, orientierte sich T. früh an Veronese, dessen helle Farbigkeit und dekorative Qualitäten entscheidende Voraussetzungen seiner Kunst bilden. In einem umfangreichen Werk (v. a. monumentale [Fresken]komposi-

Tierarzt

tionen) mit Themen aus der Bibel, der Heiligengeschichte, der klass. Mythologie und der Allegorie führte er - als letzter der großen Venezianer - die spätbarocke Malerei des 18. Jh. in Europa auf ihren Höhepunkt. Sein buntes, gleichsam durchsichtiges Kolorit erfüllt die Bilder bis in die Schattenpartien der theaterhaft-illusionist. angelegten Räume, ohne die körperhafte Plastik der Figuren aufzulösen. Nach ersten Erfolgen in seiner Heimatstadt wurde T. 1726 nach Udine berufen (Fresken im erzbischöfl. Palast und Dom), dann malte er wieder für Kirchen, Paläste und Villen in Venedig sowie im weiteren Oberitalien. 1750 folgte er einem Ruf nach Würzburg, wo er bis 1753 Deckengemälde in Treppenhaus und Kaisersaal der fürstbischöfl. Residenz ausführte. Zur Ausschmückung des königl. Schlosses begab sich T. 1762 nach Madrid („Apotheose Spaniens", 1764), malte dort auch zahlr. bed. Ölbilder, war aber nicht mehr unumstritten.

Tierarzt, Berufsbez. für Tiermediziner nach Erteilung der ↑ Approbation. Der T. arbeitet freiberufl. in eigener Praxis, als Beamter (Amtsbez. aufsteigend vom *Veterinärassesor* bis zum *Veterinärdirektor*), als Angestellter in der Veterinärverwaltung, in Forschung und Lehre, im halbamtl. Tiergesundheitsdienst, in der Entwicklungshilfe oder als Angestellter bzw. Sachverständiger in der Wirtschaft (v. a. in der pharmazeut. Industrie). Die Aufgaben des T. erstrecken sich v. a. auf die Behandlung kranker Tiere und die Tierseuchenbekämpfung (↑ auch Tiermedizin) sowie auf die Untersuchung und Überwachung der Herstellungs-, Lagerungs-, Transport- und Verkaufshygiene von Fleisch (↑ auch Fleischbeschau), Milch und sonstigen Lebensmitteln tier. Herkunft, ferner auf die Beratung der Tierhalter und die Überwachung der Hygiene in Tierbeständen.

Tierblumen (Zoogamen, Zoophilen), Pflanzen, die von Tieren bestäubt werden und diesen Nahrung bieten. Neben den ↑ Pollenblumen unterscheidet man **Nektarblumen** (in den meisten Fällen), wobei der Nektar entweder offen und sichtbar abgeschieden wird und die Blüten von vielen Insektenarten besucht werden oder der Nektar mehr oder weniger verborgen in der Blüte liegt, so daß nur bestimmte Insekten (oder Vögel) ihn erreichen können, und **Ölblumen** (z. B. Pantoffelblume), die ein ölartiges Sekret abscheiden, das von bestimmten Pelzbienen als Larvennahrung gesammelt wird.

Tierblütigkeit (Zoogamie, Zoophilie), Bestäubung von Blüten durch Tiere (bei den meisten Samenpflanzen). - Ggs. ↑ Windblütigkeit.

Tierdichtung, Sammelbez. für literar. Werke, in denen Tiere im Zentrum stehen. Eine Vielzahl weltweit verbreiteter Erzählmotive haben die Wesensgleichheit von Mensch und Tier, die Tier-Mensch- oder Mensch-Tier-Verwandlung sowie die ehel. Verbindung von Mensch und Tier (Tierbräutigam) zum Thema oder berichten von überlegenen Tieren als Kultur- und Heilbringern bzw. von Gottheiten in Tiergestalt. Zahlr. Mythen liegt der Glaube an eine Tierseele, insbes. die Vorstellung von einer Seelenwanderung oder vom Tier als Wiedergänger zugrunde. Von phantast., oft monströser Gestalt sind die Fabeltiere. Aitiolog. *Tiersagen* wollen die Eigentümlichkeit der Tiere, die Tiersprache oder die Erschaffung der Tiere erklären; *Tiermärchen* von dankbaren und hilfreichen Tieren sind bei den europ. Völkern bes. verbreitet. Das Symbolhaft-Dialektische überwiegt in *Tierbüchern* (Bestiarium), *Tierfabeln* und *Tierepen* (z. B. ↑ Reineke Fuchs), die mit eindeutig didakt., oft auch krit. Stoßrichtung eine allgemeingültige Maxime oder Lehre exemplifizieren. Diese Tradition wurde fortgesetzt u. a. in E. T. A. Hoffmanns „Lebensansichten des Katers Murr..." (2 Bde., 1819–21), H. Heines „Atta Troll" (1847), im 20. Jh. in den *Tiererzählungen* A. E. Gjellerups („Das heiligste Tier", hg. 1920) und G. Orwells Roman „Farm der Tiere" (1945).

Als neuer Zweig der T. entwickelten sich seit dem 19. Jh. der *Tierroman* bzw. die Tiererzählung, die das Tier in seinem Eigenleben und seinen Umweltbedingungen darstellen, wobei jedoch [oft sentimental] menschl. Verhaltensweisen auf die Tiere übertragen werden; bed. Autoren: R. Kipling, F. Jammes, J. London, W. Bonsels. Vertreter einer auf realist. Beobachtung aufbauenden T. sind u. a. M. Maeterlinck, H. Löns, M. Kyber, S. Fleuron.

Tiere (Animalia), Lebewesen, die sich im Ggs. zu den (meist) autotrophen Pflanzen ↑ heterotroph ernähren, ökologisch also stets der Klasse der Konsumenten (↑ Nahrungskette) angehören. T. sind fast immer freibewegl. und mit Sinnesorganen zur Aufnahme von Reizen sowie einem Erregungsleitungssystem (Nervensystem) ausgestattet. Rd. 20 000 der 1,2 Mill. heute bekannten Tierarten sind ↑ Einzeller, die übrigen mehrzellig. Die Zellen haben (im Unterschied zur Zellulosezellwand der Pflanzen) nur eine sehr dünne Zellmembran und sind (bei den Mehrzellern) fast stets gegeneinander abgegrenzt. T. haben (im Unterschied zu den Pflanzen mit großer äußerer Oberfläche) eine eher kompakte Form mit reich gegliederten inneren Oberflächen (Körperhohlräumen), an denen der Stoffaustausch mit der Umgebung überwiegend stattfindet („geschlossenes System" der T.). Da tier. Zellen meist keinen ausgeprägt hohen Turgor (Zelldruck) haben, wird die Ausbildung von bes. Stützorganen notwendig (Außen-, Innen-, Hydroskelett). Im Unterschied zu vielen Pflanzen ist das Wachstum bei Tieren i. d. R. zeitl. begrenzt (↑ auch Lebensdauer), da die teilungsfähigen, undifferenzierten Zellen

Tierkreiszeichen

größtenteils aufgebraucht werden. Ein hoher Differenzierungsgrad und eine ausgeprägte Anpassungsfähigkeit haben vielen T. die Besiedlung auch extremer Lebensräume ermöglicht. Eine oft hoch entwickelte ↑Brutpflege ist für Tierarten aus den verschiedensten Stämmen kennzeichnend. - In M-Europa kommen rd. 40 000 Tierarten vor, von denen jede vierte parasit. lebt. Ausgestorben sind nach sehr grober Schätzung rd. 500 Mill. Arten.

Kulturgeschichte: In verschiedenen Religionen werden T. wegen der ihnen eigenen Kraft und Stärke wie auch aus Scheu vor Anthropomorphismus oft als Erscheinungsformen von Gottheiten angesehen. Ihre daraus entstehende Verehrung im **Tierkult** ist charakterist. für Jägerkulturen, die einen ↑Herrn der Tiere verehren. Ferner war die Tierverehrung kennzeichnend für die Spätzeit der ägypt. Religion, in der ganze Tiergattungen als heilig galten. Ähnl. genießen noch im heutigen Indien die „hl. Kühe" bes. kult. Verehrung. T. erscheinen auch als Attribute von Gottheiten (Adler des Zeus, Eule der Athena). Als *Symboltier* der christl. Religion gilt das Lamm für Christus, die Taube für den Hl. Geist. Der dämon., widergöttl. Aspekt des Tieres verbindet sich meist mit der Schlange und mit Mischgestalten. Tieropfer treten bisweilen an die Stelle urspr. Menschenopfer (↑Opfer). - Abb. S. 110.
⌷ *Grzimeks Tierleben. Mchn. 1985. 13 Bde.* - *Merwald, F., u.a.: T. der Welt. Linz* [1-2]*1969-76. 3 Bde. - Findeisen, H.: Das Tier als Gott, Dämon u. Ahne. Stg. 1956.*

Tiergarten, kleinerer zoolog. Garten.

Tiergeographie (Zoogeographie, Geozoologie), als Teilgebiet der Geobiologie bzw. der Zoologie, auch der [Bio]geographie, die mit der Ökologie eng verknüpfte Wiss. und Lehre von der Verbreitung der Tiere auf der Erde und von den Ursachen, die dieser Verteilung zugrunde liegen (wobei die Eingriffe des Menschen zunehmende Bed. erlangen). Man unterscheidet eine *histor. T.*, die sich mit der geograph. (regionalen) Verteilung der Tiere befaßt, von einer *ökolog. T.*, die die Bed. der direkten Umweltfaktoren für den jeweiligen Lebensbereich einer Tierart oder Tiergruppe bes. berücksichtigt, d. h. den Naturraum (die *Bioregion;* z. B. Tundra, Steppe, trop. Regenwald) und den engeren Lebensraum (das eigentl. Biotop) bis hinab zum *Habitat,* dem Ort des regelmäßigen Auftretens von Tierarten oder Einzeltieren.

tiergeographische Regionen (Tierregionen, Faunenregionen), in der Tiergeographie bestimmte, mehr oder weniger in sich abgeschlossene oder über Durchmischungsgebiete ineinander übergehende geograph. Verbreitungsräume der Tiere mit jeweils charakterist. Fauna. Große, wenig einheitl. t. R. werden auch als **Tierreiche** (tiergeograph. Reiche, Faunenreiche), kleinere Untereinheiten als **Subregionen** bezeichnet. Die t. R. stimmen oft in ihren Kerngebieten mit den ↑Florenreichen überein. Man unterscheidet in bezug auf das Festland: ↑Holarktis, bestehend aus der ↑Paläarktis und der ↑Nearktis; Paläotropis (↑paläotropisches Tierreich), bestehend aus der äthiop. Region und der ↑orientalischen Region; Neotropis (↑neotropische Region); Notogäa (↑australische Region); Antarktika (*antarkt. Region,* auch *Archinotis* genannt) als Bereich der (vom ↑Gondwanaland abgedrifteten) Antarktis. - Bes. Bereiche der Gewässer sind ↑Pelagial und ↑Benthal; hinzu kommt v. a. in den Ozeanen das ↑Abyssal. - Karte S. 111.

Tiergesellschaft (Tiersozietät) ↑Tiersoziologie.

Tierhalterhaftung, ↑Haftung desjenigen, der ein Tier in seinem Hausstand oder Wirtschaftsbetrieb mit eigenen Interesse hält *(Tierhalter),* für die durch das Tier verursachten Personen- und Sachschäden. Grundsätzl. haftet der Tierhalter nach den Regeln der Gefährdungshaftung (z. B. bei den sog. Luxustieren wie Schoßhunde, Jagdhunde eines Arztes). Bei Haustieren hingegen, die dem Beruf, der Erwerbstätigkeit oder dem Unterhalt des Tierhalters zu dienen bestimmt sind (z. B. Schweine, Polizei- und Blindenhunde) wird das Verschulden des Tierhalters gesetzl. vermutet. Die T. entfällt jedoch, wenn der Tierhalter beweist, daß er bei der Aufsicht des Tieres im Verkehr erforderl. Sorgfalt beachtet hat, bzw. der Schaden auch bei Anwendung dieser Sorgfalt entstanden wäre, er also die gesetzl. Verschuldensvermutung widerlegt.

Tierheilkunde, svw. ↑Tiermedizin.
Tierheim ↑Tierschutz.
Tierherr ↑Herr der Tiere.
tierische Stärke ↑Glykogen.
Tierkörperbeseitigungsanstalt (Abdeckerei), Anlage zur Lagerung, Behandlung und Verwertung (z. B. Tiermehl als Futtermittel) von verendeten oder nicht zum menschl. Genuß verwertbaren getöteten Tieren und tier. Erzeugnissen (z. B. Fleisch, Eier, Milch) sowie von Schlachthausabfällen (z. B. Borsten, Häute, Knochen). Um Infektionsgefahren bei der Verarbeitung vorzubeugen, werden die tier. Rohstoffe für eine Stunde unter Druck von 3 bar 20 Minuten lang auf 133 °C erhitzt. Der T. wird meist auch die Tierkörperbeseitigungspflicht nach dem *Tierkörperbeseitigungsgesetz* vom 2. 9. 1975 übertragen.

Tierkreis (Zodiakus), die Himmelssphäre umspannende Zone (etwa 20 Grad) von 12 Sternbildern (**Tierkreissternbilder**) entlang der Ekliptik (scheinbare Sonnenbahn), in dieser Zone bewegen sich Sonne, Mond und Planeten. Zur *Tierkreisastrologie* ↑Astrologie.

Tierkreislicht ↑Zodiakallicht.
Tierkreiszeichen, Bez. für die jeweils 30° umfassenden Abschnitte der Ekliptik, die

Tiere

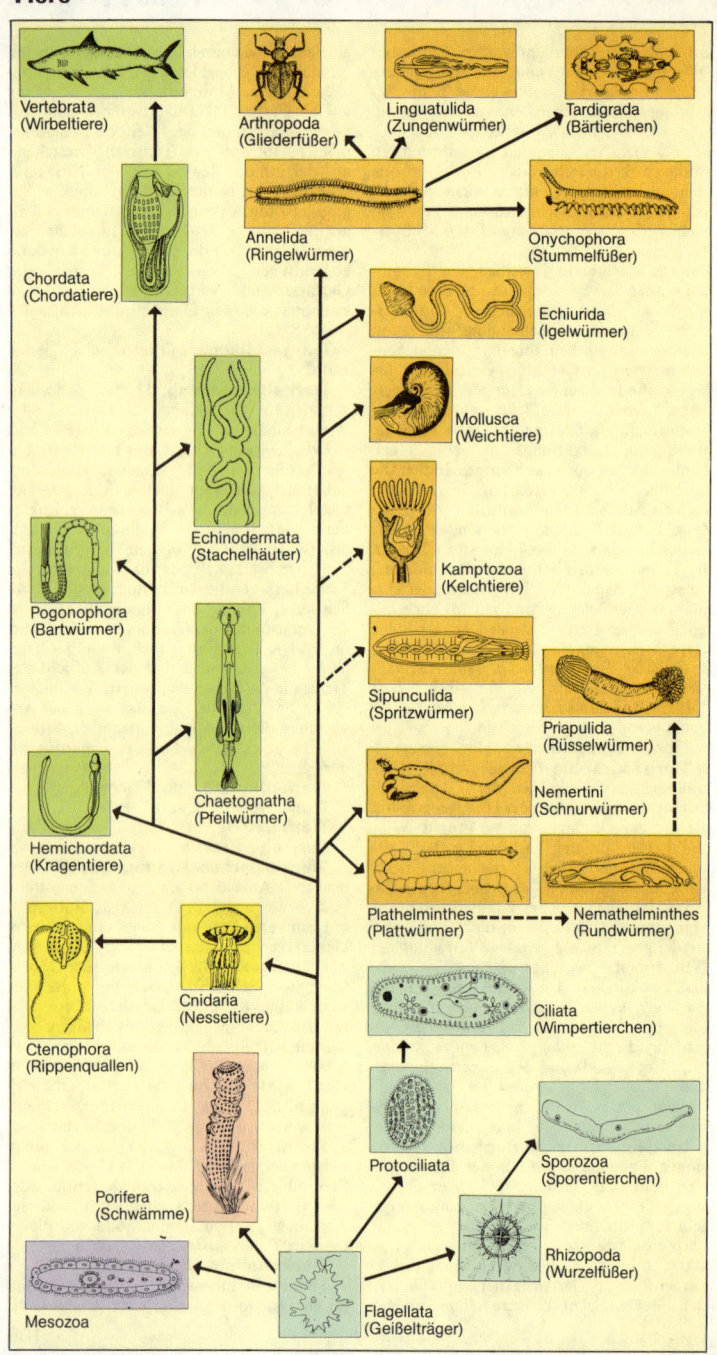

- Vertebrata (Wirbeltiere)
- Arthropoda (Gliederfüßer)
- Linguatulida (Zungenwürmer)
- Tardigrada (Bärtierchen)
- Chordata (Chordatiere)
- Annelida (Ringelwürmer)
- Onychophora (Stummelfüßer)
- Echiurida (Igelwürmer)
- Mollusca (Weichtiere)
- Echinodermata (Stachelhäuter)
- Kamptozoa (Kelchtiere)
- Pogonophora (Bartwürmer)
- Sipunculida (Spritzwürmer)
- Priapulida (Rüsselwürmer)
- Chaetognatha (Pfeilwürmer)
- Nemertini (Schnurwürmer)
- Hemichordata (Kragentiere)
- Plathelminthes (Plattwürmer)
- Nemathelminthes (Rundwürmer)
- Ctenophora (Rippenquallen)
- Cnidaria (Nesseltiere)
- Ciliata (Wimpertierchen)
- Porifera (Schwämme)
- Protociliata
- Sporozoa (Sporentierchen)
- Rhizopoda (Wurzelfüßer)
- Mesozoa
- Flagellata (Geißelträger)

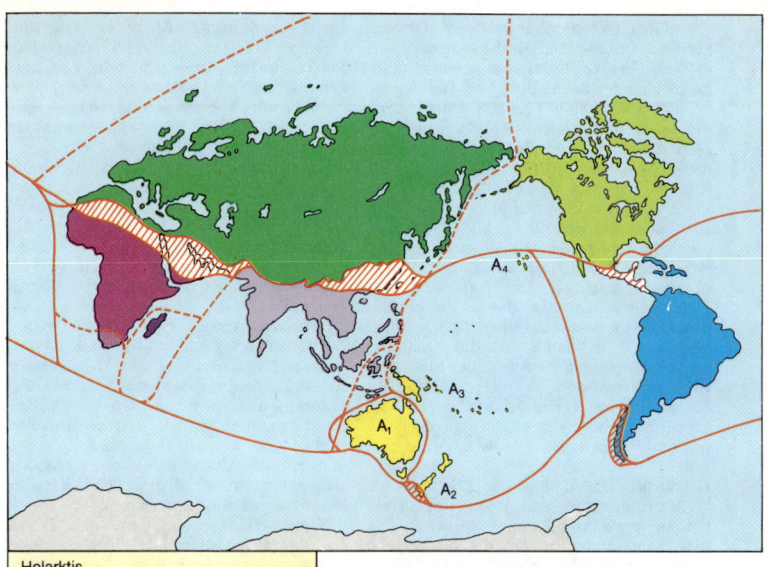

Tiermedizin

Tiergeographische Regionen. Übersichtskarte

Holarktis
- Paläarktis
- Nearktis

Paläotropis
- Äthiopis
- Capensis
- Madegassis
- Orientalis
- australische Region
- A_1 Australien
- A_2 neuseeländische Region
- A_3 ozeanische Region
- A_4 hawaiische Region
- Neotropis
- Archinotis (Antarktika)
- Übergangsgebiete

Linke Seite:
Tiere. Stammbaum des Tierreichs
- Protozoa (20000 Arten)
- Mesozoa (50)
- Parazoa (5000)
- Coelenterata
- Protostomia } Eumetazoa (1200000)
- Deuterostomia

die Namen der Tierkreissternbilder tragen. - Abb. S. 113.

Tierkult ↑Tiere.

Tierkunde, svw. ↑Zoologie.

Tierläuse (Phthiraptera), weltweit verbreitete Überordnung der Insekten mit über 3 500 Arten, davon rd. 450 einheimisch; Körper abgeflacht, selten über 6 mm lang, mit beißend-kauenden (Federlinge) oder stechend-saugenden Mundwerkzeugen (Läuse); stets ungeflügelt; ständige Außenparasiten im Haar- oder Federkleid von Säugetieren (einschl. Mensch) bzw. Vögeln; blutsaugend oder hornfressend, mit meist ausgeprägter Wirtsspezifität. - Man unterscheidet ↑Federlinge und ↑Läuse; zu den letzteren gehören u. a. die an Rindern blutsaugenden, 2–3 mm langen *Rinderläuse*.

Tiermedizin (Veterinärmedizin, Tierheilkunde), Wiss. vom gesunden und kranken Funktionszustand des tier. Organismus sowie von den Ursachen, den Erscheinungsformen, der Vorbeugung und der Heilung von Krankheiten der großen und kleinen Haus- und Nutztiere, der Versuchs-, Laboratoriums- und Zootiere, der mannigfaltigen Gruppe der als „Heimtiere" gehaltenen Kleintiere (z. B. Meerschweinchen, Hamster, Reptilien, Zierfische und Stubenvögel) sowie der in freier Wildbahn lebenden Tiere. Fast alle Gebiete der Medizin, soweit sie nicht speziell den Menschen betreffen, sind auch maßgebend für die Tiermedizin. Zusätzl. Fachgebiete sind

Tier-Mensch-Übergangsfeld

v.a. durch die zahlr. unterschiedl. Objekte bedingt. - Erschwerend für die Diagnostik ist, daß das Tier keine Aussage machen kann. Daher sind der Behandlung und Heilung innerer Krankheiten z.T. enge Grenzen gezogen. Die umfassendsten Möglichkeiten bietet die Bekämpfung und die Verhinderung der Ausbreitung von Tierseuchen. - Zw. den Erkrankungen des Menschen und denen der Tiere besteht kein grundsätzl. Unterschied. Abweichungen, namentl. des klin. Bildes, sind durch die Verschiedenheit der Anatomie und Physiologie bedingt. Infektions- und Invasionskrankheiten von lebenden oder toten Tieren sowie von tier. Produkten können meist auf den Menschen übertragen werden. Ziel der T. ist daher v.a. die Erhaltung wirtsch. Werte und der Schutz des Menschen vor ↑Anthropozoonosen. Bei der Erfüllung der sich daraus ergebenden vielfältigen Aufgaben im Dienste der Gesundheit der Bev. spielt das öffentl. Veterinärwesen eine bed. Rolle.
Geschichte: Die Anfänge der T. reichen bis ins Altertum zurück. Aus Ägypten ist ein Veterinärpapyrus von Kahun überliefert. Die wiss. T. beginnt 1598 mit der Herausgabe der *Anatomia del Cavallo* durch Carlo Ruini, einen Senator in Bologna. Die tierärztl. Hochschulen in Europa sind aus den Tierarzneischulen hervorgegangen, die nach 1750 in den europ. Staaten errichtet worden waren, um die Bekämpfung der Tierseuchen, insbes. der Rinderpest, anzubahnen. Die Grundlagen der modernen T. lieferten den Ausbau der Narkose und der Analgesie, die Einführung der Antisepsis und Asepsis sowie die Entdeckung der Röntgenstrahlen und der Chemotherapeutika.
📖 *Boch, J./Supperer, R.: Veterinärmedizin. Parasitologie. Bln. u. Hamb.* ³*1983.* - *Brunnauer, H./Kowollik, K.: Anatomie zum Studium der T. Neckarsulm 1983. 3 Bde.* - *Mayr, A., u.a.: Hdb. der Schutzimpfungen in der T. Bln. u. Hamb. 1984.*

Tier-Mensch-Übergangsfeld, von G. Heberer eingeführte Bez. für die entscheidende Phase der Menschwerdung im oberen Pliozän, d.h. vor etwa 4 bis 2 Mill. Jahren. Das T.-M.-Ü. liegt in der menschl. Stammesgeschichte zw. der *subhumanen Phase* (Vormenschen) und der *humanen Phase* (Echtmenschen) der Menschheitsentwicklung, in der die sog. Urmenschen (↑Mensch) lebten.

Tierpark, großflächig angelegter zoolog. Garten.

tierpathogen, bei Tieren Krankheitserscheinungen hervorrufend.

Tierpsychologie, nicht mehr gebräuchl. allg. Bez. für die vergleichende Untersuchung tier. Verhaltens, v.a. hinsichtl. Intelligenz, Orientierungs- und Sozialverhalten. - ↑auch Verhaltensforschung.

Tierra caliente [span. 'tjɛrra ka'ljente „heißes Land"], unterste Höhenstufe der trop. Gebirge Lateinamerikas, bis etwa 700–1 000 m ü.d.M., heiß-feucht oder heiß-trocken (durchschnittl. Jahrestemperatur über 24 °C); natürl. Vegetation sind die immergrünen trop. Tieflandregenwälder, Savannen oder trockenere Formationen.

Tierra del Fuego [span. 'tjɛrra ðɛl 'fueyo], argentin. Nationalterritorium, umfaßt den argentin. Anteil an der Insel Feuerland mit Inseln im Canal Beagle sowie die Staateninsel mit Nebeninseln; 21 263 km², 27 400 E (1980); Hauptstadt Ushuaia. Wirtsch. Grundlagen sind Schafzucht und Erdölvorkommen.

Tierradentro [span. tjɛrra'ðentro], Landschaft in SW-Kolumbien, zw. dem Oberlauf des Río Cauca und Río Magdalena in der südl. Zentralkordillere, onö. von Popayán, nach der die mit der San-Agustín-Kultur verwandte, spätere **Tierradentrokultur** (500 v.Chr.–700 n.Chr.) ben. wurde; Schachtgräber mit großen, teilweise ausgemalten Grabkammern; Steinfiguren und Keramik mit plast. und Ritzverzierungen.

Tierra fría [span. 'tjɛrra 'fria „kaltes Land"], Höhenstufe der trop. Gebirge Lateinamerikas, oberhalb der Tierra templada, reicht bis etwa 4 000 m ü.d.M.; Jahresdurchschnittstemperatur von 18 bis 10 °C [abnehmend]; Höhen- und Nebelwald.

Tierra helada [span. 'tjɛrra e'laða „gefrorenes Land"], Höhenstufe der trop. Gebirge Lateinamerikas oberhalb 4 000 m ü.d.M.; mit Páramo, Puna oder vegetationslos.

Tierra templada [span. 'tjɛrra tɛm'plaða „gemäßigtes Land"], Höhenstufe der trop. Gebirge Lateinamerikas, oberhalb der Tierra caliente, reicht bis 2 000–2 500 m ü.d.M.; Jahresdurchschnittstemperatur von 24 bis etwa 18 °C [abnehmend]; immergrüne trop. Gebirgsregenwälder und Nebelwälder.

Tierregionen, svw. ↑tiergeographische Regionen.

Tierreich (Regnum animale), oberste Kategorie der zoolog. Systematik; umfaßt die Gesamtheit aller Tiere (einschließl. Mensch). ♦ (tiergeograph. Reich, Faunenreich) Bez. für die tiergeograph. Großeinheiten unter den ↑tiergeographischen Regionen.

Tierschutz, im Unterschied zu Maßnahmen zur Erhaltung von Tierarten und deren Lebensmöglichkeiten (↑Naturschutz) Bez. für Bestrebungen zum Schutz des Lebens und zur angemessenen Behandlung von Tieren (insbes. der Haus- und Laborversuchstiere). *T.vereine* (zusammengefaßt im ↑Deutschen Tierschutzbund) unterhalten *Tierheime* (zur Unterbringung herrenloser Tiere) und wirken aufklärend in der Bev., und zwar sowohl im Hinblick auf die Vermeidung von Tierquälereien als auch im Hinblick auf die nutzbringende Funktion freilebender Tiere. Der T. in der BR Deutschland wurde durch das *T.ge-*

Tierseuchen

setz vom 18. 8. 1986 und die Verordnung über das Halten von Hunden im Freien vom 6. 6. 1974 neu geregelt. Verboten sind u. a. das Töten ohne einsichtigen Grund, Tierquälerei (unnötiges, rohes Mißhandeln von Tieren), das Schlachten und Kastrieren ohne vorhergehende Betäubung, die Verwendung schmerzbereitender Tierfallen, die zwangsweise Fütterung und das Aussetzen von Tieren, um sich ihrer zu entledigen. Genauen Vorschriften sind mit etwaigen Schmerzen und Leiden verbundene wiss. Versuche mit Wirbeltieren, der gewerbsmäßige Tierhandel (außerhalb der Landw.) und die Massentierhaltung unterworfen. - Als Strafen für Zuwiderhandlungen sind Freiheitsentzug bis zu zwei Jahren und Geldbußen bis zu 10 000 DM vorgesehen. Als Ordnungswidrigkeit gelten u. a. die Vernachlässigung bei der Haltung und Pflege, das Abverlangen übermäßiger Arbeitsleistungen sowie Dressur oder Schaustellung, wenn damit erhebl. Schmerzen verbunden sind.
Österreich hat den T. durch Vorschriften landesgesetzlich geregelt. Tierquälerei ist durch Bundesgesetz vom 9. 7. 1971 strafbar. In der *Schweiz* wird vorsätzl. Tierquälerei durch Art. 264 StGB mit Gefängnis oder Geldbuße bedroht.

📖 *Lorz, A.: T.gesetz. Kommentar. Mchn. 1985. - T. Testfall unserer Menschlichkeit. Hg. v. U. Händel. Stg. 1984. - Drawer, K.: T. in Deutschland. Lübeck 1980. - T.praxis. Hg. v. K. Drawer u. K. J. Ennulat. Stg. 1977.*

Tiers-état [frz. tjɛrze'ta] ↑ dritter Stand.

Tierseuchen, Infektionskrankheiten der Haustiere und der wildlebenden Tiere. Nach Art der Ausbreitung der T. spricht man von **Enzootie** (bei wiederholtem, aber auf kleine Bezirke beschränktem Auftreten), Orts- und Stallseuchen, z. B. Milzbrand, von **Epizootie** (bei zeitweisem Auftreten und rascher Verbreitung über größere Landstriche, z. B. Maul- und Klauenseuche) oder von **Panzootie** (bei Verbreitung über mehrere Länder oder einen ganzen Erdteil, z. B. Rinderpest). - In der BR Deutschland sind die Maßnahmen zum Schutz der Viehbestände und der menschl. Gesundheit bzw. zur Bekämpfung von T. bundeseinheitl. geregelt. Das *Tierseuchengesetz* (früher Viehseuchengesetz) i. d. F. vom 26. 3. 1980 sieht im Bedarfsfalle u. a. Quarantänemaßnahmen (z. B. Stallsperren, Ortssperren), Schlacht-, Abhäutungs-, Verkaufs- und Transportverbote oder -beschränkungen und Zwangstötungen vor. Es regelt den Handel (Ein-, Durch- und Ausfuhr) mit lebenden und toten Tieren, mit Tierteilen, tier. Erzeugnissen, Sera und Impfstoffen und schreibt Schutzmaßnahmen für Viehmärkte, Schlachthöfe, Körungen und Tierschauen vor. Für seuchenbedingte unverschuldete Viehverluste werden Entschädigungen gewährt; der Entschädigungsanspruch entfällt, wenn der Tierbesitzer seiner durch Gemeindesatzung festgelegten Beitragspflicht (für Pferde, Rinder, Schweine und Schafe obligator., für andere Tierarten fakultativ) an sog. Tierseuchenkassen nicht nachkommt.

Anzeigepflichtige Tierseuchen in der BR Deutschland sind u. a.: (bei Rindern) Lungenseuche, Rinderleukose, Rinderpest, Rindertuberkulose; (bei Schweinen) Schweinepest, ansteckende Schweinelähme; (bei Schafen) Pokkenseuche; (bei Pferden) Sumpffieber, Beschälseuche, Rotz; (bei mehreren der vorgenannten Tierarten) Brucellose, Maul- und Klauenseuche, Milzbrand, Räude, Rauschbrand, Tollwut; (bei Geflügel) Geflügelcholera, Geflügelpest, Newcastle-disease; (bei Papageien) Psittakose; (bei Bienen) Faulbrut und Milbenseuche. Diese T. werden staatlicherseits bekämpft.

Meldepflichtige Tierseuchen in der BR

TIERKREISZEICHEN

Symbol		Tierkreiszeichen		Zeitraum		Anfangspunkt in der Ekliptik
		deutsch	lateinisch			
♑	🐐	Steinbock	Capricornus	22. Dez.	– 20. Jan.	270°
♒	🏺	Wassermann	Aquarius	21. Jan.	– 19. Febr.	300°
♓	🐟	Fische	Pisces	20. Febr.	– 20. März	330°
♈	🐏	Widder	Aries	21. März	– 20. April	0°
♉	🐂	Stier	Taurus	21. April	– 20. Mai	30°
♊	👬	Zwillinge	Gemini	21. Mai	– 21. Juni	60°
♋	🦀	Krebs	Cancer	22. Juni	– 22. Juli	90°
♌	🦁	Löwe	Leo	23. Juli	– 23. Aug.	120°
♍	👧	Jungfrau	Virgo	24. Aug.	– 23. Sept.	150°
♎	⚖	Waage	Libra	24. Sept.	– 23. Okt.	180°
♏	🦂	Skorpion	Scorpius	24. Okt.	– 22. Nov.	210°
♐	🏹	Schütze	Sagittarius	23. Nov.	– 21. Dez.	240°

Tiersozietät

Deutschland sind u. a.: Geflügelpocken, Ornithose, Toxoplasmose, bösartiges Katarrhalfieber und Virusdurchfall bei Rindern. Die Meldung dient den Behörden zur Orientierung und Abwägung etwaiger späterer staatl. Maßnahmen.
Das *Wild* in Deutschland leidet insbes. unter Lungenwurm, Tollwut, Räude, Kokzidiose und Toxoplasmose.

Tiersozietät [...tsi-e...] ↑ Tiersoziologie.
Tiersoziologie (Zoosoziologie, Zoozönologie), Teilgebiet der Zoologie bzw. Verhaltensforschung; befaßt sich mit den Formen des (sozialen) Zusammenlebens von Tieren, z. B. als Familienverband, Herde, Schwarm, Tierstaat, als Wander-, Schlaf-, Überwinterungs-, Fraß- oder Brutgesellschaft, und mit dem Verhalten der in einer solchen Gemeinschaft lebenden Tiere untereinander († auch Rangordnung). Solche Verbände *(Tiergesellschaften, Tiersozietäten)* können aus artgleichen Individuen *(homotyp. Sozietäten)* oder aus verschiedenen Tierarten *(heterotyp. Sozietäten)* zusammengesetzt sein. Die Bindungen in der Gemeinschaft können vorübergehend sein *(akzidentelle Gesellschaften)* oder auf Grund anhaltender gegenseitiger Abhängigkeit fortdauern *(essentielle Gesellschaften)*. Die tier. Vergesellschaftung dient v. a. dem Schutz und der Lebensverbesserung der Individuen und damit der Arterhaltung.

Tierstaaten, Nestgemeinschaften sozialer Insekten, die aus den Nachkommen eines Elternpaares bzw. eines befruchteten ♀ entstehen und deren Individuen für den Nestbau, die Aufzucht der Larven, Nahrungsbeschaffung, Verteidigung usw. für längere Zeit zusammenbleiben.

Tierstock, durch Knospung und ausbleibende Ablösung der neu gebildeten Individuen entstehendes Gebilde aus zahlr. Einzeltieren als bes. Form einer Tierkolonie, bes. ausgeprägt z. B. bei manchen Einzellern, den Schwämmen, vielen Nesseltieren und fast allen Moostierchen.

Tiersymbolik ↑ Tiere.
Tierversuch, das wiss. Experiment am lebenden Tier, eine wichtige Arbeitsgrundlage verschiedener medizin. und biolog. Teildisziplinen. T. dienen der Gewinnung und Erprobung von Seren, dem Nachweis von Krankheitserregern, der Erprobung von therapeut. Verfahren und Arzneimitteln sowie der Erforschung von natürl. und krankhaften Vorgängen im Organismus. - ↑ auch Tierschutz, ↑ Vivisektion.

Tierwanderungen, bei vielen Tierarten führen meist ganze Populationen *(Massenwanderung)*, z. T. auch einzelne Tiere Wanderungen aus, die oft weit über die Grenzen ihres eigentl. Lebensbezirks hinausgehen. Die Gründe für diese Wanderaktivität sind einerseits Umwelteinflüsse, andererseits endogene Stoffwechselrhythmen. Zum Teil hängen die T. mit dem Fortpflanzungstrieb zusammen oder bedeuten ein Ausweichen vor der Winterkälte; auch ein Nahrungsmangel kann Tiere veranlassen, ein bestimmtes Gebiet zu verlassen *(Massenemigrationen)*, ebenso eine Massenvermehrung mit einer daraus resultierenden Übervölkerung, die ebenfalls zu Nahrungsmangel führt, aber auch eine nervöse Überreizung der Tiere einer Population bewirken kann, die die Tiere dann in einer Wanderaktivität abzureagieren suchen. - Bei T. unterscheidet man aperiod. und period. Wanderungen. *Aperiod. Wanderungen* finden sich z. B. bei den Lemmingen (Lemmingzüge), den Wanderheuschrecken (Heuschreckenschwärme), bei Kreuzschnäbeln, beim Tannenhäher, bei Wanderameisen und vielen Wanderfaltern. *Period. Wanderungen* kommen u. a. vor als (indirekt von der Sonneneinstrahlung abhängige) tagesperiod. Vertikalbewegungen von Zooplankton, die sich im Meer auf mehr als 100 m täglich erstrecken können (nächtl. Aufsteigen zur Wasseroberfläche), als ↑ Vogelzug und für den Laichwanderungen vieler Amphibien († auch Fischwanderungen). Jahreszeitlich (der Trocken- und Regen-, der Winter- und Sommerzeit entsprechend *[Saisontranslokation]*) wandern auch manche Fledermäuse, die Herden vieler Huftiere in den Steppen, Savannen und Tundren (z. B. das Ren) sowie das Reh- und Rotwild des Hochgebirges, auch manche Wanderfalter (z. B. der Monarch). Zur Fortpflanzung an Land vollziehen die Seeschildkröten, Pinguine und Robben entsprechende Wanderungen.

📖 *Cloudsley-Thompson, J.: Wanderzüge im Tierreich.* M.chn. 1980. - *Animal migration, navigation, and homing.* Hg. v. K. Schmitt-Koenig u. W. T. Keeton. Bln. u. a. 1978. - *Die Straßen der Tiere.* Hg. v. H. Hediger. Braunschweig 1967.

Tierzucht, allg. die Zucht landw. Nutztiere, wobei oft auch die Haltung zur Produktion z. B. von Fleisch oder Milch gemeint ist. I. e. S. ist T. die planmäßige Paarung von Tieren zur Erzeugung von Nachkommen mit bestimmten erbl. Eigenschaften und/oder Merkmalen. Die Zuchtziele für die verschiedenen Leistungsrassen landw. Nutztiere werden v. a. von Fragen der Wirtschaftlichkeit (z. B. Milchergiebigkeit, gute Futterverwertung, Fruchtbarkeit, Krankheitsresistenz) und von Verbraucherwünschen (z. B. Fleischqualität) bestimmt. Bei Liebhaberrassen dominieren als Zuchtziele bes. die Färbung und Zeichnung von Behaarung bzw. Gefieder, Körperformen, Fellbeschaffenheit u. a. Beim Haushund ist auch die Zucht von Gebrauchshunden mit bestimmten Leistungen von Bedeutung. Ungleich schwieriger als die Zucht von Liebhaberrassen mit relativ leicht überschaubarem Erbgang der Merkmale ist die Zucht auf bestimmte Leistungen. - Die urspr. zur

Eindämmung von Deckinfektionen vorgesehene künstl. ↑Besamung dient heute der großräumigen Verbreitung des Erbgutes hervorragender Vatertiere.
Das T.*gesetz* i. d. F. vom 20. 4. 1976 erfaßt nur die Großtierzucht. Es regelt mit der Körordnung die Zuchtverwendung von Bullen, Hengsten, Ebern, Schafböcken, die Durchführung der Leistungsprüfungen, die Einordnung in Zuchtwertklassen und die künstl. Besamung. Ferner enthält es Bestimmungen über die Anerkennung von Züchterverbänden, die Anforderungen an deren Personal und die Zuchtbuchführung.

Tietz, Ferdinand ↑Dietz, Ferdinand.

Tiffany, Louis Comfort [engl. 'tɪfənɪ], * New York 18. Febr. 1848, †ebd. 17. Jan. 1933, amerikan. Kunsthandwerker. - Gründete 1879 die L. C. T. Company in New York, die noch heute existiert. T. ist ein wichtiger Vertreter des Jugendstils; bed. farbige Glaskunstarbeiten, auch Schmuck, Möbel und Bronzen. - Abb. S. 116.

Tifinagh, berber. Schrift, ↑libysche Schriften, ↑Berbersprachen.

Tiflis (offiziell Tbilissi), Hauptstadt der Grusin. SSR, an der Kura, 406–522 m ü. d. M., 1,16 Mill. E. Univ. (gegr. 1918), 11 Hochschulen, Akad. der Wiss. der Grusin. SSR; 16 Museen; 10 Theater, Philharmonie, Zirkus; botan. Garten, Zoo. Vertreten sind u. a. Maschinen- und Apparatebau, elektrotechn., Textil-, Schuh-, Nahrungs- und Genußmittelind.; Filmstudio; warme Quellen. Ausgangspunkt der Grusin. Heerstraße, U-Bahn, ✈. - Siedlungsspuren reichen bis ins 3. Jt. v. Chr. zurück; Ende des 4. Jh. n. Chr. erstmals als Festungsstadt erwähnt, im 5. Jh. vergrößert und ausgebaut; wurde Mitte des 5. Jh. Hauptstadt des christl. grusin. Reiches Khartli; 7.–11. Jh. wiederholt Belagerungen und Zerstörungen durch Byzantiner, Chasaren, Perser und Seldschuken; nach Besetzung durch die Araber 654 Hauptstadt eines Emirats; 1122 befreit, erneut Hauptstadt eines grusin. Staates; im 13. Jh. Verheerung durch die Choresmier, 1386 Einfall Timur-Lengs (bis 1402), danach der Osmanen; kam 1555 unter pers. Herrschaft (bis 1747), 1783 unter russ. Protektorat; 1795 von den Persern weitgehend zerstört. 1800 mit O-Grusinien an Rußland angeschlossen, Gouvernementshauptstadt; 1922–36 Hauptstadt der Transkaukas. SFSR und der Grusin. SSR. - Reste der Zitadelle (13. Jh. und 1576); Metechikirche (urspr. 5. Jh., eine Kreuzkuppelkirche), Antschischatikirche (7. und 12. Jh.).

Tiger, Theobald, Pseud. des dt. Journalisten und Schriftstellers K. ↑Tucholsky.

Tiger [awest.-griech.-lat.] (Panthera tigris), mit maximal 2,8 m Körperlänge größte, sehr kräftige Großkatze in verschiedenen, bes. nahrungsreichen, viel Deckung bietenden Biotopen SW- bis O-Asiens (einschl. der Sundainseln); Kopf rundl., mit Backenbart (bes. beim ♂); Schwanzlänge 60–95 cm; Färbung blaß rötlichgelb bis rotbraun mit schwarzen Querstreifen. - Der T. ist ein Einzelgänger, der Beutetiere (bes. Huftiere, Vögel) v. a. nachts durch lautloses Anschleichen bis auf kürzeste Entfernung jagt. Nach einer Tragzeit von dreieinhalb Monaten werden 2–4 Junge geboren. - Man unterscheidet 8 (teilweise von der Ausrottung bedrohte) Unterarten, darunter **Sibir. Tiger** (Panthera tigris altaica; Amur-Ussuri-Gebiet; größte T.unterart), **Inseltiger** (zusammenfassende Bez. für die auf den Sundainseln vorkommenden **Sumatratiger** [Panthera tigris sumatrae, bis 170 cm Körperlänge], **Javatiger** [Panthera tigris sondaica; fast ausgerottet] und **Balitiger** [Panthera tigris balica; vermutl. ausgerottet]) und ↑Königstiger. - Abb. S. 116.

Tigerauge, als Schmuckstein verwendete, goldgelbe bis goldbraune, feinfaserige Varietät des Quarzes; zeigt an Bruchflächen seidigen Glanz, an polierten Steinen wandernden Lichtschimmer (Chatoyance). Bed. Lagerstätten v. a. in S-Afrika, W-Australien, Indien und Kalifornien.

Tigerblume (Tigridia), Gatt. der Schwertliliengewächse mit 15 Arten in Mittelamerika, Peru und Chile; Zwiebelpflanzen mit wenigen grundständigen, schmalen oder schwertförmigen Blättern und großen schalenförmigen Blüten. Die bekannteste Art ist die **Pfauenblume** (Tigridia pavonia), mit bis 15 cm langen, verschiedenfarbigen Blüten, die nur einen Tag blühen; beliebte Gartenblume.

Tigerfink (Amandava amandava), fast 10 cm langer, im ♂ Geschlecht zur Brutzeit roter, weiß getüpfelter Prachtfink, verbreitet von Indien und S-China bis Java; ♀ (und ♂ im Ruhekleid) graubraun.

Tigerhai (Galeocerdo cuvieri), bis 6 m langer, lebendgebärender Haifisch, v. a. in flachen Küstengewässern (teilweise auch in Flußmündungen) trop. und subtrop. Meere; Körperseiten mit auffallender Fleckenzeichnung, im Alter verblassend; Allesfresser, kann dem Menschen gefährlich werden. Die Haut wird zu Zierleder verarbeitet.
◆ svw. Sandtiger (↑Sandhaie).

Tigerkatze, svw. ↑Ozelotkatze.
Tigerlilie ↑Lilie.
Tigerpython ↑Pythonschlangen.

Tigerschmerle (Botia hymenophysa), etwa 20 cm langer, schlanker asiat. Knochenfisch (Fam. Schmerlen); Oberseite bräunl., Körperseiten graugelb mit zahlr. graublauen, schwarz eingefaßten Querbinden; Warmwasseraquarienfisch.

Tigerschnecke (Cypraea tigris), bis 10 cm lange ↑Porzellanschnecke im Pazifik; Gehäuse eiförmig, mit dunkelbraunen, z. T. zusammenfließenden Flecken auf weißl. Untergrund.

Tiglatpileser

Tiglatpileser, Name assyr. Könige; bed. v. a.:

T. I., ⚰ 1115–1078; führte Feldzüge gegen phryg. Muschki und Churriter; drang bis zum Mittelmeer vor; am mittleren Euphrat kämpfte T. gegen die Aramäer und eroberte auch Babylon. In Assur wurden Teile seiner Bauten und seiner Bibliothek ausgegraben.

T. III., ⚰ 745–727; schuf das eigtl. neuassyr. Großreich durch Feldzüge gegen Urartu und Koalitionen syr. Könige; eroberte 733/732 Israel und Damaskus. Nach einem Krieg gegen die Meder ließ er sich nach Siegen über die aram. Chaldäer 729 in Personalunion auch als König von Babylon (unter dem akkad. Namen *Pulu*, im A. T. *Phul*) krönen. Massendeportationen aus neueroberten Gebieten und eine Umorganisation des Heeres festigten Assyriens Macht.

Tigon [Kw. aus engl. **tiger** und **lion** „Löwe"], Bez. für einen nur in zoolog. Gärten vorkommenden Artbastard zw. Tiger-♂ und Löwen-♀.

Tigranes II. (nach armen. Zählung; althistor. als T. I. gezählt), † um 54 v. Chr., König (seit um 94) aus der Dyn. der Artaxiden. - Schwiegersohn Mithridates' VI. von Pontus; schuf sich ein Großreich (u. a. Eroberung

Links: Louis Comfort Tiffany,
Vase in Tulpenform (1895).
New York, Metropolitan Museum;
rechts oben: Sibirischer Tiger;
rechts unten: Sumatratiger

Kappadokiens, Kilikiens, N-Mesopotamiens, des Seleukidenreichs), wurde jedoch von Lucullus und von Pompejus in den Jahren 69–65 besiegt und verlor seine Eroberungen.

Tigranokerta (armen. Tigranakert), jüngere Hauptstadt (neben Artaxata) des antiken Armenien, sw. vom Vansee, nahe dem heutigen Siirt (Türkei); bei der Eroberung durch Lucullus (69 v. Chr.) noch nicht vollendet; nach Einnahme durch Schapur II. 369 n. Chr. (?) und Christenverfolgungen in **Martyropolis** umbenannt.

Tigre, Volk in N-Äthiopien; die T. treiben Ackerbau und Viehhaltung; sprechen T., eine äthiop. Sprache; meist Christen, auch Muslime.

Tigrinja, Volk im N des Hochlandes von Äthiopien, Hirten, sprechen T., eine äthiop. Sprache; meist Muslime.

Tigris, Fluß in Vorderasien, entfließt dem See *Hazar gölü* im Äußeren Osttaurus, vereinigt sich in Irak mit dem Euphrat zum

Schatt Al Arab, der in den Pers. Golf mündet; rd. 1 800 km lang; bildet im Oberlauf auf 30 km die äußerste NO-Grenze Syriens; im Zwischenstromland zw. unterem T. und Euphrat zahlr. Nebenarme.

Tihama, bis 60 km breites Küstentiefland im SW der Arab. Halbinsel südl. von Dschidda, Saudi-Arabien, bis zum Bab Al Mandab, Jemen.

Tihany [ungar. 'tihɔnj], ungar. Ort am Plattensee, 1 500 E. Biolog. Forschungsinst., erdmagnet. Observatorium, volkskundl. und histor. Museum; Badeort. - König Andreas I. gründete 1055 eine Benediktinerabtei (1719 ff. neu errichtet). Die lat. Gründungsurkunde enthält 58 ungar. Wörter (das älteste bekannte ungar. Sprachdenkmal). Die Abtei wurde nach dem Mongoleneinfall (1241/42) befestigt. - Barocke Kirche (18. Jh.).

Tijuana [span. ti'xuana], mex. Stadt am Río T., nahe der kaliforn. Grenze, 1 460 m ü. d. M., 461 300 E. Kath. Bischofssitz; Fremdenverkehr. - Ging aus einer landw. Siedlung (1862) hervor; wurde im 20. Jh. für Touristen aus den USA Hauptgrenzübergang nach Mexiko.

Tikal, Ruinenstadt der Maya in N-Guatemala, 35 km nö. von Flores. Besiedelt 600 v. Chr. bis 900 n. Chr., eine der größten Städte der Maya (16 km^2); die Fürsten beherrschten auch die umliegenden Orte. Das Tempelzentrum mit 6 Pyramiden war von weiteren Plätzen umgeben; datierte Stelen; geschnitzte Tempeltüren. Große Teile wurden 1956-67 vom University Museum, Philadelphia, ausgegraben und restauriert. Heute bed. Touristenzentrum mit Flugplatz.

Tilaka, svw. ↑ Tschitraka.

Til Barsip ↑ Tall Ahmar.

Tilburg [niederl. 'tilbyrx], niederl. Stadt am Wilhelminakanal, 15 m ü. d. M., 153 700 E. Kath. Hochschule, wirtschaftstechn. Inst., Akad. für Architektur, Konservatorium, Textil-, Schreibmaschinen-, naturhist. Museum, völkerkundl. Missionsmuseum, Theater; traditionelle Wollind., metallverarbeitende u. a. Ind. - 709 erstmals gen.; 1809 Stadtrecht. - Neugot. Rathaus (ehem. königl. Palais, 1849); Stadttheater (1961), Stadthaus (1971).

Tilbury [engl. 'tılbərı; nach dem gleichnamigen brit. Erbauer, 19. Jh.], leichter, zweirädriger, zweisitziger Kutschwagen mit aufklappbarem Verdeck.

Tilde, weibl. Vorname, ↑ Thilde.

Tilde [span., zu lat. titulus „Überschrift"], Aussprachezeichen; bezeichnet z. B. im Span. die palatale Aussprache des n (z. B. doña [span. 'doɲa]), im Portugies. die nasalierte Aussprache eines Vokals (z. B. Camões [portugies. ka'mõjʃ]).

Tildy, Zoltán [ungar. 'tildi], * Mosonmagyaróvár 18. Nov. 1889, † Budapest 3. Aug. 1961, ungar. Politiker. - 1930 Mitbegr. der neuen Partei der Kleinen Landwirte; 1936-45 Abg.; aktiv in der Widerstandsbewegung ab 1944; 1945 Parteivors., Nov. 1945-Febr. 1946 Min.präs., 1946-48 Staatspräs., danach unter Hausarrest, im Aug. 1956 rehabilitiert; Okt./Nov. 1956 Staatsmin., danach inhaftiert, 1959 amnestiert.

Tilgung (Amortisation), die Rückzahlung langfristiger Schulden, wobei die jährl. T.raten gewöhnl. im *Tilgungsplan* festgelegt sind. Bei Wertpapieren kann die T. je nach den Emissionsbedingungen durch Auslosung erfolgen, wobei dann die ausgelosten Schuldverschreibungen zum Nennwert zurückgezahlt werden, oder durch Rückkauf der zu tilgenden Stücke an der Börse.

Tilgungsanleihe (Amortisationsanleihe), Anleihe, die nach einem festen, bereits bei der Emission bekannten Tilgungsplan zurückgezahlt wird. Die Tilgung kann durch Auslosung oder Kündigung erfolgen. Eine bes. Form der T. ist die *Ratenanleihe,* bei der die Tilgung in gleichbleibenden jährl. Tilgungsraten erfolgt.

Tilgungsbetrag (Amortisationsbetrag), bei der Tilgungshypothek der zur Rückzahlung aufgewandte Teil der Jahresleistung.

Tilgungshypothek ↑ Hypothek.

Tilgungsrate, die Summe, die innerhalb einer bestimmten Periode (z. B. ein Jahr) zur Tilgung einer langfristigen Schuld an den Gläubiger zu zahlen ist. Die jährl. T. und die jährl. Zinsleistung bilden zusammen die ↑ Annuität.

Tilia [lat.], svw. ↑ Linde.

Tiliaceae [lat.], svw. ↑ Lindengewächse.

Till, männl. Vorname, Kurz- und Koseform mit „Diet-" gebildeten Namen.

Tillandsie (Tillandsia) [nach dem finn. Botaniker E. Tillands, * 1640, † 1693], Gatt. der Ananasgewächse mit rd. 350 Arten im trop. und subtrop. Amerika; meist epiphyt. lebende Pflanzen ohne oder mit nur schwach entwickelten Wurzeln; Blätter schmal, ganzrandig; Blüten meist in endständiger, einfacher oder zusammengesetzter Ähre. Bekannt ist v. a. die Art **Greisenbart** (Louisianamoos, Tillandsia usneoides), in wärmeren Gebieten Amerikas; Blätter schmal, 3-8 cm lang; hängt von Bäumen.

Tiller, Nadja [Maria], * Wien 16. März 1929, östr.-dt. Schauspielerin. - 1949-52 am Theater in der Josefstadt; seit 1956 ∞ mit W. Giller. Im Film Darstellerin extravaganter, vamphafter Frauen, u. a. „Der letzte Sommer" (1954), „Das Mädchen Rosemarie" (1958), „Buddenbrooks" (1959), „Affäre Nina B." (1961), „Lulu" (1962). - *Weitere Filme:* Scheiden und scheiden lassen (1980), Der Sommer des Samurai (1986).

Till Eulenspiegel ↑ Eulenspiegel.

Tillich, Paul, * Starzeddel (Landkr. Guben) 20. Aug. 1886, † Chicago (Ill.) 22. Okt. 1965, dt.-amerikan. ev. Theologe und Philo-

Tillit

soph. - 1914–19 Seelsorger; 1920 Beitritt zum „Bund religiöser Sozialisten" in Berlin, dessen führender Kopf er wurde; 1924 Prof. für Theologie in Marburg, 1925–29 für Religionswiss. und Sozialphilosophie in Dresden und Leipzig, ab 1929 in Frankfurt; 1933 Suspendierung durch die Nationalsozialisten und Emigration in die USA, deren Staatsbürgerschaft er 1940 erhielt; 1937–55 Prof. für philosoph. Theologie in New York, 1955–62 in Harvard und ab 1962 in Chicago. 1962 Friedenspreis des Dt. Buchhandels. - T. beschäftigte v. a. die theolog. Frage nach dem Verhältnis von Offenbarung und menschl. Wirklichkeit, die er in *ontolog. Wendung* neu zu formulieren suchte: Gott als das „Sein-selbst" oder das, „was uns *unbedingt* angeht", ist in allen Lebensbereichen gegenwärtig und muß durch die „Methode der Korrelation" von Offenbarung und Wirklichkeit, von ewiger Botschaft und geschichtl. Situation („Kairos"), von Theologie und Philosophie transparent gemacht werden. Damit wird das in Christus und im Geist der Kirche sich manifestierende und im Prinzip der Liebe realisierte „Neue Sein" der Seinsentfremdung des modernen Menschen gegenübergestellt. - Hauptwerk ist die „Systemat. Theologie" (1951–66).

📖 *Schnübbe, O.: P. T. u. seine Bedeutung für den Protestantismus heute. Hannover 1985. - Palmer, M. F.: P. T. Philosophy of Art. Bln. 1984. - Ernst, H.: Utopie u. Wirklichkeit mit Blick auf den Utopiebegriff bei P. T. Würzburg 1982. - Wehr, G.: P. T. Rbk. 1979. - Wenz, G.: Subjekt u. Sein. Mchn. 1979.*

Tillit [engl.], verfestigter Geschiebelehm (Grundmoränen) vorquartärer Eiszeiten.

Tillmann (Tilmann), männl. Vorname, Verkleinerungs- oder Koseform von ↑Till.

Tillmann, Fritz, * Bad Honnef am Rhein 1. Nov. 1874, † ebd. 24. März 1953, dt. kath. Theologe. - Prof. für Moraltheologie in Bonn. Hg. des „Handbuchs der kath. Sittenlehre" (1936–53), das für die kath. Moraltheologie wegweisend wurde; maßgebl. am Aufbau der kath. Studentenseelsorge beteiligt.

Tillmanns, Robert, * Wuppertal 5. April 1896, † Berlin 12. Nov. 1955, dt. Politiker. - 1933 aus dem preuß. Kultusministerium entlassen; 1945 Mitbegr. der CDU in Berlin und in der SBZ, seit 1952 Vors. der CDU Berlin (West); seit 1945 Leiter des Hilfswerks der EKD; MdB 1949–55, ab 1953 Bundesmin. für bes. Aufgaben.

Tilly, Johann Tserclaes Graf von (seit 1623) ['tɪli], * Schloß Tilly (Brabant) im Febr. 1559, † Ingolstadt 30. April 1632, kaiserl. Feldherr. - Zunächst in span. und kaiserl. Diensten; reorganisierte 1610 das bayr. Heer; siegte 1620 in der Schlacht am Weißen Berg (bei Prag) und schlug 1626 die Dänen bei Lutter am Barenberge. Ab 1630 war T. Generalissimus der Truppen des Kaisers und der kath. Liga; eroberte 1631 Magdeburg; von Gustav II. Adolf bei Breitenfeld besiegt, 1632 bei Rain am Lech tödl. verwundet.

Tilmun (Telmun, Dilmun), altoriental. Name von ↑Bahrain.

Tilos, griech. Insel des Dodekanes, nnw. von Rhodos, 62,8 km^2, bis 651 m hoch.

Tilsit (russ. Sowetsk), Stadt an der Memel, UdSSR*, 15 m ü. d. M., 41 000 E. Filmtechnikum; Theater; Schiffbau, Zellstoff-Papier-Kombinat, Bekleidungs- u. a. Ind.; Hafen. - Vor der 1365 erwähnten Burg Splitter des Dt. Ordens bestand eine pruzz. Siedlung; 1406–09 Bau einer neuen Burg, in deren Schutz sich ein Marktflecken bildete, der 1552 Stadtrecht erhielt; auf der W-Seite nach dem Schwedeneinfall 1679 mit einem Wall befestigt; seit 1945 zur UdSSR. - Der **Friede von Tilsit** zw. Frankr. und Rußland (7. Juli 1807) sowie zw. Frankr. und Preußen (9. Juli 1807) beendete den 4. Koalitionskrieg (1806/07). Rußland verpflichtete sich zur Vermittlung eines frz.-brit. Friedens, Preußen mußte sich der Kontinentalsperre anschließen und mehr als die Hälfte seines Territoriums verzichten: Aus den Gebieten zw. Rhein und Elbe wurde das Kgr. Westfalen gebildet, aus den durch die Poln. Teilungen preuß. gewordenen Gebieten das Hzgt. Warschau, aus Danzig eine Freie Stadt; Sachsen erhielt den preuß. Kreis Cottbus. - Die Lutherkirche war einer der frühesten prot. Kirchenbauten Ostpreußens (1598–1612, W-Turm 1702), daneben die Litauische Landkirche (1757); Rathaus (18. Jh.).

Tilsiter Käse, mittelharter, halbfetter oder fetter Schnittkäse, der urspr. in Ostpreußen hergestellt wurde.

Tilson, Joe [engl. tɪlsn], * London 24. Aug. 1928, engl. Maler, Graphiker und Plastiker. - Vertreter der engl. Pop-art.

Tim (Timm), männl. Vorname, Kurzform von Timotheus oder Thiemo (Kurzform von Thietmar).

Timaios von Tauromenion (= Taormina), * etwa 350, † etwa 245, griech. Geschichtsschreiber. - Verfaßte in Athen das erste nach Olympiaden rechnende Geschichtswerk, eine Geschichte Siziliens (etwa 38 Bücher) mit geograph., ethnograph., lokalhistor. Abhandlungen und einem Anhang über die Zeit des Pyrrhus; ferner ein chronolog. Werk über die Olympionikenlisten.

Timalien (Timaliinae), Unterfam. 9–40 cm langer Singvögel mit etwa 250 Arten, verbreitet in Afrika, S- und SO-Asien, Australien. - Zu den T. gehört u. a. die ↑Bartmeise.

Timanrücken, rd. 900 km langer Höhenrücken im nö. europ. Teil der UdSSR, bis 471 m hoch.

Timar [türk. tiːˈmar „Fürsorge"], im Osman. Reich Bez. für ein Militärlehen, dessen Inhaber (**Timariot**) zum Kriegsdienst verpflichtet war.

Timbales [span.], aus M-Amerika stammendes, auf einem Ständer befestigtes Trommelpaar (einfellige Trommeln von unterschiedl. Durchmesser mit Metallzargen), das bes. in der Schlagzeuggruppe von Tanzorchestern eine Rolle spielt.

Timbre ['tɛ̃:brə; frz. „Klang", letztl. zu griech. týmpanon „Paukenschall"], im Dt. Bez. für die Klangfarbe eines Instruments oder einer Singstimme.

Timbuktu, Oasenstadt im nördl. Z-Mali, 7 km nördl. des Niger, 296 m ü. d. M., 19 200 E. Dokumentationszentrum arab. Literatur, Handelsplatz; am Niger liegt *Kabara*, der Flußhafen von T.; Linienschiffverkehr, ✈. - Erstmals um 1000 in arab. Chroniken als Tuareglager erwähnt, im 12. Jh. feste Siedlung; gehörte zum Reich der Songhai, wurde unter der Oberherrschaft von Mali Mittelpunkt islam. Gelehrsamkeit; 14.–16. Jh. bed. Handelszentrum als End- bzw. Ausgangspunkt der Transsahara–Karawanenroute; kam 1590 unter die Herrschaft der Saaditen.

time is money [engl. 'taɪm ɪz 'mʌnɪ], „Zeit ist Geld".

timen ['taɪmən; engl.], 1. die Zeit mit der Stoppuhr messen; 2. den geeigneten Zeitpunkt für ein Vorgehen bestimmen; **Timing**, zeitl. Abstimmung verschiedener Handlungen, (techn.:) zeitl. Steuerung.

Times, The [engl. ðə 'taɪmz „die Zeit"], brit. Tageszeitung, ↑ Zeitungen (Übersicht).

Time-sharing [engl. 'taɪm,ʃɛərɪŋ „Zeitbeteiligung"], zeitl. ineinandergeschachtelte Benutzung einer Datenverarbeitungsanlage durch mehrere Benutzer mit eigenen Ein- und Ausgabegeräten im On-line-Betrieb.

Timgad [frz. tim'gad, arab. ti:m'ga:t], Ruinenstätte 25 km sö. von Batna, Algerien. 100 n. Chr. gegr. röm. Militärkolonie; gut erhaltener Trajansbogen (2. Jh.); an den quadrat. 350 m² großen Stadtkern (mit Forum) wuchsen Kapitol, Wohn- und Tempelbezirke an, zuletzt der Komplex der Donatistenbasilika und das byzantin. Fort.

Timm, Uwe, * Hamburg 30. März 1940, dt. Schriftsteller. - Vertritt in seinen [Entwicklungs]romanen einen zeitkrit., polit. Realismus, u. a. „Heißer Sommer" (1974), „Kerbels Flucht" (1980), „Der Schlangenbaum" (1986). Auch Hörspiele und Lyrik („Widersprüche", 1971).

Timmelsjoch ↑ Alpenpässe (Übersicht).

Timmendorfer Strand, Ostseebad an der Lübecker Bucht, Schl.-H., 26 m ü. d. M., 11 500 E. Fischereihafen im Ortsteil Niendorf.

Timmermans, Felix, * Lier bei Antwerpen 5. Juli 1886, † ebd. 24. Jan. 1947, fläm. Schriftsteller und Maler. - Einer der bedeutendsten Vertreter der fläm. Heimatkunst, der in farbenfrohen, bilderreichen, von gütigem Humor und naiver Frömmigkeit durchzogenen Romanen und Erzählungen teils derbrealist., teils idealisierend und mit Neigung zu Idylle ein Bild des Lebens in Brabant ge-

Timgad.
Trajansbogen und „decumanus"
(2. Jh. n. Chr.)

Jean Tinguely, Baluba
Nr. 3 (1959). Köln,
Wallraf-Richartz-Museum

staltete; u. a. „Pallieter" (R., 1916), „Das Jesuskind in Flandern" (Legende, 1917), „Der Pfarrer vom blühenden Weinberg" (E., 1923), „Bauernpsalm" (R., 1935). Schrieb auch volkstüml. Dramen, Lyrik und biograph. Romane („Pieter Bruegel", 1928; „Adriaan Brouwer", 1948).

Timofejew-Ressowski, Nikolai Wladimirowitsch [russ. tima'fjeɪlfrɪ'sɔfskij], *Moskau 20. Sept. 1900, † Obninsk 28. März 1981, sowjet. Biologe. - 1925–45 am Kaiser-Wilhelm-Institut für Hirnforschung in Berlin tätig, 1955–69 an Instituten in der UdSSR; grundlegende Arbeiten zur Genetik und Evolutionstheorie (Gegner T. D. Lyssenkos) und zur Strahlenbiologie.

Timokratie [griech.], Staatsverfassung, in der die Staatsbürgerrechte nach dem Vermögen oder Einkommen abgestuft werden (z. B. im antiken Rom).

Timoleon, *Korinth um 410, † Syrakus nach 337, griech. Politiker (343–337) in Syrakus. - Befreite 343 Syrakus vom Tyrannen Dionysios II.; gründete als Stratege von Syrakus eine sizil. Symmachie gegen Karthago. Er führte die demokrat. Verfassung in Syrakus wieder ein und suchte der Entvölkerung der Insel durch Ansiedlung von griech. Kolonisten und Söldnern zu begegnen. 337 trat er freiwillig zurück.

Timor, östlichste und größte der Kleinen Sundainseln, Indonesien, rd. 480 km lang, bis 100 km breit, rd. 2 Mill. E., Hauptort Kupang. Die Insel durchziehen zwei zentrale, bis 2960 m hohe Gebirgsketten. Im S und SW sind schmale Küstenebenen ausgebildet; an der S-Küste Mangrovesümpfe, an der N-Küste Lagunen. Klimat. ist die Insel durch eine kurze Regen- und eine lange Trockenzeit (Mai–Okt.) während des SO-Monsuns gekennzeichnet. Die urspr. Wälder sind weitgehend vernichtet; Grasland nimmt v. a. im NW und in einigen zentralen Teilen große Flächen ein. - Die noch sehr traditionsgebundene Bev. (Timoresen) weist paläomongolide, polynes. und melanes. Züge auf. Wichtigste Anbauprodukte sind Mais, Bergreis, Hirse und Maniok; dazu oft Sago als Hauptnahrungsmittel; Kokospalmenkulturen in den südl. Ebenen. Hauptexportprodukt ist Kaffee, daneben Tee, Tabak, Kapok, Kautschuk, Kopra, Palmöl und Sandelholz. Die Viehhaltung wird auf den häufig abgebrannten Grasflächen nur extensiv betrieben; außerdem Fischfang und Salzgewinnung, Hausweberei, Gold- und Silberschmiedekunst. Kupfererzbergbau und -verhüttung im W-Teil der Insel.

Geschichte: 1520 landeten Portugiesen auf der Insel und errichteten 1586 eine portugies. Verwaltung. Die 1613 ausgebrochenen Streitigkeiten mit den Niederlanden, die den westl. Teil von T. in Besitz nahmen, wurden durch Teilungsvertrag 1859 beigelegt. Portugies.-Timor war 1951–76 portugies. Überseeprovinz.

Timorsee, Teil des Australasiat. Mittelmeeres, zw. Australien, Timor und den Tanimbarinseln, im N bis 3 108 m tief.

Timotheos von Epidauros (?), griech. Bildhauer des 4. Jh. v. Chr. - Schuf um 380 v. Chr. Modelle (?) für Skulpturen am Asklepiostempel von Epidauros. Nach 352 arbeitete er am plast. Schmuck des Mausoleums von Halikarnassos (Südseite). Indem T. dem (menschl.) Körper lebhaft aufgewühlte und bewegte Gewandmotive entgegensetzt, leitet er vom „reichen Stil" des 5. Jh. zum pathet. Stil der 2. Hälfte des 4. Jh. über.

Timotheus [...te-ʊs], männl. Vorname, eigtl. „Gott ehrend" (griech. Timotheos, zu timãn „schätzen, ehren" und theós „Gott").

Timotheus [...te-ʊs], hl., *Lystra bei Konya, † Ephesus (?) 97 (?), Apostelschüler. - Von Paulus bekehrt und dessen fast ständiger Begleiter; der Tradition nach später Bischof von Ephesus und Märtyrer. - Fest: 24. Jan. (bei den Griechen und Syrern: 22. Jan.).

Timotheusbriefe [...te-ʊs], Abk. 1./2. Tim., die beiden Pastoralbriefe, die an ↑Timotheus adressiert sind; Entstehungsort und -zeit sind unbekannt; bed. für die frühchristl. Bezeugung des kirchl. Amtes.

Timpano [griech.], italien. Bez. für ↑Pauke.

Timur-Leng [„Timur, der Lahme"] (Tamerlan), *Kasch (= Schachrissabs, Usbek. SSR) 1336, † Otrar (bei Tschimkent) im Febr. 1405, transoxan. Herrscher. - Türkisierter Mongole; durch seine Grausamkeit berüchtigter Eroberer; erlangte um 1370 die Herrschaft in Transoxanien und versuchte, das Reich Dschingis-Khans zu erneuern (ab 1380). T.-L. eroberte 1380–82 Chorasan, 1384–88 W- und S-Iran, Georgien, Anatolien, 1388–91 das Gebiet der Goldenen Horde und drang 1398 bis Delhi vor. 1402 schlug er den osman. Sultan Bajasid I. Yıldırım bei Ankara. T. starb bei der Vorbereitung eines Feldzuges gegen China. Seine Hauptstadt Samarkand ließ er durch z. T. dorthin verschleppte Künstler ausschmücken. Unter seinen Söhnen und Enkeln (**Timuriden**) zerfiel das Reich als 1470 (endgültig 1506). Der Timuride ↑Babur eroberte 1526 Delhi und begründete die ind. Moguldynastie.

Tina, weibl. Vorname, Kurzform von Namen, die auf „-tina" enden.

Tinbergen [niederl. 'tɪnbɛrxə], Jan, *Den Haag 12. April 1903, niederl. Nationalökonom. - Bruder von Nikolaas T.; Prof. in Rotterdam. Bed. Arbeiten auf zahlr. Gebieten, v. a. zur Ökonometrie, Konjunkturtheorie und Außenwirtschaftspolitik. T. erhielt 1969 den sog. Nobelpreis für Wirtschaftswissenschaften. - *Werke:* Einführung in die Ökonometrie (1949), Wirtschaftspolitik (1956), Grundlagen der Entwicklungsplanung (1958), Mathematical models of economic growth (1962), International economic integration (1965), Modelle zur Wirtschaftsplanung (1967).

T., Nikolaas (Niko), *Den Haag 15. April 1907, niederl. Zoologe. - Prof. in Leiden und Oxford; seit 1962 Mgl. der Royal Society. T. ist Mitbegr. der vergleichenden †Verhaltensforschung („Instinktlehre", 1950). Bes. beschäftigte er sich mit dem Verhalten von Insekten, Fischen und Seevögeln (u. a. „Die Welt der Silbermöwe", 1953). - Für seine grundlegenden verhaltensphysiolog. Forschungen, deren Ergebnisse auch für Psychiatrie und Psychosomatik bedeutsam sind und die zugleich die Möglichkeit eröffnen, präventiv die Umwelt so zu verändern, daß sie auch der biolog. und etholog. Ausstattung des Menschen entspricht, erhielt er (mit K. Lorenz und K. von Frisch) 1973 den Nobelpreis für Physiologie oder Medizin. - *Weitere Werke:* Tiere untereinander (1953), Tiere und ihr Verhalten (1965), Das Tier in seiner Welt (1973). - †21. Dez. 1988.

Tinctoris, Johannes, * Nivelles um 1435, † vor dem 12. Okt. 1511, fläm. Musiktheoretiker und Komponist. - Geistlicher, Mathematiker und Rechtsgelehrter; trat um 1472 in den Dienst König Ferdinands I. von Neapel, bed. Musiktheoretiker der frühen niederl. Musik. Von seinen 12 Traktaten gilt das „Terminorum musicae diffinitorium" (gedruckt um 1473/74) als erstes europ. Musiklexikon. Von seinen Kompositionen sind u. a. 4 Messen, 2 Motetten, eine Lamentation und 7 Chansons bekannt.

Tindal, Matthew [engl. tındl], * Bere Ferrers (Devon) zw. 1653 und 1657, † Oxford 16. Aug. 1733, engl. Religionsphilosoph und Jurist. - Zunächst hochkirchl. orientiert; 1685-87 kath.; dann antikirchl. eingestellt. Gilt als einer der Hauptvertreter des engl. Deismus. In seiner Religionskritik geht T. davon aus, daß in Ggs. zu anderen positiven Religionen nur im Christentum die natürl. Religion, die Urreligion schlechthin, unverfälscht zu finden sei, wobei er das Christentum auf Ethik reduziert.

Tindale, William [engl. tındl] †Tyndale, William.

Tindemans, Leo, * Zwijndrecht 16. April 1922, belg. Politiker (Christelijke Volkspartij [CVP]). - Seit 1961 Abg.; 1968-71 fläm. Min. für Gemeinschaftsangelegenheiten; 1972/73 Min. für Landw. und Mittelstand; 1973/74 stellv. Min.präs. und Haushaltsmin.; 1974-78 Min.präs.; wurde 1976 Präs. der Europ. Volkspartei; 1979-88 Präs. der CVP; 1981-89 Außenmin.; seither Mgl. des Europ. Parlaments.

Tineidae [lat.], svw. †Motten.

Ting, Samuel Chao Chung, * Ann Arbor 27. Jan. 1936, amerikan. Physiker chin. Herkunft. - Seit 1967 Prof. am Massachusetts Institute of Technology. Entdeckte 1974 zus. mit B. Richter ein neuartiges schweres Elementarteilchen, das von ihm als J-Teilchen bezeichnete *Psiteilchen*. Hierfür erhielten beide 1976 den Nobelpreis für Physik.

Tingidae, svw. †Gitterwanzen.

Tingis, antiker Name von †Tanger.

Tinguely, Jean [ˈtɪŋəli, frz. tɛ̃gəˈli], * Freiburg 22. Mai 1925, schweizer. kinet. Objektkünstler. - Seine motorisierten Objekte sind u. a. aus Maschinenteilen kombinierte Plastiken, deren Bewegungsabläufe meistens absolut zweckfrei sind. Ein bes. heiteres Exemplar ist der „Fasnachtsbrunnen" vor dem Baseler Stadttheater (1977). - Abb. S. 119.

Tinkal [malai.], monoklin-prismat., farbloses, graues oder gelbl. Mineral, chem. $Na_2B_4O_7 \cdot 10 H_2O$ *(Borax).* Mohshärte 2–2,5; Dichte 1,7–1,8 g/cm^3. T. scheidet sich beim Eintrocknen borhaltiger Salzseen ab; bed. Vorkommen v. a. in den USA.

Tinktur (Tinctura) [lat.], Abk. Tct., flüssiger, meist alkohol. Auszug aus Drogen.

Tinnit (Tennit, unrichtig Tanit), Hauptgöttin von Karthago und des pun. N-Afrika, wohl libyschen Ursprungs, wurde mit der griech. Artemis und der röm. Juno gleichgesetzt und erhielt im 3. Jh. n. Chr. in Rom einen Tempel.

Tino di Camaino, * Siena zw. 1280 und 1285, † Neapel 1337 (?), italien. Bildhauer und Baumeister. - Vermutl. Schüler von Giovanni Pisano; nach 1300 in Pisa tätig, u. a. Grabmal Kaiser Heinrichs VII.; Figuren z. T. erhalten) 1319/20 in Siena, 1320-23 in Florenz tätig (Grabmal des Bischofs Antonio d'Orso im Dom); 1323 nach Neapel berufen (Grabmal der Königin Maria von Ungarn, 1324-26, Santa Maria di Donnaregina).

Tinos, griech. Insel der Kykladen, 194 km^2, bis 713 m hoch, Hauptort T. (3 900 E; Wallfahrtsort) an der SO-Küste. - In der Antike **Tenos,** gehörte dem Att.-Del. bzw. dem Att. Seebund an und war ein Mittelpunkt des Nesiotenbundes; wurde 1207 venezian., 1715-1830 osmanisch.

Tin Pan Alley [engl. 'tın 'pæn 'ælı „Blechpfannenallee" (nach dem Klang der zahlr. Klaviere)], Bez. für die 28. Straße in Manhattan, New York, in der zu Anfang dieses Jh. zahlr. Verleger von Populärmusik ihren Sitz hatten; im übertragenen Sinne auch Bez. für die von diesen abhängige Musikind.

Tinrhert, Hammada von [frz. tin'rɛrt], Steinwüste in der mittleren Sahara, südl. des Großen Östl. Erg, Algerien und Libyen.

Tinten [zu mittellat. tincta (aqua) „gefärbte Flüssigkeit, Tinktur"], aus meist wäßrigen Lösungen intensiv gefärbter, lichtbeständiger Farbstoffe bestehende Schreibflüssigkeiten. Die aus Eisen(II)-sulfat und Tannin oder Gallussäure hergestellte *Eisengallus-T.* wird heute nur noch selten verwendet; gebräuchl. sind v. a. *Farbstoff-T.* mit synthet. organ. Farbstoffen (Methylviolett, Eosin). Die für die Hektographie verwendeten *Kopier-T.* enthalten

Tintenbaum

hochkonzentrierte Farbstofflösungen mit Zusatz von z. B. Dextrinen und Glycerin als klebende und hygroskopische Stoffe. *Wäsche-[zeichen]-T.* enthalten sich unter Lichteinfluß schwarz färbendes Silbernitrat oder Gemische von Anilin mit Oxidationsmitteln, die sich zu Anilinschwarz umsetzen. *Glas-* oder *Porzellan-T.* bestehen aus anorgan. oder organ. Pigmenten in Wasserglas oder Lacken. *Geheim-T. (sympathet. T.)* werden nach dem Trocknen unsichtbar und können erst nach Behandlung mit Chemikalien, Erhitzen oder UV-Bestrahlung sichtbar gemacht werden (z. B. Lösungen von Tannin, Kobaltchlorid oder opt. Aufhellern).

Geschichte: In China und Ägypten wurden schon 2600 v. Chr. Tuschen als Schreibflüssigkeit verwendet. Die Herstellung von Eisengallus-T. war bereits im 3. Jh. v. Chr. bekannt (Abkochen von Galläpfeln mit Eisensalzlösungen).

Tintenbaum (Semecarpus), Gatt. der Anakardiengewächse mit rd. 40 Arten in Indien, SO-Asien und Australien. Die bekannteste Art ist der ↑ Markfruchtbaum.

Tintenchampignon ↑ Champignon.

Tintenfische, i. w. S. svw. ↑ Kopffüßer; i. e. S. svw. ↑ Sepien (v. a. Sepia officinalis).

Tintenpilz, svw. Schopftintling (↑ Tintlinge).

Tintenstifte (Farbkopierstifte), Abart der Kopierstifte, die in der Schreibmine keinen Graphit, sondern wasserlösl. Farbstoffe enthalten.

Tintling (Coprinus), Gatt. der Tintlinge mit rd. 80 Arten (z. T. Koprophilen), die teilweise, zus. mit Alkohol genossen, eine Giftwirkung entfalten; Fruchtkörper bis 10 cm hoch, weiß, grau bis braun; Hut faltig gefurcht und wie die Lamellen im Alter manchmal zerfließend; Sporen schwarz oder schwarzbraun; bekannte Arten: **Radtintling** (Coprinus plicatilis), Hut bis 3 cm groß, grau bis blaß ockerbraun, gefaltet-gerieft; **Schopftintling** (Tintenpilz, Spargelpilz, Porzellantintling, Coprinus comatus), etwa 20 cm hoch, junger Hut weiß, walzenförmig, Lamellen weiß (dann eßbar!), später rosa und schwarz werdend.

Tintoretto, eigtl. Iacopo Robusti, *Venedig Ende Sept./Anfang Okt. 1518, †ebd. 31. Mai 1594, italien. Maler. - Außer der maler. Tradition Venedigs (das er kaum verließ), insbes. Einfluß Tizians, verarbeitete T. starke Einflüsse Michelangelos. Unermüdl., von rascher Malweise und einer großen Werkstatt gestützte Produktivität ermöglichte es ihm, zahlr. Aufträge der Republik, von Privatleuten, Kirchen und der großen Bruderschaften (56 Bilder aus A. T. und N. T. für die Scuola di San Rocco, 1564–87) zu übernehmen. Sein erster großer Erfolg, „Das Wunder des Hl. Markus" (1548, Venedig, Gallerie dell'Accademia), trägt mit starken Verkürzungen und dramat. Beleuchtung schon typ. Züge seiner Kunst. Seit den 1560er Jahren verstärkte T. die perspektiv. Illusion der oft diagonal geführten Tiefenräume und der kompliziert verschränkten Figurenbewegungen und entwikkelte eine das Kolorit zersetzende Lichtwirkung sowie einen dünnen (trockenen) Farbauftrag, der die Leinwandstruktur hervortreten läßt („Bergung des Leichnams des hl. Markus", Venedig, Gallerie dell'Accademia). Die mit diesen Stilmitteln erzielte übernatürl. ekstat.-vergeistige Wirkung seiner religiösen Kompositionen macht T. zu einem der großen

Tintoretto, Susanna im Bade (undatiert). Wien, Kunsthistorisches Museum

Vertreter des Manierismus. Er malte auch Porträts. - *Weitere Werke:* Vulkan überrascht Mars und Venus (um 1552, München, Alte Pinakothek), Tempelgang Mariä (um 1552, Venedig, Chiesa Madonna dell'Orto), Susanna im Bade (um 1560, Wien, Kunsthistor. Museum), Geschichte des Hauses Gonzaga (1579/80, München, Alte Pinakothek), Selbstbildnis (1588, Paris, Louvre), Abendmahl (1594, Venedig, San Giorgio Maggiore).
◫ *Pallucchini, R./Rossi, P.: T. Le opere sacre e profane. Venedig; Mailand 1982. 2 Bde.* - *Rossi, P.: I. T. I ritrati. Venedig 1974.*

Tiorba [italien.], svw. ↑Theorbe.

Tip [engl.], Wink, Fingerzeig, Rat; Hinweis, Information.

Tipasa, Ort an der alger. Mittelmeerküste, sw. von Algier; Fremdenverkehrszentrum mit bed. Ruinenstätte. Erst pun., dann röm. Hafenstadt; bed. sind das Amphitheater und das Theater, eines der größten Afrikas; trapezförmiger Mauerring mit zahlr. Türmen (147 n. Chr.); in christl. Zeit Bischofssitz und vielbesuchter Wallfahrtsort der hl. Salsa.

Tipi [indian.], kegelförmiges Stangenzelt der Indianer Nordamerikas, urspr. mit Rinde, Matten oder Fellen, später mit Stoff gedeckt.

Tipitaka [Pali „Dreikorb"] (Pali-Kanon), hl. Schrift des südl. oder Hinajana-Buddhismus; unterteilt in drei Sammlungen oder „Körbe" (Pitaka): Winajapitaka („Korb der Ordensdisziplin"), Suttapitaka („Korb der Lehrreden") und Abhidhamma-Pitaka („Korb der Lehrbegriffe"). Das wohl schon im 5. Jh. v. Chr. aus Konzilien der buddhist. Mönche hervorgegangene T. ist außer in Pali auch (fragmentar.) im Sanskrit und in tibet. und chin. Übersetzung erhalten.

Tipperary [engl. tɪpəˈrɛərɪ], ir. Gft. östl. des unteren Shannon, zur histor. Prov. Munster gehörend.

Tippett, Sir (seit 1966) Michael [engl. 'tɪpɪt], * London 2. Jan. 1905, engl. Komponist. - Komponierte in erweiterter, auf breite Verständlichkeit und Wirkung zielender Tonalität u. a. das Oratorium „A child of our time" (1944), die Opern („The midsummer marriage", 1955; „King Priam", 1962; „Knot garden", 1970; „The ice break", 1977), 4 Sinfonien (1945, 1957, 1972, 1977), Konzerte, Kammermusik und Lieder. Chorwerke.

Tipulidae [lat.] ↑Schnaken.

T. I. R. [frz. tei'ɛ:r], Abk. für frz.: Transport International de Marchandises par la Route („Internationaler Warentransport auf der Straße"), auf Grund des zw. mehreren europ. Staaten am 5. Jan. 1969 abgeschlossenen Übereinkommens über erleichterte Zollabfertigung beim Transport über Staatsgrenzen hinweg an Transportfahrzeugen, die diesem vereinfachten Verfahren unterliegende [unverzollte] Waren transportieren, anzubringendes Kennzeichen, das von den Zollbehörden vergeben wird.

Tirade [frz., zu tirer „ziehen"], im Theaterjargon des 17. Jh. abschätzige Bez. für eine längere, effektvolle, atemtechn. schwierige Redepartie im Drama; heute umgangssprachl. für „Wortschwall", „Worterguß".
◆ (Tirata) eine Verzierung, bei der zwei Melodietöne (meist im Oktavabstand) durch einen diaton. Lauf auf- oder abwärts miteinander verbunden werden; bes. verwendet in der frz. Ouvertüre.

Tiran, größte und westlichste Insel einer Gruppe von Inseln und Korallenriffen am Eingang in den Golf von Akaba, 16 km lang, 8 km breit, zu Saudi-Arabien.

Tirana (Tiranë), Hauptstadt Albaniens, in einem Becken am Rand des inneralban. Berglandes, 206 100 E. Verwaltungssitz des Verw.-Geb. T.; Univ. (gegr. 1957), landw. Hochschule, Forschungsinst. u. a. für Kernphysik, Tierzucht; Kunstakad., Fachschulen; Museen für Archäologie, Geschichte, Volks- und Naturkunde; Nationalbibliothek, Theater, Oper, Filmstudio. Zementfabrik, Maschinenbau, Glas- und Porzellan-, Schuh-, Papier-, Textil- und Nahrungsmittelind.; internat. ✈. - Im 15. Jh. erstmals gen., ab 1614 zur Stadt ausgebaut, 1920 Erhebung zur Hauptstadt des unabhängigen Albanien. - Oriental. geprägte Altstadt mit zahlr. Moscheen, modernes Reg.-viertel (20. Jh.).

tirando [italien.] (tirato; frz. tiré), Hinweis für den ↑Abstrich des Bogens bei Streichinstrumenten.

Tirata ↑Tirade.

Tiree [engl. taɪˈriː], Insel der Inneren ↑Hebriden, 76 km².

Tiresias ↑Teiresias.

Tîrgovişte [rumän. tɨrˈɡoviʃte], rumän. Stadt in der Walachei, 82 000 E. Verwaltungssitz des Verw.-Geb. Dîmboviţa; archäolog., histor.-volkskundl. Museum, Gemäldegalerie; Walzwerk, Herstellung von Erdölfeldausrüstungen, chem. u. a. Industrie. - 1394 erstmals urkundl. erwähnt; wurde bald darauf Residenz, blieb bis 1660 Hauptstadt der Walachei. - Ruinen des Fürstenhofes (15.-17. Jh.); mehrere Kirchen des 15.-17. Jh., Chindiaturm (15. Jh.).

Tîrgu Jiu [rumän. 'tɨrɡu 'ʒiu], rumän. Stadt in der Walachei, 81 500 E. Verwaltungssitz des Verw.-Geb. Gorj; Museum, Theater. Zentrum eines Kohlenbergbau- und Erdölfördergeb. - Liegt im Gebiet zahlr. Fundstellen aus dak.-röm. Zeit; im 13. Jh. Mittelpunkt einer Woiwodschaft, 1406 erstmals als *Jiu* urkundl. erwähnt, 1597 Stadt genannt. - Orth. Kathedrale (1748-64) mit Außenwandmalereien (18. Jh.); mehrere Werke des Bildhauers C. Brancusi.

Tîrgu Mureş [rumän. 'tɨrɡu 'mureʃ] (dt. Neumarkt), rumän. Stadt im östl. Siebenbürgen, 154 500 E. Verwaltungssitz des Verw.-Geb. Mureş; Zentrum des Szeklerlandes; PH, medizin.-pharmazeut., Kunst- und Theaterhochschule; histor., volkskundl. und Kunstmuseum; rumän. und ungar. Theater, Marionettentheater, Zoo; Metall-, elektrotechn., chem., Leder-, Textil-, Holz- und Nahrungsmittelindustrie. - U. a. neolith., skythenzeitl., dak.-röm. Funde; urkundl. erstmals 1332 als Sitz eines Stuhles der Szekler erwähnt; im 15. Jh. befestigt; gehörte Anfang des 16. Jh. zu den Wirtschaftszentren Siebenbürgens; 1616 in den Rang eines Munizipiums erhoben. - Innerhalb der Mauern der Stadtburg (15.–17. Jh.) steht die got. ref. Kirche (15. Jh.); barocke röm.kath. Kirche (1728–50); Kulturpalast (1911–13) mit großer Orgel.

Tirich Mir [ˈtıərıtʃ ˈmıə], mit 7 708 m höchster Berg des Hindukusch (Pakistan).

Tirol, östr. Bundesland, setzt sich aus den räuml. getrennten Teilen Nordtirol sowie Osttirol zus.; 12 647 km², 601 600 E (1985), Hauptstadt Innsbruck.

Landesnatur: Beide Landesteile sind ausgesprochene Hochgebirgsräume, die Anteil an den Nördl. Kalkalpen und den Zentralalpen haben. Nord-T. liegt im Einzugsbereich von Inn und Lech, Ost-T. in dem der Drau. T. besitzt ein kühles Gebirgsklima; lediql. die Talgebiete sind wärmer.

Bevölkerung: Die Hauptwohngebiete sind die Talräume von Inn, Lech, Isel und Drau sowie deren Nebentäler. Das restl. T. ist mit Ausnahme der Alm- und Fremdenverkehrsregionen siedlungsleer. Etwa 85 % der Einwohner leben zw. 400 und 800 m ü. d. M., nur 14 % in Höhen über 1 000 m ü. d. M.

Wirtschaft: Im unteren Inntal bestehen gemischtwirtsch. Betriebe mit höherem Akkeranteil, in allen anderen Landesteilen überwiegt die Grünlandwirtschaft. Die Viehzucht ist sowohl auf Fleisch- als auch auf Milchwirtschaft ausgerichtet. Bed. NE-Metallind., gefolgt von Bekleidungs-, Stein-, chem. sowie Nahrungs- und Genußmittelindustrie. An Bodenschätzen kommen Magnesit, Wolfram- und Uranerz, Schwerspat, Gips und Salz vor. Die in Wasserkraftwerken gewonnene Energie wird z. T. exportiert. Schwerpunkte des Fremdenverkehrs sind der Raum Kitzbühel, das Zillertal, Innsbruck und das Stubaital, Seefeld, das Gebiet um den Arlberg sowie das Ötztal. Die allseitig von der BR Deutschland umgebene Gem. Jungholz ist dt. Zollanschlußgebiet.

Verkehr: Das Rückgrat des Verkehrs sind die Autobahn u. Eisenbahnstrecke Kufstein–Innsbruck–Brenner–Italien, sowie für die Bahnstrecke Salzburg–Bregenz, die T. am S-Rand der Nördl. Kalkalpen quert. Für Ost-T. ist die Felber-Tauern-Straße von entscheidender Bedeutung.

Geschichte: Das Gebiet, u. a. von Illyrern bewohnt, wurde seit Ende des 15. Jh. v. Chr. von der Keltenwanderung überflutet, seit 16/15 v. Chr. romanisiert; die Römer schlugen es zu den Prov. Rätien und Noricum, einen Teil zur Region Venetia et Histria. Die seit dem Ende des 6. Jh. vordringenden Bayern verdrängten zunächst Slawen und Alemannen und im 8. Jh. die Langobarden, die seit Beginn des 7. Jh. die Gegend von Meran und Klausen erreicht hatten; ihre Herrschaft reichte im S bis Bozen und bis ins Pustertal, als das Gebiet 788 dem Fränk. Reich einverleibt wurde. 952 wurde die Mark Verona geschaffen und dem Hzgt. Bayern unterstellt, das sie jedoch bereits 976 wieder an das neugegr. Hzgt. Kärnten verlor. 1004/27/94 kamen die Gft. nördl. und südl. des Brenners an die Bischöfe von Brixen und Trient. Seit dem 11. Jh. strebten die Grafen von Eppan, die Grafen von Andechs (seit 1180 Herzöge von Meranien) und die Grafen von T., nach deren Stammsitz bei Meran das Gebiet seinen heutigen Namen trägt, nach der Herrschaft, bis die Grafen von T. die Vogtei über die Bistümer Trient (Mitte des 12. Jh.) und Brixen (1210) sowie 1248 nach dem Aussterben der Andechs-Meranier die Grafenrechte gewannen. 1253, nach dem Aussterben der Grafen von T., fiel das Land an die Grafen von Görz; 1363 gab Margarete Maultasch T. an ihren Vetter Herzog Rudolf IV. von Österreich. 1420 verlegte Herzog Friedrich IV. (seit 1406 Graf von T.) seine Residenz von Meran nach Innsbruck. Nachdem der spätere Kaiser Maximilian I. 1490 T. erworben hatte, wurden S- und NO-Grenze festgelegt. 1505 gewann er von Bayern die Landgerichte Kitzbühel, Kufstein und Rattenberg; bereits 1500 war er in den Besitz der Gft. Görz gelangt. 1564 kam es zur Bildung einer tirol. Linie des Hauses Österreich, die bis zu ihrem Aussterben 1665 in Innsbruck residierte. Danach vereinigte Kaiser Leopold I. alle habsburg. Länder in seiner Hand. 1803 wurden die beiden Hochstifte Brixen und Trient säkularisiert und mit T. vereinigt; 1805 fiel T. an Bayern. Daraufhin kam es unter A. Hofer im April 1809 in Absprache mit Österreich als nat. Reaktion auf die Napoleon. Kriege zu einem Aufstand, der jedoch nach anfängl. Erfolgen von bayr., frz. und italien. Truppen am 1. Nov. 1809 niedergeschlagen wurde **(Tiroler Freiheitskampf)**; T. wurde geteilt. In N kam an Bayern, der S an das Kgr. Italien, der O zu den Illyr. Prov., jedoch fiel 1814 das gesamte Land erneut an Österreich. Im Frieden von Saint-Germain-en Laye (1919) wurde T. wieder geteilt. Aus Nord- und Ost-T. wurde das östr. Bundesland T., Süd-T. bis zum Brenner wurde italien. (heute Region Trentino-Südtirol).

📖 *Riedmann, J.: Gesch. T. Mchn. 1983. - Fischer, Bernd: T. Nordtirol u. Osttirol. Köln 1981. - Studien zur Landeskunde T. u. angrenzender Gebiete. Hg. v. W. Keller. Innsb. 1979. - T. Ein geograph. Exkursionsführer. Innsb. 1975.*

Tiroler Etschland, 1948–72 amtl.

deutschsprachige Bez. für Südtirol, ↑Trentino-Südtirol.
Tiroler Freiheitskampf ↑Tirol (Geschichte).
Tirolisch-Bayerische Kalkalpen (Nordtiroler Kalkalpen), westl. Teil der nördl. Kalkalpen zw. dem Fernpaß im W und der Tiroler Ache im O, BR Deutschland und Österreich.
Tironische Noten, ältestes aller Stenographiesysteme, erfunden von Marcus Tullius Tiro, einem Freigelassenen (ab 53 v. Chr.) Ciceros. Die T. N. sind eine Wortschrift, jede „Note" gibt gewöhnl. ein Wort wieder. Sie dienten der griech. ↑Tachygraphie als Vorbild. Das System wurde oft ergänzt, bis es schließl. etwa 13 000 Noten umfaßte.
Tiros, Abk. für engl.: television and infrared observation satellite („Fernseh- und Infrarotbeobachtungssatellit"), Name der ersten von den USA (von 1960–65) eingesetzten Wettersatelliten.
Tirpitz, Alfred von (seit 1900), * Küstrin 19. März 1849, † Ebenhausen (= Schäftlarn) 6. März 1930, dt. Großadmiral (seit 1911) und Politiker. - Marineoffizier; ab 1877 mit der Entwicklung der Torpedowaffe betraut; ab 1892 Stabschef der Marine; 1897–1916 Staatssekretär im Reichsmarineamt (ab 1898 preuß. Marineminister). In dieser einflußreichen Stellung verursachte T. die dt.-brit. Flottenrivalität mit und forcierte, geschickt in der Umgehung des Parlaments und in der Ausnutzung der öffentl. Meinung (1898 Mitbegründer des Dt. Flottenvereins), mit Unterstützung des Kaisers und der Großind. den Aufbau der dt. Schlachtflotte, die Großbrit. vom Risiko einer militär. Intervention abhalten sollte („Risikogedanke"). Im 1. Weltkrieg scheiterte T. mit seiner Konzeption und trat 1916 aus Protest gegen eine Einschränkung des U-Boot-Krieges zurück. 1908–18 Mgl. des preuß. Herrenhauses; 1917 Mitbegründer der Dt. Vaterlandspartei, 1924–28 MdR (DNVP).
Tirpitz, dt. Schlachtschiff, Stapellauf 1939, 42 900 t Standardwasserverdrängung; Hauptbewaffnung 8 Geschütze vom Kaliber 38 cm in Doppeltürmen; 2 500 Mann Besatzung. Ab März 1942 v. a. zur Bekämpfung der brit. Geleitzüge in arkt. Gewässern eingesetzt, wurde die T. am 22. Sept. 1943 im Altafjord, Norwegen, durch Minen schwer beschädigt; am 12. Nov. 1944 wurde sie bei Tromsø durch Fliegerbomben zum Kentern gebracht und versenkt.
Tirschenreuth, Krst. am S-Rand des Fichtelgebirges, Bay., 503 m ü. d. M., 9 500 E. Porzellanind., Herstellung von Straßenbaumaschinen u. a. - 1364 Stadtrecht. - Renaissancerathaus (1582/83); barocke Pfarrkirche (17. Jh.) mit spätgot. Chor (1475), Wallfahrtskapelle (1722/23).
T., Landkr. in Bayern.

Tirso, größter Fluß auf Sardinien, entspringt auf der Hochfläche von Budduso, mündet in den Golf von Oristano, 150 km lang, mehrfach gestaut.
Tirso de Molina, eigtl. Gabriel Téllez, * Madrid vielleicht 9. März 1584 (1571?), † Soria 12. März 1648, span. Dichter. - Ab 1601 Mgl. des Mercedarierordens; Erzähler und Dramatiker in der Nachfolge von Lope de Vega Carpio (von etwa 400 Stücken sind rd. 90 erhalten). Witzige Dialogführung und psycholog.-subtile Charakterisierung der Gestalten, v. a. der Frauen, kennzeichnet v. a. die Intrigenkomödien, z. B. „Don Gil von den grünen Hosen" (1635). - Nach ihm benannt das Tourneetheater „Compañía T. d. M." (gegr. 1967).
Tirthankaras ↑Dschainismus.
Tiruchirapalli [tɪrotʃɪˈrɑːpəlɪ], Stadt im südind. Bundesstaat Tamil Nadu, an der Cauvery, 70 m ü. d. M., 361 000 E. Sitz eines kath. und anglikan. Bischofs; Colleges; Lokomotiven- und Waggonbau, Nahrungsmittel-, Leder-, Textil-, Tabak- und Zementindustrie. - Der heutige Vorort **Uraiyur** war die urspr. Hauptstadt des Tscholareiches; der größte Teil von T. wurde im 16. Jh. erbaut; wurde 1801 britisch.
Tiryns (neugriech. Tirins), antike Ruinenstätte nahe dem Argol. Golf, Zentrum der ↑mykenischen Kultur; die Burg wurde um 1200 zerstört; auch weiterhin besiedelt. Nach Teilnahme an den Perserkriegen 468 v. Chr.

Tiryns. „Kasematten"

Tisch

Argos eingegliedert. - Dt. Ausgrabungen 1884-1929 (H. Schliemann, W. Dörpfeld u. a.) und erneut seit 1965 ergaben eine Besiedlung seit dem späten Neolithikum; erste Blüte schon vor 2000 v. Chr., seit 1450 folgten einander 3 myken. Burgen, die jüngste Burg (ab 1300) mit gewaltigen kyklop. Mauern, die Ober-, Mittel- und Unterburg umschlossen, der Palast mit mehreren Höfen und Megaronbauten (berühmt die „Kasematten" mit Kraggewölben). Die große myken. Stadt lag um den Burgberg.

Tisch, Harry, * Heinrichswalde bei Torgelow 28. März 1927, dt. Gewerkschafter und Politiker. - Seit 1945 Mgl. der KPD, dann der SED; seit 1963 Mgl. der Volkskammer sowie des ZK der SED; seit 1971 Kandidat, 1975-89 Mgl. des Politbüros, 1975-89 Vors. des FDGB; 1990 vorübergehend inhaftiert.

Tisch, Tafelmöbel, bestehend aus Stützen und einer auf diesen ruhenden Platte, entwikkelt urspr. als Altarform, dann auch - mit Bänken und Schemeln - als Eßtisch. In der Antike setzte man jedem Teilnehmer eines Gastmahls einen eigenen dreibeinigen T. vor, der nach dem Mahl weggeräumt wurde; im MA legte man im Bedarfsfall eine große Platte auf Böcke. Im Spät-MA waren bei kleineren T. die Platte fest mit den Stützen verbunden, achteckige mit einer Mittelstütze und rechteckige auf gekreuzten Beinen mit durchlaufendem Steg (Schragen-T.). Barock und Rokoko, in denen die gedrechselten Beine der Renaissance durch figürl. und später geschweifte abgelöst wurden, schufen den großen Eßtisch mit fester Platte und eine Reihe von Spezial-T.: der als Ablage dienende Konsol-T., der niedere Spiel-T., der Klapp-T., der ↑Schreibtisch. Das Biedermeier bevorzugte ovale Tische. Die frz. Tricoteuse des 18. Jh. wurde im 19. Jh. auch in Deutschland allg. als Nähtischchen verwendet.

Tischa Be-Aw [hebr. „der neunte Tag im Monat Aw"], jüd. Trauer- und Festtag zum Gedenken an die zweimalige Zerstörung des Tempels in Jerusalem sowie die Vertreibung der Juden aus Spanien (1492). Der T. Be-Aw beschließt die am Schiwa-assar Be-Tammus beginnende dreiwöchige Trauerzeit.

Tischbein, Friedrich August, gen. Leipziger T., * Maastricht 9. März 1750, † Heidelberg 21. Juni 1812, dt. Maler. - Schüler seines Onkels Johann Heinrich T. d. Ä.; Reisen nach Paris, Rom, Neapel und in die Niederlande; ab 1800 Akademiedirektor in Leipzig.

T., Johann Heinrich, d. Ä., der sog. Kasseler T., * Haina (Kloster) 14. Okt. 1722, † Kassel 22. Aug. 1789, dt. Maler. - 1752 von Landgraf Wilhelm VIII. von Hessen zum Hofmaler in Kassel ernannt; 1776 Direktor der Kasseler Akad.; malte Rokokobildnisse.

T., Johann Heinrich Wilhelm, gen. der Goethe-T., * Haina (Kloster) 15. Febr. 1751, † Eutin 26. Juni 1829, dt. Maler. - Studierte bei seinem Onkel Johann Heinrich T. d. Ä.; 1779-81 und 1783 ff. in Rom; reiste 1787 mit Goethe nach Neapel, wo er 1789-98 Akademiedirektor war. Malte klassizist. Porträts (bekannt v. a. „Goethe in der Campagna", 1787; Frankfurt am Main, Städel) und Historienbilder. Publizierte 1791-95 ein bed. Sammelwerk über griech. Vasen. - Abb. Bd. 8, S. 278.

Tischendorf, Konstantin von (seit 1869), * Lengenfeld 18. Jan. 1815, † Leipzig 7. Dez. 1874, dt. ev. Theologe. - Ab 1845 Prof. in Leipzig; leistete bed. Beiträge zur Erarbeitung eines wiss. abgesicherten Bibeltextes durch zahlr. Entdeckungen und Editionen bibl. Handschriften, deren wichtigste, der „Codex Sinaiticus", ihn zur Neuformulierung textkrit. Grundsätze veranlaßte; diese wandte er in der für die Textkritik richtungweisenden Ausgabe des N. T., der „Editio octava critica maior" (2 Bde., 1869-72), an.

Tischlerplatte, Sperrholzplatte, die aus einer Mittellage (Blindholz; aus aneinander geleimten Holzleisten) und mindestens je einer Furnierlage auf jeder Seite besteht.

Tischrechner, mit höheren Programmiersprachen programmierbare kleine elektron. Datenverarbeitungsanlage mit Tastatur, Mikroprozessor-Zentraleinheit und Speicher. Die meisten T. sind mit einem HF-Modulator ausgerüstet, der die Darstellung von Zeichenreihen und Graphiken mit Hilfe eines Fernsehgeräts ermöglicht.

Tischri [hebr.], der erste Monat (Sept./ Okt.) des jüd. Jahres.

Tischrücken, Phänomen des Okkultismus in spiritist. Sitzungen: Die Teilnehmer legen die Hände auf den Tisch, an dem Bewegungen (↑Levitation) und Klopfzeichen (Tischklopfen) auftreten, die vom Leiter oder Medium als Verständigung mit Geistern gedeutet werden.

Tischtennis, Rückschlagspiel, bei dem 2 Spieler oder 2 Paare versuchen, an einer durch ein Netz (15,25 cm hoch; 15,25 cm über beide Plattenseiten hinausreichend) in 2 Hälften getrennten waagerechten Platte (274 × 152,5 cm), einen Zelluloidball (Ø 37,2-38,2 mm; 2,4-2,53 g schwer) mit einem Schläger so auf die gegner. Plattenhälfte zu schlagen, daß er nicht mehr regelgerecht zurückgespielt werden kann. Der Schläger besteht aus einem gleichmäßig starken Holzbrett, das meist mit einer Noppen- oder Schaumgummischicht belegt ist und einen geraden Griff, der entweder zw. dem Daumen und den übrigen Fingern oder zw. Daumen und Zeigefinger (Federhaltergriff, Penholdergriff) gehalten wird. Fehler (Ausball, Körperberührung des Balles, Annehmen eines Flugballes, fehlerhafter Auf- oder Rückschlag) werden als Punktgewinn für den Gegner gewertet. Wer bei einem Vorsprung von mindestens 2 Punkten zuerst 21 Punkte erreicht, gewinnt den Satz.

Tischzuchten, spezif. Gatt. der mit dichter. Mitteln geformten Anstandsliteratur († Anstand) und Lehrliteratur des hohen und späten MA, in der Regeln für das den höf. und bürgerl. Zivilisationsnormen entsprechende Verhalten bei den Mahlzeiten gegeben wurden.

Tise, Eduards [lett. 'tɪse:] (russ. Tisse, Eduard Kasimirowitsch [russ. ti'sɛ]), * Libau 13. April 1897, † Moskau 18. Nov. 1961, lett.-sowjet. Kameramann. - Ab 1914 beim Film; führte die Kamera insbes. in Filmen von S. Eisenstein (u. a. „Panzerkreuzer Potemkin", 1925; „Alexander Newski", 1938); meisterhafte Aufnahmen von Massenszenen.

Tiselius, Arne, * Stockholm 10. Aug. 1902, † Uppsala 29. Okt. 1971, schwed. Biochemiker. - Prof. in Uppsala; 1960–64 Präs. der Nobelstiftung; entwickelte Methoden zur Analyse und Trennung biochem. Substanzen durch Elektrophorese und Adsorptionschromatographie; 1948 Nobelpreis für Chemie.

Tiso, Jozef [slowak. 'tjiso], * Veľká Bytča (= Bytča [bei Žilina]) 13. Okt. 1887, † Preßburg 18. April 1947 (hingerichtet), slowak. Politiker. - Kath. Theologe; Mitbegr. und nach dem Tode A. Hlinkas Vors. der Slowak. Volkspartei; am 6. Okt. 1938 zum Min.präs. der autonomen Slowakei ernannt, proklamierte am 14. März 1939 unter dt. Druck die Unabhängigkeit; 1939–45 Staatspräs. der Slowakei; wegen Hochverrats zum Tode verurteilt.

Tissandier, Gaston [frz. tisã'dje], * Paris 21. Nov. 1843, † Jurançon (Pyrénées-Atlantiques) 30. Aug. 1899, frz. Luftfahrtpionier. - T. unternahm zahlr. Ballonfahrten, u. a. verließ er 1870 im Ballon das von preuß. Truppen belagerte Paris; erreichte 1875 eine Höhe von 8 600 m.

Tisse, Eduard Kasimirowitsch ↑ Tise, Eduards.

Tissue-Papier [engl. 'tɪʃu:; zu lat. texere „weben"], aus dem Engl. übernommene Bez. für weiches, mehrlagiges Seidenpapier mit „gewebeartigem" Griff; v. a. für Servietten, Hygienepapiere u. ä. verwendet.

Tisza [ungar. 'tisɔ], István (Stephan) Graf (seit 1897), * Pest (= Budapest) 22. April 1861, † Budapest 31. Okt. 1918 (ermordet), ungar. Politiker. - Sohn von Kálmán T.; Jurist; 1903–05 und 1913–17 Min.präs.; gründete im Febr. 1910 die liberale Nat. Arbeitspartei. T. versuchte den Krieg zu verhindern, stimmte aber dem Kriegseintritt nach dem entscheidenden Ultimatum des Wiener Hofes an Serbien zu.

T., Kálmán (Koloman), * Geszt (Bez. Békés) 10. Dez. 1830, † Budapest 23. März 1902, ungar. Politiker. - 1865–75 Parteiführer der Linken Zentrums, das er mit der regierenden Partei F. Déaks zur Liberalen Partei zusammenschloß. 1875–87 Innenmin., 1875–90 Min.präs.; konsolidierte den östr.-ungar. Dualismus.

Titan [nach den Titanen], der hellste und größte der Saturnmonde; mittlere Entfernung vom Saturn 1 220 000 km; Umlaufszeit 15,945 Tage; Durchmesser 5 150 km. - 1655 von C. Huygens entdeckt.

Titan [nach den Titanen], Name einer Serie von Mehrstufenraketen († Raketen), die in den USA für unterschiedl. Zwecke entwickelt wurden.

Titan [nach den Titanen], chem. Symbol Ti; metall. Element aus der IV. Nebengruppe des Periodensystems der chem. Elemente, Ordnungszahl 22, mittlere Atommasse 47,90, Dichte 4,5 g/cm³, Schmelzpunkt 1 660 °C, Siedepunkt 3 287 °C. Das in reinem Zustand silberweiße Leichtmetall ist auf Grund der sich an der Luft bildenden Oxidschicht gegen Säuren und Alkalien beständig. Bei Rotglut verbrennt T. zu T.*dioxid* (Titan(IV)-oxid), TiO_2, einem weißen, in der Natur in Form der Minerale Rutil, Anatas und Brookit vorkommenden Pulver, das als Weißpigment für Anstrichfarben, als Pigment und Füllstoff für Kunststoffe und Kautschuk sowie als Mattierungsmittel für Chemiefasern dient. Feinverteiltes T. *(T.schwamm)* reagiert mit Sauerstoff u. a. Gasen schon bei niederen Temperaturen sehr heftig. Mit 0,41 Gew.-% Anteil an der Erdkruste steht T. in der Häufigkeit der chem. Elemente an 10. Stelle. T. wird aus den Mineralen Rutil und Ilmenit, $FeTiO_3$, das in T.dioxid überführt wird, gewonnen; das T.dioxid wird zu flüssigem T.tetrachlorid, $TiCl_4$, chloriert und reagiert mit Magnesium oder Natrium zu feinverteiltem T., das unter Schutzgas zu kompaktem Metall zusammengeschmolzen wird. Ein weiteres Verfahren zur Gewinnung von T. ist das Überführen von T.dioxid in T.halogenide, die therm. zersetzt werden. T. wird v. a. als Legierungsbestandteil für Stähle und als leichter, hochwarmfester Werkstoff in der Flugzeug- und Raketentechnik verwendet; wegen seiner Korrosionsbeständigkeit dient T. auch zur Herstellung chem. Geräte und dem Seewasser ausgesetzter Gegenstände (z. B. Schiffsschrauben). Zahlr. T.verbindungen haben Bed. als Katalysatoren. - T. wurde 1791 von dem brit. Geistlichen und Naturforscher W. Gregor und unabhängig davon 1795 von M. H. Klaproth entdeckt.

Titaneisen (Titaneisenerz), svw. ↑ Ilmenit.

Titanen, in der griech. Mythologie die sechs Söhne und sechs Töchter aus der Verbindung der göttl. Erstahnen Uranos („Himmel") und Gäa („Erde"): Okeanos, Koios, Krios, Hyperion, Iapetos, Kronos und deren Schwestern bzw. Gemahlinnen Tethys, Phoibe, Eurybie, Theia, Klymene und Rheia. Im „Kampf der Titanen" (**Titanomachie**) unterliegen diese gegen die „Kroniden" (Kronossöhne) unter ↑ Zeus.

Titanenwurz (Amorphophallus titanum), auf Sumatra heim. Art der Gatt. ↑ Amorphophallus mit 2–5 m hohem Blattstiel

Titania

und bis 3 m im Durchmesser erreichender, dreiteiliger Blattspreite; Blütenkolben bis 1,5 m hoch, mit außen grünlicher, innen bräunlich purpurfarbener Spatha.

Titania, Feenkönigin; Gemahlin Oberons.

Titania [griech.], einer der 5 Monde des Planeten Uranus, 1787 von W. Herschel entdeckt; mittlere Entfernung vom Planeten 17,6 Uranusradien = 438 700 km, Umlaufszeit 8,706 Tage, Durchmesser etwa 1 000 km.

Titanic [engl. taɪˈtænɪk], brit. 4-Schornstein-Passagierschiff der White-Star-Line, Stapellauf am 31. Mai 1911 als zweites von drei Schwesterschiffen. Mit 46 329 BRT und 269 × 28 m war sie das größte Schiff ihrer Zeit. Bei einem Zusammenstoß mit einem Eisberg auf ihrer Jungfernreise am 14. April 1912 in der Nähe Neufundlands wurde ihre Bordwand auf fast 90 m aufgerissen, wodurch fünf Abteilungen voll Wasser liefen und die T. innerhalb von knapp 3 Stunden unter Verlust von 1 503 Menschenleben sank. Diese Katastrophe war u. a. Anlaß für die Internat. Konvention zum Schutz menschl. Lebens auf See von 1914 und die Einführung des Eiswarndienstes.

Titanit [griech.] (Sphen), grünlichgelbes oder braunschwarzes Mineral, chem. Zusammensetzung $CaTi[O|SiO_4]$; wichtiges Titanerz, Mohshärte 5–6, Dichte 3,29–3,56 g/cm^3.

♦ ⓦ Handelsbez. für eine Gruppe von Sinterhartmetallen aus Titan-, Molybdän- und Wolframcarbiden.

Titanomachie [griech.] ↑ Titanen.

Titchener, Edward Bradford [engl. ˈtɪtʃnə], * Chichester 11. Jan. 1876, † Ithaca (N. Y.) 3. Aug. 1927, amerikan. Psychologe brit. Herkunft. – Schüler W. Wundts; ab 1910 Prof. an der Cornell University; bedeutendster amerikan. Vertreter der experimentellen Psychologie.

Titel [zu lat. titulus mit gleicher Bed.], Überschrift, Aufschrift; Name eines Werkes der Literatur im weitesten Sinne, der Kunst, Musik, bei Film und Fernsehen. – ↑ auch Titelschutz, ↑ Titelei.

♦ dem Namen vorangestellter, Rang, Stand oder Würde seines Trägers kennzeichnender Zusatz. – ↑ auch Titulatur.

♦ Abschnitt eines Gesetzes- oder Vertragswerkes.

♦ im *dt.* und *schweizer. Recht* [Kurz]bez. für Vollstreckungstitel, im *östr. Recht* für Exekutionstitel.

♦ im Haushalt Bez. des Verwendungszwecks von zu einer Gruppe zusammengefaßten Ausgaben.

Titelblatt (Titel) ↑ Titelei.

Titelei [lat.], Gesamtheit der dem Textbeginn eines Druckwerks vorangehenden Seiten mit Schmutztitel, *Titelblatt* (seit dem 16. Jh. übl.), Vor- und Geleitwort, ggf. Inhalts- und Abbildungsverzeichnis und Widmungsblatt. – ↑ auch Titel, ↑ Titelschutz.

Titelkirchen, Kirchen der Stadt Rom, die den Kardinälen zugewiesen werden; dadurch wird die Fiktion aufrechterhalten, daß die Kardinäle Kleriker der Ortskirche von Rom seien.

Titelschutz, Schutz der Titel von Werken der Literatur, Wiss. und Kunst. Der T. beruht auf § 16 des Gesetzes gegen unlauteren Wettbewerb, der bestimmt, daß derjenige, der einen Namen u. ä. mißbräuchlich benutzt, zur Unterlassung in Anspruch genommen werden kann sowie dem Verletzten zum Schadenersatz verpflichtet ist.

Titer [lat.-frz. „Titel, Bezeichnung, Feingehalt des Goldes usw. in Münzen"], in der *Maßanalyse* der Gehalt an wirksamem Reagenz in einer zur Titration verwendeten Lösung (ausgedrückt in Grammäquivalent je Liter).

Titicacasee, größter See Südamerikas, im Altiplano, Peru und Bolivien, 8 100 km^2, 3 810 m ü. d. M., bis 281 m tief; mehrere Inseln (auf der Isla del Sol Heiligtum der Aymará, im 15. Jh. von den Inka überbaut).

Titisee, See im südl. Schwarzwald, am Osthang des Feldbergs, 848 m hoch, 1,3 km^2, bis 40 m tief.

Titisee-Neustadt, Stadt im südl. Schwarzwald, an Gutach und Titisee, Bad.-Württ., 800–1 200 m ü. d. M., 11 000 E. Kneippkurort und Wintersportzentrum; Papier- und Schraubenfabrik, Fertighausbau. – Entstand 1971–74 durch die Vereinigung der Stadt **Neustadt im Schwarzwald** mit **Titisee** und 4 weiteren Gemeinden.

Tito, Josip [ˈtiːto, serbokroat. ˈtito], eigtl. J. Broz, * Kumrovec (Kroatien) 25. Mai 1892, † Ljubljana 4. Mai 1980, jugoslaw. Marschall (seit 1943) und Politiker. – Sohn eines Kleinbauern; Mechaniker, wurde 1910 Sozialdemokrat. Als Soldat der östr.-ungar. Armee (ab 1913) geriet er 1915 in russ. Kriegsgefangenschaft und diente nach 1917 in der Roten Armee. Wurde nach der Rückkehr nach Jugoslawien (1920) Mgl. der Kommunist. Partei Jugoslawiens (KPJ); ab 1927 Sekretär der Metallarbeitergewerkschaft; mehrfach in Haft (zuletzt 1928–34), emigrierte 1934; seit 1934 Mgl. des ZK und des Politbüros der KPJ; 1936–38 im Span. Bürgerkrieg für die Republik aktiv; ab 1937 (von der Komintern eingesetzter) Generalsekretär der KPJ (von deren Nationalkonferenz 1940 offiziell bestätigt). Ab 1941 organisierte T. in Jugoslawien den Partisanenkampf gegen die dt. und italien. Besatzung; wurde 1943 Präs. des „Antifaschist. Rates der Nat. Befreiung", der seit Ende 1944 unter kommunist. Führung die Macht in Jugoslawien ausübte. Ab 1945 Min.präs. und Verteidigungsmin., ab 1953 Staatspräs. (seit 1963 auf Lebenszeit). Nach Auseinandersetzungen mit Stalin und Abkehr vom Stalinismus 1948 verfolgte T. einen eigenen Weg zum Sozialismus († Titoismus). In der internat. Politik wurde er einer der Wortführer der „Blockfreien" und vermochte als weithin anerkannte Integrationsfigur die Einheit und Unabhängigkeit des Vielvölkerstaates Jugoslawien zu erhalten.

Josip Tito

Titograd, Hauptstadt der jugoslaw. Republik Montenegro, an der Morača, 56 m ü. d. M., 95 800 E. Verwaltungs- und Wirtschaftszentrum Montenegros; Univ. (gegr. 1974), Theater. U. a. Aluminiumkombinat, Landmaschinenbau, chem. Werke; ⚓. - 1326 als **Podgorica** erstmals erwähnt; seit der 2. Hälfte des 15. Jh. unter osman. Herrschaft (bis 1878); wurde 1946 Hauptstadt Montenegros. - Georgskirche (10. Jh.; umgebaut); Uhrturm, alte Brücke, 2 Moscheen und die alte Zitadelle stammen aus der osman. Zeit.

Titoismus, nach J. Tito ben., in Jugoslawien ausgeprägte nationalkommunist. Variante des Kommunismus. - Der Bruch Titos mit Stalin 1948 hatte histor. Bed., da erstmals im Weltkommunismus eine KP - die auch die Macht im Lande hatte - geschlossen einen eigenen Weg ging. Wichtigste Besonderheiten des T.: Aufgabe des Zentralismus, Einführung der Arbeiterselbstverwaltung, Durchsetzung marktwirtsch. Tendenzen bei weiterbestehender Vormachtstellung der Partei, offenere Kulturpolitik, außenpolit. Übergang zur „Blockfreiheit". Der T., der mit seinen Ansätzen eines demokrat. Kommunismus Vorbildcharakter für spätere kommunist. Sonderentwicklungen gewann, gilt im Sprachgebrauch des orthodoxen Kommunismus als „rechte Abweichung" und „Revisionismus".

Titova Mitrovica [serbokroat. 'ti:tɔva 'mitrɔvitsa] (bis 1981 Kosovska Mitrovica), jugoslaw. Stadt am N-Rand des Amselfeldes, 516 m ü. d. M., 42 000 E. Bergbauzentrum mit Hüttenwerk.

Titov Veles [makedon. 'titɔf 'vɛlɛs], jugoslaw. Stadt am Vardar, 174 m ü. d. M., 36 000 E. Blei- und Zinkhütte, chem. u. a. Ind.; Verkehrsknotenpunkt. - In der Antike **Bylazora,** Hauptort der Päonier; erhielt 1946 ihren heutigen Namen. - Demetrioskirche (14. Jh.); Nikolauskirche mit Freskenresten aus dem 14. Jh.; Moscheen aus osman. Zeit.

Titow, German Stepanowitsch, * Werchneje Schilino 11. Sept. 1935, sowjet. Kosmonaut. - Urspr. Jagdflieger; unternahm am 6. Aug. 1961 den 2. bemannten sowjet. Raumflug (17 Erdumläufe in Wostok 2).

Titration [lat.-frz.], maßanalyt. Bestimmung, bei der man eine Reagenzlösung mit bekanntem Gehalt (Titerlösung) in die zu bestimmende Flüssigkeit einleitet, bis die Reaktion (Neutralisation, Reduktion, Oxidation, Komplexbildung, Fällung usw.) beendet ist. Der *T.endpunkt (Umschlagspunkt)* wird entweder durch geeignete Indikatoren angezeigt oder, wie bei der *Elektro-T.,* durch sprunghafte Änderung der elektr. Leitfähigkeit (Amperometrie, Dead stop titration, Hochfrequenztitration, Konduktometrie) bzw. des elektr. Potentials (Potentiometrie). Aus dem Verbrauch der Titerlösung läßt sich der Gehalt der untersuchten Lösung an bestimmten Stoffen berechnen. - † auch Maßanalyse.

Titrimetrie, svw. † Maßanalyse.

Titularbischof [lat./griech.], nach röm.-kath. Kirchenrecht Bischof, der nur der Weihe nach Bischof ist und keine Diözese leitet.

Titulatur [lat.], Standes-, Berufs-, Funktions-, Rang- oder Herkunftsbez.; als solche Ausdruck der öffentl. Stellung ihres Trägers. Die histor. Forschung trifft mitunter die formale Unterscheidung zw. Selbstaussage, worunter die vom Titelträger selbst gewählte Aussage über seine polit. Stellung (bzw. eventuelle Ansprüche) zu verstehen ist, und Fremdaussage, d. h. den ihm von anderer Seite gegebenen Rang- und Funktionsbezeichnungen. Mit der Abschaffung der T. dokumentierte die Frz. Revolution das Ende des Ancien régime; die Bez. „Bürger" sollte einzige Anrede bleiben. Ebenso verfuhr man z. B. in der russ. Oktoberrevolution (Anrede: Genosse). Im diplomat. Verkehr sowie in der kirchl. Hierarchie spielt die T. noch immer eine bes. Rolle.

Titurel, bei Wolfram von Eschenbach und in R. Wagners „Parsifal" Ahnherr des Gralsgeschlechts; nach ihm benannt ein Alterswerk Wolframs von Eschenbach und Albrechts („Jüngerer Titurel").

Titus, männl. Vorname lat. Herkunft (Bed. ungeklärt).

Titus (T. Flavius Vespasianus), * Rom 30. Dez. 39, † Aquae Cutiliae bei Rieti 13. Sept. 81, röm. Kaiser (seit 79). - Sohn Vespasians; ab Ende 69 Oberbefehlshaber im 1. jüd.-röm. Krieg (66-70 bzw. 73/74; Sept. 70 Eroberung und Zerstörung Jerusalems). 69 Caesar, nach Triumph (71) Imperatortitel, mehrere Konsulate. Als Kaiser ernannte er 79 seinen Bruder Domitian zum Nachfolger, vollendete das

Titus

Kolosseum und erbaute seine Thermen. In seine Zeit fielen Vesuvausbruch (79) sowie Brand Roms und Pest (80).

T., hl., Apostelschüler des 1.Jh. n. Chr. - Von Paulus bekehrt, Adressat des ↑Titusbriefs. Fest: 6. Febr. (in der griech. und syr. Kirche: 25. August).

Titusbogen, 81 n. Chr. errichteter eintoriger marmorner Ehrenbogen am Ostende des Forum Romanum in Rom für Kaiser Titus. Die bed. Reliefs an den Durchgangswänden schildern den Triumph (71 n. Chr.) des Titus nach dem Fall von Jerusalem.

Titusbrief, Abk. Titus, Tit, Pastoralbrief, der an den Apostelschüler ↑Titus adressiert ist; Autor, Entstehungsort und -zeit sind unklar; der T. ist bed. für die Bezeugung frühkirchl. Ämterbesetzung sowie der Praxis der Häresienbekämpfung.

Tiu ↑Tyr.

Tivoli, italien. Stadt in Latium, 30 km östl. von Rom, 225 m ü. d. M., 52 200 E. Kath. Bischofssitz; Fremdenverkehr. - In der Antike **Tibur**, bed. Mgl. des Latinischen Städtebundes; fiel (endgültig) 338 v. Chr. an Rom, behielt aber einen Teil seiner Selbständigkeit, erhielt 90 (?) v. Chr. röm. Bürgerrecht und wurde Munizipium; seit dem 4. Jh. als Bischofssitz bezeugt; von den Goten zerstört und wieder aufgebaut; bildete unter byzantin. Herrschaft im Hzgt.; seit dem 10. Jh. freie Kommune; fiel in der 2. Hälfte des 15. Jh. an den Kirchenstaat, behielt aber bis ins 19. Jh. Privilegien. - Ein korinth. Rundtempel und ein ion. Tempel stammen aus der spätrepublikan. Zeit. Der barocke Dom (17. und 18. Jh.) mit dem Kampanile (12. Jh.) steht auf den Ruinen eines Herkulestempels. Berühmt sind die ↑Villa d'Este und die nahegelegene ↑Hadriansvilla.

Tizian, eigtl. Tiziano Vecellio, * Pieve di Cadore (Prov. Belluno) um 1477 (oder 1488/90?), † Venedig 27. Aug. 1576, italien. Maler. - In Venedig u. a. Schüler Giovanni Bellinis. Starken Einfluß auf seine Frühzeit übte Giorgione aus, dessen lyr. Einbettung des Menschen in die Natur und dessen Helldunkel T. übernahm. Er vollendete nach dem Tod Giorgiones (1510) mehrere von dessen Bildern. Auf seinen eigenen Kompositionen drängten die großen Figuren allmähl. die landschaftl. Rahmung in den Hintergrund. Um 1515 entstand sein erstes weltberühmtes Hauptwerk: „Himml. und ird. Liebe" (Rom, Galleria Borghese). Mit der dramat. „Himmelfahrt Marias" (1516–18, Venedig, Frarikirche) setzte eine Phase in seiner Malerei ein, die über die Hochrenaissance hinausging und barocke Wirkungen (Diagonalkomposition) vorwegnahm (Madonna des Hauses Pesaro, 1519–26, ebd.). Seit etwa 1530 setzte sich wieder eine stärker klass. geprägte Auffassung durch. Klare Raumdefinition und Figurenmodellierung sowie ein schimmerndes Kolorit zeichnet seine Malerei aus („La Bella", um 1536, Leningrad, Eremitage; „Venus von Urbino", 1538, Florenz, Uffizien). 1530 begann auch, nach vorangegangenen Kontakten mit den Höfen in Ferrara und Mantua und Franz I. von Frankr., seine Tätigkeit für Kaiser Karl V., von dem er mehrere bed. Bildnisse schuf. Die Verbindung zu den Habsburgern trug ihm Adelsstand, den Titel eines Hofmalers und die Teilnahme an Reichstagen ein. Sein Ruhm, zumal als Bildnismaler, verbreitete sich in den 1540er Jahren über ganz W-Europa. Seine Spannweite reicht von der Charakteristik einer schönen Frau oder eines stillen Gelehrten über Größe und Würde einer trag. Gestalt (Karl V.) zur psycholog. Studie von Machtgier und Intrige (Papst Paul III. und seine Nepoten, 1546; Neapel, Museo di Capodimonte). Um die Mitte der 1550er Jahre setzte sein grandioses Spätwerk ein, dessen wie schwebend aus der Tiefe auftauchende Visionen mit breitem Pinsel festgehalten sind. Die Palette wurde in der zweiten Hälfte der 1560er Jahre nochmals farbiger (Iacopo da Strada, 1567/68, Wien, Kunsthistor. Museum) und fand schließlich zu einem goldbraunen Gesamtton (Dornenkrönung, um 1576, unvollendet, München, Alte Pinakothek). Sein Einfluß war nicht nur in der venezian. Malerei des 16. Jh. beherrschend, seine intensive Farbigkeit und seine psycholog. Porträtauffassung wurden für Jahrhunderte zu Konstanten der europäischen Malerei. - Abb. auch Bd. 10, S. 353.

📖 Fasolo, U.: T. Dt. Übers. Königstein im Taunus 1983. - Pignatti, T.: T. Das Gesamtwerk. Bln. 1980. 2 Bde.

Tizi-Ouzou [frz. tiziu'zu], alger. Stadt am N-Fuß des Tellatlas, 190 m ü. d. M., 100 700 E. Hauptstadt des Verw.-Geb. T.-O.; Centre Universitaire (gegr. 1975); Handelszentrum der Großen Kabylei.

Tiznit [frz. tiz'nit], marokkan. Provinzhauptstadt am S-Rand der Küstenebene Sous, 225 m ü. d. M., 22 900 E. Marktort; Kunsthandwerk. - 1882 gegründet.

Tjalk, kleines, bauchiges Segelfrachtschiff in den Niederlanden mit Seitenschwertern und Mast mit Gaffelsegel.

Tjandi ['tʃandi; malai. „Grabmal"] (Candi), Bez. für den Stupa in Indonesien.

Tjörn [schwed. tçœ:rn], schwed. Insel im Kattegat, 147 km^2, durch Brücken mit dem Festland und der Insel Orust verbunden.

Tjumen [russ. tju'mjenj], sowjet. Gebietshauptstadt im Westsibir. Tiefland, RSFSR, 425 000 E. Univ. (gegr. 1973), 4 Hochschulen, Forschungsinst. der Erdöl- und Erdgasind.; Gemäldegalerie, Heimatmuseum; 2 Theater, Philharmonie, Zirkus; Schiffbau und -reparatur, Motoren-, Akkumulatoren-, Baumaschinen- und Gerätewerk; Holz-, chem. und Baustoffind., Kammgarnkombinat, Nahrungsmittelind.; Flußhafen, Bahnknotenpunkt an der Transsib; ♆. - 1586 an der Stelle einer tatar. Stadt als 1. Stützpunkt bei der Eroberung Sibiriens von Kosaken gegr.; entwickelte sich bald zu einem Zentrum am Handelsweg nach China.

Tjuttschew, Fjodor Iwanowitsch [russ. 'tjuttʃɪf], * Gut Owstjug bei Brjansk 5. Dez. 1803, † Zarskoje Selo (= Puschkin) 27. Juli 1873, russ. Dichter. - 1822–39 Diplomat in München und Turin; ab 1848 Zensor; stand den Slawophilen nahe. Schrieb außer geschichtsphilosoph. Gedichten v. a. formal vollendete und gefühlsstarke Liebeslyrik, Gedanken- und Naturlyrik; übersetzte u. a. Goethe, Schiller und Heine, den er persönl. kannte.

tkm, Abk. für: ↑Tonnenkilometer.

Tl, chem. Symbol für ↑Thallium.

Tlacopán, präkolumb. Stadt der Tepaneken in Mexiko, innerhalb der heutigen Stadt ↑Mexiko.

Tlalnepantla de Comonfort, mex. Stadt im nördl. Vorortbereich der Stadt Mexiko, 2 250 m ü. d. M., 68 000 E. Kath. Bischofssitz; Erzverhüttung. - Franziskanerkloster mit Kirche (1587 vollendet; N-Portal im Renaissancestil mit Indioelementen).

Tlaloc, bed. Gottheit Z-Mexikos, Regengott der Azteken, Herr eines eigenen Paradieses *(Tlalocan)*.

Tlalpan, mex. Stadt im südl. Vorortbereich der Stadt Mexiko, 2 290 m ü. d. M., 50 000 E. Textil-, Papierindustrie. - Stadtrecht seit 1827; 1827–30 Hauptstadt des Staates México. - Kirche San Agustín de las Cuevas (gegr. 1532).

Tlatelolco, ehem. aztek. Stadt innerhalb der heutigen Stadt ↑Mexiko.

Tlaxcala [span. tlas'kala], Staat in Z-Mexiko, 3 914 km², 603 000 E (1984), Hauptstadt T. de Xicoténcatl. T. liegt im Bereich der durch Becken gegliederten N-Seite der Cordillera Volcánica. Die Temperaturen des randtrop. Klimas sind durch die Höhenlage gemäßigt. Im Trockenfeldbau werden v. a. Mais, Bohnen, Kürbis, Agaven und Gerste angebaut, in der Ebene, z. T. mit Bewässerung, Luzerne, Hafer, Winterweizen sowie Gemüse; Schaf-, Rinder- und Schweinehaltung. - Bildete zur Zeit der Eroberung durch die Spanier einen eigenen, den Azteken feindl. Staat. Nach anfängl. Kämpfen gegen die Spanier schlossen sich dessen Bewohner diesen im Sept. 1519 als Verbündete an und begleiteten sie auf allen Feldzügen in Mexiko; 1822–57 gehörte es zu Puebla, seither eigener Staat.

Tlaxcala de Xicoténcatl [span. tlas'kala ðe xiko'teŋkatl], Hauptstadt des mex. Staates Tlaxcala, im N des Beckens von Puebla-Tlaxcala, 2 250 m ü. d. M., 23 000 E. Kath. Bischofssitz; Univ. (gegr. 1976); Marktort. - Bed. Bauten sind der Palacio Municipal (um 1550), die barocke Pfarrkirche und das ehem. Franziskanerkloster (1524–27) mit zweigeschossigem Kreuzgang.

Tlazolteotl [span. tlasol'teotl], aztek. Göttin, Erd- und Muttergottheit, Göttin der Geburten.

Tlemcen [frz. tlɛm'sɛn], alger. Prov.-hauptstadt 100 km sw. von Oran, 807 m ü. d. M., 146 000 E. Archäolog. Museum, Handelszentrum, Nahrungsmittel- und Textilindustrie. - 1035 gegr.; unter den Almoraviden, Almohaden und Meriniden 3 Jahrhunderte Mittelpunkt eines selbständigen Kgr.; 1559 von den Osmanen erobert, Sitz eines Beis; 1830 von Frankr. besetzt, 1837 an Abd El Kader abgetreten; nach dessen Niederlage und Auslieferung (1847) fest unter frz. Kontrolle; bis heute eine den Muslimen hl. Stadt mit bed. Geistesleben. - Moschee (1135).

Tlingit, Indianerstamm der Nordwestküstenkultur, verbreitet von der Küste SO-Alaskas (USA) bis nach British Columbia (Kanada). Die T. wohnten in festen Siedlungen aus großen Plankenhäusern mit bemalten Giebeln und Totempfählen davor und lebten von Fischfang, Jagd auf Seesäuger und Sammelwirtschaft.

TL-Triebwerk, Kurzbez. für Turboluftstrahltriebwerk.

Tizian. Himmlische und irdische Liebe (1515). Rom, Galleria Borghese

Tm, chem. Symbol für ↑Thulium.

Tmesis [griech. „Zerschneidung"], Trennung eines zusammengesetzten Wortes, wobei andere Satzglieder dazwischengeschoben werden, z. B.: obschon ich ... - „ob ich schon wanderte" (Psalm 23, 4; Luther-Übersetzung).

Tn, chem. Symbol für ↑Thoron.

TNT, Abk. für den Sprengstoff 2,4,6-Trinitrotoluol (↑ Nitrotoluole).

Toamasina (Tamatave), Hafenstadt an der O-Küste Madagaskars, 82 900 E. Hauptort der Prov. T., kath. Bischofssitz; Nahrungsmittelind., Hohlglasfabrik, Erdölraffinerie. Wichtigster Hafen Madagaskars, Endpunkt der Bahnlinie von Antananarivo, ✈.

Toast [to:st; engl., über altfrz. toster „rösten", zu lat. torrere „dörren, trocknen"], geröstete Brotscheibe, meist von kastenförmigem Weißbrot.
◆ Trinkspruch (nach dem früheren engl. Brauch, davor ein Stück Toast in das Glas zu tauchen).

Toba, jap. Hafenstadt auf Hondo, 80 km südl. von Nagoja, 29 000 E. Perlenmuseum; Zentrum des wichtigsten jap. Perlenzuchtgebiets.

Toba (Tuoba; auch Tabgatsch), Klan der zentralasiat. Hsien-Pi-Nomaden, unter dessen Führung die Herrschaft der Hsiung-nu (↑ Hunnen) in der südl. und östl. Mongolei im 2.-4. Jh. n. Chr. gebrochen wurde. Die T. gründeten die nördl. Wei-Dyn. (386–534) in China.

Tobago ↑Trinidad und Tobago.

Tobasee, See im nw. Sumatra, 1 264 km², 910 m ü. d. M., bis 529 m tief; wird durch den 130 km langen **Asahan** zur Malakkastraße entwässert.

Tobel, schluchtartige, steilwandige Kerbtalform mit unausgeglichenem Gefälle und wildbachartigem, jedoch nur period. oder episod. fließendem Gerinne.

Tobey, Mark [engl. 'toʊbɪ], * Centerville (Wis.) 11. Dez. 1890, † Basel 24. April 1976, amerikan. Maler. - Beeinflußt von ostasiat. Denken und ostasiat. Kunst.

Tobias, aus der Bibel übernommener männl. Vorname hebr. Herkunft, eigtl. „Gott ist gütig".

Tobias (hebr. Tobija, Tobit), Held der gleichnamigen alttestamentl. Schrift (Abk. Tob.), einer z. T. autobiograph. Lehrgeschichte, die von der Erblindung und Heilung des gottesfürchtigen alten T. (in Ninive) durch den jungen T., seinen Sohn, mit Hilfe einer Fischgalle handelt, die dieser von einer Reise in Begleitung des Erzengels Raphael mitgebracht hat.

Tobin, James [engl. 'tɔbɪn], * Champaign (Ill.) 5. März 1918, amerikan. Wirtschaftswissenschaftler. - Seit 1955 Prof. an der Yale University. Erhielt 1981 den sog. Nobelpreis für Wirtschaftswissenschaften für seine Arbeiten zur Geldtheorie und zur staatl. Finanzwirtschaft.

Tobler, Adolf, * Hirzel (Kt. Zürich) 23. Mai 1835, † Berlin 18. März 1910, schweizer. Romanist. - Ab 1867 Prof. in Berlin; einer der bedeutendsten Romanisten in der Zeit des Positivismus. Sein Hauptwerk bildet die Sammlung von Materialien zu einem altfrz. Wörterbuch, das von E. Lommatzsch herausgegeben wurde („Altfrz. Wörterbuch", 1925 ff.).

Toboggan [indian.-engl.], kufenloser Schlitten der Indianer und Eskimo in der kanad. Subarktis.

Tobolsk [russ. ta'bɔlʲsk], sowjet. Stadt im Westsibir. Tiefland, am Irtysch, RSFSR, 64 000 E. PH, Fischerei- und Veterinärtechnikum, Seefahrtschule; Theater; Schiffbau und -reparatur, Herstellung von Ausrüstungen für die Holzwirtschaft, nahebei erdölchem. Kombinat; Hafen; Bahnstation, ✈. - 1587 von Kosaken als 2. Stützpunkt in Sibirien gegr.; 1708–1824 Zentrum des Sibir. Gouv., danach des Gouv. Tobolsk; in der Zarenzeit Verbannungsort.

Tobruk, Hafenstadt an der ostlibyschen Küste, 28 000 E. Meerwasserentsalzungsanlage; Erdölexport. - Im 2. Weltkrieg hart umkämpft.

Tobsucht, gemeinsprachl. Bez. für einen Zustand unbeherrschter, meist zielloser ↑ Aggressivität und Zerstörungswut.

Tocantins, Rio [brasilian. 'rriu tokɐn-'tĩs], Fluß in N-Brasilien, entspringt (mehrere Quellflüsse) in nördl. und westl. von Brasília, vereinigt sich mit dem Rio do Pará zum Mündungstrichter *Baia de Marajó*; 2 640 km lang; zahlr. Stromschnellen.

Toccata (Tokkata) [zu italien. toccare „schlagen, berühren"], seit dem 16. Jh. Bez. für ein zunächst frei präludierendes, aus Akkorden und Läufen gemischtes Stück für Tasteninstrumente, das als Vorspiel diente und noch die Nähe zur Improvisation zeigt (freie Tempi, Pausen, unterschiedl. Teile). Im 17. und 18. Jh. wurde die T. zu einem großen, anspruchsvollen Stück (z. B. J. S. Bach, Dorische T., BWV 538), dessen Teile abwechselnd von virtuoser Spielfreude und strengem fugiertem Satz bestimmt sind. Im 19. Jh. rückte die T. in die Nähe der Etüde (z. B. R. Schumann, op. 7, 1832; C. Debussy, 1901), wurde aber von M. Reger im barocken Sinn erneuert.

Toch, Ernst, * Wien 7. Dez. 1887, † Los Angeles 1. Okt. 1964, amerikan. Komponist östr. Herkunft. - Lehrte in Mannheim, nach seiner Emigration (1933) u. a. in Los Angeles; schrieb Kompositionen sowohl traditionell-romant. Richtung als auch experimenteller und serieller Methoden, u. a. die Opern „Die Prinzessin auf der Erbse" (1927), Orchester- (7 Sinfonien), Kammer- (13 Streichquartette) und Klaviermusik, Vokalwerke und Filmmusiken.

Tod

Tocharer, ein wahrscheinl. iran. Nomadenvolk des Altertums an den Flüssen Oxus und Jaxartes *(Tocharistan);* heute allg. mit den in chin. Quellen gen. *Yüeh-chih* gleichgesetzt; mit den Saken u. a. vor den Hsiungnu († Hunnen) nach W ausgewichen, um 160 v. Chr. am Jaxartes, um 129 v. Chr. in der Drangiane (Sakastane).

Tocharisch, die bis ins 8. Jh. n. Chr. in Ost-Turkestan (um Kucha und Turfan) in zwei recht unterschiedl. Dialekten (A = Osttochar., B = Westtochar. [Kutschisch]) bezeugte und wohl vor 1000 untergegangene indogerman. Sprache von meist buddhist. Texten in tochar. Schrift, einer Abart der ind. Brahmischrift; das T. steht den westl. indogerman. Sprachen näher als etwa dem Iran. oder Indoar. und gehört zu den Kentumsprachen; welches Volk T. gesprochen hat, ist unbekannt; klar ist nur, daß diese „sog. Tocharer" („Pseudo-Tocharer") mit den (echten) ↑ Tocharern nicht zusammengehören.

Tochtergeneration, svw. ↑ Filialgeneration.

Tochtergeschwulst, svw. ↑ Metastase.

Tochtergesellschaft, eine von einer anderen Gesellschaft durch Beteiligung abhängige Kapitalgesellschaft. Die die Beteiligung haltende Gesellschaft wird *Muttergesellschaft* genannt.

Tochtersubstanz (Folgeprodukt) ↑ Zerfallsreihe.

Tocopherole [griech.], svw. Vitamin E (↑ Vitamine).

Tocopilla [span. toko'pija], Stadt im Großen Norden Chiles, am Pazifik, 23 000 E. Hauptexporthafen Chiles für Salpeter und Jod, Kupferausfuhr; Eisenbahnendpunkt.

Tocqueville, Charles Alexis Henri Clérel de [frz. tɔk'vil], * Verneuil-sur-Seine (Yvelines) 29. Juli 1805, † Cannes 16. April 1859, frz. Schriftsteller und Politiker. - 1848 Mgl. der Nationalversammlung, unter Louis Napoléon 1849 Außenmin., zog sich nach dessen Staatsstreich 1851 aus der Politik zurück. Nach seiner Reise in die USA 1831/32 schrieb T. sein berühmtes Werk „Über die Demokratie in Amerika" (1835–40), in dem er die amerikan. Gesellschaft als Modell für die sich unausweichl. ausbreitende Demokratie beschrieb. 1838 wurde er Mgl. der Académie des sciences morales et politiques, 1841 Mgl. der Académie française. In seinem späteren Werk „Der alte Staat und die Revolution" (1856) zeigte T., daß die Frz. Revolution eine bereits im Ancien régime begonnene Entwicklung zu Ende geführt habe; er legte die nach seiner Meinung unausweichl. Folgen der Revolutionen dar und analysierte Wesen und Problematik der Demokratie.

⍟ *Pisa, K.: A. de T. Stg. 1984. - A. de T. - Zur Politik in der Demokratie. Hg. v. M. Hereth u. a. Baden-Baden 1981. - Aron, R.: Hauptströmungen des klass. soziolog. Denkens, Montesquieu - Comte - Marx - T. Rbk. 1979. - Linares, F.: Die Revolution bei T. u. Marx. Percha 1977. - Vossler, O.: A. de T. Freiheit u. Gleichheit. Ffm. 1973. - Nantet, J.: T. Paris 1971.*

Tod (Exitus), der Stillstand der Lebensfunktionen bei Mensch, Tier und Pflanze. Ledigl. einzellige Lebewesen besitzen *potentielle Unsterblichkeit,* da ihr Zellkörper durch Teilung immer wieder vollständig in den Tochterzellen aufgeht, so daß kein Leichnam zurückbleibt; auch über sehr lange Zeiträume hin konnten keine erkennbaren Alterungsvorgänge in ihrem Zellplasma festgestellt werden. *Medizin.* gesehen tritt der Stillstand der Lebensfunktionen in den verschiedenen Organen und Geweben zeitlich versetzt ein (mit unterschiedl. Folgen für den Gesamtorganismus; ↑ auch Sterben). Bei akuter Schädigung (z. B. Kreislaufstillstand) kann man für die einzelnen Organe eine *Funktionserhaltungszeit* (bis zum Erlöschen der Organfunktionen), eine *Wiederbelebungszeit* (in der eine Wiederbelebung durch geeignete Maßnahmen noch möglich ist) und eine *Strukturerhaltungszeit* (bis zum Untergang der funktionsunfähigen Zellverbände) definieren. Diese Zeiten sind bes. kurz bei hoher Stoffwechselrate und geringem Energiereservoir eines Organs (z. B. beim Gehirn), sie sind umgekehrt bei niedrigem Stoffwechsel bes. lang (z. B. bei ↑ bradytrophen Geweben). Das Schicksal des Organismus als Ganzes hängt kurzfristig vom Schicksal seiner lebenswichtigen Organe ab, die ihrerseits voneinander nicht unabhängig sind. Diesem komplexen System von Gegebenheiten und Interdependenzen entsprechend unterscheidet man verschiedene Arten des T.: Unter **klin. Tod** versteht man den Status in einer Zeitspanne von etwa drei Minuten nach einem Herz- und Atemstillstand, während im Prinzip eine Wiederbelebung v. a. durch Herzmassage und künstl. Beatmung noch möglich ist. Das Absterben einzelner lebenswichtiger Organe (**Partialtod, Organtod**) kann den Untergang anderer Organe und des gesamten Organismus nach sich ziehen (z. B. Hirn-T. **als zentraler Tod**), wenn keine Maßnahme zum Ersatz der betreffenden Organfunktion getroffen werden kann (z. B. Wiederherstellung der Kreislauffunktion). Ohne Reanimation geht der klin. T. in den **biolog. Tod** (endgültiger, allg. T.) über, mit irreversiblem Untergang aller Organe und Gewebe (Stoffwechselstillstand, Ausfall von Zellteilung, Erregbarkeit und Kontraktilität, schließlich Ausbildung von ↑ Todeszeichen und Strukturverfall).

In der *Philosophie* wird die Frage behandelt, inwieweit mit dem T., d. h. mit dem Erlöschen des organ. Lebens, auch ein Erliegen der seel. geistig bedingten Funktionen verbunden ist. Teils wird das individuelle Weiterleben der Seele (z. B. von Platon; im christl. MA), teils auch eine Auflösung in eine individuell nicht

133

mehr zusprechbare Substanz (z. B. in der Stoa) gelehrt. - Zentrales Thema ist der T. in der Existenzphilosophie M. Heideggers und K. Jaspers', der die Bed. des T. als existenzbewährende und Transzendenz eröffnende Grenzsituation betont. Materialist. Auffassungen kennzeichnen den T. als Endpunkt eines einmaligen biolog. Prozesses.
In der Sicht der *Religionen* ist der T. äußerst selten ein unwiderrufl., die menschl. Existenz auslöschendes Ereignis. Vorherrschend ist vielmehr der Glaube an ein Weiterleben nach dem T. in einer veränderten Existenz. Dabei kann es sich um eine Auferstehung in verklärtem Zustand handeln oder um eine Unsterblichkeit, die entweder mit der Erhaltung des Leibes verbunden ist oder die Seele betrifft, die nach ihrer Trennung vom Körper als Geistwesen, als Gespenst oder in einem anderen Lebewesen fortexistiert. Das Christentum sieht im T. eine Folge des Sündenfalls, die im Glauben an Christus besiegt wird.
Bildende Kunst: Personifikationen des T. sind im Altertum selten, auch der geflügelte griech. Thanatos oder der Genius mit gesenkter Fakkel. In der christl. Kunst erscheint der T. zuerst in einer Handschrift des 11. Jh. als ein von Christus besiegter Mann mit zerbrochener Sichel (der Tod als Schnitter ist ein Bild aus Apk. 13, 13), auch mit Sense dargestellt (u. a. am Camposanto in Pisa, um 1355, übrigens als Frau [italien. „la morte"]). Erst im 15. Jh. wird die Darstellung des T. als Skelett häufig. Den Tod als apokalypt. Reiter (Apk. 6, 8) mit Schwert oder Sense gestaltete insbes. Dürer. Das Motiv des †Totentanzes wurde Grundlage für die seit dem frühen 16. Jh. beliebten Einzeldarstellungen wie „Der Tod und das Mädchen". Im Barock traten zahlr. Todessymbole hinzu, bes. Totenschädel. Das 19. und 20. Jh. greift auf die Vorstellung vom T. als Knochenmann zurück.
Im *Recht* führt der T. der Prozeßpartei oder ihres gesetzl. Vertreters im Zivilprozeß zur Unterbrechung des Verfahrens; im Strafprozeß führt der T. des Angeklagten (Beschuldigten) zur Beendigung des Strafverfahrens, der T. des Privatklägers zur Einstellung des Verfahrens durch Beschluß, der T. des Nebenklägers zum Erlöschen seiner Anschlußerklärung.

📖 *Wiplinger, F.: Der personal verstandene T. Freib.* ³*1985. - Grof, S./Grof, C.: Jenseits des T. Dt. Übers. Mchn. 1984. - Graf, S./Halifax, J.: Die Begegnung mit dem T. Dt. Übers. Stg. 1980. - Leben u. T. in den Religionen. Hg. v. G. Stephenson. Darmst. 1980. - Fritsche, P.: Grenzbereich zw. Leben und T. Klin., jurist. u. eth. Probleme. Stg.* ²*1979. - Scherer, G.: Das Problem des T. in der Philosophie. Darmst. 1979. - Jüngel, E.: T. Gütersloh 1979. - Husemann, F.: Vom Bild u. Sinn des T. Stg.* ⁴*1979. - Jansen, H.: Der T. in Dichtung, Philosophie u. Kunst. Darmst. 1978. - Becker, Ernest: Dynamik des T. Dt. Übers. Freib. 1976. - Der Mensch u. sein T. Hg. v. J. Schwartländer. Gött. 1976. - Saerbeck, K.: Beginn u. Ende des Lebens als Rechtsbegriffe. Bln. 1974.*

Todd, Sir (seit 1954) Alexander, Baron of Trumpington (seit 1962), * Glasgow 2. Okt. 1907, brit. Chemiker. - Prof. in Manchester und Cambridge; Präs. der Royal Society; Arbeiten v. a. über organ. Naturstoffe. Für seine Arbeiten zur Strukturermittlung von Nukleotiden und Nukleotidkoenzymen erhielt er 1957 den Nobelpreis für Chemie.

T., Mike (Michael), eigtl. Avrom Goldenbogen, * Minneapolis 22. Juni 1907, † in den Zuni Mountains (N. Mex.) 21. März 1958 (Flugzeugabsturz), amerikan. Theater- und Filmproduzent. - Ab 1957 ∞ mit E. Taylor. Wandte 1956 in den Filmen „In 80 Tagen um die Welt" und „Oklahoma" zum 1. Mal das T.-AO-Verfahren († Breitbildverfahren) an.

Todd-AO-Verfahren ® † Breitbildverfahren.

Todeserklärung, Festlegung von Tod und Todeszeitpunkt einer verschollenen Person durch gerichtl. Entscheidung. Jemand ist verschollen, wenn sein Aufenthalt während längerer Zeit unbekannt ist, keine Lebenszeichen von ihm aus dieser Zeit vorliegen und nach den Umständen ernstl. Zweifel an seinem Fortleben bestehen (§ 1 Verschollenheitsgesetz vom 15. 1. 1951). Man unterscheidet die allg. Verschollenheit sowie die Kriegs-, See-, Luft- und (sonstige) Gefahrverschollenheit. Die T. ist frühestens zulässig nach Ablauf einer Frist (Verschollenheitsfrist) von regelmäßig 10 Jahren im Fall der allg. Verschollenheit bzw. von 1 Jahr und weniger in den anderen Fällen. Die T. ergeht auf Antrag des Staatsanwalts, eines nahen Familienangehörigen oder jedes anderen, der ein rechtl. Interesse daran hat, durch Beschluß des zuständigen Amtsgerichts, wenn einer der gesetzl. Verschollenheitstatbestände erfüllt ist. Sie dient hauptsächl. Beweiszwecken, indem sie eine (jederzeit widerlegbare) Vermutung begründet, daß der Verschollene in dem im Beschluß festgestellten Todeszeitpunkt gestorben ist. Bedeutung hat dies v. a. für die Möglichkeit der Wiederverheiratung (die frühere Ehe bleibt selbst dann aufgelöst, wenn die T. aufgehoben wird) sowie im Erb- und Sozialversicherungsrecht.

In *Österreich* ist die T. eines Verschollenen zulässig, wenn seit Ende des Jahres der letzten Nachricht 10 Jahre verstrichen sind (abweichende Regelungen für den Kriegsfall). In der *Schweiz* kann keine Person für verschollen erklärt werden (Verschollenheitserklärung), wenn ihr Tod höchst wahrscheinlich ist, weil sie in hoher Todesgefahr verschwunden oder seit langem nachrichtslos abwesend ist (Art. 35 ZGB).

Nach *röm.-kath. Kirchenrecht* ist die T. (eigtl.

Todesstrafe

kirchl. Todesvermutung) die von der zuständigen Autorität in einem bes. Verfahren getroffene Feststellung, daß der Tod einer vermißten/verschollenen Person mit moral. Gewißheit eingetreten ist. Die kirchl. T. erfolgt, um dem überlebenden Teil die Möglichkeit zu einer neuen Ehe zu geben. Bei irriger kirchl. T. wird die Zweitehe als nichtexistent angesehen, da die erste Ehe nur durch den Tod gelöst wird.

Todesfallversicherung ↑Lebensversicherung.

Todesotter (Acanthophis antarcticus), bis 1 m lange, breitköpfige, gedrungene ↑Giftnatter in Australien und Neuguinea; hellgrau bis rotbraun, mit unregelmäßigen, dunklen Querbändern; sehr gefährl., vorwiegend dämmerungsaktive Giftschlange, die durch zukkende Schwanzbewegungen Beutetiere anlockt.

Todesschuß, gezielter tödl. Schuß [von Polizeivollzugsbeamten] zur Abwehr einer akuten Gefahr. - ↑Schußwaffengebrauch.

Todesstrafe, in den Strafrechtsordnungen vieler Länder vorgesehene schwerste Kriminalstrafe, angedroht für schwere Verbrechen, v. a. auch polit. und militär. Delikte. - In der BR Deutschland ist die T. durch Art. 102 GG abgeschafft. Diese mit großer Mehrheit getroffene Entscheidung des parlamentar. Rates ist v. a. als Reaktion auf den nationalsozialist. Umgang mit dem Leben zu erklären. Sie ist aber auch Folge der Überzeugung, daß ein Staat, der Unantastbarkeit und Schutz der Menschenwürde an den Anfang seiner Verfassung stellt, nicht selbst als Sanktion den verurteilten Täter das Leben nehmen dürfe.
In *Österreich* ist die T. durch Art. 85 BVerfG abgeschafft. In der *Schweiz* kennt das bürgerl. Strafrecht die Todesstrafe nicht; nach Militärstrafrecht kann sie in Kriegszeiten verhängt und vollstreckt werden (z. B. bei Feigheit vor dem Feind und Kapitulation).
Die Problematik der T. ist aus konkreten Anlässen (Vollziehung der gesetzl. verankerten T. in einigen Ländern der Welt, z. B. in einigen Bundesstaaten der USA, im Iran; Begnadigung eines zum Tode Verurteilten; zeitweilig auftretende Gewaltkriminalität, z. B. in der BR Deutschland die Terrorismuskriminalität) immer wieder Gegenstand der öffentl. Diskussion. Als Hauptargument für die T. wird die Abschreckungs- und Sicherungswirkung angeführt. Hauptargumente gegen die T. sind: 1. die Schwierigkeit, todeswürdiges Verbrechen auszuwählen und abzugrenzen, insbes. vor der Gefahr der Ausweitung der T. bei zeitweilig krit. Kriminalität vorzubeugen bzw. entgegenzuwirken; 2. die Gefahr der Fehlentscheidungen durch die Rechtsprechung angesichts der Tatsache, daß selbst ein Geständnis nicht immer ein sicherer Beweis und die Zuverlässigkeit der Beurteilung der Zurechnungsfähigkeit mit erhebl. Zweifeln behaftet ist, wohingegen die vollstreckte T. endgültig und irreversibel ist; 3. die Unantastbarkeit der Menschenwürde (Art. 1 GG), die zum einen die Achtung jeden menschl. Lebens, zum anderen auch die Berücksichtigung der psych. Belastung derjenigen beinhaltet, die an einem Todesurteil und seinem Vollzug beteiligt sind; 4. mangelnde kriminalstatist. Belege für die Annahme, daß Strafe überhaupt - also auch die T. - die Funktion der Generalprävention erfüllt, hat; v. a. bei Affekt-, Trieb-, Konflikt- und Überzeugungstätern gilt als gesichert, daß in der Tatsituation die T. keine abschreckende Wirkung hat; 5. die Gefahr, daß die absolut wirkende Sicherung der Allgemeinheit vor weiteren schweren Verbrechen zur Ausdehnung des Anwendungsbereichs der T. auf viele Formen sozialschädlichen Verhaltens führt.

Geschichte: Die als älteste Strafart sowohl dem röm. als auch dem german. Recht bekannte T. hatte ihren Ursprung im sakralkult. Bereich. Da in der Antike eine Tat, auf die die T. stand, oft auch als Verletzung der Gottheit angesehen wurde, sah man in der T. anfänglich ein Opfer an die verletzte Gottheit und mag. Gegenmittel gegen Tat und Täter (Wiedergutmachungs-, Reinigungs-, Abwehrzauber). Es gab bereits mehrere Formen der T. (Hängen, Erschlagen, Ertränken), wobei die Art der Vollstreckung sich nach der Tat oder dem betroffenen Gottheit richten konnte. In fränk. Zeit wurde die T. zunehmend zurückgedrängt, sie verlor zudem ihren sakralen Charakter und war nun nicht Sanktion für begangenes Unrecht. Sie wurde nun oft durch andere [Leibes]strafen ersetzt bzw. durch Geldzahlung ablösbar. Während diese Entwicklung anfänglich durch den steigenden Einfluß des Christentums (Überwindung von Heidentum und Opferkult) begünstigt wurde, stieß der etwa ab dem 9. Jh. einsetzende Rückkehr zur häufigeren Anwendung und verschiedenartigen Ausgestaltung der T. kaum auf kirchl. Widerstand. Nach dem stetigen Ansteigen der Straftaten und der dagegen gerichteten Gesetzgebung der Gottesfrieden und Landfrieden war die T. ab dem 12./13. Jh. Strafe vieler Delikte. Manchmal stand die Art der T. mit der Tat fest (Diebe wurden gehängt), oft wurde sie aber erst durch das Urteil oder dem Vollstrecker bestimmt. Neben den zahlr. Varianten der T. (Enthaupten, Rädern, Pfählen, Ertränken, Verbrennen [Feuerstrafe], Erdrosseln) war charakteristisch für jene Zeit den mögl. Verschärfung der T. durch vorheriges Verstümmeln, Schleifen zum Richtplatz usw. Im Spät-MA erstreckte die T. sogar auf Kinder und Geisteskranke. Während im 16. Jh. (z. B. in der „Carolina") erfolglos versucht wurde, die T. einzugrenzen, gegen Ende des 18. Jh. unter dem Einfluß der Aufklärung die T. humanisiert (Abschaffung der schweren Formen, z. B. Rädern) oder sogar vorübergehend abgeschafft wurde (Österreich 1787–95), trat ein bleibender Erfolg gegen die T. erst ab Mitte des 19. Jh. ein: Abschaffung in mehreren Staaten, häufige Umwandlung der T. durch Begnadigung in Freiheitsstrafe. 1985 trat ein internat. Abkommen in Kraft, das in ganz Westeuropa die T. in Friedenszeiten verbietet. Nach einer Statistik von Amnesty International wurden in 61 Ländern der übrigen Welt 1985 noch 1 125 Menschen hingerichtet; zudem wurden 1 489 neue Todesurteile aus 61 Ländern bekannt. Die Organisation, die nur belegbare Daten in ihrer Statistik berücksichtigt, äußert jedoch die Vermutung, daß hier noch eine relativ hohe Dunkelziffer besteht.

Rossa, K.: T. Ihre Wirklichkeit in drei Jt. Bergisch Gladbach Neuaufl. 1984. - Leder, K. B.: T. Ursprung, Gesch., Opfer. Wien u. Mchn. 1980.

Todestrieb, in der späten psychoanalyt. Theorie S. Freuds postulierte zweite große Triebart; sie ist - als Gegenspielerin des ↑Lebenstriebs - auf Aufhebung der vitalen Spannungen bzw. Zurückführung in den anorgan. Zustand und somit zur Vernichtung des (primär - nach innen gewendet - eigenen, sekundär - nach außen - auch fremden) Lebens gerichtet; einer der umstrittensten Begriffe der Psychoanalyse.

Todeswurm (Necator americanus), etwa 1 cm langer, dem ↑Grubenwurm sehr ähnl. Fadenwurm (Fam. ↑Hakenwürmer), v.a. in weiten Teilen der Tropen und Subtropen; Erreger der ↑Hakenwurmkrankheit.

Todeszeichen, nach dem biolog. ↑Tod (d. h. nach dem irreversiblen Stillstand von Kreislauf, Atmung und Gehirntätigkeit) auftretende sichere Anzeichen des Ablebens, u. a. ↑Totenstarre, ↑Totenflecke, ↑Autolyse, Fäulnisvorgänge und Verwesungsgeruch.

Todi, italien. Stadt im südl. Umbrien, 400 m ü. d. M., 17 000 E. Kath. Bischofssitz; archäolog. Museum, Gemäldegalerie; landw. Marktzentrum. - Antike umbr. **Tuder** wurde 42 v. Chr. röm. Colonia; fiel nach mehreren Besitzwechseln Anfang des 13. Jh. an den Kirchenstaat, konnte aber bis ins 15. Jh. weitgehende Selbständigkeit behaupten. - Erhalten sind etrusk., röm. und ma. Mauerwälle. Spätroman. Dom (12. Jh., 13.–16. Jh.), got. Kirche San Fortunato (1292 ff.); mehrere Paläste (13./14. Jh.), z. T. mit Fresken.

Tödi, Gebirgsstock in den ↑Glarner Alpen.

Todorow, Stanko, * Klenowik (Verw.-Geb. Pernik) 10. Dez. 1920, bulgar. kommunist. Politiker. - Seit 1941 aktiv in der Widerstandsbewegung; seit 1954 Mgl. des ZK der Bulgar. KP, 1957–59 und 1966–71 Sekretär des ZK, seit 1961 Mgl. des Politbüros; 1952–57 Landw.min., 1959–62 Vors. der Staatl. Plankommission, 1960–66 ständiger Vertreter beim COMECON, 1959–71 stellv. Min.präs.; 1971–81 Min.präsident.

Todos os Santos, Baía de [brasilian. ba'ia di 'toduz us 'sɐntus] (Allerheiligenbucht), Bucht an der nordostbrasilian. Atlantikküste; an der Einfahrt liegt die Stadt Salvador. - Wahrscheinl. am 1. Nov. (Allerheiligen) 1501 entdeckt.

Todscho, Hideki, * Tokio 30. Dez. 1884, † ebd. 23. Dez. 1948 (hingerichtet), jap. General und Politiker. - 1940 Heeresmin., 1941–44 Min.präs. und Inhaber verschiedener Min.-posten; befürwortete eine expansionist. Außenpolitik und führte Japan in den 2. Weltkrieg; nach militär. Rückschlägen zum Rücktritt gezwungen; als Hauptkriegsverbrecher von den Alliierten zum Tode verurteilt.

Todsünde ↑Sünde.

Todt, Fritz, * Pforzheim 4. Sept. 1891, † Rastenburg 8. Febr. 1942 (Flugzeugabsturz), dt. Politiker. - 1922 Eintritt in die NSDAP, ab 1931 in der Obersten SA-Führung; von Hitler zum Generalinspekteur für das dt. Straßenwesen ernannt, leitete seit 1933 den Reichsautobahnbau, 1938 mit dem Bau des Westwalls betraut. Die dabei aufgestellte techn. Spezialtruppe **Organisation Todt** übernahm im Krieg wichtige Aufgaben im militär. Bauwesen. 1940–42 Reichsmin. für Bewaffnung und Munition.

Todtnau, Stadt im S-Schwarzwald, Bad.-Württ., 661 m ü. d. M., 4 900 E. Luftkurort und Wintersportplatz. - 1288 erstmals erwähnt; seit 1809 Stadt.

Toe-loop [engl. 'touluːp; zu toe „Zehe, Fußspitze" und loop „Schleife"], Sprung im Eiskunstlauf: beginnt mit einem Bogen rückwärts-auswärts, Einstechen der Zacke des Spielfußes, nach Absprung volle Drehung in der Luft, Landung auf dem anderen Bein; Auslauf rückwärts-auswärts.

Toepffer, Rodolphe [frz. tœp'fɛːr] (R. Töpffer), * Genf 31. Jan. 1799, † ebd. 8. Juni 1846, schweizer. Schriftsteller und Zeichner. - Ab 1832 Prof. für Ästhetik an der Genfer Kunstakad.; schrieb in frz. Sprache volkstüml. humorist. Erzählungen und Romane, selbstillustrierte Reisebilder und humorvolle Bildergeschichten.

Toeschi, Carlo Giuseppe (Karl Joseph) [italien. to'eski], ≈ Ludwigsburg 11. Nov. 1731, † München 12. April 1788, italien. Violinist und Komponist. - Schüler von J. Stamitz; 1759 Konzertmeister des Mannheimer Hoforchesters, ab 1780 Musikdirektor in München; komponierte 66 Sinfonien, 25 Ballettmusiken, 19 Flöten-, 11 Violinkonzerte und Kammermusik. Gehört zur zweiten Generation der ↑Mannheimer Schule.

Toffee ['tɔfi; engl.], Weichkaramelle aus Zucker, Glucosesirup, gehärteten Fetten, Milch oder Sahne und Geschmacksstoffen.

Toga [lat.], Obergewand des freien röm. Bürgers. Die aus Wollstoff bestehende T. war ein Kreissegment von mehr als 3 m Länge;

die rechte Schulter blieb beim Drapieren des Tuchs frei. Etwa seit der Kaiserzeit durch das Pallium ersetzt, blieb jedoch Fest- und offizielles Staatsgewand.

Toggenburg, Landschaft im schweizer. Kt. Sankt Gallen, umfaßt im wesentl. die Talschaft der oberen Thur von der östl. von Wildhaus zw. Churfirsten und Säntis gelegenen Wasserscheide zum Rhein bis Wil. - Seit 1209 unter der Herrschaft der gleichnamigen Grafen, fiel 1468 an das Kloster Sankt Gallen; kam 1802 zum Kt. Sankt Gallen.

Togliatti, Palmiro [italien. toʎˈʎatti], * Genua 26. März 1893, † Jalta 21. Aug. 1964, italien. Politiker. - 1920 sozialist. Parteisekretär in Turin; 1921 Mitbegr. der Partito Comunista Italiano (PCI); seit 1922 in deren ZK; enger Mitarbeiter Gramscis; seit 1926 im Exil; verfocht 1935 die neue Volksfrontpolitik auf dem VII. Kongreß der Komintern, die er 1937–39 im Span. Bürgerkrieg vertrat; lebte ab 1940 in Moskau; proklamierte nach der Rückkehr nach Italien (März 1944) die „Partei neuen Typs" (Übergang von der Kader- zur Volks- und Massenpartei) und trat in die Reg. Badoglio ein; 1944/45 stellv. Min.präs., 1945/46 Justizmin., ab 1947 Generalsekretär der PCI. Angesichts der weltpolit. Situation bei Kriegsende setzte T. für Italien auf einen langfristigen, evolutionären Übergang zum Kommunismus und entwickelte nach 1956 die Theorie des †Polyzentrismus.

Togo

(amtl.: République Togolaise), Republik in Westafrika, zw. 6°06′ und 11°09′ n. Br. sowie 0°09′ w. L. und 1°49′ ö. L. **Staatsgebiet:** T. grenzt im S an die Bucht von Benin, im W an Ghana, im N an Burkina Faso und im O an Benin. **Fläche:** 56 785 km². **Bevölkerung:** 3,05 Mill. E (1985), 53,7 E/km². **Hauptstadt:** Lomé. **Verwaltungsgliederung:** 5 Regionen. **Amtssprache:** Französisch. **Nationalfeiertag:** 27. April (Unabhängigkeitstag). **Währung:** CFA-Franc = 100 Centimes (c). **Internat. Mitgliedschaften:** UN, OAU, ECOWAS, Conseil de l'Entente, UMOA; der EWG und dem GATT assoziiert. **Zeitzone:** Mitteleurop. Zeit −1 Std.

Landesnatur: T. bildet einen maximal 140 km breiten Gebietsstreifen, der sich von der Küste des Atlantiks (Küstenlinie etwa 53 km) etwa 600 km ins Innere des Kontinents erstreckt. T. ist weitgehend ein Plateau in 200–500 m Meereshöhe, das vom Togo-Atakora-Gebirge zentral von SW nach NO durchzogen wird (im Mont Agou bis 1 020 m hoch) und im N zur Otiebene, im SO zum Manobecken abfällt. Anschließend an die schmale Küstenebene ist eine 35–50 km breite Lateritebene, die sog. terre de barre ausgebildet; sie erreicht maximal 150 m ü. d. M. Den äußersten NW bildet ein bis 500 m ü. d. M. ansteigendes Sandsteinplateau.

Klima: T. hat randtrop. Klima mit zwei Regenzeiten (April–Juni und Sept.–Nov.) im S und einer Regenzeit (Mai–Okt.) im N. Die Jahressumme der Niederschläge erreicht an der Küste 800 mm und steigt landeinwärts zum Togo-Atakora-Gebirge auf 1 400–1 700 mm an. Insgesamt ist das Klima durch geringe jahreszeitl. Temperaturunterschiede gekennzeichnet. Die mittleren Temperaturwerte liegen bei 24–25 °C, in größeren Höhen fallen sie auf 20–22 °C ab.

Vegetation: Im südl. Teil Feuchtsavanne, nach N in Trockensavanne mit Akazien übergehend; an windgeschützten S-Hängen Waldareale, an den Flüssen Galeriewälder. Im höchsten Teil des Togo-Atakora-Gebirges finden sich Feuchtwälder.

Bevölkerung: Die amtl. Statistik weist 40 ethn. Gruppen aus, die zus. 95% der einheim. Bev. ausmachen. Die größten Stämme sind die Ewe (21,6% der Gesamtbev.), die Kabre (13,3%) und die Ouatschi (10,7%). 46% der Bev. sind Anhänger traditioneller Religionen, 37% Christen und 17% Muslime. Die Bev.dichte ist an der Küste am größten (170 E/km²) und im Zentralraum am dünnsten (10–15 E/km²). Knapp 29% der Bev. lebt in Städten; Univ. in Lomé (seit 1970).

Togo. Übersichtskarte

Wirtschaft: Etwa 80% der Bev. leben von der Landw., die 30% zum Bruttosozialprodukt beiträgt. Wichtige Exportkulturen sind Kakao, Kaffee und Baumwolle. Im S des Landes werden größere Ölbaum- und Kokospalmbestände genutzt; außerdem Anbau von Erdnüssen. Weidewirtschaft wird v. a. im N betrieben; im S dominiert die Schweinehaltung. Größte Industrieunternehmen sind eine Erdölraffinerie und ein Elektrostahlwerk. Wichtigstes Bergbauprodukt ist Phosphat.

Außenhandel: Die wichtigsten Handelspartner sind Frankr., die Niederlande, die BR Deutschland und die Elfenbeinküste. Exportiert werden: Phosphate, Kakaobohnen, Kaffee, Ölsaaten und Zement. Importiert werden u. a.: Baumwollgewebe, Maschinen, Kfz., Erdölderivate, Eisen und Stahl.

Verkehr: T. verfügt über 516 km Eisenbahnlinien. Wichtigste Linie ist die von Lomé nach Blitta. Rd. 8 100 km lang ist das Straßennetz, davon 1 500 km asphaltiert und 2 060 km mit Laterit befestigt. Einziger Überseehafen ist Lomé. Das Phosphat wird in Kpémé über eine 1,2 km lange Landungsbrücke verschifft. T. ist Teilhaber der Air Afrique, die Lomé mit 6 westafrikan. Hauptstädten verbindet.

Geschichte: Die Küste des heutigen T. wurde Ende des 15. Jh. von Portugiesen entdeckt. Im 17. und 18. Jh. errichteten frz. Kaufleute Niederlassungen, gaben sie jedoch bald wieder auf. G. Nachtigal errichtete am 5. Juli 1884 im Auftrag der Reichs-Reg. das dt. Schutzgebiet T., das zunächst nur aus einem schmalen Küstenstreifen bestand. Dieser Küstenstreifen wurde im O und W durch Verträge mit Frankr. (1885) und Großbrit. (1886) abgegrenzt; 1887 war der Küstenstreifen etwa 50 km tief; 1901 war das ganze heutige T. in dt. Hand, nachdem seit 1897 alle Grenzen durch Verträge festgelegt worden waren. Die dt. Verwaltung entwickelte T. zu einer Kolonie, die sich ab 1900 finanziell selbst tragen konnte. Nach Ausbruch des 1. Weltkriegs wurden die Deutschen von Briten und Franzosen noch im Aug. 1914 zur Kapitualtion gezwungen. 1919 erhielt Großbrit. den kleineren, westl. Teil von T. vom Völkerbund als Mandat und verwaltete dieses Gebiet zus. mit seiner Kolonie Goldküste; nach einer Volksabstimmung unter UN-Kontrolle im Jahre 1956 wurde West-T. 1957 der Goldküste († Ghana) eingegliedert. Frankr. verwaltete seinen östl., größeren Teil von T. getrennt von seinen westafrikan. Kolonien. 1946 übertrugen die UN Frankr. das ehem. Völkerbundsmandat T. als Treuhandgebiet. 1956 erhielt Frz.-T. innere Autonomie innerhalb der Frz. Union, 1960 entließ Frankr. die Republik T. in die Unabhängigkeit. 1963 führten innere (wirtsch. N-S-Gefälle) und äußere Spannungen (mit Ghana) zu einer Revolte, in deren Verlauf Staatspräs. S. Olympio ermordet wurde. Sein Nachfolger N. Grunitzky mußte 1967 einem Armeeputsch unter Oberstleutnant G. Eyadéma (* 1935) weichen. Die prowestl. Außenpolitik des Landes blieb von diesen Umstürzen unberührt. Innenpolit. betreibt Eyadéma eine Politik der „authenticité" (Rückbesinnung auf afrikaspezif. kulturelle Grundlagen) und bedient sich dabei der 1969 gegr. Einheitspartei Rassemblement du Peuple Togolais (RPT). Ende 1979 wurde mit der Verabschiedung einer neuen Verfassung mit Präsidentschaftswahlen (Wiederwahl Eyadémas) und Parlamentswahlen der seit 1967 feststehende Ausnahmezustand beendet; am 13. Jan. 1980 wurde vom Präs. die 3. Republik T. proklamiert. Im Dez. 1984 schloß T. Sicherheitsabkommen mit seinen Nachbarstaaten ab.

Politisches System: Nach der Verfassung vom 13. Jan. 1980 ist T. eine präsidiale Republik. *Staatsoberhaupt* und oberster Inhaber der *Exekutive* ist der vom Volk auf 7 Jahre gewählte Präsident der Republik (z. Z. General Gnassingbe Eyadéma). Er ist gleichzeitig Oberbefehlshaber der Streitkräfte und Präs. der Einheitspartei; er ernennt und entläßt die Minister. Organ der *Legislative* ist das Einkammerparlament (77 vom Volk auf 5 Jahre gewählte Abgeordnete). Einzige zugelassene *Partei* ist die 1969 gegr. Rassemblement du Peuple Togolais (Abk. RPT), deren Polit. Büro und Zentralkomitee fakt. das Machtzentrum des Staates sind. *Einheitsgewerkschaft* ist die 1973 gegr. Confédération Nationale des Travailleurs du Togo (Abk. CNTT). *Verwaltungs*mäßig ist T. in 5 Regionen gegliedert, deren Leiter vom Präs. ernannt werden. Während in Strafsachen nur frz. *Recht* gilt, wird in Zivilrechtsfällen, bes. im Familien- und Erbrecht, teilweise traditionelles Stammesrecht angewandt. Die *Streitkräfte* bestehen aus rd. 6 000 Mann; paramilitär. Kräfte umfassen 1 550 Mann.

📖 *Ziemer, K.: Demokratisierung in Westafrika? Paderborn 1983. - Knoll, A. J.: T. under imperial Germany 1884–1914. Stanford (Calif.) 1978. - Piraux, M.: Le T. aujord'hui. Paris 1978. - Feuillet, C.: Le T. en general. Paris 1976. - Cornevin, R.: Le T. Paris* ²*1974. - Cornevin, R.: Histoire du T. Paris* ³*1969. - Attignon, H.: Géographie du T. Lome 1966. - Wülker, G.: T., Tradition u. Entwicklung. Stg. 1966. - T. Die Gesch. eines afrikan. Staates ... Bühl 1961.*

Togo-Atakora-Gebirge, Gebirgszug in W-Afrika, östl. des unteren Volta und des Oti bis an den Niger, durch eine Bruchzone westl. von Sokodé unterteilt in das **Togogebirge** im S und die **Atakora** im N; durchschnittl. Höhe um 700 m, höchste Erhebung (Mont Agou sö. vom Kpalimé) 1 020 m.

Tohaku, Hasegawa, * Nanao (Präfektur Ischikawa) 1539, † Edo (= Tokio) 19. März 1610, jap. Maler. - Wirkte stilbildend für die Malerei der Momojamazeit (1573–1615): sparsame monochrome Tuschimpressionen, auch in farbenprächtige Dekorationsmalerei auf Goldgrund. Stellschirme und Schiebewände, u. a. „Kiefernhain" (Tokio, Nationalmuseum).

Tohuwabohu [hebr. „Wüste und Öde"], der chaot. Urzustand der Welt nach der Schilderung des bibl. Schöpfungsberichts (1. Mos. 1, 2); übertragen auch für heilloses Durcheinander.

Toile [frz. twal; zu lat. tela „Gewebe"] (Toile de Soie), leinwandbindiges Gewebe aus feinfädiger, wenig gedrehter Schappeseide oder Kunstseide; wird v. a. als Blusen-, Kleider- und Wäschestoff verwendet.

Toilette [toa'lɛtə; frz., eigtl. „kleines Tuch" (zu ↑Toile)], [elegante] Damenbekleidung mit den dazugehörigen Accessoires.
◆ (Klosett) ↑Abort.
◆ Kosmetik- und Frisiertisch.

Tojama, jap. Stadt auf Hondo, am N-Fuß der Jap. Alpen, 314 100 E. Verwaltungssitz der Präfektur T.; bed. Standort der eisenschaffenden und -verarbeitenden Industrie.

Tojota, jap. Stadt auf Hondo, am O-Rand der Nobiebene, 308 100 E. Hauptsitz des größten Unternehmens der jap. Autoind. (Toyota Motor Company Ltd.).

Tokaido, alter Verkehrsweg auf der jap. Insel Hondo, führte an der Pazifikküste entlang (über 514 km), heute von Eisenbahn (Expreßzüge mit Spitzengeschwindigkeiten von 210 km/h) und Schnellstraße benutzt.

Tokaj [ungar. 'tokɔj], ungar. Ort an der Theiß, 5 500 E. Weinmuseum; Zentrum eines Weinbaugebiets.

Tokajer (Tokaj, Tokaier), schwerer bukettreicher Qualitätswein aus dem Gebiet um Tokaj; aus Furmint-, Lindenblättrigen und Muskatellerreben.

Tokamak [russ.], Bez. für in der Sowjetunion entwickelte Versuchsgeräte zur Erzielung der Kernfusion durch magnet. Einschließung eines Plasmas in torusförmigen metall. Entladungsgefäßen.

Tokarainseln, Kette von 10 Vulkaninseln im nördl. Abschnitt der Riukiuinseln, Japan.

Tokat, türk. Stadt im Pont. Gebirge, 650 m ü. d. M., 72 900 E. Hauptstadt des Verw.-Geb. T. und wichtiges Handelszentrum. - Von einer byzantin. Zitadelle überragt.

Tokelauinseln, zu Neuseeland gehörende Inselgruppe (3 Atolle) im Pazif. Ozean, nördl. der Samoainseln, rd. 10 km². - 1765 entdeckt, standen seit 1877 unter brit. Protektorat; 1916 unter dem Namen **Union Islands** der Kolonie Gilbert und Ellice Islands angegliedert; seit 1925 von Neuseeland verwaltet, zu dem sie seit 1949 gehören.

Token [engl. 'toʊkən], Privatgeldzeichen aus minderen Metallen, zuerst im 17. Jh. in England als Notgeld eingesetzt, als die staatl. Münzprägung zu wenig Scheidemünzen bereitstellte.

Tokio

Tokio ['toːkjo] (bis 1868 Edo), Hauptstadt Japans, auf Hondo, an der NW-Küste der Tokiobucht, 8,35 Mill. E. Mittelpunkt der Verwaltung, des Kultur- und Wirtschaftslebens Japans; kath. Erzbischofssitz; 4 staatl., 36 private und eine städt. Univ. (gegr. 1877), 7 TU, zahlr. Colleges, Hochschulen für Musik und bildende Künste, Kernforschungsinst.; zahlr. Museen, u. a. Nationalmuseum, das Nationalmuseum für moderne Kunst, Volkskunstmuseum; Nationalbibliothek, Nationaltheater, botan. Garten, Zoo. T. ist Mittelpunkt des wichtigsten jap. Ind.gebiets (↑Keihin) und zugleich der größte Verbrauchermarkt des Landes, eine bed. Handelsstadt und das Finanzzentrum Japans. Die verarbeitende Ind. umfaßt u. a. Flugzeug-, Automobil- und Maschinenbau, Werften, Elektro- und feinmechan., chem. Ind.; Presse- und Verlagszentrum Japans. Der Hafen von T. ist Teil einer Hafengemeinschaft, die sich von Jokohama im W bis Tschiba im O der T.bucht erstreckt. Hauptverkehrsmittel innerhalb der Stadt ist die U-Bahn mit einer Streckenlänge von 163 km. Dem Kfz.verkehr dienen Stadtautobahnen, die z. T. in 2 oder 3 Ebenen oder auch unterird. verlaufen; 2 internat. ✈.

Geschichte: Fundstellen deuten auf kontinuierl. Besiedlung seit dem Altertum hin. Seit dem 12. Jh. Lehnssitz einer Kriegerfamilie, die den Namen des Gebietes Edo (Etymologie umstritten, gemäß Schriftzeichen svw. Flußmündung) angenommen hatte. Seit Bau der Burg Edo 1457 entwickelte sich T. als Burgstadt. 1590 kam sie in den Besitz der Familie Tokugawa und seit 1603 das polit. Zentrum Japans. Zur Kontrolle der Regionalfürsten wurden diese gezwungen, ihre Familien mit Hofstaat in Edo wohnen zu lassen und selbst in bestimmten Abständen in Edo zu residieren. Hier rd. 1,3 Mill. E Anfang des 18. Jh. war Edo die größte Stadt der Erde bis Anfang des 19. Jh.; 1868 kam die Burg in kaiserl. Besitz und Edo wurde in Tokio („östl. Hauptstadt") umbenannt; ab 1869 Residenz des Tenno und Reg.sitz. Die moderne Ind. entwickelte sich aus nach der Meidschi-Reform (1868) gegr. Staatsbetrieben. Nach 1945 wurde T. auch das industrielle Zentrum Japans. 1964 war T. Austragungsort der Olymp. Sommerspiele. - Beim großen Erdbeben vom Sept. 1923 in T. und Umgebung fanden rd. 74 000 Menschen den Tod. Außerdem wurden alle Reste der alten Stadt Edo vernichtet. Bombenangriffe im 2. Weltkrieg zerstörten den größten Teil der Stadt und verursachten starke Bevölkerungsverluste. Hemmungslose Industrialisierung und Ind.konzentrierung um den Raum T. bewirkten, daß heute von Jokohama über T. bis Tschiba ein geschlossenes Verstädterungsgebiet besteht. 1962 überschritt die Bevölkerungszahl der Conurbation Groß-T. die 10-Mill.-Grenze.

Tokkata

Bauten: Mittelpunkt ist der kaiserl. Palast in der Oberstadt, inmitten des größten der insgesamt 215 Parks. Nahebei befinden sich das Parlament, die Ministerien und ausländ. Vertretungen; an diesen Bez. schließt sich sö. zum Hafen hin die eigtl. City mit dem Hauptbahnhof, der Hauptpost, Hotels und der Ginsa (Einkaufs- und Vergnügungsviertel) an. Wahrzeichen von T. ist der 335 m hohe, dem Eiffelturm ähnl. T.turm (1958). In der hochwassergefährdeten Unterstadt an der Küste befinden sich v. a. Hafen- und Ind.gelände sowie Arbeiterwohnviertel.

⌑ *Whitford, F.:* Tokyo. Dt. Übers. 1980. - *Moreau, M.:* Tokyo. Paris 1976. - *Yazaki, T.: The socioeconomic structure of the Tokyo metropolitan complex. Honolulu 1970. - Nouët, N.: Histoire de Tokyo. Paris 1961.*

Tokkata ↑Toccata.

Tokographie [zu griech. tókos „Geburt"], geburtshilfl. Methode, bei der mittels auf die Bauchdecke aufgesetzter elektron. Meßinstrumente die Häufigkeit, Dauer und Stärke der Wehentätigkeit registriert wird.

Tokopherole [griech.], svw. Vitamin E (↑Vitamine).

Tokugawa Iejasu ↑Iejasu, Tokugawa.

Tokugawazeit, Bez. für die Epoche der jap. Geschichte, in der die Schogune aus dem Geschlecht Tokugawa Iejasus Japan beherrschten (1603–1867). Die T. war gekennzeichnet durch eine lange Friedensperiode mit tiefgreifenden Reformen in Staat und Gesellschaft (↑Japan, Geschichte).

Tokuschima, jap. Stadt auf Schikoku, an der Kiistraße, 257 900 E. Verwaltungssitz der Präfektur T.; Univ. (gegr. 1949); Textil- und Nahrungsmittelindustrie.

Toland, John [engl. 'toulənd], * Redcastle (Donegal) 30. Nov. 1670, † Putney (= London) 11. März 1722, ir.-engl. Religionsphilosoph. - Urspr. kath.; trat 1687 zum Protestantismus über; einer der Hauptvertreter des engl. Deismus. In seinem Hauptwerk „Christentum ohne Geheimnis" (1696) ist das Kriterium für die Wahrheit einer Religion ihre Übereinstimmung mit der der Vernunft entsprechenden, allgemeingültigen Moral und natürl. Religion, der „Naturordnung" (Lex naturae), die in der alttestamentl. Gesetzesreligion und im urspr. Christentum ihre Verwirklichung gefunden habe. T. übte großen Einfluß auf die frz. Aufklärung aus.

Tolbert, William Richard [engl. 'tɔlbət], * Bensonville (Prov. Montserrado) 13. Mai 1913, † Monrovia 12. April 1980, liberian. Politiker. - 1943–51 Parlamentsabg.; 1951–71 Vizepräs.; ab 1955 auch Senatspräs.; seit 1971 Staatspräs. (Wiederwahl 1975); kam beim Putsch vom 12. April 1980 ums Leben.

Tolbuchin, bulgar. Stadt in der Dobrudscha, 98 900 E. Verwaltungssitz des Verw.-Geb. T.; Hochschule für Elektrotechnik und Bauwesen, archäolog. Museum; Marktort.

Toledische Tafeln, im 11. Jh. in Toledo zusammengestellte numer. Tabellen zur Vorausberechnung von sider. Planetenörtern und Finsternissen im geozentr. System; blieben [seit etwa 1320 neben den Alfonsin. Tafeln] bis ins 16. Jh. in Gebrauch.

Toledo [to'le:do; span. to'leðo], span. Stadt in Kastilien, am Tajo, 527 m ü. d. M., 57 800 E. Verwaltungssitz der Prov. T.; kath. Erzbischofssitz; mehrere Museen, u. a. El-

Tokio. Blick auf die Innenstadt

Toleranzen

Greco-Museum; Handelszentrum, keram. u. a. Industrie. **Geschichte:** Das antike **Toletum** wurde 192 v. Chr. von den Römern erobert; gehörte etwa seit 500 zum Westgotenreich, wurde unter Leowigild (568–586) dessen Hauptstadt. Sitz eines Bischofs (seit etwa 300 nachweisbar), der im 7. Jh. den Primat über alle westgot. Bistümer erhielt. 711 von den Arabern eingenommen; ab 1036 Residenz eines unabhängigen Teil-Ft. (Taifa); seit dieser Zeit wegen seiner Waffenproduktion berühmt (Toledaner Klingen). 1085 eroberte König Alfons VI. von Kastilien und León T. und machte es 1087 zur Hauptstadt seines Reiches; wurde vornehmster Bischofssitz Spaniens (seit dem 15. Jh. mit der Kardinalswürde verbunden). **Bauten:** Die hohen Mauern (westgot. und maur.) mit bed. Stadttoren (13. und 14. Jh.) umschließen eine enge steile Altstadt mit bed. got. Kathedrale (an Stelle einer Moschee; 1226–1493). Die Kapelle San Cristo de la Luz (urspr. westgot. Kapelle), 999 zur Moschee umgestaltet, wurde im 12. Jh. rechristianisiert. Im Mudejarstil erbaut wurden die Kirchen San Román, Santiago del Arrabal, Santa María la Blanca, Santo Tomé und die sog. Sinagoga del Tránsito. Der Alkazar (1538 ff.; 1937 z. T. zerstört) ist heute Nationaldenkmal; Rathaus (16./17. Jh.), Stadttor (12. und 14. Jh.), Brücken Alcántara (966; 1257 erneuert) und San Martín (13. Jh.).
  Gómez de la Serna, G.: T. Engl. Übers. Barcelona⁴1963. - *Rivera, J. F.: La cathédrale de Tolède.* Frz. Übers. Barcelona 1957.

T. [engl. tə'liːdou], Stadt in Ohio, am Eriesee, 180 m ü. d. M., 354 600 E. Kath. Bischofssitz; Univ. (gegr. 1872); Kunstmuseum. T. ist der größte Hafen an den Großen Seen mit zahlr. Ind.betrieben. - Entstand 1833 aus der Vereinigung von zwei Dörfern (Port Lawrence, 1817 gegr., und Vistula, 1832 gegr.); nach der span. Stadt T. ben.; City seit 1837. - Der Anspruch der Bundesstaaten Ohio und Michigan auf das Gebiet um T. führte 1835/36 zum Grenzkrieg zw. den beiden Staaten (**Toledo War**), der durch Vermittlung des Präs. A. Jackson beigelegt wurde: Michigan verzichtete auf das Gebiet.

T. [to'leːdo; span. to'leðo], islam. Kgr. des 11. Jh. im Gebiet des heutigen ↑ Neukastilien.

Toledo, Montes de [span. 'mɔntez ðe to'leðo], stark gegliedertes Gebirge in Spanien, zw. Tajo im N und Guadiana im S, 340 km lang, 30–100 km breit, bis 1448 m hoch.

Toledoarbeit, ↑ Durchbrucharbeit mit Glanzstickgarn auf dichtem, weißem Leinen.

Toledo y Pimentel, Fernando Álvarez de [span. to'leðo i pimen'tɛl] ↑ Alba, Fernando Álvarez de Toledo y Pimentel, Herzog von.

tolerant [lat.], weitherzig, nachsichtig.

Toleranz [lat., zu tolerare „ertragen, erdulden"], Handlungsregel für das Geltenlassen der religiösen, eth.-sozialen, polit., wiss.-philosoph. Überzeugungen, Normen, Werte und Wertesysteme sowie der ihnen entsprechenden Handlungen anderer; i. e. S. die Duldsamkeit gegenüber (religiösen) Glaubensüberzeugungen anderer v. a. in Staat und Gesellschaft. Beginnend mit der Reformation, propagiert v. a. durch die Aufklärung, hat T. als Glaubens- und Gewissensfreiheit, Bekenntnisfreiheit, Kultusfreiheit und Religionsfreiheit im Staatsrecht, in den Grundrechten und in den Menschenrechten zunehmend Rechtsverbindlichkeit erlangt. T. wurde von der Aufklärung gefordert, um die freie öffentl. Entfaltung der autonomen Kritik zu ermöglichen. Sie ist eine der Vor- und Grundbedingungen freier, rationaler Auseinandersetzungen zw. konkurrierenden Wahrheits- und Geltungsansprüchen von Erkenntnissen und Normen. - In *Staat und Gesellschaft*, bes. in „geschlossenen" Gesellschaftssystemen, hat die T. eine doppelte Schutzfunktion: Sie schützt zum einen das allg. geltende gesellschaftl. und polit. Normen- und Wertesystem vor Infragestellung und Auflösung, indem Normen und Werte anderer *toleriert,* d. h. hingenommen werden; zum anderen bewahrt sie jene Andersdenkenden vor Repressionen, Diskriminierung und (im ungünstigsten Fall) vor psych. Terror und phys. Ausrottung. Somit ermöglicht T. Humanität und schafft die Voraussetzung für ein friedl. Austragen der Konflikte. Die Konsequenz der **Intoleranz** ist dagegen Inhumanität; sie führt in einem Überlebenskampf mit Notwendigkeit zum Versuch revolutionärer Durchsetzung unterdrückter Wahrheitsansprüche und Wertvorstellungen. - Eine pluralist. Gesellschaft ist ohne T. nicht funktionsfähig; in den freiheitl. Demokratien ist T. eine fundamentale Voraussetzung für eine [repressions]freie, rational verfahrende demokrat. Willensbildung, die der Minderheitsmeinung prinzipiell als wertvoller (oppositioneller) Alternative bedarf.
  Religiöse T. Hg. v. H. R. Guggisberg. Köln 1984. - *Topitsch, E./Vogel, H. J.: Pluralismus u. T.* Köln 1983. - *Glaube u. T.* Hg. v. T. Rendtorff. Gütersloh 1983. - *Brinkmann, J.: T. in der Kirche.* Paderborn 1980. - *Khoury, A. T.: T. im Islam.* Mainz/Mchn. 1980.

◆ in der *Medizin* die (begrenzte) Widerstandsfähigkeit des Organismus gegenüber schädl. äußeren Einwirkungen, bes. gegenüber Giftstoffen oder Strahlen.

◆ in der *Technik* ↑ Toleranzen.

Toleranzdosis ↑ Dosis.

Toleranzedikt von Nantes [frz. nãːt], svw. Edikt von ↑ Nantes.

Toleranzen, im techn. Bereich die Differenzen zw. den durch den Fertigungsvorgang gegebenen tatsächl. Maßen eines Werkstücks *(Istmaß)* und den angestrebten *Nenn-* oder *Sollmaßen.* Die Größenordnung der Herstel-

141

Toleranzpatent

Schwarze Tollkirsche

lungs-T. bei verschiedenen Fertigungsverfahren sind im allg. in Normen und Normentwürfen zusammengestellt.

Toleranzpatent, am 13. Okt. 1781 in Österreich von Kaiser Joseph II. unterzeichnete Urkunde, die den Lutheranern, Kalvinisten und Orthodoxen freie Religionsausübung und bürgerl. Rechte gewährte; ab 1782 auf die Juden ausgedehnt.

Toleranzstadium ↑ Anästhesie.

Toletum, antiker Name von ↑ Toledo.

Toliary (Tuléar), Hafenstadt in SW-Madagaskar, 48 900 E. Prov.hauptstadt, kath. Bischofssitz; ozeanograph. Station der Univ. Antananarivo; Sisalverarbeitung, Fleischkonservierung. - Frz. Kolonialgründung mit schachbrettförmigem Grundriß.

Tolima, Dep. in Z-Kolumbien, am Río Magdalena, 23 562 km^2, 1,028 Mill.E (1985), Hauptstadt Ibagué. T. erstreckt sich von der Zentral- bis in die Ostkordillere. Die niederschlagsreicheren Gebirgsflanken sind ein wichtiges Produktionsgebiet für Kaffee. Im Z des Magdalenatieflands Erdölförderung.

Toljatti, sowjet. Stadt am O-Ufer des Kuibyschewer Stausees der Wolga, RSFSR, 594 000 E. Polytechn. Hochschule; Kfz.-, chem. Ind., Maschinenbau; Hafen. - 1955 als **Stawropol** anstelle der vom Wasser des Kuibyschewer Stausees überfluteten Vorgängersiedlung nnw. des Staudamms errichtet; 1964 nach P. Togliatti umbenannt.

Tolkien, John Ronald Reuel [engl. ˈtɔlkiːn], * Bloemfontein 3. Jan. 1892, † Bournemouth 2. Sept. 1973, engl. Schriftsteller und Philologe. - 1925–59 Prof. für german. Philologie in Oxford; Mythenforscher. Die Romantrilogie „Der Herr der Ringe" (Bd. 1: „Die Gefährten", 1954; Bd. 2: „Die zwei Türme", 1954; Bd. 3: „Die Rückkehr des Königs", 1955) beschreibt die Phantasiewelt „Mittel-Erde", bevölkert u. a. von „Hobbits", eine kelt.-german. Märchenwelt eigener Prägung. Das Werk stellt ein ganzes mythol. System dar; zentrales Thema ist der Kampf zw. Gut und Böse. Die Erschaffung der Welt und des Lebens schildert „Das Silmarillion" (R., hg. 1977).

Tollens, Hendrik, eigtl. Henricus Franciscus Caroluszoon T., * Rotterdam 24. Sept. 1780, † Rijswijk 21. Okt. 1856, niederl. Schriftsteller. - Farbenhändler; mit Dramen und volksliedhaften Gedichten einer der populärsten niederl. Dichter der ersten Hälfte des 19. Jahrhunderts.

Tollenser ↑ Liutizen.

Toller, Ernst, * Samotschin (= Szamocin, Woiwodschaft Piła) 1. Dez. 1893, † New York 22. Mai 1939 (Selbstmord), dt. Dramatiker. - In den 1920er Jahren Hauptvertreter des [expressionist.] aktivist. Dramas mit radikalsozialist. Tendenz. Freund K. Eisners; als Mgl. der USPD führend an der Novemberrevolution und der Münchner Räterepublik beteiligt (1919 Vorsitzender der bayr. Arbeiter-, Bauern- und Soldatenräte); nach deren Sturz zu 5 Jahren Festungshaft verurteilt; emigrierte nach Schreib- und Aufführungsverboten 1933 über die Schweiz, Frankr. (1935), Großbrit. (1936) in die USA. Seine größtenteils in der Haft entstandenen Antikriegsstücke („Die Wandlung" [1919]) und sozialkrit. Zeitstücke wie „Masse Mensch" (1921), „Die Maschinenstürmer" (1922), „Hinkemann" (1924) weisen T. als Protagonisten des dt. polit. Theaters aus. „Hoppla, wir leben" (1927) ist die erste literar. Auseinandersetzung mit der Weimarer Republik; „Pastor Hall" (1939) ist die Geschichte eines Einzelgängers, der sich gegen die Diktatur Hitlers auflehnt. Verfaßte auch Lyrik („Das Schwalbenbuch", 1924), Erinnerungen („Eine Jugend in Deutschland", 1935) und Reiseberichte sowie Essays, Reden und Manifeste [gegen den NS in Deutschland].

Tollkirsche (Atropa), Gatt. der Nachtschattengewächse mit 5 Arten im gemäßigten Eurasien. Die bekannteste Art ist die in Laubwäldern vorkommende **Schwarze Tollkirsche** (Belladonna, Atropa belladonna), eine bis 1,5 m hohe, sparrig verzweigte, drüsig behaarte Staude mit großen, eiförmigen Blättern und einzelnstehenden, rötlichbraunen, glockenförmigen Blüten. V. a. die schwarzen, glänzenden Beerenfrüchte sind durch ihren hohen Alkaloidgehalt (Hyoscyamin, Atropin, Scopolamin) sehr giftig. Der Extrakt aus Wurzeln und Blättern wird medizin. als krampflösendes, gefäß- und pupillenerweiterndes Mittel verwendet.

Tollkraut (Skopolie, Scopolia), Gatt. der Nachtschattengewächse mit 4 Arten im gemäßigten Eurasien. In Deutschland eingebürgert ist das in Laubwäldern O- und SO-Europas heim. **Krainer Tollkraut** (Scopolia carniolica): bis 60 cm hohe Staude mit ellipt. Blättern und einzelnstehenden, bräunlich lilafarbenen, hängenden Blüten. Das alkaloidhaltige giftige Rhizom wurde im MA zu Liebes- und Rauschtränken verarbeitet.

Tollwut (Hundswut, Wut, Lyssa, Rabies),

virösen Infektionskrankheit des Zentralnervensystems (Gehirnentzündung), die, unbehandelt, bei allen Warmblütern (mit Ausnahme der blutsaugenden mittel- und südamerikan. Echten Vampire) stets tödlich endet. Das Auftreten der T. beim Menschen ist meldepflichtig, beim Tier anzeigepflichtig. Die Übertragung der T. erfolgt durch Speichelinfektion (meist Biß, auch Lecken im Bereich verletzter Haut- und Schleimhautstellen). Infektionsquelle für den Menschen sind v. a. an T. erkrankte Katzen und Hunde, die mit erkrankten Wildtieren, v. a. Füchsen, Mardern und Eichhörnchen, in Berührung gekommen sind oder von frischen Kadavern solcher Tiere gefressen haben. Erreger der T. sind die **Tollwutviren.** Diese wandern entlang der peripheren Nerven von der Bißstelle ins Gehirn und ins Rückenmark, wo sie sich vermehren und die entsprechenden Krankheitszeichen auslösen. - Die T. beginnt nach einer Inkubationszeit von ein bis drei Monaten uncharakteristisch mit leichtem Fieber, Kopfschmerzen, Angst, Beklemmungsgefühl und Niedergeschlagenheit. Häufig werden auch Schmerzen an der Bißstelle empfunden. An dieses erste „Stadium der Melancholie" schließt sich das „Erregungsstadium" mit starker Reizbarkeit an (motor. Unruhe, Krämpfe, bes. augenfällig der Schluck- und Atemmuskulatur, die reflektorisch schon durch geringste äußere Reize ausgelöst werden können). Bei Haustieren kann das Erregungsstadium fehlen; die Tiere werden dann aber apathisch und melancholisch („stille Wut"). Schließl. tritt nach einem „Lähmungsstadium" mit fortschreitender Benommenheit, Muskel- und Empfindungslähmung innerhalb von zwei bis drei Tagen der Tod ein. Wildlebende Tiere fallen v. a. durch den Verlust ihrer natürl. Scheu gegenüber Menschen auf.
Eine spezif. Behandlung der T. ist unbekannt. Daher ist nach erfolgter Infektion die Früherkennung der T. bei den als Ansteckungsquelle verdächtigten Tieren entscheidend. Die aktive Immunisierung mit abgeschwächten Viren kann in den sog. Wutzentralen aller größeren Städte durchgeführt werden. Kommen T. infizierte nicht später als 72 Stunden nach dem Biß in ärztl. Behandlung, kann die aktive Schutzimpfung mit einer passiven Immunisierung durch Hyperimmunserum kombiniert werden.
Die heute in M-Europa herrschende T. breitete sich v. a. nach dem 2. Weltkrieg, von O-Europa ausgehend, über die DDR und BR Deutschland bis in deren westl. Nachbarländer aus. Die Seuche stieg mit Ausnahme eines kurzzeitigen Rückgangs in den Jahren 1969-71 ständig an. Das Schwergewicht der Bekämpfung liegt auf der Fuchsbejagung und der Vergasung der Fuchsbaue. T. gefährdete Bezirke werden durch entsprechende Hinweistafeln kenntlich gemacht.
⊞ *Dokumentation T.:* Hg. v. *C. Labudde* u. *B. Zitzmann. Bundesministerium f. Forschung u. Technologie 1977. - Aktuelle Probleme der T.* Hg. v. *G. Schoop* u. a. Stg. 1970.

Tolman, Edward Chace [engl. ˈtoʊlmən], * West Newton (Mass.) 14. April 1886, † Berkeley (Calif.) 19. Nov. 1959, amerikan. Psychologe. - Prof. in Berkeley; namhafter Vertreter des Neobehaviorismus; vertrat in seinen auf Labyrinthversuche gestützten Arbeiten v. a. die These, daß jegl. Verhalten zielgerichtet sei, da nicht Bewegungsfolgen, sondern jeweils Bedeutungszusammenhänge zw. Reizgegebenheiten gelernt würden.

Tolosa ↑Toulouse.

Tolosanisches Reich, Bez. für das westgot. Reich von 419 bis 507 mit Aquitanien als Kerngebiet (ben. nach der Residenz Tolosa [= Toulouse]). - ↑auch Spanien (Geschichte).

Tölpel (Sulidae), Fam. vorwiegend schwarz-weiß gefärbter, bis 1 m langer Meeresvögel (Ordnung Ruderfüßer) mit 9 Arten, v. a. an trop. bis gemäßigten Küstenregionen; stoßtauchende Fischfresser mit relativ langem, keilförmig zugespitztem Schnabel; brüten kolonieweise in Bodennestern, meist auf Inseln; am bekanntesten der ↑Baßtölpel.

Tolstoi [tɔlˈstɔy], russ. Adelsfam., Grafen (seit 1724); bes. bekannt u. a.:

T., Alexei Konstantinowitsch Graf, * Petersburg 5. Sept. 1817, † Krasny Rog (Geb. Brjansk) 10. Okt. 1875, Schriftsteller. - Verfechter des L'art pour l'art; bed. Balladendichter; viele seiner Gedichte wurden vertont; schrieb ferner den histor. Roman „Fürst Serebräny (1862, dt. 1941 u. d. T. „Der silberne Fürst") sowie die ankläger. Dramentrilogie „Der Tod Iwan des Grausamen" (1866), „Zar Fjodor" (1868), „Zar Boris" (1870).

T., Alexei Nikolajewitsch [Graf], * Nikolajewsk (= Pugatschow, Geb. Saratow) 10. Jan. 1883, † Moskau 23. Febr. 1945, Schriftsteller. - 1918-23 in der Emigration; stellte in der Romantrilogie „Der Leidensweg" (1920-41) den Untergang der vorrevolutionären russ. Oberschicht und die Revolutionswirren dar; auf umfassenden Quellenstudien beruht der unvollendete histor. Roman „Peter der Erste" (1929-45); auch utop. Romane wie „Geheimnisvolle Strahlen" (1925/26), Gedichte, Dramen und Novellen.

T., Lew Nikolajewitsch Graf (Leo T.), * Jasnaja Poljana 9. Sept. 1828, † Astapowo (Geb. Lipezk) 20. Nov. 1910, Dichter. - 1851-56 Offizier der Kaukasusarmee, lebte ab 1857 abwechselnd in Jasnaja Poljana und in Moskau; seit 1862 ∞ mit Sofja Andrejewna Bers (* 1844, † 1919); zog sich ganz auf Jasnaja Poljana zurück, wo er auch als Pädagoge prakt. tätig war; durch seine Schriften kam es zu Spannungen mit der russ. orthodoxen Kirche, die ihn 1901 ausschloß; im Nov. 1910 verließ T. seine Familie, um in der Einsamkeit

zu leben; verstarb auf der Reise. T. fand den Zugang zur Literatur durch Tagebuchaufzeichnungen, in denen er sich, stark introspektiv, Rechenschaft über sich ablegte („Aus meinem Leben", dt. Zusammenfassung 1890). Ständig auf der Suche nach dem Sinn des Daseins, der absoluten Wahrheit, voller schonungsloser Kritik an der Gesellschaft, an der Zivilisation, die nur einer bestimmten Klasse dient, an jegl. Autorität (Staat und Kirche), voller Abscheu gegen Ästhetizismus, geprägt von Vitalität und sinnenfroh dem Irdischen verhaftet - hierin ein Gegenpol zu Dostojewski -, dabei jedoch von rigorosem moral. Pathos, Nächstenliebe als höchstes Gebot setzend, Ideen des Urchristentums zugeneigt, der Lehre von der Gewaltlosigkeit ergeben, die ihn später immer stärker zu anarchist. Gedanken führte, gab T. in poet. vollendeten Erzählwerken und Dramen ein eindringl. Bild der komplizierten psych. Struktur des Menschen. Treffende und nuancenreiche Darstellung des Äußeren entspricht einer adäquaten subtilen Gestaltung des Seelenlebens der handelnden Personen, v. a. auch die Verwendung des inneren Monologs, von Parallelhandlungen und einer weitausgreifenden mehrschichtigen Komposition. Aus dem urspr. Plan, einen Roman über die Dekabristen zu schreiben, entstand der großangelegte histor. und geschichtsphilosoph. Roman „Krieg und Frieden" (6 Bde., 1868/69). Der Eheroman „Anna Karenina" (1878) ist eine eindrucksvolle Schilderung der 1860er Jahre. T. hat als Dramatiker gleiche Bed. wie als Epiker, v. a. mit dem Drama „Die Macht der Finsternis" (1886). Auch als Kulturkritiker und religiöser Deuter übte er v. a. auf die slaw. und westeurop. Literaturen nachhaltigen Einfluß aus.
Weitere Werke: Drei Tode (Nov., 1858), Die Kosaken (Nov., 1863), Meine Beichte (Autobiogr., 1882; 1886 u. d. T. Bekenntnisse), Der Tod des Iwan Iljitsch (E., 1886), Die Kreutzersonate (E., 1889), Auferstehung (R., 1899), Der lebende Leichnam (Dr., hg. 1911), Und das Licht leuchtet in der Finsternis (Dr., hg. 1911), Chadschi Murat (E., hg. 1912).
⌑ *Lettenbauer, H.: Tolstoj. Zürich 1984. - Schklowski, V.: L. T. Dt. Übers. Wien u. a. 1981. - Lavrin, J.: L. Tolstoj. Dt. Übers. Rbk.* [4]*1979. - Braun, M.: Tolstoj. Gött. 1978. - T. u. seine Zeit. Hg. v. E. Orlandi. Dt. Übers. Mchn. 1978. - Braun, M.: Tolstoj. Eine literar. Biogr. Gött. 1978. - Tolstoi, T.: Ein Leben mit meinem Vater. Dt. Übers. Köln 1978. - Troyat, A.: T. Dt. Übers. Mchn. 1977. - Rolland, R.: Das Leben Tolstois. Dt. Übers. Bln. Neuausg. 1967. - Bayley, J.: Tolstoj and the novel. London 1966.*

Tolteken, prähistor. Volk in Z-Mexiko. Die T. wanderten im 9. Jh. aus dem N ein, gründeten um 920 die Hauptstadt Tula und schufen ein größeres Reich. Innere Kämpfe führten 987 zur Auswanderung einer Gruppe nach Yucatán, wo sie sich in Chichén Itzá niederließen und u. a. den Baustil beeinflußten. Das zentralmex. T.reich brach 1160 zusammen.

Tolubalsam [nach der Stadt Tolú in Kolumbien], rötlichbrauner, vanilleartig riechender patholog. Ausfluß aus der Stammrinde des im NW Südamerikas verbreiteten **Tolubalsambaumes** (Myroxylon balsamum var. balsamum; ein Schmetterlingsblütler); Verwendung als Expektorans und in der Parfümind. als Riechstoff; enthält v. a. Zimtsäureester, äther. Öle und Vanillin.

Toluca de Lerdo [span. to'luka ðe 'lɛrðo], Hauptstadt des mex. Staates México, im zentralen Hochland, 2 640 m ü. d. M., 357 100 E. Kath. Bischofssitz; Univ. (gegr. 1956); Staats-, Kunstmuseum, Theater; Zentrum eines Agrargebiets. - Hieß zuerst **Tollocan**; 1520 an der Stelle einer indian. Siedlung von den Spaniern gegr.; erhielt 1677 Stadtrecht (Ciudad); heutiger Name seit 1861. - Palacio de Gobierno (1872).

Toluidine [span.] (Aminotoluole, Methylaniline), die drei isomeren Aminoderivate des Toluols; o- und m-Toluidin sind Flüssigkeiten, p-Toluidin eine kristalline Substanz. Die T. treten als Zwischenprodukte bei der Herstellung von Azofarbstoffen auf und sind stark giftig.

Toluol [span./arab.] (Methylbenzol), das Methylderivat des Benzols; farblose, brennbare, in Wasser schlecht, in organ. Lösungsmitteln gut lösl. Flüssigkeit, die als Lösungsmittel für Lacke, Kautschuk und Fette sowie für die Synthese weiterer Benzolderivate verwendet wird und aus Steinkohlenteer sowie Erdöl gewonnen wird.

Tölz, Bad ↑ Bad Tölz.

Tomahawk ['tɔmahaːk, 'tɔmahoːk; indian.], urspr. Bez. für eine Steinkeule bzw. -axt der Indianer N-Amerikas, später für eine nach dem Vorbild engl. Zimmermannsbeile hergestellte kleine Stahlaxt, die geworfen oder im Nahkampf verwendet wurde. Abb. S. 146.

Toman, Walter, * Wien 15. März 1920, dt. Psychologe. - Prof. in Erlangen; trat bes. hervor mit Abhandlungen zur Motivationsforschung (u. a. „Dynamik der Motive", 1954; „Motivation, Persönlichkeit, Umwelt", 1968) und Untersuchungen über Familienkonstellationen.

Tomar [portugies. tu'mar], portugies. Stadt am Nabão, 16 000 E. Textil- und Papierindustrie. - 1159 Errichtung einer Burg an der Stelle einer Römersiedlung, um die sich die Stadt entwickelte; wurde 1357 Sitz des Christusordens. - Zur Christusritterburg (12.– 17. Jh.) gehören die frühgot. Templerkirche, die Christuskirche und Klostergebäude (u. a. 4 Kreuzgänge).

Tomás (Thomaz), Américo Deus Rodrigues [portugies. tu'maʃ], * Lissabon 19. Nov. 1894, portugies. Politiker. - Admiral und Ozeanograph; als Vertrauensmann Salazars

1944–58 Marineminister; ab 1958 Staatspräs.; durch die Revolution von 1974 gestürzt; bis 1978 im Exil in Brasilien.

Tomášek, Václac Jan [tschech. 'tɔma:ʃɛk] (Wenzel Johann Tomaschek), * Skuteč (Ostböhm. Gebiet) 17. April 1774, † Prag 3. April 1850, tschech. Komponist. - Seine Kompositionen (Opern, Orchester-, Kammer-, Kirchenmusik, Kantaten, Lieder) stehen in der Tradition der Wiener Klassik und bereiten bes. in den lyr. Klavierstücken die Romantik vor.

Tomasi, Henri, * Marseille 17. Aug. 1901, † Paris 13. Jan. 1971, frz. Komponist. - Komponierte zahlr. Bühnenwerke, u. a. „L'Atlantide" (1954), „Don Juan de Mañara" (1956), „Le triomphe de Jeanne" (1956), „Ulysse ou Le beau périple" (1965); daneben Ballette, Orchester-, Kammer-, Klaviermusik, Gesänge und Lieder.

Tomasi di Lampedusa, Giuseppe, eigtl. G. Tomasi, Fürst von Lampedusa, * Palermo 23. Dez. 1896, † Rom 23. Juli 1957, italien. Schriftsteller. - Der postum veröffentlichte Roman „Der Leopard" (1958) ist die Geschichte des Niedergangs einer sizilian. Adelsfamilie zur Zeit Garibaldis, wobei sich Autobiographisches mit Elementen des histor. Romans verbindet.

Tomate [aztek.] (Liebesapfel, Paradiesapfel, Lycopersicon esculentum, Solanum lycopersicum), wahrscheinl. aus Peru und Ecuador stammendes, früher zur Gatt. ↑ Nachtschatten gestelltes, heute zur 10 Arten umfassenden Gatt. *Lycopersicon* gehörendes Nachtschattengewächs; 0,3–1,5 m hohe, einjährige, sehr frostempfindl. Pflanze mit großen, unterbrochen gefiederten Blättern; Blüten gelb, in Wickeln; Frucht eine vielsamige, rote oder gelbe Beere. Die Früchte enthalten pro 100 g eßbaren Anteil etwa 94 g Wasser, nur wenig Kohlenhydrate, v. a. aber 24 mg Vitamin C sowie Vitamine der B-Gruppe. Das im grünen Zustand vorhandene giftige Alkaloid Solanin wird während der Reife abgebaut. Die T. wird heute in zahlr. Kultursorten fast weltweit angebaut. Neben den *Stock-* oder *Stab-T.* (Pflanzen müssen an Stäben hochgebunden werden) werden, v. a. in trockenen Klimazonen, niedrig bleibende *Busch-T.* gepflanzt. Hauptproduktionsländer sind die USA und Italien.

Geschichte: Die T. wurde bereits in vorkolumb. Zeit von den Indianern Mexikos und Perus kultiviert. Im 16. Jh. wurde sie in Europa bekannt und 1557 von R. Dodoens, 1576 von M. Lobelius in Kräuterbüchern abgebildet. Zunächst wurde die T. - wegen der vermuteten Giftigkeit der Früchte - nur als Zierpflanze gezogen. Erst Anfang des 20. Jh. erlangte sie in Deutschland Bed. als Nutzpflanze.

Tomba [italien., zu griech. týmbos „Grabhügel"], in der Archäologie Bez. für eine etrusk. Grabanlage.

Tombak [malai.-niederl.], Sammelbez. für rote bis gelbe Kupfer-Zink-Legierungen mit 72 bis 95% Kupfer; gut verformbar; T. wird für Rohre, Pumpen sowie für kunstgewerbl. Gegenstände und als Münzmetall verwendet. Fein ausgehämmerter T. dient als *unechtes Blattgold;* vergoldeter T. wird als *Talmi* bezeichnet.

Tombalbaye, N 'Garta [frz. tɔmbal'baj], urspr. François T., * Bessada (Tschad) 15. Juni 1918, † N 'Djamena 13. April 1975 (erschossen), Politiker in Tschad. - Seit 1959 Präs. der provisor. Reg. von Tschad, seit dessen Unabhängigkeit (1960) Staatschef und Verteidigungsmin., kam beim Militärputsch 1975 ums Leben.

Tombeau [frz. tõ'bo „Grabmal"], in der frz. Musik des 16./17. Jh. zum Gedächtnis an Künstler (oder Fürsten) komponiertes Instrumentalstück (v. a. für Laute oder Klavier).

Tombola [italien.], Verlosung von [gestifteten] Gegenständen, Warenlotterie.

tom Brok ↑ Brok, tom.

Tomillares [tomil'ja:rɛs; span.] ↑ Garigue.

Tomini, Golf von, Bucht des Australasiat. Mittelmeers, zw. der nördl. und nö. Halbinsel von Celebes.

Tomis ↑ Konstanza.

Tomizza, Fulvio, * Materada (Istrien) 26. Jan. 1935, italien. Schriftsteller. - Einer der bedeutendsten zeitgenöss. italien. Romanciers. Stellt vor dem Hintergrund seiner Heimat Probleme und Möglichkeiten des Zusammenlebens in einer durch Sprache und soziale Stellung geteilten Welt dar, u. a. „Materada" (1960), „Eine bessere Welt" (1977), „Triestiner Freundschaft" (R., 1980).

Tomkins, Oliver Stratford, * Hankow (heute zu Wuhan) 9. Juni 1908, brit. anglikan. Theologe. - 1940–45 Seelsorgetätigkeit; 1945 bis 1952 beigeordneter Generalsekretär des Weltrats der Kirchen und der Kommission Faith and Order; 1959–75 Bischof von Bristol; führend in der ökumen. Bewegung.

T., Thomas, * Saint David's (Dyfed) 1572, ▫ Martin Hussingtree (Hereford and Worcester) 9. Juni 1656, engl. Komponist. - Schüler von W. Byrd, 1596-1646 Organist an der Kathedrale in Worcester; komponierte Kirchenmusik, Madrigale, Musik für Tasteninstrumente und Violenconsort.

Tommaseo, Niccolò, * Šibenik 9. Okt. 1802, † Florenz 1. Mai 1874, italien. Schriftsteller. - 1832–40 im frz. Exil; nach der Erhebung vom März 1848 vorübergehend Unterrichtsmin. der provisor. Regierung der Republik Venedig; 1849–54 auf Korfu. Schrieb neben zahlr. polit., pädagog., literarhistor. und literar. Arbeiten Gedichte, Novellen und Romane („Treue und Schönheit", 1840). Sammler italien. und griech. Volkslieder.

Tommaso, italien. Form des männl. Vornamens Thomas.

Tommaso

Tommaso da Celano (Thomas von Celano), *Celano um 1190, † Tagliacozzo (Prov. L'Aquila) um 1260, italien. Hagiograph. - Franziskaner; von Gregor IX. mit der Sammlung der Legenden um Franz von Assisi beauftragt, verfaßte er 1228 und 1246/47 zwei Viten des hl. Franz von Assisi; seine Autorschaft der Sequenz „Dies irae, dies illa" ist umstritten.

Tommaso da Modena, * Modena zw. 9. März 1325 und 6. Mai 1326, † ebd. vor dem 16. Juli 1379, italien. Maler. - In Modena und Treviso und vorübergehend auf Burg Karlstein in Böhmen tätig, wo Einflüsse seines an Giotto geschulten, naturnahen und erzählfreudigen Stils die Malerei der 2. Hälfte des 14. Jh. prägten.

Tommy [engl. 'tɔmɪ], engl. männl. Vorname, Kurz- und Koseform von Thomas.

Tomo ↑Fukujama.

Tomographie [griech.] ↑Röntgenuntersuchung.

Tomometrie [griech.], computergesteuertes röntgenolog. Abbildungsverfahren, bei dem das Bild ohne Kontrastmittel durch schichtweise Abtastung des Gewebes mit einem Strahlenbündel aus verschiedenen Winkeln gewonnen wird.

Tomonaga, Schinitschiro, * Kioto 31. März 1906, † Tokio 8. Juli 1979, jap. Physiker. - Ab 1941 Prof. in Tokio; 1963–69 Präs. des Wissenschaftsrats von Japan. Entwickelte eine mit der speziellen Relativitätstheorie verträgl. Form der Quantenelektrodynamik; hierfür erhielt er 1965 den Nobelpreis für Physik [zus. mit R. P. Feynman und J. S. Schwinger]. Weitere Arbeiten über Kernkräfte, Quantenfeldtheorie sowie Quantenmechanik der Vielteilchensysteme.

Tomoskopie [griech.] (Gated-viewing-Verfahren), ein v. a. bei Nachtsehgeräten angewandtes Verfahren zur Steigerung der Reichweite von Fernrohren mit einer Bildverstärkerröhre, bei dem das an Dunst und Aerosolteilchen in der Atmosphäre zw. Fernrohr und Ziel entstehende Streulicht unterdrückt und so eine Kontrastverbesserung erreicht wird. Auch Möglichkeit zur genauen Zielentfernungsmessung (bis auf etwa 30 m).

Tomsk, sowjet. Gebietshauptstadt im Westsibir. Tiefland, RSFSR, 475 000 E. Univ. (gegr. 1888), 5 weitere Hochschulen; 2 Theater; botan. Garten. T. ist eines der wichtigsten Ind.zentren in W-Sibirien. Flußhafen, Bahnstation, ⚒. - 1604 als Verwaltungsmittelpunkt gegr.; 1804–1925 Gouvernementsstadt; in der Zarenzeit Verbannungsort.

Tomtom (Tom-Tom, Jazzpauke), eine in den 1920er Jahren aus China eingeführte Trommelart mit zylindr. Korpus, mit ein oder zwei Fellen bespannt, in verschiedenen Größen gebaut, meist an Ständern montiert.

Ton [zu griech. tónos „Spannung, Ton, Klang"], in der *Physik* die einfachste, durch einen Schall von sinusförmigem Schwingungsverlauf ausgelöste Gehörempfindung (sog. *harmon. T.*), auch der diese auslösende Schall selbst. Das Schallspektrum eines T. enthält nur eine einzige Frequenz; er wird daher auch als *reiner* oder *einfacher T.* bezeichnet, um ihn von einem musikal. T., der im allg. aus einer Reihe harmon. Töne zusammengesetzt ist und physikal. als ↑Klang bezeichnet wird, zu unterscheiden. Die charakterist. Merkmale eines T. sind *T.höhe* und *T.stärke*, die durch die Frequenz bzw. die Amplitude der zugehörigen Schallschwingung bestimmt sind. - In der abendländ. *Musik* ist der T. die kleinstmögl. Einheit von musikal. Material. Er kann für sich oder aber als Baustein komplexerer Zeichen (Motiv, Phrase, Thema) Bedeutungsträger sein. Hör- bzw. tonpsychologisch ist die T.empfindung ein aktiver, auch kognitive Verarbeitung einschließender Vorgang. Die Reiz-Empfindungs-Beziehung ist dabei nicht eindeutig; umso mehr, weil es musikal. mehr relevante T.eigenschaften (allerdings in der Hör- bzw. T.psychologie z. T. umstrittene) als physikal.-akust. gibt, u. a. Höhe, Dauer, Lautstärke, Klangfarbe, Helligkeit, Rauhigkeit, Volumen, Dichte.

Ton, im Minnesang, in der Sangspruchdichtung, im Meistersang und in der stroph. Epik die Einheit von Strophenform und Melodie; umfaßt den Verlauf der Melodie, ihre Gliederung und ihre rhythm. Struktur sowie die metr. Gestalt des vertonten Textes.

Ton, Lockergestein, ↑Tone.

Tonabnehmersystem, am Tonarm von Plattenspielern befestigte Vorrichtung zur Umwandlung der mechan. Schwingungen der sich in der [Mikro]rille einer Schallplatte bewegenden Abtastnadel in elektr. Wechselspannungen, die über einen Verstärker dem Lautsprecher zugeführt werden. Dabei ist die heute aus Saphir oder Diamant gefertigte Abtastnadel im T. so gelagert, daß

Tomahawk der Apachen mit lederüberzogener Steinkugel, die mit Sehnen am Holzgriff vernäht ist (oben) und Stahlaxt der Osage

Tonabnehmersystem

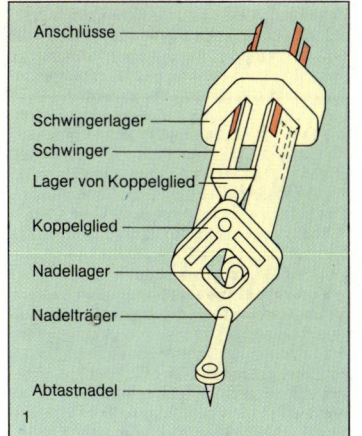

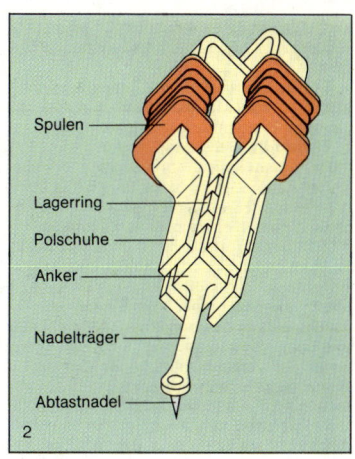

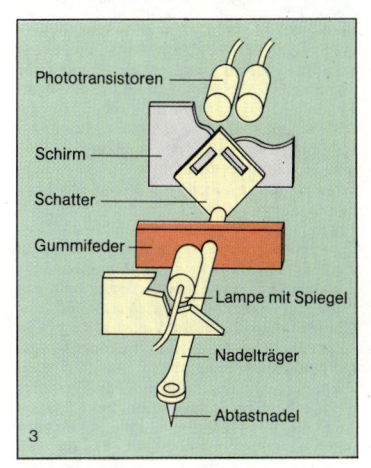

Abbildung 1 (Labels): Anschlüsse, Schwingerlager, Schwinger, Lager von Koppelglied, Koppelglied, Nadellager, Nadelträger, Abtastnadel

Abbildung 2 (Labels): Spulen, Lagerring, Polschuhe, Anker, Nadelträger, Abtastnadel

Abbildung 3 (Labels): Phototransistoren, Schirm, Schatter, Gummifeder, Lampe mit Spiegel, Nadelträger, Abtastnadel

Tonabnehmer. Schematische Darstellungen eines piezoelektrischen Stereotonabnehmers (1), eines dynamischen Magnettonabnehmers (2) sowie eines photoelektronischen Tonabnehmers (3)

sie jedem schnellen Richtungswechsel der Rille fast trägheitslos folgen kann; Normalrillenplatten aus Schellack (78 U/min) wurden früher mit einer Stahlnadel abgespielt. Bei *piezoelektr. T.* (sog. Druckwandler) werden durch die Nadelauslenkung ein oder (bei Stereo-T.) zwei dünne Plättchen *(Schwinger)* aus Seignettesalz (im sog. **Kristalltonabnehmer**) oder Keramik (im **keram. Tonabnehmer**) auf Druck und Zug beansprucht, wobei infolge des piezoelektr. Effekts frequenzgleiche elektr. Spannungen auftreten. Nachteilig ist, daß diese T. Auflagegewichte von 2–3 Pond und mehr benötigen. – *Induktive T.* (sog. Induktionswandler) nutzen die Induktion elektr. Spannungen in Spulen, die von einem variablen Magnetfluß durchsetzt werden. Induktionswandler arbeiten linear, d.h., die von ihnen gelieferte geringe Signalspannung muß wegen der beim Schneiden der Schallplatten benutzten Verzerrung des Frequenzgangs spiegelbildl. zur Schneidkennlinie mit Hilfe eines *Entzerrer-Vorverstärkers* entzerrt werden. Beim **Magnettonabnehmer** sitzt ein winziger Magnet auf dem Nadelträger und folgt dessen Schwingungsbewegungen, wobei er in einer Spule (bei Stereo-T. in zwei um 90° gegeneinander versetzten Spulen) elektr. Spannungen bzw. Ströme induziert, die der Schnelle der Nadelbewegung proportional sind. Beim **dynam. Tonabnehmer** schwingen zwei fest mit dem Nadelträger verbundene Spulen, die einen Winkel von 90° miteinander bilden, im Feld eines Dauermagneten. – Bei **photoelektron. Tonabnehmern** *(optoelektron. Systemen)* wird ein Lichtstrahl in seiner Intensität durch zwei mit dem Nadelträger verbundene Lichtspalte im Rhythmus der Schallspurmodulation verändert und ruft in einem dahinter befindl. Phototransistor entsprechende elektr. Spannungen hervor. – Bei **Kondensatortonabnehmern** ändert der Nadelträger die Kapazität eines Kondensators im Rhythmus der Schallspurmodulation. **Elektrettonabnehmer** arbeiten dabei mit einer permanent vorhandenen Polarisationsspannung, die durch ausgerichtete elektr. Dipole in dünnen Elektretschichten verursacht wird. Die heute vorwiegend verwendeten *Stereo-T.* sind Zwillingssysteme: die Information beider Kanäle wird von einer Nadel abgetastet und

Tonacatecutli

erst dann mit 2 Piezokristallen, 2 Spulen usw. wieder in den linken und rechten Kanal aufgespalten.

Tonacatecutli [span. tonakate'kutli], aztek. Gott des Maises, der Lebensmittel; gilt als Manifestation des obersten Gottes.

Tonadilla [tona'dılja; span.], im 17./18. Jh. dem italien. Intermezzo (↑Intermedium) entsprechende span. Form der Zwischenaktsunterhaltung für Soli, Chor und Orchester, meist von kom.-satir. Charakter.

Tonalität [griech.-lat.], i. w. S. jede Beziehung zwischen Tönen, Klängen und Akkorden; i. e. S., gültig für die Musik des 17.–19. Jh., die Bezogenheit von Tönen und Akkorden auf ein Zentrum sowie ihre Funktion und Rangordnung innerhalb dieses Bezugssystems, das Zusammenhang garantiert. T. in diesem Sinn beruht im Ggs. zu den ↑Kirchentonarten auf einer ↑Dur und ↑Moll verpflichteten Melodik, und sie prägt sich harmon. durch ein gestuftes System von Akkordbeziehungen aus: Die sog. Hauptfunktionen Tonika (Dreiklang der I. Stufe), Subdominante (Dreiklang der IV. Stufe) und Dominante (Dreiklang der V. Stufe) bestimmen die ↑Tonart, wobei die Tonika als übergeordnetes Zentrum fungiert (↑auch Kadenz). Intervalle und Akkorde werden als konsonant (↑Konsonanz) und dissonant (↑Dissonanz) qualifiziert. Sog. „charakterist. (die Tonart signalisierende) Dissonanzen" sind die „sixte ajoutée" (hinzugefügte große Sexte) der Subdominante und die kleine Septime der Dominante. Die Neue Musik entdeckte den zusätzl. Reiz von Bi-T. und Poly-T. als Gleichzeitigkeit zweier bzw. mehrerer Tonarten. „Erweiterte T." ist Sammelbegriff für eine Musik, die nicht mehr streng tonartl. gebunden, aber auch nicht atonal (↑atonale Musik) ist. Übergangsstufen zur Atonalität sind „schwebende T." (Schwanken zwischen zwei oder mehr Tonarten) und „aufgehobene T." (Verlust eindeutiger tonaler Bezüge).

Tonarm ↑Plattenspieler.

Tonart, Bestimmung des ↑Tongeschlechts als Dur und Moll auf einer bestimmten Tonstufe, z. B. C-Dur und a-Moll. Die T. prägt sich einerseits aus in der Tonleiter, andererseits wird sie in der Musik vom 17. bis 19. Jh. durch die Kadenz eindeutig festgelegt. Die Kirchentonarten wurden im 17. Jh. durch Dur und Moll verdrängt. Jede Tonleiter in Dur zeigt den Aufbau aus zwei gleichgebauten Viertonfolgen mit dem Halbtonschritt zw. 3. und 4. sowie 7. und 8. Stufe, z. B. c d e f̲ g a h̲ c, Mollskalen haben ihren Halbton stets zw. 2. und 3. Stufe, z. B. a h c̲ d e f g (natürl. Moll); neben der 7. Stufe (harmon. Moll) wird häufig auch die 6. Stufe erhöht (melod. Moll). Bestimmend für Dur ist die große Terz eines Dreiklangs (z. B. c e g), für Moll die kleine Terz (a c e). Grundskalen sind C-Dur und a-Moll. Aus der Transposition der beiden Grundskalen auf andere Ausgangstöne ergeben sich mit 12 Dur- und 12 Moll-T. die 24 T. des temperierten Systems (↑Stimmung). Da sich z. B. Fis- und Ges-Dur im temperierten System klangl. nicht unterscheiden, lassen sich die T. als ↑Quintenzirkel darstellen. Moll- und Dur-T. mit denselben Vorzeichen heißen Parallel-T.; quintverwandt (terzverwandt) heißen T., deren Grundtöne zueinander im Verhältnis einer Quinte (Terz) stehen. Atonale Musik ist nicht mehr auf eine T. bezogen.

Tonatiuh [span. to'natju], Sonnengott der Azteken, Patron der Krieger und Empfänger der blutigen Menschenopfer.

Tonaufnahmeverfahren, Sammelbez. für die verschiedenen Verfahren der ↑Schallaufzeichnung.

Tonband (Magnettonband, Band, Tape), mit einer magnetisierbaren Schicht versehenes, dehnungsfestes Kunststoffband (bevorzugt auf Polyesterbasis), das in Tonbandgeräten od. Kassettenrecordern zur magnet. Speicherung von Musik, Sprache, in Videorecordern zur Aufzeichnung von Fernsehbildern (Videosignalen) verwendet wird, im Prinzip auch in anderen Magnetbandgeräten (zur Speicherung digitaler Informationen) verwendbar ist. Die normale Breite der T. beträgt 6,25 mm, daneben gibt es für Bandkassetten 3,81 mm breite und für Spezialzwecke 12,65 und 25,4 mm breite Bänder; *Normal*- oder *Standardbänder* haben eine Dicke von rund 50 µm, *Langspielbänder* von 33–40 µm, *Doppelspielbänder* von 24 bis 29 µm, *Tripel-(Dreifach-)Bänder* von etwa 18 µm. Als magnetisierbare Schicht dient mit Bindemitteln und Zusatzstoffen versehenes γ-Eisen(III)-oxid (γ-Fe$_2$O$_3$) beim *Eisenoxidband* und/oder Chrom(IV)-oxid (Chromdioxid, CrO$_2$) beim *Chromdioxidband*. T. mit Eisenoxid- und Chromdioxidbeschichtung, sog. *Doppelschicht-* oder *Zwieschichten-T.*, die für hochwertige Musikaufzeichnungen bes. geeignet sind, werden als *Ferrochrom-*, *Ferrichrom-* oder *FeCr-Bänder* bezeichnet. Da die verschiedenen ferromagnet. Materialien der Tonbänder ein unterschiedl. Remanenzverhalten zeigen (ein Chromdioxidband benötigt z. B. eine größere Löschenergie und eine stärkere Vormagnetisierung als ein Eisenoxidband), sind hochwertige Kassettenrecorder, z. T. auch Tonbandgeräte) mit einer *Bandsortenumstellung* ausgerüstet. Die Einstellung auf die verwendete T.art erfolgt von Hand (Stellung „Fe" oder „normal" für Eisenoxidbänder, Stellung „Cr" oder „CrO$_2$" für Chromdioxidbänder, Stellung „FeCr" für Ferrochrombänder) bei manchen Geräten auch automatisch. Qualitativ hochwertige Bänder sind bes. rauscharm („low noise") und hoch aussteuerbar („high output"). Neuentwicklungen sind Tonbänder mit nichtoxid. Beschichtung, z. B. sog. *Reineisenbänder*, *Metallpigment- (MP-)* oder *Metall-Alloy-Bänder*

Tonart

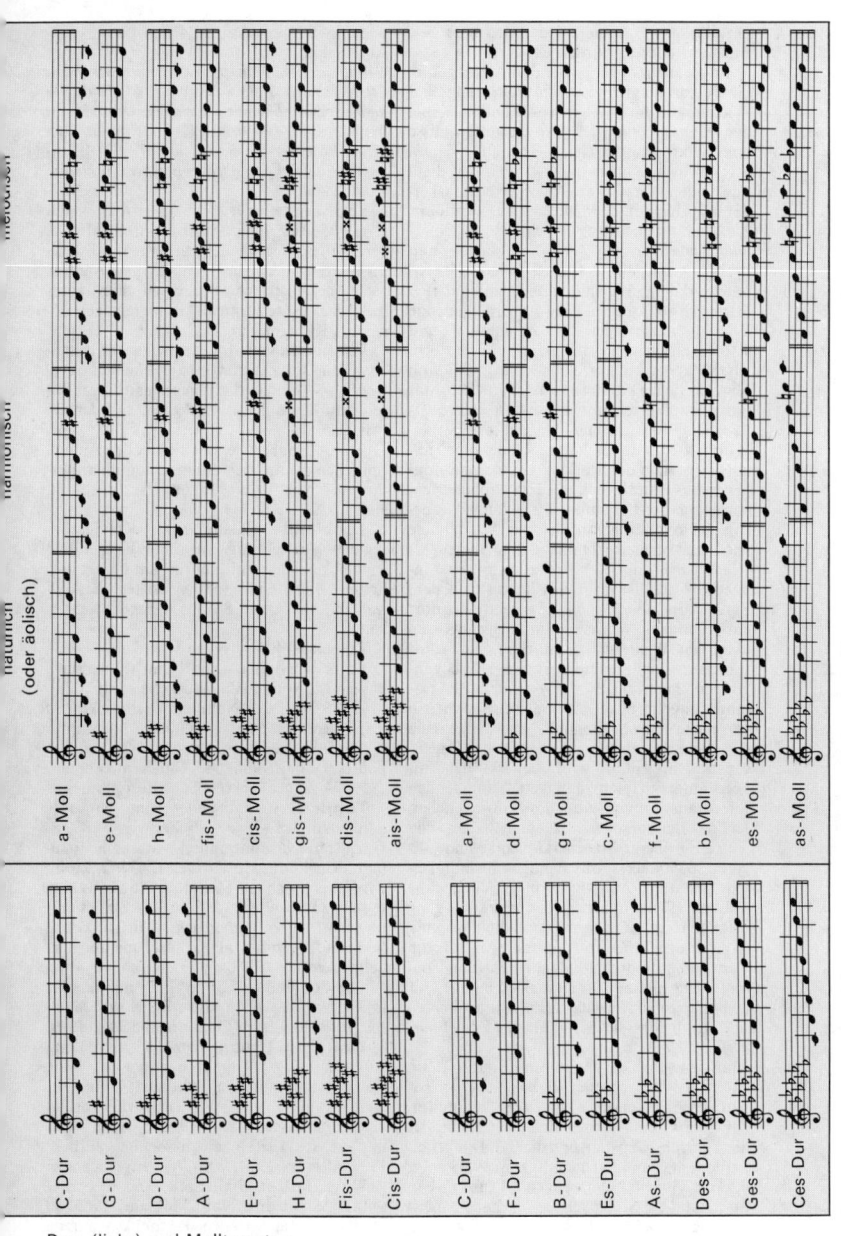

Dur- (links) und Molltonarten

Tonbandgerät

(MA-Bänder). Auch für sie wird eine bes. Bandeinstellung erforderlich.

Tonbandgerät (Bandaufnahmegerät), Gerät zur magnet. Schallaufzeichnung und -wiedergabe mit Hilfe eines Tonbands. Bei der Aufnahme werden die Schallereignisse vom Mikrophon in elektr. Spannungs- bzw. Stromschwankungen umgewandelt und diese über einen Verstärker (Aufsprechverstärker) der Wicklung eines Magnetkopfes zugeführt. Zw. den Polen dieses *Aufnahme-, Aufzeichnungs-* oder *Sprechkopfes* entsteht im 0,01 mm breiten Kopfspalt ein starkes magnet. Wechselfeld, das im Rhythmus der tonfrequenten Stromschwankungen das vorbeilaufende Tonband verschieden stark magnetisiert und so die Abfolge von Schallereignissen in Form einer Magnetspur aufzeichnet. Bevor das vom Abwickelteller kommende Tonband den Aufnahmekopf erreicht, wird es an einem als *Löschkopf* bezeichneten Magnetkopf vorbeigeführt, der in der Stellung „Wiedergabe" unwirksam ist, in der Stellung „Aufnahme" hingegen das Band durch ein Hochfrequenzfeld entmagnetisiert, unabhängig davon, ob es bespielt war oder nicht. Bei der Wiedergabe wird das bespielte Tonband über einen als *Wiedergabe-* oder *Hörkopf* bezeichneten Magnetkopf geführt (in vielen T. zus. mit dem Sprechkopf zum *Kombikopf* vereint); die dort entstehenden Wechselspannungen werden über den Wiedergabeverstärker dem Lautsprecher zugeführt und dort in Schallschwingungen umgewandelt; die von einem Elektromotor angetriebene, mit einer Schwungmasse versehene *Tonrolle* (*Tonwelle*, Capstan), an die das Band mittels einer Gummirolle (Gegencapstan) angepreßt wird, bewirkt den mit konstanter Geschwindigkeit erfolgenden Bandtransport vom Ab- zum Aufwickelteller. Kleine Bandgeschwindigkeiten haben den Vorteil größerer Speicherkapazität und längerer Spieldauer, große Bandgeschwindigkeiten gestatten Aufnahme und Wiedergabe höherer Töne, machen den Frequenzgang gleichmäßiger und verbessern die Dynamik (v. a. in den Höhen). Nach der Anzahl von Tonspuren (Spuren), die auf einem Band unterzubringen sind, unterscheidet man T. für *Doppelspuraufzeichnung (Halbspurverfahren)* und T. für *Vierspuraufzeichnung (Viertelspurverfahren)*.

Man unterscheidet Heim- und Studio-T. sowie ↑ Kassettenrecorder. *Heimbandgeräte* haben gewöhnl. einen einzigen Elektromotor, der über Gummiriemen und/oder Reibräder die Tonrolle (Capstan) und die Bandwickelteller bewegt (Bandgeschwindigkeiten: 19,05 cm/s, 9,53 cm/s und 4,75 cm/s [auch 2,4 cm/s insbes. für Diktate]). *Studiobandgeräte* haben meist 2 weitere Elektromotoren für den Antrieb der Spulenteller (kürzere Umspulzeiten); Bandgeschwindigkeit: 19,05 cm/s und 38,1 cm/s (große Rundfunkstudiomaschinen werden mit 76,2 cm/s und 152,4 cm/s betrieben). - Abb. S. 152.

📖 *Bluthard, H.: 50 Experimente mit Tonband u. Cassette. Stg.* ³*1983. - Junghans, W.: Tonbandgerätepraxis. Ein systematischer Überblick ... Mchn.* ¹³*1981. - Heinrichs, G.: Tonband- u. Cassetten-Recorder-Service. Mchn.* ³*1980. - Warnke, E. F.: Tricks u. Effekte mit dem Tonband. Köln 1980.*

Tonbandmusik (engl. Tape music), seit etwa 1950 Bez. für jene mit elektron. Mitteln verarbeitete und wiedergegebene Musik, die, im Unterschied zur synthet. hergestellten elektron. Musik, von beliebigen, dem Hörer meist bekannten akust. Umwelterscheinungen als Klangmaterial ausgeht.

Tonbezeichnung, der Name der einzelnen Töne im Zusammenhang eines ↑ Tonsystems. Während sich in den german. Sprachen seit dem MA die T. nach den ersten Buchstaben des Alphabets (A, B, [H,] C, D, E, F, G) erhalten haben, setzten sich in den roman. Sprachen die aus der ↑ Solmisation übernommenen T. durch (ut [do], re, mi, fa, sol, la, si).

Tonblende (Klangblende, Klangfarberegler), Vorrichtung an Rundfunkgeräten, Verstärkern u. ä., mit der die Lautstärke der hohen *(Höhenregler)* bzw. der tiefen *(Baßregler)* Teiltöne eines Schalls geregelt werden kann.

Toncharakter, svw. ↑ Tonigkeit.

Tončić-Sorinj, Lujo ['tɔntʃitʃ 'zo:ri:n], * Wien 12. April 1915, östr. Politiker (ÖVP). - 1949-66 Mgl. des Nationalrates; wirkte als Vors. von dessen außenpolit. Ausschuß (1956-59) wesentl. auf die östr. Neutralitätspolitik ein; 1966-68 Bundesaußenmin.; 1969-74 Generalsekretär des Europarates.

Tøndern (dän. Tønder [dän. 'tøn'ər]), dän. Stadt im sw. Nordschleswig, 13 000 E. Garnison; Nahrungsmittel-, Maschinenbau- und Möbelindustrie. - Erhielt 1243 lüb. Recht, entwickelte sich zur Handelsstadt und gehörte stets zu Schleswig, dessen Schicksal es teilte; kam 1920 zu Dänemark. - Christuskirche (v. a. 16. Jh.); zahlr. alte Häuser mit reichem Schnitzwerk.

Tondo [italien. „rund"], Rundbild, das im Florenz des 15./16. Jh. in Relief und Malerei, im Barock zum Oval gewandelt, auftritt.

Ton Duc Thang, * in der Prov. Long Xuyên 20. Aug. 1888, † Hanoi 30. März 1980, vietnames. kommunist. Politiker. - Ging 1912 nach Frankr.; im 1. Weltkrieg Angehöriger der frz. Marine, trat 1919 der frz. KP bei und kehrte 1920 nach Indochina zurück; 1929-45 in Haft; nach 1945 enger Kampfgefährte Ho Chi Minhs; seit 1960 Vizepräs., seit 1969 Staatspräs. Nord-Vietnams; 1976-80 Staatspräs. der Sozialist. Republik Vietnam.

Tone [zu althochdt. dāha, eigtl. „(beim Austrocknen) Dichtwerdendes"] (Tongesteine), Bez. für verfestigte Gesteinsmehle,

bestehen v. a. aus Tonmineralen, ferner aus Quarz, Feldspat, Glimmer und biogenen Resten. T. sind quellfähig, wasserstauend und neigen an Hängen zum Rutschen; bed. als Rohstoffe.
Tonerde, svw. ↑Aluminiumoxid.
◆ svw. ↑essigsaure Tonerde.
Tonfilm, kinematograph. Film, der synchron mit den zu seinen Handlungsabläufen gehörenden Tonereignissen vorgeführt wird, wobei diese gleichzeitig mit dem Bild oder nachträgl. aufgenommen und auf demselben Träger wie das Bild (*Einbandverfahren*) oder auf einem separaten Träger (*Zweibandverfahren*) aufgezeichnet sein können. Bei den Vorführkopien der Lichtspielhäuser wird überwiegend das Lichttonverfahren (z. B. *Ein-, Doppelzackenschrift, Sprossenschrift*), ein Einbandverfahren, angewandt. Die verschiedenen Breitbildverfahren verwenden das Magnettonverfahren, d. h. Filme mit mehreren Magnet[rand]spuren zur Tonaufzeichnung. - ↑auch Film.
Tonfrequenzen, Frequenzen von Schallschwingungen aus dem Bereich des menschl. Hörens, etwa zw. 16 und 20 000 Hz.
Tonfrequenzgenerator, svw. ↑Tongenerator.
Tonfrequenzspektrometer, Gerät zur Durchführung einer ↑Schallanalyse.

Tonga

Königreich im südl. Pazifik, zw. 15° und 23° 30′ s. Br. sowie 173° und 176° w. L. **Staatsgebiet:** Umfaßt die östl. der Fidschiinseln gelegenen Tongainseln, insgesamt rd. 170 Inseln und Eilande, die sich von N nach S in 3 Hauptgruppen anordnen: die Vavau-, Haapai-, und die Tongatapugruppe. **Fläche:** 747 km². **Bevölkerung:** 96 400 E (1984), 129,1 E/km². **Hauptstadt:** Nukualofa (auf der Hauptinsel Tongatapu). **Verwaltungsgliederung:** 3 Inseldistrikte. **Amtssprache:** Englisch und Tonga. **Nationalfeiertag:** 4. Juni. **Währung:** Pa'anga (T$) = 100 Seniti (s). **Internationale Mitgliedschaften:** UN, Commonwealth, der EWG assoziiert. **Zeitzone:** Mitteleurop. Zeit + 12 Stunden.

Landesnatur: Die Tongainseln bestehen aus zwei annähernd parallelen Inselreihen, die zwei N-S-verlaufenden untermeer. Rücken aufsitzen, deren östl. steil zum Tongagraben abfällt. Die westl. Reihe hoher Inseln ist vulkan. Ursprungs (Höhen bis 1 030 m), die östl. Inselreihe setzt sich aus Atollen und gehobenen Koralleninseln zusammen (nicht über 30 m ü. d. M.).
Klima: T. besitzt trop. Regenklima mit Hauptniederschlägen von Dez. bis April (Mitteltemperaturen 32 °C). Während dieser Zeit treten häufig Hurrikane auf. Die Niederschlagsmengen betragen 1 700-3 000 mm/ Jahr. Von Mai bis Nov. liegen die Mitteltemperaturen bei 20 °C. Mittlere relative Luftfeuchte: 80 %.
Vegetation: Auf den hohen Vulkaninseln z. T. Regenwald; auf den Koralleninseln Kokospalmen.
Bevölkerung: Die Bewohner sind zu 98 % Polynesier (77 % Methodisten, 15,6 % Katholiken). Die Bev. lebt überwiegend auf den östl. Koralleninseln. Städt. Siedlungen sind Nukualofa, Pangai (auf Haapai) und Neiafu (auf Vavau). Schulpflicht besteht für Kinder von 6-14 Jahren. In Nukualofa besteht ein Inst. der University of the South Pacific.
Wirtschaft: Lebensgrundlage der Bev. ist die Landw.; Haupterzeugnisse sind Kopra und Bananen. Überwiegend für den Eigenverbrauch werden Maniok, Jams, Süßkartoffeln, Melonen, Mais, Erdnüsse, Zuckerrohr und Orangen kultiviert. Ind. ist kaum entwickelt, Bodenschätze sind nicht bekannt. Im Küstenbereich wird gegenwärtig nach Erdöl gesucht. Zunehmende Bed. hat der Fremdenverkehr.
Außenhandel: Exportiert werden fast ausschließl. Kopra und Bananen. Importiert werden v. a. Nahrungsmittel und Textilien. Die wichtigsten Handelspartner sind Australien und Neuseeland.
Verkehr: Auf Tongatapu gibt es 193 km, auf Vavau 70 km Allwetterstraßen. Zw. den Inseln besteht regelmäßiger Schiffsverkehr. Die wichtigsten Überseehäfen sind Nukualofa und Neiafu. Im Luftverkehr bestehen regelmäßige Verbindungen mit Fidschi, Westsamoa und Neuseeland. Internat. ✈ ist Fuaamotu bei Nukualofa.
Geschichte: Die Tongainseln wurden 1616 von Niederländern entdeckt. A. J. Tasman erreichte sie 1643, J. Cook 1773 und 1777 (er nannte die Inseln *Freundschaftsinseln*). Erste europ. Siedler finden sich am Ende des 18. Jh.; ihnen folgten im 19. Jh. christl. Missionare. Georg Tupou I. (⚭ 1845-93) schuf 1845 ein christl. Kgr. T., das 1876 einen „immerwährenden Freundschaftsvertrag" mit dem Dt. Reich abschloß. 1900 unterzeichnete T. einen Schutzvertrag mit Großbrit. und wurde damit brit. Protektorat. Am 4. Juni 1970 wurde T. unabhängig und trat dem Commonwealth bei. Seit 1965 regiert König Taufa'ahau Tupou IV., Premiermin. ist seit 1965 sein Bruder, Prinz Fatafehi Tu'ipelehake (* 1922). Im Juni 1977 wurde in Bonn ein neuer bilateraler Freundschaftsvertrag zw. T. und der BR Deutschland unterzeichnet, der den 1876 abgeschlossenen Vertrag ablöst. 1981 konnten traditionalist.-konservative Gruppierungen einen überraschenden Wahlsieg erringen.
Politisches System: Das Kgr. T. ist eine konstitutionelle Monarchie. Das Reg.system beruht weitgehend auf der Verfassung von 1875. Staatsoberhaupt ist der König, der auch weitgehend die *Exekutive* innehat. Beratend steht ihm der von ihm ernannte Staatsrat zur Seite.

Tonga

Das Kabinett (Premiermin., Min., die Gouverneure von Haapai und Vavau) ist personell ident. mit dem Staatsrat und kann kleinere Entscheidungen treffen. Die *Legislative* liegt bei der Gesetzgebenden Versammlung unter dem Vorsitz des vom König ernannten Speakers (z. Z. 8 Mgl. des Staatsrats, 7 vom Erbadel bestimmten Vertretern und 7 von Teilen der Bev. für 3 Jahre gewählten Abg.) und begrenzt beim Staatsrat. Polit. *Parteien* gibt es nicht. Das *Gerichtswesen* umfaßt Magistratsgerichte, das Landgericht, den Obersten Gerichtshof und den Staatsrat als Appellationsgericht. Zur Verteidigung unterhält T. eigene *Streitkräfte*.

📖 Crane, E. A.: *The geography of T. Nukualofa* 1979. - Bain, K. R.: *The friendly islander.* London 1967. - Wood, A. H.: *A history and geography of T. Auckland Neuaufl.* 1978.

Tonga, Bantustamm in Sambia und Simbabwe, beiderseits des Karibasees.

Tongagraben, Tiefseegraben im sw. Pazifik, östl. der Tongainseln, bis 10 882 m tief.

Tongainseln (Freundschaftsinseln), Inselgruppe im Pazifik, ↑Tonga.

Tongalle, rundl. Toneinlagerung in Sandsteinen.

Tongariro-Nationalpark [engl. tɔŋɡə-'rɪərou], Nationalpark im Zentrum der Nordinsel Neuseelands, umfaßt das Geb. der Vulkane Ruapehu, Tongariro und Ngauruhoe; Wintersport, Thermalquellen.

Tongatapu, die Hauptinsel der Tongainseln, ↑Tonga.

Tongemisch ↑Klang.

Tongenerator (Tonfrequenzgenerator), Gerät zur Erzeugung tonfrequenter Wechselspannungen bzw. -ströme, das in Verbindung mit einem Lautsprecher auch als Schallquelle exakt regelbarer Frequenz verwendet wird, u. a. in der Meßtechnik und als Bauelement von elektron. Musikinstrumenten bzw. Synthesizern.

Tongern (amtl. niederl. Tongeren [niederl. 'tɔŋərə], frz. Tongres), belg. Stadt 17 km nw. von Lüttich, 75–108 m ü. d. M., 29 000 E. Archäolog., militärhistor. und Städt. Museum; Marktzentrum des Haspengaus. - In der Antike **Aduatuca Tungrorum** (Nachfolgesiedlung von Aduatuca, Hauptort der Aduatuker); im 4. Jh. Bischofssitz; von Germanen und Normannen weitgehend zerstört, entstand T. im 10. Jh. neu. - Röm. Ringmauerreste und Grabstätten; Reste der ma. Stadtbefestigung; got. Onze-Lieve-Vrouwe-Kerk (1240 ff.) mit roman. Kreuzgang und 75 m hohem Turm.

Tongeschlecht, die charakterist., jeweils durch eine bestimmte Abfolge von Intervallschritten festgelegte Gestalt von Tonleitern eines Tonsystems. In der griech. Musik werden die T. (griech. génos) von Diatonik, Chromatik und Enharmonik unterschieden. Seit dem 16./17. Jh. bildeten sich aus den Kirchentonarten die T. Dur und Moll heraus.

Tongesteine ↑Tone.

Tongres [frz. tõ:gr] ↑Tongern.

Tongut (Irdenware, Irdengut, Steingut), zusammenfassende Bez. für keram. Erzeugnisse (↑ Keramik).

Tonhöhe, eine im Rahmen vieler (aber nicht aller) Musikkulturen fundamentale Eigenschaft des Tons; sie läßt sich durch Abstraktion von anderen Toneigenschaften, wie Dauer, Lautstärke oder Klangfarbe, als „lineare" (d. h. gleichmäßig ansteigende) oder „zyklische" (d. h. ähnl. wiederkehrende [↑Tonigkeit]) Veränderung eines Tons wahrnehmen. Dabei werden klangfarblich „hellere" Töne als „höher" empfunden. „Höhe" ist demnach eine relativ willkürl. metaphor. Bezeichnung. Die Notenschrift legt diese Bez. nahe, sie ist jedoch, wie andere Sprachen oder Ausdrucksweisen zeigen, nicht selbstverständl. (statt „hoch" findet man Bez. wie „scharf", „spitz" oder „hell").

Nur period. Schallereignissen kann intersubjektiv die Eigenschaft „Tonhöhe" zugeordnet werden. Je größer die ↑Frequenz einer Schwingung ist, um so höher ist die entsprechende Tonempfindung. Näherungsweise gilt das Gesetz: Gleichen Tonhöhenschritten

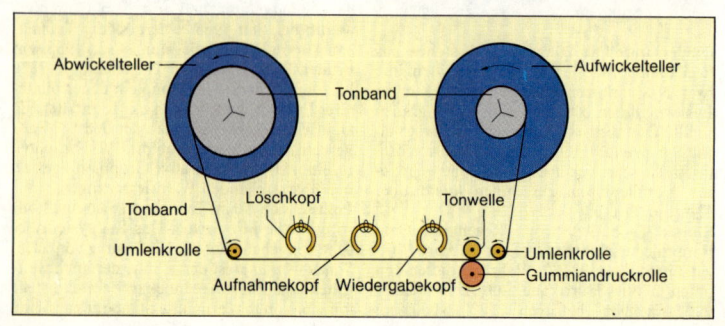

Tonbandgerät. Schematische Darstellung des Magnetkopfteils mit Bandlauf

[Diagramm: Abwickelteller, Aufwickelteller, Tonband, Löschkopf, Tonwelle, Tonband, Umlenkrolle, Aufnahmekopf, Wiedergabekopf, Umlenkrolle, Gummiandruckrolle]

Tonleiter

(↑Intervallen) entsprechen gleiche Verhältnisse der Frequenzen, z. B.:

Frequenz:	110	220	440	880	(in Hz)
Tonhöhenbezeichnung:	A	a	a^1	a^2	

Genauere Untersuchungen haben ergeben, daß die T.empfindung außer von der Frequenz auch von der Schallintensität und der Dauer des Schallereignisses abhängt.

Toni, Kurz- oder Verkleinerungsform von Antonia bzw. Anton.

Tonic-solfa [engl.], eine in der 1. Hälfte des 19. Jh. in England entwickelte und in den Unterricht eingeführte Schulgesangsmethode. Dabei wurden weitgehend die Tonbezeichnungen aus der Solmisation übernommen: do, re (Ganzton), mi (große Terz), fa (Quarte), so (Quinte), la (große Sexte), ti (große Septime). Die Methode sollte bei den von Handzeichen begleiteten Intervallübungen der besseren Entwicklung des tonalen Vorstellungsvermögens dienen. Bei Erhöhung oder Erniedrigung der Töne um einen Halbton wird die Aussprache der Vokale verändert. - ↑auch Tonika-do.

Tonic water [engl. ˈtɔnɪk ˈwɔːtə, eigtl. „stärkendes, belebendes Wasser"], mit Kohlensäure versetztes, auf Grund eines Chininzusatzes bitter schmeckendes Mineralwasser.

Tonigkeit (Tonqualität, Toncharakter, Chroma), im Ggs. zur „linearen" Aspekt der ↑Tonhöhe, d. h. dem gleichmäßigen Anstieg der Tonhöhenempfindung mit zunehmender Frequenz des Schallreizes, bezeichnet T. den „zykl." Aspekt, d. h. die Wiederkehr relativ ähnl. Tonhöhenempfindungen den Frequenzverhältnissen 1:2:4:8 usw. der Schallreize. Das der T. zugrundeliegende Oktavphänomen ist Basis der tonalen und der atonalen Musik.

Tonika [griech.-lat.], in der Musik (seit J.-P. Rameau) der Grundton einer Tonart, die von ihm ihren Namen erhält (z. B. C-Dur, c-Moll, D-Dur).

Tonika-do, das um 1900 in den dt. Musikunterricht (mit leichten Veränderungen) übernommene Tonic-solfa-System (↑Tonic-solfa). Mit leicht singbaren, deutl. voneinander unterschiedenen Tonbuchstaben und Handzeichen für jede Tonstufe erleichtert es im Anfangsunterricht das Verständnis der Tonordnung und Intervalle.

Tonikum [zu griech. tónos „das Spannen"], Kräftigungsmittel, Stärkungsmittel.

Toniná, bed. Ruinenstätte der Mayakultur im mex. Staat Chiapas, onö. von San Cristóbal de las Casas. Zahlr. Bauten und Stelen (300–909); eigener Kunststil, bes. bei Steinarbeiten. Frz. Ausgrabungen seit 1973.

tonisch [griech.], kräftigend, stärkend.
◆ auf den Tonus bezüglich; durch anhaltende Muskelspannung charakterisiert.

tonische Kontraktion, natürlich durch ständige nervöse Erregung von Muskeln verursachte langsame und langdauernde Muskelzuckung; bewirkt den Muskeltonus z. B. der Haltemuskeln des Rückens.

tonischer Muskelkrampf, im Ggs. zum ↑Klonus langdauernde, heftige und schmerzhafte Muskelkontraktion (u. a. bei Wundstarrkrampf). - ↑auch Muskelkrampf.

Tonkabohnen [indian./dt.], die Samen des in Brasilien und Guayana heim. T.baums (Dipteryx odorata). Die schwarzbraunen, bitter-würzig schmeckenden, stark nach Kumarin duftenden T. werden zum Aromatisieren von Tabak und als Gewürz verwendet.

Tonkin, Gebiet in Vietnam, umfaßt das v. a. vom Roten Fluß aufgebaute Delta am Golf von T. und das dieses umgebende Bergland. Durch die Kultivierung (Deichbau seit dem 11. Jh.) wurde das Delta zum wirtsch. wichtigsten und dichtest besiedelten Geb. N-Vietnams (Ackerbau, Binnenfischerei). Im Bergland, das im Fan Si Pan 3 143 m ü. d. M. erreicht, leben zahlr. nichtvietnames. Völker. Reiche Bodenschätze (Kohle, verschiedene Erze) sind die Grundlage der Industrie.
Geschichte: Seit 111 v. Chr. unter chin. Herrschaft, wurde 968 Teil des annamit. Reiches (↑Annam), 1883 frz. Protektorat, von Frankr. 1887 mit Annam, Kambodscha und Kotschinchina zur „Indochines. Union" zusammengeschlossen; seit 1945/49 Teil Vietnams; Hauptkriegsschauplatz des Kampfes der Vietminh gegen die Franzosen.

Tonkin, Golf von, flache Bucht des Südchin. Meeres, im W und N von den Küsten N-Vietnams und S-Chinas, im O von der chin. Halbinsel Leitschou und der Insel Hainan begrenzt.

Tonkin-Zwischenfall ↑Vietnamkrieg.

Tonkonserve, rundfunktechn. Bez. für die Tonband- oder Schallplattenaufzeichnung einer Sendung.

Tonkopf, Bez. für den zur Aufnahme bzw. Wiedergabe dienenden Magnetkopf eines ↑Tonbandgerätes.

Tonleiter (Skala), stufenweise in jeweils bestimmten Intervallabständen angeordnete Abfolge von Tönen innerhalb eines ↑Tonsystems. Die T. wird durch Rahmentöne begrenzt (meist die Oktave) ist i. d. R. jenseits dieser Grenze wiederhol- bzw. transponierbar. Die *Material-T.* umfaßt den gesamten Tonvorrat innerhalb eines kulturspezif. Tonsystems, die *Gebrauchs-T.* die transponierbare, geordnete Intervallfolge innerhalb eines Tonsystems, die *Instrumental-T.* die Tonfolgen, die sich aus der unveränderbaren Stimmung mancher Instrumente ergeben. Die T. sind nachträgl. aus den in der Musizierpraxis verwendeten Melodien abgeleitet. Sie bilden wichtige, musikal. Erfindung, Musikvorstellung und Hören prägende Denkformen. Entscheidende Bestimmungsmerkmale der vielfältigen T.typen († Pentatonik, † Ganztonleiter, † Zigeunertonleiter, † Maqam, † Raga) sind Zahl, Abstand und Abfolge der Tonstufen. In der abendländ. Musik stehen seit dem MA diaton. T. im Vordergrund, so bereits im System der † Hexachorde († auch Solmisation) und der † Kirchentonarten. Aus diesen entwickelten sich die beiden heute gebräuchlichsten T. † Dur und † Moll († auch Tongeschlecht), die auf alle 12 Stufen der chromat. T. († Chromatik) transponierbar sind.

Tonle Sap, See in W-Kambodscha, steht durch den 110 km langen Fluß T. S. mit dem Mekong in Verbindung, zu dem er von Mitte Okt. bis Anfang Juni entwässert; von Mitte Juni bis Anfang Okt. dagegen strömt das durch die monsunalen Niederschläge bedingte Flutwasser des Mekong durch den nun in umgekehrter Richtung fließenden Fluß T. S. in den See und erweitert dessen Oberfläche von 2 500–3 000 km² auf 10 000–20 000 km²; gleichzeitig steigt die Wassertiefe von 2–3 m bis 14 m an.

Tonmalerei, die Nachahmung sicht- oder hörbarer außermusikal. Erscheinungen oder Vorgänge durch Musik. Beispiele von T. finden sich in der abendländ. Musik seit dem ausgehenden MA bis zur Gegenwart sowohl in der Vokal- als auch der Instrumentalmusik. Gegenstand der T. sind u. a. Geräusche oder Klänge aus der Natur (z. B. Vogelgesang, Quaken der Frösche, plätscherndes Wasser, Wind, Donner), seel. Zustände (z. B. Fröhlichkeit, Trauer, Schrecken), Bewegungsvorgänge (Aufsteigen, Fallen, Verfolgung, Flucht). Daneben verwendet die T. traditionelle Klangassoziationen in Verbindung mit bestimmten Instrumenten, z. B. Dudelsack, Schalmei oder Flöte (Hirten), Horn (Wald, Jagd), Trompete (Macht, Krieg). Ein wichtiges Verfahren ist sie in der † Programmusik.

Tonminerale, zusammenfassende Bez. für wasserhaltige Aluminiumsilicate mit Schichtgitteraufbau (Schichtsilicate), die durch Verwitterung silicat. Gesteine, z. B. von Feldspäten und Glimmern, entstanden sind und als Hauptbestandteile der Tone und des Kaolins auftreten. Auf Grund ihrer Schichtstruktur haben die T. eine große innere Oberfläche; sie besitzen vielfach ein großes Wasseraufnahmevermögen und wirken teilweise als Kationenaustauscher. Bei Zugabe geeigneter Mengen Wasser ergeben sie plast., leicht formbare Massen; für die Herstellung von Keramik bes. wichtige T. sind der Kaolinit und der Illit, daneben auch der Halloysit.

Tonnage [tɔˈnaːʒə; mittellat.-frz.], Bez. für den Raumgehalt, die Tragfähigkeit bzw. Wasserverdrängung eines Schiffes († Schiff [Schiffsvermessung]).

Tonne [mittellat.], zylindrischer Behälter. ◆ (metr. T.) Einheitenzeichen t, gesetzl. Einheit der Masse (bzw. des Gewichts): 1 t = 1 000 kg. Das Tausendfache der T. ist die *Kilotonne* (kt), das Tausendfache der Kilotonne die *Megatonne* (Mt); 1 kt = 1 000 t, 1 Mt = 1 000 kt = 1 000 000 t.
◆ schwimmendes † Seezeichen.

Tonnenbaum (Cavanillesia), Gatt. der Wollbaumgewächse mit drei Arten in trop. S-Amerika; Bäume mit (durch Wasserspeicherung) tonnenförmig verdicktem, sich nach oben und unten verjüngendem Stamm. Der bis 20 m hohe und 5 m Stammdurchmesser erreichende *Barriguda* (Cavanillesia arborea) ist ein Charakterbaum der Trockenwälder O-Brasiliens.

Tonnengewölbe † Gewölbe.

Tonnenkilometer, Abk. tkm, Berechnungseinheit der Transportleistungen und -kosten auf dem Land-, Wasser- oder Luftwege (Tonnen mal Kilometer); beim Schienenverkehr als **Nettotonnenkilometer** das Produkt aus Ladegewicht und zurückgelegter Entfernung.

Tonnensalpen (Doliolida), Ordnung kleiner, bis etwa 1 cm langer, freischwimmender Manteltiere (Klasse † Salpen) mit rd. 15 Arten, v. a. in trop. und subtrop. Meeren; Körper faßförmig, glasartig durchsichtig, mit ringförmig erscheinenden Muskelbändern.

Tonnenschnecken (Tonnoidea), Familiengruppe ziemlich großer † Vorderkiemer, zu der u. a. die Sturmhauben, Tritonshörner und die Faßschnecke gehören.

Tönnies, Ferdinand [...njəs], *Riep (= Oldenswort bei Husum) 26. Juli 1855, † Kiel 11. April 1936, dt. Soziologe und Philosoph. - Ab 1909 Prof. in Kiel; 1909 Mitbegr. (1922–33 Präs.) der Dt. Gesellschaft für Soziologie; bed. Hobbesforscher; unterschied 3 Einzelbereiche der Soziologie: die reine (theoret.), die konstruktiv eine systemat. Begrifflichkeit erstellt; die angewandte (histor.), die deduktiv von allg. Werten her die gesellschaftl. Entwicklung erklärt; die empir., die induktiv von einzelnen Sachverhalten her die Gesellschaft erforscht. Auf dem Gebiet der reinen Soziologie erarbeitete T. den (mehr weltanschaul. als wiss.) Ggs. zw. „Gemeinschaft" als naturhaft wachsendem Organismus und „Gesellschaft" als von rationalem Zweck-Mittel-Denken geschaffener Verkehrsform.

Werke: Gemeinschaft und Gesellschaft (1887), Hobbes' Leben und Lehre (1896), Die Entwicklung der sozialen Frage (1907), Kritik der öffentl. Meinung (1922), Einführung in die Soziologie (1931).

Tonometer [griech.], Instrument zur Messung des Augeninnendrucks (beim Glaukom († Starerkrankungen]).

Tonplastik, außerhalb des italien. Bereichs übl. Bez. für Bildwerk in (gebranntem) Ton († Terrakotta).

Tonqualität, svw. † Tonigkeit.

Tonrolle † Tonbandgerät.

Tønsberg [norweg. ˈtœnsbærj], Haupt-

Tonsystem

stadt des norweg. Verw.-Geb. Vestfold, an Seitenarmen des Oslofjords, 8 900 E. Museum; Reedereien; Schiffbau- und Nahrungsmittelind.; bed. Fremdenverkehr. - Im späten 9. Jh. gegründet (älteste Stadt Norwegens).

Tonschiefer, meist bläulichgraues, dünnschiefriges, in Platten spaltendes Tongestein; bes. dunkel gefärbter T. wird als *Tafelschiefer* zur Herstellung von Schreibtafeln verwendet.

Tonsillektomie [lat./griech.], vollständige operative extrakapsuläre Herausschälung der Gaumenmandeln.

Tonsillen [lat.] ↑ Mandeln.

Tonsillitis [lat.], „Mandelentzündung", Entzündung der Gaumenmandeln (↑ Angina).

Tonsillotomie [lat./griech.], teilweise operative Abtragung der Gaumenmandeln.

Tonsprachen, Sprachen, in denen die Änderung der Tonhöhe zur Unterscheidung verschiedener lexikal. und grammatikal. Bedeutungen bei Morphemen und Wörtern verwendet wird; zu den T. gehören u. a. Chinesisch, Thai, Vietnamesisch sowie zahlr. afrikan. und indian. Sprachen.

Tonstärke ↑ Ton.

Tonsur [zu lat. *tonsura* „das Scheren"], nach röm.-kath. Kirchenrecht der liturg. durch Scheren des Haupthaares ausgeformte rechtl. Akt der Aufnahme in den Stand der Kleriker, 1973 abgeschafft; auch Bez. für die so entstandene Haartracht.

Tonsystem, der musikal. verwendete Tonvorrat einer Kultur oder Epoche, der nach bestimmten Prinzipien (Intervallaufbau, Melodiestruktur, akust. Stimmung) geordnet ist. Grundlage jedes T. ist die Tonleiter, die als begrenzte Gebrauchsleiter aus dem zusammengefaßten Gesamtbestand von Tönen (Materialtonleiter) ausgewählt wird. Das antike T. beruhte auf Viertonfolgen (Tetrachord), nach deren interner Struktur das Tongeschlecht als Diatonik, Chromatik und Enharmonik bestimmt wurde; zwei Tetrachorde bildeten eine Tonleiter (Oktavgattung). Das ma. T. übernahm die griech. Oktavgattungen und - mit abweichender Zuordnung - deren Namen (↑ Kirchentonarten); die antiken Tetrachorde wurden durch das Denken in Hexachorden (Sechstonfolgen mit dem Halbton in der Mitte) erweitert. In der Dur-Moll-Tonalität des 17.–19. Jh. bilden die 12 Halbtöne der chromat. Skala den verfügbaren Tonbestand. Andere Oktavteilungen zeigen z. B. das indones. T., das von fünf- (Slendro) und siebenstufigen (Pelog) Leitern ausgeht. Das fünftönige T. der halbtonlosen ↑ Pentatonik ist aus Ganztönen und Terzen aufgebaut. Für die Ausbreitung des dur-moll-tonalen T. war die Verwendung der gleichschwebenden Temperatur für die Stimmung von Instrumenten etwa seit 1700 von fundamentaler Bedeutung.

📖 *Markovits, M.: Das T. der abendländ. Musik im frühen MA. Bern 1977.*

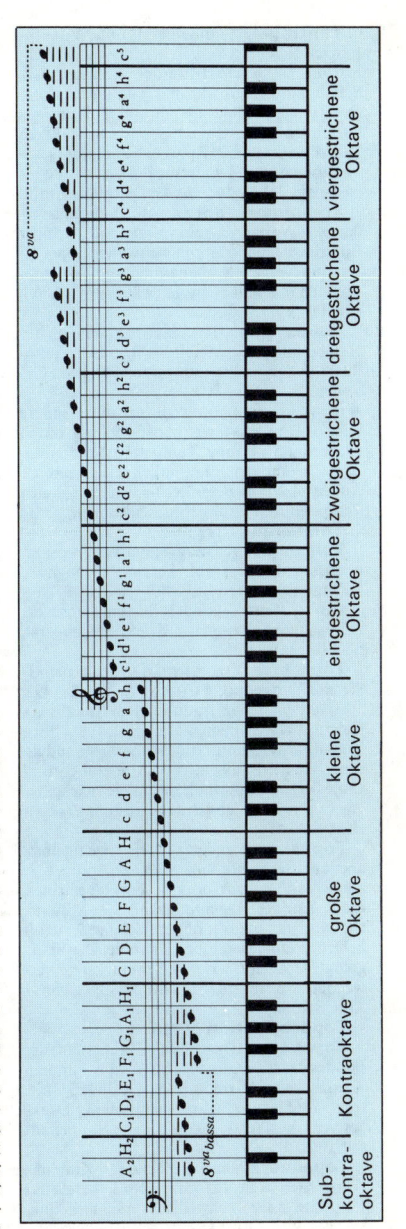

Tonsystem. Tonbezeichnungen und Oktavbezirke, bezogen auf die Tasten des Klaviers

Tonträger

Tonträger, Sammelbez. für alle Vorrichtungen, auf denen Schallvorgänge aufgezeichnet und gespeichert werden können, z. B. Schallplatte, Tonband und Tonfilmstreifen. - Der Hersteller eines T. hat auf 25 Jahre das ausschließl. Recht, den T. zu vervielfältigen und zu verbreiten (§ 85 Urheberrechtsgesetz). Verstöße dagegen sind mit Freiheitsstrafe bis zu einem Jahr oder mit Geldstrafe bedroht.

Tonungsverfahren (Farbtonungsverfahren), Verfahren zur Erzielung farbiger Bildtöne bei photograph. Schwarzweißpositiven durch eine Nachbehandlung mit entsprechenden Chemikalien in wäßriger Lösung *(Tonbäder)*.

Tonus [griech.-lat. „das Spannen"], in der *Human-* und *Tierphysiologie* svw. ↑ Muskeltonus; i. w. S. svw. Spannungs[zustand] von Geweben.
♦ in der *Pflanzenphysiologie* der durch innere oder äußere Faktoren (Abstumpfung durch wiederholte Reizung, Temperatur) beeinflußbare Zustand der Empfindlichkeit gegenüber Außenreizen (z. B. unterbleiben bei tiefen Temperaturen phototrop. Reaktionen).

Tonwaren ↑ Keramik.

Tonzeug (Sinterzeug, Sinterware), zusammenfassende Bez. für keram. Erzeugnisse (↑ Keramik).

top..., Top... [engl.], Bestimmungswort in Zusammensetzungen mit der Bed. „äußerst, höchst, Spitzen...".

Topa Inca Yupanqui [span. juˈpaŋki] (Tupác Yupanqui), * Cuzco (?), † ebd. 1493, 10. Herrscher der traditionellen Inkaliste. - Folgte 1471 seinem Vater Pachacuti Inca Yupanqui auf den Thron; eroberte die südperuan. Küste, Bolivien, NW-Argentinien und Chile bis zum Río Maule; widmete sich später vorwiegend der Verwaltungsordnung des Reiches.

Topas [griech.-lat.], meist weingelbes, aber auch farbloses, meerblau bzw. -grün, z. T. auch rosa, gelbrot oder rotbraun gefärbtes, durchsichtiges, glasglänzendes Mineral, chem. $Al_2[F_2|SiO_4]$; bildet flächenreiche, oft in Drusen aufgewachsene Kristalle. Der klare, goldgelbe *Edel-T.* wird als Schmuckstein verwendet; Mohshärte 8; Dichte 3,5–3,6 g/cm³. - Abb. S. 158.

Topdestillation ↑ Erdöl.

Topeka [engl. təˈpiːkə], Hauptstadt des Bundesstaates Kansas, USA, am unteren Kansas River, 270 m ü. d. M., 115 300 E. Univ. (gegr. 1865); u. a. Nahrungsmittelind., Druckereien, Verlage. - Gegr. 1854; Hauptstadt seit 1861.

Topelius, Zacharias (Zachris), * Kuddnäs (Verw.-Geb. Vaasa) 14. Jan. 1818, † Helsinki 12. März 1898, schwedischsprachiger finn. Schriftsteller. - Ab 1854 Prof. für Geschichte, 1875–78 Rektor der Univ. Helsinki. Noch heute gelesen wird der Zyklus „Erzählungen und Abenteuer eines alten finnländ. Feldschers" (1853–67), in dem Finnlands Anteil an der schwed. Geschichte von Gustav II. Adolf bis zu Gustav III. dargestellt ist.

Topfbaum, svw. ↑ Topffruchtbaum.

Töpfer, Klaus, * Waldenburg/Schlesien 29. Juli 1938, dt. Politiker (CDU). - 1978/79 Prof. für Volkswirtschaft und Direktor des Instituts für Raumforschung und Landesplanung in Hannover; 1979–85 Staatssekretär, 1985–87 Min. des rheinland-pfälz. Ministeriums für Soziales, Gesundheit und Umwelt; seit Mai 1987 Bundesmin. für Umwelt, Naturschutz und Reaktorsicherheit.

Töpferei (Häfnerei), die Herstellung von ↑ Keramik von Hand oder mit Hilfe der ↑ Töpferscheibe.

Töpferscheibe (Drehscheibe), zur Formung rotationssymmetr. Keramik verwendete einfache Maschine, bei der eine waagerecht liegende Scheibe über eine senkrechte Welle durch Fußantrieb oder mit Hilfe eines Elektromotors in Rotation versetzt wird. Die von Hand angetriebene T. war in Ägypten schon vor Beginn des 3. Jt. v. Chr. bekannt und ab 2600 v. Chr. wahrscheinl. allg. verbreitet (in Griechenland nachweisbar um 1800 v. Chr.). Die fußangetriebene T. wurde in hellenist. Zeit in Ägypten erfunden und von den röm. Töpfern übernommen.

Töpfervögel (Furnariidae), Fam. bis amselgroßer, meist brauner Schreivögel mit über 200 Arten in Z- und S-Amerika. Am bekanntesten ist der **Töpfervogel** (Furnarius rufus), der aus Lehm, Gras und Kuhmist bis 30 cm große, harte Kugelnester mit Flugloch, u. a. auf Pfählen und Ästen, baut.

Töpferwespen (Trypoxylon), Gatt. der ↑ Grabwespen mit drei einheim. Arten; ♀♀ bauen durch Lehmwände abgekammerte Niströhren in alte Bohrgänge im Holz oder in markhaltigen Zweigen von Sträuchern und tragen Spinnen als Larvenfutter ein.

Topffruchtbaum (Topfbaum, Lecythis), Gatt. der Topffruchtbaumgewächse mit rd. 50 Arten im trop. S-Amerika, v. a. im Amazonasgebiet; Sträucher oder Bäume mit topfförmigen, kinderkopfgroßen Früchten; Samen bei mehreren Arten ölhaltig und wohlschmeckend *(Sapucajanüsse)*.

Topffruchtbaumgewächse (Lecythidaceae), Pflanzenfam. mit rd. 450 Arten in 24 Gatt. in den Tropen, v. a. in den Regenwäldern S-Amerikas; Bäume oder Sträucher mit ganzrandigen Blättern und meist grünen, einzeln, in Trauben oder Doldentrauben stehenden Blüten; Frucht häufig eine holzige, mit einem Deckel aufspringende Kapsel. Die wichtigsten Gatt. sind ↑ Paranußbaum und ↑ Topffruchtbaum.

Topi [afrikan.] ↑ Leierantilopen.

Topik [griech.], in der Antike Lehre von den „Topoi" (↑ Topos), den „Örtern", „Gemeinplätzen"; von den Vertretern der griech. und röm. Rhetorik entwickelte lehrhafte Zusammenstellung von relevanten Fragestellungen und von „Suchformeln" [sach- und parteigemäßer] Argumente zu entsprechenden Argumentationen.

Topinambur [indian.-engl.] ↑Sonnenblume.

Topitsch, Ernst, *Wien 20. März 1919, östr. Philosoph und Soziologe. - Prof. in Wien, Heidelberg und seit 1969 in Graz. Wendet sich in seinen ideologiekrit. und erkenntnistheoret. Arbeiten gegen jegl. Dogmatismus und gegen einen soziolog. Empirismus, der ohne krit. sozialphilosoph. Reflexion auskommen will und so wissenschaftsfremden Einflüssen ausgeliefert sei. - *Werke:* Sozialphilosophie zw. Ideologie und Wiss. (1961), Die Freiheit der Wiss. und der polit. Auftrag der Univ. (1968), Mythos – Philosophie – Politik. Zur Naturgeschichte der Illusion (1969), Die Voraussetzungen der Transzendentalphilosophie (1975), Stalins Krieg (1985).

Töplitz (Römerbad) ↑Rimske Toplice.

Top management [engl. 'tɔp,mænɪdʒmənt], die oberste Leitungsebene in einem Unternehmen.

topo..., Topo... [zu griech. tópos „Ort"], Bestimmungswort von Zusammensetzungen mit der Bed. „Ort, Gegend, Gelände".

Topochemie, Teilgebiet der physikal. Chemie; die T. beschäftigt sich mit den Reaktionen an Oberflächen fester Stoffe; wichtig bei der Erklärung der Wirkungsweise von Katalysatoren und Reaktionen in tier. oder pflanzl. Zellen.

Topographie, Teilgebiet der Geodäsie; hat die Abweichungen der phys. Erdoberfläche vom Geoid zu ermitteln und in geeigneter Form darzustellen sowie Gelände und Geländebedeckung nach charakterist. Merkmalen und innerhalb vorgegebener Fehlergrenzen meßtechn. zu erfassen und wiederzugeben. Verfahrenstechniken sind insbes. Photogrammetrie und Tachymetrie.
◆ in der *Meteorologie* Bez. für Höhenwetterkarten.

Topologie, Teilgebiet der Mathematik, das urspr. diejenigen Eigenschaften geometr. Gebilde (Kurven, Flächen, Räume) behandelte, die bei umkehrbar eindeutigen stetigen Abbildungen erhalten bleiben, d. h. topolog. invariant sind (↑ auch Homöomorphismus). Zur Entwicklung der algebraischen T. war v. a. L. E. J. Brouwer von Bed.; die von G. Cantor entwickelte Punktmengenlehre wurde insbes. von H. Poincaré ausgebaut, der als einer der Begründer der modernen T. gilt. Die mengentheoret. T. im heutigen Sinn begann mit F. Hausdorf und H. Weyl. Heute versteht man unter T. die allg. Theorie der topolog. Räume, d. h. solcher Räume bzw. Punktmengen, die eine topolog. Struktur aufweisen.

Toponymikon [griech.], svw. ↑Ortsname.

Topor, Roland, *Paris 7. Jan. 1938, frz. Zeichner, Illustrator und Schriftsteller. - Vereinigt in seinen Bildern und Zeichnungen eine surrealist. Darstellungsweise mit aggressivem schwarzen Humor; in deutschsprachigen Ausgaben erschienen u. a. „Toxicologie" (1970), „Tragödien. Zeichnungen 1958 – 1968" (1971), „Phallunculi oder Vom Wesen des Dinges" (1975). Verfaßte (neben Novellen und Romanen [„Der Mieter", 1964]) mit „Memoiren eines alten Arschlochs" (1975) eine sarkast. Parodie auf die Kultur- und Traditionsdünkel der Memoirenliteratur.

Topos [griech.], in der antiken Rhetorik svw. „Ort" (↑ Locus), „Gemeinplatz"; sollte als anerkannter Begriff oder Gesichtspunkt in der Rede angewendet werden (bes. von Aristoteles und Cicero entwickelt); in der neueren Sprach- und Literaturwiss. svw. festes Klischee, formelhafte Wendung, Bild.

topozentrisch, auf den Beobachtungsort als Mittelpunkt bezogen.

Topp [niederdt.], oberstes Ende eines Mastes oder einer Stenge.

Toppen [engl.] (Topdestillation) ↑Erdöl.

Töpper, Hertha, *Graz 19. April 1924, östr. Sängerin (Alt). - Wurde 1952 Mgl. der Bayer. Staatsoper in München, Gast u. a. in Wien, London, Mailand und New York; trat auch als Konzertsängerin hervor.

Toppsegel, ein Segel am Mastoberteil. - ↑auch Segel.

Toprak-Kala, Ruinenstadt in der Karakalpak. ASSR, UdSSR, 50 km nö. von Urgentsch; vom 2.–5. Jh. eines der polit. Zentren Choresmiens. In der NW-Ecke der Stadt wurde ein Palast ausgegraben, Reste von Wandmalereien, Tonstatuen der Herrscher, Feuertempel, Basarplatz und Wohnquartiere. Baumaterial waren luftgetrocknete Lehmziegel.

Toprakkale (Toprak-Kale) [türk. tɔ'prɑkqɑ,lɛ], Name eines Felsens bei ↑Van, Türkei, mit Ruinen einer Burg der Urartäer.

Topspin, im Tennis und Tischtennis Bez. für einen [starken] in der Flugrichtung wirkenden Aufwärtsdrall des Balles bei langgezogenem [Bogen]schlag; auch Bez. für den Schlag selbst.

Toque [tɔk; span.-frz.], enganliegende Kopfbedeckung der Damenmode (aus in Falten gelegtem Stoff); im 16. Jh. schmalkrempiges Barett mit steifem, hutartigem Kopf.

Toquepala ↑Tacna.

Tor, allg. größere Eingangsöffnung, die im Unterschied zur Tür auch Fahrzeugen Durchlaß gewährt. Als selbständiges Bauwerk v. a. als Stadttor und Burgtor, oft als Doppelturmanlagen. In der Antike auch als große Eingangshalle (↑ Propyläen) ausgebildet. Eine Sonderform ist der ↑Triumphbogen.
◆ in der *Geographie* ein natürl. Engpaß.
◆ im *Sport* Bez. für das Angriffsziel bei T. spielen (u. a. Fußball, Handball, [Eis]hockey), bestehend aus 2 Pfosten und einer Querstange,

Topas. Kristall von prismatisch-pyramidalem Habitus (Fundort: Tepetate, Mexiko)

meist mit einem daran befestigten T.netz zum Auffangen des Balles; wird vom **Torwart** verteidigt; der erzielte Treffer wird T. oder T.erfolg genannt; auch Bez. für ein aus 2 Stangen bestehendes Hindernis, das zu durchlaufen ist (z. B. beim Slalom, Riesenslalom oder Abfahrtslauf [sog. Richt-T.]) oder durchfahren werden muß (z. B. beim Kanuslalom).

Tora, svw. ↑Thora.

Toraja [indones. toˈradʒa], die altmalaiische Bev. von Celebes; i.e.S. die Bev. im gebirgigen Innern des zentralen Teils der Insel. Sie leben von Brandrodungsfeldbau, z.T. auch von Naßreisanbau und wohnen in Pfahlbauten mit vorkragenden Dächern.

Torbay [engl. ˈtɔːbeɪ], engl. Stadt an der S-Küste der Halbinsel Cornwall, Gft. Devon, 115 600 E. Theater, Schiffahrtsmuseum; pharmazeut., kosmet., Elektronik-, Farben- und Fischkonservenind., Bootswerft. Seebad; Fischereihafen. - 1969 entstanden durch Zusammenschluß mehrerer Orte.

Torberg, Friedrich, eigtl. F. Kantor-Berg, * Wien 16. Sept. 1908, †ebd. 10. Nov. 1979, östr. Schriftsteller und Publizist. - Emigrierte 1938 (Schweiz, Frankr., über Spanien und Portugal in die USA); Rückkehr 1951, 1954–65 Hg. der kulturpolit. Zeitschrift „Forum". Setzte sich in seinen Romanen v. a. mit der Tragik des Judentums im 20. Jh. auseinander („Hier bin ich, mein Vater", 1948; „Die zweite Begegnung", 1950). Auch Erzählungen („Golems Wiederkehr", 1968), Feuilletons, krit. Glossen und Parodien v. a. über jüd. Schicksale, Gedichte und Drehbücher. - *Weitere Werke:* Mein ist die Rache (E., 1943), Süßkind von Trimberg (R., 1972), Die Tante Jolesch oder der Untergang des Abendlandes in Anekdoten (1975).

Torculus [lat.] ↑Neumen.

Tordesillas, Vertrag von [span. tɔrðeˈsiʎas], 1494 in Tordesillas (Prov. Valladolid, Spanien) abgeschlossener Vertrag zw. Spanien und Portugal, die auf der Grundlage eines Schiedsspruchs Papst Alexanders VI. ihre Besitz- und Entdeckungsräume abgrenzten. Spanien wurden die westl., Portugal die östl. der Demarkationslinie (etwa 46° w. L.) liegenden Gebiete zugesprochen.

tordieren [lat.], svw. verdrehen, verdrillen.

Torelli, Giuseppe, * Verona 22. April 1658, † Bologna 8. Febr. 1709, italien. Violinist und Komponist. - War 1686–95 und seit 1701 in Bologna, 1697–1700 in Ansbach tätig. Er komponierte v. a. Sonaten, Sinfonien, Concerti grossi und gilt mit den „Concerti musicali a quattro" op. 6 (1698) als Schöpfer des Violinkonzerts.

Torero [span.] ↑Stierkampf.

Torf [niederdt.], unter Luftabschluß die erste Stufe der Inkohlung v. a. in Mooren gebildetes Zersetzungsprodukt überwiegend pflanzl. Substanzen. T. enthält im Unterschied zu Braunkohle noch freie Zellulose. Als Hauptbestandteil liegen bis zu 50% ↑Huminsäuren vor, daneben treten Wachse und Harze sowie anorgan. Sedimente auf. T. enthält in frisch gewonnenem Zustand bis zu 90% Wasser, lufttrocken noch 25–30%. Die Gewinnung erfolgt nach Entwässerung der Moore in sog. *T.stichen* (z. B. in Nord- und Süddeutschland, v. a. aber in der UdSSR und in Irland) mit Hand oder maschinell. Bes. ältere Moos-T. und gut zersetzte Niederungsmoor-T. werden als *Preß-T. (T.briketts)* nach Trocknung zum Heizen verwendet. Der Heizwert von wasserfreiem T. liegt zw. 9 200 und 16 400, maximal bei 24 000 kJ/kg; Gehalt: Kohlenstoff bis 60%, Sauerstoff bis 40%, Wasserstoff rd. 6,5%. Jüngerer Moos-T. kommt, zu Ballen gepreßt, als *Fasertorf* oder (durch Trocknen und Zerkleinern gewonnener) *T.mull* in den Handel. Er wird u. a. zu Bodenbedeckungs-, Verpackungs- und Dämmzwecken sowie als Einstreu verwendet und dient unter Zumischung von Mineraldünger und Jauche oder Klärschlamm zur Herstellung von *T.kompost.* Flachmoor-T. sind inhomogen, mit schwach saurer oder neutraler Reaktion und werden u. a. zur Herstellung von Erdgemischen für die Pflanzenanzucht und zur Verbesserung leichter Böden benutzt. - Der stark gestiegene T.verbrauch in Landw. und Gartenbau führt zunehmend zum T.abbau in bisher ökolog. noch intakten Feuchtgebieten; v. a. in dichtbesiedelten Gebieten wie der BR Deutschland wird die T.gewinnung unter diesem Gesichtspunkt kritisiert.

Torfbeere, svw. ↑Moltebeere.
Torfglanzkraut ↑Glanzkraut.

Torfgränke (Zwerglorbeer, Chamaedaphne), Gatt. der Heidekrautgewächse mit der einzigen Art **Chamaedaphne calyculata** auf Hochmooren Nordeurasiens und des nördl. Nordamerika; bis 1 m hoher, immergrüner Strauch mit aufrechten, rutenförmigen

Zweigen, ei- bis lanzettförmigen Blättern und weißen Blüten in einseitswendigen Trauben; Steingartenpflanze.

Torfhund (Torfspitz, Pfahlbauspitz, Canis familiaris palustris), erstmals 1861 in den jungneolith. Ufersiedlungen der Schweizer Seen entdeckter ausgestorbener kleiner Urhaushund, der später auch in älteren Steinzeitablagerungen Europas gefunden wurde.

Torfkoks, bei der Schwelung von lufttrockenem Torf erhaltener koksartiger Rückstand, der u. a. zur Herstellung von Aktivkohle dient.

Torfleichen, svw. ↑ Moorleichen.

Torfmoos (Sphagnum), Gatt. der Laubmoose mit knapp 350 Arten in den gemäßigten und kalten Zonen der Nord- und Südhalbkugel sowie in den Gebirgen der Tropen; rhizoidlose, bleichgrüne oder bräunl. Pflanzen mit spiralig um das Stämmchen angeordneten, zu drei bis fünf zusammengefaßten Seitenästen, die mit dachziegelartig angeordneten Blättchen besetzt sind. Blättchen und Stämmchen mit großen, toten, wasserspeichernden Zellen (T. vermögen bis zum 40fachen ihres Eigengewichts an Wasser aufzunehmen). Charakterpflanzen der Hochmoore und extrem saurer, nährstoffarmer Böden; wichtigste Torfbildner.

Torfspitz, svw. ↑ Torfhund.

Torgau, Krst. an der mittleren Elbe, Bez. Leipzig, DDR, 86 m ü. d. M., 22 000 E. Flachglas-, Steingutproduktion; Elbhafen. - Entstand aus einem wend. Fischerdorf bei einer dt. Burg (erste Erwähnung 973); im 12. Jh. planmäßig erweitert, erhielt 1255/67 Stadtrecht; zeitweilige Residenz der Kurfürsten im späten 15. Jh., in der 1. Hälfte des 16. Jh. geistiges und polit. Zentrum Obersachsens; blieb anschließend kurfürstl. Nebenresidenz; Ausbau zur Festung 1811-13 (Schleifung der Mauern ab 1890). - Renaissanceschloß Hartenfels (nach 1456 ff.; heute Rat des Kreises und Museum) mit Treppenturm (Großer Wendelstein) und Schönem Erker sowie Schloßkirche; spätgot. Marienkirche (um 1390 ff.), Renaissancerathaus (1561/62); Denkmal der Begegnung (amerikan. und sowjet. Truppen am 25. April 1945).
T., Landkr. im Bez. Leipzig, DDR.

Torgauer Artikel, ev.-luth. Bekenntnisschrift; das von Kurfürst Johann von Sachsen bestellte Gutachten P. Melanchthons, M. Luthers, J. Bugenhagens und J. Jonas' über die reformator. Vorstellungen bezügl. Kult und Kirchenordnung zur Vorlage auf dem Augsburger Reichstag 1530. Die T. A. wurden in das Augsburger Bekenntnis übernommen.

Torgauer Bund ↑ Gotha-Torgauer Bündnis.

Toribio, Alfonso de Mogrovejo [span. to-'riβĳo], hl., latinisiert Turibius, * Villaquejida oder Mayorga (Prov. Valladolid) 16. Nov. 1538, † bei Lima 23. März 1606, span. kath. Theologe. - Seit 1579 Erzbischof von Lima; Reorganisator und religiöser Erneuerer der gesamten südamerikan. Kirche. Patron von Lima und Peru. - Fest: 23. März.

Tories [engl. 'tɔːriz; zu ir. toraidhe „Verfolger, Räuber"], in England/Großbrit. seit 1679 urspr. abwertende Bez. für die Gruppierung im Parlament, die Jakob II. gegen die Whigs unterstützte. 1710-14 und 1784 (Reformierung durch den jüngeren Pitt) mit kurzen Unterbrechungen bis 1830 regierungstragend, wurden die T. gleichgesetzt mit Anglikanismus und ländl. Grundbesitz. Die Reform Bill der Whigs von 1832 löste die Wandlung der T. zur ↑ Konservativen und Unionistischen Partei aus.

Torii [jap.], das aus zwei Pfeilern und zwei (auch drei) darüberliegenden, meist beiderseits überstehenden Querbalken gebildete Tor vor Schintoheiligtümern.

Torii Kijonaga ↑ Kijonaga, Torii.
Torii Kijonobu ↑ Kijonobu, Torii.

Torlauf ↑ Skisport.

Törn [niederdt.], seemänn. 1. svw. Reihenfolge, Turnus; 2. zw. 2 Hafenliegezeiten zurückgelegte Strecke oder vergangene Zeit *(See-T.);* 3. svw. [ungewollte] Schlinge, auch Umwicklung in einer Leine *(Rundtörn).*

Tornado [span.-engl.], Wirbelsturm in Nordamerika; v. a. in der warmen Jahreshälfte und in Verbindung mit Gewittern auftretend; hat einen Wirbeldurchmesser von einigen 100 Metern, bewegt sich meist nur über Entfernungen von 20–30 km.

Tornado, Kurzbez. für das schon in Serienproduktion befindl., militär. und polit. umstrittene mittelschwere Kampfflugzeug PanaviaTornado(früherPanavia200MRCA[Abk. für engl. Multirole combat aircraft „Mehrzweckkampfflugzeug"]); besitzt schwenkbare Tragflächen, die auch gute Langsamflugeigenschaften gewährleisten (Höchstgeschwindigkeit über Mach 2); dt.-engl.-italien. Gemeinschaftsentwicklung. Die Frage der hohen Kosten für Entwicklung und Beschaffung für die Bundeswehr u. a. führten seit 1980 zu heftigen Angriffen gegen Verteidigungsmin. H. Apel.
◆ Segelbootstyp mit 2 Rümpfen (↑ Katamaran).

Tornister [slaw.], [früher mit Fell überzogene] Rückentasche, bes. der Soldaten; [Schul]ranzen.

Toroid [lat./griech.], torusförmiger Körper; als Kernform von Ringtransformatoren und magnet. Ringspulen verwendet.

Toronaischer Golf, Golf des nördl. Ägäischen Meeres, zw. den Halbinseln Kassandra und Sithonia der Chalkidike.

Toronto [toˈrɔnto, engl. təˈrɔntoʊ], Hauptstadt der kanad. Prov. Ontario, am N-Ufer des Ontariosees, 614 800 E, Metropolitan Area 3,0 Mill. E. Verwaltungszentrum der Prov.; Sitz eines kath. Erzbischofs, eines anglikan. und eines ukrain.-unierten Bischofs;

Tororo

2 Univ. (gegr. 1827 bzw. 1959), Polytechnikum, Kunstakad., Observatorium, 2 Sinfonieorchester, Sitz zahlr. wiss. Inst., Ontario-Museum, Marinemuseum, Kunstgalerie; Großplanetarium, Theater, Zoo, Börse. Elektro-, Nahrungsmittel- und Bekleidungsind., Metallverarbeitung, Maschinenbau, graph. Gewerbe, Verlage, Erdölraffinerien; Knotenpunkt des Straßen-, Schienen-, Luft- und Wasserverkehrs am Sankt-Lorenz-Seeweg; Hafen, U-Bahn, internat. ✈.
Geschichte: 1720–59 bestanden hier frz. Forts (zuletzt **Fort Rouillé**). 1793 wurde am Ufer der heutigen Toronto Bay die Siedlung York angelegt, die 1796 Hauptstadt von Oberkanada wurde; 1817 Town, 1834 unter dem Namen T. City; 1849–51, 1855–59 Hauptstadt von Kanada, seit 1867 Hauptstadt der Prov. Ontario. Zur Metropolitan Area gehören die Städte Leaside, Mimico, New Toronto, Weston, die Orte Forest Hill, Long Branch, Swansea sowie Teile angrenzender Townships.
Bauten: Rathaus (1958–65), Campus der York University (1965 ff.). Am Seeufer nw. des Hafens liegt das Ausstellungsgelände, auf dem jährl. die Kanad. Nationalausstellung (Aug./Sept.) und die Königl. Wintermesse (Nov.) stattfinden.

Tororo, Distr.hauptstadt in O-Uganda, 1 176 m ü. d. M., 16 000 E. Kath. Bischofssitz; Ostafrikan. Schlafkrankheitsforschungsinst.; Zementfabrik, Herstellung von Düngemitteln, Insektiziden u. a.

Torp, Oscar, * Hafslund (= Sarpsborg) 8. Juni 1893, † Oslo 1. Mai 1958, norweg. Politiker. - 1923–40 Vors. der Arbeiterpartei, 1936–40 und 1945–58 Mgl. des Storting, 1955–58 dessen Präs.; ab 1935 verschiedentl. Min.; ging 1940 als Finanzmin. (1939–42) mit der Reg. nach London ins Exil, nachdem er den Goldschatz der Bank von Norwegen nach London transferiert hatte; Min. für Versorgung und Wiederaufbau 1945–48, Min.präs. 1951–55.

Torpedo [lat.] ↑Zitterrochen.

Torpedo [lat. „Zitterrochen" (der seinen Gegner bei Berührung durch elektr. Schläge „lähmt"); zu torpere „betäubt, erstarrt sein"], zigarrenförmiges, 4–9 m langes Unterwassergeschoß (Kaliber meist 533 mm, Gesamtmasse bis über 2 000 kg) mit Eigenantrieb sowie Seiten- und Tiefenrudern zur Aktivlenkung, das die Zerstörung des Unterwasserteils gegner. Schiffe bewirken soll; dazu wird die meist im vorderen Teil (Gefechtskopf) des T. untergebrachte Sprengladung (bis zu 500 kg) beim Auftreffen oder kurz davor durch die Zündeinrichtung (**Gefechtspistole**) nach Ansprechen des Aufschlag- oder Annäherungszünders zur Detonation gebracht. Die Vorwärtsbewegung des T. (Geschwindigkeit 20–60 kn, Laufstrecke bis 25 km) wird von 2 gegenläufigen Propellern bewirkt, beim *Elektro-T.* durch einen von Akkumulatoren gespeisten Elektromotor angetrieben, beim *Reaktiv-T.* durch einen am Heck austretenden Gasstrahl (Dampf- oder Verbrennungsgase von Pulvertreibsätzen); der *Raketen-T.* ist eine Kombination von T. und Trägerrakete, die ihn bis kurz vor das Ziel trägt, wo er mit einem Fallschirm ins Wasser gelassen wird. Von Überwasserschiffen werden T. entweder von seitl. angeordneten Abwurfgestellen zu Wasser gebracht oder aus schiffsfesten oder schwenkbaren T.ausstoßrohren ausgestoßen. U-Boote haben Ausstoßrohre, die den Abschuß von T. auch unter Wasser ermöglichen. Raketen-T. werden sowohl von Überwasserschiffen als auch von U-Booten aus eingesetzt. *Flugzeug-T. (Luft-T.)* werden von tieffliegenden Flugzeugen abgeworfen und steuern meist im direkten Kollisionskurs das Ziel an.
Geschichte: Die Idee des T. ist schon Ende des 13. Jh. in einer arab. Handschrift zu finden; erst im 19. Jh. wurde von R. Whitehead der T. zu einer brauchbaren Waffe entwickelt, nachdem man schon am Beginn des 17. Jh. mit sog. „Spieren-T." (an der Spitze langer Stangen befestigte Sprengladungen, die über den Bug kleiner Boote vorausragten) versucht hatte, feindl. Schiffe zu zerstören.
⌕ *Rössler, E.: Die Torpedos der dt. U-Boote. Entwicklung, Herstellung u. Eigenschaften der dt. Marine-Torpedos. Stg. 1984.*

Torpedoboot, kleines, bes. zum Einsatz von Torpedos konstruiertes Kriegsschiff der ersten Hälfte des 20. Jh., mit hoher Geschwindigkeit; es sollte nach Durchbrechen der Linie der eigenen Großkampfschiffe auf die feindl. Schiffe Torpedos abfeuern und sich dann wieder zurückziehen. Zu seiner Bekämpfung entwickelte man die Mittelartillerie der Großkampfschiffe und die T.zerstörer; aus dem T. selbst wurde heute das ↑Schnellboot.

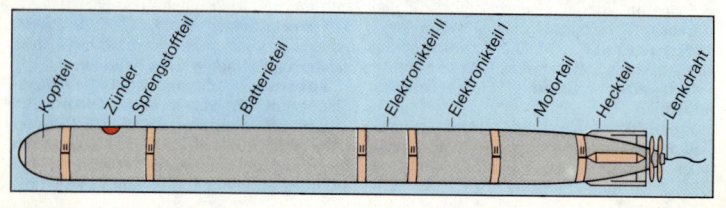

Torpedo. Moderner Schwergewichtstorpedo mit Elektroantrieb (schematisch)

Kopfteil — Zünder — Sprengstoffteil — Batterieteil — Elektronikteil II — Elektronikteil I — Motorteil — Heckteil — Lenkdraht

Torques [lat. „Gedrehtes, Kette"], Halsschmuck der Kelten, ein offener oder geschlossener Ring aus 2 oder mehreren umeinander gedrehten Metallbändern.

Torquetum [lat.] (Türkengerät), erstmals 1284 als *Turketum* beschriebenes, seit etwa 1430 meist T. genanntes Instrument für astronom. Winkelmessungen, je nach Einstellung im horizontalen, äquatorialen oder ekliptikalen Koordinatensystem. Im 17. Jh. vom Äquatoreal abgelöst.

Torr [nach E. Torricelli], gesetzl. nicht mehr zugelassene Einheit des Drucks; der 760. Teil einer physikal. Atmosphäre: 1 Torr = 133,3224 Pa bzw. 1 Pa = 0,0075 Torr.

Torre, Guillermo de, * Madrid 27. Aug. 1900, † Buenos Aires 14. Jan. 1971, span.-argentin. Schriftsteller. - Einflußreicher Literaturkritiker; Wegbereiter des Ultraismo.

Torre Annunziata, italien. Stadt in Kampanien, am S-Fuß des Vesuvs, 59 200 E. Maschinenbau, pharmazeut. Werke, Teigwarenfabriken; Kurort (Thermen). - Um eine 1319 gegründete Kapelle entstanden; litt des öfteren durch Ausbrüche des Vesuvs. - Ausgrabungen (1967 ff.) einer ausgedehnten röm. Villenanlage (wohl zum antiken **Oplontis** gehörend); einzigartiger Zyklus monumentaler Fresken des 2. pompejan. Stils (1. Jh. v. Chr.).

Torre-Nilsson, Leopoldo, * Buenos Aires 5. Mai 1924, † ebd. 8. Sept. 1978, argentin. Regisseur. - Seine makabren, psycholog. Filme richten sich krit. gegen das argentin. Bürgertum, u. a. „Das Haus des Engels" (1957), „Der Fall" (1958), „Die Hand in der Falle" (1961), „Das Schlüsselloch" (1965), „Bemalte Lippen" (1974).

Torrens, Lake [engl. ˈlɛɪk ˈtɔrənz], Salzpfanne im zentralen Südaustralien, 5 900 km^2; im Sommer meist völlig ausgetrocknet.

Torres Bodet, Jaime [span. ˈtɔrrɛz βoˈðɛt], * Mexiko 17. April 1902, † ebd. 13. Mai 1974 (Selbstmord), mex. Schriftsteller. - 1948–52 Präs. der UNESCO, 1958–64 mex. Erziehungsmin.; einer der bedeutendsten Lyriker seines Landes unter dem Einfluß von Modernismo, Ultraismo und Surrealismus; auch Romancier und Essayist.

Torres Quevedo, Leonardo [span. ˈtɔrrɛs keˈβeðo], * Santa Cruz de Iguña (Santander) 28. Dez. 1852, † Madrid 18. Dez. 1936, span. Ingenieur. - Baute u. a. 1920 eine elektromechan. Rechenmaschine und ließ 1914–16 die 590 m lange Seilbahn bei den Niagarafällen errichten.

Torres Restrepo, Camilo [span. ˈtɔrrɛr rrɛsˈtrepo], * Bogotá 3. Febr. 1929, † Cúcuta 15. Febr. 1966, kolumbian. kath. Theologe und Revolutionär. - 1954 Priester; Begründer und zeitweiliger Dekan der soziolog. Fakultät der Univ. Bogotá; wurde wegen seiner radikalen sozialkrit. Haltung des Amtes enthoben und ließ sich daraufhin 1965 in den Laienstand zurückversetzen. Er schloß sich der Guerillabewegung Ejército de Liberación Nacional an und wurde 1966 im Kampf mit Regierungstruppen getötet.

Torresstraße, Meeresstraße zw. der Kap-York-Halbinsel Australiens und Neuguinea, an der engsten Stelle 153 km breit, verbindet die Arafurasee (im W) mit dem Korallenmeer.

Torricelli, Evangelista [italien. torriˈtʃɛlli], * Faenza 15. Okt. 1608, † Florenz 25. Okt. 1647, italien. Physiker und Mathematiker. - Lebte ab 1641 in Florenz, wo er mit G. Galilei zusammenarbeitete und 1642 dessen Nachfolger als Hofmathematiker wurde; übertrug 1640 die Galileischen Fallgesetze auf ausströmende Flüssigkeiten *(Torricellische Ausflußformel)*; beschrieb 1644 die Erfindung des Quecksilberbarometers.

Torroja y Miret, Eduardo [span. toˈrroxa i miˈrɛt], * Madrid 27. Aug. 1899, † ebd. 1961, span. Architekt. - Die Konstruktion der Tribünenüberdachung der Pferderennbahn La Zarzuela bei Madrid (1935) mit ihren segmentförmig gekurvten Stahlbetonschalen war bahnbrechend für die Entwicklung des

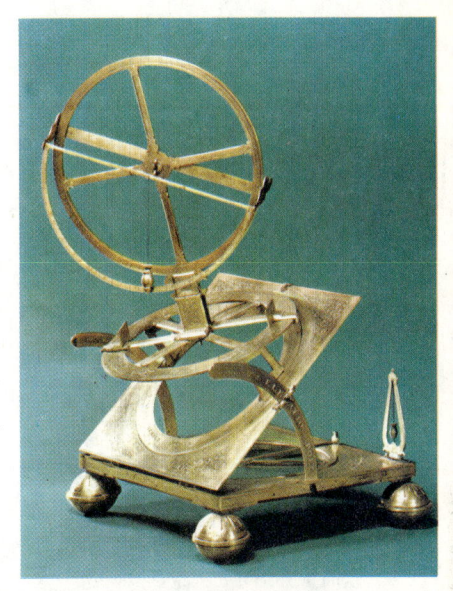

Torquetum von Erasmus Habermehl (um 1600) mit Kompaß und Sonnenuhrskala in der quadratischen Bodenplatte, Fadenlot an einem am oberen Kreis befestigten Halbbogen zur Höhenmessung der Gestirne sowie anderen astronomischen Meßeinrichtungen. Kassel, Staatliche Kunstsammlungen

Torschlußpanik

Schalenbaus; auch zahlr. Brücken, Hallen- und Kirchenbauten.

Torschlußpanik, gemeinsprachl. Bez. für eine Stimmungslage, die von der Vorstellung beherrscht wird, etwas nicht versäumen zu dürfen, das [vermeintl.] sehr bald für immer unerreichbar sein werde. Der Betroffene versucht oft, dieser „Gefahr" durch unreflektierte Verhaltensweisen entgegenzuwirken.

Torse [lat.] ↑abwickelbare Fläche.

Tórshavn [färöisch 'tɔːɰrshaːɰn], Hauptstadt der Färöer, im SO der Insel Streymoy, 14400 E. Handels- und Verwaltungsmittelpunkt der Inselgruppe; Werft, fischverarbeitende Ind., Hafen.

Torsion [lat.], (Drillung, Verdrehung, Verwindung) bes. Form der Scherung, v. a. bei langgestreckten Körpern (Stab, Draht), die an einem Ende bzw. in einem Querschnitt festgehalten werden, während an einem freien Ende ein Drehmoment angreift, das die einzelnen Querschnitte um einen um so größeren Winkel verdreht, je weiter sie vom festgehaltenen Ende bzw. Querschnitt entfernt sind; es resultiert eine schrauben- bzw. spiralförmige Verdrehung des Körpers bzw. seiner Längsfasern. -↑auch Drehstabfeder.

◆ in der *Medizin* svw. Drehung, Achsendrehung (bezogen auf einen Organstiel).

◆ Dekorationsprinzip keram. Gefäße der ägäischen Kultur (etwa 2600–1500), bei dem mit der Musterung der Eindruck spiraligen Umlaufes erzeugt wird.

Torsionsbruch (Verdrehbruch) ↑Bruch.

Torsionsfestigkeit, svw. ↑Drehfestigkeit.

Torsionsmodul, svw. ↑Gleitmodul.

Torsionsstab, svw. ↑Drehstabfeder.

Torsionswaage, svw. ↑Drehwaage.

Torso [italien., eigtl. „Kohlstrunk, Fruchtkern" (zu griech. thýrsos „Bacchusstab")], in der bildenden Kunst eine beschädigte oder unvollendete Statue (ohne Kopf und Gliedmaßen), meist aus der Antike. Seit der Renaissance auch als Antikennachahmung und als Studie. Als selbständiges Motiv zum Ausdruck des Fragmentar. v. a. in der modernen Skulptur (A. Rodin, A. Maillol, W. Lehmbruck, H. Moore).

Torsten (Thorsten), aus dem Nord. übernommener männl. Vorname (zu ↑Thor und skand. sten „Stein").

Torsvan, Traven, Schriftsteller, ↑Traven, B.

Tort [lat.-frz.], Unrecht, Kränkung, Verdruß.

Torte [vulgärlat.-italien.], in runden Formen gebackener Kuchen, mit Creme gefüllt (z. B. Buttercreme-T.) bzw. verziert oder mit Obst belegt.

Tortilla [tɔrˈtiʎa; span.], Omelett der span. Küche, mit verschiedenen Zutaten.

◆ in Lateinamerika Fladenbrot aus Maismehl.

Tortona, italien. Stadt in Piemont, an der Scrivia, 114 m ü. d. M., 29 000 E. Kath. Bischofssitz; Nahrungsmittel- und Textilindustrie. - In der Antike **Dertona**, eine bed. ligur. Stadt, wurde um 120 v. Chr. röm. Colonia; spielte in den Kämpfen Friedrichs I. Barbarossa gegen die lombard. Städte eine wichtige Rolle, 1155 vom Kaiser zerstört; ab Mitte des 14. Jh. im Besitz der Visconti, teilte die Geschicke des Hzgt. Mailand; kam 1738 an das Kgr. Sardinien. - Roman. Kirche Santa Maria Canale (12. und 14. Jh.), Dom (nach 1570; im Innern barockisiert).

Tortosa, span. Stadt in Katalonien, am unteren Ebro, 47 000 E. Kath. Bischofssitz; Observatorium; Nahrungsmittelind., Metallverarbeitung, Textil- sowie keram. Industrie. - In der Antike **Dertosa**, wurde unter Augustus röm. Colonia, 506 n. Chr. westgot.; 713 arab., 1148 von Aragoniern zurückerobert; seit Mitte des 12. Jh. Bischofssitz. - Kathedrale in katalan. Gotik (1347 ff.; 1705–57 klassizist. W-Fassade) mit maur. Turm und got. Kreuzgang; Bischöfl. Palast (14. Jh. und 18. Jh.); Colegio de San Luis (16. Jh.).

Tortue, Île de la [frz. ildəlatɔrˈty], zu Haiti gehörende gebirgige Insel vor der nördl. Halbinsel der Hauptinsel, 220 km², Hauptort Basseterre. - Von Kolumbus entdeckt und **Tortuga** gen.; seit dem 16. Jh. Freibeuterstützpunkt; 1640–1804 französisch.

Tortur [lat.], svw. ↑Folter.

Torulahefen [lat./dt.], hefeartige Pilze aus der Gatt. Candida, die in großem Maßstab zur Gewinnung von eiweiß- und fettreichen Futterhefen gezüchtet werden. Mit *Candida utilis* können z. B. wertlose Abfallprodukte wie Sulfitablauge aus der Zellstoffind. und auch andere kohlenhydratreiche Abfälle in hochwertige Futtermittel umgewandelt werden.

Torus [lat. „Wulst, Erhebung"] (Ringfläche, Kreiswulst), eine Fläche, die durch Rotation eines Kreises um eine in seiner Ebene liegende, den Kreis nicht treffende Gerade entsteht; auch Bez. für den von dieser Fläche begrenzten Körper.

Torwart (Torhüter, Tormann) ↑Tor.

Tory-Demokratie (Tory Democracy), Begriff für das Reformprogramm der ↑Konservativen und Unionistischen Partei; eingeleitet mit der Anerkennung der Wahlrechtsreform 1867, fortgeführt mit der Anerkennung der Gewerkschaften und den Arbeitsschutzgesetzen von 1875/76. Die T.-D. beruhte auf einer Staatsauffassung, nach der die herrschenden Schichten ein paternalist. Interesse an der sozialen Besserstellung der unteren Schichten zeigen, ohne die hierarchische Gesellschaftsstruktur anzutasten.

Tosa-Schule [jap./dt.], Richtung der jap. höf. Malerei mit lichtem, leuchtendem Kolorit, die sich im 13. Jh. aus dem ↑Jamato-E entwickelte.

Toscanini, Arturo [italien. toska'ni:ni], * Parma 25. März 1867, † New York 16. Jan. 1957, italien. Dirigent. - Wirkte an der Mailänder Scala, an der Metropolitan Opera in New York, leitete ab 1927 das New York Philharmonic Orchestra; ging 1937 als Gegner des Faschismus und NS nach New York, wo er bis 1954 das NBC Symphony Orchestra leitete. T. setzte sich stets für absolute Werktreue ein.

Tosefta [hebr. „Hinzufügung"], Sammlung früher rabbin. Überlieferungen außerhalb der Mischna; wie diese in „Ordnungen" und „Traktate" eingeteilt. Als Bearbeiter gilt nach der Tradition Chijja Bar Abba (um 200 n. Chr.), doch ist die Endredaktion mit Sicherheit später anzusetzen.

Tosi, Pier Francesco, * Cesena 1654, † Faenza 1732, italien. Sänger (Kastrat). - Sang an den bed. Höfen Europas; seine Gesangsschule „Opinioni de' cantori antichi e moderni" (1723) wurde in mehrere Sprachen übersetzt.

Toskana (italien. Toscana), mittelitalien. Region und histor. Großlandschaft, 22 992 km², 3,6 Mill. E (1985), Hauptstadt Florenz. Die T. erstreckt sich vom Ligur. Meer bis zum nördl. Apennin. Das mediterrane Klima erlaubt den Anbau aller Kulturpflanzen des Mittelmeerrraumes in oft mehrstöckigen Mischkulturen. Die dünnbesiedelten mittleren und höheren Lagen werden z. T. beweidet, tragen aber auch noch ein relativ geschlossenes Waldkleid. Neben der ertragreichen Landw. hat sich in der T. bed. Ind. entwickelt: Marmorverarbeitung in Massa und Carrara, Abbau von Quecksilbererz am Monte Amiata, von Braunkohle im Valdarno, von Steinsalz bei Volterra; Textilind. in Prato, Werften und petrochem. Ind. in Livorno. Die bei Larderello entströmenden Gase bilden die Grundlage der chem. Ind. sowie der geotherm. Energieerzeugung; bed. Fremdenverkehr.

Geschichte: Nach dem Untergang des Weström. Reiches (476) stand **Tuszien (Tuscia),** das antike, im 4./3. Jh. v. Chr. von Rom unterworfene **Etrurien,** unter ostgot., dann unter byzantin. Herrschaft. Während der langobard. Herrschaft war die heutige T. Hzgt. mit dem Zentrum Lucca, in fränk. Zeit Gft. Seit dem 11. Jh. regierten in der im 9. Jh. ausgebildeten Mark-Gft. Tuszien Markgrafen aus dem Hause Canossa. Ihr Machtbereich umfaßte schließl. fast das ganze kaiserl. Tuszien, reichte im N über den Apennin und bis jenseits des Po, bezog auch Modena, Reggio [nell'Emilia], Mantua und Ferrara mit ein. V. a. Markgräfin Mathilde verstand es, ihre Länder zu einem starken Komplex zusammenzufassen (Mathild. Güter), die nach ihrem Tod (1115) von Kaisern und Päpsten beansprucht wurden. Im Laufe des 12. Jh. zerfiel das Gebiet in mehrere rivalisierende Stadtstaaten, von denen Florenz im 14./15. Jh. die Vorherrschaft gewann und den größten Teil der T. mit seinem Besitz vereinigte. 1531 Errichtung des unter der Herrschaft der Medici stehenden Hzgt. Florenz, 1569 vom Hl. Stuhl zum Groß-Hzgt. T. erhoben. 1737 fiel die T. an den späteren Kaiser Franz I.; ab 1765 habsburg. Sekundogenitur. 1799 von den Franzosen besetzt, kam 1801 als Kgr. Etrurien an Bourbon-Parma; 1807/08 von Frankr. annektiert. 1809 erhob Napoleon I. seine Schwester M. A. Bacciocchi zur Großherzogin von T.; 1815 erhielten die Habsburger die T. zurück. Die nach einer demokrat. Erhebung im Febr. 1849 ausgerufene Republik wurde im April gestürzt. Nachdem der Großherzog 1859 den Anschluß an Sardinien abgelehnt hatte, kam es zu einem Aufstand, in dessen Folge durch Volksabstimmung vom März 1860 die Vereinigung der T. mit dem Kgr. Sardinien und damit der Anschluß an den italien. Nationalstaat erreicht wurde.

📖 *Zimmermann, K.:* Toscana. Köln ⁵1982. - *Baumer, F./Nora, E. de:* Goldene T. Mchn. 1979. - *Engler, G./Stuhler, W.:* Toscana. Bern u. Mannheim 1977. - *Dörrenhaus, F.:* Villa u. Villegiatura in der T. Wsb. 1976. - *Christoph, P.:* Großherzogtum T. Ein Muster östr. Regierungskunst. Wien 1957. - *Braunfels, W.:* Mittelalterl. Stadtbaukunst in der T. Bln. ⁴1979.

Toskanischer Archipel, italien. Inselgruppe zw. der toskan. Küste und Korsika, mit den Hauptinseln Elba, Montecristo, Pianosa, Capraia, Gorgona, Giglio und Giannutri, zus. etwa 300 km².

Tosken, Gruppe der †Albaner.

Toskisch, Dialekt der †albanischen Sprache.

tosto [italien.], musikal. Vortragsbez.: hurtig, eilig.

total [lat.-frz.], vollständig, restlos, gänzlich.

Totalanalyse, method. Vorgehen der Wirtschaftstheorie, das bei der Analyse eines wirtsch. Problems den Gesamtzusammenhang aller beteiligten Größen, insbes. die gegebenen Interdependenzen, berücksichtigt. - † dagegen Partialanalyse.

Totalausverkauf † Ausverkauf.

totale Furchung † Furchungsteilung.

Totalerhebung, svw. † Vollerhebung.

totaler Krieg, Bez. für einen Krieg, in dem alle menschl., materiellen und moral. Reserven eines Volkes erfaßt und in den Dienst einer Vernichtungsstrategie gestellt werden, die die herkömml. Unterscheidung zw. Kombattanten und Nichtkombattanten auflöst, moderne Technologie zur Massenvernichtung († Terrorkrieg) ebenso einsetzt wie Wirtschaftskrieg, psycholog. und ideolog. Kriegführung. Im und nach dem 1. Weltkrieg von Militärs und Militärtheoretikern entwickelt, in umfassender Form erstmals während des 2. Weltkrieges in Deutschland verwirk-

totales Differential

licht. Wesentl. Etappen waren die „totale Mobilisierung" der männl. und weibl. Arbeitskräfte im Dt. Reich wie in den besetzten Gebieten im Dienst der Rüstungsproduktion seit 1942/43 und die Ernennung von J. Goebbels zum „Generalbevollmächtigten für den totalen Kriegseinsatz" 1944. - Eine völkerrechtl. Regelung des t. K. besteht nicht.

totales Differential (vollständiges Differential) ↑ Differentialrechnung.

Totalisator [lat.-frz.], im Pferdesport Bez. für den amtl. Wettbetrieb beim Renn- und Turniersport; erstmals 1871 in Frankr. eingeführt.

totalitäre Herrschaft [lat.-frz./dt.] ↑ Totalitarismus.

Totalitarismus [lat.], wiss. und polit. Begriff für die von einem polit. Machtzentrum ausgehende Ausrichtung von Staat, Gesellschaft und Individuen sowie die gewaltsame Verfügung über die solcherart zentrierten Energien einer Gesellschaft zur Durchsetzung ideolog. Ziele, die ohne gesellschaftl. Partizipation von den Mgl. des polit. Machtkerns formuliert werden.

Der **Begriff** entstand in Italien als Versuch liberaler und sozialdemokrat. Politiker, den 1925/26 abgeschlossenen Prozeß der Aufgabe und Unterdrückung parlamentar. und oppositioneller Kontrollrechte bzw. den Monopolanspruch der faschist. Partei zu begreifen und wurde erstmals 1923 von dem Liberaldemokraten G. Amendola verwendet, der vom „totalitären Geist" des Faschismus sprach, Mussolini nahm den Begriff T. 1925 für den Faschismus in Anspruch, indem er diesem eine „unerbittl. totalitäre Entschlossenheit" zuschrieb. Ausgehend von der ins Exil getriebenen antifaschist. Opposition bildete sich eine polit. und staatsrechtl. Literatur heraus, die mit dem Begriff T. polit. und analyt. arbeitete. In Deutschland fand die italien. Neuprägung v. a. über die autoritären und profaschist. Staatsrechtslehrer C. Schmitt und E. Forsthoff Eingang.

Die in der Vergangenheit herausgebildete Unterscheidung von Staat und Gesellschaft weicht im Zeichen totalitärer Herrschaft Bemühungen, die Gesellschaft mehr und mehr zu verstaatlichen, wodurch rechtsstaatl. Beschränkungen sowie individuelle und soziale Freiräume eingeschränkt werden. Ein Produkt begriffl. Verarbeitung dieser Bedrohung bürgerl. Freiheitsrechte und der Rechtsstaatlichkeit stellen die **Totalitarismustheorien** dar; folgende hauptsächl. Varianten lassen sich unterscheiden: 1. vorrangige Betonung des Ggs. zw. faschist. Systemen einerseits und liberalen, demokrat. und parlamentar. Systemen andererseits; 2. krit. Spielarten liefern - bezogen auf den dt. Faschismus - eine Kritik der sozialen Ursprünge und Funktionen totaler Staatlichkeit und des „totalitären Monopolkapitalismus"; 3. die identifizierende T.-theorie wird als liberale, kath. und sozialdemokrat. Theorievariante bis zum Beginn des 2. Weltkrieges und dann wieder während des kalten Krieges vorgetragen. Sie setzt Faschismus und Bolschewismus gleich und beschreibt ein Syndrom totalitärer Herrschaft anhand folgender Charakteristika: ausgearbeitete Ideologie, eine einzige Massenpartei, Terrorsystem, Monopol der Massenkommunikation, Waffenmonopol, zentrale Lenkung der Wirtschaft durch bürokrat. Koordinierung; 4. eine konflikttheoret. Version der T.theorie beschäftigt sich v. a. mit Bezug auf die Sowjetunion ab 1956 (Ungar. Volksaufstand, XX. Parteitag der KPdSU) zunehmend mit den „Rissen im Monolith", wohingegen der an der Machtkonzentration orientierte T.begriff nurmehr auf den Stalinismus angewendet wird; 5. gegenüber der neomarxist. Faschismusforschung (ab Mitte der 1960er Jahre) entwickelt sich eine faschismusbezogene „empir. T.theorie", die Konflikte und Kompetenzquerelen als Merkmale der totalitären NS-Herrschaft herausstellt; 6. innenpolit. führten in der BR Deutschland Wahlerfolge der NPD und das Aufkommen der Studentenbewegung Ende der 1960er Jahre zu einer vom Muster der identifizierenden T.theorie ausgehenden Betrachtung von Rechts- und Linksextremismus.

Die Diskussion, ob T. einen Rückfall Europas ins 16. oder 17. Jh. bedeute oder ob es einen einzigartigen Charakter der totalitären Gesellschaft gebe, ist lange Zeit heftig geführt worden. Zur Stützung der These vom neuartigen Charakter totalitärer Herrschaft wird insbes. auf die Schrankenlosigkeit der Machtansprüche, die Monopolisierung aller Gewalt, die neue Qualität der Herrschaftstechniken, den Bezug zu den Massen und die spezif. sozialen Ursprünge in den Mittel- und Unterschichten hingewiesen.

Von Anfang wurde T. als polem. **Kampfbegriff** verwendet. Die Stoßrichtung der Polemik richtet sich dabei gegen polit. Systeme und Organisationen, die als grundsätzl. Bedrohung der westl. pluralist.-parlamentar. und freiheitl.-demokrat. Ordnungen und Wertsysteme verstanden werden. Nach dem 2. Weltkrieg spielt die identifizierende T.theorie eine Rolle in der ideolog.-polit. Ost-West-Auseinandersetzung, in der Verkürzung auf die Gegensatzpaare T.-Pluralismus, Unterdrückung-Freiheit, Diktatur-Demokratie, Planwirtschaft-Marktwirtschaft, Einparteiensystem-Mehrparteiensystem, Terror-Rechtsstaatlichkeit, Zensur-Gedankenfreiheit, Intoleranz-Toleranz. Eine derartige Verwendung des T.begriffs lehnen Kritiker ab, da er (gewissermaßen in der Verkürzung „braun = rot") die inhaltl. Unterschiede von Faschismus und Kommunismus nicht berücksichtige.

📖 *Bracher, K. D.: Zeitgeschichtl. Kontroversen.*

Totenbegleitopfer

Um Faschismus, T., Demokratie. Mchn. ⁵1984. - *T. u. Faschismus. Eine wiss. u. polit. Begriffskontroverse.* Hg. vom Inst. f. Zeitgesch. Mchn. 1980. - T. Hg. v. M. Funke. Düss. 1979. - Schlangen, W.: *Die T.-Theorie.* Stg. u. a. 1976. - Fraenkel, E.: *Der Doppelstaat.* Dt. Übers. Ffm. u. Köln 1974. - Greiffenhagen, M., u. a.: *T. Zur Problematik eines polit. Begriffs.* Mchn. 1972. - *Wege der T.-Forschung.* Hg. v. B. Seidel u. S. Jenkner. Darmst. 1968. - Arendt, H.: *Elemente u. Ursprünge totaler Herrschaft.* Dt. Übers. Ffm. 1955.

Totalität [lat.-frz.], allg. svw. Gesamtheit, Vollständigkeit, Ganzheit.

Totalobjekt ↑Partialobjekt.

Totalreflexion, die vollständige Reflexion von [Licht]wellen beim Auftreffen auf eine ebene Grenzfläche zw. einem optisch dichteren und einem dünneren Medium mit den Brechungszahlen n_1 und n_2, wenn die einfallende Welle im Medium mit der größeren Brechungszahl $n_1 > n_2$ verläuft und der Einfallswinkel α größer ist als der *Grenzwinkel der T.* $α_G$; es gilt: sin $α_G = n_2/n_1$. Eine Folge der T. ist z. B. das Glitzern von Brillanten; sie wird u. a. ausgenutzt bei Refraktometern, Reflexionsprismen und in der Glasfaseroptik.

Totalreflexion (schematisch).
1, 2, 3 einfallende Strahlen;
1′, 2′ totalreflektierte Strahlen;
3′ reflektierter Teilstrahl; 3″ gebrochener Teilstrahl;
$α_G$ Grenzwinkel

Totalsynthese ↑Synthese [in der Chemie].

Totalverweigerer, Kriegsdienstverweigerer, die aus pazifist. Gewissensnöten keinen Zivildienst ableisten, mit dem Argument, der Zivildienst sei kein echter Friedensdienst (den sie ableisten würden), da er militär. Planungen untergeordnet sei.

tote Hand (Manus mortua), 1. Bez. für den nach altem dt. Recht ganz oder teilweise an den Herrn fallenden Nachlaß eines Unfreien; 2. Bez. für einen Vermögensträger, der sein Vermögen nicht veräußern oder vererben („von Hand zu Hand geben") konnte und damit für das Wirtschaftsleben prakt. tot war, häufig aber Steuerfreiheit besaß oder Sondersteuern unterlag (z. B. Kirche, Stiftungen).

Totem ↑Totemismus.

Totemannshand ↑Lederkorallen.

Totemismus, von dem indian. (Algonkin) Wort „totem" („Verwandtschaft, Schutzgeist") abgeleiteter Begriff zur Bez. der Vorstellung einer myst. Verwandtschaft und Schicksalsgemeinschaft zw. Menschen und Naturobjekten, v. a. Tieren (**Totem**). Das Totemtier, das oft als Ahne der Gruppe und Doppelgänger ihrer Mgl. gilt und deren Schützer und Helfer ist, ist durch Tabuvorschriften geschützt, die ein Jagd- und Eßverbot einschließen. Eine Sonderform des T. ist der im O und SO Australiens nachgewiesene **Geschlechtstotemismus,** bei dem Männer und Frauen gesonderten Totemgruppen zugehören, die sich oft in antagonist. Weise gegenüberstehen.

Totempfahl, bei den Indianern NW-

Totempfahl aus dem Saxman-Totempark bei Ketchikan (Alaska)

Amerikas ein hoher geschnitzter und bemalter Pfahl mit Darstellungen des Totemtiers und einer menschl. Ahnenreihe; zeigte einem Dorffremden an, welches Haus einem Mgl. seiner totemist. Gruppe gehörte; er erhielt dort Unterkunft und Nahrung und galt als Verwandter.

Totenamt ↑Requiem.

Totenbegleitopfer, tier. oder menschl. Opfer, die bei der Bestattung eines Verstorbenen dargebracht werden, meist um dem Toten

165

Totenbeschwörung

im Jenseits behilfl. zu sein. Als menschl. T. hielt sich bis in die neueste Zeit die ind. Witwenverbrennung.

Totenbeschwörung ↑ Nekromantie.

Totenbestattung ↑ Bestattung.

Totenbuch, auf Papyrus geschriebene altägypt. Sammlung von Sprüchen („Kapiteln"), die dem Verstorbenen im Jenseits von Nutzen sein sollen, allerlei Gefahren (Dämonen, Feuersee, Totengericht) zu überwinden; seit etwa 1500 v. Chr. bekannt.

Totenflecke (Livores, Leichenflecke), nach dem Tod einsetzende Verfärbung der Haut infolge Absinkens des Blutes in die tiefer gelegenen Körperstellen.

Totengedächtnis, in vielen Religionen, v. a. im Judentum und in den christl. Kirchen verbreiteter Brauch, an bestimmten Tagen der Verstorbenen in der Liturgie zu gedenken.

Totengericht, in vielen Religionen ausgebildete Vorstellung von einem individuellen oder kollektiven Gericht am Weltende. Im allg. wird der Begriff T. für das Gericht über den einzelnen Menschen verwendet; Beispiele hierfür finden sich im Parsismus und in der altägypt. Religion.

Totengräber (Necrophorus), Gatt. der Aaskäfer mit acht etwa 1,5–3 cm langen einheim. Arten; schwarz, oft mit zwei rostbraunen Querbinden; leben an Kadavern kleiner Wirbeltiere, die vorbereitete Erdgruben ziehen und zu Kugeln formen.

Totenheer ↑ Wilde Jagd.

Totenhemd, weißes, meist verziertes Hemd, mit dem Tote bekleidet werden.

Totenklage, Trauer um einen Toten, Trost, Totenpreis artikulierendes Gedicht; existiert in allen Kulturen schon als vorliterar., aus dem Mythos erwachsenes Kultlied (z. B. das altgerman. Totenlied); vielfach auch integrierter Bestandteil des Epos. Eigenständige Ausprägung als Nänie oder Elegie.

Totenkopf, mit 557 m höchste Erhebung des Kaiserstuhls, Baden-Württemberg.

Totenkopfäffchen (Saimiri), Gatt. kleiner Kapuzineraffen mit vier Arten in Regenwäldern M- und S-Amerikas; Körperlänge etwa 30 cm, Schwanz rd. 40 cm lang; Fell dicht und kurzhaarig; Färbung überwiegend braun mit auffallender weißer Gesichtszeichnung; geschickt kletternde und springende Baumbewohner, die in großen Verbänden leben.

Totenkopfschwärmer (Acherontia atropos), bis 13 cm spannender Schmetterling (Fam. Schwärmer) in Afrika und S-Europa; Rücken mit totenkopfähnl. Zeichnung; Vorderflügel vorwiegend schwarzbraun, Hinterflügel und Hinterleib gelb mit schwarzer oder schwarzblauer Zeichnung; fliegt alljährl. aus dem trop. Afrika nach Deutschland ein; Raupe bis 13 cm lang, grün, vorn und hinten gelb mit blauen Schrägstreifen, frißt an Nachtschattengewächsen (bes. an Blättern der Kartoffel).

Totenkult, Bez. für rituelle Handlungen, die Pietät gegenüber Verstorbenen ausdrücken oder dem Bestreben entspringen, die Macht der Toten den Lebenden zu vermitteln. Zum T. gehören rituelles Begräbnis, Totenklage, Totenfest, die Heilighaltung der Gräber und Reliquien sowie die fortdauernde Versorgung der Toten mit Speise und Trank. Im Christentum entwickelte sich aus der Verehrung der Märtyrer der Heiligenkult.

Totenmaske, Gesichtsabdruck eines Verstorbenen in weichem Gips oder Wachs.

Totenmesse ↑ Requiem.

Totenreich ↑ Jenseits.

Totenruhe ↑ Störung der Totenruhe.

Totensagen ↑ Sage.

Totensonntag ↑ Ewigkeitssonntag.

Totenstarre (Leichenstarre, Rigor mortis), die Erstarrung der Muskulatur nach dem Tode durch Anhäufung saurer Metabolite (v. a. Milchsäure) als Folge des Stillstands der Blutzirkulation sowie durch feste, irreversible Verknüpfung von ↑ Aktin und ↑ Myosin in der Muskelfaser als Folge einer Verarmung an muskeleigenem ATP (↑ Muskeln).

Die T. beginnt *beim Menschen* etwa eine Stunde nach dem Tode an den Lidern, der Kaumuskulatur und den Muskeln der kleinen Gelenke. Sie breitet sich innerhalb von 8 Stunden über Kopf, Rumpf und Extremitäten nach unten fortschreitend aus. 48–96 Stunden nach dem Tode erschlafft die Muskulatur in der gleichen Reihenfolge, in der die T. eingetreten ist.

Totentanz, im 15. und 16. Jh. weit verbreitete gemalte (z. B. an Kirchhofsmauern oder Kapellen) oder graph. Darstellung eines Reigens, in dem Menschen jeden Alters und Standes von je einem Toten (meist als Skelett dargestellt) oder dem Tod tanzend fortgeführt werden. Dem Zug wird ein predigender Mönch vorangestellt (Dominikaner oder Franziskaner, meist auch der zum Tanz aufspielende Tod (oder Tote). Einen Höhepunkt der T.darstellung bildet eine Holzschnittfolge H. Holbeins d. J. (1522–26). In der Kunst des 20. Jh. in Massenszenen umgedeutet (A. Rethel, F. Masereel, A. Hrdlicka).

◆ (Danse macabre) in der *Musik* seit dem 16. Jh. im Anschluß an bildl. oder literar. Darstellungen komponierte Stücke, bekannt v. a. der „T., Paraphrase über Dies irae" (1849, 1859) für Klavier und Orchester von F. Liszt und sinfon. Dichtung „La danse macabre" (1874) von C. Saint-Saëns.

Totentrompete (Füllhorn, Herbsttrompete, Craterellus cornucopioides), im Herbst in Laubwäldern vorkommender, 5–15 cm hoher, trichter- oder trompetenförmiger Leistenpilz; in feuchtem Zustand fast schwarz, sonst schiefergrau; etwas zäher, schmackhafter Speisepilz; getrocknet als Würzpilz.

Totenuhr, Bez. für verschiedene ↑ Klopfkäfer, bes. für die bis 4 mm lange, rotbraune

Totonicapán

Art *Anobium punctatum* (mit feinen Punktstreifen auf den Flügeldecken); erzeugt ein klopfendes Geräusch, das im Volksglauben als Zeichen für einen bevorstehenden Todesfall gedeutet wird.

Totenvogel, Vögel, z. B. Rabe, Taube als Seelentiere (↑Seele).

Totenwelt ↑Jenseits.

toter Gang, durch das Spiel zw. 2 Maschinenteilen hervorgerufene unwirksame Bewegung, z. B. zw. Schraubenspindel und Mutter.

toter Mann, in der *Hüttentechnik* Bez. für eine nicht durchgeschmolzene und am Reduktionsprozeß nicht beteiligte Möllersäule (Beschickungssäule) in der Mitte eines Hochofens.
◆ im *Bergbau* Bez. für einen stillgelegten [z. T. mit Abraum gefüllten] Schacht.

toter Punkt, in der *Technik* svw. ↑Totpunkt.
◆ in der *Physiologie* vorübergehender Leistungsabfall zu Beginn einer längerdauernden körperl. Belastung infolge örtl. Anhäufung von Milchsäure bei zunächst unzureichender Durchblutungssteigerung der betreffenden Muskelpartien; die Überwindung des toten P. wird durch entsprechende Kreislaufumstellung erreicht (sog. „second wind").

toter Winkel, Bez. für einen nicht erreichbaren oder einsehbaren Raum[winkel]bereich, z. B. bei der Beobachtung der rückwärtigen Fahrbahn im Rückspiegel.

Totes Gebirge, Gebirgsstock der Nördl. Kalkalpen, Steiermark und Oberösterreich; bis 2 515 m hoch; stark verkarstet, daher vegetationslos; ausgedehntes Höhlensystem.

totes Gewicht (Totlast), Eigengewicht eines Fahrzeugs oder eines Fördermittels, das bei der Förderung mitbewegt werden muß.

Totes Meer, Salzsee im Jordangraben (Jordanien und Israel), 80 km lang, bis 18 km breit, Wasserspiegel bei etwa 403,5 m u. d. M., tiefste Stelle 794 m u. d. M. Durch die Halbinsel Lisan ist das T. M. in 2 Becken geteilt. Da dem Jordan, dem einzigen Zufluß, immer mehr Wasser für Bewässerungszwecke entnommen wird, sinkt der Wasserspiegel, die Becken sind heute durch feste Salzablagerungen voneinander getrennt, d. h. das T. M. bildet seit langem 2 Teilseen. Das Wasser ist extrem salzhaltig wegen der starken Verdunstung. Seine urspr. Schichtung besteht nicht mehr; daher gelangt Sauerstoff bis an den Seeboden und baut dort den Schwefelwasserstoff ab. In Verdunstungsbecken werden Kali-, Brom- und Magnesiumsalze gewonnen. In En Boqeq ist ein Kurzentrum entstanden (Behandlung der Schuppenflechte).

tote Sprachen, traditionelle Bez. für solche Sprachen, die nicht mehr von irgendwelchen Sprechern als Muttersprache gesprochen werden (Ggs. lebende Sprachen), die also „ausgestorben" sind (z. B. Etruskisch).

totes Rennen (engl. dead heat), Bez. für ein Pferderennen oder einen sportl. Wettlauf, in dem 2 oder mehrere Teilnehmer zu gleicher Zeit das Ziel passieren.

tote Zone, allg. Bez. für einen Raumbereich, in dem ein Ereignis nicht beobachtet oder beeinflußt werden kann, insbes. ein Signal nicht empfangen werden kann (z. B. der Bereich im Umkreis eines [Kurzwellen]senders, in dem die Bodenwelle nicht mehr und die an der Ionosphäre reflektierte Raumwelle noch nicht empfangen werden kann). Hierzu gehört auch die **Zone des Schweigens,** ein ringförmiges Gebiet außerhalb einer Hörbarkeitszone (Radius etwa 50 km), in dem ein sehr lautes Schallereignis (z. B. heftige Detonation) nicht hörbar ist, während es in Entfernungen von mehr als 120 bis 170 km wieder, wenn auch schwach, zu hören ist; beruht auf einer Krümmung der Schallstrahlen (nach unten) in etwa 40 bis 50 km Höhe infolge Zunahme der Temperatur und damit der Schallgeschwindigkeit in der oberen Stratosphäre.

Totgeburt, die Geburt einer im Uterus abgestorbenen Leibesfrucht von mindestens 35 cm Körperlänge bzw. nach einer Schwangerschaftsdauer von mindestens 28 Wochen. - ↑auch Fehlgeburt.

Totholz, im Holzschiffbau Bez. für massive Holzausfüllung.

Totila, † Caprae (= Caprara [zu Gualdo Tadino], Prov. Perugia) Ende Juni/Anfang Juli 552, König der Ostgoten (seit 541). - Eroberte in wenigen Jahren fast ganz Italien (Dez. 546 und Jan. 550 Einnahme Roms); suchte durch Enteignung von Großgrundbesitzern und Wiederaufbau Roms die Unterschichten für sich zu gewinnen. T. wurde im Frühsommer 552 auf der Hochebene „Busta Gallorum" (wohl im Raum von Serragualdo bis nördl. von Fabriano) durch Narses geschlagen.

Totimpfstoff ↑Impfstoffe.

totipotent [lat.] ↑omnipotent.

Totlage, svw. ↑Totpunkt.

Totlast, svw. ↑totes Gewicht.

Toto [Kw. für ↑Totalisator], Einrichtung zum Wetten im Fußball- und Pferdesport.

Totò, eigtl. Fürst Antonio De Curtis, * Neapel 15. Febr. 1901, † Rom 15. April 1967, italien. Komiker. - Zunächst Schauspieler in Revue, Operette und Theater; später kom. Rollen in zahlr. Filmen, u. a. „Das Gold von Neapel" (1954), „Große Vögel, kleine Vögel" (1966).

Totonaken, Indianerstamm in den mex. Staaten Veracruz und Puebla.

Totonicapán, Hauptstadt des Dep. T., im Hochland von SW-Guatemala, 2 495 m ü. d. M., 10 000 E. Zentrum der Töpferei und Weberei. - Eine alte Hauptstadt der Quiché (1578 unter dem Namen San Miguel Chimequenyá erwähnt); 1838–40 unabhängige Republik.

Totpunkt

Totpunkt (Totlage, toter Punkt), die Stellung eines Mechanismus, bei der eines seiner Glieder durch Richtungsumkehr kurzzeitig in Ruhe ist. Beim Kurbeltrieb von Kolbenmaschinen befindet sich der Kolben im *oberen* bzw. *äußeren* T., wenn er auf seiner mögl. Bahn am weitesten von der Kurbelwelle entfernt steht, im *unteren* bzw. *inneren* T., wenn er den der Kurbelwelle näherliegenden Umkehrpunkt erreicht hat.

Totschlag ↑Tötung.

Totstellreflex ↑Thanatose, ↑Akinese.

Tottori, jap. Stadt auf Hondo, 100 km nnö. von Okajama, 137 100 E. Verwaltungssitz der Präfektur T.; Univ.; landw. Versuchsstation. See- und Thermalbad, Marktort für Agrarprodukte. - 1573 Anlage eines Burgstadt; seit 1871 Hauptstadt der Präfektur Tottori.

Tötung, vorsätzl. oder fahrlässige Vernichtung von Menschenleben. Als vorsätzl. T.delikte stehen Mord und Totschlag im Vordergrund. **Mord** ist die durch bes. sozialeth. Verwerflichkeit charakterisierte vorsätzl. Tötung. Als die Verwerflichkeit kennzeichnende Mordmerkmale nennt § 211 StGB Tatmotive (Mordlust, Befriedigung des Geschlechtstriebs [sog. Lustmord], Habgier und sonstige niedrige Beweggründe), die Art der Tatausführung (heimtückisch, grausam, Verwendung von gemeingefährl. Mitteln) und Ziele der T. (um eine andere Straftat zu ermöglichen oder zu verdecken). Mord ist mit lebenslanger Freiheitsstrafe bedroht (vom Bundesverfassungsgericht 1977 bei zurückhaltender Auslegung der Mordmerkmale als mit dem GG für vereinbar erklärt) und unterliegt keiner Strafverfolgungsverjährung (↑Strafverfolgung). Straffrei hingegen ist der Selbstmord (↑Selbsttötung). Fehlen die Mordmerkmale, ist die T. als **Totschlag** i. d. R. mit 5 bis 15 Jahren Freiheitsstrafe bestraft (§ 212 StGB). Sonderdelikte mit geringerer Strafandrohung sind ↑Tötung auf Verlangen und die Tötung eines nichtehel. Kindes durch die Mutter während oder gleich nach der Geburt (§ 217 StGB). Ungeborenes Leben wird durch die Strafbarkeit des ↑Schwangerschaftsabbruchs geschützt. Für fahrlässige Tötung nach § 222 StGB droht Freiheitsstrafe bis zu 5 Jahren oder Geldstrafe. Das leichtfertige Herbeiführen des Todes bei vorsätzl. Begehung anderer Straftaten wird strafschärfend berücksichtigt (z. B. bei der Körperverletzung mit Todesfolge). - Im Zivilrecht kann die T. Schadenersatzansprüche Dritter auslösen. - Die T. von Tieren kann als Sachbeschädigung strafbar sein.

Tötung auf Verlangen, ↑Tötung, zu der der Täter durch das ausdrückl. und ernstl. Verlangen des Getöteten bestimmt worden ist (§ 216 StGB). Sie wird als direkte **Euthanasie** mit Freiheitsstrafe von 6 Monaten bis zu 5 Jahren bestraft. Dieser gegenüber anderen Tötungsdelikten milde Strafrahmen beruht auf der spezif. Situation des „Selbstmords durch fremde Hand". Die Abgrenzung der täterschaftl. Sterbehilfe von den straflosen Teilnahmehandlungen zur Selbsttötung ist problematisch.

Tötungsdelikt, mit Strafe bedrohte vorsätzl. oder fahrlässige Vernichtung fremden Menschenlebens (↑Tötung). T. ist auch das leichtfertige Herbeiführen der Todesfolge bei Begehung einer anderen Straftat, z. B. Körperverletzung.

Touat [frz. twat], Oasenlandschaft in der Sahara, Südalgerien; von der Transsaharastraße durchzogen. - Im 10. Jh. von den Arabern erobert und islamisiert.

Toubkal, Djebel [frz. dʒebɛltubˈkal], mit 4 165 m höchster Berg des Hohen Atlas, Marokko.

touchieren [tuˈʃiːrən; frz.], allg. svw. berühren.

◆ in der *Medizin* für: 1. mit dem Finger (durch Betasten) untersuchen; 2. mit dem Ätzstift abätzen.

◆ im *Fechtsport:* den Körper des Gegners mit der Klinge berühren.

Tough, Dave [engl. tʌf], eigtl. David T., *Oak Park (Ill.) 26. April 1908, †Newark (N. J.) 6. Dez. 1948, amerikan. Jazzmusiker (Schlagzeuger). - Einer der bedeutendsten weißen Schlagzeuger des Swing.

Toul [frz. tul], frz. Stadt an der Mosel, Dep. Meurthe-et-Moselle, 17 400 E. U. a. Gießerei, Holz-, Glas-, Papier-, Bekleidungsindustrie. - In der Antike **Tullum Leucorum,** Hauptort der kelt. Leuker, gehörte zur röm. Prov. Gallia Belgica; wohl seit dem 4. Jh. Bischofssitz; fiel 925 mit Lothringen an das Ostfränk. Reich; stand bis Mitte des 13. Jh. unter der Herrschaft der Bischöfe. Stadt und Bistum wurden 1552 von König Heinrich II. von Frankr. besetzt, 1648 endgültig in Frankr. abgetreten; das Bistum 1802 aufgehoben. - Got. ehem. Kathedrale (13.-15. Jh.) mit Kreuzgang, Kollegiatkirche Saint-Gengoult (13.-16. Jh.), Häuser des 14., 17. und 18. Jh., u. a. Rathaus.

Toulon [frz. tuˈlõ], frz. Hafenstadt an einer Bucht des Mittelländ. Meeres, 179 400 E. Hauptstadt des Dep. Var, kath. Bischofssitz; Universitätszentrum, Forschungszentrum für Ozeanographie; Schiffahrts-, Kunst- und archäolog. sowie heimatgeschichtl. Museum; Theater. - Größter frz. Kriegshafen, Handels- und Fischereihafen; Maschinen- und Apparatebau, chem., korkverarbeitende und Möbelindustrie. - In der Römerzeit **Telo Martius,** wegen seiner Purpurfärberei bekannt; 441-1801 Bischofssitz; kam 1481/86 mit der Gft. Provence an die frz. Krondomäne; im 17. Jh. Ausbau zum Kriegshafen; 1793 von den Einwohnern den Briten übergeben, aber noch im gleichen Jahr von frz. Truppen unter Napoléon Bonaparte zurückerobert; wurde nach

Tour de Suisse

1815 der bedeutendste frz. Marinehafen (nach 1945 modernisiert). - Das nach dem dt.-frz. Waffenstillstand 1940 zur unbesetzten Zone gehörende T. wurde nach der alliierten Landung in N-Afrika (8. Nov. 1942) am 27. Nov. von dt. Truppen besetzt. Die in T. liegenden Teile der frz. Flotte versenkten sich vorher selbst. - Im 2. Weltkrieg schwer zerstört; erhalten ist die Kathedrale (12./13, 17. und 18. Jh.) und die Tour Royale (16. Jh.).

Toulouse [frz. tuˈluːz], frz. Stadt an der Garonne und am Canal du Midi, 146 m ü. d. M., 348 000 E. Hauptstadt der Region Midi-Pyrénées und des Dep. Haute-Garonne; kath. Erzbischofssitz; Gesamtuniv. (Gründung der 1. Univ. 1229/45), polytechn. Hochschule, Raumforschungszentrum mit Hochschule für Aeronautik, Veterinärhochschule, Observatorium; mehrere Museen, u. a. für Kunst, Archäologie, Volkskunde und Geschichte des Languedoc und der Pyrenäen. Führend ist die Rüstungs- und Luftfahrtind., gefolgt von der chem. und Konsumgüterind.; bed. Umschlagplatz mit Börse und Messen; ⚐. **Geschichte:** Das antike **Tolosa** war in kelt. Zeit Hauptort der Volcae Tectosages und bed. Handelsplatz. Seit der Gründung der röm. Prov. Gallia Narbonensis (125–118) mit Rom verbündet, 106 v. Chr. nach Abtrünnigkeit geplündert; um 250 Bischofssitz; wurde 413 westgot., 419 Hauptstadt des Tolosan. Reichs der Westgoten, 507 fränk., schließl. Vorort des Hzgt. und späteren Unter-Kgr. Aquitanien; seit dem 9. Jh. Sitz der Grafen von T.; wurde Mitte des 12. Jh. zu einem der Zentren der Albigenserbewegung; nachdem der frz. König 1226–29 die Macht der Grafen von T. endgültig geschlagen hatte, wurde die Gft. T. 1271 der Krondomäne einverleibt; 1317 wurde das Bistum T. Erzbistum. **Bauten:** Aus röm. Zeit stammen u. a. Reste der Stadtmauer, der Wasserleitung und eines Amphitheaters. Kathedrale (11.–16. Jh.) mit Bildteppichen des 16.–18. Jh., roman. Basilika Saint-Sernin (11./12. Jh.) mit berühmtem Portal, barocke Basilika Notre-Dame-la-Daurade (18. Jh.), Rathaus (im 19. Jh. vollständig erneuert), Donjon (16. Jh.), zahlr. Palais des 16. und 17. Jahrhunderts.

Toulouse-Lautrec, Henri de [frz. tuluzloˈtrɛk], * Albi 24. Nov. 1864, † Schloß Malromé (Gironde) 9. Sept. 1901, frz. Maler und Graphiker. - T.-L., aus altem frz. Adel stammend, erlitt 1878 und 1879 Beinbrüche, als deren Folge seine Beine nicht mehr mitwuchsen; seit 1897 Anfälle von Delirium infolge Alkoholmißbrauchs. Bekannt wurde T.-L. seit 1890 mit Plakaten des Chansonnier A. Bruant und das Vergnügungslokal „Moulin-Rouge" und die Kabarettistin „La Goulue", seit 1892 auch Farblithographien. Graphik und Gemälde stellen schonungslos das hekt. Milieu der Vergnügungsetablissements dar. Die Spannung zw. Ausschnitt, Umrißlinie und Fläche ist das wesentl. stilist. Mittel seiner Kunst, zu deren Voraussetzungen der Impressionismus und der jap. Farbholzschnitt gehören. - *Werke:* Zirkus Fernando (1888), Moulin de la Galette (1889), Moulin Rouge (1892; alle Chicago, Art Institute), Lithographienfolge Yvette Guilbert (1894), Cha-U-Kao (1895; Louvre), Die Engländerin vom Konzert-Café „Star" (1899; Albi, Musée T.-L.). - Abb. S. 170, auch Bd. 13, S. 182.

📖 *H. de T.-L.* Hg. v. R. Castleman u. a. Mchn. 1985. - Arnold, M.: *H. de T.-L. Rbk. 1982.* - Henze, A.: *H. de T.-L. Stg. u. a. 1982.* - Adriani, G.: *T.-L. u. das Paris um 1900.* Köln 1978. - Bouret, J.: *T.-L.* Dt. Übers. Köln 1978.

Toupet [tuˈpeː; frz.], Teilperücke (für Herren).

toupieren [tu...; frz.], Haarsträhnen (verdeckt) gegen den Haaransatz kämmen, um die Frisur fülliger erscheinen zu lassen.

Tour, Georges de La [frz. tuːr] ↑ La Tour, Georges de.

Tour [tuːr; lat.-frz.], Ausflug, Wanderung; [Geschäfts]reise; Fahrt, Strecke.
◆ Wendung, Runde, Umdrehung.

Touraine [frz. tuˈrɛn], histor. Geb. im westl. Pariser Becken, beiderseits der unteren Loire, Mittelpunkt ist Tours. Bed. Fremdenverkehr zu den ↑ Loireschlössern. - Die seit merowing. Zeit nachweisbare Gft. kam um 940 an die Grafen von Blois, 1044 an die Grafen von Anjou, dadurch 1154 unter engl. Herrschaft; 1205–70 vom frz. König erobert; seit dem 14. Jh. mehrmals als Apanage ausgegeben und Hzgt.; 1790 in Departements aufgeteilt.

Tourcoing [frz. turˈkwɛ̃], frz. Ind.stadt im Dep. Nord, Teil der Agglomeration Lille-Roubaix-T., 96 900 E. Vorherrschend ist die Textilindustrie.

Tour de France [frz. turdəˈfrãːs], im Radsport das längste und berühmteste Etappenrennen für Berufsfahrer; 1903 zum 1. Mal ausgefahren. Die Gesamtlänge der 20 bis 23 Etappen beträgt zw. 4 000 und 4 600 km. Der Streckenverlauf wird jährl. neu von den Veranstaltern (die Pariser Zeitungen „Le Parisien Libéré" und „L'Équipe") sowie den beteiligten Gemeinden festgelegt. Es gibt Einzel- und Mannschaftswertung (National- oder Firmenmannschaften); 1913 wurde das *gelbe Trikot* für den im Gesamtklassement an der Spitze liegenden Fahrer eingeführt, 1933 der *Bergpreis* für den Gewinner der meisten Bergprämien, 1953 das *grüne Trikot* für den Gewinner der Punktewertung (Etappenplazierung).

Tour de l'Avenir [frz. turdalavˈniːr „Tour der Zukunft"], Etappenrennen für Radamateure in Frankr.; wird seit 1961 ausgetragen (Strecke rd. 2 000 km lang).

Tour de Suisse [frz. turdəˈsɥis], über 7–10 Etappen führende Radrundfahrt für Berufsfahrer in der Schweiz; wird seit 1933 jährl. im Juni durchgeführt.

Touré

Touré, Sékou [frz. tu're], * Faranah am oberen Niger 9. Jan. 1922, † Cleveland (Ohio) 26. März 1984, guineischer Gewerkschaftsführer und Politiker. - Wurde 1956 Generalsekretär der neugegr. Confédération Générale des Travailleurs d'Afrique, die er vom kommunist. beherrschten Weltgewerkschaftsbund trennte und 1957 in die Union Générale des Travailleurs d'Afrique Noire umwandelte; ab 1959 deren Präs.; 1946 Mitbegr. der Rassemblement Démocratique Africain, ab 1952 deren Vizepräs. und zugleich Generalsekretär der Parti Démocratique de Guinée; 1957/58 Vizepräs. des guineischen Regierungsrats; 1958 bis zu seinem Tode Präs. des unabhängigen Guinea; setzte ein Einparteiensystem durch; einer der Wortführer im Kampf gegen die weißen Minderheitsreg. in Afrika.

Tourenwagen ['tu:rən], im ↑Motorsport Rennwagen der Kategorie A.

Tourenzähler ['tu:rən] ↑Drehzahlmesser.

Touring-Club der Schweiz ['tu:rɪŋ] (frz. Touring Club Suisse), Abk. TCS, größter schweizer. Automobilisten- und Touristenverband; gegr. 1896, Sitz Genf; über 1 Mill. Mitglieder.

Tourismus [tu'rɪsmʊs; lat.-frz.-engl.] (Fremdenverkehr), die Reisen und der Aufenthalt Ortsfremder zu Erholungs-, Heil- und Studienzwecken. Entsprechend diesen Zwecksetzungen wird zw. Erholungs- und Vergnügungs-, Heil- und Bildungs-T. unterschieden. Geschäftsreisen werden i. d. R. dem T. nicht zugerechnet.

Die *Bedeutung* des T. liegt auf wirtsch., medizin., kultureller, sozial- und allgemeinpolit. Ebene. Mit dem T. ist in unterschiedl. Ausmaß das Kennenlernen anderer Länder, Völker und Kulturen verbunden, weshalb vom T. auch ein Beitrag zur Völkerverständigung erhofft wird. Der T. ist seit langem Gegenstand medizin. Diskussionen über die gesundheitl. Auswirkungen, die mit den verschiedenen Ausprägungen des T. verbunden sind. Im Vordergrund stehen jedoch die wirtsch. und sozialen Aspekte.

Umfang und wirtschaftl. Bedeutung: Mit steigendem Einkommen, sinkender Arbeitszeit bzw. längerem Urlaub gewinnt der T., insbes. der Urlaubsreiseverkehr in den industrialisierten Staaten zunehmend an Bedeutung. Durch die steigende Nachfrage nach Urlaubsreisen verbesserten sich die Möglichkeiten, preisgünstige Pauschalreisen anzubieten, die den Trend zur Ausweitung des Urlaubsreiseverkehrs weiter verstärkten. Der Reiseverkehr umfaßt etwa 5 bis 6 % des gesamten internat. Waren- und Dienstleistungsverkehrs und etwa 16 % der Dienstleistungen allein. Etwa 300 Mill. Touristen (70 % zw. den OECD-Staaten) geben nahezu 200 Mrd. DM für Reisen aus. Die Ausweitung des T. durch die Bev. der höher industrialisierten Staaten und die gleichzeitige Steigerung der durchschnittl. Reiseentfernung erschloß auch zahlr. Entwicklungsländer dem T., der z. T. wesentl. zur Wirtschaftsförderung in diesen Ländern beiträgt. Ganz allg. wird die volkswirtsch. Bedeutung des T. in der Kaufkraftverlagerung an sonst wirtsch. meist weniger entwickelte Gebiete gesehen. - Neben dem meist mittelständ. orientierten Fremdenverkehrsgewerbe an den Fremdenverkehrsorten entstanden zahlr. Dienstleistungsunternehmen zur Organisation der Urlaubsreisen, deren Anteil am Touristikgeschäft ständig zunimmt.

Gesellschaftl. Aspekte: Seit dem 18. Jh. wird das Reisen (meist zum Zweck der Erholung und/oder Bildung) von privilegierten Gesellschaftsschichten (zunächst vom Adel, dann im 19. Jh. vom Besitzbürgertum) gepflegt; jedes Nachrücken weiterer Gesellschaftsschichten in den Kreis der Touristen wurde als lästig und deren Verhaltensweisen in den Urlaubsgebieten als deplaziert empfunden. Dies gilt v. a. für den sich nach dem 2. Weltkrieg entwickelnden sog. *Sozialtourismus* einkommensschwächerer Bevölkerungsschichten, die v. a. von den Pauschalreiseangeboten größerer Reiseunternehmen Gebrauch machen. Die sich mit Ursachen und Problemen v. a. des

Henri de Toulouse-Lautrec, Ambassadeurs, Aristide Bruant dans son cabaret (1892). Plakat

Massentourismus beschäftigende *Fremdenverkehrssoziologie* hat durch Umfragen in den 1970er Jahren einen Zielkonflikt zw. Angehörigen des privilegierten und seit wesentl. längerer Zeit Urlaubsreisen durchführenden Bildungsbürgertums (Ziel: Bildungsreisen, die den „geistigen Horizont" erweitern, Abstand zur gewohnten Umgebung, zum übl. Lebensstil gewinnen lassen) und einfacherer Schichten festgestellt, denen persönlich Ausruhen und Erholung zur Wiederherstellung ihrer Arbeitskraft die wichtigsten Reisemotive sind, die aber die Motive höherer Gesellschaftsschichten als normativ empfinden und, unterstützt durch die Werbung der T.branche, zunehmend als eigene Ziele übernehmen *(Aktivurlaub)*.

Institutionen und Förderung: 1970 wurde die frühere International Union of Official Travel Organizations (IUOTO), Sitz Genf, in die World Tourism Organization (WTO) umbenannt. Ziel dieser Organisation ist es, in enger Zusammenarbeit mit den UN die Entwicklung des T. zu fördern. Die Mitgliedsorganisationen der WTO werden i. d. R. staatl. finanziert oder zumindest stark subventioniert (in der BR Deutschland: Dt. Zentrale für Tourismus e. V., Sitz Frankfurt am Main). Die regionale und örtl. Fremdenverkehrsförderung erfolgt meist durch regionale Organisationen, örtl. Verkehrsvereine oder Kur- und Bäderverwaltungen. Vielfach werden Kurtaxen erhoben, um den Aufwand für die Betreuung der Gäste und die Bereitstellung der erwünschten Einrichtungen zu finanzieren.

📖 *Wirtz, S. J.: Phänomen T. Überlegungen zur Problematik v. transkontinentalem T. Ffm. u. Bern 1982. - Rot, A.: Urlaub u. Gesundheit. Wien 1981. - Beutel, M., u. a.: T. Bensheim* ²*1980. - Tietz, B.: Hdb. der T.wirtschaft. Mchn. 1980. - Müller, Ulrike: Fremdenverkehr in seiner Bed. für die regionale Strukturpolitik. Ffm. 1979.*

Tourist [tuˈrɪst; lat.-frz.-engl.], [Urlaubs]reisender.

Touristenklasse [tuˈrɪstən] (Economyklasse, Economy-class), preiswerte Reiseklasse im Eisenbahnschlafwagen-, Passagierschiffs- und Flugverkehr.

Touristik Union International GmbH KG [tuˈrɪstɪk], Abk. TUI, dt. Reiseunternehmen, Sitz Hannover; 1967 aus dem Verbund von vier Reiseunternehmen entstanden. Wichtige Gesellschafter sind u. a. Dt. Reisebüro GmbH, Horten AG und Hapag-Lloyd Reisebüro GmbH.

Tourist Trophy [engl. ˈtʊərɪst ˈtroʊfi], Abk. T. T., ältestes (seit 1907) und schwerstes Motorradrennen, auf der Insel Man. Der schmale und kurvenreiche Mountain Course (60,725 km) wird seit 1920 gefahren.

Tournachon, Félix [frz. turnaˈʃɔ̃], frz. Karikaturist und Photograph, † Nadar.

Tournai [frz. turˈnɛ] (niederl. Doornik), belg. Stadt an der Schelde, 15–67 m ü. d. M., 67 200 E. · Kath. Bischofssitz; Garnison; Kunst-, Volkskunde-, histor. und archäolog. Museum; Zementwerke, metallverarbeitende, Nahrungsmittel-, Textil- u. a. Industrie.
Geschichte: Röm. Gründung des 2. Jh. n. Chr. **Turis Nerviorum** (im MA **Tornacum**); bereits im 4. Jh. eine bed. Festung; um 440 polit. Mittelpunkt der sal. Franken (1653 Entdeckung des Childerichgrabes) bis König Chlodwig I. 486/487 seinen Sitz nach Soissons verlegte; wurde Anfang des 6. Jh. Bischofssitz; gehörte vom 9.–12. Jh. zur Gft. Flandern; 1188–1521 freie Stadt, berühmt v. a. im 15. Jh. durch ihre Teppichherstellung und ihre Malerschule (R. Campin, R. van der Weyden) im 14./15. Jh.; 1521 den Niederlanden angeschlossen, 1667 von Frankr. erobert und in der Folge von Vauban befestigt; gehörte seit 1714 zu den östr. Niederlanden, ab 1794 in frz. Hand; fiel 1814 an die Vereinigten Niederlande, 1830 an Belgien.
Bauten: Roman.-got. Kathedrale (geweiht 1213/14) mit Marmorlettner, frühgot. Kirchen Saint-Nicolas und Saint-Jacques (12./13. Jh.); ehem. Tuchhalle (1610/11); Rathaus (1763); Beffroi (1188 ff.); Pont des Trous (1281–1329); Reste der ma. Stadtbefestigung.

Tournedos [turnəˈdoː; frz.], runde Lendenschnitte von der Filetspitze des Rinds; wird wie Steak zubereitet.

Tournee [tʊrˈneː; lat.-frz.], Gastspielreise; Rundreise.

Tournefort, Joseph Pitton de [frz. turnəˈfɔːr], * Aix-en-Provence 5. Juni 1656, † Paris 28. Nov. 1708, frz. Botaniker und Mediziner. - Lehrte am Collège de France in Paris; unternahm zahlr. Reisen zur Erforschung der Pflanzenwelt Europas, auf denen er mehr als 1 300 neue Arten entdeckte; begründete eine Systematik der Pflanzen auf Grund der Blütenverhältnisse, die eine der Grundlagen für C. von Linnés Systematik wurde.

Tournier, Michel [frz. turˈnje], * Paris 19. Dez. 1924, frz. Schriftsteller. - Eine iron. Version des Robinsonstoffes ist „Freitag oder Im Schoß des Pazifik" (R., 1967, 1973 u. d. T. „Freitag und Robinson im Bann der wilden Insel"); eine Auseinandersetzung mit dem NS wird in dem symbol. Roman „Der Erlkönig" (1970) versucht. - *Weitere Werke:* Zwillingssterne (R., 1975), Der Wind Paraklet (Essays, 1977), La goutte d'or (1986).

tournieren [tʊr...; lat.-frz.], die Spielkarten aufdecken.

Tournüre [tʊr...], svw. † Turnüre.

Tours [frz. tuːr], frz. Stadt an der Loire, oberhalb der Chermündung, 132 200 E. Mittelpunkt der Touraine, Verwaltungssitz des Dep. Indre-et-Loire; kath. Erzbischofssitz; Univ. (gegr. 1970), Kunst-, archäolog. Museum; Maschinenbau, Elektro-, Möbel-, Bekleidungs-, chem. u. a. Industrie.

Toussaint-Langenscheidt-Methode

Geschichte: Hauptort der kelt. Turonen, hieß in röm. Zeit **Caesarodunum** (Prov. Gallia Lugdunensis); seit dem 3. Jh. Bischofs-, seit dem 9. Jh. Erzbischofssitz (1790–1801 nur Bistum); schon im frühen MA große Bed. als Kulturzentrum (insbes. ausgehend vom Kloster Saint-Martin; 796 gründete Alkuin in T. eine philosoph.-theolog. Schule); 1354 Vereinigung von T. und dem benachbarten Châteauneuf; im MA Hauptstadt der Gft. und Prov. Touraine.

Bauten: Teile der galloröm. Stadtmauer, Reste der Basilika Saint-Martin (4./5., 11. und 13. Jh.; Neubau in romanobyzantin. Stil [19./20. Jh.]), Kathedrale (13.–16. Jh.) mit Kreuzgang und bed. Glasfenstern, got. Abteikirche Saint-Julien (13. Jh.) mit roman. Turm (12. Jh.) und Kapitelsaal; zahlr. ma. Häuser und Palais (15.–17. Jh.); Reste der Burg Heinrichs II. Plantagenet (12. Jh.).

Toussaint-Langenscheidt-Methode [frz. tu'sɛ̃], von den frz. Sprachlehrer Charles Toussaint († 1877) und dem dt. Sprachlehrer und Verleger G. Langenscheidt entwickelte Methode des Fremdsprachenunterrichts im Selbststudium mittels Unterrichtsbriefen.

Toussaint Louverture, François Dominique (Toussaint l'Ouverture) [frz. tusɛ̃luvɛr'ty:r], * auf der Pflanzung Bréda (bei Cap-Haïtien) 1743 (?), † Fort Joux (Doubs, Frankr.) 7. April 1803, haitian. Revolutionär. - Als Negersklave aufgewachsen, schloß sich 1791 der haitian. Revolution an, stieg im Dienst der frz. Revolutionsreg. 1797 zum Oberbefehlshaber der frz. Kolonie Saint-Domingue auf; eroberte den O der Insel Hispaniola und machte sich zum „Gouverneur auf Lebenszeit"; 1802 besiegte ihn ein frz. Heer; starb in frz. Festungshaft.

Towarischtsch, russ. für: Genosse, Genossin, Kamerad[in].

Tower [engl. 'taʊə; zu lat. turris „Turm"] (T. of London), das älteste erhaltene Bauwerk und eines der Wahrzeichen Londons; als Festung um 1078–97 erbaut (White T.); später erweitert und umgebaut; zeitweise Residenz der engl. Könige, später (bis 1820) Staatsgefängnis; heute Museum mit Waffensammlung (The Armouries) im White T. und den Kronjuwelen im Wakefield Tower.

Tower [engl. 'taʊə; zu lat. turris „Turm"] (Kontrollturm) ↑ Flughafen.

Town [engl. taʊn], im engl. Sprachgebrauch Bez. für kleinere Stadt.

Towne, Francis [engl. taʊn], * um 1739/40, † London 7. Juli 1816, engl. Landschaftsmaler. - 1780/81 Aufenthalte in Rom und in der Schweiz, Aquarelle und Zeichnungen aus dieser Zeit begründeten seinen Nachruhm als Vorläufer der engl. Romantik.

Townes, Charles Hard [engl. taʊnz], * Greenville (S. C.) 28. Juli 1915, amerikan. Physiker. - 1948–61 Prof. an der Columbia University in New York; seit 1967 an der University of California in Berkeley; konstruierte 1954 zus. mit H. J. Zeiger und J. P. Gordon den ersten ↑ Maser; beschrieb 1958 mit A. L. Schawlow die Bedingungen für die Anwendung des Maserprinzips bei opt. Frequenzen (↑ Laser). 1964 Nobelpreis für Physik zus. mit N. G. Bassow und A. M. Prochorow.

Townsend, Sir (seit 1941) John Sealy Edward [engl. 'taʊnzənd], * Galway 7. Juni 1868, † Oxford 16. Febr. 1957, brit. Physiker. - 1900–41 Prof. in Oxford. Entwickelte 1897 die Tröpfchenmethode zur direkten Bestimmung der Elementarladung; untersuchte ab 1900 v. a. den Stromdurchgang und die Ionisationsprozesse in Gasen.

Township [engl. 'taʊnʃɪp], Verwaltungseinheit in den USA, hat in den einzelnen Staaten unterschiedl. Funktionen und Organisationen.

Townsville [engl. 'taʊnzvɪl], austral. Hafenstadt in NO-Queensland, 100 500 E. Sitz eines anglikan. u. eines kath. Bischofs; Univ. (seit 1970), Inst. für Tropenmedizin; Kupferraffinerie, Werften, Nahrungsmittelindustrie, Fremdenverkehr. - 1864 gegr., seit 1903 City.

Toxämie (Toxikämie, Toxhämie) [griech.], 1. Schädigung bzw. Zersetzung des Bluts durch Giftstoffe; 2. die durch Giftstoffe verursachte Anämie (**Toxanämie, toxische Anämie**); 3. die Vergiftung des Blutes und Überschwemmung des Organismus durch Toxine (**Toxinämie**).

toxigen (toxogen) [griech.], in der Medizin für: 1. Giftstoffe erzeugend (z. B. von Bakterien); 2. durch eine Vergiftung verursacht, auf Gifteinwirkung zurückzuführen.

Toxikologie [zu griech. toxikón „Pfeilgift"], die Lehre von den Giften und ihren Einwirkungen auf den Organismus; als Teilgebiet der Pharmakologie eingeteilt in chem., medizin. und forens. (gerichtl.) Toxikologie.

Toxikum (Toxikon) [griech.], in der Medizin svw. Gift, Giftstoff.

Toxine [griech.], Gifte, die von Gifttieren, Giftpflanzen, Giftpilzen oder Bakterien ausgeschieden bzw. aus diesen freigesetzt werden. T. sind meist Proteine oder Lipopolysaccharide, die als Antigene wirken und deren chem. Struktur noch nicht vollständig aufgeklärt ist.

toxisch [griech.], in der Medizin für: 1. giftig wirkend; 2. durch Gift bedingt, auf Giftwirkung beruhend.

Toxizität [griech.], die je nach Applikationsart und Spezies unterschiedl., zum Vergleich auf eine Norm (Dosis letalis, DL) bezogene Giftigkeit einer Verbindung (als DL 50 bezeichnet man z. B. jene Dosis, bei der im Tierversuch 50% der eingesetzten Tiere nicht überleben).

toxogen, svw. ↑ toxigen.

Toxophoren [griech.] ↑ Brennhaare.

Toxoplasmose [griech.], meldepflichtige, durch *Toxoplasma gondii* (ein etwa 10 μm großes Sporentierchen) hervorgerufene Infektionskrankheit des Menschen und zahlr. Tierarten. Die T. wird häufig konnatal (im Verlaufe der Schwangerschaft von der Mutter auf das Kind übertragen) erworben. Andere Infektionswege sind umstritten (z. B. Übertragung von Oozysten durch Katzenkot, mit rohem Fleisch oder Eiern, durch infizierte Muttermilch, Tröpfcheninfektion). - *Die Erscheinungen* der akuten T. des Erwachsenen sind u. a. Unwohlsein, Fieber, Gelenkschmerzen, Lymphknotenschwellungen, am Auge Ader- und Netzhautentzündung sowie Gehirnhautentzündung. Die konnatale T. äußert sich akut in Gehirnentzündung, Entzündung der Aderhaut und der Netzhaut des Auges, Lymphknoten- und Leberschwellungen und verläuft häufig tödlich oder hinterläßt schwere Schäden am Zentralnervensystem (Wasserkopf, Verkalkungen innerhalb des Schädels) und Auge. Bei Haustieren (Schafen, Kälbern und Ferkeln) kommt es zu Fehlgeburten und erhöhter Sterblichkeit.

Toynbee, Arnold Joseph [engl. 'tɔɪnbɪ], * London 14. April 1889, † York 22. Okt. 1975, brit. Historiker, Kulturtheoretiker und Geschichtsphilosoph. - 1919–24 Prof. für Byzantinistik und neugriech. Sprache, Literatur und Geschichte, 1925–56 für internat. Geschichte in London und gleichzeitig Direktor des Royal Institute of International Affairs ebd.; 1919 und 1946 Mgl. der brit. Delegation bei den Friedenskonferenzen in Paris. In seinem Hauptwerk „A study of history" (12 Bde., 1934–61), einer Darstellung aller jemals bestehenden Zivilisationen (urspr. 23, später 13) erklärt T. (anknüpfend an Spenglers Morphologie der Weltgeschichte) Aufstieg und Untergang von Zivilisationen anhand der Theorie von situationsbezogenen Herausforderungen und spezif. Lagebeantwortungen („challenge and response"). Dieser theoret. Ansatz hält die universalhistor. Kulturanalysen offen und flexibel. T. selber hat sie unter dem Einfluß der Kritik und neuer Forschungsergebnisse aus den histor. Wiss. mehrfach erhebl. modifiziert. - *Weitere Werke:* Greek civilization and character (1924), Die Kultur am Scheideweg (1948), Die Welt und der Westen (1953), An historian's approach to religion (1956), Hellenism (1959).

Tozeur [frz. to'zœːr], tunes. Oasenstadt am NW-Rand des Schott Djerid, 60 m ü. d. M., 16 800 E. Handwerkl. Herstellung von Teppichen, Wolldecken, Palmfaserhüten und -körben; Dattel- und Obstverarbeitung; Eisenbahnendpunkt, ⌘. - Im Altertum **Tusuros**; unter arab. Herrschaft wirtsch., kulturelles und religiöses Zentrum; soll im 14. Jh. über 100 000 E gehabt haben.

TP, Abk. für: trigonometrischer Punkt.

Trab, mittelschnelle Gangart bei diagonaler Fußfolge, hauptsächl. des Pferdes und anderer Huftiere († auch Fortbewegung).

Trabant [eigtl. „Krieger zu Fuß" (wohl aus tschech. drabant „Leibwächter")] ↑ Satellit.

Trabantenstadt ↑ Stadt.

Trabekeln [lat.] (Trabeculae, Bälkchen), bälkchen- oder strangartig ausgebildete Gewebs- bzw. Muskelfaserbündel oder bogenartig vorspringende entsprechende Wülste innerhalb der Herzkammern, in den Schwellkörpern des (menschl.) Penis oder als verästelte, untereinander verbundene Milzbälkchen in der Milz.

Traben-Trarbach, Stadt an der mittleren. Mosel, Rhld.-Pf., 110 m ü. d. M., 6 200 E. Mittelmosel-Museum; Weinhandel und -kellereien; Luftkurort; Thermalheilbad (Ortsteil **Bad Wildstein**). - Entstand 1904 durch Vereinigung des um 820 erstmals erwähnten **Traben** und des seit 1144 gen. **Trarbach** (1856 Stadtrecht, aber bereits im 14. Jh. städt. Charakter). - Spätbarocke Wohnhäuser in Trarbach (18. Jh.); Ruine Grevenburg; oberhalb von Traben ehem. Festung Montroyal (1687–97).

Traber, seit Ende des 18. Jh. für Trabrennen gezüchtete, teilweise auf das Engl. oder Arab. Vollblut zurückgehende Pferderassen, u. a. ↑ Orlowtraber und ↑ Hackney; der *Deutsche T.,* der seit 1940 gezüchtet wird, ist auch als Wirtschaftspferd geeignet.

Traberkrankheit (Gnubberkrankheit), tödl. Viruskrankheit bei Schafen; schwankender Gang, Schreckhaftigkeit, stierer Blick, Anheben der Vorderbeine, Schwäche der Hinterbeine.

Trabrennen ↑ Reitsport.

Trabzon [türk. 'trabzɔn] (früher Trapezunt), Hafenstadt an der östl. türk. Schwarzmeerküste, 156 000 E. Hauptstadt des Verw.-Geb. T.; TU, Handelszentrum des landw. Umlandes, Fischkombinat. - Im 7./6. Jh. v. Chr. von Sinope aus als **Trapezus** gegr., gehörte seit Mithridates VI. zum Kgr. Pontus, in röm. Zeit (ab 64 n. Chr.) „freie Stadt"; um 260 n. Chr. von Goten zerstört, ab 1204 Sitz des Kaiserreichs von ↑ Trapezunt; bed. Handelsmetropole; seit 1461 beim Osman. Reich. - Mehrere Kirchen aus byzantin. Zeit wurden in Moscheen umgewandelt.

Tracer [engl. 'treɪsə „Aufspürer"] (Leitisotop), radioaktives Element bzw. Isotop, das in eine Substanz eingeführt wird, um deren Weg innerhalb eines (biochem.) Reaktionsablaufs oder ihre Lokalisation im Organismus leichter untersuchen zu können (*Tracer-Methode,* ↑ Indikatormethode).

Trachea [griech.], svw. ↑ Luftröhre.

Tracheata (Tracheaten) [griech.] ↑ Tracheentiere.

Tracheen [griech.], bei *Pflanzen* Elemente des Leitgewebes: zus. mit den ↑ Tracheiden im Gefäßteil der ↑ Leitbündel der Bedecktsamer und einiger Farne verlaufendes, die gesamte Pflanze durchziehendes Röhrensystem,

Tracheenkiemen

das dem Transport von Wasser und der darin gelösten Nährsalze dient. T. sind aus meist kurzen, tonnenförmigen, nach der Ausdifferenzierung absterbenden, hintereinanderliegenden Zellen aufgebaut, die durch weitgehende Auflösung der Querwände zu 0,1–1 m (bei Lianen und manchen Laubhölzern mehr als 5 m) langen Röhren von 0,03–0,7 mm Durchmesser fusionieren. Im allg. sind T. nur für wenige Vegetationsperioden funktionsfähig. Ältere T. sind luftgefüllt oder dienen der Reservestoffspeicherung.

◆ bei Tieren Atmungsorgane der Stummelfüßer, Spinnentiere, Tausendfüßer und Insekten, wobei die der Tausendfüßer und Insekten zweifellos unabhängig von denen der beiden anderen Gruppen entstanden sind. Bei den typ. röhrenartigen T. handelt es sich um Hauteinstülpungen, die von den Stigmen (Atemöffnungen) ausgehen, sich als mit Luft gefüllte Röhren immer feiner bis zu den ↑Tracheolen verästeln und dem Gastransport dienen. Die T.wand setzt sich zusammen aus Basalmembran (außen), T.epithel (T.matrix; die einschichtige Epidermis) und einer zarten, chitinigen T.intima; letztere entspricht der Kutikula (wird daher mitgehäutet) und weist eine ringförmig oder spiralig verdickte Exokutikula (Spiralfaden, Tänidie, Taenidium) zur Wandversteifung auf. Häufig sind die T., v. a. die bei den höheren Insekten ausgebildeten T.längsstämme, zu T.säcken (Luftsäcke, T.blasen) erweitert, die als Luftreservoir dienen, aber auch einen hydrostat. Apparat darstellen können (bei manchen im Wasser lebenden Larven) oder schallverstärkend wirken. Bei vielen im Wasser lebenden Insektenlarven kommen Tracheenkiemen, bei den Spinnentieren neben Röhren-T. auch ↑Fächertracheen vor.

Tracheenkiemen ↑Kiemen.
Tracheenlungen, svw. ↑Fächertracheen.
Tracheentiere (Röhrenatmer, Tracheaten, Tracheata), seit dem Silur bekannter Unterstamm heute mit nahezu 800 000 Arten vorwiegend auf dem Land, z. T. auch in Gewässern weltweit verbreiteter, etwa 0,2 mm bis 33 cm langer Gliederfüßer; bes. gekennzeichnet durch ein System sich verzweigender Tracheen; umfaßt Tausendfüßer und Insekten.

Tracheiden [griech.], im Gefäßteil der ↑Leitbündel bei Farngewächsen und Samenpflanzen (bei Bedecktsamern zus. mit ↑Tracheen) auftretende tote Zellen, die dem Transport von Wasser und darin gelösten Nährsalzen, bei Nadelhölzern auch der Festigung des Sproßachse dienen.

Tracheobronchitis [griech.] ↑Bronchitis.

Tracheolen [griech.] (Tracheenkapillaren), äußerst dünne, kapillare, membranöse, blind endende, flüssigkeitserfüllte, bei erhöhtem Sauerstoffbedarf auch luftführende Endverzweigungen der tier. ↑Tracheen; in den T. erfolgt der Gasaustausch mit den Geweben.

Tracheoskopie [griech.], direkte bzw. indirekte Betrachtung der Luftröhre mit einem Tracheo- oder Bronchoskop.

Tracheotomie [griech.] (Luftröhrenschnitt), operative Eröffnung der Luftröhre.

Trachom [griech.] (Conjunctivitis trachomatosa, ägypt. Augenkrankheit, Körnerkrankheit, granulöse Bindehautentzündung), v. a. in den Tropen und Subtropen endem. bis epidem., in gemäßigten Zonen meist sporad. vorkommende anzeigepflichtige Infektionskrankheit (Erreger: Chlamydia trachomatis; meist durch Schmierinfektion, aber auch durch Fliegen übertragen); Anzeichen: hartnäckige, akute bis chron. Bindehautentzündung; Auftreten sagokornartiger Follikel (T.körner), die platzen und unter Narbenbildung ausheilen; Schrumpfung der Bindehaut, im weiteren Verlauf Hornhautschädigung, schließl. narbige Umwandlung der Hornhaut; eine der häufigsten Ursachen der Erblindung. Behandlung mit Tetrazyklinen sowie Sulfonamiden.

Trachselwald, Bezirkshauptort im schweizer. Kt. Bern, im unteren Emmental, 680 m ü. d. M., 1 200 E. - Burg (12. und 15. Jh.); Kirche (urspr. spätgot., 1686 barockisiert).

Tracht, die verschiedenen Völkern (National-T.), Stämmen, Ständen und Berufsgruppen (Standes-T.) eigentüml. Bekleidung sowie die entsprechende Aufmachung (Haar-T., Bart-T.); oft durch Kleiderordnungen geregelt. T. i. e. S. ist die sozial und regional (Trachtenlandschaften) differenzierte Bekleidung der bäuerl. Bev. (↑auch Volkstrachten). Grundformen menschl. Bekleidung (Umhang, Poncho, Wickelrock) werden als Ur-T. bezeichnet. **Trachtenmode** ist die mod. abgewandelte, nach bäuerl. T. gestaltete Kleidung.

◆ (Kristall-T.) ↑Kristall.
◆ von Bienen, v. a. der Honigbiene, eingetragene Nahrung; insbes. Nektar, Honigtau.

Trächtigkeit (Gestation), von der Befruchtung bis zur Geburt der Jungtiere dauernder Zustand ♀ Säugetiere. Die T.dauer (Trag[e]zeit) korreliert i. d. R. mit der Körpergröße der betreffenden Art, sie kann jedoch ernährungs- oder witterungsbedingte Abweichungen erfahren. Durch Stillstand der Embryonalentwicklung (Keimruhe) für eine bestimmte Zeit kann die T.dauer unverhältnismäßig lang sein (verlängerte Tragezeit; z. B. beim Reh und bei einigen Marderarten). Liegt zw. Begattung und Befruchtung ein längerer, durch Aufbewahrung der Spermien (Spermienruhe) im ♀ Genitaltrakt bedingter Zeitraum (bei einigen Fledermausarten der nördl. gemäßigten Zone), spricht man von verschobener Tragezeit. Extrem kurz ist die Tragezeit bei Beuteltieren, deren Junge im Embryonalzustand geboren werden.

Trachtpflanzen, in der Imkerei Bez. für Pflanzen, die als Bienenweide dienen (z. B. Raps, Linden, Akazien).

Trachyt [griech.], graues oder rötl., meist poröses Ergußgestein, Hauptbestandteile: Kalifeldspat, Kalknatronfeldspat und Augit (z. B. in der Eifel).

Tracing-Test [engl. ˈtreɪsɪŋ], Feinmotoriktest, bei dem Linien möglichst genau nachzuziehen sind, wobei Häufigkeit und Umfang der Abweichungen registriert werden; dient der Feststellung u. a. der Koordinationsfähigkeit der Handbewegungen und der Prüfung der Aufmerksamkeit bzw. Ermüdung.

Track [engl. træk], svw. [übliche] Route, Bahn, Seeweg.
◆ Bez. für eine Vorrichtung zur Übertragung von Zugkräften, z. B. Riemen, Bänder, Seile.

Tracts for the Times [engl. ˈtrækts fə ðə ˈtaɪmz] ↑ Oxfordbewegung.

Tractus (Traktus) [lat.], in der Anatomie: Zug, Strang, Bündel von Nervenfasern des Zentralnervensystems oder von Muskelfasern.

Tractus (Traktus) [lat.], Gesangsstück im Proprium der lat. Meßliturgie, das seit dem 6./7. Jh. im Requiem und in Messen mit Bußcharakter das Alleluja nach dem Graduale ersetzt.

Tracy, Spencer [engl. ˈtreɪsɪ], * Milwaukee 5. April 1900, † Los Angeles-Hollywood 10. Juni 1967, amerikan. Schauspieler. - Ab 1930 beim Film; zur Geltung kamen seine ausdrucksstarken darsteller. Fähigkeiten v. a. in „Raserei"/„Fury" (1936), „Das siebte Kreuz" (1944), „Endlos ist die Prärie" (1947), „Stadt in Angst" (1954), „Das Urteil von Nürnberg" (1961).

Trademark [engl. ˈtreɪdmɑːk], engl. Bez. für Warenzeichen; genießt internat. gesetzl. Schutz; auf Etiketten, in Anzeigen u. a. durch das Zeichen ® (= registered as trademark) kenntlich gemacht.

Trade terms [engl. ˈtreɪd ˌtɜːmz] ↑ Handelsklauseln.

Trade Unions [engl. ˈtreɪd ˈjuːnjənz], die brit. Gewerkschaften, ↑ Gewerkschaften (Übersicht).

Tradition [zu lat. traditio, von tradere „übergeben"], die Übernahme und Weitergabe von Sitte, Brauch, Konvention, Lebenserfahrung und Institutionen. T. ist das, was die Generationen verbindet, zw. Vergangenheit und Zukunft Kontinuität stiftet. Die Neuzeit ist durch eine zunehmende Auflösung der T. verbundenheit gekennzeichnet, eine Folge der wirtsch., sozialen und polit. Veränderungen, die mit zunehmender Beschleunigung den Erfahrungsraum sowie den Erwartungshorizont erweiterten; geistesgeschichtl. wurde dieser Vorgang im spät-ma. Nominalismus vorbereitet und erreichte seinen Höhepunkt in der Aufklärung. Seither stehen sich **Traditionalismus** als Haltung, die ungeachtet der jeweiligen histor. Situation und der gegebenen gesellschaftl. Zustände am Herkömml. festhält und bewußte Veränderungen gewachsener Strukturen ablehnt, und Revolution, die für die Emanzipation von den Fesseln der Vergangenheit eintritt, gegenüber. Angesichts dieser Politisierung und Polarisierung tendieren T. (als ein bestimmender Faktor des Konservatismus) und Fortschritt dahin, sich gegenseitig auszuschließen. Sie bleiben aber aufeinander bezogen: Im T. vollzug ereignet sich Wandel, im Wandel erhalten sich T. bestände. Beides ist konstitutiv für Geschichte.

Religionsgeschichtl. sind T. in allen Gesetzes- und Kulturreligionen festzustellen; sie entwickelten sich in den Hochkulturen parallel, ergänzend oder im Ggs. zum kanon. Schrifttum mit seinem unveränderl. Offenbarungs- und Glaubensgut in schriftl. und mündl. Überlieferung und erlangten oft die gleiche Bed. wie die sog. hl. Schriften. Die inhaltl. Entfaltung des T. begriffs führte in der *kath.* Kirche zur Deutung der T. als einer von der Hl. Schrift unabhängigen zweiten Offenbarungsquelle (↑ Traditionsprinzip), die von den *reformator.* Kirchen auf Grund ihres ↑ Schriftprinzips abgelehnt wird.

⊞ *Wissenschaft u. T.* Hg. v. P. Feyerabend u. a. Zürich 1983. - *Kultur u. T.* Hg. v. K. *Mácha.* Mchn. 1983. - Hilberath, B. J.: *Theologie zw. T. u. Kritik.* Düss. 1978. - Eisenstadt, S. N.: *T., Wandel u. Modernität.* Dt. Übers. Ffm. 1978. - Pieper, J.: *Überlieferung. Begriff u. Anspruch.* Mchn. 1970.

Traditional Jazz [engl. trəˈdɪʃənəl ˈdʒæz], übergreifende Bez. für die älteren Jazzstile New-Orleans-Jazz, Dixieland-Jazz und Chicago-Stil.

traditionell [lat.-frz.], herkömmlich, überliefert; gebräuchlich, üblich.

Traditionsbeweis, in der kath. Dogmatik neben dem ↑ Schriftbeweis die zweite (unverzichtbare) Grundlage zum Erweis der Verbindlichkeit einer dogmat. oder rituellen Aussage. Im T. gilt der Grundsatz „quod semper, quod ubique, quod ab omnibus [creditur]" („was immer, überall und von allen [geglaubt wird]"). - Die prot. Theologie lehnt den T. ab.

Traditionsprinzip, in der kath. Exegese und Dogmatik das neben dem (in der ev. Theologie allein gültigen) ↑ Schriftprinzip notwendige Mittel zum Erkennen des wahren Schriftsinnes unter Zuhilfenahme der Tradition, der Auslegung in der Geschichte der Kirche.

Traduzianismus [lat.] ↑ Generatianismus.

Traetta, Tommaso, * Bitonto 30. März 1727, † Venedig 6. April 1779, italien. Komponist. - Tätig in Parma, Venedig und Petersburg. Mit über 40 Opern (u. a. „Ifigenia in Tauride", 1763; „Antigona", 1772) einer der erfolgreichsten italien. Opernkomponisten seiner Zeit; außerdem komponierte er weltl. und geistl. Vokalwerke („Stabat mater") und Sinfonien.

Trafalgar, Kap, span. Kap sö. von Cádiz. - In der **Seeschlacht bei Trafalgar** errang im 3. Koalitionskrieg die brit. Flotte am 21. Okt. 1805 unter H. Nelson gegen eine frz.-span. Flotte einen Sieg, der Großbrit. die Seeherrschaft für das folgende Jh. sicherte.

Trafik [italien.-frz.; zu italien. traffico „Handel"], östr. svw. Tabak- und Zeitschriftenladen.

Trafo, Kw. für ↑Transformator.

Tragant [griech.-lat.] (Astragalus), Gatt. der Schmetterlingsblütler mit rd. 1 600, überwiegend in trockenen Gebieten der Nordhalbkugel, v. a. in Vorder- und Zentralasien, verbreiteten Arten, davon zehn in Deutschland, z. B. ↑Bärenschote. Mehrere T.arten liefern den für Klebstoffe, Emulsionen u. a. (früher auch als Bindemittel für Konditorwaren) verwendeten **Tragant** (Tragacantha), ein aus Polysacchariden bestehendes, hornartig erhärtendes und gallertartig quellbares Produkt.

Tragblatt ↑Braktee.

Tragédie lyrique [frz. traʒediliˈrik] ↑Oper.

Träger, in der *Bautechnik* Bez. für ein meist waagerecht verlegtes, langgestrecktes Bauteil aus Holz, Stahl, Leichtmetall oder Stahlbeton zur Aufnahme von Belastungen und deren Übertragung auf die Auflager.

Trägerflugzeug, auf Flugzeugträgern stationiertes, mit einem Fanghaken ausgerüstetes und klappbaren Tragflügeln versehenes Flugzeug mit Kurzstart- und -landeeigenschaften.

Trägerfrequenz ↑Modulation.

Trägerfrequenztechnik, Teilbereich der Nachrichtentechnik; Verfahren und Geräte, mit deren Hilfe eine Vielzahl von Nachrichten (v. a. Ferngespräche, ↑Fernsprechen) gleichzeitig und unabhängig voneinander über einen einzelnen Nachrichtenübertragungsweg (Koaxialleitung, Richtfunkstrecke,

Tragflügelboot

Satellitenfunkverbindung) sehr großer nutzbarer Frequenzbandbreite übertragen werden können (*Frequenzmultiplexverfahren*).

trägergebundene Enzyme (immobilisierte Enzyme), Bez. für an unlösl. organ. oder anorgan. Materialien (Trägern) gebundene Enzyme, die wie freie Enzyme biochem. Reaktionen katalysieren, sich aber mehrfach verwenden lassen. Zunehmende Nutzung z. B. in der Lebensmitteltechnik.

Trägerraketen, mehrstufige ↑Raketen, die eine Nutzlast (im Rahmen eines Raumflugprogramms) auf die zur Erreichung einer vorgegebenen Zielhöhe erforderl. Geschwindigkeit bringen können.

Trägerschwingung ↑Modulation.
Trägersubstanzen, svw. ↑Carriers.
Trägerwelle ↑Modulation.

Tragezeit (Tragzeit), svw. Trächtigkeitsdauer (↑Trächtigkeit).

Tragfähigkeit, in der *Technik* allg. diejenige Belastung eines Konstruktionsteils oder eines Bauwerkes, bei deren Überschreitung an der schwächsten Stelle ein Bruch erfolgt bzw. unzulässig starke Verformungen auftreten.
◆ im *Bauwesen* diejenige Last, bei deren Überschreitung die Scherfestigkeit des Baugrunds nicht mehr ausreicht, um ein Einsinken der Gründung (z. B. des Fundaments) zu verhindern.
◆ ↑Schiff (Schiffsvermessung).
◆ in der *Bevölkerungslehre* die mögl. Bevölkerungsdichte eines bestimmten Gebietes bzw. der ganzen Erde in Abhängigkeit von der Lebensmittelversorgung, die durch den Umfang der landw. Nutzfläche und deren Ergiebigkeit begrenzt ist.

Tragflächenboot, svw. ↑Tragflügelboot.

Tragflügel (Tragfläche) ↑Flugzeug.

Tragflügelaerodynamik, Teilgebiet der Strömungslehre, das sich mit der Umströmung von Tragflügeln endlicher Spannweite in kontinuierl. Medien (insbes. Luft) und den dabei auftretenden Kräften (Auftrieb, Strömungswiderstand, Seitenkräfte) befaßt. Die T. ist nicht nur für die Flugtechnik, sondern auch für den Entwurf von

Schiffspropellern und Strömungsmaschinen von großer Bedeutung.

Tragflügelboot (Tragflächenboot), Wasserfahrzeug, das unter dem Rumpf starr oder klappbar angebrachte Tragflügel verschiedener Formen besitzt, die mit steigender Geschwindigkeit den Bootskörper durch ihren dynam. Auftrieb aus dem Wasser heben und dadurch den Wasserwiderstand des Fahrzeuges so sehr vermindern, daß Geschwindigkeiten um 100 kn möglich werden und das Schiff ruhiger fährt, da sein Rumpf dem Seegang entzogen ist. Bisher allerdings sind T. nur bei Wellenhöhen bis zu 2,5 m einsetzbar; werden v. a. zur schnellen Personenbeförderung verwendet.

Trägheit, allg. die Eigenschaft eines [physikal. oder techn.] Systems, auf eine äußere Einwirkung verzögert zu reagieren. I. e. S. als *T. der Masse* (Beharrungsvermögen) das Bestreben jedes Körpers, seinen Bewegungszustand beizubehalten, solange keine äußere Kraft einwirkt, die diesen Zustand ändert. Die Bewegung eines mechan. Systems bei Abwesenheit äußerer (eingeprägter) Kräfte wird als *T.bewegung* bezeichnet; z. B. die Kreiselbewegung eines starren Körpers um seinen Schwerpunkt. Maß für die T. eines Körpers ist seine Masse bzw. bei Rotationsbewegungen sein Trägheitsmoment. Nach der Einstein-Gleichung $E = mc^2$ kommt auch jeder Energie E (und damit jedem Feld) eine träge Masse und folgl. eine T. zu *(T. der Energie)*.
◆ ↑ Lethargie.

Trägheitsbahn, Flugbahn eines antriebslosen, sich auf Keplerschen Bahn[stück]en bewegenden Raumflugsystems.

Trägheitsgesetz (Beharrungsgesetz, Galileisches Trägheitsgesetz, Trägheitssatz), das erste der 3 Newtonschen Axiome der Mechanik, das bereits von G. Galilei und von J. Kepler erkannt und formuliert wurde: Jeder Körper verharrt im Zustand der Ruhe oder der geradlinig-gleichförmigen Bewegung, solange keine äußere Kraft auf ihn einwirkt.

Trägheitskraft, diejenige Kraft K_t, die ein Körper (Masse m) während eines Beschleunigungsvorgangs infolge seiner Trägheit der beschleunigenden Kraft K_a entgegensetzt **(Trägheitswiderstand).** Sie wird durch $K_t = ma$ gegeben **(Alembert-Kraft),** wenn a die Beschleunigung des Körpers gegen ein raumfestes Inertialsystem ist. Die Newtonsche Bewegungsgleichung $K_a - ma = 0$ kann daher aufgefaßt werden als Gleichgewicht ($K_a + K_t = 0$) zw. der eingeprägten K_a und der Alembert-Kraft, die während der Beschleunigung am Körper angreift. Beispiele einer T. sind Zentrifugalkraft und die Coriolis-Kraft.

Trägheitsmoment (Drehmasse), Formelzeichen Θ, Maß für die Trägheit eines rotierenden Körpers bei Änderung der Rotationsgeschwindigkeit; entspricht der Masse bei Translationsbewegungen. Das T. eines Massenpunktes ist gleich dem Produkt aus seiner Masse m und dem Quadrat des senkrechten Abstands r des Massenpunktes von der Drehachse: $\Theta = mr^2$. Diese sog. *Massen-T.* bleiben konstant nur bei Rotationen um eine feste Achse; bei veränderl. Drehachse (z. B. beim Kreisel) tritt an die Stelle des skalaren T. der Trägheitstensor. Erweitert man den Begriff T. auf andere Bezugselemente, z. B. Punkt, Gerade oder Ebene, spricht man von einem *polaren, axialen* bzw. *planaren Trägheitsmoment.* In der Technik, v. a. in der Festigkeitslehre, definiert man analog das T. von Linien *(Linien-T.)* und [ebenen] Flächen bzw. Querschnitten *(Flächen-T.).* Die Flächen-T. eines flächenhaften Körpers (Platte u. ä.) in bezug auf Schwerpunktsachsen, die in der Körperebene verlaufen bzw. senkrecht auf ihr stehen, werden als *äquatoriale* bzw. *polare Flächen-T.* bezeichnet.

Trägheitsnavigation (Inertialnavigation), ein v. a. in der Luft- und Raumfahrt angewandtes Navigationsverfahren, bei dem die [Eigen]ortung mit Hilfe einer ständigen Registrierung der (während des Fluges infolge von Geschwindigkeits- und Richtungsänderungen auftretenden) Trägheitskräfte bzw. der ihnen proportionalen Beschleunigungen erfolgt.

Trägheitsprinzip (Newtonsches T., Galileisches T.), Bez. für den im Trägheitsgesetz formulierten physikal. Tatbestand, daß bei Abwesenheit äußerer Kräfte jeder Körper seinen Bewegungszustand beibehält.

Trägheitssatz, svw. ↑ Trägheitsgesetz.
Trägheitswiderstand ↑ Trägheitskraft.
Traghimmel, svw. ↑ Baldachin.
Tragik [griech.], philosoph.-ästhet. Grundbegriff; die *moralist.* Theorie reduziert T. auf den Mechanismus von moral. Schuld und einer in das Maßlose gesteigerten Sühne. Nach der *fatalist.* Theorie beruht T. im Walten eines unentrinnbaren „trag. Schicksals". Die *idealist.* Theorie sieht das Wesen des Tragischen im „trag. Konflikt" (z. B. zw. Individuum und Gesellschaft).

Tragikomödie [griech.-lat.], dramat. Gatt. in der trag. und kom. Elemente sich wechselseitig durchdringen bzw. so zusammenwirken, daß die Tragik durch humorist. Brechung gemildert wird oder die trag. gebrochene Komik die trag. Aspekte vertieft (↑ Komödie).

Tragkraftspritze, tragbare Feuerlöschspritze (↑ Feuerwehr).

Traglufthalle, Halle aus luftdichten Stoffen, die ohne sonstige Unterstützung durch einen geringen Überdruck der Innenluft getragen wird.

Tragödie [griech., zu *trágos* „Bock" und *ōdḗ* „Gesang" (beim Opfer am Dionysosfest)], Form des ↑ Dramas, für das das Tragische konstituierendes Element ist. Die dichter. Gestaltung der Tragik als Darstellung eines ungelöst bleibenden trag. Konflikts löste sich aus dem religiösen [griech.] Ursprung und wechselte mit den Epochen; konstant blieben jedoch die existentiellen Fragen der Menschheit über die Problematik von Freiheit und Notwendigkeit, Charakter und Schicksal, Schuld und Sühne, Mensch und Gott, Ich und Welt. - Heute wird der Begriff T. meist auf die dramat. klass. Werke beschränkt; im Drama der Gegenwart fehlt die T. fast gänzlich. Zunehmend sind jedoch neue Formen an ihre Stelle getreten, die Tragikomödie, die Groteske, das absurde Theater.

Tragopogon [griech.] ↑ Bocksbart.

Tragrandglas, svw. Lentikularglas (↑ Brille).

Tragschrauber ↑ Hubschrauber.

Trägspinner (Wollspinner, Schadspinner, Nonnenspinner, Lymantriidae), mit rd. 3 000 Arten (davon 17 einheim.) weltweit verbreitete Fam. meist mittelgroßer Schmetterlinge; Rüssel der vorwiegend nachtaktiven T. oft rückgebildet (keine Nahrungsaufnahme); ♀♀ stummelflügelig, oft mit starker Behaarung am Hinterleibsende *(Afterbusch, Afterwolle)*. Die oft bunt gefärbten, teilweise mit bürstenartigen Haarbüscheln auf der Rückenmitte und seitl. Haarpinseln *(Bürstenraupen)* versehenen Raupen sind oft gefürchtete Wald- oder Gartenschädlinge.

Francesco Traini, Dominikus-Triptychon (Ausschnitt; 1344/45). Pisa, Museo Nazionale

Tragtier, Sammelbez. für ausdauernde Tiere, die zum Transport von Lasten eingesetzt werden; z. B. Pferde, Esel, Maultiere sowie (außerhalb Europas) Kamele, Lamas und Jaks. Die Bez. *Saumtiere* bezieht sich speziell auf den Einsatz im Hochgebirge.

Tragweite, die [maximale] Schußweite einer Waffe.

Tragwerk, die der Auftriebserzeugung dienende Baugruppe eines ↑Flugzeugs einschließl. der daran angebauten Teile zur Auftriebserhöhung, Widerstandserhöhung und Steuerung (z. B. Landeklappen, Luftbremsen, Querruder).

◆ System aus Trägern oder anderen Bauelementen, das die darauf wirkenden Kräfte (Lasten) auf das Auflager überträgt. Man unterscheidet zw. *Stabtragwerken* (aus Balken, Stäben und Stützen bestehend) und *Flächentragwerken* (meist Platten, Roste u. a.).

Traikow, Georgi [bulgar. 'trajkɔf], * Warbeni (= Panangianis bei Florina) 8. April 1898, † Sofia 14. Jan. 1975, bulgar. Politiker. - 1923 am kommunist. geführten Aufstand beteiligt; seit 1943 Mgl. der Vaterländ. Front; 1946–49 Landw.min., 1949–64 stellv. Min.präs., 1964–71 Staatsoberhaupt; 1971/72 Parlamentspräs., seit 1972 2. stellv. Staatsratsvors. und Präs. der Vaterländ. Front.

Trailer ['treːlər; engl. 'treɪlə; zu lat. tragula „Schleppnetz"], allg. svw. Anhänger, insbes. zum Transport von Containern auf der Straße; auch Bez. für einen Einachsanhänger zum Transport von kleineren Segel- oder Motorbooten.

◆ Bez. für eine etwa 3–4 Min. dauernden *Vorausfilm*, der für den eigtl. Film werben soll; meist eine Montage aus szen. Höhepunkten des jeweiligen Werkes.

Train [trɛ̃ː; frz.], frühere (in Deutschland bis zum 1. Weltkrieg offizielle) Bez. für die Nachschub- und Versorgungstruppen des Heeres.

Trainer ['trɛːnər; engl.] ↑Training.

Traini, Francesco, italien. Maler des 14. Jh. - Tätig etwa 1321 bis um 1365; sein erzählfreudiges Dominikus-Triptychon in der Pisaner Kirche Santa Catarina (Mitteltafel im Museo Nazionale in Pisa) ist stilist. an Orcagna und den Lorenzetti geschult. Zuschreibung einiger Fresken im Camposanto in Pisa mit dem „Triumph des Todes" (um 1355).

Training ['trɛːnɪŋ; engl. letztl. zu lat. trahere „ziehen"], planmäßiges Üben zur Steigerung der phys. oder psych. Funktionen mit dem Ziel der individuellen Best- oder absoluten Höchstleistung.

Das *sportl. T.*, das unter Anleitung eines **Trainers** erfolgt, dient der Anpassung des Organismus an erhöhte Leistungsanforderungen in der jeweiligen Disziplin. Bei den *T.zielen* werden die komplexeren Ziele als *T.arten* unterschieden (Kondition, Technik, Taktik, psychoregulatives T. und Wettkampf-T.), denen Teilziele untergeordnet sind; z. B. wird beim **Konditionstraining** nach Ausdauer-, Kraft-, Schnelligkeits-(Lauf-), Beweglichkeits- und Gelenkigkeits-T. differenziert. Als T.methode bezeichnet man das planmäßige Verfahren, mit dem die T.ziele erreicht werden sollen; z. B. wird beim **Intervalltraining** durch ständige Wiederholung von Laufstrecken (insbes. über 200 m und 400 m) und dazwischenliegenden Erholungspausen die organ. Kraft gesteigert († auch Circuittraining). Die Effektivität aller Maßnahmen und Entscheidungen wird durch T.tests, Kontrollwettkämpfe und die eigentl. Wettkämpfe überprüft. Aufbau, Organisation, Durchführung und Kontrolle des T. werden in der T.planung festgelegt. Im langfristigen T.aufbau (2–6 Jahre) wird nach Grundlagen-, Aufbau- und Hochleistungs-T. unterschieden.

Trainingsanzug ['trɛːnɪŋ], gewirkter zweiteiliger Anzug, der vor und nach, mitunter auch beim Sport getragen wird.

Trait [engl. trɛɪt; zu lat. tractus „Zug, Bewegung"], Bez. für eine weitgehend stabile Charaktereigenschaft *(Charakterzug)* bzw. psych. Disposition oder ein dementsprechendes Verhaltensmerkmal; auch Bez. für eine charakterist. Gesichtsausprägung oder einen kennzeichnenden Gesichtsausdruck *(Gesichtszug).*

Trajan (Marcus Ulpius Traianus), *Italica (beim heutigen Sevilla) 18. Sept. 53, † Selinus (kilik. Küste, beim heutigen Gazipaşa) 8. Aug. 117, röm. Kaiser (seit 98). - ∞ mit Pompeia Plotina; 91 Konsul, 94/95 wohl Statthalter der Prov. Moesia inferior; 97 von Nerva adoptiert und zum Caesar ernannt. Als Kaiser eroberte T. in 2 Kriegen 101/102 und 105/106 Dakien, 106 wurde das Gebiet der Nabatäer als Prov. Arabia annektiert. Ein armen. Thronstreit war Anlaß zu dem großangelegten Partherkrieg (ab 113/114); auf der Heimreise starb Trajan. - Seine Außenpolitik war strateg. und wirtsch. begründet, seine Innenpolitik nutzte die Möglichkeiten polit. und sozialer Stabilisierung: Nervas Versorgungswerk für arme Kinder wurde fortgesetzt, in Fragen der Provinzverwaltung griff T. detailliert ein (Briefwechsel mit Plinius d. J., u. a. über die Christenverfolgung in Bithynien); seine umfangreiche Bautätigkeit dokumentieren u. a. T.forum und T.thermen in Rom.

Trajanssäule, marmorne Ehrensäule für Kaiser Trajan auf dem Trajansforum in Rom, vollendet 113 (Höhe 29,60 m). Um den Schaft zieht sich spiralförmig ein (urspr. bemaltes) Reliefband von über 200 m Länge (Darstellung der Dakerkriege von 101/102 und 105/106); statt der Kaiserstatue seit 1588 durch eine Petrusstatue gekrönt.

Trajekt [lat.], svw. [Eisenbahn]fährschiff († Fähre).

Trajektorie [...i-ɛ; lat.], eine Kurve, die alle Kurven einer gegebenen Kurvenschar genau einmal schneidet.

Trakehner (Ostpreuß. Warmblutpferd, Ostpreuße), nach dem Ort Trakehnen (russ. Jasnaja Polnaja) in Ostpreußen, RSFSR', ben. edelste Rasse dt. Warmblutpferde aus Ostpreußen; 162–168 cm widerristhohe, elegante Renn-, Spring- und Dressurpferde von lebhaftem Temperament. - Die Rasse geht zurück auf die seit 1732 in Trakehnen veredelten Schweiken, in die seit 1786 planmäßig Arab. und Engl. Vollblut eingekreuzt wurden. Seit 1945 wird die Rasse mit Hilfe der aus Ostpreußen geretteten Tiere überall in der BR Deutschland (v. a. in Holstein und Niedersachsen) als Spezialrasse des Dt. Reitpferdes gezüchtet, v. a. als Füchse und Braune.

Trakl, Georg, *Salzburg 3. Febr. 1887, † Krakau 3. Nov. 1914, östr. Dichter. - Militärapotheker; war drogenabhängig. Erlebte als Sanitätsfähnrich die Schlacht bei Gródek, unter deren Eindruck er zusammenbrach; starb im Lazarett an einer Überdosis Kokain. Neben S. Heym, E. Stadler und F. Werfel einer der bedeutendsten Frühexpressionisten dt. Sprache. Fand nach symbolist. Anfängen zu individuellen hymn. Formen und reimlosen freien Rhythmen; in seiner v. a. von Baudelaire und Rimbaud beeinflußten phantast.-metaphor. Dichtung dominieren Trauer und Schwermut, Abscheu, Resignation und Untergangsstimmung; u. a. „Sebastian im Traum" (hg. 1915), „Gesang des Abgeschiedenen" (Ged., hg. 1933), „Offenbarung und Untergang" (Prosadichtungen, hg. 1947).

Trajanssäule. Ansprache Trajans an seine Truppen (Ausschnitt)

Trakt

Trakt [lat.], 1. Gebäudeteil, Flügel; 2. Zug, Strang; Gesamtlänge (z. B. Darmtrakt).

Traktat [lat.], literar. Zweckform in Prosa; schriftl. Behandlung eines religiösen, moral. oder wiss. Problems (Abhandlung); in Deutschland häufige Form der Erbauungsliteratur seit dem 16. Jh. sowie von religiösen Flugschriften, Streit- und Schmähschriften, daher bisweilen abschätzig als Bez. für platt tendenziöse Publikationen („Traktätchen") verwendet.

traktieren [lat.], behandeln; quälen, mißhandeln.

Traktion [lat.], svw. Zug (Ziehen), Zugförderung (*Dampf-T.* z. B. durch Dampflokomotiven, *Doppel-T.* mittels zweier Loks).

Traktor [lat.-engl.], svw. ↑ Schlepper.

Traktorie [...i-ɛ; lat.], eine Kurve, deren Tangenten von einer 2. Kurve stets im gleichen Abstand vom jeweiligen Tangentenberührungspunkt geschnitten werden. Ein Spezialfall ist die **Traktrix** (Schleppkurve), eine ebene Kurve, deren Tangenten von einer festen Geraden (Leitlinie) stets im gleichen Abstand vom jeweiligen Tangentenberührungspunkt geschnitten werden.

Traktur [lat.], bei der ↑ Orgel die Verbindung zw. den Tasten und den Spiel- und Tonventilen.

Tralee [engl. trə'liː], Stadt in SW-Irland, kurz oberhalb der Mündung des Lee in die T.Bay, 16 000 E. Verwaltungssitz der Gft. Kerry; Baconfabrik, Herstellung von Email- und Spielwaren; kleiner Hafen. - Im MA Sitz der Grafen von Desmond; erhielt von König Jakob I. von England (1603-25) Stadtrecht.

Tralles, antike Stadt bei ↑ Aydın.

Tralow, Johannes [...lo], Pseud. Hanns Low, * Lübeck 2. Aug. 1882, † Berlin 27. Febr. 1968, dt. Schriftsteller und Theaterregisseur. - 1951-61 geschäftsführender Präs. des „Dt. P.E.N.-Zentrums Ost und West"; lebte zuletzt in Berlin (Ost). Schrieb v. a. kulturhistor. Romane, u. a. die „Osman. Romantetralogie": „Roxelane" (1942), „Irene von Trapezunt" (1947), „Malchatun" (1951), „Der Eunuch" (1956).

Traminer [nach dem Ort Tramin (italien. Tremeno), Prov. Bozen] (Roter T., Savagnin, Clevner, anspruchsvolle, spätreife Rebsorte; schwachwüchsig, kleine Beeren mit rötl. angehauchter Schale. Der Weißwein gleichen Namens hat starkes Bukett, hohes Mostgewicht, viel Süße und geringen Säuregehalt, weshalb er oft mit Riesling verschnitten wird. Die Spielart des **Gewürztraminers** nimmt über die Hälfte der Anbaufläche des T. ein.

Tramp [trɛmp; engl.], umherziehender Gelegenheitsarbeiter.

Trampeltier ↑ Kamel.

Tramper ['trɛmpər; engl.], jemand, der per Anhalter reist.

Trampolin [italien.], Sprunggerät für sportl. und artist. Darbietungen; besteht aus einem zusammenklappbaren Spezialrohrrahmen, an dem mit Gummi- bzw. Stahlfedern ein aus Nylonbändern geflochtenes und vernähtes Sprungtuch (366 × 183 cm) angebracht ist. Die Elastizität des Federsprungtuches erlaubt 5-6 m hohe Sprünge. Sportl. Disziplin ist das *Trampolinturnen*: Eine Übung umfaßt 10 verschiedene Sprünge. Ein Wettkampf besteht aus Pflicht- und Kürübungen; es gibt Einzelkämpfe für Damen und Herren und Kämpfe zu zweit auf 2 nebeneinanderstehenden Geräten *(Synchronspringen)*.

Trampschiffahrt ['trɛmp], Seeschiffahrt auf nicht regelmäßig befahrenen Routen zw. [beliebig festzusetzenden] Häfen.

Tran, v. a. von Walen und Robben, z. T. auch von Fischen gewonnene, dickflüssige Öle; der farblose, unangenehm riechende *Wal-T.* wird (gehärtet und damit geruchlos) zur Margarine- und Seifenfabrikation verwendet. In der Medizin ist ↑ Lebertran wichtig.

Trance ['trãːs(ə); engl., zu lat. transire „hinübergehen"], Sammelbez. für eingeengte (schlafähnl.) Bewußtseinszustände wie etwa bei Benommenheit, Schlafwandeln, Hypnose, Ekstase oder meditativer Entrückung. Auffälligste Gemeinsamkeit der verschiedenartigen T.zustände sind die Veränderung der Aufmerksamkeit und der Reaktionen auf Umwelteinwirkungen und die (i. d. R.) nachfolgende Erinnerungslosigkeit.

Tranche ['trãːʃə; frz.], Teilbetrag einer Wertpapieremission, der entweder in gewissen Zeitabständen oder zu gleicher Zeit in verschiedenen Ländern aufgelegt wird, weil der Gesamtbetrag der Wertpapieremission zu einem einzigen Zeitpunkt und/oder in einem einzigen Land nicht untergebracht werden kann.

tranchieren (transchieren) [trã'ʃiːrən; frz.], Wild und Geflügel sachgerecht zerlegen; Fleisch in Scheiben schneiden.

Tränen ↑ Tränendrüsen.

Tränendes Herz (Herzblume, Frauenherz, Dicentra), Gatt. der Mohngewächse mit 17 Arten im westl. China und in N-Amerika; Stauden mit meist fiederteiligen Blättern und roten, gelben oder weißen bilateral-symmetr. Blüten. Die bekannteste, im nördl. China heim. Art ist *Dicentra spectabilis (Tränende Herzblume, Brennende Liebe, Flammendes Herz)*, eine 60-90 cm hohe Pflanze mit dreizähligen Blättern und herzförmigen, meist rosafarbenen, hängenden Blüten in langen, einseitswendigen Trauben; beliebte Gartenzierpflanze.

Tränendrüsen (Glandulae lacrimales), Tränenflüssigkeit absondernde Drüsen bei Reptilien (außer Schlangen), Vögeln und Säugetieren. Froschlurche besitzen vergleichbare kleinere T., bei vielen Säugern kommen noch zusätzl. (akzessor.) T. vor.
Beim *Menschen* liegen die T. als durch die Sehne des Lidhebers zweigeteilter, etwa boh-

nengroßer Drüsenkomplex jeweils hinter dem äußeren, oberen Rand der Augenhöhlen. Das Sekret (tägl. Menge etwa 1–3 ml) ist wäßrig, schwach salzig (rd. 660 mg Natriumchlorid pro 100 ml) und in geringem Umfang eiweißhaltig; es wirkt auf Grund von ↑Lysozymen leicht antibakteriell. Das Sekret wird über zahlr. kleine Ausführgänge in die Bindehautfalte des oberen Augenlids ausgeschieden und dann mit Hilfe des Lidschlags über die Hornhaut des Auges (die dabei angefeuchtet und gereinigt wird) nach dem inneren Augenwinkel hin befördert. Von dort aus fließt die Tränenflüssigkeit über eine kleine Öffnung in die beiden zu einem unpaaren Gang zusammenlaufenden **Tränenkanälchen** *(Tränenröhrchen)* und dann in den **Tränensack** (Saccus lacrimalis) ab. Dieser bildet die in einer der Augenhöhle zugewandten Bucht des Tränenbeins gelegene, erweiterte obere Verlängerung des **Tränen-Nasen-Gangs** (Ductus nasolacrimalis), der unter der unteren Nasenmuschel in den unteren Nasengang mündet, nachdem er zuvor das Tränenbein über eine Öffnung passiert hat. - Die Absonderung der Tränenflüssigkeit erfolgt unter nervaler Steuerung: Sie wird gefördert durch den Parasympathikus, gehemmt durch den Sympathikus. Sie kann unter psych. Einfluß (Schmerz, Trauer, Freude) so stark werden, daß die Tränenflüssigkeit (beim *Weinen*) in Form von **Tränen** über die Lidränder abläuft. Eine verstärkte Absonderung tritt auch bei mechan. Reizung oder bei Einwirkung bestimmter chem. Substanzen auf. - Abb. S. 182.

Tränendrüsenentzündung (Dakryoadenitis), akute, i. d. R. einseitig und als Begleiterkrankung verschiedener Virusinfektionen (wie Masern, Grippe oder Mumps) auftretende Entzündung der Tränendrüse mit schmerzhafter Rötung und Schwellung des Oberlids, v. a. an der Schläfenseite.

Tränenreizstoffe, meist leicht flüchtige chem. Substanzen (v. a. halogenierte Kohlenwasserstoffe), die zu einer starken Absonderung von Tränenflüssigkeit führen und in Form von Aerosolen (**Tränengas**) als [Polizei]kampfstoffe (z. B. gegen Demonstranten) eingesetzt werden, u. a. α-Chloracetophenon, $CH_2Cl-CO-C_6H_5$ und Benzylbromid, $C_6H_5-CH_2Br$ (↑auch chemische Keule). - Der in der Küchenzwiebel enthaltene T. ist das Thiopropionaldehyd, $S=CH-CH_2-CH_3$.

Tränensackentzündung (Dakryozystitis), durch Ansammlung von Bakterien und Stauung der Tränenflüssigkeit im Tränensack entstehende eitrige Entzündung mit schmerzhafter Rötung und Schwellung des inneren Augenwinkels und einem Begleitödem der Lider.

Trani, italien. Hafenstadt in Apulien, 45 800 E. Kath. Bischofssitz. Marktzentrum; Stein-, Textil-, Möbel- und Nahrungsmittelind., Fischerei; Seebad. - Geht auf das röm. Turenum zurück; seit etwa 500 Bischofssitz; während der Kreuzzüge Einschiffungsplatz für die Kreuzfahrer; im 12./13. Jh. ein Stützpunkt der stauf. Macht in Unteritalien. - Roman. sind die Kathedrale (1197ff.) und die Kirchen Ognissanti und San Francesco (beide 12. Jh.); vierflügeliges Kastell (13., 15. und 16. Jh.).

Tränke, 1. natürl. Wasserstelle, die wildlebenden Tieren zur Wasseraufnahme dient *(Schöpfstelle);* 2. dem Vieh zur Wasseraufnahme dienende künstl. Einrichtung (z. B. Trog oder Rinne). *Selbst-T.* sind mit einem den Wasserzulauf begrenzenden Schwimmer oder mit einer Vorrichtung ausgestattet, die vom Tier mit dem Maul betätigt werden kann und dabei über ein Ventil den Wasserzulauf regelt.

Tranninhplateau [...pla,to:] (Ebene der Tonkrüge), Hochland in N-Laos, am NW-Ende der Küstenkette von Annam, etwa 1 000–1 200 m hoch, von einzelnen Hügeln und Bergen überragt. Das T. ist außer von Lao v. a. von Bergstämmen besiedelt, die Wanderfeldbau betreiben. - Nach den hier gefundenen Stein- und Tonurnen früherer Kulturen ben.; war 1953 in der 1. Phase des Vietnamkriegs zw. Franzosen und Vietminh, in der 2. Phase zw. den Pathet Lao und der laot. Reg. umkämpft und war von amerikan. Luftangriffen betroffen. - ↑auch Laos (Geschichte).

Tranquilizer [engl. 'træŋkwɪlaɪzə; zu lat. tranquillus „ruhig"] (Tranquillanzien, Ataraktika), Gruppe von Psychopharmaka mit vorwiegend dämpfender Wirkung, die zur Beseitigung nichtpsychot. Angst-, Spannungs- und Erregungszustände sowie der durch sie bedingten Schlafstörungen verwendet werden. Die T. gehören zahlr. chem. Verbindungsgruppen an.

tranquillo [italien.], musikal. Vortragsbez.: ruhig.

trans- [lat.], Vorsilbe der chem. Nomenklatur, die besagt, daß zwei Substituenten eines Moleküls relativ zueinander auf entgegengesetzten Seiten einer Ebene liegen.

trans..., Trans... [lat.], Vorsilbe mit der Bed. „quer, durch - hindurch, hinüber, jenseits".

Transactinoide (Transaktinidenelemente), im Periodensystem der chem. Elemente die auf das letzte Actinoid Lawrencium (Ordnungszahl 103) folgenden Elemente der Ordnungszahlen 104 bis 121, von denen bisher nur das Kurtschatovium (Ku; Ordnungszahl 104), das Hahnium (Ha; Ordnungszahl 105) sowie die Elemente 106, 107, 108 und 109 in wenigen Atomen künstl. durch Kernreaktionen hergestellt werden konnten. Mit der Ordnungszahl 122 setzen die (hypothet.) *Superactinoide* ein.

Transalaigebirge, Gebirge am N-Rand des Pamir, UdSSR, O-Teil in China, 240 km lang, bis 7 134 m hoch, z. T. vergletschert.

transalpin

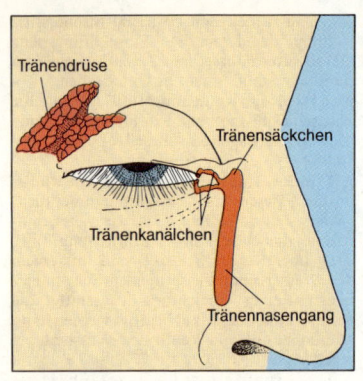

Tränendrüsen beim Menschen
(Labels: Tränendrüse, Tränensäckchen, Tränenkanälchen, Tränennasengang)

transalpin (transalpinisch), jenseits der Alpen (von Rom aus gesehen).

Transaminasen [Kw.] (Aminotransferasen), Enzyme (Transferasen) in pflanzl. und tier. Geweben, die Aminogruppen übertragen (↑Transaminierung). Im menschl. Organismus tritt bei Zellschädigung ein vermehrter, enzymdiagnostisch zu bestimmender Gehalt an T. im Blut auf, z. B. bei Leberentzündung.

Transaminierung, die Übertragung von Aminogruppen durch ↑Transaminasen, die im lebenden Organismus durch den reversiblen, im Gleichgewicht stehenden Übergang von α-Ketosäuren zu α-Aminosäuren von großer Bed. für die Verknüpfung des Eiweißstoffwechsels mit dem Kohlenhydrat- bzw. mit dem Fettstoffwechsel sind.

Transantarktisches Gebirge, Gebirgssystem in der Antarktis, erstreckt sich vom W-Rand der Ostantarktis bis zum Filchnerschelfeis, bis 3 660 m hoch.

Transaxle-Bauweise [engl. træns-'æksəl; lat.-engl./dt.], Kfz.-Bauweise mit Frontmotor und Getriebe an der Hinterachse (= Antriebsachse) und damit gleichmäßigere Gewichtsverteilung auf Vorder- und Hinterachse.

Transbaikalien, waldreiches Gebirgsland im S Sibiriens, erstreckt sich östl. des Baikalsees bis an die Grenze zur Mongol. VR im S und bis zum Argun (chin. Grenze) im SO, mittlere Höhen 1 200–1 800 m. Das Klima ist kontinental und trocken.

Trans-Canada Highway [engl. 'træns-'kænədə 'haıweı], transkontinentale Fernstraße im südl. Kanada, verbindet die Atlantik- mit der Pazifikküste und führt durch alle 10 Prov., insgesamt 7 820 km lang.

Transceiver [engl. træn'si:və; Kw. aus engl. **trans**mitter und re**ceiver**], kombiniertes Sende-Empfangs-Gerät.

Transcoder, Zusatzbauteil von Farbfernsehgeräten, der die Farbartsignale eines Systems (z. B. SECAM) in die eines anderen Systems (z. B. PAL) umwandelt und so mit einem Gerät den Empfang zweier nach unterschiedl. Normen arbeitender Farbfernsehsysteme ermöglicht.

Transdanubien, Bez. für das Gebiet Ungarns westl. der Donau.

Transdanubisches Hügelland, Bez. für das Hügelland im südl. W-Ungarn zw. Alpen, Drau und Donau.

Transdanubisches Mittelgebirge, der westl. der Donau gelegene Teil des Ungar. Mittelgebirges, etwa 200 km lang und 50 km breit, bis 757 m hoch.

Transduktion [lat.], in der *Genetik* die Übertragung bakterieller Gene von Zelle zu Zelle mit Hilfe von Phagen als Trägerorganismen.

◆ in der *Sinnesphysiologie* die der Reizaufnahme folgende Reizumwandlung in die Energieform einer Erregung.

Trans-Europ-Express ↑TEE.

Transfer [lat.-engl.], Überführung [im Reiseverkehr], z. B. vom Flugzeug zum Hafen oder Hotel.

◆ Wertübertragung im zwischenstaatl. Zahlungsverkehr; vollzieht sich durch Umwandlung der Währung des einen Landes in die des anderen, im allg. über den Devisenhandel oder durch Versendung von Gold. - Im innerstaatl. Bereich Bez. für Zahlungen, für die der Empfänger keine ökonom. Gegenleistungen erbringen muß (↑Transfereinkommen).

◆ (Lernübertragung, Mitlernen) die gegenseitige Beeinflussung von 2 oder mehreren Lernvorgängen, die hemmend *(negativer T.)* wirken oder Lernvorgänge erleichtern *(positiver T.)* kann. Die Theorie der formalen Bildung maß dem positiven T. wesentl. Bed. zu; sie sah Fächer wie Latein und Mathematik als grundlegend für die Ausbildung des Gedächtnisses und der Denkfähigkeit an. Neuere Forschungen haben gezeigt, daß T. nur dann stattfindet, wenn Lernvorgänge ident. Elemente aufweisen oder die Übertragung von Einsichten und Methoden von einem auf andere Bereiche selbst geübt wird.

◆ im *Berufsfußball* Vereinswechsel eines Spielers; ist mit der Zahlung einer vereinbarten *T.summe* an den bisherigen Verein des Spielers verbunden.

Transferasen [lat.], Sammelbez. für eine Gruppe von ↑Enzymen, die Molekülteile reversibel von einem Molekül *(Donator)* auf ein anderes *(Akzeptor)* übertragen.

Transfereinkommen, Einkommen, die ein Empfänger ohne ökonom. Gegenleistung erhält. Sie stehen daher im Ggs. zu Leistungseinkommen, also Lohn, Zins, Miete und Pacht sowie u. U. Gewinn. Nach dem Geber des T. kann man staatl. und private Transfers unterscheiden. Staatl. *Transfers* sind z. B. Leistungen der Sozial-, Unfall- und Arbeitslosenversicherung, Stipendien für Studenten und Schüler, Beamtenpensionen, Kindergeld. *Private Transfers* sind karitative Leistungen der Kirchen, Unterstützungszahlungen durch Gewerkschaften (z. B. Streikgelder) und private Wohltätigkeitsvereine, Leistungen der privaten Versicherungswirtschaft und schließl. Hilfsleistungen unter Verwandten. Durch T. wird eine Umverteilung des Einkommens gegenüber der am Markt zustande kommenden Primärverteilung bewirkt (↑Einkommensverteilung). Das ist offensichtl. bei Transfers zw. Privatpersonen. Werden die T. von Organisationen wie dem Staat oder von Kirchen und Vereinen gezahlt, so müssen sie stets durch Steuern oder Beiträge ihrer Mitglieder aufgebracht werden. - Eine Umverteilung durch Transfers wird heute überwiegend damit begründet, daß die gesellschaftl. Wohlfahrt auch davon abgängig ist, daß eine gerechte Einkommensverteilung verwirklicht wird. - Gesamtwirtschaftlich stellen die T. einen den Wirtschaftskreislauf tendenziell stabilisierenden Faktor dar, da sie von der Höhe des jeweiligen Sozialproduktes unabhängig sind oder sich, wie z. B. die Arbeitslosenunterstützung, gegenläufig zum Sozialprodukt entwickeln.

Transfer-RNS ↑RNS. - ↑auch Proteinbiosynthese.

Transferstraße, Fertigungsstraße, bei der Bearbeitung und Weitertransport des Werkstücks automat. erfolgen (v. a. bei der Kfz.-Herstellung).

Transfluxor [lat.], ein aus dem ringförmigen Ferritkern entwickeltes magnet. Bauelement [v. a. in elektron. Datenverarbeitungsanlagen] bei dem der Ferritring (Lochscheibe) eine weitere kleinere Bohrung aufweist, so daß 2 geschlossene magnet. Kreise entstehen. Die magnet. Kopplung zw. der Eingangs- oder Abfragewicklung und der Ausgangs- oder Lesewicklung wird durch das Magnetfeld des in der Einstell- oder Steuerwicklung fließenden elektr. Stromes beeinflußbar; es lassen sich 4 verschiedene Zustände bzw. Operationen realisieren, wobei die gespeicherten Zustände beliebig oft abgefragt werden können.

Transformation [lat.], allg. svw. Umwandlung, Umformung, Umgestaltung.

◆ in der *Mathematik*: 1. die Umformung eines algebraischen Ausdrucks in einen anderen; 2. eine Abbildung, die eine Menge M auf sich bzw. allgemeiner in eine andere Menge N abbildet, z. B. jede Koordinaten-T. sowie jede *unitäre T.*, d. h. jede umkehrbar eindeutige lineare Abbildung eines n-dimensionalen Vektorraumes (über einem Körper) auf sich, deren T.matrix unitär ist.

◆ Umformung von Wechselspannungen (mit dem ↑Transformator).

◆ die Übertragung vererbbarer Eigenschaften von einem Bakterienstamm auf einen anderen durch freie DNS.

◆ in der *Sprachwiss.* Bez. für die Umformung einer Satzstruktur in eine andere, wobei die Grundbedeutung erhalten bleibt. In der strukturalist. Syntax formen T. ↑Oberflächenstrukturen in äquivalente andere Strukturen um, während in der generativen Grammatik T. ↑Tiefenstrukturen und Oberflächenstrukturen verbinden. Die Ableitung von Oberflächenstrukturen geschieht meist durch eine Folge von T., so daß die Beschreibung der syntakt. (und semant.) Struktur von Sätzen mehrere Ebenen und Zwischenschritte umfaßt. Elementare T.typen sind: Permutation (Vertauschung), Substitution (Ersetzung), Deletion (Tilgung) und Adjunktion (Hinzufügung). Die **Transformationsregeln** geben an, wie aus einer gegebenen syntakt. bzw. semant. Struktur andere Strukturen abgeleitet werden müssen (obligator. T.regel) oder können (fakultative T.regel).

Transformationsgrammatik, i. w. S. Bez. für Grammatiken, die zw. ↑Oberflächenstrukturen und abstrakteren zugrundeliegenden Strukturen von Sätzen unterscheiden. I. e. S. einzelne Ausprägungen der generativen Grammatik, in denen die ↑Tiefenstruktur eines Satzes durch ↑Transformationen mit seiner Oberflächenstruktur bzw. seinen unterschiedl. Oberflächenstrukturen in Beziehung gesetzt werden. Methodolog. Grundlage von T. ist das Bestreben, die Fülle von feststellbaren Oberflächenstrukturen zu systematisieren, mehrdeutige bzw. synonyme Oberflächenstrukturen auf mehrere bzw. eine Tiefenstruktur zurückzuführen und die Regularitäten der Satzbildung aufzudecken.

Transformator [zu lat. transformare „umformen, verwandeln"] (Kw. Trafo; Umspanner), zu den elektr. Maschinen zählendes Gerät zur Erhöhung oder Herabsetzung der elektr. Spannung von Wechselströmen; der *Einphasen-T.* besteht aus 2 Spulen, einer *Primärspule* oder *-wicklung* (Windungszahl N_1), und einer *Sekundärspule* oder *-wicklung* (Windungszahl N_2), die auf die Schenkel eines geschlossenen Eisenkerns (Joch) gewickelt sind *(Kern-T.);* beim *Mantel-T.* ist der Eisenkern so gebaut, daß er die auf einem Mittelschenkel untergebrachten Wicklungen wie einen Mantel umschließt. Der Eisenkern ist aus magnetisierbaren und einseitig isolierten Blechen zusammengefügt (um Wirbelströme möglichst zu vermeiden). Die Wirkungsweise des T. beruht auf der elektromagnet. Induktion: Der in der Primärspule fließende Wechselstrom (Primärstrom) erzeugt durch Induktion in der Sekundärspule eine Spannung, die dem Verhältnis N_2/N_1 der Windungszahlen (Übersetzungsverhältnis) proportional ist. Bei gleichbleibender Leistung kann somit bei Spannungserhöhung in der Sekundärwicklung ein geringerer Strom entnommen werden und bei Spannungserniedrigung ein größerer Strom. In der Schwachstromtechnik werden

Transformatorenblech

Transformator. Einphasentransformator mit Sekundär- (links) und Primärspule auf einem gemeinsamen Eisenjoch. An den Teilwicklungen beziehungsweise Abgriffen der Sekundärspule können verschiedene Spannungen abgegriffen werden

nur *Luft-T. (Trocken-T.)* verwendet, wobei für niedere Frequenzen der Kern aus sehr dünnen Blechbändern, für höhere Frequenzen aus Massekernen aufgebaut sein muß. In der Nachrichtentechnik heißt ein T. *Übertrager*, in der Meßtechnik *Meßwandler;* in der Starkstromtechnik werden vorwiegend *Drehstrom-* oder *Dreiphasen-T.* verwendet. Bei der Stromversorgung verwendete T. (die eigtl. *Umspanner*) sind u. a. die *Dreiwicklungs-T.* mit einer zusätzl. Tertiärwicklung zur Verbindung dreier Netze verschiedener Spannungen sowie die Verteilungs- oder Abspann-T. in *Transformatoren-* oder *Umspannstationen* zur Herabsetzung der Spannung. Sonderformen sind u. a. *Isolier-T.* zur galvan. Trennung von Netzteilen, *Netz-T.* (↑ Netzgerät) sowie die beim Widerstands- und Lichtbogenschweißen verwendeten *Schweiß-T.*
⌑ *Spanneberg, H.: Ruhende elektr. Maschinen. Mchn.* [10]*1983. - Gath, H.: Berechnung u. Bau von Netztransformatoren. Stg. 1982. - Klein, P. E.: Netztransformatoren u. Drosseln. Mchn.* [5]*1979. - Küchler, R.: Die Transformatoren. Bln. u. a.* [2]*1966.*
Transformatorenblech ↑ Elektroblech.
Transfusion [lat.], die ↑ Diffusion von Gasen durch eine poröse Scheidewand.
◆ svw. ↑ Bluttransfusion.
Transfusionshepatitis, svw. hämatogene ↑ Leberentzündung.

Transfusionszwischenfall, akute Krankheitserscheinungen im Verlauf oder nach Beendigung einer Bluttransfusion. Der serolog. (durch Antigen-Antikörper-Reaktionen bei der Übertragung von gruppenungleichem Blut) bedingte T. führt v. a. zur Hämolyse (u. a. mit Hämoglobinämie und Hämoglobinurie), im Wiederholungsfall mit immer stärkeren Reaktionen. Nichthämolyt. Transfusionszwischenfälle sind u. a. allerg. Reaktionen und Kreislaufüberlastung durch Übertransfusion.
Transgression [lat.], Vordringen eines Meeres über größere Teile eines Festlandes, verursacht entweder durch dessen Senkung oder durch Ansteigen des Meeresspiegels (Ggs. ↑ Regression).
Transhimalaja ↑ Himalaja.
Transhumanz [lat.], Form der Fernweidewirtschaft mit Herdenwanderung und -transport zw. zwei oder mehreren nur jahreszeitl. abweidbaren Weiden über große Entfernungen hinweg (z. B. die Wanderschäferei zw. Schwäb. Alb, Schwarzwald und Oberrhein. Tiefland). Im Ggs. zur Almwirtschaft gibt es kaum winterl. Einstallung des Viehs, im Ggs. zum Hirtennomadismus wandern die Herdenbesitzer nicht mit.
Transili-Alatau, Gebirgszug im N des Tienschan, in der Kasach. SSR, rd. 350 km lang, bis 4973 m hoch, z. T. vergletschert.
Transistor [Kw. aus engl. **transfer resistor**) „Übertragungswiderstand"], Halbleiterbauelement, das wie eine Elektronenröhre elektr. Ströme und Spannungen verstärken und als Steuer- und Schaltelement (z. B. als Gleichrichter) dienen kann. Die **bipolaren Transistoren** bestehen jeweils aus drei verschieden dotierten, wenige μm dicken elektronen- (n-) bzw. löcher-(p-)leitenden Bereichen eines Halbleitereinkristalls (meist ein Siliciumeinkristall) mit zwei dazwischen befindl. p-n-Übergängen, wobei je nach Anordnung der Bereiche ein *npn-Transistor* oder ein *pnp-Transistor* vorliegt. Man bezeichnet die beiden äußeren Bereiche gleichen Leitungstyps als *Emitter[zone]* und *Kollektor[zone]*, den sehr dünnen, mittleren Bereich vom anderen Leitungstyp als *Basis[zone];* die entsprechenden Anschlüsse werden auch kurz als *Emitter, Kollektor* und *Basis* bezeichnet. - Bei entgegengesetzter Polung von Emitter-Basis- und Kollektor-Basis-Spannung sind die beiden p-n-Übergänge in *Durchlaßrichtung* oder - bei Umkehr beider Spannungen - in *Sperrichtung* gepolt, d. h., der T. kann als Schalter wirken. Bei gleicher Polung beider Spannungen ist entweder der p-n-Übergang zw. Emitter- und Basiszone (Emitter-Basis-Übergang) in Durchlaßrichtung und der Kollektor-Basis-Übergang als Sperrschicht geschaltet oder umgekehrt. In diesem *aktiven Zustand* des T. kann ein dem Emitter zugeführtes Signal verstärkt an einem Arbeitswi-

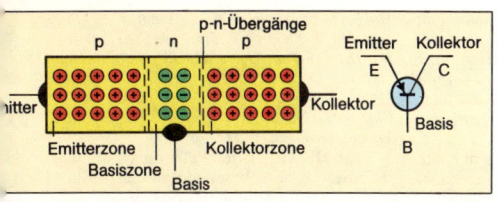

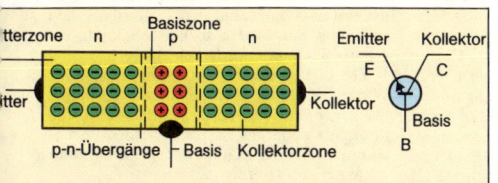

Transistor

Transistor. Schema und Schaltsymbol eines pnp-Transistors (1) und eines npn-Transistors (2); 3 Schaltschema eines pnp-Transistors bei gleicher Polung von Emitter-Basis- und Kollektor-Basis-Spannung

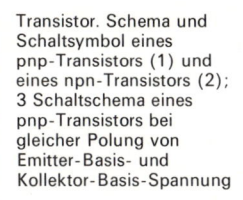

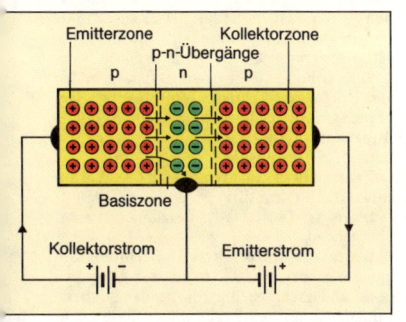

derstand im Kollektor-Basis-Außenkreis abgenommen werden. Eine Verstärkerwirkung läßt sich bei Bipolar-T. durch folgende drei Verstärkerschaltungen *(T.grundschaltungen)* erreichen, deren Bez. angibt, welche der drei Zonen des T. wechselstrommäßig mit Masse verbunden bzw. dem Eingangs- und Ausgangskreis gemeinsam ist: 1. die *Emitterschaltung* bewirkt bei einer kleinen Spannungsänderung im Emitter-Basis-Kreis eine entsprechende, aber sehr viel größere Spannungsänderung am Arbeitswiderstand in der Kollektorzuleitung (bis zu 10^3-fache Spannungsverstärkung); außerdem steuert der kleine Basisstrom den beträchtl. größeren Kollektorstrom (Stromverstärkung $I_C/I_B \approx 100$); 2. die ebenfalls eine große Leistungsverstärkung bewirkende *Basisschaltung* wird zur Spannungsverstärkung (10^4- bis 10^5-fach) in Hochfrequenzschaltungen verwendet; 3. die nur eine mittelgroße Leistungsverstärkung ergebende *Kollektorschaltung* dient häufig als Impedanzwandlerschaltung; sie ermöglicht eine Stromverstärkung (typ. 100fach), aber keine Spannungsverstärkung.

Der erste bipolare T. war der *Spitzen-T.*, bei dem zwei dünne Drähte als Emitter und Kollektor auf einen dünnen Germaniumeinkristall federnd aufgesetzt waren. Der erste *Flächen-T.* mit flächenhaften p-n-Übergängen und Kontakten war der *Legierungs-T.*, bei dem an beiden Seiten eines homogen dotierten Halbleiterscheibchens [aus Germanium] die Emitter- und Kollektorelektroden als „Pillen" anlegiert wurden, wobei die Atome des Elektrodenmaterials als Akzeptoren bzw. Donatoren in das Scheibchen eindiffundierten und den Leitungstyp bis auf einen die Basiszone bildenden schmalen Bereich in der Mitte veränderten (sog. *Legierungstechnik*). Bei *Diffusions-T.* sind entweder in ein reines Grundmaterial Akzeptoren bzw. Donatoren eindiffundiert worden, oder in einheitl. dotiertem Material ist durch Ein- oder Ausdiffusion dieser Fremdatome die Dotierung (speziell die Basisdotierung) geändert worden (sog. *Diffusionstechnik*). Zur Erzeugung und Verstärkung sehr hoher Frequenzen (500 bis 1 000 MHz) wurde der *Mesa-T.* entwickelt. Bei *gezogenen T.* wird die Schmelze während des Ziehens unterschiedl. dotiert, so daß die verschieden leitenden T.zonen bereits beim Ziehprozeß erzeugt werden. Weitere Sonderformen sind: die *T.tetrode* mit zwei Basiselektroden; der bis zu Frequenzen im Mikrowellenbereich einsetzbare *Metallbasis-T.* mit einer dünnen Metallschicht als Basiszone zw. zwei gleichleitenden Halbleiterzonen; die v. a. als Leistungs-T. für den HF-Bereich entwickelten *Mehrschichten-T.*, die aus zwei getrennten Siliciumeinkristallscheibchen zusammengesetzt sind; der aus der Tunneldiode entwickelte *Tunnel-T.* insbes. für Schaltzwecke sowie der ↑Phototransistor. Auf Grund ihrer fallenden Kennlinie sind für Kipp- und Oszillatorschaltungen der *Lawinen-T.*, bei dem Basis- und Emitterzone über einen Widerstand rückgekoppelt sind, die *Vierschichtdiode* mit zwei Anschlüssen, der *Vierschicht-T.* oder ↑Thyristor geeignet. - In dem mit Hilfe der Planartechnik (abwechselndes Ätzen und Aufdampfen unterschiedl. leitender Schich-

Transit

ten) hergestellten *Planar-T.* besitzt man heute einen sehr stabilen T.typ. Damit er durch eine kleine Kollektor-Basis-Kapazität auch gute HF-Eigenschaften hat, wird auf ein niederohmiges Grundscheibchen eine hochohmige Schicht aufgebracht *(Epitaxial-Planartransistor)*.
Bei den **unipolaren Transistoren** ist nur eine Ladungsträgerart am Verstärkermechanismus beteiligt; der Stromfluß wird allein von den Majoritätsträgern besorgt und mit Hilfe eines elektr. Feldes gesteuert, dessen Feldlinien quer zur Stromrichtung verlaufen. Gegenüber den Injektions-T. haben *Feldeffekt-T.* (Abk. *FET*) einen sehr hohen Eingangswiderstand. Die Emitter und Kollektor [bei einem bipolaren T.] entsprechenden Anschlüsse werden hier als *Quelle (Source, s-Pol)* und *Senke (Drain, d-Pol)*, die Steuerelektrode als *Tor (Gate, g-Pol)* bezeichnet. Ähnlich wie bei den Bipolar-T. unterscheidet man auch bei den unipolaren T. drei Grundschaltungen, die entsprechend *Source-, Gate-* und *Drain-Schaltung* genannt werden. - Die Ausführungsformen der unipolaren T. unterscheiden sich folgendermaßen: Beim *Sperrschicht-* oder *Junction-Feldeffekt-T.* (Abk. *SFET* oder *JFET*) wird der Stromkanal zw. Quelle und Senke mit Hilfe der Sperrschichten zw. dem Kanal und dem umgebenden Material verändert und damit der Stromfluß gesteuert. Beim *Oberflächen-FET* ist die metall. Steuerelektrode vom dotierten Halbleitereinkristall durch eine Isolatorschicht, meist eine Siliciumdioxidschicht, getrennt; entsprechend werden diese T. als *MIS-* bzw. *MOS-Feldeffekt-T.* *(MISFET* bzw. *MOSFET)* bezeichnet; die Steuerung erfolgt nur durch das elektr. Feld, das die Breite des Kanals ändert. Beim *Dünnschicht-FET (Dünnfilm-T., Dünnschichttriode)*, der in seiner Wirkungsweise dem Oberflächen-FET ähnelt, sind auf einen isolierenden Träger (z. B. Glas) eine dünne Halbleiterschicht (z. B. aus Cadmiumsulfid) und darüber eine Isolierschicht für das Gate aufgedampft.
Geschichte: Die Erfindung des Kristalldetektors und des Kupferoxydulgleichrichters (1926) sowie der Kristalltriode (R. Hilsch und R.W. Pohl; 1938) sind wichtige Vorstufen für die Entwicklung des T., ebenso die Untersuchungsergebnisse von W. Schottky u. a. bezügl. Metall-Halbleiter-Übergängen (1941/1942) und die von H. Welker bezügl. p-n-Übergängen (1945). Erst die Entdeckung des T.effekts erlaubte 1947/48 J. Bardeen und W. H. Brattain die Konstruktion des Spitzen-T. und 1949 W. Shockley die Konzeption des Flächen-T., der bis 1956 den Spitzen-T. nahezu vollständig verdrängte. Die Entwicklung führte zu einer Vielzahl spezieller T.formen, insbes. zum Planar-T. (1960) und zum Feldeffekt-T. (S. R. Hofstein und F. P. Heiman 1963).
📖 *Nührmann, D.: Transistoren u. Dioden in der Hobbypraxis. Mchn.* [2]*1985. - Rumpf, K. H./Pulvers, M.: T.-Elektronik. Bln.* [9]*1984. - Transistoren-Taschen-Buch. Hg. v. H.-G. Steidle. Mchn.* [13]*1982. - Jansen, J. H.: T.-Hdb. Dt. Übers. Mchn. 1980. - Gelder, E./Reiter, K.-H.: Der T. Bln. u. Mchn. 1978. - Schrenk, H.: Bipolare Transistoren. Bln. u. a. 1978.*

Transit [lat.], Durchfuhr von Waren und Beförderung von Personen von einem Staat in einen anderen durch das Hoheitsgebiet eines dritten Staates. Für den T. von Personen ist häufig, bes. in den sozialist. Staaten, ein eigenes T.visum erforderlich.

Transithandel (Durchführungshandel, Warendurchfuhr), Außenhandelsgeschäfte, bei denen Waren von Transithändlern, die ihren Sitz weder im Ursprungs- noch im Bestimmungsland der Güter haben, gekauft und weiterverkauft werden.

transitiv [zu lat. transire „(hin)übergehen"], von Verben gesagt, die in einem Satz ein direktes Objekt (normalerweise im Akkusativ) regieren, z. B. *ich schreibe einen Brief;* t. Verben können ein persönl. Passiv bilden (der Brief *wird geschrieben*); intransitiver Gebrauch transitiver Verben (*ich schreibe* [ohne Angabe des Objekts]) ist nicht ausgeschlossen. - Ggs. ↑intransitiv.

Transitiv (Transitivum) [lat.], svw. transitives Verb (↑transitiv).

transitorisch [lat.], kurzdauernd, vorübergehend.

transitorische Aktiva, Rechnungsabgrenzungsposten in der Bilanz für Ausgaben des alten Geschäftsjahres, die bei der Bilanzierung der folgenden Rechnungsperiode zuzurechnen sind; entsprechend: *transitor. Passiva*.

Transitverkehr, Warenverkehr von einem Land durch ein zweites in ein drittes Land. Die Waren werden verplombt durch Transitländer befördert, weil sie dort nicht gehandelt werden dürfen.

Transjordanien, Bez. für den östl. des Jordan gelegenen Teil Jordaniens.

Transkarpatien, sowjet. Geb. in der Ukrain. SSR, am Oberlauf der Theiß, grenzt an die ČSSR, Ungarn und Rumänien, 12 800 km², 1,20 Mill. E (1985), Hauptstadt Uschgorod. Liegt am S-Hang der Waldkarpaten und im Großen Ungar. Tiefland. 85 % der Bev. sind Ukrainer, 15 % Ungarn. - Gehörte seit dem frühen MA zum Kgr. Ungarn, kam durch den Friedensvertrag von Saint-Germain-en-Laye (1919) als autonomes Gebiet Karpato-Rußland zur ČSR; erlangte im Nov. 1938 den Status eines Bundeslandes. Nachdem im Nov. 1938 der südl. Teil von T., der v. a. von Ungarn bewohnt war, Ungarn zugesprochen worden war, annektierte Ungarn im Juni 1939 das restl. Gebiet. Im Juni 1945 trat die wiederhergestellte ČSR das Gebiet an die Sowjetunion ab, die es im Jan. 1946 der Ukrain. SSR eingliederte.

Transkaukasien, Teil Kaukasiens südl. des Großen Kaukasus, UdSSR.

Transkaukasische SFSR, ehem. Sowjetrepublik in Transkaukasien (1922–36), als Zusammenschluß der Sowjetrepubliken Armenien, Aserbaidschan und Grusinien, die 1936 jeweils den Status einer SSR erhielten und selbst konstituierender Bestandteil der UdSSR wurden.

Transkei, ehem. Heimatland der Xhosa, besteht aus 3 Teilgebieten, rd. 43 800 km^2, 2,5 Mill. E (1983), Hauptstadt Umtata. Die T. hat Anteil an den stark verzahnten Flächentreppen in der Küstenzone, am Steilanstieg der Großen Randstufe und den bis über 3 000 m ansteigenden Drakensbergen. Landw. wird überwiegend zur Eigenversorgung betrieben. Die wichtigsten Ind.standorte sind Butterworth und Umtata; Zoll- und Währungsunion mit Südafrika. - Erhielt im Rahmen der 1948 begonnenen Politik der Apartheid von Südafrika begrenzte autonome Rechte; verfügte seit 1963 über innere Selbstverwaltung und erhielt als erstes Bantuheimatland 1976 von Südafrika die (formal) volle Unabhängigkeit, die bisher kein Staat der Erde (ausgenommen Südafrika) anerkannte. Die diplomat. Beziehungen zu Südafrika brach T. 1978 offiziell ab, da es sich in territorialen und Apartheidsstreitfragen gegen Südafrika nicht durchsetzen konnte. Im Febr. 1986 wurde T. N. V. Ndamase zum neuen Präs. gewählt.

Transkription [zu lat. trans „hinüber" und scribere „schreiben"], i. w. S. jede Übertragung einer Schrift in eine andere (z. B. eine phonet. Umschrift: König [ˈkøːnɪç]); i. e. S. die Wiedergabe von Texten in fremder Schrift mit lautlich ungefähr entsprechenden Zeichen der eigenen Schrift. - ↑ auch Transliteration.

♦ in der *Musik* die Bearbeitung eines Musikstücks für eine andere Besetzung als die ursprüngl. vorgeschriebene (z. B. F. Liszts Bearbeitungen von Schubert-Liedern für Klavier). - In der Musikethnologie die Übertragung von Schallaufzeichnungen (z. B. von Tonband) in Notenschrift.

♦ in der Molekularbiologie die Synthese der m-RNS (↑ RNS) an der ↑ DNS im Kern, wobei die m-RNS die ↑ genetische Information des Gens „abschreibt". - ↑ Proteinbiosynthese.

Translatio imperii [...riːi; lat. „Übertragung der Herrschaft"], von der griech.-röm. Historiographie in die christl. Geschichtsschreibung übergegangener, für die ma. Geschichtstheorie grundlegender Begriff, der die Vorstellung von der Übertragung der Vorherrschaft von einem Volk auf ein anderes umschreibt.

Translation [lat.], geradlinig fortschreitende Bewegung eines Körpers († Parallelverschiebung).

Translationsinvarianz, die Invarianz einer physikal. Theorie gegenüber Parallelverschiebung des [Ursprungs des] Koordinatensystems *(räuml. T.)* bzw. bei Verschiebung [des Beginns] der Zeitskala *(zeitl. T.).*

Transleithanien, inoffizielle Bez. für die ungar. Reichshälfte Österreich-Ungarns.

Transliteration [zu lat. trans „hinüber" und littera „Buchstabe"], buchstabengetreue Umsetzung eines in einer Buchstabenschrift (z. B. hebr., griech. Schrift) geschriebenen Textes in eine andere Buchstabenschrift (z. B. lat. Schrift), evtl. unter Verwendung diakrit. Zeichen, so daß der Text mit Hilfe einer T.tabelle korrekt in die Originalschrift zurückübertragen werden kann. - ↑ auch Transkription.

Translokation [lat.], Form der ↑ Chromosomenaberration, bei der ein Stück eines Chromosoms nach dem Prinzip von Bruch und Wiedervereinigung seinen Platz wechselt, und zwar entweder innerhalb desselben Chromosoms oder von einem Chromosom zum anderen. Oft erfolgt die T. reziprok, d. h., während eines Rekombinationsprozesses tauschen zwei Chromosomen gegenseitig (ungleiche) Stücke aus. Durch den Prozeß der T. werden häufig Gene inaktiviert. Auf Grund dieser mit der T. verquickten Mutation von Genen führen T. während der Embryogenese häufig zu Erbanomalien (↑ Chromosomenanomalien).

♦ in der *Ökologie* Ortsveränderung bei Tieren durch Tierwanderungen.

translunar, svw. jenseits des Mondes bzw. der Erdmondbahn.

transluzent (transluzid) [lat.], durchscheinend, durchschimmernd, durchsichtig.

Transmission [lat.], Vorrichtung zur Kraftübertragung von einer Antriebsmaschine auf mehrere Arbeitsmaschinen (Gruppenantrieb), bestehend aus Wellen mit Riemenscheiben, über die Treibriemen laufen (heute meist durch Einzelantrieb abgelöst).

♦ Durchgang von [Licht]strahlen durch ein Medium ohne Frequenzänderung.

Transmissionsgrad, das Verhältnis des von einem Körper durchgelassenen Lichtstroms zum auffallenden Lichtstrom.

Transmissometer [lat./griech.], Gerät zur Messung der Transmission (Lichtdurchlässigkeit) der Atmosphäre, das v. a. zur Ermittlung der Sichtweite auf Flughäfen eingesetzt wird.

Transmitter [lat.-engl.], allg. svw. Überträger, Übertragungsmittel, Übertragungsanlage.

♦ in der *Elektrotechnik* svw. Meßwertwandler; auch Sender, Sendestation.

♦ in der *Physiologie* svw. ↑ Neurotransmitter.

transmittieren [lat.], svw. übertragen, übersenden.

transmontan, jenseits der Berge.

Transoxanien ↑ Buchara.

Transpadanische Republik, der von Napoléon Bonaparte 1796 aus der östr. Lombardei errichtete Freistaat; ging 1797 in der Zisalpinischen Republik auf.

transparent

transparent [lat.-frz.], durchscheinend, durchsichtig; deutlich verstehbar, erkennbar.

Transparent [lat.-frz.], [öffentl. angebrachtes, mitgeführtes] Spruchband.

Transparentapfel, svw. Klarapfel († Äpfel, Übersicht).

Transparentstifte ↑ Lippenstifte.

Transparenz [lat.], allg. svw. Durchsichtigkeit, [Licht]durchlässigkeit; Klarheit, Durchschaubarkeit.
♦ der densitometr. bestimmte Durchsichtigkeitsgrad, v. a. der Schwärzung photograph. Schichten; auch Maß der Lichtdurchlässigkeit von Papier und anderen durchscheinenden Medien.
♦ in *Staat und Gesellschaft* die Durchschaubarkeit von Entscheidungsprozessen. T. ist als wichtiges Element jedes demokrat. Systems Voraussetzung für das eigene Urteil der Bürger über polit. Fragen sowie über die polit. Repräsentanten und Voraussetzung für ein begründetes polit. Handeln.

Transparenzliste, Bez. für eine vom Bundesministerium für Jugend, Familie, Frauen und Gesundheit erlassene Zusammenstellung von Fertigarzneimitteln für ein bestimmtes Indikationsgebiet. Transparenzlisten sollen das Angebot an Arzneimitteln innerhalb des jeweiligen Indikationsgebietes übersichtl. und kostenvergleichend darstellen, um dem Arzt Entscheidungshilfen bei der Arzneimittelauswahl zu geben.

Transphosphatasen (Phosphokinasen), zu den Transferasen gehörende Enzyme, die den Phosphatrest des ATP übertragen, z. B. die Ketohexokinase und die Hexokinase.

Transpiration [lat.], bei *Pflanzen* die physikal. und physiolog. gesteuerte Abgabe von Wasserdampf (Verdunstung) durch oberird. Organe. Zweck der T. ist der Schutz gegen Überhitzung bei starker Sonneneinstrahlung (Ausnutzung der Verdunstungskälte). Die Intensität der T. ist abhängig vom Wassersättigungsgrad der Pflanze sowie von der relativen Feuchte, Temperatur und Bewegung der Luft. Die physiolog. Regulation der T., die meist eine Tagesrhythmik zeigt, erfolgt hauptsächl. durch die in großer Zahl v. a. auf den Blattunterseiten angeordneten Spaltöffnungen, durch die die Hauptmenge des T.wassers verdunstet und deren Öffnungsgrad je nach Wasserversorgung der Pflanze und Außenbedingungen verändert werden kann. Die pro Tag abgegebene T.wassermenge kann bei Bäumen bis 50 l, maximal bei starker Sonneneinstrahlung bis 400 l, bei Kräutern bis etwa 1 l betragen. - ↑ auch Guttation. - Bei Tieren und beim Menschen ↑ Schweißsekretion.

Transplantation [lat.], operative Übertragung von Zellen, Geweben *(Gewebsverpflanzung)* oder Organen *(Organtransplantation)* innerhalb eines Organismus *(Autotransplantation)* oder von einem Organismus auf den anderen. Die Auto-T. findet breite Anwendung, z. B. bei der Übertragung von Haut, Nervenfasern und Gefäßen. Die *Homotransplantation* (vom Menschen auf den Menschen) wird bei der Übertragung von Blutkonserven, Hornhauttransplantaten (↑ Hornhauttransplantation), konservierten Blutgefäßen und Knochen sowie schließl. bei der Übertragung ganzer Organe angewendet. Dabei waren T. von Nieren (↑ Nierentransplantationen) am erfolgreichsten, von Empfänger von fremden Herzen (↑ Herztransplantation) überlebten mehrere Jahre, während Versuche von *Lebertransplantationen* bislang am wenigsten Erfolg hatten. Die Erfolge einer T. hängen von der Gewebsverträglichkeit zw. Spender und Empfänger ab. Diese ist am größten, je enger die genet. Verwandtschaft ist. Bei Gewebsunverträglichkeit kommt es zur Abstoßung des Transplantats.
Um die mit der T. verbundenen rechtl. Unklarheiten im Interesse aller Beteiligten (Spender, Ärzte sowie Kranke, die eine T. benötigen) zu beseitigen, sind gesetzl. Regelungen geplant, die u. a. festlegen sollen, wer die Einwilligung zur T. zu geben hat und in welcher Form dies geschehen soll. Insbes. soll die Möglichkeit eröffnet werden, die Einwilligung zur T. (bzw. ihre Ablehnung) in den Personalausweis eintragen zu lassen.
 Reichart, B.: Herz-T. Percha u. Kempfenhausen 1985. - Reichart, B., u. a.: Organspende - Organ-T. Indikationen - Technik - Resultate. Percha u. Kempfenhausen 1985.

Transpluto, ein möglicherweise existierender 10. großer Planet jenseits der Plutobahn. Das Vorhandensein einer Kometenfamilie, die diesem Planeten zuzuordnen wäre, scheint gesichert zu sein.

Transponder [Kw. aus lat.-engl. transmitter („Sender") und responder („Antwortgeber")] (Abfragegerät, -funkfeuer, Antwortgerät, -funkfeuer), aus einem Funkempfänger und einem ihm nachgeschalteten Sender bestehende nachrichtentechn. Anlage, die Funksignale in einer Sendestation aufnimmt, verstärkt und [frequenzverschoben] wieder abstrahlt; wird insbes. bei der Funkortung und in der Radartechnik verwendet.

transponieren [lat.], das Versetzen eines Musikstücks in eine andere Tonart (vom Blatt oder schriftl.) unter Beibehaltung von Intervallfolge, Rhythmus und Metrum.

transponierende Instrumente, [Blas]instrumente, die in der Partitur in anderer Tonhöhe notiert werden als sie erklingen. Dabei wird die Naturskala des Instruments, z. B. der Klarinette in A oder der Trompete in B, als C-Dur notiert. Diese Transposition bedeutet eine Erleichterung für den Spieler, der verschiedene Vertreter der gleichen Instrumentengattung spielt; t. I. dieser Art sind ferner Englischhorn, Waldhorn, Kornett, Flügelhorn. Daneben gibt es Oktavtranspositionen zur Vermeidung von Hilfslinien, z. B.

für die Piccoloflöte und den Kontrabaß.

Transport [lat.-frz.], Beförderung [von Menschen, Tieren und Gegenständen]; Übertragung von Energie u. a.

Transportautomatik, Einrichtung zum automat. Filmtransport und Verschlußaufzug bei photograph. Apparaten für Serienaufnahmen mit rascher Auslösefolge; arbeitet mit [ansetzbarem] Elektromotor (**Winder**).

Transportbeton (Fertigbeton, Lieferbeton), in Betonfabriken oder Zentralanlagen von Großbaustellen hergestellter und mit Transportmischern zum Einbringungsort gelieferter Beton.

Transporteigenschaften ↑Transporterscheinungen.

Transporter [lat.-frz.], Kurzbez. für Transportschiffe und -flugzeuge zur Beförderung von Truppen und Material.

Transporterscheinungen, Bez. für eine große Gruppe von irreversiblen (nicht umkehrbaren) physikal. Erscheinungen verschiedenster Art, die mit einem Transport von Masse, Ladung, Energie und/oder Impuls *(Transportgrößen)* sowie mit Ausgleichsvorgängen (Ström[ung]en) verbunden sind; z. B. bewirkt ein Temperaturgradient einen Transport von Energie (Wärmestrom), ein elektr. Feld einen Transport von Ladung (elektr. Strom). Zu den T. und ihren Auswirkungen gehören insbes. die Wärmeleitung, die Diffusion, die elektr. Leitung, die Thermodiffusion, die Erscheinungen der Thermoelektrizität und die Viskosität. Unter **Transporteigenschaften** versteht man die mit den verschiedenen T. in Materie verknüpften physikal. Eigenschaften eines Stoffes oder Mediums (z. B. die elektr. Leitfähigkeit und Thermokraft im Metall). Die **Transporttheorie** ist der mit der molekularstatist. Beschreibung und Deutung der verschiedenen T. befaßte Bereich der kinet. Theorie der Materie (z. B. der kinet. Gastheorie) und der statist. Mechanik. Hauptaufgabe ist die [Formulierung und] Lösung der **Transportgleichung** des jeweiligen Problems, d. h. die Bestimmung der (den [Bewegungs]zustand des betrachteten Vielteilchensystems beschreibenden) Verteilungsfunktion im Myraum.

Transporteur [...'tø:r; lat.-frz.], ältere Bez. für Winkelmesser.

Transportgefährdung, Beeinträchtigung der Sicherheit des Schienenbahn-, Schwebebahn-, Schiffs- oder Luftverkehrs. Wer Anlagen oder Beförderungsmittel zerstört, beschädigt oder beseitigt, Hindernisse bereitet, falsche Zeichen oder Signale gibt bzw. ähnl. Eingriffe in die Verkehrssicherheit vornimmt *(Betriebsgefährdung)* und damit eine Gefahr für Leib oder Leben eines anderen oder für fremde Sachen von bed. Wert herbeiführt, wird mit Freiheitsstrafe von drei Monaten bis zu fünf Jahren bestraft (§ 315 StGB); wer als Führer eines Fahrzeugs infolge Trunkenheit oder geistiger oder körperl. Mängel der sicheren Führung nicht fähig ist oder sich als Führer oder sonst für die Sicherheit Verantwortlicher grob pflichtwidrig verhält, wird mit Freiheitsstrafe bis zu fünf Jahren oder mit Geldstrafe bestraft (§ 315 a StGB).

Transportgleichung ↑Transporterscheinungen.

Transportschnecke, svw. Schneckenförderer (↑Fördermittel).

Transportversicherung, Versicherung von Transportmitteln oder transportierten Sachen. In der T. gilt grundsätzl. das Prinzip der *Universalität* der Gefahrendeckung, d. h., in einem Versicherungsvertrag werden im allg. alle Gefahren abgedeckt, denen die Gegenstände während der Dauer der Versicherung ausgesetzt sind. In vielen Fällen beschränken jedoch die einzelnen Versicherungsbedingungen den Umfang der Gefahrendeckung.

Transsaharastraße ['za:hara, za'ha:ra], Bez. für zwei Fernverkehrsstraßen, die die Atlasländer mit den Staaten Westafrikas verbinden. Die wichtigere Straße führt über den Ahaggar nach Kano in Nigeria, die andere verläuft weiter westl. durch den Adrar des Iforas nach Gao am Niger; zw. beiden Straßen bestehen zwei Querverbindungen.

Transsexualismus [lat.], psych. Identifizierung mit dem Geschlecht, das dem eigenen körperl. Geschlecht entgegengesetzt ist. Daraus kann sich der Wunsch nach einem Wechsel des Geschlechts (etwa durch operative Geschlechtsumwandlung) herausbilden.

Transsexuellengesetz ↑Geschlechtsumwandlung.

Transsibirische Eisenbahn (Transsib), 9 300 km lange Eisenbahnlinie in der UdSSR zw. Moskau und Wladiwostok; i. e. S. nur der rd. 7 500 km lange sibir. Teil. Die T. E. ist die Hauptverkehrsader Sibiriens; sie verbindet die Oberläufe der S–N gerichteten großen Flüsse. Von ihr zweigen zu den sibir. Rohstoff- und Ind.gebieten mehrere Stichbahnen ab. Erbaut 1891–1916, Fahrtdauer für Personenzüge auf der Gesamtstrecke 7 Tage. Entlastet wird die T. E. durch die 1984 fertiggestellte ↑Baikal-Amur-Magistrale.

Transsilvanien ↑Siebenbürgen.

Transsubstantiation [mittellat.], in der kath. Theologie eine seit dem 12. Jh. gebräuchl. Bez. für die Lehre von der Realpräsenz des ganzen und ungeteilten Christus in der Eucharistie in den beiden Gestalten von Brot und Wein, nach der in der Messe die Substanz von Brot und Wein durch die *Konsekration* in die von Leib und Blut Christi „verwandelt" wird. Die *Reformatoren* betonten statt dessen die Allgegenwart Christi und sprechen deshalb statt von T. von ↑Konsubstantiation. - Unter dem Einfluß moderner Naturwiss. wird T. heute mehr als Änderung des *Sinngehalts* von Brot und Wein

Transsudat

verstanden, weshalb man lieber von *Transfinalisation* oder *Transfiguration* spricht, ohne so die Realpräsenz in Frage stellen zu wollen.

Transsudat [lat.], in Gewebslücken oder Körperhöhlen abgesonderte Flüssigkeit.

Tranströmer, Tomas, *Stockholm 15. April 1931, schwed. Schriftsteller. - Bestimmte mit seiner impressionist.-klassizist., metaphor. Poesie für längere Zeit maßgebl. die schwed. Lyrik.

Transurane, die im Periodensystem der chem. Elemente auf das Uran (Ordnungszahl 92) folgenden, stets radioaktiven Elemente, von denen nur einige Nuklide der Elemente Neptunium, Plutonium, Americium und Curium in geringsten Mengen natürl. vorkommen. Die Erzeugung von T. geschieht durch Beschuß von Kernen des Urans oder der nächsten T. mit energiereichen Ionen leichter oder mittelschwerer Elemente in Teilchenbeschleunigern. In wachsendem Maß werden T. in der Technik verwendet, z. B. das Plutoniumisotop Pu 239 als Kernbrennstoff und Pu 238 als Energiequelle von Nuklidbatterien und Herzschrittmachern. Die T. bilden mit den Elementen Thorium, Protactinium und Uran die Gruppe der ↑ Actinoide; die auf Lawrencium (Ordnungszahl 103) folgenden Elemente heißen ↑ Transactinoide. - Als erste T. wurden 1940 von E. M. McMillan und P. H. Abelson das Neptunium und von G. T. Seaborg, J. W. Kennedy und A. C. Wahl das Plutonium gefunden. 1944 erhielten Seaborg, A. Ghiorso und ihre Mitarbeiter Isotope von Americium und Curium, 1949 von Berkelium und 1950 von Californium; 1952 wurden Isotope von Einsteinium und Fermium, 1955 ein Mendeleviumisotop entdeckt. Isotope des Nobeliums wurden 1957/58 von drei Arbeitsgruppen (Fields in Stockholm, Seaborg u. a. in Berkeley und G. M. Fljorow u. a. in Dubna) hergestellt. 1961 entdeckten Ghiorso und Mitarbeiter das Lawrencium, Fljorow und Mitarbeiter 1964 das Kurtschatovium. Das Element 105 wurde 1967 von Fljorow *Bohrium*, von Ghiorso und Mitarbeitern *Hahnium* genannt. 1981 wurde mit dem Schwerionenbeschleuniger UNILAC der Gesellschaft für Schwerionenforschung (GSI) in Darmstadt das Element 107 erzeugt, 1982 das Element 109, 1984 das Element 108, 1987 das Element 110.

Transvaal, Prov. der Republik Südafrika, im NO des Landes, etwa 262 500 km^2, 8,35 Mill. E (1980), 32 E/km^2, Hauptstadt Pretoria. T. ist im wesentl. eine von Gebirgszügen und Inselbergen überragte Hochebene, die im N zur Limpoposenke abfällt und im O von den Drakensbergen (bis 2 285 m hoch) begrenzt wird; an diese schließt sich die bed. tiefer gelegene Ebene des Krüger-Nationalparks an. Verbreitet ist Trockensavanne, nach N in Dornsavanne übergehend; in höheren Lagen immergrüner Berg- und Nebelwald, am Limpopo dichter Galeriewald. In der Landw. dominiert die Weidewirtschaft, daneben werden Getreide, Zitrusfrüchte, Tabak und Gemüse angebaut. T. ist eines der an Bodenschätzen reichsten Gebiete der Erde: Gold, Kohle, Kupfer-, Uran-, Chrom-, Titan-, Platin-, Silber- u. a. Erze sowie Asbest und Diamanten. In T. befindet sich mit dem Geb. des Witwatersrandes um Johannesburg auch das wichtigste Ind.gebiet der Republik. - Nach 1835 Einwanderung von Buren (Großer Treck), 1852 brit. Anerkennung der Unabhängigkeit der entstandenen kleinen bur. Staatsverbände, 1858 Zusammenschluß zur Südafrikan. Republik, 1877–81 von Großbrit. annektiert, 1884 als selbständig anerkannt. Als T. den brit. Einwanderern das volle Bürgerrecht verweigerte, kam es 1895 zu dem von T. abgewehrten Jameson Raid. Nach dem Burenkrieg brit. Kronkolonie; 1910 zur Südafrikan. Union. - ↑ auch Südafrika.

transversal [lat.], quer zu einer bestimmten Richtung verlaufend.

Transversale [lat.] (Treffgerade, Sekante), eine Gerade, die eine geometr. Figur (speziell die Seiten eines Dreiecks oder ihre Verlängerungen) schneidet.

Transversalwellen (Querwellen), Wellen, bei denen die Schwingungen senkrecht zur Fortpflanzungsrichtung erfolgen (z. B. die elektromagnet. Wellen). - ↑ auch Polarisation.

Transvestismus (Transvestitismus) [zu lat. trans „hinüber" und vestire „(be)kleiden"], das Bedürfnis, von anderen Geschlecht getragene Kleider anzulegen (sog. *Verkleidungstrieb*) und dabei sexuelle Spannungen zu erleben bzw. zu befriedigen. Der T. ist eine Spielart des ↑ Fetischismus, die - entgegen landläufiger Meinung - überwiegend bei heterosexuell orientierten Männern *(Transvestiten)* in Erscheinung tritt.

Trans World Airlines Inc. [engl. 'trænz 'wə:ld 'ɛəlaɪnz ɪn'kɔːpəreɪtɪd], Abk. TWA, ↑ Luftverkehrsgesellschaften (Übersicht).

transzendent [lat.] (im MA gelegentl. auch transzendental), allg. svw. übersinnl., übernatürlich; nicht algebraisch.

transzendental [lat.], 1. in der [neu]- scholast. Philosophie (oft auch **transzendent**) im Sinne von überschreitend in bezug auf die Grenzen der Kategorien, Gattungs- und Artbestimmungen gebraucht; 2. bei Kant bezeichnet t. die erfahrungsunabhängig festzustellenden, im [Erfahrungs- und Erkenntnis]- subjekt begründeten Bedingungen, die Gegenstandserkenntnis überhaupt erst mögl. machen.

Transzendentale Meditation (Abk. TM), aus dem Hinduismus hervorgegangene, von dem ind. Mönch ↑ Maharishi Mahesch Jogi 1958 in Madras gegr. Meditationsbewegung. T. M. versteht sich als weltanschaul. neutrale „Wiss. der kreativen Intelligenz". Mit

Hilfe einer Meditationssilbe („Mantra") sollen höhere Bewußtseinszustände sowie eine umfassende Steigerung der Lebensmöglichkeiten erreicht werden.

Transzendentalien (Transzendentien) [lat.], in der Scholastik die allgemeinsten, jenseits der Kategorien liegenden metaphys. „Wesenheiten": *Res* (Ding), *Aliquid* (Andersheit), *Ens* (das Seiende), *Unum* (das Eine), *Verum* (das Wahre), *Bonum* (das Gute), *Pulchrum* (das Schöne).

Transzendentalphilosophie, 1. Bez. für die klass. (scholast.) Metaphysik der Transzendentalien; 2. bei Kant Bez. für eine erkenntniskrit. Wiss., die „aller Metaphysik notwendig vorhergeht" und die die transzendentalen Bedingungen a priori untersucht, die, unabhängig von und vor aller Erfahrung, Erkenntnis von Gegenständen ermöglichen.

transzendente Funktion ↑Funktion.
transzendente Gleichung ↑Gleichungen.
transzendente Zahl, eine Zahl, die sich nicht als Lösung einer algebraischen Gleichung darstellen läßt, z. B. die Zahl e = 2,71828... (Basis der natürl. Logarithmen) und die Ludolfsche Zahl π = 3,14159 (↑Pi).

Transzendentien, svw. ↑Transzendentalien.

Transzendenz [lat.], im Ggs. zur ↑Immanenz das jenseits des Bereichs der (sinnl.) Erfahrung und ihrer Gegenstände Liegende, das Jenseits, die Jenseitigkeit Gottes; bisweilen auch synonym zu Gott gebraucht.

transzendieren [lat.], über einen Bereich hinaus in einen anderen [höheren] übergehen; in der *Philosophie* die [menschl.] Grenzen (v. a. der Erfahrung, Erkenntnis) überschreiten.

Traoré, Moussa [frz. traɔˈre], * Kayes 25. Sept. 1936, malischer Politiker. - Berufsoffizier; leitete 1968 den Armeeputsch gegen Staatspräs. M. Keita; seitdem als Vors. des „Militärkomitees für die nat. Befreiung" Staatsoberhaupt; seit Juni 1979 gewählter Präs.; 1969–86 zugleich Min.präs.; gründete 1976 die Einheitspartei Union Démocratique du Peuple Malien.

Trapani, italien. Hafenstadt in NW-Sizilien, 73 300 E. Hauptstadt der Prov. T.; kath. Bischofssitz; Gemäldegalerie, Museum, Staatsarchiv; Salinen, Weinkellereien, Fischkonservenfabriken; Schiffbau. - Im antiken *Drepanon* (*Drepana,* lat. *Drepanum*) am Fuße des ↑Eryx bauten die Karthager im 3. Jh. v. Chr. einen Kriegshafen; fiel 242 an Rom; erst im MA wieder in der Neuzeit wichtige Hafen- und Handelsstadt. - Barocke Kathedrale (17./18. Jh.), got. sind die Kirchen Sant'Agostino und die Wallfahrtskirche Santuario dell'Annunziata (barockisiert).

Trapez [griech.], aus 6 Sternen bestehendes Mehrfachsternsystem im Zentrum des Orionnebels; in Sternkarten ϑ (Theta) Ori.

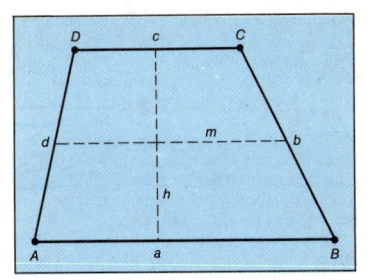

Trapez

Trapez [zu griech. trápeza „Tisch"], ein ebenes Viereck mit 2 parallelen, aber nicht gleich langen Seiten; die nicht parallelen Seiten nennt man die Schenkel des T.; sind sie gleich lang, so liegt ein *gleichschenkliges T.* vor. Den Abstand der beiden parallelen Seiten *a* und *c* bezeichnet man als die Höhe *h* des T.; sie wird von der Mittellinie *m,* die die Mittelpunkte der beiden Schenkel *b* und *d* miteinander verbindet, halbiert; es gilt: $m = {}^1/_2 (a + c)$. Der Flächeninhalt eines T. ist $F = {}^1/_2 (a + c) h = mh$.

♦ (Schaukelreck) *Turngerät* für Schwungübungen.

Trapezmuskel, svw. ↑Kapuzenmuskel.
Trapezoeder [griech.], ein geometr. Körper, der von [gleichschenkligen] Trapezen begrenzt wird.

Trapezoid [griech.], Bez. für ein Viereck, das keine zueinander parallelen Seiten besitzt, d. h. weder ein Parallelogramm noch ein Trapez ist.

Trapezoidalkörper [...tso-i...; griech./dt.], svw. ↑Prismatoid.

Trapezunt, 1204 von den Enkeln von Andronikos I. Komnenos, Alexios I. (1204–22) und David (*Großkomnenen*) gegr. Kaiserreich mit dem Zentrum Trapezunt (↑Trabzon); 1402 von den Mongolen eingenommen, 1461 endgültig aufgelöst.

Trapezus ↑Trabzon.
Trapier [traˈpiːɐ̯; frz.] ↑Deutscher Orden.
Trapp, Max, * Berlin 1. Nov. 1887, † ebd. 31. Mai 1971, dt. Komponist. - Kompositionslehrer in Berlin; komponierte, an R. Strauss und M. Reger orientiert, Orchester- (7 Sinfonien), Kammer- und Klaviermusik, Bühnenmusiken, Chorwerke und Lieder.

Trapp [schwed.], Bez. für ausgedehnte basalt. Flächenergüsse.

Trappen (Otididae), mit den Kranichen nah verwandte Fam. etwa haushuhn- bis truthahngroßer Bodenvögel (Standhöhe 30 bis 110 cm) mit über 20 Arten, v. a. in ausgedehnten Feldern, Steppen und Halbwüsten Eurasiens und Afrikas (eine Art in Australien); auffällige Balzspiele der Hähne. Zu den T. gehören u. a.: **Großtrappe** (Otis tarda), bis

Trapper

100 cm lang, in Eurasien; Kopf und Hals des ♂ hellgrau, Rücken und Schwanz rötlichbraun, schwarz quer gebändert, Bauch weiß; ♀ etwas matter gefärbt; Bestände stark bedroht; **Riesentrappe** (Koritrappe, Ardeotis kori), bis 130 cm lang, in den Steppen O- und S-Afrikas; **Senegaltrappe** (Eupodotis senegalensis), bis 60 cm lang, von Senegal bis Tansania verbreitet; **Zwergtrappe** (Tetrax tetrax), etwa 30 cm lang, in den Mittelmeerländern, O-Europa und W-Asien.

Trapper [engl., eigtl. „Fallensteller"], Bez. für einen nordamerikan. Fallensteller oder Pelztierjäger.

Trappisten (Zisterzienser der strengen Observanz, Reformierte Zisterzienser; lat. **O**rdo **C**isterciensium **R**eformatorum seu Strictioris **O**bservantiae, Abk. OCR und OCSO), Angehörige des 1664 im Kloster La Trappe (Orne) von A.-J. Le Bouthillier de Rancé gegr. Reformzweigs der Zisterzienser, der in strengster Askese, absolutem Stillschweigen und tägl. Arbeit (bes. Handarbeit) lebt. Die Vertreibung der T. durch die Frz. Revolution hatte eine starke weltweite Ausbreitung zur Folge. 1892 erfolgte die endgültige Abtrennung vom Zisterzienserorden und die Konstituierung eines eigenen Ordens. Die T. zählten 1986 rd. 2 800 Mgl. in 89 Niederlassungen.

Trappistinnen (Zisterzienserinnen von der strengen Observanz), Angehörige des weibl. Zweigs (seit 1689) der Trappisten. 1986 rd. 1 800 Mgl. in 53 Niederlassungen.

Traps [engl. træps] (Haftstellen), Stellen in Halbleitern, die Elektronen bzw. Defektelektronen in bestimmten Quantenzuständen einfangen und der [Elektronen]leitung entziehen können.

trascinando [traʃiˈnando; italien.], musikal. Vortragsbez.: schleppend, zögernd.

Trasimenischer See, größter See auf der Apenninenhalbinsel, westl. von Perugia, 128 km², 259 m ü. d. M., bis 6 m tief. - 217 v. Chr. erkämpfte sich im 2. Pun. Krieg Hannibal durch die Vernichtung eines röm. Heeres unter Gajus Flaminius am T. S. den Weg nach M- und S-Italien.

Traß [frz.-niederl.], Bez. für trachyt. Tuffe.

Trassant [lat.-italien.], Aussteller eines gezogenen ↑Wechsels.

Trassat [lat.-italien.], Bezogener eines gezogenen ↑Wechsels.

Trasse [frz., zu tracer „(auf)zeichnen, abstecken" (von lat. trahere „ziehen")], die geplante, gegebenenfalls durch Pfähle u. ä. gekennzeichnete Linienführung eines Verkehrsweges, einer Versorgungsleitung u. a. Die **Trassierung,** die Festlegung einer T., ist wesentl. Teil der Bauvorarbeiten.

Trastámara (Burgund-T.) ↑Burgund.

Tratte [lat.-italien.], gezogener ↑Wechsel, im kaufmänn. Sprachgebrauch meist für einen [noch] nicht akzeptierten Wechsel.

Tratzberg, Schloß in Tirol, Österreich, nö. von Schwaz; 1500 an Stelle einer durch Brand zerstörten Burg errichtete spätgot. Anlage (S- und O-Flügel), 1571 erweitert (W- und N-Flügel sowie Rundturm) im Renaissancestil; Habsburger Saal mit Kassettendecke und gemaltem Habsburgerstammbaum (1508).

Traube ↑Blütenstand.
♦ gemeinsprachl. Bez. für den Fruchtstand der Weinrebe, der morpholog. jedoch eine Rispe ist.

Traubeneiche ↑Eiche.

Traubenholunder ↑Holunder.

Traubenhyazinthe (Träublehyazinthe, Muscari), Gatt. der Liliengewächse mit rd. 50 Arten im Mittelmeergebiet (einige Arten in Deutschland eingebürgert); Zwiebelpflanzen mit wenigen grundständigen, linealförmigen Blättern und in Trauben stehenden Blüten; vielfach Gartenzierpflanzen.

Traubenkirsche (Ahlkirsche, Prunus padus), ein gemäßigte Eurasien heim. Rosengewächs der Gatt. ↑Prunus; Strauch oder kleiner Baum mit großen, ellipt., gesägten Blättern und wohlriechenden, weißen Blüten in überhängenden Trauben; in Mischwäldern auf feuchten Böden; auch als Zierstrauch gepflanzt.

Traubenmühle ↑Keltergeräte.

Traubenwickler, Bez. für zwei Schmetterlingsarten der Fam. ↑Wickler (*Einbindiger T.* [Eupoecilia ambiguella] und *Bekreutzer T.* [Bunter T., Lobesia botrana]); ihre Raupen fressen in der ersten Generation (als *Heuwürmer* bezeichnet) an Knospen und Blüten, in der zweiten und dritten Generation (als *Sauerwürmer* bezeichnet) an Beeren eingesponnener Trauben der Weinstöcke.

Traubenziegenbart, svw. ↑Hahnenkamm (ein Ständerpilz).

Traubenzucker, svw. ↑Glucose.

Trauerbaum, svw. Säulenzypresse (↑Zypresse).
♦ allg. Bez. für eine natürl. vorkommende oder durch Züchtung entstandene Baumform mit hängenden Zweigen.

Trauerbienen (Melecta), Gatt. der ↑Bienen mit rd. 30 etwa 1–1,5 cm langen, plumpen, lang behaarten, meist schwarzen Arten, davon zwei einheimisch; Brutschmarotzer bei Pelzbienen.

Trauerbuche, svw. ↑Hängebuche.

Trauerente (Melanitta nigra), fast 50 cm lange, im ♂ Geschlecht (mit Ausnahme eines großen, gelben Schnabelflecks) völlig schwarze Ente (Gattungsgruppe ↑Meerenten), die zur Brutzeit in einem Bodennest an stehenden Süßgewässern des Nadelwaldgürtels und der Tundren N-Eurasiens sowie W-Alaskas brütet und die übrige Zeit ausschließl. auf dem Meer verbringt.

Trauerflor (Flor), aus leichtem, durchscheinendem Gewebe hergestelltes schwarzes

Band am Mantelärmel, Hut oder Anzugsaufschlag sowie an einer Fahne oder Flagge. **Trauerkleidung**, als Zeichen der Trauer getragene Kleidung, die v. a. durch eine bestimmte Farbe gekennzeichnet ist. Die Herkunft der Sitte, T. zu tragen, ist ungeklärt; sie geht bis in das Altertum zurück. Griechen und Römer trugen schwarze T., die heute in weiten Gebieten vorherrscht. Neben Schwarz spielt Weiß als Trauerfarbe eine Rolle, doch auch Gelb (im alten Ägypten), Hellgrau und Weiß (China und Japan [früher Schwarz]) sowie (selten) Rot und Violett (das als fürstl. Trauerfarbe galt) kommen vor. Die tradierten Regeln und Fristen für T. werden v. a. in den Industriestaaten heute kaum noch eingehalten.

Trauermantel (Nymphalis antiopa), etwa 8 cm spannender Tagschmetterling (Gruppe ↑Eckflügler) in Eurasien und N-Amerika; Flügel oberseits samtig braunschwarz mit gelbem bis weißem Außenrand, davor eine Reihe hellblauer Flecke; Dornraupen schwarz mit roten Rückenflecken, gesellig an Weiden und Birken.

Trauermücken (Lycoriidae), weltweit verbreitete, über 500 Arten umfassende Fam. kleiner (selten größer als 5 mm), meist schwärzl. Mücken an feuchten, schattigen Orten; Larven können in Pilzkellern oder Gewächshäusern schädlich werden, führen teilweise bemerkenswerte Massenwanderungen aus (*Heerwurm:* zuweilen aus Tausenden von Individuen bestehend).

Trauerschnäpper ↑Fliegenschnäpper.
Trauerschwan ↑Schwäne.
Trauerseeschwalbe (Binnenseeschwalbe, Chlidonias niger), etwa 25 cm lange, zur Brutzeit an Kopf und Unterseite graue Seeschwalbe in den gemäßigten Regionen Eurasiens und N-Amerikas; Zugvogel, der in den Tropen überwintert.
Trauerspiel ↑Drama.
Trauerweide ↑Weide.
Trauerzypresse ↑Zypresse.
Trauf ↑Schichtstufe.
Traufe, die untere Kante eines schrägen Daches; aus der Dachrinne abfließendes Regenwasser.

Traugespräch, Bez. für den Brautunterricht der ev. Kirchen, in dem den Brautleuten die theolog. und kirchenrechtl. Bed. der Ehe vermittelt wird; für die kath. Kirche ↑Brautexamen.

Traugott, in der Zeit des Pietismus gebildeter männl. Vorname.

Traum, i. e. S. Bez. für Phantasieerlebnisse (↑Phantasie) vorwiegend opt. und akust. Art während des Schlafs; i. w. S. Bez. für etwas Unwirkliches oder Ersehntes bzw. für etwas Wunderschönes.

Neuere Untersuchungen belegen, daß alle Menschen (selbst die, die sich nicht daran erinnern) und auch höherentwickelte Tiere träumen. Besonderheiten des T. (im Unterschied zum Wachbewußtsein) sind: Vorherrschen des Emotionalen, mangelnde Scheidung zw. Umwelt und Ich, unklare Zeit- und Ortsbegriffe, assoziatives Denken und mehrbzw. vieldeutige Bilder als Trauminhalte. Diese mythen- und märchenähnl., aber z. T. auch bei psych. Krankheiten und unter Rauschdrogen zu beobachtenden Erlebnisweisen haben zu allen Zeiten Menschen nach der Bed. von Träumen fragen lassen. Älteste Zeugnisse der **Traumdeutung** sind ägypt. Papyri aus der Zeit um 2000 v. Chr. In der Antike (z. B. A.T., Homer) galten Träume als göttl. gelegentl. auch als dämon. Eingebung, die insbes. als Weissagung für die Zukunft ausgelegt wurden. Trotz einer krit. Schrift des Aristoteles („Von den weissagenden Träumen") und ähnl. Schriften von Platon, Hippokrates und Cicero bildete sich im Hellenismus eine regelrechte Zukunftsdeutkunst der T.kundigen. Das T.buch „Oneirokritiká" des Artemidoros von Ephesus aus dem 2. Jh. n. Chr. diente als Vorlage für viele ähnl. Bücher bis hin zur Renaissance und zum Barock. Während man in der Zeit der Aufklärung den Träumen relativ wenig Beachtung schenkte, entdeckte die Romantik die Beziehung der Träume zum Märchen und zum Unbewußten (z. B. C. G. Carus, G. H. von Schubert). Positivisten des 19. Jh. (z. B. C. Binz) führten Träume auf Körpergeschehen (Leibreize, Hirnsekrete u. a.) zurück.

Die moderne **Traumforschung** leitete S. Freud („Die Traumdeutung", 1900) ein. Nach Freud wird der T. durch drei Elemente gebildet: nächtl. Sinneseindrücke, Tagesreste (Gedanken und Vorstellungen, die mit dem aktuellen Tagesgeschehen zusammenhängen) und „Verdrängtes" (↑Verdrängung); letzteres ist nach Freud entscheidend. Den verdrängten Wunsch oder Triebimpuls während des T. nennt Freud den *latenten Inhalt*. Die Umwandlung des latenten in den *manifesten Inhalt* (der durch das zensierende Über-Ich beeinflußte T.inhalt) bezeichnet Freud als „T.arbeit". Daneben nimmt Freud noch eine „sekundäre Bearbeitung" an, die dem zensierten T. einen Schein von Logik verleiht. Die T.deutung muß nach Freud den Weg vom Bilderrätsel, das wir erinnern, zurück zum Original, dem unbewußten (meist sexuellen) Impuls, gehen. C. G. Jung, der die T.deutung Freuds „kausal-regressiv" nennt, möchte daneben noch eine „final-progressive" Deutung (T. als Zukunftsentwurf) und eine überindividuelle Deutung (T. als Spiegel kollektiver Menschheitserfahrungen) zulassen. Wie Freud erkennt er den Sinnes- bzw. körperl. Reizen während des Schlafs und den Tagesresten nur nebengeordnete Bedeutung zu. Mit N. Kleitman, E. Aserinsky, W. Dement u. a. nahm ab 1952 die empir.-biolog. T.forschung ihren Anfang. Deren wichtigste Ergebnisse

Trauma

sind: Jeder Mensch träumt, und zwar meist drei- bis sechsmal pro Nacht in Phasen von 5 bis 40 Minuten. Dabei ist der Schläfer schwer weckbar, obwohl das Hirnstrombild (EEG) dem des Wachzustands ähnelt („paradoxer Schlaf") und Außenreize (z. B. Weckerläuten) wahrgenommen bzw. in den T. eingebaut werden. Beim T. kommen Augenbewegungen, leichte Muskelspannungen, unregelmäßiges Atmen und sexuelle Erregungen vor, letztere nicht selten auch dann, wenn Träume keine sexuellen Inhalte haben. Experimentell nachgewiesen wurde auch, daß am Vortag nur unvollständig aufgenommene Informationsreize im T. vervollständigt („nachentwickelt") werden. Mehr als 50 % aller Träume enthalten Auszüge aus dem Vortag („Tagesreste"). Eine Verhinderung des Träumens (z. B. durch Aufwecken) über längere Zeit führt zu psych. Störungen. - Schaltsysteme im Gehirn laufen im T. anders als im Wachen. Die biolog. Funktion des T. ist noch unklar; gedacht wird an biochem. Gehirnerholung, Entlastung des Gehirns von unwichtigen, „zu vergessenden" Daten oder an Übernahme von Eindrücken aus einem Kurzzeit- in einen Langzeitspeicher bei gleichzeitiger Einordnung in den bestehenden Erfahrungsschatz (Gedächtnisbildung).

Religionsgeschichtl.: Nach weitverbreitetem Glauben tritt im T. der Mensch mit dem Übersinnl. in Verbindung; er erfährt die Einwirkungen guter wie auch böser Mächte. Zu den schädl. zählt bes. ein der Alpdruck verursachender Dämon. Im allg. überwiegt jedoch die Vorstellung positiver Erfahrungen. Deshalb wurde v. a. in der Antike der Tempelschlaf (↑Inkubation) vollzogen. Denn an hl. Stätten erwartete man einerseits Heilung von Krankheiten, andererseits den Empfang von Botschaften aus dem Jenseits, die für den Träumenden existentielle Bed. besaßen. Der T. vermittelt oft einen göttl. Befehl (z. B. Matth. 2,12). Symbol. Inhalte eines T. erfordern eine Deutung. Wie die Josephsgeschichte (1. Mos. 41) zeigt, stand der T.deuter im Alten Orient in hohem Ansehen. Oft wird die wahrsagende, mant. T.deutung *(Oneiromantie)* durch T.bücher vermittelt.

📖 *Aeppli, E.: Der T. u. seine Deutung. Mchn. 1984. - Freud, S.: Über T. u. T.deutungen. Ffm.* [14]*1984. - Thomas, K.: Träume - selbst verstehen. Stg.* [4]*1983. - Eckes-Lapp, R.: Psychoanalyt. T.theorie u. T.interpretation. Gött. 1980. - Fink, N.: Lehrb. der Schlaf- u. T.forschung. Mchn.* [2]*1978.*

Trauma [griech.], ↑psychisches Trauma. ◆ (Verletzung) durch plötzl. äußere Einwirkung auf den Organismus entstehender körperl. Schaden.

traumatisch [griech.], durch eine Verletzung (↑Trauma) verursacht, mit einer Verletzung zusammenhängend; durch ein psych. Trauma bedingt.

Traumbücher, Aufzeichnungen über die (angebl.) Bed. von Träumen.

Traun, rechter Nebenfluß der Donau, entsteht (3 Quellbäche) in Bad Aussee, durchfließt den Hallstätter- und den Traunsee, mündet bei Linz, 180 km lang; zahlr. Kraftwerke.

Traunsee, See im oberöstr. Salzkammergut, 422 m ü. d. M., 12 km lang, bis 3 km breit, bis 191 m tief.

Traunstein, Kreisstadt im Vorland der Chiemgauer Alpen, Bay., 600 m ü. d. M., 16 900 E. Zentraler Ort des Chiemgaus. - Im 8. Jh. erstmals als *Truna* erwähnt; 1311 Stadtrechtsverleihung (1375 erneuert). - Barocke Pfarrkirche Sankt Oswald (17. Jh.), frühbarocke Salinenkapelle (1630) mit Gotik- und Renaissanceelementen.

T., Landkr. in Bayern.

T., dreigipfliger Kalkklotz am O-Ufer des Traunsees, 1 691 m hoch.

Traunsteinera, svw. ↑Kugelknabenkraut.

Traunviertel (amtl. Traunkreis), oberöstr. Gebiet um die untere Traun zw. Donau, Enns, Alpenrand und Hausruck.

Träuschling (Stropharia), Lamellenpilzgatt. (Schwarzblättler) mit über zehn einheim. Arten, darunter der **Riesenträuschling** (Stropharia rugosoannulata; Hut gelb bis rötlichbraun, bis 25 cm breit, auf moderndem Laub oder Stroh; ausgezeichneter Speisepilz) und der häufige und auffällige, eßbare **Grünspanträuschling** (Stropharia aeruginosa), der vom Spätsommer bis Spätherbst in lichten Wäldern vorkommt (Hut 2–8 cm breit, grünspanfarben oder verblassend bis gelblichgrün.

Traut, Wolf, * Nürnberg um 1480, † ebd. 1520, dt. Maler und Zeichner. - Zeichnete als Mitarbeiter Dürers einen Teil der Vorlagen für die Holzschnitte der „Ehrenpforte" Kaiser Maximilians I. (1515). Auch seine Altarbilder sind stilistisch von Dürer, auch von Hans von Kulmbach abhängig (Artelshofener Altar, 1514).

Trautonium [nach dem dt. Ingenieur F. Trautwein, * 1888, † 1956], eines der ersten u. histor. wichtigsten ↑elektronischen Musikinstrumente, vor 1930 von F. Trautwein konstruiert: Ein Kippgenerator erzeugt eine obertonreiche Kippschwingung, deren Grundfrequenz und Stärke mit Hilfe eines als Potentiometer wirkenden Bandmanuals verändert werden kann. Der Obertongehalt kann durch Filter und Verzerrer beeinflußt werden. In seiner am weitesten entwickelten Form hat das T. zwei Manuale, so daß zwei voneinander unabhängige Stimmen gespielt werden können. Im *Mixtur-T.* (mit Frequenzteilern) treten seit 1952 auch Untertöne hinzu.

Trauttmansdorff, Maximilian Graf von und zu (seit 1623), * Graz 23. Mai 1584, † Wien 7. Juli 1650, östr. Staatsmann. - Hatte entscheidenden Anteil am Abschluß des

Bündnisses zw. Ferdinand II. und Maximilian I. von Bayern (1619); schloß den Frieden von Nikolsburg (1622) und den von Prag (1635) und war wesentl. am Zustandekommen des Westfäl. Friedens beteiligt.

Trauung, nach *röm.-kath. Kirchenrecht* die liturg. Feier der Eheschließung († Eherecht [röm.-kath. Kirche]). - Im Ggs. zur kath. Kirche gilt in den *ev. Kirchen* die Ehe nicht als Sakrament, so daß die Zivil-T. grundsätzl. auch kirchenrechtl. als ausreichend gilt. Die kirchl. T. hat hier die Aufgabe, die Öffentlichkeit der zivilen T. auch vor der Gemeinde zu bezeugen. - Liturg. ist für die luth. Kirchen Luthers „Traubüchlein" (1529) maßgebend, nach dem der Ehewille der Brautleute vom Pfarrer erfragt und der Austausch der Ringe und das Ineinanderfügen der Hände vorgenommen wird mit anschließendem Segen über das Paar. - In den *orth. Kirchen* geschieht die T. (seit dem 8./9. Jh.) durch die Übergabe von „Kronen" an Braut und Bräutigam (sakramentales Zeichen) nach ausdrückl. Erklärung des Ehewillens im Rahmen einer sehr feierl. „Krönungsliturgie".

Trauzeuge, der Zeuge bei der † Eheschließung. T. sollen volljährig, eidesfähig und im Besitz der bürgerl. Ehrenrechte sein. Nach dem Ehegesetz sollen zwei T. bei der Eheschließung zugegen sein, doch ist diese Vorschrift nicht zwingend.

Trave, Ostseeküstenfluß in Schl.-H., entspringt südl. von Eutin, erweitert sich vor der Mündung in die Ostsee zum Travemünde seenartig in der Pötenitzer Wiek; 118 km lang, davon 53 km schiffbar; Verbindung zur Elbe über den Elbe-Lübeck-Kanal.

Travée [tra've:; frz.] † Gewölbejoch.

Travellerscheck ['trɛvələr; engl. 'trævlə], svw. † Reisescheck.

Travemünde, Ostseebad an der Lübekker Bucht, Stadtteil von † Lübeck.

Traven, B., † Mexiko 26. März 1969, deutschsprachiger Schriftsteller. - Der Versuch des brit. Journalisten W. Wyatt, nachzuweisen, daß T. urspr. Otto Feige hieß (* Schwiebus [Mark Brandenburg] 23. Febr. 1882), ist umstritten. Eigene Aussagen (einen Tag vor seinem Tod) und Aussagen seiner Witwe stimmen mit den Forschungen von R. Recknagel (DDR) überein, wonach T. identisch war mit dem unter dem Pseud. *Ret Marut* 1908 bis 1915 in München tätigen Theaterschauspieler und Regisseur, der 1917-21 die ab 1919 verbotene [anarchistische] Zeitschrift „Der Ziegelbrenner" im Selbstverlag herausgab. Marut kämpfte gegen Militarismus, Imperialismus, Bürgertum und Kirche. Mgl. der 1. bayer. Räteregierung in München (zuständig für das Pressewesen). Danach Flucht nach Mexiko unter dem Pseud. *B. T. Torsvan;* 1941 wurde er als *Hal Croves* mex. Staatsbürger. Seine sozialkrit. Romane und Erzählungen, gekennzeichnet durch schonungslose Offenheit der Darstellung und oft krasse Sprache, sind leidenschaftl. Protest gegen Unmenschlichkeit und Gewalttätigkeit; u. a. „Das Totenschiff" (R., 1926), „Der Schatz der Sierra Madre" (R., 1927), „Die Brücke im Dschungel" (R., 1929), „Die Baumwollpflücker" (R., 1931), „Die Rebellion der Gehenkten" (R., 1936), „Der dritte Gast" (En., 1958).

travers [tra'vɛːr, tra'vɛrs; lat.-frz.], svw. quergestreift.

Travers, Pamela [engl. 'trævəz], *in Queensland (Australien) 1906, engl. Jugendschriftstellerin austral. Herkunft. - Lebt seit 1923 in England; Verf. der phantast.-humorvollen Kinderbuchserie über die Abenteuer der Kinder der Familie Banks mit ihrem Kindermädchen Mary Poppins.

Travers [tra'vɛːr, tra'vɛrs; lat.-frz.], Bez. für den Seitengang des Pferdes im Dressurreiten.

Traversalen [lat.-frz.], im Dressurreiten Bez. für Schrägverschiebungen des Pferdes, wobei es sich fast parallel zur Seitenlinie der Reitbahn bewegt.

Traverse [lat.-frz.], in der Technik Bez. für einen quer [zum Hauptteil] verlaufenden Bauteil, z. B. einen Querträger oder ein Querverbindungsstück.

Traversflöte, svw. † Querflöte.

traversieren, beim *Dressurreiten:* eine Reitbahn in der Diagonale durchreiten.
◆ beim *Bergsteigen:* eine Wand queren.

Travertin [italien., zu lat. (lapis) tiburtinus „(Stein) aus Tibur"] † Kalktuff.

Travestie [lat.-frz.-engl., eigtl. „Umkleidung"], kom.-satir. literar. Gatt., die einen bekannten literar. Stoff behandelt, im Stil jedoch oft grob verändert; eine Form der aktualisierenden und häufig nicht nur traditions-, sondern auch gesellschaftskrit. Auseinandersetzung, wobei es sich nicht immer auf eine bloße Verspottung der Vorlage ankommt. Erkennbarkeit, Effekt und „Witz" der T. beruhen auf der Diskrepanz zw. altem Inhalt und neuem Gattungsniveau. Zw. T. und Parodie zeigen sich wechselseitige Übergänge, v. a. in den reinen Literatur-T., die heute seltener sind als vom 17. bis 19. Jahrhundert.

Trawl [engl. trɔːl] † Schleppnetz.

Trawler [engl. 'trɔːlə], mit einem Schleppnetz arbeitendes Fischereifahrzeug († Fischerei).

Treasury [engl. 'trɛʒərı „Schatzkammer"; zu frz. trésor „Schatz" († Tresor)], Bez. für das brit. Finanzministerium. Es erwuchs aus dem Exchequer und wurde Mitte des 19. Jh. zu einem selbständigen Ministerium unter dem Chancellor of the Exchequer. Den Titel **First Lord of the Treasury** führt traditionsgemäß der brit. Premierminister.

Treatment [engl. 'triːtmənt; lat.-engl.] † Drehbuch.

Trebegänger, im Berliner Dialekt Bez. für einen jugendl. Ausreißer, der sich ohne

Treibarbeit. Halskragen aus getriebenem Goldblech (irisch; 7. Jh. v. Chr.). London, Victoria and Albert Museum

festen Wohnsitz und ohne Arbeit im subkulturellen Milieu der Großstadt bewegt und dadurch in bes. Maße für Drogen, Alkoholismus und Jugendkriminalität anfällig ist.

Třebíč [tschech. 'trʃɛbi:tʃ], Stadt 50 km westl. von Brünn, ČSSR, 406 m ü. d. M., 36 800 E. Museum; Bau von Druck- und Textilmaschinen, Schuhfabrik. - Entstand um ein seit 1101 bekanntes Kloster, erhielt um 1300 Stadtrecht. - Roman.-got. Klosterkirche Maria Himmelfahrt (1240–60 und 18. Jh.), Umbau des Klosters zu einem Renaissanceschloß (im 17. Jh. erneuert).

Trebitsch, Gyula, * Budapest 3. Nov. 1914, dt. Filmproduzent ungar. Herkunft. - 1943–45 im KZ. Kam 1947 nach Hamburg. Produzierte über 100 Spielfilme, u. a. „Des Teufels General" (1955), „Der Hauptmann von Köpenick" (1956), „Die Geschwister Oppermann" (1982). Leitete 1971–80 das „Studio Hamburg", das zur größten Film- und Fernsehproduktionsstätte Europas wurde.

Treble [engl. trɛbl „Diskant, hoher Ton"], in der Rundfunktechnik Bez. für den Klangfarberegler im Hochtonbereich.

Treblinka, poln. Ort am Bug, in der Woiwodschaft Ostrołęka; im 1942 von der SS errichteten Vernichtungslager von T. wurden bis Okt. 1943 (Zerstörung durch die SS) zw. 700 000 und 900 000 v. a. poln. Juden (mehr als 300 000 aus dem Warschauer Ghetto) ermordet; bei einem Aufstand von rd. 1 000 Arbeitshäftlingen im Aug. 1943 gelang der Mehrzahl von ihnen die Flucht.

Trebonianus Gallus, Gajus Vibius, * Perusia (= Perugia) um 206, † Interamna (= Terni) 253, röm. Kaiser (seit 251). - Ernannte den Sohn seines Vorgängers, Hostilianus, zum Mitkaiser; leistete Tributzahlungen an die Goten und mußte den Einfall Schapurs I. in Syrien hinnehmen.

Trecento-Musik [tre'tʃɛnto; italien. „vierzehntes Jh."], zusammenfassende Bez. für die italien., im wesentl. weltl., volkssprachl., mehrstimmige Musik zw. etwa 1330 und 1420. Sie entfaltete sich v. a. als solist. Liedkunst für aristokrat. und großbürgerl. Geselligkeit. Hauptformen sind die Ballata (↑ Ballade), das Madrigal und die Caccia.

Treck [niederdt.], Zug, Auszug; bes. die Auswanderungszüge der Buren aus der Kapkolonie seit 1835 (**Großer Treck**); auch Bez. für die nach W führenden Züge der nordamerikan. Siedler sowie für die Flüchtlingszüge aus dem O Deutschlands (Flüchtlingstrecks) gegen Ende und unmittelbar nach dem 2. Weltkrieg.

Trecker [niederdt.], svw. ↑ Schlepper.

Tree, Sir (seit 1909) Herbert Beerbohm [engl. tri:], eigtl. H. Beerbohm, * London 17. Dez. 1853, † ebd. 2. Juli 1917, engl. Schauspieler und Regisseur. - 1887–97 Leiter des Comedy Theatre und des Haymarket Theatre, 1897 des unter seiner Leitung erbauten Her Majesty's Theatre in London. Als Schauspieler v. a. auf kom. und satir. Rollen festgelegt; bei der Inszenierung seiner Tragödien vorwiegend aufwendiger Inszenierungsstil.

trefe, svw. ↑ treife.

Treff [zu frz. trèfle, eigtl. „Kleeblatt"] ↑ Spielkarten.

Treffgerade, svw. ↑ Transversale.

Trefulka, Jan, * Brünn 15. Mai 1929, tschech. Schriftsteller und Literaturkritiker. - Einer der bedeutendsten Autoren der „Krit. Welle" in der ČSSR. Schreibt Erzählungen und Romane, in denen er gegen falschen Optimismus Stellung bezieht und entscheidende Lebensprobleme in der sozialist. Gesellschaft aufdeckt; u. a. „Der verliebte Narr" (R., dt. 1979).

Trehalose [türk.-frz.], aus zwei Molekülen Glucose aufgebautes Disaccharid, das in niederen Pflanzen und der Hämolymphe von Insekten vorkommt und für bakterielle Nährböden verwendet wird.

Treibanker, Notanker aus einem kegelstumpfförmigen Segeltuchsack; vermindert die Abdrift.

Treibarbeit, (getriebene Arbeit) Technik der Goldschmiedekunst, bei der die Form durch Hämmern aus dem Gold- und Silberblech (auch Kupfer, Messing, Bronze) herausgetrieben wird. Durch Hämmern wird sowohl die grobe Form (Hohlform) aufgezogen (Unterlage z. B. Pechblock) wie auch die Reliefverzierung über Amboß herausgearbeitet; diese schmückt nicht allein, sondern verleiht dem Blech auch größere Festigkeit. Von den bed. T. des Altertums müssen v. a. die myken.

Goldmasken erwähnt werden. T. waren in Ägypten wie in der Hallstattkultur, bei den Skythen wie in der antiken Toreutik verbreitet. Im MA wurde insbes. liturg. Gerät in dieser Technik hergestellt, z. B. Reliquiare, Ziborien, Altärchen, Pokale. Ganz in der Treibtechnik wurzelnde Verzierungsformen sind die verschiedenen Arten von Buckelpokalen des 15.–18. Jh., aber auch mit Pfeifen und Zungen verzierte Gefäße. Bes. Anforderungen an die T. stellen jene Platten und Terrinen des 18. Jh., die kein regelmäßiges Reliefmuster aufweisen wie z. B. die Werke von J. A. Meissonier. T. sind von geringerem Gewicht als gegossene Stücke.
♦ in der *Metallurgie* svw. ↑ Treibprozeß.

Treibeis (Drifteis), auf Flüssen, Seen oder dem Meer treibende Eisschollen.

Treiben, im *Gartenbau* die künstl. Anregung der Knospenentfaltung bzw. des Wachstums ausdauernder Pflanzen durch Zufuhr von Wärme, Licht und Feuchtigkeit (v. a. in Gewächshäusern) unter Verkürzung der jahresperiod. bedingten Ruhezeit.

Treiberameisen ↑ Wanderameisen.

Treibgase, brennbare Gase wie Flüssiggas, Generatorgas oder Holzgas, die sich zum Antrieb von Verbrennungsmotoren eignen.
♦ die in Spraydosen u. a. verwendeten, unter Druck stehenden Gase.

Treibhauseffekt (Glashauseffekt), Bez. für den Einfluß der Erdatmosphäre auf den Strahlungs- und Wärmehaushalt der Erde, der der Wirkung eines Gewächshausglasdaches ähnelt. Das sichtbare Sonnenlicht durchdringt die Atmosphäre fast ungehindert und wird erst auf der Erdoberfläche absorbiert, wobei die Lichtenergie überwiegend in Wärmeenergie übergeht. Die längerwellige abgegebene Wärmestrahlung kann jedoch nicht vollständig ins Weltall abgestrahlt werden, weil sie in der Atmosphäre v. a. durch Wasserdampf und Kohlendioxid absorbiert wird. - Die Erscheinung wird im Zusammenhang mit dem in der Atmosphäre durch Verbrennung fossiler Brennstoffe ansteigenden Kohlendioxidgehalt diskutiert, weil darin die Gefahr eines globalen Temperaturanstiegs mit teilweisem Abschmelzen der Eiskappen an den Polen und weiterer Ausdehnung der Wüstenregionen gesehen wird.

Treibjagd, wm. Bez. für eine Jagdart, bei der das Wild v. a. durch Hilfspersonen *(Treiber)* aufgescheucht und den Schützen zugetrieben wird.

Treibmittel, (Treibgase) in der *Kunststoffverarbeitung* Bez. für gasförmige oder sich zu gasförmigen Substanzen zersetzende Stoffe, die bei der Erzeugung von Schaumstoffen zugegeben werden.
♦ svw. ↑ Triebmittel.

Treibprozeß (Treibarbeit), in der *Metallurgie* die Isolierung von Edelmetallen durch Oxidation der unedleren Begleitmetalle. Der T. wird v. a. bei der Gewinnung von Silber aus Bleierzen angewandt, wobei im sog. Treibherd Luft auf das flüssige Blei-Silber-Gemisch geblasen wird; die entstehende Bleiglätte, PbO, wird abgezogen und das Silber bleibt zurück.

Treibsand (Mahlsand), in der Meeresströmung leicht bewegl. Feinsand an Flachküsten.

Treibstoffe ↑ Kraftstoffe, ↑ Raketentreibstoffe.

treideln [letztl. zu lat. tragula „Schleppnetz"] ↑ Leinpfad.

treife (trefe) [jidd., zu hebr. terepa „zerrissenes Tier, (nach jüd. Religionsgesetz) nicht einwandfrei"], unrein, verboten, bezieht sich urspr. auf ein mit einem Fehler behaftetes Tier, dessen Genuß verboten ist, dann allg. auf jede rituell unreine und deswegen verbotene Speise. - Ggs. ↑ koscher.

Treinta y Tres [span. 'trejnta i 'tres], Hauptstadt des uruguay. Dep. T. y T., 250 km nö. von Montevideo, 25 800 E. Marktort an der Carretera Panamericana, Bahnstation.
T. y T., Dep. im östl. Uruguay, zw. der Cuchilla Grande Principal und der Lagoa Mirim, 9 529 km², 45 600 E. Hauptstadt T. y T., Rinder- und Schafhaltung, um die Lagoa Mirim Getreideanbau.

Treitschke, Heinrich von, * Dresden 15. Sept. 1834, † Berlin 28. April 1896, dt. Historiker und polit. Publizist. - Sohn einer sächs. Offiziersfam.; 1863 Prof. für Staatswiss. in Freiburg im Breisgau, 1866 Prof. für Geschichte in Kiel, 1867 in Heidelberg, 1874 in Berlin; als Nachfolger L. von Rankes 1886 zum Historiographen des preuß. Staates ernannt; ab 1895 Mgl. der Preuß. Akad. der Wiss. T. entfaltete neben seiner akadem. eine sehr rege literar. und polit. Tätigkeit. Er war 1858–63 Mitarbeiter und 1866–89 Redakteur der Preuß. Jahrbücher; 1871–84 MdR. Hier wie in seinen Schriften bekämpfte er den Sozialismus; er trat den Juden in Deutschland entgegen und entfachte den Berliner Antisemitismusstreit. Für das Kaiserreich forderte T. die Stärkung der obrigkeitsstaatl. Reg. gegenüber dem Parlament und eine aggressive Weltpolitik mit kolonialen Erwerbungen. Diese polit. Einstellungen haben auch sein historiograph. Werk, v. a. seine unvollendet gebliebene „Dt. Geschichte im 19. Jh." (1879), stark geprägt.

Trelleborg [schwed. trɛlə'bɔrj], Stadt nahe der S-Spitze Schwedens. 34 100 E. Hafen- und Ind.stadt sowie Zentrum der landw. intensiv genutzten Ebene *Söderslätt;* Eisenbahnfähre nach Saßnitz (DDR), Autofähre nach Travemünde. - Seit dem 13. Jh. bed. Stadt; 1619 Stadtrecht aufgehoben; wurde 1843 Marktflecken, 1865 erneut Stadt.

Trema [griech.], Bez. für zwei Punkte, die nebeneinander als diakrit. Zeichen über einem Buchstaben stehen, oft um anzugeben,

Trematoden

daß der mit Trema versehene Vokalbuchstabe getrennt zu sprechen ist, z. B. Zaïre [zaˈiːr(ə)].

Tremat_o_den [griech.], svw. ↑Saugwürmer.

Tremell_a_les [lat.], svw. ↑Gallertpilze.

Tremell_o_ni, Roberto, * Mailand 30. Okt. 1900, italien. Politiker. - Sozialdemokrat; wurde 1948 Abg.; 1947/48 Min. für Handel und Ind., 1954/55 und 1963–66 Finanz-, 1962/63 Schatz-, 1966–68 Verteidigungsminister.

Tremiti-Inseln, italien. Inselgruppe im Adriat. Meer, 25 km von der nordapul. Küste entfernt, insgesamt 3 km², bis 116 m ü. d. M.

Tr_e_molo [italien.], bei Musikinstrumenten das schnelle Wiederholen eines Tones; seit dem frühen 17. Jh. z. B. in der Oper zur dramat. Steigerung angewandt. - Beim Gesang bedeutet T. im Unterschied zu ↑Vibrato Intensitätsschwankungen der Stimme ohne Tonhöhenveränderung.

Tr_e_mor [lat.] (Zittern), durch rasch aufeinanderfolgende Kontraktionen antagonist. (gegensinnig wirkender) Muskeln (bzw. Muskelgruppen) hervorgerufene schnelle Bewegungen einzelner Körperteile; u. a. bei Kälte (↑Kältezittern), als Folge von Nervenkrankheiten (z. B. multiple Sklerose, Parkinson-Krankheit), ferner bei Vergiftungen und bei seel. Belastungen.

Trenck, Franz Freiherr von der, * Reggio di Calabria 1. Jan. 1711, † auf dem Spielberg bei Brünn 4. Okt. 1749, östr. Offizier preuß. Herkunft. - Führte im 1. und 2. Schles. Krieg gegen Preußen ein wegen seiner Grausamkeit berüchtigtes Reiterkorps; T. wurde deshalb 1746 von einem östr. Kriegsgericht zum Tode verurteilt, dann zu lebenslängl. Haft begnadigt.

T., Friedrich Freiherr von der, * Königsberg (Pr) 16. Febr. 1726, † Paris 25. Juli 1794 (hingerichtet), preuß. Offizier und Abenteurer. - Vetter von F. Frhr. v. d. Trenck. Als Ordonnanzoffizier Friedrichs d. Gr. 1745 aus ungeklärten Gründen, wahrscheinlich aber, weil er der Spionage verdächtigt wurde, inhaftiert. 1746 Flucht aus der Festung Glatz; 1754 erneut gefangen, 1763 auf Bitten Maria Theresias freigelassen. Führte nach seiner Freilassung ein unstetes Leben mit zahlr. diplomat. Aufträgen; 1794 in Paris als östr. Spion hingerichtet.

Tr_e_nd [engl.], allg. svw. Entwicklungstendenz.
In der analyt. *Statistik* die Grundrichtung (Entwicklungstendenz) der statist. erfaßten Entwicklung einer Zeitreihe. Umfaßt längere und lange Zeiträume, stellt stets einen Ausschnitt dar und ist demzufolge auch in der Geltung begrenzt. Für die Vergangenheit besitzt der T. nur einen Feststellungswert, in die Zukunft läßt er sich nicht verlängern wegen der Unvorhersehbarkeit von außen einwirkender Einflüsse. Die Berechnung des T. erfolgt durch die Zeitreihenzerlegung.

Tr_e_ndelenburg, Ferdinand, * Leipzig 25. Juni 1896, † Erlangen 19. Nov. 1973, dt. Physiker. - Lehrtätigkeit in Berlin, Freiburg und München. Sein Hauptarbeitsgebiet war die Akustik; insbes. war er durch seine Arbeiten zur Schallaufzeichnung und Klanganalyse sowie über Schallstrahler einer der Wegbereiter der Elektroakustik.

T., Friedrich Adolf, * Eutin 30. Nov. 1802, † Berlin 24. Jan. 1872, dt. Philosoph. - Ab 1833 Prof. in Berlin. In scharfer Auseinandersetzung mit Hegel konzipierte T. die Philosophie als eine „organ. Weltanschauung", wobei er „Bewegung" und „Zweck" als für Denken und Sein kennzeichnende Begriffe zugrunde legte. - *Werke:* Die log. Frage in Hegels System (1843), Geschichte der Kategorienlehre (3 Bde., 1846–67), Histor. Beiträge zur Philosophie (3 Bde., 1846–67), Notwendigkeit und Freiheit in der griech. Philosophie (1855).

Trengganu ↑Terengganu.

Tr_e_nker, Luis, * Sankt Ulrich (Südtirol) 4. Okt. 1892, Filmschauspieler, -regisseur und Schriftsteller aus Südtirol. - Darsteller in Bergfilmen von A. ↑Fanck, dann Regisseur von Heimat, Nation und Natur mystifizierenden Filmen, die Elemente des Berg-, Kriegs-, Historien- und Abenteuerfilms variieren, u. a. „Der Rebell" (1932), „Der verlorene Sohn" (1934), „Sein bester Freund" (1962); auch Kultur- und Fernsehfilme sowie Romane und Erzählungen. - † 13. April 1990.

Trenkerkord ↑Kord.

Trennbruch (Trennungsbruch) ↑Bruch.

Trenndüsenverfahren, Verfahren der ↑Isotopentrennung, das die in einem Druckgefälle entstehende sog. Druckdiffusion ausnutzt. Sie bewirkt eine teilweise Entmischung eines Gasgemisches.

Trennen, Grundoperation der Verfahrenstechnik zum Zerlegen von Stoffgemischen. *Mechan. Verfahren* arbeiten durch Wirkung der Schwerkraft, der Zentrifugalkraft, durch Ausnutzung von Druck oder Vakuum; hierzu gehören das Sieben, Windsichten, Stromklassieren, Sortieren, Klären, Dekantieren, Schlämmen, Flotieren, Pressen, Zentrifugieren, Filtrieren und Dialysieren. Bei *therm. Verfahren* erfolgt das T. durch Verdampfung, Destillation, Rektifikation, Sublimation, Trocknung, Extraktion, Kristallisation, Adsorption, Absorption, Thermodiffusion und Chemisorption. *Elektr.* und *magnet. Trennverfahren* beruhen auf der Elektrophorese, der Elektroosmose, der Elektrodialyse, der elektrostat. Entstaubung, dem Magnetscheiden. *Chem. Verfahren* wirken durch Ionenaustausch, Adduktbildung und Stoffumwandlung.

Trennkanalisation ↑Kanalisation.

Trennrohr, svw. ↑Clusius-Dickelsches Trennrohr.

Trennschärfe (Selektivität), allg. die Fähigkeit eines techn. Geräts (z. B. Meß-,

Empfangsgerät), das gewünschte Signal durch Unterdrückung von Störsignalen hinreichend genau aufzunehmen; bei Funkempfängern insbes. die Unterdrückung von Frequenzen, die der eingestellten Empfangsfrequenz benachbart sind, um einen ungestörten Empfang zu ermöglichen.

Trennschleuder, svw. ↑ Zentrifuge.

Trennungsentschädigung, Ausgleich für Mehrkosten, die einem Arbeitnehmer dadurch entstehen, daß er aus dienstl. Gründen nicht bei seiner Familie wohnen kann. *Trennungsgeld* erhalten Beamte unter bestimmten Voraussetzungen als Trennungsreisegeld, Trennungstagegeld, Reisebeihilfen für Familienheimfahrten, Entschädigung bei tägl. Rückkehr zum Wohnort und/oder Mietersatz. *Trennungsbeihilfen* können von der Bundesanstalt für Arbeit [bis zu zwei Jahren] als Leistung an Arbeitsuchende gewährt werden, wenn die Arbeitsaufnahme die Führung eines getrennten Haushalts erfordert.

Trennung von Tisch und Bett, nach *röm.-kath. Kirchenrecht* Bez. für die Ehetrennung in Form der Aufhebung der ehel. Lebensgemeinschaft, durch die jedoch die Ehe nicht gelöst wird.

Trense [span.-niederl.] ↑ Zaum.

Trent, Fluß in England, entspringt nördl. von Stoke-on-T., mündet zus. mit dem Ouse östl. von Goole in den Humber, 274 km lang.

Trenta ↑ Isonzo.

Trent and Mersey Canal [engl. 'trɛnt ənd 'məːzɪ kə'næl], Binnenschiffahrtsweg in M-England, zw. dem Trent an der Mündung des Derwent und dem Weaver bei Northwich, der hier die Verbindung zum Mersey herstellt, 150 km lang.

Trent Canal [engl. 'trɛnt kə'næl], Wasserstraßensystem im SO der kanad. Prov. Ontario, verbindet den Ontariosee mit der Georgian Bay des Huronsees, etwa 390 km lang mit über 40 Schleusen; Wasserkraftwerke.

Trentino-Südtirol, norditalien. autonome Region in den Z- und S-Alpen, 13 620 km², 878 600 E (1985), Hauptstadt Trient. T.-S. hat im N und W Anteil an den Zentral- und Südalpen, deren einzelne Gebirgsgruppen durch tief eingeschnittene, z. T. von Gletschern überformte Täler (Etsch, Eisack, Brenta) voneinander getrennt werden. Das sommertrockene und warme Klima erlaubt in ihnen den Anbau von Tafelobst und Wein. Wald- und Weidewirtschaft wird in den weit hinaufreichenden Weilern und Einzelhöfen betrieben, hinzu kommt bed. Fremdenverkehr. Zahlr. Wasserkraftwerke machen T.-S. zu einem bed. Elektrizitätslieferanten für die Ind.zentren der Poebene. Zahlr. Pässe verbinden T.-S. mit den angrenzenden Alpenlandschaften.

Geschichte: T.-S., bis 1919 Teil ↑ Tirols, kam durch den Friedensvertrag von Saint-Germain-en-Laye an Italien, das schon 1848, v. a. 1866 und vor 1914 Ansprüche auf die Brennergrenze erhoben hatte, denen die Alliierten im Londoner Geheimvertrag 1915 zustimmten. Während der Zeit des italien. Faschismus wurde versucht, das eigtl. Südtirol (etwa die heutige Prov. Bozen innerhalb der Region T.-S.) verstärkt zu italienisieren (u. a. Ansiedlung italien. Einwanderer, Unterdrückung der dt. Sprache). Nach dem dt.-italien. Umsiedlungsvertrag von 1939 (Wahl der dt.sprachigen Südtiroler zw. der dt. und der italien. Staatsangehörigkeit) entschieden sich 86% der dt.sprachigen Bev. für die dt. Staatsbürgerschaft und damit für die Umsiedlung ins Dt. Reich; 1943 wurde das Gebiet der dt. Zivilverwaltung des Tiroler Gauleiters unterstellt, was einer verschleierten Einverleibung in das Dt. Reich gleichkam, und die Umsiedlung gestoppt. Nach dem 2. Weltkrieg wurde die östr. Forderung nach Rückgliederung von Südtirol, obwohl von zahlr. Petitionen der Südtiroler unterstützt, von den Siegermächten abgelehnt; auf Grund des Gruber-De-Gasperi-Abkommens vom 5. Sept. 1946 sollte jedoch der Südtiroler Bev. Gleichberechtigung, kulturelle und administrative Autonomie sowie wirtsch. Förderung gewährt werden. Es wurde nur in begrenztem Umfang erfüllt und v. a. dadurch unterlaufen, daß Italien das Autonomiestatut auch auf den italienischsprachigen Teil der neugeschaffenen Region Trentino-Alto Adige (Trient-Tiroler Etschland [bis 1972 amtl. Bez. für T.-S.]) ausdehnte. Nach mehrjähr. östr. Protesten, ergebnislosen östr.-italien. Verhandlungen (1956–60) und schließl. der Anrufung der UN wurden beide Staaten 1960 von der UN-Vollversammlung aufgefordert, die Südtirolfrage durch Verhandlungen beizulegen. Die seit 1960 stattfindenden Verhandlungen wurden durch Sprengstoffanschläge extremist. Südtiroler Gruppen erschwert. Im Herbst 1969 kam die Einigung über das erweiterte **Südtirolpaket** zustande, dem die Südtiroler Volkspartei, das italien. und das östr. Parlament zustimmten. Es garantiert den Sonderstatus der Region durch Verfassungsgesetz und gewährt der dt. Bev. in der heutigen Prov. Bozen weitgehende, auch sprachl. Autonomie.

⌑ *Penz, H.: Das T. Innsbruck 1984. - Concini, W. de/Rast, J.: Südtirol. Trentino u. Belluno. Hdbg.* ³*1982. - Gruber, A.: Südtirol unter dem Faschismus. Bozen* ³*1978.*

Trenton [engl. trɛntn], Hauptstadt des Bundesstaates New Jersey, USA, am Delaware River, 20 m ü. d. M., 92 100 E. Sitz eines kath. und eines anglikan. Bischofs; Colleges, Staatsbibliothek. Draht- und Drahtwarenherstellung, Motorfahrzeug-, Maschinenbau, chem. und Textil- u. a. Ind., Hafen für Hochseeschiffe. - Niederl. Handelsposten (um 1630); ab 1714 Anlage einer Siedlung, seit 1721 T.; seit 1745 Town; seit 1790 Hauptstadt von New Jersey, erhielt 1792 das Recht einer

City. - Bemerkenswert sind v. a. das Freimaurerhaus (1793; heute Museum) und das William Trent House (1719).

Trepanation [griech.-frz.], operative Eröffnung der Schädelhöhle zur Vornahme eines chirurg. Eingriffs oder zur Herabsetzung des Schädelinnendrucks bei Gehirngeschwülsten *(Entlastungs-T.)* mit Hilfe eines geeigneten Bohrgeräts *(Trepan)*. - Die T. wird seit dem Neolithikum in den verschiedensten Kulturen ausgeführt.

Trepidation [lat.], von Thabit Ibn Kurra aufgestellte und bis gegen Ende des 16. Jh. anerkannte astronom. Theorie der (angebl.) Vor- und Rückbewegung des Frühlingspunktes († Äquinoktialpunkte).

Treponemen [griech.], Bakterien (Spirochäten) der Gatt. *Treponema* mit elf nachgewiesenen anaeroben, in Säugetieren parasitierenden Arten; Erreger u. a. von Syphilis.

Treppe [niederdt.], durch Stufen gegliedertes begehbares Verbindungsstück zw. Ebenen unterschiedl. Höhe im Freien *(Freitreppe)*, außen an Gebäuden *(Außentreppe, Freitreppe)* oder innerhalb dieser *(Innentreppe)*. Frei- und Außen-T. sind meist aus Stein, Innen-T. häufig auch aus Holz. Man unterscheidet die horizontalen und vertikalen Flächen der T.stufen als Tritt- bzw. Setzstufen. T. werden seitl. durch Handläufe (an Wänden) und Geländer (an freien Seiten) gesichert. T. können gerade oder aber kurvig verlaufen, wobei sich dann die Trittstufen nach einer Seite ihres

Treppe. Links: Einläufige Wendeltreppe mit Treppenspindel im Schloß von Châteaudun (15. Jh.); doppelläufige Wendeltreppe im Schloß Chambord (um 1530)

Grundrisses hin verjüngen (Wendelstufen, *Wendel-T.*). Größere T. werden aus mehreren T.läufen, zw. denen T.absätze (Podeste) eingefügt sind, zusammengesetzt. - T. kommen bereits mit frühesten Monumentalbauten auf (in Jericho um 6000 v. Chr., in Knossos auf Kreta 16. Jh. v. Chr.). Bei sakralen Anlagen wie der babylon. Zikkurat und altamerikan. Kultbauten (Pyramiden) oder Tempeln der indones. Kunst (Borobudur) überwiegt die symbol. die prakt. Bed. der T.; die Steigung bei weltl. Zeremonialbauten entsprach dagegen schon früh menschl. Schritthöhe (Persepolis, 6. Jh. v. Chr.). Fast nur unter prakt. Gesichtspunkten von Griechen und Römern verwendet (zeremoniellen Charakter hatte die T. gelegentl. bei Tempeln und Altären, z. B. der ↑ Ara Pacis Augustae oder dem hellenist. Altar von Pergamon), bekamen Frei-T. zuerst wieder an stauf. Kaiserpfalzen repräsentativen und künstler. Charakter, dann richtete sich die Aufmerksamkeit bes. auf die Wendel-T. in Kirchtürmen sowie in Burgen *(Treppenturm)*. In Rom entstand als eine frühe ma. Frei-T. die steile T. zu Santa Maria in Aracoeli (1348), ein Symbol der Himmelsleiter. Großangelegte Innen-T. (im Belvedere-Hof im Vatikan, 1503–13 von Bramante erbaut; die Escalada Dorada in der Kathedrale von Burgos, 1519 ff., oder die Wendel-T. in Schloß Chambord, um 1530) sowie v. a. das **Treppen-**

haus als Gesamtkonzeption mit reich gegliederten, meist geradläufigen T.anlagen entstanden seit dem 16. Jh. (Michelangelo: Biblioteca Laurenziana in Florenz), im barokken Schloßbau wurde das T.haus zum Mittel herrscherl. Prachtentfaltung: Palazzo Barberini in Rom (eine aufsteigende Spirale; von Bernini, 1629–32), Schlösser in Pommersfelden (J. L. von Hildebrandt), Brühl und Würzburg (B. Neumann) oder Blois (F. Mansart). Der Historismus des 19. Jh. ahmte barocke T.häuser für Opernbauten u. ä. nach. Daneben entstanden seit der Renaissance, v. a. aber im Barock auch großartige Außen- und Freitreppen, wobei der Charakter als repräsentativer Zugang zu einem Gebäude, städtebaul. oder landschaftsarchitekton. Gesichtspunkte im Vordergrund stehen können (T. zum Kapitolsplatz, nach Entwurf Michelangelos, Span. Treppe zur Kirche Santissima Trinità dei Monti, 1723–25, beide Rom, Kaskaden- und T.anlage in Kassel-Wilhelmshöhe, 1701–18, T. zur Wallfahrtskirche Bom Jesus do Monte in Portugal, 1748–1811). Durch neue Materialien (Stahlbeton) gewann die T. in der modernen Architektur neue techn. und künstler. Möglichkeiten (freitragende T., T. ohne Setzstufen) und ist z. B. auch in Glasbauten möglich. Als städtebaul. Mittel wurde sie in der T.straße in Kassel wiederbelebt (1950). Eine Sonderform ist die moderne elektr. Rolltreppe.
📖 *Meyer-Bohe, W.: Treppen. Stg.* ²*1983. - Mannes, W.: Technik des Treppenbaus. Stg. 1979. - Mannes, W.: Gestaltete Treppen. Stg. 1975. - Mielke, F.: Die Gesch. der dt. Treppen. Bln. u. Mchn. 1966.*

Treppenpolygon, svw. ↑ Histogramm.

Trepper, Leopold, * Nowy Targ 23. Febr. 1904, † Jerusalem 19. Jan. 1982, poln. Widerstandskämpfer. - Aus jüd. Familie; wanderte 1924 nach Palästina aus; schloß sich dort 1925 der KP an; 1929 ausgewiesen, ging nach Frankr.; trat 1936 in den sowjet. Geheimdienst ein und baute in W-Europa ein Agentennetz für den Fall eines dt.-sowjet. Krieges auf; leitete mit der sog. Roten Kapelle die wichtigste und erfolgreichste Organisation des sowjet. Geheimdienstes; im Nov. 1942 von der Gestapo verhaftet, gelang ihm 1943 die Flucht; 1944 nach Moskau beordert, verhaftet und 1947 zu 15 Jahren Haft verurteilt; 1954 rehabilitiert, übersiedelte 1957 nach Polen; durfte 1973 von dort nach Israel ausreisen.

Tresckow, Henning von [...ko], * Magdeburg 10. Jan. 1901, † bei Ostrów Mazowiecka 21. Juli 1944, dt. General (seit 1944) und Widerstandskämpfer. - Scharte als 1. Generalstabsoffizier der Heeresgruppe Mitte (Ostfront) ab 1941 Offiziere um sich, die entschlossen waren, Hitler zu töten; nachdem mehrere Attentatsversuche 1943 fehlgeschlagen waren, 1943/44 mit Stauffenberg führend an der Planung für den Umsturz beteiligt; Selbst-

mord nach dem Scheitern des Attentats vom 20. Juli 1944.

Tres Marías, Islas [span. 'izlas 'trez ma'rias], mex. Inselgruppe vulkan. Ursprungs im Pazifik, 100 km vor der Küste des Staates Nayarit, rd. 263 km².

Tresor [frz., zu griech. thēsaurós „Schatz(kammer)"], großer, aus dickem Stahlblech bzw. Panzerstahl (**Panzerschrank**), oft mit Doppelwand und einer Zwischenschicht aus Beton oder Hartklinker hergestellter, mit Sicherheitsschlössern (z. B. Kombinations- oder Zeitschlössern), oft auch mit elektrischen Alarmvorrichtungen versehener Stahlschrank, der zur diebstahlsicheren und feuerfesten Aufbewahrung von Geld (**Geldschrank**), Wertsachen, Dokumenten u. a. dient. Ein zusätzl. getrennt verschließbares Fach eines T. wird als **Safe** oder **Schließfach** bezeichnet (z. B. zur Aufbewahrung von Wertgegenständen eines Bankkunden). Zu den *T.geschäften* ↑ Depot.

Trespe (Bromus), Gatt. der Süßgräser mit rd. 100 Arten in den gemäßigten Gebieten der Nord- und Südhalbkugel; ein-, zwei oder mehrjährige Gräser mit vielblütigen, in Rispen stehenden Ährchen. Von den 14 in Deutschland vorkommenden Arten sind v. a. die *Aufrechte T.* (Bromus erectus) und die *Weiche T.* (Bromus mollis) sowie in Laub- und Nadelwäldern die *Wald-T.* (Bromus ramosus) verbreitet.

Tresse [frz.], [mit Metallfäden durchzogene] Litze als Kleidungsbesatz oder zur Rangbezeichnung auf Uniformen.

Treßler ↑ Deutscher Orden.

Trester, nach dem Auspressen (Keltern) von Früchten verbleibende Maische; Rückstand bei der Bereitung von Wein *(Trauben-T.)* und Obstwein *(Obst-T.)*. Trauben-T. dient zur Herstellung von T.wein und T.branntwein (z. B. Grappa), zur Gewinnung von Traubenkernöl sowie als Rindviehfutter und organ. Düngemittel, Apfel-T. auch zur Pektingewinnung.

Tres Zapotes [span. 'tres sa'potes], mex. Ort im Staat Veracruz, 25 km westl. von San Andrés Tuxtla. Archäolog. Fundstätte, Stätte langer Siedlungsdauer (1000 v. Chr. bis 500 n. Chr.); im Stil der Steinskulpturen Beziehungen zu La Venta; die Stele C (31 v. Chr.) gehört zu den ältesten bekannten Maya-Stelen.

treten ↑ decken.

Tretjakow [russ. trɪtjɪ'kɔf], Pawel Michailowitsch, * Moskau 27. Dez. 1832, † ebd. 16. Dez. 1898, russ. Kaufmann, Mäzen und Sammler. - Seine Sammlung zeitgenöss. (v. a. der Peredwischniki) und alter russ. Kunst bildet den Grundstock der *Tretjakow-Galerie* (↑ auch Museen, Übersicht).

T., Sergei Michailowitsch, * Kuldīga (Lett. SSR) 20. Juni 1892, † 9. Aug. 1939, russ.-sowjet. Schriftsteller. - Vertreter des Egofuturismus und der literar. Gruppe „LEF"; Mitarbeiter von S. Eisenstein und W. E. Mejerchold. Seit 1937 inhaftiert, als angebl. Spion verurteilt und erschossen. War einer der bedeutendsten Vertreter der sowjet. Agitationsdichtung, v. a. mit „Brülle China!" (Dr., 1926); wurde 1956 rehabilitiert.

T., Victor, * Krasnojarsk 17. Okt. 1946, sowjet. Violinist. - Seit 1966 internat. bekannt, sowohl als Solist in Orchesterkonzerten wie auch als Kammermusiker.

Tretwerk (Tretmühle), früher zum Antrieb von Fördermitteln (z. B. Schöpfwerken) eingesetzte Vorrichtung mit einem [hölzernen] Laufrad *(Tretrad)*, an dessen äußerer oder innerer Kranzfläche sog. Tretstufen (Leisten oder Sprossen) angebracht sind.

Treuchtlingen, Stadt an der Altmühl, Bay., 421 m ü. d. M., 11 700 E. Apparatebau, Textil- u. a. Ind., nahebei Steinbruchbetriebe (Jurakalke). - 893 erste Erwähnung, 1365 Markt; 1898 Stadt.

Treue, Tugend der Beständigkeit im sittl. Leben, der Zuverlässigkeit [eines Zeugen] und des Festhaltens an einer eingegangenen (versprochenen) Bindung (ehel. Treue, Freundschaft, Lehenseid, Bundestreue, Vertragstreue).

Treuebruch (Treubruch) ↑ Felonie.

Treuepflicht, i. w. S. die sich aus dem Arbeitsverhältnis ergebenden, über den reinen Austausch von Arbeit gegen Vergütung hinausgehenden Verpflichtungen der Parteien des Arbeitsvertrages. Aus der T. leiten sich die ↑ Fürsorgepflicht des Arbeitgebers und (die T. i. e. S.) die Verpflichtung des Arbeitnehmers ab, sich für die Interessen des Arbeitgebers einzusetzen und alles zu unterlassen, was sich für diesen nachteilig auswirken könnte. Das Recht des Arbeitnehmers, seine eigenen Interessen im Rahmen der gesetzl. Möglichkeiten zu verfolgen, bleibt davon unberührt. Die T. beinhaltet: 1. die Verpflichtung, in dringenden Fällen mehr oder andere als die vertraglich vereinbarte Arbeit zu leisten; 2. ein Verbot, andere Beschäftigte, z. B. zur Eröffnung eines selbständigen [Konkurrenz]unternehmens, abzuwerben; 3. die Verpflichtung zur Verschwiegenheit in betriebl. und geschäftl. Dingen während der Dauer des Arbeitsverhältnisses; 4. die Pflicht zur Mitteilung von bereits entstandenen oder drohenden Schäden, z. B. bei Betriebsstörung. Verletzungen der T. können dem Arbeitgeber ein Recht auf [fristlose] Kündigung geben.

Treueprämie, zusätzl. [individuelles] Arbeitsentgelt, das der Arbeitgeber nach billigem Ermessen bei längerer Betriebszugehörigkeit gewähren kann.

Treuga Dei [mittellat. „Gottesfriede"], bes. Form des ↑ Gottesfriedens; bedeutete ein absolutes Fehdeverbot für bestimmte, „heilige" Zeiten (Donnerstag bis Sonntag als Passionstage, Advent, Fastenzeit usw.), dessen Bruch v. a. mit kirchl. Strafen (u. a. mit Bann oder Interdikt) geahndet wurde.

Treuhand, Ausübung oder Verwaltung fremder Rechte *(Treugut)* durch eine Person *(Treuhänder, Treunehmer)* im eigenen Namen, aber in schuldrechtl. Bindung gegenüber demjenigen, dem die Rechte an sich zustehen *(Treugeber)*. Kennzeichnend für T.verhältnisse ist, daß dem Treuhänder nach außen mehr Befugnisse übertragen werden, als er im Verhältnis zum Treugeber ausüben darf. Die privatrechtl. T. kann ausgestaltet sein als bloße Ermächtigungs-T., bei der dem Treuhänder das Treugut nicht übertragen, sondern nur die Befugnis eingeräumt wird, im eigenen Namen darüber zu verfügen. Häufiger ist aber die Vollrechts-T., bei der der Treuhänder nach außen das volle Recht am Treugut erwirbt, ihm also die volle Rechtsstellung eines Eigentümers oder Inhabers von Forderungen verliehen wird. Die T. kann den Interessen des Treuhänders dienen *(eigennützige T.,* z. B. Sicherungsübereignung) oder denen des Treugebers (fremdnützige T., z. B. Verwaltungs-T., Zession zum ↑ Inkasso). Je nachdem ist das Verhältnis zw. Treugeber und Treunehmer (insbes. hinsichtlich der Pflichten des Treunehmers) unterschiedlich ausgestaltet.

Treuhandgebiete (Trust territories), Territorien, die gemäß Art. 75–91 der UN-Charta unter Aufsicht der UN (Vollversammlung und Treuhandschaftsrat) von einer Treuhandmacht mit dem Ziel der Hinführung zur Selbständigkeit verwaltet werden.

Treuhandgeschäfte, entgeltl. Übernahme von Treuhandschaften, im Bankwesen insbes. die Vermögensverwaltung, die Erbschaftsverwaltung und Testamentsvollstreckung.

Treuhandkonto, von einem Treuhänder wegen eines Dritten unterhaltenes Bankkonto, z. B. Anderkonten der Rechtsanwälte, Notare und Wirtschaftsprüfer.

Treuhandkredite, in der Wirtschaft ↑ durchlaufende Kredite.

Treuhandstelle für Industrie und Handel, Abk. TSI, Dienststelle des Bundesmin. für Ernährung, Landwirtschaft und Forsten, Sitz Berlin (West), die für handelspolit. Beziehungen zur DDR im Rahmen des innerdt. Handels zuständig ist. Die TSI, die ursprünglich vom Dt. Industrie- und Handelstag in Frankfurt am Main (mit einer Zweigstelle in Berlin [West]) eingerichtet worden war, 1953 dem Bundesministerium für Wirtschaft unterstellt wurde und bis Dez. 1981 **Treuhandstelle für den Interzonenhandel** hieß, ist mit Vollmachten der Bundesregierung und des Regierenden Bürgermeisters von Berlin ausgestattet.

Treunehmer, derjenige, der eine ↑ Treuhand ausübt.

Treu und Glauben, allgemeiner Rechtsgrundsatz, nach dem der Rechtsanwender, insbes. der Richter, nicht ausschließl. nach abstrakt-generellen Sätzen (Gesetz, VO), sondern unter Berücksichtigung der Umstände des Einzelfalles zu entscheiden hat sowie der an einem Rechtsverhältnis (Vertrag) Beteiligte auch auf die berechtigten Interessen der anderen Beteiligten Rücksicht zu nehmen hat. Gesetzlich niedergelegt ist der Grundsatz von T. u. G. in § 157 BGB für die Auslegung von Verträgen und in § 242 BGB für die Art der Erfüllung von Vertragspflichten, wo als weiterer Maßstab die Rücksicht auf die Verkehrssitte angeführt wird. Diesen Bestimmungen wird über ihren Wortlaut hinaus ganz allg. Bedeutung für alle Rechtsgebiete beigemessen. Der Hinweis auf T. u. G. birgt allerdings stets die Gefahr, durch Hintansetzung ausgeformter, überprüfbarer rechtl. Argumente schwer kontrollierbare und unvorhersehbare Entscheidungen zu fördern, und steht damit in einem Spannungsverhältnis zum Gebot der Rechtssicherheit. - Vom Grundsatz von T. u. G. zu unterscheiden ist die Nichtigkeit eines Rechtsgeschäfts auf Grund Verstoßes gegen die guten Sitten (↑ Sittenwidrigkeit).

◆ (Bona fide, Good faith) für das *Völkerrecht* ist der Grundsatz von T. u. G. ein Wesensmerkmal. Art. 2 Absatz 2 der UN-Charta verpflichtet alle Mgl., ihre Pflichten aus der Charta bona fide, auch nach ihrem Geist und nicht nur nach dem Buchstaben, zu erfüllen.

Trevelyan, George Macaulay [engl. trɪ'vɪljən], * Stratford-upon-Avon 16. Febr. 1876, † Cambridge 20. Juli 1962, brit. Historiker. - Lehrte 1927–51 in Cambridge; einer der letzten großen Vertreter der liberalen brit. Historiographie. - *Werke:* Garibaldi (1907 bis 1911), Geschichte Englands (1926), Sir Edward Grey (1937), Kultur- und Sozialgeschichte Englands (1944).

Treverer (lat. Treveri), german.-kelt. Mischvolk etwa zw. Ardennen, Eifel und Hunsrück. Die T. unterwarfen sich Cäsar; in röm. Zeit war ihr Hauptort Augusta Treverorum (= Trier). Sie waren berühmt wegen ihrer Pferdezucht und Reitkunst; bed. Tempelbezirk mit etwa 70 Kultstätten im Altbachtal bei Trier.

Trevira ⓦ [Kw.], Handelsbez. für aus Terephthalsäure und Äthylenglykol hergestellte Polyesterfasern.

Treviranus, Gottfried Reinhold, * Schieder (= Schieder-Schwalenberg) 20. März 1891, † bei Florenz 7. Juni 1971, dt. Politiker. - 1924–32 MdR; schied als Gegner Hugenbergs 1929 aus der DNVP aus; 1930 Mitbegr. der Volkskonservativen Vereinigung; 1930–32 als Min. in verschiedenen Ressorts einer der engsten Mitarbeiter Reichskanzler Brünings; floh 1934 nach Großbrit., von dort nach Kanada und in die USA; kehrte 1949 in die BR Deutschland zurück.

Treviso [italien. tre'vi:zo], italien. Stadt in Venetien bei der venezian. Ebene, 15 m ü. d. M., 85 700 E. Hauptstadt der Prov. T.; kath. Bischofssitz; literaturwiss. Inst., Priesterseminar; Museen, Gemäldesammlung, Herstellung von Glühlampen und keram. Waren, Textil- und Nahrungsmittelindustrie. *Geschichte:* Als **Tarvisium** seit dem 1.Jh. n.Chr. nachweisbar; seit 396 als Bischofssitz bezeugt; in langobard. Zeit Hauptort eines Hzgt., später einer karoling. Mark; seit dem 12.Jh. freie Kommune und Mgl. des Lombardenbundes; gehörte 1339–1797 zu Venedig, dann mit Unterbrechungen bis 1866 zu Österreich; seither zu Italien.

Bauten: Die Altstadt ist von Mauern (erneuert 1509 ff.) und Kanälen umgeben. Dom (11./12., 15./16. Jh.) mit roman. Krypta, Fresken von Pordenone und Gemälde Tizians; got. Kirche San Francesco (13. und 14. Jh.). An die got. ehem. Dominikanerkirche grenzen ehem. Klostergebäude (Kreuzgänge, Kapitelsaal mit got. Freskenzyklus). Bed. Paläste von Bürgerhäuser mit Arkaden und Fassadenmalerei.

Trevithick, Richard [engl. 'trɛvɪθɪk], * Illogan (Cornwall) 13. April 1771, † Dartford (Kent) 22. April 1833, brit. Ingenieur. - Konstruierte um 1800 einen Dampfwagen und 1803/04 die erste Dampflokomotive.

Trevor-Roper, Hugh Redwald [engl. 'trɛvə'rəʊpə], * Glanton (Northumberland) 15. Jan. 1914, brit. Historiker. - Untersuchte als Mgl. des brit. Intelligence Service 1945 den Tod Hitlers (schrieb u. a. „Hitlers letzte Tage" [1947]); seit 1957 Prof. für Neuere Geschichte in Oxford; 1979 auf Lebenszeit in den Adelsstand erhoben mit dem Titel Dacre of Glanton, Baron of Glanton.

Trevrizent, Oheim ↑ Parzivals.

Treysa, Teil von ↑ Schwalmstadt.

Treysaer Konferenz, die auf Initiative des ev. Landesbischofs von Württemberg, T. Wurm, zum 31. Aug. 1945 nach Treysa einberufene Gründungskonferenz der EKD.

tri-..., Tri-... [griech.-lat.], Bestimmungswort mit Zusammensetzungen mit der Bed. „drei".

Triade [zu griech. triás „Dreizahl"], religionsgeschichtl. Bez. für eine Gruppe von drei Gottheiten (häufig als Vater-Mutter-Sohn).

Triaden-Strategie ↑ nukleare Strategie.

Triakisoktaeder [griech.] (Trisoktaeder, Pyramidenoktaeder, Trigondodekaeder), spezielle Kristallform; von 24 gleichschenkeligen Dreiecken begrenzt, die sich jeweils zu dreien zu flachen, dreiseitigen Pyramiden über den Flächen eines Oktaeders zusammensetzen.

Triakistetraeder [griech.] (Tristetraeder, Pyramidentetraeder), spezielle Kristallform; von 12 gleichschenkeligen Dreiecken begrenzt, die flache, dreiseitige Pyramiden über den Flächen eines Tetraeders bilden.

Trial-and-error-Maschine [engl. 'traɪəl ənd 'ɛrə], nach der Trial-and-error-Me-

Trial-and-error-Methode

thode konstruiertes System zur modellhaften (elektron.) Simulierung von Denkprozessen (↑ Denken) und zur modellhaften Lösung von Problemen. Durch moderne elektron. Informationswandler ist auch eine Simulierung induktiv-stochast. Prozesse, d. h. schöpfer. Denkvorgänge möglich.

Trial-and-error-Methode ['traɪəl ənd ɛrə „Versuch und Irrtum"] (Methode von Versuch und Irrtum), (idealisiertes) Lernverfahren für solche Situationen, bei denen 1. ein Ziel (d. h. ein Erfolgskriterium der Problemlösung) feststeht, 2. eine Reihe von alternativen Lösungsversuchen mögl. ist, von denen unbekannt ist, welche zum Erfolg führt, und 3. bekannt ist, daß alle gleichwahrscheinlich erfolgreich (bzw. erfolglos) sind. In solchen Situationen sind beliebige Lösungsversuche zu unternehmen, bis nach irrtüml. Versuchen die erste erfolgreiche Wahl getroffen ist. - In der Kybernetik wurde die T.-a.-e.-M. als Zusammenwirken von zielstrebigen Methoden mit den „Black-Box-Methoden" (↑ Black Box) beschrieben.

Trialeti [russ. tria'ljeti], Gräberfeld am S-Abhang des Trialet. Gebirges, 65 km sw. von Tiflis, Sowjetunion. Bei Ausgrabungen 1936–40 und 1947 wurden 40 bronzezeitl. (18. Jh. v. Chr.) Fürstengräber (Kurgane) mit Brandbestattungen (z. T. auf 4rädrigen Holzwagen, um die Reste von Haustieren lagen) erforscht. Beigaben in den 7–9 m tiefen Schachtgräbern waren u. a. reich ornamentierte Keramikgefäße, Bronzewaffen, ein Silberdolch, ein massiver Goldbecher, ein getriebener Silberbecher, menschl. Gestalten mit Tierköpfen. 1959–62 wurden in der Umgebung weitere Kurgane ausgegraben.

Trialetisches Gebirge, Gebirgszug des westl. Kleinen Kaukasus, bis 2850 m hoch.

Trialismus [lat.], Bez. für unterschiedl. Bestrebungen in Österreich-Ungarn, den Dualismus durch Schaffung eines dritten Staatsteils zu erweitern. Dieser sollte 1. die böhm.-mähr. Länder, 2. die südslaw. Länder der Monarchie umfassen.

Trialsport ['traɪəl; engl.], fahrtechn. Geschicklichkeitsprüfung für Motorradfahrer. Befahren werden Steilhänge, Wasserdurchfahrten, Geröll-, Sand- und Schlammstrecken. Gewertet werden nicht die erreichten Zeiten, sondern Fehler wie Ausrutschen, Abstützen mit den Füßen, Abwürgen des Motors u. a.

Triangel [lat.], idiophones Schlaginstrument in der Form eines Stahlstabs, der zu einem gleichseitigen, an einer Ecke offenen Dreieck gebogen ist und mit einem geraden Metallstab angeschlagen wird.

triangulär [lat.], dreieckig.

Triangulierung (Triangulation) [lat.], geodät. Verfahren zur Bestimmung von großräumigen Festpunktfeldern. Soll ein größerer Teil der festen Erdoberfläche vermessen werden, so wird zunächst ein Netz von Festpunkten, den *trigonometr. Punkten (TP)*, festgelegt. Als Festpunkt dienen sowohl Hochpunkte (Kirchturmspitze u. a.) als auch Bodenpunkte (die durch Steinpfeiler mit darunterliegender Steinplatte markiert sind). Das Festpunktfeld (Dreiecksnetz) soll aus möglichst gleichseitigen Dreiecken bestehen. Ein Netz I. Ordnung (mit Seitenlängen $s = 30$–50 km und mehr) bildet den Rahmen der Vermessung (Hauptdreiecksnetz). Es wird durch die Netze II. Ordnung (mit $s = 10$–20 km), III. Ordnung (mit $s = 3$–10 km) und IV. Ordnung (mit $s = 1$–3 km) verdichtet, an die dann die Einzelvermessungen und die topograph. Aufnahmen anzuschließen sind. Mißt man auf allen Punkten eines solchen Netzes die Dreieckswinkel (**Triangulation** i. e. S.), dann ist die Form des Netzes bestimmt. Der Maßstab des Netzes läßt sich aus der Länge mindestens einer Dreiecksseite ermitteln. Die Längenbestimmung kann mit Hilfe einer unmittelbar gemessenen *Basis* (Grundlinie) und dem zugehörigen *Basisvergrößerungsnetz* oder durch unmittelbare elektron. Entfernungsmessung erfolgen. Nach Abschluß der Messungen wird das Dreiecksnetz I. Ordnung auf eine streng vorgegebene Bezugsfläche (Ellipsoid oder Kugel) und diese dann auf eine Ebene (Landkarte) abgebildet.

Triângulo Mineiro [brasilian. tri'ɐŋgulu mi'nejru], eines der wichtigsten brasilian. Viehzuchtgebiete im W des brasilian. Bundesstaates Minas Gerais.

Triangulum [lat. „Dreieck"] ↑ Sternbilder (Übersicht).

Triangulum Australe [lat. „südl. Dreieck"] ↑ Sternbilder (Übersicht).

Trianon [frz. tria'nõ], zwei Lustschlösser im Park von Versailles: *Grand T.*, 1687/88 von J. Hardouin-Mansart für Madame de Maintenon erbaut; *Petit T.*, 1764–68 von J.-A. Gabriel für Ludwig XV. erbaut. Am 4. Juni 1920 wurde im Grand T. der **Friede von Trianon** zur Beendigung des 1. Weltkrieges zw. den Alliierten und Ungarn als einem Rechtsnachfolger der Donaumonarchie abgeschlossen. Ungarn verlor über $2/3$ seines Staatsgebiets an Rumänien (Grenzverlauf westl. von Arad und Großwardein [Oradea]), Jugoslawien (Grenzverlauf südl. von Pécs und Szeged) und die Tschechoslowakei (Slowakei).

Triarier [lat.], Bez. für die Mgl. des 3. Treffens (600 Mann, in 20 Zenturien und 10 Pilen gegliedert) in der röm. Legion.

Trias [griech. „Dreiheit"], älteste Formation des Mesozoikums. In Mitteleuropa werden die kontinentalen Ablagerungen *(german. T.)* und die in der Tethys abgelagerten marinen Sedimente *(alpine T.)* unterschieden.

Triaspolitik, Bez. für eine Politik, die einen vorhandenen Dualismus durch Bildung einer dritten Kraft zu neutralisieren sucht; bes. für die polit. Bestrebungen im Dt. Bund, durch ein aus den Klein- und Mittelstaaten gebildetes „drittes Deutschland" dem östr.-preuß. Dualismus entgegenzuwirken. Im Rahmen des Dt. Bundes vertrat seit 1820 König Wilhelm I. von Württemberg die Konzeption eines „Bundes im Bunde", die er unter dem Druck Metternichs (1823 Abberufung des württemberg. Bundestagsgesandten K. A. Frhr. von Wangenheim [* 1773, † 1850]) wieder zurücknehmen mußte. Später suchten v. a. Sachsen und Bayern unter Maximilian II. Joseph eine eigenständige Politik gegenüber der drohenden Hegemonie Preußens unter Anschluß an Österreich zu wahren.

Triäthanolamin, $N(CH_2-CH_2OH)_3$; viskose Substanz, die zur Herstellung der als Waschrohstoffe verwendeten Fettsäurealkylamide dient.

Tribadismus (Tribadie) [griech.], ↑ Homosexualität unter Frauen.

Tribalismus [lat. (zu ↑Tribus)], Bez. für die Stammesbezogenheit gesellschaftl. und polit. Verhaltens in afrikan. Staaten, die nach dem 2. Weltkrieg unabhängig wurden. Hauptursachen für den T., der die Bildung einheitl. Staatsnationen erschwert, sind die von den europ. Kolonialmächten ohne Rücksicht auf ethn., soziale und polit. Einheiten gezogenen Grenzen sowie ein unterschiedl. Grad an Modernisierung.

Triberg im Schwarzwald, Stadt im Gutachtal, unterhalb der Triberger Wasserfälle, Bad.-Württ., 684 m ü. d. M., 6 000 E. Heimatmuseum. Heilklimat. Kurort und Wintersportplatz; Herstellung von Spieldosen, Holz- und Hobelwerke, Uhren- u. a. Ind.betriebe. - 1239 erstmals gen., entstand im Anschluß an eine (1642 zerstörte) Burg, seit 1324 als Stadt bezeichnet. Das 1935 abgesprochene Stadtrecht wurde 1951 erneuert. - Spätbarocke Wallfahrtskirche Maria in der Tanne (1700–1705).

Tribo... [zu griech. tríbein „reiben"], Bestimmungswort in Zusammensetzungen mit der Bed. „Reibungs...".

Tribochemie, Teilgebiet der physikal. Chemie, das sich mit dem Einfluß mechan. Energie (Reibung, Stoß) auf das chem. Verhalten fester Stoffe beschäftigt. Die mechan. erzeugten Gitterstörungen können z. B. zu erhöhter Reaktionsfähigkeit und Leuchterscheinungen *(Tribolumineszenz)* führen und spielen bei bestimmten Formen der Korrosion eine Rolle.

Tribologie, Wiss. und Lehre von Reibung und Verschleiß gegeneinander bewegter, direkt oder über Zwischenmedien (Schmierstoffe) in Wechselwirkung bzw. Kontakt befindl. Körper[oberflächen]. Mit den techn. Aspekten der T. beschäftigt sich die **Tribotechnik;** Hauptziel ist die Herabsetzung der Reibung durch die Wahl geeigneter Werkstoffe und eine geeignete Formgebung sowie die Verwendung bes. Schmiermittel.

Tribolumineszenz ↑Tribochemie.

Tribonianus, † 542/543, Magister officiorum und Quaestor sacri palatii des byzantin. Kaisers Justinian I. - Plante vermutl. die Gesamtkodifikation des röm. Rechts im Corpus Juris Civilis und war zunächst Mgl., dann Leiter der Gesetzgebungskommissionen.

Tribotechnik ↑Tribologie.

Tribun [lat.], Amtsbezeichnung im röm. Staats- und Militärwesen. Den *tribuni aerarii* oblagen in der republikan. Stadtverwaltung die Soldzahlungen an die Soldaten ihrer Tribus; die *tribuni militum* (**Militärtribune**) waren die Stabsoffiziere der Legion, in der Kaiserzeit waren sie Anwärter auf die ritterl. oder senator. Ämterlaufbahn. Das wichtigste Amt lag bei den 10 *tribuni plebis* (**Volkstribune**), die die Interessen der Plebejer gegenüber dem Senat zu wahren hatten. Sie waren durch Unverletzlichkeit geschützt (jeder, der einen Volks-T. angriff oder in der Amtsführung behinderte, wurde vogelfrei) und besaßen durch ihr Vetorecht, mit dem sie jeden Senatsbeschluß verhindern konnten, und dem Recht, Plebiszite herbeizuführen, wirkungsvolle Kompetenzen. Seit 149 v. Chr. wurden die Volks-T. nach Ablauf ihrer einjährigen Amtszeit in den Senat aufgenommen; seit Augustus war die tribuniz. Gewalt (↑ tribunicia potestas) wesentl. Teil der kaiserl. Amtsgewalt.

Tribunal [lat.], 1. im antiken Rom der erhöhte Amtsplatz der Magistrate auf dem Forum Romanum, wo u. a. Recht gesprochen wurde; 2. danach [frz.] Bez. für [hoher] Gerichtshof; 3. im MA Bez. für insbes. geistl. Gerichte; 4. häufig Bez. für ein polit. Sondergericht, z. B. das frz. Revolutions-T. (1793–95) oder das zur Durchführung der Nürnberger Prozesse errichtete Internationale Militär-T. (1945/46); 5. von gesellschaftl. bzw. polit. Gruppen gebrauchte Bez. für ein Forum mit dem Ziel, Verletzungen elementarer Rechte im Bereich des Völkerrechts und der innerstaatl. Rechts in einer öffentl. [oft gerichtsähnl.] Untersuchung nachzuweisen (z. B. Russell-Tribunale).

Tribüne [lat.-roman.], meist schräg nach hinten ansteigende, z. T. überdachte Tragkonstruktion für Zuschauer[sitzplätze] in Sportstadien u. ä.

Tribunicia potestas [lat.] (tribuniz. Gewalt), Amtsgewalt des röm. Volkstribuns (↑Tribun); im Prinzipat wesentl. Teil der kaiserl. Amtsgewalt. 23 v. Chr. erhielt Augustus die volle T. p., nachdem er 36 bereits „sacrosanctitas" (Unverletzlichkeit) und 30 das „ius auxilii" (Hilferecht) erhalten hatte.

Tribus [lat.], Gliederungseinheit der röm. Bürgerschaft (ähnlich den griech. Phylen). Urspr. 3 gentiliz. Verbände zu je 10 Kurien, im 5. Jh. entstand neue regionale T. (4 städt., 16 bzw. 17 ländl.), seit 241 v.Chr. gab es 35 Tribus. Die Zugehörigkeit war erblich; die Zuweisung von Neubürgern war Sache

Tribut

des Zensors. Die T. war Aushebungs-, Wahl- und Steuerbezirk.

◆ (Gattungsgruppe) in der *zoolog.* und *botan. Systematik* zw. Fam. bzw. Unterfam. und Gatt. stehende systemat. Kategorie, die näher verwandte Gatt. zusammenfaßt.

Tribut [lat.], bis in die Neuzeit Bez. für Geld- oder Sachleistungen, die ein besiegtes Volk dem Sieger auf dessen einseitige Anordnung oder nach Maßgabe des Friedensvertrages als Kriegsentschädigung oder im Sinne einer polit. Vergeltung oder Beherrschung zu erbringen hatte. Bis zur Leistung des T. sicherte der Sieger sich oft durch Pfändung von Zöllen oder Gebietsbesetzung.

◆ übertragen für: Opfer, Beitrag; schuldige Verehrung, Hochachtung.

Tricastin [frz. trikas'tɛ̃], Urananreicherungsanlage in S-Frankr., 6 km südl. von Pierrelatte, Dep. Drôme.

Trichiasis (Trichose) [griech.], angeborene oder erworbene Fehlstellung der Augenwimpern nach innen mit der Folge, daß die Wimpern auf der Oberfläche des Augapfels reiben und dadurch eine Binde- und Hornhautentzündung hervorrufen.

Trichiinae [griech.], svw. ↑Pinselkäfer.

Trichine [engl., zu griech. thríx (Genitiv: trichós) „Haar"] (Trichinella spiralis), parasit., etwa 1,5 (♂) bis 4 mm (♀) langer Fadenwurm im Menschen und in fleisch- sowie in allesfressenden Säugetieren (z. B. Schweine, Ratten und viele Raubtierarten). Durch den Verzehr von trichinösem Fleisch (mit im Muskelgewebe eingekapselten T.) gelangen T. in den Darm *(Darm-T.)*, wo sie geschlechtsreif werden. Begattete ♀♀ bohren sich in die Darmwand ein und gebären dort bis über 1 000 Larven von 0,1 mm Länge, die über

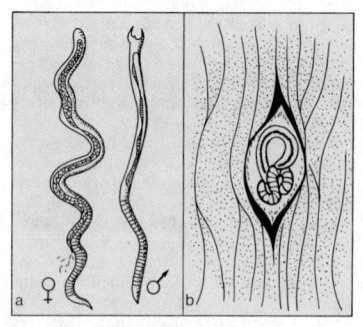

Trichine. a Darmtrichinen, b eingekapselte Muskeltrichine

das Blutgefäßsystem in stark durchblutete Muskeln (bes. Zwerchfell, Zunge, Rippenmuskeln) gelangen *(Muskel-T.)*. Dort entwickeln sie sich, werden von dem Wirtsgewebe eingekapselt und bleiben viele Jahre lebensfähig.

Der Genuß trichinenhaltigen Fleisches ruft beim Menschen die sog. **Trichinose** (Trichinenkrankheit), eine schwere, oft tödl. verlaufende Infektionskrankheit hervor, die deshalb meldepflichtig ist. Infektionsquelle ist trichinenhaltiges rohes oder ungenügend gekochtes Schweine-, Wildschwein- oder Bärenfleisch. Symptome: anfangs durch Darmtrichinen Durchfall, Leibschmerzen und Erbrechen, darauf durch Muskeltrichinen Fieber, Muskelschmerzen, Ödeme (bes. Lidödeme) und allerg. Erscheinungen, später u. U. Hirn- und Hirnhautentzündung, Lungen- und Herzmuskelentzündung. Die Therapie erfolgt mit Wurmmitteln wie Thiabendazol, die der allerg. Erscheinungen mit Glukokortikoiden. Als Verhütungsmaßnahme dient die ↑Fleischbeschau.

Trichloräthen (Trichloräthylen) [tri-klo:r...], $CHCl = CCl_2$; nicht brennbare, farblose Flüssigkeit mit gutem Lösungsvermögen für Öle, Fette, Wachse und Harze, daher als Reinigungs- und Entfettungsmittel verwendet. Bei Inhalation wirkt T. narkot. und hautreizend.

Trichlormethan [...klo:r...], svw. ↑Chloroform.

Trichlorphenole [...klo:r...], die sechs stellungsisomeren, durch drei Chloratome substituierten Derivate des Phenols; wichtig ist v. a. das farblose, kristalline 2,4,5-Trichlorphenol, das aus 1,2,4,5-Tetrachlorbenzol erhalten wird. T. dient als Zwischenprodukt bei der Herstellung von Hexachlorophen und Herbiziden. Chem. Strukturformel des 2,4,5-Trichlorphenols:

Trichogasterinae [griech.] ↑Fadenfische.

Trichomonas [...'mo:nas, ...'ço:monas] (Trichomonaden) [griech.], Gatt. der Flagellaten; mit vier nach vorn gerichteten Geißeln, undulierender Membran und einem am Hinterende des Zellkörpers herausragenden Achsenstab; im Menschen und in anderen Wirbeltieren, auch sonst bei Tieren teilweise Krankheitserreger.

Trichomoniase (Trichomoniasis, Trichomonase) [griech.], durch Geschlechtsverkehr übertragbare endemisch-epidem. Urogenitalinfektion (Erreger: Trichomonas vaginalis), die bei Männern und Frauen zu einer langwierigen Harnröhrenentzündung (Trichomonadenurethritis, -zystitis) führen kann (bei Frauen mit langanhaltendem Ausfluß).

◆ (Trichonomadenseuche) durch Trichosomaarten hervorgerufene Tierseuche; bes. beim Hausrind als Deckinfektion.

Trichophytie [griech.] (Scherpilz-, Ringel-, Kahlflechte), durch Trichophytonarten hervorgerufene Pilzerkrankung der Haut mit bevorzugtem Befall von Haaren und Nägeln.

Die Übertragung der Pilze erfolgt vom Menschen auf den Menschen, gelegentl. auch von Tier zu Mensch. - Die **oberflächl. Trichophytie** (Trichophytia superficialis) tritt in Form von scharf begrenzten, braunroten, juckenden Flecken auf. Die befallenen Haare fallen aus; die Nägel werden brüchig und rissig und sind gelb verfärbt. - Die **tiefe Trichophytie** (Trichophytia profunda, Kerion Celsi) tritt bei Männern bevorzugt in der Bartgegend (↑ Bartflechte) und bei Kindern auf der behaarten Kopfhaut auf. Die Behandlung der T. erfolgt lokal durch Auftragen von desinfizierenden Salben und Pasten; daneben werden fungistat. (pilztötende) Medikamente verabreicht. Die bei *Tieren* auftretenden Formen der T. bezeichnet man als ↑ Glatzflechte.

Trichophyton [griech.], Gatt. der Deuteromyzeten mit tier- und menschenpathogenen Hautpilzen; rufen Fußpilz und Haarkrankheiten hervor.

Trichoptera [griech.], svw. ↑ Köcherfliegen.

Trichose, svw. ↑ Trichiasis.

Trichostrongylidae [griech.], svw. ↑ Magenwürmer.

Trichotomie [griech.], die u. a. von Platon, Averroes und Ockham vertretene Anschauung von der Dreigeteiltheit des Menschen in Leib, Seele und Geist.

Trichozysten [griech.], spezielle ausstoßbare Organellen im Ektoplasmabereich des Zellkörpers vieler Wimpertierchen und einiger mariner Dinoflagellaten; stellen in Form von quellfähigen Stäbchen *(Spindel-T.)* oder ein Gift enthaltenden Hohlfäden *(Nesselkapsel-T., Trichiten)* Verteidigungs- bzw. Angriffswaffen dar.

Trichromasie [...kro:...; griech.] ↑ Farbenfehlsichtigkeit.

Trichter [zu lat. traiectorium, eigtl. „Gerät zum Hinüberschütten"], Vorrichtung, die das Einfüllen von Flüssigkeiten in enge Öffnungen erleichtert; auch kon. Gefäß, das am unteren Ende in ein Rohr übergeht; auch Bez. für ähnl. geformte Vorrichtungen, z. B. Schall-T. an Musikinstrumenten und Lautsprechern.

Trichterbecherkultur, nach einer typ. Gefäßform (neben Ösenbechern, Flaschen, „Backtellern", Löffeln) ben. jungneolith., mehrstufige Kulturgruppe (Beginn 3. Jt. v. Chr.), die vom östl. M-Europa bis NW-Deutschland und den Niederlanden sowie in S-Skandinavien verbreitet ist. Der Fundstoff stammt aus z. T. befestigten Freilandsiedlungen mit kleinen Häusern oder auch großen Langhäusern, aus Bestattungen (zunächst Einzelbestattungen im Flachgrab, im S auch unter Hügel, später Kollektivbestattungen in Megalithgräbern) in Verbindung mit Kultgebäuden und Deponierungen in Mooren und Quellen. Bereits aus der Anfangsphase liegen Funde von Metallgegenständen vor, die eine eigenständige Metallurgie nachweisen. Die Entstehung der T. ist noch ungeklärt; ihr Ende wird durch das Aufkommen der Einzelgrabkultur bestimmt.

Trichterlilie (Paradieslilie, Paradisea), Gatt. der Liliengewächse mit zwei Arten. Die in Südeuropa heim. Art *Schneeweiße T. (Paradisea liliastrum)* mit langen, linealförmigen Blättern und duftenden, trichterförmigen Blüten wird als Gartenzierstaude kultiviert.

Trichterling (Clitocybe), zur Fam. Tricholomataceae gehörende Pilzgatt. mit über 60 Arten in Europa und N-Amerika; Hut flach, später meist trichterförmig nach oben gerichtet, mit am Stiel herablaufenden Lamellen. Einheimisch ist u. a. der eßbare und häufig vorkommende **Mönchskopf** (Clitocybe geotropa; ledergelblich; bis 30 cm hoch; oft in Hexenringen).

Trichtermalve (Sommermalve, Malope), Gatt. der Malvengewächse mit drei Arten im Mittelmeergebiet. Die einjährige, über 1 m hoch werdende Art *Malope trifida* (mit großen, hellpurpurroten Blüten mit dunkler Aderung) wird als Sommerblume kultiviert.

Trichterspinnen (Agelenidae), weltweit verbreitete Fam. kleiner bis mittelgroßer Spinnen mit über 500 Arten, davon 23 einheimisch; weben meist große, waagrechte Netze, die trichterförmig in die Wohnröhre übergehen, in der für die Spinne auf Beute lauert. - Zu den T. gehören u. a. die ↑ Hausspinnen und die Wasserspinne, bekannt ist die *Labyrinthspinne* (Agelena labyrinthica), die 8-14 mm groß wird.

Trichterwinde (Prunkwinde, Purpurwinde, Ipomoea), Gatt. der Windengewächse mit rd. 400 Arten in den Tropen und Subtropen; meist einjährige oder ausdauernde, windende Kräuter mit großen, meist einzelnstehenden Blüten. Eine als Kulturpflanze wichtige Art ist die ↑ Batate.

Tricinium [lat.], im 16. und beginnenden 17. Jh. ein dreistimmiger, meist kontrapunkt. Satz für rein instrumentale oder gemischt vokal-instrumentale Besetzung. Tricinien-Sammlungen enthielten Werke unterschiedl. Gattungen, z. B. Motetten und Chansons.

Trick [engl.], Kunstgriff, Kniff.

Trickfilm, mit Hilfe von techn. oder photograph. Tricks hergestellter Film, in dem unbelebten Objekten (z. B. gezeichneten Figuren) Bewegung verliehen wird (Verfahren der Animation). Der *Animationsfilm*, der den *Zeichen-* und den *Puppen[trick]film* umfaßt, ist bes. in den USA (v. a. W. Disney ab 1926) sowie in neuerer Zeit in der ČSSR, in Polen und Jugoslawien entwickelt worden. - ↑ auch Film.

Tricktaste, Vorrichtung, die es an Tonbandgeräten gestattet, den Löschkopf abzuschalten und in eine Aufnahme eine weitere hineinzukopieren.

Tricktrack [frz.] ↑ Backgammon.

Tridentinisches Glaubensbekenntnis

Tridentinisches Glaubensbekenntnis (lat. Professio fidei [Tridentina]), in der kath. Kirche das von allen Bewerbern um höhere Weihen bzw. Kirchenämter vor einem Träger oberhirtl. Jurisdiktion abzulegende Glaubensbekenntnis, das auf den Glaubensdekreten des Tridentinums beruht.

Tridentinum [lat.] (Konzil von Trient, Trienter Konzil, Tridentin. Konzil), das 20. (bei Zusammenziehung der Konzile Basel I und Basel II [= Ferrara-Florenz] zu einem Konzil [Basel-Ferrara-Florenz] das 19.) allg. Konzil (1545-63). Obwohl der Ruf nach einem allg. Konzil seit der Konzilsappellation Luthers vom 28. Nov. 1518 nicht mehr verstummt war, vermieden die Päpste aus Angst vor einem Wiederaufleben des Konziliarismus eine Konzilseinberufung. Erst Paul III. (1534-49) erkannte die Notwendigkeit eines allg. Konzils, konnte dieses jedoch erst nach langen polit. Auseinandersetzungen um Beschickung und Tagungsort im Dez. 1545 in Trient eröffnen.

Das T. tagte in drei Tagungsperioden (1545-47; 1551/52; 1562/63) und einer Zwischenperiode (1547/48; Bologneser Tagungsperiode), in der es jedoch nicht zur Verabschiedung von Dekreten kam. Die wichtigsten *dogmat. Verhandlungsthemen* waren: die Frage nach den Offenbarungsquellen (Betonung des autoritativen Charakters auch der Tradition; gegen das „sola scriptura" Luthers), Erbsünde, Rechtfertigungslehre, Siebenzahl der Sakramente und ihre Einsetzung durch Jesus Christus, Eucharistie (Realpräsenz), Krankensalbung, Weihe, Opfercharakter der Messe, Reinigungsort (Fegefeuer), Ehe, Buße, Heiligen- und Bilderverehrung, Ablaß. Dazu kamen wichtige *Reformdekrete* über die Residenzpflicht der Bischöfe und Pfarrer, Einrichtung von Priesterseminaren und Verpflichtung der Bischöfe zur Abhaltung von regelmäßigen Provinzial- bzw. Diözesansynoden und zur regelmäßigen Visitation ihres Sprengels. Der *Verlauf* des T. war ständig durch polit. Kontroversen beeinträchtigt: Der Protest Kaiser Karls V. (1548) gegen die Verlegung des Konzils (wegen Flecktyphusgefahr) nach Bologna (1547) führte zur Suspension der Verhandlungen. 1552 mußte das Konzil vertagt werden, nachdem die prot. Fürstenopposition den Kaiser zur Flucht aus Innsbruck gezwungen hatte. Als nach 10 Jahren (1562) die Verhandlungen wieder aufgenommen wurden, drohten sie schon bald erneut zu scheitern, da die Konzilsopposition unter dem lothring. Kardinal Charles Guise in der Debatte um das Verhältnis von Primat und Episkopat sich unnachgiebig zeigte. Erst dem diplomat. Geschick des Konzilspräs. G. Morone gelang es nach einem Gespräch mit dem Kaiser, C. Guise zu einem Kompromiß zu bewegen. In der Schlußsitzung des T. am 3. Dez. 1563 wurden sämtl. Dekrete aus allen Tagungsperioden verlesen und von allen Bischöfen gegengezeichnet. Die Bestätigung durch den Papst (Pius IV.) erfolgte 1564.

Das T. hat das Antlitz des Katholizismus so entscheidend geprägt, daß theologiegeschichtl. die Zeit bis zum 2. Vatikan. Konzil (1962-65) als „nachtridentin." bezeichnet wird. Theolog. trug das T. durch seine dogmat. und Reformdekrete - kirchl. vorangetrieben v. a. durch K. Borromäus, polit. von Kaiser Ferdinand I. - zwar zu einer Erneuerung der kath. Kirche bei, besiegelte auf der anderen Seite jedoch die Glaubensspaltung zw. kath. und ev. Christen für die Zukunft, eine Tatsache, die wesentl. zum Zerfall der ma. Einheit in Deutschland und Europa beitrug. Innerkirchl. festigte das T. die in den vorangegangenen Jahrzehnten in Mißkredit geratene päpstl. Gewalt. - ↑ auch katholische Erneuerung.

📖 *Concilium T. Hg. v. R. Bäumer. Darmst. 1979. - Gesch. der Ökumen. Konzilien. Bd. 10, 1: La Brosse, O. de: Lateran V u. Trient. Dt. Übers. Mainz 1978. - Jedin, H.: Gesch. des Konzils v. Trient. Freib.* $^{1-3}$*1970-78. 4 Bde.*

Tridymit [griech.] ↑ Quarz.

Trieb, in der *Verhaltensforschung* und *Psychologie* die Bereitschaft, eine bestimmte Handlung (insbes. ein Instinktverhalten) ablaufen zu lassen. Die innere Erregung dafür wird nach der Vorstellungen der modernen Verhaltenslehre fortlaufend zentralnervös produziert und staut sich auf (**Triebstau**). Bei starkem T.stau reicht schon ein schwacher spezif. Reiz (↑Auslöser, ↑Schlüsselreiz) aus, der die innere Sperre über einen Auslösemechanismus (angeborener ↑Auslösemechanismus) beseitigt, um die Handlung ablaufen zu lassen (**Triebbefriedigung**). Bleibt der Reiz aus, wird die angestaute Erregung in einer ↑Leerlaufhandlung aufgebraucht. Erfolgt eine Instinkthandlung mehrmals hintereinander, kann sie schließlich (bei leerem Erregungsreservoir) auch durch sehr starke Reize nicht mehr ausgelöst werden (↑auch Automatismen, ↑Drang).

♦ in der *Botanik* Bez. für den jungen ↑Sproß.

♦ in der *Technik*: 1. Bez. für die Übertragung einer Kraft bzw. eines Drehmoments, auch die dazu verwendete Vorrichtung (z. B. Ketten-, Seil-, Riemen-T.); 2. Bez. für ein Zahnrad mit nur wenigen Zähnen.

Triebmittel (Treibmittel), zusammenfassende Bez. für Substanzen, die sich ihrer Gasabspaltung oder Gaserzeugung zur Teiglockerung eignen, v. a. Backpulver, [Back]hefe und Sauerteig.

Triebwagen ↑ Eisenbahn.

Triebwerke, Sammelbez. für Maschinen zum Antrieb von Fahrzeugen, insbes. aber von Flugzeugen und Raketen. Zum *Flug-T.* zählt neben dem von einem Kolbenmotor oder einer Turbine angetriebenen Propeller-T. insbes. das *Turboluftstrahl-T. (Turbinen-Luft-*

strahl-T. oder *TL-Triebwerk*). Bei diesem Typ von *Luftstrahl-T.* wird der angesaugte Luftstrom im Einlaufdiffusor durch einen Turbokompressor verdichtet und in der anschließenden Brennkammer durch Verbrennen des kontinuierl. eingespritzten Treibstoffs hoch erhitzt; die Heißgase liefern in der nachgeschalteten Gasturbine die Energie zum Antrieb des Turbokompressors und der notwendigen Hilfsaggregate und bewirken beim Ausströmen aus der Schubdüse den Antriebsschub. Bei den im luftleeren Raum arbeitenden *Raketen-T.* (↑Raketen) muß neben dem Treibstoff noch zusätzl. das zur Verbrennung benötigte Oxidationsmittel mitgeführt werden. Dies entfällt bei den für Raumfahrzeuge vorgesehenen elektrostat. ↑Raumflugtriebwerken. Bei den *Ionen-T.* wird u. a. Cäsium- oder Quecksilberdampf vollständig ionisiert, die erzeugten Ionen werden dann in speziellen Linearbeschleunigern auf Geschwindigkeiten bis 100 km/s gebracht (*Ionenantrieb*).

Triefauge (Lippitudo), vermehrte, meist schleimige oder eitrige Absonderung der Augenbindehaut bzw. der ↑Meibom-Drüsen am Lidrand.

Triele (Dickfüße, Burhinidae), Fam. bis über 50 cm langer, dämmerungs- und nachtaktiver Watvögel mit neun Arten an Ufern, Küsten und in Trockengebieten der gemäßigten bis trop. Regionen; in Deutschland nur der **Gewöhnl. Triel** (Brachhuhn, Burhinus oedicnemus): etwa 40 cm lang; brütet (meist ohne Nistmaterial) auf dem Boden; Teilzieher.

Triennale [tri-ε...; lat.], Veranstaltung, die alle drei Jahre stattfindet.

Trient (italien. Trento), Hauptstadt der autonomen italien. Region Trentino-Südtirol, im Etschtal, 194 m ü. d. M., 100 000 E. Verwaltungssitz der Prov. T.; kath. Erzbischofssitz; Staatsarchiv, Museen; bed. Ind.standort, Handel und Fremdenverkehr. - Von Rätern oder Galliern gegr., in der Römerzeit **Tridentum** (2. Jh. n. Chr. zur Colonia erhoben), seit dem 4. Jh. als Bischofssitz bezeugt; wurde nach Ostgotenherrschaft Mittelpunkt eines langobard. Hzgt., dann einer fränk. Gft.; kam 952 als Teil der Mark Verona an Bayern; wurde 1004/27 Hauptstadt des reichsunmittelbaren Bistums T., das seit der 2. Hälfte des 14. Jh. in wachsende Abhängigkeit vom Haus Österreich geriet; Tagungsort des **Konzils von Trient** (↑Tridentinum); fiel 1803 mit dem zugehörigen Territorium an Tirol, gehörte 1805–09 zu Bayern, 1810–13 zum Napoleon. Kgr. Italien; kam danach wieder an Österreich und wurde ein Zentrum der Irredenta; fiel 1919 mit Südtirol an Italien; seit 1948 Hauptstadt der autonomen Region Trentino-Südtirol. - Roman.-got. Dom (12.–16. Jh.), durch das Castelletto mit dem ma. Palazzo Pretorio (ehem. bischöfl. Palast) verbunden. Castello del Buonconsiglio, ehem. Residenz der Fürstbischöfe (13., 15. und 16. Jh.) mit Fresken, von denen v. a. die „Jahreszeiten" (frühes 15. Jh.) im Adlerturm berühmt sind. Zahlr. Paläste.

Trienter Konzil ↑Tridentinum.

Trier, Jost, *Schlitz 15. Dez. 1894, †Bad Salzuflen 15. Sept. 1970, dt. Germanist. - Ab 1932 Prof. in Münster; machte sich v. a. verdient um die Erforschung von etymolog. Wortfeldern dt. Sprache; erhielt 1968 den Konrad-Duden-Preis.

T., Walter, *Prag 25. Juni 1890, †Collingwood (Ontario, Kanada) 11. Juni 1951, dt.-böhm. Illustrator. - Lebte in München und emigrierte 1932 nach England, 1947 nach Kanada. Illustrierte v. a. Kinderbücher von E. Kästner, z. B. „Emil und die Detektive", 1929; „Das doppelte Lottchen", 1949).

Trier, Stadt an der mittleren Mosel, Rhld.-Pf., 125 m ü. d. M., 93 700 E. Verwaltungssitz des Reg.-Bez. T. und des Landkr. T.-Saarburg; kath. Bischofssitz; Univ. (gegr. 1970), kath. theolog. Fakultät, Fachhochschule Rhld.-Pf., Landeslehr- und -versuchsanstalt für Weinbau, Gartenbau und Landw.; Museen (u. a. Rhein. Landesmuseum, Bischöfl. Museum, Städt. Museum, Karl-Marx-Museum); Theater. Stahlwerke, Maschinen- und Apparatebau, Kautschukverarbeitung, Textil- sowie Nahrungsmittel- u. a. Ind., Fremdenverkehr; Verkehrsknotenpunkt nahe der dt.

Trier. Kaiserthermen (4. Jh.)

Trier

Grenze zu Luxemburg bzw. Frankreich; Hafen.
Geschichte: Die röm. Stadt **Augusta Treverorum** (im 7. Jh. **Treveris,** später bereits T. gen.) wurde wohl zw. 16 und 13 v. Chr. von Kaiser Augustus im Gebiet der Treverer gegr. und rasch wirtsch. Mittelpunkt der Umgebung; besaß schon um 100 n. Chr. ein Amphitheater für rd. 20 000 Zuschauer; Hauptort der Prov. Belgica, Colonia unter Claudius, 260–270 Residenz der gall. Gegenkaiser Postumus und Victorinus, 275/276 von Franken und Alemannen zerstört; wurde unter Konstantius I. Chlorus Kaiserresidenz und Verwaltungssitz der gall. Präfektur (bis Ende des 4. Jh.); war mit rd. 70 000 E für ein Jh. die größte Stadt nördl. der Alpen. Bereits seit etwa 200 n. Chr. gab es in der Stadt eine Christengemeinde, ein Bischof ist seit dem 3. Jh. nachweisbar (6. Jh.–1803 Erzbistum, seitdem wieder Bistum); 475 fiel T. an die Franken; blieb weiterhin Mittelpunkt des christl. Lebens; 882 von den Normannen verwüstet. 902 erlangte der Erzbischof die Herrschaftsrechte über Trier. Seit 940 Wiederaufbau. Das Stadtrecht von T. wurde um 1190 kodifiziert; als Mittelpunkt und Sitz eines Kurfürstentums (bis Ende des 18. Jh.) erlebte es eine neue Blüte; war im 15. Jh. freie Reichsstadt, um 1580 wurde ihm jedoch die Reichsunmittelbarkeit abgesprochen und es wurde zur kurfürstl. Landstadt erklärt; 1473–1798 Sitz einer Univ.; 1794–1814 Hauptstadt des frz. Saardepartements, fiel 1815 an Preußen.
Bauten: Schwere Zerstörungen im 2. Weltkrieg. Bed. röm. Reste: Amphitheater (um 100 n. Chr.), Thermen (2. und 4. Jh.), Stadttor ↑ Porta Nigra; Basilika (um 310, jetzt ev. Pfarrkirche), Römerbrücke, Teile der frühchristl. Doppelkirche (1. Hälfte des 4. Jh.) über einem röm. Palast wurden Kern des Domes (11., 12. und 13. Jh.), got. kath. Liebfrauenkriche (um 1235–65). Zur roman. Benediktinerabteikirche Sankt Matthias (1127 ff.) gehört eine frühgot. Klosteranlage (13. Jh.). Ehem. Abteikirche Sankt Maximin (1680–98); spätbarokke ehem. Stiftskirche Sankt Paulin (1734–57). Ehem. kurfürstl. Barockschloß (17./18. Jh.).
📖 *Der Trierer Raum und seine Nachbargebiete. Exkursionsführer.* Hg. v. R. Jätzold. Trier 1984. - *Führer zu vor- u. frühgeschichtl. Denkmälern.* Bd. 32: T. Mainz 1977. 2 Tle. - *Laufer, W.: Die Sozialstruktur der Stadt T. in der frühen Neuzeit.* Bonn 1973. - *Zenz, E.: Gesch. der Stadt T. in der ersten Hälfte des 20. Jh.* Trier 1967–71. 2 Bde.
T., Reg.-Bez. in Rheinland-Pfalz.
T., Bistum und ehem. geistl. Kurfürstentum. Das seit dem 3. Jh. bezeugte Bistum ist schon im 6. Jh. als Erzbistum nachweisbar. Unter Karl d. Gr. wurden ihm die Bistümer Metz, Toul und Verdun als Suffragane unterstellt. 843 wurde die Diözese Teil des fränk. Mittelreiches, 870/879 des Ostfränk. Reiches. Bald darauf begann der Aufbau eines Territoriums an der mittleren Mosel, das 1018 durch kaiserl. Schenkung um Koblenz und Besitzungen im Westerwald vergrößert wurde. In der Auseinandersetzung um die Spitzenstellung im dt. Episkopat traten die Erzbischöfe von T. zwar hinter Mainz und Köln zurück, fanden aber Aufnahme in das Kurfürstenkollegium und erhielten 1308/14 die Würde eines Erzkanzlers für Burgund. Eigtl. Schöpfer des Kurfürstentums T. war Erzbischof Balduin von Luxemburg (1307–54). Richard von Greiffenklau sicherte seinen Bestand in der Sickingenschen Fehde (1522/23). Die Einführung der Reformation scheiterte, die Protestanten wurden 1559 vertrieben. 1801 ging der linksrhein. Hauptteil des Erzstifts an Frankreich verloren, die rechtsrhein. Teile kamen 1803 an Nassau-Weilburg. Unter der Herrschaft der Franzosen wurde das Erzbistum T. als Bistum dem Erzbistum Mecheln unterstellt. Die verbliebenen rechtsrhein. Gebiete wurden von einem Apostol. Vikar mit Sitz in Ehrenbreitstein (= Koblenz) verwaltet. Seit 1821 gehört T. als Suffragan zur Kirchenprov. Köln. - ↑ auch katholische Kirche (Übersicht).

Triere [griech.] (Trireme, Dreiruderer), antikes Ruderkriegsschiff (mit Rammsporn), über dessen Aussehen wenig bekannt ist. Ungeklärt ist auch, ob die Ruderer in drei Reihen übereinander saßen oder ob jeweils drei Ruderer einen Riemen bedienten.

Triergon [griech.] ↑ Film.

Trier-Saarburg, Landkr. in Rhld.-Pfalz.

Triest, Hauptstadt der italien. Region Friaul-Julisch-Venetien, am Golf von T., 241 400 E. Verwaltungssitz der Prov. T.; kath. Bischofssitz; Univ. (gegr. 1938), Kunsthochschule, Konservatorium, Observatorium; mehrere Museen, botan. Garten, Meerwasseraquarium. T. ist kultureller und wirtsch. Mittelpunkt NO-Italiens mit internat. Messen; v. a. Schwerindustrie; Hafen, Terminal der Transalpinen Ölleitung TAL; ✈.
Geschichte: Das seit dem 2. Jh. v. Chr. röm. **Tergeste** wurde von Cäsar zur Colonia erhoben (52 v. Chr.), von Augustus befestigt; der erste Bischof ist im 6. Jh. bezeugt; kam nach der Herrschaft der Ostgoten (bis 539) zum Byzantin. Reich (752–774 langobard.), 788 zum Fränk. Reich und wurde mit der Mark Friaul vereinigt; kam 948 unter die Autorität der Bischöfe, 1202 unter venezian. Herrschaft, schließl. 1382 mit seinem Territorium zu Österreich, bei dem es fast ununterbrochen bis 1918 blieb (1797, 1805 und 1809 frz. Besetzung, 1809–14 Bestandteil Illyriens); Blüte ab Anfang 18. Jh. (1719–1891 Freihafen, Schaffung künstl. Hafenanlagen); in der östr.ungar. Monarchie Hauptstadt des östr. Kronlandes Küstenland; im Frieden von Saint-Germain-en-Laye 1919 von Italien erworben. 1943 von dt. Truppen besetzt, fiel 1945 in

Trigonometrie

die Hand von Tito-Partisanen und wurde zum Streitobjekt zw. Italien und Jugoslawien. Noch 1945 wurde T. mit westl. und nördl. Umland einer Zone A (unter angloamerikan. Besatzung) zugeteilt, aus der mit der Zone B im S der Stadt (unter jugoslaw. Besatzung) im Pariser Frieden 1947 ein Freistaat (**Territorio Libero di Trieste**) unter Aufsicht der UN (mit provisor. Verwaltung durch alliierte Befehlshaber) geschaffen wurde. Die Zusage einer Rückgabe der Stadt durch die 3 Westmächte an Italien 1948 wurde angesichts der Möglichkeit einer Annäherung Jugoslawiens an den Westen infolge des jugoslaw.-sowjet. Konflikts nicht eingelöst; erst im Londoner Abkommen vom 5. Okt. 1954, das die Stadt T. mit dem Großteil der Zone A an Italien zurückgab, während die erweiterte Zone B bei Jugoslawien verblieb, wurde die **Triestfrage** gelöst. Ein italien.-jugoslaw. Abkommen vom Nov. 1975 bestätigt im wesentl. diese Regelung und sieht T. als Freihafen vor. Seit 1962 ist T. Regionshauptstadt.
Bauten: Dom San Giusto (1385 geweiht) mit bed. Mosaiken und Fresken und Kampanile. Aus der Antike sind das röm. Theater (2. Jh.), der Arco di Riccardo sowie Reste der röm. Basilika erhalten. Das Schloß wurde 1470/71 anstelle eines venezian. Kastells (1368 ff.) erbaut; zahlr. klassizist. Bauten, u. a. Teatro Verdi, Palazzo Carciotti, Rotonda Pancera; nahebei Schloß Miramare (1856-60).
 Bakos, E.: Friaul - T. - Venetien. Köln 1985. - Smets, F.: Rijeka-T.: Die Verlagerung eines italien.-jugoslav. Konflikts. Mchn. 1979. - Novak, B. C.: Trieste, 1941-1954. The ethnic, political, and ideological struggle. Chicago (Ill.) 1970. - Zahorsky-Suchodolski, A. M.: T. Schicksal einer Stadt. Wien 1962.

Trifels, Bergkegel bei Annweiler am T., Rhld.-Pf., 493 m hoch. - Z. T. ausgebaut ist die Ruine einer bed. Stauferburg, die im 12./13. Jh. Aufbewahrungsort der Reichskleinodien und zeitweise Staatsgefängnis war.

Triffin, Robert [engl. 'trıfın], * Flobecq (Prov. Hennegau) 5. Okt. 1911, amerikan. Nationalökonom belg. Herkunft. - Prof. in Yale; bed. Arbeiten v. a. auf dem Gebiet der Preistheorie und der Währungspolitik.

Trifokalgläser (Dreistärkengläser) ↑Brille.

Trifolium [lat.], svw. ↑Klee.

Trifonow, Juri Walentinowitsch [russ. 'trifənəf], * Moskau 28. Aug. 1925, † ebd. 28. März 1981, russ.-sowjet. Schriftsteller. - Gestaltete in seinen Romanen v. a. menschl. Beziehungen und Schicksale vor dem Hintergrund des Moskauer Alltags, z. B. „Der Tausch" (1969), „Zwischenbilanz" (1970), „Langer Abschied" (1971), „Das andere Leben" (1975), „Das Haus an der Moskwa" (1976). Histor. Themen behandeln „Die Zeit der Ungeduld" (1973), „Starik" (1977).

Triforium [mittellat., zu altfrz. trifoire „durchbrochene Arbeit" (von lat. transforare „durchbohren")], im Kirchenbau Laufgang zw. den Arkaden und der Fensterzone, der sich in Bogenstellungen zum Kirchenschiff (Mittel- und Querschiff) und Chorraum öffnet. Seit roman. Zeit; gegen Ende der Hochgotik wird auch die Rückwand des Laufgangs mit Fenstern versehen (techn. setzt das über den Seitenschiffen Sattel- statt Pultdächer voraus).

Trift, svw. ↑Hutung.
◆ der vom Vieh benutzte Weg zw. Hutweide und Stall bzw. Tränkstelle oder Melkplatz.
◆ in der *Ozeanographie* svw. ↑Drift.

Triftröhre ↑Laufzeitröhren.

Trigeminus [lat.] (Kurzbez. für: Nervus trigeminus; Drillingsnerv), der paarige, vom verlängerten Mark ausgehende fünfte Hirnnerv (↑Gehirn).

Trigeminusneuralgie, kurzdauernde, überwiegend einseitige Schmerzanfälle im Bereich eines oder mehrerer Äste des Trigeminus. Die Erkrankung kommt als *symptomat. T.* in Begleitung u. a. von Zahn-, Unterkiefer-, Kieferhöhlen- oder Stirnhöhlenerkrankungen vor. Die *idiopath. T. (essentielle T.),* deren Ursache unbekannt ist, tritt v. a. bei Frauen nach dem 50. Lebensjahr auf. Die Behandlung zielt bei krankheitsbegleitenden Formen auf das Grundleiden. Ferner kommen Wärme, Analgetika, Sedativa und (bei hartnäckigen Formen der idiopath. T.) eine operative Blokkade oder Ausschaltung des betreffenden Nervs in Frage.

Trigger [engl.], [elektron.] Bauteil zum Auslösen eines Vorgangs; Zünd-, Auslösevorrichtung; auch Bez. für das auslösende Signal (z. B. ein Impuls).

Trigger-point [engl. point], in der *Medizin* umschriebene, tastbar verhärtete Stelle im Muskel- oder Unterhautzellgewebe, die auf Druck schmerzhaft reagiert.

Triglav [slowen. tri'glaṷ], mit 2 863 m höchster Berg der Jul. Alpen und zugleich Jugoslawiens.

Triglidae [griech.], svw. ↑Knurrhähne.

Triglochin [griech.] ↑Dreizack.

Triglyceride, zusammenfassende Bez. für die Triester des Glycerins, z. B. die Fette.

Triglyphe [griech. „Dreischlitz"], im dor. Gebälkfries mit der ↑Metope wechselndes Glied. Es besteht aus einem rechteckigen Bauelement mit 2 Einkerbungen und 2 Halbschlitzen am Rand (sowie einer Deckplatte).

Trigon [griech.], svw. Dreieck.

trigonal [griech.], svw. dreieckig.

Trigondodekaeder, svw. ↑Triakistetraeder.

Trigonometrie [griech.], Dreiecksmessung; Teilgebiet der Mathematik, das sich mit der Berechnung von ebenen und sphär. Dreiecken unter Benutzung der ↑trigonometrischen Funktionen befaßt.

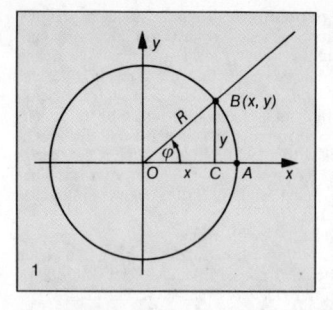

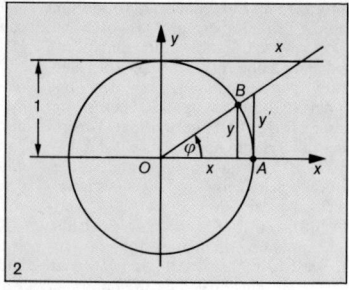

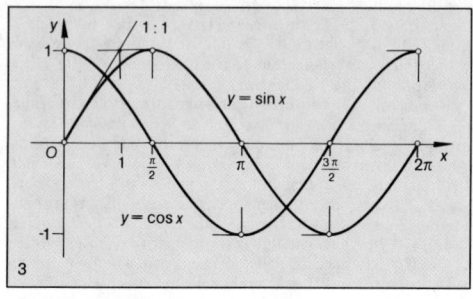

trigonometrische Funktionen

Trigonometrische Funktionen.
1 Definition, 2 Definition im Einheitskreis, 3 Graphen von Sinus- und Kosinusfunktion

Trigonometrische Funktionen. Graphen von Tangens- und Kotangensfunktion

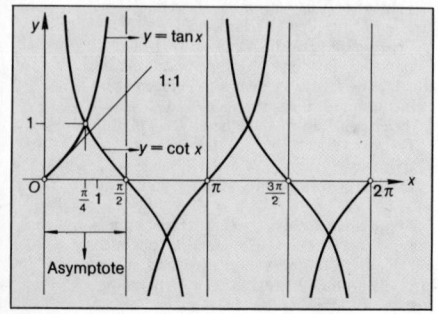

trigonometrische Funktionen (Kreisfunktionen, Winkelfunktionen, goniometrische Funktionen), zusammenfassende Bez. für die transzendenten Funktionen *Sinus* (Funktionszeichen sin), *Kosinus* (Cosinus, Funktionszeichen cos), *Tangens* (Funktionszeichen tan [auch noch tg, tang]), *Kotangens* (Cotangens, Funktionszeichen cot [auch noch ctg]), *Sekans* (Secans, Funktionszeichen sec) und *Kosekans* (Cosecans, Funktionszeichen cosec [auch noch csec]).
Geometr. anschaul. erhält man die t. F. als Funktionen der in Grad gemessenen Winkel φ für $0 \leqq \varphi \leqq 360°$ auf folgende Weise:

In der (x, y)-Ebene sei ein Kreis (Radius R) mit dem Mittelpunkt im Ursprung O gegeben, von der positiven x-Achse trägt man (entgegen dem Uhrzeigersinn) den Winkel φ ab, der (von der x-Achse verschiedene) Schenkel schneidet den Kreis im Punkt $B(x, y)$. Man definiert dann:

$\sin \varphi = y/R, \quad \cos \varphi = x/R$
$\tan \varphi = \sin \varphi / \cos \varphi = y/x \quad (\varphi \neq 90°, 270°)$
$\cot \varphi = \cos \varphi / \sin \varphi = 1/\tan \varphi = x/y$
$\hspace{5cm} (\varphi \neq 0°, 180°, 360°)$
$\sec \varphi = R/x = 1/\cos \varphi \quad (\varphi \neq 90°, 270°)$
$\operatorname{cosec} \varphi = R/y = 1/\sin \varphi \quad (\varphi \neq 0°, 180°, 360°)$

Nach den Strahlensätzen sind die in den Definitionen verwendeten Verhältnisse unabhängig vom Radius R; man wählt daher zweckmäßigerweise $R = 1$ (Einheitskreis). Dann wird $\sin \varphi = y$, $\cos \varphi = x$, $\tan \varphi = y'$, $\cot \varphi = x'$. Gewöhnlich betrachtet man die t. F. als Funktionen der im Bogenmaß z (Länge des Bogens von A bis B auf dem Einheitskreis) angegebenen Winkel φ; sie sind dann also für alle reellen Zahlen z mit $0 \leqq z \leqq 2\pi$ erklärt (mit Ausnahme der Stellen $z = \pi/2$, $3\pi/2$ bei tan z bzw. $z = 0, \pi, 2\pi$ bei cot z); durch period. Fortsetzung definiert man die t. F. schließlich für alle reellen Argumentwerte z (mit gewissen Ausnahmen bei tan und cot).

trigonometrische Reihe, eine Reihe der Form

$$S(x) = \frac{a_0}{2} + \sum_{n=1}^{\infty} (a_n \cos nx + b_n \sin nx)$$

mit konstanten Koeffizienten a_0, a_n, b_n. Jede in einem endl. Intervall integrierbare Funktion $f(x)$ läßt sich in eine t. R. entwickeln.
trigonometrischer Punkt ↑Triangulierung.
trigonometrischer Pythagoras, Bez. für den durch die Gleichung
$$\sin^2\varphi + \cos^2\varphi = 1$$
beschriebenen Zusammenhang zw. dem Sinus und dem Kosinus ein und desselben Winkels. - ↑auch trigonometrische Funktionen.
Trijet (Tri-Jet) [engl. 'traɪdʒɛt], Bez. für ein Flugzeug mit 3 Strahltriebwerken, von denen 2 gewöhnl. unter den Tragflächen oder rechts und links des Hecks installiert sind, das 3. im Flugzeugheck (Lufteintrittsöffnung vor dem Seitenleitwerk) oder darüber (im unteren Teil des Seitenleitwerks integriert); z. B. bei dem Boeing 727 und Lockheed L-1011 TriStar.
Trijodthyronin [griech./frz./griech.] (T_3, Liothyronin), Schilddrüsenhormon, das drei- bis viermal wirksamer ist als Thyroxin; entsteht aus Dijodtyrosin; therapeut. angewendet bei Schilddrüsenunterfunktion.
Trikala, griech. Stadt in NW-Thessalien, 111 m ü. d. M., 40 900 E. Hauptort des Verw.-Geb. T.; orth. Erzbischofssitz; Marktzentrum. - In der Antike ein Zentrum des Asklepioskults und wegen seiner Pferdezucht berühmt. - Byzantin. Kastell; Moscheen.
Trikolore [lat.-frz.], i. w. S. eine dreifarbige Flagge; i. e. S. seit 1790 die frz. Nationalflagge; entstand, als Ludwig XVI. 1789 die rot-blaue Kokarde der Aufständischen von Paris mit seiner weißen Kokarde verband. Seit 1794 blau-weiß-rot senkrecht gestreift.
Trikonchos [griech.], svw. ↑Dreikonchenanlage.
Trikot [tri'ko:; 'trɪko; frz.], einflächige Kulierware, meist zur Herstellung von Unterwäsche und Sportkleidung (**Trikotagen**) verwendet.
♦ (Stricktuch, T.gewebe) Kamm- oder Streichgarngewebe mit feinen Rippen, das durch eine spezielle Art der Bindung (*T.bindung*) eine den Maschenwaren ähnl. Elastizität erhalten hat.
Trikresylphosphate [Kw.], die Phosphorsäureester von ↑Kresole, allg. Formel $(CH_3-C_6H_4-O)_3PO$. Die T. werden im Gemisch als Weichmacher für Kunststoffe, als Schmiermittelzusatz und Hydraulikflüssigkeiten verwendet. T., die das sehr giftige Phosphat des o-Kresols enthalten, müssen zur Kennzeichnung blau eingefärbt werden.
trilinguisch [lat.], svw. dreisprachig; bes. von [Stein]inschriften (**Trilinguen**) gesagt.
Triller, Abk. t, tr; musikal. Verzierung, die in raschem, mehrmaligem Wechsel zw. einer Hauptnote und ihrer oberen Nebennote (große oder kleine Sekunde) besteht; Zeichen ⚬⚬⚬, ⚬⚬, +. Der T. kann verschieden ausgeführt werden: mit Beginn auf der oberen Nebennote, seit 1828 allg. auf der Hauptnote; mit gleichmäßigen T.schlägen oder, langsam beginnend, im Tempo gesteigert. Er kann mit einem sog. Anlauf, z. B. einem ↑Vorschlag oder einem ↑Doppelschlag, beginnen und mit einem ↑Nachschlag oder einer ↑Antizipation enden. Ein *Doppeltriller* wird von zwei Stimmen gleichzeitig ausgeführt; eine *T.kette* besteht aus der Aneinanderreihung mehrerer Triller.

Triller. Beginn auf der oberen Nebennote

Triller mit Nachschlag. Beginn auf der Hauptnote

Trillhaas, Wolfgang, * Nürnberg 31. Okt. 1903, dt. ev. Theologe. - Prof. in Erlangen und Göttingen. - *Werke:* Vom Wesen des Menschen. Eine christl. Anthropologie (1949), Ethik (1959), Dogmatik (1962).
Trillhaase, Adalbert, * Erfurt 7. Jan. 1858, † Niederdollendorf (= Königswinter) 12. Mai 1936, dt. naiver Maler. - Seine eindringl., dem Expressionismus nahestehenden Bilder zählen zu den besten Werken der dt. naiven Kunst.
Trilliarde [Kw. aus ↑tri und ↑Milliarde], tausend Trillionen (= 10^{21}, eine Eins mit 21 Nullen).
Trillion [frz.], eine Million Billionen (= 10^{18}, eine Eins mit 18 Nullen); in den USA, in Frankreich und in der UdSSR Bez. für 10^{12}.
Trilobiten [griech.] (Dreilapper, Trilobita), ausgestorbene, seit Anfang des Kambriums bis Mitte des Perms bekannte Klasse meerbewohnender Gliederfüßer, die nicht näher mit den Krebsen verwandt sind (die Bez. *Dreilappkrebse* ist daher irreführend); bis 50 cm lange Tiere, deren Oberseite gepanzert war. T. bevorzugten küstennahe Flachwasserregionen. Blütezeit im Oberkambrium und Ordovizium. Viele T. lieferten Leitfossilien.
Trilogie, dreiteiliges literar. oder musikal. Werk.
Trilussa, eigtl. Carlo Alberto Salustri, * Rom 26. Okt. 1871, † ebd. 21. Dez. 1950, italien. Schriftsteller. - Einer der bedeutendsten modernen Dialektdichter und Satiriker; zeichnete in röm. Mundart das Leben der italien. Hauptstadt in gesellschaftskrit., v. a. gegen den Faschismus gerichteten Epigrammen und Fabeln, u. a. „Der erste Haifisch und andere Fabeln" (dt. Auswahl 1962).

Trimalchio

Trimalchio, Gestalt aus dem Roman „Satiricon" von Petronius Arbiter, kennzeichnet den ungebildeten, protzigen, reichgewordenen Emporkömmling.

Trimaran [Kw.] (Dreirumpfboot), extrem schmales Boot mit 2 festen seitl. Auslegern.

Trimberg, Hugo von ↑Hugo von Trimberg.

trimer [griech.], aus drei Teilen bestehend.

Trimere [griech.], Moleküle, die aus drei Grundmolekülen aufgebaut sind.

Trimester [lat.], Zeitabschnitt von 3 Monaten; auch (selten) ein Drittel des Schul- oder Studienjahres.

Trimeter [griech.], in der antiken Metrik ein aus 3 metr. Einheiten bestehender Vers. Der in seiner Wirkung prosanahe *jamb. T.* findet sich v. a. in der att. Tragödie, im Satyrspiel und in der Komödie; in der röm. Dichtung u. a. bei Horaz und Seneca; später in der christl. Hymnendichtung. Dt. Nachbildungen finden sich im Drama bei Schiller, in der Lyrik u. a. bei E. Mörike, A. von Platen.

Trimm [engl.], die Neigung (Lastigkeit) eines Schiffes in der Längsrichtung in bezug auf seine normale Schwimmlage. Stimmen diese überein, ist der T. null (nullastig), ist der Tiefgang vorn größer, ist er negativ (vorlastig), taucht das Schiff hinten tiefer ein, ist er positiv (achterlastig).

Trimm-Aktion, vom Dt. Sportbund 1970 begr. Bewegung („Trimm dich durch Sport") zur Verringerung negativer Auswirkungen des Bewegungsmangels.

trimmen [engl.], bei Schiffen: 1. die richtige Schwimmlage eines Schiffes einstellen (durch zweckmäßige Beladung, Ballastverteilung u. ä.); 2. ein Segel- oder Ruderboot auf die Besegelung bzw. Gewichtsverhältnisse der Besatzung einstellen.

◆ bei Flugzeugen das Aufbringen von Steuermomenten durch Verstellung der Einstellwinkel von Leitwerksflossen, durch den Ausschlag von gesondert gesteuerten **Trimmrudern** oder durch Verlagerung von Massen (Gewichtstrimmung).

◆ bei Kernreaktoren kleine Abweichungen vom krit. Zustand [durch neutronenabsorbierende Trimmstäbe] ausgleichen.

◆ bei Funkempfängern die Schwingkreise [mit Hilfe von Trimmern] abgleichen, auf gleiche Resonanzfrequenz bzw. Frequenzdifferenz einstellen.

Trimmer [engl.] (Trimmerkondensator), kleiner, mit einem Schraubenzieher einstellbarer Drehkondensator zur Feinabstimmung von Schwingkreisen.

Trimmpotentiometer ↑Potentiometer.

Trimmstäbe, zur [Grob]einstellung der Leistung eines Kernreaktors dienende Regelstäbe.

Trimmtanks, 1. auch als *Trimmzellen* bezeichnete Wassertanks an Bug und Heck von Unterseebooten; durch Umpumpen des Wassers läßt sich die Längsausrichtung des Bootes unter Wasser regeln; 2. Kraftstofftanks in Überschallflugzeugen; durch Umpumpen des Kraftstoffs während des Flugs können Schwerpunktverlagerungen erzeugt werden, die eine aerodynam. Trimmung (die mit zusätzl. Luftwiderstand verbunden ist) überflüssig machen.

trimorph [griech.], dreiförmig, dreigestaltig.

Trimorphie (Trimorphismus) [griech.], Sonderfall der ↑Polymorphie.

Trimurti [Sanskrit], die hinduist. Götterdreiheit von Brahma dem Schöpfer, Wischnu dem Erhalter und Schiwa dem Zerstörer. Sie ist keine Trinität im christl. Sinne, sondern ein Dreigötterglaube (Tritheismus), und sie besaß im ind. Frömmigkeitsleben nur eine sehr untergeordnete Bedeutung. - Auch Bez. für ein dreiköpfiges Götterbild, in dem i. d. R. die Aspekte dreier Götter verschmolzen sind.

Trinab ↑Chenab.

Trincomalee [engl. trɪŋkəmə'liː], Hafenstadt in Sri Lanka, an der NO-Küste Ceylons, 44 900 E. Verwaltungssitz eines Distr.; kath. Bischofssitz; Nahrungsmittelind., Reparaturwerft; Eisenbahnendpunkt; ✈. - Fort Frederick (1676; an Stelle eines Hindutempels). - Bis 1948 brit. Marinestützpunkt.

Trinidad [span. triniˈðað], Dep.hauptstadt in SW-Uruguay, 18 000 E. Zentrum eines Agrargebietes; Bahnstation.

T., Stadt im westl. Kuba, 33 000 E. Papier-, Tabakind., Zuckerfabrik; Eisenbahnendpunkt. 5 km südl. von T. liegt der Hafen Casilda. - Gegr. 1514. - Kolonialzeitl. Stadtbild (unter Denkmalschutz).

T., Hauptstadt des nordbolivian. Dep. Beni, 300 m ü. d. M., 27 900 E. Univ. (gegr. 1967). Zentrum des Rinderzuchtgebiets des nö. Tieflandes; Flußhafen; ✈; - Gegr. 1656 durch span. Entdecker.

Trinidad und Tobago

(amtl.: Trinidad and Tobago), Staat vor der N-Küste Südamerikas, zw. 10° 2′ und 11° 20′ n. Br. sowie 60° 32′ und 61° 56′ w. L. **Staatsgebiet:** Umfaßt die Inseln Trinidad und Tobago. **Fläche:** 5 128 km² (Trinidad: 4 828 km², Tobago: 300 km²). **Bevölkerung:** 1,1 Mill. E (1986), 220,6 E/km². **Hauptstadt:** Port of Spain. **Verwaltungsgliederung:** 9 Counties. **Nationalfeiertag:** 31. Aug. (Unabhängigkeitstag). **Amtssprache:** Englisch. **Währung:** Trinidad-und-Tobago-Dollar (TT$) = 100 Cents. **Internat. Mitgliedschaften:** UN, Commonwealth, OAS, SELA, GATT, der EWG assoziiert. **Zeitzone:** MEZ −5 Std.

Landesnatur: Trinidad wird von drei W-O verlaufenden Gebirgen durchquert; im nördl.

Gebirge liegt der 941 m hohe Mount Aripo; Tobago wird von einem einzigen, 25 km langen Gebirgszug aufgebaut, der bis zu 576 m Höhe erreicht.
Klima: Die Inseln haben trop. Klima mit geringen jahreszeitl. Temperaturschwankungen (24 °C mittlere Januar-, 26 °C mittlere Septembertemperatur). Die jährl. Niederschlagsmengen liegen zw. 2 500 mm an der O- und maximal 1 600 mm an der W-Küste.
Vegetation: Immergrüner Regenwald bedeckt rd. 45% der Insel Trinidad; im Regenschatten der Gebirge und im W der Insel finden sich regengrüner Feucht- und Trockenwald sowie Savannen. Tobago ist von Regenwald bedeckt.
Bevölkerung: Die Bev. Trinidads und diejenige Tobagos differieren rass. erheblich. Tobago hat Negerbev. wie alle westind. Inseln des brit. und frz. geprägten Kulturraumes. Die Bev. Trinidads ist von großer rass. Vielfalt: Neger (41%), Inder (41%), Mulatten und andere Mischlinge (16%) sowie Franzosen, Spanier, Portugiesen, Chinesen und Libanesen. Schulpflicht besteht vom 6. bis zum 12. Lebensjahr. Das Bildungswesen ist auf hohem Stand. Bei Port of Spain auf Trinidad befinden sich Teile der University of the West Indies, die ihren Hauptsitz in Jamaica hat.
Wirtschaft: Führender Zweig ist die Erdölind. (Förderung und Verarbeitung). Die Erdölraffinerien von Point Fortin, La Brea und Pointe-à-Pierre verarbeiten nur noch einheim. Erdöl. An der SO-Spitze von Trinidad arbeitet eine Erdgasverflüssigungsanlage. Eine Besonderheit ist das bedeutendste natürl. Asphaltvorkommen der Erde im 40 ha großen Asphaltsee Pitch Lake an der Küste des Golfs von Paria. Der geförderte Asphalt wird zu 50% exportiert. Ind.zentrum ist Port of Spain. Die Landw. produziert v. a. für den Export (Zucker, Kakao, Zitrusfrüchte, Bananen, Reis, Mais u. a.). Viele Nahrungsmittel müssen daher eingeführt werden. Dem Fremdenverkehr ist v. a. die Insel Tobago erschlossen worden.
Außenhandel: Wichtige Handelspartner sind die USA, die karib. Commonwealth-Länder, Großbrit., Japan, Frankr. und die Niederlande. Exportiert werden: Rohöl und Erdölprodukte, Nahrungs- und Genußmittel, Chemikalien, Eisen und Stahl, Maschinen und Transportmittel. Importiert werden: Nahrungsmittel, Maschinen, Metallwaren, Chemikalien, Öle und Fette u. a.
Verkehr: Das Straßennetz (12 522 km) ist auf Trinidad gut ausgebaut, auf Tobago dagegen wenig entwickelt. Vom wichtigsten Hafen Port of Spain, besteht Linienverkehr mit Scarborough, dem Hauptort Tobagos (Überfahrt 6 Std.). Nat. Fluggesellschaft ist die British West Indian Airways; internat. ✈ bei Port of Spain.
Geschichte: Kolumbus entdeckte beide Inseln auf seiner 3. Reise (1498). Ab 1552 begann Spanien Trinidad zu kolonisieren; öffnete 1783 jedoch die Insel fremden Kolonisten. 1797 eroberten die Briten Trinidad, das ihnen 1802 auch zugesprochen wurde. Bis 1814, als Großbrit. Tobago endgültig überlassen wurde, war es häufig zw. Briten, Franzosen und Niederländern umkämpft. Beide Kolonien wurden 1888 zu einer Kronkolonie vereinigt. 1941 errichteten die USA auf Trinidad militär. Stützpunkte. Nach dem Scheitern der 1958 gebildeten Westind. Föderation (der auch T. u. T. angehörte) forderte und erhielt T. u. T. von Großbrit. 1962 die Unabhängigkeit; auf Verlangen der Reg. des Inselstaates gaben die USA ihre Militärbasen bis auf einen Stützpunkt westl. von Port of Spain auf. 1976 wurde T. u. T. - bis dahin Monarchie mit der brit. Königin als Staatsoberhaupt - Republik im Rahmen des brit. Commonwealth. Bei den Wahlen im Dez. 1986 errang die bisher oppositionelle National Alliance for Reconstruction einen überwältigenden Wahlsieg.
Politisches System: Nach der Verfassung vom Aug. 1976 ist T. u. T. eine Republik. *Staatsoberhaupt* ist der von einem Wahlkollegium aus Mgl. beider Häuser des Parlaments gewählte Staatspräs. (seit Jan. 1977 E. E. Clarke). Die *Exekutive* liegt beim Kabinett unter Führung des Premierministers. Die Legislative liegt beim Zweikammerparlament, bestehend aus Repräsentantenhaus (36 vom Volk auf 5 Jahre gewählte Abg.) und Senat (31 Mgl., vom Staatspräs. ernannt). Die wichtigsten *Parteien* sind die bis 1986 regierende People's National Movement, die bei den Wahlen im Dez. 1986 nur noch 3 Sitze errang; neue Reg.partei ist die National Alliance for Reconstruction; ein 1984 gegr. Zusammenschluß 4 älterer Parteien (33 Sitze). Im *Gewerkssschaftsverband* Trinidad and Tobago Labour Congress sind rd. 100 000 Arbeitnehmer organisiert. *Verwaltungs*mäßig ist T. u. T. in 9 Counties gliedert; eines davon bildet Tobago, dem im Aug. 1978 die interne Selbstverwaltung zugestanden wurde. An der Spitze des *Gerichtswesens* steht der Oberste Gerichtshof. Die *Streitkräfte* sind rd. 1 000 Mann stark.

⚂ *The natural resources of T. and T. Hg. v. S. G. C. Cooper u. P. R. Bacon. London 1981. - Giacottini, J.-C.: T.-et-T. Bordeaux 1977. 3 Bde. - Haas, H.-D.: Die Industrialisierungsbestrebungen auf den Westind. Inseln. Unter bes. Berücksichtigung v. Jamaika u. Trinidad. Tüb. 1976. - Newson, L. A.: Aboriginal and Spanish colonial Trinidad. New York u. London 1976. - Ryan, S.: Race and nationalism in T. and T. Toronto 1972. - Rodman, H.: Lower-class families. The culture of poverty in Negro Trinidad. New York 1971. - Blume, H.: Die Westind. Inseln. Braunschweig 1968.*

Trinitarier [lat.] (Orden der Allerheiligsten Dreifaltigkeit vom Loskauf der Gefangenen), allg. übl. Bez. für die Mgl. des von Felix

Trinitarierinnen

von Valois und Johannes von Matha im 12. Jh. gegr. Ordens; Ziel: Gefangenenbefreiung (sie konnten fast 1 Mill. christl. Sklaven loskaufen), Seelsorge und Krankenpflege; 1609 Eingliederung in die Bettelorden; 1979 rd. 950 Mgl. in 85 Niederlassungen.

Trinitarierinnen, Angehörige des 1236 für Frauen gegr. *Zweiten Ordens* der Trinitanier mit strenger Klausur; 1979: 202 Schwestern. - 1612 spalteten sich die *unbeschuhten T.* ab, die heute etwa 240 Mgl. zählen. - Daneben entwickelten sich sieben Kongregationen von *Tertiarschwestern* mit heute insgesamt fast 4000 Schwestern.

Trinität [lat.] (Dreieinigkeit, Dreifaltigkeit), Bez. für die im Christentum geglaubte Dreiheit der Personen (Vater, Sohn und Hl. Geist) in Gott. - Die christl. T.lehre läßt sich folgendermaßen umschreiben: Der in strengem Sinn *eine* Gott (christl. Monotheismus) hat sich im Verlauf der Heilsgeschichte auf dreifache Weise offenbart (ökonom. oder heilsgeschichtl. T.lehre): als ursprungsloser Anfang und uneinholbares Ziel menschl. Geschichte (als „Vater"), in Gestalt und Werk Jesu von Nazareth (als „Sohn") und in den Menschen, die in der Nachfolge und aus dem Geist Jesu leben (als „Geist"). Dieser triad. Selbstoffenbarung liegt eine triad. Struktur Gottes selbst zugrunde (immanente T.lehre), insofern dieser *eine* Gott *als* „Vater", „Sohn" und „Geist" von Ewigkeit her *ist*. Das somit aufgeworfene Problem der Vereinbarkeit von Einheit und Dreiheit bzw. von Monotheismus und Dreizahl wurde im Verlauf der Theologiegeschichte mit den Hilfsvokabeln „Natur" (griech. phýsis) und „Person" (griech. hypóstasis, eigtl. „[irgendetwas] Zugrundeliegendes") zu lösen versucht: Alles, *was* Gott *ist* („Natur"), ist schlechthin eines; dennoch realisiert Gott sein einfaches Wesen in drei „Personen", die real voneinander verschieden sind, obwohl alle Wirklichkeit an Gott einfach bleibt. Hierbei ist zu beachten, daß die Begriffe Hypostase oder Person keineswegs mit dem späteren und heutigen Personbegriff (Person als Umschreibung für Subjektivität, geistiges Aktzentrum, Ich) zu vergleichen sind. In der damaligen Situation (etwa die 3 ersten nachchristl. Jh.) hatten sie vielmehr die Funktion einer bloßen Vokabel, mit der sich Dreiheit benennen ließ, ohne von dem einen Gott naturale Dreiheit (Tritheismus = Dreigötterglaube) aussagen zu müssen (Person = Nichtnatur). Trotz der Dreiheit der „Personen" gibt es in Gott nur *eine* Subjektivität, *ein* Aktzentrum, *ein* Ich oder - im modernen Sinn - *eine* Personalität.

Neben einer religionspsychol. begründeten Affinität des Menschen zu triad. Strukturen (in vielen Religionen gibt es Göttertriaden) hat die christl. T.lehre v. a. zwei kulturgeschichtl. Wurzeln, im jüd. und im hellenist. Denken. Schon die *jüd.-alttestamentl.* Tradition kannte eine gewisse Differenzierung zw. Gott selbst (Jahwe) und seinem Handeln in Geschichte und Kosmos („Wort Jahwes", „Geist Jahwes", „Weisheit Jahwes"), die jedoch stets in die Einheit Jahwes integriert blieb und nur funktionale Bed. hatte. In der *griech.-hellenist. Philosophie* (Platonismus, v. a. Neuplatonismus, Stoa u. a.) wurde als Ursache oder Prinzip der Welt ein letztes Eines („Gott") angenommen, aus dem alles hervorgegangen ist und das in allem wirkt (hellenist. Monismus). Weil dieses *Urprinzip* etwa durch eine Weltschöpfung, also eine Aktivität, seine Einfachheit und Unveränderlichkeit verloren hätte, postulierte man ein *zweites* Prinzip, selbst göttl., aber niederen Ranges („der zweite Gott"), das die Aufgabe der Weltschöpfung übernehmen konnte (Demiurg [Weltschöpfer], Logos [Wort], Nus [Geist]); in manchen Richtungen wurde selbst dieses zweite Prinzip noch als so welttranszendent gedacht, daß es nicht selbst schon die immanente Struktur der Welt konstituieren konnte, wofür ein *drittes* Prinzip in Anspruch genommen wurde (so z. B. im Neuplatonismus: 1. das Eine [griech. tò hén], 2. der Geist [griech. ho noũs], 3. die Weltseele [griech. hē psyché]).

Erst das Zusammenwachsen beider Linien führte zur *Ausbildung einer T.lehre im eigtl. Sinn*, d. h. dazu, „den Gott" schlechthin (Jahwe, den Vater) ganz unter den Begriffen Einheit, Einfachheit, Unveränderlichkeit zu verstehen, so daß er für sein Handeln nach außen (Weltschöpfung, Welterlösung) eines zweiten (bald auch dritten) Prinzips bedurfte (Sohn [Logos] und Geist). Diese Entwicklung zu einer zweifachen bzw. dreifachen Differenzierung wurde entscheidend vorangetrieben dadurch, daß Jesus schon in den frühesten (vorpaulin.) hellenist. Schichten des N.T. als „Sohn Gottes" und „göttl. Herr" bezeichnet wurde; es bildete sich also eine hellenist. Christologie aus, die Jesus als „göttl." bekannte. Daneben entstand in der frühchristl. Gemeinden eine Geisttheologie, die den Geist Gottes in den Gemeinden am Werk sah. Daraus entstand zwangsläufig eine breite Diskussion um den Gottesbegriff: Wie kann Gott *einer* sein und dennoch in Weltschöpfung und -erlösung sich selbst nach außen mitteilen? Wie steht es um den einen Gott, wenn auch Jesus und der Geist „göttl." sind? Zunächst stand die Frage einer zweifachen Differenzierung im Vordergrund; das 1. Konzil von Nizäa (325) brachte hier einen Abschluß, indem der „Sohn" (Jesus Christus) oder „Logos" als „gleichwesentlich" (↑ homoúsios) mit dem Vater bezeichnet wird. Die Frage nach der Göttlichkeit des Hl. Geistes wurde durch das 1. Konzil von Konstantinopel (381) entschieden. Während der Auseinandersetzungen wurden die verschiedensten Lösungsmodelle (trinitar. „Häresien": Subordinatianismus, Monar-

chianismus, Modalismus u. a.) entwickelt, wie Einheit und Zwei- oder Dreiheit zusammen gedacht werden könnten. Die schließl. „Problemlösung" der beiden genannten Konzile, theolog. großartig weitergedacht durch die drei Kappadokier (Vater, Sohn und Geist durchdringen sich gegenseitig und können nicht unabhängig voneinander wirkend gedacht werden *[Perichorese]*) und Augustinus, bringt den Sieg des Monotheismus bei (mehr verbaler, jedenfalls aporet.) Aufrechterhaltung der Dreiheit, die jedoch gelegentl. immer wieder bestritten wird (Antitrinitarier).
📖 *Hdb. der Dogmengesch.* Hg. v. M. Schmaus u. a. Bd. 2: *Der trinitarische Gott.* Freib. 1985. - Lapide, P./Moltmann, J.: *Jüd. Monotheismus - christl. T.slehre.* Mchn. ²1982. - Moltmann, J.: *T. u. Reich Gottes.* Mchn. 1980. - Schütze, A.: *Vom Wesen der T.* Stg. ²1980. - Rahner, K., u. a.: T. In: *Die Heilsgesch. vor Christus.* Hg. v. H. U. v. Balthasar u. a. Einsiedeln u. a. ³1978.

Trinitatis [lat.], svw. ↑Dreifaltigkeitssonntag.

Trinitrophenol (2,4,6-T.), svw. ↑Pikrinsäure.

Trinitrotoluole ↑Nitrotoluole.

Trinity River [engl. ˈtrɪnɪtɪ ˈrɪvə], Fluß im östl. Texas, entspringt nw. von Dallas, mündet in den Golf von Mexiko, 1 150 km lang.

Trinkbranntwein ↑Branntwein.

Trinkerfürsorge ↑Alkoholikerfürsorge.

Trinkerheilanstalt ↑Heilanstalt.

Trinkhorn, Trinkgefäß aus Tierhorn oder auch -zahn, auch in Form eines Horns aus anderen Materialien. Oft reich geschnitzt oder verziert. Die griech. Bez. ist ↑Rhyton.

Trinkwasseraufbereitung ↑Wasserversorgung.

Trinom [griech.] ↑Polynom.

Trintignant, Jean-Louis [frz. trɛ̃tiˈɲã], * Piolenc (Vaucluse) 11. Dez. 1930, frz. Schauspieler. - Vielseitiger Charakterdarsteller in Filmen wie „Ein Mann und eine Frau" (1966), „Meine Nacht bei Maud" (1968), „Der große Irrtum" (1969), „Rollenspiele" (1977), „Un homme et une femme: vingt ans déjà" (1986).

Trio [lat.-italien.], Komposition für drei Stimmen, seit dem 19. Jh. (in Unterscheidung vom vokalen ↑Terzett) häufig eingeengt auf das dreistimmige, solist. Instrumentalstück und das entsprechende Ensemble (*Streich-T., Bläser-T., Klavier-T.* [besetzt mit Klavier, Violine, Violoncello]).
Als Formbegriff bezeichnet T. in der Sinfonik des 18. und 19. Jh. den Teil des Menuetts oder Scherzos, der zw. den Hauptteil und seine Wiederholung eingefügt wird und sich durch kleinere Besetzung (häufig Bläser), Tonart und Charakter abhebt. - ↑auch Triosonate.

Triode [griech.] (Dreipolröhre, Dreielektrodenröhre), ↑Elektronenröhre mit drei Elektroden.

Triole [lat.-italien.], eine Folge von drei Noten, die für zwei (seltener vier) Noten gleicher Gestalt bei gleicher Zeitdauer eintreten;

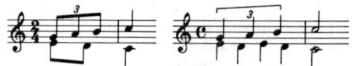

angezeigt durch eine Klammer (kann bei Achtel-, Sechzehntelnoten usw. entfallen) und die Zahl 3 über oder unter den Noten.

Triolet, Elsa [frz. trioˈlɛ], eigtl. E. Blick, * Moskau 25. Sept. 1896, † Saint-Arnoult-en-Yvelines (bei Paris) 16. Juni 1970, frz. Schriftstellerin russ. Herkunft. - Schwägerin von W. W. Majakowski; engagierte Kommunistin, von M. Gorki gefördert; lebte seit 1928 in Frankr.; seit 1939 ∞ mit L. Aragon. Mgl. der Résistance. Verfaßte im Stil des sozialist. Realismus gesellschaftskrit. Romane („Das rote Pferd", 1953; „Rosen auf Kredit", 1959), Novellen („Die Liebenden von Avignon" [1943; über die frz. Widerstandsbewegung]).

Trionfi [italien. „Triumphzüge"], 1. didakt. Gedichte, meist in Terzinen, nach Dantes Vision des Triumphzuges der Beatrice („Divina Commedia"); 2. die in Szene gesetzten T. der europ. Renaissance: festl. Einzüge fürstl. Persönlichkeiten, Gesandtschaften u. a. in eine Stadt; Umzüge zu festl. Anlässen. Den histor. Triumphzügen röm. Feldherren nachgebildet, waren sie angereichert mit Elementen volkstüml. [Karnevals- und] Maskenzüge, kirchl. Prozessionen und den zeittyp. mytholog., symbol., allegor., emblemat. Requisiten. Mittel der Repräsentation und Selbstbestätigung von Adel und Bürgertum; im Barock wurden sie alleinige Angelegenheit der Höfe und mehr und mehr eine Form des höf. Theaters.

Triosen [lat.] ↑Monosaccharide.

Triosonate, Komposition für zwei gleichberechtigte Melodieinstrumente in Sopranlage (v. a. Violinen, auch Zinken, Flöten, Oboen) und Generalbaß (Orgel oder Cembalo, oft ergänzt durch ein Streich- oder Blasinstrument in Baßlage, z. B. Gambe, Fagott). Die T. war im Barock die meistgepflegte Gatt. der kirchl. und weltl. Instrumentalmusik. Sie entstand, wie die ↑Sonate überhaupt, zu Beginn des 17. Jh. in Italien aus der Übertragung von Vokalsätzen in die Instrumentalmusik; früheste Beispiele von L. Viadana, 1602, und von G. P. Cima [* um 1570], 1610. Wegweisend wirkten ferner S. Rossi (1613), G. Frescobaldi (1623) und T. Merula ([* um 1590, † 1665] 1637). Seit etwa 1650 war die Gatt. auch in Deutschland und England verbreitet. Nach 1650 setzte sich die Unterscheidung zw. der meist viersätzigen Kirchen-T. und der auf Tanzformen zurückgreifenden dreisätzigen Kammer-T. durch; vorbildl. wurden v. a. die Werke von A. Corelli. Die Tradition Corellis wurde im 18. Jh. einerseits fortgeführt, andererseits vollzog sich in der T. der

Umschwung vom barocken zum frühklass. Stil im Nebeneinander von polyphon-gelehrter und homophon-galanter Faktur und mit Ansätzen zu themat. Arbeit (z. B. bei G. B. Pergolesi, 1732). Dabei verlor die Scheidung von Kirchen- und Kammer-T. an Bedeutung und das dialog. Gleichgewicht zw. den Oberstimmen wurde zugunsten der Führung einer Stimme aufgegeben (G. Tartini, N. Jommelli, v. a. G. B. Sammartini). Seit etwa 1750 gab die T. ihre führende Rolle an Streichquartett und Kammermusik mit obligatem Klavier ab. Während die Mannheimer Schule den Übergang von der T. zum Streichtrio bereits vollzogen hatte (z. B. J. Stamitz, 1751), pflegten die letzten Vertreter der Gatt. (z. B. L. Boccherini) den Vorrang der Oberstimmen, der den noch einbezogenen Generalbaß überflüssig erscheinen läßt. Mit dessen Verschwinden aus der kompositor. Praxis erlosch die Triosonate.

Trioxan [Kw.] (1,3,5-T.), svw. ↑Trioxymethylen.

Trioxide, Oxide mit einem stöchiometr. Verhältnis zw. oxidbildendem Element und Sauerstoff von 1 : 3 (z. B. Schwefeltrioxid, SO_3).

Trioxymethylen (1,3,5-Trioxan, Metaformaldehyd), cycl., durch Polymerisation von je drei Formaldehydmolekülen entstehende, farblose, kristalline Verbindung; Verwendung in der Schädlingsbekämpfung als Räuchermittel.

Triözie [griech.] (Dreihäusigkeit), selten vorkommende Form der Getrenntgeschlechtigkeit bei Samenpflanzen, bei der ♂, ♀ und zwittrige Blüten auf verschiedene Individuen einer Art verteilt sind (z. B. beim Spargel).

Trip [engl.], 1. Ausflug, kurze Reise; 2. Rauschzustand nach dem Genuß eines Rauschgifts; auch Bez. für die dafür benötigte Dosis.

Tripel [lat.-frz.], aus 3 Elementen bestehende mathemat. Größe.

Tripel... [lat.-frz.], Bestimmungswort von Zusammensetzungen mit der Bed. „drei, dreifach".

Tripelentente [frz. ...ä'tät] (Dreiverband), Bez. für das seit dem brit.-russ. Petersburger Vertrag (1907) bestehende, die brit.-frz. Entente cordiale (1904) und den frz.-russ. Zweiverband (1892) ergänzende brit.-frz.-russ. Bündnisverhältnis gegen den dt.-östr.-italien. Dreibund.

Tripelfuge, Fuge mit drei Themen, die abschnittsweise durchgeführt werden und in der Schlußsteigerung zusammen erklingen.

Tripelkonzert, Konzert für drei Soloinstrumente und Orchester.

Tripelpunkt (Dreiphasenpunkt), durch Druck und Temperatur eindeutig festgelegter Punkt im Zustandsdiagramm (p-T-Diagramm) eines chem. einheitl. Stoffes, in dem sein fester, flüssiger und gasförmiger Aggregatzustand gleichzeitig nebeneinander im Gleichgewicht auftreten. Der T. ist Schnittpunkt der Dampfdruck-, Schmelz- und Sublimationskurve. Der T. des Wassers bei 0,0100 °C und 1013,25 mbar dient als Fixpunkt der internat. prakt. Temperaturskala. Stoffe mit mehreren Modifikationen besitzen mehrere T.; ein Stoff ohne T. ist das Helium.

Tripeltakt, in der Musik der dreiteilige (d. h. drei Hauptzählzeiten enthaltende) ungerade Takt.

Triphenylmethanfarbstoffe, sich vom **Triphenylmethan** (dem mit drei Phenylgruppen substituierten Derivat des Methans) durch Einführung v. a. von Amino- oder Hydroxygruppen in p-Stellung ableitende, nicht lichtbeständige Farbstoffe (z. B. Methylviolett, Fuchsin, Malachitgrün), die zum Färben von Lacken, Tinten, Papier, als Druckfarben sowie zum Anfärben histolog. Präparate in der Medizin und Biologie verwendet werden.

triphibische Operation [griech./lat.], militär. Operation, bei der, in Erweiterung der amphib. Kriegführung, Land-, See- und Luftstreitkräfte zusammenwirken.

Triphylin [griech.], rhomb., v. a. in derben Aggregaten vorkommendes graugrünes Mineral, chem. $LiFe[PO_4]$, das mit rötl. bis dunkelbraunem *Lithiophilit*, $LiMn[PO_4]$, eine isomorphe Reihe *(T.reihe)* bildet und mit diesem zus. v. a. auf Phosphatpegmatiten vorkommt. Mohshärte 4–5; Dichte 3,4 bis 3,6 g/cm³.

Tripitaka [Sanskrit], svw. ↑Tipitaka.

Tripla (Proportio tripla) [lat.], in der Mensuralnotation des 15./16. Jh. (angezeigt durch die Ziffer 3) die Verkürzung der vorausgehenden Normalwerts der Semibrevis im Verhältnis 3 : 1, d. h. eine Verdreifachung des Tempos. Auch Bez. für den meist schnellen dreizeitigen Nachtanz eines Tanzpaares.

Triplet [tri'ple:; lat.-frz.] ↑photographische Objektive.

Triplett [lat.-frz.], in der *Molekularbiologie* svw. ↑Codon.

Triplette [lat.-frz.], Bez. für einen geschliffenen und aus 3 Teilen zusammengesetzten Schmuckstein.

triploid [griech.], mit dreifachem Chromosomensatz versehen; von Zellkernen bzw. den entsprechenden Zellen oder den Lebewesen mit solchen Körperzellen gesagt.

Tripoli, libanes. Stadt an der Mittelmeerküste, 175 000 E. Hauptstadt des Verw.-Geb. Libanon-Nord; Sitz eines maronit. und eines melchit. Erzbischofs; Museum, Theater; Handelszentrum mit internat. Messe; 3 km nw. *Al Mina*, der Hafen von T.; Pipelineendpunkt, Erdölraffinerie. - Urspr. phönik. Handelsniederlassung (griech. **Tripolis**), die unter der Herrschaft der Araber Handels- und Gewerbestadt wurde; 1109 Einnahme durch die Kreuzritter (nach 7jähriger Belagerung), danach Sitz einer Gft., 1289 Wiedereinnahme

durch den Mameluckensultan Kalaun, 1516–1918 beim Osman. Reich. - Große Moschee (1294; ehem. Kathedrale des 12.Jh.), Ruine des Kastells (Burg Raimunds von Toulouse; 12. und 14.Jh.), Löwenturm (1441).
Tripolis, Hauptort des griech. Verw.-Geb. Arkadien, in der Peloponnes, 663 m ü.d.M., 21300 E. Orth. Erzbischofssitz; zentraler Ort der mittleren Peloponnes. - Im 14.Jh. von Albanern gegr., in osman. Zeit Hauptstadt der Peloponnes; 1821 von den aufständ. Griechen erobert, 1828 von dem osman. Feldherrn Ibrahim zerstört; von den Griechen planmäßig wieder aufgebaut.
T., Hauptstadt von Libyen, am westl. Küstenabschnitt, 980000 E. Prov.hauptstadt, Wirtschafts- und Kulturzentrum mit Univ. (seit 1973) und Museen; Konsumgüterind., internat. Messe. Hafen, internat. ⚓. - Als *Oea* im 7.Jh. v.Chr. von Phönikern gegr.; 146 v.Chr. von den Römern besetzt, wurde im 2.Jh. n.Chr. Colonia; seit 256 als Bischofssitz nachweisbar, war Mittelpunkt der von Diokletian eingerichteten Prov. *Tripolitana*; kam 450 n.Chr. unter die Herrschaft der Vandalen; 533 bis Mitte des 7.Jh. beim Byzantin. Reich, dann von den Arabern erobert; 1146–58 von sizilian. Normannen besetzt; 1510–51 unter span. Herrschaft; dann bis 1911 Hauptstadt einer osman. Prov.; Stadt und Prov. wurden 1911 von Italien besetzt, das T. zur Hauptstadt seiner Kolonie (seit 1939 Prov.) Libyen machte; 1943–51 brit. besetzt. - Erhalten sind der Triumphbogen Marc Aurels und Reste von Häusern mit Wandbemalung und Mosaiken aus röm. Zeit.
Tripolitanischer Dschabal, Bergland in NW-Libyen, erstreckt sich von der tunes. Grenze über 180 km nach O, bis 968 m hoch.
Tripoljekultur, nach dem Dorf Tripolje bei Kiew ben. jungneolith. Kulturgruppe (4./3.Jt.) in der Ukraine, die der nordostrumän. Cucutenikultur eng verwandt ist; kennzeichnend: polychrome Gefäße, ritzverzierte Statuetten, Hausmodelle und Kupfergegenstände.
Trippe, mit dem †Schnabelschuh getragener Holzunterschuh.
Tripper [zu niederdt. drippen „tropfen"] (Gonorrhö), häufigste †Geschlechtskrankheit, deren Erreger (Bakterien der Art Neisseria gonorrhoeae; die sog. *Gonokokken*) meist durch Geschlechtsverkehr, nur sehr selten auch außergeschlechtl. übertragen werden (†auch Augentripper). Die Inkubationszeit beträgt zwei bis acht Tage. Die ersten Krankheitserscheinungen des *akuten T. des Mannes* sind Juckreiz und leichtes Brennen beim Wasserlassen, dann schleimiger, nach weiteren ein bis zwei Tagen eitriger Ausfluß aus der Harnröhre; später kommt es nach dem Wasserlassen zu schneidenden Schmerzen. Die zu Komplikationen neigende Infektion der hinteren Harnröhre geht mit Harndrang, Blutungen und schmerzhaften Erektionen einher. Schließlich tritt leichtes Fieber auf, und die Entzündung der Nebenhoden und beteiligten Lymphknoten verursacht schmerzhafte örtl. Schwellungen. - Der *chron. T. des Mannes* zeigt nur geringe Entzündungserscheinungen der Harnröhre. Bezeichnend ist die Entleerung einiger Eitertropfen morgens beim ersten Wasserlassen. Seltene Komplikationen des unbehandelten männl. T. sind die Erkrankung von Vorsteherdrüse, Nebenhoden, Samenblase, Samenleiter, Harnblase, Harnleiter und Nierenbecken. - Auch bei der infizierten *Frau* tritt zwei bis fünf Tage nach der Ansteckung als Anzeichen der Harnröhrenentzündung zuerst Brennen beim Wasserlassen auf, gefolgt von Hitzegefühl, zuweilen auch (eitrigem) Ausfluß. Alle über den Gebärmutterhalskanal aufsteigenden Entzündungen gehen infolge Bauchfellreizungen mit heftigen Unterleibsschmerzen einher. Die Entzündungen der Gebärmutter und der Eileiter hinterlassen in der Regel Verwachsungen, die Unfruchtbarkeit zur Folge haben können. - Als bes. Form des T. ist die *Infektion des Mastdarms* anzusehen, die als Primärerkrankung im allgemeinen jedoch nur beim Analverkehr vorkommt. - Behandlung mit Penicillin.
📖 *Heite, H. J./Walther, H.:* Gonorrhoe u. Syphilis. Gräfelfing 1976.
Triptolemos, Gestalt der griech. Mythologie; myth. Kulturbringer, der im Auftrag Demeters die Menschen den Ackerbau lehrt.
Triptychon [griech.], †Flügelaltar aus 3 Teilen, d.h. ein Altar mit 2 Flügeln.
Tripura ['trɪpʊrə]. Bundesstaat, grenzt im S, W, N an Bangladesch, 10477 km², 2,1 Mill. E (1981), Hauptstadt Agartala. T. hat im W Anteil am Tiefland von Bengalen, während der O zu den äußeren Teilen der westbirman. Grenzgebirge gehört. Längstäler gliedern die Gebirge und geben Raum für Siedlungen und Landw., den Hauptwirtschaftszweig. - Das aus einem Fürstenstaat hervorgegangene und von der Zentralreg. verwaltete Unionsterritorium wurde 1972 in einen Bundesstaat umgewandelt.
Tripus [griech.-lat.], svw. Dreifuß.
Triratna [Sanskrit „drei Juwelen (des Buddhismus)"], zusammenfassende Bez. für die drei wesentl. Elemente des Buddhismus: Buddha, Dharma und Mönchsorden.
Trireme [lat.], svw. †Triere.
Trisaccharide, aus drei Monosaccharideinheiten aufgebaute †Kohlenhydrate, z.B. die Raffinose.
Trisektion †Dreiteilungsproblem.
Trishagion [griech. „dreimal heilig"], liturg. Akklamation („Heiliger Gott, heiliger Starker, heiliger Unsterblicher, erbarme dich unser"), die erstmals auf dem Konzil von Chalkedon (451) bezeugt wurde und sowohl in die östl. Riten als auch in den lat. Ritus Eingang fand.

Trismegistos

Trismegistos ↑ Hermes Trismegistos.
Trismus [griech.], chron. Krampf der Kaumuskulatur mit ↑ Kieferklemme.
Trisoktaeder [griech.], svw. ↑ Triakisoktaeder.
Trisomie [griech.] ↑ Chromosomenanomalien.
Trissenaar, Elisabeth, *Wien 13. April 1944, öster. Schauspielerin. ∞ mit H. Neuenfels. - Engagements seit 1964; auch Filme, u. a. „Bolwieser" (Fernsehfilm, 1977), „Die Reinheit des Herzens" (1980), „Die Schwärmer" (1985), „Franza" (1986).
trist [lat.-frz.], traurig, öde, trostlos, unfreundlich, langweilig; **Tristesse,** Langweiligkeit, Öde, Traurigkeit.
Tristan, männl. Vorname kelt. Ursprungs (Bed. ungeklärt).
Tristan da Cunha [engl. 'trıstən də 'ku:nə], Inselgruppe im S-Atlantik, Teil der brit. Kronkolonie Sankt Helena, umfaßt die Vulkaninsel *T. da C.* (104 km², bis 2062 m ü. d. M., 300 E, Hauptort Edinburgh) und einige unbewohnte Inseln. - 1506 entdeckt, 1816 von brit. Truppen besetzt, 1938 der Kronkolonie Sankt Helena angegliedert.
Tristan L'Hermite [frz. tristalɛr'mit], eigtl. François L'Hermite, *Schloß Soliers (Calvados) 1601, † Paris 7. Sept. 1655, frz. Schriftsteller. - Urspr. Page Heinrichs von Bourbon. Als Dramatiker Vorläufer von J. Racine; verfaßte auch Naturgedichte. 1649 Mgl. der Académie française.
Tristano, Lennie [engl. trıs'tænoʊ], eigtl. Leonard Joseph T., *Chicago 19. März 1919, † New York 18. Nov. 1978, amerik. Jazzmusiker (Pianist, Komponist). - In frühester Jugend erblindet; gilt als der Initiator und führende Theoretiker des ↑ Cool Jazz.
Tristan und Isolde, die durch einen Zaubertrank in trag. Liebe verbundenen Hauptgestalten eines ma. Sagensstoffs. Außer einem bed. Anteil kelt. Erzählguts (hier verbinden sich ir., walis., korn. und breton. Elemente) sind antike, pikt., german. und oriental. Motive in den Stoff eingeflossen. Von den kelt. Ländern kam die Sage über Frankr. nach Deutschland und verbreitete sich dann über ganz Europa. Die älteste überlieferte Fassung stammt von Eilhart von Oberg[e]; zur Idealgestalt des Liebenden wurde Tristan bei Gottfried von Straßburg und Ulrich von Türheim. Später wurde der Stoff in zahlr. dt., isländ., engl., frz., span., italien., russ. u. a. Prosaromanen behandelt. Weitere Bearbeitungen u. a. von T. Malory („Le morte Darthur"), H. Sachs, A. W. Schlegel, A. von Platen, K. Immermann; als Musikdrama von R. Wagner.
Tristetraeder [griech.], svw. ↑ Triakistetraeder.
Tristichon [griech.], Dreizeiler; Versgruppe, Gedicht oder Strophe von drei Zeilen.
Tritheismus, Dreigötterlehre; häret. Auslegung der christl. Trinitätslehre bei Annahme dreier göttl. Personen († auch Trinität).
Trithemius (Tritheim), Johannes, eigtl. J. Heidenberg oder Zeller, *Trittenheim bei Trier 1. Febr. 1462, † Würzburg 13. Dez. 1516, dt. Benediktiner. - 1483–1506 Abt in Sponheim, ab 1506 des Würzburger Schottenklosters; führender Vertreter der Bursfelder Kongregation; humanist. Polyhistor; bed. Sammler von Handschriften und Drucken und Verf. naturwiss., biograph. und histor. Werke.
Triticum [lat.], svw. ↑ Weizen.
Tritium [zu griech. tritos „der dritte"] (überschwerer Wasserstoff), chem. Symbol ^{3}H oder T; das betastrahlende Isotop des Wasserstoffs mit der Massenzahl 3 (Halbwertszeit 12,3 Jahre). T. wird in der erdnahen Atmosphäre durch Reaktion von Neutronen der Höhenstrahlung mit Stickstoff gebildet; auf 10^{17} gewöhnl. Wasserstoffatome kommt in der Natur ein T.atom. Künstl. wird T. z. B. in Kernreaktoren durch Einwirken von Neutronen auf Lithium erzeugt. T. wird v. a. als ↑ Tracer zur Markierung wasserstoffhaltiger Verbindungen benutzt, um Reaktionsabläufe zu klären, und ist wichtig bei Kernfusionsreaktionen. - T. wurde 1934 von E. Rutherford, M. L. E. Oliphant und P. Harteck entdeckt.
Tritiummethode (Tritiumdatierung), eine Methode zur Altersbestimmung wasserhaltiger Stoffe, die dem natürl. Wasserkreislauf entzogen wurden. In ihnen ist der Tritiumgehalt des Wasseranteils infolge des radioaktiven Tritiumzerfalls stark abgeklungen, so daß sich aus dem Verhältnis von Momentangehalt und (normaler) Konzentration zur Zeit ihrer Bildung unter Beachtung der Halbwertszeit (12,3 Jahre) das Alter des untersuchten Stoffs bestimmen läßt.
Triton, Meergottheit der griech. Mythologie; gehört zum Gefolge seines Vaters Poseidon.
Triton [nach der gleichnamigen griech. Meergottheit], einer der beiden Monde des Planeten Neptun; 1846 entdeckt. Mittlere Entfernung vom Planeten Neptun 353 600 km, Umlaufzeit 5,887 Tage, Durchmesser 3760 km.
Triton [griech.], physikal. Zeichen t; Atomkern des überschweren Wasserstoffs (Tritium), aus einem Proton und zwei Neutronen bestehend. Seine Ruhmasse beträgt 3,01550 Kernmasseneinheiten ($=5,005 \cdot 10^{-27}$ kg).
Tritonie (Tritonia) [griech., nach der gleichnamigen griech. Meergottheit], heute meist in zwei Gatt. (*Tritonia* und *Crocosmia*) aufgeteilte Gruppe der Schwertliliengewächse mit rd. 50 Arten in S- und O-Afrika. Eine beliebte Gartenzierpflanze ist die aus den Arten Crocosmia pottsii und Crocosmia aurea gezüchtete **Montbretie** (Crocosmia crocosmiflora) mit dunkelgrünen, linealförmigen Blättern und meist orangeroten Blüten.

Tritonshörner [nach der gleichnamigen griech. Meergottheit] (Trompetenschnecken, Charonia, Tritonium), Gatt. räuber. Meeresschnecken (Überordnung Vorderkiemer) der wärmeren Regionen; Gehäuse schlank kegelförmig, bis 40 cm lang, wurden früher (teilweise noch heute von Mittelmeerfischern) als Signalhorn bzw. Alarm- oder Kriegstrompete verwendet. - Zu den T. gehören u. a. das *Gemeine Tritonshorn* (Echtes Tritonshorn, Charonia tritonis; Ind. Ozean, W-Pazifik, südl. O-Atlantik) und die *Trompetenschnecke* (Charonia lampas, Charonia nodifera; Mittelmeer).

Tritonus [griech.], das Intervall von drei Ganztönen (z. B. in C-Dur f-h), die übermäßige Quarte (klangl. gleich der verminderten Quinte). Der T.schritt wurde als dissonantes Intervall seit dem MA im Melodieverlauf vermieden; im strengen Kontrapunkt war er als Querstand verboten; als Stimmschritt oder Zusammenklang wurde er vom 16.–19. Jh. weitgehend in den Dienst der Textausdeutung (zur Charakterisierung von Sünde, Klage, Tod) gestellt. In der Atonalität, in der die Konsonanz-Dissonanz-Beziehung aufgehoben ist, gewinnt er als Halbierung der Oktave für Symmetriebildung von Klängen und Reihen eine neue Bedeutung.

Tritteisen, svw. ↑Tellereisen.

Trittsiegel (Tritt), wm. Bez. für die im Boden oder Schnee hinterlassenen artcharakterist. Fußabdrücke des Haarwildes.

Trittys (Mrz. Trittyen) [griech.], Unterbezirk der att. Phyle (je 3 Trittyen pro Phyle) mit untergeordneten Verwaltungsaufgaben.

Triumph [lat.], Genugtuung, Frohlokken, Siegesfreude; großer Erfolg, Sieg, insbes. Feier zur Ehrung siegreicher röm. Feldherren („triumphus"). - Urspr. v. a. Feier zur Reinigung und zur Einlösung im beim Auszug in den Krieg geleisteten Gelübden, wurde der T. mit der Zeit zur Siegesdokumentation, behielt aber den sakralen Charakter bei (Opfer auf dem Kapitol, Angleichung der äußeren Erscheinung des Triumphators an die Jupiterstatue). Genehmigung durch den Senat war erforderlich; der T. war nur Trägern des Imperiums, in der Kaiserzeit nur Kaisern erlaubt.

Triumphbogen, Monument mit einem oder mehreren (3) Bogen (Tonnen) und Attika. Meist mit Reliefs, Säulen und (in Nischen gestellten) Statuen geschmückt. In der röm. Republik anläßl. der Ehrung eines siegreichen Feldherren von diesem, in der Kaiserzeit vom Senat für den Kaiser errichtet. Die sog. T. in den Provinzen sind städt. **Ehrenbogen** anläßl. von Gründungs- und Siegesfeiern, auch für hohe Beamte und Ehrenbürger. In Rom sind der ↑Titusbogen, der ↑Septimius-Severus-Bogen und der ↑Konstantinsbogen erhalten. Renaissance und Barock greifen mit Ehrenbogen und -pforten aus Holz u. a. bei Fest-

Triumphbogen. Titusbogen in Rom (nach 81 n. Chr.)

umzügen auf die Idee des antiken Ehrenbogens bzw. T. zurück und verwenden seine Aufbauprinzipien in der Architektur für Fassadengestaltungen, Portale, Grabmäler, im Klassizismus bes. auch Tore. Vereinzelt im MA, 16. und 17. Jh. (Elisabethenpforte in Heidelberg, 1615), verstärkt im 18. und 19. Jh. werden auch steinerne Ehrenbogen und T. für Herrscherpersönlichkeiten errichtet (in Florenz für Maria Theresia, 1739; in Nancy 1754–56 als Teil des Place Stanislas; in Paris für Napoleon I. [↑Arc de Triomphe]). Ehrenbogen und T. tauchen auch z. B. auf Medaillen, Holzschnitten (Ehrenpforte Maximilians I., von Dürer u. a.) und in der Wandmalerei auf (Marienburg, 1460).

♦ im ma. Kirchenbau der Bogen vor der Apsis oder dem Querschiff.

Triumphkreuz, monumentale ma. Kruzifixe oder Kreuzigungsgruppen, die im Triumphbogen einer Kirche bzw. über Lettner oder Chorschranken stehend oder an Ketten hängend dem Langhaus zugewandt angebracht waren. Verbreitet seit in roman. Zeit von England aus als Darstellung des über den Tod triumphierenden Christus, seit dem 13. Jh. werden Züge des Leidens und Sterbens betont. Das T. nördl. der Alpen ist meist in Holz geschnitzt, in Italien überwiegen gemalte Kruzifixe (auf kreuzförmigen Holztafeln). - Abb. S. 222.

Triumvirat [lat. „Dreimännerbund"], 1. der 60 v. Chr. geschlossene private Bund zw. Cäsar, Gnaeus Pompejus Magnus und Marcus Licinius Crassus zur Durchsetzung ihrer polit. Interessen; 56 v. Chr. erneuert. - 2. Der 43 v. Chr. geschlossene, gegen Senat und

Trivandrum

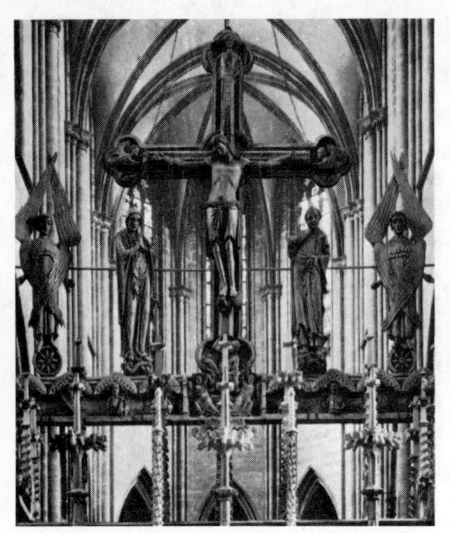

Triumphkreuz im Dom zu Halberstadt (um 1220)

Cäsarmörder gerichtete Bund zw. Oktavian (Augustus), Marcus Aemilius Lepidus und Marcus Antonius; 37 v. Chr. erneuert.

Trivandrum [trɪˈvændrəm], Hauptstadt des ind. Bundesstaates Kerala, an der südl. Malabarküste, 499 000 E. Sitz eines syromalabar. Erzbischofs und eines kath. Bischofs; Univ. (gegr. 1937), landw. Univ. (gegr. 1972), Museen, Kunstgalerie, botan. Garten, Zoo. Textil-, chem., Nahrungsmittel- und Gummiwarenind.; Fischerei; kleiner Hafen, Eisenbahnendpunkt, ✈. - Im 18. Jh. als Hauptstadt des ind. Fürstenstaates Travancore gegr.; seit 1956 Hauptstadt Keralas. - Im Fort (18. Jh.) einige Paläste und ein alter Wischnutempel.

trivial [lat.-frz.], alltäglich, abgedroschen; selbstverständlich; **Trivialität,** Plattheit, Seichtheit.

Trivialliteratur, am häufigsten verwendeter Begriff für **Unterhaltungsliteratur** zur Bez. einer aus den verschiedensten Gründen abgewerteten Literatur. Andere Bez. sind z. B. minderwertige Prosaliteratur, Gebrauchs-, Bestätigungs-, Anpassungs-, Konsum-, Konform-, Massen-, Populär- und Marginalliteratur. Im herkömml. Sinn werden mit T. literar. Erzeugnisse bezeichnet, die inhaltl. und sprachl.-stilist. nicht den geltenden Normen der „hohen" Literatur entsprechen; inhaltl., weil sie nur vorgeprägte Themen klischeehaft wiederholen, sprachl.-stilist., weil auch Aufbau und Erzählstruktur, Zeichnung der Personen, Wortwahl und Satzbau völlig von wenigen Grundmustern und Schablonen geprägt sind. Je nach moral.-ideolog. Einstellung wird T. noch [wertend] differenziert nach *Kitsch-, Schmutz- und Schundliteratur*. Eine 1978 erstellte Studie „Kommunikationsverhalten und Buch" nannte folgende Arten von T.: humorist. Bücher, Witzbücher, Anekdoten, Comics, Kriminal-, Spionage- und Detektivromane, Abenteuer-, Wildwest-, Kriegs-, Heimat-, Liebes-, Frauen-, Familien- und Arztromane, Zukunftsromane (Science-fiction). In der neueren Literaturwiss. wird das Zweischichtenmodell (Unterscheidung zw. T. und „hoher" Literatur) immer nachdrücklicher in Frage gestellt; nicht nur, weil sich „triviale" Elemente auch in der „hohen" Literatur finden und eine Vielzahl literar. Techniken in beiden Bereichen gleichermaßen benutzt wird, sondern auch, weil die Klassifizierung der T. als „literar. wertloses Unterhaltungsschrifttum" (G. von Wilpert) ein Werturteil enthält, und damit für eine sachbezogene begriffl. Definition untauglich ist. Unter „trivial" wird nicht mehr die Eigenschaft bestimmter literar. Erzeugnisse, sondern eine bestimmte Beziehung zw. ihnen und den Lesern bzw. Kritikern verstanden. Man rückt daher ein anderes, aus soziolog. Befunden gewonnenes konstitutives Merkmal in den Vordergrund und spricht von „massenhaft verbreiteter Literatur". T. wird somit in erster Linie als Sammelbez. literar. Erzeugnisse einer Massenkultur verwendet, die weit mehr Menschen erreicht (v. a. die Zeitschriften-, Heft- und Leihbibliotheksromane) als die „hohe" Literatur. Als „Konformliteratur" wirkt T. nicht von sich aus auf die Gesellschaft, sondern paßt sich ihr an. Ihre Verfasser wollen nicht Auseinandersetzung mit Problemen, erstreben keine Veränderung des Bewußtseins, sondern richten sich völlig nach dem Geschmack breitester Leserschichten. Sie bieten eine „Welt nach Wunsch", eine Ersatzbefriedigung in der Form einer heilen, unproblemat. Welt, ermöglichen dem Leser die Flucht aus dem Alltag in eine Traumwelt, angesichts einer [Arbeits]welt mit für den einzelnen wachsenden Problemen wie Entfremdung und Leistungsdruck. So gesehen ist T. weniger ein literar. als ein gesellschaftl. Phänomen: Sie dokumentieren die nicht gestillten Bedürfnisse einer Gesellschaft. Problemat. bleibt jedoch ihr stark gesellschaftsaffirmativer Charakter: T. vermittelt nicht krit. Distanz zur Gesellschaft, sondern leistet in erster Linie Anpassung der Leser an ihre soziale Situation.

Geschichte: Mit dem Anwachsen des Lesebedürfnisses breiterer Bürgerschichten im 18./19. Jh. und der Technisierung der Herstellungsverfahren wuchs auch das Verlangen nach Unterhaltungsliteratur, innerhalb derer sich der Roman zur verbreitetsten Form entwickelte (Robinsonaden, Räuber-, Ritter-, Schauer- und Familienromane, Heimat-, Kriminal-, Wildwest- und Zukunftsromane). Als

Trockendestillation

dramat. Formen bildeten sich das empfindsame oder rührende Lustspiel sowie das Volksstück heraus. Für die Produktion von T. (v. a. der Heftromane) in der Gegenwart ist die Serienanfertigung grundlegendes Merkmal. Die Verfasser (fast immer Pseudonyme) erhalten vom Verlag genaue Arbeitsanweisungen, die sich häufig auch auf den Inhalt erstrecken. Teamarbeit mit Arbeitsteilung ist nicht selten. T. ist auch an bestimmte Verbreitungswege gebunden, v. a. Kioske, Bahnhofsbuchhandel, Leihbibliotheken, Leseringe. In der BR Deutschland zählen 68 % der Bev. (ab 16 Jahre) zur Leserschaft von Trivialliteratur.
⊕ *Erzählgattungen der T. Hg. v. Z. Skreb u. a. Innsbruck 1984. - Paul, H.: Illustrierte Gesch. der T. Hildesheim 1984. - Zimmermann, H. D.: T.? Schema-Lit.!* Stg. u. a. ²1982. *- Domagalski, P.: T. Freib. 1981. - Nusser, P.: Romane f. die Unterschicht. Groschenhefte u. ihre Leser.* Stg. ⁵1981. *- Fetzer, G.: Wertungsprobleme in der T.-forschung.* Mchn. 1980. *- Bürger, C.: Textanalyse als Ideologiekritik. Zur Rezeption zeitgenöss. Unterhaltungslit. Ffm. 1980. - Wintgens, H. H.: T. f. die Frau.* Baltmannsweiler 1979. *- Fischer, E.: Die Großmacht der Jugendu. Volkslit.* Mchn. 1979. 6 Bde. *- Klein, A./Hekker, H.: T. Wsb. 1977. - Studien zur T. Hg. v. H. O. Burger. Ffm.* ²1976.

Trivium [lat. „Dreiweg"] ↑ Artes liberales.

Trizeps [lat.], Kurzbez. für: *Musculus triceps*, anatom. Bez. für zwei Muskeln, den *dreiköpfigen Wadenmuskel* (Musculus triceps surae) und dem *dreiköpfigen Oberarmmuskel* (Musculus triceps brachii). Die Sehne des letzteren setzt am Ellbogenhöcker an. Er ist Armtragemuskel und Armstrecker (und damit Antagonist des ↑ Bizeps).

Trizone, Bez. für das durch Erweiterung der Bizone (8. April 1949) entstandene, die 3 westl. Besatzungszonen Deutschlands umfassende Wirtschaftsgebiet.

TRK-Werte (Abk. für **t**echnische **R**icht**k**onzentrations), Konzentrationsangaben krebserzeugender und erbgutändernder Arbeitsstoffe in Form von Gasen, Dämpfen oder Schwebstoffen, für die unter toxikolog. oder arbeitsmedizin. Gesichtspunkten keine ↑ MAK-Werte aufgestellt werden können. Die Einhaltung der TRK-Werte schließt eine Gesundheitsgefährdung *nicht* aus.

Trnava [slowak. 'tṛnava], Stadt im Westslowak. Gebiet, ČSSR, 146 m ü. d. M., 69 900 E. Heimatmuseum. Nahrungsmittelind., Maschinenbau, Kfz.montage; nahebei Kernkraftwerk. - Seit dem 12. Jh. bekannt, 1543–1820 Sitz des Erzbischofs von Esztergom; besaß 1635–1777 eine Univ.; war bis 1876 königl. Freistadt. - Got. Kirche Sankt Nikolaus (14. Jh.), barocke Jesuitenkirche (ehem. Univ.kirche; 1637), Gebäude der ehem. Univ. (17./18. Jh.), Teile der ma. Stadtbefestigung (13./14. Jh.).

Trnka, Jiří [tschech. 'tṛŋka], * Pilsen 24. Febr. 1912, † Prag 30. Dez. 1969, tschech. Filmregisseur und Kinderbuchillustrator. - Schüler und Mitarbeiter von J. Skupa. 1941–45 am Nationaltheater in Prag; schuf seit 1947 richtungweisende Puppenfilme wie „Prinz Bajaja" (1950), „Der brave Soldat Schwejk" (1954), „Erzengel Gabriel und Mutter Gans" (1965). Auch Maler, Bildhauer und Autor von phantast. Kurzgeschichten.

Troas, histor. Gebiet in Kleinasien, an der Dardanellenküste, ben. nach Troja; Besiedlungsspuren seit dem 4. Jt. v. Chr.; seit dem 2. Jt. vorwiegend thrak. Bev.; seit der Mitte des 8. Jh. Gründung mehrerer griech. Städte; gehörte im 7./6. Jh. zum Lyderreich, dann zum Perserreich der Achämeniden; in hellenist. Zeit Teil des Pergamen. Reiches, ab 133 v. Chr. des Röm. Reichs; wurde bis etwa 1300 n. Chr. von Byzanz behauptet; kam zw. 1336 und 1345 zum Osman. Reich.

Trochäus [zu griech. trochaîos „laufend, schnell"] (Choreus), griech.-röm. Versfuß der Form $-\cup$, als metr. Einheit gilt nicht der einzelne Versfuß, sondern die Dipodie $-\cup-$ x.

Trochilidae [griech.], svw. ↑ Kolibris.

Trochilus [griech.], Hohlkehle im unteren Teil der ion. Säulenbasis (*Spira*) sowie im Mittelteil der attisch-ion. Basis.

Trochiten [griech.] (Bonifatiuspfennige, Bischofspfennige), versteinerte, rädchenähnl. Stielglieder von Seelilien (↑ Haarsterne); kommen oft in großer Zahl in Kalksteinschichten des oberen Muschelkalks in M-Europa vor (*T.kalk*).

Trochoide (Trochoidale) [griech.], eine Kurve, die von einem Punkt beschrieben wird, der außerhalb oder innerhalb eines an einem anderen Kreis abrollenden Kreises liegt; man unterscheidet *Epitrochoiden* und *Hypotrochoiden*.

Trochoidea [griech.], svw. ↑ Kreiselschnecken.

Trochophora [griech.] (Loven-Larve, Lovensche Larve), bis etwa 1 mm große, in typ. Ausbildung eiförmige, freischwimmende Larve der meisten Meeresringelwürmer und Igelwürmer; mit prä- und postoralem Wimpernkranz, Augenflecken, seitl. Mund- und endständiger Afteröffnung sowie einem Wimpernschopf am Vorderpol.

trocken, beim Wein und Schaumwein: geringe Restsüße (bis 9 Gramm) enthaltend. Im strengen Sinn „t." ist ein Wein bzw. Schaumwein mit bis höchstens 4 Gramm Restzucker (Diabetikerwein).

Trockenbatterie, aus Trockenelementen gebildete Batterie.

Trockenbeere, in der *botan. Morphologie:* Beerenfrucht (↑ Beere) mit bei der Reife eintrocknender Fruchtwand; z. B. die Paprikafrucht („Paprikaschote").
◆ im *Weinbau* ↑ Edelfäule.

Trockenbeerenauslese ↑ Wein.

Trockendestillation ↑ Destillation.

Trockendock

Trockendock ↑Dock.
Trockenei, getrocknetes, pulverisiertes Hühnerei (Eipulver).
Trockeneis, festes (gefrorenes) Kohlendioxid, CO_2 (*Kohlensäureschnee, Trockenschnee*), das bei $-78,476\,°C$ ohne zu schmelzen in den gasförmigen Zustand übergeht (sublimiert) und daher für Kühlzwecke bes. geeignet ist. Sublimationswärme: 660 kJ/kg (bei $+20\,°C$).
Trockenelement, ein elektrochem. Primärelement, in dem die Elektrolytlösung von einem Kapillarsystem aufgesaugt oder durch Zusatz geeigneter Quellungs- und Verdikkungsmittel (z. B. Stärkebrei, Weizenmehl, Gips, Polyvinylalkohol, Tragant u. a.) pastenartig verdickt und immobilisiert worden ist. Übl. Taschenlampenbatterien enthalten ein oder mehrere walzenförmige T. von je 1,5 Volt Spannung.
Trockenentschwefelung, Entfernen von Schwefelwasserstoff aus techn. Gasen ohne Verwendung von Waschlösungen; z. B. durch chem. Bindung an Eisenoxid (unter Bildung von Eisensulfid) oder Adsorption an Aktivkohle.
trockener Brand ↑Brand.
Trockenerbsen, die meist vollreifen, trockenen (Wassergehalt etwa 12%) und daher haltbaren Samen der Gartenerbse (Schalerbse) oder Markerbse.
Trockenfäule, Bez. für Pflanzenkrankheiten, die zur Vermorschung oder Verhärtung des pflanzl. Gewebes (v. a. von Knollen, Wurzeln und Früchten) führen; u. a. (parasitär) die Trockenbraunfäule der Tomate, die Weißfäule der Kartoffel, die Schwarzfäule der Möhre, der Tomate und der Weintraube sowie (nichtparasitär) die durch Bormangel hervorgerufene T. der Zucker- und der Runkelrübe.
Trockenfeldbau, vielfach verwendete, aber irreführende Bez. für einen Feldbau, der ohne künstl. Bewässerung auskommt.
Trockengleichrichter (Sperrschichtgleichrichter) ↑Gleichrichter.
Trockenguß ↑Gießverfahren.
Trockenhefe ↑Hefe.
Trockenkonserven ↑Blutkonserve.
Trockenkupplung ↑Kupplung.
Trockenlöscher ↑Feuerlöschmittel.
Trockenmasse, in der Lebensmitteltechnik Bez. für den Anteil der wasserfreien Substanz an der Gesamtmasse; z. B. wird der Fettgehalt von Käse auf die T. bezogen (z. B. 60% Fett i. Tr., d. h. in der Trockenmasse).
Trockenmauer, Bez. für eine ohne Verwendung von Mörtel errichtete Mauer.
Trockenmilch (Milchpulver), durch Sprüh-, Zerstäubungs- oder Walzentrocknung von Voll- und Magermilch hergestellte pulverförmige Milchkonserve, die sich in Wasser wieder zu einer milchähnl. Flüssigkeit löst. T. ist jahrelang haltbar und wird als Frischmilchersatz, z. B. bei der Schokoladenherstellung verwendet; sie besteht v. a. aus Milcheiweiß, 26% Fett (bei Vollmilch als Ausgangsprodukt) und höchstens 5% Wasser.
Trockenmittel, hygroskop. (wasseranziehende) Substanzen, die sich zum Trocknen von Gasen und Flüssigkeiten bzw. zum Trokkenhalten von Feststoffen eignen, z. B. Calciumchlorid und -oxid, Bariumoxid, Magnesiumperchlorat, konzentrierte Schwefelsäure, Phosphorpentoxid und Kieselgel sowie (zum Trocknen von Äthern und Kohlenwasserstoffen) Alkalimetalle.
Trockenobst (Dörrobst), durch Wärmezufuhr oder an der Luft getrocknetes Obst.
Trockenpräparate ↑Präparate.
Trockenrasen, gehölzarme Rasen- und Halbstrauchformation trockener Standorte mit flachgründigen, mageren Böden; typ. Pflanzenformation der Steppenheide.
Trockensavanne, Vegetationstyp der Savanne in Gebieten mit 5–7 trockenen Monaten; die geschlossene Grasdecke erreicht 1–2 m Höhe, die Bäume sind regengrün. Die T. schließt sich als breiter Gürtel polwärts an die Feuchtsavanne an und geht in die Dornstrauchsavanne über.
Trockenschlaf, ein länger andauerndes, schlafähnl. Ruhestadium mancher Tiere (v. a. von Feuchtigkeitstieren wie Schnecken und Lurchen, bei Schildkröten, Lungenfischen, manchen Gliederfüßern) bei großer Trockenheit, v. a. in Trockengebieten während der Trokkenzeit (*Trockenzeitschlaf*).
Trockenschmiermittel, feste, pulver- oder pastenförmige Spezialschmiermittel (z. B. Graphit, Molybdändisulfid; oft auch im Gemisch mit Mineralölen angewandt.
Trockenschnee ↑Trockeneis.
Trockenspinnverfahren ↑Chemiefasern.
Trockenstarre, ein der ↑Kältestarre entsprechender, bei großer Trockenheit eintretender Starrezustand des Körpers bei manchen Tieren.
Trockenwald, regengrüner, lichter Wald der wechselfeuchten Tropen und Subtropen in Gebieten mit 5–7 trockenen Monaten. Die 8–20 m hohen, meist laubabwerfenden, regengrünen Bäume weisen geringe Wuchsleistung und dicke Borke, Verdornung, teilweise immergrünes Hartlaub auf; Unterwuchs aus Dorn- und Rutensträuchern sowie Büschelgräsern.
Trockenwüste ↑Wüste.
Trockenzeit, die zw. den Regenzeiten liegende niederschlagsarme oder -freie Zeit der Tropen und Subtropen.
Trockenzellentherapie, die Verabreichung von gefriergetrocknetem, vor der Anwendung aufgeschwemmtem Gewebe fetaler oder jugendl. Tiere zu Heilzwecken. Die T. ist die Weiterentwicklung der von P. ↑Niehans eingeführten ↑Frischzellentherapie.

Trocknen (Trocknung), das Entziehen von Feuchtigkeit aus wasserhaltigen Stoffen. Nach der Art des Wasserentzugs unterscheidet man die *Verdunstungstrocknung*, *Verdampfungstrocknung* und *Sorptionstrocknung* [speziell von Gasen und Flüssigkeiten], bei der das zu trocknende Gut an Sorbenzien bzw. Trockenmitteln vorbeigeleitet wird. Beim *Konvektions-T.* (z. B. von Holz) wird Heißluft über das zu trocknende Gut geleitet, beim *Hochfrequenz-T.* (Hochfrequenzerwärmung) wird die Wärme direkt im Trockengut erzeugt, beim *Freiluft-T.* durch die Sonnenstrahlung und die umgebende Luft aufgebracht (die Luft-T. von landwirtschaftl. Erzeugnissen wird auch als **Dörren** bezeichnet). I. w. S. versteht man unter T. auch die Verflüchtigung von organ. Lösungsmitteln aus aufgetragenen Farb- und Lackschichten, beim Drucken, Stempeln, Kleben, Leimen u. a., wobei meist eine Verfestigung der Stoffe stattfindet (↑ auch Konservierung).

trocknende Öle, Gruppe der fetten, v. a. aus Triglyceriden ein- oder mehrfach ungesättigter Fettsäuren bestehenden Öle, die (in dünner Schicht) durch Oxidations- und Vernetzungsreaktionen zu harten bis elast. Filmen erstarren und daher Öllacken, Anstrichmitteln, Maler- und Druckfarben zugesetzt sowie u. a. zur Herstellung von Linoleum verwendet werden.

Troddelblume (Alpenglöckchen, Soldanella), Gatt. der Primelgewächse mit sechs Arten in den Alpen; kleine Stauden mit grundständigen, herz- oder nierenförmigen Blättern und nickenden Blüten mit blauvioletten oder rosafarbenen, geschlitzten Kronblättern; bekannte Art ↑ Alpenglöckchen.

Trödelhandel (Trödlerhandel), An- und Verkauf von gebrauchten Waren (z. B. Kleidung, Möbel); zu unterscheiden vom Handel mit Antiquitäten. Eine bes. Gewerbezulassung ist nicht erforderlich.

Troell, Jan [schwed. truˈɛl], * Malmö 23. Juli 1931, schwed. Filmregisseur. - Gehört mit seinen Filmen (seit 1966) zu den schwed. Regisseuren, die im bewußten Ggs. zu Bergman die existentiellen Möglichkeiten des Menschen und dessen Verhältnis zur Gesellschaft problematisieren; u. a. „Die Emigranten" (1971), „Das neue Land" (1972), „Der Flug des Adlers" (1982).

Troelstra, Pieter Jelles [niederl. 'truːlstraː], * Leeuwarden 20. April 1860, † Den Haag 12. Mai 1930, niederl. Schriftsteller und Politiker. - Gründete 1894 die gemäßigte Sociaal-Democratische Arbeiderpartij, deren Führer bis 1925; 1897–1925 Mgl. der 2. Kammer; veröffentlichte unter dem Namen Pieter Jelles Poesie und Prosa in fries. Sprache.

Troeltsch, Ernst [trœltʃ], * Haunstetten (= Augsburg) 17. Febr. 1865, † Berlin 1. Febr. 1923, dt. ev. Theologe, Philosoph und Historiker. - 1892 Prof. für systemat. Theologie in

Trockenelement. a Aufbau, b prinzipielle Zellenanordnung, c chemische Einzelreaktionen. 1 Abschlußkappe, 2 Abdeckscheibe, 3 Kohlestift, 4 positive Elektrode (Braunstein-Rußgemisch), 5 Separatorträger mit Elektrolytsalzen kaschiert, 6 negative Lösungselektrode aus Zink, 7 Papier-Kunststoffisolation, 8 Metallmantel, 9 negativer Zellenpol

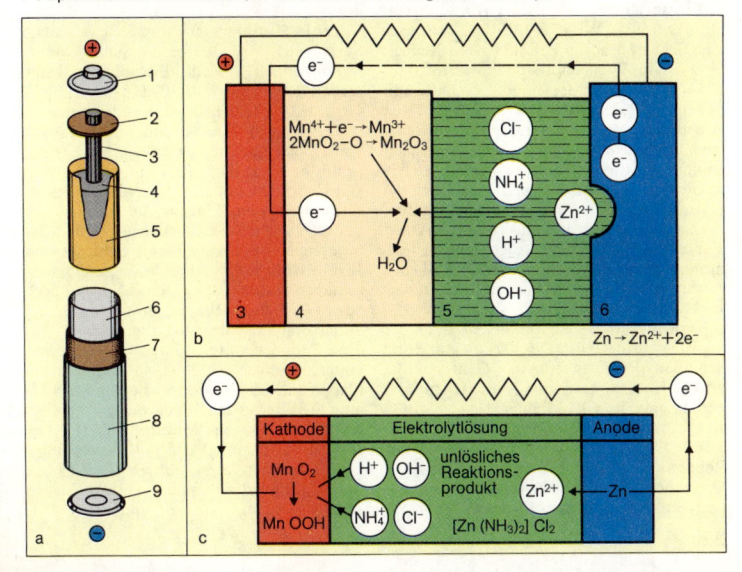

Bonn, 1894 in Heidelberg, 1910 auch für Philosophie. Seit 1915 als Nachfolger W. Diltheys Prof. für Philosophie in Berlin. 1919–21 im Nebenamt Unterstaatssekretär für ev. Angelegenheiten im Preuß. Ministerium für Erziehung und Unterricht. - Ausgehend von der religionsgeschichtl. Schule (Schleiermacher) und dem Historismus fordert T. in „Absolutheit des Christentums und die Religionsgeschichte" (1902) die strenge Anwendung des histor. Denkens auch in der Theologie, also die Ablehnung des Absolutheitsanspruchs des Christentums, womit er den sog. „Neuprotestantismus" begründete. Dieser Ansatz führte ihn zu religionsgeschichtl. Untersuchungen, die unter dem Einfluß von M. Weber in die Religionssoziologie einmündeten. Durch sein Werk „Der Historismus und seine Probleme" (1922) wurde er zum bedeutendsten Philosophen des Historismus, dessen Aporien er mit großer Klarheit formulierte. Die Theologie, v. a. die ev. theolog. Ethik, die Religionssoziologie und die Geschichtswiss. verdanken T. wichtige Einsichten in die Struktur und Problematik histor. Erkenntnis.
Becker, Gerhold: Neuzeitl. Subjektivität u. Religiosität. Die religionsphilosoph. Bed. v. Heraufkunft u. Wesen der Neuzeit im Denken v. E. T. Regensburg 1982. - Apfelbacher, K. E.: Frömmigkeit u. Wiss. E. T. u. sein theolog. Programm. Paderborn 1978. - Bosse, H.: Marx, Weber, T. Religionssoziologie u. marxist. Ideologiekritik. Mchn.; Mainz 1970.

Troer, die Bewohner von Troja.

Trog, längl. Gefäß, z. B. Back-, Brunnen-, Futter-, Waschtrog.
◆ in der *Geologie* ein langgestrecktes Senkungsbecken.

Troger, Paul, ≈ Welsberg (Prov. Bozen) 30. Okt. 1698, † Wien 20. Juli 1762, östr. Maler. - Schüler u. a. von F. Solimena in Neapel; ab 1728 in Wien ansässig (1751 Prof. und 1754–57 Direktor der Akad.). T. hatte mit seinen zahlr. Deckenfresken (Stift Melk, Dom von Brixen, Wallfahrtskirche Maria Dreieichen u. a.) sowie Altarbildern entscheidenden Einfluß auf die spätbarocke Malerei Österreichs. In seinen Fresken erzielt er durch die helle Farbigkeit, in der ein intensives Blau vorherrscht, eine stark illusionist. Wirkung. Für seine Altarbilder ist dagegen eine düstere, dramat.-ausdrucksstarke Stimmung kennzeichnend. Sein bedeutendster Schüler war F. A. Maulpertsch.

Trogir [serbokroat. ˌtrɔgiːr], Stadt an der jugoslaw. Adriaküste, 6 200 E. Marktort; Schiffbau, Fremdenverkehr. - Geht auf die griech. Kolonie Tragurion (röm. Tragurium) zurück; ab 56 v. Chr. unter röm. Einfluß, stand bis ins 12. Jh. unter byzantin. Herrschaft; 1062–1822 Bischofssitz; kam 1420 zur Republik Venedig *(Traù),* 1797/1815 an Österreich, 1918/20 (1941 von Italien annektiert) an Jugoslawien. - Roman.-got. Dom (12.–16. Jh.; bed. Portalplastik, 1240), roman. Barbarakirche (9./10. Jh.).

Troglobionten [griech.], svw. † Höhlentiere.

Troglon (Troglobios) [griech.], die Organismengemeinschaft von Höhlen.

Trogons [griech.] (Nageschnäbler, Trogonidae), Fam. bis etwa 40 cm langer, oft prächtig bunt gefärbter Vögel mit über 30 Arten in trop. Wäldern der Alten und Neuen Welt; Schnabel kurz und kräftig; Körper etwas gedrungen, mit je zwei nach vorn und hinten gerichteten Zehen; brüten in Baumhöhlen. - Zu den T. gehört u. a. der † Quetzal.

Trogtal (U-Tal), von [pleistozänen] Gletschern überformtes Tal mit U-förmigem Querschnitt.

Troika [russ.], Pferdegespann, in dem drei Pferde nebeneinander vor einer Kutsche oder einem Schlitten angeschirrt werden.
◆ Bez. für ein Drei-Männer-Gremium oder ein Bündnis zw. 3 Politikern (v. a. des zw. Stalin, Kamenew und Sinowjew gegen Trotzki 1923–25).

Troisdorf [ˈtroːsdɔrf], Stadt in der Kölner Bucht, NRW, 60 m ü. d. M., 60 500 E. Eisen- und Stahl-, chem. u. a. Ind. - 1064 erstmals erwähnt; seit 1952 Stadt.

Trois-Frères [frz. trwaˈfrɛːr], 1916 entdeckte mehrstufige Höhle (Gem. Montesquieu-Avantès, Dep. Ariège, Frankr.; der Höhle Tuc d'Audoubert benachbart) mit techn. meisterhaft ausgeführten, oft schwer entwirrbaren Gravierungen (seltener Malereien) des Magdalénien; zahlr. Darstellungen von Mischwesen (z. B. den „Zauberer") aus Mensch und Tier weisen T.-F. als Kultstätte aus.

Trois-Rivières [frz. trwariˈvjɛːr], kanad. Stadt in der Prov. Quebec, am Sankt-Lorenz-Strom, 50 000 E. Kath. Bischofssitz; Univ. (gegr. 1969); Papier-, Metall- u. a. Ind.; Hafen. - Gegr. 1634; ehem. bed. frz. Handelsplatz.

Troja (auch Ilion, lat. Ilium, türk. Truva), von Homer überlieferter griech. Name einer prähistor. Stadt, deren Ruinenhügel (Hisarlık) von H. Schliemann an der NW-Spitze Kleinasiens nahe dem Eingang der Dardanellen in der Ebene des Skamander auf Grund der topograph. Angaben Homers entdeckt und 1870–94 (seit 1882 zus. mit W. Dörpfeld) ausgegraben wurde. Es wurden die Hauptperioden I–IX festgestellt, die jeweils (bis VI) durch Brandkatastrophen zugrunde gingen; diese Perioden wurden durch C. W. Blegens Untersuchungen (1932–38) in insgesamt 46 Phasen untergliedert. Schon die früheste Siedlung (T. I) der ersten Hälfte des 3. Jt. v. Chr. war Fürstensitz mit Megaron; T. II (etwa 2200–2100), erweitert und mit starker Burgmauer versehen, erreichte bereits eine hohe Blüte („Schatz des Priamos"). T. III–V (etwa 2100–1900) waren unbed. und enge Orte,

während T. VI (etwa 1900–1240), das „myken. T.", zur bed. Stadt mit weiten Handelsbeziehungen insbes. zur myken. Welt aufblühte. Es umfaßte rd. 20 000 m² und war von einer 540 m langen Stadtmauer mit mächtigen Bastionen und Toren umgeben. T. VI erlag einem schweren Erdbeben, es folgten die bescheidenen Siedlungen T. VII$_a$ (1240–1200) und VII$_b$ (friedl. Einsiedlung durch Thraker?; um 1100 verlassen). Erst im 8. Jh. v. Chr. besiedelten Äolier wieder den Burghügel, jetzt unter dem Namen **Ilion** (T. VIII). Ilion wurde auf Grund der Sagentradition, die ihn mit dem homer. T. verband, in der Antike u. a. von Xerxes und Alexander d. Gr. besucht, T. IX., die hellenist.-röm. Kleinstadt mit dem Tempel der Athene Ilias, für den die Kuppe von T. VI abgetragen wurde, von Kaiser Augustus, Hadrian, Caracalla u. a.
Bei Homer ist T. Handlungszentrum des bedeutendsten Sagenkreises der griech. Mythologie. Tros, ein Enkel des Zeussohnes Dardanos, gab Stadt und Bewohnern den Namen. Von seinem ältesten Sohn Ilos stammte Laomedon, der durch zweifachen Wortbruch während des Baus der Mauer den Zorn der Götter, v. a. Poseidons, auf die Stadt lenkte. Unter Priamos kommt es wegen der Entführung Helenas durch den trojan. Prinzen Paris zum **Trojanischen Krieg**, der auch die Olympier in 2 Lager spaltet: Agamemnon führt eine vereinigte Streitmacht der Griechen, der u. a. Achilleus und Odysseus angehören, gegen die von Hektor und Äneas verteidigte Stadt. Im 10. Kriegsjahr, das in Homers „Ilias" geschildert wird, bringt eine List des Odysseus die Entscheidung: Dem in die Stadt geholten, hölzernen **Trojanischen Pferd** entsteigen nachts 30 Kämpfer der Griechen, um ihren Kampfgefährten die Tore zu öffnen; die Stadt wird ein Raub der Flammen. Nur Äneas gelingt es mit einigen Getreuen, dem Blutbad zu entkommen und die Stadtgötter nach Italien zu retten. - Der Trojan. Krieg ist durch Grabungsbefunde nicht zu belegen; das Trojan. Pferd wird z. T. als Symbolisierung des Erdbebens gedeutet.
Literarisiert wurde der Trojan. Krieg in den spätantiken und ma. **Trojaromanen,** die nicht mehr auf der „Ilias" des Homer basieren, sondern auf 2 anonymen Prosaerzählungen (angebl. Augenzeugenberichte). Für die volkssprachl. Umsetzung des Trojastoffes wurde der altfrz. „Roman de Troie" des Benoît de Sainte-More (entstanden um 1165) traditionsbildend; auf dessen Grundlage entstand Ende des 12. Jh. der 1. erhaltene mittelhochdt. Trojaroman, Herbort von Fritzlars „Liet von Troje"; umfangreichstes Werk ist der „Trojanerkrieg" Konrads von Würzburg (um 1280). Nachbildungen des Stoffes auf der wechselnden Basis spätantiken, frz. und mittellat. Quellenmaterials finden sich auch im Altnord., im Niederl., im Mittelengl., Italien., Bulgar. und Russischen. Mit der Wiederentdeckung Homers in der Renaissance (1. Ausgabe 1488) endete die Tradition der Trojaromane. Dramat. Bearbeitungen erfolgten ab dem 16. Jh., u. a. durch H. Sachs, J. Giraudoux, R. Hagelstange.

📖 *Wood, M.: Der Krieg um T. Dt. Übers. Ffm. 1985. - Müller, Werner: T. Wiederentdeckung der Jt. Lpz. 1972. - Blegen, C. W.: Troy and the Trojans. London 1963. - Benoît de Sainte-Maure: Der T.roman. Nach der Mailänder Handschrift. In Auswahl hg. v. K. Reichenberger. Tüb. 1963. - Matz, F.: Kreta, Mykene, T. Stg. 1956. - Blegen, C. W., u. a.: Troy. Excavations 1932–1938. Princeton (N.J.) 1950–58. 8 Bde.*

Trojan, Johannes, * Danzig 14. Aug. 1837, † Rostock 23. Nov. 1915, dt. Schriftsteller. - 1886–1909 Chefredakteur beim Berliner „Kladderadatsch"; scharfer polit. Satiriker. Schrieb Erzählungen („Von einem zum anderen", 1893), Lyrik, Kinder- und Jugendverse

Troja. Rekonstruktion des Grundrisses von Troja II, VI und IX. Troja II:
1 Großes Megaron,
2 Vorhof, 3 Hoftor,
4 Südwesttor mit Rampe,
5 Südtor, 6 Südosttor;
Troja VI: 7 Westtor (nachträglich geschlossen),
8 Haus der Säulen,
9 Südtor, 10 Osttor,
11 Nordostbastion mit Zisterne; Troja IX:
12 Tempel der Athena Ilias,
13 Heiligtum, 14 Theater C,
15 Buleuterion (Theater B)

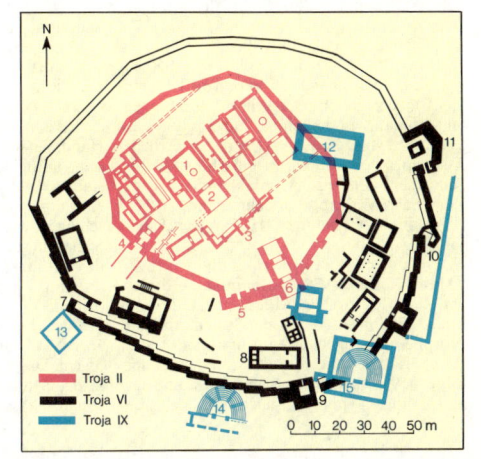

Trojaner

("Hundert Kinderlieder", 1899), Humoresken und Studien über die Pflanzenwelt Deutschlands.

Trojaner, Bez. für die 15 Planetoiden, die Namen aus der Geschichte des Trojanischen Krieges tragen. Die T. haben gleiche Bahnachsen und gleiche Umlaufszeiten wie Jupiter.

Trojanischer Krieg ↑Troja.
Trojanisches Pferd ↑Troja.
Trojaromane ↑Troja.

Trokar (Troicart, Trocart) [frz.], für Punktionen verwendete starke, an der Spitze dreikantige Nadel in einem Röhrchen (Schaft); nach dem Zurückziehen der Nadel fließt das Punktat durch den Schaft ab.

Trökes, Heinz, * Hamborn (= Duisburg) 15. Aug. 1913, dt. Maler. - 1950 in Paris bestimmende Begegnung mit dem frz. Tachismus; lebte lange auf Ibiza. Vorwiegend bunte (1960-66 gedämpfte) Farbgebung; 1967 erste Südamerikareise, seitdem erste von LSD u. a. Rauschgiften beeinflußte Bildfindungen. - Abb. S. 230.

Troki, Isaak Ben Abraham, * Troki (Gouv. Wilna) 1533 (1525?), † ebd. 1594 (1585?), litauischer karäischer Schriftsteller. - Bed. Karäer mit gründl. Kenntnis der christl. (lat. und poln.) polem.-antijüd. Literatur, die ihn zu einer berühmten Apologie des Judentums („Stärkung des Glaubens", hg. 1705) veranlaßte, die auf Grund einer fehlerhaften Handschrift (mit lat. Übersetzung) sowohl den christl. Gegnern des Judentums als auch den freidenker. Gegnern des Christentums als Quelle diente.

Troll, Carl, * Gabersee (= Wasserburg a. Inn), 24. Dez. 1899, † Bonn 21. Juli 1975, dt. Geograph. - Forschungsreisen in S-Amerika, NO- und O-Afrika, im Himalaja und in Äthiopien; Prof. in Berlin und Bonn; 1960-64 Präs. der Internat. Geograph. Union. Entwickelte ein System der Landschaftsökologie und der vergleichenden Geographie der Hochgebirge.

T., Thaddäus, eigtl. Hans Bayer, * Stuttgart 18. März 1914, † ebd. 5. Juli 1980 (Selbstmord), dt. Schriftsteller. - Verf. von heiteren [teils auch gesellschaftskrit.] Erzählungen und Romanen, Feuilletons und Essays; u. a. „Theater von hinten" (1955), „Herrliche Aussichten" (R., 1959), „Deutschland deine Schwaben" (1967), „Der Entaklemmer" (Lsp., 1976; nach Molière), „O Heimatland" (1976), „Der himml. Computer" (1978), „Der Tafelspitz" (E., 1979).

T., Wilhelm, * München 3. Nov. 1897, † Mainz 28. Dez. 1978, dt. Botaniker. - Bruder von Carl T.; Prof. in München, Halle und Mainz. Widmete sich v. a. der Systematik und Morphologie der Pflanzen. Seit seinem Werk „Organisation und Gestalt im Bereich der Blüte" (1928) befaßte er sich insbes. mit der morpholog. Typologie, nach der sich die Mannigfaltigkeit der biolog. Gestaltung auf bestimmte Grundzüge („Typen" bzw. „Baupläne") zurückführen läßt.

Troll, im nordischen Volksglauben männl. oder weibl. Dämon in Riesen- oder Zwergengestalt.

Trollblume (Trollius), Gatt. der Hahnenfußgewächse mit rd. 20 Arten in den kalten und gemäßigten Gebieten der Nordhalbkugel. Die in Europa auf feuchten Wiesen und Bergwiesen heimische, 10-50 cm hohe, ausdauernde **Europ. Trollblume** (Goldranunkel, Schmalzblume, Trollius europaeus; mit handförmig geteilten Blättern und kugeligen, goldgelben Blüten) wird auch als Zierpflanze kultiviert. - Abb. Bd. 1, S. 250.

Trolleybus [ˈtrɔli; engl.], svw. ↑Oberleitungsomnibus.

Trollhättan, schwed. Ind.stadt am Götaälv (Wasserfälle), 48 900 E. Düngemittelherstellung, Chromstahlwerk, Flugzeug-, Automobil- u. a. Werke. - Seit 1857 selbständige Gemeinde, seit 1916 Stadt.

Trollheim, Gebirgslandschaft im westl. Norwegen, von tiefen, engen Tälern durchzogen, die Berge erreichen über 1 600 m Höhe.

Trollinger (Blauer Trollinger), seit Anfang des 18. Jh. auch in Württemberg angebaute, anspruchsvolle, spät reifende Rebsorte aus Tirol; Tafeltraube (bes. bekannt als Meraner Kurtraube); Keltertraube eines herzhaften Rotweins.

Tromba, italien. Bez. für ↑Trompete; *T. marina,* svw. ↑Trumscheit.

Trombe [italien.-frz.], Bez. für einen engbegrenzten Wirbelwind.

Trombone [italien.], italien., frz. und engl. Bez. für ↑Posaune.

Trommel, Sammelbez. für ↑Membranophone, die als Schlaginstrumente benutzt werden. Man unterscheidet ein- oder zweifellige T., solche mit oder ohne Resonator (z. B. Röhre oder Gefäß aus Holz, Ton, Metall), der Form nach Rahmen-, Walzen-, Faß-, Becher-, Sanduhr- oder Konus-T.; auch einige unmittelbar angeschlagene Idiophone (z. B. Schlitz- und Holzblock-T.) werden als T. bezeichnet. Für die meisten T. ist unmittelbarer Anschlag charakteristisch: entweder mit verschiedenen Teilen der Hände (Finger, Handballen, flache Hand, Knöchel) oder mit Schlegeln. Von Anschlagmittel und -stelle hängt der Klang ähnl. stark ab wie vom Instrument selbst. Bis zu einem gewissen Grad sind bestimmte Anschlagsarten an T.typen gebunden: v. a. mit Schlegeln gespielt werden z. B. kleine und große T., Rühr-T., Tambourin, Tomtom, Timbales; mit Fingern bzw. Händen Rahmen-T. (Schellen-T., Bongo, Conga). - Die Form der *kleinen* T. ist zylindr.; Höhe 16-18 cm, beim Jazz 8-14 cm; Durchmesser der Felle um 35 cm. Das obere Fell (Schlagfell) wird meist in der Mitte angeschlagen. Das untere (Resonanzfell) schwingt mit. Es wird durch quer

Trompete

darüber gespannte Schnarrsaiten geteilt, die den geräuschhaften Charakter der kleinen T. verstärken (im Ggs. zur Pauke, die i. w. S. auch als T. anzusehen ist). Die Felle sind auf Fellwickelreifen gezogen und werden durch Schrauben gespannt. Ähnl. gebaut ist die *große T.;* Höhe 15–76 cm, Durchmesser der Felle 36–100 cm; sie wird z. B. im Jazz mit einer Fußmaschine angeschlagen. - T. gehören zu den frühen Instrumenten der Menschheit. Sie dienen urspr. fast ausschließl. kult.-zeremoniellen Zwecken. Seit dem frühen MA erscheinen ein- und zweifellige T. in Europa. Nach 1700 gelangte die große T. durch die Janitscharenmusik ins [Opern]orchester. In dieser Zeit erhielten die europ. T. Spannschrauben. Im späteren 19. und im 20. Jh. wuchs wieder die - in anderen Kulturen kaum je geschmälerte - Bed. der T. auch für die westl. Kunstmusik. - Abb. S. 230.

Trommelbremse ↑ Bremse.
Trommelfell (Membrana tympani) ↑ Gehörorgan.
Trommelfellentzündung (Myringitis), entsteht durch das Übergreifen einer Mittelohr- oder Gehörorganentzündung auf das Trommelfell.
Trommelfeuer, von starken Artillerieverbänden gleichzeitig aus allen Kalibern gegen die feindl. Stellung vorgetragenes Dauerfeuer, meist zur Einleitung eines Angriffs; bes. im Stellungskrieg seit dem 1. Weltkrieg angewandt.
Trommelmühle ↑ Mühle.
Trommelrevolver ↑ Revolver.
Trommelsucht (Aufblähung, Tympanie), bes. bei Wiederkäuern auftretende Krankheit mit starker Auftreibung des Leibes infolge gesteigerter Gasbildung in Magen und Darm *(Meteorismus)* nach Aufnahme gärender oder quellender Futtermittel. Behandlung: Abführung der Gase durch Magen- oder Darmsonden bzw. durch Einstich in die geblähten Darmteile.
Tromp, Marten Harpertszoon, * Brielle 23. April 1598, ✕ bei Terheijde (= Monster) 10. Aug. 1653, niederl. Admiral. - Schlug am 21. Okt. 1639 eine span. Flotte vor The Downs. Im 1. engl.-niederl. Seekrieg vermochte er in der Seeschlacht von Terheijde den Kampf mit der überlegenen Flotte Cromwells bis zu seinem Tode offenzuhalten.

Trompe [frz. trõ:p; eigtl. „Trompete"], im 11.–13. Jh. ein gerades Horn aus Metall, das als Signalinstrument bei der Jagd, im Krieg oder beim Turnier geblasen wurde.
Trompe [frz.], Gewölbezwickel in Gestalt eines halben Hohlkegels zur Überführung eines quadrat. Raumes in einen achteckigen.
Trompe-l'œil [frz. trõ'plœj „Augentäuschung"], Vortäuschung realer Gegenständlichkeit mit maler. Mitteln auf einem Gemälde; bes. beliebt im Manierismus und Barock (z. B. Landschaftsausblicke).
Trompete [frz.], in der Instrumentenkunde Sammelbez. für Blasinstrumente mit Kesselmundstück und überwiegend zylindr. Röhre (↑ auch Horn). - I. e. S. ein Blechblasinstrument mit Kesselmundstück, enger Mensur, zylindr.-kon. Röhre (v. a. aus Messing oder Neusilber) und mittelbreit ausladender Stürze. Die T. hat Bügelform: neben einer längl., isch geschlossenen Windung verläuft das gestreckte Schallstück. Im Unterschied zur Orchester-T. hat die (auch in frz. und amerikan. Orchestern gebräuchl.) Jazz-T. Pump- (statt Zylinder-)Ventile und weitere Mensur; der kon. Rohrteil ist oft länger als der zylindrische. - Standardinstrument ist die T. in B (Umfang ist etwa c^3); oft ist das Umstimmen nach A oder C möglich. Gebräuchl. sind weiter T. in C (über B), F und Es (unter B). „Kleine T." sind die höher als die C-T. klingenden T. (in D, Es, F). Für die heutige Wiedergabe der hohen T.partien des Barock gibt es u. a. sehr kurze Ventil-T. (in hoch B), sog. Bach-T., aber auch lange Natur-T., in der Art des Barock. Weitere Typen sind Baß-T. (in Es, C, B), Aida-T. und Fanfare. Zur Klangveränderung dienen verschiedene ↑ Dämpfer. - T.instrumente gab es schon in der Antike. Spätestens seit dem 13. Jh. war in Europa die Busine verbreitet, eine T. mit gestrecktem Rohr. Nicht zuletzt ihres durchdringenden Klangs wegen waren T. (meist zusammen mit Pauken gespielt) militär.-herald., offiziös-festl., höf. oder auch städt. Anlässen zugeordnete Instrumente. Mit

Trompete mit Zylinderventilen

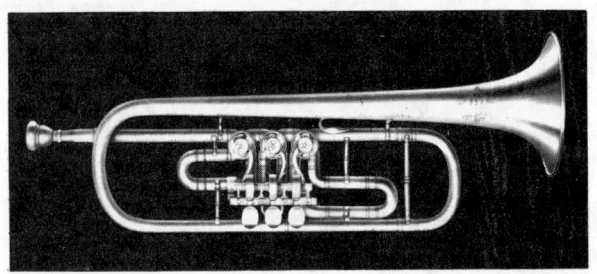

Trompetenbaum

dem Aufkommen der Zug-T. um 1400 wurde das Blasen von Tonschritten möglich. Spätestens im 16. Jh. begann das Clarino-Spiel, das Überblasen auf der Natur-T. in so hoher Tonlage, daß sich eine Tonleiter ergibt. Das Melodiespiel erleichterten Ende des 18. Jh. Stopf- und Klappen-T., die eine Veränderung der Höhe des jeweiligen Überblastons erlaubten. Nach 1820 erhielt die T. Ventile und wurde damit voll melodiefähig.

📖 *Tarr, E.: Die T. Bern u. Stg. 1977.*

Trompetenbaum (Katalpa, Catalpa), Gatt. der Bignoniengewächse mit 13 Arten in O-Asien, N-Amerika und auf den Westind. Inseln; sommergrüne Bäume mit meist sehr großen Blättern; Blüten in endständigen Rispen oder Trauben, mit zweilippiger Krone; z. T. Parkbäume.

Trompetenfische (Aulostomus), Gatt. bis 60 cm langer Knochenfische mit drei Arten, v. a. an Korallenriffen des Karib. Meeres, des Ind. und Pazif. Ozeans; meist bunt gezeichnete, stabförmige Tiere mit langer, röhrenförmiger Schnauze.

Trompetengeige, svw. ↑Trumscheit.

Trompetentierchen (Stentor), Gattung bis etwa ein mm langer, trichterförmiger Wimpertierchen mit mehreren einheimischen Arten in nährstoffreichen Süßgewässern; farblos bis blaugrün, meist festsitzend, gelegentlich sich ablösend und freischwimmend; Bakterienfresser.

Trompetervögel (Jacamins, Psophiidae), Fam. bis 60 cm langer, relativ langhalsiger und langbeiniger Vögel mit drei Arten in N-Brasilien; dunkel gefärbte, dumpf trommelnd rufende Bodenvögel.

Troms [norweg. trums], Verw.-Geb. in N-Norwegen, 25 954 km², 147 100 E (1985), Hauptstadt Tromsø. Vor der durch Fjorde gegliederten Küste liegen zahlr. Inseln, im Inneren reichen einige Täler weit in die umgebenden, oft alpine Formen aufweisenden Gebirge hinein.

Tromsø ['trɔmzø, norweg. ˌtrumsø:], Stadt in N-Norwegen, 47 800 E. Hauptstadt des Verw.-Geb. Troms. Luth. Bischofssitz; Apostol. Vikariat, Univ. (gegr. 1968), meteorolog. Inst., Nordlichtobservatorium, Erdbebenwarte; Museum. Nahrungs- und Genußmittelind., Schiffbau. - Bestand seit dem 9. Jh., 1250 erstmals erwähnt; verfiel im 16. Jh.; seit der Mitte des 18. Jh. neu besiedelt.

Trøndelag [norweg., ˌtrøndəla:g], histor. Prov. im mittleren Norwegen, heute geteilt in ↑Nord-Trøndelag und ↑Sør-Trøndelag.

Heinz Trökes, Fahrt ins Grüne (1973). Siebdruck

Trommel. 1 große Trommel, 2 Doppelfell-Handtrommel, 3 Rahmentrommeln (Handtrommeln), 4 Bongos, 5 kleine Trommel (Wirbeltrommel), 6 Rahmentrommel mit Plastikfell, 7 Rahmenschellentrommeln

Trondheim [norweg. ˌtrɔnhɛim] ↑ Drontheim.

Troodos ['troːodɔs], bis in hohe Lagen bewaldetes Gebirge, das den zentralen SW der Insel Zypern einnimmt, im Olympus 1953 m hoch.

Troost, Paul Ludwig, * Elberfeld (= Wuppertal) 17. Aug. 1878, † München 21. Jan. 1934, dt. Architekt. - Seine neoklassizist. Architektur ist von Pathos und Monumentalität bestimmt (München, Haus der Kunst, 1933–37); Entwürfe für die Innenausstattung der Schiffe des Norddt. Lloyd.

Tropaeum Traiani ↑ Adamclisi.

Tropaion (Tropaeum) [zu griech. tropḗ „Wendung zur Flucht"], Siegesmal aus für Stelle, an der der Gegner sich zuerst zur Flucht wandte (erstmals bezeugt im 5. Jh. v. Chr.): Baumstumpf oder Pfosten, an dem erbeutete Waffen aufgehängt waren, stets Göttern geweiht und deshalb unantastbar; in späterer Zeit auch aus Stein oder Bronze.

Tropan [griech.] ↑ Tropanalkaloide.

Tropanalkaloide, v. a. in Nachtschattengewächsen und im Kokastrauch enthaltene Alkaloide, die sich vom *Tropan,* dem stickstoffhaltigen bicycl., opt. inaktiven Grundgerüst u. a. von Atropin und Kokain, ableiten. Chem. Strukturformel des Tropans:

$$H_3C-N\begin{pmatrix}CH_2\\CH_2\end{pmatrix}$$

Troparion [griech.], in der byzantin. Kirche Bez. für ein kurzes hymn. Kirchenlied alten Ursprungs (5. Jh.), das sich in abschließender Gebetsform auf das Tagesfest bezieht und im Abend-, Morgen- und Tagesgottesdienst sowie bei der Liturgiefeier gesungen wird.

Troparium [griech.-lat.], svw. ↑ Tropenhaus.

Tropen [zu griech. tropḗ „Sonnenwende"], im Sinne der mathemat. Klimazonen der Erde der Bereich zw. den beiden Wendekreisen, im klimatolog. Sinn die Gebiete beiderseits des Äquators mit ständig hohen (außer in den Gebirgen) Temperaturen, die außerdem geringe tages-, aber noch geringere jahreszeitl. Schwankungen zeigen. Ein weiteres Merkmal der T. sind die dem Höchststand der Sonne folgenden Zenitalregen, die sich aus den aufsteigenden Luftmassen innerhalb der wandernden innertrop. Konvergenz ergeben. Somit folgt aus dem Zeitpunkt dieser Niederschläge eine Gliederung der T. in die äquatornahen **inneren Tropen,** wo die Trockenzeiten nur kurz und schwach ausgeprägt sind, und die **wechselfeuchten Tropen** mit ausgeprägten Regen- und Trockenzeiten.

Tropen (Einz. Trope oder Tropus) [griech.], in der Rhetorik zusammenfassende Bez. für die sprachl. Ausdrucksmittel der uneigentl. Rede. T. betreffen das Einzelwort, das nicht im eigtl. Sinne, sondern in einem übertragenen gebraucht wird, z. B. „Blüte" für „Jugend".

Tropenhaus (Troparium, Tropicarium), Bez. für eine Warm- oder Treibhausanlage, in der im öffentl. oder privaten Bereich bes. trop. Pflanzen, Tiere (v. a. Fische, Lurche und Kriechtiere) oder auch beide zusammen in möglichst natürlicher Umgebung gepflegt und ausgestellt werden.

Tropenkoller, Bez. für Veränderungen der affektiven Lage in Richtung auf gesteigerte Erregbarkeit (bis zu sinnlosen Wutausbrüchen bzw. Neigung zu Gewalttaten, begleitet von Halluzinationen), die Bewohner gemäßigter Breiten im trop. Klima erleiden können.

Tropenkrankheiten, Krankheiten, die endem. in trop. oder subtrop. Gebieten auftreten, teils, weil ihre Erreger oder deren Überträger nur in warmen Klimazonen überleben können, teils bedingt durch hygien. Mängel; u. a. Malaria, Pest. Lepra, Cholera, Gelbfieber, Bilharziose, Amöbenruhr; viele T. kommen heute auch im gemäßigten Klimabereich vor.

Tropenmedizin, Teilgebiet der Medizin, das sich mit der Erforschung, Behandlung und präventiven Bekämpfung von Tropenkrankheiten beschäftigt und die Lebensbedingungen in den trop. Zonen erforscht.

Tropentauglichkeit, die Fähigkeit, sich in den Tropen aufzuhalten bzw. unter trop. Klimaverhältnissen zu leben und zu arbeiten, ohne körperl. oder geistig Schaden zu nehmen. Tropenuntaugl. sind Menschen mit Nerven- und Geisteskrankheiten und ausgeprägter vegetativer Dystonie, weiterhin solche, die an Diabetes, Hochdruck, Herzfehlern und chron. Nierenkrankheiten leiden; Anfälligkeiten für Verdauungsstörungen und Neigung zu Allergien schränken die T. ebenfalls ein.

Tröpfcheninfektion, unmittelbare Übertragung von Krankheitserregern (u. a. von Grippe, Keuchhusten, Scharlach, Masern, Tuberkulose) über feinste Speichel- oder Schleimtröpfchen beim Sprechen, Husten und Niesen.

Tröpfchenmodell ↑ Kernmodelle.

Tropfen, kleine Flüssigkeitsmenge, die als Folge der Oberflächenspannung der Flüssigkeit eine [nahezu] kugelförmige Gestalt angenommen hat.

Tropfpunkt ↑ Fließpunkt.

Tropfsteine ↑ Höhle.

Tropfzündpunkt, Temperaturpunkt, bei dem sich ein flüssiger Stoff beim Herabtropfen auf eine heiße Platte von selbst entzündet. Der T. ist ähnlich wie der Flammpunkt ein Maß für die Feuergefährlichkeit eines Stoffes.

Trophäe [griech.-lat.], Siegesmal aus erbeuteten Waffen; Siegeszeichen (z. B. erbeutete Fahne eines Feindes); Jagdbeute.

trophisch [griech.], gewebernährend,

Trophobiose

die Ernährung [des Gewebes] betreffend.

Trophobiose [griech.], Form des ↑Mutualismus, einer Art Symbiose, bei der eine Symbiont dem anderen Nahrung bietet; z. B. T. zw. Blattläusen und Ameisen.

Trophoblast [griech.] (Nährblatt, Nährschicht), die periphere Zellschicht des ↑Keimbläschens (Blastozyste) der plazentalen Säugetiere (einschl. Mensch), die nach Anlagerung des Keims an die Uterusschleimhaut und seiner Einbettung (Nidation) als Organ der Nährstoffaufnahme fungiert.

trophogene Zone [griech.] (trophogene Region), in der Ökologie die obere, lichtdurchlässige Schicht der Gewässer, in der durch Photosynthese organ. Substanz aufgebaut wird. Die lichtlose Tiefenzone, in der keine Photosynthese mehr stattfinden kann und in der die Abbau organ. Substanz begünstigt wird, heißt tropholyt. Zone.

trophotrop [griech.] (histiotrop), den Stoffwechsel- bzw. Ernährungszustand eines Organismus oder einzelner Teile beeinflussend bzw. im Sinne einer Erholung und Wiederherstellung seiner Leistungsfähigkeit verändernd; bes. auf die Wirkung des Parasympathikus bezogen. - Ggs. ↑ergotrop.

Trophozyten [griech.], (Nährzellen, Nähreier), bei Plattwürmern und Insekten umgebildete Eizellen mit hohem Dottergehalt, die der Ernährung der heranreifenden Eizellen dienen.

Tropicarium [griech.-lat.], svw. ↑Tropenhaus.

Tropika [griech.] ↑Malaria.

Tropikvögel [griech./dt.] (Phaethontidae), Fam. bis fast 50 cm langer, weißer, teilweise schwarz gezeichneter Seevögel mit zwei Arten über trop. Meeren; vorwiegend nach Fischen und Tintenfischen stoßtauchende Tiere mit leicht gebogenem, spitzem, gelblichrotem Schnabel; brüten in Kolonien v. a. auf Felseninseln.

tropisch, in der *Astronomie* svw. auf den Frühlingspunkt, das Äquinoktium bezogen, z. B. *trop. Jahr* (↑Jahr), *trop. Monat* (↑Monat).

♦ in der *Klimatologie* svw. auf die Tropen bezogen.

Tropischer Rattenfloh, svw. Pestfloh (↑Rattenflöhe).

tropischer Regenwald ↑Regenwald.

tropische Wirbelstürme ↑Wirbelstürme.

Tropismus [zu griech. trópos „Wendung"], durch verschiedene Außenreize verursachte, in Ggs. zur ↑Nastie in Beziehung zur Reizrichtung stehende Orientierungsbewegung von Teilen festgewachsener Pflanzen bzw. bei sessilen Tieren (z. B. Moostierchen). Hinwendung zur Reizquelle wird als *positiver* T., Abwendung als *negativer* T. bezeichnet. Die Bewegung kommt bei Pflanzen meist durch unterschiedl. (auf ungleicher Verteilung von Wuchsstoffen beruhende) Wachstumsgeschwindigkeiten der Organeiten zustande (↑Nutationsbewegungen). Nach Art des auslösenden Reizes unterscheidet man u. a.: **Chemotropismus**, eine durch chem. Reize (durch gasförmige und in wäßrigem Medium gelöste Stoffe) verursachte Bewegung (z. B. Wachstumsbewegung der Wurzeln). **Geotropismus**, Bewegungsreaktion auf den Reiz der Erdschwerkraft; von *Orthogeotropismus* spricht man bei Einstellung der Sproßachse parallel zur Lotrichtung, als *Transversal-*, *Plagio-* oder *Horizontalgeotropismus* bezeichnet man die mehr oder weniger schräge Einstellung von Seitenachsen und -wurzeln. **Haptotropismus**, durch Berührungsreiz ausgelöste Wachstumsbewegung mit in deutl. Beziehung zur Reizrichtung stehender Bewegungsrichtung (bes. bei Rankenpflanzen); die Ranken wachsen zunächst unter autonom im freien Raum kreisenden Nutationsbewegungen und beginnen sich nach Berührung einer Stütze durch sehr rasches Wachstum der dem Berührungspunkt gegenüberliegenden Rankenseite konkav einzurollen. **Phototropismus** (Heliotropismus), durch einseitige Lichtreize ausgelöste, zur Reizquelle gerichtete Lageveränderung oberird. Pflanzenteile; die Reizaufnahme beruht vermutl. auf einer photochem. Reaktion (Lichtabsorption durch eine bestimmte Substanz [meist Riboflavin], an den weiteren Prozessen sind Phytohormone [bes. ↑Auxine] beteiligt).

Tropologion [griech.], liturg. Buch der orth. Kirchen, das die Texte und Melodien der Troparien (↑Troparion) enthält.

Tropolon [Kw.], Bez. für drei vom 1,3,5-Cycloheptatrien *(Tropiliden)*, C_7H_8, abgeleitete Verbindungen. Das α-T. ist im Grundgerüst zahlr. Naturstoffe enthalten. Chem. Strukturformel des α-Tropolons:

Tropophyten [griech.], Pflanzen (v. a. der gemäßigten Zonen und der Savannengebiete), die im Ggs. zu den an mehr oder weniger gleichbleibende Standortbedingungen angepaßten ↑Hygrophyten und ↑Xerophyten jahreszeitl. wechselnden Temperatur- und/oder Feuchtigkeitsverhältnissen unterworfen sind und ein entsprechend wechselndes Erscheinungsbild (z. B. durch Laubabwurf) aufweisen.

Troposphäre [griech.], die unterste Schicht der ↑Atmosphäre, in sich die Wettervorgänge abspielen. Die Grenzschicht gegenüber der darüberliegenden Stratosphäre ist die **Tropopause**.

Troppau, Stadt in der ČSSR, ↑Opava.

troppo [italien.], svw. zu viel, zu sehr; in der Musik z. B. **presto ma non troppo**, nicht allzu schnell.

Tropsch, Hans, *Plan (= Planá, Westböhm. Gebiet) 7. Okt. 1889, † Essen 8. Okt. 1935, dt. Chemiker. - Prof. in Prag und Chicago; Arbeiten u. a. zur Theorie der Kohleentstehung. T. entwickelte mit F. Fischer die ↑Fischer-Tropsch-Synthese.

Tropus [zu griech. trópos „Wendung, Weise"], in der *Rhetorik* ↑Tropen.
◆ aus der antiken Tradition in die *ma. Musiklehre* übernommene Bez., die mit ↑Kirchentonart (auch Modus oder Tonus) identisch ist.
◆ in der *Liturgie des MA* die textl. (Textierung von Melismen) oder textl. und musikal. Erweiterung eines liturg. Gesanges durch vorangestellte, eingeschaltete oder angehängte Zusätze. Die Entstehung des T. wird in der 1. Hälfte des 9. Jh. in westfränk. Klöstern angenommen. Nach urspr. kürzeren Texteinschüben gewannen v. a. die vorangestellten und angehängten Tropen eine zunehmende Ausdehnung und wurden schließl. mit der Einführung von Versmaß und Reim ein eigener Zweig ma. Dichtung, führten bald ein Eigenleben und überwucherten die urspr. Liturgie. Die bes. geschichtl. Bed. des T. liegt darin, daß er zum Ausgangspunkt mehrerer dichter. und musikal. Formen des MA wurde (geistl. Spiel, Osterspiel u. a.).

Trosse [frz.-niederl.; letztl. zu lat. torquere „drehen"], starkes Schiffstau aus Hanf oder anderem Fasermaterial (auch Drahtseil).

Trossingen, Stadt in der Baar, Bad.-Württ., 714 m ü. d. M., 11 000 E. Staatl. Hochschule für Musik, Bundesakad. für musikal. Jugendbildung; v. a. Herstellung von Musikinstrumenten. - 797 erstmals gen.; seit 1927 Stadtrecht.

Trostberg, Stadt an der Alz, Bay., 490 m ü. d. M., 9 700 E. Kalkstickstoffwerk. - Um 1230 als Markt gegr.; 1475 stadtähnl. Privilegien; endgültige Stadterhebung 1913. - Spätgot. Andreaskirche (15., 16. und 19. Jh.).

Trotta, Margarethe von, * Berlin 21. Febr. 1942, dt. Schauspielerin, Filmregisseurin und Drehbuchautorin. - Seit 1971 ∞ mit V. Schlöndorff. Vielfältig-differenzierte Filmdarstellerin in „Baal" (1969), „Warnung vor einer heiligen Nutte" (1970), „Die Moral der Ruth Halbfass" (1971), „Der Fangschuß". Regie führte sie in „Die verlorene Ehre der Katharina Blum" (1975; zus. mit V. Schlöndorff), „Das zweite Erwachen der Christa Klages" (1977), „Schwestern oder Die Balance des Glücks" (1979), „Rosa Luxemburg" (1986).

Trottellumme ↑Lummen.

Trotteur [trɔˈtøːr; frz.], bequemer, dabei eleganter Laufschuh (Damenmode).

Trottoir [trɔtoˈaːr; frz.], Bürgersteig, Gehweg.

Trott zu Solz, Adam von, * Potsdam 9. Aug. 1909, † Berlin-Plötzensee 26. Aug. 1944 (hingerichtet), dt. Widerstandskämpfer. - Seit 1940 im Auswärtigen Amt; versuchte ab 1939 auf Auslandsreisen, durch persönl. Kontakte bei den Alliierten Unterstützung für die dt. Widerstandsbewegung zu gewinnen; nach dem Attentat vom 20. Juli 1944 vom Volksgerichtshof zum Tode verurteilt.

Trotyl [Kw.] ↑Nitrotoluole.

Trotz, Widerstand und Ablehnung gegenüber dem Willen einer Autorität. Oft erscheint das trotzige Verhalten inhaltlich oder sachlich nicht begründet und von unangemessener Emotionalität begleitet.

Trotzalter (Trotzphase), typ. Phase in der psychosozialen Entwicklung des Kindes (gewöhnl. in der Zeit des 3. und 4. Lebensjahres), in der das Kind die (neuentdeckte) Fähigkeit übt, eigenen Willen zu erfahren und auch durchzusetzen. Hinzu kommt, daß das Kind mit dieser Fähigkeit experimentiert und sie unabhängig davon, ob sie der jeweiligen Situation angemessen ist, demonstriert. Daher tritt bei Erwachsenen viel stärker der Eindruck einer Uneinsichtigkeit, Unbelehrbarkeit und Konfliktfreudigkeit als Hauptproblem in den Vordergrund. Die Entwicklung eines selbständigen Willens sollte begrüßt und gefördert werden, allerdings nur in Verbindung mit einer behutsamen Konfrontation mit der Realität, ohne deren Berücksichtigung die Willensfunktion nicht in die Persönlichkeitsentwicklung integriert werden kann. - Die Phase zw. dem etwa 12. und 15. Lebensjahr wird - v. a. wegen der Protesthaltung Jugendlicher gegen Erwachsene (↑Pubertät) - häufig auch als **zweite Trotzphase** bezeichnet.

Trotzki, Leo (Lew), russ. Lew Dawidowitsch Trozki, eigtl. Leib Bronschtein, * Iwanowka (?) (Gouv. Cherson) 7. Nov. 1879, † Coyoacán (bei Mexiko) 21. Aug. 1940, russ. Revolutionär und Politiker. - Gründete 1897 den Südruss. Arbeiterbund; 1898 verhaftet, 1899 nach Sibirien verbannt, floh 1902 ins Ausland; schloß sich den Menschewiki an, war vom Okt. 1905 bis zu seiner Verhaftung im Dez. 1905 deren Sprecher im Petersburger Sowjet. Ab 1907 als Journalist in Wien, Zürich, Paris und in den USA tätig; kehrte im Mai 1917 nach Rußland zurück und schloß sich den Bolschewiki an; wurde Mgl. im ZK und im Politbüro und gewann den Petrograder Sowjet für die Bolschewiki; organisierte als Vors. des Militärrevolutionären Komitees die Oktoberrevolution, wurde am 8./9. Nov. 1917 Volkskommissar des Äußeren, im Dez. auch Leiter der Sowjetdelegation bei den Friedensverhandlungen mit den Mittelmächten in Brest-Litowsk. In der Überzeugung des baldigen Übergreifens der russ. Revolution auf Deutschland und Österreich-Ungarn vertrat er gegen Lenin mit der unzureichend durchdachten Formel „weder Krieg noch Frieden" gegenüber den dt. Friedensbedingungen eine Hinhaltetaktik. Nach dem weiteren militär. Vordringen der Mittelmächte stimmte er für die Unterzeichnung des Friedensvertrags vom 3. März 1918, trat jedoch

Trotzkismus

als Außenkommissar zurück. Zum Volkskommissar für Verteidigung ernannt (März 1918), schuf T. die Rote Armee und damit die Voraussetzung für den Sieg der Bolschewiki im Bürgerkrieg 1918–22. Nach Lenins Tod (1924) wurden die seit Jahren bestehenden Rivalitäten zw. T. und Stalin offen ausgetragen. T. griff den Bürokratismus, Stalins Wirtschaftskonzeption und - in Verfolgung der eigenen Theorie der „permanenten Revolution" - dessen Theorie vom „Sozialismus in einem Land" an, wurde jedoch von Stalin mit Hilfe der Troika aus Reg.- (1925) und Parteiämtern (1926/27) entfernt; 1928 nach Kasachstan verbannt, 1929 exiliert. Kämpfte seit 1929 im Exil gegen den Stalinismus und gründete 1938 die Vierte Internationale; vermutl. von einem GPU-Agenten ermordet.
Werke: Die permanente Revolution (1930), Mein Leben (1930), Geschichte der russ. Revolution (1931–33), Stalin (1941).
⚇ *Serge, V.: L. T. Leben u. Tod. Dt. Übers. Mchn. Neuaufl. 1981. - Comby, L.: Léon Trotsky. Paris 1976. - Carmichael, J.: T. Dt. Übers. Ffm. u. a. 1974. - Abosch, H.: T.-Chronik. Daten zu Leben u. Werk. Mchn. 1973.*

Trotzkismus, 1. Bez. für eine auf dem Marxismus fußende und von L. Trotzki entwickelte polit. Theorie, deren Kernstück die Theorie der permanenten ↑Revolution, das Festhalten am proletar. Internationalismus und die Kritik an der unter Stalin eingeleiteten bürokrat. Entartung der Sowjetunion ist; 2. Bez. für eine sich auf diese Theorie berufende, die Praxis der bolschewist. Partei Leninscher Prägung *(Bolschewiki-Leninisten)* bewahrende und in der Vierten Internationale zusammengeschlossenen polit. Bewegung (↑Internationale); 3. in der Sowjetunion und in den der KPdSU verpflichteten kommunist. Parteien anderer Länder diffamierende Bezeichnung für alle linksoppositionellen Strömungen.

Troubadour ['tru:badu:r, −−'−; provenzal.-frz., eigtl. „Erfinder von Versen"], Dichter-Sänger des 12. und 13. Jh. v. a. in der Provence, aber auch im übrigen mittleren und westl. S-Frankr., der Texte und Melodien seiner Lieder selbst schuf und meist auch selbst vortrug. Überliefert sind Texte von rd. 450 T., darunter 25 Italiener, 15 Katalanen und etwa 20 weibl. Autoren; T. waren u. a. Adelige, Ministerialen, Kleriker, Bürgerliche. Im Mittelpunkt der von ihnen aus arab. und mittellat. Quellen entwickelten Lyrik stand der Minnekult, die stilisierte Form der Verehrung einer unerreichbaren höf. Herrin, die in den reich mit Naturbildern ausgestatteten Liedern besungen wurde. Nicht statthaft waren dabei persönl. Aussagen; als aristokrat. Gesellschaftskunst hatte sie im Rahmen fester Formen und Grundmuster die Thematik einer sublimierten Erotik immer neu zu variieren. Hauptformen waren *Canso* (↑Kanzone) und *Sirventes,* das ab Mitte des 12. Jh. [polit. motiviert] zum Rüge-, Kriegs- sowie Moralgedicht inhaltl. erweitert wurde.
Als ältester T. gilt Wilhelm IX., Herzog von Aquitanien; weitere bed. Vertreter waren: Jaufré Rudel, Cercamon, Marcabru, Bernart de Ventadour, Peire Cardenal (* um 1174, † um 1272), Bertran de Born, Peire Vidal (* um 1175, † um 1210). - Die Lieder der T. bildeten einen wichtigen Zweig der weltl. einstimmigen Musik des MA; sie wurden im allg. von einem Instrument begleitet.
⚇ *Gruber, J.: Die Dialektik des Trobar. Tüb. 1983. - Mölk, U.: Trobadorlyrik. Mchn. u. Zürich 1982. - Raupach, M./Raupach, M.: Frz. Trobadorlyrik. Tüb. 1979. - Ranawake, S.: Höf. Strophenkunst. Mchn. 1976. - Der provenzal. Minnesang. Hg. v. R. Baehr. Darmst. 1967. - Köhler, E.: Trobadorlyrik u. höf. Roman. Bln. 1962. - Gennrich, F.: Grundr. einer Formenlehre des mittelalterl. Liedes ... Halle 1932.*

Trousseau, Armand [frz. tru'so], * Tours 14. Okt. 1801, † Paris 27. Juni 1867, frz. Mediziner. - Ab 1839 Prof. in Paris; bed. Kliniker, führte die operative Eröffnung der Luftröhre in die Kruppbehandlung ein. Nach ihm ist das **Trousseau-Zeichen** benannt, die diagnost. Reaktion bei Tetanie: Nach Kompression der Oberarmblutgefäße kommt es zu einer charakterist. spasm. Handstellung, der sog. Pfötchenstellung.

Trouvère [frz. tru'vɛ:r; eigtl. „Erfinder von Versen"], ma. frz. Dichter-Sänger, nordfrz. Gegenbild zum provenzal. ↑Troubadour; begegnet seit der 2. Hälfte des 12. Jh. an nordfrz. Höfen. Hauptvertreter: Chrétien de Troyes, Conon de Béthune, Gace Brulé, Blondel de Nesle, Thibaut IV de Champagne, Adam de la Halle.

Troy [frz. trwa], François de, * Toulouse 9. Jan. 1645, † Paris 1. Mai 1730, frz. Maler. - Vater von Jean-François de T.; Porträtist des europ. Hochadels („Ludwig XIV. und seine Familie"; London, Wallace Collection).

T., Jean-François de, * Paris 27. Jan. 1679, † Rom 26. Jan. 1752, frz. Maler. - Italienreise 1698–1708 (Einfluß der venezian. Malerei). Malte Porträts und elegante Gesellschaftsszenen in kleinen Formaten und heller Palette mit ausgeprägtem Sinn für Stofflichkeit.

Troyanos, Tatiana [engl. trɔɪˈɑːnɒs], * New York 9. Dez. 1938, amerikan. Sängerin (Mezzosopran). - Singt mit großen Erfolgen an den bed. internat. Opernbühnen; auch Konzertsängerin.

Troyat, Henri [frz. trwa'ja], eigtl. Lew Tarassow, * Moskau 1. Nov. 1911, frz. Schriftsteller russ. Herkunft. - Kam 1920 nach Paris. Schrieb psycholog., teilweise autobiograph. Romane über histor. und familiengeschichtl. Themen v. a. aus dem Lebensbereich des russ. und frz. Bürgertums, u. a. „Die Giftspinne" (1938); auch Dramen, Reiseberichte und Biographien russ. Dichter. 1959 Mgl. der Académie française. - *Weitere Werke:* Solange die Welt besteht (1947), Die Damen von Sibirien (1962), Kopf in den Wolken (1977), Die große Katharina (1977), Tchekhov (1984).

Troyes, Chrétien de ↑ Chrétien de Troyes.

Troyes [frz. trwa], frz. Stadt in der südl. Champagne, 65 400 E. Verwaltungssitz des Dep. Aube; kath. Bischofssitz; Forschungszentrum für Wirkwaren; Museen; Wirkwaren- u. a. Ind. - Hauptort der kelt. Trikassen (lat. Tricasses), von den Römern **Augustobona** gen.; seit dem 4. Jh. Bischofssitz. Die Bischöfe waren im frühen MA Stadtherren, bis sie 958/959 von den Grafen von T. (später der Champagne) abgelöst wurden; 12.–14. Jh. bed. Messeort. - Westl. der Stadt liegen die Katalaun. Felder, wo die Hunnen 451 n. Chr. gegen Römer und Westgoten eine Niederlage erlitten. - Got. Kathedrale (1208 ff.) mit bed. Glasfenstern, got. ehem. Stiftskirche Saint-Urbain (1262–86); zahlr. alte Häuser und Paläste (13.–17. Jh.).

Troyon, Constant [frz. trwa'jõ], * Sèvres 28. Aug. 1810, † Paris 20. März 1865, frz. Maler. - Vertreter der Schule von Barbizon mit pastos gemalten Landschafts- und Tierstücken („Ochsen ziehen zur Feldarbeit" und „Rückkehr zum Bauernhof"; beide Paris, Louvre).

Troy-System [engl. trɔɪ; nach der frz. Stadt Troyes], in Großbrit. und in den USA für Edelmetalle und Edelsteine verwendetes System von Massen- bzw. Gewichtseinheiten. Zur Kennzeichnung der Einheiten wird die Abk. t oder tr hinter das Zeichen der betreffenden Einheit gesetzt: dwt (Pennyweight), oz tr (Troy ounce), lb t (Troy pound).

Einheiten des Troy-Systems

1 pennyweight =	24/7 000 pound	= 1,5551740 g
1 troy ounce =	480/7 000 pound	= 31,103481 g
1 troy pound =	5 760/7 000 pound	= 373,24177 g

Trub, bei der Bier- und Weinherstellung nach der Gärung auftretender, v. a. aus Hefen, daneben auch Malz- bzw. Traubenresten, Proteinen und Pektinen bestehender Niederschlag, der durch Filtrieren, Zentrifugieren oder Abstechen abgetrennt wird.

Trubar, Primož (Primus Truber), Pseud. Philopatridus Illyricus, * Rašica 9. Juni 1508, † Derendingen (= Tübingen) 28. Juni 1586, slowen. Schriftsteller. - Prediger; wirkte für die Ausbreitung der Reformation unter den Slowenen; Mitbegründer der slowen. Schriftsprache.

Trübe, Aufschlämmung von festen Stoffen in Wasser oder anderen Flüssigkeiten.

Trubezkoi [russ. trubɪts'kɔj], russ. Adelsgeschlecht, Nachfahren des lit. Großfürsten Gedymin; traten Anfang des 16. Jh. in den Dienst der Moskauer Großfürsten; bed. Vertreter:

T., Nikolai Sergejewitsch Fürst, * Moskau 15. April 1890, † Wien 25. Juni 1938, Sprachwissenschaftler und Völkerkundler. - Emigrierte 1919; ab 1923 Prof. in Wien. Mitbegr. der Prager Schule. T. wendete die Lehre F. de Saussures von der Systemhaftigkeit der Sprache auf den Lautbereich an, trennte zwischen Sprechakt und Sprachgebilde und forderte neben der Phonetik die Phonologie, bei der es nicht auf die phys. Qualitäten der Laute ankommt, sondern auf deren Funktion im Sprachganzen. Verfaßte außerdem Arbeiten zur slaw. Sprachgeschichte, zur russ. Folkloristik sowie zur kaukas. und finnougrist. Sprachwissenschaft.

T., Sergei Petrowitsch Fürst, * Nischni Nowgorod (= Gorki) 9. Sept. 1790, † Moskau 4. Dez. 1860, Revolutionär. - Gardeoberst; einer der Gründer der ersten Geheimgesellschaften der Dekabristen („Bund der Rettung", 1816, „Wohlfahrtsbund", 1818). Vor dem Aufstand am 26. Dez. 1825 zum Diktator gewählt, zum Tode verurteilt, dann zu Zwangsarbeit in Sibirien begnadigt; 1856 amnestiert.

Trübglas, Bez. für Gläser, die durch Zuschläge zur Glasschmelze oder durch teilweise Entglasung (Rekristallisation) des fertigen Glases undurchsichtig gemacht sind und nach der mehr oder weniger dichten, meist weißen Trübung auch als *Milch-* oder *Opak-* bzw. *Opal[eszent]glas,* bei Entglasung auch als *Alabasterglas* bezeichnet werden.

Trübner, Wilhelm, * Heidelberg 3. Febr. 1851, † Karlsruhe 21. Dez. 1917, dt. Maler. - Neben G. Courbet verdankte er v. a. W. Leibl wichtige Impulse; 1892 schloß sich T. mit L. Corinth und M. Slevogt zu Münchner Sezession zusammen. 1896 Lehrer am Städelschen Kunstinstitut in Frankfurt am Main, 1903 Prof. an der Kunstakad. in Karlsruhe. Gehört zu den bedeutendsten Vertretern des Naturalismus in Deutschland. Seine frühen stillebenhaften Porträts und Landschaften zeichnen sich durch nüchterne Helldunkelmalerei und fleckenartigen Farbauftrag aus; seit 1892 steht sein Werk dem Impressionismus nahe.

Truchseß [althochdt. „der in einer Schar sitzt oder ihr vorsitzt"] (mittellat. dapifer, senescalus), Inhaber des vornehmsten der german. Hausämter, zuständig für die ganze Hausverwaltung, betraut mit der Aufsicht über die Tafel. Das mit einem Territorium verbundene [Ehren]amt des **Erztruchseß** war seit dem 12. Jh. im Besitz des Pfalzgrafen bei Rhein.

Trucial States [engl. 'truːsjəl 'stɛɪts] (dt. Vertragsstaaten; Trucial Oman), engl. Bez. für Befriedetes Oman, das 1971/72 unter dem Namen ↑ Vereinigte Arabische Emirate unabhängig wurde.

Trucksystem [engl. 'trʌk „Tausch(handel)"], Entlohnung von Arbeitern durch Waren, bes. durch Lebens- und Genußmittel. Das

Trud

in frühindustrieller Zeit weitverbreitete T. wurde von Arbeitgebern v. a. dadurch mißbraucht, daß sie den Lohn ausschließl. über in eigenen Läden abgegebene minderwertige und zu teure Waren ausbezahlten.

Trud [russ. „Arbeit"], sowjet. Tageszeitung, ↑ Zeitungen (Übersicht).

Trud, oberdt. Bez. für Hexe oder Alp; erscheint in tier. oder menschl. Gestalt und kann sich auch in einen Gegenstand verwandeln. Der weibl. T. entspricht der männl. **Trudner** oder **Truder.**

Trude, weibl. Vorname, Kurzform von Namen, die mit „-trud, -trude" oder „Trud-" gebildet sind, bes. von Gertrud.

Trudeau, Pierre Elliott [frz. try'do], *Montreal 18. Okt. 1919, kanad. Politiker. - 1961 Prof. für Verfassungsrecht in Montreal; 1965 Abg. für die Liberale Partei; 1967/68 Justizmin. und Generalstaatsanwalt; 1968–84 Parteiführer, 1968–79, erneut 1980–84 Premierminister.

Trudeln, infolge unsymmetr. Störung aus einem überzogenen Flugzustand entstandene Flugbewegung, bei der sich das Flugzeug auf einer Schraubenlinie um eine vertikale Trudelachse nach unten bewegt.

Trudowiki [russ. trudɐvi'ki „Arbeitervertreter"], in der 1. russ. Staatsduma 1906 entstandene Fraktion von bürgerl. Demokraten, Vertretern der Bauern und der sozialist. Intelligenzija (rd. 100 Abg.); in der 4. Duma wurde die 10 Abg. umfassende Fraktion von A. F. Kerenski geführt.

Trudpert (Trudbert), hl., iroschott. Wandermönch und Einsiedler des 7. Jh. - Gründer des ältesten rechtsrhein. Klosters, der Benediktinerabtei Sankt T. im Münstertal bei Freiburg im Breisgau; unsichere, überwiegend legendäre Vita. - Fest: 26. April.

Truffaut, François [frz. try'fo], *Paris 6. Febr. 1932, †Neuilly-sur-Seine 21. Okt. 1984, frz. Filmregisseur. - Gehörte mit „Sie küßten und sie schlugen ihn" (1959), „Schießen Sie auf den Pianisten" (1960), „Jules und Jim" (1961) zu den Protagonisten der Neuen Welle. - *Weitere Filme* Fahrenheit 451 (1966), Die Braut trug Schwarz (1967), Der Wolfsjunge (1969), Die Geschichte der Adèle H. (1975), Der Mann, der die Frauen liebte (1977), Die letzte Metro (1980).

Trüffel [lat.-frz.] (Tuber), Gatt. der Trüffelpilze mit rd. 50 Arten in Europa und N-Amerika; Fruchtkörper unterirdisch, kartoffelähnlich, mit rauher, dunkler Rinde. T. sind die kostbarsten Speise- und Gewürzpilze, z. B. **Perigord-Trüffel** (Tuber melanosporum; kugelig, schwarzbraun, bis 15 cm groß, mit warziger Oberfläche; von leicht stechendem, pikantem Geruch), **Wintertrüffel** (Muskat-T., Tuber brumale; warzig rotbraun bis schwarz, rundl., bis 5 cm groß; aromat. duftend) und die außen grobwarzige, schwarze, innen hellbraune **Sommertrüffel** (Tuber aestivum). Wo Trüffeln in größeren Mengen vorkommen (z. B. S-Frankreich), werden sie mit Hilfe von Hunden und Schweinen aufgespürt.

Trüffel, kugelförmige Praline aus schokoladenartiger Masse, mit Rum oder Weinbrand aromatisiert.

Trüffelpilze (Tuberales), Ordnung der Scheibenpilze mit knolligen unterird. Fruchtkörpern, in deren Innerem in gekammerten Hohlräumen die Fruchtschicht entsteht; rd. 30 Gatt. in vier Fam.: *Hohltrüffeln* (Pseudotuberaceae), *Blasentrüffeln* (Geneaceae), *Echte Trüffeln* (Eutuberaceae; mit der Gatt. ↑Trüffel) und *Edeltrüffeln* (Terfeziaceae).

Trugbienen (Zottelbienen, Panurgus), Gatt. der ↑Grabbienen mit zwei 8–10 mm langen einheim. Arten; Hinterleib längl., schwarz, glänzend; Kopf (♂) und Hinterbeine (♀) dicht behaart; legen ihre Erdnester in kleinen Kolonien an.

Trulli in Apulien

Trugdolde ↑Blütenstand.

Trughirsche (Odocoileinae), Unterfam. etwa hasen- bis rothirschgroßer Hirsche mit rd. 15 Arten in Eurasien, N- und S-Amerika; ♂♂ mit Geweih; unterscheiden sich von den Echthirschen v. a. durch einen abweichenden Bau des Mittelhandknochens; obere Eckzähne sind meist verkümmert oder völlig reduziert. Die T. umfassen Rehe, Ren, Elch und Neuwelthirsche.

Trugmotten (Eriocraniidae), artenarme, auf der Nordhalbkugel verbreitete Fam. bis 15 mm spannender, urtüml. Tagschmetterlinge mit rd. zehn Arten in M-Europa; Vorderflügel goldgelb und violett gemustert; fliegen mitunter in kleinen Schwärmen.

Trugnattern (Boiginae), bes. in den Tropen verbreitete Unterfam. der Nattern, deren hinterer Teil des Oberkiefers verlängerte Giftzähne trägt; Biß für den Menschen meist ungefährlich mit Ausnahme der ↑Boomslang und der schlanken, spitzköpfigen **Lianenschlange** (Thelotornis kirtlandii). - Zu den T. gehören ferner u. a. ↑Eidechsennatter, **Kapuzennatter** (Macroprotodon cucullatus; etwa 50 cm lang, am Hinterkopf schwarzbrauner kapuzenförmiger Fleck; auf der Pyrenäenhalbinsel und in N-Afrika) und **Katzennatter** (Telescopus fallax; etwa 80 cm lang, Pupillen senkrecht schlitzförmig; in SW-Asien und auf dem Balkan).

Trugratten (Octodontidae), mit den Meerschweinchen nah verwandte Fam. ratten- oder wühlmausähnl. Nagetiere mit acht 12–20 cm langen (einschl. Schwanz bis 40 cm messenden) Arten im westl. und südl. S-Amerika; graben teilweise weit verzweigte Erdbaue.

Trugschluß, zur Täuschung oder Überlistung des Gesprächpartners angewandter (log.) fehlerhafter Schluß.
◆ in der *Musik* ↑Kadenz.

Truhe, Kastenmöbel, das im MA allg. das einzige, im bäuerl. Bereich bis in die Neuzeit hinein das wichtigste Aufbewahrungsmöbel war. Die älteren T. stehen auf Stollen, die mit den Wänden vernutet sind. Im Spät-MA erfolgte wie bei anderen Möbeln der Übergang zur Rahmenkonstruktion; Tragegriffe an den Schmalseiten erleichtern den Transport. Andere werden als Sitzbank (auch mit Lehnen) genützt (Truhenbänke). Bes. die 4 Seiten der Truhen wurden mit Schnitzereien verziert, gelegentl. auch mit Intarsien, mit Stuck und Vergoldung oder Malereien. Bes. prunkvoll wurden Hochzeitstruhen gestaltet. Im städt. Bereich wurde die T. im 17. Jh. endgültig von Schrank und Kommode verdrängt.

Trujillo [span. tru'xijo], Dep.hauptstadt in N-Honduras, am Karib. Meer, 4700 E. Handelsplatz, Hafen. - 1525 als Hauptstadt der span. Kolonialprov. Honduras gegr.; 1531–61 Sitz eines Bischofs, im frühen 17. Jh. führender Handelsplatz an der karib. Küste; 1643 von niederl. Piraten geplündert; blieb bis zur Wiederbesiedlung (1787) Ruinenstätte.

T., Hauptstadt des Staates T. in Venezuela, 400 km wsw. von Caracas, 790 m ü. d. M., 42 000 E. Kath. Bischofssitz; Handelszentrum. - 1559 gegr.; mehrfach verlegt.

T., Hauptstadt des peruan. Dep. La Libertad, in der Küstenebene, 354 600 E. Kath. Erzbischofssitz; Univ. (gegr. 1824), archäolog. Museum, Theater. Nahrungsmittel-, Textil- u. a. Ind. - 1535 von F. Pizarro gegr., nach dessen Geburtsort ben. - Reste der 1617 zum Schutz gegen engl. Piraten errichteten Stadtmauer; Kathedrale (17. und 18. Jh.), Kirche El Belén (um 1759).

T., Staat in Venezuela, 7400 km^2, 433 700 E. (1981), Hauptstadt Trujillo. Der O des Staates wird von der Cordillera de Mérida durchzogen, der W liegt im Tiefland des Maracaibobeckens. Hauptagrargebiete sind die Täler des Hochlandes und die nw. und sö. Abdachung des Gebirges.

Trujillo y Molina, Rafael Leonidas [span. tru'xijo i mo'lina], * San Cristóbal 24. Okt. 1891, † Ciudad Trujillo (= Santo Domingo) 30. Mai 1961 (ermordet), dominikan. Politiker. - Trat 1918 in die Armee ein (1924 Oberst, 1927 General); kam 1930 durch Staatsstreich an die Macht und sicherte sich als Präs. (1930–38) eine despot. Stellung, die ihm und seiner Familie die Ausbeutung des Landes ermöglichte; 1942–52 erneut Präs.; auch 1952–60 während der Präsidentschaft seines Bruders Héctor Bienvenido (* 1908) war T. y M. der eigtl. Machthaber und entfaltete einen hemmungslosen Personenkult. Nach seiner Ermordung mußte die ganze Familie das Land verlassen.

Trullanische Synoden (Trullanum), Bez. für das 6. allg. Konzil von Konstantinopel (680/81; Trullanum 1) und für die Synode vom Herbst 691 (Trullanum 2), die beide im „Trullos", dem Kuppelsaal des byzantin. Kaiserpalastes, abgehalten wurden. Das Trullanum 2 gilt in den orth. Kirchen als allg. Konzil.

Trulli (Einz. Trullo) [italien.], steinerne Kegeldachbauten v. a. in Apulien, mit unechtem Gewölbe, die Wände weißgekalkt. Im Ursprung wohl mit den Nuraghen auf Sardinien verwandt, auch mit den Bories in der Provence. - Abb. S. 146.

Truman, Harry Spencer [engl. 'tru:mən], * Lamar (Mo.) 8. Mai 1884, † Kansas City (Mo.) 26. Dez. 1972, 33. Präs. der USA (1945–53). - Wurde 1935 demokrat. Senator für Missouri. 1945 Vizepräs. unter Roosevelt, nach dessen Tod am 12. April 1945 Nachfolger im Präsidentenamt (wiedergewählt 1948); führte die Kriegspolitik der USA bis zur Niederwerfung Japans weiter, widersetzte sich aber ab 1946/47 entschieden den sowjet. Machtansprüchen in O-, SO- und M-Europa; suchte im kalten Krieg mit der Politik des

Truman-Doktrin

↑Containment (v. a. durch ein System von Pakten) und der Truman-Doktrin vom März 1947 eine weitere sowjet. Expansion zu verhindern; förderte mit der Marshallplanhilfe nachhaltig den wirtsch. Wiederaufbau W-Europas; engagierte die USA im Koreakrieg, in dessen Verlauf er energ. den Primat der zivilen vor der militär. Gewalt verteidigte; bemühte sich auf dem Gebiet der Wirtschafts- und Sozialpolitik das Erbe des New Deal im ↑Fair Deal fortzuführen.
📖 *Truman, M.:* H. S. T. New York 1973. - *Steinberg, A.:* The man from Missouri; life and times of H. T. New York 1962.

Truman-Doktrin [engl. 'tru:mən], außenpolit. Leitlinie der USA im kalten Krieg, wonach die USA bereit waren, anderen „freien" Völkern auf deren Ersuchen hin militär. und wirtsch. Hilfe gegen eine Gefährdung ihrer Freiheit von innen oder außen zu leisten. Vom amerikan. Präs. H. S. Truman in einer Rede vor dem Kongreß am 12. März 1947 formuliert, in der er um die Zustimmung zu einer Militär- und Wirtschaftshilfe für die Türkei und für die antikommunist. Kräfte im Griech. Bürgerkrieg ersuchte.

Trümmergesteine, svw. klastische Gesteine, ↑Gesteine.

Trumpf [zu lat. triumphus „Triumph"], eine der [wahlweise] höchsten Karten bei Kartenspielen, mit der andere Karten gestochen werden können.

Trunkelbeere, svw. ↑Rauschbeere.

Trunkenheitsdelikte, Straftaten, die unter dem Einfluß alkohol. Getränke begangen werden. Trunkenheit des Täters kann zu verminderter Schuldfähigkeit (erhebl. Minderung der Unrechtseinsichts- oder Steuerungsfähigkeit des Täters zur Tatzeit, § 21 StGB) oder zu Schuldunfähigkeit und damit Straflosigkeit führen (bei einer Blutalkoholkonzentration ab etwa 3‰). Trotz der [geminderten] Schuldfähigkeit wird der Täter, der sich vorsätzl. oder fahrlässig in einen die Schuldfähigkeit ausschließenden bzw. mindernden Rausch versetzt hat, bestraft, wenn er in diesem Zustand eine rechtswidrige Tat (*Rauschtat*) begeht. Dabei knüpft die Rechtsordnung den strafrechtl. Vorwurf nicht an die konkret begangene Tat (für die der Täter mangels Schuldfähigkeit strafrechtl. auch nicht verantwortl. gemacht werden kann), sondern an das Herbeiführen des Rauschzustandes an. Dementsprechend wird eine im Rauschzustand begangene Körperverletzung nicht als Körperverletzungsdelikt, sondern als Rauschtat (Freiheitsstrafe bis zu 5 Jahren) bestraft, wobei jedoch die Strafe das für die Rauschtat vorgesehene Strafmaß nicht übersteigen darf (§ 323a StGB).
Im Straßenverkehr gilt der Kraftfahrer ab einer Blutalkoholkonzentration von 1,3‰ als absolut fahruntüchtig. Zw. 0,3‰ und 1,3‰ können bes. Umstände zur relativen ↑Fahrun-

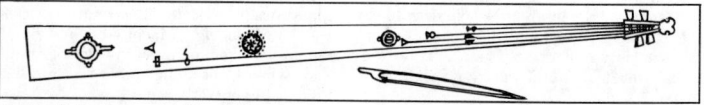

Trumscheit

tüchtigkeit führen. Ab 0,8‰ liegt eine Ordnungswidrigkeit vor, die mit Geldbuße bis zu DM 3 000,- geahndet werden kann (§ 24a Straßenverkehrsgesetz). Bei Trunkenheit im Verkehr droht Bestrafung wegen Trunkenheitsfahrt (§ 316 StGB). Werden zusätzlich Leib oder Leben anderer oder fremde Sachen von bed. Wert gefährdet, droht Bestrafung wegen Straßenverkehrsgefährdung (§ 315c StGB). Bei T. kommt neben der Strafe die Unterbringung in einer Entziehungsanstalt in Betracht.
Für das *östr.* und *schweizer.* Recht gilt im wesentl. das für das dt. Recht Gesagte.

Trunksucht, die Gewöhnung an häufigen Alkoholgenuß (↑Alkoholismus).

Trumscheit (Trompetengeige, Marientrompete, Tromba marina), Streichinstrument des 12.–19. Jh., mit langem schmalem Schallkörper, nicht selten manns- oder übermannshoch. Das T. hat v.a. im 18. Jh. nur eine Saite, die im ↑Flageolett angestrichen wird. Sie ruht auf einem zweifüßigen Steg, dessen unbelasteter Fuß beim Anstreichen period. auf die Decke schlägt. Das so entstehende Geräusch verleiht dem T. einen trompetenähnl. Ton.

Trundholm [dän. 'tronhɔl'm], Moor bei Nykøbing, NW-Seeland, Dänemark; Fundstelle (1902) zusammengehöriger Teile eines bronzenen Kultwagens („Sonnenwagen") des 14./13. Jh. v. Chr. (59,6 cm lang; älteste Dokumentation des Speichenrades im nord. Kreis, Pferd als Zugtier).

Trunk, Peter, * Frankfurt am Main 17. Mai 1936, † New York 1. Jan. 1974 (Autounfall), dt. Jazzmusiker (Bassist). - Besaß als einer der führenden Bassisten der europ. Jazz Kraft und Expressivität der schwarzen Jazzmusiker; spielte auch Cello und E-Baß.

Trüper, Johannes, * Rekum (= Bremen) 2. Febr. 1855, † Jena 1. Nov. 1921, dt. Heilpädagoge. - Begründer der Heilpädagogik; gründete 1890 in Jena ein Heim für entwicklungsgestörte Kinder; setzte sich für eine Jugendgerichtsbarkeit ein.

Truppe [frz.], militär. Verband.
◆ eine Gruppe von festen Mgl. eines Zirkus, Varietés (z. B. Artisten-T.) oder Theaters. Seit

dem 16. Jh. übl. Organisationsform; bes. bekannt die Wander-T. im 18. Jh. (Schönnemannsche T., Neuber-T.); meist unter Leitung eines Prinzipals.

Truppenamt, in der ↑Bundeswehr der Vorläufer des Heeresamtes.

Truppendienstgerichte ↑Wehrdienstgerichtsbarkeit.

Truppenführer, Bez. für militär. Führer vom Brigadekommandeur aufwärts.

Truppengattungen, die nach militär. Auftrag, Ausrüstung und Bewaffnung unterschiedenen Truppen; früher als Waffengattungen bezeichnet; im Heer der dt. Bundeswehr gibt es folgende T.:

Kampftruppen	Kampfunterstützungstruppen
Jäger	
Gebirgsjäger	Artillerie
Fallschirmjäger	Heeresflugabwehrtruppe
Panzergrenadiere	
Panzertruppe	Heeresflieger
Panzerjäger	Pioniere
Panzeraufklärer	ABC-Abwehrtruppe
Führungstruppen	
Fernmeldetruppe	
Feldjäger	**Logistiktruppen**
Fernspäher	Sanitätstruppe
Topographietruppe	Instandsetzungstruppe
PSV-Truppe	Nachschubtruppe

Truppenteil, andere militär. Bez. für Einheit oder Verband.

Truppenverbandsplätze, im Sanitätsdienst der Streitkräfte den Bataillonen zugeordnete Einrichtungen, die im Krieg die erste ärztl. Versorgung Kranker und Verwundeter übernehmen.

Truro [engl. 'truərou], engl. Stadt auf der Halbinsel Cornwall, 16 000 E. Verwaltungssitz der Gft. Cornwall; anglikan. Bischofssitz; Museum; Strickwaren- und Nahrungsmittelind.; Hafen. - Seit 1130/40 Stadtrecht; seit 1877 City. - Kathedrale (1880–1910).

Trust [engl. trʌst; Kurzbez. für engl. trust company „Treuhandgesellschaft"], Unternehmenszusammenschluß unter einer Dachgesellschaft (↑Holdinggesellschaft), bei dem die einzelnen Unternehmen im Unterschied zum Konzern meist ihre rechtl. und wirtsch. Selbständigkeit verlieren. Für den T. ist charakteristisch, daß er zur Steigerung des Gewinns die Beherrschung eines Marktes anstrebt.

Trustee [engl. trʌs'ti:], im angloamerikan. Recht dem Treuhänder ähnl. Person, der die Eigentumstitel eines Trusts anvertraut sind und die den Trust verwalten.

Truthahn, das ♂ der ↑Truthühner.

Truthühner (Meleagridinae), Unterfam. bis fast 1,3 m langer, in kleinen Trupps lebender, ungern auffliegender Hühnervögel (Fam. Fasanenartige) mit nur zwei Arten in Wäldern Z-Amerikas und des südl. N-Amerika; Kopf und Hals nackt, rötlichviolett, mit Karunkelbildungen und lappenförmigen Anhängen; Lauf des ♂ mit Sporn; brüten in Bodennestern, leben gesellig. Das **Wildtruthuhn** (Meleagris gallopavo) ist die Stammform des *Haustruthuhns* mit etwa acht Schlägen, darunter *Bronzeputen* (♂ bis 15 kg, ♀ bis 8 kg schwer) und *Beltsville-Puten* (♂ bis 12 kg, ♀ bis 6 kg schwer). In Z-Amerika kommt das kleinere **Pfauentruthuhn** (Agriocharis ocellata) vor.

Geschichte: Neben dem Hund war das Haustruthuhn das einzige Haustier indian. Kulturen. Es war zugleich Opfer- und Schlachttier. Zu Beginn des 16. Jh. wurde es nach Spanien gebracht und von hier aus über ganz Europa verbreitet.

Trutnov, Stadt am SO-Fuß des Riesengebirges, ČSSR, 427 m ü. d. M., 30 600 E. Volkskundl. Museum; Zentrum der Leinenind. im nördl. Böhmen. - Entstand aus der Siedlung **Úpa;** 1264 von dt. Kolonisten besiedelt, erhielt 1340 Stadtrecht.

Trypanosomen [griech.], farblose parasit. Flagellaten der Fam. Trypanosomatidae. Die T. besitzen nur eine Geißel, die über eine undulierende Membran mit der Zelloberfläche verbunden sein kann. Die meisten Arten treten in morpholog. Varianten auf, oft verbunden mit einem Wirtswechsel zw. Insekten oder Egeln und Wirbeltieren. Wichtige Gatt. sind Leishmania, Leptomonas und Trypanosoma mit etwa 200 Arten, darunter gefährl. Krankheitserreger beim Menschen (Schlafkrankheit) und bei Haustieren (Beschälseuche).

Trypetidae [griech.], svw. ↑Fruchtfliegen.

Trypsin [griech.], aus dem Proenzym Trypsinogen der Bauchspeicheldrüse durch Enteropeptidase und Calciumionen aktivierte Proteinase im Dünndarmsaft; spaltet die Pep-

Haustruthuhn

Tryptophan

tidketten an den Lysin- und Arginingruppen. T. wird aus Bauchspeicheldrüsen von Schlachttieren isoliert und als Enzympräparat zur Substitution von Verdauungsenzym, zur Wundheilung, ferner in [enzymat.] Waschmitteln verwendet.

Tryptophan [griech.] (2-Amino-3(3-indolyl)-propionsäure), essentielle (Tagesbedarf des Menschen 0,25 g), heute auch synthet. hergestellte Aminosäure, die u. a. als Futterzusatz verwendet wird.

Trysa ↑Gölbaşı.

Trysegel [engl. traı], dreieckiges Sturmsegel für Hochseejachten.

Trzcinieckultur [poln. 'tʃtɛinjɛts], nach dem Ort Trzciniec (bei Lublin) ben., wichtige mittelbronzezeitl. Kulturgruppe (14./13.Jh. v.Chr.); verbreitet in Ostpolen und in der UdSSR (bis zur Desna), gekennzeichnet durch starke endneolith. Tradition, Körper- und Brandbestattungen unter Hügeln, buckelverzierte Keramik und Bronzen.

TS, Abk. für: Turbinenschiff.

t.s., Abk. für: ↑tasto solo.

Tsaidambecken, abflußloses Hochbekken im äußersten NO des Hochlandes von Tibet, 2625–3000 m ü. d. M.; Kohlen-, Erdöl- und Erdgasvorkommen.

Ts'ai Lun (Cai Lun) [chin. tsajlyən], genannt Ching-chung, *Kueiyang (= Chenhsien [Hunan]) um 50, † 114 n. Chr. (Selbstmord), chin. Erfinder. - Stellte nach chin. Überlieferung 105 n. Chr. erstmals Papier her.

Tsakiridis, Wangelis (Vagelis) [neugriech. tsaki'riðis], *Athen 23. April 1936, neugriech. Schriftsteller, Maler und Bildhauer. - Lebt seit 1959 in der BR Deutschland. Schreibt in dt. Sprache Lyrik und Prosa, u. a. „Halleluja!" (1968), „Tsak's Zacke" (Autobiogr., 1973).

Tsakonisch (Zakonisch), der Dialekt der um Leonidion (Arkadien) lebenden Tsakonen, der von den anderen neugriech. Mundarten (↑neugriechische Sprache) völlig verschieden ist und als einziger einen alten Dialekt (Lakon.) unmittelbar fortsetzt.

Tsaldaris, Konstandinos [neugriech. tsal'ðaris], *Alexandria (Ägypten) 14. April 1885, †Athen 15. Nov. 1970, griech. Politiker. - Führer der monarchist. Volkspartei; 1946 und 1947 Min.präs.; bis 1950 mehrmals stellv. Min.präs. und Außenminister.

Tsangpo, Bez. für den Oberlauf des ↑Brahmaputra in Tibet.

Ts'ao Chan (Cao Zhan) [chin. tsaʊdʒan], auch Ts'ao Hsüeh-ch'in gen., *Nanking um 1719, †Peking 12. Febr. 1763, chin. Dichter. - Mit „Der Traum von den roten Kammer" (dt. gekürzt 1932) Verfasser des umfangreichsten chin. Romans (mehr als 400 individuell gestaltete Personen), der realist. das Leben in einem reichen Bürgerhaus schildert.

Ts'ao Hsüeh-ch'in ↑Ts'ao Chan.

Tsaratananamassiv, Gebirge im N Madagaskars, im Maromokotro, der höchsten Erhebung der Insel, 2876 m hoch.

Tsatsos, Konstandinos, *Athen 1. Juli 1899, griech. Jurist und Politiker. - Ab 1930 Prof. in Athen; 1946–50 und 1963–67 Parlaments-Abg.; seit 1956 Mgl. der ERE; 1945 Innen-, 1949 Erziehungsmin., 1956–61 Min. beim Min.präs., im April 1967 Justiz-, 1974 Bildungs- und Wiss.min., 1975–80 Staatspräsident. - †8. Okt. 1987.

Tsavo-Nationalpark [engl. 'tsɑːvoʊ], größter Nationalpark Kenias, östl. des Kilimandscharo, 20 800 km²; Trockensavanne mit Galerie- und Bergregenwäldern; Reservat für Elefanten, Löwen, Kaffernbüffel, Leoparden, Antilopen u.a.; 1948 errichtet.

Tschaadajew, Pjotr Jakowlewitsch [russ. tʃɐa'dajɪf], *Nischni Nowgorod (= Gorki) 7. Juni 1794, †Moskau 26. April 1856, russ. Publizist, Kultur- und Religionsphilosoph. - Orientiert an J. de Maistre, V. de Bonald und Schelling, baut T. seine Philosophie auf der Identität des „göttl. Idealen" und des „geschichtl. Realen" auf; damit wurde er zum Begründer einer russ. Geschichtsphilosophie, das die geschichtl. und polit. Denken im Rußland des 19.Jh. entscheidend bestimmt und zur scharfen Trennung zw. Westlern und Slawophilen geführt hat.

Tschad

[tʃat, tʃaːt] (amtl.: République du Tchad), Republik in Zentralafrika, zw. 7° 30' und 24° n. Br. sowie 14° und 24° ö. L. **Staatsgebiet:** T. grenzt im N an Libyen, im O an die Republik Sudan, im S an die Zentralafrikan. Republik, im SW an Kamerun, im Tschadsee an Nigeria und im W an Niger. **Fläche:** 1 284 000 km². **Bevölkerung:** 5,08 Mill. E (1985), 4,0 E/km². **Hauptstadt:** N'Djamena. **Verwaltungsgliederung:** 14 Präfekturen. **Amtssprache:** Französisch. **Nationalfeiertag:** 11. Jan. (Unabhängigkeitstag, wegen der Regenzeit auf den 11. Aug. verlegt). **Währung:** CFAFranc = 100 Centimes (c). **Internationale Mitgliedschaften:** UN, OAU, UMOA, Französische Gemeinschaft (Communauté); der EWG assoziiert. **Zeitzone:** Mitteleuropäische Zeit + 1 Stunde.

Landesnatur: T. liegt in der Sahara, im Sahel und im Sudan, und zwar im Ostteil des Tschadbeckens, einer von Treibsand und Dünen bedeckten Rumpffläche in 200–500 m Meereshöhe, die verschiedentl. von Inselbergen überragt wird. Im O wird es von der Wadaischwelle (im Ennedi bis 1 450 m) und im N vom Tibesti (im Emi Kussi 3 415 m hoch) begrenzt. Die tiefste Stelle, das Bodélé (160 m ü. d. M.), liegt im nördl. Zentrum. Hydrograph. Zentrum ist der abflußlose Tschadsee im zentralen W. Die von S mündenden großen Flüsse Logone und Schari verursa-

Tschad

chen nach der Regenzeit im SO des Tschadsees große Überschwemmungen.
Klima: Der S (südl. 15° n. Br.) hat randtrop. Klima mit einer Regenzeit (Mai–Sept., die sich nach N auf die Zeit Juli/Aug. verkürzt). Die Jahressummen der Niederschläge erreichen im S 1 150 mm und nehmen nach N ständig ab (Abéché 500 mm). Der N hat Wüstenklima mit sporad. Niederschlägen (20–40 mm), die mittleren absoluten Temperaturmaxima liegen um 50 °C, die absoluten Minima um 5 °C; im Gebirge treten Nachtfröste auf. Im S liegen die mittleren Maxima zw. 31 und 42 °C (Regenzeit), die mittleren Minima zw. 14 und 25 °C (Dez.–April).
Vegetation: Südl. von 13° n. Br. Trockensavanne, im Bereich der Flüsse Überschwemmungssavanne und Galeriewälder; im äußersten S Trockenwälder, zw. 13° und 16° n. Br. Dornstrauchsavanne und nördl. davon Wüste mit nur wenigen Oasen.
Bevölkerung: Die größte geschlossene ethn. Gruppe sind die Araber (30% der Gesamtbev.), die im nördl. und mittleren T. vorwiegend als Händler und Viehzüchter leben. Zweitwichtigste Gruppe ist die der Sara und Bagirmi, seßhafte Ackerbauern im S des Landes (20% der Gesamtbev.). Weitere ethn. Gruppen sind die der Tubu (Kamelnomaden), Mbum, Mabang, Tama, Mubi, Sokoro, Haussa (Händler), Kotoko (Fischer), Massa, Kanembu, Kanuri, Fulbe und Buduma (Fischer und Viehzüchter auf den Inseln des Tschadsees). 44% der Bev. sind Muslime, 33% Anhänger traditioneller Religionen, 23% Christen. Seit 1960 besteht Schulpflicht für alle 6 bis 13jährigen Kinder. In N'Djamena besteht seit 1971 eine Staatsuniv. sowie eine Verwaltungsfachschule.
Wirtschaft: Die Landw. ist das wirtsch. Rückgrat des Staates; 85% der Bev. beziehen aus ihr den Lebensunterhalt; sie erbringt 42% des Bruttosozialproduktes. Die katastrophalen Dürrejahre 1972–75 im Sahel trafen die v. a. im N betriebene Rinderzucht empfindlich. Der Ackerbau im S ist weitgehend Wanderhackbau; in den Überschwemmungsgebieten Dauerfeldbau. Es erfolgt Anbau von Baumwolle, Reis, Zuckerrohr und Tabak. Grundnahrungsmittel sind Hirse, Maniok, Süßkartoffeln und Erdnüsse. Die Fischerei spielt in den Überschwemmungsgebieten im S und im Tschadsee eine beachtl. Rolle. T. gehört zu den am wenigsten industrialisierten Staaten Afrikas. Natron wird am Ostufer des Tschadsees, Steinsalz in der Landschaft Borgou gewonnen. Im Tibesti besitzt T. reiche Uranvorkommen.
Außenhandel: Wichtigste Handelspartner sind Kamerun, Frankr., Portugal, die BR Deutschland. Exportiert werden: lebende Rinder, Häute und Felle, Baumwolle und Zootiere. Importiert werden: Erdölderivate, Fahrzeuge, Maschinen, Zucker, Garne, Textilwaren, Eisen und Stahl sowie Weizenmehl.
Verkehr: In T. gibt es keine Eisenbahn. Von dem 30 725 km langen Netz von Straßen und Pisten kann im S der größte Teil nur während der Trockenzeit befahren werden. Der Tschadsee und der Logone (ab Bongor) sind mit kleineren Schiffen befahrbar. Die nat. Fluggesellschaft Air Tchad fliegt 12 Orte im Binnenverkehr an. Internat. ✈ ist der von N'Djamena, der von 4 ausländ. Fluggesellschaften angeflogen wird.
Geschichte: Die Geschichte des Tschadbeckens vor dem Eindringen der Europäer ist weitgehend identisch mit den Geschichten der alten Reiche Bagirmi (16.–19. Jh.), Kanem-Bornu und Wadai. 1900 hatte sich Frankr. im Tschadbecken festgesetzt, bis 1912 eroberten frz. Truppen Wadai, zum Beginn des 1. Weltkrieges wurden alle N durch Protektoratsverträge fest an Frankr. gebunden. Das Tschadgebiet gehörte 1910 zum Generalgouvernement Frz.-Äquatorialafrika. 1930 erhielt T. seine endgültigen Grenzen durch die Übernahme des Tibesti, der bis dahin zur Kolonie Niger gehört hatte. 1946 erhielt T. den Status eines Überseeterritoriums innerhalb der Frz. Union; 1958 wurde T. eine autonome Republik der Frz. Gemeinschaft, in der T. auch nach der Unabhängigkeit (1960) verblieb. N'Garta Tombalbaye wurde 1. Staatsoberhaupt des unabhängigen T. Er konnte sich mit Hilfe frz. Truppen gegen von Libyen unterstützten Rebellen der „Front de Libération Nationale" (FROLINAT) im N, die v. a. von den Tubu getragen wird, behaupten, wurde aber 1975 von der Armee gestürzt und getötet. General F. Mallouм übernahm die Macht; die im T. stationierten frz. Truppen mußten das Land verlassen. Die von Malloum 1976 eingeleitete Politik der „nat. Versöhnung" hatte zunächst z. T. Erfolg. Als Libyen 1977/78 in Verbindung mit der Unterstützung eines Teils der FROLINAT dazu überging, die direkte Annexion größerer Grenzgebiete von T. vorzubereiten, in denen mineral. Bodenschätze vermutet werden, empörten sich einige vorher mit Libyen verbündete Rebellen gegen diesen Zugriff. Ende Aug. 1978 versuchte Präs. Malloum diese Spaltung seiner Gegner auszunutzen; H. Habré wurde Premierminister. Doch verlieh auch dieses Bündnis der Zentralreg. nicht die nötige Kraft, sich durchzusetzen. Darauf intervenierte Nigeria diplomat. und lud alle Bürgerkriegsparteien zu einer Friedenskonferenz ein, die am 16. März 1979 in Kano ein Abkommen zustande brachte. Die dort angestrebte Koalitionsregierung aus Vertretern aller Parteien kam jedoch nicht nach dem Scheitern einer weiteren Konferenz im April 1979 mit dem Abkommen von Lagos im Aug. 1979 zustande. G. Oueddei (*1944), der seit 1969 die 2. Armee der FROLINAT-Rebellen im Tibesti befehligt hatte und zuletzt als scharfer

241

Kritiker Libyens hervortrat, wurde Staatspräs. und Reg.chef einer Übergangsreg. der Nat. Union unter Beteiligung von 11 rivalisierenden Gruppen. Doch schon im März 1980 brachen wieder Kämpfe zw. den Truppen und Anhängern Oueddeis und Habrés in N'Djamena aus (bald über 1 000 Tote und zw. 80 000 und 100 000 Flüchtlinge). Eine vom togoles. Präs. G. Eyadéma nach dem Abzug der letzten frz. Truppen aus T. initiierte Friedenskonferenz in Lomé Mitte Okt. 1980 scheiterte. Seit Okt. griffen auf Ersuchen Oueddeis libysche Truppen in den Bürgerkrieg ein, die nach wenigen Tagen bis 220 km südl. der libyschen Grenze vordrangen und das Tibesti kontrollierten, schließl. Mitte Dez. 1980 N'Djamena eroberten; Truppen Habrés flüchteten nach Kamerun bzw. Sudan. Die von der OAU Ende Dez. in Lagos organisierte Friedenskonferenz für T. wurde zu einem Erfolg Libyens und des von ihm unterstützten Oueddei; die von der Mehrheit der Teilnehmer geforderte Verurteilung der libyschen Intervention in T. kam nicht zustande. Anfang Jan. 1981 vereinbarten Libyen (U. M. Al Kadhdhafi) und T. (Oueddei) die Vereinigung beider Länder, die nach Kritik und Protesten an diesem Plan aus den Reihen der Übergangsreg. der Nat. Union sowie von seiten Frankr. und zahlr. afrikan. Staaten uminterpretiert wurde: Es handele sich um keinen Vertrag und von einer Fusion beider Staaten od. Reg. sei nicht die Rede. Die libyschen Truppen zogen sich erst Ende 1981 zurück, als eine Friedenstruppe der OAU nach T. entsandt wurde, die den Fortgang des Bürgerkriegs jedoch nicht verhindern konnte. Im Juni 1982 eroberten Truppen Habrés die Hauptstadt N'Djamena und stürzten Präs. Oueddei. Habré wurde im Okt. 1982 Staatspräs.; Oueddei bildete eine Gegenregierung. Im Nov. 1982 scheiterte eine OAU-Gipfelkonferenz in Tripolis an der Frage, wer den T. vertreten sollte. Im Febr. 1983 flammte der Bürgerkrieg in T. wieder auf und führte zur direkten Konfrontation zw. Frankr. und Libyen. Nachdem sich G. Oueddei von Libyen 1986 losgesagt hatte, wandte er sich zus. mit Präs. Habré gegen Libyen, das den N-Teil des Tschad besetzt hielt. Kurzfristig konnten 1987 tschad. Truppen auf lib. Staatsgebiet vorstoßen. Libyen erklärte daraufhin den Krieg mit dem T. für beendet.

Politisches System: Die nach dem Staatsstreich des Militärs vom 13. April 1975 verkündete provisor. Verfassung vom 16. Aug. 1975 wurde am 29. Aug. 1978 durch ein Grundgesetz ersetzt, das bereits am 23. März 1979 wieder außer Kraft gesetzt wurde. Die neue Reg. unter H. Habré erklärte ihre Absicht, demokrat. Institutionen zu schaffen, doch existiert bisher kein Entwurf einer neuen Verfassung. *Staatsoberhaupt* und als Reg.chef oberster Inhaber der *Exekutive* ist der Staatspräs. (seit Okt. 1982 H. Habré). Neben der Reg., die auf dem Dekretweg auch die *Legislative* ausübt, wurde ein Nat. Konsultativrat aus je zwei Vertretern der 14 Präfekturen und der Hauptstadt N'Djamena gebildet. Die Mitglieder beider Organe werden vom Staatspräs. ernannt. Wichtigste *Partei* ist die 1984 gegr. Union Nationale pour l'Independence et la Révolution unter Führung Präs. Habrés. Zur *Verwaltung* ist T. in 14 Präfekturen gegliedert. *Recht* und Gerichtswesen folgen frz. Vorbild. Im Familien- und Erbrecht wird z. T. islam. u. traditionelles Stammesrecht angewandt. Die *Streitkräfte* umfassen 17 200 Mann (Heer 17 000, Luftwaffe 200); die paramilitär. Kräfte sind rund 6 500 Mann stark.

Tschadbecken [tʃat, tʃa:t], großräumiges Senkungsgebiet in Z-Afrika. Der N ist Teil der Sahara mit ausgedehnten Sandflächen, der S Teil der Landschaft Sudan mit weiten Überschwemmungssavannen. Im zentralen S liegt der Tschadsee; die tiefste Stelle, 160 m ü.d. M., ist jedoch das Bodélé zw. Tschadsee und Tibesti. Zur wirtsch. Entwicklung des T. wurde 1965 die Commission du Bassin du Lac Tchad, der Vertreter Nigerias, Nigers, Tschads und Kameruns angehören, gegründet.

tschadische Sprachen, zu den hamitosemit. Sprachen gehörende Sprachengruppe mit etwa 10 Mill. Sprechern in N-Nigeria, S-Tschad und N-Kamerun. Neben dem weit verbreiteten Hausa gehören u. a. dazu: Angas, Mandara, Masa, Mubi, Tera.

Tschadsee [tʃat, tʃa:t], abflußloser, 3–7 m tiefer Süßwassersee im zentralen Afrika (Endsee des Schari, an dem Tschad, Niger, Kamerun und Nigeria Anteil haben) mit von Jahr zu Jahr wechselnder Ausdehnung und Ufergestaltung, Wasserspiegel etwa 281 m ü.d. M.; v. a. im O-Teil zahlr. Inseln. Etwa 6 800 km^2 sind Sumpfgebiet, etwa 17 000 km^2 offene Wasserfläche. Abbau fossiler Natronvorkommen, Fischfang.

Tschagatai (Dschagatai, Čagadai, †1241, Mongolenkhan. - 2. Sohn Dschingis-Khans; erhielt 1227 die vorwiegend türk. besiedelten Randgebiete Mittelasiens zw. Amu-Darja und der Mongolei, die z. T. von seinen Nachkommen bis ins 15. Jh. nominell beherrscht wurden.

Tschagataiisch (Osttürkisch, Alt-Usbekisch), eine seit dem 13. Jh. in West- und Ostturkestan auf der Basis des Chwaresmtürk. und des Uigur. entstandene Literatursprache mit arab. Schrift; direkter Nachfolger ist das Usbekische. Es existiert eine reiche Literatur; interessant sind v. a. die Memoiren Baburs, des Gründers des Mogulreiches in Indien.

Tschaikowski, Pjotr Iljitsch, dt. Peter T., * Wotkinsk 7. Mai 1840, † Petersburg 6. Nov. 1893, russ. Komponist. - Studierte bei A. G. Rubinschtein, lehrte 1866–78 Musiktheorie am Moskauer Konservatorium, wirkte daneben als Musikkritiker und lebte nach

1878 als freischaffender Komponist und Dirigent in Rußland, W-Europa und den USA. - T., der seit den 1880er Jahren im Ausland bekannt wurde, gelang eine eher kosmopolit. orientierte Synthese von russ. musikal. Nationalsprache mit stilist. und techn. Mitteln der westeurop. Romantik. Sie zeichnet sich ab seit Werken wie der kom. Oper „Wakula der Schmied" (1876, 2. Fassung 1887), dem 1. (b-Moll, 1875) der drei Klavierkonzerte, dem 3. (es-Moll, 1876) der drei Streichquartette. Schon hier zeigt sich auch sein gleichermaßen dramat. wie lyr. Talent, verbunden mit einem Sinn für ausdrucksstarke, wirkungsvolle Instrumentation (Orchesterfantasien „Romeo und Julia", 1869; „Francesca da Rimini", 1876; 5 Ouvertüren, u. a. „Das Jahr 1812", 1880). Zumal seine späteren Werke (3. Sinfonie D-Dur, 1875; 4. f-Moll, 1877; 5. e-Moll, 1888; 6. h-Moll, „Pathétique", 1893; „Manfred-Sinfonie", 1885; Streichsextett, 1890) sind mit ihrem oft jähen Wechsel von verinnerlichter Kantabilität und wildem Ausbruch stark von persönl. Erleben geprägt. Sein sehr vielfältiges, an italien. und frz. Vorbildern orientiertes Opernschaffen (10 Werke) umfaßt verschiedene Typen, die histor. Oper („Die Jungfrau von Orléans", 1881), das lyr. Drama („Eugen Onegin", 1879), das psycholog. Drama („Pique Dame", 1890). Die Ballette („Schwanensee", 1877; „Dornröschen", 1890; „Der Nußknacker", 1892) bilden den Anfang des sinfon. Balletts und haben im klass. Repertoire bis heute eine Spitzenstellung. T. schrieb weiter Kammer- und Klaviermusik, Chöre, über 100 Lieder und Romanzen.

📖 *Wolfurt, K. v.: Peter I. T.* Freib. u. Zürich ²1978. - *Cherbuliez, A.-E.: Tschaikowsky u. die russ. Musik.* Rüschlikon 1948. - *Wolfurt, K. v.: Die sinfon. Werke v. Peter T.* Bln. 1947.

Tschaitja [Sanskrit, urspr. „zum Scheiterhaufen gehörig"], in der buddhist. Baukunst aus dem Fels gehauene Kulthöhlen (meist dreischiffige Hallen, in der Apsis ein Stupa), v. a. in W-Indien (2. Jh. v. Chr.–6. Jh. n. Chr.).

Tschakma [afrikan.] (Bärenpavian, Papio ursinus), mit einer maximalen Körperlänge von 1 m größte und stärkste Pavianart in S-Afrika; Körper relativ schlank und hochbeinig; Fell ziemlich kurz, dunkel grauoliv, Unterseite hell, fast unbehaart; Schwanz kurz, oberhalb der Basis scharf abgeknickt; lebt gesellig in offenem Gelände, v. a. in felsigen Gebieten.

Tschako [ungar.], Kopfbedeckung in Form einer urspr. hohen Mütze (aus Leder oder Filz) mit Stirnschirm; wurde 1806 in Frankr., dann in fast allen europ. Heeren eingeführt; seit der 2. Hälfte des 19. Jh. vorwiegend von Jägern und vom Train (Gefolge) und Spezialeinheiten und nach 1918 von der dt. Polizei getragen.

Tschakowski, Alexandr Borissowitsch [russ. tʃɪˈkɔfskij], * Petersburg 26. Aug. 1913, russ.-sowjet. Schriftsteller. - Verf. realist. Kriegs- und Gesellschaftsromane, u. a. der Trilogie über die Belagerung Leningrads „Es war in Leningrad" (1944), „Lida" (1945), „Friedl. Tage" (1947). Seit 1963 Chefredakteur der „Literaturnaja gaseta". - *Weitere Werke:* Rivalen (1956), Die Blockade (1969–74).

Tschakra [Sanskrit „Rad"], religiöses Symbol im Hinduismus; ein T. auf Händen und Füßen gehört zu den Attributen eines „großen Mannes". Wischnu trägt ein T., eine Wurfscheibe, in der Hand.

Tschamara (Čamara) [slaw.], Männerrock mit niedrigem Stehkragen und einer Reihe kleiner Knöpfe; mit Schnüren verziert (poln. und tschech. Nationaltracht).

Tschampa, svw. Champa.

Tschandragupta Maurja (griech. Sandrakottos), ind. König (um 322 bis um 300). - Gründer der Dyn. Maurja; stürzte um 322 v. Chr. die Dyn. Nanda und schuf von Magadha aus ein Großreich. Nachdem er 305 Seleukos I. Nikator zurückgeschlagen hatte, zog er sich vielleicht um 300 als Dschainamönch von der Welt zurück.

Tschang Hsüeh-liang (Chang Hsüehliang, Zhang Xueliang) [chin. dʒaŋɕɛljaŋ], * Haicheng (Liaoning) 1898, chin. General. - Sohn von Tschang Tso-lin; nach dessen Tod (1928) Militärmachthaber der Mandschurei; 1931 von den Japanern vertrieben, übernahm den Oberbefehl der nationalchin. Armee in N-China und wurde führendes Mgl. der Kuomintang; verhaftete 1936 in Absprache mit der KPCh Chiang Kai-shek in Hsian und bahnte damit das antijap. Bündnis der chin. Parteien an; 1937 zu 10 Jahren Gefängnis verurteilt; blieb auch nach 1947 in Haft und wurde nach Taiwan verbracht; 1951–59 unter Hausarrest.

Tschangpaischan (Changbaishan) [chin. tʃaŋbaiʃan], SW-NO verlaufendes Plateaubergland an der Mandschurei, NO-China, in dem darüber sich erhebenden Vulkankegel des Paitow Shan 2 744 m hoch.

Tschangscha (Changsha) [chin. tʃaŋʃa], Hauptstadt der chin. Prov. Hunan, am unteren Siangkiang, 1,05 Mill. E. Univ. (gegr. 1959), Fachhochschulen für Medizin, Geologie, Landw., Lehrerseminar, mehrere Inst. der Chin. Akad. der Wiss. Umschlagplatz an der Eisenbahnlinie Kanton–Peking; Flußhafen; Aluminiumwerk, Papierfabrik, Textil-, chem., Zement-, keram. und Nahrungsmittelind.; Stickereien und Porzellanwaren; ✈. - Erstmals in der Ch'inzeit erwähnt; seit 1664 Hauptstadt der Prov. Hunan, 1904 dem ausländ. Handel geöffnet.

Tschangtschou (Changzhou) ['tʃaŋtʃau, chin. tʃaŋdʒou], chin. Ind.stadt am Kaiserkanal, 297 000 E. V. a. metallverarbeitende, Textil- und Nahrungsmittelindustrie.

Tschangtschun (Changchun) ['tʃaŋ-

Tschang Tso-lin [tʃʊn, chin. tʃaŋtʃy̌ən], Hauptstadt der chin. Prov. Kirin, Mandschurei, 1,7 Mill. E. Univ. (gegr. 1958), Fachhochschulen für Traktorenbau, geolog. Landesaufnahme, Medizin und Veterinärmedizin. Wichtigster Standort der chin. Kfz.ind., Lokomotiv- und Waggonbau, chem.-pharmazeut., Textil- u. a. Ind.; Eisenbahnknotenpunkt. - Auf mongol. Gebiet Ende des 18.Jh. von chin. Siedlern gegr.; 1932–45 als **Hsinking** Hauptstadt des von Japan abhängigen Staates Mandschukuo.

Tschang Tso-lin (Chang Tso-lin, Zhang Zuo-lin) [chin. dʒaŋdzuɔlɪn], *Haicheng (Liaoning) 1873, †bei Mukden (= Schenjang, Prov. Liaoning) 7. Juni 1928 (ermordet), Marschall (seit 1920) und Politiker. - Offizier der kaiserl.-chin. Armee; erkämpfte sich bis 1918 die Kontrolle über die ganze Mandschurei. Einer der bedeutendsten regionalen chin. Militärmachthaber, besetzte 1926 Peking und riß die Reg.gewalt an sich; im Mai 1928 von den Truppen Chiang Kai-sheks aus Peking vertrieben, fiel kurz darauf einem jap. Bombenanschlag zum Opfer.

Tschanoju (Chanoyu) [jap.], jap. Teezeremonie, die sich unter dem Einfluß des Zen-Buddhismus entwickelt hat; urspr. eine der inneren Sammlung dienende Zusammenkunft, später vorwiegend von ästhet. Gesichtspunkten bestimmt. Die von den Teemeistern in langer Tradition ausgebildeten Regeln und Normen, die v. a. naturhafte Einfachheit in der Gestaltung des Raumes und aller zur Teezeremonie gehörenden Gegenstände fordern, wurden richtungsweisend für Geschmack und Stil in vielen Bereichen des jap. Lebens.

Tschanysee [russ. tʃɪˈnɪ], abflußloser See im Westsibir. Tiefland, 2 500–3 600 km² (je nach Wasserstand), 7–12 m tief, 105 m ü. d. M.; Fischfang.

Tschao Meng-fu ↑Chao Meng-fu.

Tschapka (poln. Czapka), Kopfbedeckung der Ulanen; auf rundem Helmkörper sitzt ein quadrat. Deckel, mit einer Spitze nach vorne weisend.

Tschardschou [russ. tʃɪrˈdʒou], sowjet. Geb.hauptstadt in der Turkmen. SSR, am Amu-Darja, 157 000 E. PH; Ind.zentrum der Turkmen. SSR; Hafen, Bahnknotenpunkt. - Entstand in den 1880er Jahren als Befestigung.

Tschastuschki [russ. tʃɪsˈtuʃki], kurze, meist vierzeilige Gedichte in der Art der Schnaderhüpfl; Form der russ. städt. Volksdichtung; vielfach [polit.-]satir. Inhalts.

Tschawtschawadse, Ilja Grigorjewitsch [russ. tʃɐftʃɪˈvadzi], *Kwareli 27. Okt. 1837, †bei Tiflis 12. Sept. 1907 (ermordet), georg. Dichter. - Schöpfer der neugeorg. Literatursprache. Aus fürstl. Gutsbesitzerfamilie; bekämpfte zus. mit A. Zereteli Zarismus und Feudalismus; setzte sich für die nat. und soziale Befreiung ein. 1877–1902 Hg. der Zeitschrift (später Zeitung) „Iveria" („Georgien"). Schilderte in lyr. Gedichten, Versepen und Erzählungen die sozialen Gegensätze und die Leidensbereitschaft des georg. Volkes.

Tschcheidse, Nikolai Semjonowitsch [russ. tʃxiˈidzɪ], *bei Gori 1864, †Paris 1926 (Selbstmord), georg. Revolutionär. - 1907–17 in der 3. und 4. Duma menschewist. Abg. der Prov. Tiflis, Fraktionsvors. der Menschewiki in der 4. Duma; unterstützte nach der Februarrevolution von 1917 als Mgl. des Provisor. Dumakomitees und Vors. des Petrograder Sowjets die Provisor. Reg.; nach der Oktoberrevolution Vors. der Konstituierenden Versammlung Georgiens; emigrierte 1921 nach Paris.

Tscheboxary [russ. tʃɪbakˈsarɨ], Hauptstadt der ASSR der Tschuwaschen innerhalb der RSFSR, an der Wolga, 389 000 E. Univ. (gegr. 1967), PH, techn., landw. Hochschule; 3 Theater, Philharmonie; Traktorenersatzteilwerk, elektrotechn., Textil- und Nahrungsmittelind.; Hafen, Endpunkt einer Stichbahn. - f371 als Siedlung erwähnt, 1555 als Stadt und Festung gegr.; im 17./18. Jh. bed. Handelsplatz; seit 1781 Kreisstadt.

Tschebyschow, Pafnuti Lwowitsch [russ. tʃɪbɨˈʃɔf], *Okatowo (Gouv. Kaluga) 16. Mai 1821, †Petersburg 8. Dez. 1894, russ. Mathematiker. - Prof. in Petersburg, wo er durch sein Wirken einen weltberühmt gewordenen Schülerkreis heranzog (sog. Petersburger Mathematikerschule). T. erzielte in der Zahlentheorie neue Ergebnisse über die Dichteverteilung der Primzahlen und stellte eine Theorie der bestmögl. Approximation von Funktionen auf, durch die er zum Begründer der konstruktiven Funktionentheorie wurde. In der Wahrscheinlichkeitstheorie verallgemeinerte er das Gesetz der großen Zahlen und den zentralen Grenzwertsatz.

Tschechen (Eigenname Češi [Einzahl Čech]), westslaw. Volk in Böhmen und Mähren, ČSSR.

Tschechisch, zum westl. Zweig der slaw. Sprachen gehörende Sprache der Tschechen, die in der Tschechoslowakei von fast 10 Mill. Menschen und von mehr als 500 000 Emigranten v. a. in W-Europa und Amerika gesprochen wird. - Die auf dem mittelböhm. Dialekt beruhende neutschech. Schriftsprache wird in lat. Buchstaben mit diakrit. Zeichen geschrieben.

Das *Vokalsystem* weist phonolog. relevante Quantitätsoppositionen der einfachen Vokale und zahlr. Diphthonge auf; im *Konsonantensystem* fallen die ausgeprägte Stimmkorrelation und eine Palatalitätskorrelation auf; die Laute [r, l] können auch silbenbildend sein: prst („Finger"), vlk („Wolf"). Der Wortakzent liegt auf der ersten Silbe. Das *morpholog. System* der Nominaldeklination ist trotz Bewahrung der 7 Kasus durch phonet. bedingten Zusammenfall von Endungen ge-

tschechische Kunst

kennzeichnet. Es gilt die Belebtheitskategorie (statt des Akkusativ Singular wird bei maskulinen Substantiven, die Lebewesen bezeichnen, der Genitiv Singular verwendet). Wie in anderen slaw. Sprachen gibt es auch im Tschech. ein Verbalaspektsystem, in dem sowohl in den Präsensformen als auch in den Vergangenheitsformen perfektiver und imperfektiver ↑Aspekt unterschieden werden. Die *Lexik* zeigt deutsche, die *Syntax* auch lat. Einflüsse. – Neben der tschech. Schriftsprache existiert eine allg. Umgangssprache, die sich von der Schriftsprache durch lautl. und morpholog. Eigentümlichkeiten unterscheidet. Die *Dialekte* werden in zwei Gruppen eingeteilt: das Böhmische (mit dem mittelböhm., einem sw. und einem nö. Dialekt sowie einem Übergangsdialekt zum Mährischen) und das Mährische (hanak. und lach. Dialekt).

Die ältesten größeren tschech. Sprachdenkmäler stammen aus dem 12. und 13. Jh. (Glossen, religiöse Lieder); im 14. und 15. Jh. entwickelte sich eine bed. Literatur in einer geschliffenen alttschech. Versspreche, doch wurden diese frühen schriftsprachl. Erfolge durch die lat. u. v. a. dt. Sprach- und Kulturvorherrschaft im Laufe des 17. und 18. Jh. so eingeschränkt, daß eine moderne tschech. Schriftsprache zw. 1780 und 1848 erst wieder neu geschaffen werden mußte (u. a. von J. Dobrovský und P. J. Šafařík).

📖 *Vintr, J.: Einf. in das Studium des T. Mchn. 1982. – Bauernöppel, J./Fritsch, H.: Gramm. der tschech. Sprache. Bln. ³1964.*

tschechische Kunst, als früheste Baudenkmäler in *Böhmen und Mähren* sind kleine Rundkirchen aus dem 9. Jh. erhalten, auch die erste Kirche St. Veit in Prag (seit 973) war ein Zentralbau. Neben den vorherrschenden westeurop. Einflüssen machten sich bis ins 13. Jh. auch solche aus Italien bemerkbar (Klosterkirche in Tepl). Im 14. Jh. war Prag, Residenzstadt Kaiser Karls IV., ein Zentrum ma. Kunst. Im Mittelpunkt stand die Errichtung des Veitsdoms, seit 1344 unter Matthias von Arras, seit 1353 unter P. Parler. Die Prager Dombauhütte ist gleichermaßen berühmt für ihre Wölbetechnik wie für ihre dekorative und figürl. Plastik (Premyslidengrabmäler, Triforienbüsten, Schöne Madonnen). Die zuvor insbes. durch Miniaturen vertretene Malerei (Kodex aus Vyšehrad, 1085) kam im 14. Jh. ebenfalls zu hoher Blüte: Hohenfurther Altar (um 1350), Tommaso da Modena, Theoderich von Prag (Wandbilder in Burg Karlstein, um 1360), Meister von Wittingau, Meister der Krumauer Madonna. Eine vergleichbar fruchtbare Epoche von europ. Rang war erst wieder die des bis in die Volkskunst wirksamen böhm. Barock. Die Architektur wurde wesentl. durch den dynam. Stil der in Prag tätigen Baumeisterfamilie Dientzenhofer geprägt, die Skulptur durch M. Braun mit ex-

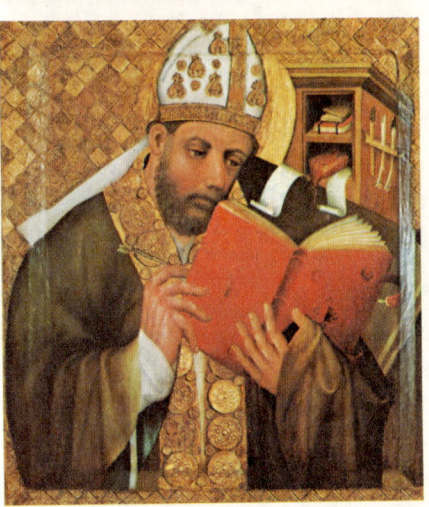

Tschechische Kunst. Meister von Hohenfurth, Christus am Ölberg (um 1350). Tafel des Hohenfurther Altars. Prag, Národní Galerie (oben); Theoderich von Prag, Kirchenvater (um 1360). Karlstein, Kreuzkapelle (unten)

pressiven und F. M. Brokoff mit eher realist. Werken (Prager Karlsbrücke); Hauptvertreter der barocken Malerei waren P. J. Brandl und W. L. Reiner (≈ 1689, † 1743). Eine nat. betonte t. K. setzte im 19. Jh. ein, für die

tschechische Legionen

Malerei mit den monumentalen Historien- und Landschaftsbildern von J. Mánes (* 1820, † 1871). Jüngere Historienmaler (V. Brožík, V. Hynais) standen unter dem Einfluß der Münchner Akademie, andere Künstler (K. Purkyně, J. Čermák) unter frz. Vorbild. A. Mucha profilierte sich als Vertreter des Jugendstils, F. Kupka (in Paris) als Mitbegr. einer „orphist." abstrakten Malerei. Für die nat. tschech. Plastik war der Bildhauer J. V. Myslbek die bestimmende Figur, daneben v. a. frz. Einfluß (Rodin, A. Maillol). Der frz. Kubismus prägte die Anfänge O. Gutfreunds. Die zunächst überwiegend historisierende Architektur gelangte bei J. Kotěra (* 1871, † 1923) zu einem Gleichgewicht von Tektonik und Dekoration. Ein vielfältiges Spektrum zw. Realismus und autonomer Struktur kennzeichnet die t. K. nach dem 2. Weltkrieg (Z. Sykora, Č. Kafka, J. Kolář). - Abb. auch S. 248.
▯ *Kunstdenkmäler in der Tschechoslowakei. Böhmen u. Mähren. Hg. v. R. Hootz. Mchn. 1986. - Schwarzenberg, K., u. a.: Romanik in Böhmen. Mchn 1976. - Neumann, J.: Das böhm. Barock. Dt. Übers. Wien 1970. - Neumann, J.: Die tschech. klass. Malerei des 19. Jh. Dt. Übers. Prag 1955.*

tschechische Legionen, Bez. für die aus tschech. Überläufern, Gefangenen und Freiwilligen in Rußland (nach der Februarrevolution 1917), in Frankr. (Dez. 1917) und Italien (April 1918) gebildeten militär. Einheiten, die unter alliiertem Befehl, aber unter der polit. Führung des Tschechoslowak. Nationalrats in Paris standen. Die 92 000 Mann starke tschech. Legion in Rußland spielte im Bürgerkrieg 1919/20 eine umstrittene Rolle.

tschechische Literatur, erste schriftl. literar. Schöpfungen stammen aus der roman. Zeit (10.–14. Jh.); zunächst kirchenslav. Übersetzungsschrifttum, dann lat. Literatur. Anfang des 14. Jh. setzte die **alttschechische Literatur** mit höf. Verskunst ein, z. B. „Alexandreis" (um 1310), ↑ „Dalimilchronik". Die Regierungszeit Karls IV. (1346–1378) bewirkte eine weitere Steigerung des Kulturschaffens (Gründung der Prager Univ. 1348) und eine Ausweitung der literar. Tätigkeit (Prokop- und Katharinenlegende, Streitgespräch, Ständesatire); auch Übersetzungen. Religiöse Probleme thematisierten T. Štítný (* um 1333, † um 1405), Konrad von Waldhausen (* um 1326, † 1369) und Matthias von Janow (* um 1350, † 1394). Die tschech. reformator. Bewegung kulminierte im 15. Jh. in der Person und dem folgenreichen Werk des Jan Hus, dessen Hauptwerk „De ecclesia" (1413) zwar lat. geschrieben ist, der seine Ideen jedoch in tschech. Predigten und Erbauungsschriften unter dem Volk verbreitete. Die geistigen Grundlagen der Böhm. Brüder schuf P. Chelčický (* um 1390, † 1460) mit dem Traktat „Das Netz des Glaubens" (entstanden um 1440, dt. 1924), eine aus der Ethik des Urchristentums verstandene Sozriallehre mit reformer. Ansätzen für das tägl. Leben. Es entstanden erste wiss. Werke über Naturwiss., Medizin, Philosophie u. a. Die 2. Hälfte des 15. Jh. und das 16. Jh. zeigten eine starke Hinwendung zu humanist. Gedankengut und nlat. Dichtung, vorbildl. auch für die tschech. Schriftsprache, bes. durch Übersetzungen und Nachdichtungen. Durch den Buchdruck (seit 1467) wurde die Verbreitung von Volksmärchen auch für die niederen Schichten ermöglicht. Vers und Prosa des ausgehenden 16. Jh. zeigen zeitbezogene und moralisierende Thematik.

Das 17. und 18. Jh. (die Zeit zw. der Schlacht am Weißen Berge [1620], der Gegenreformation und dem Beginn der nat. Wiedergeburt ab etwa 1780) bedeutete für die Entwicklung der t. L. eine Periode der literar. Stagnation, nat. Isolierung und Selbstentfremdung, in der insbes. dt. Sprach-, Literatur- und Kultureinfluß vorherrschte. Die hervorragenden Vertreter t. L. und Kultur emigrierten (böhm. Exulanten) und setzten sich für Tschechentum und vaterländ. Literatur ein, z. B. J. A. Comenius und P. Stránský (* 1583, † 1657) mit Schriften zur Verteidigung von tschech. Sprache und tschech. Volkstum. Bei der ländl. Bev. wurden lediglich die Kleinformen mündl. Volksdichtung gepflegt (Lieder, Märchen, Sagen, Erzählungen, Spiele).

Die neuere **tschechische Literatur** wurzelt in der nat. Wiedergeburt des Tschechentums, das sich nach der Aufhebung der Leibeigenschaft (1781) unter dem Einfluß insbes. der Herderschen Ideen sowie der Frz. Revolution der drohenden Selbstentfremdung und Germanisierung entzog und sich auf die Werte der eigenen Sprache und Kultur besann, v. a. durch J. Dobrovský und J. Jungmann (* 1773, † 1847), die die Grundlagen der modernen neutschech. Sprache schufen. Höhepunkte tschech. *Romantik* bildeten die nat. Sendungsbewußtsein symbolisierenden Sonette J. Kollárs, dessen 1837 geprägte panslawist. verstandene „slaw. Wechselseitigkeit" großen Einfluß ausübte, sowie die vers- und Prosadichtungen K. H. Máchas. Das moderne tschech. Drama begründeten V. Klicpera (* 1792, † 1859) und J. K. Tyl (* 1808, † 1856). In den 1860er bis 1880er Jahren konnten sich 3 literar. Strömungen entfalten: die „Máj"-Bewegung (u. a. J. Neruda, V. Hálek), die nat. Akzente setzende „Ruch"-Gruppe, insbes. S. Čech (* 1846, † 1908), K. V. Rais (* 1859, † 1926), T. Nováková (* 1853, † 1912) und die „Lumír"-Bewegung mit J. Zeyer und J. Kvapil (* 1868, † 1950). T. G. Masaryk forderte den tschech. sozialkrit. Gesellschaftsroman nach dem Vorbild der russ. und engl. Realisten. In den 1890er Jahren formte sich die tschech. Moderne unter dem Einfluß bes. des frz. Symbolismus unter der krit. Führung von F. X. Šalda und erreichte ihren Höhe-

Tschechoslowakei

punkt in der bilderreichen, sprachgewandten, individualisierten [auch soziale Themen gestaltenden] Lyrik von O. Březina, A. Sova (*1864, †1928) und P. Bezruč, daneben auch J. Hora mit Lyrik des proletar. Großstadtelends. Mit starker Betonung religiöser Thematik bildete sich als Gegenpol eine „kath. Moderne". Die Wiedererringung der staatl. Selbständigkeit (1918) hatte zu verschiedenen literar.-proletar. Dichtergruppe „Devětsil" („Neunkräfte") formte sich die die 1920 und 1930er Jahre bestimmende literar. Avantgardebewegung des Poetismus mit seinen Hauptvertretern K. Teige, J. Wolker, V. Nezval, J. Seifert (*1901), J. Mahen. Wirkungsvollste Erzähler waren J. Hašek, K. Čapek, I. Olbracht, M. Majerová und M. Pujmanová. Während der Zeit der dt. Okkupation wurde nahezu alles literar. Schaffen und Publizieren in der Tschechoslowakei mit Gewalt unterdrückt. Nach dem kommunist. Umsturz von 1948 hatte Literatur nach den Normen des sozialist. Realismus verfaßt zu sein. Ab Anfang der 1960er Jahre bis 1968 konnten krit. und experimentierfreudige Autoren mehr oder weniger ungehindert schreiben, u. a. F. Hrubín, M. Kundera, V. Závada, die Prosaisten B. Hrabal, V. Linhartová, L. Vaculík und die Dramatiker P. Kohout und V. Havel. Seit der sowjet. Okkupation von 1968 wurden durch ideolog. Gleichschaltung die damit verbundene literar.-künstler. Verengung und Verarmung des literar. Lebens zahlr. Autoren in die Emigration getrieben (u. a. P. Kohout, E. Goldstücker, *1913).

📖 *Měšťan, A.: Gesch. der t. L. im 19. u. 20. Jh. Köln 1984. - Müller, Vladimir: Der Poetismus. Das Programm u. die Hauptverfahren der tschech. literar. Avantgarde der Zwanziger Jahre. Mchn. 1978. - Günther, H.: Struktur als Prozeß. Zur Lit.theorie u. Ästhetik des tschech. Strukturalismus. Mchn. 1973. - Mühlberger, J.: T. L.gesch. Von den Anfängen bis zur Gegenwart. Mchn. 1970.*

tschechische Musik, die landschaftl. sehr unterschiedl. Volksmusik der Tschechen ist seit dem 11. Jh. belegt; bes. bed. der geistl. Volksgesang der Hussiten im 15. Jh., der auf die Lieder der Böhm. Brüder Anfang des 16. Jh. einwirkte. Im 16.-18. Jh. wurden den v. a. in Prag tätigen F. X. Dušek (*1731, †1799) und V. J. Tomášek (*1774, †1850) die „böhm." Musiker in ganz Europa berühmt, u. a. J. Zach, J. D. Zelenka, J. Stamitz, F. und G. A. Benda, J. Mysliveček (*1737, †1781), J. L. Dussek, A. Reicha. - Die tschech. Nationalmusik entfaltete sich seit den 1860er Jahren mit B. Smetana in Stoffen und Musiksprache nat. geprägter, v. a. dramat. Musik. Ihm folgte A. Dvořák und auch Z. Fibich. Neu ansetzend, baute dann L. Janáček auf mähr. und ostslaw. Volksmusik und auf der Sprachmelodie auf. Dvořák und Janáček bildeten Schulen, zu denen u. a. V. Novák und J. Suk gehören. Zur Moderne zählen der folklorist.-neoklassizist. B. Martinů und der Mikroton-Avantgardist A. Hába. In der mehrschichtigen Entwicklung nach 1945 knüpfen u. a. J. Řídký (*1897, †1956), J. Seidel (*1908), V. Dobiáš an die Tradition an; Prinzipien neuer Musik verwenden in sehr persönl. Art u. a. Z. Vostřák (*1920), J. Tausinger (*1921), M. Kopelent (*1932), L. Kupkovič (*1936) und P. Kotík (*1942).

📖 *Matějček, J.: Die Musik in der Tschechoslowakei. Prag 1967. - Komma, K. M.: Das böhm. Musikantentum. Kassel 1960.*

tschechische Philosophie, Sammelbez. für die Philosophie und die philosoph. Entwicklungen im tschech. Sprachraum. Ihre Anfänge fallen in die Spätscholastik (1348 Gründung der Univ. Prag). Die Eigenständigkeit wird durch J. Hus gefördert, dessen emanzipator. Denken modellhaft auf die Reformation wirkt. Durch die Gegenreformation stark gehemmt erlangt die t. P. erst mit J. A. Comenius wieder europ. Rang und Wirkung. Hervorragende Vertreter der t. P. sind: B. Bolzano, der seine Forschungsergebnisse in dt. Sprache veröffentlicht; F. Palacký (Geschichtsphilosophie); T. G. Masaryk, der sich als einer der ersten mit K. Marx auseinandersetzt; J. L. Hromádka. Die jüngere, marxist.-leninist. orientierte Philosophie bestimmen u. a. K. Kosík (*1926), J. Zumr (*1926), M. Sobotka (*1927) und Irena Michňáková (*1930).

Tschechoslowakei

(Tschech. und Slowak. Föderative Rep., amtl. Abk. ČSFR; bis März 1990: Československá Socialistcká Republika, Abk. ČSSR), Bundesstaat im östl. Mitteleuropa, zw. 51° 03′ und 47° 44′ n. Br. sowie 12° 05′ und 22° 34′ ö. L. **Staatsgebiet:** Die Tsch. besteht aus zwei Nationalstaaten, der Tschech. und der Slowak. Republik; grenzt im N an Polen, im O an die Sowjetunion, im SO an Ungarn, im SW an Österreich und an der BR Deutschland, im NW an die DDR. **Fläche:** 127 905 km^2, davon Tschech. Rep. 78 874 km^2, Slowak. Rep. 49 041 km^2. **Bevölkerung:** 15,5 Mill. E (1986), 121,3 E/km^2. **Hauptstadt:** Prag. **Verwaltungsgliederung:** 10 Verw.-Geb. (Kraj) und die beiden Städte Prag und Preßburg. **Amtssprachen:** Tschechisch, Slowakisch. **Nationalfeiertag:** 9. Mai. **Währung:** Tschechoslowak. Krone (Kčs) = 100 Haleru (h). **Internat. Mitgliedschaften:** UN, COMECON, Warschauer Pakt, GATT. **Zeitzone:** Mitteleuropäische Zeit.

Landesnatur: Die Tsch. gliedert sich in zwei Großlandschaften. Im W bildet die Böhm. Masse die Fortsetzung der dt. und östr. Mittelgebirge. Der Gebirgsrahmen spannt sich vom Böhmerwald im SW über das Erzgebirge

Tschechoslowakei

Tschechische Kunst.
Peter Johannes Brandl, Simeon mit dem Jesuskind (nach 1725). Prag, Národní Galerie (oben); Frank Kupka, Plans par couleurs (1910/11). Paris, Musée National d'Art Moderne (unten)

bei Preßburg an der Donau ein. Der Karpatenbogen endet im Raum von Košice. Wichtigste Gebirgsabschnitte sind die Kleinen Karpaten, die Tatra (Gerlsdorfer Spitze, mit 2 655 m höchster Gipfel der ČSSR), die Große und Kleine Fatra, die Niedere Tatra sowie die West- und Ostbeskiden (Waldkarpaten) und das Slowak. Erzgebirge. Im südl. Karpatenvorland hat die Tsch. noch Anteil am Kleinen Ungar. Tiefland.

Klima: Das gesamte Territorium der Tsch. gehört zum mitteleurop. Klimabereich mit zunehmend kontinentalen Verhältnissen in den Beckenlandschaften. Die Jahresmitteltemperaturen liegen bei 10,1 °C (Preßburg), 9,0 °C (Prag) und −3,7 °C in der Hohen Tatra. Die höchsten Temperaturen werden im Juli (20,5 °C; 19 °C; 3,8 °C), die tiefsten im Jan. (−1,0 °C; −0,9 °C; −10,6 °C) gemessen. Im langjährigen Mittel fallen in der Tsch. zw. 476 mm (Prag) und 1 665 mm (Hohe Tatra) Niederschlag.

Vegetation: 35 % des Staatsgebiets sind von Wald bedeckt, der i. d. R. die Höhenlagen über 300 m einnimmt. Bestandsbildend sind Eiche, Hainbuche, Buche, Fichte und Tanne.

Bevölkerung: Im Mehrvölkerstaat der Tsch. haben Tschechen und Slowaken einen Anteil von mehr als 94 % an der Gesamtbev. Die größte Minderheitengruppe sind heute die Ungarn (Gebiet an der S-Grenze der Slowak. Rep.), gefolgt von Deutschen (im Gebiet des ehem. Sudetenlandes) und Polen. Gebiete stärkster Bev.konzentration sind Prag und sein mittelböhm. Umland, das nordböhm. Gebiet um Aussig und Brüx, der Bereich der Ind.zone des Egergrabens sowie die nordmähr. Ind.agglomeration um Ostrau. Religionsfreiheit ist in der Verfassung garantiert. Der überwiegende Teil der Bev. ist röm.-kath. Für Kinder von 6–15 Jahren ist der Besuch der Grundschule Pflicht. 1986 gab es in der Tsch. 36 Hochschulen, darunter Univ. in Prag, Preßburg, Brünn, Košice und Olmütz.

Wirtschaft: Sowohl eine leistungsfähige Landw. als auch eine vielseitige Ind. sichern der Tsch. einen wichtigen Platz unter den Ind.ländern des Ostblocks. Die weitgehend kollektivierte Landw. war 1984 mit 8 % am Nationaleinkommen beteiligt. Viehwirtschaft und Ackerbau stehen etwa gleichwertig nebeneinander. Es können 4 landw. Zonen unterschieden werden: In der südl. und östl. Slowakei dominieren Getreide- und Kartoffelanbau. In der südwestl. Slowakei und im südl. Mähren findet sich Getreide- und

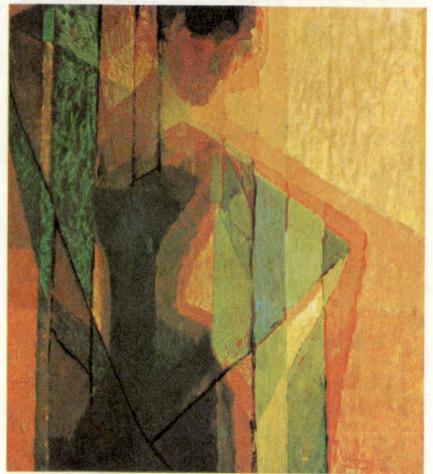

im NW, über das Böhm. Mittelgebirge, das Elbsandsteingebirge und die Sudeten (mit Riesengebirge) bis zur Mähr. Pforte im NO. Das Innere Böhmens ist in Hügelländer und plateauartige, flachwellige Hochländer gegliedert. Es umfaßt im N das Böhm. Plateau, südl. daran anschließend das Pilsener Hügelland, die Mittelböhm. Höhen und die Böhm.-Mähr. Höhen. In der Slowakei setzen die von zahlr. Becken gegliederten Westkarpaten

Tschechoslowakei

Maisanbau (Schweinezucht). Im übrigen Böhmen und Mähren spielt neben dem Getreide- und Futterbau die Milch- und Fleischproduktion eine wesentl. Rolle. Im Bereich der Böhm.-Mähr. Höhen dominiert der Kartoffelbau. Durch den Anbau von Sonderkulturen nehmen einzelne Gebiete der Tsch., wie Elbe- und Marchbecken (Zuckerrüben), die Umgebung von Preßburg (Wein), die Region von Žatec (Hopfen) und das Gebiet um Melník (Gemüse) eine bes. Stellung in der Landw. des Landes ein. Braugerste bzw. Malz ist neben Rübenzucker der Hauptexportartikel der tschechoslowak. Nahrungsmittelind. Bei der Viehwirtschaft dominiert die Rinderzucht. In der Fleisch- und Milchversorgung ist die Tsch. nahezu autark. An Bodenschätzen werden Braunkohle (Egergraben), Steinkohle (Ostrau, Kladno, Pilsen, Rosice, Trutnov), Eisenerz (Nučice) und Kaolin (bei Karlsbad) gefördert. Neben Erdöl- und Erdgas (v. a. importiert) bildet Braunkohle die Basis der Energiegewinnung. In Jaslovské-Bohunice ist ein Kernkraftwerk in Betrieb. Die Ind. erbrachte 1984 rd. 59 % des Nationaleinkommens. Bedeutendster Ind.zweig ist der Maschinenbau einschließl. Lokomotiv- und Automobilbau mit Zentren in Prag, Brünn, Pilsen (Škoda) und Preßburg. Metallurg., chem. und Kunststoffind. wird v. a. in der Slowakei entscheidend gefördert. Während die einst bed. Textilind. zurückgedrängt wurde, besteht die traditionelle Glas- (Gablonz an der Neiße) und Keramikind. fort. Der Waldreichtum des Landes bildet die Grundlage einer ausgedehnten Holz-, Papier- und Zellstoffind. Die breitgestreute Nahrungs- und Genußmittelind. hat einen bed. Standort in Pilsen (Fleischind. und Bierbrauereien).

Außenhandel: Haupthandelspartner der Tsch. sind die Sowjetunion, die DDR, Polen Ungarn, die BR Deutschland, Jugoslawien, Bulgarien, Österreich u. a. Wichtigste Exportgüter sind Maschinen und Fahrzeuge, chem. Erzeugnisse, Eisen und Stahl, Brennstoffe, Konsumgüter und Nahrungsmittel. Importiert werden Maschinen, Brennstoffe, Erze, Konsumgüter, chem. Erzeugnisse, Getränke, Tabak, tier. und pflanzl. Öle.

Verkehr: Die Tsch. verfügt über ein sehr dichtes Eisenbahn- und Straßennetz. Länge des Eisenbahnnetzes: 13 130 km (davon elektrifiziert: 3 507 km), Länge des Straßennetzes: 73 809 km, davon 1 700 km Autobahnen und Schnellstraßen. Der Luftverkehr wird von der Československé aerolinie (ČSA) besorgt. Neben den beiden internat. ℵ Prag und Preßburg werden im Inlandsverkehr v. a. Karlsbad, Brünn und Košice angeflogen.

Geschichte: Die Erste Republik (1918–39): Am 28. Okt. 1918 wurde die Tschechoslowak. Republik (ČSR) als slaw. Nachfolgestaat der östr.-ungar. Monarchie in Prag ausgerufen und von der Pariser Friedenskonferenz am 10. Sept. 1919 im Vertrag von Saint-Germain-en-Laye bestätigt. Die sozioökonom.-fortschrittl. „histor. Länder" Böhmen, Mähren und Schlesien wurden mit der rückständigen Slowakei und dem unterentwickelten Karpato-Rußland in einem Nationalitätenstaat zusammengefaßt, der auf 140 000 km^2 14,7 Mill. E, darunter (1930) 9,75 Mill. (66,25 %) Tschechen und Slowaken, 3,32 Mill. (22,5 %) Deutsche, 720 000 (4,9 %) Ungarn und 100 000 (0,7 %) Polen aufwies. Am 29. Febr. 1920 verabschiedete eine Provisor. Nat.versammlung ohne Mitwirkung der Minderheitenvertreter eine nach frz. Vorbild ausgearbeitete zentralist. Verfassung. Das polit. Leben mit einer Vielzahl von Parteien stabilisierte sich rasch, da der Gründerpräsident T. G. Masaryk (1918–35) und sein Nachfolger und langjähriger Außenmin. E. Beneš dem in das frz. Paktsystem und die Kleine Entente (1921) einbezogenen Staat ein Höchstmaß an außen- und innenpolit. Kontinuität zu geben verstanden. Die Auswirkungen der Weltwirtschaftskrise und die Erfolge Hitlers im Dt. Reich führten zu einer Radikalisierung der Forderungen nat. Minderheiten nach stärkerer Berücksichtigung im öffentl. Leben und nach polit. Autonomie ihrer Siedlungsgebiete. Bes. die von K. Henlein als Sammelbewegung des gesamten Sudetendeutschtums gegründete Sudetendt. Heimatfront (ab April 1935: Sudetendt. Partei) verlangte nach ihrem Wahlerfolg im Mai 1935 (68 % der dt. Stimmen, 44 von 300 Mandaten) eine Föderalisierung der ČSR. Bei Hitlers Entschlossenheit, die ČSR zu zerschlagen und die von Deutschen bewohnten Randgebiete dem Dt. Reich einzugliedern, gelang es der Prager Reg. nicht, diese Bedrohung abzuwehren. Die brit. und die frz. Reg. gaben im Münchner Abkommen (29. Sept. 1938) Hitlers Pressionen nach und stimmten der Übergabe der dt., bald danach der poln. und der ungar. Siedlungsgebiete (1. Wiener Schiedsspruch, 2. Nov. 1938) an die Nachbarstaaten zu. Die Verhinderung der vorgesehenen internat. Garantien ermöglichte es Hitler, am 14./15. März 1939 das Restgebiet als „Protektorat Böhmen und Mähren" direkt dem Dt. Reich anzugliedern und einen dem dt. Einfluß ausgelieferten „Schutzstaat" Slowakei zu errichten.

Das Protektorat Böhmen und Mähren und der Schutzstaat Slowakei (1939–45): Dem Protektorat wurde eine autonome Selbstverwaltung mit einem Präs. (E. Hácha) und eine eigene Reg. unter strikter Oberaufsicht des Reichsprotektors (K. Frhr. von Neurath, W. Frick) zugestanden. Als Nachfolgeorganisation für die aufgelösten alten Parteien wurde die Sammelbewegung „Bund der nat. Volksgemeinschaft" mit einem streng christl.-nationalist., antisemit., antisozialist. und antiliberalen Programm zugelassen. Der Einfluß der im Untergrund tätigen Wi-

249

Tschechoslowakei

derstandsorganisationen blieb gering; durch eine mit Härte, unter R. Heydrich und K. Daluege nach 1941 mit offenem Terror gegen die tschech. Intelligenz und das Bürgertum gerichtete Politik bei deutl. Bevorzugung der für den Rüstungsprozeß notwendigen Arbeiter wurden alle Ansätze für Unruhen, Sabotage oder einen Aufstand im Keim erstickt. Nach dem Attentat auf Heydrich (27. Mai 1942) wurde die Zerstörung des Dorfes Lidice und die Ermordung von dessen männl. Bev. zum Symbol nat.soz. Willkürherrschaft.
In der dem dt. Einfluß weitgehend ausgelieferten Slowakei versuchten die Reg. J. Tiso und V. Tuka (Okt. 1938 bis Sept. 1944) die Möglichkeiten einer wirtsch. und kulturellen Entfaltung zu nutzen. Mit dem Umschlagen der Kriegslage 1943 schlossen sich im Untergrund „tschechoslowak." ausgerichtete Politiker mit den Kommunisten zusammen und lösten am 29. Aug. 1944 in der Mittelslowakei den Slowak. Nat.aufstand aus, der erst im Okt. 1944 von dt. Truppen niedergeschlagen werden konnte. Der im Okt. 1938 zurückgetretene Präs. E. Beneš bildete im Herbst 1939 in London ein Tschechoslowak. Nat.komitee, das am 23. Juli 1940 die vorläufige Anerkennung als „Provisor. Reg. der T." durch die Alliierten erhielt. Am 11. Dez. 1940 konstituierte sich ein von Beneš ernannter Staatsrat als Exilparlament, das Vertreter fast aller tschech. Parteien umfaßte. Der Aufbau einer Auslandsarmee in Großbrit. und in der UdSSR förderte die definitive Anerkennung der Exilreg.; bereits im Sommer 1942 distanzierten sich die Westalliierten vom Münchner Abkommen und stellten nach dem Sieg über Hitler die Wiederherstellung der ČSR in ihren Grenzen von 1937 in Aussicht. Die Ende März 1945 in Moskau geführten Verhandlungen mit den im Exil lebenden tschech. Kommunisten stellten sicher, daß nach dem Verbot der bisherigen Rechtsparteien die in einer Nat. Front vereinigten liberalen und sozialist. Kräfte ohne parlamentar. Opposition in der Nachkriegsrepublik tiefgreifende polit., soziale und ökonom. Reformen vornehmen konnten.

Die Tschechoslowakei als Volksdemokratie (seit 1945): Am 5. April 1945 proklamierte die von dem Sozialdemokraten Z. Fierlinger geführte neue Reg. ein Programm, das die Errichtung eines Wohlfahrtsstaates, die Verstaatlichung der Grundind., der Banken und Versicherungen, die Ersetzung der traditionellen Distrikts- und Gemeindeverwaltungen durch Nat.ausschüsse und Säuberungen auf dem Gebiet der Erziehung und Kultur ankündigte. Der Beschluß zur raschen Aussiedlung der Sudeten- und Karpatendeutschen sowie der Ungarn erschütterte das bisherige Sozialgefüge. In dem doch das Verbot der Rechtsparteien geschaffene Vakuum stieg die KPČ dank ihrer Kontrolle der Schlüsselministerien und der Massenmedien zur stärksten polit. Vertretung im Lande auf und erreichte 37,94 % der Stimmen bei den Wahlen am 26. Mai 1946. Die 1945 in rascher Folge erlassenen Dekrete zur Förderung des „Aufbaus des Sozialismus" und der durch die UdSSR erzwungene Verzicht auf die Teilnahme an der Marshallplanhilfe gefährdeten die Bemühungen, die durch Kriegseinwirkung kaum zerstörte Ind. in Gang zu setzen, die Währung zu stabilisieren und die Nahrungsmittelversorgung sicherzustellen. Nach dem offenkundigen Scheitern der Pläne des seit Mai 1945 wieder amtierenden Staatspräs. Beneš, zum Vermittler und Bindeglied zw. den Weltmächten in Ost- und West aufzusteigen und einen konstruktiven Modus vivendi mit der UdSSR zu erreichen, versuchten die demokrat. Parteien im Herbst 1947 die KPČ aus ihrer dominierenden Stellung zu verdrängen. Die Demission bürgerl. Min. nutzten die Kommunisten und erzwangen unter Androhung eines Generalstreiks die Ernennung eines neuen Koalitionskabinetts unter dem Kommunisten K. Gottwald. Beneš trat am 7. Juni 1948 zurück, ihm folgte K. Gottwald im Amt des Präsidenten.
Am 27. Juni 1948 erfolgte die Zwangsvereinigung der Sozialdemokraten mit der KPČ, die am 27. Sept. 1948 auch ihrer slowak. Sektion die Eigenständigkeit nahm. Unter Abbau der Slowakei 1945 urspr. zugestandenen Autonomie ging die KPČ daran, die gesamte Staatsorganisation nach dem Vorbild der UdSSR zu ordnen und die Kontrolle der Partei über die Exekutive, Legislative und Judikative sowie in der Wirtschaftsverwaltung zu sichern. Nach der Übernahme des sowjet. Planungsmodells für die Volkswirtschaft geriet die ČSR mit dem Beitritt zum Rat für gegenseitige Wirtschaftshilfe (1949) auch ökonom. in starke Abhängigkeit von der UdSSR. Das Fehlen ausreichender Investitionsmittel, eine angespannte internat. Zahlungsbilanz, das Fehlen qualifizierter Arbeitskräfte und ein überalterter Maschinenpark riefen mehrfach ernste Versorgungsschwierigkeiten hervor. Das „Tauwetter" und die Entstalinisierungskampagne (1956) lösten in der T. keine durchgreifenden Änderungen aus. Erst als das Wirtschaftswachstum zu Beginn der 1960er Jahre stagnierte und im Okt. 1961 in der UdSSR eine zweite Entstalinisierungswelle ausgelöst wurde, sah sich Staatspräs. Novotný auf dem XII. Parteitag der KPČ im Dez. 1962 gezwungen, einen liberaleren Kurs einzuschlagen. Die im Sommer 1963 bekanntgegebene Rehabilitierung und Wiederaufnahme in die KPČ der meisten Opfer der Terrorprozesse löste auch eine von den Intellektuellen initiierte Diskussion über die Ursachen der „Verletzung der sozialist. Gesetzlichkeit" aus, an der sich rasch breite Bev.kreise beteiligten. Die Forderung der Slowaken nach einer ech-

Tschechoslowakei

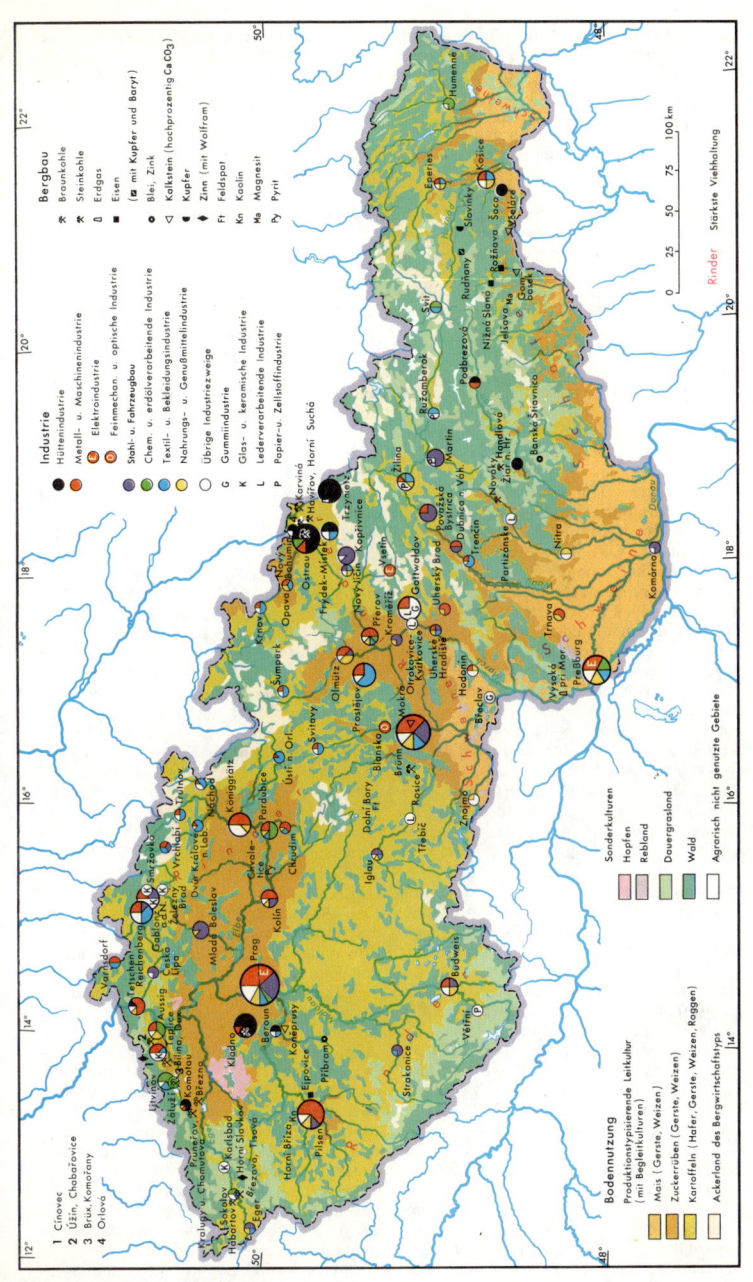

Tschechoslowakei. Wirtschaftskarte

Industrie
- Hüttenindustrie
- Metall- u. Maschinenindustrie
- Elektroindustrie
- Feinmechan. u. optische Industrie
- Stahl- u. Fahrzeugbau
- Chem. u. erdölverarbeitende Industrie
- Textil- u. Bekleidungsindustrie
- Nahrungs- u. Genußmittelindustrie
- Übrige Industriezweige
- G Gummiindustrie
- K Glas- u. keramische Industrie
- L Lederverarbeitende Industrie
- P Papier- u. Zellstoffindustrie

Bergbau
- Braunkohle
- Steinkohle
- Erdgas
- Eisen
- (mit Kupfer und Baryt)
- Blei, Zink
- Kalkstein (hochprozentig $CaCO_3$)
- Kupfer
- Zinn (mit Wolfram)
- Ft Feldspat
- Kn Kaolin
- Mg Magnesit
- Py Pyrit

Rinder Stärkste Viehhaltung

Bodennutzung

Sonderkulturen:
- Hopfen
- Rebland
- Dauergrasland
- Wald
- Agrarisch nicht genutzte Gebiete

Produktionstypisierende Leitkultur (mit Begleitkulturen):
- Mais (Gerste, Weizen)
- Zuckerrüben (Gerste, Weizen)
- Kartoffeln (Hafer, Gerste, Weizen, Roggen)
- Ackerland des Bergwirtschaftstyps

1 Cínovec
2 Ústí, Chabařovice
3 Brüx, Komořany
4 Orlová

Tschechoslowakei

ten Föderalisierung der T. trug zum Anwachsen der Unruhe bei. Der reformer. Flügel im ZK der KPČ (L. Šik, O. Černík, A. Dubček, J. Smrkovský u.a.) einigte sich am 5. Jan. 1968 auf A. Dubček als Nachfolger Novotnýs auf dem Posten des Ersten Sekretärs des ZK der KPČ. Die innerparteil. Diskussion über die Rolle der Partei in Staat und Gesellschaft sowie einzelne konkrete Reformen und Zugeständnisse an die öffentl. Meinung trugen zu einer starken Politisierung der Bev. bei. Die Forderung nach konsequenter Trennung von Staat und Partei und nach Zulassung einer legalen Opposition, die die führende Rolle der KPČ nicht mehr zu gewährleisten schien, ließ die Sowjetunion offen vor den Gefahren des sog. *Prager Frühlings* warnen. Doch trotz diplomat. und militär. Pressionen bei den Verhandlungen mit der tschech. Reg. in Čierná nad Tisou (29. Juli bis 1. Aug.) und Preßburg (2. Aug.) gelang es der Sowjetunion nicht, eine sofortige Beendigung der Reformen zu erzwingen; daraufhin wurde der Beschluß zur militär. Intervention unter Beteiligung der DDR, Polens, Bulgariens und Ungarns gefaßt und in der Nacht vom 20./21. Aug. 1968 realisiert. Am 16. Okt. 1968 sicherte sich die UdSSR auf unbestimmte Zeit das Recht, in der Tsch. Truppen zu stationieren. Nur die zum 1. Jan. 1969 eingeleitete Föderalisierung der Tsch. in einen Bundesstaat der Tschechen und Slowaken verwirklichte ein wichtiges Anliegen der Reformer. Doch wurden die in der Föderalisierung der Tsch. gesetzten Erwartungen nicht erfüllt, da die Autonomie der Slowakei praktisch nur auf kulturellem Gebiet besteht und die parallel geschaffene Tschech. Republik nie Bed. erlangte.

Die Ansätze zur Liberalisierung im polit., kulturellen und wirtsch. Leben wurden nach 1968 konsequent rückgängig gemacht. Nach tiefgreifenden Säuberungen wurden seit 1971 Prozesse gegen Regimekritiker durchgeführt. Auf dem wiederholten XIV. Parteitag (Mai 1971) und dem XV. Parteitag (April 1976) konsolidierte der zum Generalsekretär aufgestiegene G. Husák seine Position, es gelang ihm jedoch nicht, die intellektuellen und polit. Wortführer des Prager Frühlings im Volk zu diskreditieren. Die Kampagnen gegen den „Prager Frühling" im Sommer 1978 und gegen die inzwischen von weit mehr als 1 000 prominenten Künstlern, Wissenschaftlern und ehem. Politikern getragene Menschenrechtsbewegung „Charta 77" schadeten dem Ansehen der Tsch. weltweit. Die tschechoslowak. Bev. mußte seit 1974 eine starke Verlangsamung der Wirtschaftswachstums hinnehmen. Geringe Arbeitsproduktivität, Mangel an Arbeitskräften, ein veralteter Maschinenpark und der vorrangige Ausbau der Ind.-kapazitäten in der Slowakei verhinderten ein Erreichen der im Fünfjahrplan 1976–80 vorgesehenen Wachstumsrate von 5% jährlich.

Die Unterzeichnung des Vertrags über die gemeinsame Staatsgrenze zw. der DDR und der Tsch. im Dez. 1980 wurde als weiterer Ausbau des bilateralen Vertragssystems zw. beiden Staaten gewertet. Die Beziehungen zu Österreich, zu Beginn der 1980er Jahre durch Verträge vertieft, wurden auf Grund von Grenzzwischenfällen gespannt. Die Politik der vorbehaltlosen Unterstützung aller sowjet. Initiativen erlitt Anfang 1987 durch die innenpolit. Reformversuche in der Sowjetunion einen Rückschlag. Sie veranlaßten die Führung der Tsch. jedoch im Juli 1987, eine Umstrukturierung der Wirtschaft anzukündigen. U. a. soll den Unternehmen eine größere Entscheidungsfreiheit eingeräumt werden; daneben ist auch eine vorsichtige Stärkung der Privatwirtschaft vorgesehen.

Im Dez. 1987 gab Parteichef G. Husák sein Amt auf, sein Nachfolger wurde M. Jakeš. Bei der Reg.umbildung im April 1988 zeichnete sich eine vorsichtige Bereitschaft zu Reformen ab. Min.präs. L. Štrougal trat im Okt. 1988 von seinem Amt zurück, neuer Min.präs. wurde L. Adamec.

Mit Demonstrationen, an denen seit Aug. 1989 immer mehr Menschen teilnahmen und die zunächst von der Polizei brutal zerstreut wurden, erzwang das Volk im Nov. 1989 den Dialog zw. Reg. und Oppositionsgruppen, die sich im sog. Bürgerforum zusammengeschlossen hatten. Der Sprecher des Bürgerforums, der Schriftsteller V. Havel, wurde nach dem Rücktritt von Staatspräs. Husák (10. Dez. 1989) am 30. Dez. zu dessen Nachfolger gewählt. Bereits am 29. Nov. hatte das Parlament den Führungsanspruch der KPČ aus der Verfassung gestrichen. Im März 1990 erfolgte die Umbenennung in Tschech. und Slowak. Föderative Republik; für Juni 1990 sind Neuwahlen vorgesehen. Bis 1992 soll eine neue Verfassung erarbeitet werden.

Politisches System: Durch das am 1. Jan. 1969 in Kraft getretene Verfassungsgesetz vom 27. Okt. 1968 wurde die Tsch. in einen Bundesstaat zweier grundsätzl. gleichberechtigter Nationen, der Tschechen und Slowaken, umgewandelt. Teilrepubliken mit eigenen Verfassungen sind die Tschech. Republik und die Slowak. Republik. *Staatsoberhaupt* ist der Präs. der Republik. Er wird von der Bundesversammlung in einer gemeinsamen Sitzung beider Kammern auf 5 Jahre gewählt. Er vertritt den Staat nach außen, hat den Oberbefehl über die Streitkräfte, beruft und entläßt den Min.präs., die Min., hohe Beamte und Generäle, hat das Recht, an Kabinettssitzungen teilzunehmen und dort den Vorsitz zu führen. Er ist ferner berechtigt, den Sitzungen der Bundesversammlung beizuwohnen, dort Vorschläge zu unterbreiten und die Bundesversammlung aufzulösen, falls die beiden Kammern bei Nichtübereinstimmung den Vermittlungsvorschlag der Schlichtungskommission nicht annehmen. Die *Exekutive* liegt bei der Bundesreg., die der Bundesversammlung gegenüber verantwortl. ist. Die Bundesreg. ist berechtigt, sämtl. Rechtsakte der Republiken aufzuheben, wenn sie nach ihrem Ermessen nicht im Einklang mit der Bundesgesetzgebung stehen. Organ der *Legislative* ist die aus der Volkskammer (200 für 5 Jahre gewählte Abg.) und der Nationenkammer (150 Abg., für 5 Jahre gewählt) bestehende Bundesversammlung. Sie legt (formal) die Grundlinien der Innen- und Außenpolitik fest. Sie tritt zweimal im Jahr zusammen; während der Sitzungspausen übt das 40 Mgl. zählende Präsidium ihre Rechte aus; seine Dekrete bedürfen der (formalen) Bestätigung durch das Plenum. Beide Kammern sind gleichberechtigt: Eine Gesetzesvorlage gilt nur dann als angenommen, wenn ihr die einfache Mehrheit der Abg. in jeder der beiden Kammern zustimmt. Um eine Majorisierung der Slowaken durch die in der Volkskammer mit mehr Abg. vertretenen Tschechen zu verhindern, müssen bei bestimmten Sachfragen (u. a. Bundeshaushalt) die in den beiden Landesteilen gewählten Abg. getrennt abstimmen.

Die *Republikorgane:* Vertretungsorgane sind in der Tschech. Rep der 200 Mgl. zählende Tschech. Nat.rat, in der Slowak. Rep. der 150 Abg. zählende Slowak. Nat.rat. Die Republiken haben eine vom Präsidium des Nat.rat ernannte Reg. mit einem Min.präs., 3 stellv. Min.präs. und Min. Ausschließl. zuständig sind die Teilrepubliken insbes. für Justiz, Volksbildung, Kultur und Gesundheitswesen. *Parteien:* Allein bestimmende polit. Kraft war bis Ende Nov. 1989 die Kommunist. Partei der Tsch. (KPČ). Ihre obersten Organe sind der alle 5 Jahre zusammentretende Parteitag und das von diesem gewählte Zentralkomitee (ZK). Ihren in der Verfassung verankerten Führungsanspruch strich das Parlament am 24. Nov. 1989. Weitere zugelassene Parteien waren die Tschechoslowak. Volkspartei und die Tschechoslowak. Sozialist. Partei. Im slowak. Landesteil gibt es die Partei der Slowak. Erneuerung und die Slowak. Freiheitspartei; sie beteiligten sich an den Wahlen im Rahmen der Nat. Front. Der Tschechoslowak. *Gewerkschafts*verband hat rd. 7 Mill. Mgl. in 18 Fachgewerkschaften, die im Tschech. Gewerkschaftsrat und im Slowak. Gewerkschaftsrat zusammengefaßt sind. *Verwaltung*smäßig sind die Republiken gegliedert in 10 Verw.-Geb. (Kraje) und 114 kleinere Verwaltungseinheiten; lokale Vertretungsorgane sind die von den Bürgern gewählten Nat.ausschüsse, deren Mgl. abberufbar und den Wählern verantwortl. sind. Die *Recht*sprechung obliegt dem Obersten Gerichtshof der Tsch., Obersten Gerichtshöfen der Tschech. Rep. und der Slowak. Rep., Kreis-, Bezirks- und örtl. Volksgerichten sowie Militärgerichten. Die Richter werden von der Bundesversammlung, den Nat.räten sowie von den Nat.ausschüssen gewählt und sind abberufbar. Die Tsch. unterhält *Streitkräfte* in einer Gesamtstärke von 197 000 Mann (Heer 145 000, Luftwaffe 52 000); es besteht Wehrpflicht von 2 Jahren. ⌑ *Der „Prager Frühling": ein wiss. Symposium. Hg. v. Z. Mlynář. Köln 1983. - Taschenlexikon ČSSR. Hg. v. VEB Bibliograph. Inst. Lpz. u. Enzyklopäd. Inst. der tschechoslowak. Akad. d. Wiss. Prag. Lpz.* ²*1983. - Sperling, W.: T. Beitr. zur Landeskunde Ostmitteleuropas. Stg. 1981. - Die Staatsordnung der T. Hg. v. S. Lammich u. K. Schmid. Bln. 1979. - Müller, Adolf: Die T. auf der Suche nach Sicherheit. Bln.* ²*1979. - Lipscher, L.: Verfassung u. politische Verwaltung in der T. 1918–1939. Mchn. u. Wien 1979. - Skala, J.: Die ČSSR. Vom Prager Frühling zur Charta 77. Bln. 1978. - Hoensch, J. K.: Gesch. der Tschechoslowak. Republik: 1918–1978. Stg.* ²*1978. - Kosta, J.: Abriß der sozialökonom. Entwicklung der T. 1945–1977. Ffm. 1978. - Länderber. Osteuropa. T. Mchn. 1978. - Gesch. der Tschechoslowak. Republik 1918–1948. Dt. Übers. Hg. v. V. S. Mamatey u. R. Luža. Köln u. Graz 1978. - Hejzlar, Z.: Reformkommunismus; zur Gesch. der Kommunist. Partei der T. Dt. Übers. Köln u. Ffm. 1976. - Die demokrat.-parlamentar. Struktur der Ersten Tschechoslowak. Republik. Hg. v. K. Bosl. Mchn. u. Wien 1975.*

Tschechoslowakische Hussitische Kirche (bis 1971: Tschechoslowak. Kirche), 1920 in Prag begr. romfreie tschech. kath. Nationalkirche, hervorgegangen aus der auf der Grundlage radikaler Reformideen der kath. Aufklärung erstarkten Los-von-Rom-Bewegung; die Verfassung der T. H. K. ist presbyterianisch. 1937 gab es vier Diözesen (unter einem Zentralrat) mit etwa 800 000 Mgl.; neuere statist. Angaben sind nicht bekannt.

Tschechow, Anton Pawlowitsch [ˈtʃɛçɔf, russ. ˈtʃɛxɐf], * Taganrog 29. Jan. 1860, † Badenweiler 15. Juli 1904, russ. Schriftsteller. - Einer der bedeutendsten russ. Erzähler. Publizierte anfängl. in Zeitungen und Zeitschriften unter dem Pseud. Tschechonte. Zusammenarbeit mit dem Moskauer Künstlertheater; Bekanntschaft, 1901 Ehe mit der Schauspielerin O. L. Knipper-Tschechowa; starb an Lungentuberkulose. T., den die russ.-sowjet. Literatur und Literaturkritik erst nach anfängl. Zögern akzeptiert hatte, schloß mit seinem Werk den krit. Realismus in Rußland ab und nahm stilist. Züge des Impressionismus und Symbolismus auf, wobei bes. durch seine Gestaltung der „positiven", auf eine bessere Zukunft hoffenden Figuren in das 20. Jh. verwiesen wurde. Bed. Gestalter zeitnaher Themen und Stoffe, insbes. der Dekadenz des Kleinbürgertums, dessen Mißstände er unbestechl. beschrieb, dabei zunehmende Neigung zu Resignation und Melancholie vieler seiner Hauptfiguren,

bes. in den Erzählungen „Der Tod des Beamten" (1883), „Ein Zweikampf" (1891), „Mein Leben" (1896). Seine handlungsarmen impressionist. Dramen sind v. a. auf die Schilderung von Stimmungen und Milieu ausgerichtet, u. a. „Die Möwe" (1896), „Onkel Wanja" (1897), „Der Kirschgarten" (1904). - *Weitere Werke:* Die Steppe (1888), Die Bauern (E., 1897), Die Dame mit dem Hündchen (E., 1899), Drei Schwestern (Dr., dt. 1912).
📖 *Cardoff, P.: Potemkinsche Spiegel. Über A. Cechov.* Hamb. 1985. - *Hübner, F.: Die Personendarstellung in den Dramen A. P. Čechovs.* Amsterdam 1971. - *Selge, G.: A. Čechovs Menschenbild.* Mchn. 1970.

Olga Tschechowa (1940)

Tschechowa, Olga, geb. von Knipper, * Alexandropol (= Leninakan, Armen. SSR) 26. April 1897, † München 9. März 1980, dt. Schauspielerin. - Meisterschülerin von K. S. Stanislawski. Emigrierte 1921 nach Deutschland und wurde von F. Murnau für den Film entdeckt („Schloß Vogelöd", 1921, „Liebelei", 1933). Dann Charakterdarstellerin in Tonfilmen wie „Bel ami" (1939), „Andreas Schlüter" (1942). Zog sich ab 1955 vom Film zurück.
T., Vera, * Berlin 22. Juli 1940, dt. Schauspielerin. - Enkelin von Olga T.; spielte seit 1957 v. a. in Unterhaltungsfilmen; auch Bühnenengagements. - *Filme:* „Zeit der Empfindsamkeit" (1977), „Der Schimmelreiter" (1978), „Panische Zeiten" (1980), „Das Geheimnis von Lismore Castle" (1986).

Tscheka [ˈtʃɛka, russ. tʃɪˈka], Abk. der russ. Kurzbez. Tschreswytschajnaja Komissija ([Allruss.] Außerordentl. Kommission [für den „Kampf gegen Konterrevolution und Sabotage"]), sowjet. Staatssicherheitsorganisation; 1917 unter Leitung F. E. Dserschinskis als Organ ohne regulären Status geschaffen als Maßnahme gegen die Bedrohung durch Bürgerkrieg und alliierte Intervention; trug als „Roter Terror" zur Konsolidierung des Sowjetsystems bei; 1922 aufgelöst; ihre Funktionen wurden an das Innenministerium († GPU) übertragen.

Tschekiang (Zhejiang) [chin. dʒʌdʒiaŋ], chin. Prov. am Ostchin. Meer, 101 800 km², 38,9 Mill. E (1982), Hauptstadt Hangtschou. Der nördl. Teil liegt im Bereich der Jangtsekiangniederung, der größere südl. Teil im südostchin. Bergland. Die stark gegliederte Küste wird von zahlr. Inseln begleitet. Das Klima ist subtrop. Wo Bewässerung mögl. ist, wird Reisbau betrieben. Von großer Bed. ist die Gewinnung von Rohseide und Jute; im Bergland dominiert der Teeanbau; hinzu kommen Obstkulturen. An der Küste befindet sich das bedeutendste chin. Fischereigebiet. An Bodenschätzen verfügt T. über Kohle, Flußspat, Alaun und Erdgas; Meersalzgewinnung.

Tscheljabinsk, sowjet. Geb.hauptstadt am O-Rand des Südl. Ural, RSFSR, 228 m ü. d. M., 1,10 Mill. E. Univ. (gegr. 1975), weitere Hochschulen, Gemäldegalerie, Theater; bed. Zentrum der Hütten-, Maschinenbau- und chem. Ind., einer der beiden Ausgangspunkte der Transsib. - 1736 als Festung gegr.; wurde in den 1740er Jahren Stadt und 1781 Kreisstadt; seit dem Ende des 19. Jh. wichtiges Wirtschafts- und Handelszentrum; Verteilungsstelle für den Umsiedlungsstrom nach Sibirien und dem Fernen Osten.

Tscheljabinsker Kohlenrevier, Braunkohlenvorkommen am O-Fuß des Südl. Ural, südl. von Tscheljabinsk, UdSSR.

Tscheljuskin, Kap, nördlichster Punkt des asiat. Festlandes, auf der Halbinsel Taimyr, UdSSR.

Tschengtschou (Chengchow, Zengzhou) [chin. dʒəŋdʒəʊ], Hauptstadt der chin. Prov. Honan, in der Großen Ebene nahe dem S-Ufer des Hwangho, 1,38 Mill. E. Univ. Fachhochschulen für Medizin und Landw.; Eisenbahnknotenpunkt an der Kreuzung der Strecken Peking–Kanton und Lienyunkang–Lantschou; Textilind., Textilmaschinenbau, Nahrungsmittelind. - Durch Ausgrabungen als eine der ältesten Großstädte Chinas ausgewiesen; verlor jedoch v. a. auf Grund der Nähe von Loyang und Kaifeng, den früheren Hauptstädte Chinas, an Bed.; 1903 Öffnung für den ausländ. Handel; seit 1954 Hauptstadt der Prov. Honan.

Tschengtu (Chengtu, Chengdu) [chin. tʃəŋdu], Hauptstadt der chin. Prov. Szetschuan, am Minkiang, 2,4 Mill. E. Univ., 6 Fachhochschulen, geolog. Inst., landw. Forschungsanstalt der Chin. Akad. der Wiss.; Prov.museum, Tu-Fu-Museum; Bau von Rundfunk- u. a. elektron. Geräten, Meßinstrumenten, Schneidwerkzeugen; Kupfergewinnung; Flußhafen.

Tsch'en Po-ta, andere Schreibung von ↑Ch'en Po-ta.

Tschenstochau (Czenstochau; poln. Częstochowa), poln. Stadt an der oberen Warthe, 265 m ü. d. M., 246 600 E. Verwaltungssitz des Verw.-Geb. Częstochowa; kath. Bischofssitz; TH, Museum; Theater. Ein Zentrum der poln. Textilind., Eisenhütte, Stahlwerk. - 1220 erstmals erwähnt; erhielt 1356 dt. Stadtrecht; seit Gründung des Paulinerklosters Jasna Góra 1382 bedeutendster Wallfahrtsort in Polen. 1577 entstand die Siedlung Neu-T., die 1717 Stadtrecht erhielt und 1826 mit der Klosteranlage zu einer Stadt zusammengeschlossen wurde. - Wallfahrtskirche (14./15. Jh., barockisiert), Kapelle (17. Jh.) mit der Schwarzen Madonna (14. Jh.).

Tschen Tscheng (Ch'en Ch'eng, Chen Cheng) [chin. tʃəntʃəŋ], *Chingtien (Tschekiang) 1898, † Taipeh 5. März 1965, chin. General und Politiker. - Kämpfte mit Chiang Kai-shek gegen die Japaner und die chin. Kommunisten; 1944/45 Kriegsmin.; 1946–48 Generalstabschef der nationalchin. Armee; organisierte 1949/50 als Gouverneur von Taiwan die Flucht der Nationalreg. nach Taipeh und führte auf der Insel eine Bodenreform durch; 1950–54 und 1958–63 Min.präs., ab 1954 auch Vizepräs. Taiwans.

Tscheremissisch (Eigenbez. Mari), zum wolgafinn. Zweig der finn.-ugr. Sprachen gehörende Sprache mit knapp 0,5 Mill. Sprechern in der Baschkir. ASSR und der ASSR der Mari.

Tscherenkow, Pawel Alexejewitsch [russ. tʃɪrɪn'kɔf], *Nowaja Chigla (Bez. Woronesch) 28. Juli 1904, sowjet. Physiker. - Seit 1930 am Physik-Inst. der Akad. der Wiss. in Moskau; seit 1964 Mgl. dieser Akad. T. entdeckte 1934 die nach ihm benannte T.-Strahlung. Hierfür erhielt er 1958 zus. mit I. M. Frank und I. J. Tamm, die 1937 die theoret. Deutung dieses Phänomens lieferten, den Nobelpreis für Physik.

Tscherenkow-Strahlung [russ. tʃɪrɪn'kɔf], von P. A. Tscherenkow und S. I. Wawilow 1934 entdeckte elektromagnet. Strahlung, die in einem durchsichtigen Medium von einem energiereichen geladenen Teilchen (Elektron, Meson) erzeugt wird, wenn dessen Geschwindigkeit größer ist als die Phasengeschwindigkeit des Lichtes in diesem Medium. Dieser **Tscherenkow-Effekt** ist ähnl. dem Auftreten einer Kopfwelle in Form eines Machschen Kegels († Machsche Wellen) bei einem mit Überschallgeschwindigkeit fliegenden Geschoß. Das Intensitätsmaximum der T.-S. liegt im Sichtbaren zw. Blau und Ultraviolett, so daß bei starken Teilchenströmen ein bläulichweißes Leuchten *(Tscherenkow-Leuchten)* erkennbar ist.

Tscherenkow-Zähler [russ. tʃɪrɪn'kɔf; nach P. A. Tscherenkow], Nachweis- und Energiemeßgerät für hochenerget. Teilchen, bei dem die vom Teilchen erzeugte Tscherenkow-Strahlung mit Photozellen oder Photomultipliern registriert wird.

Tscherepnin [tʃɪrɪp'nin], Alexandr Nikolajewitsch, *Petersburg 20. Jan. 1899, † Paris 29. Sept. 1977, russ. Komponist und Pianist. - Sohn von Nikolai Nikolajewitsch T.; unterrichtete 1938–45 in Paris, 1949–64 in Chicago. Er entwickelte eine neunstufige Tonleiter und eine „Intrapunctus" genannte Schichtung verschiedener Rhythmen, die er in seinen Werken verwendete. Komponierte u. a. Opern, Ballette, Orchesterwerke, Kammer-, Klaviermusik und Vokalwerke.

T., Nikolai Nikolajewitsch, *Petersburg 15. Mai 1873, † Issy-les-Moulineaux bei Paris 26. Juni 1945, russ. Komponist. - Prof. in Petersburg, Tiflis, nach 1921 in Paris. Komponierte - beeinflußt von Rimski-Korsakow und den frz. Impressionisten - Opern, Ballette, Orchester-, Kammer-, Klaviermusik, Chorwerke.

Tscherepowez [russ. tʃɪrɪpa'vjets, tʃɪr'jɛpɐvɪts], sowjet. Stadt am N-Ufer des Rybinsker Stausees, RSFSR, 299 000 E. PH, polytechn. Hochschule; Eisenhütte, Schiffbau, chem. u. a. Ind.; Hafen. - Entstand als Dorf um das seit dem 14. Jh. bestehende Auferstehungskloster; wurde 1777 Stadt.

Tscherkassow, Nikolai Konstantinowitsch [russ. tʃɪr'kasɐf], *Petersburg 27. Juli 1903, † Moskau 14. Sept. 1966, russ.-sowjet. Schauspieler. - Einer der bedeutendsten sowjet. Charakterdarsteller. Ab 1933 am Puschkin-Theater in Leningrad; ab 1926 beim Film, u. a. in „Alexander Newski" (1938), „Lenin 1918" (1939), „Iwan der Schreckliche" (I. Teil 1944, II. Teil 1958), „Rimski-Korsakow" (1953), „Die dritte Jugend" (1965).

Tscherkassy [russ. tʃɪr'kassi], sowjet. Geb.hauptstadt in der Ukrain. SSR, am Krementschuger Stausee des Dnjepr, 273 000 E. Fakultät der Kiewer Bauingenieurhochschule, PH, Planetarium; Theater; Maschinenbau, chem. und Bekleidungsind.; Hafen. - Als befestigtes Städtchen seit dem 14. Jh. bekannt; fiel nach 1569 an Polen-Litauen; kam 1793 zu Rußland.

Tscherkessen (Eigenbez. Adyge), kaukas. Volk in der UdSSR, im Adyg. Autonomen Gebiet und im Autonomen Gebiet der Karatschaier und T.; zu den T. werden auch die als Ober-T. bezeichneten Kabardiner gerechnet. Anfang des 19. Jh. lebten schätzungsweise 700 000–1 000 000 T. im nw. Großen Kaukasus von Kuban als Ackerbauern und Viehzüchter (bes. Pferde). Ab 1861 drangen Russen in den Großen Kaukasus ein, die letzten T. wurden 1864 unterworfen. Über 80 % aller T. wanderten aus, in Kaukasien verblieben höchstens 100 000 T.; als der größte Teil der Balkanhalbinsel nach dem Berliner Kongreß (1878) dem Osman. Reich verlorenging, wanderten die dort angesiedelten T. weiter in das heutige Syrien, Jordanien, Israel und die Türkei.

Tscherkessk [russ. tʃɪr'kjɛssk], Hauptstadt des Autonomen Geb. der Karatschaier und Tscherkessen, RSFSR, in den nördl. Vorbergen des Großen Kaukasus, 102 000 E. Theater; elektrotechn., chem., Nahrungsmittel- u. a. Ind. - Seit 1931 Stadt.

Tschermak, Erich, Edler von Seysenegg, *Wien 15. Nov. 1871, †ebd. 11. Okt. 1962, östr. Botaniker. - 1903 Prof. für Pflanzenzüchtung an der Hochschule für Bodenkultur in Wien. Durch Bastardisierungsversuche an Erbsen gelangte T. 1900 (gleichzeitig mit H. de Vries und C. E. Correns) zur Wiederentdeckung der Mendel-Regeln, die er später planmäßig auf die Züchtung von Kulturpflanzen anwandte.

Tschernenko, Konstantin Ustinowitsch [russ. tʃɪr'njɛnkɐ], *Bolschaja Tes (Region Krasnojarsk) 24. Sept. 1911, †Moskau 10. März 1985, sowjet. Politiker. - Ab 1978 Mgl. des Politbüros, ab 1984 Generalsekretär des ZK der KPdSU und Vors. des Präsidiums des Obersten Sowjets (Staatsoberhaupt).

Tschernichowski, Saul [russ. tʃɪrni'xɔfskij], auch Czernichowski, *Michailowka (Krim) 28. Aug. 1875, †Jerusalem 14. Okt. 1943, hebr. Schriftsteller und Übersetzer. - Arzt; lebte während der 1920er Jahre in Berlin, dann in den USA, seit Anfang der 1930er Jahre in Tel Aviv. Verfaßte Sonette, Natur- und Liebeslyrik, einfache, humorvolle Idyllen aus der Welt der Krimjuden, Balladen sowie Erzählungen und Gedichte für Kinder.

Tschernigow [russ. tʃɪr'nigɐf], sowjet. Geb.hauptstadt im N der Ukrain. SSR, 278 000 E. Fakultät der Kiewer polytechn. Hochschule, PH, mikrobiolog. und geolog. Forschungsinstitut; Museen, Theater, Philharmonie; Textil-, Nahrungsmittel-, chem. und holzverarbeitende Ind. - 907 erstmals erwähnt; wurde 1024 Hauptstadt des Ft. T. und dadurch bed. kulturelles Zentrum; 1239 durch die Mongolen erobert und zerstört; seit 1801 Gouvernementsstadt. - Transfigurationskathedrale (1675 wieder aufgebaut), Paraskewa-(Karfreitags-)Kirche (12. Jh.).

Tschernjachowsk [russ. tʃɪrnɪ'xɔfsk] †Insterburg.

Tschernobyl [russ. tʃɪr'nɔbɨlj], sowjet. Stadt am Pripjet, nahe seiner Mündung in den Kiewer Stausee des Dnjepr, Ukrain. SSR, rd. 15 000 E. Schiffsreparatur, Baustoffind.; Kernkraftwerk (4 Blöcke mit zus. 4 000 MW); Hafen. - Im Block 4 des Kernkraftwerks kam es am 26. April 1986 zu einem folgenschweren Unfall, in dessen Verlauf (Explosionen, Brände) große Mengen radioaktiven Materials frei wurden. Rd. 130 000 Menschen mußten evakuiert werden, radioaktive Niederschläge führten in weiten Teilen Europas zu erhebl. erhöhten Strahlenbelastungen.

Tschernosem [tʃɛrnozi'ɔm; russ.] (Schwarzerde) †Bodenkunde.

Tschernowzy [russ. tʃɪrnaf'tsɨ] (dt. Czernowitz), sowjet. Geb.hauptstadt in der Ukrain. SSR, am Pruth, 244 000 E. Univ. (gegr. 1875), medizin. Hochschule, Museen, Theater, Philharmonie; Nahrungsmittel-, Textil-, holzverarbeitende Ind. - 1408 als Zollpunkt des Ft. Moldau erstmals erwähnt; seit Anfang des 16. Jh. unter osman. Herrschaft; 1775 an Österreich; 1786-1849 Verwaltungszentrum der Bukowina innerhalb Galiziens, 1850-1918 Hauptstadt des Hzgt. Bukowina; 1918 an Rumänien, 1940 an die Sowjetunion und damit der Ukrain. SSR angeschlossen; 1941-44/47 nochmals rumänisch.

Tschernyschewski, Nikolai Gawrilowitsch [russ. tʃɪrnɨ'ʃɛfskij], *Saratow 24. Juli 1828, †ebd. 29. Okt. 1889, russ. Publizist. - Während seines Studiums Begegnung mit den Ideen des frz. utop. Sozialismus; 1862 als Anhänger des Sozialismus verhaftet, 1864-86 nach Sibirien verbannt. Begründete, von W. G. Belinskis krit. Anschauungen und vom Vulgärmaterialismus ausgehend, eine rationalist.-utilitarist. Ästhetik, die die Pflege einer realist., zweckgebundenen Kunst anstrebte; hatte als bed. Theoretiker des Nihilismus v. a. in den 60er Jahren des 19. Jh. großen Einfluß.

Tschernyschowberge [russ. tʃɪrnɨ-'ʃɔf], etwa 300 km langer Höhenzug im NO des europ. Teils der UdSSR, beiderseits des Polarkreises; bis 226 m hoch.

Tscherokesen, eindeutschende Bez. für †Cherokee.

Tscherskigebirge, Gebirge in Transbaikalien, erstreckt sich etwa 800 km lang zw. Jablonowy- und Daur. Gebirge, bis über 1 600 m hoch.

T., Gebirge in NO-Sibirien, erstreckt sich etwa 1 300 km lang südl. der Jana-Indigirka-Tiefebene, bis 3 147 m hoch.

Tschertomlyk [russ. tʃɪrtam'lɨk], einer der größten skyth. Kurgane, in der Ukrain. SSR, UdSSR, 22 km nw. von Nikopol. 1859-63 erforschte Grabstätte eines skyth. Fürstenpaares aus dem 4. Jh. v. Chr.

Tscherwenkow, Walko, *Slatiza (Verw.-Geb. Sofia) 6. Sept. 1900, †Sofia 21. Okt. 1980, bulgar. kommunist. Politiker. - 1929-44 in der Sowjetunion; 1949-54 Generalsekretär des ZK der BKP, 1950-56 Vors. des Min.rats; 1956 im Zuge der Entstalinisierung scharf kritisiert, danach stellv. Vors. des Min.rats und weiterhin Mgl. des Politbüros; 1961 aller Ämter enthoben; 1962-71 aus der BKP ausgeschlossen.

Tscherwonez [russ. tʃɪr'vɔnɪts], russ. Bez. für Goldmünzen: 1. im Inland umlaufende Goldmünzen fremder Prägung und deren landeseigene Nachprägungen (etwa 1730-1867); 2. 1834-41 und 1868-85 geprägte Goldstücke zu 3 Rubel; 3. der sowjet. Nachfolger des Imperial, geprägt 1923 und seit 1975, samt gleichwertigen Geldscheinen.

Tschetniks †Četnici.

Tschetsche †Orientteppiche (Übersicht).

Tschetschenen, Volk im nördl. Kaukasien, v. a. in der ASSR der Tschetschenen und Inguschen sowie in der Dagestan. ASSR; urspr. Viehzüchter. Ende des 17. Jh. nahmen die T. den Islam an. Ihre Sprache gehört

zur östl. Gruppe der ↑kaukasischen Sprachen.
Tschetschenen und Inguschen, ASSR der, autonome Sowjetrepublik innerhalb der RSFSR, im Großen Kaukasus und seinem nördl. Vorland, 19 300 km², 1,21 Mill. E (1985), Hauptstadt Grosny. Angebaut werden Getreide, Zuckerrüben, Sonnenblumen, Futterpflanzen, in der Niederung des Terek Obst, Gemüse und Wein; Seidenraupenzucht; Erdöl- und Erdgasförderung. - 1934 wurden die autonomen Gebiete der Inguschen (gegr. 1924) und Tschetschenen (gegr. 1922) vereinigt, 1936 wurde das Gebiet in eine ASSR umgebildet; 1944 aufgelöst, 1957 neu gebildet.
Tschiang Kai-schek ↑Chiang Kai-shek.
Tschiang Tsching-Kuo ↑Chiang Ching-kuo.
Tschiba, jap. Stadt auf Hondo, an der Bucht von Tokio, 788 900 E. Verwaltungssitz der Präfektur T.; mehrere Forschungsinst.; petrochem. Ind., Erdölraffinerien, ferner Metallverarbeitung, Aluminiumhütte.
Tschibuk [türk.], lange türk. Tabakspfeife aus Ton.
Tschichold, Jan, * Leipzig 2. April 1902, † Berzona (Tessin) 11. Aug. 1974, dt. Buchkünstler. - Verarbeitete Anregungen dadaist. und konstruktivist. Kunst für eine klare Typographie; schuf v. a. serifenlose Schriften, u. a. „Sabon". Emigrierte 1933 in die Schweiz, 1946–49 nach Großbrit. (Neugestaltung der „Penguin Books").
Tschikamatsu Monsaemon, eigtl. Sugimori Nobumori, * in der Präfektur Fukui 1653, † Osaka 22. Nov. 1724, jap. Dichter. - Aus einer Samuraifamilie. Meister des Puppenspiels (Dschoruri); schuf rd. 160 romant.-histor. und bürgerl. Schauspiele, u. a. die Liebestragödie „Der Tod als Herzenskünder zu Sonezaki" (Uraufführung 1703).
Tschimkent [russ. tʃimˈkjɛnt], sowjet. Geb.hauptstadt im S der Kasach. SSR, 512 m ü. d. M., 369 000 E. Chem.-techn. Hochschule; Theater. Zentrum des Baumwollanbaugebietes am Arys; Bleierzverhüttung, Autoreifen-, chem.-pharmazeut. Fabrik, Erdölraffinerie; Bahnstation an der Turksib; ⚒. - War bis zur Einnahme durch russ. Truppen (1864) ein bed. Karawanenzentrum; seit 1932 Aufbau großer Kombinate.
Tschin [russ. „Rang, Dienstgrad"], die 14 Rangstufen im Hof-, Militär- und Zivildienst, die Peter I., d. Gr., 1722 einführte; galt mit Änderungen bis 1917.
Tschingis Khan [ˈkaːn] ↑Dschingis-Khan.
Tschistka [russ. „Säuberung"], in der Sowjetunion Bez. für die Entfernung (oft auch Ermordung) polit. Gegner aus ihren Positionen in Staat, Partei und anderen Organisationen. Bis 1933 beschloß das ZK der KPdSU jeweils in Krisenlagen die T. gegen bestimmte Zielgruppen: 1921 gegen kleinbürgerl. Gruppen (30% der Partei-Mgl. entfernt), 1929 gegen „kapitalist. Elemente" (11,5% entfernt); 1929–31 T. des Sowjetapparats (von 2 Mill. Überprüften 10% entfernt). Dagegen war die „Große T." (1935–39) nach der Ermordung S. M. Kirows Ende 1934 eine ohne Parteibeschluß unter Kriminalisierung der Abweichung von der Parteilinie vom stalinist. Apparat zur Errichtung von Stalins Alleinherrschaft durchgeführte Massenliquidierung. Ihre Opfer wurden nach Schauprozessen alle prominenten innerparteil. Gegner Stalins (Sinowjew, Kamenew, Radek, Bucharin, Rykow u. a.), die Masse der Altbolschewiki und rd. 25% der höheren Offiziere. Die T. wurde 1939 vom XVIII. Parteitag abgeschafft.
Tschita, sowjet. Geb.hauptstadt in Transbaikalien, RSFSR, 683 m ü. d. M., 336 000 E. Medizin. Hochschule, PH, Heimatmuseum, Theater; Braunkohlenbergbau, Maschinenbau, Eisenbahnausbesserungswerk, Bahnstation an der Transsib. - Seit 1653 als Siedlung bekannt (Kosakendorf); 1706 als Tschitinsk belegt, Bau einer Kosakenbefestigung; ab 1851 Mittelpunkt des Gebiets östl. des Baikalsees.
Tschitraka [Hindi] (Tilaka), im Hinduismus tägl. erneuertes Sektenzeichen aus Strichen und Punkten auf dem Körper oder auf der Stirn; auch der von m. Frauen auf der Stirn getragene Schönheitspunkt.
Tschitschenboden, Karstgebiet am NO-Rand der Halbinsel Istrien, im Planik 1 273 m hoch; Weidewirtschaft.
Tschitscherin, Georgi Wassiljewitsch, * auf dem Gut Karaul (Gouv. Tambow) 24. Nov. 1872 (offizielles, infolge einer falschen Eintragung entstandenes Geburtsdatum: 2. Dez.), † Moskau 7. Juli 1936, sowjet. Politiker. - 1905 in der Emigration Anschluß an die russ. Sozialdemokratie; Unterzeichner des Vertrags von Brest-Litowsk, Nachfolger Trotzkis als Volkskommissar des Äußeren 1918–30, u. a. maßgebl. beteiligt am Zustandekommen des Rapallovertrags 1922 (↑Rapallo).
Tschiżewskij, Dmitrij [tʃiˈʒɛfski], * Alexandrija 5. April 1894, † Heidelberg 18. April 1977, Slawist ukrain. Herkunft. - Emigrierte nach der Oktoberrevolution 1921; Prof. u. a. in Prag, ab 1949 in Cambridge (Mass.) und ab 1956 in Heidelberg (zeitweise gleichzeitig in Köln); verfaßte grundlegende Untersuchungen v. a. zur ukrain., russ. und tschech. Literatur- und Geistesgeschichte.
Tschogha Sanbil [pers. tʃoˈɣaːzæmˈbiːl] (Choga Sambil, Zanbil Zenbil), Ruinenstätte der Mitte des 13. Jh. gegr., 645 v. Chr. zerstörten und aufgegebenen stadt. Stadt *Dur-Untasch* in S-Iran, 25 km sö. von Susa; frz. Ausgrabungen (1936–62) legten eine Zikkurrat (heute noch 25 m hoch) frei, die im Ggs. zu babylon. Tempeltürmen in „Schalen" gemauert (um die massiv hochgemauerte ober-

Tschoibalsan

ste Terrasse wurden die niedrigeren Terrassen jeweils von der Basis aus erbaut) und durch innere Treppenhäuser zugänglich waren und einen Hochtempel trugen. Zahlr. Siegel aus Glas; Palastfundamente.

Tschoibalsan, Korlin, * Bajan-Tjumen (= Tschoibalsan) 8. Febr. 1895, † Moskau 26. Jan. 1952, mongol. Marschall (seit 1936) und Politiker. - Mitbegr. der Mongol. Revolutionären Volkspartei; 1924-52 Min.präs., 1924-30 Staatsoberhaupt der Mongol. VR.

Tschokeberge, Teil des Abessin. Hochlandes, bis 4 154 m ü. d. M. hoch.

Tschokwe, Bantustamm in NO-Angola und SW-Zaïre; treiben Feldbau in der Savanne (Hirse, Maniok), Jagd und Viehhaltung.

Tscholareich (Cholareich), südind. Reich des Herrscherhauses Tschola, das seit dem 9. Jh. in Tamil Nadu (Zentrum Uraiyur [= Tiruchapalli]) die Vormacht gewann. Unter Radscharadscha I. (⚭ 985-1012) und Radschendra I. (⚭ 1012-42) breitete sich das T. bis nach Ceylon und Birma aus; Ende des 14. Jh. starb die Dyn. aus.

Tschombé, Moïse Kapenda ['tʃɔmbe, tʃɔm'beː, frz. tʃɔm'be], * Musumba (Shaba) 10. Nov. 1919, † Algier 29. Juni 1969, kongoles. Politiker. - 1951-53 Mgl. des Provinzialrats von Katanga; gründete 1959 die Conakat-Partei für Katanga, das er nach der Unabhängigkeitserklärung für Kongo 1960 für selbständig erklärte und als Präs. bis 1963 leitete; soll als entschiedener Gegner P. E. Lumumbas an dessen Ermordung beteiligt gewesen sein; nach dem militär. Eingreifen der UN in die Kongokrise zugunsten der Zentralreg. 1963 Flucht und Exil in Spanien, von wo er 1964 nach Kongo zurückkehrte; 1964/65 als Min.präs. an der Spitze der kongoles. Zentralreg., setzte gegen die Selbständigkeitsbestrebungen in den O-Prov. weiße Söldnertruppen ein; ging, von Staatspräs. J. Kasawubu entlassen, 1965 erneut ins span. Exil; in Abwesenheit 1967 zum Tode verurteilt; kurz darauf nach Algerien entführt, wo er in der Haft starb.

Tschorten [tibet. „Kultschrein"], tibet. Form des Stupas.

Tschoschabucht, Teil der Barentssee östl. der sowjet. Halbinsel Kanin.

Tschou En-lai † Chou En-lai.

Tschu, Fluß in der Kirgis. und Kasach. SSR, entsteht westl. des Issykkul im Tienschan (2 Quellflüsse), bildet zw. Kirgis. Alatau und Kungei-Alatau eine 30 km lange, bis 1 500 m tiefe Schlucht, ergießt sich zw. Mujunkum (im S) und Hungersteppe (im N), 1 067 km lang.

Tschuangtse † Chuang Tzu.

Tschuchrai, Grigori Naumowitsch [russ. tʃu'xraj], * Melitopol 23. Mai 1921, sowjet. Filmregisseur. - Sein 1. Werk „Der Einundvierzigste"/„Der letzte Schuß" (1956) bedeutete für den sowjet. Film die Wiederentdeckung der Liebe in ihrer individuellen Dimension und brachte das Eingeständnis, daß individuelles Engagement und gesellschaftl. Pflicht keineswegs ident. zu sein brauchen. Seine weiteren Filme richten sich gegen den Krieg („Ballade vom Soldaten", 1959) und Stalins Schreckensherrschaft („Klarer Himmel", 1961).

Tschudi, Aegidius (Gilg), * Glarus 5. Febr. 1505, † ebd. 28. Febr. 1572, schweizer. Staatsmann und Historiker. - Führer der kath. Glarner; wollte als Landammann die Rekatholisierung von Glarus erzwingen (*Tschudikrieg*, 1560-64). T. versuchte als erster, die Schweizer Geschichte auf der Grundlage der Chroniken und Urkunden zu schreiben.

T., Hans-Peter, * Basel 22. Okt. 1913, schweizer. Jurist und Politiker (Sozialdemokrat). - Prof. in Basel 1952-59 und seit 1974 (seitdem zugleich in Bern); 1956-59 Ständerat; leitete als Bundesrat 1959-73 das Eidgenöss. Departement des Inneren; 1965 und 1970 Bundespräsident; seit 1974 Mgl. des Internat. Komitees vom Roten Kreuz.

Tschuikow, Wassili Iwanowitsch [russ. tʃuj'kɔf], * Serebrjanyje Prudy (Geb. Moskau) 12. Febr. 1900, † Moskau 18. März 1982, sowjet. Marschall (seit 1955). - Armeekommandeur im Finn.-Sowjet. Winterkrieg, 1940-42 Militärattaché in China, Armeekommandeur im 2. Weltkrieg; 1949-53 Oberbefehlshaber der sowjet. Streitkräfte in Deutschland, zugleich Chef der sowjet. Kontrollkommission in der DDR; 1960-64 stellv. Verteidigungsmin. der Sowjetunion, 1964-72 Chef der Zivilverteidigung, seit 1972 Generalinspekteur im Verteidigungsministerium; Mgl. des ZK der KPdSU seit 1961.

Tschukowski, Kornei Iwanowitsch, eigtl. Nikolai Wassiljewitsch Korneitschukow, * Petersburg 31. März 1882, † Moskau 28. Okt. 1969, russ.-sowjet. Kinderbuchautor, Literarhistoriker und Übersetzer. - Widmete sich der Erforschung der Kindersprache; seine Versmärchen, u. a. „Wasch dich rein" (1923), „Die Fliege Sisesum" (1924), „Die gestohlene Sonne" (1934), verbinden Phantastik und Humor mit unaufdringl. Belehrung.

Tschuktschen, zu den Paläosibiriern gehörendes Volk in NO-Sibirien, in 2 Gruppen unterteilt: Die Renzüchter sind Nomaden, die seßhaften Küstenbewohner leben von der Jagd auf Meeressäugetiere und Fischfang.

Tschuktschen, Nationaler Kreis der, sowjet. nat. Kreis innerhalb des Geb. Magadan, RSFSR, umfaßt die Tschuktschenhalbinsel und das westl. angrenzende Geb. bis zum Omolen, 737 700 km², 152 000 E. (1985), Hauptstadt Anadyr. Das Tschukotkenbergsland mit extrem kontinentalem Klima. Erwerbsgrundlagen sind Renzucht, Pelztierfang, Fischerei und Bergbau. - Gegr. 1930.

Tschuktschengebirge (Anadyrgebirge), Gebirgssystem in NO-Sibirien, erstreckt

sich zw. Tschaun- und Koljutschinbucht.
Tschuktschenhalbinsel, nordostsibir. gebirgige Halbinsel zw. Tschuktschensee, Beringstraße und Anadyrgolf (Beringmeer) mit der NO-Spitze des asiat. Festlands; bis 1 158 m ü. d. M.; Goldvorkommen.
Tschuktschensee, Randmeer des Nordpolarmeeres, zw. der Tschuktschenhalbinsel (UdSSR) und Alaska (USA).
Tschulym [russ. tʃu'lɨm], rechter Nebenfluß des Ob, entspringt im Kusnezker Alatau (2 Quellflüsse), mündet 150 km nw. von Tomsk, 1 799 km lang.
Tschungking (Chongqing) [chin. tʃʊŋtɕɪŋ], chin. Stadt an der Mündung des Kialingkiang in den Jangtsekiang, 230 m ü. d. M., 2,6 Mill. E. Univ., 5 Fachhochschulen, bodenkundl. Forschungsstelle der Chin. Akad. der Wiss., Forschungsinst. für Zitrusfrüchteanbau, städt. Museum. Eisen- und Stahlind., Metallverarbeitung (u. a. Kfz.bau), chem., Zement- u. a. Ind., Erdölraffinerie. Größter Binnenhafen SW-Chinas. - Vermutl. zu Beginn der Chouzeit gegr.; 1876 zum Vertragshafen erklärt; 1937/38–1946 Sitz der Nationalregierung Chinas.
Tschu Te ↑ Chu Te.
Tschuwaschen, Turkvolk in der ASSR der T., Tatar. ASSR, Baschkir. ASSR, in den Geb. Kuibyschew und Uljanowsk sowie in Sibirien. Traditionelle Tätigkeiten sind Ackerbau, Viehzucht und Fischerei. - Die T. siedelten urspr. zw. der Wolga und ihren rechten Nebenflüssen Sura und Swijaga; nach dem Mongolensturm im 13. Jh. gehörten sie zum Reich der Goldenen Horde, dann zum Khanat Kasan; 1552 Anschluß an Rußland.
Tschuwaschen, ASSR der, autonome Sowjetrepublik innerhalb der RSFSR, an der mittleren Wolga, 18 300 km², 1,316 Mill. E (1985) Hauptstadt Tscheboxary. Die von den Ausläufern des Bergufers der Wolga gebildete Plateaulandschaft dacht sich zur Wolga hin ab. Es herrscht gemäßigtes Kontinentalklima. Anbau von Getreide, Hanf, Kartoffeln, Hopfen und Machorka. Bodenschätze sind Torf und Phosphorit, Hauptind.zweige Maschinenbau, holzverarbeitende, Nahrungsmittel- und chem. Ind. - 1920 wurde das Autonome Geb. der Tschuwaschen geschaffen, das 1925 in die ASSR d. T. umgewandelt wurde.
Tsedenbal, mongol. Politiker, ↑ Zedenbal.
Tsepo (Zibo) [chin. dzibɔ], chin. Stadt in der Prov. Schantung, 2,19 Mill. E. Bed. Zentrum des Kohlenbergbaus. - Das Stadtgebiet entstand 1954 durch Zusammenschluß des Bergbauzentrums T. mit Changtien.
Tsetsefliegen [Bantu/dt.] (Glossina), Gatt. etwa 1 cm langer Echter Fliegen mit rd. 25 Arten im trop. Afrika; blutsaugende Insekten, die durch ihren Stich Krankheiten übertragen (↑ Schlafkrankheit, ↑ Nagana). - Abb. S. 260.

Tsetserlig, Stadt auf der NO-Abdachung des Changaigebirges, Mongol. VR, 1 700 m ü. d. M., 14 700 E. Verwaltungssitz des Verw.-Geb. Ara Changai; Theater; pharmazeut., Nahrungsmittel-, Textilind. - Entstand aus einer Klostersiedlung.
Tsimshian [engl. 'tʃɪmʃɪən], bed. indian. Sprach- und Kulturgruppe der NW-Küste Nordamerikas, besteht aus den eigtl. T., Gitksan und Niska. Die T. sind v. a. Fischer und Seesäugerjäger, die Niska und Gitksan betreiben daneben Jagd. Vor ihren Holzplankenhäusern mit bemalten Giebeln stehen Totempfähle; Doppelprofildarstellungen in der Kunst.
Tsinan (Jinan) [chin. dzinan], Hauptstadt der chin. Provinz Schantung, nahe dem unteren Hwangho, 1,3 Mill. E. Fachhochschulen für Maschinenbau, Medizin und Landw.; Tabakforschungsinst.; Prov.museum. Neben der alteingesessenen Textil- und Nahrungsmittelind. besitzt T. Eisen- und Stahlind., metallverarbeitende und chem. Ind.; Bahnknotenpunkt, Binnenhafen, ✈. - Seit der Mingzeit Hauptstadt der Prov. Schantung.
Tsinghai (Qinghai) [chin. tɕɪŋxaj], chin. Prov. im NO des Hochlandes von Tibet, 721 000 km², 3,9 Mill. E (1982), Hauptstadt Sining. T. gliedert sich in mehrere Landschaftseinheiten: zw. Nanschan und Bayankaraschan erstreckt sich das im Mittel 4 000 m ü. d. M. gelegene Hochland von T.; in dessen nördl. Teil liegen das Tsaidambecken und das des Koko Nor. Südl. des Bayankaraschan, der Wasserscheide zw. den Quellgebieten von Hwangho und Jangtsekiang, hat T. noch Anteil an den osttibet. Randketten. Eigenständige Landschaftsräume sind die Täler von Siningho und Hwangho im Raum von Sining; hier lebt der Großteil der Bev. Nur die Talzüge weisen gegenüber dem Hochland mit seinen langen, strengen Wintern und kurzen, kühlen Sommern ein gemildertes Klima auf; daher kann in den Tälern Bewässerungslandw. betrieben werden, während die Steppen des Hochlandes als Weidegebiet von Hirtennomaden genutzt werden. Im Tsaidambecken wird heute mit Hilfe der Bewässerung Anbau betrieben. Im Tsaidambecken werden Erdöl und Erdgas gefördert; daneben gibt es Vorkommen von Kohle, Eisen- und Buntmetallerzen sowie von Salz. Von Sining führt eine Bahnstrecke weiter nach Haiyen; die Hauptstadt ist Ausgangspunkt der Straße nach Lhasa und ins Tarimbecken.
Tsingtau (Qingdao) [chin. 'tɕɪŋdaʊ], chin. Hafenstadt am Eingang zur Kiautschoubucht, 1,2 Mill. E. Medizin. Fachhochschule, ozeanograph. und Fischereiforschungsinst., Observatorium, ozeanograph. Museum, Museum für Meeresbiologie und Limnologie; einer der besten Naturhäfen Chinas, größter Handelshafen der Prov. Schantung mit zahlr. Ind.betrieben; Bade- und Kurort. Endpunkt

Tsinlingschan

Tsetsefliege

der Eisenbahnlinie von Tsinan. - Bis zu seiner Befestigung 1891 ein unbed. Fischerdorf; kam 1897 in dt. Hand; 1898 auf 99 Jahre an das Dt. Reich verpachtet; 1914 von Japanern besetzt, 1922 an China zurückgegeben.

Tsinlingschan (Qinlingshanmai [chin. tɕɪŋlɪŋʃanmai]), rd. 550 km langer Gebirgszug in den chin. Prov. Schensi und Honan, erstreckt sich zw. dem Tal des Weiho im N und dem Hankiangtal im S, bis 4 107 m hoch. Der T. bildet die Klimascheide zw. dem subtrop.-feuchten Monsunklima im S und den winterkalten, trockeneren Gebieten im N Chinas, außerdem Wasserscheide zw. Weiho und Hankiang bzw. Hwangho und Jangtsekiang.

Tsiranana, Philibert [madagass. tsi-'ranənə], * Anahidrano (Madagaskar) 18. Okt. 1912, † Antananarivo 16. April 1978, madagass. Politiker. - Gründete 1956 die Parti Social Démocrate, wurde deren Generalsekretär; ab 1958 madagass. Reg.chef; ab 1960 zugleich Staatspräs. der unabhängigen Republik Madagaskar; 1972 durch das Militär entmachtet.

Tsitsikar (Qiqihaer) [chin. tɕitɕixaʌr], chin. Stadt am Nunkiang, 1,19 Mill. E. Neben der traditionellen Papier- und Nahrungsmittelind. v. a. Schwermaschinenbau.

Tsonga (Shagaan), Bantuvolk in Moçambique, Swasiland und in der Republik Südafrika (im Heimatland † Gazankulu).

Tsu, jap. Stadt auf Hondo, an der W-Küste der Isebucht, 150 700 E. Verwaltungssitz der Präfektur Mie; Univ. (gegr. 1949); Textilind., Holzverarbeitung, Werft. - Schon im Altertum Hafen, seit dem MA auch Wegstation; Ende des 16. Jh. Burgbau, 1600 zerstört, danach wiederaufgebaut; seit 1873 Hauptstadt der Präfektur Mie. - Schitennodschi-Tempel (1615 erneuert).

Tsuba [jap.], zum Schutz der Hand am jap. Schwert angebrachtes Stichblatt; reich verziert.

Tsuga [jap.], svw. † Hemlocktanne.

Tsugarustraße, Meeresstraße zw. den jap. Inseln Hondo und Hokkaido, an der schmalsten Stelle 20 km breit.

Tsukijomi, Mondgott des Schintoismus.

Tsukuba, jap. Stadt (New Town) und Wissenschaftszentrum auf Hondo, 60 km nö. von Tokio, 145 000 E. Auf einem 2 700 ha gro-

ßen Gelände wurden bisher 2 Univ., 51 staatl. und private Forschungsinstitute sowie mehrere Elektronikunternehmen errichtet. In T. fand 1985 die Weltausstellung statt.

Tsumeb, Bergbaustadt nw. von Grootfontein, Namibia, 1 279 m ü. d. M., 12 000 E. Abbau von Kupfer-Blei-Zink-Erzen; Eisenbahn zur Atlantikküste. Nahebei die Ionosphärenstation des Max-Planck-Inst. für Aeronomie.

Tsunami [jap.] (seismische Woge), plötzl. auftretende, durch Bewegungen des Meeresbodens hervorgerufene Meereswelle im Pazifik; oft verheerende Wirkungen an den Küsten.

Tsuschima, jap. Inselgruppe in der Koreastraße, 698 km^2, Hauptort und wichtigster Hafen ist Isuhara (20 000 E). - Der jap. Sieg in der Seeschlacht von T. am 27. Mai 1905 entschied den Russ.-Jap. Krieg.

Tsuschimastrom, warme Meeresströmung entlang der Küsten von Hondo und Hokkaido bis zur S-Spitze von Sachalin.

Tsusumi [jap.], zweifellige jap. Trommel in Sanduhrform.

Tswana (Betschuana, Tschwana), Bantuvolk in Botswana, in der Republik Südafrika und in Namibia, etwa 2,4 Mill. T. in rd. 70 Stämmen.

TTL (T^{2}L) [Abk. für: Transistor-Transistor-Logik], in der Mikroelektronik Bez. für eine Schaltkreistechnik zur Realisierung von Schaltelementen, Logikelementen (Gattern) und log. Netzen in integrierten Schaltungen, bei der zur log. Verknüpfung und zur Verstärkung der Signale nur Transistoren verwendet werden. Mit TTL-Gattern können Schaltzeiten unter 10 ns erreicht werden.

TTL-Messung [Abk. für: engl. through the lens], in der Photographie die Belichtungsmessung durch das Objektiv der Kamera.

Tuamotuinseln, zu Frz.-Polynesien gehörende Inselgruppe im Pazifik, erstreckt sich in NW-SO-Richtung über rd. 1 500 km östl. der Gesellschaftsinseln; 915 km^2. Etwa 30 Atolle im SO sind unbewohnt (z. T. frz. Atombombenversuchsgelände). - Die erste der T. wurde 1521 entdeckt, die Entdeckung der meisten übrigen Atolle, u. a. Rangirova (etwa 600 E), erfolgte im 17./18. Jh.; 1947 erreichte T. Heyerdahl mit seinem Floß Kon-Tiki das Atoll Raroia.

Tuareg [tu'a:rɛk; 'tu:arɛk, tua'rɛk] (Einz. Targi; Eigenbez. Imuschag), Volk in den Gebirgen der zentralen Sahara und im südl. anschließenden Sudan (Algerien, Niger, Mali). Nur die nördl. T. sind reine Wüstenbewohner, alle anderen (über 90 %) leben in der Savanne. Ausgeprägtes Kastensystem: die Adligen, urspr. reine Krieger mit nomad. Lebensweise, die tributpflichtigen Vasallen, die deren Herden weiden, aber auch eigene Herden besitzen und heute oft reicher sind als die Adligen, und die geistl. Führer; alle sind berber. oder arab. Ursprungs (großwüchsig, relativ helle Hautfarbe). Die Angehörigen der untergeordneten Kasten sind meist negroid; dazu gehören die früheren Leibeigenen, die in pachtähnl. Verhältnis die Oasengärten und Dattelpalmenhaine der Adligen bewirtschaften und im S die Landarbeiter stellen sowie die verachteten Schmiede und Lederarbeiter. Die T. sind Muslime, haben aber ältere Glaubensvorstellungen und das Mutterrecht bewahrt und leben in Monogamie. Typ. für die Männer ist der Baumwollschleier, der so um Kopf und Gesicht gewickelt wird, daß nur die Augen frei bleiben. Die T. sprechen Tamaschek, eine Berbersprache. Sie führen ihre Abstammung auf die Königin Ti-N-Hiane zurück, deren Grab in Abelessa, einer Oase nw. von Tamanrasset, verehrt wird.

◫ *Bancaud, H./Bourgeot, A.: Die T. Volk aus der Wüste.* Dt. Übers. Mchn. *1984.* - *Keenan, J.: The T. People of Ahaggar.* New York *1978.* - *Stühler, H. J.: Soziale Schichtung u. gesellschaftl. Wandel bei den Ajjer-Twareg in Südostalgerien.* Wsb. *1978.*

Tuatera [polynes.] (Tuatara, Brückenechse, Sphenodon punctatus), einzige rezente, bis etwa 60 cm lange Art der ↑ Brückenechsen auf einigen kleinen, N-Neuseeland vorgelagerten Inseln; Körper olivbräunl., dicht hellgrau gefleckt, mit Nacken- und Rückenkamm aus flachen Dornen; bewohnt zus. mit Sturmvögeln deren Bruthöhlen; dämmerungs- und nachtaktives Tier mit einem für Reptilien ungewöhnl. niedrigen Wärmebedarf (größte Aktivität bei nur 10-14 °C); lebt räuber. von Insekten, Würmern und Schnecken. Die Jungen schlüpfen erst nach 12-15 Monaten aus den Eiern, haben also die längste Entwicklungsdauer von allen Reptilien. Sie werden vermutl. erst mit etwa 20 Jahren geschlechtsreif.

Tuba [lat.], in der *Musik* 1. bei den Römern die der griech. ↑ Salpinx entsprechende gerade Heerestrompete; 2. zur Fam. der Bügelhörner gehörendes Blechblasinstrument in Baßlage, von weiter Mensur, mit drei bis fünf Ventilen; es wurde in längl. gewundener Form seit 1830 in verschiedenen Größen gebaut und löste die ↑ Ophikleide ab; die wenig ausladene Stürze steht in Spielhaltung nach oben. Folgende Größen werden gebaut: *Baß-T.* (Orchester-T.) in F (Umfang Des$_1$ – f^1[a^1]), Baß-T. in Es (in der Blasmusik verwendet), *Doppel-T.* (Verbindung von Baß- und Kontrabaß-T.) in F/C und F/B, *Kontrabaß-T.* in C oder B. Zu den Tuben rechnen auch Bariton, Helikon, Sousaphon, Kaiserbaß und Wagnertuba; 3. Zungenregister der Orgel zu 16-, 8- und 4-Fuß, auch 32-Fuß im Pedal.

◆ in der Psalmodie der Rezitationston (↑ Psalmtöne); heute als ↑ Tenor bezeichnet.

Tubarabort (Tubenabort) [lat.] ↑ Eileiterschwangerschaft.

Tubargravidität [lat.], svw. ↑ Eileiterschwangerschaft.
Tubawurzeln [Tagalog/dt.] ↑ Derris.
Tübbing [niederdt.] ↑ Grubenausbau.
Tube [lat.], meist aus dünnem Aluminiumblech gefertigter zylinderförmiger Behälter für pastenartige Stoffe.
◆ (Tuba) in der *Anatomie* Bez. für den trichterförmigen menschl. ↑ Eileiter und die Eustachi-Röhre (Ohrtrompete).
Tubenabort, svw. Tubarabort (↑ Eileiterschwangerschaft).
Tubenkatarrh, Entzündung der knorpelig-häutigen Verbindung zw. Nasenrachenraum und Mittelohr; es besteht ein dumpfes Druckgefühl über beiden Ohren und eine Schalleitungsschwerhörigkeit. Behandlung mit Wärmestrahlung und Nasentropfen zur Abschwellung.
Tubenruptur, Zerreißung des Eileiters bei ↑ Eileiterschwangerschaft mit äußerem Fruchtkapselaufbruch zur freien Bauchhöhle hin.
Tubensterilisation (Tubarsterilisation), operative Unterbrechung der Eileiterdurchgängigkeit zur Unfruchtbarmachung.
Tuber [lat.], in der *Anatomie:* Höcker, Vorsprung, Anschwellung, v. a. an einem Knochen.
Tuberales [lat.], svw. ↑ Trüffelpilze.
Tuberculosis luposa [lat.], svw. Lupus vulgaris (↑ Hauttuberkulose).
Tuberculum [lat.], in der *Anatomie:* Knötchen, Höckerchen an Knochen oder Organen.
◆ in der *Medizin:* krankhafte knötchenartige Hautgeschwulst (↑ Tuberkel).
Tuberkel [lat.], Tuberkelbakterien enthaltende, knötchenförmige Geschwulst (Granulom) als örtl. Reaktion des infizierten Gewebes (↑ Tuberkulose).
Tuberkelbakterium [lat./griech.] (Tuberkelbazillus), gemeinsprachl. Bez. für das *Mycobacterium tuberculosis* (var. hominis und var. bovis); Erreger der menschl. Tuberkulose und der Rindertuberkulose, ein unbewegl. Stäbchen von 3 × 0,4 µm. Das T. ist leicht kultivierbar. Nur Stämme, deren Zellwand den sog. *Kordfaktor* (kenntl. an der zopfartig gewundenen Zusammenlagerung mehrerer Bakterien) enthält, sind virulent. - Das T. wurde 1882 von R. Koch entdeckt und isoliert.
Tuberkulid [lat.], svw. ↑ Hauttuberkulose.
Tuberkulin [lat.], aus gelösten Zerfallsprodukten von Tuberkelbakterien bestehendes Allergen; dient als Testsubstanz in der Tuberkulosediagnostik (↑ Tuberkulinreaktion).
Tuberkulinprobe, die einer Schutzimpfung mit ↑ BCG vorangehende Tuberkulindiagnostik.
Tuberkulinreaktion, allg. und bes. lokale allerg. Reaktion des Organismus nach

tuberkulös

der Applikation von Tuberkulin auf bzw. in die Haut (Moro-Probe, Moro-Reaktion); leichte Temperaturerhöhung, Rötung, Infiltratbildung; weisen auf einen bestehenden oder überstandenen tuberkulösen Prozeß bzw. eine erfolgreiche Tuberkuloseschutzimpfung hin.

tuberkulös [lat.], die Tuberkulose betreffend, mit ihr zusammenhängend.

Tuberkulose [zu lat. tuberculum „kleiner Höcker, kleine Geschwulst"], Abk. Tb, Tbc, Tbk, in der Regel zykl.-chron. verlaufende, durch das Vorhandensein von ↑Tuberkeln gekennzeichnete, meldepflichtige Infektionskrankheit, hervorgerufen durch das Tuberkelbakterium (Mycobacterium tuberculosis). Die Übertragung der T. erfolgt meist durch Tröpfcheninfektion, seltener durch Staubinhalation (Erstinfektionen *[Primär-T.]* insgesamt zu 90% im Bereich der Atemwege). Die *Rinder-T.* wird durch die Nahrung, bes. über Milch und Milchprodukte, übertragen. Die Anzahl der manifesten T.fälle liegt bei rd. 1% der Infizierten. Durch Resistenzminderung begünstigend wirken u. a. Mangelernährung, Alkoholmißbrauch, Staublunge, Diabetes mellitus, schwere Infektionen und konsumierende Erkrankungen (z. B. Leukosen). Die Widerstandskraft erhöht sich durch den Kontakt mit dem Erreger im Sinne einer erworbenen Resistenz, so daß die Erstinfektion meist zu einer Eindämmung der wenigen überlebenden Erreger führt. Die erworbene T.immunität schützt außerdem weitgehend gegen neue Aufpfropfinfektionen (Superinfektionen). Schließl. wird der Verlauf einer T. auch noch durch Überempfindlichkeitsreaktionen (Allergie gegen Erregergifte) beeinflußt. Die *Ausbreitung der T.* erfolgt je nach Organstruktur vom Erstherd aus durch schrittweises Vordringen innerhalb des gleichen Gewebes, durch Einbruch in Organkanäle (z. B. in den Bronchialbaum), durch Einbruch in die Lymphbahn oder durch Verschleppung mit dem Blut. Aus Kavernen in der Lunge kann tuberkulöses Material nicht nur in die Bronchien, sondern auch in den Brustfellraum (tuberkulöse Rippenfellentzündung) gelangen. Die blutseitige (hämatogene) Verschleppung streut meist bes. weit, die lymphseitige (lymphatogene) Ausbreitung wird unter Lymphknotenbeteiligung in den Lymphknotenfiltern aufgehalten (**Lymphknotentuberkulose**). Eine spezielle Form der Lymphknoten-T. ist die **Darmtuberkulose**, meist im Bereich des unteren Dünndarms und aufsteigenden Dickdarms. Bei Kindern wird sie durch den Genuß von Milch tuberkulöser Kühe verursacht *(primäre Darm-T.)*, bei Erwachsenen ist sie meist Folge einer offenen Lungentuberkulose, bei der bazillenhaltiger Auswurf in die Mundhöhle gelangt und mit dem Speichel verschluckt wird *(sekundäre Darm-T.)*. Es bilden sich Tuberkel, die bis zur Oberfläche der Schleimhaut verkäsen. Nach Abstoßung des Käses bleibt ein kleines Geschwür zurück, das sich durch weitere Verkäsung flächenhaft ausbreitet. Die zunächst symptomat. unauffällige Erkrankung führt später zu Durchfällen, nach Mahlzeiten auftretenden kolikartigen Schmerzen und zu Gewichtsabnahme. Blutungen, Darmdurchbrüche, Abszeß- und Fistelbildungen können die Darmtuberkulose komplizieren.

Häufigster Sitz der Erkrankung ist die Lunge. Die **Lungentuberkulose** verläuft in der Regel chronisch. *Erstes Stadium (Primär-T.):* Erstinfektion erfolgt überwiegend durch Einatmung von bakterienhaltigem Staub oder bakterienhaltigen Hustentröpfchen. 5–6 Wochen nach dem ersten Kontakt entsteht eine Überempfindlichkeit gegen die Bakteriengifte, die Tuberkulinprobe wird positiv. In der Lunge kommt es meist im Oberlappen zu einer kleinen Einschmelzung oder einer tuberkulösen Verkäsung *(Primärherd)*. Von dort gelangen die Tuberkelbakterien mit der Lungenlymphe in die zugehörigen Hiluslymphknoten an der Lungenpforte, die ebenfalls käsig zerfallen. Die Kombination von Parenchym- und Lymphknotenherd ist der typ. Ausdruck der tuberkulösen Primärinfektion *(tuberkulöser Primärkomplex)*. Die tuberkulöse Primärinfektion verläuft häufig unbemerkt oder wird als Grippe verkannt. Es kommt u. a. zu uncharakterist. Unwohlsein mit leichtem Husten, Müdigkeit, Appetitlosigkeit, Kopf- und Brustschmerzen sowie geringem Temperaturanstieg. Wenn keine Komplikationen auftreten, vernarbt und verkalkt der Primärkomplex nach 2 Jahren. Oft bleiben die abgeriegelten Erreger jahrzehntelang lebensfähig. Andererseits ist auch eine echte biolog. Abheilung möglich. *Das zweite Stadium* der Lungen-T. (subprimäre Generalisationsphase), das u. U. lange Zeit nach der Primärinfektion auftritt, wird durch die Aussaat von Tuberkelbakterien geprägt. Die Bakterien gelangen von Gewebseinschmelzungen direkt oder auf dem Umweg über die Lymphe in die Blutbahn. Sie können sich wieder in der Lunge absiedeln, mit dem Blut aber auch in den Körper ausgeschwemmt werden. Dort entstehen durch die Gewebsreaktion die hirsegroßen, später auch im Röntgenbild sichtbaren Tuberkel (**Miliartuberkulose**). Die Krankheitserscheinungen sind hohes Fieber, Husten, Atemnot, Kopfschmerz, Erbrechen, Blausucht und Atembeschwerden. Am häufigsten sind neben der Lunge Leber und Milz befallen; klinisch werden die Miliar-T. der Lunge, die typhoide Form und die Meningitis tuberculose unterschieden. Manche Streuherde bleiben inaktiv und werden erst später Ausgangspunkt einer Organtuberkulose (in der Lunge, den Nieren, den Nebennieren, den Knochen und Gelenken). Beim *dritten Stadium (postprimäre Lungen-T.)* kommt es infol-

Tuberkulose

ge verminderter Abwehrkraft zum Wiederaufflammen alter, ruhender Tuberkuloseherde. Diese Reaktivierung der Lungentuberkulose geht meist von einem walnußgroßen, nach der früheren Aussaat zunächst inaktiven Herd unterhalb des Schlüsselbeins aus *(Frühinfiltrat)*. Die rechtzeitige Erkennung des Frühinfiltrats ist bes. wichtig, weil die Behandlungsaussichten in diesem „frühen Spätstadium" noch gut sind. Schmilzt das Lungengewebe erst ein und entsteht durch Entleerung eine Frühkaverne, so verläuft der Heilungsprozeß wesentl. langwieriger. Unter starkem Husten wird jetzt oft bröckeliger, manchmal auch blutiger Auswurf mit ansteckungsfähigen Erregern entleert (**offene Tuberkulose**). Die Lungenerkrankung kann auch jetzt noch auf

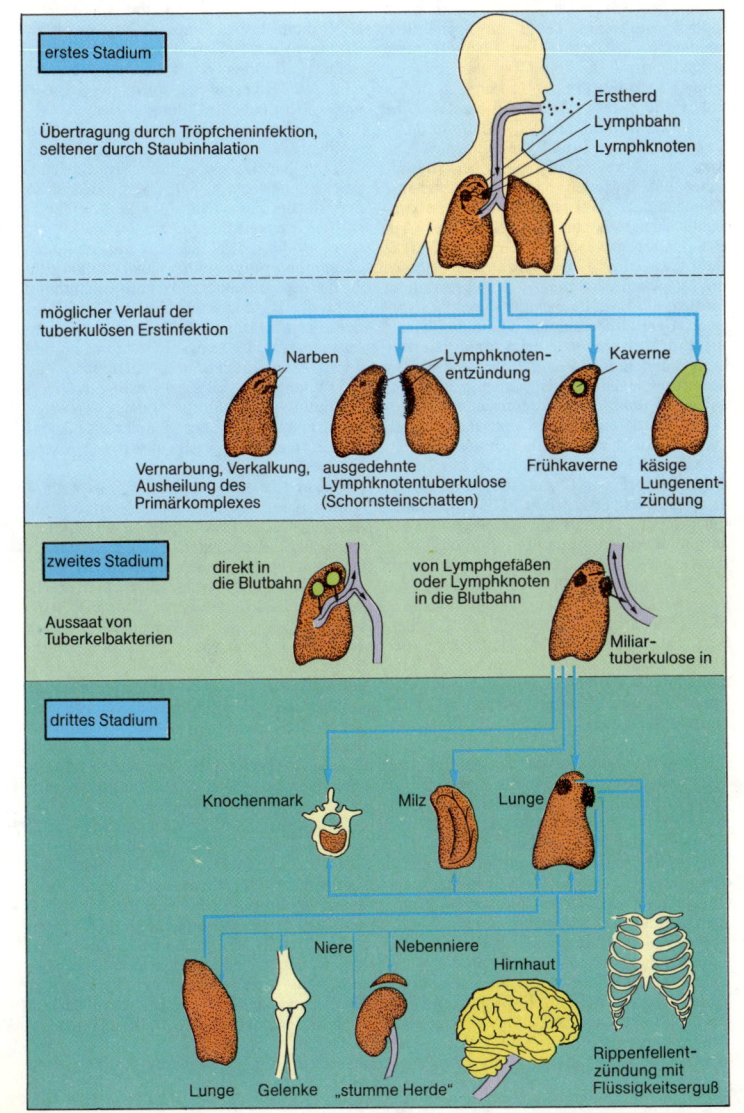

Tuberkulose. Schema des Krankheitsverlaufs

erstes Stadium

Übertragung durch Tröpfcheninfektion, seltener durch Staubinhalation

- Erstherd
- Lymphbahn
- Lymphknoten

möglicher Verlauf der tuberkulösen Erstinfektion

- Narben → Vernarbung, Verkalkung, Ausheilung des Primärkomplexes
- Lymphknotenentzündung → ausgedehnte Lymphknotentuberkulose (Schornsteinschatten)
- Kaverne → Frühkaverne
- käsige Lungenentzündung

zweites Stadium

Aussaat von Tuberkelbakterien

- direkt in die Blutbahn
- von Lymphgefäßen oder Lymphknoten in die Blutbahn

Miliartuberkulose in

drittes Stadium

- Knochenmark
- Milz
- Lunge

- Lunge
- Gelenke
- Niere, Nebenniere „stumme Herde"
- Hirnhaut
- Rippenfellentzündung mit Flüssigkeitserguß

Tuberkuloseschutzimpfung

jeder Stufe stehenbleiben. Oft steigt sie aus der Lungenspitze etagenweise tiefer, wobei neue Herde entstehen, die jeweils einschmelzen, bis schließl. ein Lungenflügel völlig unbrauchbar wird. In diesem Stadium kann es zu stärkeren Blutungen *(Blutsturz)* kommen. Es entsteht schließl. eine käsige Lungenentzündung, die mit hohem Fieber und schwerer Beeinträchtigung des Allgemeinzustandes einhergeht. Diese sog. *galoppierende Schwindsucht* war früher meist tödlich. Sie kommt heute nur noch selten vor und ist bei rechtzeitiger Chemotherapie weitgehend rückbildungsfähig. Als extrapulmonale Lokalisation der T. kommen in Betracht: die Nieren (↑Nierentuberkulose), die Haut (↑Hauttuberkulose), die Gelenke (↑Gelenkerkrankungen) und die Knochen. Die **Knochentuberkulose** tritt v. a. bei Jugendlichen auf. Betroffen sind das blutbildende Knochenmark (Wirbelkörper, Röhrenknochen). Nach Ausbildung eines tuberkulösen Granulationsgewebes folgt meist eine Verkäsung mit eitriger Einschmelzung des Herdes mit Knochenzerstörung. - Bes. Erwähnung verdient die T. im Bereich der Geschlechtsorgane (**Genitaltuberkulose**). Diese befällt als sog. primäre Genital-T. beim Mann in erster Linie Vorsteherdrüse und Nebenhoden, von denen aus sie sich auf den samenableitenden Apparat und auf Nebenhoden ausbreitet. Der Hoden wird selten, meist erst im späteren Stadium von dem Nebenhoden aus beteiligt. Die männl. Genital-T. führt häufig zur Sterilität, u. U. auch zur Organzerstörung. Sie ist in mehr als 50% der Fälle mit einer tuberkulösen Erkrankung der Niere und des harnabführenden Apparats (Harnleiter und Blase) verbunden und breitet sich häufig von diesen über die Geschlechtsorgane aus *(Urogenital-T.)*. Bei der Frau handelt es sich in rd. 80% der Fälle um eine T. der Eileiter, die auf die Eierstöcke und die Gebärmutter übergreifen kann und häufig auch das Bauchfell befällt. Durch Verklebung der Eileiter und Zerstörung oder narbiger Umbau der Gebärmutterschleimhaut kommt es fast immer zur Sterilität.
Diagnose: Wichtig sind das Röntgenbild, die bakteriolog. Untersuchung von Auswurf, Magennüchternsaft, Rachenabstrich oder Urin mit Hilfe spezieller Färbungen sowie die Züchtung oder Überimpfung der Erreger im Tierversuch. Die Tuberkulinprobe ist einfacher und eignet sich auch für Reihenuntersuchungen; sie zeigt jedoch nur an, ob schon eine Erstinfektion stattgefunden hat.
Therapie: Die Allgemeinbehandlung der T. mit Bettruhe, hochwertiger Kost und Heilklima erhöht die Widerstandskraft und ist noch heute angezeigt. Wesentl. Fortschritte brachten die ↑Tuberkulostatika (in der Regel als Langzeittherapie von 2 Jahren in Form einer Kombinationsbehandlung). Neben den erregerspezif. Tuberkulostatika werden u. U. auch Kortikosteroide angewandt, die überschießende und daher schädl. Gewebsreaktionen eindämmen. Heute gelingt es, 80-90% aller frischen T.erkrankungen zu heilen.
📖 *Hdb. der T. Hg. v. J. Hein u. a. Stg. 1958-82. 4 Bde. - Advances in tuberculosis research. Hg. v. G. Urbanczik u. a. Basel u. a. 1948 ff. (bis 1985 22 Bde.).*

Tuberkuloseschutzimpfung, aktive Immunisierung gegen Tuberkulose mit einem Lebendimpfstoff (z. B. mit ↑BCG), die (durch Erzeugung einer Allergie gegen den Erreger) einen relativ guten Schutz v. a. gegenüber den schweren Tuberkuloseformen (bes. tuberkulöse Hirnhautentzündung) bietet.

Tuberkulostatika [lat./griech.], Chemotherapeutika und Antibiotika zur Behandlung der Tuberkulose in ihren verschiedenen Erscheinungsformen (Lungentuberkulose, Darmtuberkulose, Hauttuberkulose, tuberkulöse Gelenkerkrankungen). Zu den Mitteln erster Wahl zählen die oral applizierbaren Chemotherapeutika ↑Isoniazid, Rifampizin (beide wirken bakterizid) und Ethambutol (bakteriostat. wirkend), die als Standard-Dreierkombination zu Behandlungsbeginn verwendet werden, sowie ↑Streptomyzin und PAS (↑Aminosalicylsäure). Rifampizin und INH können mit gewissen Umfang auch zur Behandlung der Lepra verwendet werden.

tuberös [lat.], in der Medizin für: höckerartig, knotenartig, geschwulstartig (z. B. von Hautveränderungen).

Tuberose [lat.] (Polianthes tuberosa, Polynthes tuberosa), vermutl. in Mexiko heim. Agavengewächs; Zwiebelpflanze mit bandförmigen Blättern und stark duftenden, weißen Blüten an bis 1 m hohem Stengel.

Tubifex [lat.] (Gemeiner Schlammröhrenwurm, Bachröhrenwurm, T. tubifex, T. rivulorum), bis etwa 8 cm langer, sehr dünner, durch Hämoglobin rot gefärbter Ringelwurm im Schlamm von stehenden und fließenden Süßgewässern (z. T. auch im Meer); in selbstgebauten (von Hautschleim zusammengehaltenen) Schlammröhren lebende Tiere mit Darmatmung; bilden große Kolonien, die auf dem Schlammgrund als rote Flecke erscheinen. Wichtiges Lebendfutter für Aquarienfische.

Tübingen, Krst. am Neckar, Bad.-Württ., 340 m ü. d. M., 75 500 E. Verwaltungssitz des Reg.-Bez. T.; Univ. (gegr. 1477), Bundesforschungsanstalt für Viruskrankheiten der Tiere, Max-Planck-Inst. für Biologie, biolog. Kybernetik und Virusforschung, Sternwarte; mehrere Museen; Landes- und Zimmertheater; botan. Garten. T. ist v. a. Univ.- und Verwaltungsstadt; Metall-, Elektroind., Verlage.
Geschichte: Geht zurück auf ein alemann. Dorf (Gräberfeld aus dem 7. Jh. im Altstadtbereich); zw. dem 8. und 10. Jh. Fronhof mit Pfarrkirche, um die Mitte des 11. Jh. von den

Grafen von T. mit einer Burg (1078 als **castrum Twingia** erstmals gen.); an der Stelle des heutigen Schlosses Hohentübingen) befestigt; Marktgründung vermutl. noch vor 1150 durch die Tübinger Grafen, die seit etwa 1146 auch schwäb. Pfalzgrafen waren; 1231 erstmals als Stadt („civitas") bezeichnet; 1477 Gründung der Eberhard-Karls-Univ., die zu einer bed. Stätte der Humanisten und zu einem Stützpunkt der Reformation wurde; 1945–52 Hauptstadt des Landes Württemberg-Hohenzollern, 1952–73 Sitz des Reg.-Bez. Südwürttemberg-Hohenzollern.
Bauten: Renaissanceschloß (1507 ff.) mit frühbarocker Toranlage der Vorburg (1606). Ev. spätgot. Stadtpfarrkirche (1470–83), im Chor Grablege der württ. Herzogsfamilie, ev. roman. und spätgot. Kirche Sankt Jakob (12. und 16. Jh.); spätgot. Rathaus (1435, mehrfach verändert); Fachwerkhäuser (v. a. 17. und 18. Jh.). - Abb. S. 266.

T., Landkr. in Bad.-Württemberg.

Tübinger Schule, Bez. für die von der Univ. Tübingen ausgehenden Richtungen der neueren ev. und kath. Theologie. 1. *Ältere ev. T. S.:* im ausgehenden 18. Jh. in krit. Auseinandersetzungen mit Kant und der Aufklärung begr. theolog. Lehrmeinung. 2. *Jüngere ev. T. S.:* von F. C. Baur ausgehende, gegen die Position der älteren ev. T. S. gerichtete Theologie, die sich der histor.-krit. Erforschung des N. T. widmete; Hauptvertreter waren neben Baur E. Zeller, C. H. von Weizsäcker und D. F. Strauß. 3. *Kath. T. S.:* 1819 zur Erneuerung der theolog. Forschung begr. Schule der (gleichzeitig entstandenen) kath.-theolog. Fakultät Tübingen; bemühte sich in Auseinandersetzungen mit dem aufklärer. Rationalismus um eine Synthese des Spekulativen mit dem Historischen; Organ der kath. T. S. war seit 1819 die noch heute bed. „Tübinger Theolog. Quartalschrift"; bed. Vertreter waren J. A. Möhler, F. A. Staudenmaier, F. X. Funk und K. Adam.

Tübinger Stift, nach der Einführung der Reformation in Württ. von Hzg. Ulrich als „Hochfürstl. Stipendium" zur Heranbildung des theolog. Nachwuchses 1536 gegr. Bildungsanstalt, von der ein starker Einfluß auf das dt. Luthertum ausging. Im 18. Jh. gingen aus dem T. S. die Theologen des schwäb. Pietismus hervor; am T. S. studierten u. a. G. W. F. Hegel, F. Hölderlin, F. W. J. Schelling und F. T. Vischer. 1928 wurde das Stift ganz der Verwaltung der württ. Landeskriche überstellt.

Tübke, Werner, * Schönebeck/Elbe 30. Juli 1929, dt. Maler. - Seit 1972 Prof. an der Hochschule für Graphik und Buchkunst in Leipzig. Vertreter einer realist. Malerei, die in einer manierist. Formsprache Traditionen der europ. Malerei verarbeitet.

Tubman, William Vacanarat Shadrach [engl. 'tʌbmən], * Harper 29. Nov. 1895, † London 23. Juli 1971, liberian. Politiker. - 1923–31 und 1934–37 Senator, 1937–43 Richter am Obersten Gerichtshof in Monrovia; seit 1944 (zuletzt 1971) regelmäßig zum Präs. der Republik gewählt. Förderte die wirtsch. Entwicklung Liberias; um einen Ausgleich zw. Amerikoliberianern und der autochthonen Bev. bemüht; einer der Initatoren der OAU.

Tubu, äthiopides Volk in der östl. Sahara, sprechen Teda, eine saharan. Sprache. Soziale Einheit sind die Klane, die regional zu Stämmen zusammengeschlossen sind. Unter den T. gibt es Nomaden, Halbnomaden und seßhafte Bauern.

Tubuai-Inseln (Austral Islands), zu Frz.-Polynesien gehörende Inselgruppe im Pazifik, sö. der Cookinseln, 164 km², Hauptort Mataura.

Tubuli, Mrz. von †Tubulus.

tubulös (tubulär) [lat.], in der Anatomie und Medizin: röhrenförmig, schlauchartig, aus kleinen Röhren oder Kanälen aufgebaut.

tubulöse Drüsen †Drüsen.

Tubulus (Mrz. Tubuli) [lat.], in der *Anatomie:* röhrenartiger Kanal.

Tubus [lat. „Röhre"], allg. svw. Rohr, Rohrstück, Röhre; z. B. Fassungsrohr für Linsen (an opt. Geräten), Rohransatz an Glasgeräten; in der Medizin Bez. für eine Metall-, Gummi- oder Kunststoffröhre, die (z. B. für Narkosezwecke) in die Luftröhre eingeführt wird (Intubation).

Tucana †Sternbilder (Übersicht).

Tucci [italien. 'tuttʃi], Gabriella, * Rom 4. Aug. 1929, italien. Sängerin (Sopran). - Internat. bekannte Opernsängerin, v. a. bed. als Verdi- und Puccini-Interpretin.

T., Giuseppe, * Macerata 5. Juni 1894, † Rom 5. April 1984, italien. Orientalist. - Ab 1930 Prof. für ind. und ostasiat. Philosophie und Religion in Rom. Auf seinen Reisen nach Nepal und Tibet erforschte er v. a. den Buddhismus und trug wesentl. zur Kenntnis über Zentralasien bei.

Tuc d'Audoubert [frz. tykdodu'bɛ:r], 1912 entdeckte Höhle (Gemeinde Montesquieu-Avantès, Dep. Ariège, Frankr.; der Höhle Trois-Frères benachbart); u. a. Kultplatz mit 2 Lehmplastiken von Bisons und Tanzspuren (Fersenabdrücke); zahlr. Gravierungen, Kleinkunstgegenstände und Werkzeuge des Magdalénien.

Tuch, Sammelbez. für Streichgarn- und Kammgarngewebe in T.- oder Köperbindung, die durch Walken, Rauhen und Scheren (sog. T.ausrüstung) eine filzartige Haardecke erhalten haben, die das Bindungsbild verdeckt.

Tuchatschewski, Michail Nikolajewitsch [russ. tuxa'tʃɛfskij], * Gut Alexandrowskoje (Geb. Smolensk) 16. Febr. 1893, † Moskau (?) 11. Juni 1937 (hingerichtet), sowjet. Armeeführer und Militärtheoretiker. -

Tucheler Heide

Tübingen. Rathaus (1435)

Nach Kriegsteilnahme 1918 Mgl. der russ. kommunist. Partei (Bolschewiki); kämpfte als Armeeführer erfolgreich gegen Koltschak und Denikin im Bürgerkrieg, schlug 1921 zus. mit Trotzki den Kronstädter Aufstand nieder; hatte als Leiter der Kriegsakademie der Roten Armee (ab 1921) und als Kommandeur der Westfront (ab 1922) entscheidenden Anteil an der Militärreform; Nov. 1925–Mai 1928 Chef des Stabes der Roten Armee, betrieb die Modernisierung der Armee v. a. im Hinblick auf die Bildung von Panzereinheiten und Luftstreitkräften; Leiter des Rüstungswesens ab 1931, einer der Hauptverantwortlichen für die techn. Umrüstung und Motorisierung sowie für die 1935 begonnene Durchsetzung des einheitl. Kaderprinzips in der Roten Armee. T. wurde 1934 Kandidat des ZK der KPdSU, 1935 Marschall der Sowjetunion; ab April 1936 1. Stellvertreter des Volkskommissars für Verteidigung; im Mai 1937 von Stalin zum Oberbefehlshaber des Militärbezirks Wolga degradiert und wenig später verhaftet unter der haltlosen Beschuldigung, eine Verschwörung gegen die sowjet. Staatsführung vorbereitet und zu diesem Zweck mit feindl. Mächten und deren Geheimdiensten zusammengearbeitet zu haben; in einem Geheimprozeß zum Tode verurteilt und hingerichtet. Eine Beteiligung von Heydrichs Sicherheitsdienst (SD) an der Liquidierung von T. durch Herstellung gefälschten Belastungsmaterials ist umstritten und bis heute ungeklärt. Auf dem XXII. Parteitag der KPdSU von 1961 wurde T. voll rehabilitiert.

Tucheler Heide, ausgedehntes, waldbestandenes Sandergebiet in N-Polen, am SO-Rand des Pommerschen Landrückens.

Tucheraltar ↑Meister des Tucheraltars.

Tuchhalle, svw. ↑Gewandhaus.

Tucholsky, Kurt [...ki], Pseud. Kaspar Hauser, Peter Panter, Theobald Tiger, Ignaz Wrobel, * Berlin 9. Jan. 1890, † Hindås bei Göteborg 21. Dez. 1935 (Selbstmord), dt. Journalist und Schriftsteller. - Einer der bedeutendsten dt. Satiriker. 1913–33 Mitarbeiter der Zeitschrift „Schaubühne" (später „Weltbühne"), die er nach S. Jacobsohns Tod 1926 zeitweilig herausgab und zu einem Organ der linksbürgerl. Intellektuellen machte. Nach und nach von C. von Ossietzky entlastet, dann abgelöst; 1920–22 Mgl. der USPD, dann der SPD; lebte bereits ab 1924 größtenteils im Ausland, ab 1929 ständig in Schweden; 1933 aus Deutschland ausgebürgert und verfemt (seine Bücher wurden verboten und verbrannt). In satir. Artikeln und Gedichten versuchte T. v. a. die demokrat. Verfassung der Weimarer Republik zu verteidigen, indem er ihre Schwächen anprangerte: Nationalismus, Militarismus, Korruption in der Justiz und im Pressewesen, die geistige Unbeweglichkeit des Berufsbeamtentums („Deutschland, Deutschland über alles! Ein Bilderbuch", 1929 [zus. mit J. Heartfield]). Daneben stehen (z. T. auf Wunsch seines Verlegers) witzig-beschwingte Skizzen sowie die heiteren Erzählwerke „Rheinsberg. Ein Bilderbuch für Verliebte" (1912), „Träumereien an preuß. Kaminen" (1920), „Schloß Gripsholm" (R., 1931), die sich v. a. gegen das machtgierige, bornierte und grausame Spießertum richten. ⌑ *K. T. Hg. v. H. Arnold. Mchn.* ²*1985. - Austermann, A.: K. T. Mchn. 1985. - Grenville, B. P.: K. T. Mchn. 1983.*

Tücke (Heimtücke), im Strafrecht die Ausnutzung der Arg- und Wehrlosigkeit des Opfers durch den Täter. - ↑auch Tötung.

Tuckwell, Barry [engl. 'tʌkwel], * Melbourne 5. März 1931, austral. Hornist. - Mgl. des London Symphony Orchestra, gründete 1968 ein eigenes Bläserquintett und tritt seither solistisch mit Werken vom Barock bis zur Moderne hervor.

Tucson [engl. tu:'sɔn], Stadt in SO-Arizona, 730 m ü. d. M., 370 200 E. Kath. Bischofssitz; Univ. (gegr. 1885); Inst. zur Erforschung der Wüstenvegetation, Versuchsanstalt für Magnetismus; Staatsmuseum; Flugzeugbau, Metallverarbeitung, chem., pharmazeut. u. a. Industrie. Nahebei, auf dem Mount Hopkins, modernes Teleskop. - Geht zurück auf ein 1776 errichtetes span. Fort mit Missionsstation nahe einem Indianerdorf (einige Häuser erhalten); seit 1854 in amerikan. Besitz; 1867–77 Hauptstadt des Territoriums Arizona; 1883 City.

Tucumán [span. tuku'man], Prov. in NW-Argentinien, 22 524 km², 972 700 E. (1980), Hauptstadt San Miguel de T. Die sich steil über die Ebenen bis zu 5 550 m ü. d. M. erhebenden Nevados del Aconquija verursachen in dem sonst trockenen Geb. so hohe

Niederschläge, daß die ihnen im O vorgelagerten Ebenen eine fruchtbare Oase bilden; der W ist wüstenhaft; Hauptanbauprodukt ist Zuckerrohr.

Tudeh-Partei (pers. Tudeh „Volk"), nach der Besetzung Irans durch die Sowjetunion und Großbrit. im Sept. 1941 von Kommunisten gegr. iran. Partei; eine Parallelorganisation, die Demokrat. Partei Aserbaidschans (DPA), konnte 1945/46 eine separatist. Reg. in ↑Aserbaidschan bilden; 1949 verboten, wirkte bis zum Sturz des Schah-Regimes 1979 illegal und war starken Repressionen ausgesetzt; 1959 Zusammenschluß der T.-P. und DPA. Im Zuge der islam. Revolution 1979 zugelassen, 1983 erneut verboten.

Tudertinus, Jacobus, italien. Dichter, ↑Iacopone da Todi.

Tudor ['tu:dɔr, engl. 'tju:də], seit 1232 nachweisbares walis. Geschlecht, engl. Königshaus 1485–1603. *Owen T.* († 1461) heiratete die Witwe Heinrichs V., Katharina von Valois, und kämpfte mit seinem Sohn *Edmund T.*, Earl of Richmond (* um 1430, † 1456), in den Rosenkriegen auf seiten des Hauses Lancaster. Edmunds Sohn Heinrich gründete seinen umstrittenen Thronanspruch auf die Herkunft seiner Mutter Margaret Beaufort (* 1443, † 1509), einer Urenkelin von John of Gaunt. Durch den Sieg bei Bosworth (1485) über Richard III. bestieg Heinrich als Heinrich VII. den Thron, ihm folgten sein Sohn Heinrich VIII. (1509–47) und dessen Kinder Eduard VI. (1547–53), Maria I. (1553–58) und Elisabeth I. (1558–1603).

Tudor [engl. 'tju:də], Anthony, * London 4. April 1909, engl. Tänzer und Choreograph. - Wirkte zunächst (ab 1931) als Choreograph in London, ging 1939 zum American Ballet Theatre nach New York, 1957–63 auch Ballettdirektor der Metropolitan Opera. Einer der bedeutendsten Choreographen des 20. Jh., räumte der Geste einen neuen psychologisierten Ausdruckswert in seinen Balletten ein. - † 20. April 1987.

T., David, * Philadelphia 20. Jan. 1926, amerikan. Pianist und Komponist. - Gilt seit 1950 als führender Interpret avantgardist. Klaviermusik. Seine eigenen, meist multimedial angelegten Werke verbinden elektron. Musik mit Tanz, Theater, Film und beziehen auch Laser sowie andere Lichtsysteme ein.

Tudorstil ['tu:dɔr, engl. 'tju:də], Bez. für die Spätphase der Gotik (1520–58) in England, in der bereits einzelne Elemente der Renaissance aufgenommen werden; bes. charakterist. der Tudorbogen aus Segmenten zweier kleiner und zweier großer Kreise.

Tuff [lat.-italien.], sekundär verfestigte vulkan. Lockermassen.
◆ Bez. für ↑Sinter.

Tuffit [lat.-italien.], mit nichtvulkan. klast. Sedimenten wechsellagernde, geschichtete Ablagerungen aus vulkan. Lockermassen.

Tuffschlot, svw. ↑Durchschlagsröhre.

Tuftingteppiche [engl. 'tʌftɪŋ „das Anordnen in Büscheln"], svw. Nadelflorteppiche (↑Teppichboden).

Tu Fu (Du Fu) [chin. dufu], * Tuling (Schensi) 712, † Leiyang (Hunan) 770, chin. Dichter. - Einer der berühmtesten Lyriker der Tangzeit; ein Großteil seines Werkes, das bis heute fortwirkt, ist sozialkrit.-polit., wobei er sich auf urspr. konfuzian. Ideale beruft.

Tugan-Baranowski, Michail Iwanowitsch, * im Gouv. Charkow 8. Jan. 1865, † in der Eisenbahn nahe Odessa 21. Jan. 1919, russ. Nationalökonom und Politiker. - In der Debatte um die industrielle Entwicklung Rußlands in den 1890er Jahren propagierte T.-B. mit der marxist. Theorie entnommenen Argumenten die Notwendigkeit einer kapitalist. Gesellschaftsordnung. Mit seiner Schrift „Geschichte der russ. Fabrik" (1898) über in Rußland bereits entwickelte kapitalist. Elemente beeinflußte er die russ. Sozialdemokratie, bes. Lenin. Ab 1905 Mgl. der Konstitutionell-Demokrat. Partei („Kadetten"), trat 1917 als Finanzmin. der ukrain. Nationalreg. bei.

Tugend, *allg.* jede vollkommen entwickelte Fähigkeit des Menschen auf geistigen oder seel. Gebiet; in der *christl. Sittenlehre* die Fähigkeit, das sittl. Gute zu verwirklichen; alle T. werden von den vier ↑Kardinaltugenden umfaßt. Im modernen *philosoph.-eth. Sprachgebrauch* wird T. meist durch ↑Wert als eth. Grundbegriff ersetzt.

Tugendhat, Christopher Samuel [engl. 'tu:ɡənhɑ:t], * London 23. Febr. 1937, brit. Politiker. - Wirtschaftsjournalist; 1970–77 Mgl. des Unterhauses; im Schattenkabinett der Konservativen ab 1974 Sprecher für Beschäftigungsfragen, ab 1975 für Außen- und Commonwealthpolitik; seit 1977 EG-Kommissar für Haushalt, Finanzen und Personal.

Tugendrose ↑Goldene Rose.

Tui [polynes.], svw. Priestervogel (↑Honigfresser).

Tuilerien [tyilə'ri:ən; frz.; zu lat. tegula „Ziegel"], ehem. Schloß *(Palais des Tuileries)* in Paris, namengebend war eine alte Ziegelei, an deren Stelle 1564 ff. es nahe dem Louvre für Katharina von Medici errichtet wurde. A. Le Nôtre legte 1664 ff. den Garten an *(Jardins des Tuileries)*. Später Residenz Ludwigs XVI., Sitz des Konvents, Napoleons I. und III., 1871 niedergebrannt, 1882 abgetragen. Heute gepflegte Gartenanlage mit Arc de Triomphe du Carrousel (1806–08), ehem. Orangerie und Ballhaus (beides heute Impressionisten-Museen).

Tukan ['tu:ka:n, tu'ka:n; indian.] ↑Sternbilder (Übersicht).

Tukanbartvogel ['tu:ka:n, tu'ka:n] (Semnornis ramphastinus), rd. 20 cm langer, relativ hochschnäbeliger Spechtvogel (Fam. ↑Bartvögel) in Wäldern der Anden Kolumbiens und Ecuadors.

Tukane

Tukane [indian.], svw. ↑Pfefferfresser.
Tula ['tu:la, russ. 'tulɐ], sowjet. Geb.-hauptstadt auf der Mittelruss. Platte, RSFSR, 532 000 E. Polytechnische Hochschule, PH, Museen und Theater; Radrennbahn. T. ist das älteste Zentrum der Metallind. in der UdSSR. - Erstmals 1146 erwähnt; im 14. Jh. tatar.; kam 1503 zum Groß-Ft. Moskau und wurde neu angelegt; rd. 18 km vom alten Ort entfernt; im 16./17. Jh. Ausbau der Befestigungen gegen die Krimtataren; im 16./17. Jh. berühmte Schmieden und Waffenschmieden; wurde 1777 Gouvernementsstadt; unter Katharina II. Neuanlage der Stadt mit fächerförmig vom Kreml (1514–21) ausstrahlenden Straßen, die Stadtteile jenseits der Upa im Quadratschema.
Tula de Allende [span. 'tula ðe a'jende], mex. Ort im zentralen Hochland, 2 066 m ü. d. M., 7 500 E. Kath. Bischofssitz; Agrarzentrum; Bahnknotenpunkt. - Kirche u. a. Gebäude eines 1529 gegr. Franziskanerklosters. - Nahebei liegt **Tula** (*Tollan*), 920–1160 Hauptstadt der Tolteken. Nur in Teilen ausgegraben, v. a. die „Morgensternpyramide" mit vier 4,60 m hohen Atlanten (Dachgebälkträger) in Kriegergestalt. Andere Pfeiler sind als gefiederte Schlangen gestaltet. Häufige Motive sind Jaguare, Adler, Schlangenrachen mit Totenschädeln.

Tula de Allende. Atlanten

Tularämie [nach Tulare (County in Kalifornien) und zu griech. haĩma „Blut"] (Hasenpest), in der BR Deutschland meldepflichtige bakterielle Seuche bei Nagetieren und Hasen; Erreger: Francisella tularensis; Übertragung v. a. durch blutsaugende Insekten auch auf andere wildlebende Tiere (u. a. Fuchs, Krähe) und Haustiere (z. B. durch die ↑Pferdebremse). Die Übertragung auf den Menschen erfolgt durch Kontakt mit infiziertem Fleisch oder frischen Häuten.

Tulcea [rumän. 'tultʃ̦ɛa], rumän. Stadt am Rand des Donaudeltas, 79 300 E. Verwaltungssitz des Verw.-Geb. T.; Donaudelta-Museum. Aluminiumwerk, Werft. Wichtiger Hafen, der auch von Hochseeschiffen angelaufen werden kann. - An der Stelle der röm. befestigten Siedlung **Aegissus** und einer älteren, von griech. Kolonisten aus Histria gegr. Niederlassung.

Tuléar [frz. tyle'a:r] ↑Toliary.
Tulipa, svw. ↑Tulpe.
Tüll [nach der frz. Stadt Tulle], lockere, netzartige Gewebe (früher v. a. aus Baumwolle oder Seide, heute auch aus Chemiefasern), v. a. für Gardinen. Im Ggs. zu anderen Geweben verlaufen beim T. die Schußfäden schräg zu den Kettfäden und umschlingen sie. Eine Abwandlung des T. ist der *Bobinet*, bei dem drei oder vier Fadensysteme miteinander verschlungen werden. Je nach der Musterung tragen die T. verschiedene Bezeichnungen, z. B. *Erbs-T.* (ungemusterter mit wabenförmigen Löchern, *Florentiner T.* (feiner, mit Rankenmustern bestickter Erbs-T.), *Jacquard-T.* (*Flandernspitze*, mit Musterung durch Bobinenfäden), *Gitter-T.* (mit viereckigen Öffnungen), *Tupfen-T.* (*engl. T.,* mit feinen eingewebten Tupfen), *Spitzen-T.* (*Valenciennes-T.,* mit eingewebter spitzenartiger Musterung).

Tulla, Johann Gottfried, * Karlsruhe 20. März 1770, † Paris 27. März 1828, dt. Bauingenieur. - Gründete 1807 in Karlsruhe eine Ingenieurschule, aus der die spätere TH (heute Univ.) hervorging. Leitete die 1817 begonnene Regulierung des Oberrheins.

Tulle [frz. tyl], frz. Stadt im Limousin, 18 900 E. Verwaltungssitz des Dep. Corrèze; kath. Bischofssitz; Museum; staatl. Waffenmanufaktur, Konservenind. - Entstand um ein im 7. Jh. gegr. Benediktinerkloster; ab 1317 Bischofssitz (1801 aufgehoben, 1822 wiedererrichtet). - Got. Kathedrale (nur Langhaus und Turm; 12.–14. Jh.); Kreuzgang; zahlr. Häuser v. a. der Renaissance.

Tülle, rohr- oder trichterförmiger Ansatz an Gefäßen, der das Ausgießen erleichtern soll.

Tullianum [lat.] ↑Carcer Mamertinus.
Tullius, Servius, nach der Sage der 6. König von Rom. - Soll nach traditioneller Datierung 577–534 regiert haben; T. werden eine Ringmauer um Rom (Erweiterung des Stadtbereichs), u. a. ein Dianatempel auf dem Aventin und die Einteilung der Bürgerschaft in regionale Tribus und in Zenturien *(Servian. Verfassung)* zugeschrieben.

Tulln, niederöstr. Bez.hauptstadt am rechten Ufer der Donau, 180 m ü. d. M., 12 000 E. Kakao- und Schokoladenfabrik, Zuckerfabrik, Maschinen- und Apparatebau; Donaubrücke. - Entstand an der Stelle des röm. Kastells **Comagenis**; 1014 als Civitas, 1159 als

268

Stadt bezeichnet, im 13. Jh. ummauert. - Roman.-got., barockisierte Pfarrkirche (12., 14./15. und 18. Jh.); spätroman. Karner (13. Jh.), spätbarocke ehem. Minoritenkirche (1732–39).

Tullner Becken (Tullnerfeld), Talweitung zw. den Donaudurchbrüchen durch die Böhm. Masse (Wachau) und den nach O auslaufenden Ostalpen (Wiener Pforte zw. Wiener Wald und Bisamberg).

Tullus Hostilius, nach der Sage der 3. König von Rom. - ⚰ 672–640 (nach traditioneller Datierung); T. H. werden u. a. die Unterwerfung Alba Longas und ein Sieg über die Sabiner zugeschrieben.

Tulpe (Tulipa) [pers.-frz.-niederl.], Gatt. der Liliengewächse mit rd. 60 Arten in Vorder- und Zentralasien, S-Europa und N-Afrika; Zwiebelpflanzen mit meist einblütigen Stengeln; Blüten groß, meist aufrecht, glockig oder fast trichterförmig mit 6 Blütenhüllblättern, 6 Staubblättern und einem dreiteiligen Stempel. Neben der eigtl. **Gartentulpe** (Tulipa gesneriana; mit breiten, lanzettförmigen Laubblättern, in vielen Formgruppen [u. a. Lilienblütige T., Darwin-T., Papageientulpe]) sind zahlr. Wild-T. in Kultur, v. a. die aus den Gebirgen des Iran stammende **Damentulpe** (Tulipa clusiana; mit am Grund violetten und außen rot gestreiften Blüten), die in zahlr. Sorten verbreitete **Fosterianatulpe** (Tulipa fosteriana), die **Greigiitulpe** (Tulipa greigii; aus Turkestan; mit beim Austrieb braunrot gezeichneten Blättern) und die **Seerosentulpe** (Tulipa kaufmanniana; mit bei Sonnenlicht sternförmig ausgebreiteten Blüten). Die einzige in Deutschland wild vorkommende Art ist die **Waldtulpe** (Tulipa silvestris; 20–40 cm hoch, mit meist einzelnstehender grünlichgelber Blüte; vereinzelt in Weinbergen).

Geschichte: Die Garten-T. war Wappenblume der Osmanen und wurde in der Türkei schon früh kultiviert. In der pers. Literatur wird sie 1123 erstmals erwähnt. 1554 wurde sie vermutl. von O. G. de Busbecq nach Europa gebracht und von C. Gesner beschrieben und abgebildet. Um 1570 war die Garten-T. in den Niederlanden bekannt, die sich seither zum Zentrum der T.zucht entwickelten. Die Garten-T. diente als Zierpflanze; die Blüten wurden aber auch eingemacht gegessen. 1629 gab es schon 140 T.sorten; in Deutschland wurde die T.zucht 1647 von niederl. Emigranten eingeführt.

Tulpenbaum (Liriodendron), Gatt. der Magnoliengewächse mit je einer Art in N-Amerika und China; sommergrüne Bäume mit vier- bis sechslappigen, großen Blättern und einzelnstehenden, tulpenähnl. Blüten. Die nordamerikan. Art *Liriodendron tulipifera* mit gelbgrünen Blüten wird in M-Europa als beliebter Parkbaum angepflanzt (bis 40 m hoch); in den USA liefert diese Art Nutzholz (*Whitewood*).

Tulpenmagnolie ↑ Magnolie.

Tulsa [engl. ˈtʌlsə], Stadt im nö. Oklahoma, USA, am Arkansas River, 230 m ü. d. M., 360 900 E. 2 Universitäten; Kunst- und Indianermuseum. Handelszentrum eines bed. Erdöl- und Erdgasfeldes. - 1879 Poststation im Indianerterritorium; 1882 begann die Ansiedlung weißer Kolonisten; 1902 City.

Tulu, zu den drawid. Sprachen gehörende Sprache mit etwa 930 000 Sprechern an der Malabarküste Indiens (Zentrum Mangalore).

Tulum, Ruinenstätte der Maya an der O-Küste der Halbinsel Yucatán, Blütezeit der Stadt 1200–1550. An einer Steilküste gelegen, die anderen drei Seiten von einer starken Mauer umgeben.

Tumanjan, Owanes, * Dsech (im heutigen Rayon Tumanjan) 19. Febr. 1869, † Moskau 23. März 1923, armen. Schriftsteller. - Bedeutendster armen. Dichter; die Themen seiner Gedichte und Poeme, Legenden, Märchen und Fabeln stammen v. a. aus dem armen. Bauernleben.

Tumba [griech.-lat.] ↑ Grabmal.

Tumba, Lac [frz. laktumˈba], See im W von Zaïre, rd. 500 km², bis 6 m tief, entwässert zum Kongo.

Tumbago (Tumbaga) [malai.-span.], in vorkolumb. Zeit in M- und S-Amerika (v. a. in Kolumbien) u. a. zur Herstellung kunstgewerbl. Gegenstände verwendete Legierung aus i. d. R. 55 % Kupfer, 33 % Gold und 12 % Silber, auf Grund ihres goldähnl. Glanzes zunächst für reines Gold gehalten.

Tumbes, Hauptstadt des peruan. Dep. T., in der Küstenebene, am Río T., 10 km oberhalb seiner Mündung, 44 000 E. Agrarzentrum. - Bei T. landete 1531 F. Pizarro. **T.**, Dep. in NW-Peru, 4 732 km², 103 800 E (1981), Hauptstadt Tumbes. T. liegt in der trockenen Küstenebene. Landw.; Fischerei; Salzgewinnung und Erdölförderung.

Tumbo, Île de [frz. ildatumˈbo] ↑ Conakry.

Tumen, Zufluß des Jap. Meeres, entspringt am O-Hang des Tschangpaischan, Grenzfluß zw. China und Nord-Korea, im Mündungsgebiet auch zw. der UdSSR und Nord-Korea, mündet nö. von Najiin, 521 km lang.

Tumler, Franz, * Gries bei Bozen 16. Jan. 1912, östr. Schriftsteller. - Setzt sich in Erzählungen und in [Zeit]romanen im Stil des sachl. Berichts mit allg. menschl. Problemen auseinander; u. a. „Der Schritt hinüber" (R., 1956), „Aufschreibung aus Trient" (R., 1965; beide über die Südtirolfrage), „Pia Faller" (E., 1973); auch Landschaftsbücher.

Tumlirz, Otto, * Ružomberok 27. Juli 1890, † Graz 3. Jan. 1957, östr. Pädagoge und Psychologe. - Prof. in Graz; arbeitete v. a. im Bereich der Jugendpsychologie („Theorie der Stufen geistiger Entwicklungen"), begriff die pädagog. Psychologie als Lehre von den seel.

Beziehungen zw. den Generationen. - *Werke:* Einführung in die Jugendkunde (1920/21), Abriß der pädagog. Psychologie (1951).

Tümmler ↑ Delphine.

♦ (Flugtauben) an Rassen und Schlägen zahlenreichste Rassengruppe von Haustauben; im Extremfall langschnäbelig mit flacher oder kurzschnäbelig mit hoher Stirn. T. vermögen ausdauernd und hoch zu fliegen (sog. *Hochflieger*), meist in Gruppen (Trupps), seltener einzeln (Brieftauben).

Tumor [lat.], svw. ↑ Geschwulst.

Tumorviren (onkogene Viren), Viren, die infizierte tier. (auch menschl.) Zellen zu tumorigem Wachstum veranlassen können. T. finden sich unter den DNS-Viren (u. a. ↑ Adenoviren) und RNS-Viren (Leukoviren). Bei der Transformation wird ein Teil des viralen Genoms in das der Zelle integriert, wodurch die Steuerung des Zellwachstums gestört wird. - T. sind als Ursache zahlr. tier. Krebserkrankungen nachgewiesen. Auch bei verschiedenen menschl. Krebsarten kommen sie wahrscheinl. als Ursache in Betracht.

Tumult [lat.], Lärm, Unruhe; Auflauf, Aufruhr.

tumultuoso [italien.], musikal. Vortragsbez.: stürmisch, heftig, erregt.

Tumulus [lat.], Hügel; meist in der Bed. Grabhügel; i. e. S. für etrusk. Kuppelgräber.

Tunder, Franz, * Burg (Fehmarn) 1614, † Lübeck 5. Nov. 1667, dt. Komponist. - Ab 1641 Organist an Sankt Marien in Lübeck, wo er die Abendmusiken einrichtete, die sein Schwiegersohn D. Buxtehude fortführte. Komponierte u. a. Orgelchoräle, Präludien (Tokkatenfugen), Solomotetten.

Tundra [finn.-russ.], baumloser, artenarmer Vegetationstyp jenseits der polaren Baumgrenze auf Böden, die im Sommer nur kurzzeitig auftauen. Das Übergangsgebiet zum geschlossenen Wald wird **Waldtundra** gen.; hier durchdringen sich Tundrenflächen und Waldinseln.

Tuner [engl. 'tju:nə „Abstimmvorrichtung"], in der Hochfrequenztechnik (insbes. im VHF- und UHF-Bereich) Bez. für eine auf die gewünschte Sendefrequenz abstimmbare Eingangsschaltung (z. B. in Rundfunkempfängern); auch Bez. für den diese Schaltung enthaltenden [Bau]teil einer Empfangsanlage, der (z. B. bei manchen Stereoempfangsanlagen) vom Verstärkerteil getrennt sein kann.

Tunesien

(amtl.: Al Dschumhurijja At Tunusijja), Republik in Nordafrika, zw. 30° und 37° 21' n. Br. sowie 7° 30' und 11° 30' ö. L. **Staatsgebiet:** T. grenzt im N und nördl. O an das Mittelmeer, im SO an Libyen und im W an Algerien. **Fläche:** 163 610 km². **Bevölkerung:** 6,97 Mill. E (1984), 42,6 E/km². **Hauptstadt:** Tunis.

Verwaltungsgliederung: 23 Gouvernements. **Amtssprache:** Arabisch. Handels- und Bildungssprache auch Französisch. **Staatsreligion:** Islam sunnit. Richtung. **Nationalfeiertag:** 1. Juni. **Währung:** Tunes. Dinar (tD) = 1 000 Millimes (M). **Internat. Mitgliedschaften:** UN, Arab. Liga, GATT; der EWG assoziiert. **Zeitzone:** MEZ.

Landesnatur: T. erstreckt sich vom Mittelländ. Meer bis in die Sahara. Es ist im N ein Bergland, das von den Ausläufern des Atlasgebirges gebildet wird. Beherrschend für den N ist der mittelunes. Gebirgsrücken mit den höchsten Erhebungen des Landes (Djebel Chambi 1 544 m ü. d. M.). Im N wird er vom Tal des Oued Medjerda (einziger größerer ganzjährig wasserführender Fluß des Landes, 365 km lang) begrenzt, im O geht er in die weite Küstenebene über und in die Senkungszone der Schotts. Den S des Landes nimmt das Kalkplateau Dahar ein (bis 715 m ü. d. M.), das nach O steil zum Küstenvorland abfällt.

Klima: T. hat mediterranes Klima, das im S in Wüstenrandklima übergeht. Die Niederschläge fallen im N im Herbst, Winter und Frühjahr, sie erreichen eine jährl. Summe von 1 000–1 500 mm. Der mitteltunes. Gebirgsrücken erhält durchschnittl. 600 mm Niederschlag/Jahr. Nach S nehmen die Niederschläge rasch ab und sinken auf 100 mm/Jahr. Die mittleren Jan.temperaturen liegen bei 9–11 °C, die mittleren Julitemperaturen bei 30 °C an der Küste und 40–46 °C im Süden.

Vegetation: Im N ist Macchie weit verbreitet. Die Gebirge tragen Korkeichenwälder, Aleppokiefernwald und Steineichenbestände. In den Geb. mit weniger als 400 mm Jahresniederschlag sind Alfagras- und Artemisiasteppen vertreten, die nach S in die Wüstensteppe übergehen.

Bevölkerung: Über 95% der Bev. sind Araber und arabisierte Berber. Reine Berberstämme sind nur noch in kleinen Gruppen vertreten. T. ist sehr unterschiedl. besiedelt: 70% der Bev. leben im N und im östl. Küstengeb.; der äußerste S ist siedlungsleer, er wird nur von Nomaden durchzogen. Eine allg. Schulpflicht besteht nicht. Die einzige voll ausgebaute Univ. des Landes besteht in Tunis; daneben gibt es 11 Hochschulen.

Wirtschaft: Die Landw. ist der wichtigste Wirtschaftszweig; zwar ist sie am Bruttosozialprodukt nur mit 13% beteiligt, aber sie bestreiten 65% der Bev. ihren Lebensunterhalt. Wichtigstes Agrarprodukt ist die Olive (4. Stelle der Weltproduktion). Getreidebau erfolgt als Regenfeldbau, Zitrusfrüchte, Obst und Gemüse werden auf bewässerten Flächen angebaut. Die Alfagrasflächen werden forstwirtsch. gepflegt, da sie den Grundstoff für die tunes. Papier- und Kartonagenind. abgeben. Kork wird zu Halbfertigpro-

Tunesien

dukten verarbeitet. Zu einem wichtigen landw. Exportprodukt ist in den letzten Jahren der Wein aufgestiegen. Phosphat (bei Gafsa und Kalaa-Djerda), Erdgas und Erdöl sind die wichtigsten Bodenschätze; Erdöl wird v. a. bei El Borma und im Festlandsockel bei den Kerkennainseln gefördert. Die wichtigsten Ind.zweige sind die Nahrungs- und Genußmittelind. sowie die Textilindustrie. Wichtigster Devisenbringer ist der Fremdenverkehr. **Außenhandel:** Die wichtigsten Handelspartner sind Frankr., Italien, USA, BR Deutschland, Spanien und Japan. Exportiert werden Erdöl, Bekleidung, Olivenöl, Düngemittel, natürl. Phosphat, Wein, Obst u. a. Importiert werden Kfz., Eisen und Stahl, Getreide, Zucker, Honig, Garne, Maschinen und Geräte, Arzneimittel, Erdölderivate, landw. Maschinen und Apparate.

Verkehr: Das Straßennetz ist seit 1957 erhebl. ausgebaut worden. Insgesamt gibt es 26 194 km Straßen (davon 13 883 km asphaltiert). Das Eisenbahnnetz hat eine Länge von 2 161 km (davon 479 km Normalspur). Dem Luftverkehr steht der internat. ✈ Le Carthage bei Tunis zur Verfügung. Internat. ✈ sind außerdem Skanès bei Monastir und Melitta auf Djerba, die fast ausschließl. dem Touristenverkehr dienen.

Geschichte: Nach Zerstörung Karthagos (146 v. Chr.) im 3. Pun. Krieg wurde das Gebiet des heutigen T. Teil der röm. Prov. Africa und eine der Kornkammern der Röm. Reiches. Die Invasion der Vandalen (439 wurde Karthago erobert) bedeutete die polit. Abtrennung der afrikan. Prov. vom Röm. Reich. Nach Rückeroberung durch Byzanz unter Justinian I. (533) eroberten 670–696 die Araber das Land und gründeten Kairuan als Hauptstadt der im Kalifenreich neu gewonnenen Prov. Ifrikijja (Afrika).

T. unter arab. und osman. Herrschaft: Nachdem die Fatimiden zw. 909 und 969 ganz N-Afrika und Ägypten erobert hatten, machten sich 1047 ihre Statthalter unabhängig, was die Invasion arab. Beduinenstämme zur Folge hatte. Ein Jh. lang herrschte Anarchie, Wirtschaft und Kultur wurden nachhaltig zerstört. Stabile Verhältnisse traten erst wieder unter den Almohaden ein, die 1165–67 nach T. vorstießen. Von 1229–1574 regierten die Hafsiden, die zuerst Vasallen der Almohaden waren, sich dann aber unter den Schutz der christl. Könige von Sizilien stellten. 1574 kam das Land unter arab. Herrschaft; als Vertreter des Sultans regierte ein jeweils für 3 Jahre eingesetzter Pascha, 1612 erlangte Bei Murad I. (✉ 1612–31) die Erblichkeit des Amts. Als 1705 der Bei von den Algeriern gefangen genommen worden war, wurde Husain Ibn Ali (✉ 1705–40), nachdem er die Algerier vertrieben hatte, Bei von Tunis und begründete die bis 1957 regierende Dyn. der Husaniden.

Zeit der Kolonialherrschaft: Seit Ahmed Bei (✉ 1837–55) wurde das Land europ. Einflüssen geöffnet. Die damit verbundenen wirtsch. Veränderungen sowie die Unterdrückung der Seeräuberei führten zur Zerrüttung der Staatsfinanzen, so daß Muhammad As Saduk (✉ 1859–82) die Errichtung einer brit.-frz.-italien. Finanzkontrolle dulden mußte. 1881 rückten frz. Truppen in T. ein, 1883 wurde das Land durch die Konvention von La Marsa zum frz. Protektorat erklärt. 1920 schloß sich die einheim. Führungsschicht in der Destur-Partei zusammen, die eine Verbesserung des rechtl. Status der Tunesier, eine Verfassung und als Endziel die Unabhängigkeit verlangte. Ihr zu Kompromissen nicht bereiter Flügel spaltete sich 1934 als Neo-Destur-Partei unter der Führung des Rechtsanwalts Habib Burgiba ab. Obwohl Frankr. die neue Partei verbot, Burgiba (1934–36 und 1938–42) wie auch andere Führer der Partei in Haft genommen wurden, fand sie rasch breite Unterstützung in allen Bev.schichten.

T. seit 1945: Burgiba suchte 1945–51 Unterstützung im Ausland und forderte von da die stufenweise Verwirklichung der Unabhängigkeit. 1952 riefen die Nationalisten die UN an, nach einer erneuten Verhaftung Burgibas kam es zu Unruhen, bei denen Hunderte von Tunesiern ums Leben kamen. Schließl. veranlaßte die unhaltbar gewordene Situation die Reg. Mendès-France zu Autonomieverhandlungen, die im Sept. 1955 erfolgreich abgeschlossen wurden. Am 20. März 1956 erkannte Frankr. die Unabhängigkeit von T. an, Burgiba wurde am 15. April zum Min.-präs. gewählt. Am 25. Juli 1957 setzte das Parlament den Bei ab, erklärte T. zur Republik und wählte Burgiba zum Staatspräs. (Wiederwahl 1964 und 1969, 1975 auf Lebenszeit). Die Auseinandersetzungen mit Frankr. gingen jedoch wegen der Unterstützung der alger. Unabhängigkeitsbewegung durch T. weiter. 1964 wurden die Destur-Partei und die Neo-Destur-Partei in der Einheitspartei Parti Socialiste Destourien (PSD) neu organisiert und ihr wirtschaftspolit. Kurs in Richtung einer staatl. Planwirtschaft festgelegt. Die kollektivist. Wirtschaftsordnung mußte jedoch 1969 auf Bauernrevolten hin liberalisiert werden. In dem Maß, in dem T. Distanz zu Nassers Politik im arab. Lager hielt, knüpfte es engere Beziehungen zum Westen, ohne zum völligen Bruch mit den Staaten der Arab. Liga (Mgl. seit 1958) kommen zu lassen. Die stabile Herrschaft des Präs. Burgiba wurde 1978 durch Gewerkschaftsproteste (v. a. wegen Inflation und Arbeitslosigkeit) vorübergehend erschüttert. In der Folge des Aufrufs der Gewerkschaften zu einem von der Reg. als illegal deklarierten Generalstreik im Jan. 1978 kam es zu schweren Unruhen mit 51 Toten. Die Gewerkschaftsführer wurden verhaftet und verurteilt (Okt. 1978), jedoch ein

Tunesien

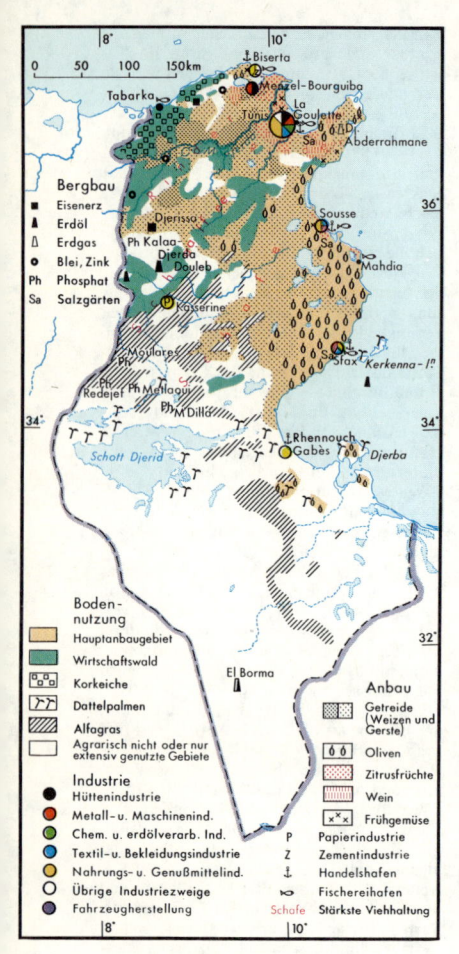

Tunesien. Wirtschaftskarte

knappes Jahr später begnadigt (Aug. 1979), die Gewerkschaftsführung wurde umgebildet. Am 23. April 1980 berief Burgiba ein neues Kabinett mit M. Mzali (* 1925) als Min.präs., der in der Innenpolitik eine vorsichtige Liberalisierung einleitete (z. B. Zulassung weiterer polit. Gruppen bei den Parlamentswahlen vom Nov. 1981), aber 1986 entlassen wurde und aus T. fliehen mußte. Bei den Wahlen im Nov. 1986 wurde die Opposition erhebl. behindert, so daß sie die Wahlen boykottierte. Im Nov. 1987 wurde Staatspräs. Burgiba durch Min.präs. Ben Ali entmachtet, nachdem Burgiba durch mehrere Ärzte Amtsunfähigkeit bescheinigt worden war; Ben Ali übernahm selbst das Amt des Staatspräs. am 8. Nov. 1987.

Um die durch Willkürherrschaft Burgibas geprägten letzten Jahre schnell zu überwinden, amnestierte Ben Ali im Dez. 1987 und März 1988 rd. 3 000 Gefangene. Ein im April 1988 verabschiedetes Parteiengesetz institutionalisierte zwar das Mehrparteiensystem, wird aber wegen der darin festgeschriebenen Vorrangigkeit für die Reg.partei Rassemblement Constitutionnel Démocratique (RCD), der früheren PSD, und der restriktiven Bestimmungen von der Opposition abgelehnt. Im Nov. 1988 wurden die ersten zwei Oppositionsparteien offiziell zugelassen.

Politisches System: Die neue Verfassung wurde am 25. Juli 1988 verkündet, sie basiert auf der Verfassung von 1959. Nach ihr ist T. eine präsidiale Republik. *Staatsoberhaupt* ist der vom Volk für 5 Jahre gewählte Staatspräs.; Wiederwahl ist höchstens zweimal zulässig, die Präsidentschaft auf Lebenszeit, die 1975 in die Verfassung eingefügt worden war, wurde wieder abgeschafft. Der Staatspräs. ist zugleich Inhaber der *Exekutivgewalt*, er ernennt und entläßt die Reg. (Min.rat) unter Vorsitz des Premiermin., ist Oberbefehlshaber der Streitkräfte, hat Vorrang bei Gesetzesinitiativen und kann selbständig Notstandsmaßnahmen ergreifen. Gegenüber dem Parlament hat der Staatspräs. ein Vetorecht, das nur mit Zweidrittelmehrheit überstimmt werden kann. Die *Legislativgewalt* liegt beim Einkammerparlament, der Deputiertenkammer, deren 125 Abg. für 5 Jahre gewählt werden; 1989 fand eine Teilwahl statt, um den Einzug von Oppositionsparteien zu ermöglichen. Wichtigste *Partei* ist das aus dem Parti Socialiste Déstourien hervorgegangene Rassemblement Constitutionnel Démocratique (RCD). Die Oppositionsparteien Rassemblement Socialiste Progressiste (RSP) und Parti Liberal Social (PSL) sind die ersten offiziell zugelassenen Parteien neben dem RCD. Noch nicht offiziell anerkannt ist das Mouvement des Démocrates Socialistes (MDS); der Parti Communiste Tunisien (PCT) wurde 1963 verboten, das islam.-fundamentalist. Mouvement de la Tendence Islamique bisher unterdrückt. Dem *Gewerkschafts*verband Union Génerale Tunisienne du Travail (UGTT) gehören 23 Einzelgewerkschaften mit zus. rd. 175 000 Mgl. an. Zur *Verwaltung* ist T. in 23 Gouvernorate eingeteilt. Das *Rechts*wesen ist frz. beeinflußt, im Fam.- und Erbrecht gilt kodifiziertes islam. Recht. Es gibt Gerichte 1. Instanz, Berufungsgerichte und den Kassationshof als oberste Instanz. Die *Streitkräfte* bestehen aus rd. 38 000 Mann (Heer 30 000, Marine 4 500, Luftwaffe 3 500 Mann).

📖 *T. Natur, Gesch., Kultur ... Wirtschaft.* Hg. v. K. Schliephake. Stg.; Tüb. 1984. - Salem, N.: *Habib Bourguiba. Islam and the creation of Tunisia.* London 1984. - Frankenberg, P.: *T. Ein*

Entwicklungsland im maghrebin. Orient. Stg. 1979. - Mensching, H.: *T. Eine geograph. Landeskunde.* Darmst. ³1979. - Fushöller, D.: *T. u. Ostalgerien in der Römerzeit.* Bonn 1979. - Bolz, R.: *T.: wirtsch. u. soziale Strukturen u. Entwicklung.* Hamb. 1976.

Tungbaum [chin./dt.] ↑ Lackbaum.

Tunghwa (Tonghua) [chin. tʊŋxµa], chin. Stadt in der Mandschurei, am oberen Hunkiang, 300 000 E. Eisen- und Stahlind.; Flußhafen.

Tungide, zum Rassenkreis der ↑ Mongoliden zählende Menschenrasse; von mittelhohem, kräftigem und untersetztem Körperbau, mit kurzem und niedrigem Kopf, zurückweichender Stirn, typ. mongolidem Flachgesicht und stark ausgeprägter Mongolenfalte. Hauptverbreitungsgebiet der tungiden Völker (u. a. Kalmücken, Mongolen und Tungusen) ist das nördl. Zentralasien.

Tungkiang (Dongjiang) [chin. dʊŋdzjan] ↑ Perlfluß.

Tungöl [chin./griech.-lat.], svw. ↑ Holzöl.

Tungstein [schwed./dt.], svw. ↑ Scheelit.

Tungsten [...steːn; schwed.], svw. ↑ Wolfram.

Tung Ting Hu (Dongting Hu) [chin. dʊŋtɪŋxu], See in der südostchin. Prov. Hunan, erstreckt sich über 150 km in W–O- und fast 100 km in N–S-Richtung, 3 100 km², spielt eine wichtige Rolle bei der Wasserstandsregulierung des Jangtsekiang.

Tungurahua [span. tuŋguˈraɣa], Prov. in Ecuador, in den Anden, 3 110 km², 324 300 E (1982), Hauptstadt Ambato. Mittelpunkt für die Landw. und Ind. ist das Becken von Ambato.

T., Vulkan in der Ostkordillere der Anden Z-Ecuadors, 5 033 m hoch; letzte Ausbrüche im 19. Jh.; am Fuß liegt **Baños,** der bedeutendste Badekurort Ecuadors.

Tungusen, zusammenfassende Bez. für die Völker M- und O-Sibiriens sowie NO-Chinas, die mandschu-tungus. Sprachen sprechen.

tungusische Sprachen, svw. ↑ mandschu-tungusische Sprachen.

Tunguska, Obere ↑ Angara.

Tunguska-Kohlenbecken, Kohlenvorkommen in der UdSSR im Mittelsibir. Bergland.

Tung Yüan (Dong Yuan) [chin. dʊŋyæn], † 962, chin. Maler. - Schuf atmosphär. Landschaften mit hohem Stimmungsgehalt und sparsamer Farbgebung: „Tal bei klarem Wetter" (Boston [Mass.], Museum of Fine Arts), „Berglandschaft an gewundenem Strom" (Taipeh, Nationalmuseum).

Tunhwang (Dunhuang) [chin. dyənxyan], chin. Oasenstadt im NW der Prov. Kansu; nahebei die „Grotten der Tausend Buddhas", ein großer Komplex von Höhlentempeln (mehr als 400) mit Wandmalereien (5. Jh. bis um 1300), Rollbildern, Handschrif-

Tunis mit dem Palais d'Orient im Vordergrund und dem Minarett der Großen Moschee links im Hintergrund

ten, u. a. der sog. Diamant-Sutra (datiert 868; heute London, Brit. Museum), Skulpturen.

Tunicata [lat.], svw. ↑ Manteltiere.

Tunika [lat.], ein aus zwei Teilen genähtes Gewand der röm. Männer und Frauen, urspr. ärmellos, später mit kurzen Ärmeln, meist gegürtet, etwa knielang. Die ohne Gürtel getragene T. der Senatoren hatte vorn senkrecht einen Purpurstreifen.

◆ in den *orth. Kirchen* Grundgewand der liturg. Funktionsträger, dem in der kath. Kirche die Albe entspricht.

Tunikaten [lat.], svw. ↑ Manteltiere.

Tuning [engl. ˈtjuːnɪŋ], die Leistungserhöhung von [serienmäßigen] Kfz-Motoren durch nachträgl. Maßnahmen („Frisieren"), z. B. Erhöhung der Verdichtung, Vergrößerung des Ansaugvolumens, Erhöhung der Drehzahl. Durch die Leistungssteigerung ergibt sich eine höhere Beanspruchung der Bauteile, die meist zu einer Herabsetzung der Lebensdauer des Motors führt.

◆ in der *Hochfrequenztechnik* svw. Abstimmung.

Tunis [ˈtuːnɪs, frz. tyˈnis], Hauptstadt Tunesiens, am See von T., nahe dem Mittelmeer, 556 700 E. Verwaltungssitz der Gouv. T. und T.-Süd; Sitz des Ständigen Generalsekretariats der Arab. Liga und des Ausschusses zur Bekämpfung der Ausdehnung der Sahara; orth. Metropolitensitz; Univ. (gegr. 1958);

Tunis

Konservatorium, mehrere Forschungsinst., u. a. für Nutzung von Salzwasser und Bewässerung; Inst. Pasteur; Goethe-Inst., Nationalbibliothek und -archiv, Nationalmuseum, Museum islam. Kunst, Lapidarium Sidi Bou Krissan; Zoo. Wichtigste Ind.zweige sind die Nahrungsmittel-, chem., metallurg. und Textilind.; alle 2 Jahre internat. Messe. Der Stadthafen ist durch einen Kanal mit dem Hafen von La ↑Goulette verbunden. Eisenbahnen ins Hinterland; internat. ✈. - Im Altertum *Tynes*, *Tunes*; unter der Herrschaft Karthagos befestigt, nach Zerstörung im 3. Pun. Krieg wiederaufgebaut; erlangte erst unter arab. Herrschaft ab 697 Bed., unter den Hafsiden (1229–1574) soll T. 100 000 E gehabt haben; im 16. Jh. zw. Osmanen und Spaniern umkämpft, kam 1574 endgültig in osman. Hand. 1881–1956 unter frz. Protektorat; erlitt 1942/43 schwere Schäden bei den Kämpfen zw. italien. und alliierten Truppen; seit 1957 offiziell Hauptstadt der Republik Tunesien. - Altstadt mit zahlr. Moscheen, u. a. die Große Moschee (732 gegr., v. a. 13. und 15. Jh.) und die am Westrand der Altstadt gelegene Moschee der Kasba (13. Jh.).

Tunis, Golf von, Bucht des Mittelmeeres an der NO-Küste Tunesiens, im O begrenzt durch die Halbinsel von Kap Bon.

Tunis, See von, 50 km² große Lagune an der NO-Küste Tunesiens.

Tunja [span. 'tuŋxa], Hauptstadt des kolumbian. Dep. Boyacá, in einem Hochtal der Ostkordillere, 2 820 m ü. d. M., 93 200 E. Kath. Erzbischofssitz; Univ. (gegr. 1953); Handelszentrum; an der Carretera Panamericana. - Entstand an der Stelle der Hauptstadt des Chibchareiches; 1538 von Gonzalo Jiménez de Quesada erobert und niedergebrannt, kurz darauf als span. Siedlung neu gegr.; erklärte sich 1811 von Spanien unabhängig und diente 1819 S. Bolívar als Hauptquartier im Befreiungskrieg. - Kathedrale (1579–1606); Rosenkranzkapelle in der Kirche Santo Domingo (um 1590); Casa de Juan de Vargas (um 1585; jetzt Kolonialmuseum).

Tunnel [engl., zu altfrz. tonnel „Tonnengewölbe, Faß"], künstl. angelegte unterird. Bauwerke, die im Verlauf von Verkehrswegen durch Bergmassive oder unter Flußläufen, Meerengen, städt. Bebauungen u. a. hindurchführen (auch als Abwasser-T. innerhalb einer städt. Kanalisation). Man unterscheidet die in festem Gestein durch bergmänn. Vortrieb hergestellten *Berg-* oder *Gebirgs-T.*, die meist in offener Baugrube hergestellten *Unterpflaster-T.* von rechteckigem Querschnitt, die im Schildvortrieb (auch beim U-Bahn-Bau), durch Absenken vorgefertigter röhrenförmiger Bauteile oder im Senkkastenverfahren hergestellten *Unterwasser-T.* Die Form des *T.querschnitts* richtet sich nach der Stärke des Gebirgsdruckes und nach der Struktur des Gebirges. Außerdem kommt es bei der Querschnittsgestaltung auf den Platzbedarf (Anzahl der Fahrspuren, Unterbringung von Rohrleitungen, Entwässerung und Kabel) und auf das erforderl. Lichtraumprofil an. Die beim T.bau eingesetzten *T.baumaschinen* können unterschieden werden in Geräte zum Lösen des Gesteins (z. B. Bohrhämmer, Drehschlagbohrmaschinen, Schrämmaschinen), zum Laden (Förderbänder, Stollen- oder Schaufellader), zum Transport (z. B. Tiefmuldentransporter), zum Betonieren (z. B. Torkretgeräte, pneumat. Betonfördermittel). In festem Gestein erfolgt der Ausbruch entweder in der *traditionellen Bauweise* (Richtstollen als First- bzw. Sohlstollen, Gesteinsausbruch in Einzelabschnitten, Sicherung gegen Einbrechen, Vollausbau in Unterfangbauweise) oder stetig im *modernen Vollausbruch* (Sicherung der freigelegten Flächen durch Spritzbeton, Felsanker, Stahlbögen u. a.; Wegfall von Auszimmerung; Einsatz von Großmaschinen). Zu den neueren Bauweisen zählen z. B. die *Ringbauweise* mit Ausbruch der Kalotte und Verlegung der mehrteiligen Sohl- oder Ringschwelle (der Ring wird gebildet von Ringschwelle, Lehrbogen, Reiter und Ausbruchbogen), die *Messerbauweise*, bei der gegen die Firste sichernden stählernen oder mit Stahlblech beschlagenen Pfähle (Vortriebsmesser) bei gleichzeitigem *Freimachen der T.brust* vorgetrieben werden und so dem Vortrieb folgen. Bei Lockergestein arbeitet man vorwiegend nach dem *Schildvortriebsverfahren (Schildbauweise)* durch Vortrieb eines bewegl., nahezu waagerechten Stahlzylinders (Deckschild), in dessen Schutz die T.röhre hergestellt wird, und nach dem Vortriebsverfahren mittels rotierender Bodenfräse.

Geschichte: Aus dem Altertum (Babylonien, Mesopotamien, Griechenland, Röm. Reich) sind T. bekannt, die im Zusammenhang mit dem Bau antiker Wasserversorgungsanlagen ausgeführt wurden. Eine bes. Leistung stellte der von M. I. Brunel 1825–41 im Schildvortrieb angelegte Themsetunnel in London dar. Als erster Alpentunnel der Eisenbahn wurde 1848–54 der 1 430 m lange Semmering-Scheiteltunnel erbaut. Der von G. Sommeiller erfundene Druckluftbohrer wurde erstmals beim 1857–71 erbauten, 12,2 km langen Mont-Cenis-T. eingesetzt, das Dynamit beim 1872–81 erbauten, 15 km langen Gotthard-T.; nach knapp achtjähriger Bauzeit war 1906 der 19,8 km lange Simplon-T. (I) vollendet. Nachdem bereits 1911 in Hamburg ein 448 m langer Elbtunnel (mit Fahrstuhleinrichtung [auch für Kfz.]) in Betrieb genommen worden war, konnte hier 1974 ein 3,3 km langer, sechsspuriger, unter der Elbe hindurchführender Autobahntunnel dem Verkehr übergeben werden. Die Eröffnung des 16,3 km langen Gotthard-Straßentunnels ist ebenso wie die des 12,8 km langen Straßentunnels von Fréjus (zw. Italien und Frankr.) 1980 erfolgt. 1971

Tunneleffekt

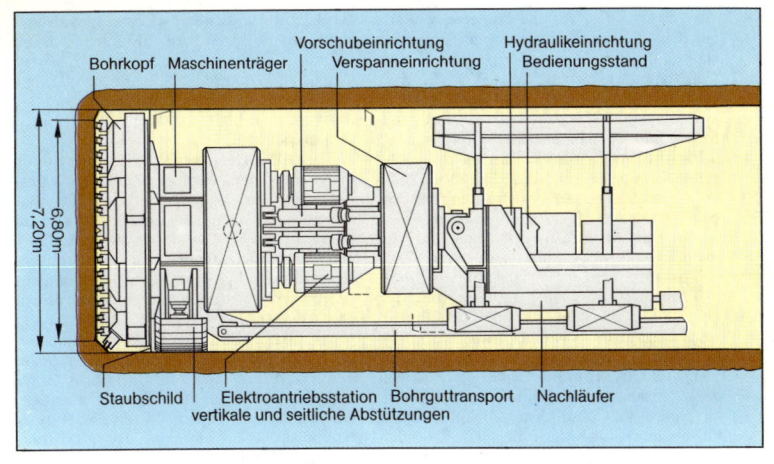

Tunnel. Tunnelvortriebsmaschine für Festgestein mit Rollenmeißel von 7,2 m Durchmesser (Schnitt; oben; Frontalansicht, links);

Querschnitt eines Straßentunnels (unten)

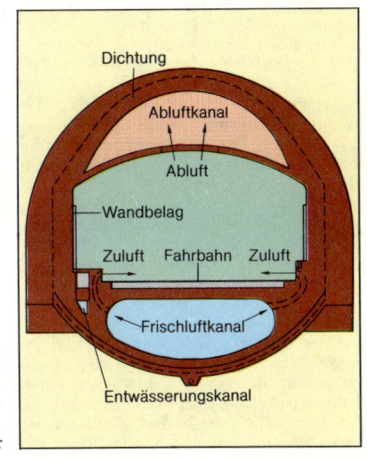

wurde in Japan mit dem Bau des 53,9 km langen Seikantunnels begonnen (Durchstich 1983), 1987 mit dem Bau eines rd. 50 km langen Eisenbahntunnels zw. Frankr. und Großbritannien.

📖 *Müller-Salzburg, L.: Der Felsbau. Bd.3: T.bau. Stg. 1978.*

Tunneleffekt, Bez. für das Hindurchdringen eines atomaren Teilchens durch eine schmale Zone (Potentialwall), in der die potentielle Energie höher als seine kinet. Energie E_{kin} ist. Nach der klass. Physik ist die Wahrscheinlichkeit, daß ein Teilchen in eine derartige Zone eindringen kann, gleich Null; es kann ein Potential $V(x)$ nur dann überwinden, wenn auf dem Teilchenweg (in x-Richtung) stets $E_{kin} > V$ gilt, andernfalls erfolgt Reflexion. Der Alphazerfall von Atomkernen, die thermion. Emission von Elektronen aus Metallen und die Feldelektronenemission sind dagegen Beispiele für Vorgänge, die sich nur unter der Annahme erklären lassen, daß Teilchen derartige Potentialschwellen durchdringen können. Die Begründung hierfür liefert die Quantenmechanik. Danach gilt die strenge klass. Aussage der Reflexion nur, wenn das Potential nach dem Ansteigen auf einen

Wert $V(x) > E_{kin}$ für alle größeren x-Werte auf diesem Wert bleibt. Liegt ein Potentialwall endl. Breite $d = x_2 - x_1$ vor, d.h., fällt $V(x)$ später wieder auf Werte $V < E_{kin}$ ab, so kann das Teilchen mit einer gewissen Wahrscheinlichkeit durch diesen Potentialberg hindurchgelangen, ihn „durchtunneln".

Tunnelheck, das bei Binnenschiffen oft tunnelförmig ausgebildete Hinterteil zum Schutz und zur besseren Anströmung des Propellers.

Tünnes, rhein. Kurzform des männl. Namens Antonius († Anton).

Tupajas [malai.], svw. ↑Spitzhörnchen.

Tupamaros [span.], Bez. für die Mgl. der Guerillabewegung Uruguays (Movimiento de Liberación Nacional, Abk. MLN), die um 1962/63 aus der Bewegung der Zuckerarbeiter (UTAA) entstand; leiten die Bez. von dem peruan. Indianerführer Tupac Amaru II. (eigtl. J. G. Condorcanqui, *1743, †1781) ab, dessen Revolte gegen die span. Kolonialmacht niedergeschlagen wurde; er selbst wurde gefangengenommen und hingerichtet. Die T., die insbes. nach 1963 bis in die 1970er Jahre terrorist. aktiv waren, dienten Stadtguerilleros in anderen lateinamerikan. Ländern sowie Terrororganisationen und ähnl. Organisationen (u.a. der RAF) als „Vorbild".

Tupan, auf dem Balkan verbreitete zweifellige, zylindr. große Trommel, die mit der ↑Zurna zum Tanz gespielt wird.

Tupelobaumgewächse [indian./dt.] (Nyssaceae), Pflanzenfam. der Zweikeimblättrigen mit 2 Gatt. und 9 Arten in O- und SO-Asien sowie im östl. N-Amerika. Die wichtigste Gatt. mit 8 Arten ist der *Tupelobaum* (Nyssa). Die Art *Nyssa sylvatica* ist neben der Sumpfzypresse ein Charakterbaum der Sumpfwälder des sö. N-Amerika.

Tüpfel, v.a. dem Stoffaustausch dienende Aussparungen in der Sekundärwand (↑Zellwand) pflanzl. Zellen. Die T. benachbarter Zellen grenzen paarweise aneinander und werden durch eine dünne, aus zwei Primärwänden und einer Mittellamelle bestehende Schließhaut voneinander getrennt. Mit zunehmender Dicke der Zellwand werden die urspr. muldenförmigen T. röhrenförmig *(T.kanäle)*. Bei den für die Wasserleitungsbahnen typ. *Hof-T.* wird die Schließhaut entweder einseitig oder beidseitig durch einen von der Sekundärwand gebildeten Ring blendenartig überdeckt.

Tüpfelanalyse, Verfahren der chem. Mikroanalyse, bei dem man nur wenige Tropfen der zu untersuchenden Lösung und der Reagenzlösung auf einem weißen Filterpapier oder einer Porzellanplatte miteinander reagieren läßt; durch die dabei auftretenden Färbungen lassen sich zahlr. Substanzen nachweisen; entwickelt v.a. durch den östr. Chemiker F. Feigl (*1891, †1971).

Tüpfelbärbling (Brachydanio nigrofasciatus), bis 4 cm langer, schlanker ↑Karpfenfisch in Süßgewässern Birmas; Rücken bräunl., Unterseite orangefarben (♂) bzw. weißl. (♀), Körperseiten mit goldenem Längsstreif (oben und unten blauschwarz gesäumt), darunter eine blaue Punktreihe; Warmwasseraquarienfisch.

Tüpfelbeutelmarder (Dasyurus quoll), bis 45 cm langer Beutelmarder in SO-Australien und Tasmanien; nachtaktives Raubtier mit gelblichweißen oder weißen Flecken auf graubraunem bzw. braunschwarzem Fell.

Tüpfelbuntbarsch (Aequidens curviceps), bis 8 cm langer, seitl. stark zusammengedrückter Buntbarsch in den Süßgewässern des Amazonasstromgebiets; Grundfärbung grünl. oder bläul., mit dunkel umrandeten Schuppen und (an den Körperseiten) einem dunklen Fleck, der oft in Form eines Längsbandes bis zur Stirn zieht; Kiemendeckel mit blauen Tupfen; Warmwasseraquarienfisch.

Tüpfelfarn (Polypodium), Gatt. der T.gewächse mit rd. 50 v.a. in den Tropen verbreiteten, vielgestaltigen, häufig epiphyt. Arten. Die bekannteste der beiden einheim. Arten ist der auf kalkarmen Böden vorkommende **Gemeine Tüpfelfarn** (Engelsüß, Polypodium vulgare) mit einfach gefiederten, derben, immergrünen Blättern. Das süß schmeckende oberirdisch kriechende Rhizom wird in der Volksheilkunde als Hustenmittel sowie als Abführmittel verwendet.

Tüpfelfarngewächse (Tüpfelfarne, Polypodiaceae), größte Fam. der Farne mit 7000 überwiegend trop., häufig epiphyt. Arten in 170 Gatt.; Blätter meist einfach gefiedert, fiederteilig oder ganzrandig; Sporangiengruppen oft klein und rund (tüpfelförmig). - Die bekanntesten Gatt. sind Adlerfarn, Frauenhaarfarn, Geweihfarn, Schildfarne, ↑Tüpfelfarn und ↑Wurmfarn.

Tüpfelhyäne ↑Hyänen.

Tüpfeljohanniskraut ↑Johanniskraut.

Tupí-Guaraní [tuˈpi: guaraˈni:], zweitgrößte Gruppe der Indianersprachen in S-Amerika, gesprochen südl. des Amazonas von den Anden bis zur Küste des Atlant. Ozeans; wird in die Untergruppen Tupí und Guaraní mit jeweils mehreren Sprachen aufgeteilt. Tupí wird v.a. in O-Brasilien, Guaraní in Teilen von Paraguay, Argentinien und Bolivien gesprochen. Beide waren wichtige Verkehrssprachen, u.a. weil sich die europ. Kolonialmächte und die Kirchen in diesen Gebieten dieser Sprachen bedienten. Guaraní ist heute allg. Umgangssprache in Paraguay, z.T. auch in NO-Argentinien, und wird in literar. Texten, v.a. in Liedern benutzt.

Tupinambá [...ˈba:], zur Tupísprachfamilie gehörende, heute ausgestorbene Indianerstämme an der brasilian. Küste von São Paulo bis zur Amazonasmündung. Sie wurden v.a. während des 16.Jh. in die portugies. und span. Diensten stehenden dt. Landsknecht Hans Staden (* um 1510, † nach 1557) bekannt, der längere Zeit von den T. gefangengehalten wurde.

Tupolew, Andrei Nikolajewitsch [russ. 'tupɐlıf], * Pustomasowo (Geb. Kalinin) 10. Nov. 1888, † Moskau 23. Dez. 1972, sowjet. Flugzeugkonstrukteur. - T. baute ab 1924 die ersten sowjet. Ganzmetallflugzeuge; insges. entwarf er mehr als 100 Flugzeugtypen, von denen zahlr. in Serienproduktion gingen (Serienbez. ANT, später Tu). Bekannt wurden u. a. die zweimotorige ANT-4 (1925), die viermotorige ANT-6 (40,5 m Spannweite), und die achtmotorige ANT-20 „Maxim Gorki". Die Tu-104 (1956) war eines der ersten Verkehrsflugzeuge mit Turboluftstrahltriebwerk. - Tupolews Sohn Alexei Andrejewitsch T. (*1925) war Chefkonstrukteur des Überschallverkehrsflugzeugs Tu-144, dessen Erstflug am 31. Dez. 1968 stattfand; es erreicht Geschwindigkeiten von über 2000 km/h (maximal Mach 2,35).

Tür, bewegl. flächige Verschlußvorrichtung einer den Zutritt ermöglichenden Öffnung (*T.öffnung*) in einer Wand, einer Einfriedung, einem Fahrzeug u. a.; auch Bez. für die Öffnung selbst zus. mit dem dann als *T.abschluß* bezeichneten bewegl. Verschlußteil. Bei Gebäude-T. werden die die T.öffnung umrahmenden Wandteile *T.gewände* genannt; die Begrenzungsflächen sind seitl. die *T.laibung*, oben der tragende *T.sturz*, unten häufig eine *T.schwelle*. Die *T.zarge (T.gerüst)* ist eine Rahmenkonstruktion aus Holz, Kunststoff oder Metall, die in die T.öffnung eingesetzt wird. Die Verkleidung der T.öffnung wird als *T.futter* oder *-rahmen* bezeichnet. Der in die T.zarge bzw. in den T.rahmen eingesetzte bewegl. T.abschluß ist ein meist mit Hilfe sog. T.bänder oder -angeln seitl. befestigter *T.flügel (T.blatt),* der bei Holz-T. aus dem *T.flügelrahmen (T.fries)* und darin eingesetzter *T.füllung* (bei gestemmten T.) oder aus einem mit Sperrholz oder Spanplatten beplankten Rahmen (bei abgesperrten T.) besteht. Zum Verschließen dienen T.riegel, T.schlösser, selbsttätige T.schließer u. a., zum Handhaben T.griffe, T.klinken und T.knöpfe. Nach Öffnungsart und Konstruktion des T.flügels unterscheidet man: die übl. ein- oder aufschlagenden *[Dreh]Flügel-T.,* wobei *Hebe-T.* an der unteren Kante mit einer Nut auf einer Schwelle mit entsprechendem Falz aufsitzen und beim Öffnen erst durch eine Hebelvorrichtung in den Angeln angehoben werden müssen; die *Dreh-, Karussell-* oder *Wendeflügel-T.* aus zwei, drei oder vier um eine senkrechte Achse drehbaren, in einem Drehgehäuse untergebrachten Blättern; die nach beiden Seiten aufschlagenden *Pendel-T.* ohne Anschlagleisten; die auf Rollen in Schienen laufenden *Schiebe-T.;* die *Falt-* oder *Harmonika-T.* aus mehreren durch Scharniere miteinander verbundenen Blättern; die waagerecht

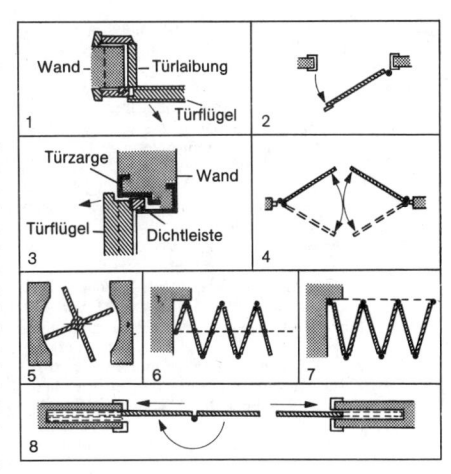

Tür. 1 Querschnitt einer Gebäudetür mit Gewände, 2 Drehflügeltür, 3 Querschnitt einer Zargentür ohne Rahmen, 4 zweiflügelige Pendeltür, 5 vierflügelige Drehtür, 6 Falttür mit Mittelführung, 7 einseitig geführte Falttür, 8 dreiflügelige Schiebetür

liegenden *Klapp-T. (Fall-T.)* und die *Teleskop-T.* mit ineinanderschiebbaren Flügelteilen (z. B. als Fahrstuhl-T. verwendet).

Geschichte: Aus Assur und Babylon sind Pfosten-T. bekannt, bei denen sich in einem ausgehöhlten Angelstein der mit einem entsprechend abgerundeten Bronzeschuh versehene T.pfosten drehte. In Ägypten gab es ein- oder doppelflügelige T. aus Holz. Schiebetüren bzw. Schiebewände aus Holz oder Bambus verbreiteten sich in Ostasien (bes. Japan) ab dem 12. Jh. n. Chr. Künstlerisch ausgestattet wurden T., bes. die T.gewände bereits bei den Sumerern, mit figürl. Reliefs versehene T.flügel sind erst aus der Zeit der frühchristl. Kunst überliefert.

Tura, Cosmè, eigtl. Cosimo T., * Ferrara um 1430, † ebd. im April 1495, italien. Maler. - Hofmaler der Hzg. von Ferrara, Haupt einer lokalen Malerschule. Charakterist. der metall. harte Faltenstil, bunte Farbigkeit und reiche, zum Ornamentalen neigende Kompositionsweise; religiöse und mytholog. Gemälde.

Tur-Abdin [syr. „Berg der Knechte (Gottes)"], türk. Landschaft zw. Tigris (im O und N) und syr. Grenze, ein unzugängl. Plateau, durchschnittl. 1 000 m ü. d. M., zentraler Ort Midyat. - Siedlungsgebiet des frühchristl. syr.-jakobit. Mönchtums; starke Verbreitung des Mönchtums bis zum MA („Berg Athos des Orients"); heute gibt es noch etwa 10 Klöster mit nur wenigen Mönchen.

Turakos

Turakos [afrikan.] (Bananenfresser, Musophagidae), mit den Kuckucken nah verwandte Fam. etwa 40–70 cm langer Vögel mit fast 20 Arten v. a. in Afrika; Gefieder v. a. grün und rot sowie blau und violett gefärbt; mit langem Schwanz, kurzen, abgerundeten Flügeln und häufig helmartig aufgerichteter Federhaube (bes. bei **Helmvögeln** [Helm-T., Tauraco]; bis 45 cm lang, vorwiegend grün befiedert; mit purpurroten Schwingen). Außerdem gehören zu den T. u. a. die ↑Lärmvögel.

Turan, Tiefland von [tu'ra:n; russ. tu-'ran], Tiefland im Bereich der Kasach., Usbek. und Turkmen. SSR, im S und O von den hohen Gebirgszügen Mittelasiens umrahmt, im N bilden flache Bergländer den Übergang zum Westsibir. Tiefland. Sommerheißes, trockenes Kontinentalklima; ihm entsprechend wird das Relief von Binnendünen, Salztonebenen, Salzsümpfen bestimmt, weite Teile nehmen die Sandwüsten Kysylkum und Karakum ein.

Turandot, pers. Märchenprinzessin, die zahlr. Freier, die die von ihr gestellten, sehr schwierigen Rätsel nicht lösen können, köpfen läßt.

Turanide, zum Rassenkreis der ↑Europiden zählende Menschenrasse; von mittelhohem und schlankem Körperbau, mit kurzem und hohem Kopf, mittelhohem, ovalem Gesicht und dunklen Augen und Haaren. Hauptverbreitungsgebiet der T. ist das südl. W-Turkestan.

Turbae [lat.], in Oratorien, Passionen und geistl. Schauspielen die in die Handlung eingreifenden dramat. Chöre (der Jünger, Juden, Soldaten), die den Einzelpersonen (Soliloquenten, z. B. der Evangelist, Christus) gegenübertreten.

Turban [pers.-türk.], bereits im alten Orient belegte Kopfbedeckung, bei der über der Kappe Musselin oder anderer Stoff kunstvoll drapiert ist. Von Hindus und Muslimen getragen. Zeitweise mod. Damenkopfbedeckung.

Turbay Ayala, Julio César [span. tur'βai a'jala], * Bogotá 18. Juni 1916, kolumbian. Politiker. - 1957/58 Min. für Bergbau und Energie, 1958–61 Außenmin., 1962–70 Senator; 1970–78 Vizepräs. Kolumbiens, zugleich ab 1970 Botschafter in London, ab 1974 in Washington; 1978 als Kandidat der Liberalen Partei zum Staatspräs. gewählt (bis 1982).

Türbe [türk.] (arab. Turba), islam. Grabbau, turmförmig auf quadrat., rundem oder polygonalem Grundriß, mit Kuppel oder Kegeldach. Prachtbauten zuweilen mit Portalvorbau, Umgang, Sockel, Gärten u. a. (Tadsch Mahal in ↑Agra). Ältestes Beispiel in Samarra (882); z. T. bilden sie Nekropolen (Damaskus, Kairo, Samarkand).

Turbidimetrie [lat./griech.] ↑Nephelometrie.

Turbinen [frz., zu lat. turbo „Wirbel, Sturm, Kreisel"], Kraftmaschinen, in denen die Strömungsenergie von Dampf, Gas, Wasser bzw. Wind unmittelbar in Rotationsenergie umgesetzt wird. Hauptteil der T. ist ein mit gekrümmten Schaufeln versehenes Laufrad, das von dem jeweiligen Arbeitsmittel durchströmt wird. - ↑auch Dampfturbine, ↑Gasturbine, ↑Wasserturbine.

Turbinen-Luftstrahltriebwerk, svw. Turboluftstrahltriebwerk (↑Triebwerke).

Turbinenschiff, Abk. TS, mit Hilfe einer Dampf- oder Gasturbinenanlage angetriebenes Schiff.

Turbio, Río [span. 'rrio 'turβjo] ↑Gallegos, Río.

turbo..., Turbo... [lat. „Wirbel, Kreisel"], Bestimmungswort von Zusammensetzungen mit der Bed. „Turbine".

Turboaufladung ↑Aufladung.

Turbogenerator, durch eine Dampf- oder Gasturbine angetriebener Generator zur Stromerzeugung.

Turboluftstrahltriebwerk ↑Triebwerke.

Turbomolekularpumpe ↑Vakuumtechnik.

Turboproptriebwerk [Kw.] (Propeller-Turbinen-Luftstrahltriebwerk, PTL-Triebwerk), dem Turboluftstrahltriebwerk (↑Triebwerke) im inneren Aufbau ähnl. Flugtriebwerk, bei dem der überwiegende Teil der Vortriebskraft durch eine Luftschraube (Propeller) und nur der restl. Anteil über eine Schubdüse erzeugt wird. Der Haupteinsatzbereich des T. liegt bei Fluggeschwindigkeiten zw. 400 und 800 km/h. - ↑auch Flugtriebwerke.

Turbopumpe, durch eine Turbine angetriebene Kreiselpumpe (↑Pumpen).

turbulent [lat.], stürmisch, ungestüm, lärmend.

Turbulenz [zu lat. turbulentia „Unruhe, Verwirrung"], Bez. für den v. a. durch Wirbelbildung und Zerfallen dieser Wirbel sowie durch unregelmäßige Schwankungen des Strömungsverlaufs gekennzeichneten Zustand von Strömungen zäher Flüssigkeiten und Gase, wenn sie durch äußere oder innere Einflüsse gestört werden oder wenn sie eine krit., durch die Reynolds-Zahl festgelegte Strömungsgeschwindigkeit überschreiten; derartige Strömungsformen werden als *turbulente Strömungen,* zuweilen auch noch als *Flechtströmungen* bezeichnet. Während bei laminaren Strömungen jedem Flüssigkeits- oder Gasteilchen eine ganz bestimmte stetige Bahn zugeschrieben werden kann, bewegen sich bei T. die Teilchen völlig regellos; die eigtl. makroskop. Strömung ist dieser regellosen Bewegung überlagert und ergibt sich als Mittelwert der Teilchenbewegungen. In der *Meteorologie* unterscheidet man zw. *dynam. T.,* deren Hauptursache in der Reibung strömender Luft an der Erdoberfläche liegt, und *therm. T.,* die v. a. auf der ungleichmäßigen Erwärmung der Erdoberfläche beruht.

Turbulenzballen, Bez. für die in einer turbulenten Strömung auftretenden, mehr oder weniger große Wirbel bildenden Flüssigkeits- oder Gasmassen, die sich eine Zeitlang als individuelles Ganzes bewegen.

turco [italien.], in der Musik svw. ↑alla turca.

Turda (dt. Thorenburg), rumän. Stadt in Siebenbürgen, 59 700 E. Museum, Theater; Baustoffind., Glas- und Fayencefabrik, Nahrungsmittel- u. a. Ind.; Badeort (Salzseen). - Liegt an der Stelle der dak. Siedlung (in röm. Zeit **Potaissa**), die 167 n. Chr. militär. Zentrum der röm. Prov. Dacia Porolissensis wurde; Munizipium unter Septimius Severus; als T. erstmals 1075 gen. - Renaissanceschloß (15.–17. Jh.); zwei spätgot. Kirchen.

Turdidae [lat.], svw. ↑Drosseln.

Turek, Ludwig, * Stendal 28. Aug. 1898, † Berlin (Ost) 9. Nov. 1975, dt. Schriftsteller. - Urspr. Schriftsetzer und Drucker. Seit 1918 Mgl. der KPD. 1933–40 im frz. Exil. Bed. Verf. proletar.-revolutionärer Literatur, v. a. mit „Ein Prolet erzählt" (Autobiogr., 1930), „Die letzte Heuer" (R., 1935), „Anna Lubitzke" (R., 1952), „Die Liebesfalle" (En., 1969).

Turenne, Henri de La Tour d'Auvergne, Vicomte de [frz. tyˈrɛn], * Sedan 11. Sept. 1611, ✕ Sasbach (Ortenaukreis) 27. Juli 1675, frz. Marschall (seit 1643) und Militärtheoretiker. - Enkel Wilhelms I. von Oranien; sammelte militär. Erfahrungen im Achtzigjährigen Krieg bei Moritz von Oranien, trat 1630 in frz. Dienste. Im Dreißigjährigen Krieg kämpfte T. 1637 in Flandern, 1638 am Rhein, 1639 bis 1641 und 1643 in Oberitalien. Seit 1643 führte er ein selbständiges Kommando am Oberrhein. T. beteiligte sich an der Fronde und mußte fliehen. Nach der Aussöhnung mit dem Hof (1651) führte er das königl. Heer im Bürgerkrieg und im Krieg mit Spanien (bis 1659). 1667/68 leitete er den Devolutionskrieg, ab 1672 den Niederl.-Frz. Krieg (u. a. Verwüstung der Pfalz 1674).

Turf [engl. tə:f], Rennbahn; Pferderennsport.

Turfan (Tulufan), Oasenort am N-Rand der ↑Turfansenke.

Turfanfunde, archäolog. Funde buddhist. Kunst (um 650–950) in O-Turkestan (die erste Expedition [1902] endete in Turfan am N-Rand der Turfansenke); Skulpturen, Terrakotten, Wandmalereien, Buchmalerei, die Handschriften in zahlr. Sprachen (sog. Turfanfragmente in Sogd., Sak., Parth., Tochar., Baktr., Uigurisch).

Turfansenke (Tulufanwadi [chin. tulufan-ɥadi]), Becken im östl. Tienschan, bis 154 m u. d. M. (tiefster Punkt Chinas); intensive Landw.; Erdölförderung.

Turgai, Tafelland von, etwa 200–300 m ü. d. M. gelegenes Tafelland zw. dem Westsibir. Tiefland im N, dem Tiefland von Turan im S, im O geht das Tafelland in die Kasach. Schwelle über, im W in die Mugodscharberge und den Südl. Ural; bed. Eisenerzvorkommen, daneben Abbau von Bauxit, von Gold und Asbest (in Dschetygara).

Turgenjew, Iwan [tʊrˈɡɛnjɛf, russ. turˈɡjenɪf], * Orel 9. Nov. 1818, † Bougival bei Paris 3. Sept. 1883, russ. Dichter. - Sein vielfältiges Erzählwerk bildet zus. mit Tolstois und Dostojewskis Romanen den Höhepunkt der russ. realist. Literatur des 19. Jh. Aus alter Adelsfamilie; ab 1855 meist in Deutschland (Baden-Baden) und Frankr.; befreundet u. a. mit G. Flaubert, P. Heyse, T. Storm. In den sprachl. vortreffl. verdichteten „Aufzeichnungen eines Jägers" (1852), skizzenartigen Erzählungen über das Leben der Bauern, und in fast allen Romanen sind die sozialen und polit. Probleme der Zeit enthalten. Darstellung passiver Charaktere, versagender Fortschrittler, skept. „Nihilisten", „überflüssiger" Intellektueller, denen der Antrieb zum Handeln fehlt („Väter und Söhne", R., 1862), hervorragende Charakterisierung bes. der weibl. Gestalten sowie kompositor. genutzte eindrucksvolle Landschaftsschilderungen v. a. in „Assja" (Nov., 1858), „Am Vorabend" (R., 1860), „Erste Liebe" (E., 1860), „Frühlingswogen" (Nov., 1871), „Neuland" (R., 1877). Im Alter zunehmender Einfluß des Schopenhauerschen Pessimismus, insbes. in den kunstvoll stilisierten, emotionalen und didakt. „Senilia. Dichtungen in Prosa" (1882).

Weitere Werke: Ein Monat auf dem Lande (Kom., 1850), Das adelige Nest (R., 1859), Dunst (R., 1867), Ein König Lear für die Steppe (Nov., 1870), Klara Militsch (Nov., 1882).

📖 *Kottmann, H.:* I. Turgenevs Bühnenwerk. *Ffm. 1984. - Brang, P.: I. S. Turgenev. Leben u. sein Werk. Wsb. 1977. - I. S. Turgenev in Deutschland. Materialien u. Untersuchungen. Hg. v. G. Ziegengeist. Bln. 1965.*

turgeszent [lat.], prall, gespannt (durch hohen Flüssigkeitsgehalt); in der Biologie und Medizin von Zellen und Geweben gesagt.

Turgor [lat. „das Aufgeschwollensein"] (Turgordruck, Turgeszenz, Saftdruck), der von innen auf die Zellwand lebender pflanzl. Zellen ausgeübte Druck. Er entsteht durch osmosebedingte Wasseraufnahme in die Vakuole, wodurch der Protoplast (Zelleib) zunehmend gegen die Zellwand gedrückt wird und diese gedehnt wird. Die maximal gedehnte Zellwand bzw. der Gegendruck benachbarter Zellen verhindert die weitere Wasseraufnahme. Die prallen (turgeszenten) Zellen bewirken eine Festigung krautiger Pflanzenteile. Bei Wasserverlust (sinkendem T.) tritt Erschlaffung *(Welken)* ein.

Turgot, Anne Robert Jacques [frz. tyrˈɡo], Baron de l'Aulne, * Paris 10. Mai 1727, † ebd. 20. März 1781, frz. Staatsmann und

Turin

Turiner Grabtuch. Negativwiedergabe des Gesichtsabdruckes

Wirtschaftstheoretiker. - Erwarb sich als Intendant von Limoges (1761-74) den Ruf eines erfolgreichen Reformers, so daß Ludwig XVI. ihn im Juli 1774 zum Marineminister, im Aug. zum Generalkontrolleur der Finanzen ernannte. Sein erstes Reformwerk, die Freigabe des Getreidehandels (Sept. 1774), geriet v. a. durch die gleichzeitige Mißernte, die zu Preissteigerungen und Unruhen („guerre des farines") führte, in Mißkredit. Sein Versuch einer Sanierung der Finanzen scheiterte weitgehend an der Verschwendungssucht des Hofes und am Widerstand der privilegierten Stände; diese bewirkten seine Entlassung am 12. Mai 1776. - Als Wirtschaftstheoretiker wird T. zu den ↑Physiokraten gezählt. Er räumte jedoch im Unterschied zu diesen neben dem Produktionsfaktor Kapital auch der Arbeit größere Bedeutung für das Problem der Wert- und Preisbestimmung ein und leistete damit einen Beitrag zur Entwicklung der Arbeitswertlehre. Außerdem formulierte T. als erster das Gesetz vom abnehmenden Ertragszuwachs (↑Ertragsgesetz). - *Hauptwerk:* Betrachtungen über die Bildung und Verteilung des Reichtums (1766).

Turin (italien. Torino), Hauptstadt der italien. Region Piemont, in der westl. Poebene, 239 m ü. d. M., 1,04 Mill. E. Verwaltungssitz der Prov. T., kath. Erzbischofssitz; Univ. (gegr. 1404), Musik- und Kunsthochschule, TH, Priesterseminar, Akad. der Wiss., bed. Museen, Gemäldegalerien und naturwiss. Sammlungen, mehrere Theater, Autorennstrecke, botan. Garten, Zoo. T. gehört zus. mit Mailand zu den bed. italien. Wirtschafts- und Ind.zentren; v. a. werden Automobile, Schiffe, Flugzeuge, Motoren und Präzisionsinstrumente gebaut, daneben wollverarbeitende, pharmazeut., opt., Bekleidungs- und Genußmittelind.; internat. Messen (u. a. Autosalon). In T. treffen sich alle wichtigen Verkehrslinien aus der westl. Poebene und den anschließenden Alpen; ⚒.

Geschichte: Im Altertum Hauptort der ligur. Tauriner, wurde unter Augustus als **Augusta Taurinorum** röm. Kolonie; seit dem 5. Jh. Sitz eines Bistums seit 1515 eines Erzbistums; nach 569 Mittelpunkt eines langobard. Hzgt., dann einer fränk. Gft., seit dem 10. Jh. einer Markgrafschaft, mit der 1048 Savoyen belehnt wurde, die aber nach 1097 zerfiel. 1159 wurden den Bischöfen die Grafschaftsrechte über Stadt und Territorium übertragen, doch lebte nach 1255 die bereits 1136 entwickelte städt. Autonomie wieder auf; fiel 1280 wieder an die Grafen von Savoyen und wurde im 15. Jh. polit. und diplomat. Zentrum Savoyens; im 16./17. Jh. wiederholt von den Franzosen erobert; ab 1720 Hauptstadt des Kgr. Sardinien-Piemont; nach der napoleon. Zeit Mittelpunkt des Risorgimento; 1861-65 Hauptstadt des Kgr. Italien.

Bauten: Aus röm. Zeit ist die augusteische Porta Palatina erhalten. Renaissancedom (1492-98) mit der 1667 ff. von G. Guarini errichteten Cappella della Santa Sindone (für das sog. ↑Turiner Grabtuch), von Guarini auch die Barockkirchen San Lorenzo (1668 ff., Zentralbau) und La Consolata (1679 ff., mit lombard. Kampanile des 11. Jh.), sowie San Filippo Neri (1672-1772, mit F. Iuvara). Zu den zahlr. Palästen gehören der Palazzo Reale (ehem. königl. Schloß, 1646-58), der Palazzo Madama (13., 15. und 18. Jh.) mit Treppenhaus von Iuvara (1718) und der Palazzo Carignano (1679 ff.) von Guarini. Oberhalb der Stadt die Basilica di Superga (1717-31), ein überkuppelter Zentralbau von F. Iuvara. Lebhafte Bautätigkeit auch im 19. Jh. (A. ↑Antonelli) und 20. Jh. (Ausstellungshallen [1948, 1950 und 1961] von P. L. Nervi).

Turina, Joaquín, * Sevilla 9. Dez. 1882, † Madrid 14. Jan. 1949, span. Pianist und Komponist. - Schüler von V. d'Indy in Paris; komponierte, vom frz. Impressionismus beeinflußt, jedoch nationalspan. (andalus.) geprägt, Opern, Orchester-, Kammer- und Klaviermusik, Werke für Orgel und Gitarre sowie Lieder.

Turiner Grabtuch, ein seit Mitte des 14. Jh. bezeugtes, im Dom von Turin aufbewahrtes etwa 4 × 1 m großes Tuch aus Leinen, das Blutspuren und den Abdruck eines menschl. Körpers zeigt und deswegen als Grabtuch Jesu verehrt wird; 1973 ergaben Untersuchungen, daß es mit Sicherheit aus der Zeit Jesu stammt und in Palästina gewesen ist.

Turing, Alan Mathison [engl. 'tjʊərɪŋ], * London 23. Juni 1912, † Wilmslow (Cheshire) 7. Juni 1954, brit. Mathematiker. - Wirkte u. a. in Cambridge und Manchester. T. lieferte wichtige Beiträge zur Theorie der Berechenbarkeit von Funktionen und entwarf die später nach ihm ben. †Turing-Maschine.

Turing-Maschine [engl. 'tjʊərɪŋ; nach A. M. Turing], mathemat. Modell einer Rechenmaschine, durch das der Begriff Berechenbarkeit (einer Funktion) streng definiert werden kann. Eine Funktion $f(x)$ heißt *turingberechenbar*, wenn man eine T.-M. angeben kann, die aus dem Argument x in endl. vielen Schritten den Funktionswert $f(x)$ berechnet.

Turkana, nilotohamit. Stamm westl. des Turkanasees, Hirtennomaden.

Turkanasee (Rudolfsee), abflußloser, fischreicher See im Ostafrikan. Graben, in NW-Kenia, die N-Spitze in Äthiopien, 427 m ü. d. M., über 8 500 km^2, etwa 250 km lang, bis 50 km breit, bis 73 m tief, Hauptzufluß ist der Omo.

Türkei

(amtl.: Türkiye Cumhuriyeti), Republik in Vorderasien und Südosteuropa, zw. 35° 51′ und 42° 06′ n. Br. sowie 25° 40′ und 44° 48′ ö. L. **Staatsgebiet:** Die T. grenzt im N an das Schwarze Meer, im zentralen S und im W an das Mittelmeer. Die das Schwarze Meer und das Mittelmeer verbindende Wasserstraße Bosporus–Marmarameer–Dardanellen teilt die europ. T. (O-Thrakien) im W von der asiat. T. (Anatolien). O-Thrakien grenzt im W an Griechenland, im N an Bulgarien; Anatolien grenzt im NO an die UdSSR, im O an Iran, im S an Irak und Syrien. **Fläche:** 779 452 km^2, davon 23 623 km^2 in Europa. **Bevölkerung:** 51,4 Mill. E (1985), 66,0 E/km^2. **Hauptstadt:** Ankara. **Verwaltungsgliederung:** 67 İler. **Amtssprache:** Türkisch. **Nationalfeiertag:** 29. Okt. **Währung:** Türk. Pfund/Türk. Lira (TL.) = 100 Kuruş (krş.). **Internat. Mitgliedschaften:** UN, Balkanpakt, Europarat, NATO, OECD; der EWG assoziiert. **Zeitzone:** MEZ + 1 Std.

Landesnatur: Anatolien ist ein weites Hochland, das von küstenparallelen Gebirgsketten begrenzt wird: im N das Pont. Gebirge, im S der Taurus. Im O der T. treffen sich die randl. Gebirgssysteme und gestalten O-Anatolien zu einem unzugängl. Gebirgsland; hier befindet sich der höchste Berg des Landes, der Ararat (5 165 m). Der äußerste SO ist ein weites, durch Talläufe zerschnittenes Plateau in 500–600 m Meereshöhe, das im S in die Syr. Wüste übergeht. Die zentrale Landschaft, das inneranatol. Becken, in dem sich Salzseen und -sümpfe finden, geht nach W in eine Grabenzone und anschließend in die Ägäische Küstenregion über, die durch weit ins Land eingreifende Buchten gekennzeichnet ist. O-Thrakien umfaßt im wesentl. das Becken des Flußes Ergene nehri, das im N und S von Mittelgebirgszügen umrahmt wird.

Klima: Inneranatolien liegt ganzjährig im Regenschatten, das Pont. Gebirge erhält ganzjährig Niederschläge. O-Thrakien, W-Anatolien und der Taurus haben Mittelmeerklima mit Winterniederschlägen. Die Jahressumme der Niederschläge liegt an der N-Küste bei 1 200 mm (im W) und 2 400 mm (im O), an der S-Küste zw. 600 mm (im O) und 1 000 mm (im W), in Inneranatolien bei durchschnittl. 300–400 mm. Die mittleren Julitemperaturen liegen bei 19 °C in O-Anatolien, bei 23 °C an der N-Küste und in Inneranatolien, bei 28 °C an der S- und SW-Küste und bei 32 °C in SO-Anatolien. Die mittleren Januartemperaturen belaufen sich auf −12 °C in O-Anatolien, auf 6–7 °C an der N-Küste, auf −0,2 °C für das zentrale Inneranatolien und 9–10 °C an der S-Küste.

Vegetation: In O-Thrakien und W-Anatolien findet sich mediterrane Vegetation (Macchien). In Inneranatolien dominiert die Steppe. Die Gebirge sind weitgehend bewaldet: Taurus und O-Anatolien v. a. mit Schwarzkiefern, Pont. Gebirge v. a. mit Laubwäldern und Rhododendronunterwuchs an der Küste.

Bevölkerung: Den Hauptteil der Bev. stellen die Türken. Daneben existieren etwa 2,5–8 Mill. Kurden, außerdem gibt es an ethn. Minderheiten Araber, Tscherkessen, Georgier, Lasen, Griechen, Armenier und Juden, die zus. etwa 1 % der Gesamtbev. stellen. 99,7 % der Bev. sind Muslime (überwiegend sunnit. Richtung). In der T. besteht allg. Schulpflicht vom 7. bis zum 12. Lebensjahr. Es bestehen 27 Univ., davon vier in Ankara und sechs in Istanbul.

Wirtschaft: In der Landw. sind über 60 % der Erwerbstätigen beschäftigt; sie erbringt 21 % des Bruttosozialprodukts. Die Landw., die wertmäßig etwa 25 % der Exporte liefert, ist in der Lage, die Bev. überwiegend mit Nahrungsmitteln zu versorgen, lediglich Weizen muß eingeführt werden. Die wichtigsten landw. Produkte sind Baumwolle (W- und S-Anatolien), frische und getrocknete Früchte, Haselnüsse (östl. Schwarzmeerküste Raum Trabzon) und Tabak. Die berühmten Smyrna-Feigen kommen aus dem Raum İzmir (heutiger Name von Smyrna). Von der gesamten Weinernte werden nur etwa 3 % gekeltert, etwa 70 % werden zu Sultaninen und dem Mostkonzentrat Pekmez verarbeitet, der Rest kommt als Tafeltrauben auf den Markt. Die T. ist der Welt größter Erzeuger und Exporteur von Haselnüssen. Tabak wird v. a. im Hinterland von İzmir (beste Qualitäten), im Marmarameer, am Schwarzen Meer und im O des Landes (mindere Qualitäten) angebaut.

Türkei

Um dem teuren Kaffee-Import entgegenzutreten, wird seit 1940 an der östl. Schwarzmeerküste Tee angebaut (8. Stelle der Weltproduktion). Der Anbau von Schlafmohn wurde 1972 auf Drängen der USA verboten. Seit 1974 wurde der Mohnanbau in einigen Prov. (Zentrum ist Afyon) wieder gestattet. Der Anbau ist genehmigungspflichtig und untersteht staatl. Kontrolle. Die ausgedehnten Waldareale mit Nußbäumen, Zedern, Kiefern, Pappeln und Weiden werden forstwirtsch. genutzt. Fischerei wird im wesentl. im Marmarameer und im Schwarzen Meer betrieben. Wichtigster Fischanlandeplatz ist Istanbul. Der Bergbau ist zu 4,4% am Bruttosozialprodukt beteiligt. Die T. gehört zu den bed. Chromerzlieferanten der Erde. Darüber hinaus werden Steinkohle und Eisenerz abgebaut, die beide den Aufbau einer eigenen Eisen- und Stahlind. (in Karabük, Ereğli und İskenderun) ermöglichen. Zum Export gelangen auch Borax, Antimon, Quecksilber und Blisterkupfer. Bei Batman, im SO des Landes, wird Erdöl gefördert. Neue Lager wurden in O-Thrakien und im Bereich des Festlandsockels der Ägäis entdeckt. Die Industrialisierung hat bed. Fortschritte gemacht, so daß die Ind. mit 23% (1984) am Bruttosozialprodukt beteiligt war. Die bedeutendsten Ind.standorte sind Istanbul, Ankara, İzmir, Adana und Bursa. Wichtigster Zweig der türk. Ind. ist die Textilind., zu der auch die Teppichknüpferei (Zentrum Kayseri) zählt, es folgen Zement-, Zucker- und Kfz.ind.; wichtig sind außerdem Stahlwerke, Drahtziehereien, Erdölraffinerien (in Batman, Mersin, Derince bei İzmit und Aliaga bei İzmir), chem. Ind. (v. a. Kunstdüngerfabriken), Werften, Zigaretten- und Reifenfabriken, Holzverarbeitung und Papierindustrie. Zu nennen sind darüber hinaus noch Montagewerke. Die Energiewirtschaft kann sich auf Stein- und große Braunkohlevorkommen stützen. Wichtigster Energieträger ist das Erdöl (40%). Mit den großen hydrotechn. Projekten am Euphrat ist der Bau mehrerer Wasserkraftwerke sowie ein großflächiges Bewässerungsprogramm in der Urfaebene verbunden. Bei Denizli besteht ein erstes geotherm. Kraftwerk. Wesentl. Deviseneinnahmen erbringt der Tourismus, der sich v. a. auf die W- und S-Küste sowie Istanbul konzentriert. Die bedeutendsten Deviseneinnahmen stammen jedoch von den im Ausland arbeitenden Türken.

Außenhandel: Die Handelsbilanz der T. ist laufend passiv, da Maschinen und Rohstoffe für die ständig wachsende Industrialisierung eingeführt werden müssen und v. a. agrar. Rohstoffe für den Export zur Verfügung stehen. Die wichtigsten Handelspartner sind die BR Deutschland, Iran, USA, Großbrit., Irak, Schweiz, Saudi-Arabien, Frankr. u. a. Exportiert werden: Baumwolle, Obst und Südfrüchte, Tabak, Trockenfrüchte, Bekleidung, Erdölderivate, Eisen und Stahl, Teppiche, Zement, Baustoffe, Baumwollgewebe, Chromerz u. a. Importiert werden: Maschinen und Geräte, Erdöl, Eisen und Stahl, Düngemittel, Kfz., Flugzeuge, Kunststoffe und Kunstharze, Medikamente u. a.

Verkehr: Das Streckennetz der Eisenbahn umfaßt 8 169 km. Das Straßennetz umfaßt 59 112 km, davon sind 40 771 km asphaltiert. Zur wichtigsten Transitroute entwickelte sich mit der Fertigstellung der Hängebrücke über den Bosporus (1973) die Strecke Kesan–Istanbul–Ankara–Sivas–Erzincan–Erzurum–Doğubayazit (E 5/E 23), auch für den Handelsweg Europa–Iran. Die wichtigsten Häfen sind die von Istanbul, İzmir, Trabzon, Samsun und Mersin. Internat. 🛪 sind Yeşilköy bei Istanbul und Esenboğa bei Ankara.

Geschichte: Beginn der Osmanenherrschaft und Ausdehnung des Osman. Reichs: Der Islam begann mit dem Eindringen turkmen. Nomadenstämme, denen der Weg nach W durch den Sieg des Seldschukensultans Alp Arslan über die Byzantiner 1071 bei Manzikert geöffnet worden war, in Anatolien Fuß zu fassen. In der 2. Hälfte des 12. Jh. schufen die Rum-Seldschuken in Kleinasien eine türk.-islam. Kultur. Da die lokalen turkmen. Stammesführer immer selbständiger wurden, entstanden in der 2. Hälfte des 13. Jh. eine Vielzahl turkmen. Emirate. - Um 1300 trat in dem nominell noch byzantin. Bithynien Osman I. Ghasi, der Begründer der Dyn. der Osmanen, als Führer einer Gruppe turkmen. Glaubenskämpfer auf. Einen Staat ähnl. den anderen turkmen. Ft. schuf jedoch erst Orchan (⌑ 1326–59), dessen Truppen 1354 nahe Gallipoli (= Gelibolu) den ersten Stützpunkt auf europ. Boden errichten konnten. 1361 wurde Adrianopel (= Edirne) genommen und wenig später Hauptstadt des Reiches. Das Byzantin. Reich mußte den Status eines tributpflichtigen Vasallen hinnehmen. Als die vereinigten Heere der Balkanstaaten Serbien, Ungarn, Bulgarien und Bosnien an der Maritza 1371 geschlagen worden waren, kamen Thrakien und Makedonien in osman. Besitz. Nach dem Sieg Murads I. (⌑ 1359–89), der mit Bajasid I. (⌑ 1389–1402) als eigtl. Begründer des Osman. Reiches gilt, auf dem Amselfeld 1389 über den König von Serbien und dessen Verbündete wurde Serbien den Osmanen tributpflichtig. Bis 1393 eroberten die Osmanen den größten Teil Bulgariens und Thessaliens. 1394–97 setzten sie sich auch in Attika und auf der Peloponnes fest. Die Walachei wurde erstmals um 1395 (erneut 1415 unter Mircea dem Alten) tributpflichtig, und 1396 sicherte Bajasid I. vor Widin die neueroberten Gebiete auf dem Balkan. Den Versuch eines Kreuzfahrerheers, das Byzantin. Reich aus der osman. Umklammerung zu befreien, wehrten die Osmanen 1396 bei Nikopolis erfolgreich ab. Bajasid I. stieß 1402

Türkei

bei Ankara mit Timur-Leng zusammen, der die osman. Armee vernichtend schlug und den Sultan gefangennahm; doch blieb das Osman. Reich in seinem Grundbestand erhalten. Murad II. (⚭ 1421–51) gelang die völlige Wiederherstellung der osman. Macht; zudem eroberte er den größten Teil Griechenlands. Weitere Expansionen scheiterten an dem von dem ungar. Reichsverweser J. Hunyadi organisierten Widerstand. Ein letzter Kreuzzug zur Rettung des Byzantin. Reichs (ab 1441) brach 1444 in der Niederlage bei Warna zusammen. Nachdem 1448 auch Hunyadi geschlagen worden war, konnte Muhammad II. (⚭ 1451–81) das restl. Byzantin. Reich annektieren; er eroberte Konstantinopel am 29. Mai 1453 und machte es zur Hauptstadt des Osman. Reiches. In den folgenden 100 Jahren erlangte das Osman. Reich seine größte Macht und Ausdehnung († auch Türkenkriege). Die Voraussetzungen hatte noch Muhammad II. gelegt, als er 1454/55 Serbien, 1461 Trapezunt, 1463 Bosnien annektierte und 1466/67 den Aufstand des Skanderbeg in Albanien niederwarf. Der Krieg mit Venedig 1463–79 brachte den Osmanen v. a. die Peloponnes und Athen ein und sicherte ihre Herrschaft über Albanien. Das Osman. Reich stieg zur beherrschenden Seemacht im östl. Mittelmeer auf und war im Seekrieg gegen Venedig 1499–1503 erfolgreich. Der Khan der Krimtataren mußte die Oberhoheit der Osmanen anerkennen. In Anatolien wurde 1468 Karaman, 1474 Kleinarmenien besetzt. Versuche, in Unteritalien (1480 Fall Otrantos) Fuß zu fassen, mußten 1481 aufgegeben werden. 1482 wurde die Herzegowina, 1484/1503 Bessarabien besetzt, 1504 die Moldau tributpflichtig. O-Anatolien wurde bis zum Vansee osman.; 1516/17 wurden Syrien und Ägypten besetzt. Der Sultan, der seit 1517 auch den Kalifentitel trug, wurde auch zum Schutzherrn der hl. Stätten des Islams in Mekka und Medina. Sulaiman II., der Prächtige (⚭ 1520–66) vertrieb 1522 die Johanniter aus Rhodos, 1521 überschritt er die Donau, besetzte Belgrad und nach der Schlacht von Mohács (1526) große Teile Ungarns. 1529 drang er bis Wien vor. Chair Ad Din, der Herr von Algier, stellte sich 1519 in den Dienst des Sultans und wurde Großadmiral der osman. Flotte. 1551 kam Tripolitanien, 1570/71 Zypern, 1574 Tunesien unter osman. Herrschaft. Die Periode äußerer Ausdehnung brachte auch den inneren Ausbau des Staates. Die Verwaltung wurde zentralisiert. Die neue Oberschicht, die sich aus Angehörigen der verschiedensten Völker des Reichs zusammensetzte, löste die zum Zivildienst ausgebildeten „Sklaven der Pforte" ab und verdrängte schließl. auch die alte türk. Stammesaristokratie. Die nichtmuslim. Religionsgemeinschaften (Millet) erhielten eine zwar gewisse Autonomie zugebilligt, blieben von der Mitwirkung an polit. Entscheidungen jedoch ausgeschlossen. Als der Unterhalt der Armee nicht mehr durch die bei den Eroberungen gemachte Beute gesichert war, wurden den Untertanen (Rajah) harte Steuerlasten auferlegt.
Niedergang des Osman. Reiches: Im 6. Türk.-Venezian. Krieg (1645–69) wurde bis 1669/70 Kreta erobert, im Krieg mit Polen (1672–76) Podolien und die poln. Ukraine; mit dem Vorstoß bis Wien 1683 und dessen vergebl. Belagerung war die Kraft der osman. Armee jedoch erschöpft. Der folgende Große Türkenkrieg (1683–99) mit der Hl. Liga von 1684 endete mit den Friedensverträgen von Karlowitz und Konstantinopel (1699/1700), in denen v. a. die Peloponnes und Athen, das westl. Dalmatien, Ungarn, der größte Teil (seit dem 15./16. Jh. großenteils zum Osman. Reich gehörenden) Kroatiens mit Slawonien, Siebenbürgen, Podolien, die poln. Ukraine und Asow abgetreten werden mußten. Die erste Hälfte des 18. Jh. brachte eine gewisse Stabilisierung, obwohl dem Osman. Reich 1718 im Frieden von Passarowitz weitere Gebiete verlorengingen. In der 2. Hälfte des 18. Jh. wurde das aus den Kriegen mit Schweden erstarkt hervorgegangene Rußland zum Hauptgegner der Osmanen, die es in den Friedensschlüssen von Küçük Kaynarcı (1774) und Jassy (1792) zwang, alle Gebiete im N des Schwarzen Meers bis zum Dnjestr aufzugeben (weitere Gebietsverluste bis zum Pruth folgten dem Russ.-Türk. Krieg 1806–12). Salim III. (⚭ 1789–1807) leitete eine Periode von Reformen ein, die Mahmud II. (⚭ 1808–39) fortsetzte. Infolge der Beseitigung der traditionellen Militärmacht der Janitscharen 1826 durch die neuen Truppen war das Reich jedoch seinen inneren und äußeren Gegnern nahezu hilflos ausgeliefert; die an der Peripherie gelegenen Prov. machten sich selbständig († auch ägyptische Geschichte). Die europ. Mächte Frankr., Großbrit. und Rußland setzten die Unabhängigkeit der Griechen durch, nachdem sie am 20. Okt. 1827 bei Navarino die türk.-ägypt. Flotte vernichtet hatten. Nach dem Russ.-Türk. Krieg von 1828/29 mußte der Sultan im Frieden von Adrianopel 1829 und im Londoner Protokoll 1830 die Autonomie Serbiens, der Moldau und der Walachei, die Unabhängigkeit Griechenlands anerkennen und kaukas. Gebiete an Rußland abtreten. Auch Ägypten suchte seine Macht auf Kosten des nunmehr als † Kranker Mann am Bosporus bezeichneten Osman. Reiches zu vergrößern. Erst die Quadrupelallianz von London (1840) zw. Großbrit., Rußland, Österreich und Preußen zwang Ägypten zum Rückzug aus Syrien und zur Wiederanerkennung der Oberhoheit des osman. Sultans. Der † Krimkrieg 1853/54–56 zwang das Osman. Reich zu so hoher Verschuldung, daß 1875 die Zahlungsunfähigkeit

283

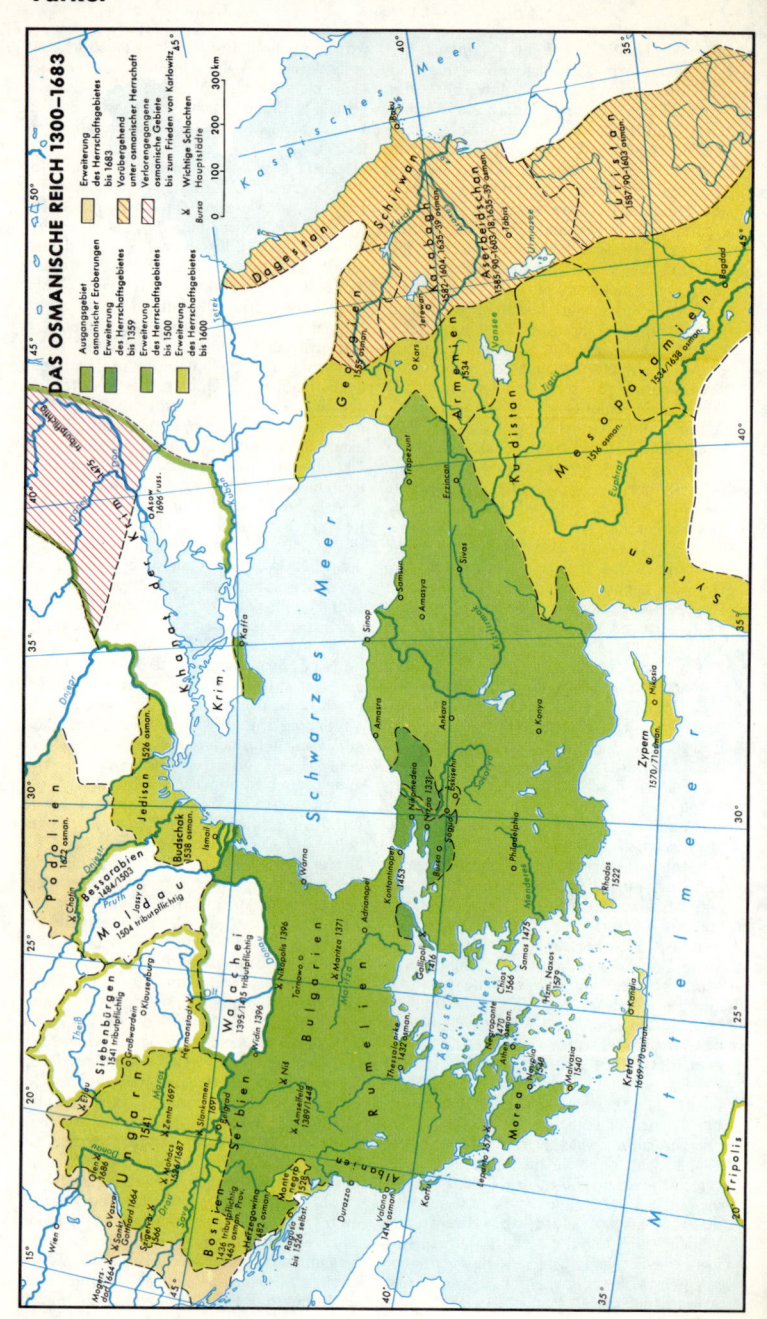

Türkei

DAS OSMANISCHE REICH 1300–1683

- Ausgangsgebiet osmanischer Eroberungen
- Erweiterung des Herrschaftsgebietes bis 1359
- Erweiterung des Herrschaftsgebietes bis 1500
- Erweiterung des Herrschaftsgebietes bis 1600
- Erweiterung des Herrschaftsgebietes bis 1683
- Vorübergehend unter osmanischer Herrschaft
- Verlorengegangene osmanische Gebiete bis zum Frieden von Karlowitz
- X Wichtige Schlachten
- ● Bursa Hauptstädte

0 100 200 300 km

Türkei

STAATSOBERHÄUPTER

Sultane aus der Dynastie der Osmanen

Osman I. Ghasi	um 1300–1326
Orchan	1326–1359
Murad I.	1359–1389
Bajasid I.	1389–1402
(Interregnum nach Bajasids I. Gefangennahme durch Timur-Leng)	
Muhammad I.	1413–1421
Murad II.	1421–1451
Muhammad II.	1451–1481
Bajasid II.	1481–1512
Salim I.	1512–1520
Sulaiman I.	1520–1566
(europ. Zählung: S. II.)	
Salim II.	1566–1574
Murad III.	1574–1595
Muhammad III.	1595–1603
Ahmad I.	1603–1617
Mustafa I.	1617–1618 und 1622–1623
Osman II.	1618–1622
Murad IV.	1623–1640
Ibrahim I.	1640–1648
Muhammad IV.	1648–1687
Sulaiman II.	1687–1691
(europ. Zählung: S. III.)	
Ahmad II.	1691–1695
Mustafa II.	1695–1703
Ahmad III.	1703–1730
Mahmud I.	1730–1754
Osman III.	1754–1757
Mustafa III.	1757–1774
Abd Al Hamid I.	1774–1789
Salim III.	1789–1807
Mustafa IV.	1807–1808
Mahmud II.	1808–1839
Abd Al Madschid I.	1839–1861
Abd Al Asis	1861–1876
Murad V.	1876
Abd Al Hamid II.	1876–1909
Muhammad V.	1909–1918
Muhammad VI.	1918–1922
Abd Al Madschid II. (Kalif)	1922–1924

Präsidenten der Republik

Kemal Atatürk	1923–1938
İ. İnönü	1938–1950
M. C. Bayar	1950–1960
C. Gürsel	1960/61–1966
C. Sunay	1966–1973
F. Korutürk	1973–1980
I. S. Caglayangil (interimist.)	April–Sept. 1980
General K. Evren	1980–1989
T. Özal	seit 1989

erklärt werden mußte. Trotz aller Reformbemühungen wurde die Schwäche des Reiches zunehmend größer; nach dem Russ.-Türk. Krieg 1877/78 erhielten Serbien, Montenegro und Rumänien (Moldau und Walachei) auf dem Berliner Kongreß 1878 die volle Unabhängigkeit, Bosnien und die Herzegowina wurden österr. Verwaltung gestellt, Zypern wurde Großbrit. zugesprochen. Frankr., das 1830–70 bereits Algerien annektiert hatte, besetzte 1881 Tunesien, Großbrit. 1882 Ägypten. Wachsende innere und äußere Schwierigkeiten führten zur Absetzung von Abd Al Hamid II. (⚭ seit 1876) durch die †Jungtürken (1909). Sein Nachfolger Muhammad V. (⚭ 1909–18) verlor die polit. Macht endgültig an die Jungtürken, die unter der Führung von Enwer Pascha und Talat Pascha standen. Deren Politik war jedoch keineswegs erfolgreicher. Bereits 1908 hatte Bulgarien mit Ostrumelien seine Unabhängigkeit erklärt, Österreich hatte Bosnien und die Herzegowina annektiert; Kreta war griech. geworden. Der Italien.-Türk. Krieg (1911/12) endete mit dem Verlust von Tripolis, der Cyrenaika und des Dodekanes; in den †Balkankriegen 1912–13 gingen die verbliebenen europ. Besitzungen fast ganz verloren; der Kriegseintritt an der Seite der Mittelmächte am 1. Nov. 1914 verhinderte Ansätze einer inneren Erneuerung. Im 1. Weltkrieg gingen die arab. Teile des Reiches verloren (1917 Irak, 1918 Palästina und Syrien). Im Vertrag von Sèvres vom 10. Aug. 1920 mußte Sultan Muhammad VI. (⚭ 1918–22) auf alle Gebiete außerhalb Kleinasiens bis auf einen Zipfel des europ. Festlandes verzichten. Die T. kam unter alliierte Militär- und Finanzkontrolle. Die Griechen besetzten 1919–22 İzmir; Istanbul und die Meerengen kamen 1918–23 unter alliierte Verwaltung. Türk.-Armenien wurde vorübergehend selbständig (↑ auch Armenien, Geschichte). Die von den Siegern geforderte vollständige Demobilisierung wurde von Mustafa Kemal Pascha († Kemal Atatürk) verhindert, der sich 1919 in Anatolien an die Spitze der nat. Widerstandsbewegung stellte. Als die Griechen versuchten, weitere Teile W-Anatoliens zu besetzen, stellte er neue Armee-Einheiten auf und vertrieb die Griechen aus den von ihnen besetzten Gebieten (Griech.-Türk. Krieg, 1919–22). In dem am 24. Juli 1923 in Lausanne unterzeichneten neuen Friedensvertrag gewann die T. Teile O-Thrakiens sowie die uneingeschränkte Kontrolle über Anatolien zurück.

Die Republik: Am 29. Okt. 1923 wurde die Republik ausgerufen; Mustafa Kemal Pascha, ihr erster Präs., erhielt 1934 den Beinamen Atatürk („Vater der Türken"). Muhammad VI. war 1922 als Sultan abgesetzt worden, das Amt des Kalifen bestand bis zu seiner

Türkei

DIE EUROPÄISCHE TÜRKEI 1683–1877

- Osmanische Gebietsverluste bis 1699 (Friede von Karlowitz)
- Osmanische Gebietsverluste bis 1739 (Friede von Passarowitz)
- Osmanische Gebietsverluste bis 1812 (Friede von Bukarest)
- Osmanische Gebietsverluste bis 1878 (Friede von San Stefano)
- Osmanisches Reich nach 1878
- 1739–1878 nochmals osmanisch
- ✗ Wichtige Schlachten

Aufhebung am 3. März 1924 weiter. Kemal Atatürk bemühte sich, die T. zu einem europ.-orientierten, säkularen Nationalstaat zu formen († auch Kemalismus). Außenpolit. suchte er die T. durch den Ausgleich mit den Siegermächten sowie durch Verträge mit den Nachbarstaaten abzusichern. Nach Atatürks Tod am 10. Nov. 1938 wurde İ. İnönü zum Staatspräs. gewählt. Er hielt das Land im 2. Weltkrieg neutral. Die Kriegserklärung an Deutschland und Japan im Febr. 1945 war Voraussetzung für die Aufnahme in die UN. 1952 wurde die Türkei Mgl. der NATO, 1955 schloß sie mit Irak den bald erweiterten Bagdadpakt, der 1959 zur Central Treaty Organization (CENTO) umgewandelt wurde. In der Nachkriegszeit wurden neben der regierenden Republikan. Volkspartei weitere polit. Parteien zugelassen. Die von M. C. Bayar, M. F. Köprülü und A. Menderes gegr. Demokrat. Partei gewann 1950 die Wahlen. Bayar wurde Staats-, Menderes Min.präs.; als Menderes infolge wirtsch. Schwierigkeiten die Unterstützung des Parlaments verlor, hielt er sich durch Unterdrückung der Opposition an der Macht, was zu seinem Sturz am 27. Mai 1960 durch Militärputsch führte. Nach Verabschiedung der Verfassung durch Volksabstimmung 1961 wurde General C. Gürsel zum Staatspräs. gewählt (vorher provisor.), İ. İnönü übernahm das Amt des Min.präs. bis 1965. Die Wahlen von 1965 brachten die konservative, in der Nachfolge der Demokrat. Partei gegr. Gerechtigkeitspartei an die Macht; ihr Führer S. Demirel verfolgte als Min.präs. eine Politik enger Anlehnung an den Westen. Die ungelöste Zypernfrage und die seit dem Beginn der 1970er Jahre wachsenden innenpolit. Spannungen, die sich in blutigen Studentenunruhen und einer Vielzahl von Terrorakten entluden, gaben dem Militär erneut Anlaß, in die Politik einzugreifen. Demirel wurde 1971 zum Rücktritt gezwungen. Die folgenden rechtsgerichteten Koalitions-

Türkei

Türkei. Wirtschaftskarte

reg. unter militär. Vormundschaft konnten die polit. Lage nicht stabilisieren. Mehrmals wurde der Ausnahmezustand verkündet. Mit der Wahl von F. Korutürk (* 1903), der 1973 C. Sunay (* 1900, Staatspräs. ab 1966) im Amt ablöste, zog sich das Militär wieder aus der Politik zurück. Unter dem sozialdemokrat. orientierten B. Ecevit kam 1974 wieder die Republikan. Volkspartei an die Macht. Ecevit mußte aber eine Koalition mit der islam.-"fundamentalist." ausgerichteten Nat. Wohlfahrtspartei eingehen, deren Ziele den seinen vielfach entgegengesetzt waren. Trotz der Verschärfung der Spannungen mit Griechenland wegen des Streits um Ölbohrrechte in der Ägäis wie auch der Landung türk. Truppen am 20. Juli 1974 nach einem Staatsstreich in Zypern und der Besetzung des N-Teils der Insel konnte sich Ecevit nicht halten und wurde im März/April 1975 wieder von Demirel abgelöst. Bei den Wahlen vom Juni 1977 verfehlte die Republikan. Volkspartei knapp die absolute Mehrheit, so daß Demirel im Juni/Juli erneut an die Spitze eines Koalitionskabinetts trat, das aber am 31. Dez. 1977 nach Verlust der Parlamentsmehrheit demissionierte. Im Jan. 1978 bildete Ecevit eine Mitte-Links-Koalition, konnte die hohen Erwartungen, die an ihn gestellt wurden, jedoch nicht so schnell wie propagiert erfüllen. Polit. und religiös-ethn., z. T. bürgerkriegsähnl. Kämpfe, deren Ursachen im wirtsch. und sozialen Bereich liegen und die zur Verhängung des Kriegsrechts in weiten Teilen der T. führten, sowie die unüberwindl. scheinende Auslandsverschuldung prägen derzeit das Bild der Türkei. Nachdem bei den Nachwahlen zum Parlament im Okt. 1979 die Gerechtigkeitspartei alle zur Nachwahl anstehenden Sitze der Nat.versammlung gewonnen hatte, trat Ecevit zurück und Demirel bildete am 12. Nov. 1979 die neue Regierung. Da sich die Große Nat.versammlung trotz zahlr. Wahlgänge auf keinen Nachfolger des aus dem Amt scheidenden Präs. Korutürk einigen konnte, wurde am 7. April 1980 I. S. Caglayangil interimist. Staatspräsident. Nachdem es der Regierung nicht gelang, die innenpolit. Probleme des Landes zu lösen, wurde sie am 12. Sept. 1980 durch einen unblutigen Militärputsch unter Generalstabschef Kenan Evren (* 1918) gestürzt; das Parlament wurde aufgehoben, das Kriegsrecht über das ganze Land verhängt. Evren wurde Staatspräs., eine neue Reg. unter Bülent Ülüsü (* 1923) wurde am 21. September 1980 eingesetzt. Es kam zu zahlr.

Türkei

willkürl. Verhaftungen und anderen Menschenrechtsverletzungen. Eine neue, im Auftrag des Militärregimes ausgearbeitete Verfassung, die ein parlamentar. Reg.system vorsieht, innerhalb dessen die Militärs jedoch ihre starke Stellung weitgehend behalten, wurde am 7. Nov. 1982 in einer Volksabstimmung mit 91,3 % der Stimmen gebilligt. Gleichzeitig wurde General Evren zum Präs. der Republik bestimmt. Die Parlamentswahlen vom Nov. 1983, zu denen lediglich drei neugegr. Parteien zugelassen waren, brachten der Mutterlandspartei T. Özals einen Sieg vor den von den Militärs favorisierten Konkurrenten. Die Ablehnung des Militärregimes wurde bei den Kommunalwahlen im März 1984 bestätigt, aus denen die neu zugelassene Sozialdemokrat. Partei als zweitstärkste Kraft nach der Mutterlandspartei hervorging. Die strateg. Bed. der T. ist nach der islam. Revolution in Iran noch gewachsen; dies führte trotz der undemokrat. inneren Verhältnisse zu militär. und wirtschaftl. Hilfe durch die NATO-Bündnispartner. Das Verhältnis zu Griechenland blieb jedoch weiterhin gespannt. Ein Referendum über eine Verfassungsänderung, mit der das Betätigungsverbot für 133 ehem. Politiker aufgehoben werden sollte, wurde am 6. Sept. 1987 nur knapp angenommen. Ende Nov. 1987 fanden Neuwahlen statt, aus denen die Mutterlandspartei T. Özals erneut als Sieger hervorging (292 Sitze).

Politisches System: Die von der Beratenden Versammlung (120 ernannte Mgl.) und dem Nat. Sicherheitsrat ausgearbeitete und in einer Volksabstimmung angenommene Verfassung trat am 9. Nov. 1982 in Kraft. Danach ist die T. ein demokrat., laizist. und sozialer Rechtsstaat. Die Verfassung betont die Unteilbarkeit des türk. Staates, das Wohl der Gemeinschaft, die nat. Solidarität, die Gerechtigkeit und die Menschenrechte. Der Nat. Sicherheitsrat, der nach dem Militärputsch vom 12. Sept. 1980 die Macht übernommen hatte, übergab nach den Parlamentswahlen vom Nov. 1983 dem neuen Parlament im Dez. 1983 formell die Macht. Nach der neuen Verfassung wird das *Staatsoberhaupt*, der Präs. der Republik (seit 1989 T. Özal), von der Großen Nat.versammlung für 7 Jahre (ohne Wiederwahlmöglichkeit) gewählt. Seine weitreichenden Kompetenzen umfassen u. a. das Recht, Parlamentsneuwahlen anzusetzen, den Vorsitz im Ministerrat zu führen und den Oberbefehl über die Streitkräfte. Der 1980 errichtete Nat. Sicherheitsrat (bestehend aus den Befehlshabern der drei Teilstreitkräfte und der Gendarmerie unter dem Vorsitz des Generalstabschefs) wurde im Zusammentritt des Parlaments in den Rat des Präsidialamts umgewandelt und soll für 6 Jahre quasi als Hüter der Verfassung dem Präs. zur Seite stehen. Die Verfassung sieht (weiterhin) einen nat. Sicherheitsrat vor, dem unter dem Vorsitz des Präs. der Republik der Min.präs., der Verteidigungs-, der Innen- und der Außenmin., der Generalstabschef, die Befehlshaber der 3 Teilstreitkräfte und der Gendarmerie angehören.

Die *Exekutive* liegt beim Min.rat. Der Min.-präs. wird vom Präs. der Republik aus den Reihen der Abg. ernannt. Der Min.rat muß sich nach der Vorlage des Reg.programms in der Nat.versammlung der Vertrauensabstimmung stellen. Die *Legislative* liegt bei der Großen Nat.versammlung, deren 400 Mgl. vom Volk für 5 Jahre gewählt werden.

Die Bildung von *Parteien* ist zahlr. Beschränkungen unterworfen. So dürfen Parteien keinerlei polit. oder finanzielle Verbindungen zu Vereinen, Gewerkschaften usw. unterhalten, keine eigenen Jugend- oder Frauenorganisationen bilden und nicht als Vertreter von Bevölkerungsminderheiten auftreten; in Parteiversammlungen darf nur Türkisch gesprochen werden. Seit den Wahlen vom 29. Nov. 1987 sind in der Nat.versammlung folgende Parteien vertreten: Mutterlandspartei (ANA-P) unter T. Özal (36,29 %, 292 Sitze), die Sozialdemokrat. Volkspartei (SHP) unter E. Inönü (24,81 %, 99 Sitze) und die Partei des Rechten Weges (DYP) des ehem. Min.präs. S. Demirel (19,15 %, 59 Sitze). Auf Grund des türk. Wahlgesetzes mit seiner Zehnprozentklausel erhielten u. a. die Partei für den Demokrat. Linken (8,53 %) und die islam.-fundamentalist. Wohlfahrtspartei (7,14 %) keinen Parlamentssitz.

Auch *Gewerkschaften* und Arbeitgeberverbände unterliegen zahlr. Beschränkungen durch die Verfassung. Sie dürfen sich nicht polit. betätigen und müssen ihre Gelder bei den staatl. Banken einlegen. Die Zulässigkeit von Arbeitskämpfen ist an strenge Voraussetzungen geknüpft.

Zur *Verwaltung* ist die T. in 67 Prov. eingeteilt, an deren Spitze ein Gouverneur steht. Das *Rechtswesen* ist am schweizer. (Zivilrecht), italien. (Strafrecht) und dt. (Handelsrecht) Vorbild orientiert. An der Spitze der ordentl. Gerichtsbarkeit steht der Kassationshof; der Staatsrat ist letzte Instanz der Verwaltungsgerichtsbarkeit, es gibt eigene Militärgerichte sowie Staatssicherheitsgerichte. In Verfassungsfragen entscheidet das Verfassungsgericht.

Die *Streitkräfte* haben eine Gesamtstärke von 635 000 Mann (Heer 523 000, Luftwaffe 57 000, Marine 55 000). Es besteht allg. Wehrpflicht. Die Dauer des Wehrdienstes beträgt 18 Monate. Die paramilitär. Kräfte umfassen 125 000 Mann Gendarmerie.

📖 Sen, F.: T. Mchn. 1985. - Louis, H.: Landeskunde der T. Stg. 1985. - Hütteroth, W.-D.: T. Darmst. 1982. - Roth, J./Talyan, K.: Die T. Republik unter T. Özal. Bornheim ³1982. - Steinbach, U.: Kranker Wächter am Bosporus. Die T. als Riegel zw. Ost u. West. Freib. 1979. - Güldali, N.: Geomorphologie der T. Wsb. 1979. - Die T. in Europa. Hg. v. K.-D. Grothusen. Gött. 1979. - Eggeling, W. J.: T.: Land, Volk, Wirtschaft in

Türkenkriege

Stichworten. Wien 1978. - Keskin, H.: Die T. Vom Osman. Reich zum Nationalstaat. Werdegang einer Unterentwicklung. Bln. 1978. - Klever, K.: Das Weltreich der Türken. Bayreuth 1978.

Türkenbohne, svw. ↑ Feuerbohne.
Türkenbund ↑ Lilie.
Türkenente, svw. ↑ Moschusente.
Türkengerät ↑ Torquetum.
Türkenkriege, die Kriege der europ. christl. Staaten gegen das in SO-Europa eingedrungene islam. Reich der osman. Türken. Ausgangslage und frühe Auseinandersetzungen: 1354 faßten die Osmanen mit einem Stützpunkt auf der Halbinsel Gallipoli (= Gelibolu) erstmals in Europa Fuß. Abwehrversuche der Serben und ihrer Verbündeten an der Maritza (1371) und auf dem Amselfeld (16. Juni 1389) konnten die osman. Expansion nicht aufhalten. Der Versuch, in einem letzten Kreuzzug (1441-44) die Türken vom Balkan zu vertreiben, endete bei Warna mit einer vernichtenden Niederlage (10. Nov. 1444), gefolgt von der Niederlage des ungar. Reichsverwesers J. Hunyadi auf dem Amselfeld (19. Okt. 1448). Die Eroberung Konstantinopels durch Sultan Muhammad II. (29. Mai 1453) gab seinem Reich einen neuen Mittelpunkt.
Türkisch-Venezianische Kriege: Venedig, führende Seemacht im östl. Mittelmeer, versuchte der osman. Expansion erst einen Riegel vorzuschieben, als diese sich im Adriat. Meer zuwandte (1. Türk.-Venezian. Krieg 1423-30). Nach dem Fall Konstantinopels begannen die Osmanen im 2. Türk.-Venezian. Krieg (1463-79) die Venezianer vom griech. Festland und den Inseln zu vertreiben. Ein osman. Brückenkopf in Italien (Fall Otrantos 11. Aug. 1480) mußte dagegen 1481 aufgegeben werden. Im 3. Krieg (1499-1503) wurde Venedig von Spanien, Portugal, Frankr., den Johannitern und dem Kirchenstaat unterstützt, mußte aber den Osmanen weitere griech. Städte (u. a. Lepanto [griech. Nafpaktos]) und Festungen sowie Durazzo (alban. Durrës) überlassen und sagte sogar Tributzahlungen zu. Da die Venezianer auch im 4. Krieg (1537-40) keinen erfolgreichen Widerstand leisten konnten und eine kaiserl. Flotte in der Seeschlacht von Prevesa (= Prewesa; 25.-28. Sept. 1540) unterlag, mußte Venedig seine letzten Besitzungen auf der Peloponnes, in Dalmatien und der Ägäis aufgeben. Als die Osmanen im 5. Krieg 1570/71 Zypern erobert hatten, schlossen Spanien, der Kirchenstaat und Venedig 1571 eine Hl. Liga, deren Flotte die osman. Flotte bei ↑ Lepanto vernichtete (7. Okt. 1571). Doch der Sieg wurde nicht genutzt, da die Venezianer in einem Separatfrieden (1573) auf Zypern verzichteten. Im 6. Krieg (1645-69) mußte Venedig Kreta aufgeben (1669/70). Nach Landgewinn im Frieden von Karlowitz (26. Jan. 1699), gingen im Frieden von Passarowitz (21. Juli 1718) die letzten Stützpunkte auf Kreta und der Peloponnes verloren.
Die Türkenkriege der Habsburger: Der Vorstoß Sultan Sulaimans II., d. Gr., in SO-Europa (Eroberung Belgrads 8. Aug. 1521, Schlacht bei Mohács 29. Aug. 1526) brachte das Osman. Reich in unmittelbaren Kontakt zum habsburg. Länderkomplex. Das Bündnis zw. Sulaiman und dem von einer ungar. Partei gegen den Habsburger Ferdinand zum König gewählten siebenbürg. Fürsten Johann I. Zápolya stellte erstmals die den Habsburgern später noch oft gefährl. Verbindung von innerer Opposition und äußeren Gegnern im SO dar. Im Sept./Okt. 1529 belagerten die Osmanen erstmals Wien. Im Krieg von 1540-47 besetzte Sulaiman den größten Teil Ungarns (1541 Eroberung Budas [dt. Ofen]); Siebenbürgen wurde endgültig osman. Vasallenstaat. Die folgenden T. (1551-62, 1566-68) wurden auf beiden Seiten als Zerstörungsfeldzüge und ohne großen Einsatz geführt. Den nächsten Türkenkrieg (1593-1606) begann Kaiser Rudolf II. energ. mit dem Sieg bei Székesfehérvár (dt. Stuhlweißenburg; 1593), einigte sich aber nach der Niederlage bei Eger (dt. Erlau; 1596) und dem Aufstand der Ungarn unter I. Bocskai (1604-06) mit den von den pers. Safawiden bedrängten Türken im Frieden von Zsitvatorok (11. Nov. 1606).
Im *Poln.-Türk. Krieg* (1672-76) mußte Polen die poln. Ukraine und Podolien abtreten. Den 1. *Russ.-Türk. Krieg* (1677-81) brachen die Osmanen ab, um in Ungarn eingreifen zu können, das sich 1678 gegen die Habsburger erhoben und die Osmanen zu Hilfe gerufen hatte. Großwesir Kara Mustafa zog fast unbehelligt bis vor Wien, das der Belagerung (14. Juli-12. Sept. 1683) standhielt; das Entsatzheer unter dem poln. König Johann III. Sobieski und Hzg. Karl V. Leopold von Lothringen schlug die Türken in der Schlacht am Kahlenberg. Die Feldherren Karl von Lothringen, Maximilian II. Emanuel von Bayern und v. a. Markgraf Ludwig Wilhelm I. von Baden und Prinz Eugen drangen nun rasch vor; der *Große Türkenkrieg* (1683-99) leitete die Phase der Vertreibung der Osmanen aus Europa ein. 1685 fiel Nové Zámky (dt. Neuhäusel), 1686 Buda; 1688 fiel Belgrad. 1690 eroberten die Türken zwar in einer Gegenoffensive Bulgarien, Serbien, Siebenbürgen und Belgrad zurück, mußten aber nach der vernichtenden Niederlage bei Novi Slankamen (bei Novi Sad; 19. Aug. 1691) gegen den bad. Markgrafen 1692 auch Oradea (dt. Großwardein) räumen. 1697 hatte Prinz Eugen den Oberbefehl gegen die Osmanen übernommen und sie bei Senta (ungar. Zenta) besiegt (11. Sept. 1697). Im Frieden von Karlowitz (26. Jan. 1699) mußten sie Siebenbürgen sowie Ungarn (mit Ausnahme des Banats, jedoch

Türkenlouis

einschl. des größten Teils Kroatiens mit Slawonien) abtreten. Nach dem Sieg Prinz Eugens bei Petrovaradin (dt. Peterwardein, = Novi Sad; 5. Aug. 1716) erhielt Österreich im Frieden von Passarowitz (21. Juli 1718) das Banat, N-Serbien und die Kleine Walachei (die beiden letzteren gingen im Frieden von Belgrad [18. Sept. 1739] verloren). Bis auf die Abtretung der Bukowina an Österreich (1775) blieb die Grenze zw. Österreich und dem Osman. Reich († auch Militärgrenze) bis 1878 stabil.
Russisch-Türkische Kriege: Nachdem Peter I., d. Gr., Asow eingenommen hatte (28. Juli 1696), es aber nach dem Russ.-Türk. Krieg von 1710/11 im Frieden am Pruth (12. Juli 1711) wieder hatte aufgeben müssen, sicherte sich Rußland diesen Zugang zum Schwarzen Meer im T. von 1735–39 (ab 1736 Teilnahme Österreichs). Im Russ.-Türk. Krieg von 1768–74 gelang der russ. Flotte bei Çeşme (7. Juli 1770) der erste große Seesieg seit Lepanto und die Eroberung der Krim, der Friede von Küçük Kaynarcı (21. Juli 1774) brachte jedoch ebensowenig den Besitz aller eroberten Gebiete wie der Friede von Jassy (9. Jan. 1792) nach dem T. von 1787–92, an dem auch Österreich 1788–91 teilgenommen hatte. Der Russ.-Türk. Krieg von 1806–12 brachte Rußland Bessarabien und die östl. Moldau (28. Mai 1812). In der Konvention von Akkerman (7. Okt. 1826) verpflichtete sich die Pforte, die Vermittlung Rußlands anzunehmen, wenn eine dritte Macht um das Recht zur Schiffahrt durch die Meerengen ins Schwarze Meer nachsuche. Nach dem Russ.-Türk. Krieg von 1828/29 erhielt Rußland die Inseln an der Donaumündung und erreichte für die Donau-Ft. Moldau und Walachei eine halbsouveräne Stellung im Osman. Reich.
Im 19. Jh. wurde das Osman. Reich mehr und mehr zu einem Spielball der Politik der europ. Großmächte und bildete, verbunden mit den nat. Erhebungen der Balkanvölker, einen zentralen europ. Interessenkonflikt bis hin zum 1. Weltkrieg.
📖 *Das Osman. Reich u. Europa 1683–1789.* Hg. v. G. Heiß u. G. Klingenstein. Mchn. 1983. - Abrahamowicz, Z., u. a.: *Die T. in der histor. Forschung.* Wien 1983. - Schreiber, G.: *Auf den Spuren der Türken.* Mchn. 1980. - Schulze, Winfried: *Reich u. Türkengefahr im späten 16. Jh.* Mchn. 1978.

Türkenlouis † Ludwig Wilhelm I., Markgraf von Baden.

Türkensattel (Sella turcica), in der Schädelhöhle zw. den beiden mittleren Schädelgruben der Schädelbasis gelegener sattelförmiger Teil des Keilbeinkörpers.

Türkentaube † Tauben.

Turkestan, [russ. turkıs'tan] sowjet. Stadt am Fuße des Karatau, Kasach. SSR, 69 000 E. Baumwollentkörnung, Herstellung von Antibiotika; Bahnstation. - Im 10. Jh. als **Schawgar** erwähnt, später **Jassami**; der Name T. erscheint im 14. Jh.; 1864 von russ. Truppen erobert. - Grabmoschee des islam. Hl. Achmed Jesewi (14. Jh.).

T., ['turkɛstɑːn, tυrkɛs'taːn] östl. des Kasp. Meeres gelegenes Geb. in Asien, durch die Gebirgszüge des Pamir und westl. Tienschan geschieden in *West-T.* (frühere *Russ.-T.*), das auf dem Staatsgebiet der UdSSR den Raum zw. Sibirien, Iran und Afghanistan umfaßt, und *Ost-T. (Chin.-T.),* das heute den sw. Teil der chin. Autonomen Region Sinkiang bildet. Seit dem Ende des 2. Jt. v. Chr. sind im histor. West-T. (hierzu sind auch Teile von Iran und Afghanistan zu rechnen) nomadisierende iran. Völker archäolog. nachweisbar: Saken, Sogdier, Choresmier, Parther; einige Gebiete des Landes (Teile Parthiens und Baktriens, ferner Sogdiana und Choresmien) gehörten seit Kyros II. und Darius I. als Satrapien zum Perserreich, fielen dann an Alexander d. Gr., die Seleukiden und schließl. an das gräkobaktr. Reich. In Ost-T. trafen Chinesen und Hsiungnu († Hunnen) aufeinander und verdrängten seit Anfang des 2. Jh. v. Chr. die dort ansässigen iran. Stämme nach West-T. Dieses war im 5. Jh. n. Chr. Bestandteil des Reiches der Hephthaliten, das um die Mitte des 6. Jh. zw. den Sassaniden und dem Reich der Turkvölker aufgeteilt wurde. Anfang des 8. Jh. drangen die muslim. Araber in T. ein, doch erst unter den Tahiriden faßte der Islam festen Fuß. Deren Vasallen, die Samaniden, machten sich 875 unabhängig und schufen in Buchara ein kulturelles Zentrum. Die islamisierten türk. Ogusen gründeten das Reich der Ilekchane, die 999 die Samaniden aus Buchara verdrängten, im 12. Jh. ihrerseits aber durch die mongol. Kara-Kitai verdrängt wurden. 1210 dehnte der Chwarism-Schah seine Herrschaft über fast ganz Transoxanien aus; Dschingis-Khan besetzte das Land 1219/20. Um 1380 brachte Timur-Leng Transoxanien unter seine Gewalt und machte es zur Ausgangsbasis seiner Eroberungszüge. Timuriden herrschten bis zum Ende des 15. Jh. in Samarkand. Etwa 1500 fielen usbeken unter Muhammad Schaibani (*1451, †1510) ein und herrschten ein Jh. lang; das nun fast ganz türkisierte Land wurde seit dieser Zeit T. gen. Nach dem Zerfall des Schaibanidenreiches bestanden in T. die Khanate Buchara, Chiwa und Kokand († Usbeken). 1865 eroberte Rußland Taschkent und bildete 1867 das Generalgouvernement T.; 1868 und 1873 wurden Buchara und Chiwa russ., 1876 wurde das Khanat Kokand annektiert. 1918 wurde die Turkestan. ASSR in der RSFSR geschaffen, 1920 die Kirgis. (später Kasach.) ASSR bzw. SSR; im gleichen Jahr wurden der Khan von Chiwa und der Emir von Buchara mit Hilfe der Roten Armee vertrieben und die Sowjet. VR (später Sozialist. Sowjetrepubli-

türkische Literatur

ken) Choresm (Chiwa) und Buchara gebildet. Aus der Neuorganisation der Turkestan. ASSR 1924 gingen die Turkmen. SSR, die Usbek. SSR sowie schließl. die Kirgis. SSR und die Tadschik. SSR hervor. - Zum von China beherrschten Teil von T. ↑ Uigurische Autonome Region Sinkiang.

📖 *Brentjes, B.: Mittelasien. Wien 1977. - Knobloch, E.: T. - Taschkent, Buchara, Samarkand. Dt. Übers. Mchn. 1973.*

Turkestankette [ˈtʊrkɛstaːn..., tʊrkɛsˈtaːn...], Gebirgszug in der Tadschik. SSR, erstreckt sich auf 340 km Länge in O–W-Richtung nördl. des Serawschan, bis 5 621 m hoch, z. T. vergletschert.

Turkestan-Sibirische Eisenbahn [ˈtʊrkɛstaːn, tʊrkɛsˈtaːn] (Turksib), sowjet. Eisenbahnlinie von Arys über Alma-Ata nach Nowossibirsk (Anschluß an die Transsibir. Eisenbahn), Verbindung zw. Turkestan und Sibirien, 2 531 km lang, 1927–31 erbaut.

Türkis [zu frz. turquoise (pierre) „türk. (Edelstein)"] (Kallait), sehr feinkörniges, fast nur in nierigen und traubigen Aggregaten vorkommendes, wachsglänzendes, blaues, blaugrünes oder grünes Mineral, chem. $CuAl_6[(OH)_8|(PO_4)_4] \cdot 4H_2O$; muschelig brechend. Reiner T. wird als Schmuckstein verwendet; durch Brauneisenstein und Manganoxide verunreinigter T. wird als *Türkismatrix* bezeichnet; bed. Vorkommen in den USA (New Mexico), in Iran, auf der Sinaihalbinsel und in der Sowjetunion bei Samarkand. Mohshärte 5–6; Dichte 2,6–2,9 g/cm³.

Türkisch, zur südwestl. Gruppe der Turksprachen gehörende Sprache der Bev. der Türkei bzw. früher des Osman. Reichs (daher auch als Osmanisch bezeichnet). Das Sprachgebiet reicht über die Grenzen der Türkei hinaus nach SO-Europa sowie nach Zypern, Syrien und Irak; Sprecherzahl etwa 41–43 Mill. - Das T. gelangte im 11. Jh. nach Kleinasien und wurde 1277 vom Karamenenfürsten in Konya anstelle des Persischen als Verwaltungssprache eingeführt. Für die verschiedenen Dialektgruppen steht noch keine endgültige Einteilung und Abgrenzung fest. Innerhalb des T. unterscheidet man gewöhnl. die Entwicklungsstufen Altosman. (mit Seldschukisch, 13.–15. Jh.), Mittelosman. (15.–17. Jh.), Osman. (17.–20. Jh.) und (Türkei-)Türkisch (20. Jh.). Nach der weitgehenden Ersetzung arab.-pers. Lehnwörter durch neugeschaffene Wörter (bes. seit der 1932 einsetzenden Sprachreform) sind ältere Texte heute den jüngeren Türken nicht verständlich. Die Schrift war bis 1928 die arab. (christl. Untertanen schrieben Türkisch auch in der Schrift ihrer Kirche: griech., kyrill., armen.), seitdem ist es die lat. Schrift mit einigen Zusatzzeichen.

📖 *Jansky, H.: Lehrb. der türk. Sprache. Wsb.* [10]*1982. - Rühl, P.: Türk. Sprachlehre. Hdbg.* [8]*1975.*

Türkische Hasel (Baumhasel, Corylus colurna), in SO-Europa und Kleinasien heim. Art der Gatt. ↑ Hasel; bis 20 m hoher Baum mit kegelförmiger Krone; Blätter breit, herzförmig; Früchte sehr dickschalig, mit eßbarem Samen; wertvoller Straßen- und Parkbaum.

türkische Kunst, innerhalb der ↑ islamischen Kunst zeitweise bes. geprägte Kunst, so der *seldschuk.* und der *osman. Stil.*

türkische Literatur, aus dem 13. Jh. existieren erste Belege, v. a. histor. Aufzeichnungen sowie Verarbeitungen alter Epenstoffe; bes. Bed. hatte die Derwischdichtung. Einer der ersten nachweisbaren Dichter ist Sultan Walad (* 1226, † 1312). Bis heute ein Vorbild für alle türk. Dichter, die sich der starken Überfremdung durch arab.-pers. Elemente widersetzten, ist der Mystiker Junus Emre († um 1320). Die einflußreiche Hof- und Gelehrtendichtung der altosman. Zeit wurde in der mittelosman. Literatur mit Chroniken und Reichsannalen fortgesetzt; bes. wichtig wurde Evliya Çelebi (* 1611, † 1682) und dessen Prosawerk über Volks- und Völkerkunde, Zeitgeschichte und Geographie. Um die Mitte des 19. Jh. kam es zu einer entscheidenden Zäsur im Einklang mit der polit. Entwicklung. Liberale Tendenzen in der Türkei selbst begünstigten ebenso wie die Aktivitäten der Exilierten in W-Europa den Einfluß westl. Literatur, insbes. Übersetzungen aus der frz. Schule des Naturalismus; bed. Autoren waren der Erzähler Ahmad Midhat (* 1844, † 1912) und der Dramatiker Ibrahim Schinasi (* 1826, † 1871). Erst im 20. Jh. kamen europ. Einflüsse in allen literar. Gatt. voll zur Geltung; so wirkt z. B. Ömer Seyfeddin (* 1884, † 1920) mit seinen naturalist. Kurzgeschichten bis heute. In der Zeit des Freiheitskampfes unter Kemal Atatürk wurden die ersten bedeutenderen Literaturwerke der türk. literar. Moderne geschaffen; bed. Autoren waren v. a. die Feministin und Politikerin Halide Edib Adıvar (* 1884, † 1964) sowie Y. K. Karaosmanoğlu und R. N. Güntekin (* 1889, † 1956). Der eigtl. Durchbruch begann jedoch mit dem v. a. als Lyriker bed. N. Hikmet. Im Zuge der Industrialisierung schilderte Sabahattin Ali (* 1906, † 1948) aus der Sicht des unmittelbaren Miterlebens das Schicksal der unterprivilegierten Menschen; Orhan Kemal (* 1914, † 1970) setzte mit Novellen und Romanen die Marksteine für den Beginn einer proletar. t. L.; der städt. Alltag fand mit skizzenhaften Impressionen in den Kurzgeschichten von Sait Faik (* 1906, † 1954) und in den Satiren von A. Nesin (* 1915) literar. Verarbeitung. Mit ihrer Ablehnung des herkömml. Traditionellen schufen O. V. Kanık (* 1914, † 1950), O. Rifat (* 1914) und M. C. Anday (* 1915) durch die sog. „Garip" („Fremdartig")-Bewegung eine neue Tendenz in der Dichtung. In den 1950er Jahren wurde das anatol. Dorfleben

türkische Musik

zu einem wichtigen Thema der t. L.: Yasar Kemal (*1922), F. Baykurt (*1929), Necati Cumalı (*1921) sind die bedeutendsten Vertreter dieser Richtung. Seit den 1960er Jahren machte sich ein deutl. Pluralismus geltend. Auf dem Gebiet der Prosa traten v. a. Autorinnen wie Adalet Ağaoğlu (*1929), Nezihe Meriç (*1925) und Füruzan (*1935) hervor, in der Lyrik v. a. B. Necatigil (*1916, †1979), F. Hüsnü Dağlarca (*1914), A. Ilhan (*1921). Neben Prosa und Lyrik gewinnt das moderne türk. Theater sehr an Bed.; Dramatiker wie Vasif Öngören (*1938) und H. Taner (*1915) gelten als die wichtigsten Vertreter des modernen türk. Theaters. Seit den 1970er Jahren findet ein bes. Thema, die „Gastarbeiter"-Problematik, seinen literar. Niederschlag, v. a. durch die im Ausland lebenden türk. Autoren wie Yüksel Pazarkaya (*1940) und Aras Ören (*1939).

📖 *Moderne türk. Lyrik. Eine Anthologie.* Hg. u. dt. Übers. v. Y. Pazarkaya. Tüb. u. Basel 1971. - Spies, O.: *Die türk. Prosalit. der Gegenwart.* Lpz. 1943. - Gibb, E. J. W.: *A history of Ottoman poetry.* London 1900–09. 6 Bde.

türkische Musik, sie gründete als höf. Kunstmusik der Osmanen auf der transoxan.-pers. Hofmusik, übermittelt durch die Schule des Abdülkadir Merāği (*um 1350, †1435). Ihr v. a. „kompositor." Stil mit Melodiemodellen (↑Maqam) in kleinstufigen Gebrauchsleitern und metr. „Takt"-Gruppen wurde in Konstantinopel weiterentwickelt und führte bis zum 19. Jh. zu immer komplexeren Formen. Mehrteilige „Konzerte" mit Gesangssätzen und diese umrahmenden Instrumentalstücken wurden in kammermusikal. Besetzung auf Laute (Ud), Harfe, Hackbrett (Santur), Zither (Kanun), Langhalslaute (Tanbur), Streichinstrumenten (Rabab, Kemantsche) und Rohrflöte (Naj) gespielt, begleitet von Pauken u. a. Rhythmusinstrumenten und geleitet vom „Obersänger". Einem Höhepunkt osman. Musikgeschichte (Buhurīzade Mustafa Itrī; *1640, †1712) folgte die produktive, volksnahe „Tulpenzeit" unter Ahmad III. (*1673, †1736). Als Komponist und Mäzen förderte Salim III. (*1761, †1808) u. a. Hamamîzâde İsmail Dede (*1778, †1846). Im 19. Jh. wuchs die Rolle europ. Musik, die gleichwertig neben einheim. (Zekâi Dede; *1825, †1897) gepflegt wurde. Heute stehen der nat. Tradition eine westl. orientierte Musikpflege auch in neuer Musik (Adnan Saygun; *1907) und u. a. Unterhaltungsmusik gegenüber. - Die nat. Militärmusik, urspr. zentralasiat. Herkunft, wurde unter den Osmanen mit Oboen, Trommeln, Schellenbaum u. a. in bis zu 300 Mann starker Besetzung gespielt und während der Türkenmode des 18. Jh. als ↑Janitscharenmusik in Europa nachgeahmt (Aufhebung des Janitscharenkorps 1826). Wesentl. zur reichen türk. Musikkultur trugen auch (bis 1925) die Derwischorden, bes. der Orden der Mewlewi („tanzende Derwische") bei. - In der sehr vielfältigen ländl. Musik und dem Volkstanz herrschten diaton. (z. B. pentaton.) Melodien vor. Neben fest metrisierten Volksliedern zeigen gen metr. freie, häufig in absteigendem Septimumfang gesungene „lange Lieder" zentralasiat. Verwandtschaft, ebenso das Spiel auf großer Trommel und Oboe, womit Volkstänze, häufig von Zigeunern, begleitet werden. Die halbprofessionellen Volkssänger, die sich selbst auf der Langhalslaute begleiten, sind Erben alttürk. Barden- und islam.-myst. Troubadourtradition (Âşık Veysel; *1894, †1973).

📖 *Incirci, T.: Musik der Türkei.* Bln. 1981. - *Ahrens, C.: Instrumentale Musikstile an der osttürk. Schwarzmeerküste.* Hohenschäftlarn 1970.

türkisches Bad, dem irisch-röm. Bad ähnl. Anwendung mit trockener Heißluft auf den ganzen Körper mit nachfolgender Abkühlung (↑Dampfbad).

Turkmenen, Volk in der UdSSR, in Afghanistan, Iran und in der Türkei, in mehrere Stämme unterteilt. Sie sind Viehzüchter, z. T. noch Nomaden, und Ackerbauern. Religion ist der sunnit. Islam. Die T. waren urspr. eine aus den↑Ogusen hervorgegangene Stammesgruppe islamisierter türk. Nomaden. Aus turkmen. Stammesführern gingen die ↑Osmanen hervor; turkmen. Konföderationen bildeten sich im 14. Jh. in O-Anatolien und W-Iran und wurden im 15. Jh. bed. für die iran. Geschichte. Die in Turkestan verbliebenen T. kamen 1881 unter russ. Herrschaft.

Turkmenien ↑Turkmenische SSR.

Turkmenisch, zur südwestl. Gruppe der Turksprachen gehörende Sprache der Turkmenen. Bis in das 20. Jh. benutzten die Turkmenen als Literatursprache das Tschagataiische mit im Laufe der Zeit zunehmenden turkmen. Beimischungen. Nach der Entstehung der Turkmen. SSR 1924 entwickelte sich die turkmen. Schriftsprache rasch; sie wurde zunächst in arab. Schrift, 1928–40 in lat., seitdem in kyrill. Schrift geschrieben.

Turkmenische SSR (Turkmenien), Unionsrepublik der Sowjetunion in Mittelasien, 488 100 km², 3,189 Mill. E (1985), Hauptstadt Aschchabad.

Landesnatur: Der größte Teil der T. SSR wird von der Karakum eingenommen. Im NW liegen Ausläufer des Ust-Urt-Plateaus, die südl. anschließenden Höhen erreichen 1 880 m Höhe. Mit Ausnahme der Halbinsel südl. der Bucht Kara-Bogas-Gol wird der ganze SW von den Niederungen am O-Ufer des Kasp. Meeres gebildet. Sie gehen allmähl. in das Vorgebirge des Koppe Dagh über. In den äußersten O reicht ein Ausläufer des Gissar-Alai-Systems, der Kugitangtau (bis 3 139 m hoch), hinein. - Das extrem kontinentale Klima ist durch große Trockenheit und hohe Tempera-

Turks- und Caicosinseln

turschwankungen gekennzeichnet. In der Karakum gibt es nur stellenweise spärl. Vegetation. Entlang den großen Flüssen wächst Galeriewald, in Überschwemmungsgebieten auch Schilfrohr. Die blühenden Oasen um die Flüsse Amu-Darja, Murgab, Tedschen und in der Gegend von Aschchabad sind das Ergebnis langwieriger menschl. Bemühungen. Im Gebirge gibt es bis in größte Höhen hinauf nur Steppen.
Bevölkerung, Wirtschaft, Verkehr: Etwa 68% der Bev. sind Turkmenen; außerdem leben Russen, Usbeken, Kasachen, Tataren, Ukrainer, Armenier, Aserbaidschaner, Belutschen u.a. in der T. SSR. Die Bev.konzentration auf die schmalen Randzonen bringt einen relativ hohen Grad von Verstädterung mit sich; die Sandwüste Karakum ist so gut wie unbewohnt. Russ. und Turkmen. sind gleichberechtigte Amtssprachen. Die T. SSR verfügt über eine Univ., die Akad. der Wiss. der T. SSR unterhält 14 Lehrinst. - Fast die gesamte Anbaufläche wird künstl. bewässert. Die T. SSR ist der zweitwichtigste Baumwollerzeuger unter den Unionsrepubliken. Angebaut werden außerdem v.a. Futterpflanzen, Getreide, Gemüse und Melonen. Die Viehwirtschaft ist nach dem Baumwollanbau der wichtigste Zweig der Landw. (Karakulschafe, Rinder, Schweine, Kamele, Pferde sowie Geflügel); Seidenraupenzucht. Zentren der Erdölförderung sind die Halbinsel Tscheleken, Nebit-Dag und Okarem, außerdem werden Erdgas und Erdwachs gewonnen sowie Schwefel und Salz. Außer Erdölverarbeitung, einem Superphosphatwerk und einer Schwefelgewinnungsanlage gibt es Textil- und die Nahrungsmittelind. Eine bes. Rolle spielt die traditionelle Teppichherstellung. - Das Schienennetz umfaßt 2120 km. Von den 19800 km Straßen haben 14400 km eine feste Decke. Schiffahrt wird auf dem Amudarja (rd. 1000 km innerhalb der T. SSR) und auf dem Karakumkanal betrieben. Wichtigste 🛦 sind Aschchabad, Krasnowodsk, Mary, Tschaus und Tschardschou.
Geschichte: 1924 aus Teilen der Turkestan. ASSR gebildet; schloß sich offiziell 1925 der Sowjetunion an; im 2. Weltkrieg für die Kriegsversorgung bes. wichtig.

Turkologie, die Wiss. von Sprache, Literatur und Kultur der Turkvölker. Seit dem 15.Jh. veranlaßte das Vorrücken der Türken in SO-Europa das Abendland, sich für „Ritus und Bräuche der Türken" (Hans Schiltberger [* 1380, † um 1440], „De ritu et moribus Turcarum", gedruckt um 1473) zu interessieren. Die sprachl. Forschung setzte im 17.Jh. ein, das erste abendländl. Gesamtwerk über die türk. Literatur ist J. Freiherr von Hammer-Purgstalls „Geschichte der Osman. Dichtkunst bis auf unsere Zeit" (1836–1838).

Turksib, Kurzbez. für †Turkestan-Sibirische Eisenbahn.

Turksinseln [engl. tɔːks] †Turks- und Caicosinseln.

Turksprachen (Türksprachen), eine Gruppe von einander verhältnismäßig nahestehenden Sprachen in O-Europa, Vorderasien, Innerasien und Sibirien. Als Gemeinsamkeiten können folgende Charakteristika herausgestellt werden: Sie haben Vokalharmonie, sind agglutinierend, kennen kein Genus, keine Präfixe, keine Präpositionen, keine Relativpronomina und Konjunktionen, die Kasussuffixe folgen den Possessivsuffixen, im Satz steht gewöhnl. das näher Bestimmende vor dem zu Bestimmenden. - Die T. werden meist mit den mongol. und den mandschutungus. Sprachen urverwandt angesehen (altaische Sprachen), jedoch ist eine genet. Verwandtschaft nicht bewiesen. Für die Klassifikation der T. gibt es noch kein allg. akzeptiertes Schema. Im SW des Sprachgebiets hebt sich die südwestl. oder ogus. Gruppe mit einer seldschuk. (Türkisch, Gagausisch, Aserbaidschanisch) und einer turkmen. Untergruppe (Turkmenisch) ab. Zur nordwestl. oder kiptschak. Gruppe gehören Karaimisch (in Polen und der UdSSR), Krimtatarisch, die nordkaukas. T. (Karatschaiisch-Balkarisch, Kumykisch) sowie Tatarisch und Baschkirisch;.das Kasachische (mit dem nahe verwandten Karakalpakischen und dem Nogaiischen) und das Kirgisische werden von einigen Forschern als aralo-kasp. oder Zentralgruppe getrennt von der NW-Gruppe behandelt. Das Altaische (Altaitürk.) bildet einen Übergang zur nordöst. Gruppe in Sibirien mit den heutigen Schriftsprachen Chakassisch, Tuwinisch und dem zieml. fernstehenden Jakutischen. Zur südöstl. Gruppe rechnet man das Usbekische und das Uigurische. Die Gesamtzahl der heutigen Sprecher von T. wird auf 60–100 Mill. geschätzt.
📖 *Menges, K. H.: The Turkic languages and peoples.* Wsb. 1968. ·

Turks- und Caicosinseln [engl. tɔːks; ˈkaɪkəs], brit. Kronkolonie im Bereich der Westind. Inseln, 430 km², 7400 E (1980), Verwaltungssitz Cockburn Town auf Grand Turk Island. Die Kolonie besteht aus den durch die Turks Island Passage getrennten Inselgruppen **Caicosinseln** (21 an der 180 km langen N-Seite der Caicosbank aufgereihte Inseln, größte davon *Grand Caicos Island* mit 188 km²) und **Turksinseln** (8 Inseln, größte davon *Grand Turk Island* mit 24 km²). - $^2/_3$ der meist prot. Bev. sind Schwarzafrikan. Herkunft, $^1/_3$ Mulatten. Amts- und Verkehrssprache ist Englisch. Die meisten E sind Fischer, die nebenher etwas Landw. betreiben. Der Fremdenverkehr stellt die Vollbeschäftigung sicher. Der Verkehr zw. den Inseln wird v. a. durch Segelboote aufrechterhalten. Die Turks and Caicos National Airways unterhalten einen Liniendienst zw. den größeren Inseln und Haiti; außerdem Flüge nach Miami

Turku

und den Bahamainseln. - Zur Zeit der Entdeckung (1512) unbewohnt; im 17. Jh. ließen sich brit. Siedler nieder. 1799 den Bahamainseln angegliedert; erhielten 1848 ein eigenes Statut; 1873 Jamaika unterstellt; 1962 Kronkolonie; seit 1965 ist die Verwaltung der Bahamas auch für die T.- u. C. zuständig.

Turku (schwed. Åbo; beide amtl.), Stadt in SW-Finnland, an der Mündung des Aurajoki in den Finn. Schärenhof, 163 000 E. Hauptstadt des Verw.-Geb. T.-Pori; schwedischsprachige (gegr. 1917) und finnischsprachige Univ. (gegr. 1920), Handelshochschule, Seemannsschule, histor. Museum, Handwerksmuseum, Kunst- und Sibeliusmuseum. Schiffswerft, Nahrungsmittel-, Textil- und Bekleidungsind., Stahlwerk, Porzellan- und pharmazeut. Fabrik. Hafen; Autofähren nach Schweden, ⌘. - 1154 erstmals gen.; seit dem 13. Jh. bed. Handelsplatz und wichtigste Festung Finnlands sowie bis 1812 finn. Hauptstadt; wurde 1276 (erster finn.) Bischofssitz; 1528 luth.; besaß 1640–1828 eine Univ. - Spätroman. Domkirche (1290 geweiht), Observatorium (1818), Rathaus (1885); Schloß (Anfänge der Burg um 1280; heutige Gestalt v. a. 16. Jh.), moderne Architektur u. a. von A. Ervi (Univ., 1956–59), A. Aalto, E. Bryggman.

Turkvölker (eigtl. Türkvölker, Türken), die Völker, welche Turksprachen sprechen. Das 1. alttürk. Großreich erstreckte sich vom Aralsee durch Innerasien fast bis zum Gelben Meer; der östl. Teil wurde etwa 630, der westl. 657 von China erobert. Etwa 682 gewannen die östl. Türken ihre Selbständigkeit zurück und begründeten das 2. alttürk. Reich, das auch die W-Gebiete des 1. Reiches umfaßte. Seit etwa dem 10. Jh. verlagerte sich der Schwerpunkt der von T. beherrschten Staaten nach SW, wo die histor. Entwicklung vom Reich der Seldschuken über das Reich der Rum-Seldschuken zum Osman. Reich (↑Türkei, Geschichte) führte. Von den T. im Gebiet des Schwarzen und des Kasp. Meeres wirkten bes. die Protobulgaren, die Chasaren, Petschenegen und Polowzer (Kumanen) durch ihre Beziehungen zum Byzantin. Reich und zu Osteuropa bekannt geworden. Von den erst nach dem Mongolensturm entstandenen Staaten mit überwiegend türk. Bev. haben nur die Goldene Horde und die Reiche der Timuriden überregionale Bed. erlangt.

Türlin, Heinrich von dem ↑Heinrich von dem Türlin.

Turm [frz., zu lat. turris mit gleicher Bed.], Bauwerk von großer Höhe im Vergleich zur Grundfläche, freistehend oder als Teil eines größeren Gebäudes. Das Altertum kannte T. v. a. im Zusammenhang von Wehrmauern, so in Mesopotamien (wohingegen der sog. T. zu Babel eher eine Stufenpyramide gewesen sein dürfte), in Jericho und Ägypten (Tor-T.), dann auch bei röm. (Küsten)festungen und am Limes. Außerdem waren Leuchttürme üblich (Pharos). Als frühe freistehende Wehr-T. sind die ↑Nuraghen auf Sardinien zu nennen. Eine Sonderform sind die ↑Türme des Schweigens. Zu Kirchen gehörende T. wurden (v. a. zur Aufnahme von Glocken) seit frühchristl. Zeit gebaut, zuerst in Syrien; in der islam. Kunst entstanden die Minarette. Mit der karoling. Kunst setzen Bestrebungen ein (Abteikirche von Centula, 8. Jh.), jeweils mehrere T. in den Kirchenbau einzubeziehen; die Doppelturmfassade erwies sich als klass. Lösung, die auch im Barock oft wieder aufgenommen wurde. T. sind außerdem ein wichtiges Element ma. Burgen (Donjon) und Städte. Die Stadtmauern erhielten T. und Tor-T., die Rathaus-T. wuchsen als Ausdruck bürgerl. Macht in die Höhe (z. B. die Belfriede in Flandern), bes. in Italien auch die Wohnbauten einzelner Familien, sog. Geschlechtertürme (San Gimignano, Bologna). Im Schloßbau der Renaissance setzten Treppen-T. architekton. Akzente. In der Moderne dienen T. außer der Demonstration techn. Möglichkeiten (Eiffelturm in Paris als Symbol der Weltausstellung 1889) verschiedenen prakt. Zwecken: Wasser-, (Radar)kontroll-, Sende-T. Neue Materialien und Bauweisen ermöglichten neue Höhenrekorde (Fernsehturm in Toronto, 548 Meter). Eine moderne T.form sind die Hochhäuser.

📖 *Klengel-Brandt, E.: Der T. v. Babel. Legende u. Geschichte eines Bauwerks.* Mchn. 1982. - *Born, W.: Die hohen deutschen Kirchtürme.* Hildesheim 1979. - *Drechsel, W.: T.bauwerke.* Wsb. 1966.

◆ Schachfigur (↑Schach).

Turmair, Johannes [...maɪər] ↑Aventinus, Johannes.

Turmalin [singhales.-frz.], zu den Cyclosilicaten (↑Silicate) zählendes, in zahlr. Farbvarianten vorkommendes Mineral, chem. $XY_3Z_6[(OH)_4(BO_3)_3Si_6O_{18}]$, wobei X für Na, K, Li oder Ca, Y für Mg, Fe'', Mn oder (Li, Al) und Z für Al, z. T. auch Fe''' oder Cr''' steht. T. bildet meist säulige, nadelige oder radialstrahlige Aggregate; bes. gut ausgebildete Kristalle dienen als Schmucksteine. Wichtige Abarten sind *Achroit* (farblos bis blaßgrün), *Rubellit* (rot), *Apyrit* (pfirsichrot), *Siberit* (lilarot bis violettblau), *Indigolith* (blau), *Dravit* (braun), *Verdelith* (grün), *Chrom-T.* (tiefgrün) und *Schörl* (schwarz). Größere T.vorkommen finden sich in Namibia, auf Madagaskar, auf Tasmanien, in Bolivien und in der Hohen Tatra. Mohshärte 7–7,5; Dichte 2,9–3,25 g/cm³.

Turmbau zu Babel ↑Babylonischer Turm.

Türme des Schweigens, Bez. für Bestattungsstätten der Parsen, die der Luftbestattung dienten: in drei nebenst. Kreisen (für Männer, Frauen und Kinder) errichtete, oben offene Türme, in denen die Verstorbenen den Aasvögeln ausgesetzt werden. In Iran von Schah Resa Pahlawi (1925–41) verboten.

Türmer, Der, dt. Kulturzeitschrift (1898–1943) mit prot.-konservativer Grundhaltung; vertrat in den 1920er Jahren einen völk. Standpunkt.

Turmerlebnis ↑ Luther, Martin.

Turmfalke (Falco tinnunculus), fast 35 cm langer Greifvogel (Fam. ↑ Falken), v. a. in offenen Landschaften Europas sowie in großen Teilen Asiens und Afrikas; ♂ mit blaugrauem Oberkopf und ebensolchem Schwanz sowie dunklen Flecken auf dem rotbraunen Rücken und der weißl. Unterseite; ♀ ähnl. gezeichnet, allerdings ohne blaugraue Färbung und anstelle der Rückenflecken mit dunklen Querbändern. Der T. ist heute der häufigste Greifvogel Deutschlands. Er späht oft im Rüttelflug (Standrütteln, Platzrütteln) nach seiner Nahrung (v. a. Mäuse) aus, die er mit den Fängen ergreift und auf einem Pfosten, Baum oder dgl. kröpft. Der T. brütet in verlassenen Krähen- und Elsternestern auf Bäumen oder in Höhlungen und Nischen von Gebäuden (bevorzugt in Türmen) und Felswänden; Teilzieher. - Abb. S. 296.

Turmkarst ↑ Karst.

Turmkraut (Turritis), Gatt. der Kreuzblütler mit 3 Arten in Eurasien und in den Hochgebirgen Afrikas. Die einzige Art in Deutschland ist das zweijährige **Kahle Turmkraut** (Turritis glabra) mit gezähnten oder ganzrandigen Grundblättern und pfeilförmigen Stengelblättern; Blüten gelblichweiß; verbreitet an warmen, trockenen Standorten.

Turmschädel (Turrizephalus), Schädelanomalie mit abnorm hoher, auch spitz zulaufender Schädelform *(Spitzkopf)* infolge frühzeitigen Verschlusses der Kranznaht.

Turmschnecken (Turritellidae), seit der Kreide bekannte, heute mit rd. 50 Arten in allen Meeren verbreitete Schneckenfam.; Gehäuse hochgetürmt, schlank und spitz; sehr häufig in Schlammböden europ. Meere die **Gemeine Turmschnecke** (Turritella communis) mit bis 5 cm hohem, auf rotviolettem bis rosafarbenem Grund meist braun gezeichnetem („geflammtem") Gehäuse.

Turmspringen ↑ Schwimmen.

Turmverfahren ↑ Schwefelsäure.

Turn [engl. tɔːn „Drehung"], eine Kunstflugfigur (↑ Kunstflug).

Turnbewegung, Bez. für die aus älteren geistesgeschichtl. Zusammenhängen entstandene, wesentl. im Zeichen nat. Erneuerung stehende, durch F. L. Jahn um 1810 begr. soziale Bewegung für körperl. Ertüchtigung. - Die *dt. Turnerschaft* waren farbentragende [schlagende] Studentenverbindungen mit dem Grundsatz, sportl. Leibesübungen in akadem. Kreisen zu fördern.

Turnen [zu griech.-lat. tornare „mit dem Dreheisen runden, drechseln"], von F. L. Jahn um 1810 geprägte Bez. für alle Leibesübungen. Ein seit der 2. Hälfte des 19. Jh. enggefaßter Begriff des T. als Geräteturnen in der Halle an den seit Jahn weiterentwickelten Geräten wie Reck, Barren, Pferd u. a. läßt sich abheben von der weitgefaßten Verwendung im Dt. Turner-Bund zur Bez. aller dort gepflegten Arten des T. wie Geräteturnen, Gymnastik, Turnspiele, Fechten, Judo, Schwimmen u. a. Die modernen, aus der Tradition der Turnerschaft herkommenden Großvereine bieten zunehmend ein Gesamtangebot von Sportarten und propagieren verstärkt ein **Jedermannturnen,** das nicht mehr einzelnen Sportarten zugerechnet werden kann (Breitensport). Das heutige T. i. e. S. umfaßt *Geräteturnen, Kunstturnen, Hindernisturnen* (Verwendung der Geräte als Hindernisse) und *Sonderturnen* (Anwendung spezieller Übungsformen zur Verhinderung von Haltungsfehlern und -schäden).

Geschichte: Die zu Beginn des 19. Jh. in Deutschland einsetzende **Turnbewegung** orientierte sich an den aufgeklärten Ideen der Philantropen sowie an J. C. F. GutsMuths, G. U. A. Vieth und v. a. F. L. Jahn. Liberalismus und bürgerl. Nationalismus bestimmten die gesellschaftl. und polit. Programmatik der Turnführer, deren Hauptziel die Beseitigung der Napoleon. Herrschaft und die Überwindung der Kleinstaaterei war. Die starke gemeinschaftsorientierte Bindung der Turner galt als Vorbild und Vorstufe der staatl. Einheit und beanspruchte das einzelne Mgl. der **Turngemeinde** im Dienste des Ganzen. Leistungs- und Konkurrenzdenken wurden gemieden, um einzelne nicht hervortreten zu lassen (Massenwettkämpfe, Massensiegerehrungen). Nach der Aufhebung der **Turnsperre** in Preußen (1819–42) kam es zur schnellen Verbreitung des T. in Schulen, Vereinen und Burschenschaften. *Turnkleidung, Turnerfahne, Turnerwahlspruch* und die Einführung einer *Turnsprache* (u. a. neu geprägte Wörter) waren von bes. Bed. in dem Bestreben, Gemeinschaftlichkeit, Gleichheit und vaterländ. Gesinnung zum Ausdruck zu bringen. Das erste größere **Turnfest** in Deutschland wurde 1841 in Frankfurt am Main ausgerichtet. Die gesamte dt. **Turnerschaft** traf sich zum 1. Mal 1860 in Coburg (seit 1898 findet das Dt. Turnfest alle 5 Jahre statt). Seit 1868 bestand die Dt. Turnerschaft, von der seit 1893 eine proletar. Richtung (Arbeiter-Turn- und Sportbewegung) absplittete. Die fortwährenden Auseinandersetzungen zw. der Dt. Turnerschaft und den Sportverbänden, v. a. über die Ausrichtung von Wettkämpfen, führte 1924 zur „reinl. Scheidung" von T. und Sport sowie zum Austritt der Dt. Turnerschaft aus dem Dt. Reichsausschuß für Leibesübungen (1925). Von 1933–45 war die Dt. Turnerschaft nach ihrer Auflösung als Fachamt I (zuständig für Geräteturnen, Sommerspiele und Gymnastik) in den Nationalsozialist. Reichs-

Turner

Turmfalke

bund für Leibesübungen eingegliedert. 1950 wurde der Deutsche Turner-Bund (Sitz Frankfurt am Main) gegr., in der DDR 1958 der Dt. Turn-Verband mit Sitz in Berlin (Ost). ⍰ *Lehrb. u. Arbeitsb. Sonderturnen.* Bearb. v. H. Cicurs. Bonn ⁵1977. - *John, H.-G.: Politik u. T.* Ahrensburg 1976. - *Knirsch, K.: Geräteturnen mit Kindern.* Stg. 1976. - *Peiffer, L.: Die dt. Turnerschaft.* Ahrensburg 1976. - *Saurbier, B.: Gesch. der Leibesübungen.* Ffm. ⁹1976.

Turner [engl. 'tɔːnə], Nat, * Southampton County (Va.) 2. Okt. 1800, † Jerusalem (Va.) 11. Nov. 1831, amerikan. Negerrebell. - Hielt sich für einen Propheten Gottes, ausersehen zur Befreiung des schwarzen Volkes. Die von ihm gegen die Sklavengesetzgebung geführte Revolte (21. Aug. 1831) wurde blutig niedergeschlagen, T. gefangengenommen und gehängt. Der Aufstand löste eine weitere Verschärfung der Zwangsgesetze gegen die Sklaven aus.

T., Stansfield, * Highland Park (Ill.) 1. Dez. 1923, amerikan. Admiral. - Leitete 1972–74 das Naval War College in Newport (Rh. I.), 1974/75 Befehlshaber der 2. US-Flotte, 1975–77 Oberbefehlshaber der Alliierten (NATO)-Streitkräfte Europa Süd in Neapel; 1977 bis 1981 Direktor des CIA.

T., William, * London 23. April 1775, † ebd. 19. Dez. 1851, engl. Maler. - Begann als Zeichner, v. a. topograph. Landschaften; um 1795 wandte er sich der Ölmalerei zu und schuf 1797–1801 zahlr. engl. Landschaftsbilder von lyr. Stimmung. 1802 Reise in die Schweiz und nach Paris, malte von Claude Lorrain angeregte Landschaften mit mytholog. Gestalten. Mehrere Italienreisen (1819, 1828, 1840) bewirkten eine Auseinandersetzung mit Farbe und Licht; Umrisse und Formen werden fast völlig aufgelöst in eine atmosphär. Farbmalerei. Seine Darstellungsweise des Lichtes, das die Dinge verändert, wurde von den Impressionisten weitergeführt, der rätselhaft visionäre Charakter seiner Malerei ist der künstler. Ausdruck einer zeitgebundenen pantheist. Grundhaltung. - Abb. Bd. 6, S. 152.

Turneragewächse (Turneraceae) [nach dem engl. Botaniker W. Turner, * 1515, † 1568], Fam. der Zweikeimblättrigen mit rd. 120 Arten in acht Gatt. im subtrop. und trop. Amerika sowie im trop. Afrika.

Turnerkreuz, erstmals auf dem Heilbronner Turnfest vorgeschlagenes Emblem für den **Turnerwahlspruch:** „Frisch, fromm, fröhlich, frei". - Abb. Bd. 7, S. 61.

Turnerschaften, farbentragende ↑studentische Verbindungen, die insbes. Turnen und Sport betreiben. Die aus der Turnbewegung des 19. Jh. entstandenen akadem. Turnvereine bildeten 1872 einen „Cartellverband". Der Verband (seit 1897 „Vertreter-Convent (VC), Verband der Turnerschaften auf dt. Hochschulen"), hatte maßgebenden Anteil an der Entwicklung des dt. Hochschulsports; bei der Auflösung 1935 gehörten ihm 91 Turnerschaften an. 1951 vereinigte sich der wiedergegr. VC mit den Landsmannschaften zum ↑Coburger Convent akadem. Landsmannschaften und Turnerschaften.

Turner-Syndrom [engl. 'tɔːnə; nach dem amerikan. Endokrinologen H. H. Turner, * 1892, † 1970], angeborene Mißbildung als Folge einer ↑Chromosomenanomalie (Hypoploidie). Der Phänotyp des T.-S. ist weiblich. Symptomat. sind primäre Amenorrhö, Minderwuchs, ein Flügelfell (Pterygium colli) beiderseits am Hals, schildförmige Brust und exostosenartige (↑Exostose) Bildungen an den Beckenknochen (Beckenhöcker).

Turnhallenkonferenz ↑Namibia (Geschichte).

Turnhout [niederl. 'tyrnhǫyt], belg. Stadt im Kempenland, 18–35 m ü. d. M., 37 400 E. Museum des Kempenlandes, Spielkartenmuseum. Landw. Handelszentrum und bed. Ind.standort; Kanalhafen. - Entstand bei einem um 1110 erbauten Jagdschloß der Herzöge von Brabant; erhielt 1212 Stadtrecht. - Got. Kirche Sint-Pieter (13. und 18. Jh.); Renaissanceschloß (16. und 17. Jh.); Barockkirche des Beginenhofs (geweiht 1665).

Turnier [frz.], die bei allen Völkern bekannten Waffenspiele zu Pferd oder zu Fuß. Ziel der ritterl. T. des MA war die Demonstration der vollkommenen Beherrschung von Pferd und Waffe. Beim Zweikampf (**Tjost**) mußte der Gegner mit der Lanze aus dem Sattel gehoben *(Gestech)* oder an einer bestimmten Stelle getroffen werden *(Rennen).* Da die mit der Kriegswaffe durchgeführten Spiele oft blutig oder tödl. endeten, wurden ab dem 13. Jh. die T.waffen entschärft; kirchl. Verbote der T., die sich bis ins 16. Jh. hielten, blieben wirkungslos.

Zeremoniell und *Hauptphasen* des T. im MA beruhten auf dem Reglement des frz. Ritters Godefroy de Preulli († 1066). Nach der feierl. *Ansage* und *Aufforderung zum Kampf* durch die Herolde ließ der Wappenkönig die von den T.parteien gewählten Richterherolde aufrufen und bestätigen; durch die *Helmschau* wurde die Identität des Kämpfenden mit seinem Wappen festgestellt, worauf der Wappenkönig als oberster Herold das T. verkündete. Die T.parteien nahmen nach ihrem feierl. *Einzug* zu beiden Seiten eines Seiles Aufstellung, das nach dem Trompetensignal eines Herolds zerschnitten wurde. - Die Gegner ritten beim Tjost mit eingelegter Lanze so aneinander vorbei, daß die Steigbügel nicht berührten, oder sie ritten zu beiden Seiten einer Pallia (Holz- oder Leinwandbarriere) aufeinander zu.

📖 Reitzenstein, A. Frhr. v.: *Rittertum u. Ritterschaft.* Mchn. 1972.

◆ ein von mehreren Einzelsportlern (z. B. im Tennis, Reiten, Schach, Boxen, Judo, Ringen) oder von Mannschaften (z. B. Fußball, Hallenhandball) ausgetragener Wettbewerb.

Turnose [frz.] (Turnosgroschen, mittellat. denarius grossus, grossus turonus, grossus albus, frz. gros tournois [„Dickpfennig von Tours"]), der erste Groschen nördl. der Alpen, geschaffen 1266, Ausgangswert = 12 Pfennige (Deniers) = 1 Sol = $^1/_{20}$ Livre der Währung von Tours; wurde rasch eine wichtige Handelsmünze; nachgeahmt u. a. in Lothringen, den Niederlanden, im Rheingebiet.

Turnpike [engl. 'tə:npaɪk], gebührenpflichtige Fernstraße in den USA.

Turnüre [lat.-frz.], um 1870–80 (anstelle der Krinoline) aufgekommenes, hufeisenförmiges Gesäßpolster, mit Bändern in der Taille befestigt, das den Kleidern die gewünschte Form verlieh.

Turnus [griech.-lat.], in gleicher Weise sich wiederholender Ablauf, Reihenfolge, regelmäßiger Wechsel; Umlauf.

Turnu Severin †Drobeta-Turnu Severin.

Turoldus [tu'rɔldus, frz. tyrɔl'dys] †Rolandslied.

Turquino, Pico [span. 'piko tur'kino], mit 1 972 m höchster Berg Kubas, in der Sierra Maestre.

Turrini, Peter, * Maria Saal 26. Sept. 1944, östr. Schriftsteller. - War u. a. Holzfäller, Stahlarbeiter, Werbetexter, steht dem Grazer Forum Stadtpark nahe; Verfasser provozierender gesellschaftskrit. Volksstücke, in denen [unter teilweisem Einsatz von Dialekt, bes. des Wiener Vorstadtidioms] Brutalität, Intoleranz und Korruption der modernen Gesellschaft entlarvt werden, v.a. „Zero, Zero" (1971), „Sauschlachten" (1971), „Rozznjogd" (Dr., 1973). Schrieb auch „Es ist ein gutes Land. Reden an Österreich" (1986).

Turrizephalus [lat./griech.], svw. †Turmschädel.

Tuschmalerei

Tuschmalerei. Mu Ch'i, Sechs Kakifrüchte (undatiert)

Tur-Sinai, Naphtali Hertz, eigtl. Harry Torczyner, * Lemberg 13. Nov. 1886, † Jerusalem 17. Okt. 1973, israel. Semitist und Exeget. - 1919–33 Dozent an der Hochschule für die Wiss. des Judentums in Berlin, seit 1933 Prof. an der Hebr. Univ. in Jerusalem. Vollendete das hebr. Wörterbuch E. Ben Yahudas, „Thesaurus totius hebraitatis"; gab 1927 ein „Dt.-hebr. Wörterbuch" heraus.

Türstock †Grubenausbau.

Turteltaube [zu lat. turtur „Turteltaube"] †Tauben.

Tusch, von einem Orchester (Militär- oder Unterhaltungsorchester) oder auf dem Klavier ausgeführtes Signal (meist ein mehrmals wiederholter gebrochener Akkord), das eine Person, eine Rede, ein Ereignis u. a., oft mit Hochrufen begleitet, ankündigt oder ehrt.

Tusche [zu frz. toucher „berühren"], feine, zum Zeichnen oder für Kunstschrift verwendete Pigmentaufschwemmung oder Farbstofflösung, die größere Mengen an Bindemitteln enthält und daher (im Ggs. zu den Tinten) in Form feiner Filme auftrocknet. Schwarze T. werden meist aus Gasruß hergestellt, der in kolloidalen Lösungen von verseiftem Schellack und Bindemitteln wie Gummiarabikum oder Leim fein verteilt wird. Farbige T. enthalten meist wasserlösl. Farbstoffe, z. T. auch Farbpigmente.

Tuschmalerei, ostasiat. Aquarellmalerei mit schwarzer Tusche (aus Lampenruß) auf

Tuschpa

Papier oder Seide; in China unter dem Einfluß des Zen-Buddhismus entwickelt, findet sie ihre bedeutendsten Vertreter bereits in der Sungzeit (Liang K'ai und Mu Ch'i), in Japan ist Sesschu am berühmtesten. Die T. verlangt große Virtuosität, da die Tusche schnell trocknet, jeder der Pinselstriche auf das noch feuchte Papier gesetzt werden muß und Korrekturen nicht möglich sind.

Tuschpa, Residenz der Könige von Urartu, ↑ Van.

Tusculum (Tuskulum), röm. Stadt in der Nähe von ↑ Frascati.

Tuskulaner, Bez. für die Grafen von Tusculum, ein röm. Grafengeschlecht, das Anfang des 11. Jh. nach langen Kämpfen gegen die Crescentier als Parteigänger der Röm. Kaiser in Rom die Macht an sich riß; stellten 1012–45 drei Päpste (Benedikt VIII., Johannes XIX., Benedikt IX).

Tussahseide [Hindi/mittellat.-roman.], von Tussahspinnern stammende Wildseide. T. ist ungleichmäßiger als Maulbeerseide und hat einen härteren Griff, weil sie nicht entbastet werden kann. Handelsbez. für aus T. hergestellte Gewebe, die auch einfach *Tussah* oder *Tussor* genannt werden, sind Rohseide, Honanseide und Schantungseide.

Tussahspinner [Hindi/dt.] (Tussahseidenspinner) (Ind. T., Antheraea mylitta), bis 15 cm spannende Art der ↑ Augenspinner in Vorderindien und Ceylon; ♂ gelbrot, ♀ gelbbraun gefärbt mit großem zentralem Augenfleck auf beiden Flügelpaaren; Raupen grün mit roten, borstenbesetzten Warzen, fressen an Blättern verschiedener Laubbäume; der Kokon ähnelt einer an einem langen Seidenstiel hängenden Nuß von etwa 4–6 cm Länge.

Tussaud, Marie [frz. ty'so], geb. Grosholtz, bekannt als Madame T., * Straßburg (?) 7. Dez. 1761, † London 16. April 1850, frz. Wachsbildnerin vermutl. schweizer. Herkunft. - Stellte in Paris Wachsfiguren von Anführern und Opfern der Revolution her; ging 1802 nach London und begr. dort das noch bestehende berühmte Wachsfigurenkabinett.

Tussi, urspr. äthiopides Volk im Zwischenseengebiet Ostafrikas, sprechen Rwanda bzw. Rundi (beides Bantusprachen). Großviehzüchter, deren Hauptnahrung Kuhmilch ist. Wanderten aus dem Nilgebiet ein, überlagerten die ansässigen Hutu und bildeten eine aristokrat. Oberschicht. Rwanda wurde nach dem Sturz der T.monarchie (1959) durch die Hutu 1962 Republik unter Führung der Hutu (1973 Staatsstreich mit Massakern an den T.). In Burundi bestand die T.monarchie bis 1966; dann wurde auch Burundi Republik, jedoch weiterhin unter Führung der Tussi.

Tussilago [lat.], svw. ↑ Huflattich.

Tussis [lat.], svw. ↑ Husten.

Tuszien, histor. Name für die ↑ Toskana.

Tutanchamun (Tutenchamun), urspr. Tutanchaton, † 1337 v. Chr. (ermordet), ägypt. König (seit 1347) der 18. Dynastie. - Nachfolger Echnatons, vermutl. auch dessen Sohn von einer Nebenfrau; bestieg etwa zehnjährig den Thron; kehrte 1344 zur alten Amunreligion zurück und änderte seinen Namen in Tutanchamun. Sein Grab in Biban Al Muluk wurde 1922 von H. Carter, der es mit dem Earl of Carnarvon öffnete, fast unversehrt gefunden (u. a. Thronsessel, Goldsarg des Königs, Goldmaske und goldener Brustschmuck der Mumie, Einrichtungsgegenstände; heute im Ägypt. Museum in Kairo). - Abb. auch Bd. 1, S. 149.

📖 *Carter, H.: Das Grab des Tutench-Amun. Dt. Übers. Wsb. ⁶1981.* - *Seton-Williams, V.: T. Der Pharao. Das Grab. Der Goldschatz. Dt. Übers. Ffm. 1980.*

Tutchalija, (Dutchalija), Name mehrerer Könige der Hethiter, bekannt v. a.:

T. II., ✉ Ende des 15. Jh. v. Chr.; legte durch seine Kriegszüge in N-Syrien die Basis für das von Suppiluliuma I. geschaffene hethit. Großreich.

T. IV., ✉ etwa 1250–20; Sohn Hattusilis III.; veranlaßte Reformen des Kults und der Verwaltung sowie den Ausbau der Bibliothek und die Errichtung von Bauten in Boğazkale.

Tutel [zu lat. tutela „Schutz, Obhut"], Vormundschaft.

Tutilo (Tuotilo), * um 850, † Sankt Gallen 24. April 913 (?), Mönch in Sankt Gallen. - Zw. 895 und 912 vielseitige künstler. und literar. Tätigkeit: Baumeister, Goldschmied, Elfenbeinschnitzer (sog. *T.tafeln*). Komponist und erster namentl. bei. gen. Verf. dt. und lat. Tropen in Prosa.

Tutor [lat. „Beschützer"], im Hochschulbereich ein meist älterer, erfahrener Studierender, der in Lehrveranstaltungen (Tutorien) einer Hochschule oder in Studentenwohnheimen Studienanfänger betreut, fördert und integriert. Vorbilder der Tutoren in der BR Deutschland waren die „tutorials" an angloamerikan. Hochschulen; seit Ende of 1960er Jahre finden an den meisten Hochschulen als Ergänzung zu Vorlesungen und Seminaren Tutorenprogramme statt.

Tutti [italien. „alle"], das volle Orchester oder der ganze Chor, im Ggs. zum ↑ Solo oder kleinen Ensemble.

Tutti-frutti [italien. „alle Früchte"], gewürfelt geschnittener Fruchtsalat.

Tuttlingen, Krst. an der oberen Donau, Bad.-Württ., 645 m ü. d. M., 30 900 E. Zentrum eines kleinen Ind.gebiets am S-Rand der Schwäb. Alb, spezialisiert v. a. auf medizin. Instrumente, elektron. und Schuhind. - Funde aus der Bronze- und Hallstattzeit sowie röm. Überreste. 797 erstmals erwähnt; kam bald darauf an das Kloster Reichenau; um 1250 Stadt; gehörte seit 1377 zu Württemberg. Die um 1460 erbaute und 1645 zerstörte Burg *Honberg* war wichtige Landesfestung. - Ruine der spätgot. Burg; nach Brand (1803)

klassizistischer Wiederaufbau der Stadt.
T., Landkreis in Baden-Württemberg.

Tutu, Desmond Mpilo, * Klerksdorp (Prov. Transvaal) 7. Okt. 1931, südafrikan. anglikan. Theologe. - Seit 1976 Bischof von Lesotho, seit 1978 von Johannesburg, seit 1986 Erzbischof von Kapstadt; tritt für friedl. Ausgleich der Rassengegensätze in Südafrika ein; erhielt 1984 den Friedensnobelpreis.

Tutub, altoriental. Stadt, ↑Chafadschi.

Tutuila, Hauptinsel der östl. Samoainseln.

Tutuola, Amos * Abeokuta 11. Juni 1920, nigerian. Schriftsteller. - Gab mit seinen [englischsprachigen] Erzählungen, in denen Mythen und Märchen der Yoruba verarbeitet sind, der jungen nigerian. Literatur wesentl. Impulse, v. a. mit „Der Palmweintrinker" (1952). Auch Romane.

Tutzing, Gem. am W-Ufer des Starnberger Sees, Bay., 611 m ü. d. M., 9 200 E. Ev. Akad., Akad. für polit. Bildung; Luftkurort.

Tuvalu

Staat im Pazifik, zw. 5° 30′ und 11° s. Br. sowie 176° und 180° ö. L. **Staatsgebiet:** Umfaßt die nw. der Samoainseln gelegenen Elliceinseln, eine Gruppe von 9 Atollen. **Fläche:** 25 km². **Bevölkerung:** 8 230 E (1985), 329 E/km². **Hauptstadt:** Funafuti. **Verwaltungsgliederung:** 8 Verwaltungsbezirke. **Amtssprache:** Englisch und Tuvalu. **Währung:** Austral. Dollar, auch eigene Münzen. **Internat. Mitgliedschaften:** Commonwealth, SPC. **Zeitzone:** MEZ + 11 Std.

Landesnatur: Die Inseln sind aus Korallenkalken aufgebaut und ragen selten höher als 4 m über den Meeresspiegel auf. - Das Klima ist trop. - Die Vegetation besteht überwiegend aus Kokospalmen.

Bevölkerung, Wirtschaft, Verkehr: Die E sind überwiegend prot. Polynesier. Mit Ausnahme von Niulakita werden alle Atolle ständig bewohnt. T. ist wirtsch. wenig entwickelt; Kopragewinnung in Kleinbetrieben und Fischerei; in Pflanzgruben werden Taro und etwas Gemüse angebaut. Außerdem Schweine- und Geflügelhaltung. Einnahmen durch den Verkauf von Kopra und Briefmarken. Auf der Insel Funafuti befindet sich ein Hafen und ein ✈, der durch die Air Pacific Verbindung mit Fidschi hat.

Geschichte: Die Bev. von T., das früher als Elliceinseln Teil der brit. Kolonie *Gilbert and Ellice Islands* war, hatte sich 1974 in einem Referendum für eine Trennung von den Gilbertinseln ausgesprochen. Formell erfolgte die Loslösung am 1. Okt. 1975, de facto am 1. Jan. 1976. Im Aug. 1977 wurde ein 12köpfiges Parlament gewählt. Seit Mai 1978 besaß T. innere Selbstverwaltung, am 1. Okt. 1978 erlangte es die volle Selbständigkeit.

Tutanchamun. Maske der Mumie (um 1337 v. Chr.). Gold mit Einlagen, Höhe 54 cm (Kairo, Ägyptisches Museum)

Politisches System: Nach der Verfassung vom 1. Okt. 1978 ist T. eine konstitutionelle Monarchie im Rahmen des Commonwealth. *Staatsoberhaupt* und oberster Inhaber der *Exekutive* ist die brit. Königin, vertreten durch den Generalgouverneur (seit März 1986 Sir Tupua Leupena), der auf Vorschlag des Premiermin. ernannt wird und in fast allen Angelegenheiten auf Rat des Kabinetts handelt. Das Kabinett wird vom Premiermin. (seit Sept. 1981 Tomasi Puapua) geleitet, der aus dem Kreis der Parlaments-Abg. von diesen gewählt wird und auf dessen Vorschlag die anderen Min. vom Generalgouverneur ernannt werden. Das Kabinett ist dem Parlament verantwortl. Die *Legislative* liegt beim Einkammerparlament (12 vom Volk gewählte Mgl.). *Parteien* bestehen nicht. *Verwaltungsmäßig* besitzt jede der 8 bewohnten Inseln einen gewählten Inselrat als Exekutive für lokale Angelegenheiten. Grundlagen des *Rechts* sind traditionelles und brit. Recht. T. besitzt keine eigenen *Streitkräfte*.
📖 Koch, G.: *Die materielle Kultur der Ellice-Inseln. Bln. 1961.*

Tuwa ↑Tuwinische ASSR.

Tuwim, Julian, * Łódź 13. Sept. 1894, † Zakopane 27. Dez. 1953, poln. Schriftsteller und Übersetzer. - Mit der Darstellung der Probleme des Großstadtlebens einer der be-

Tuwinen

deutendsten poln. Lyriker der Zwischenkriegszeit. Mitgründer und führender Dichter der futurist. „Skamandriten". Emigrierte 1939 über Frankr. in die USA (Rückkehr 1946).

Tuwinen, Volk in der Tuwin. ASSR und der Mongol. VR, sprechen Tuwinisch, eine Turksprache. Sie sind Renzüchter, Jäger, im S auch Ackerbauern und Viehzüchter.

Tuwinische ASSR (Tuwa), autonome Sowjetrepublik innerhalb der RSFSR, in S-Sibirien, 170 500 km², 279 000 E (1985), Hauptstadt Kysyl. Die T. ASSR hat im N Anteil am Westl. und Östl. Sajan, im W am Altai, im S erstreckt sich der Tannu-Ola. Die über 2 000 m hohen Gebirge umschließen das vom Jenissei durchflossene Tuwin. Becken (600–900 m ü. d. M.). Das Klima ist extrem kontinental. Bergwälder (v. a. Arven) nehmen etwa die Hälfte der Fläche ein. Neben dem Bergbau ist die Viehzucht der wichtigste Wirtschaftsfaktor. - Seit dem Paläolithikum besiedelt; vom 2. Jh. v. Chr. bis zum 2. Jh. n. Chr. von den Hsing-nu († Hunnen) beherrscht, seit dem 6. Jh. zum alttürk. Großreich, im 8. Jh. von den Uiguren, im 9. Jh. von den Kirgisen, 1207 von Dschingis-Khan erobert, blieb bis zum 18. Jh. unter mongol., 1757–1912 unter mandschur.-chin. Herrschaft; 1914 russ. Protektorat, 1921 VR Tannu-Tuwa, 1944 autonomes Geb. innerhalb der RSFSR, 1961 ASSR.

Tux, östr. Gem. in Tirol, im Tuxertal, einem Nebental des Zillertales, 1 700 E. Fremdenverkehr. Der Ortsteil **Hintertux** (1 493 m ü. d. M.) ist das höchstgelegene Thermalbad Österreichs und bed. Wintersportort (auch Sommerski).

Tuxedo [engl. tʌkˈsiːdoʊ], amerikan. Bez. für † Smoking.

Tuxer Gebirge (Tuxer Alpen), Teil der Ostalpen, im S in die Zillertaler Alpen übergehend; bis 2 886 m hoch.

Tuxtla Gutiérrez [span. ˈtustla ɣu-ˈtjɛrrɛs], Hauptstadt des mex. Staates Chiapas, im Valle Central, 530 m ü. d. M., 166 500 E. Bischofssitz; Univ.; archäolog.-histor. Museum, bot. Garten, Zoo; Konsumgüterind. - Der aus einer indian. Siedlung entstandene Ort ist seit 1829 Stadt; 1843 zu Ehren des Patrioten J. M. Gutiérrez (* 1796, † 1838) benannt; seit 1892 Hauptstadt von Chiapas.

Tuzla [serbokroat. ˈtuzla], jugoslaw. Stadt 80 km nördl. von Sarajevo, 232 m ü. d. M., 65 000 E. Serb.-orth. Bischofssitz; Univ. (gegr. 1976). Mittelpunkt eines Ind.-, Bergbau- und Landw.gebiets. Am östl. Stadtrand das Heilbad **Slana Banja** mit kochsalzhaltigen Thermen. - Die Salzbergwerke wurden 1477 erstmals erwähnt; T. entstand aus den im 15. Jh. gebildeten Orten **Donja Tuzla** und **Gornja Tuzla**; heutiger Name seit 1885.

TWA [engl. ˈtiːdʌbljuˈɛɪ], Abk. für: Trans World Airlines Inc. († Luftverkehrsgesellschaften, Übersicht).

Twain, Mark † Mark Twain.

Twardowski, Alexandr Trifonowitsch, * Sagorje (Geb. Smolensk) 21. Juni 1910, † Moskau 18. Dez. 1971, russ.-sowjet. Schriftsteller. - Journalist; im 2. Weltkrieg Kriegsberichterstatter; 1950–54 und 1958–70 Chefredakteur der literar. Zeitschrift „Nowy Mir"; kämpfte v. a. gegen doktrinäre Tendenzen in der sowjet. Literatur. Verfaßte poet., volksliedhafte Verserzählungen über Dorfkollektivierung („Wunderland Murawia", 1934–36), den Sowjet-Soldaten im 2. Weltkrieg („Wassili Tjorkin", 1944) sowie die Verssatire „Tjorkin im Jenseits" (1954–63). - Abb. S. 183.

T., Kazimierz, * Wien 20. Okt. 1866, † Lemberg 1938, poln. Philosoph. - Schüler F. Brentanos und W. Wundts; Begründer der sprachanalyt. ausgerichteten Warschau-Lemberg-Schule († auch Warschauer Schule); T. versuchte die Grundlegung einer Philosophie auf der Basis und mit Hilfe einer log. Analyse der Begriffe.

Tweed [engl. twiːd; nach dem südschott. Fluß T.], urspr. Bez. für handgewebte Stoffe aus handgesponnenen Garnen, v. a. in Köperbindung; heute Bez. für handwebartige Stoffe aus groben Garnen, die eine melierte oder haarige Oberfläche zeigen (z. B. *Harris-T.*), mit Noppen durchsetzt bzw. durch Kette und Schuß in unterschiedl. Farbe gemustert sind (z. B. *Donegal*).

Twens [zu engl. twenty „zwanzig"], Bez. für etwa 20–30jährige junge Männer oder Frauen.

Twente, östl. Teil der niederl. Prov. Overijssel.

Twer † Kalinin.

Twist [engl.], weich gedrehter Zwirn aus mehreren lose nebeneinanderliegenden Fäden; Verwendung zum Sticken oder Stopfen (Stick- bzw. Stopftwist).

Twist [engl.-amerikan.], aus Amerika stammender, gegen Ende der 1950er Jahre in Europa aufgekommener Modetanz; mit geringem Partnerbezug getanzt. Musikal. eine Kommerzialisierung des † Rhythm and Blues.

TWOATAF [engl. ˈtuːætæf], Abk. für **Two Allied Tactical Air Force Central Europe,** Alliierte Takt. Luftflotte; † NATO (Tafel).

Two Beat [engl. ˈtuːbiːt „Zweischlag"], Bez. für eine Art des Fundamentalrhythmus im frühen Jazz, bei dem der 1. und 3. Schlag eines ⁴/₄-Taktes durch tieflagige Instrumente (Baß, Tuba, große Trommel) akzentuiert werden, während die anderen Instrumente der Rhythmusgruppe alle vier Schläge betonen.

Twostep [ˈtuːstɛp; engl. „Zweischritt"], aus den USA um 1900 nach Europa gekommener Gesellschaftstanz in fast schnellem Zweiertakt mit vereinfachten Polkaschritten; wurde um 1912 vom † Onestep verdrängt.

Two way flow of communication [engl. ˈtuː ˈstɛp ˈfloʊ əv kəmjuːnɪˈkeɪʃən] † Zweistufenweg-Hypothese.

Txistu [span. ˈtʃistu; bask.], bask.

Einhandflöte († Schwegel); zur Begleitung von Tanzliedern in der bask. Folklore.

Tyche, bei den Griechen Begriff und Vergöttlichung der Schicksalsfügung; bed. Rolle im Lebensgefühl des Hellenismus.

Tychon, Wassili Iwanowitsch Belawin, † Tichon, Wassili Iwanowitsch Belawin.

Tydeus, Held der griech. Mythologie; einer der † Sieben gegen Theben.

Tyl, Josef Kajetán [tschech. til], * Kuttenberg 4. Febr. 1808, † Pilsen 11. Juli 1856, tschech. Dramatiker. - Verfaßte Ritterspiele, Possen, histor. Dramen, bürgerl. Rührstücke sowie bed. Märchenspiele („Der Dudelsackpfeifer von Strakonitz", 1847) und patriot. Erzählungen („Rosina Ruthard", 1838). Ein Lied aus seiner Posse „Fidlovačka" (1834) wurde 1. Textteil der tschech. Nationalhymne.

Tyler [engl. 'taɪlə], John, * Charles City County (Va.) 29. März 1790, † Richmond 18. Jan. 1862, 10. Präs. der USA (1841-45). - 1817-21 demokrat. Kongreßabgeordneter; 1825-27 Gouverneur von Virginia, 1827-36 Senator, 1840 als Vizepräs. W. H. Harrisons aufgestellt und nach dessen Tod Präsident. Bed. Maßnahmen seiner Administration: Festlegung der NO-Grenze der USA und die (später vollendete) Annexion von Texas.

T., Royall, eigtl. William Clark T., * Boston 18. Juli 1757, † Brattleboro (Vt.) 26. Aug. 1826, amerikan. Schriftsteller. - Wurde mit „The contrast" (1790) Autor der ersten von einem gebürtigen Amerikaner verfaßten und von Berufsschauspielern aufgeführten Komödie.

T., Wat † Wat Tyler.

Tylor, Sir Edward Burnett [engl. 'taɪlə], * London 2. Okt. 1832, † Wellington (Somerset) 2. Jan. 1917, engl. Ethnologe. - Forschungsreisen in N- und M-Amerika; wurde 1896 erster Lehrstuhlinhaber der Völkerkunde in Oxford. Untersuchte kulturelle Gleichförmigkeiten in gegenwärtigen und vergangenen Gesellschaften.

Tympanalorgane [griech.] (tympanale Skolopalorgane, tympanale Skolopariern, Trommelfellorgane), unterschiedl. hoch differenzierte, symmetr. angeordnete paarige Gehörorgane am Körper verschiedener Insekten, die im Unterschied zu den atympanalen Skolopalorganen († Chordotonalorgane) mit einem „Trommelfell" (*Tympanum:* straff gespannter, dünner, einer Tracheenblase *[Tympanalblase]* anliegender Kutikularbezirk) ausgestattet sind.

Tympanon [griech.], Giebelfeld des antiken Tempels und Fläche über dem Türsturz eines Portals; in der roman. und got. Baukunst bevorzugtes Feld für bildner. Darstellungen.

Tympanoplastik [griech.], operativer plast. Eingriff im Mittelohr zur Wiederherstellung des Schalleitungsapparats; z.B. Abdeckung einer Trommelfellperforation mit einem Hautläppchen *(Myringoplastik).*

Tympanum [griech.-lat.], in der griech. Antike einseitig bespannte Handtrommel bzw. -pauke, urspr. bes. in orgiast. Kulten verwendet. In der röm. Antike und im MA Bez. für ein- oder zweiseitig bespannte Trommelinstrumente; seit der Renaissance Bez. für die Heerpauke.

Tyndale (Tindale), William [engl. tɪndl], * in der Grafschaft Gloucester 1490/91 (1484?), † Vilvoorde bei Brüssel 6. Okt. 1536, engl. luth. Theologe und Bibelübersetzer. - 1524 in Wittenberg Schüler Luthers; übersetzte (1525-34) in enger Anlehnung an Luther das N. T. ins Engl. und vertrieb reformator. Schriften nach England; seine Schriften wurden verbrannt, er selbst kam als Ketzer auf den Scheiterhaufen. Seine Übersetzung ging in die „Authorized version" der engl. Bibelübersetzung ein.

Tyndall, John [engl. tɪndl], * Leighlin Bridge (Carlow) 2. Aug. 1820, † Hindhead (Surrey) 4. Dez. 1893, ir. Physiker. - Prof. für Physik an der Royal Institution in London, ab 1867 auch deren Direktor (als Nachfolger M. Faradays). Seine Arbeiten betrafen u. a. den Diamagnetismus und die Thermoelektrizität, bes. aber die Absorption von Wärmestrahlung in Gasen und Dämpfen sowie die Streuung von Licht an feinen Partikeln († Tyndall-Effekt) und Molekülen (u. a. Erklärung der Himmelsfarbe). Bei seinen bakteriolog. Arbeiten erkannte er, daß in keimfreier Luft Lebensmittel nicht verderben.

Tyndall-Effekt [engl. tɪndl], von J. Tyndall 1868 erstmals untersuchte Streuung des Lichtes während des Durchgangs durch trübe Medien (Suspensionen, Kolloide) und die dabei auftretenden Phänomene (Polarisation, Färbung, Schwächung). Von der Seite auf den einfallenden Lichtstrahl gesehen, wird im sonst durchsichtigen Medium infolge der Streuung des Lichts an den suspendierten Teilchen ein Lichtkegel, der *Tyndall-Kegel,* sichtbar. Das senkrecht zur Einfallsrichtung gestreute Licht ist unter bestimmten Bedingungen fast vollständig polarisiert.

Tyndareos, in der griech. Mythologie Gemahl der † Leda.

Tyne [engl. taɪn], Zufluß der Nordsee, England, entsteht durch Vereinigung der beiden Quellflüsse *North* und *South T.* nw. von Hexham, fließt von hier über 48 km zur Mündung bei Tynemouth und South Shields; im Bereich der Metropolitan County Tyne and Wear für Seeschiffe befahrbar.

Tyne and Wear [engl. 'taɪn ənd 'wɪə], Metropolitan County in NO-England.

Tynemouth [engl. 'taɪnmaʊθ], engl. Stadt an der Mündung des Tyne, in der Metropolitan County Tyne and Wear, 60 000 E. Umfaßt neben T., das auch Funktionen als Seebad besitzt, den Ind.- und Hafenort *North Shields* sowie das Seebad Cullercoast. - Im 8. Jh. erwähnt, erhielt 1849 Stadtrecht. - Reste der Priorei Saint Mary und Saint Oswin; Burg (14. Jh.).

Tynjanow, Juri Nikolajewitsch [russ. ti'njanɐf], *Reschiza (Gouv. Witebsk) 18. Okt. 1894, † Moskau 20. Dez. 1943, russ. sowjet. Schriftsteller. - Eines der führenden Mgl. der formalist. Gruppe „Opojas"; verfaßte neben theoret. Arbeiten zur Literatur v. a. Romane mit literaturhistor. Thematik, u. a. „Wilhelm Küchelbecker" (1925), „Puschkin" (1936).

Typ [zu griech. týpos „Schlag; Speer; Umriß"], allg. svw. Modell, Muster, Bauart; [Menschen]schlag, Gattung. - ↑ auch Typus.

Type [griech.], svw. Drucktype, Schrifttype; erhabener Metallbuchstabe auf einem Typenhebel einer Schreibmaschine, der auf Papier abgedruckt wird.

Typengenehmigung ↑ Betriebserlaubnis.

Typenraddrucker, Schnelldruckmaschine (v. a. für Datenverarbeitungsanlagen); für jede Schreibstelle einer Zeile besitzt der T. einen vollständigen Satz von Typen.

Typentheorie (Stufentheorie), i. e. S. der von B. Russell und A. N. Whitehead vorgenommene stufenartige Aufbau der Mengenlehre; i. w. S. Bez. für jedes System der Logik, in dem Ausdrücke oder Prädikatoren gleichen Typus nach ihrer Zugehörigkeit zu *Typenklassen (Stufen, Schichten)* eingeteilt werden, die durch Ordinalzahlen gekennzeichnet sind und in einer Typenhierarchie angeordnet sind.

Typenzwang, Notwendigkeit, sich (bes. im Sachenrecht) bei rechtsgeschäftl. Handeln bestimmter, vom Recht inhaltl. mehr oder weniger fest vorgeformter Rechtsfiguren *(Typen)* zu bedienen. Die damit verbundene Beschränkung der privatrechtl. Gestaltungsfreiheit dient meist der Durchsetzung bestimmter Schutzinteressen.

Typhon, Ungeheuer der griech. Mythologie; 100köpfiger Drache (Sproß der Gäa und der Unterwelt); von Zeus überwältigt und unter dem Ätna begraben, der seither Feuer speit.

Typhon [griech.], elektrisch, mit Dampf oder Druckluft betriebenes Signalhorn auf Schiffen.

Typhus [zu griech. typhos „Qualm, Rauch; Verblendung"] (Typhus abdominalis, Enterotyphus, Unterleibstyphus), durch Salmonella typhosa verursachte, meldepflichtige Infektionskrankheit mit überwiegendem Befall des Krummdarms *(Ileotyphus)* oder des Grimmdarms *(Kolotyphus).* Die Übertragung erfolgt durch den Kontakt mit Stuhl oder Urin von Kranken oder Dauerausscheidern (auch über verunreinigte Nahrungsmittel bzw. infiziertes Wasser). Nach einer Inkubationszeit von 7–11 Tagen schleichender Krankheitsbeginn mit Unwohlsein, Kopfschmerzen, Abgeschlagenheit, Bauchschmerzen und allmähl. Temperatursteigerung. In der ersten Krankheitswoche ist der Bauch meist etwas aufgetrieben, es besteht Stuhlverstopfung; die Zunge ist belegt. Am Ende der ersten Krankheitswoche ist das Fieber auf 40–41 °C angestiegen und bleibt auf diesem Niveau. Der Puls ist hart und im Verhältnis zur Höhe der Temperatur langsam. In diesem Stadium kommt es häufig zu gelbgefärbten Durchfällen. In der zweiten Krankheitswoche erscheint der rotfleckige T.ausschlag. Ohne Behandlung zeigen sich erste Zeichen der Besserung zu Beginn der vierten Krankheitswoche (Fieberanfall, Aufhellung des Bewußtseins, wiederkehrender Appetit). - Neben anderen Komplikationen ist für T. v. a. die Gefahr der Darmblutung und Darmperforation von der zweiten Krankheitswoche an spezifisch. Ursache sind charakterist. patholog. Erscheinungen am lymphat. Apparat des Dünndarms (zuerst Schwellung der Lymphfollikel, dann Nekrose, Abstoßung unter Geschwürbildung, schließl. Vernarbung). Die Sterblichkeitsrate betrug früher 10–12 %. Heute wird der T. erfolgreich mit Chloramphenikol behandelt (Sterblichkeitsrate unter 3 %). 2–3 % der Erkrankten werden zu Dauerausscheidern, die aus Gründen der Prophylaxe kontrolliert und möglichst saniert werden müssen. Zur T.prophylaxe gehören außerdem Isolierung der Kranken, Desinfektion, hygien. Maßnahmen. Bei Gefährdeten ist u. U. eine *T.schutzimpfung* (oft eine kombinierte Impfung zugleich gegen Paratyphus) angebracht.

Typhus exanthematicus [griech.], svw. ↑ Fleckfieber.

Typikon [griech.], Name für 1. das liturg. Buch des byzantin. Ritus, das den Ablauf der Liturgie für das ganze Jahr regelt; 2. die Sammlung von Regeln bestimmter Klöster auf der Grundlage der Basiliusregel.

typisch, kennzeichnend, bezeichnend, unverkennbar.

Typisierung [griech.], die Einteilung in Typen (↑ Typus); in der *Technik* svw. Typenbeschränkung (↑ Normung).

Typograph ® [griech.], Name einer Zeilensetz- und -gießmaschine (↑ Setzerei).

Typographie [griech.], 1. Druckverfahren mit gegossenen Metallettern; 2. Gestaltung eines Druckwerks nach ästhet. Gesichtspunkten, wie Wahl der Schrifttypen, Anordnung des Satzes und ggf. der Bebilderung, Bestimmung des Verhältnisses von Schriftspiegel und Rändern, Buchschmuck.

typographischer Punkt ↑ Punkt.

Typologie [griech.], in der *Bibelexegese* Bez. für die Auslegung v. a. des N. T. anhand von **Typoi** (Typen; Personen und Vorgänge im A. T. mit vorbildhafter Bed. für das N. T.); die christl. T. will das A. T. von Christus her verstehen und den Glauben in einen [heils]geschichtl. und eschatolog. Zusammenhang stellen; seit dem Rationalismus (v. a. von J. S. Semler) abgelehnt.

◆ in der *Anthropologie* die Lehre von der Gruppenzuordnung auf Grund einer umfassenden Ganzheit von Merkmalen (innerhalb einer Variationsbreite), die einen Menschentyp kennzeichnen. Bei Vorliegen einer Anzahl typencharakterist. Merkmale wird auf das Vorhandensein auch anderer einem bestimmten Typusbild zugehörender Merkmale geschlossen; dies führt bei Nichtüberprüfung der abgeleiteten Annahmen häufig zur unkrit. *Stereotypie*. - Es lassen sich drei Hauptklassen von T. unterscheiden: 1. die *Konstitutions-T.;* 2. die *Wahrnehmungs- und Erlebnis-T.;* 3. die *geisteswiss.-weltanschaul. T.,* z. B. die an W. Dilthey u. a. anknüpfende „Lebensformen"-T. E. Sprangers, in der in bezug auf kulturelle Wertausrichtung sechs Menschentypen (theoret., ökonom., ästhet., soziale, religöse und polit. Menschen) unterschieden werden.

typologische Sprachbetrachtung, in der Sprachwiss. Bez. für diejenige Forschungsrichtung, die verschiedene Sprachen nicht nach einer gemeinsamen Grundsprache klassifiziert (↑ genetische Sprachbetrachtung), sondern nach dem formalen Aufbau. Da fast keine Sprache eindeutig mit einem bestimmten Sprachtyp (↑ Sprachtypologie) identifiziert werden kann, versucht die t. S., bestimmte Einzelmerkmale zu erarbeiten, die in ihrer Gesamtkombination eine Sprache typolog. bestimmen.

Typos (Typus, Mrz. Typoi) [griech.] ↑ Typologie.

Typus (Typ) [zu griech. týpos „Schlag, Abdruck, Form, Vorbild"], allg. 1. Urgestalt, Urbild oder Grundform, die ähnl. oder verwandten Individuen (Dingen, Gegenständen oder Lebewesen) zugrunde liegt; 2. von den als unveränderl. und wesentl. angesehenen Merkmalen einer Sache (eines Gegenstandes) oder Person ausgehende Gesamtvorstellung dieser Sache oder Person.
◆ in der *Biologie* allg. die für eine bestimmte systemat. Kategorie (Art, Gatt. usw.) charakterist., durch einen entsprechenden Bauplan (Urbild) gekennzeichnete Grundform (Urform).
◆ in der *zoolog.* und *botan. Nomenklatur* dasjenige Exemplar einer Art bzw. Unterart, das bei deren Entdeckung und erstmaligen Beschreibung vorlag und seitdem als Richtmaß (Belegexemplar) für die betreffende Art bzw. Unterart gilt.
◆ in der *Tierzucht* und *Tierhaltung* die Gesamtheit der äußerl. erkennbaren Körpereigenschaften eines Tiers, v. a. als Ausdruck seiner Nutzungseigenschaften und seiner Leistungsfähigkeit.
◆ in der *Anthropologie* die Summe der (phys. und psych.) Merkmale, die einer Gruppe von menschl. Individuen gemeinsam sind und eine bestimmte Ausprägung darstellen. Reine Typen, die alle diese Merkmale und keine anderen aufweisen, sind (gedachte) Idealfälle *(Idealtypen);* in der Realität gibt es nur Mischtypen.
◆ bes. im *Drama* bestimmte Gestalt mit unveränderl. „typ." Kennzeichen, deren [Charakter]zeichnung (meist auch ihre Funktion in der Handlung) festliegt.

Typverdrängung (Typ-, Standard-Deplacement), Masse bzw. Gewicht (in engl. Tons [ts]) der von einem voll ausgerüsteten Kriegsschiff ohne Brennstoff und Kesselwasser verdrängten Wassermenge.

Tyr (Tiu, Ziu), Kriegsgott der ↑ germanischen Religion.

Tyrann [zu griech. týrannos „Herr, Herrscher"], 1. in der antiken griech. Dichtung der Landesherr, König; 2. der Inhaber der ↑ Tyrannis; 3. im übertragenen Sinne ein grausamer, herrschsüchtiger, strenger Mensch.

Tyrannen (Tyrannidae) [griech.], formenreiche Fam. 7–30 cm langer Sperlingsvögel mit über 350 Arten in fast allen Biotopen N- und S-Amerikas; meist unscheinbar braun, grau und grünl. befiedert; teils Standvögel (trop. Arten), teils Zugvögel (außertrop. Arten).

Tyrannenmord ↑ Widerstandsrecht.

Tyrannis [griech.], Bez. für die unumschränkte Gewaltherrschaft in antiken griech. Staaten. Die Entstehung der T. (*ältere T.:* 7./6. Jh. bis etwa Mitte des 5. Jh.) erklärt sich aus den nach dem Ende des Königtums entstandenen, zugleich durch das Aufkommen neuer Wirtschaftsformen (Ausdehnung des Handels, Geldwirtschaft) bedingten polit.-sozialen Auseinandersetzungen. Durch gewaltsame Aktionen - gestützt u. a. auf ihren Einfluß beim Volk, auf Vermögen, hohe Ämter (v. a. auch militär.), Söldner - zur Macht außerhalb der (unter ihnen formal meist weiterbestehenden) Ordnung gelangt, versuchten einzelne, meist Aristokraten, die Probleme in ihrer Weise zu lösen, wobei die Sicherung ihrer Macht im Vordergrund stand (Förderung unterer Schichten auf Kosten oberer, Arbeits- und Kolonisierungsprogramme, Steuerpolitik); z. B. Kleisthenes von Sikyon, Peisistratos, Periander, Theagenes von Megara; so wurden Tyrannen zugleich zu bed. Trägern kulturellen Fortschritts und schufen in einer antiaristokrat. Politik gleichzeitig die Grundlagen weiterer Demokratisierung. Daneben förderte äußere Gefahr den Aufstieg von Tyrannen. Mit Dionysios I. beginnt die Zeit der *jüngeren T.* (Ende des 5. Jh. bis 3. Jh.), z. B. Dionysios II., Agathokles, Hieron II., Jason von Pherä. Zur Stabilisierung der Verhältnisse wurde die T. auch von auswärtigen Oberherren für abhängige Stadtstaaten bevorzugt, so vom Perserreich für griech. Städte Kleinasiens.

📖 *Die ältere T. bis zu den Perserkriegen. Hg. v. K. H. Kinzl.* Darmst. 1979. - Berve, H.: *Die T. bei den Griechen.* Mchn. 1967. 2 Bde.

Tyras, im Altertum Name des ↑ Dnjestr

sowie der Stadt ↑Belgorod-Dnestrowski.
Tyrosin [griech.] (p-Hydroxyphenylalanin), nicht essentielle Aminosäure, die u. a. Vorstufe der Melanine ist.
Tyrosinasen [griech.], svw. ↑Phenoloxidasen.
Tyrothricin [Kw.], Gemisch von Peptidantibiotika aus Bacillus brevis.
Tyrsener (Tyrrhener), 1. bei den Griechen gebräuchl. Name für die Etrusker; 2. Name eines vorgriech. Volkes des Ägäisraumes (Imbros [= Imroz], Lemnos [Limnos], Samothrake [Samothraki], Mysien); der Name entspricht einem der sog. Seevölker, das schon in der Antike mit den Etruskern oder einem Teil der Etrusker identifiziert wurde.
Tyrus (Tyros; hebr. Tsor), phönik. Hafenstadt, heute Sur. Seit dem 2. Jt. v. Chr. erwähnt, wurde im 11./10. Jh. zur wichtigsten Stadt Phönikiens (neben Sidon), teils auf Inseln, teils auf dem Festland (Palaetyrus) gelegen; Ausgangspunkt der phönik. Kolonisation u. a. von Kition, Utica und Karthago; erst Alexander d. Gr. nahm 332 nach einem Dammbau die Inselstadt ein; seit 64/63 v. Chr. röm.; 638 durch die Araber erobert, 1124–1291 in der Hand der Kreuzfahrer, danach stark zerstört. Bei Ausgrabungen wurden zahlr. antike Bauten gefunden.

Tzara, Tristan, * Moineşti 16. April 1896, † Paris 25. Dez. 1963, frz. Schriftsteller rumän. Herkunft. - Mitbegründer des Dada in Zürich; ab 1917 Hg. der Zeitschrift „Dada"; ab 1920 in Paris. Protestierte in seiner Lyrik gegen die Gesetze der Logik, der Moral, der Gesellschaft. Nach Demonstrationen künstler. Freiheit mit einer keinem Gesetz unterworfenen Sprache wandte sich T. dem Surrealismus zu.

Tzekung (Zigong) [chin. dzigoŋ], chin. Stadt 150 km ssö. von Tschengtu, 400 000 E. Ein Zentrum des Salzbergbaus und der Erdgasförderung in Szetschuan mit bed. chem. Industrie.

Tzintzuntzán, ehem. Hauptstadt der Tarasken im mex. Staat Michoacán, am O-Ufer des Lago de Pátzcuaro, 40 km sw. von Morelia; Reste von 5 Pyramiden.

U

U, Buchstabe des dt. Alphabets, der erst im 10. Jh. n. Chr. als Vokalzeichen aus ↑V differenziert wurde, als in der Minuskelschrift das Zeichen V (der Kapitalschrift) als Initiale für den Wortanlaut, das Zeichen U (der Unzialschrift) im Inlaut benutzt wurde und sich infolge der statist. Häufigkeit (lat. Wörter mit Anlaut *v*- sind häufiger als solche mit *u*-) die Scheidung in Vokal U und Konsonant V herausbildete.
♦ (Münzbuchstabe) ↑Münzstätten.
U, Abk. für: Umdrehung[en] (bei der Angabe von Drehzahlen).
U, chem. Symbol für ↑Uran.
u, Einheitenzeichen für vereinheitlichte atomare ↑Masseneinheit.
u. a., Abk. für: 1. unter anderem, 2. und andere[s].
Uabayo [afrikan.], in W- und O-Afrika aus dem Holz von Arten der Gattung Giftschön gewonnenes Pfeilgift. Die teerartige Masse enthält v. a. das stark herzwirksame g-Strophanthin.
u. A. w. g., Abk. für: um Antwort wird gebeten.

Übach-Palenberg, Stadt am W-Rand der Jülicher Börde, NRW, 123 m ü. d. M., 22 600 E. Maschinenbau, Textil- und Metallwarenind. - Entstand 1935 durch den Zusammenschluß der Gemeinden **Übach** (1172 erstmals gen.), **Palenberg** (867 erstmals gen.) und **Frelenberg** (7./8. Jh.); seit 1967 Stadt. - Im Stadtteil Palenberg Peterskapelle (urspr. karoling.); kath. Pfarrkirche (1930) mit der sog. Palenberger Madonna (um 1480); Haus Zweibrüggen (16., 17. und 18. Jh.) mit dreiflügeligem Herrenhaus.
U-Bahn, Kurzbez. für Untergrundbahn.
Ubangi, größter Nebenfluß des Kongo, entsteht durch den Zusammenfluß von Uelle und Bomu, mündet 90 km sw. von Mbandaka, rd. 1 000 km lang. Grenzfluß von Zaïre gegen die Zentralafrikan. Republik; Wasserfälle im Mittellauf verhindern eine durchgehende Schiffahrt.

Ubangi-Schari ↑Zentralafrikanische Republik.

Übel (das Übel), Ggs. des Guten oder eines Gutes, das Unangenehme, Normwidrige. Der Unterscheidung zw. *phys. Ü.* (z. B. Krankheit) und *moral. Ü.* (das Böse oder die Sünde) fügt Leibniz das *metaphys. Ü.* hinzu, das in der Endlichkeit aller geschaffenen Gegenstände besteht.

Übelkeit, svw. ↑ Nausea.

Überalterung, in der *Bevölkerungsstatistik* Bez. für einen Altersaufbau, der bei nur schwachbesetzten erwerbstätigen Gruppen eine große Anzahl nicht mehr erwerbstätiger Unterhaltsempfänger aufweist.

Überarbeit ↑ Mehrarbeit.

Überbau, zentraler *Begriff des histor. Materialismus,* ↑ Marxismus.
◆ im *Recht* die Bebauung eines Grundstücks unter Verletzung der Grenze zum Nachbargrundstück. Fällt dem Überbauer weder Vorsatz noch Fahrlässigkeit zur Last und erhebt der Nachbar nicht vor oder sofort nach der Grenzüberschreitung Widerspruch, so ist der Ü. zu dulden und verbleibt im Eigentum des Überbauenden. Der Nachbar ist durch eine Geldrente zu entschädigen. Andernfalls kann Beseitigung des Ü. verlangt werden bzw. gehört der Ü. teils dem Nachbarn, teils dem Überbauer. Als Ausgleich erwirbt der Nachbar ein dingl. Rentenrecht.

Überbauschrank ↑ Schrank.

Überbehaarung ↑ Hypertrichose.

Überbein ↑ Ganglion.

Überbelichtung (Überexposition), Überschreiten des zulässigen Belichtungsspielraums einer photograph. Schicht, so daß das Belichtungsintervall ganz oder teilweise im Schulterbereich der Gradationskurve (↑ Gradation) liegt.

Überbeschäftigung, eine die Vollbeschäftigung übersteigende Auslastung des Produktionspotentials einer Volkswirtschaft. - Ggs. ↑ Unterbeschäftigung.

überbetriebliche Ausbildung, Form der Berufsausbildung, bei der der prakt. Teil nicht unter Produktionsbedingungen in Betrieben, sondern in ↑ Lehrwerkstätten durchgeführt wird. Die ü. A. wird v. a. als Ergänzung der betriebl. Ausbildung angesehen, mit der im Berufsbild vorgesehene, im Betrieb jedoch nicht zu vermittelnde Kenntnisse erworben werden sollen.

Überblasen, auf Blasinstrumenten das Anblasen eines höheren Teiltons anstatt des Grundtons durch Verstärkung von Luftdruck oder Lippenspannung; bei oktavierenden Instrumenten (wie der Flöte) entsteht der 1. Oberton (Oktave), bei quintierenden (wie der Klarinette) der 2. Oberton (Duodezime).

Überblendung, in der Film- und Fernsehtechnik das allmähl. Abblenden einer Bildeinstellung mit gleichzeitigem Aufblenden eines neuen Bildes; entsprechend gibt es *Ton-Ü.* bei Schallaufnahmen und -wiedergaben.

Überbrettl, Beiname des in bewußter Anlehnung an F. Nietzsches „Übermenschen" 1899 gegr. und 1901 von E. von Wolzogen

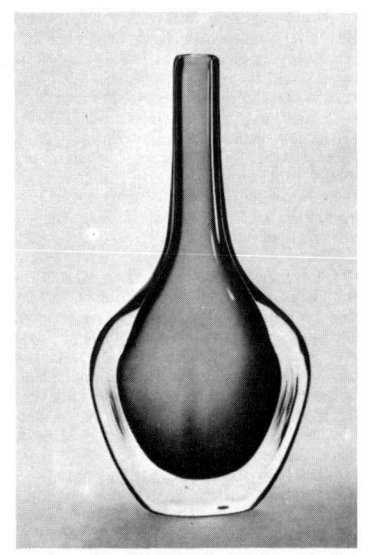

Überfangglas. Nils Landberg, Flasche (1956)

eröffneten „Bunten Theaters" in Berlin (↑ auch Kabarett).

Überbrückungskredit, Kredit zur Überbrückung eines vorübergehenden Kapitalbedarfs, meist ein Kontokorrentkredit.

Übereignung, svw. ↑ Eigentumsübertragung.

Übereinstimmung ↑ Kongruenz.

Überempfindlichkeit (Hypersensibilität), Bereitschaft zur Allergie, erhöhte Empfindlichkeit gegenüber bestimmten allergieauslösenden Stoffen.

Überernährung, Nahrungsaufnahme, die den tägl. Joulebedarf (Kalorienbedarf) übersteigt und daher zum Fettansatz mit Übergewicht führt; gilt gesundheitl. als Risikofaktor. - ↑ auch Ernährung.

Überexposition, svw. ↑ Überbelichtung.

Überfall, *strafrechtl.* ein unvorhergesehener Angriff, auf den sich der Angegriffene nicht rechtzeitig einstellen kann. Der hinterlistige Ü. ist ein Tatbestandsmerkmal der gefährl. Körperverletzung. *Zivilrechtl.* das Hinüberfallen von Früchten auf ein Nachbargrundstück. Die Früchte gelten als Früchte des Nachbargrundstücks.

Überfamilie (Superfamilia), v. a. in der zoolog. Systematik eine zw. Ordnung bzw. Unterordnung und Fam. stehende, mehrere Fam. zusammenfassende Kategorie; höchste Kategoriestufe, die den internat. zoolog. Nomenklaturregeln noch unterworfen ist. Ü. sind charakterisiert durch die Endung -oidea.

Überfangglas, mehrfarbiges Glas, bei dem zwei oder auch mehrere Schichten aufeinandergebracht sind, bei Scheiben wird die zweite Schicht auf die Rückseite der Glasscheibe geschmolzen, bei Hohlgläsern wird eine Glasblase in eine andersfarbige flüssige Glasmasse getaucht (dieser Vorgang kann mehrmals wiederholt werden) und dann ein Gefäß geblasen. Bes. Effekte durch zusätzl. Glasschnitt. Bes. im Hellenismus (Portlandvase, 1. Jh. v. Chr.), Biedermeier und Jugendstil sowie in der ostasiat. Glaskunst. - Abb. S. 305.

Überflugrecht, das Recht ziviler Luftfahrzeuge, unter fremder Lufthoheit stehenden Luftraum zu durchfliegen. Der gesamte Luftraum bis zum Weltraum steht gemäß dem Abkommen von Chicago über die internat. Zivilluftfahrt vom 7. Dez. 1944 und nach Völkergewohnheitsrecht unter der Lufthoheit des Territorialstaates. Es steht grundsätzl. in dessen Belieben, den Überflug eines fremden Luftfahrzeugs zu verbieten.

Überflußgesellschaft ↑ Reichtum.

Überforderung, Bez. der Pädagogik für den Sachverhalt, daß eine Lernaufgabe für den Schüler auf Grund seiner erworbenen Kenntnisse noch unlösbar ist. Bei Ü. sinkt die Wahrscheinlichkeit eines Lernerfolges; gleichzeitig nimmt die Lernmotivation ab. Ist eine Aufgabe zu leicht und damit ihr Anreizwert gering, spricht man von *Unterforderung.*

Überforderungssyndrom, unbewußte Abwehrreaktion gegen Forderungen, die qualitativ oder quantitativ das körperl.-psych. Leistungsvermögen übersteigen; u. a. mit Schlafstörungen, depressiver Stimmungslage, auch mit psychogenen körperl. Erkrankungen einhergehend.

Überfremdung, kulturpessimist. Bez. für die Gesamtheit von desintegrativ wirkenden Strukturveränderungen im ländl.-dörfl. Leben durch Einwirkungen städt. Kultur und städt. Lebenszuschnitts bei zunehmender Urbanisierung.
♦ nationalist. gefärbte Bez. für eine Entwicklung der Bev.struktur eines Landes, bei der Ausländer einen hohen Anteil der Bev. bilden.

Überfrucht, svw. ↑ Deckfrucht.

Überfruchtung (Superfetation), die Befruchtung von zwei oder mehr Eiern aus aufeinanderfolgenden, getrennten Ovulationszyklen. Hierbei muß es bei bereits bestehender Schwangerschaft zu einem weiteren Follikelsprung kommen. Beim Menschen ist die Ü. bis jetzt nicht eindeutig nachgewiesen. Zweieiige Zwillinge könnten aber durchaus von verschiedenen Sexualpartnern stammen.

Überfunktion (Hyperfunktion), [krankhaft] gesteigerte Tätigkeit eines Organs, bes. einer Hormondrüse.

Übergabe, im Sachenrecht die Verschaffung des unmittelbaren Besitzes an einer Sache durch Übertragung der tatsächl. Herrschaftsgewalt (auf verschiedene Art und Weise mögl.); wichtiger Bestandteil der Eigentumsübertragung. Im Grundstücksrecht geschieht die Ü. durch Eintragung des Veräußerungsakts im Grundbuch.

Übergabevertrag, Vertrag unter Lebenden, durch den der Übergeber einem künftigen gesetzl. Erben oder einem Dritten einen Vermögensgegenstand überträgt, ohne das Überleben des Übernehmers zur Bedingung der Wirksamkeit dieses Geschäftes zu machen; fällt als Geschäft unter Lebenden nicht unmittelbar unter die Regeln des Erbrechts.

Übergang, in einem mikrophysikal. System der Wechsel von einem Quantenzustand in einen anderen: er wird entweder durch Einwirkung von außen oder durch Wechselwirkung von Teilen des Systems bewirkt und erfolgt jeweils mit einer bestimmten, als seine *Übergangswahrscheinlichkeit* bezeichneten relativen Häufigkeit pro Zeiteinheit. In atomaren Systemen kann ein Ü. bei Energiezufuhr als *erzwungener Ü.* zu einem höheren Anregungszustand hin oder (von einem solchen) als *spontaner Ü.* unter Freisetzung von Energie zu einem tieferen Niveau hin erfolgen. Die Menge der prinzipiell mögl. Ü. in einem solchen System wird meist durch ↑ Auswahlregeln stark eingeschränkt.

Übergangselemente ↑ Periodensystem der chemischen Elemente.

Übergangsgesellschaft, 1. allg. eine Gesellschaft im Übergang zu einer neuen Entwicklungsstufe (z. B. von der Agrar- zur Ind.-gesellschaft); 2. ↑ Marxismus (wissenschaftlicher Sozialismus).

Übergangsmetalle ↑ Periodensystem der chemischen Elemente.

Übergangsvorschriften, Rechtsvorschriften, die den Übergang von einem alten Rechtszustand zu einem durch eine neue Kodifikation geschaffenen Zustand regeln; i. d. R. stehen die Ü. am Schluß des neuen Gesetzes, bei großen Gesetzeswerken sind sie in einem bes. EinführungsG enthalten.

Übergangswiderstand, svw. ↑ Kontaktwiderstand.

Übergangszustand (aktivierter Komplex), ein bei chem. Reaktionen (unter Einwirkung von Aktivierungsenergie) kurzzeitig auftretendes Aggregat der Moleküle bzw. Atome der Ausgangsstoffe, aus dem sich dann unter Neugruppierung der Atome die Moleküle der Reaktionsprodukte bilden.

Übergewicht ↑ Körpergewicht.

Überhaft, Haft, die vorgemerkt wird, wenn gegen einen Beschuldigten, der sich bereits in ↑ Untersuchungshaft, Strafhaft oder in sonstiger amtl. Verwahrung befindet, ein ↑ Haftbefehl erlassen wird, der erst im Anschluß an die andere Freiheitsentziehung vollzogen werden soll.

Überhangmandat ↑ Wahlen.

Überhitzung, Erwärmung eines Stoffes

Überlingen

über eine Temperatur hinaus, bei der unter normalen Bedingungen entweder ein Übergang in eine andere Phase (z. B. den Dampfzustand) oder Modifikation erfolgt, der unter bes. Bedingungen jedoch unterbleibt (z. B. beim Siedeverzug), oder bei der ein Gleichgewicht zw. zwei Phasen herrscht (z. B. bei der Erzeugung von überhitztem Dampf).

Überhöhung, im *Verkehrswesen* der Betrag, um den der äußere Kurventeil einer Straße oder eines Gleises gegenüber dem inneren höher gelegt ist, um die Fliehkräfte eines Fahrzeugs beim Durchfahren (mit einer bestimmten Geschwindigkeit) aufzunehmen.

Überholen, seemänn. Bez. für 1. Neigung eines Schiffes durch Ruderlegen oder Wellenwirkung; 2. gründliche Renovierung eines Schiffes.

Über-Ich (Superego), nach S. Freud eine der Instanzen der Persönlichkeit mit den Funktionen des Gewissens, der Selbstbeobachtung und der Idealbildung (vergleichbar mit der Rolle des Richters oder Zensors). Das Ü.-I. bildet sich durch Verinnerlichung elterl. Forderungen und Verbote (nach Freud im Zusammenhang mit dem Ödipuskomplex). Mit und neben elterl. Normen gehen auch gesellschaftl. Normtraditionen in das Ü.-I. ein. Spezif. psych. Störungen gehen nach Freud v. a. auf den Konflikt zw. dem Es einerseits sowie dem Ich und Ü.-I. andererseits zurück.

Überkalibergeschoß ↑Munition.

Überkapazität, die Leistungsfähigkeit eines Unternehmens, die auf längere Sicht nicht ausgenutzt werden kann. Durch die hohen fixen Kosten mindern die Ü. den Gewinn des Unternehmens und können † Grenzbetriebe zum Ausscheiden aus dem Markt zwingen; sie führen häufig zu Wettbewerbsbeschränkungen in Form von Absprachen oder Kartellen.

Überkapitalisierung, zu hohe Kapitalausstattung eines Unternehmens, wodurch ein Kapitalüberfluß entsteht und die Rentabilität geschmälert wird. Die Beseitigung der Ü. erfolgt durch eine Kapitalherabsetzung bzw. durch Verkauf der ungenutzten Anlagen.

Überklasse (Superclassis), in der biolog. (insbes. botan.) Systematik eine zw. Stamm bzw. Unterstamm und Klasse stehende, mehrere Klassen zusammenfassende Kategorie.

Überkompensation, Bez. A. Adlers für den „Ausgleich" unbewußter Minderwertigkeitsgefühle, etwa durch Überheblichkeit, überzogenes Geltungs-, Leistungs- oder Machtstreben.

überkritisch ↑Kernreaktor (Prinzip).

Überlagerung, svw. ↑Superposition. - ↑auch Interferenz.

◆ (Überschichtung) als ethn. Ü. die Entstehung neuer polit., kultureller, sozialer und/oder wirtsch. Strukturen infolge einer gewaltsamen Unterwerfung eines Volkes durch ein anderes. In der Staatssoziologie als Theorem zur Erklärung der Entstehung von Staaten, Gesellschaften, Kulturen verallgemeinert (L. Gumplowicz, F. Oppenheimer u. a.), konnte der Begriff Ü. auch von Rassentheoretikern (z. B. J. A. Graf von Gobineau) zur Begründung der rass. Auserwähltheit des germ. „Herrenmenschen" benutzt werden. - Im abgewandelten Sinne heute auch Bez. für die Auflösung, Überformung, Zersetzung einer Kultur oder Sozialstruktur durch eine andere.

Überlagerungsempfänger (Superheterodynempfänger, Superhet, Super), Funkempfänger, bei dem die Empfangsfrequenz f_E in einer sog. Mischstufe durch Mischung mit einer in einem Hilfssender (Oszillator) erzeugten Oszillatorfrequenz f_O in eine Zwischenfrequenz f_Z umgesetzt wird. Die Schwingkreise der Vorverstärkerstufe und des Oszillators sind durchstimmbar, die Schwingkreise des Zwischenfrequenzverstärkers sind fest auf die Zwischenfrequenz eingestellt. Die Zwischenfrequenz (ZF) ergibt sich aus der Differenz (oder Summe) zw. der Oszillatorfrequenz und der Empfangsfrequenz (HF). Die verstärkte Zwischenfrequenz wird im Demodulator in die Niederfrequenz (NF) umgewandelt. Der NF-Verstärker verstärkt die Niederfrequenz auf die im Lautsprecher erforderl. Leistung. Der Ü. ist der heute fast ausschließl. verwendete Typ der Rundfunkempfänger. - Abb. S. 308.

Überläufer, Bez. für Soldaten, die (im Verlauf eines Krieges) auf die Seite des Feindes *überlaufen;* gelegentl. auch von Politikern gesagt, die ihre Partei verlassen und sich der Gegenpartei anschließen.

Überlaufquelle ↑Quellen.

Überleitungsgesetze, Bez. für die Gesetze, mit denen nach Gründung der BR Deutschland Lasten (v. a. Aufwendungen für Kriegsfolgelasten) und Deckungsmittel (v. a. Steuerquellen) von den Ländern auf den Bund „übergeleitet" wurden.

Überleitungsvertrag ↑Besatzungsrecht, ↑Deutschlandvertrag.

Überlichtgeschwindigkeit, eine Geschwindigkeit, die oberhalb der Vakuumlichtgeschwindigkeit ($c_0 = 2,9979 \cdot 10^8$ m/s) liegt; nach der Relativitätstheorie kann sich eine physikal. nachweisbare Wirkung (z. B. Energie, Materie) nicht mit Ü. ausbreiten; hingegen kann die ↑Phasengeschwindigkeit c_0/n elektromagnet. Wellen in bestimmten Stoffen und für sehr kurze Wellenlängen im Bereich der Ü. liegen (in beiden Fällen ist der Brechungsindex $n < 1$). I. w. S. auch die Geschwindigkeit v von sich in einem materiellen Medium bewegenden Teilchen, wenn $c_0/n < v < c_0$ gilt und $n > 1$ ist (↑Tscherenkow-Strahlung).

Überlingen, Stadt am Überlinger See, Bad.-Württ., 409 m ü. d. M., 19 200 E. Kneippkurort; Möbelind., Orgelbau, feinmechan.

Überlinger See

Ind., Maschinenbau. - 770 erstmals gen.; Residenz eines alemann. Herzogs, wurde später fränk. Königshof, aus dem im 11. Jh. der Marktort entstand; von Kaiser Friedrich I. Barbarossa zur Stadt erhoben, 1268–1803 Reichsstadt; besaß seit 1547 Salzmonopol. - Got. Münster Sankt Nikolaus (1350–1562) mit got. Chorgestühl und frühbarockem Hochaltar von J. Zürn (1613–19), spätgot. Franziskanerkirche (geweiht 1466) mit barocker Ausstattung. Spätgot. Rathaus (15. Jh.); spätgot. ehem. Patrizierhaus der Reichlin von Meldegg (1462 ff.; heute Museum); Reste der Stadtbefestigung.

Überlinger See ↑Bodensee.

übermäßig, in der *Musik* werden solche Intervalle als ü. bezeichnet, die um einen chromat. Halbton größer sind als reine (z. B. c-fis oder ces-f statt der reinen Quarte c-f) oder große (z. B. c-eis statt der großen Terz c-e). In der ↑Umkehrung werden ü. Intervalle zu ↑verminderten. Der *übermäßige Dreiklang* (z. B. c-e-gis), mit der ü. Quinte als Rahmenintervall, setzt sich aus zwei großen Terzen zusammen.

Übermensch, ein die Grenzen des menschl. Wesens übersteigender, dem wirkl. Menschen überlegener Idealmensch. Der Begriff Ü. wurde von F. Nietzsche in den philosoph. Sprachgebrauch übernommen.

Übernamen, Personennamen, die einem Menschen nach bes. auffälligen körperl. und geistigen Merkmalen von Mitmenschen [zum Spott („Spitzname")] gegeben wurden. Es überwiegen Substantive und Adjektive, und zwar in Form einer Apposition zu Rufnamen (Johann *Bauch*), eines adjektiv. Attributs (*Scharlachsmund* aus *der mit dem Scharlachmund*) oder eines Satznamens (*Scheibenpflug* aus *Schieb den Pflug*). In der dt. Namengebung waren Ü. bes. im 14.–16. Jh. häufig.

übernormaler Schlüsselreiz, Reiz, der durch Überbetonung (insbes. von Größe, Form und Farbe[n]) eine bestimmte Verhaltensweise besser auslöst als ein normaler (natürl.) ↑Schlüsselreiz. Das Phänomen des Übernormalen ist in der Natur weit verbreitet. So übertrifft der Auslösewert des aufgesperrten Rachens beim Kuckuck in Größe und Auffälligkeit hinsichtl. der Färbung bei weitem denjenigen der Wirtsartennestlinge. - Es gibt zahlr. Hinweise dafür, daß auch der Mensch für übernormale Schlüsselreize sehr empfängl. ist. Dies wird - bewußt oder unbewußt - in Werbung (z. B. durch betonte Reizsignale auf der Verpackung), Kosmetik (Benutzung von Lippenstift oder künstl. Wimpern) und Mode sowie in Kunst und Literatur, Theater und Film (bes. bei den Zeichentrickfilmen) und speziell in der Karikatur durch überdeutl. Abhebung bestimmter Elemente wirkungsvoll genutzt (Tendenz zum Reizextremismus).

Überordnung (Superordo), v. a. in der zoolog. Systematik eine zw. Klasse bzw. Unterklasse und Ordnung stehende, mehrere Ordnungen zusammenfassende Kategorie.

Über-Pari-Emission, Ausgabe von Wertpapieren zu einem Kurs, der über dem Nennwert liegt; bei der Aktienemission muß der über den Nennwert hinausgehende Betrag der Rücklage zugeführt werden.

Überproduktion, Herstellung von mehr Produkten, als der Markt aufzunehmen bereit bzw. in der Lage ist. Da durch die Ü. das Angebot größer als die Nachfrage ist, sinken normalerweise die Preise, was bei bewußter Ü. zu einer ruinösen Konkurrenz führen kann. Gewöhnl. erfolgen im Fall der Ü. Unternehmenszusammenschlüsse, meist in Form von Kartellen.

Überprotektion (Overprotection), die unangemessen übertrieben beschützende Haltung eines Menschen gegenüber einem anderen ihm anvertrauten, z. B. einer Mutter gegenüber ihrem Kind (mit der mögl. Folge von neurot. Fehlhaltungen im Erwachsenenalter, häufig auch eines Stehenbleibens in der Entwicklung, oder von passivabhängigen Verhaltensweisen, bes. in der Liebe).

Überqualifikation, Bez. für den Tatbestand, daß die in Bildungseinrichtungen erworbenen Kenntnisse und Fähigkeiten über den aktuellen Erfordernissen und Nutzungsmöglichkeiten der Berufswelt liegen und deshalb nicht mehr eine der Ausbildung angemessene Beschäftigung zu finden ist.

Überreichweite, in der Funktechnik

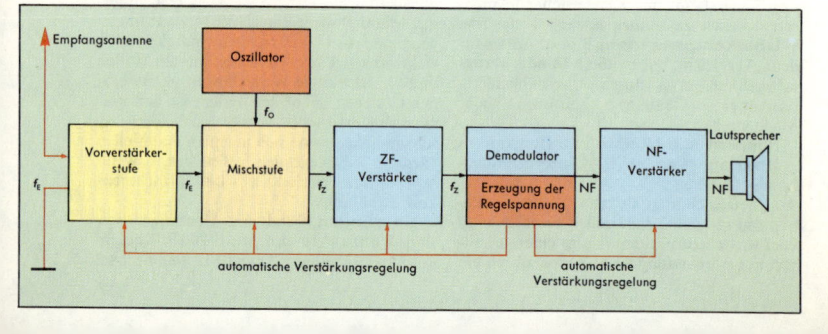

Überlagerungsempfänger. Blockschaltbild

Übersetzung

Bez. für eine nur unter bes. meteorolog. bzw. ionosphär. Bedingungen zu beobachtende ungewöhnl. große Reichweite eines Funksenders.

Überriesen (Übergiganten) ↑Stern.

Überrollbügel, bei Kfz. ohne (genügend) feste Dachkonstruktion (v. a. Sport- und Rennwagen, landw. Schlepper) ein über dem Sitz verlaufender Stahlbügel, der dem Fahrer, falls das Fahrzeug sich überschlägt, Schutz bieten soll.

Übersäuerung, krankhafte Steigerung des Säuregehalts des Magensaftes.

Überschallflug, die Bewegung eines Flugkörpers mit einer Geschwindigkeit v, die größer ist als die Schallgeschwindigkeit c_S in Luft. Da diese aber u. a. vom Luftdruck (Luftdichte) und von der Lufttemperatur abhängt, ist die Grenze zum Ü. von Fall zu Fall verschieden. Man bezieht die Fluggeschwindigkeit auf die jeweilige Schallgeschwindigkeit und drückt sie in Mach-Zahlen aus. Im Ggs. zum Unterschallflug ist der Luftwiderstand beim Ü. sehr viel größer, da die Luft dem Flugkörper nicht mehr ausweicht, sondern von ihm komprimiert und „zerschnitten" wird. Die Flugeigenschaften ändern sich erhebl., es tritt starke Reibungswärme auf. Die von der Spitze des Flugkörpers ausgehenden Schallwellen bilden eine Wellenfront in Form eines Kegels (Machscher Kegel, Kopfwelle). Die Kopfwelle zieht sich als Lärmteppich über das überflogene Gebiet, ihre kegelmantelförmige Verdichtungszone ist als starker, sog. *Überschallknall*, der auch mechan. Zerstörungen bewirken kann, wahrnehmbar. Der erste Ü. eines bemannten Flugzeugs wurde 1947 mit dem Raketenflugzeug Bell X-1 durchgeführt; 6,72fache Schallgeschwindigkeit (7 297 km/h) erreichte 1967 das Raketenflugzeug X-15. - Etwa ab 1950 wurden Ü.zeuge zunehmend bei den Luftstreitkräften eingeführt; die brit.-frz. Concorde nahm 1976 als erstes für eine Reisegeschwindigkeit von Mach 2 ausgelegtes Überschallverkehrsflugzeug (SST) den planmäßigen Linienpassagierflug auf, gefolgt von der sowjet. Tupolew Tu-144 (1977).

Überschichtung, svw. ↑Überlagerung.

Überschiebung, Lagerungsstörung von Gesteinsschichten, bei der entlang der Störungsfläche ein Gesteinskomplex auf einen anderen aufgeschoben wurde, so daß ältere Gesteine über jüngere zu liegen kommen. In Faltengebirgen treten großräumig **Überschiebungsdecken** auf.

Überschlag, (elektr. Ü.) elektr. Entladung zw. spannungführenden Teilen in Form eines Funkens oder Lichtbogens. Die niedrigste Spannung, bei der [an einer elektr. Anlage] ein Ü. auftreten kann, bezeichnet man als *Ü.spannung*, die elektr. Festigkeit, bei der ein Ü. gerade noch vermieden wird, als *Ü.festigkeit*.

◆ die näherungsweise Berechnung des Wertes einer zusammengesetzten Größe unter Verwendung gerundeter Zahlenwerte.

◆ Übung im *Turnen*, bei der der Körper aus dem Stand oder Sprung vor-, rück- oder seitwärts eine ganze Umdrehung um die Breitenachse mit zusätzl. Stütz der Hände auf den Boden oder ein Gerät macht.

Überschuldung, 1. Verschuldung, die das Vermögen eines Wirtschaftssubjekts übersteigt. Zur Feststellung der Ü. ist eine Ü.bilanz aufzustellen, in der die Vermögensgegenstände und Schulden unabhängig von den Vorschriften für den Jahresabschluß mit dem Tageswert anzusetzen sind. Die Ü. ist bei jurist. Personen Konkursgrund; 2. als Ü. des Nachlasses das Überwiegen des Wertes der aus dem Nachlaß zu befriedigenden Ansprüche gegenüber dem Wert der in ihm enthaltenen Rechte; führt zur Eröffnung des ↑Nachlaßkonkurses oder des ↑Nachlaßvergleichsverfahrens.

Überschwängerung (Superfekundation), die Befruchtung zweier Eier derselben Ovulation aus zwei Begattungsakten. Auch beim Menschen sind Fälle bekannt, bei denen die beiden zweieiigen Zwillingskinder durch zwei Männer gezeugt wurden, deren Beischlaf einige Tage auseinanderlag. Bei doppelt angelegtem Uterus ist eine Ü. ebenfalls möglich.

Überschwemmungssavanne, period. überschwemmtes, an manchen Stellen mit Palmen durchsetztes Grasland.

überschweres Wasser ↑schweres Wasser.

Überseedepartement [...departə‚mã:] ↑französische Kolonien.

Überseeterritorium ↑französische Kolonien.

Übersetzung, Wiedergabe eines Textes in einer anderen Sprache, Form der schriftl. Kommunikation über Sprachgrenzen hinweg im Ggs. zur aktuellen mündl. Vermittlung des Dolmetschers. Es lassen sich verschiedene Übersetzungsarten unterscheiden: 1. Ü. aus einer zeitgenöss. Sprache, aus einer älteren Sprache (z. B. Lat., Griech.) oder aus einer älteren Sprachstufe (z. B. Althochdt., Mittelhochdt.); 2. Ü. eines Textes aus dem gleichen Kulturkreis oder aus einem fremden Kulturkreis; 3. Ü. stellvertretend für das Original oder als Hilfsmittel für das Verständnis des (meist synopt. dargebotenen) Originals; 4. sinnwahrende Ü. (Paraphrase), formgetreue Ü. (bei poet. Texten) oder wortgetreue Ü. (Interlinearversion, Metaphrase). Nach der Nähe zum Originaltext wird z. T. auch begriffl. differenziert in *Ü.* (möglichst wortgetreuer Anschluß ans Original), *Übertragung* (freiere sinnbetonte Wiedergabe unter voller Berücksichtigung der semant., idiomat. und stilist. Eigentümlichkeiten der Zielsprache), *Nachdichtung* (formbedachte und gehaltkonforme Nachschöpfung, bes. bei poet. Texten).

Übersetzungsmaschine

Eine moderne Sonderform des Übersetzens ist die *Neutextung* von Kino- und Fernsehfilmen (Synchronisation).
♦ in der *Technik* svw. Übersetzungsverhältnis.

Übersetzungsmaschine, elektron. Datenverarbeitungsanlage zur Übersetzung eines Textes in eine andere Sprache; die Wörter werden mit einem in der Ü. magnet. gespeicherten Wörterbuch verglichen, identifiziert, durch entsprechende Wörter der Zielsprache ersetzt und (unter Berücksichtigung grammatikal. Regeln) zu einem Text in der Zielsprache zusammengesetzt. Bisher sind nur die Übersetzungen sehr einfach strukturierter (v. a. fachsprachl.) Texte befriedigend, ansonsten sind (zu überarbeitende) Rohübersetzungen das Ergebnis.

Übersetzungsverhältnis (Übersetzung), im Maschinenbau Bez. für das Verhältnis der Drehzahlen zweier gekoppelter Wellen, gerechnet in Richtung des Kraftflusses; man unterscheidet zw. Übersetzung ins Schnelle und Übersetzung ins Langsame („Untersetzung"). Getriebe von Kfz. sind i. d. R. Untersetzungsgetriebe.

Übersichtigkeit (Weitsichtigkeit, Hyperopie, Hypermetropie), Form der Fehlsichtigkeit, bei der parallel ins Auge einfallende Strahlen erst hinter der Netzhaut vereinigt werden. Ursache der Ü. ist meist ein im Verhältnis zur Brechkraft des dioptr. Apparats zu kurz gebauter Augapfel. Die Korrektur der Ü. erfolgt durch Konvexgläser.

Überspannung, in elektr. Netzen z. B. infolge von Schaltvorgängen, Erdschlüssen, Resonanzerscheinungen oder atmosphär. Einwirkungen (v. a. Blitzschlag) entstehende Spannung, die die Isolation elektr. Geräte und Anlagen weit höher beansprucht als die Betriebsspannung.

übersponnenes Glas, svw. ↑ Fadenglas.

Übersprungbewegung (Übersprunghandlung), bes. Verhaltensweise bei Tieren (auch beim Menschen) im Verlauf eines Verhaltenskomplexes (Funktionskreis) ohne sinnvollen Bezug zu diesem, d. h. zur gegebenen Situation. Zur Ü. kann es kommen, wenn der normale Ablauf einer Instinkthandlung gestört ist, u. a. durch eine Verhinderung der Triebbefriedigung bei Ausbleiben eines „erwarteten" Antwortreizes (z. B. während der Balz) oder durch ein zu plötzl. Erreichen des Ziels der Handlung (z. B. zu frühe, „unerwartete" Flucht des Gegners). Eine weitere häufige Ursache für eine Ü. ist gegeben, wenn gegenläufige Impulse (z. B. Flucht und Angriff) miteinander in Konflikt geraten. Solche einer völlig andere Verhaltensweise zugehörigen Ausweichhandlungen (Ersatzhandlungen) sind z. B. das plötzl. Gefiederputzen oder In-den-Boden-Picken bei kämpfenden Vögeln-♂♂ sowie die menschl. Verlegenheitsgeste des Sich-am-Kopf-Kratzens (ohne Juckreiz).

Überstauung (Überstaubewässerung), Form düngender Bewässerung in der Ebene, bei der eingedämmte Ackerflächen (sog. Polder) mit an Sinkstoffen reichem Hochwasser überflutet werden, bis sich die nährstoffreichen Sinkstoffe abgesetzt haben. Bei Grünlandflächen benutzt man die *Stauberieselung*, wobei das Wasser zur Belüftung in dünner Schicht über wehrähnl. Überläufe von einem Polder in den nächsten fließt.

Übersteuern, in der *Kfz.-Technik* Bez. für ein Eigenlenkverhalten, bei dem das Fahrzeug in der Kurve mit dem Heck nach außen drängt.
♦ in der *Nachrichtentechnik* das Überschreiten einer bestimmten Signalspannung, so daß keine lineare Verstärkung mehr gewährleistet ist und Verzerrungen auftreten, d. h. das Ausgangssignal ist nicht mehr proportional zum Eingangssignal.

Überstunden, svw. Überarbeit (↑ Mehrarbeit).

Übertrag, der Vortrag der Seitensummen eines Kontos, Journals u. a. auf die folgende Seite.

übertragbare Krankheiten, svw. ↑ Infektionskrankheiten.

Übertrager, in der Nachrichtentechnik übl. Bez. für einen kleinen Transformator, z. B. zum Anpassen von hochohmigen Verstärkerausgängen an niedrigohmige Lautsprecher.

Überträgerstoffe (Überträgersubstanzen), svw. ↑ Neurotransmitter.

Übertragung (Schwangerschaftsübertragung), Überschreitung der durchschnittl. Schwangerschaftsdauer von 280 Tagen um mehr als 10–14 Tage, ohne daß die Geburt in Gang kommt; meist wird die Geburt wegen drohender Fruchtschäden mechan. eingeleitet (Sprengung der Fruchtblase, u. U. manuelle Dehnung des Muttermundes) oder es wird eine Schnittentbindung vorgenommen; die Ursachen der Ü. sind nicht bekannt.

Übertragung, (Ü. des Eigentums) ↑ Eigentumsübertragung.
♦ (Direktsendung) ↑ Live-Sendung.
♦ in der *Psychoanalyse* Bez. für das Einbringen von Wünschen und Gefühlen, die gegenüber früheren Bezugspersonen (v. a. Eltern) entstanden sind, in Beziehungen zu anderen Personen (v. a. zum Therapeuten). Nach S. Freud ist Ü. ein wichtiges Hilfsmittel bei der Bewältigung verdrängter Konflikte.

Übertragungen zwischen In- und Ausländern, der die privaten [monetären] Leistungen umfassende Teil der Außenwirtschaft.

Übertragungsbereich, eine Kenngröße für den Frequenzbereich bei Audio- und Videogeräten; sie gibt an, welche Tonfrequenzen in der Lautstärke gegenüber anderen Frequenzen weder merklich angehoben noch abgesenkt werden.

ubi bene, ibi patria

Übertragungsbilanz (Bilanz der unentgeltl. Leistungen), Teil der Zahlungsbilanz, der die Gegenbuchungen zu allen Übertragungen von Gütern und Forderungen mit dem Ausland, denen keine ökonom. Gegenleistung gegenübersteht, aufnimmt. Wichtigste Posten sind die Entwicklungshilfe und private unentgeltl. Leistungen an das Ausland, v. a. durch Geldüberweisungen von ausländ. Arbeitnehmern.

Übertretung, früher die leichteste Art der Straftaten im Strafrecht, die mit Freiheitsstrafe bis zu 6 Wochen oder mit Geldstrafe bis zu 500 DM bedroht waren. Die früheren Ü. sind heute entweder Vergehen oder Ordnungswidrigkeiten bzw. ersatzlos entfallen. Das *östr.* StGB von 1974 kennt keine Ü. mehr. Im *schweizer.* Strafrecht ist die Ü. eine Straftat minderer Schwere, die mit Haft oder Buße bzw. mit Buße allein bedroht ist.

Überversicherung, vertragl. Vereinbarung einer Versicherungssumme, die den Versicherungswert übersteigt; im umgekehrten Fall liegt eine *Unterversicherung* vor. Bei erhebl. Ü. haben Versicherungsnehmer und Versicherer das Recht, eine sofortige Herabsetzung der Versicherungssumme zu verlangen. Im Schadenfall wird nur der tatsächl. Schaden ersetzt.

Übervölkerung, (Überbevölkerung) eine zu große Bev.zahl eines bestimmten Raumes, gemessen an den wirtsch. Existenzgrundlagen. Ü. zwingt zur Abwanderung eines Teils der Bev. oder zu beschleunigter wirtsch. Entwicklung, deren Möglichkeiten jedoch durch eine zu große Zahl von Arbeitskräften beeinträchtigt werden.

◆ in der *Zoologie:* abnorm hohe Individuenzahl (↑ Abundanz) im Territorium einer Tierart auf Grund einer ↑ Massenvermehrung, so daß das ökolog. Gleichgewicht erhebl. gestört ist. Kann neben Aggressionshandlungen eine Massenabwanderung der Tiere (↑ Tierwanderungen) auslösen.

Überwallung, Kallusbildung bei Pflanzenverletzungen (↑ Kallus).

Überwälzung ↑ Steuerüberwälzung.

Überweisung, im *Bankwesen* der Geschäftsbesorgungsvertrag eines Kontoinhabers mit einem Kreditinstitut, wodurch dieses verpflichtet wird, zu Lasten des Girokontos des Kontoinhabers einen bestimmten Betrag dem Konto des Zahlungsempfängers gutzuschreiben bzw. bei der Bank des Empfängers gutschreiben zu lassen (↑ Giroverkehr).

Überweisungsbeschluß, Vollstreckungsmaßnahme bei der Zwangsvollstreckung wegen einer Geldforderung, die meist zusammen mit dem Pfändungsbeschluß erlassen wird und dem Gläubiger das gepfändete Recht zur Einziehung überweist.

Überweisungsverkehr, svw. ↑ Giroverkehr.

Überzeichnung, bei der Emission von Wertpapieren das Übersteigen der Summe der gezeichneten Beträge über den angebotenen Gesamtbetrag, so daß entweder eine beschränkte Zuteilung stattfinden oder der Emissionsbetrag entsprechend erhöht werden muß.

Überzeugungstäter, Straftäter, der sich trotz Kenntnis von der Strafbarkeit seines Tuns nach dem geltenden Strafrecht auf Grund seiner sittl., religiösen oder polit. Überzeugung zur Tat berechtigt oder verpflichtet hält. Eine sittlich achtenswerte Überzeugung kann zu Strafmilderung führen.

Überzieher, Bez. für einen glatten Herrenmantel; meist synonym mit Paletot gebraucht.

Überziehung (Überziehen), Kreditinanspruchnahme ohne vorhergehende Vereinbarung (Konto-Ü.), im Rahmen eines vereinbarten Dispositionskredits oder über den vereinbarten Kreditbetrag oder Termin hinaus.

Überziehungskredit, schriftl. oder mündl. vereinbarte Krediteinräumung für gelegentl. Inanspruchnahmen (↑ Dispositionskredit).

ubi bene, ibi patria [lat.], „wo es mir gut geht, da ist mein Vaterland" (nach Cicero, Gespräch in Tusculum 5,37).

Udine. Eingangsbogen der Loggia di San Giovanni mit Uhrturm

Ubichinone

Ubichinone [lat./indian.] (Koenzym Q), in der Mitochondrienmembran tier. und pflanzl. Zellen vorkommende Derivate des para-Benzochinons, deren Moleküle jeweils eine aus 6 bis 10 Isoprenresten bestehende Seitenkette besitzen. Die U. sind als Wasserstoffüberträger in der Atmungskette wichtig.

Ubier (lat. Ubii), westgerman., zu den Istwäonen gehörender Stamm, urspr. etwa zw. unterer Lahn und Main ansässig, wegen Angriffen der Quaden 38 v.Chr. von Marcus Vipsanius Agrippa in linksrhein. Gebiet umgesiedelt; ihr Mittelpunkt war das Oppidum Ubiorum (= Köln).

Ubiquisten [zu lat. ubique „überall"], nicht an einen bestimmten Biotop gebundene, in verschiedenen Lebensräumen auftretende Pflanzen- oder Tierarten.

ubiquitär [lat.], in der *Biologie* für: überall verbreitet; von Pflanzen- oder Tierarten gesagt.

Ubiquität [zu lat. ubique „überall"], in der *reformator. Kontroverstheologie* Zentralbegriff der Abendmahlslehre Luthers, der auf Grund der U.lehre gegen Karlstadt und Zwingli die Vereinbarkeit der leibl. Realpräsenz Christi und dessen [gleichzeitiges] Sitzen „zur rechten Hand Gottes" vertrat.

üble Nachrede ↑ Beleidigung.

U-Boot, svw. ↑ Unterseeboot.

Ubsa Nur, abflußloser Salzsee im NW der Mongol. VR, 3 350 km^2, 743 m ü. d. M.

Übung, Verfahren zur Aneignung und zur Verbesserung von Kenntnissen und Fähigkeiten, das durch wiederholtes Vollziehen bestimmter Tätigkeiten gekennzeichnet ist und sich sowohl auf körperl. als auch auf geistige Tätigkeiten (z. B. schul. Lernen) bezieht. Es wird allg. unterschieden zw. **funktionaler Übung**, die sich unbewußt in jedem wiederholten Tun vollzieht, unabsichtl. zur Aneignung von Fähigkeiten führt und bei Mensch und Tier zu beobachten ist, und **intentionaler Übung**; letztere setzt eine *Ü.absicht*, ein gestecktes *Ü.ziel* und einen bes. *Ü.plan* voraus, nach dem sich die Aneignung der Fähigkeiten vollziehen soll, und wird nur vom Menschen vollzogen. Bei der Ü. als einer wichtigen *Lernmethode* wird zw. gehäufter und verteilter Ü. unterschieden. Bei der **gehäuften (massierten) Übung** wird der Ü.stoff als Ganzes hintereinander eingeübt, bei der **verteilten Übung** wird er in mehrere Teile gegliedert, die einzeln in bestimmten *Ü.perioden* eingeübt werden. Gerade bei komplexen Ü.stoffen wird durch die verteilte Ü. ein schnellerer Ü.erfolg erzielt, der i. d. R. auch dauerhafter ist.

◆ *Lehrveranstaltung* an Hochschulen; in Ü. sollen die Studierenden die selbständige Anwendung wiss. Arbeitsmethoden und Kenntnisse bei des. Problemstellungen erlernen und bereits bekannte Wissensgebiete vertiefen.

◆ Form der *militär. Ausbildung*, bei der Verhalten und Fertigkeiten der Truppe unter der Annahme feindl. Aktivitäten trainiert werden. Während das Manöver den militär. Ausbildungsstand überprüfen soll, dient die Ü. dessen Verbesserung.

Ucayali, Río [span. 'rrio uka'jali], Fluß in Peru, entsteht durch den Zusammenfluß von Río Urubamba und Río Apurímac (im Unterlauf Río Tambo gen.) bei Atalaya, bildet mit dem Río Marañón den Amazonas, etwa 1 900 km lang.

Uccello, Paolo [italien. ut'tʃɛllo], eigtl. Paolo di Dono, *Portovecchio bei Arezzo um 1397, † Florenz 10. Dez. 1475, italien. Maler. - Zunächst Schüler Ghibertis in Florenz, 1425–31 Mosaikarbeiten in Venedig. Seit 1431 wieder in Florenz, malte eine Reihe seiner Hauptwerke wie die Darstellung eines Reiterstandbildes für John Hawkwood (Giovanni Acuto) im Dom (1436), Fresken für Santa Maria Novella (um 1446, heute im Refektorium) sowie drei Tafeln mit Szenen der Schlacht von San Romano (Florenz, Paris, London). U. verband eine eigenartige freie Farbwahl mit kräftiger Betonung der Volumina sowie Ansätzen zu perspektiv. Darstellung im einzelnen.

Učka [serbokroat. 'utʃka], mit 1 396 m höchstes Bergmassiv Istriens, Jugoslawien.

Uckermark, von der Eiszeit überprägtes Geb. beiderseits von Uecker und Randow, DDR; zentrale Orte sind Angermünde, Templin und Prenzlau.

Ucuhubafett [indian./dt.] (Okubawachs, Virolafett), Fett aus den Samen des südamerikan. Muskatnußgewächses *Virola surinamensis*; v. a. für die Kerzen- und Seifenherstellung verwendet.

Ud [arab., eigtl. „Holz"], arab. Kurzhalslaute pers. Ursprungs, gilt als Vorläufer der abendländ. Laute. Im 7.–13. Jh. besaß der Ud Bünde und 4–5 in Quarten gestimmte Saiten. Der neuzeitl. Ud hat 4–7 Saitenpaare, Knickhals und ist bundfrei; gilt als vornehmstes Virtuoseninstrument der arab. Musik.

UDA [engl. 'juːdiːˈeɪ], Abk. für: ↑ Ulster Defence Association.

Udaipur, Stadt im ind. Bundesstaat Rajasthan, am See Pichola, 578 m ü. d. M., 230 000 E. Univ. (gegr. 1962); Marktort für landw. Erzeugnisse, Herstellung von Spitzen und Terrakotten. - 1559 gegr.; war bis 1948 Hauptstadt des hinduist. Fürstenstaates von U. (oder Mewar), der in der Union von Rajasthan aufging. - Mehrere kostbar ausgestattete Paläste, u. a. Residenz des Maharadscha (um 1570); Jaganatha-Tempel (um 1640).

Udalrich von Augsburg ↑ Ulrich von Augsburg.

Uddevalla [schwed. ˌødəvala], Stadt im sw. Schweden, am Ende des Byfjords, 45 700 E. Museen, Garnison; Werft, Textil- und Nahrungsmittelind., Hafen. - 1161 erstmals erwähnt, das älteste Stadtrecht stammt von 1498; war bis 1658 dän. und kam dann

UEFA

an Schweden. Im 18. Jh. eine der bedeutendsten Handels- und Hafenstädte Schwedens, verlor seine Bed. durch die Eröffnung des Trollhättekanals.

UDEAC [frz. yde'ak], Abk. für frz.: Union Douanière et Économique de l'Afrique Centrale, die ↑Zentralafrikanische Wirtschaftsunion.

UDF [frz. yde'ɛf], Abk. für frz.: ↑Union pour la Démocratie Française.

Udet, Ernst [...dɛt], * Frankfurt am Main 26. April 1896, † Berlin 17. Nov. 1941 (Selbstmord), dt. General. - Im 1. Weltkrieg Jagdflieger; gründete 1922 in München eine Flugzeugbaufirma; wurde in den 1920er Jahren durch Schau- und Kunstflüge bekannt; 1935 als Oberst in das Reichsluftfahrtministerium berufen, ab 1936 Chef des Techn. Amtes der Luftwaffe, ab 1938 Generalluftzeugmeister. Für das Scheitern der Schlacht um England verantwortl. gemacht, nahm U. sich das Leben. - Vorbild für die Hauptfigur in C. Zuckmayers Drama „Des Teufels General".

Udine, italien. Stadt in der Tagliamentoebene, Friaul = Julisch-Venetien, 113 m ü. d. M., 100 500 E. Hauptstadt der Prov. U.; kath. Erzbischofssitz, Priesterseminar, mehrere Museen und Gemäldegalerien, Staatsarchiv. Metallverarbeitende, Textil- und Nahrungsmittelind. - Entstand an der Stelle eines Kastells (**Udene**), das Kaiser Otto II. 983 dem Patriarchen von Aquileja schenkte, der seit 1238 in U. residierte; Verleihung von Markt- und Stadtrecht 1. Hälfte des 13. Jh.; kam 1420 an Venedig; ab 1752 Erzbischofssitz; fiel 1797 an Österreich, 1866 an Italien. 1915–17 Hauptquartier des italien. Armeeoberkommandos. - Im Zentrum der Altstadt den Piazza della Libertà mit dem Palazzo del Comune in venezian. Gotik (gegen 1456 vollendet) und die Loggia di San Giovanni (1533–39) mit Uhrturm (1527). Schloß, 1517 ff. an Stelle einer ma. Burg erbaut; zahlr. Paläste des 16.–18. Jh. Roman.-got. Dom (13.–15. Jh.; barockisiert). - Abb. S. 311.

Udmurten, Volk im europ. Teil der UdSSR; 69% leben in der Udmurt. ASSR; urspr. Ackerbauern, Viehzüchter und Jäger. Udmurt gehört zu den finn.-ugr. Sprachen.

Udmurtische ASSR, autonome Sowjetrepublik im europ. Teil der RSFSR, an der Kama, 42 100 km², 1,56 Mill. E (1985), Hauptstadt Ustinow. Das schwach hügelige Gelände bildet den Übergang in den westl. Vorgebirgsbereich des Mittleren Ural. Das Klima ist gemäßigt kontinental. Wälder bedecken 44% der Landesfläche. Anbau von Getreide, Futterpflanzen, Kartoffeln, Gemüse und Flachs; Rinder-, Schweine- und Geflügelhaltung. Bed. sind Metall- und Holzind., Erdöl- und Torfgewinnung.

Geschichte: Gehörte vom 8.–13. Jh. zum Herrschaftsgebiet der Kama-Bulgaren; nach dem Tatareneinfall kam der südl. Teil an das Khanat Kasan, der nördl. Teil an das Gebiet Wjatka; 1489 Anschluß des nördl. Teils an Rußland; 1558 stellten sich die übrigen Udmurten unter russ. Oberhoheit; 1920 Bildung eines Autonomen Gebietes der Wotjaken, 1932 Umbenennung in Udmurt. Autonomes Gebiet, 1934 Umbildung in die U. ASSR.

Udo, männl. Vorname, Kurzform von Namen, die mit uodal- „Erbgut, Heimat" gebildet sind, bes. von Uodalrich (↑ Ulrich), oder Nebenform von Odo, der Kurzform von Namen, die mit „Ot-" gebildet sind.

Udokangebirge, Gebirge im nö. Transbaikalien, zw. Tschara und Oljokma, UdSSR, rd. 250 km lang, bis 2 515 m hoch.

Udon Thani [Thai u'dɔːn thaːˈniː], thailänd. Stadt im N des Khoratplateaus, 82 500 E. Verwaltungssitz des Verw.-Geb. U. T.; kath. Bischofssitz; Zentrum eines Agrargebietes.

UDR [frz. yde'ɛːr], Abk. für frz.: ↑Union des Démocrates pour la République.

UDSR [frz. ydeɛ'sɛːr], Abk. für frz.: ↑Union Démocratique et Socialiste de la Résistance.

UdSSR, Abk. für: Union der Sozialistischen Sowjetrepubliken (↑Sowjetunion).

UDT [frz. yde'te], Abk. für frz.: Union Démocratique du Travail, ↑ Union des Démocrates pour la République.

Ueberweg, Friedrich ['yːbɐveːk], * Leichlingen (Rheinland) 22. Jan. 1826, † Königsberg (Pr) 9. Juni 1871, dt. Philosoph. - Prof. in Königsberg; wurde v. a. durch sein philosophiehistor. Standardwerk „Grundriß der Geschichte der Philosophie" (1862–66, Nachdr. 1951–61) bekannt.

Uecker, Günther ['ʏkɐr], * Wendorf (Mecklenburg) 13. März 1930, dt. Objektkünstler. - Mitbegr. der Gruppe „Zero"; erreicht opt. Bewegungseffekte mit genagelten Reliefs und Gegenständen, meist weiß bemalt.

Ueckermünde [ʏkɐr...], Krst. 2 km vor der Mündung der Uecker in das Kleine Haff, Bez. Neubrandenburg, DDR, 12 400 E. Eisengießereien, Beton-, Ziegel- und Holzind. - 1223 erstmals erwähnt, um 1260 lüb. Recht (1276 als Stadt bezeugt). - Reste eines Renaissanceschlosses (1546).

U., Landkr. im Bez. Neubrandenburg, DDR.

Ueda Akinari, * Naniwa (Osaka) 1734, † Kioto 27. Juni 1809, jap. Schriftsteller. - Neben wiss. Werken stehen v. a. die realist. Erzählungssammlungen „Ugetsu-monogatari" [Geschichten beim regenverhangenen Mond] (1776) und „Harusame-monogarati" [Erzählungen beim Frühlingsregen] (um 1800).

UEDC [frz. yəde'se], Abk. für frz.: ↑Union Européenne Démocrate Chrétienne.

UEFA [u'efa; yɛɛ'fa], Abk. für frz.: Union Européenne de Football Association, Europ. Fußballunion; 1954 in Basel gegr. internat. Vereinigung der Fußballverbände; kontrolliert u. a. die Durchführung der Fußballeuro-

Uelle

pameisterschaft, Spiele um den Europapokal der Landesmeister und der Pokalsieger sowie den UEFA-Pokal. Sitz Bern.

Uelle (frz. Uele [frz. we'le]), linker Quellfluß des Ubangi, in Zaïre, etwa 1 200 km lang.

Uelzen ['yltsən], Krst. in der Lüneburger Heide, Nds., 35 m ü. d. M., 35 600 E. Nahrungsmittel-, Textil-, Elektro- und chem. Ind., Hafen am Elbeseitenkanal. - Entstand zw. 1250 und 1266 in planmäßiger ovaler Anlage bei einem um 970 errichteten Kloster; erhielt 1270 Lüneburger Stadtrecht; seit 1374 als Mgl. der Hanse erwähnt. - Got. ev. Marienkirche (geweiht 1292); Heilig-Geist-Kapelle (14./15. Jh.) mit spätgot. Glasmalereien; Rathaus (spätbarock umgestaltet).

U., Landkr. in Niedersachsen.

UER [frz. yə'ɛːr], Abk. für frz.: Union Européenne de Radiodiffusion, † Union der Europäischen Rundfunkorganisationen.

Uexküll, Jakob Baron von ['ykskyl], * Gut Keblas (Estland) 8. Sept. 1864, † auf Capri 25. Juli 1944, balt. Biologe. - Unternahm Forschungs- und Studienreisen (u. a. nach Afrika), wurde 1926 Prof. in Hamburg und richtete hier das „Institut für Umweltforschung" ein. - U. ist der Begründer einer neuen *Umwelttheorie* (Bedeutungslehre), in der die Umwelt als Teil einer artspezif. Umwelt als Teil einer über † Funktionskreise geschlossenen, sinnvollen biolog. Einheit dargestellt wird („Umwelt und Innenwelt der Tiere", 1909; „Theoret. Biologie", 1920). Wichtiger Vorläufer der Verhaltensforschung.

Ufa [russ. u'fa], Hauptstadt der Baschkir. ASSR innerhalb der RSFSR, an der Mündung der U. in die Belaja, 1,1 Mill. E. Univ. (gegr. 1957), 4 Hochschulen, Museen und Theater. Erdölraffinerien, chem. Ind.; Herstellung von Ausrüstungen für die Erdöl- und Erdgasind. u. a., Anlegeplatz an der Belaja. - 1574 als Festung gegr.; 1586 Stadt; im 17. Jh. bed. Handelszentrum; 1865 Gouvernementsstadt; seit 1922 Hauptstadt der Baschkir. ASSR.

U., rechter Nebenfluß der Belaja, entspringt im Mittleren Ural, mündet im Stadtbereich von U., 933 km lang.

Ufa (UFA), Abk. für: Universum Film AG, am 18. Dez. 1917 auf Veranlassung Ludendorffs gegr. dt. Filmunternehmen (Zusammenschluß der wichtigsten Filmproduzenten in einem Kartell); 1927 erwarb der Hugenbergkonzern die Aktienmehrheit; die Verstaatlichung der Filmwirtschaft 1936/37 durch anonymen Aufkauf der Ufa-Aktien durch die Regierung war 1942 mit Gründung der *Ufa-Film GmbH (Ufi)* vollendet (Vereinnahmung von 138 Einzelfirmen). 1953 Entflechtung; 1955 Gründung der *Ufa-Theater AG*, 1956 Neugründung der *Universum-Film AG* (beide wurden 1964 von der Bertelsmann-Gruppe übernommen). In der DDR setzte die 1946 begründete *DEFA* die Filmproduktion fort.

Uferläufer, (Raschläufer, Elaphrus) Gatt. der Laufkäfer mit fünf 6,5–9 mm langen einheim. Arten, v. a. an Ufern stehender oder fließender Süßgewässer; Flügeldecken bronzefarben, mit vier Reihen meist rotvioletter Flecken; jagen in schnellem Lauf kleinere Insekten oder Spinnen.

◆ (Fluß-U., Tringa hypoleucos, Actitis hypoleucos) etwa 20 cm langer, schnell trippelnd laufender, oberseits olivbrauner, unterseits weißer Schnepfenvogel (Gatt. Wasserläufer), v. a. an Flußufern großer Teile Eurasiens und N-Amerikas; Zugvogel, der bis in die Tropen zieht.

Uferlinie, Grenze zw. dem Strand, der dem Gemeingebrauch unterliegt, und dem Gebiet, das in privatem Eigentum stehen kann. Die U. richtet sich nach landschaftl. Recht. Im Nordseegebiet ist die U. meist die Linie des mittleren Hochwasserstandes, an der Ostsee die untere Grenze des Pflanzenbewuchses.

Ufermoräne † Gletscher.

Uferschnepfe (Limosa limosa), etwa 40 cm langer, hochbeiniger, (mit Ausnahme des weißen Bauches) auf rostbraunem Grund schwarz und grau gezeichneter † Schnepfenvogel, v. a. auf Sümpfen und nassen Wiesen sowie an Flüssen und Seen der gemäßigten Region Eurasiens; mit sehr langem, geradem Schnabel, weißer Flügelbinde und schwarzer Endbinde auf dem weißen Schwanz; brütet in einem Bodennest; Zugvogel, der in den Subtropen und Tropen überwintert.

Uferschwalbe † Schwalben.

Uffizien [zu italien. uffizi, eigtl. „Ämter" (von lat. officium „Amt")] (Galleria degli Uffizi), bed. Galerie in Florenz; † Museen (Übersicht).

UFO (Ufo) [Kw. für engl.: **u**nidentified **f**lying **o**bject „nichtidentifiziertes fliegendes Objekt"], Bez. für die seit 30 Jahren in verschiedensten Gebieten der Erde, insbes. über den USA, immer wieder beobachteten, vielfach tellerförmigen („fliegende Untertassen"), häufig hell leuchtenden und sich bewegenden („fliegenden") Objekte unbekannter Art und Herkunft, die Anlaß zu Hypothesen und Spekulationen über einen extraterrestr. Ursprung gaben. Obwohl eine Vielzahl der Beobachtungen und stets bes. unscharfe photograph. Amateuraufnahmen als opt. Täuschungen, atmosphär.-opt. Erscheinungen u. a. deutbar sind oder in den Bereich der Phantasie verwiesen werden konnten, blieben Beschreibungen, für die sich bisher keine eindeutige Erklärung finden ließ.

Ufologie, im Zusammenhang mit den Meldungen über die Sichtung von † UFOs seit 1947 v. a. in den USA entstandene und in sog. UFO-Studiengemeinschaften vertretene weltanschaul. Heilslehre: Außerird. Wesen („Planetarier") kommen, um die Erde zu retten.

Uganda

(amtl.: Jamhuri ya Uganda, Republic of Uganda), Republik in Ostafrika, zw. 1° 30′ s. Br. und 4° n. Br. sowie 29° 40′ und 35° ö. L. **Staatsgebiet:** U. grenzt im W an Zaïre, im N an die Republik Sudan, im O an Kenia, im S an Tansania (die Grenze verläuft im O-Teil durch den Victoriasee), im SW an Rwanda. **Fläche:** 236 860 km², davon 39 000 km² Seefläche. **Bevölkerung:** 15,2 Mill. E (1984), 64 E/km². **Hauptstadt:** Kampala. **Verwaltungsgliederung:** 4 Regionen. **Amtssprachen:** Swahili und Englisch. **Nationalfeiertag:** 9. Okt. (Unabhängigkeitstag). **Währung:** Uganda-Schilling (U.Sh.) = 100 Cents (Ct.). **Internat. Mitgliedschaften:** UN, OAU, Commonwealth; der EWG assoziiert. **Zeitzone:** MEZ + 2 Std.

Landesnatur: U. ist Teil des Ostafrikan. Hochlandes, das vom Ostafrikan. Grabensystem durchzogen wird; es liegt durchschnittl. in 1 000–2 000 m ü. d. M. (Kiogasee im Zentrum 1 035 m, Victoriasee 1 134 m ü. d. M.) und steigt zu den seitl. Randschwellen, denen auch Vulkane aufsitzen, im O (Mount Elgon 4 322 m) und W (Ruwenzori, im Grenzberg Margherita 5 109 m) an. Am W-Rand hat U. auch Anteil am Zentralafrikan. Graben, in dem Eduard- (913 m ü. d. M.) und Albertsee (618 m ü. d. M.) liegen.

Klima: U. hat dank seiner Höhenlage trop.-temperiertes Klima mit 10–12 humiden Monaten im Hauptteil des Landes (Jahressumme der Niederschläge 1 000–1 500 mm; an den Luvseiten der Gebirge bis 2 100 mm ansteigend). Im Regenschattenbereich des Zentralafrikan. Grabens fallen nur 750 mm Niederschlag/Jahr. Wechselfeuchtes Klima mit einer halbjährigen Regenzeit (April–Sept.) hat das Geb. Karamoja im NO (um 500 mm Jahresniederschlag). Die Temperaturen liegen zw. 16 und 19 °C, im SW jedoch merkl. niedriger, im NO merkl. höher.

Vegetation: Überwiegend Feuchtsavanne, im NO Trocken- und Dornstrauchsavanne, in den feuchten Gebirgsbereichen dichte Regen- und Bergwälder, im Kiogasee ausgedehnte Papyrussümpfe.

Tierwelt: Die Tierwelt ist durch Reichtum an Großwild und Wassertieren gekennzeichnet. 3 Nationalparks und mehrere Reservate dienen ihrer Erhaltung, u. a. für das seltene Breitmaulnashorn.

Bevölkerung: Die ethnolog. Vielseitigkeit Ostafrikas ist auch für U. typisch. Den überwiegenden Bev.anteil bilden Bantustämme, die vorwiegend den W des Landes bewohnen. Im N leben die Hirtenstämme der Lango und Acholi, im NO die nilotohamit. Karamojong. Entsprechend den natürl. Gegebenheiten ist die Bev.dichte in den einzelnen Landesteilen sehr unterschiedl. Am höchsten ist sie westl. des Mount Elgon (130–170 E/km²) und im äußersten SW (132 E/km²), am niedrigsten im Geb. Karamoja (9 E/km²). In U. besteht keine Schulpflicht. Eine Univ. gibt es in Kampala seit 1970.

Wirtschaft: U. ist ein Agrarland; rd. 50 % des Bruttosozialprodukts und 98 % der Exporterlöse stammen aus der Landw.; wichtigstes Anbauprodukt ist der Kaffee (an 4. Stelle der Weltproduktion), gefolgt von Vanille und Kakao. Außerdem werden Mehlbanane, Hirse, Bataten, Bohnen und Erdnüsse angebaut. Der Bergbau spielt eine bescheidene Rolle. Abgebaut werden Kupfererz sowie Kalk. Die Ind. ist zu 10 % am Bruttosozialprodukt beteiligt; sie umfaßt hauptsächl. Betriebe, die die Produkte der hein. Landw. weiterverarbeiten. Außerdem ist die Metallind. mit Kupferschmelzwerk, Elektrostahlwerk und Walzwerk in Jinja von Bed. sowie die Herstellung von Chemikalien, Kunststoffartikeln, Möbeln und Papierwaren. Wichtigste Ind.standorte sind Jinja, Kampala u. Tororo.

Außenhandel: Die wichtigsten Handelspartner sind Kenia, die USA, Großbrit., die BR Deutschland, Frankr., Japan. Exportiert werden Rohkaffee, Rohbaumwolle, Rohkupfer und Legierungen sowie Tee, importiert Kfz., Maschinen, Garne, Gewebe, Textilwaren, Papier, Pappe, Getreide und Getreideerzeugnisse, medizin. und pharmazeut. Erzeugnisse, Metallwaren, Eisen und Stahl sowie Reifen und Schläuche.

Verkehr: Die Streckenlänge des Eisenbahnnetzes beträgt 1 286 km. Eisenbahnfährverbindungen bestehen auf dem Victoriasee zw. Jinja und Kisumu (Kenia) und zw. Jinja und Mwanza (Tansania). Von den rd. 27 500 km Straßen haben nur etwa 8 000 km Allwetterstandard. Internat. ✈ ist Entebbe.

Geschichte: 1861 kamen die ersten Europäer in das Gebiet des heutigen Uganda. Sie fanden dort die Himastaaten Ankole, Buganda, Bunyoro und Toro vor. 1890 einigten sich Großbrit. und das Dt. Reich im Helgoland-Sansibar-Vertrag auch über ihre Interessensphären in O-Afrika; dabei wurden die 4 Himastaaten Großbrit. zugestanden. Nach Abschluß eines Protektoratsvertrags mit Buganda 1894, dem sich die anderen Himastaaten bald anschlossen, proklamierte Großbrit. 1896 das Protektorat U. Während der Vorbereitungen auf die staatl. Unabhängigkeit kam es zur Gründung der Democratic Party (DP) und des Uganda People's Congress (UPC). U. erlangte am 9. Okt. 1962 die Unabhängigkeit. 1963 wurde U. Republik mit dem Kabaka von Buganda (Mutesa II.), König des größten, weitgehend autonomen Bundesstaates, als Präs. an der Spitze. Ein Staatsstreich des Premiermin. A. M. Obote 1966 führte zur Auflösung der Himakönigreiche. Die Verfassung von 1967 erklärte U. zum Einheitsstaat. Staatsoberhaupt wurde Obote, der einen sozialist.

Uganda

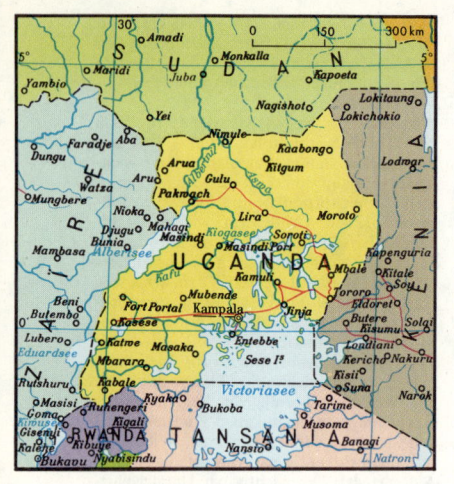

Uganda. Übersichtskarte

Kurs verfolgte. 1971 putschte die Armee, Obote floh nach Tansania; neuer Präs. wurde I. Amin Dada, der die Verfassung suspendierte und sich 1976 zum Präs. auf Lebenszeit ernennen ließ. 1972 vertrieb er fast alle Asiaten aus U., anschließend wurden alle brit. Unternehmen verstaatlicht; außenpolit. Spannungen mit Großbrit. waren u. a. die Folge (1976/77 Abbruch der diplomat. Beziehungen). Außenpolit. wandte sich U., das von der Sowjetunion unterstützt wurde, den arab. Ländern, bes. Libyen, zu. Als Folge verworrener innenpolit. Verhältnisse, des Streits mit den Nachbarn, v. a. mit Kenia, und der Bedrohung und Ausweisung von Ausländern verfiel die Wirtschaft zusehends. Amin Dada, der sich ausschließl. auf die Armee stützte, vermochte sich nur durch systemat. Terror und Massenmord an der Macht zu halten. Die innenpolit. Situation in U. verschärfte sich 1977/78 bis zu einem Zustand allg. Rechtlosigkeit, der zahlr. Menschen das Leben kostete. Als Amin Dada am 1. Nov. 1978 einen begrenzten militär. Angriff über die Grenze gegen Tansania vortrug, griff dieser Staat die Gelegenheit auf, unter großzügiger Auslegung des Rechts auf Selbstverteidigung die Amin-Herrschaft zu stürzen. Am 28. Nov. begann eine Gegenoffensive tansan. Truppen, die nach langsamem Vormarsch am 11. April 1979 Kampala einnahmen. Heimkehrende Emigranten, in einer Uganda National Liberation Front (UNLF) vereinigt, erklärten am 13. April 1979 den Universitätsprof. Yusufu Lule (*1911) zum Präs., am 20. Juni 1979 den Rechtsanwalt Godfrey Binaisa (*1920), der wie Lule aus dem Volk der Ganda stammt. Amin Dada war nach Libyen geflüchtet. Am 13. Mai 1980 wurde Binaisa durch Militärputsch gestürzt; ein Rat aus vier Offizieren und zwei Zivilpolitikern bereitete Parlamentswahlen vor, bei denen am 10./11. Dez. 1980 der aus Tansania zurückgekehrte frühere Präs. M. A. Obote siegte. Sein Uganda People's Congress (UPC) errang 74 Mandate, die v. a. von kath. Ganda getragene Democratic Party (DP) 51, das von dem früheren Studentenführer Yoweri Musaweni organisierte Uganda Patriotic Movement (UPM) ein Mandat. Obote übernahm die Präsidentschaft, Tansanias Soldaten zogen im Juni 1981 ab.

Schon 1981 waren Amin-treue Soldaten von Sudan und Zaïre aus wieder in Amins Heimatprov. West Nile eingedrungen; sie konnten erst im April 1982 vertrieben werden. Nördlich von Kampala führte Y. Musaweni einen weiteren bewaffneten Aufstand an, den Obotes Armee erst Anfang 1983 niederschlagen konnte. Parlamentar. Nachwahlen im Nov. 1983 wurden von der oppositionellen DP boykottiert, die von Obote unter Druck gesetzt wurde. Anhaltende Unruhe und Repression veranlaßte Zehntausende, in die Nachbarländer Sudan, Rwanda und Zaïre zu fliehen. Die wirtsch. Notlage versuchte Obote durch Abwertung und Zustimmung zu den strikten Hilfskonditionen der Weltbank sowie des Internat. Währungsfonds Herr zu werden. Ende Juli 1985 wurde Obote durch einen Militärputsch gestürzt; das Militär hob die Verfassung auf und löste das Parlament auf. Der Putsch wurde von der Bevölkerung zunächst begrüßt, weil sie sich damit Schutz vor den Drangsalierungen der Reg.soldaten erhoffte. Nachdem sich diese Hoffnungen nicht erfüllten, verstärkte sich der Widerstand; die Nat. Widerstandsbewegung NRM unter dem Führer der UPM, Y. Musaweni, nahm ihre Militäraktionen wieder auf und konnte Mitte Jan. 1986 die Hauptstadt Kampala einnehmen. Die Militärreg. setzte sich nach Tansania ab. Ende Jan. 1986 wurde Musaweni als neuer Staatspräs. vereidigt. Erst im April 1986 war der Widerstand der Truppen des alten Regimes endgültig gebrochen. Die zeitweilige Schließung der Grenzen zu Sudan Ende Aug. 1986 und andauernde Putschgerüchte deuten jedoch auf weitergehende Unruhen hin.

Politisches System: Die Verfassung von 1967, der zufolge U. eine präsidiale Republik war und die 1971–79 sowie 1985/86 außer Kraft war, gilt in den wesentl. Bestandteilen wieder. Danach ist *Staatsoberhaupt* und oberster Inhaber der *Exekutive* der Präs. (seit 1986 Y. Musaweni). Er ernennt den Vizepräs. und das Kabinett mit dem Premiermin. an der Spitze. Die *Legislative* liegt beim Einkammerparlament, dem Nat. Widerstandsrat (210 indirekt gewählte Mgl., 68 vom Präs. ernannte Mgl.). Zu den Wahlen im Dez. 1980 hatte der Nat. Konsultativrat der 1979 gebildeten Uganda National Liberation Front (Abk. UNLF; 127 Mgl.),

das vor den Wahlen provisor. Legislativorgan, 2 *Parteien* zugelassen: die linksgerichtete Uganda People's Congress (Abk. UPC) unter Leitung Obotes und die konservativ-kath. Democratic Party (Abk. DP). Im Lauf der folgenden Jahre etablierten sich das National Resistance Movement (NRM), dessen militär. Flügel 1986 den Machtwechsel erzwang, und die Conservative Party.
Nach Auflösung des *Gewerkschafts*kongresses „Uganda Trades Union Congress" (Abk. UTUC) mit 23 Einzelgewerkschaften besteht als Dachorganisation die „National Organization of Trade Unions" (Abk. NOTU). *Verwaltungs*mäßig ist U. nach der Neugliederung von 1973 in 10 Prov. gegliedert, an deren Spitze jeweils ein vom Staatsoberhaupt ernannter Gouverneur steht; die Prov. sind weiter in Distrikte unterteilt (insgesamt 38). Künftig soll U. aus 4 Regionen bestehen, die in 23 Distrikte untergliedert sind. In das *Rechts*wesen, das am brit. Vorbild orientiert ist, wurden die „African Courts" mit traditioneller Rechtsprechung integriert. Dem „High Court" als oberstem Gericht, gegen dessen Urteile Berufungsmöglichkeit beim „Court of Appeal for Eastern Africa" besteht, sind Magistratsgerichte verschiedener Stufen nachgeordnet. Die *Streitkräfte* umfassen rd. 18 000 Mann; zusätzl. 3 000 Mann Polizeieinheiten.
📖 *Mamdami, M.: Imperialism and Fascism in U. London 1983. - Jørgensen, J.J.: U. A modern history. New York 1981. - Karugire, S. R.: A political history of U. London 1980. - Kiwanuka, S.: Amin and the tragedy of U. Mchn. 1979. - Steinhart, E. I.: Conflict and collaboration. The Kingdoms of Western U., 1890–1907. Princeton (N.J.) 1977. - Kyewalyanga, F.-X. S.: Traditional religion, custom, and christianity in East Africa. Hohenschäftlarn 1976. - Mazrui, A. A.: Soldiers and kinsmen in U. The making of a military ethnocracy. Beverly Hills (Calif.) 1975. - Zwanenberg, R. M. A. van/King, A.: An economic history of Kenya and U., 1800–1970. London 1975.*

Ugarit, altoriental. Hafenstadt an der östl. Mittelmeerküste, heute *Ras Schamra,* etwa 15 km nördl. von Al Ladhakijja, Syrien. Frz. Ausgrabungen (seit 1929) erschlossen Siedlungsschichten seit dem 7. Jt. v. Chr. Zahlr. Funde (Goldschalen, [Bronze]statuetten, Tontafeln mit ugarit. Texten [↑Ugaritisch]) insbes. aus der Blütezeit von U. im 15.–13. Jh. In U. herrschte seit dem 2. Jt. eine neunte. Dyn.; bis etwa 1350 unter ägypt. Oberherrschaft, danach der Hethiter; bes. Handel mit dem Ägäisraum. Kurz nach 1200 v. Chr. wurde U. zerstört. Die archäolog. Funde zeigen starke Einflüsse ägypt., nordsyr.-anatol. und churrit.-babylon. Kultur.
📖 *Dietrich, M., u.a.: U.-Bibliogr. 1928–1966. Neukirchen-Vluyn 1974. 4 Bde.*

Ugaritisch, zu den semit. Sprachen gehörende Sprache von Ugarit im 2. Jt. v. Chr., überliefert auf Tontafeln mit alphabet. Keilschrift. Das U. ist die älteste direkt überlieferte nordwestsemit. Sprache. Die religiösen Texte, z. B. die Mythenzyklen um El und Aschera, Baal und Anath, um Baals Konflikt mit dem Meergott Jam und dem Todesgott Mot sowie Legenden sind als älteste Quellen der altkanaanäischen Religion wichtig für die alttestamentl. Forschung.

Ugli, auf Jamaika gezüchtete dickschalige Zitrusfrucht, eine Kreuzung zwischen Pampelmuse, Orange und Mandarine.

ugrische Sprachen, zusammenfassende Bez. für die obugr. Sprachen (nach dem Fluß Ob) Ostjakisch und Wogulisch sowie die ungar. Sprache, die zusammen eine histor. enger zusammengehörende Gruppe innerhalb der ↑finnisch-ugrischen Sprachen bilden.

Uhde, Fritz von, * Wolkenburg/Mulde 22. Mai 1848, † München 25. Febr. 1911, dt. Maler. - Offizier; ging 1877 nach Paris (mit M. von Munkácsy), lebte ab 1880 in München. Die Freundschaft zu H. Liebermann und eine Reise in die Niederlande 1882 beeinflußten seine weitere Entwicklung. Eines seiner zentralen Themen ist die Darstellung bibl. Szenen, die er ins zeitgenöss. Bauern- und Handwerkermilieu transponiert („Lasset die Kindlein zu mir kommen", 1884; Leipzig, Museum der Bildenden Künste) und mit Freilichtmalerei (mit bes. Augenmerk auf Lichtreflexe) verbindet.

UHF, Abk. für engl.: Ultra High Frequency, Frequenzbereich elektromagnet. Wellen von 300 bis 3 000 MHz (Dezimeterwellen).

Uhland, Ludwig, * Tübingen 26. April 1787, † ebd. 13. Nov. 1862, dt. Dichter. - Ab 1814 Rechtsanwalt in Stuttgart; 1819 freisinniger Abg. im württemberg. Landtag; 1829–32 Prof. für Germanistik in Tübingen; 1848 liberaler Abg. der Frankfurter Nationalversammlung, 1849 des Stuttgarter Rumpfparlaments; zog sich nach dessen Auflösung wieder nach Tübingen zurück (1850). Wurde mit volkstüml. und sangbarer Liebes- und Naturlyrik wie „Der gute Kamerad", „Schäfers Sonntagslied", „Die Kapelle", „Der Wirtin Töchterlein" (alle 1815) sowie Balladen und Romanzen, die seine Beschäftigung mit altdt. Märchen, Sagen, Volksliedern und der ma. Geschichte spiegeln, u. a. „Des Sängers Fluch" (1804), „Roland" (1808), „Graf Eberhard der Rauschebart" (1815), „Bertran de Born" (1829), Vollender der schwäb. Romantik. Bed. Beiträge für die volkskundl. Forschung in Deutschland.
📖 *Froeschle, H.: L. U. u. die Romantik. Köln 1973.*

Uhlen, Gisela, eigtl. G. Schreck, * Leipzig 16. Mai 1919, dt. Schauspielerin. - War ∞ mit W. Kieling. Sowohl auf der Bühne als auch im Film („Die Hellseherin", 1975; „Die Ehe der Maria Braun", 1979; „Engels und Consorten" (Fernsehfilm, 1986) wandlungsfähige Darstellerin selbstbewußter, resoluter Frauengestalten.

Uhlenbeck, George Eugene, * Batavia (= Jakarta) 6. Dez. 1900, amerikan. Physiker niederl. Herkunft. - Prof. in Ann Arbor (Mich.), Utrecht und New York; Arbeiten zur Atom- und Kernphysik. Führte 1925 zus. mit S. A. Goudsmit den Elektronenspin ein.

Uhlenhuth, Paul, * Hannover 7. Jan. 1870, † Freiburg im Breisgau 13. Dez. 1957, dt. Mediziner. - Prof. in Straßburg, Marburg und Freiburg; Arbeiten zur Hygiene, Bakteriologie, Immunitätsforschung und Chemotherapie. U. entdeckte die Unterscheidungsmöglichkeit zw. verschiedenen Eiweißarten durch die Präzipitinreaktion († Präzipitation), die er als erster zur Unterscheidung von Menschen- und Tierblut anwendete.

Uhr [frz.; zu lat. hora „Zeit, Jahres-, Tageszeit, Stunde"; Plural: horae „Uhren"], Zeitmeßgerät, das als Zeitmaß period. wiederkehrende [Schwingungs]vorgänge benutzt. I. e. S. sind U. Zeitanzeiger, die mittels Stunden-, Minuten- und Sekundenzeiger vor einem Zifferblatt oder digital mittels elektron. Zifferanzeige *(Digital-U.)* die Tageszeit (U.zeit) angeben. Stopp-U. sind meist Kurzzeitmesser. I. w. S. werden auch Meßgeräte als U. bezeichnet, z. B. Gas-, Wasser-U. - Man unterscheidet von natürl. Elementar-U. (Sonnen-, Wasser-, Sand-, Öl- und Kerzen-U.) die mechan. und elektr. U. mit Räderwerken. Während bei *Sonnen-U.* die Wanderung des Schattens, bei *Wasser-* und *Sand-U.* die Menge des ausfließenden Wassers bzw. des rinnenden Sandes und bei *Öl-* und *Kerzen-U.* das Sinken des Ölspiegels bzw. das Kürzerwerden der Kerze als Zeitmaß galt, so dienen etwa seit 1300 bei mechan. U. ausschließl. mechan. Schwingungsvorgänge als Zeitmaß. Hier unterscheidet man je nach der Antriebsart: ortsfeste *Groß-U.* (Antrieb durch Gewicht oder Feder, Pendel als Zeitnormal; z. B. bei Turm-, Wand-, Stand- und Präzisionspendel-U.) und ortsunabhängige *Klein-U.* (Antrieb nur durch Feder, Unruh als Zeitnormal; z. B. bei Wecker, Stil-, Taschen- und Armbanduhren).

Mechanische U. sind im allg. *Räder-U.*, die isochrone mechan. Schwingungen erzeugen und deren zeitl. Folge über Zahnräder auf Zeiger vor einem Zifferblatt übertragen werden und so die U.zeit weisen. Im einfachsten Fall besteht ein *U.werk* aus Aufzug und Antrieb, Räder- und Zeigerwerk, Hemmung und Schwingungssystem. Der Antrieb erhält die zur Deckung der Reibungsverluste im Räderwerk und zum Betreiben des Schwingungssystems benötigte Energie entweder durch ein Gewicht oder eine Zugfeder. Als Zugfeder dient ein flaches Stahlband, das meist in einer Trommel (Federhaus) angeordnet ist. Das Aufziehen erfolgt bei größeren U. mit Schlüssel, bei Taschen- und Armband-U. durch Drehen der sog. Krone, mit der auch die Zeiger gestellt werden. Bei Armband-U. mit automat. Aufzug *(Selbstaufzug- oder Automatik-U.)* ziehen die durch die Armbewegungen verursachten Drehungen eines kleinen Rotors die Zugfeder auf. Das im wesentl. aus Federrad[haus], Minutenrad, Zwischenrad, Sekundenrad und [Gang-, Steig- oder] Hemmrad bestehende *Räderwerk* überträgt einerseits die Energie des Antriebes über die Hemmung auf das Schwingungssystem und andererseits dient es dazu, die Schwingungen des Zeitnormals (Pendel oder Unruh) zu zählen und auf das Zeigerwerk zu übertragen. Dem Zeigerwerk können angegliedert sein: Datum-, Wochentag- und Monatsangaben, sowie Mondphasen u. a. astronom. Angaben. Die Zapfen der [Zahn]räder laufen in Messinglagern oder in Lagern aus synthet. Rubin; die Form der Verzahnung ist angenähert eine Zykloidenverzahnung. Als *Schwingungssystem* dient in ortsfesten U. meist ein ebenes Kreis- oder Schwerependel und in ortsunabhängigen U. ein Drehpendel, die sog. *Unruh* in Verbindung mit einer Spirale. Pendel und Unruh können durch konstruktive Maßnahmen temperaturkompensierend sein, so daß Schwankungen der Umgebungstemperatur die Schwingungsfrequenz fast nicht ändern. Das zur Übertragung der Drehbewegung des Räderwerkes auf das Schwingungssystem dienende Glied ist die *Hemmung*. Meist ist es eine Ankerhemmung, bei der ein Anker mit seinen zwei Paletten abwechselnd in das Hemmrad greift und nur nach jeder [vollendeten] Schwingung einen Zahn durchschlüpfen läßt. Die Ablaufgeschwindigkeit des Räderwerkes hängt direkt von der Schwingungsfrequenz des Zeitnormals ab. Man unterscheidet Pendel- und Unruhhemmungen; letztere gliedern sich in rückführende, ruhende und freie Hemmungen. *Elektrische U.* entnehmen die zum Antrieb ihres U.werkes erforderl. Energie entweder dem Stromnetz oder Batterien. *Elektromechan. U.* sind meist nach dem Prinzip nach mechan. U., die lediglich elektr. aufgezogen werden. Wird das Schwingungssystem direkt durch elektr. Energie angetrieben (Unruhmotor, Stimmgabel, Quarz), so geschieht dies unter Verwendung von elektron. Bauelementen. *Netzgespeiste elektr. U.* ohne eigenes Schwingungssystem sind meist *Synchron-U.*, bei denen ein Motor, dessen Drehzahl mit der Netzfrequenz indirekt synchron läuft, die Zeiger antreibt. Bei *elektron. gesteuerten U.* (Unruhmotor) wird über feste Arbeits- und Steuerspulen das Schwingungssystem mit Dauermagnet pulshaft angeregt. Die Schwingung wird mechan. über Klinken auf das Zeigerwerk übertragen. Bei der *Stimmgabel-U.* werden durch einen transistorgesteuerten Stromkreis die magnetbehafteten Zinken der bes. geformten Stimmgabel gegenphasig angeregt und deren mechan. Schwingungen über ein Klinkensystem auf das Zeigerwerk übertragen (Ge-

Uigurische Autonome Region Sinkiang

nauigkeit ca. ± 0,2 s pro Tag). Bed. höhere Genauigkeit liefert die ↑ *Quarzuhr*, bei der als Frequenznormal ein Quarz schwingt. Für noch höhere Genauigkeiten (± 0,02 ms pro Jahr) verwendet man heute *Molekül-* und *Atom-U.*, bei denen die Eigenschwingungen der Ammoniakmoleküle, bei der Cäsium-U. die der Cäsiumatome ausgenutzt werden, um Quarz-U. zu steuern. *Astronomische U.* sind Präzisionspendel-U., die nur für astronom. Zwecke zur Sternzeitbewahrung verwendet werden. Ihre Pendel (z. B. aus Invar ⓡ) zeigen bei Temperaturschwankungen äußerst geringe Längenänderungen. Außerdem werden sie möglichst erschütterungsfrei und in Räumen mit geringen Luftdruck- und Temperaturschwankungen aufgestellt; i. w. S. sind es U. mit astronom. Anzeigen: Lauf der Planeten, Mondphasen, Datum, Ebbe und Flut, Sonntagsbuchstaben, Goldene Zahl usw.
Geschichte: Früheste Zeitmesser waren Sonnen-U., seit ca. 400 v. Chr. auch als Reisesonnen-U. bekannt. Die Sanduhr ist erst für das 14. Jh. belegt. Daneben wurden schon in der Antike Wasser-U. benutzt. Ende des 13. Jh. kamen gewichtangetriebene Räder-U. mit horizontal schwingendem Balken *(Foliot* oder *Waag)* auf, im 14. Jh. auch mit Schlagwerken; später durch C. Huygens (1657) freischwingendes Pendel und um 1674 Unruh mit Spirale (für Taschen-U.) als Zeitnormal mit der Fähigkeit zu Eigenschwingungen. Parallel dazu Erfindung neuer Hemmungen (1680 Ankerhemmung von W. Clement, ca. 1690 Zylinderhemmung von G. Graham, 1759 freie Ankerhemmung von T. Mudge). Mit der Erfindung der Chronometer (1728 durch J. Harrison) standen erstmals genaue Uhren zur Längenbestimmung auf See zur Verfügung. Um 1500 kamen Taschen-U. in Gebrauch; der eigtl. Erfinder ist nicht bekannt. P. Henlein wird als erster Hersteller von Taschen-U. genannt; diese hatten zunächst nur Stundenzeiger, ab der 2. Hälfte des 17. Jh. dazu Minutenzeiger und ab dem 19. Jh. auch Sekundenzeiger. Kronenaufzug ab ca. 1845. Armband-U. schon im 19. Jh., häufiger erst ab 1920; 1924 erster Automatikaufzug von J. Harwood. Durch M. Hetzel 1954 erste Stimmgabel-U.; Quarz-U. schon um 1928/33, als Armband-U. aber erst ab 1970 auf dem Markt. Erste prakt. verwendbare Atom-U. wurden 1948 gebaut. - Abb. S. 320.
ⓌⒹ *Becker, Karl, E./Küffner, H.: Uhren. Mchn.* [3]*1985. - Fleet, S.: Alte Uhren. Mchn. 1985. - Smith, E.: Reparieren alter Uhren. Dt. Übers. Mchn.* [5]*1985. - Schmitt, Gustav: Die Comtoise U. Villingen 1983. - Bassermann-Jordan, E. v./ Bertele, H. v.: Uhren. Mchn.* [9]*1982. - Kreuzer, A.: Die U. am Handgelenk. Die Gesch. der Armbanduhr. Klagenfurt 1982. - Landrock, H.: Alte Uhren - neu entdeckt. Ffm. 1982. - Schindler, G.: Alte Uhren. Mchn. 1981. - Ballweg, M.: Bruckmann's Uhren-Lex. Mchn.* [2]*1980. -*

Meis, R.: Die alte U. Gesch., Technik, Stil. Braunschweig 1978. 2 Bde. - Lübke, A.: Das große Uhrenbuch. Tüb. 1977. - Abeler, J.: Ullstein Uhrenbuch. Bln. 1975.

Uhrenparadoxon (Zeitparadoxon), Bez. für einen aus der Zeitdilatation der speziellen ↑ Relativitätstheorie folgenden scheinbaren Widerspruch, wonach in zwei gegeneinander bewegten Inertialsystemen ruhende, synchrone Uhren jeweils langsamer zu gehen scheinen, wenn man sie vom anderen System aus betrachtet.

Uhrwerkszünder ↑ Munition.

Uhse, Bodo, * Rastatt 12. März 1904, † Berlin (Ost) 2. Juli 1963, dt. Schriftsteller. - Offizierssohn; zunächst Nationalsozialist; ab 1930 Mgl. der KPD, emigrierte 1933 nach Frankr., Teilnahme am Span. Bürgerkrieg auf republikan. Seite; 1940–48 in Mexiko, 1949–58 Chefredakteur der Zeitschrift „Aufbau", ab 1963 von „Sinn und Form" in Berlin (Ost). Verfaßte Reportagen, Essays, Erzählungen und Romane über antifaschist. Widerstand, u. a. „Söldner und Soldat" (1935), „Leutnant Bertram" (1944), „Die Patrioten" (1954).

Uhu [lautmalend] ↑ Eulenvögel.

Uhus (Bubo), Gatt. der Eulen mit rd. 10 weltweit verbreiteten Arten; wichtigste einheim. Art ist der Uhu (↑ Eulenvögel).

Uíge [portugies. 'ɥiʒi] (früher [Vila Marechal] Carmona), Distr.hauptstadt in NW-Angola, 830 m ü. d. M.; Handelszentrum.

Uiguren, Volk in NW-China und der UdSSR; sprechen Uigurisch. - Das Turkvolk der U. gründete um 745 ein Großreich (Hauptstadt Kara Balgasun am Orchon), nach dessen Eroberung durch die Kirgisen (840) sie teils in das Gebiet um die Turfansenke, teils ins heutige Kansu abgedrängt wurden. Nachhaltigen Einfluß hatten die U. durch Schrifttum (manichäisch, christlich, buddhistisch), Kunst und Verwaltung.

Uigurisch, zu den Turksprachen gehörende Sprache, die urspr. im Uigur. Reich (um 745–840) und seinen Nachfolgestaaten gesprochen wurde. Die Fortsetzung dieses in verschiedenen Schriften überlieferten Altuigur. ist das ↑ Tschagataiische, für dessen moderne Form, wie sie v. a. in China gesprochen wird, nach 1920 die Bez. U. wieder aufgenommen wurde. Dieses von etwa 5 Mill. Menschen gesprochene Neu-U. wird in der UdSSR in kyrill., in China in arab. bzw. (seit 1976 offiziell) in lat. Schrift geschrieben.

Uigurische Autonome Region Sinkiang, Region in NW-China, 1 646 800 km², 13 Mill. E (1982), Hauptstadt Urumtschi. Die Uiguren haben heute einen Anteil von etwa 50 % der Gesamtbev., bedingt durch die planmäßige Zuwanderung von Chinesen. Die Region gliedert sich in 3 Großräume: das Tarimbecken im S, die Dsungarei im N, beide getrennt durch den östl. Tienschan. Die Abgeschlossenheit des Raumes und seine große

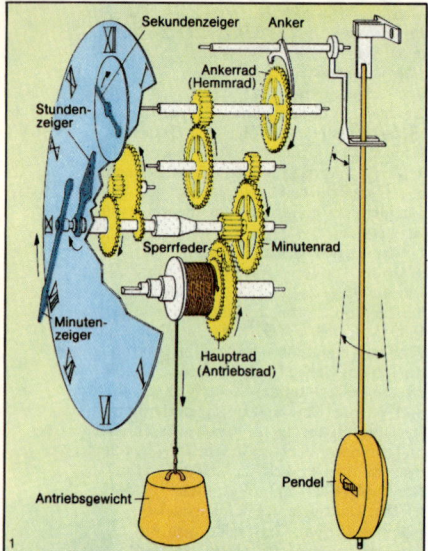

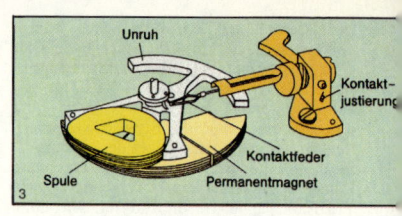

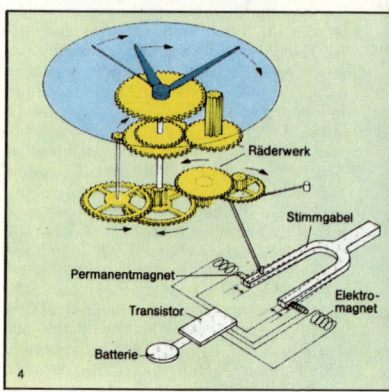

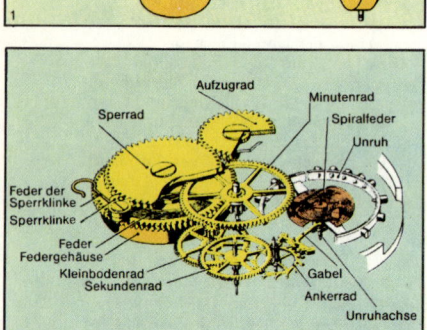

Uigurische Autonome Region Sinkiang

Uhr. 1 Funktionsprinzip einer gewichtgetriebenen Pendeluhr mit Ankerhemmung, 2 Aufbau einer Uhr mit Unruh und Spiralfeder, 3 Schema einer kontaktgesteuerten elektrischen Armbanduhr, 4 Funktionsschema einer Stimmgabeluhr

Meerferne haben ein extrem kontinentales Trockenklima zur Folge. Während in der Dsungarei überwiegend Weidewirtschaft (Schafe, Rinder, Kamele, Pferde) durch ehem. Nomaden betrieben wird, hat im Tarimbekken die Oasenwirtschaft größte Bed.; heute werden hier Weizen, Mais, Reis, Baumwolle, Zuckerrüben, Aprikosen, Feigen, Melonen und Reben angebaut mit Hilfe künstl. Bewässerung. Bed. Seidenraupenzucht. An Bodenschätzen gibt es Kohle, Erdöl, Eisen-, Kupfer-, Blei-, Zink-, Uran-, Wolfram-, Molybdän-, Gold- und Silbererze. Die Industrialisierung hat 1950 eingesetzt: Eisen- und Stahlind., chem. Werke, Maschinenbau, Baustoff-, Textil-, Leder-, Papier-, Nahrungs- und Genußmittelind. Am Lop Nor befindet sich das chin. Kernwaffenversuchszentrum. Die Hauptverkehrsverbindung zum übrigen China verläuft durch den Kansukorridor. Von Kaschgar führt eine neue Straße nach Gilgit (Pakistan), von Yarkand eine Fernstraße nach Lhasa.

Geschichte: Gelangte in der Hanzeit (206 v. Chr.–220 n. Chr.) erstmals unter chin. Einfluß, in der Folgezeit von den Chinesen mehrfach verloren und wiedererobert; seit der Mingzeit (1368–1644) drangen westmongol. Stämme ein, die im 17. Jh. erstarkten, 1697 ganz O-Turkestan eroberten, doch 1758 wieder von den mandschur. Ch'ing unterworfen wurden. 1759 wurde ganz Sinkiang dem chin. Kaiserreich einverleibt. Aufständ. Muslime nahmen ab 1864 das ganze Tarimbecken in Besitz (islam. Staat von Kaschgarien 1873), im N fast die gesamte Dsungarei, mit Ausnahme des 1871 von Rußland besetzten Iligebiets, doch eroberten die Chinesen die Dsungarei (1876) und Kaschgarien (1878) zurück; als 1881 auch das Iligebiet wieder chin. geworden war, wurde 1884 O-Turkestan als Prov. Sinkiang in die chin. Verw. eingegliedert; zw. 1911 und 1941 von der Reg.zentrale unabhängig, unterstellte sich 1941/42 der chin. Zentralreg., was zu einem Aufstand im

Ukrainisch

Iligebiet (1944) bzw. zur Bildung der prosowjet. *Ostturkestan. Republik* in Kuldja führte, 1949 durch eine für ganz Sinkiang zuständige, Peking unterstehende kommunist. Provisor. Volksreg. abgelöst; 1955 als Autonome Region konstituiert. 1962 verließen mit sowjet. Hilfe etwa 50 000 Uiguren und Kasachen Sinkiang, was zur Auflösung sowjet. Konsulate und Schließung der Grenze zur Sowjetunion führte. Sinkiang wurde militär. Sperrzone.

Uinta Mountains [engl. ju:'ɪntə 'maʊntɪnz], W–O verlaufender Gebirgszug der Rocky Mountains, im nö. Utah, etwa 250 km lang, bis 60 km breit, bis 4 123 m hoch.

UIT [frz. y-i'te], Abk. für frz.: Union Internationale des Télécommunications, † Internationale Fernmelde-Union.

U-Jagd-Waffen (Anti-Submarine-Weapons [Abk. ASW]), Waffensysteme und Einrichtungen zur Abwehr und Bekämpfung von Unterseebooten, die von Schiffen, von Flugzeugen (U-Jagd-Flugzeuge und U-Jagd-Hubschrauber) und von bes. U-Jägern (kleine, schnelle Schiffe und U-Boote mit Unterwasserortungsanlagen) aus eingesetzt werden. Die meist im Salvenschuß abgefeuerten *kleinen U-Jagd-Raketen* (Reichweite 200 m) haben eine Masse von etwa 35 kg und sind mit Aufschlagzündern versehen. Die *großen U-Jagd-Raketen* haben eine Masse zw. 250 kg (Reichweite 1 000 m) und 2 200 kg (amerikan. U-Jagd-Rakete ASROC; Reichweite etwa 14 km); sie sind mit voreingestellten Zündern (Aufschlag- und Zeitzünder) ausgestattet. *U-Jagd-Torpedos* werden von Schiffen und Flugzeugen aus gestartet; sie sind mit Zielsucheinrichtungen versehen, die den Torpedo selbsttätig auf das Ziel lenken, indem sie auf die vom U-Boot stammenden Schiffsgeräusche ansprechen. - Der *U-Jagd-Raketentorpedo* (SUBROC) kann von einem getauchten U-Boot aus gestartet werden, steigt zur Wasseroberfläche auf und zündet beim Austritt aus dem Wasser den Raketentreibsatz, der den Torpedo als ballist. Flugkörper zu dem vorausberechneten Eintauchpunkt bringt.

Ujjain [u:'dʒaɪn], Stadt im ind. Bundesstaat Madhya Pradesh, auf dem Malwaplateau, 278 000 E. Univ. (gegr. 1957); Handelszentrum für Agrarprodukte. - U. ist archäolog. seit der 1. Hälfte des 1. Jt. v. Chr. nachweisbar; 4.–2. Jh. Residenz eines Vizekönigs im Maurjareich, im 4./5. Jh. eine der Hauptstädte des Guptareiches. U. ist eine der 7 hl. Städte Indiens.

Ujung Pandang [indones. 'udʒʊŋ 'pandaŋ] (früher Makassar), indones. Hafenstadt an der W-Küste der südl. Halbinsel von Celebes, 709 000 E. Verwaltungssitz der Prov. Südcelebes; kath. Erzbischofssitz; 3 Univ. (die staatl. 1949 gegr.), Hafen. - Bestand als Marktort schon seit der Ankunft der Portugiesen (16. Jh.); seit 1667/69 unter niederl. Herrschaft; 1949 an die Republik Indonesien.

UK [engl. 'ju:'keɪ], Abk. für engl.: United Kingdom [of Great Britain and Northern Ireland], † Großbritannien und Nordirland.

Ukelei [slaw.] (Laube, Blinke, Laugele, Albola, Alburnus alburnus, Alburnus lucidus), kleiner, meist 10–15 cm langer, heringsförmiger Karpfenfisch in langsam fließenden und stehenden Süßgewässern (z. T. auch Brackgewässern) Europas (mit Ausnahme des S und hohen N); stark silberglänzend, Rücken blaugrün.

Ukena, Focko, † 1436, fries. Häuptling. - Zunächst (1421/22) Parteigänger Ockos II. tom Brok, dem er aber wenig später die Herrschaft in Ostfriesland streitig machte. Er schlug Ocko 1427 und erlangte eine beherrschende Stellung. Der Widerstand gegen ihn formierte sich ab 1430 im fries. Freiheitsbund unter Führung von E. Cirksena. 1433 unterlag der Sohn von U. dem Freiheitsbund; F. U. floh ins Groningerland; seine Enkelin Theda heiratete 1455 U. Cirksena.

Ukerewe Island [engl. u:kɛ'reɪweɪ 'aɪlənd], größte Insel in Victoriasee, 16 km breit, 50 km lang, zu Tansania.

Ukijo-E [jap. „Bilder der fließenden, vergängl. Welt"], jap. Genremalerei, die Mitte des 17. Jh. zum Durchbruch gelangte und vom wohlhabenden Bürgertum gekauft wurde; Motive v. a. aus dem Milieu der Kurtisanen, Schauspieler, Ringer u. a.; in der Kunst des jap. Holzschnitts erlangte es Weltgeltung (Utamaro, Hiroschige, Hokusai u. a.).

Ukraine † Ukrainische SSR.

Ukrainer (früher Kleinrussen, Ruthenen), ostslaw. Volk in der UdSSR, in der über 40 Mill. U. leben.

Ukrainisch (Ruthenisch), zum östl. Zweig der slaw. Sprachen gehörende Sprache der Ukrainer mit rd. 40 Mill. Sprechern in der UdSSR und weiteren etwa 2 Mill. Emigranten. - Die moderne ukrain. Schriftsprache beruht auf der relativ einheitl. südostukrain. Dialektgruppe um die Städte Poltawa, Charkow und Kiew und hat sich Anfang des 19. Jh. herausgebildet. Im Russ. Reich wurde U. als „kleinruss. Dialekt" des „Großrussischen" verunglimpft, ihre weitere Ausbildung wurde verhindert; 1876–1906 und z. T. auch 1914–17 war es verboten, Bücher, Aufsätze usw. in ukrain. Sprache zu drucken und zu veröffentlichen. - Der heutigen ukrain. Schriftsprache geht eine jahrhundertelange Vorherrschaft des Kirchenslaw. voraus; erst die ukrain. literar. Romantik setzte die moderne ukrain. Schriftsprache durch. - Das U. wird mit kyrill. Buchstaben geschrieben.

Das phonolog. System weist sechs kurze und auch in unbetonter Stellung nicht reduzierte Vokale sowie eine Stimmton- und Palatalitätskorrelation der Konsonanten auf. Im Ggs. zum Russ. zeigt das Ukrain. Itazismus (Wandel von [e] und [o] in sog. neuen geschlossenen Silben zu [i]), Ikavismus (ě zu [i]) und kein „Akanje". Der Wortakzent ist frei und beweglich. Das *morpholog.-syntakt. System* bewahrt die Ergebnisse der 2. Palatalisation in der Deklination, zeigt eigene Vokativformen und eine bes. Futurbildung, ähnelt aber in weiten Bereichen dem Russ. Die *Dialekte* werden in die drei Hauptgruppen der nordukrain. altertüml. Polesje-Mundarten, der südostukrain. einheitl. Kolonistenmundarten und die Gruppe der vielfältig untergliederten südwestukrain. Mundarten gegliedert.

📖 *Shevelov, G. Y.: A historical phonology of the Ukrainian language*. Hdbg. 1978. - *Rudnyćkyj, J. B.: Lehrb. der ukrain. Sprache*. Wsb. ⁴1964.

ukrainische Kirche, Bez. für 1. die *orth. u. K.* und 2. die *kath. u. K.* mit byzantin.-slaw. Ritus, die beide in der Ukraine entstanden sind. Diese wurde im 10. Jh. von Byzanz aus christianisiert. Die *orth. u. K.* unterstand bis zur Eingliederung in die Moskauer Metropolie (1685) dem Patriarchat Konstantinopel. Während der bolschewist. Kirchenverfolgung fast völlig ausgelöscht, formierte sie sich zur Zeit der dt. Besetzung der Ukraine (1941–44) neu, bis sie nach der Rückeroberung des Landes (1946) erneut unter das Patriarchat Moskaus kam. Als selbständige Kirche besteht sie in der *Ukrainian Orthodox Church* weiter, die sich aus den Metropolien von Kanada und Amerika konstituiert. - Die aus der Union von Brest-Litowsk (1595/96) hervorgegangene *kath.* (unierte) *u. K.* existiert heute als ↑ ruthenische Kirche nur im Westen.

ukrainische Literatur, im 13./14. Jh. ermöglichte die Herausbildung eigener sprachl. Systeme des Ukrain., Russ. und Weißruss. [neben dem vorherrschenden Kirchenslawischen] eine i. e. S. ukrainischsprachige bzw. russischsprachige Literatur, deren wesentl. nationalsprachige Komponenten jedoch erst im späten 18. Jh. hinzukamen.

Die *ältere u. L.* des 14.–16. Jh. ist v. a. eine kirchenslaw.-ukrain. Übersetzungs- und Chronikliteratur. Ende des 16. und im 17. Jh. entstanden eine polem. Predigt- und Traktatliteratur gegen die Union mit Rom, Versdichtungen wie geistl. Lied, didakt. Epos sowie geistl. Schuldramen. Das 18. Jh. stand unter dem Einfluß der westeurop. Barockliteratur.

Die *neuere u. L.* begann im Zuge nat. Bewußtwerdung Ende des 18. Jh. mit I. P. Kotljarewski, der sich der ukrain. Volkssprache bediente. Bedeutendster nationalromant. Dichter wurde Taras G. Schewtschenko, dessen Gesamtwerk aus Lyrik, Epik und Drama Elemente der Volksdichtung, des Brauchtums, der Bibel und der zeitgenöss. russ. und westeurop. Romantik vereinte und zum künstler. Kristallisationspunkt national-ukrain. Unabhängigkeitsbestrebungen wurde. Offizielle russ. Reaktion waren ab 1845 noch strengere Zensur und eine verschärfte Russifizierungspolitik; lediglich in der Westukraine, die mit ihrem kulturellen Zentrum Lemberg zu Österreich gehörte, konnte sich die u. L. freier entfalten: Einbeziehung realist. Thematik und Stilistik, teilweise auch soziale Fragestellungen, krit. Darstellung der ukrain. Intelligenz, psycholog. Durchdringung der Hauptgestalten. Die 2. Hälfte des 19. Jh. prägte insbes. der westukrain. Schriftsteller, Journalist und Wissenschaftler I. J. Franko (*1856, †1916). Um die Wende zum 20. Jh. entstanden modernist. Strömungen, die ihre stoffl. Basis jedoch weitgehend in der ukrain. Problematik behielten und sich nach 1917 v. a. in symbolist., futurist., impressionist. und neoklassizist. Versdichtungen manifestierten. Unter den stalinist. Verfolgungen kamen zahlr. ukrain. Schriftsteller ums Leben. Zu den Begründern der ukrain. Sowjetliteratur gehörten P. G. Tytschina (*1891, †1967), M. F. Rylski (*1895, †1964), A. Golowko (*1897, †1972), die in den 1930er Jahren die Positionen des sozialist. Realismus vertraten. Bed. Autoren sind u. a. O. Gontschar (*1918), I. F. Dratsch (*1936), I. Kalinez (*1939) und J. F. Guzalo (*1937).

📖 *Bojko-Blochyn, J.: Gegen den Strom. Ausgewählte Beitr. zur Gesch. der slav. Literaturen*. Hdbg. 1979. - *Voznjak, M.: Gesch. der ukrain. Literatur. Bd. 2: 16.–18. Jh.* Dt. Übers. Gießen 1975.

Ukrainische SSR (Ukraine), Unionsrepublik im SW des europ. Teils der Sowjetunion, 603 700 km², 50,840 Mill. E (1985), Hauptstadt Kiew.

Landesnatur: Die U. SSR umfaßt den SW der Osteurop. Ebene, gekennzeichnet durch ein Nebeneinander von höheren Landplatten (im allg. 200–400 m ü. d. M.) und flachen Niederungen wie z. B. die Schwarzmeerniederung nördl. der Küste des Schwarzen Meeres. Mit einem Ausschnitt des Karpatenbogens und dem Jailagebirge auf der Krim hat sie außerdem Anteil an der alpid. Faltengebirgszone. Der pleistozänen Vereisung verdankt die U. SSR (mit Ausnahme eines Gebietsstreifens im N) ihre Überdeckung mit Löß. - Das Klima ist gemäßigt kontinental, abgesehen von der S-Küste der Krim mit ihrem Mittelmeerklima. Die Sommertemperaturen nehmen von NW nach SO zu. Die Niederschläge fallen überwiegend in der warmen Jahreszeit, sie verringern sich von NW nach SO. Im S sind 3 oder mehr Sommermonate trocken. Im Jailagebirge fallen 1 000–1 200 mm, in den Waldkarpaten bis 1 600 mm Jahresniederschlag. - Von N greift die Mischwaldzone auf den ukrain. Anteil an der Polesje über. Große Flächen werden von Niederungsmooren eingenommen. Zw. der Polesje und etwa einer Linie Kischinjow (Moldauische SSR)–Charkow liegt die Waldsteppenzone. Von der urspr. Bewaldung und der krautreichen Wiessensteppe gibt es nur noch Reste, da hier beste Bedingungen für den Ackerbau herr-

schen, ebenso wie in der südl. anschließenden offenen Wiesensteppe. Hier sind aber Bodenerosionsschäden bes. groß. Staubstürme haben oft verheerend austrocknende Wirkung auf die Ernte.
Bevölkerung, Wirtschaft, Verkehr: Die Bev. setzt sich zus. aus Ukrainern (rd. 74%), Russen (rd. 21%) sowie Juden, Weißrussen, Polen, Moldauern, Bulgaren, Ungarn, Rumänen, Griechen, Tataren, Armeniern, Zigeunern, Gagausen u.a. Die U. SSR verfügt über 10 Univ. und 136 weitere Hochschulen. Die Akad. der Wiss. der U. SSR mit Sitz in Kiew unterhält 9 Zweigstellen und 77 Institute. - Große Bed. hat die Landw.; angebaut werden Weizen, Zuckerrüben, Sonnenblumen, Mais, Kartoffeln, Futterpflanzen, Gemüse, Obst, Reben, Flachs u.a. Neben Rindern und Schweinen werden Schafe, Ziegen und Geflügel gehalten. Neben der Landw. bilden die Nahrungsmittelind. und die auf den vorhandenen Kohle- und Eisenerzlagerstätten basierende Schwerind. die wirtsch. Grundlage der U. SSR. Eisenschaffende Ind. und Schwermaschinenbau haben in der östl. Ukraine 3 Schwerpunkte: im O zw. Donezk, Kramatorsk und Woroschilowgrad, über den Kohlenlagern des Donbass gelegen, im W über der Eisenerzlagerstätte von Kriwoi Rog liegend und in der Mitte zw. Erz und Kohle am großen Dnjeprknie bei Dnepropetrowsk und Saporoschje am verkehrsgünstigen Schnittpunkt des großen Stromes mit den Schienensträngen von Kriwoi Rog nach Donezk. Daneben entwickelten sich in neuerer Zeit Hüttenwerke und Folgeindustrien in den Hafenstädten. Wichtig für die Stahlveredlung sind die Manganerze aus dem Raum Nikopol. Im Zusammenhang mit der Verkokung der Steinkohle für die metallurg. Ind. entwickelte sich eine bed. Kohlechemie, zu der später die Erdölchemie trat. In den größeren Städten außerhalb der ostukrain. Ind.schwerpunkte ist neben Betrieben der Nahrungsmittel-, Textil-, Leder-, Baustoff- und chem. Ind. gleichfalls Maschinen- und Apparatebau entstanden. Der Maschinenbau der Küstenstädte ist auf See- und Binnenschiffbau spezialisiert sowie auf die Herstellung von Maschinen und Geräten für die Weinbereitung, die Tabak- und Konservenind. - Das Eisenbahnnetz hat eine Länge von 22 630 km. 192 200 km Straßen haben eine feste Decke. Die wichtigsten Seehäfen sind Odessa, Juschny, Iljitschowsk (Eisenbahnfähre nach Warna in Bulgarien), Cherson, Ismail, Schdanow und Kertsch. Die Gesamtlänge der Flußschiffahrtswege beträgt 3 900 km. Die bedeutendsten Flughäfen sind Borispol bei Kiew, Charkow, Dnepropetrowsk, Lemberg, Odessa, Saporoschje und Simferopol.
Geschichte: Zur Vorgeschichte ↑Europa. Im 8./7. Jh. v. Chr. setzte skyth. und griech., im 3. Jh. v. Chr. sarmat. Besiedlung ein; seit dem 10. Jh. entstand am mittleren Dnjepr die Kiewer Rus, die 1239/40 unter die Herrschaft der Goldenen Horde geriet. Mit deren Verfall rissen die Nachbarn Gebiete der Ukraine an sich: Litauen Podolien, Kiew und z. T. Wolynien; Polen 1349 (endgültig 1387) Galizien und 1377 einen Teil W-Wolyniens. Die N-Bukowina ging an das Ft. Moldau; in der S-Ukraine entstand im 15. Jh. das Krimkhanat, das im 15./16. Jh. die ganze SW-Ukraine in Raubzügen verheerte. Die Herrschaft der Adelsrepublik hatte seit 1591 ständige Erhebungen unter kosak. Führung zur Folge bis hin zum Befreiungskampf 1648–54 unter Hetman S. B. M. Chmelnizki. 1654 begaben sich die Kosaken unter russ. Schutz, um ihre Freiheiten zu erhalten, während dies von Rußland als Beginn ihrer „ewigen Untertanschaft" ausgelegt wurde. 1667 wurde die Ukraine zw. Rußland und Polen geteilt, mit dem Dnjepr als Grenze. Im Nord. Krieg 1700–21 versuchte der Kosaken-Hetman I. S. Masepa, gestützt auf Schweden, vergebl., die Ukraine von Moskau zu lösen. 1796 wurden von Rußland nach den Angliederungen der Gebiete rechts des Dnjepr und Wolyniens im Gefolge der 2. und 3. Poln. Teilung später mehrfach umgegliederte Gouvernements geschaffen. Die Russifizierungspolitik, die auch die Aufhebung der Autonomie der Saporoger Kosaken 1775 einschloß, wurde bis in die 2. Hälfte des 19. Jh. fortgeführt. Nach der Ausrufung der Ukrain. VR (19. Nov. 1917) verbündete sich diese gegen die zunächst erfolgreichen Bolschewiki mit den Mittelmächten. Die im Jan. 1919 in Kiew einziehenden Bolschewiki wurden nur noch vorübergehend von Denikin und im Mai/Juni 1920 von den Polen verdrängt. Im Frieden von Riga (18. März 1921) mußte aber das zeitweise auch sowjet. Galizien (West-Ukrain. VR) Polen überlassen werden. Die U. SSR, die am 10. März 1919 ihre erste Verfassung erhalten hatte, nahm an der Gründung der Sowjetunion im Dez. 1922 teil; sie ist neben der Sowjetunion und der Weißruss. SSR Gründungs-Mgl. der UN.
📖 *Encyclopedia of Ukraine.* Hg. v. V. Kubijovyc. Toronto 1984ff. *(auf 4 Bde. berechnet).* - Stowasser, H.: *Die Machnotschina. Der Kampf anarchist. Rebellen f. eine freie Gesellschaft in der Ukraine 1917–1922.* Lohra ²1979. - *Ukrain. Sozialist. Sowjetrepublik. Dt. Übers. Moskau 1967.* - Nahayewsky, I.: *History of the modern Ukrainian state, 1917–1923.* Mchn. 1966. - Allen, W. E. D.: *The Ukraine. A history.* New York 1963.

Ukulele [polynes.], kleine Gitarre mit vier Stahlsaiten (Stimmung der Konzert-U. h^1 fis^1 d^1 a^1), die mit Spielplättchen angeschlagen werden; seit den 1920er Jahren v. a. in der Tanzmusik in Gebrauch.

UKW, Abk. für: Ultrakurzwellen.

Ulan Bator, Hauptstadt der Mongol. VR, im N des Landes, 1 350 m ü. d. M., 479 500 E.

Ulanen

Bildet ein eigenes Verw.-Geb.; Akad. der Wiss., Mongol. Staatsuniv. (gegr. 1942), Staatsarchiv, Religions-, Revolutions-, Stadt-, Palast-, Kunst- u. a. Museen, Nationaltheater; wichtigstes Ind.zentrum der VR; durch die Transmongol. Eisenbahn Anschluß an das sowjet. Eisenbahnnetz; internat. ✈.

Geschichte: An der Stelle des heutigen U. B. war ab 1639 der zeitweilige, ab 1778 der ständige Sitz des Hauptes der Lamaisten in der Mongolei; der um das Kloster entstandene Ort wurde in der europ. Literatur bis 1924 **Urga** gen.; wuchs bis Anfang des 20. Jh. zum religiösen, administrativen (seit dem späten 18. Jh. Sitz der Vertreter der Mandschureg., 1911–21 Sitz der Autonomen Mongol. Reg.) und wirtsch. Mittelpunkt der N-Mongolei heran; nach Gründung der Mongol. VR (1924) deren Hauptstadt.

Bauten: Um den Suhe-Bator-Platz liegen die Reg.gebäude, das Mausoleum für Suhe Bator und K. Tschoibalsan, das Theater, die Univ., das Staatl. Zentralmuseum. Nur 4 Klosteranlagen sind erhalten, nur eines davon ist noch von Mönchen bewohnt. Die im Randgebiet der Stadt liegenden Jurtenkolonien sind z. T. Sommerwohnsitze der städt. Bevölkerung.

ste Erhebung der Insel Neubritannien, Papua-Neuguinea.

Ulan-Ude̜, Hauptstadt der Burjät. ASSR innerhalb der RSFSR, in S-Sibirien, 542 m ü. d. M., 335 000 E. Landw. Hochschule, TH, PH, Hochschule für Bibliothekare, Zweigstelle der Sibir. Abteilung der Akad. der Wiss., Museen und Theater; u. a. Schiffsreparatur, Eisenbahnausbesserungs-, Kabelwerk, Elektromaschinenbau; Anlegeplatz an der Selenga; von der Transsib zweigt in U.-U. die Eisenbahnlinie nach Ulan Bator ab, ✈. - 1666 als Kosakenwinterlager **Udinskoje** gegr.; 1689 entstand daraus die Festung **Werchneudinsk,** um die im 18. Jh. die Stadt entstand; seit 1783 Kreisstadt, seit 1851 Zentrum des transbaikal. Gebietes; Verbannungsort.

Ulbricht, Walter, * Leipzig 30. Juni 1893, † Berlin (Ost) 1. Aug. 1973, dt. Politiker. - Sohn eines Schneiders; 1907–11 Möbeltischlerlehre; 1915–18 Soldat; trat 1912 der SPD, 1919 der KPD bei; 1923 in die Zentrale der KPD gewählt, 1924 als Anhänger der „Mittelgruppe" von den Linken nach Moskau abgeschoben, arbeitete für die Komintern. Ende 1925 nach Deutschland zurückgekehrt, übernahm er Aufgaben in der Parteizentrale;

Walter Ulbricht   Liv Ullmann (1976)   Luise Ullrich

Ulanen [poln., zu türk. oğlan „Knabe, Bursche"], mit Lanzen bewaffnete Reiter. Im 16. Jh. in Polen als leichte Kavallerie aufgestellt; seit 1734 in Preußen; Ausrüstung: die Tschapka, die Ulanka (Waffenrock) mit 2 V-förmig angeordneten Knopfreihen, poln. Aufschläge und der zweifarbige Paßgürtel (Feldbinde, Koppel).

Ulanowa, Galina Sergejewna [russ. u'lanʌva], * Petersburg 8. Jan. 1910, russ.-sowjet. Tänzerin. - Wurde 1928 Mgl. des Kirow-Balletts in Leningrad, 1944–61 Primaballerina assoluta des Bolschoi-Balletts in Moskau. Eine der bedeutendsten Ballerinen (bes. des klass. Fachs) der Ballettgeschichte. - Abb. Bd. 3, S. 22.

Ulawun, Mount [engl. ˈmaʊnt uːlɑːˈwʌn], aktiver Vulkan, mit 2 300 m höch-

1926–28 MdL in Sachsen, 1928–33 MdR. Seit 1927 Mgl. des ZK der KPD, 1929–32 Leiter des Bezirks Berlin-Brandenburg-Lausitz-Grenzmark und Mgl. des Politbüros; emigrierte 1933 nach Frankr., 1938 in die Sowjetunion; setzte sich ab 1934 für eine Beendigung des ultralinken Kurses der KPD ein und wurde (unter W. Piecks Vorsitz) zum „starken Mann" der KPD; 1943 Mitbegr. des Nationalkomitees Freies Deutschland; kehrte mit seiner „Gruppe Ulbricht" bereits am 29. April 1945 nach Deutschland zurück. 1946–50 stellv. Vors. der SED und Mgl. des ZK; seit 1949 Mgl. des Politbüros, 1950–53 Generalsekretär, danach 1. Sekretär der SED; seit 1949 Mgl. der Volkskammer, 1949–60 1. Stellvertreter des Vors. des Min.rates; übernahm 1960 den Vorsitz des neu geschaffenen Staatsrates und des Nat. Verteidigungsrates der DDR. U. bestimmte - unter sowjet. Anleitung - 2 Jahrzehnte lang die Entwicklung der SED und der DDR. Er war - bes. nach Ausschaltung aller innerparteil. Gegner, v. a. F. Dahlem (1952), W. Zaisser und R. Herrnstadt (1953) und K. Schirdewan (1957) - der einflußreichste Mann der DDR. Versuchte Mitte der 1960er Jahre die Rolle der DDR aufzuwerten und eine Lockerung von der sowjet. Vorherrschaft zu erreichen. Durch eine auf die Effizienz der Wirtschaft ausgerichtete Politik trug er gleichzeitig zu einer gewissen Stabilität der DDR bei. Trat am 3. Mai 1971 als 1. Sekretär der SED zurück, verlor den Vorsitz im Nat. Verteidigungsrat und allen polit. Einfluß, blieb aber bis zu seinem Tod Vors. des Staatsrates.

📖 *Weber, Hermann:* Von Rosa Luxemburg zu W. U. Hannover [4] *1970.* - *Stern, C.:* U. Eine polit. Biogr. Köln u. Bln. *1963.*

Ulcinj [serbokroat. 'ultsinj], südlichster Ort an der jugoslaw. Adriaküste, 7 500 E. Seebad, jodhaltiger, radioaktiver Sand, Schwefelquellen.

Ulcus (Mrz. Ulcera; Ulkus) [lat.], svw. ↑Geschwür.

Ulcus cruris [lat.], svw. ↑offenes Bein.

Ulcus molle [lat.] ↑Schanker.

Uleåborg [schwed. uːlœːˈbɔrj] ↑Oulu.

Ulema [arab. „Gelehrte"], die religiösen Gelehrten und Repräsentanten des religiösen Institutionen des Islams; im Osman. Reich durch das Tragen des Turbans ausgezeichneter Stand.

Ulex [lat.], svw. ↑Stechginster.

Ulexit [nach dem dt. Chemiker G. L. Ulex, *1811, †1883] (Boronatrocalcit), triklines, meist in feinfaserigen, watteähnl. Aggregaten vorkommendes, weißes Mineral, chem. $NaCaB_5O_9 \cdot 8H_2O$. Vorkommen in Ablagerungen zahlr. Boraxseen in Nord- und Südamerika. Mohshärte 1, Dichte $2{,}0\,g/cm^3$.

Ulf, aus dem Nord. übernommener männl. Vorname, eigtl. „Wolf" (zu skand. ulv „Wolf").

U. L. F., Abk. für: ↑Unsere Liebe Frau.

Ulfilas (Ulfila, Gulfilas, Wulfila), *um 311, †Konstantinopel [?] 383, westgot. Bischof. - Wurde 341 zum Bischof für die Goten geweiht. Nach der Verfolgung durch Athanarich (348) zog er sich hinter die Reichsgrenze zurück, wirkte weiter als Missionsbischof und weltl. Führer (Primas). Theolog. gehörte er zu den gemäßigten Arianern. Seine bedeutendste Leistung war eine Bibelübersetzung ins †Gotische.

Uli [melanes.], Bez. für geschnitzte und bemalte hölzerne Ahnenfiguren (v. a. von Häuptlingen) auf Neuirland und die damit in Zusammenhang stehenden Kulte.

Ulixes, lat. Name des ↑Odysseus.

Ulixippona ↑Lissabon.

Uljanow, Wladimir Iljitsch [russ. ulʲˈjanəf] ↑Lenin, Wladimir Iljitsch.

Uljanowsk [russ. ulʲˈjanɛfsk], sowjet. Geb.hauptstadt in der RSFSR, am W-Ufer des Kuibyschewer Stausees, 544 000 E. Polytechn. und landw. Hochschule, PH; Lenin-Museum, Zweigstelle des Lenin-Zentralmuseums, Palast des Buches, Kunstmuseum; 2 Theater. Bau von Kfz., Schwermaschinen, Motoren und Elektroapparaten, Baustoffind., Schuhkombinat; Hafen, Bahnknotenpunkt. - 1648 als Festung gegr. (**Simbirsk**); seit 1924 U. (ben. nach dem eigtl. Namen W. I. Lenins [Uljanow], der hier geboren ist).

Ulkus (Mrz. Ulzera; Ulcus) [lat.], svw. ↑Geschwür.

Ulkusgesicht, svw. Facies gastrica (↑Facies).

Ulkuskrankheit, Sammelbez. für chron., in Abständen wiederkehrende Geschwürsleiden im Bereich des *Magens* (Magengeschwür,↑ Magenerkrankungen) und des *Zwölffingerdarms* (↑Zwölffingerdarmgeschwür).

Ull, svw. ↑Ullr.

Ulla, weibl. Vorname, Kurzform von Ursula oder Ulrike.

Ullmann, Fritz, *Fürth 2.Juli 1875, †Genf 17. März 1939, dt. Chemiker. - 1905–26 Prof. an der TH Berlin; lebte danach in Genf. U. wurde v. a. bekannt als Hg. der „Encyclopädie der techn. Chemie" (1914–23), die u. d. T. „Ullmanns Encyclopädie der techn. Chemie" fortgeführt wurde.

U., Liv, *Tokio 16. Dez. 1938, norweg. Schauspielerin. - Intensiv gestaltete Filmrollen bes. unter der Regie von I. Bergman, u. a. „Persona" (1966), „Szenen einer Ehe" (1973), „Von Angesicht zu Angesicht" (1975), „Das Schlangenei" (1977), „Herbstsonate" (1978). Schrieb „Wandlungen" (Autobiographie, 1975) und „Gezeiten" (1985). Seit Aug. 1980 Sonderbotschafterin der UNICEF.

Ullr [ˈʊlɑr] (Ull), nordgerman. Gott („der Herrliche") aus dem Geschlecht der Asen; galt als Bogenschütze, der auf Skiern jagt.

Ullrich, Luise, *Wien 31. Okt. 1910, †München 21. Jan. 1985, östr. Schauspielerin. - Seit 1932 beim Film: „Liebelei" (1932), „Annelie" (1941). Wurde mit „Nachtwache" (1949), „Regina Amstetten" (1954), „Frau Irene Besser" (1960) zum Inbegriff der Heldin des dt. Unterhaltungsfilms. Später Fernsehrollen, u. a. in „Acht Stunden sind kein Tag" (1972).

Ullstein GmbH ↑Verlage (Übersicht).

Ullsten, Ola [schwed. ˈʊlsteːn], *Umeå 23. Juni 1931, schwed. Politiker. - Seit 1965 Reichstags-Mgl.; 1976–78 Min. für internat. wirtsch. Zusammenarbeit; ab März 1978 Führer der liberalen Volkspartei und stellv. Min.präs., 1978/79 Min.präs. einer Minderheitsreg.; 1979–82 Außenmin., seit 1983 Botschafter in Kanada.

Ullung, zu Süd-Korea gehörende Insel im Jap. Meer, 73 km², bis 975 m hoch.

Ulm, Krst. an der Mündung der Blau in

Ulm

die Donau, Bad.-Württ., 479 m ü. d. M., 99 300 E. Verwaltungssitz des Alb-Donau-Kreises, Univ. (gegr. 1967), Fachhochschule für Ingenieurwissenschaft und Informatik; Museen, u. a. Städt. Sammlungen für Kunst- und Kulturgeschichte, Dt. Brotmuseum, Stadtarchiv, Theater; Bundeswehrstandort; Textil- und Bekleidungsind., Maschinen-, Fahrzeugbau, Waffenproduktion u. a. metallverarbeitende sowie elektrotechn. Industrie. **Geschichte:** Vermutl. in der 2. Hälfte des 8. Jh. Errichtung eines Stützpunktes durch das Kloster Reichenau, 854 als königl. Pfalz erstmals erwähnt (**Ulma**); erhielt zw. 1163 und 1181 Stadtrecht; wurde im 14. Jh. Reichsstadt und war im 14./15. Jh. bed. Handelsstadt; spielte eine führende Rolle in den schwäb. Städtebündnissen und im Schwäb. Bund und war seit dem 17. Jh. ständiger Tagungsort des Schwäb. Reichskreises. Im Spät-MA gewann U. ein sich über die Schwäb. Alb bis ins obere Filstal erstreckendes Territorium, eines der größten reichsstädt. Herrschaftsgebiete. Führte 1529 die Reformation ein; 1616–23 zu einer der stärksten dt. Festungen des 17. Jh. ausgebaut; 1802 von Bayern besetzt, kam 1810 an Württemberg; die neue bayr.-württemberg. Grenze zerschnitt die alte Gemarkung; im 19. Jh. Bundesfestung des Dt. Bundes (Neubau einer Wallanlage mit Festungswerken).
Bauten: Schwere Zerstörungen im 2. Weltkrieg. Neben dem ↑ Ulmer Münster wurden wieder hergestellt: Rathaus (14.–20. Jh.) mit Kurfürsten und Kaisergruppe von H. Multscher (1427–30), Kornspeicher (1585–93), Kornhaus (1594); Reste der Stadtbefestigung (v. a. 14. Jh.). Im Stadtteil Wiblingen ehem. Benediktinerabtei mit barocker Kirche (1772–81).
📖 *Koepf, H.: Ulmer Profanbauten. Stg. 1982.* - *Specker, H. E.: U. Stadtgesch. Ulm 1977.* - *Wiegandt, H.: U.: Gesch. einer Stadt. Weißenhorn 1977.*

U., Stadtkreis in Baden-Württemberg.

Ulm (Ulme), Seitenwand eines Tunnels oder Stollens.

Ulmaceae [lat.], svw. ↑ Ulmengewächse.

Ulme [lat.], (Rüster, Ulmus) Gatt. der U.gewächse mit rd. 25 Arten in der nördl. gemäßigten Zone und in den Gebirgen des trop. Asiens; sommergrüne, seltener halbimmergrüne Bäume oder Sträucher; Blätter eiförmig, häufig doppelt gesägt, an der Basis meist unsymmetrisch; Blüten unscheinbar, meist vor den Blättern erscheinend; Frucht eine von einem breiten Flügelrand umgebene Nuß. Wichtige einheim. Arten sind: **Bergulme** (Bergrüster, Ulmus montana), bis 30 m hoch, v. a. in Bergregionen; Blätter doppelt gesägt, oberseits rauh; **Feldulme** (Feldrüster, Ulmus campestris), 10–40 m hoch, in Wäldern und Flußauen tieferer Lagen; mit reichästiger, breiter Krone; **Flatterulme** (Flatterrüster, Ulmus laevis), bis 35 m hoch, v. a. in feuchten Wäldern; Blätter doppelt gesägt, unterseits behaart. Die aus dem östl. N-Amerika stammende **Amerikanische Ulme** (Ulmus americana) wird als Parkbaum angepflanzt.
Geschichte: Die Feld-U. wurde in der Antike v. a. als Stütze für Weinreben angepflanzt. Ihr Holz diente bes. zur Herstellung von Türen. - In der frühchristl. Symbolik erscheinen U. und Weinstock als Symbol für arm und reich.

◆ (Ulmenholz, Rüsterholz) das gelbl., im Kern bräunl. ringporige, harte, zähe und elast. Holz der Ulme (↑ Hölzer, Übersicht).

Ulmenblasenlaus (Ulmenblattgallenlaus, Byrsocrypta ulmi), in M-Europa häufige Blattlaus (Fam. ↑ Blasenläuse), die durch ihre Saugtätigkeit bohnenförmige, glattwandige, meist kurzgestielte Gallen auf der Oberseite der Ulmenblätter bildet; mit Wirtswechsel auf Gräsern.

Ulmengewächse (Ulmaceae), Pflanzenfam. mit mehr als 150 Arten in 15 Gatt., v. a. in den Tropen Asiens und Amerikas, seltener im trop. Afrika; Bäume und Sträucher mit einfachen, oft asymmetr. Blättern und meist kleinen Blüten. Bekannte Gatt. sind Ulme und Zürgelbaum.

Ulmensplintkäfer, Bez. für einige ↑ Borkenkäfer der Gatt. *Scolytus* (z. B. der 7 mm große, schwarze oder dunkelbraune einheim. *Große U.*, Scolytus scolytus), deren ♀♀ v. a. unter der Rinde kränkelnder Ulmen Gänge anlegen, bei dünner Rinde bis tief in den Splint.

Ulmensterben (Ulmenkrankheit), erstmals 1919 in den Niederlanden beobachtete Krankheit der Ulme mit großen Schäden in Alleen und Parkanlagen; verursacht durch den bald über ganz Europa verbreiteten Schlauchpilz Ceratocystis ulmi; seit 1930 auch in N-Amerika beobachtet. Das Pilzmyzel dringt in die wasserführenden Gefäßbündel ein; diese werden unter der Einwirkung eines pilzeigenen Toxins verstopft. Erste Symptome: eingerollte Blätter, abwärts gekrümmte Zweigspitzen, Bildung von Wasserreisern; Verbreitung der Pilzsporen durch ↑ Ulmensplintkäfer.

Ulmer, Eugen, * Stuttgart 26. Juni 1903, dt. Jurist. - Prof. in Heidelberg und München, 1965–73 Leiter des Max-Planck-Instituts für ausländ. und internat. Patent-, Urheber-, und Wettbewerbsrecht in München; maßgebl. an der Erarbeitung des Welturheberrechtsabkommens vom 6. 9. 1952 und dessen revidierter Pariser Fassung vom 24. 7. 1971 beteiligt. - † 26. April 1988.

Ulmer Münster, größte dt. got. Pfarrkirche. 1377 von Baumeistern der Parlerfamilie als Hallenkirche begonnen; vermutl. 1383/84 bis 1387 Umwandlung in eine Basilika. 1392 begann Ulrich Ensinger die Westvorhalle und den Westturm, der 1474–92 von M. Böblinger weitergeführt wurde (und nach dessen Riß 1890 vollendet wurde). 1507 Unterteilung der Seitenschiffe wegen des Schubs des Turms (B. Engelberg). Bed. die aus dem Parlerkreis stammende Bauplastik, der Schmerzensmann am Hauptportal von H. Multscher und die Ausstattung (Chorgestühl von J. Syrlin d. Ä.). Restaurierungen 1946–56 und 1964 ff.

Ulmus [lat.], svw. ↑ Ulme.

Ulna [lat.] ↑ Elle.

Ulpianus, Domitius, *Tyrus um 170, † Rom 223 (ermordet), röm. Jurist. - Schüler von Papinianus; Prätorianerpräfekt und Mgl. des kaiserl. Rates des Severus Alexander. U. schrieb u. a. Kommentare zum prätor. Edikt (83 Bücher) und zum Zivilrecht des Sabinus (51 Bücher), deren Fragmente ein Drittel der Digesten des Corpus Iuris Civilis ausmachen.

Ulrich, männl. Vorname (zu althochdt. Uodalrich [von althochdt. uodal „Erbgut, Heimat" und german. rik „Herrscher, Fürst, König"]).

Ulrich (Udalrich) **von Augsburg,** hl., *Augsburg 890, † ebd. 4. Juli 973, Bischof von Augsburg. - Verteidigte erfolgreich die von ihm 926 befestigte Stadt beim Ungarneinfall im Jahre 955; 993 in der ersten bekannten Heiligsprechung kanonisiert. - Fest: 4. Juli.

Ulrich von Ensingen ↑ Ensinger, Ulrich.

Ulrich von Etzenbach (U. von Eschenbach), mittelhochdt. Epiker der 2. Hälfte des 13. Jh., wahrscheinl. aus N-Böhmen. - Vertreter des späten höf. Romans; u. a. „Wilhelm von Wenden" (um 1289/90), ein Abenteuerroman mit erbaul. Legenden, Minne- und Orientabenteuern, „Herzog Ernst" (sog. „Herzog Ernst D"; Entstehungszeit unbekannt).

Ulrich von Lichtenstein (Liechtenstein), *Lichtenstein (Steiermark) um 1200, † 1275 oder 1276, mhd. Dichter. - Aus Ministerialengeschlecht; zeigt sich in den 58 Minneliedern und seinem Leich als formgewandter Gestalter eines nach Ideal geschulten, jedoch stärker versinnlichten Minneideals. Schrieb ferner die paargereimte Ich-Erzählung „Frauendienst" (1255) und den minnetheoret. Disput „Frauenbuch" (1257).

Ulrich von Türheim, mittelhochdt. Epiker der 1. Hälfte des 13. Jh. - Aus [Augsburger] Ministerialengeschlecht; schrieb eine Fortsetzung (um 1235) zu Gottfried von Straßburgs Tristanroman. Eine Fortsetzung von Wolfram von Eschenbachs „Willehalm" ist das zw. 1240 und 1250 entstandene Epos „Rennewart" (35 500 Verse).

Ulrich von Württemberg, *Reichenweier 8. Febr. 1487, † Tübingen 6. Nov. 1550, Hzg. von Württemberg (seit 1498). - Regierte ab 1503 selbständig, verschuldete sein Land durch Mißwirtschaft; konnte 1514 die Erhebungen des Armen Konrad nur mit Hilfe der Städte niederwerfen; brachte durch den Mord an H. von Hutten die Stände gegen sich auf und wurde, als er die Reichsstadt Reutlingen besetzte, 1519 von einem Heer des Schwäb. Bundes unter F. Geyer vertrieben. Durch Philipp I. von Hessen 1534 nach Auflösung des Schwäb. Bundes in sein Land zurückgeführt; erhielt Württemberg als östr. Afterlehen, führte die Reformation ein.

Ulrike, weibl. Vorname, weibl. Form von ↑ Ulrich.

Ulsan, Hafen- und Ind.stadt im sö. Süd-Korea, an einer Bucht des Jap. Meeres, 418 400 E. Erdölraffinerie, bed. petrochem. Ind., Schiffbau u. a.

Ulster [engl. 'ʌlstə], histor. Prov. im N der Insel Irland, umfaßt die Distrikte Nordirlands sowie die Gft. Cavan, Donegal und Monaghan der Republik Irland. - ↑ auch Großbritannien und Nordirland (Geschichte), ↑ Irland (Geschichte).

Ulster [nach der gleichnamigen ir. Provinz], zweireihiger loser Herrenmantel aus gleichnamigem Stoff; hat einen breiten Rückengürtel und breite Revers.

Ulster Defence Association [engl. 'ʌlstə dɪ'fɛns əsoʊsɪ'eɪʃən „Ulster-Verteidigungsvereinigung"], Abk. UDA, 1972 gegr. militante prot. Organisation in Nordirland, die als extremist., z. T. terrorist. Flügel der Vanguard Unionist Progressive Party die kath.-nationalist. IRA bekämpft.

Ultima [lat.], Bez. für die letzte Silbe eines Wortes.

Ultima ratio [lat.], allg. svw. letztes, äußerstes Mittel. Die Wendung *U. r. regum* „[der Krieg als] letztes Mittel der Könige" geht auf P. Calderón de la Barca zurück.

Ultimatum [lat. „das letzte"], „letzte" Aufforderung], im Völkerrecht eine eindeutige, letzte und befristete Mitteilung eines Standpunkts oder einer Forderung eines Völkerrechtssubjekts, verbunden mit einer allg. *(einfaches U.)* oder konkreten *(qualifiziertes U.)* Drohung (insbes. mit einer Kriegserklärung) für den Fall der Nichtanerkennung des Standpunkts oder der Nichterfüllung der Forderung. Die Rechtmäßigkeit hängt von der Rechtmäßigkeit der gestellten Forderung ab.

Ultimo [lat.], der letzte Tag eines Monats, auch eines Jahres; im Börsenverkehr der letzte Börsentag des Monats.

Ultimogeld, am Geldmarkt aufgenommenes Leihgeld, das am Monatsende zur Rückzahlung fällig ist.

Ultimogeschäft, Börsentermingeschäft, das am Monatsende abzuwickeln ist.

ultra..., Ultra... [lat.], Vorsilbe mit der Bed. „jenseits von, über-hinaus, übertrieben".

Ultrafilter (Membranfilter), zur *Ultrafiltration,* d. h. zum Abtrennen kolloidaler Teilchen aus kolloidalen Lösungen sowie von Bakterien und Viren aus Wasser, beren u. a. verwendete sehr feinporige Filter (Porengröße < 0,1 μm) aus Gelatine, Kollodium u. a.

Ultrahocherhitzung (Uperisation),

Ultraismo

Konservierungsverfahren für Milch, die durch eine etwa 2 Sekunden dauernde Dampfinjektion auf 150 °C erhitzt, danach rasch abgekühlt und abgefüllt wird; durch die U. werden auch die gegen Pasteurisation resistenten Mikroorganismen abgetötet. Ultrahocherhitzte Milch kommt als *H-Milch* (haltbare Milch) in den Handel.

Ultraismo [lat.-span.], span. und lateinamerikan. literar. Bewegung; 1919 in Madrid begr.; erstrebte, z. T. als Reaktion (gegen formalen Ästhetizismus), z. T. als Fortführung des Modernismus, eine Erneuerung der Lyrik durch ihre Reduktion auf eine auch die moderne Technik umgreifende Metaphern- und Bildersprache unter Eliminierung traditioneller formaler und rhetor. Elemente. Hauptvertreter: G. de Torre, G. Diego Cendoya, J. L. Borges, J. Torres Bodet; etwa um 1923 ging der U. im Surrealismus auf.

Ultrakurzwellen, Abk. UKW (internat. Abk.: vhf), Bez. für elektromagnet. Wellen mit Wellenlängen zw. 10 m und 1 m, d. h. mit Frequenzen zw. 30 MHz und 300 MHz; sie werden für Hörfunk- (von 87,5 - 104 MHz; im Ausland auch bis 108 MHz) und Fernsehübertragungen sowie von den bewegl. Funkdiensten verwendet. Wegen der verhältnismäßig großen Streckendämpfung der U. und der geringen Beugungsneigung über den Horizont (nahezu geradlinige Ausbreitung in der Atmosphäre) ist der UKW-Sendebetrieb im allg. nur im Bereich freier Sicht möglich; bei bestimmten atmosphär. Bedingungen sind jedoch erhebl. Überreichweiten erzielbar.

Ultrakurzwellentherapie, Bestrahlungstherapie unter Anwendung von Ultrakurzwellen zur Erzeugung von Wärme in tieferen Körperschichten, v. a. bei rheumat. Erkrankungen. - ↑ auch Elektrotherapie.

Ultramarin [zu lat. ultra „jenseits" und marinus „zum Meer gehörig" (die Lapislazuli aus überseeischen Ländern kam)] (Lasurblau), Gruppe bes. lichtbeständiger Farbpigmente der ungefähren chem. Zusammensetzung $Na_8[S_{2-4}(AlSiO_4)_6]$, die u. a. zur Herstellung von Malerfarben verwendet werden. Natürl. blaues U. wurde urspr. durch Pulverisieren von Lapislazuli gewonnen; heute werden grünes, blaues, violettes und rotes U., die sich v. a. in ihrem Gehalt an Sulfidanionen unterscheiden, durch Zusammenschmelzen von Ton, Quarz, Soda, Schwefel und Holzkohle (als Reduktionsmittel) techn. hergestellt. - Nicht in diese Reihe gehört das fälschl. gelbes U. genannte Barytgelb.

Ultrametamorphose, extreme Metamorphose, bei der Gesteine wiederaufschmelzen, umfaßt Anatexis, Diatexis und Palingenese.

Ultramikroskop ↑ Mikroskop.

Ultramontanismus [zu lat. ultra montes „jenseits der Berge" (d. h. der Alpen)], seit dem frühen 18. Jh. in Frankr. Bez. für die Richtung innerhalb des [polit.] Katholizismus, die im Ggs. zum Gallikanismus den Primat des Papstes innerhalb der Kirche vertrat und mit dem Papsttum gegen Aufklärung, Protestantismus, Liberalismus, Laizismus und nationalstaatl. Souveränität eintrat. Dadurch wurde U. zu einem undifferenzierten Schlagwort, das v. a. im Kulturkampf weite Verbreitung fand.

Ultrarot, ältere Bez. für Infrarot.

Ultraschall, für den Menschen unhörbarer Schall mit Frequenzen oberhalb 20 000 Hz. Intensiver U. wird in Technik und Medizin vielseitig verwendet, u. a. zur zerstörungsfreien Prüfung von Werkstücken auf schädl. Hohlräume, zur Entgasung von Metall- und Glasschmelzen, zur Tötung schädl. Bakterien (Sterilisation), zur Zerstörung kranker Zellen an schwer zugängl. Körperstellen und als Ersatz für Röntgenstrahlen bei medizin. Untersuchungen insbes. in der Unfallchirurgie und während der Schwangerschaft.

Ultraschalldiagnostik, schmerzloses und risikoarmes Verfahren zur Erkennung von krankhaften Veränderungen innerhalb des Organismus durch die Anwendung von Ultraschallwellen nach dem Echolotprinzip. Die im sog. Prüfkopf piezoelektr. erzeugten Ultraschallimpulse werden mittels eines Schallübertragungsmediums (Kontaktpaste; Wasserbad bei weichen Geweben wie z. B. Schilddrüse, Auge) durch die Haut in den Körper eingestrahlt. Die Ultraschallimpulse werden von den verschiedenen Gewebs- oder Organschichtgrenzen reflektiert, von dem im Prüfkopf befindl. Empfänger wieder aufgenommen und mit einer Kathodenstrahlröhre auf einem Bildschirm sichtbar gemacht. Beim sog. A-Verfahren (A = Amplitude) entsteht eine Weg-Zeit-Kurve, beim B-Verfahren (B = brightness = Helligkeit) erscheinen die Echos als Leuchtpunkte. Mit dem B-Verfahren kann man zweidimensionale Ultraschallbilder bekommen, wenn der Prüfkopf allmähl. in einer Linie bewegt wird. Mit diesem Verfahren können u. a. Mißbildungen und Fehlentwicklungen des Fetus während der Schwangerschaft erkannt werden.

📖 Hackeloer, B.-J., u. a.: *Ultraschall-Mammographie.* Bln. u. a. 1986. - *Leitfaden der U.* Hg. v. H. H. Wagner. Whm. 1986. - Hansmann, M., u. a.: *U. in Geburtshilfe u. Gynäkologie.* Bln. u. a. 1985. - Weitzel, D., u. a: *Pädiatr. U.* Bln. u. a. 1984.

Ultraschallholographie (akust. Holographie, ein der opt. Holographie entsprechendes Verfahren der Bildgewinnung, -speicherung und -wiedergabe mit Hilfe kohärenter Ultraschallwellenfelder. Im einfachsten Fall wird das abzubildende Objekt in den Strahlengang zweier in eine Flüssigkeit getauchter Ultraschallgeber (Quarzschwinger) gebracht und das sich dann an der Flüssig-

Ultraschallthermometer

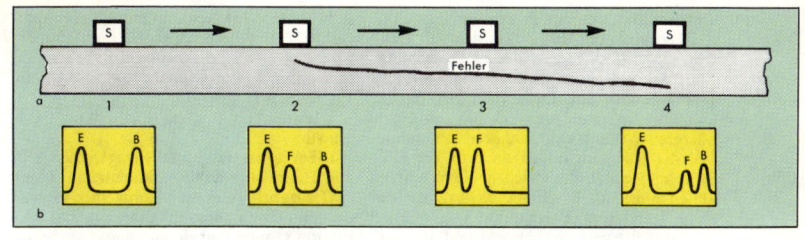

Ultraschallprüfung nach dem Impulsechoverfahren. a Versuchsanordnung und b Fehlerbild auf dem Bildschirm (S Sendequarz). 1 Werkstück ohne Fehler (E Eingangsecho, B Bodenecho), 2 Fehler im Werksstück nahe der Oberfläche (Fehlerecho F liegt nahe bei E), 3 Totalreflexion der Schallwellen am Fehler (Bodenecho entfällt), 4 Fehler nahe der Bodenfläche (Fehlerecho nahe bei B)

keitsoberfläche infolge Überlagerung der Ultraschallwellen ergebende Wellenmuster *(akust. Hologramm)* mit kohärentem Licht bestrahlt, was eine unmittelbare Rekonstruktion und Photographie des dreidimensionalen Objektbildes ermöglicht, oder durch zeilenweises Abtasten registriert und über einen Lichtschreiber ausgedruckt.

Ultraschallmikroskop ↑Mikroskop.

Ultraschallortung (Ultraschallpeilung), die Suche, Lokalisierung und Entfernungsbestimmung von Objekten, Inhomogenitäten und Phasengrenzen in einem sonst homogenen Schallausbreitungsmedium durch Erfassung der von einem Ultraschallgeber [gerichtet] ausgesendeten und an den Objekten usw. reflektierten Ultraschallimpulse, wobei die Entfernung durch Messung der Laufzeit der Ultraschallwellen zw. Schallabgang und Echoeingang bestimmt wird. Als U.anlagen werden *Ultraschallecholote* verwendet. - Eine U. kommt auch bei *Tieren* vor. Sie ist nachgewiesen für Fledermäuse, Delphine und Spitzmäuse, die sich alle mit Hilfe des Echos der von ihnen ausgesandten, für den Menschen nicht hörbaren Ultraschallsignale räuml. orientieren. Die Glattnasen erzeugen dabei Ultraschall einer Frequenz von 30–120 kHz, die Hufeisennasen (↑Fledermäuse) von 80–100 kHz und die Delphine (durch den Kehlkopf) von 200 kHz. Die U. dient außer zur räumlichen Orientierung auch der Nahrungssuche bzw. dem Nahrungserwerb und, bes. bei Delphinen, der innerartlichen Kommunikation.

Ultraschallprüfung, Werkstoffprüfung mit Ultraschall zur Auffindung von Lunkern, Rissen, Einschlüssen u. a. Fehlern. Zur Erzeugung der Ultraschallwellen benutzt man piezoelektr. Quarzkristalle *(Schwingquarze)*, die im elektr. Wechselfeld zu Deformationsschwingungen angeregt werden; diese übertragen sich auf die umgebenden Medien und pflanzen sich als Ultraschallwellen fort; trifft ein Schallwellenbündel in einem Werkstück auf einen Fehler, so wird die gesamte oder ein Teil der Schallenergie reflektiert. Der Piezoeffekt ist umkehrbar, d. h. ein zu erzwungenen Schwingungen angeregter Schwingquarz bildet zw. den Platten des Kondensators ein elektr. Wechselfeld. Auf dieser Voraussetzung beruhen die beiden in der zerstörungsfreien Werkstoffprüfung angewendeten Verfahren. Beim **Durchschallungsverfahren** wird ein Schallwellenbündel vom Empfängerquarz an der Gegenseite empfangen, in elektr. Schwingungen umgewandelt und als sog. *Sonogramm* mit Hilfe einer Bildröhre sichtbar gemacht; durch direkte Einwirkung der Ultraschallwellen auf photograph. Material erhält man ebenfalls Sonogramme. Beim **Impulsechoverfahren** werden Ultraschallimpulse auf das Werkstück übertragen, an der gegenüberliegenden Begrenzungsfläche reflektiert und vom inzwischen als Empfänger geschalteten Schwingquarz wieder aufgenommen. Tiefe und Größe des Fehlers lassen sich aus Lage und Form der „Echos" auf dem Bildschirm ermitteln.

Ultraschallreinigung, Reinigungsverfahren v. a. für kompliziert geformte Werkstücke, feinmechan. Aggregate u. a.: Die in einem ultraschallerregten Flüssigkeitsbad auftretenden hohen Beschleunigungskräfte, der Mechanismus der Kavitation u. a. bewirken eine hochgradige Reinigung der eingetauchten Werkstücke.

Ultraschallschweißen ↑Schweißverfahren.

Ultraschalltherapie, Anwendung von hochfrequentem Ultraschall mit Frequenzen von 300–1 000 kHz zu Heilzwecken. Die Ultraschallwellen werden über eine Membran unter Verwendung einer Kopplungsflüssigkeit (z. B. Öl) auf die Oberfläche des zu behandelnden Körperteils übertragen und bewirken in einer Tiefe von bis zu 7 cm eine Mikromassage und Wärmetherapie; Anwendung v. a. bei Nerven- und bei Gelenkentzündungen.

Ultraschallthermometer, ein Gerät zur Temperaturmessung im Bereich von 2–20 K; nutzt die Abhängigkeit der Schallge-

Ultraviolett

schwindigkeit von der Temperatur aus.
Ultraviolett, Abk. UV, unsichtbare elektromagnet. Wellen, die sich an das violette Ende des sichtbaren Spektrums anschließen. Ihre Wellenlängen liegen etwa zw. 400 nm ($= 4 \cdot 10^{-7}$ m) und 3 nm ($= 3 \cdot 10^{-9}$ m). Nach kürzeren Wellenlängen schließen sich an das UV die Röntgenstrahlen an. Für die UV-Strahlung gelten die gleichen Gesetzmäßigkeiten hinsichtl. Brechung, Reflexion, Beugung, Interferenz, Polarisation u. a., wie sie für das sichtbare Licht bekannt sind. Im Ggs. zu diesem werden sie allerdings von Glas und Luft im starken Maße absorbiert (verschluckt). Eine natürl. UV-Quelle ist die Sonne; künstl. UV-Strahler sind Wolframbandlampen mit Quarzfenster, Edelgaslampen, Quecksilberdampflampen und Wasserstofflampen sowie hocherhitzte Temperaturstrahler. Anwendung findet die UV-Strahlung v. a. in Leuchtstofflampen zur Erzeugung von Licht und bei der synthet. Erzeugung chem. Produkte. Wichtig sind die biolog. Wirkungen: Bei kleiner Dosierung werden Stoffwechsel, Atmung, Kreislauf, Blutbeschaffenheit, Drüsenfunktion und Allgemeinzustand des Menschen meist günstig beeinflußt (bei einigen Krankheiten wirkt sie sich jedoch schädl. aus) sowie eine Pigmentierung (Bräunung) der Haut bewirkt und durch Bildung von Vitamin D aus Ergosterin Rachitis verhütet. Eine Überdosierung kann zu Schädigungen des Organismus (starke Hautverbrennungen, Netzhautablösung) führen. Die zellzerstörende Wirkung der Strahlung auf Viren, Bakterien, Bakteriophagen wird vielseitig therapeut. sowie auch techn. zur Luftentkeimung und Sterilisation ausgenutzt.
Ultraviolettastronomie, modernes Teilgebiet der Astronomie, das (v. a. mit Hilfe von in Forschungssatelliten installierten Spezialteleskopen) die von kosm. Objekten kommende Ultraviolettstrahlung untersucht.
Ultraviolettmikroskop ↑ Mikroskop.
Uludağ [türk. u'luda:] (Mysischer Olymp), Bergmassiv (Nationalpark) sö. von Bursa, Türkei, höchster Gipfel 2 543 m; Wintersportgebiet, Seilbahn von Bursa aus.
Ulug-Beg, eigtl. Muhammad Taragay, * Soltanijje (Prov. Sandschan) 22. März 1394, † bei Samarkand 27. Okt. 1449, usbek. Astronom. - Enkel Timur-Lengs; ab 1447 Haupt der Timuridendynastie, U.-B. errichtete in Samarkand 1420 eine Hochschule und die damals am besten ausgerüstete Sternwarte (Überreste 1908 freigelegt); Hauptinstrument war ein gemauerter Sextant mit einem Radius von 40,4 m. Die dort erstellten astronom. Tafeln weisen eine im Abendland erst sehr viel später erreichte Genauigkeit auf.
Ulugh Muztagh, mit 7 723 m höchster Gipfel des Kunlun, China.
Ülüsü, Bülent, * Istanbul 1923, türk. Admiral und Politiker. - Verschiedene Posten bei der NATO; 1964 Konteradmiral, 1974 Admiral; 1977–80 Oberbefehlshaber der türk. Marine; danach als Botschafter in Italien vorgesehen; nach dem Militärputsch vom Sept. 1980 Min.präs. bis 1983.
Ulzera [lat.], Mrz. von Ulkus († Geschwür).
ulzerieren [lat.], geschwürig werden (z. B. von Haut- oder Schleimhautentzündungen).
Umbanda [afrikan.], Sammelbez. für eine Anzahl neuer Religionen Brasiliens mit synkretist. Götterglauben, in dem Gottheiten afrikan. Ursprungs mit kath. Heiligen, z. T. auch mit indian. Numina identifiziert werden. Der Schwerpunkt liegt stets in einer kult. Praxis, die durch ekstat. und spiritist. Momente gekennzeichnet ist sowie durch pflanzl. und tier. Opfer.
umbauter Raum, im Hochbau Bez. für den von Wänden, Decken u. a. eines Gebäudes umschlossenen Raum (in m^3).
Umbelliferae [lat.], svw. ↑ Doldengewächse.
Umber [lat.], svw. ↑ Umbra.
Umberfische (Adlerfische, Sciaenidae), Fam. bis etwa 3 m langer Barschfische mit über 150 Arten, v. a. in küstennahen Meeresregionen der trop. bis gemäßigten Zonen, selten in Süßgewässern; Körper seitl. zusammengedrückt, mit großem Kopf; vermögen durch sehr rasche Kontraktionen besonderer Muskeln krächzende bis trommelnde Laute zu erzeugen („Trommelfische"), wobei die Schwimmblase als Resonanzkörper dient. - Zu den U. gehören u. a. **Meerrabe** (Corvina nigra; etwa 40 cm lang, gelblichbraun bis schwarz) und **Ritterfische** (Equetus; bis 50 cm lang, braun bis schwarz, Rückenflosse auffallend verlängert, säbelartig).
Umberto ↑ Humbert.
Umbilicus [lat.], svw. Nabel († Nabelschnur).
Umbilicus urbis Romae [lat. „Nabel der Stadt Rom"] ↑ Nabel der Erde.
Umboi, Vulkaninsel im Bismarckarchipel, zu Papua-Neuguinea, rd. 800 km^2, bis 1 655 m ü. d. M., Hauptort Siassi.
Umbra [lat. „Schatten"], das dunkle Kerngebiet eines Sonnenflecks.
◆ (Umbrabraun, Sepiabraun, Erdbraun) durch Verwitterung von Eisen- und Manganerzlagern entstandenes, braunes Pigment, das 20–35 % Fe$_2$O$_3$, 7–15 % Mn$_2$O$_3$, 7–15 % Al$_2$O$_3$ und 20–30 % SiO$_2$ enthält; durch Glühen erhält man tief rotbraune *gebrannte Umbra*. Natürl. und gebrannte U. werden als Farbzusätze verwendet.
Umbralgläser ⓦ [lat./dt.], farbige Brillengläser, die im gesamten sichtbaren Spektralbereich die Helligkeit gleichmäßig herabsetzen und ultraviolette Strahlen absorbieren.
Umbrechen ↑ Umbruch.
Umbrer (lat. Umbri), altitalisches, zur osk.-umbr. Gruppe der italischen Sprache ge-

hörendes Volk; nach 1000 v. Chr. von N her nach Ober- und Mittelitalien eingewandert, siedelte schließl. im Gebiet östl. des oberen Tibertales im Apennin und bildete kleine Stadtstaaten, u. a. Sentinum (= Sassoferrato), Asisium (= Assisi), Spoletium (= Spoleto). Durch die Einrichtung röm. Kolonien und v. a. die Anlage der Via Flaminia wurden die U. rasch romanisiert.

Umbridae [lat.], svw. ↑ Hundsfische.

Umbriel [...bri-εl; hebr.], einer der fünf Uranusmonde; mittlere Entfernung vom Planeten 267 300 km, Umlaufszeit 4,144 Tage, Durchmesser rd. 400 km.

Umbrien (italien. Umbria), mittelitalien. Region und Gebirgslandschaft, 8 456 km², 816 900 E (1985), Hauptstadt Perugia. U. wird im W von der Toskana, im O von den Marken, im S von Latium begrenzt und reicht als einzige italien. Region nicht ans Meer. U. ist im wesentl. ein Agrargebiet, in dem Weideflächen und Getreidefluren der Bergrücken mit intensiveren Mischkulturen der Becken, Talungen und um den Trasimen. See abwechseln. In den größeren Städten sind einzelne Ind.zweige mit bed. Betrieben vertreten; Fremdenverkehr. - Das von den Umbrern bewohnte antike U. bildete zus. mit dem im 4./3. Jh. von Kelten besiedelten Küstengebiet des Ager Gallicus unter Augustus die 6. Region (**Umbria**), unter Kaiser Diokletian mit Etrurien vereinigt; Zerfall in der Völkerwanderungszeit; danach dominierte das langobard. Hzgt. Spoleto; einzelne Städte blieben zunächst unter byzantin. Herrschaft; seit dem Hoch-MA ständige Konflikte zw. den Autonomiebestrebungen der erstarkten Kommunen, dann Signorien, und kaiserl. wie päpstl. Herrschaftsansprüchen; 1549 fiel ganz U. an den Kirchenstaat; 1860 wurde es dem Kgr. Italien eingegliedert.

Umbrisch, zur osk.-umbr. Gruppe der italischen Sprachen gehörende Sprache der Umbrer, die v. a. durch die Iguvin. Tafeln bekannt ist; wurde bereits früh vom Lat. verdrängt. Die Schrift geht, wie die übrigen italischen Schriften, über ein etrusk. Bindeglied auf ein griech. Vorbild zurück.

Umbrischer Apennin, italien. Gebirgslandschaft des mittleren Apennins, vom oberen Metaurotal im N über 150 km bis zum Monte Terminillo im S reichend, im Monte Vettore 2 478 m ü. d. M.

Umbruch, in der *Landwirtschaft* das durch Pflugarbeit bewirkte Wenden (Umbrechen) der Ackerkrume bzw. der Wiesennarbe.
◆ (Umbrechen) im *graph. Gewerbe* Bez. für das (zeilengerechte) Zusammenstellen des [in einzelnen Spalten hergestellten] Schriftsatzes zu Buch-, Zeitungs- oder Zeitschriftenseiten, gegebenenfalls unter Einbeziehung der vorgesehenen Abbildungen.

Umdruckverfahren, Verfahren zur Übertragung von Druckvorlagen (z. B. vom Originallithographiestein) auf eine für den Auflagendruck verwendete Flachdruckform.
◆ Vervielfältigungsverfahren, bei dem das Original über ein Spezialkohlepapier auf ein Druckpapier seitenverkehrt übertragen wird; durch Alkoholbefeuchtung ist eine beschränkte Anzahl von Abzügen möglich.

Umeå [schwed. ˌuːmɔː], schwed. Stadt am Umeälv, 84 200 E. Hauptstadt des Verw.-Geb. Västerbotten, Univ. (gegr. 1963), Lehrerhochschule, Hochschule für Sozialarbeit und öffentl. Verwaltung; Museum, Oper; Garnison. Papier- und Zellstoffabriken, Elektroind. und Lkw.karosseriebau. Fährverbindung mit Vaasa in Finnland. - 1588 gegr.; erhielt 1622 Stadtrecht.

Umeälv [schwed. ˌuːmə 'εlv], Fluß in N-Schweden, entspringt in Norwegen, mündet 15 km sö. von Umeå in den Bottn. Meerbusen, 460 km lang; mehrere Kraftwerke.

Umfang, die Länge der Begrenzungslinie[n] einer Fläche; z. B. der Kreisumfang ($2 r \pi$).

Umfeld, der Rand des Wahrnehmungsfeldes, der nicht mit voller Aufmerksamkeit wahrgenommen wird. Der Gegenbegriff für die Mitte des Wahrnehmungsfeldes ist *Infeld*.

Umformer, elektr. Maschinen und Maschinensätze, mit deren Hilfe elektr. Energie einer Form in eine andere (z. B. andere Spannung oder Frequenz) umgeformt wird, z. B. Transformatoren, Einankerumformer, Frequenzumformer und Motorgeneratoren.

Umfrageforschung (Demoskopie), Verfahren der empir. Sozialwiss.; beobachtet durch Interviews (Umfrage) und statist. Auswertung die Meinungsverteilung in der Gesellschaft. - ↑ Meinungsforschung.

umfunktionieren, Bez. für die (angestrebte) Veränderung einer als gegen eigene Interessen gerichtet oder sinnentleert empfundenen Einrichtung, Institution, Tradition, die einen neuen Sinn erhalten sollte; in den 1960er Jahren durch die Studentenbewegung aufgekommen.

Umgangssprache, nicht einheitl. verwendeter Begriff, der einerseits die Sprachform bezeichnet, die ein Sprachteilhaber in der tägl. mündl. Kommunikation verwendet, andererseits die Existenzform der Sprache, die zw. den Mundarten und der überregionalen Standardsprache steht, die sich zwar in den Grundstrukturen nach den Normen der Hochsprache richtet, diese aber nur locker anwendet. Die sprachl. Merkmale der U. sind nicht als feste Normen zu verstehen und gelten z. T. für jede Form gesprochener Sprache: kurze Sätze, Neigung zu Nebenordnung, Verkürzung, aber auch Ausdehnung der Rede zur Überbrückung u. a.; typ. für die U. ist v. a. ihr Reichtum an festen bildhaften Ausdrücken und Wendungen.

Umgangsverbot, an ein minderjähriges Kind gerichtetes Verbot der Eltern oder des

Umgebung

Vormunds, Kontakte mit bestimmten Personen zu unterhalten. Die Befugnis zu einem U. ergibt sich aus dem Recht zur Personensorge. Gegenüber Dritten kann das U. auch gerichtlich durchgesetzt werden.

Umgebung, grundlegender Begriff in der Mathematik: Unter der U. eines Punktes x_0 eines [euklid.] Raumes versteht man jede offene Menge aus Punkten dieses Raumes, die x_0 enthält.

Umgeld ↑ Biersteuer.

U̲miak [eskimoisch], offenes Boot (fellbespanntes Holzgerüst) verschiedener Eskimostämme.

umkehrbar ↑ reversibel.

Umkehrentwicklung, svw. ↑ Umkehrprozeß.

Umkehrfilm, photograph. Filmmaterial, das im Umkehrprozeß zu einem Diapositiv entwickelt wird.

Umkehrfunktion (inverse Funktion), die einer gegebenen (umkehrbaren) Funktion f mit der Funktionsgleichung $y = f(x)$ zugeordnete Funktion f^{-1}, deren Funktionsgleichung $y = f^{-1}(x)$ sich nach Auflösen der beim Vertauschen von x und y erhaltenen Gleichung $x = f(y)$ nach y ergibt.

Umkehrprisma ↑ Reflexionsprisma.

Umkehrprozeß (Umkehrentwicklung), zur Bildumkehr (Umwandlung des Negativs in ein Positiv) führender Entwicklungsprozeß, der sich in folgenden Schritten vollzieht: Das belichtete [Umkehr]material wird im [silberhalogenidlösenden] Entwickler kräftig entwickelt, das entstandene Silberbild ausgebleicht, die Schicht geklärt und das nicht belichtete und unentwickelt gebliebene restl. Silberhalogenid (das beim Negativ-Positiv-Verfahren durch die Fixage entfernt wird) einer diffusen Belichtung unterworfen; das dadurch entstehende Restbild wird in einem zweiten Entwicklungsgang zum Positiv.

Umkehrschluß ↑ Argumentum e contrario.

Umkehrung, in der Musik das Vertauschen von Tönen und Stimmverläufen in der Vertikalen. Ein ↑ Intervall wird umgekehrt, indem ein Ton in die obere oder untere Oktave versetzt wird; dabei wird die Sekunde zur Septime (1), die Terz zur Sexte (2), die Quarte zur Quinte (3) usw. Bei der U. von Akkorden wird ein anderer Ton als der Grundton zum Baßton. Die U. des Dur- bzw. Molldreiklangs (4) sind der Sextakkord (5) und der Quartsextakkord (6); die U. des Septimenakkords (7) sind der Quintsextakkord (8), der Terzquartakkord (9) und der Sekundakkord (10). Harmon. Funktion von U. und Grundstellung sind identisch. - Bei der U. von Motiven, Themen oder Melodien (auch als Gegenbewegung, Inversion bezeichnet) werden die Intervallschritte (intervall- oder nur richtungstreu) in die jeweils entgegengesetzte Richtung geführt. Die U. in der Horizontalen nennt man ↑ Krebs; er kann seinerseits vertikal umgekehrt werden. Bei rhythm. Gestalten sind U. und Krebs identisch.

Umkehrverfahren, photograph. Verfahren, das durch den ↑ Umkehrprozeß bei der Entwicklung zu einem [Dia]positiv anstelle des Negativs führt; wichtiges Verfahren z. B. der Farbphotographie.

Umkreis, ein Kreis, der durch alle Ecken eines Vielecks geht.

Umkristallisation, Neubildung von Mineralen bei der ↑ Diagenese und ↑ Metamorphose.

Umlagerung (Umlagerungsreaktion), chem. Reaktion, bei der durch Neuknüpfen kovalenter Bindungen eine Umordnung im Molekül stattfindet, ohne daß Atome aufgenommen oder abgespalten werden; durch die U. entstehen isomere Moleküle.

Umlageverfahren, Verfahren zur Verteilung von Aufwendungen und zur Erhebung finanzieller Mittel aus einem bestimmten Personenkreis. Das U. findet Anwendung: 1. in der Individualversicherung bei Versicherungsvereinen auf Gegenseitigkeit; 2. in der Sozialversicherung bei der Umlage der an die Versicherten gezahlten Leistungen auf die Sozialversicherungspflichtigen in der Weise, daß die Einnahmen eines bestimmten Zeitabschnittes die Ausgaben decken (Ausgabendeckungsverfahren); 3. bei Genossenschaften, um die die einzelnen Geschäftsanteile übersteigenden Nachschüsse auf die Mgl. zu verteilen; 4. bei der Durchführung von Projekten, die im öffentl. Interesse stehen (z. B. Erschließungsvorhaben), indem die Gemeinden die anfallenden Aufwendungen auf die davon betroffenen Personengruppen verteilen.

Umland, das eine Stadt umgebende, wirtsch. und kulturell überwiegend auf sie ausgerichtete Gebiet.

Umlaufberg, isolierte Bodenerhebung in einem Tal, entstanden durch Abschnürung einer ehem. Talmäanderschlinge des Flusses. Er ist nur einseitig vom Fluß begrenzt, während die anderen Seiten von dem (meist) trockenen Tal des urspr. Flußlaufes begrenzt werden.

Umlaufblende ↑ Filmkamera.

Umlaufgeschwindigkeit, die Bahngeschwindigkeit eines Körpers (bzw. Massenpunktes) bei einer Drehbewegung.

Umschuldung

Umlaufvermögen (Betriebskapital), unter den Aktiva ausgewiesene Vermögensteile, die nur kurzfristig (im Ggs. zum Anlagevermögen) im Unternehmen verbleiben, z. B. Vorräte, Forderungen, liquide Mittel, geleistete Anzahlungen, eigene Aktien u. a. Die im U. enthaltenen Mindestvorräte stellen jedoch Anlagevermögen dar.

Umlaufzahl, svw. Drehzahl.

Umlaufzeit, die Zeit, die ein Körper benötigt, um eine geschlossene Bahnkurve einmal vollständig zu durchlaufen; speziell die Zeit, die ein Himmelskörper benötigt, um einen zweiten zu umkreisen. Je nach Bezugspunkt unterscheidet man zw. *sider. U.* (in bezug auf die Fixsterne) und *synod. U.* (in bezug auf die Richtung Sonne–Erde).

Umlaut, Veränderung eines Vokals infolge des Einflusses des Vokals (oder eines Halbvokals) der Folgesilbe, also durch eine (partielle) Fernassimilation (↑Assimilation); bes. sind zu unterscheiden eine Palatalisierung (i-Umlaut) velarer Vokale *(a, o, u)* durch (urspr.) folgendes *i, j* zu den „Umlauten" *ä, ö, ü* (dt. *alt: älter*) und eine Tonhöhensenkung von *i, u* (a-Umlaut) durch folgendes *a* zu *e, o* (dt. *Joch,* ahd. *joh* aus urgerman. [erschlossen] *jukan).* Im Dt. spielt der U. eine große Rolle in der Flexion und in der Wortbildung.

Umlegung, svw. ↑Flurbereinigung.

Umlenkprisma ↑Reflexionsprisma.

Umluft, in der Klimatechnik Bez. für jenen Teil der Klimatisierung eines Raumes oder Gebäudes dienenden Luft, der aus dem Raum bzw. Gebäude abgesaugt, aufbereitet und, mit Außenluft gemischt, erneut dem Raum bzw. einem Gebäudeteil zugeführt wird.

Umma [arab. „Volk, Gemeinschaft"], die Religionsgemeinschaft des Islams; im Koran wird jedes Volk, dem Gott einen Propheten sandte, als U. bezeichnet; heute dient U. auch als Bez. für „Nation" allgemein.

Umm Al Kaiwain, Scheichtum der ↑Vereinigten Arabischen Emirate.

Umm Kasr ↑Basra.

Umnak Island [engl. 'u:mnæk 'ailənd], westlichste Insel der Fox Islands der Aleuten, USA, 134 km lang, 3–10 km breit, bis 2 109 m hoch.

umoristico [italien.], musikal. Vortragsbez.: heiter, lustig, humorvoll.

Umru Al Kais (Amrilkais, Amru Al Kais, Imru Al Kais), † Ankara um 540 n. Chr., altarab. Dichter. - Bedeutendster arab. Dichter der vorislam. Zeit.

Umsatz, Wert der abgesetzten Erzeugnisse und/oder erbrachten Leistungen. Der U. ist eine der wesentl. betriebl. Kennzahlen und von Bedeutung zur Ermittlung der Wirtschaftlichkeit, der Rentabilität und der Umschlagshäufigkeit. Der U. wird auch als Merkmal der Betriebsgröße sowie zur Festlegung der Buchführungspflicht herangezogen.

◆ (Stoff-U.) in der *Chemie* Bez. für den Quotienten aus der Menge Substanz, die reagiert hat, zur urspr. eingesetzten Substanzmenge.

Umsatzgeschwindigkeit, svw. ↑Umschlagshäufigkeit.

Umsatzrentabilität, das in Prozent ausgedrückte Verhältnis von Gewinn vor Steuern zum Umsatz. Die Ermittlung der U. dient v. a. der Aktienanalyse.

Umsatzsteuer, Steuer auf Lieferungen und sonstige Leistungen, die ein Unternehmer im Inland gegen Entgelt im Rahmen seines Unternehmens ausführt, auf den Eigenverbrauch und auf die Einfuhr von Gegenständen in das Zollgebiet (**Einfuhrumsatzsteuer**). Rechtsgrundlage ist das Umsatzsteuergesetz (UStG), das am 1. 1. 1968 in Kraft trat und die alte Bruttoumsatzsteuer durch eine Nettoumsatzsteuer (**Mehrwertsteuer**) ersetzte, i. d. F. vom 16. 11. 1973. Der Ermittlung der Steuerschuld liegt zunächst auf jeder Stufe der Bruttoumsatz zugrunde. Durch den ↑Vorsteuerabzug wird erreicht, daß tatsächlich aber nicht mehr der Brutto-, sondern der Nettoumsatz jeder Stufe besteuert wird, ohne daß der Mehrwert selbst ermittelt werden muß. - Die Einnahmen aus der U. betrugen 1988 67 661 Mill. DM. Steuerträger ist letztlich der Endverbraucher.

Umschichtung, durch soziale Mobilitätsvorgänge hervorgerufene Veränderung des Status- und Positionengefüges einer Gesellschaft. - ↑auch Mobilität.

Umschlag (Wickel, Packung, Kompresse), in der *Medizin* die Umhüllung eines Körperteils oder des ganzen Körpers mit heißen oder kalten, feuchten oder trockenen Tüchern, im Bedarfsfall mit medikamentösen Zusätzen *(Fomentation),* zur direkten Einwirkung auf die Haut oder zur indirekten Beeinflussung tieferer Gewebsschichten und Organe.

umschlagen (umkippen), vom *Wein* gesagt, der trüb wird, Aroma und Säure verliert (bei Überalterung oder Fehlerhaftigkeit des Weins).

Umschlagshäufigkeit (Umsatzgeschwindigkeit, Umschlagsgeschwindigkeit), Kenn- und Meßzahl, die zeigt, wie oft in einer Zeiteinheit ein durchschnittl. Mengen- oder Wertbetrag umgesetzt wird. V. a. im Handel eine der wichtigsten Kennzahlen, insbes. die U. des Lagers.

Umschluß, im Ggs. zu der nach der StPO für Untersuchungsgefangene vorgesehenen Einzelhaft kann der Ermittlungsrichter den Zusammenschluß (gegenseitigen Besuch) mit einigen oder mehreren Mitbeschuldigten (meist für einige Stunden) gestatten. Im Strafvollzug bildet der U. die Ausnahme.

Umschrift ↑Legende (Numismatik).

Umschuldung, die Umwandlung von Schulden, insbes. die Ablösung von Krediten durch neue Kredite. Eine U. erfolgt v. a. dann,

333

Umschulung

wenn dadurch günstigere Konditionen für den Schuldner erreicht werden können.
Umschulung, Bez. für den Schulwechsel bei Wohnungswechsel oder für den Übergang in eine andere Schulart.
◆ (berufl. U.) die Gesamtheit der Maßnahmen, die das Ziel haben, den Übergang in eine andere berufl. Tätigkeit zu ermöglichen (§ 45 Arbeitsförderungsgesetz).
Umsetzer, allg. in der Nachrichtentechnik eine Vorrichtung, die Systeme mit unterschiedl. schaltungstechn. Eigenschaften so aufeinander abstimmt, daß eine Übertragung möglich wird; insbes. die verschiedenen Arten der ↑Frequenzumsetzer.
Umsiedlung, die Veränderung des Wohnsitzes von Personen- oder Volksgruppen durch staatl. Förderung oder auf Grund völkerrechtl. Verträge. Bei zwangsweiser U. über die Grenzen eines Staatsgebietes hinweg spricht man von ↑Vertreibung. U. haben in der Vergangenheit häufig dem nationalstaatl. Ziel einer ethn. einheitl. Bevölkerung gedient (z.B. Bevölkerungsaustausch zw. der Türkei und Griechenland nach dem 1. Weltkrieg; U.aktionen dt. Volksgruppen während des 2. Weltkrieges). Völkerrechtl. vereinbarte U. sind häufig mit einem Optionsrecht (↑Option) verbunden.
Umspanner, svw. ↑Transformator.
Umspannstation, svw. Transformatorenstation.
Umstandsangabe (Umstandsbestimmung), svw. ↑Adverbiale.
Umstandssatz, svw. ↑Adverbialsatz.
Umstandswort ↑Adverb.
Umsteuerung, Vorrichtung an Antriebsmaschinen zur direkten Umkehrung ihrer Drehrichtung, z.B. die ↑Kulissensteuerung bei Kolbendampfmaschinen; auch Bez. für die Umkehrung der Drehrichtung selbst. Bei Verbrennungs- und Strömungskraftmaschinen wird ein Wendegetriebe verwendet, bei größeren Schiffen eine zusätzl. Rückwärtsturbine.
Umstimmungstherapie, unspezif. Reiztherapie zur Änderung der vegetativen und psych. Reaktionslage. Jede klimat. und viele pharmakolog., diätet. oder psychotherapeut. Einwirkungen können im Sinne einer U. wirksam sein.
Umsturz, gewaltsame Ablösung führender Repräsentanten einer polit. Ordnung, häufig mit dem Ziel einer Änderung des Systems (↑Revolution).
Umtali (heute offiziell Mutare), Prov.hauptstadt in Simbabwe, an der Grenze gegen Moçambique, 1080 m ü.d.M., 70 000 E. Kath. Bischofssitz; Regionalmuseum, Automobil- und Fahrradmontage, Maschinenbau, Nahrungsmittel-, Textil- und holzverarbeitende Industrie.
Umtata, Hauptstadt der Transkei, 175 km nö. von East London, 699 m ü.d.M., 50 000 E. Sitz eines anglikan. und eines kath. Bischofs; Fleischwarenfabrik; Eisenbahnendpunkt, ✠.
Umtausch, von der Kulanz des Verkäufers oder seinen allg. Geschäftsbedingungen bzw. dem Bestehen eines entsprechenden Handelsbrauchs abhängige Rückgabe von gekauften Waren gegen Gutschrift des Rechnungsbetrags oder gegen Bezug anderer Waren; der Beweggrund für den Käufer ist im allg. [nachträgl.] Nichtgefallen an der gekauften Ware. Vom U. zu trennen ist die auf gesetzl. Haftung des Verkäufers beruhende Rückgabe der Kaufsache wegen ihr anhaftender *Mängel.* Hier muß der Käufer sich nicht mit einer Gutschrift begnügen, sondern kann Rückerstattung des Kaufpreises verlangen.
Umtrieb (Umtriebszeit), in der *Forstwirtschaft* die Zeitspanne vom Pflanzen bis zum Ernten eines Bestandes bzw. bis zum Abholzen des Unterholzes im Mittelwald. Der U. richtet sich v.a. nach dem Standort und dem natürl. erreichbaren Lebensalter der jeweiligen Baumart (*physiolog. U.zeit*) und beträgt z.B. bei der Pappel 40–60, bei Fichte und Tanne 80–100, bei Buche, Ahorn, Lärche und Kiefer 120–140, bei der Esche 160–180, bei der Eiche 180–300 Jahre.
U-Musik, Kurzbez. für ↑Unterhaltungsmusik.
Umwälzpumpe, eine Pumpe, die eine Flüssigkeit in einem geschlossenen System fördert (Zwangsumlauf), z.B. in Heizanlagen.
Umwandlung, im *Handelsrecht* die Veränderung der Unternehmensform entweder als *formwechselnde U.* durch bloße Annahme einer anderen Rechtsform, so daß keine Vermögensübertragung stattfindet, oder als *übertragende U.* durch Übertragung des Vermögens auf ein anderes Unternehmen als Gesamtrechtsnachfolger.
◆ (U. von Strafen) in den *Gnadenordnungen* der Bundesländer vorgesehene Möglichkeit, eine an sich verhängte Freiheitsstrafe durch Gnadenentscheid zugunsten der Verurteilten in eine Geldstrafe umzuwandeln.
Umwandlungsbilanz, bei der Umwandlung eines Unternehmens aufzustellende Sonderbilanz zur Ermittlung des Einbringungswerts.
Umwelt, im engeren biolog. Sinn (*physiolog. U.*) die spezif., lebenswichtige Umgebung einer Tierart, die als *Merkwelt* (Gesamtheit ihrer Merkmale) wahrgenommen wird und als *Wirkwelt* (Gesamtheit ihrer Wirkungen) das Verhalten der Artvertreter bestimmt (↑Funktionskreise). Als einziges Wesen (und alleinige Art) ist der Mensch nicht an eine spezif. Natur-U. gebunden; er ist daher „weltoffen" (M. ↑Scheler). Im weiteren, kulturell-zivilisator. Sinn (*Zivilisations-U., Kultur-U.*) versteht man unter U. auch den von Menschen existentiell an seine Lebensbedürfnisse angepaßten und v.a. durch Technik und

334

Umweltschutz

wirtsch. Unternehmungen künstl. veränderten Lebensraum, wodurch eine Art künstl. Ökosystem geschaffen wurde (mit den heute zu einer Krisensituation angewachsenen lebensbedrohenden Gefahren).

Umweltbelastung, die negative (belastende) Beeinflussung und Veränderung der natürl. Umwelt durch physikal., chem. und techn. Eingriffe. Verunreinigungen (z. B. durch Staub, Mikroorganismen, Chemikalien, Strahlen) können zur Umweltverschmutzung führen, wenn sie über die natürl. Regenerationskraft der verschmutzten Medien hinausgehen.

Umweltbundesamt ↑ Bundesämter (Übersicht).

Umweltfaktoren, die biot. und abiot. Gegebenheiten und Kräfte, die als mehr oder minder komplexe Erscheinung die Umwelt eines Lebewesens bilden und auf dieses einwirken. Zu den biot. U. zählen Pflanzen, Tiere und Menschen sowie deren biolog. Lebensäußerungen und Beziehungen zueinander. Zu den abiot. Faktoren gehören: als *natürl. U.* v. a. Boden, Wasser, Luft, Klima, Erdmagnetismus und Schwerkraft, als *künstl. U.* alle vom Menschen gestalteten oder produzierten dingl. Gegebenheiten und Energien, z. B. Äkker, Weiden, Häuser, Fabrikanlagen, Abwärme, künstl. Licht, Abfälle usw. U. sind die Ursache für die Entstehung von ↑ Modifikationen unter den Lebewesen.

Umweltforschung, im biolog. Sinne svw. ↑ Ökologie; im soziolog. Sinne die Untersuchung und Erforschung der durch die Tätigkeit des Menschen auftretenden Veränderungen seiner Umwelt und der komplexen Wechselwirkungen zw. dieser künstl. Umwelt und dem natürl. Ökosystem. Die Ergebnisse der U. finden ihre prakt. Anwendung in Maßnahmen zur Erhaltung unserer Lebensgrundlagen (↑ Umweltschutz). An der interdisziplinären U. sind v. a. die Naturwiss., Medizin, Psychologie und Soziologie, ferner Technologie und Wirtschaftswiss. beteiligt. Die *Environtologie* versucht v. a. festzustellen, welche Veränderungen in der Umwelt durch den wiss.-techn. Fortschritt zu erwarten sind und wie diese Veränderungen auf den Menschen zurückwirken könnten.

Umweltschutz, die auf Umweltforschung und Umweltrecht basierende Gesamtheit der Maßnahmen (und Bestrebungen), die dazu dienen, die natürl. Lebensgrundlagen von Pflanze, Tier und Mensch zu erhalten bzw. ein gestörtes ökolog. Gleichgewicht wieder auszugleichen; i. e. S. der Schutz vor negativen Auswirkungen, die von der ökonom. Tätigkeit des Menschen, seinen techn. Einrichtungen und sonstigen zivilisator. Gegebenheiten ausgehen, wobei die Umweltvorsorge (d. h. Maßnahmen und Techniken, die Schäden gar nicht erst aufkommen lassen) effektiver und billiger ist als nachträgl. Maßnahmen des techn. U. (↑ auch Landespflege). Der U. geht damit über den bloßen ↑ Naturschutz und Maßnahmen zur Vermeidung oder Beseitigung von Zerstörungen durch Naturgewalten hinaus. Zum U. gehören nicht nur die Verhinderung fortschreitender Verkarstung, Versteppung und Verwüstung (z. B. durch Grundwasserabsenkung oder Überweidung) oder der Schutz des Bodens vor ↑ Erosion und ↑ Deflation, sondern v. a. die Maßnahmen z. B. zur Bewahrung von Boden und Wasser (↑ Wasserrecht) vor Verunreinigung durch chem. Fremdstoffe (↑ auch saurer Regen), durch ↑ Abwasser (Abwasserbeseitigung, Abwasserreinigung), durch Auslaugung abgelagerter Stoffe auf Deponien (↑ auch Müll) und durch Erdöl (↑ auch Ölpest, ↑ Meeresverschmutzung). Zum U. gehören ferner Vorschriften und Auflagen z. B. zur Erreichung größerer Umweltverträglichkeit von Wasch- und Reinigungsmitteln, zum Transport und zur grundwassergefährl. Lagerung von Erdöl und Kraftstoffen sowie zur Rekultivierung ausgebeuteter Rohstofflagerstätten; dabei können auch Rechte aus Grundeigentum eingeschränkt werden. Ein engmaschiges Netz von Rechtsvorschriften und Auflagen dient auch dem Schutz der Bevölkerung und der Umwelt vor ihrer etwaigen Gefährdung durch Pflanzenschutzmittel (↑ auch Schädlingsbekämpfung) und Tierseuchen. Der Verunreinigung der Luft und Rauchschäden durch Emissionen (v. a. von Industriebetrieben und Kfz. und aus dem Wohnbereich) wird durch den ↑ Immissionsschutz entgegengewirkt. In vielen Fällen, z. B. bei der Einhaltung der Vorschriften zur ↑ Luftreinhaltung und zur Lärmbekämpfung (↑ Lärmschutz) sind die Polizeibehörden eingeschaltet. Eine bes. Aktualität hat der ↑ Strahlenschutz im Hinblick auf die Standortwahl von Kernkraftwerken und die Lagerung von ↑ radioaktivem Abfall gewonnen. Eine bed. Rolle spielt die Wiedergewinnung von Abfallstoffen (↑ Recycling) und Abwärme. Zu einem wirksamen U. gehört schließl. die Aufklärung der Bevölkerung (Entwicklung des Umweltbewußtseins) und deren Mitwirkung. Teilaspekte des U. sind in zahlr. Gesetzen, Rechtsverordnungen und Verwaltungsvorschriften des Bundes und der Länder geregelt. Dazu gehören vor allem das Atomgesetz vom 23. 12. 1959, das Abfallbeseitigungsgesetz, das DDT-Gesetz vom 7. 8. 1972, das Bundes-Immissionsschutzgesetz vom 15. 3. 1974 sowie die Immissionsschutzgesetze der Länder, das Wasserhaushaltsgesetz vom 26. 4. 1976 sowie die Wassergesetze der Länder, das Abwasserabgabengesetz vom 13. 9. 1976, das Waschmittelgesetz vom 20. 8. 1975, das Bundesnaturschutzgesetz vom 12. 12. 1976 sowie die Naturschutz-, Landschaftspflege- und Denkmalschutzgesetze der Länder; einzelne Vorschriften, die dem U. zu dienen bestimmt

UN

sind, enthalten ferner (u. a.) das Bundesjagdgesetz und die Jagdgesetze der Länder, das Bundesfernstraßengesetz und die Straßengesetze der Länder, das Städtebauförderungsgesetz, das Bundeswaldgesetz vom 2. 5. 1975 sowie die Waldgesetze der Länder. Durch das Gesetz zur Bekämpfung der Umweltkriminalität vom 28. 3. 1980 werden schwerwiegende Schädigungen und Gefährdungen der Umwelt mit umfassenden strafrechtl. Sanktionen bedroht (im Höchstfall Freiheitsstrafe bis zu 10 Jahren). Neue Straftatbestände des U. sind: 1. Freisetzen ionisierender Strahlen unter Verletzung verwaltungsrechtl. Pflichten (§ 311 d StGB); 2. fehlerhafte Herstellung einer kerntechnischen Anlage (§ 311 e StGB); 3. Verunreinigung eines Gewässers (§ 324 StGB); 4. Luftverunreinigung und Lärm (§ 325 StGB); 5. umweltgefährdende Abfallbeseitigung (§ 326 StGB); 6. unerlaubtes Betreiben von Anlagen (§ 327 StGB); 7. unerlaubter Umgang mit Kernbrennstoffen (§ 328 StGB); 8. Gefährdung schutzbedürftiger Gebiete (§ 329 StGB); 9. schwere Umweltgefährdung (§ 330 StGB; lückenfüllender Tatbestand); 10. schwere Gefährdung durch Freisetzen von Giften (§ 330 a StGB).

Geplante und bewußte **Umweltpolitik** erfolgt erst seit dem Beginn der 1970er Jahre. Während in der Bundesregierung zunächst v. a. das Bundesministerium des Innern für den U. zuständig war, wurde im Juni 1986 in eigenes Bundesministerium für Umwelt, Naturschutz und Reaktorsicherheit eingerichtet. Auch bei den Ländern bestehen z. T. eigene Umweltministerien, z. T. liegt die Zuständigkeit für den U. bei den Landw.ministerien. Internat. Bemühungen um den U. verfolgen u. a. die UN sowie die EG.

Infolge der Mangel- und Lückenhaftigkeit der Umweltpolitik staatl. Stellen sowie der etablierten Parteien in der BR Deutschland entstanden seit der 2. Hälfte der 1970er Jahre aus Bürgerinitiativen, deren Auftreten und Forderungen einer der Anstöße zur Einrichtung staatl. U.programme war, Wählervereinigungen (I auch grüne Listen), schließl. die Partei der ↑ Grünen. Internat. Aufsehen erregt die 1971 in Kanada gegründete Umweltorganisation „Greenpeace", die mit ihren Aktionen z. B. eine weitere Verseuchung der Ozeane durch radioaktiven und chem. Müll verhindern will.

📖 *Daten zur Umwelt 1988/89.* Hg. v. Umweltbundesamt. Bln. 1989. - *Michelsen, G./Siebert, H.: Ökologie lernen.* Ffm. ³1986. - *Rest, A.: Luftverschmutzung u. Haftung in Europa.* Kehl 1986. - *Kloepfer, M.: U. Textsammlung des Umweltrechts der BR Deutschland. Stand 1985.* Mchn. 1985. - *Der Fischer-Öko-Almanach.* Hg. v. G. *Michelsen u. a.* Ffm. 1990/91. - *Ahlhaus, O., u. a.: Taschenlex. U.* Düss. ⁸1984. - *Koch, E. R.: U. zu Hause.* Mchn. 1984. - *Koch, E. R./Vahrenholt, F.: Die Lage der Nation.*

Hamb. 1983. - Knodel, H./Kull, U.: Ökologie u. U. Stg. ³1987. *- Wie funktioniert das? Die Umwelt des Menschen.* Hg. v. K.-H. Ahlheim. Mannheim ³1989. - *Baum, F.: Praxis des U.* Mchn. 1979.

UN [uːˈɛn, engl. ˈjuːˈɛn], Abk. für engl.: United Nations (UNO, Abk. für engl.: United Nations Organization; ONU, Abk. für frz.: Organisation des Nations Unies), die Organisationen der Vereinten Nationen (seltene dt. Abk.: VN), Vereinigung von Staaten zur Sicherung des Weltfriedens und zur Förderung friedl. zwischenstaatl. Beziehungen und internat. Zusammenarbeit. Nicht-Mgl. der UN sind u. a. Nord-Korea, Süd-Korea, die Schweiz und Taiwan (1971 ausgeschlossen). Die UN wurden 1945 als Nachfolgeorganisation des Völkerbundes gegründet. Der Sitz des ständigen Hauptquartiers ist New York; in Genf befindet sich das europ. Amt der UN. Die zu den UN gehörenden zahlr. Unter- und Sonderorganisationen haben ihren Sitz an verschiedenen Orten. Am 1. April 1990 hatten die UN 160 Mgl.

Organisation: Organe der UN sind die Generalversammlung, der [Welt]sicherheitsrat, der Wirtschafts- und Sozialrat, der Treuhandrat, der Internat. Gerichtshof und das Sekretariat.

In der *Generalversammlung* (Vollversammlung) treten sämtl. Mgl. der UN mindestens einmal im Jahr zusammen. Jedes Land hat dabei eine Delegation von höchstens 5 Mgl., aber nur eine Stimme. Die Generalversammlung kann über alle Gegenstände beraten, die durch die Charta erfaßt werden, und über alle Fragen verhandeln, die Zuständigkeit und Funktionen anderer Organe der UN betreffen. Sie kann auch jede Angelegenheit im

Generalsekretäre der UN:	
Trygve Halvdan Lie (Norwegen)	1946–52
Dag Hammarskjöld (Schweden)	1953–61
Sithu U Thant (Birma)	1961–71
Kurt Waldheim (Österreich)	1972–81
Javier Pérez de Cuellar (Peru)	seit 1982

Bereich der Zuständigkeit des Sicherheitsrates erörtern, die die internat. Sicherheit oder die Aufrechterhaltung des Friedens betrifft. Abstimmungen in „wichtigen Fragen" (z. B. Empfehlungen zur Aufrechterhaltung von Frieden und Sicherheit, die Wahl der nichtständigen Mgl. des Sicherheitsrates, die Aufnahme oder der Ausschluß von Mgl.) bedürfen der Zweidrittelmehrheit der Anwesenden; in anderen Fragen genügt einfache Mehrheit. Beschlüsse, die nach außen gerichtet sind, haben den Charakter von „Empfehlungen", d. h., sie können Empfänger (z. B. Südafrika in der Frage der Apartheid) nicht binden. Die Wirkung der Beschlüsse hängt daher v. a. von

UN

UN-SONDERORGANISATIONEN UND -UNTERORGANISATIONEN (Stand: 1990)

Abk.	Name englisch (deutsch)	Sitz	Gründungsjahr	Zahl der Mitglieder
UN-Sonderorganisationen				
FAO	Food and Agriculture Organization of the United Nations (Ernährungs- und Landwirtschaftsorganisation)	Rom	1945	158
GATT	General Agreement on Tariffs and Trade (Allgemeines Zoll- und Handelsabkommen)	Genf	1948	96
IAEA	International Atomic Energy Agency (Internat. Atomenergie-Organisation)	Wien	1956	113
IBRD	International Bank for Reconstruction and Development (Worldbank; Internat. Bank für Wiederaufbau und Entwicklung; Weltbank)	Washington	1944	151
IDA	International Development Association (Internat. Entwicklungs-Organisation)	Washington	1960	137
IFAD	International Fund for Agricultural Development (Internat. Fond für landw. Entwicklung)	Rom	1976	143
IFC	International Finance Corporation (Internat. Finanz-Corporation)	Washington	1956/57	133
ICAO	International Civil Aviation Organization (Internat. Zivilluftfahrtorganisation)	Montreal	1944	159
ILO	International Labour Organization (Internat. Arbeitsorganisation)	Genf	1919	150
IMF	International Monetary Fund (Internat. Währungsfonds)	Washington	1944	151
IMO	International Maritime Organization (Internat. Seeschiffahrts-Organisation)	London	1948	132
ITU	International Telecommunication Union (Internat. Fernmelde-Union)	Genf (1932)	1947	164
UNESCO	United Nations Educational, Scientific, and Cultural Organization (Organisation der UN für Erziehung, Wissenschaft und Kultur)	Paris	1945	158
UNIDO	United Nations Industrial Development Organization (Organisation der UN für industrielle Entwicklung)	Wien	1967/86	152
UPU	Universal Postal Union (Weltpostverein)	Bern (1874)	1948	169
WHO	World Health Organization (Weltgesundheitsorganisation)	Genf	1946	166
WIPO	World Intellectual Property Organization (Weltorganisation für geistiges Eigentum)	Genf	1967	121
WMO	World Meteorological Organization (Weltorganisation für Meteorologie)	Genf	1947	160
UN-Unterorganisationen[1]				
UNCTAD	UN Conference on Trade and Development (Konferenz der UN für Handel und Entwicklung; Welthandelskonferenz)	Genf	1964	168
UNCHS	UN Centre for Human Settlements (Zentrum der UN für Siedlungsfragen)	Nairobi	1978	58
UNDP	UN Development Programme (Entwicklungsprogramm der UN)	New York	1965	
UNEP	UN Environment Programme (Umweltprogramm der UN)	Nairobi	1972	
UNHCR	United Nations High Commissioner for Refugees (Hoher Flüchtlingskommissar der UN)	Genf	1950/51	
UNICEF	United Nations Children's Fund[4] (Weltkinderhilfswerk)	New York	1946	
UNITAR	United Nations Institute for Training and Research (Ausbildungs- und Forschungsinstitut der UN)	New York	1963	
UNRWA	United Nations Relief and Works Agency for Palestine Refugees (Hilfswerk der UN für arabische Flüchtlinge aus Palästina)	Beirut	1950	
WFP	World Food Programme (Welternährungsprogramm)	Rom	1963	
Regionale UN-Wirtschaftskommissionen				
ECA	Economic Commission for Africa (Wirtschaftskommission für Afrika)	Addis Abeba	1958	52
ECE	Economic Commission for Europe (Wirtschaftskommission für Europa)	Genf	1947	34
ECLAC	Economic Commission for Latin America and the Caribbean (Wirtschaftskommission für Lateinamerika und die Karibik)	Santiago de Chile	1948	40 (+4 assoz. Mitgl.)
ESCWA	Economic and Social Commission for Western Asia (Wirtschafts- und Sozialkommission für Westasien)	Bagdad	1974/85	14
ESCAP	Economic and Social Commission for Asia and the Pacific (Wirtschafts- und Sozialkommission für Asien und den Pazifik)	Bangkok	1947	38 (+9 assoz. Mitgl.)

[1] Die Unterorganisationen UNDP bis WFP besitzen keine feste Mitgliederzahl (sog. offene Programme).

der moral. Kraft der öffentl. Weltmeinung ab. Anders verhält es sich mit Beschlüssen, durch die das Völkerrecht fortgebildet wird oder Fragen der internat. Zusammenarbeit in verschiedenen Bereichen berührt sind.

Der *Sicherheitsrat* (Weltsicherheitsrat) handelt nach Art. 24 der Charta für die UN. Er trägt damit die Hauptverantwortung für die Einleitung und Durchführung von Verfahren, mit denen internat. Streitigkeiten friedl. beigelegt, friedl. Ausgleich oder eine Politik der friedl. Veränderung herbeigeführt werden sollen. Im Rahmen der Charta sind die Mgl. seinen Entscheidungen unterworfen. Dem Rat gehören 5 ständige Mgl. (USA, Sowjetunion, Großbrit., Frankr. und die VR China) und 10 nichtständige Mgl. an, die im zweijährigen Wechsel von der Generalversammlung

UN

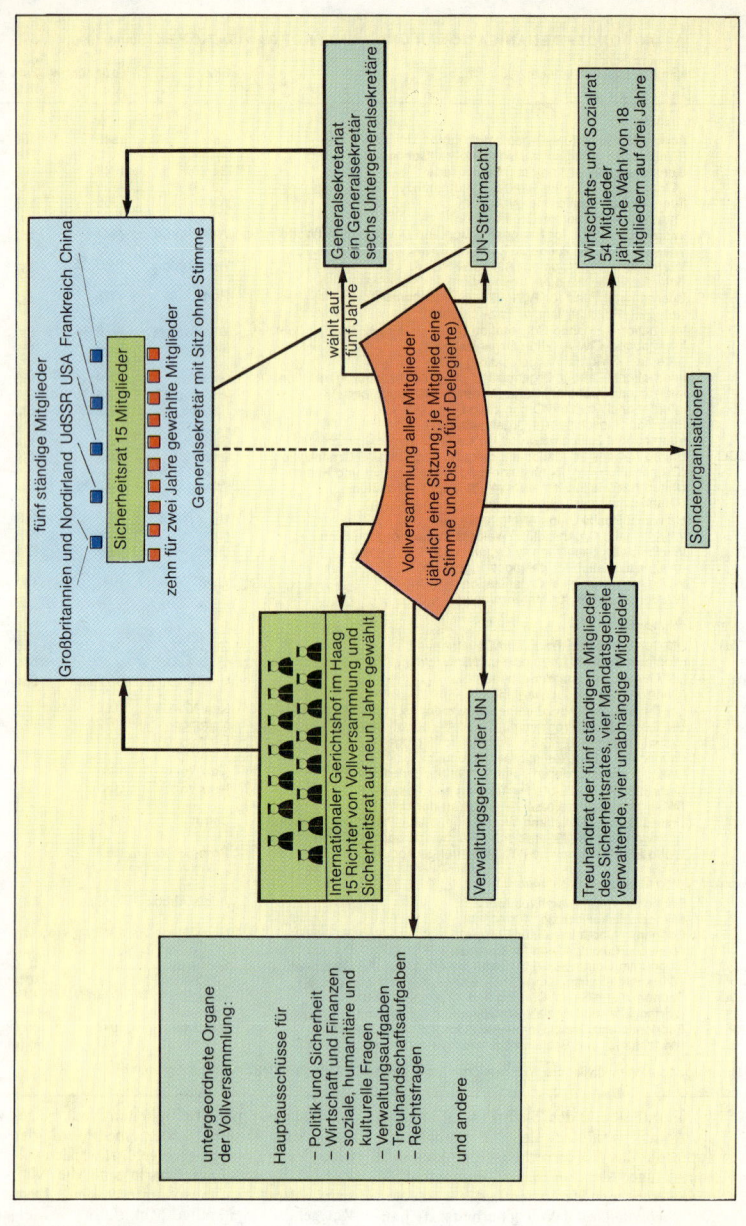

Sicherheitsrat 15 Mitglieder
fünf ständige Mitglieder: Großbritannien und Nordirland, UdSSR, USA, Frankreich, China
zehn für zwei Jahre gewählte Mitglieder
Generalsekretär mit Sitz ohne Stimme

Generalsekretariat
ein Generalsekretär
sechs Untergeneralsekretäre

UN-Streitmacht

Vollversammlung aller Mitglieder
(jährlich eine Sitzung; je Mitglied eine Stimme und bis zu fünf Delegierte)
wählt auf fünf Jahre

Wirtschafts- und Sozialrat
54 Mitglieder
jährliche Wahl von 18 Mitgliedern auf drei Jahre

Internationaler Gerichtshof im Haag
15 Richter von Vollversammlung und Sicherheitsrat auf neun Jahre gewählt

Verwaltungsgericht der UN

Sonderorganisationen

Treuhandrat der fünf ständigen Mitglieder des Sicherheitsrates, vier Mandatsgebiete verwaltende, vier unabhängige Mitglieder

untergeordnete Organe der Vollversammlung:

Hauptausschüsse für
- Politik und Sicherheit
- Wirtschaft und Finanzen
- soziale, humanitäre und kulturelle Fragen
- Verwaltungsaufgaben
- Treuhandschaftsaufgaben
- Rechtsfragen

und andere

UN. Organisationsschema

Unabhängige Sozialdemokratische Partei ...

gewählt werden. Jedes Rats-Mgl. hat nur einen Vertreter und jeweils eine Stimme, die ständigen Mgl. haben darüber hinaus die Möglichkeit, von einem Veto Gebrauch zu machen, mit dem jedes einzelne von ihnen eine Entscheidung des Rates blockieren kann *(Vetorecht)*. Nur in Fällen der Friedensgefährdung oder einer bereits eingetretenen Verletzung der Friedenspflicht durch Friedensbruch oder Aggression hat der Sicherheitsrat eine zwingende Anordnungsbefugnis, ansonsten gibt auch er nur Empfehlungen ab. Die von der UN-Charta vorgesehene *internat. Streitmacht*, die in Fällen des Friedensbruchs vom Sicherheitsrat eingesetzt werden kann, konnte bisher noch nicht bereitgestellt werden, daher kann die UN nur dadurch in Konflikte militär. eingreifen, daß einzelne Mgl. ihr hierfür Truppeneinheiten freiwillig zur Verfügung stellen („Blauhelme").
Der *Wirtschafts- und Sozialrat* (Economic and Social Council, Abk. ECOSOC; 54 Mgl.) nimmt für die UN die Aufgabe wahr, den wirtsch. und sozialen Fortschritt sowie die umfassende friedl. Zusammenarbeit der Staaten auf allen Gebieten zu fördern sowie den allg. Menschenrechten überall zur Geltung zu verhelfen. Der Rat kann zu speziellen Problemen Studien anfertigen lassen, er kann allg. Empfehlungen geben, internat. Abkommen entwerfen und internat. Staatenkonferenzen einberufen.
Der *Treuhandrat* (Trusteeship Council) ist das verantwortl. Organ für das Treuhandsystem und die Gebiete ohne Selbstregierung.
Der *Internat. Gerichtshof* in Den Haag ist Nachfolgeorgan des Ständigen Internat. Gerichtshofs des Völkerbundes. Ihm gehören 15 Richter an, die von der Generalversammlung und vom Sicherheitsrat gewählt werden. Der Gerichtshof kann nur von Staaten, nicht von Einzelpersonen oder privaten Organisationen angerufen werden.
Das *Sekretariat* ist das Verwaltungsorgan der UN. Es steht unter der Leitung des *Generalsekretärs*, der auf Empfehlung des Sicherheitsrats von der Generalversammlung für 5 Jahre gewählt wird (Wiederwahl ist möglich). Der Generalsekretär kann Fälle der Friedensbedrohung vor den Sicherheitsrat bringen. Er faßt im Rahmen seiner Zuständigkeit Beschlüsse im eigenen Ermessen und hat eigene diplomat. Handlungsmöglichkeiten.
Die *Sonderorganisationen* sind keine Organe der UN im engeren Sinn. Sie erfüllen Aufgaben in den Zuständigkeitsbereichen des Wirtschafts- und Sozialrats. Mgl. von Sonderorganisationen können auch Länder sein, die nicht Mgl. der UN selbst sind (z. B. die BR Deutschland bis 1973).
Geschichte: Nach dem 1. Weltkrieg war die Gründung des Völkerbundes 1919 ein (erster) Versuch, einen kollektiven Friedensbund zu schaffen. Er konnte jedoch weitere Kriege, v. a. den 2. Weltkrieg, nicht verhindern. Die Kriegskoalition gegen die Achsenmächte bezeichnete sich selbst 1942 als Vereinte Nationen; ihre Hauptmächte (USA, Großbrit., UdSSR und China) vereinbarten 1943 in Moskau, den Völkerbundsgedanken in neuer Form zu beleben; nachdem 1944 ein erster Vorschlag für eine UN-Charta vorgelegt worden war, lud die †Jalta-Konferenz im Febr. 1945 zu einer Organisationskonferenz der Vereinten und Assoziierten Nationen für das Frühjahr 1945 in die USA ein. Am 26. Juni 1945 wurde dann von 51 Staaten in San Francisco die Charta der Vereinten Nationen unterzeichnet.
Die Geschichte der UN ist v. a. durch zwei Vorgänge bestimmt: den Ost-West-Konflikt und den Prozeß der Entkolonisation. Der Ost-West-Konflikt verhinderte die Schaffung des friedenssichernden Systems einer Weltpolizei und auf Grund der Rivalität der USA und der UdSSR die Einstimmigkeit. Der Prozeß der Entkolonisation hat die UN quantitativ und qualitativ verändert. Er hat dazu geführt, daß sich die Zahl der Mgl. verdreifachte und die Gruppe der Ind.länder gegenüber den Entwicklungsländern in der Generalversammlung an Gewicht stark abgenommen hat. Letztere nutzen die UN immer häufiger als Forum, um auf die ungleiche Verteilung des Wohlstandes hinzuweisen. In einer Reihe von Konflikten haben die UN versucht, mit friedenserhaltenden Aktionen einzugreifen: 1950 im †Koreakrieg, 1956 in der †Sueskrise, 1960 in der †Kongokrise, 1964 in Zypern und 1967 im Nahostkonflikt. Friedenssicherung durch Konfliktüberwindung war den UN dabei nicht möglich.
📖 *Die Charta der Vereinten Nationen. Textausg. Mchn.* [7]*1979. - Unser, G.: Die UNO. Aufgaben und Struktur der Vereinten Nationen. Mchn.* [2]*1978. - Fahl, G.: Der UNO-Sicherheitsrat. Bln. 1978. - Hdb. Vereinte Nationen. Hg. v. R. Wolfrum u. a. Mchn. 1977. - Die Vereinten Nationen: Rolle u. Funktion in der internat. Politik. Hg. v. G. Doeker. Mchn. 1976.*
Unabhängige Republikaner †liberale Parteien (Frankreich), †Fédération Nationale des Républicains Indépendants.
Unabhängige Sozialdemokratische Partei Deutschlands, Abk. USPD, polit. Partei in Deutschland. Die Gegner der Zustimmung zu den Kriegskrediten wurden aus der SPD-Reichstagsfraktion ausgeschlossen und bildeten im März 1916 die Sozialdemokrat. Arbeitsgemeinschaft. Vom 6.–8. April 1917 konstituierte sich dann in Gotha die USPD. Unter Vorsitz von H. Haase und W. Dittmann wurde sie eine Massenpartei, der Novemberrevolution 1918 war sie bis Jahresende neben der SPD im Rat der Volksbeauftragten vertreten. Auf dem Parteitag in Halle/Saale im Okt. 1920 kam es zur Spaltung: Die linke Mehrheit

Unabhängigkeit

der Delegierten beschloß die Vereinigung mit der KPD; der verbliebene Teil der USPD vereinigte sich im Sept. 1922 auf dem Nürnberger Parteitag wieder mit der SPD.

Unabhängigkeit, 1. im Völkerrecht Teil der ↑Souveränität eines Staates, die darin besteht, daß der Staat über seine inneren und äußeren Angelegenheiten im Rahmen des Völkerrechts selbständig, d. h. frei von der Befehlsgewalt eines anderen Staates, entscheiden kann. - 2. Die U. der ↑Richter ist in Art. 97 GG gewährleistet. - 3. Abgeordnete sind in der Ausübung ihres Mandats ebenfalls unabhängig, d. h. an Weisungen und Aufträge nicht gebunden. Ihr Mandat ist auch unabhängig von der Zugehörigkeit zu einer Partei, mit der Folge, daß ein Parteiausschluß, -austritt und -wechsel während der Legislaturperiode die Abgeordnetenstellung unberührt läßt.

Unabhängigkeitserklärung, allg. eine Erklärung, in der die Bev. eines Gebiets ihre staatl. Abhängigkeit von einem Land löst. Am bekanntesten ist die amerikan. U. (1776).

Unabhängigkeitsprinzip (Überlagerungsprinzip, Superpositionsprinzip), von I. Newton als *Lex quarta* formulierte physikal. Erfahrungstatsache: Die Wirkungen mehrerer an einem Körper angreifender Kräfte überlagern sich ungestört, d. h., sie beeinflussen sich gegenseitig nicht.

Unabkömmlichstellung Wehrpflichtiger, im öffentl. Interesse liegende vorübergehende Nichtheranziehung eines Wehrpflichtigen zum Wehrdienst, wenn und solange er für die von ihm ausgeübte Tätigkeit nicht entbehrt werden kann (Wehrpflichtgesetz § 13).

Auch in *Österreich* können Wehrpflichtige von Amts wegen von der Leistung des Präsenzdienstes befreit werden. In der *Schweiz* sieht Art. 13 Militärorganisation für verschiedene Personengruppen während ihres Amtes vor, daß sie keinen Militärdienst zu leisten haben.

unabwendbares Ereignis, Geschehnis, das auch bei äußerster, nach den Umständen möglicher und zumutbarer Sorgfalt nicht zu vermeiden ist (z. B. elementare Naturereignisse, das Verhalten dritter Personen oder eines Tieres). Ist das u. E. Ursache für einen Unfall im Straßenverkehr, so ist der Kraftfahrzeughalter von der Haftung befreit.

una corda [italien.] ↑Corda.

Unalaska Island [engl. u:nəˈlæskə ˈailənd], Insel der Fox Islands der Aleuten, USA, etwa 50 km lang, 10–50 km breit, bis 2 036 m hoch. - 1741 entdeckt, wurde zum wichtigsten Handelszentrum der Russen in Alaska; kam 1867 an die USA.

Unamuno y Jugo, Miguel de [span. unaˈmuno i ˈxuɣo], * Bilbao 29. Sept. 1864, † Salamanca 31. Dez. 1936, span. Schriftsteller und Philosoph. - Ab 1891 Prof. für Griech. in Salamanca, 1901–14 Rektor der dortigen Univ.; wegen Gegnerschaft zum Regime Primo de Riveras 1924 nach Fuerteventura (Kanar. Inseln) verbannt, im gleichen Jahr jedoch amnestiert; bis 1930 im freiwilligen Exil in Frankr.; 1931–34 Prof. für span. Sprachgeschichte (bis 1936 Rektor) in Salamanca. Führender Vertreter der um die Wiederentdeckung und Erneuerung span. Geistes ringenden „Generation von 98"; vorwiegend Essayist, aber auch Lyriker, Romancier und Dramatiker. Im Mittelpunkt seines Denkens, v. a. dargestellt in seinem philosoph. Hauptwerk „Das trag. Lebensgefühl" (12 Essays, 1913), stehen Überlegungen zur Unsterblichkeit, die U. y J. als ein dem Menschen immanentes Bedürfnis empfindet. Behandelte in seiner Bekenntnis- und Gedankendichtung auch histor. und polit. Themen. - *Weitere Werke:* Frieden im Krieg (R., 1897), Nebel (R., 1914), San Manuel der Gute (R., 1933).

⌘ *Nozick, M.: M. de U.* Princeton 1982. - *Lacy, A.: M. de U. The rhetoric of existence.* Den Haag 1967. - *Guy, A.: U.* Paris 1964.

unanbringliche Sendungen, Postsendungen, die unzustellbar sind und auch nicht an den Absender zurückgesandt werden können. Gelingt es auch der bes. Ermittlungsstelle nicht, Absender oder Empfangsberechtigten festzustellen, werden u. S. vernichtet bzw. solche mit Verkaufswert nach öffentl. Aushang zugunsten der Postunterstützungskasse verkauft.

Una Sancta [lat.], Selbstbez. der röm.-kath. Kirche; vollständig: „Una sancta catholica et apostolica ecclesia" (die eine heilige kath. und apostol. Kirche).

Una-Sancta-Bewegung, Bez. für eine v. a. nach dem 2. Weltkrieg in Deutschland entstandene kath. Form der ökumen. Bewegung, die seit dem 2. Vatikan. Konzil fast ganz im Ökumenismus aufging.

Unau [indian.] (Choloepus didactylus), bis 65 cm lange Faultier, v. a. in den Regenwäldern Zentral- und Südamerikas; Fell graubraun, langhaarig und strähnig, das unbehaarte Gesicht dunkler gefärbt.

Unbedenklichkeitsbescheinigung, Bescheid des zuständigen Finanzamts über die steuerl. Unbedenklichkeit einer beabsichtigten Eigentumsübertragung von Grundstücken. Sie ist zu erteilen, wenn die Grunderwerbssteuer entrichtet, sichergestellt oder gestundet ist, oder bei Steuerbefreiung. Ihr Fehlen ist Eintragungshindernis, verhindert aber den Eigentumsübergang bei gleichwohl erfolgter Eintragung im Grundbuch nicht.

unbedingte Reflexe, Bez. für ↑Reflexe, die - im Ggs. zu bedingten Reaktionen (sog. ↑bedingte Reflexe) - als Reflexe im eigtl. Sinn angeboren (erbl.) und damit von Lernvorgängen unabhängig sind.

Unbefleckte Empfängnis (Conceptio immaculata), 1854 durch Papst Pius IX. verkündetes Dogma der kath. Kirche, das Maria, die Mutter Jesu, als vor jedem Makel der Erbsünde bewahrt erklärt. - Das Fest der U. E. wird am 8. Dez. gefeiert. - ↑ auch Mariologie.

unberufen, gegen Verhexung (berufen) gerichteter Wortgegenzauber („unberufen!").

Unberührbare ↑ Paria.

Unbescholtenheit, das Freisein von öffentl., herabsetzendem Tadel; insbes. die Unversehrtheit der [Geschlechts]ehre einer Verlobten als Voraussetzung für die Geltendmachung eines ↑ Deflorationsanspruchs.

Unbeschuhte Karmeliten ↑ Karmeliten.

unbestellte Warensendungen ↑ Ansichtssendungen.

unbestimmtes Fürwort, svw. Indefinitpronomen (↑ Pronomen).

Unbestimmtheitsrelation, svw. ↑ Unschärferelation.

unbewegliche Sachen, svw. ↑ Immobilien.

Unbewußtes (das Unbewußte), nach S. Freud ein System, das v. a. aus Verdrängtem besteht und nach Mechanismen des ↑ Primärvorgangs funktioniert. Das Unbewußte entspricht weitgehend dem ↑ Es. - C. G. Jung unterscheidet vom *persönl. Unbewußten* (Vergessenes, Verdrängtes usw.) das *kollektive Unbewußte*, das überindividuelle menschl. Urerfahrungen enthalte.

Die Annahme unbewußter seel. Schichten findet sich schon vor Freud (u. a. bei Plotin, Leibniz, Schelling, Herbart und Nietzsche), sie wurde jedoch vom positivist. Philosophie meist verworfen. - In umfassenderer Bedeutung bezeichnet das Adjektiv *unbewußt* Inhalte, die nicht im aktuellen Bewußtseinsfeld (↑ Bewußtsein) liegen, manchmal auch Vorgänge, die vom erlebenden Individuum nicht wahrgenommen werden können (etwa weil entsprechende Rezeptoren bzw. Repräsentationen in der Großhirnrinde fehlen); dabei schließt U. den Begriff Unterbewußtes mit ein. - ↑ auch Unterbewußtsein.

unblutig, in der *Medizin,* bes. in der Chirurgie für: nichtoperativ, ohne Durchtrennung der Haut erfolgend.

unbunt, Attribut einer Farbe (Weiß, Grau, Schwarz), die im Ggs. zur bunten Farbe keinen Farbton besitzt.

UN-Charta [...'karta], die am 26. Juni 1945 in San Francisco unterzeichnete und am 24. Okt. 1945 in Kraft getretene Verfassung der Vereinten Nationen (↑ UN). Die Charta regelt in einer Präambel und in 19 Kapiteln (111 Artikeln) Ziele und Grundsätze der UN, Mitgliedschaft, Zusammensetzung, Aufgaben, Abstimmungs- und Verfahrensvorschriften ihrer Organe, die friedl. Beilegung von internat. Streitigkeiten, Maßnahmen bei Bedrohung oder Bruch des Friedens und bei Angriffshandlungen sowie Regeln für die internat. Zusammenarbeit auf wirtsch. und sozialem Gebiet. Sie bindet die Gründungs- und alle zukünftigen Mgl., sich in ihrem internat. Verhalten an den Grundsätzen dieser Verfassung auszurichten. Für die polit. Praxis nur bedingte Wirksamkeit.

Uncle Sam [engl. 'ʌŋkl 'sæm „Onkel Sam(uel)"], scherzhafte symbol. Bez. für die USA; Ursprung ist wohl die ehem. amtl. Abkürzung U. S.-Am. (= U. S.-America).

UNCTAD ['oŋktat, engl. 'ʌŋktæd], Abk. für engl.: United Nations Conference on Trade and Development, ↑ Weltwirtschaftskonferenz.

Underground [engl. 'ʌndəɡraʊnd „Untergrund"], 1. Gruppe, Organisation außerhalb der etablierten Gesellschaft; 2. avantgardist. künstler. Protestbewegungen gegen das künstler. Establishment.

Undergroundfilm [engl. 'ʌndəɡraʊnd...] (Untergrundfilm), unabhängig vom kommerziellen Filmschaffen produzierter und verliehener avantgardist. (experimenteller) Film, der als künstler. Protest gegen das kulturelle Establishment zu verstehen ist. Die Bez. kam in den USA in den 1950er Jahren auf und wurde auf ältere so charakterisierbare Filme ausgedehnt, z. B. „Ein andalus. Hund" (1928; L. Buñuel und S. Dalí). Bed. Vertreter: A. Warhol, G. J. Markopoulos, J. Mekas (* 1922), H. Costard (* 1940).

Undergroundliteratur [engl. 'ʌndəɡraʊnd...] (Subliteratur, Untergrundliteratur), 1. grundsätzl. jede Literatur, deren Verf. aus polit. und/oder ideolog. Gründen in den Untergrund gehen müssen, die heiml. erscheinen muß und heiml. vertrieben wird (z. B. Samisdat); 2. speziell Sammelbez. für unterschiedl. literar. Strömungen und Formen, die seit etwa 1960, ausgehend von den USA, in den westl. Industriestaaten Teil einer zur offiziellen kulturellen und polit. Szene kontroversen Subkultur sind.

Understatement [engl. 'ʌndə'steɪtmənt; zu to understate „zu gering angeben"], das Untertreiben, Unterspielen; in der modernen Schauspielkunst nüchterne, unpathet., andeutende Ausdrucksform; ähnl. als literar. Stilform, z. B. bei E. Hemingway.

Underwriter [engl. 'ʌndəraɪtə; eigtl. „Unterschreiber"], Makler oder Finanzier, der. bes. bei Wertpapieremissionen einen (nicht untergebrachten) Teil der Emission übernimmt.

Undeutsch, Udo, * Weimar 22. Dez. 1917, dt. Psychologe. - Prof. in Köln; Untersuchungen zur Entwicklungspsychologie (bes. über Entwicklungsphasen, Pubertät, Sozialreife), forens. Psychologie und Verkehrspsychologie.

Undezime [zu lat. undecima „die elfte"], das Intervall von elf diaton. Tonstufen (Oktave und Quarte).

Undine (Undene), weibl. Wassergeist, der

UND-Schaltglied

unbeseelt gedacht wurde, aber durch Vermählung mit einem ird. Mann eine Seele erhalten konnte.

UND-Schaltglied ↑ Logikelemente.

Undset, Sigrid [norweg. ˈʉnsɛt], * Kalundborg (Seeland) 20. Mai 1882, † Lillehammer 10. Juni 1949, norweg. Schriftstellerin. - 1940–45 in den USA. Begann mit Gegenwartsromanen („Jenny", 1911) und -novellen („Frühling", 1914), die meist moderne Frauenschicksale zum Gegenstand haben; schrieb dann großangelegte, an den altisländ. Sagas orientierte Romane aus der norweg. Vergangenheit: „Kristin Lavranstochter" (Trilogie, 1920–22), „Olav Audunssohn" (1925–27). Das Spätwerk schildert Menschen in der Spannung zw. Diesseitigkeit und Gottgebundenheit, u. a. „Der brennende Busch" (R., 1930); 1928 Nobelpreis für Literatur.

Undulation [lat.], in der *Physik* svw. Wellenbewegung, Schwingung.

Undulationstheorie ↑ Licht (Geschichte).

undulatorisch [lat.], svw. wellenartig, in Form von Wellen.

undulierend [lat.], auf- und absteigend, wogend, wellenförmig verlaufend; in der Medizin v. a. vom Fieber gesagt.

Unebenbürtigkeit ↑ Ebenbürtigkeit.

Unechte Karettschildkröte (Caretta caretta), bis 1 m lange ↑ Meeresschildkröte in allen warmen Meeren; mit braunem bis rotbraunem Rückenpanzer, dickem, plumpen Kopf, mächtigem Kiefer. Die U. K. vergräbt ihre Eier (bis 450 in drei Gelegen pro Jahr) in sandigen Küstenstreifen. Ihr Fleisch wird nicht verwertet.

unedle Metalle ↑ Metalle.

uneheliche Kinder, veraltete Bez. für ↑ nichteheliche Kinder.

unehrliche Gewerbe, vom MA bis ins 19. Jh. Tätigkeiten, deren Ausübung als ehrlos angesehen wurde und deshalb eine Einschränkung der Rechte der betreffenden Person bewirkten. Diese konnte u. a. kein öffentl. Amt bekleiden und war eidesunfähig; z. B. Scharfrichter, Abdecker, fahrender Sänger, Gaukler, Scherenschleifer.

uneidliche Falschaussage, svw. ↑ falsche uneidliche Aussage.

unendlich, in der *Mathematik* svw. größer als jeder endl. aber beliebig große Zahlenwert (*u. groß* oder *transfinit;* Formelzeichen ∞); als *u. klein* oder *infinitesimal* jedoch kleiner als jeder beliebig kleine Zahlenwert, gegen Null strebend.

♦ in der *geometr. Optik* und *Photographie* diejenige Gegenstandsweite bei einer opt. Abbildung, bei der die bilderzeugenden, von den Dingpunkten ausgehenden Strahlen als achsenparallel gelten dürfen und die Abbildung in der Brennebene des Systems erfolgt.

Unendliches (das Unendliche), in der *Philosophie* das quantitativ und/oder qualitativ Grenzenlose, Unbestimmte, unvorstellbar Große, Göttliche. In der antiken Philosophie wird es als ↑ Apeiron diskutiert; Philon identifiziert das U. mit dem göttl. „Einen". Die christl. Theologie und Philosophie knüpft daran an: Unendlichkeit wird dem Göttlichen zugesprochen, während die Welt, der Kosmos, als endl. angenommen wird.

♦ in der *Mathematik* der dort verwendete Begriff des *potentiell Unendlichen* auf der Tatsache, daß es zu jeder natürl. Zahl n eine größere gibt (z. B. ihr Nachfolger $n + 1$) und daß man auf diese Weise immer weiter zählen kann, ohne an eine Grenze zu kommen.

Unendlichkeitsstelle, svw. ↑ Pol.

unerlaubte Handlung, widerrechtl. und schuldhafte Verletzung einer allg. Verhaltenspflicht, die bei einem adäquat kausal entstandenen Schaden (↑ Kausalität) Ansprüche auf Schadenersatz auslöst (§§ 823–853 BGB). Aus u. H. haftet, wer vorsätzlich oder fahrlässig das Leben, den Körper, die Gesundheit, die Freiheit, das Eigentum oder sonstige absolute Rechte (z. B. Besitz, Urheberrechte, Persönlichkeitsrechte) eines anderen widerrechtl. verletzt oder gegen ein Schutzgesetz (ein Gesetz, das auch Einzelne, nicht nur die Allgemeinheit schützt, z. B. § 303 StGB - Sachbeschädigung) verstößt. Ebenfalls u. H. sind die sittenwidrige Schädigung eines anderen sowie die Amtspflichtverletzung (↑ Amtshaftung). *Schadenersatzpflichtig* ist, wer den Schaden schuldhaft verursacht hat, es sei denn, die Schadenszufügung geschah im unverschuldeten Zustand der Bewußtlosigkeit oder der Geistesstörung. Ein noch nicht 7jähriges Kind ist nicht schadenersatzpflichtig, statt seiner u. U. die Aufsichtspflichtigen (↑ Aufsichtspflicht). Sieben- bis Achtzehnjährige haften, wenn sie bei Begehung der schädigenden Handlung die zur Erkenntnis der Verantwortlichkeit erforderl. Einsicht hatten, bzw. wenn bei Nichtverantwortlichkeit ihre Haftung angesichts ihrer Vermögensverhältnisse billig erscheinen. Wer einen anderen zur Verrichtung bestellt, ist zum Ersatz des Schadens verpflichtet, den der andere (sog. *Verrichtungsgehilfe,* z. B. Lehrling) in Ausführung der Verrichtung einem Dritten - wenn auch schuldlos - widerrechtl. zugefügt hat, jedoch kann die Schadenersatzpflicht durch den sog. *Exkulpations-* bzw. *Entlastungsbeweis* abgewandt werden, wenn nachgewiesen wird, daß bei der Auswahl des Verrichtungsgehilfen die im Verkehr erforderl. Sorgfalt beachtet wurde bzw. der Schaden auch bei Anwendung der Sorgfalt entstanden wäre. Der durch Gebäudefehler (abbröckelndes Gestein) und Tiere entstandene Schaden ist vom Eigentümer unabhängig von seinem Verschulden zu ersetzen (Gefährdungshaftung), es sei denn, das Tier dient dem Beruf oder dem Unterhalt des Tierhalters (z. B. Blindenhund). Mehrere für eine u. H. Verantwortliche haften als Ge-

Unfallversicherung

samtschuldner. Läßt sich nicht ermitteln, wer von mehreren Beteiligten den Schaden verursacht hat (z. B. bei Demonstrationen), so ist jeder für den Schaden verantwortlich. *Schadenersatzberechtigt* ist grundsätzl. der unmittelbar Geschädigte; im Fall der Tötung derjenige, dem der Getötete kraft Gesetzes unterhaltspflichtig war oder werden konnte. Der zu leistende Schadenersatz umfaßt in bestimmten Fällen auch die Leistung von Schmerzensgeld. Ansprüche aus u. H. verjähren in 3 Jahren von dem Zeitpunkt an, in dem der Verletzte von dem Schaden und der Person des Ersatzpflichtigen Kenntnis erlangt, spätestens in 30 Jahren von der Begehung der Handlung an.

Für das *östr.* und *schweizer.* Recht gilt im wesentl. Entsprechendes.

UNEP [Abk. für: United Nations Environment Programme], 1972 gegr. Umweltorganisation der UN, Sitz Nairobi; koordiniert weltweit die Umweltaktivitäten und gibt Anstöße für neue Umweltschutzmaßnahmen.

UNESCO, Abk. für engl.: United Nations Educational, Scientific and Cultural Organization [„Organisation der Vereinten Nationen für Erziehung, Wissenschaft und Kultur"], Sonderorganisation der Vereinten Nationen, 1945 in London gegr., seit 1946 mit Sitz in Paris. - **Aufgaben** der UNESCO sind v. a. die Förderung der internat. Zusammenarbeit auf den Gebieten der Erziehung, Wiss. und Information, die Förderung des Zugangs aller Menschen zu Bildung und Kultur, Durchsetzung der Menschenrechte und Hebung des Bildungsniveaus. - **Organe** der UNESCO sind die Generalkonferenz, der Exekutivrat und das Sekretariat. - **Programme** der UNESCO waren u. a. die Ausweitung des Primarunterrichts in Lateinamerika, die Erforschung der Trockengebiete der Dritten Welt und die Entwicklung des kulturellen Austausches zw. Ost und West. Die kulturelle Förderung kommt v. a. in Maßnahmen zur Erhaltung des kulturellen Erbes zum Ausdruck. Dem Austausch von Informationen dienten 2 Abkommen (1962), die die Verbreitung und Einfuhr kultureller Schriften erleichtern sollten, und die Herausgabe verschiedener eigener Zeitschriften. Im naturwiss. Bereich wurde die Priorität auf die Förderung von Wiss. und Technologie als Grundlage einer Industrialisierung in den Entwicklungsländern gelegt. Für die Meeresforschung wurde eine supranat. Kommission eingesetzt, in deren Auftrag insbes. der Ind. Ozean erforscht wurde. - **Internat. Forschungsinstitute** der UNESCO sind u. a. in Europa: International Institute for Educational Planning (IIEP) in Paris, das Internat. Erziehungsbüro (IBE) in Genf und das UNESCO-Inst. für Pädagogik in Hamburg. - Die **nat. Kommissionen** (u. a. die Dt. UNESCO-Kommission in Bonn) sind Informationsstellen für ihre Regierungen und unterstützen die multilaterale Zusammenarbeit. Das **Gesamtbudget** der UNESCO betrug 1984/85 374 Mill. $, das die insgesamt 160 Mgl.staaten aufbrachten.

Unfallchirurgie, Teilgebiet der Chirurgie, das sich um die operative Beseitigung von Unfallfolgen und die Wiederherstellung der Unfallverletzten bemüht.

Unfallflucht (Fahrerflucht), häufiges Vergehen im Straßenverkehr, das seit 1975 im Gesetz als *unerlaubtes Entfernen vom Unfallort* bezeichnet wird (§ 142 StGB). U. begeht der Unfallbeteiligte, der sich nach einem Unfall im Straßenverkehr vom Unfallort entfernt, bevor er entweder zugunsten der anderen Unfallbeteiligten und der Geschädigten die Feststellung seiner Person, seines Fahrzeugs und der Art seiner Unfallbeteiligung durch seine Anwesenheit ermöglicht hat oder eine nach den Umständen angemessene Zeit gewartet hat, ohne daß jemand Feststellungen treffen wollte. Strafbar macht sich der Unfallbeteiligte auch, wenn er sich zwar erst nach angemessener Wartefrist vom Unfallort entfernt, jedoch die Feststellungen nicht unverzüglich nachträglich ermöglicht. Unfallbeteiligter ist jeder, dessen Verhalten zur Verursachung des Unfalls beigetragen haben kann. Die Strafe für U. ist Freiheitsstrafe bis zu 3 Jahren und Geldstrafe.

Unfallschutz (Unfallverhütung), Gesamtheit der techn. und Ausbildungsmaßnahmen zur Verhütung von Unfällen. In Betrieben erfolgt der U. im Rahmen des †Arbeitsschutzes, ferner im Rahmen der gesetzl. Unfallversicherung durch die techn. Aufsichtsbeamten der Berufsgenossenschaften und die Beauftragten der Gewerbeaufsichtsämter.

Unfallverhütungsvorschriften, Abk. UVV, Mindestnormen für eine unfallsichere Einrichtung der Betriebe und Betriebsanlagen sowie ein unfallsicheres Verhalten. Nach der Reichsversicherungsordnung haben die Berufsgenossenschaften genehmigungspflichtige U. über die Maßnahmen der Unternehmer und das Verhalten der Versicherten zur Verhütung von Arbeitsunfällen, die ärztl. Untersuchung bes. gefährdeter Arbeitnehmer u. a. zu erlassen, deren Einhaltung durch techn. Aufsichtsbeamte der Berufsgenossenschaften zu überwachen ist und deren Nichteinhaltung mit einer Geldbuße bis zu 20 000 DM geahndet werden kann. Weitere personelle und organisator. Maßnahmen sieht u. a. das Gesetz über Betriebsärzte, Sicherheitsingenieure und andere Fachkräfte für Arbeitssicherheit vor. Bei allen Unfallverhütungsmaßnahmen ist der Betriebsrat mitbestimmungsberechtigt, er ist verpflichtet, sich für die Durchsetzung der U. im Betrieb einzusetzen.

Unfallversicherung, als *Individual-U.* die Gewährung von Versicherungsschutz gegen die Folgen eines Unfalls. Die *Unfallfolgen*

Unfehlbarkeit

werden unterschieden in vorübergehende Arbeitsunfähigkeit, dauernde Arbeitsunfähigkeit, Invalidität und Tod. Ein Unfall in diesem Sinne liegt vor, wenn der Versicherte durch ein plötzl. von außen auf seinen Körper wirkendes Ereignis unfreiwillig eine Gesundheitsschädigung erleidet. Die *Leistungen* des Versicherers bestehen im Fall des Todes in der Zahlung der versicherten Todesfallsumme, im Fall der Vollinvalidität in der Zahlung der vollen für den Invaliditätsfall vereinbarten Summe, bei Teilinvalidität eines entsprechenden Anteils, im Fall einer vorübergehenden Beeinträchtigung der Arbeitsfähigkeit in der Zahlung von Tagegeld, bei vorübergehenden Gesundheitsschädigungen in der Übernahme der Kosten der ärztl. Behandlung und des Heilverfahrens.

Von der Individual-U. zu unterscheiden ist die *gesetzl. U.* als Zweig der Sozialversicherung. Sie ist hervorgegangen aus der früheren Haftpflicht der Unternehmer zur Gewährleistung einer wirtschaftl. Sicherstellung der Arbeitnehmer gegenüber den Folgen eines Arbeitsunfalls oder einer Berufskrankheit. Versicherungspflicht besteht für alle auf Grund eines Arbeits-, Dienst- oder Ausbildungsverhältnisses Beschäftigten (auch für Kinder in Kindergärten, Schüler und Studenten), ausgenommen Beamte und Personen, für die beamtenrechtl. Unfallfürsorgevorschriften gelten. Die Mittel der gesetzl. U. werden durch die Beiträge der Unternehmer aufgebracht, die versichert sind oder Versicherte beschäftigen. Die Leistungen der gesetzl. U. bestehen v. a. in *Heilbehandlung* des Verletzten, in *Übergangsgeld* (entspricht dem Krankengeld), in *besonderer Unterstützung* (zum Ausgleich unbilliger Härten), in berufsfördernden Leistungen zur Rehabilitation *(Berufshilfe)*, in *Verletztenrente* (bei Minderung der Erwerbsfähigkeit über der 13. Woche hinaus), in *Sterbegeld* und *Hinterbliebenenrente*. Gesetzl. Grundlage der U. sind die §§ 537 ff. der Reichsversicherungsordnung.

Unfehlbarkeit (Infallibilität), in der kath. Kirche Bez. für die unter bestimmten Voraussetzungen gegebene, dogmat. definierte Irrtumslosigkeit des Papstes. - Der *Begriff* U. in Bezug auf päpstl. Entscheidungen wurde Ende des 13. Jh. von Franziskanertheologen entwickelt, die damit die Möglichkeiten eines Papstes, frühere (für den Orden günstige) päpstl. Dekrete wieder aufzuheben, einschränken wollten. Erst vom 16.–18. Jh. wurde die U.these mit dem Zweck einer Steigerung päpstl. Kompetenzen vertreten. Im 19. Jh. (1. Vatikan. Konzil) wurde sie schließl. gegen zahlr. innerkirchl. Widerstände verbindl. durchgesetzt.

Die *Lehre* von der U. des Papstes wurzelt in der urchristl. Überzeugung von der göttl. Wahrheit des Evangeliums bzw. der Offenbarung in Jesus und der Leitung seiner Gemeinden durch den Hl. Geist, so daß die Kirche als ganze nicht irren könne. Diese bis heute in der kath. Kirche verbindl. Lehre wurde im Lauf des MA durch die scholast. Theologie immer stärker auf *satzhafte Aussagen* der Überlieferung bezogen; christl. Wahrheit verstand man als „Richtigkeit" von Glaubenssätzen. In der lat. Mentalität wurde bald die Frage gestellt, durch welche *Institutionen* die Wahrheit der Lehre garantiert werde. Über die längste Zeit der Kirchengeschichte galten die Lehrentscheidungen der Bischöfe, verbindl. formuliert auf allg. Konzilien, als irreformabel. Seit dem Hoch-MA tritt zwar schon der röm. Bischof stärker in den Vordergrund, doch erst das 1. Vatikan. Konzil definierte eine *päpstl. U.* so, daß der Papst nicht an bischöfl. Zustimmung gebunden ist. Diese seitdem ökumen. und innerkath. umstrittene Aussage gilt aber auch nach der damaligen Definition nicht uneingeschränkt: 1. Grundlegend bleibt die U. der *Kirche*, die der Papst als Leiter lediglich *repräsentiert*. 2. Die U. ist eingeschränkt auf „ex-cathedra-Entscheidungen", in denen der Papst *förml.* eine gesamtkirchl. Lehre verkünden will (nicht also Enzykliken u. a.). 3. Die U. gilt lediglich *in Glaubens- und Sittenfragen* (nicht also bei polit., wiss. u. a. Problemen). 4. Sachl. ist die U. des Papstes auf eine bloße Interpretation der Hl. Schrift beschränkt. - Das 2. Vatikan. Konzil hat die Lehre von der päpstl. U. zwar keineswegs korrigiert, wohl aber eine Einbindung des Papstes in das *Kollegium der Bischöfe* angestrebt.

📖 *Horst, U.: U. u. Gesch.* Mainz 1982. - *Hasler, A. B.: Wie der Papst unfehlbar wurde.* Mchn. ²1980. - *Küng, H.: Unfehlbar? Eine Anfrage.* Bln. 1980. - *Pottmeyer, H. J.: U. u. Souveränität.* Mainz 1975.

Unfreie ↑ Leibeigenschaft.

UN-Friedenstruppe, zusammenfassende Bez. für multinational zusammengesetzte Truppenkontingente, die auf Veranlassung des UN-Sicherheitsrates in polit. Krisengebieten (z. B. im Libanon und in Zypern) eingesetzt werden. Die UN-F. erhielt 1988 den Friedensnobelpreis.

Unfruchtbarkeit, in *Biologie* und *Medizin* die Unfähigkeit zur Zeugung (↑ Impotenz) bzw. zum Gebären lebender Nachkommen (↑ Sterilität).

Unfruchtbarmachung ↑ Sterilisation.

Ungaretti, Giuseppe, *Alexandria (Ägypten) 10. Febr. 1888, † Mailand 1. Juni 1970, italien. Lyriker. - 1937–42 Prof. für italien. Literatur in São Paulo (Brasilien), 1942–59 Prof. für neuere italien. Literatur in Rom. Begründer und maßgebender Vertreter des Hermetismus; die teilweise extreme, an S. Mallarmé erinnernde Dunkelheit des konzentrierten, vielfach fragmentar. wirkenden Stils seiner Gedichte ist v. a. die Folge eines konsequenten Bemühens um den mag. Eigenwert

ungarische Kunst

des Wortes; u. a. „Das verheißene Land" (1950), „Notizen des Alten" (1960, 1968 u. d. T. „Das Merkbuch des Alten").

Ungarisch (Magyarisch, Madjarisch), zum finn.-ugr. Zweig der uralischen Sprachen gehörende Sprache mit etwa 10 Mill. Sprechern in Ungarn, etwa 3 Mill. in den Nachbarstaaten Ungarns und etwa 1 Mill. in W-Europa und Amerika. Mit Ostjakisch und Wogulisch bildet das U. den ugr. Zweig der finnisch-ugrischen Sprachen. - Die mit der Auflösung der ugr. Gemeinschaft (spätestens um 500 v. Chr.) einsetzende *urungar. Epoche* dauerte bis zur Landnahme (896) bzw. bis zu der um 1000 erfolgten Christianisierung der Ungarn; das *Altungar.* wurde im 14./15. Jh. vom *Mittelungar.* abgelöst; die Ende des 16. Jh. beginnende Herausbildung der einheitl. Schriftsprache markiert den Anfang der bis heute dauernden *neuungar. Epoche.* Für die Entwicklung des U. zur modernen Schriftsprache war die seit Ende des 18. Jh. bis weit in das 19. Jh. wirkende Bewegung der Spracherneuerung entscheidend. - Im Wortschatz finden sich noch etwa 1 000 Grundwörter finn.-ugr. Herkunft; bed. Lehnwortschichten stammen aus den Turksprachen, den slaw. Sprachen sowie dem Deutschen und dem Lateinischen. Mindestens ein Drittel des Wortschatzes ist noch ungeklärter Herkunft.

Szent-Iványi, B.: Der ungar. Sprachbau. Lpz. ²1974. - The Hungarian language. Hg. v. L. Benkő u. I. Samu. Den Haag u. Paris 1972. - Halász, E.: Hdwb. der ungar. u. dt. Sprache. Budapest; Bln. u. a. Neuaufl. 1969–73. 2 Bde.

ungarische Kunst, die ältesten Zeugnisse der u. K., Grabbeigaben aus dem 9. Jh., sind der pers.-sassanid. Kunst verwandt, danach wurden westeurop. Einflüsse bestimmend. Den Mongolensturm, der die roman. Architektur in Ungarn dezimierte, überdauerten u. a. die Abteikirchen von Ják (1. Hälfte 13. Jh.), Lébény (Anfang 13. Jh.) und (als Ruine) Zsámbék (1220–56). Seit der Mitte des 13. Jh. setzte sich die Gotik durch, sowohl für die Baukunst (ehem. Franziskanerkirche in Sopron) als auch für die reiche plast. Produktion. Die Freskenmalerei trug zunächst byzantin. Züge (Krypta von St. Martin in Feldebrö, Bez. Heves, Ende 12. Jh.), danach dominierten Vorbilder aus Frankr., später solche aus Italien (Fresken der Burgkapelle in Esztergom, 14. Jh.). Die Renaissance fand als Hofkunst unter König Matthias I. Corvinus frühzeitig Eingang in Ungarn (Bakócz-Kapelle in Esztergom, 1506–07). Überwiegend östr. Künstler prägten die nach der Türkenherrschaft aufblühende, im 18. Jh. kulminierende Barockkunst, so die Baumeister J. L. von Hildebrandt, der u. a. wohl an den Plänen für die Trinitarierkirche (1717–25) in Preßburg und die Minoritenkirche in Eger

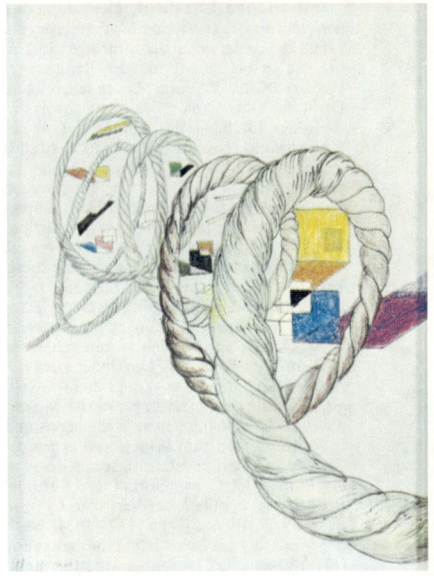

Ungarische Kunst. Von oben: Apostel (15. Jh.). Wandgemälde aus der Burgkapelle in Esztergom; Láslό Moholy-Nagy, Zeichnung (1945). Privatbesitz

(1758 ff.) mitwirkte, A. Mayerhoffer (* 1690, † 1771) in Pest und J. Fellner (* 1722, † 1780) in Eger, der u. a. das Schloß Esterházy in Eisenstadt (Cseklész) von 1722 umbaute und das Lyzeum in Eger (1760 ff.) und den Bischofspalais von Veszprém (1765 ff.) erbaute, die Maler P. Troger und F. A. Maulpertsch, der Bildhauer G. R. Donner. Der Klassizismus hatte seine Hauptvertreter in dem Bildhauer I. Ferenczy (* 1792, † 1856) und Architekten wie M. Pollack (* 1773, † 1855). Auf einen „ungar. Stil" unter Einfluß der Volkskunst zielte A. Arkay (* 1886, † 1932). Seit dem 1. Weltkrieg bildete sich eine Avantgarde der geometr. Abstraktion, deren Vertreter größtenteils in der Emigration wirkten, L. Kassák und S. Bortnyik kehrten zurück, andere wie L. Moholy-Nagy oder M. L. Breuer als Vertreter des Neuen Bauens gingen ans Bauhaus und schließl. in die USA, V. de Vasarély ließ sich in Frankr. nieder.

📖 Zaador, A.: *Die Architektur des Klassizismus u. der Romantik in Ungarn.* Kassel 1985. - Derczényi, D.: *Roman. Baukunst in Ungarn.* Dt. Übers. Budapest 1977. - *Kunstdenkmäler in Ungarn.* Hg. v. R. Hootz, Mchn. u. Bln. 1974. - Fehér, Z./Pogany, Ö. G.: *Die ungar. Malerei des 20. Jh.* Dt. Übers. Budapest 1971.

ungarische Literatur, ältester erhaltener [literar.] Text ist eine Marienklage (um 1300). Neben der ungarischsprachigen Literatur gab es bis zum Ende der Renaissance eine beachtl. *lat. Literatur*: Legenden, religöse Dichtung, Chroniken („Gesta Hungarorum", Ende des 13. Jh.). Die Dichtung der ungar. Humanismus erreichte in der Lyrik des Janus Pannonius (* 1434, † 1472) ihren Höhepunkt. Die *Reformation* verhalf der nat. Sprache auch in der Literatur zum endgültigen Durchbruch; neben der reformator. gewann die polit.-aktuelle Literatur (z. B. Schriften gegen die Türkenbesetzung) zunehmend an Bedeutung. Parallel zur Reformationsdichtung entwickelte sich die weltl. histor. Epik (Historiengesänge). Den Höhepunkt der ungar. *Renaissancedichtung* bildeten die Liebes- und religiösen Gedichte von B. Balassi. Die Epoche des *Barock* ist durch die Türkenkriege und die Religionskämpfe gekennzeichnet; so rief M. Zrinyi (* 1620, † 1664) in einem Heldenepos und in Prosaschriften zum Widerstand gegen die Türken auf, glänzendster Stilist der Zeit war der Führer der Gegenreformation, Kardinal P. Pázmány; namhaftester Vertreter der prot. Prosa war P. Alvinczi (* um 1570, † 1634). Nach der Niederlage der nat. Befreiungsbewegung (1711) gegen die Habsburger, die für die 1. Hälfte des 18. Jh. auch für die Literatur eine Stagnation bedeutete, erhielt die u. L. v. a. von der *Aufklärung* und den Ideen der Frz. Revolution neue Impulse; vorherrschend wurde der Klassizismus, die Literatur selbst zum wichtigsten Mittel der Spracherneuerung. Das Bestreben nach nat. Selbstbestimmung, das G. Bessenyei (* 1747, † 1811) einleitete, erfaßte mit den letzten Drittel des 18. Jh. weite Kreise. Die Jakobinerbewegung, der sich auch eine Dichtergruppe unter der Führung von F. Kazinczy (* 1759, † 1831) anschloß, fand nicht den Weg zur nat. Unabhängigkeit. Die ungar. *Romantik* fiel mit einer Zeit polit. Reformbestrebungen zusammen, die wiederum bes. von Dichtern vorangetrieben wurden, v. a. F. Kölcsey und K. Kisfaludy. Ihren Höhepunkt erreichte die u. L. des 19. Jh. im Schaffen der folgenden demokrat. gesinnten Generation, insbes. S. Petőfi, J. Arany; bed. Vertreter des histor. Romans waren J. von Eötvös und M. Jókai. Als Begründer der modernen ungar. Publizistik und geistiger Führer des Freiheitskampfes 1848 gilt L. Kossuth. Während das letzte Drittel des 19. Jh. im Zeichen des sich entfaltenden *Realismus* stand (u. a. die Erzähler K. Mikszáth, G. Gárdonyi [* 1863, † 1922] und Lyriker J. Vajda, G. Reviczky [* 1855, † 1889]), hinterließen die großen Stilrevolutionen des 20. Jh. in der u. L. nachhaltige Spuren. Führender [und bis heute rezipierter] Vertreter des Modernismus wurde E. Ady, der um die Zeitschrift „Nyugat" (Abendland) einen Kreis der bedeutendsten Dichter und Schriftsteller versammelte, u. a. M. Babits, D. Kosztolányi, Z. Móricz und F. Móra. Nach den Erschütterungen des 1. Weltkrieges setzte ein vielschichtiger Prozeß der Neuorientierung ein, wobei jedoch die Bindung der Literatur an Politik und öffentl. Leben erhalten blieb. Aus der Bewegung der *„Populisten"*, einer aus Schriftstellern und Politikern bestehenden Gruppierung, die im Bauerntum den Garanten des nat. Fortschritts sah, gingen vorwiegend Prosaschriftsteller hervor, u. a. P. Veres, P. Szabó (* 1893, † 1957), J. Kodolányi (* 1899, † 1968), Á. Tamási. Repräsentanten der bürgerl. Strömungen waren in der Prosa F. Herczeg sowie L. Zilahy und S. Márai, in der Dramatik F. Molnár und E. Illés (* 1902). Zu den Vertretern der urbanen, humanist.-intellektuellen Lyrik gehören L. Szabó (* 1900, † 1957), Z. Jékely (* 1913), G. Ronay (* 1913) und S. Weöres (* 1913). Hervorragendste Persönlichkeit der sozialist. Literatur war der Lyriker A. József. Ebenfalls der Arbeiterbewegung standen der Romancier T. Déry, der Novellist A. E. Golléri (* 1907, † 1945) und der Lyriker L. Kassák nahe; in der Emigration wirkten bis 1945 B. Illés (* 1895, † 1974) und G. Háy. Die nach 1945 erfolgte Eingliederung Ungarns in das von der UdSSR geführte Staatensystem samt ihren polit.-gesellschaftl. Folgen veränderte die u. L. grundlegend. Einer bis 1948 andauernden, allen zeitgenöss. Geistesströmungen noch offenen Übergangsperiode folgte eine Zeit der stalinist. Restriktionen. Die nach 1956 einsetzende Konsolidierung brachte einen beachtl. Freiraum für das literar. Schaffen. Befreit von den Schablo-

nen des früher obligator. sozialist. Realismus, ist für die heutige u. L., v. a. für die erzähler. Prosa, die Suche nach neuen Formen und Aussagen kennzeichnend. Zu den jüngeren Autoren zählen E. Fejes (* 1923), G. Hernádi (* 1926), F. Sánta, M. Szabó, G. Moldova (* 1934), A. Tabák (* 1938).
📖 *Pannonius, J., u. a.: Schätze der ungar. Dichtkunst. Kassel 1984. 6 Bde. - Klaniczay, T.: Hdb. der u. L. Budapest 1977. - Klaniczay, T.: Vom Besten der alten u. L. Budapest 1977. - Szerb, A.: U. L.gesch. Dt. Übers. Youngstown (Ohio) 1975. 2 Bde. - Sivirsky, A.: Die u. L. der Gegenwart. Dt. Übers. Bern u. Mchn. 1962.*

ungarische Musik, charakterist. ist die Mischung sehr verschiedener musikal. Einflüsse auf Grund der Lage des Landes. In der Volksmusik überleben mittel- und sogar ostasiat. pentaton. Typen noch aus der Nomadenzeit, Grundlage des „alten Stils". Darüber lagern in einem ständigen Assimilationsprozeß Elemente aus verschiedenen Epochen der u. Musik. Die Kunstmusik beginnt mit Gregorian. Gesängen sowie volkssprachl. Epik und dem Wirken ausländ. Musiker am Königshof (um 1000). Mittel- und westeurop. Einwanderer (seit dem 12. Jh.) brachten ihre Musik mit; vermittelt durch Fahrende sind seit Ende des 15. Jh. ungar. Tänze (Ungaresca) Bestandteil des gesamteurop. Repertoires. Während der türk. Herrschaft (seit 1526) lebten bes. im östr. Teil „Historiengesänge" (Reimchroniken, polit. Lieder) weiter; sie fanden 1690–1711 in den „Kurutzenliedern" eine Fortsetzung. Seit etwa 1750 erscheint der meist von Zigeunern gespielte Verbunkos; er und seine Abzweigungen in Csárdás, städt. Lied, Freiheits- und Studentenlied bilden den „neuen Stil", der von 1790 bis ins 20. Jh. als typ. ungar. galt. F. Liszt, M. Mosonyi (* 1815, † 1870) und F. Erkel schufen eine nat. u. M. romant. Prägung. J. Hubay und E. von Dohnányi leiten zur Moderne über. Z. Kodály und B. Bartók griffen, bei hochentwickelter Kompositionstechnik, auf die urspr. Bauernmusik zurück. Kodálys System (seine vielen Schüler, u. a. M. Seiber, A. Dorati, S. Veress, wirkten in aller Welt) schuf mit Chorbewegung und Musikschulen bes. seit 1945 die Grundlage der neuen ungar. Musikkultur. Zur jüngeren Komponistengeneration zählen u. a. G. Kurtág (* 1926), I. Láng (* 1933), Z. Durkó (* 1934) und die im Ausland tätigen G. Ligeti und R. Wittinger.
📖 *Sárosi, B.: Zigeunermusik. Dt. Übers. Budapest; Zürich u. Freib. 1977. - Szabolcsi, B.: Gesch. der u. M. Dt. Übers. Lpz. ³1975. - Kodály, Z.: Die ungar. Volksmusik. Dt. Übers. Budapest 1956.*

Ungarische Pforte, Talabschnitt der Donau zw. Hainburg an der Donau (Österreich) und Preßburg (ČSSR); durch sie fließt die Donau vom Wiener Becken ins Kleine Ungar. Tiefland.

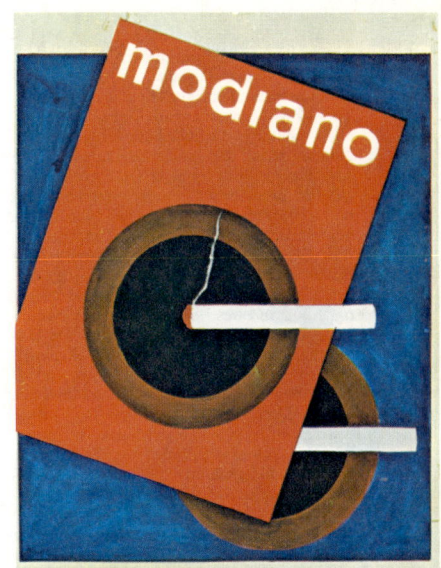

Ungarische Kunst.
Lajos Kassák, Plakatentwurf (1929).
Privatbesitz

Ungarischer Enzian, svw. Brauner Enzian (↑ Enzian).

ungarischer Volksaufstand ↑ Ungarn (Geschichte).

ungarische Sprache (Magyarisch, Madjarisch), svw. ↑ Ungarisch.

Ungarisches Tiefland, zusammenfassende Bez. für das Kleine und Große Ungarische Tiefland.

Ungarn

(amtl.: Magyar Kőztársaság), Rep. im sö. Mitteleuropa, zw. 45° 45' und 48° 35' n. Br. sowie 16° 05' und 22° 55' ö. L. **Staatsgebiet:** U. ist ein Binnenstaat und liegt zw. der Tschechoslowakei im N, der Sowjetunion im NO, Rumänien im O, Jugoslawien im S und Österreich im W. **Fläche:** 93 036 km². **Bevölkerung:** 10,7 Mill. E (1985), 115 E/km². **Hauptstadt:** Budapest. **Verwaltungsgliederung:** 19 Bezirke und 6 Stadtbezirke. **Amtssprache:** Ungarisch. **Nationalfeiertag:** 4. April. **Währung:** Forint (Ft) = 100 Filler (f). **Internat. Mitgliedschaften:** UN, GATT, COMECON, Warschauer Pakt. **Zeitzone:** MEZ.

Landesnatur. U. liegt fast ganz im Bereich des vom alpid. Gebirgssystem (Alpen, Karpaten, Dinariden) umschlossenen Pannon. Beckens. Das durch Absenkung entstandene Un-

Ungarn

gar. Tiefland (rd. 60% des Landes liegen unter 200 m ü. d. M.) wird durch das Ungar. Mittelgebirge in das Kleine Ungar. Tiefland und das Große Ungar. Tiefland, das Alföld, gegliedert. Dieses wird von der Theiß in das Donau-Theiß-Zwischenstromland (Duna-Tisza köze) im W und das Tiszántúl im O geteilt. Die Donau trennt das Ungar. Mittelgebirge in Transdanub. Mittelgebirge (Bakony, Vértesgebirge, Bergland von Buda, Gerecse-, Pilis- und Visegráder Gebirge) und Nordungar. Mittelgebirge (Börzönygebirge, Cserhát, Matra-, Bükk- und Zempliner Gebirge). Eine stärkere Reliefierung hat außerhalb des Ungar. Mittelgebirges nur Transdanubien erfahren. Südl. und westl. des Transdanub. Mittelgebirges erstreckt sich das Transdanub. Hügelland, aus dem im S das Mecsekgebirge und das Villanyer Gebirge aufragen; im O zw. Plattensee und Donau liegt das Mezőföld.
Klima: Durch die Binnen- und Beckenlage bedingt, ist das Klima überwiegend kontinental. Die Jahresamplitude der Temperatur liegt, nach O zunehmend, über 20 °C (Januarmittel −1,5 °C, Julimittel 21,5 °C). Die Niederschläge nehmen generell von W nach O ab. Die höchsten Niederschlagsmengen fallen im SW des Landes (bis 1 000 mm/Jahr). Die geringsten Niederschläge erhält das Große Ungar. Tiefland, bes. im Geb. der Theiß, wo häufig Dürreperioden eintreten.
Vegetation: Die natürl. Vegetation ist bis auf die Gebirgswälder und Flußauen weitgehend verschwunden. In den Gebirgen wachsen Eiche, Esche, Buche, Ahorn und Birke. Im Transdanub. Hügelland gedeihen Edelkastanien und Maulbeerbäume. Im Großen Ungar. Tiefland, urspr. eine an den Flüssen von Auen- und Moorwäldern durchsetzte Waldsteppe (Pußta), bilden die im 18. Jh. eingeführten Robinien z. T. geschlossene Wälder.
Bevölkerung: Über 95% der Bev. sind Ungarn. Die größte ethn. Minderheit bilden die überwiegend im W und SW des Landes lebenden 200 000 Deutschen. Serben, Kroaten, Bunjewazen u. a. Südslawen wohnen in S-U., Rumänen im O des Landes. Die 100 000 Slowaken leben verstreut im ganzen Land. Die religiösen Verhältnisse werden in der Statistik nicht mehr erfaßt. Etwa 58% sind Katholiken, rd. 18% Kalvinisten. Daneben gibt es Anhänger der serb.-orth. und der griech.-kath. Kirchen sowie christl. Sekten. Schulpflicht besteht vom 6. bis zum 16. Lebensjahr. Es bestehen 10 Univ. und 15 TU oder Fachuniversitäten. Die wiss. Forschung untersteht der ungar. Akad. der Wissenschaften.
Wirtschaft: An der landw. Produktion hatte 1983 der staatl. Sektor einen Anteil von 15%, der genossenschaftl. 78% (das private Hofland davon 10%) und der private 7%. Angebaut werden Weizen, Roggen, Reis (nördlichstes Reisanbaugebiet der Erde), Mais, Gerste, Zuckerrüben. An Gemüse werden v. a. Paprika und Tomaten angebaut. An Industriepflanzen finden sich Hanf und Sonnenblumen. Wein- und Obstbau (Äpfel, Pfirsiche, Aprikosen) werden ständig gefördert. Die Viehhaltung wurde mehr qualitativ als quantitativ gesteigert. Wesentl. ist das Schweine- und Schafzucht. Truthühner, Enten und Gänse werden v. a. für den Export gehalten (U. ist der größte Gänseleberexporteur der Erde). U. verfügt nur über wenige Rohstoffe. Zu nennen sind Braunkohle, Erdöl und Erdgas, Eisenerz und Bauxit (U. liegt an 8. Stelle der Weltförderung) sowie Uranerzvorkommen, die 1952 bei Pécs erschlossen wurden. Der Rohstoffarmut des Landes entsprechend ist die Ind. hauptsächl. auf arbeitsintensive Zweige ausgerichtet. Bei der Verteilung der Ind. zeigt sich eine starke Konzentration auf den Raum Budapest, wo fast 50% aller Ind.-beschäftigten tätig sind. Zur Bruttoindustrieproduktion trugen 1983 die Staatsbetriebe 90%, die Genossenschaften 7% und das private Handwerk 3% bei. Bes. Bed. haben folgende Industriezweige: Maschinen- und Fahrzeugbau, Nahrungsmittelind., chem., metallurg., Textil- und Bekleidungs-, Baustoff-, Leder-, Holz- und Papierindustrie. Entsprechend der wirtsch. Spezialisierung im Rahmen des COMECON liegt der Exportanteil bei bestimmten Industrieprodukten sehr hoch. Bed. Fremdenverkehr.
Außenhandel: Die wichtigsten Handelspartner sind UdSSR, BR Deutschland, DDR, ČSSR, Österreich, Polen, Jugoslawien, und Schweiz. Exportiert werden: lebende Tiere und Nahrungsmittel, Maschinen, Fahrzeuge, chem. Erzeugnisse, Eisen und Stahl. Importiert werden: Maschinen und Geräte, chem. Erzeugnisse, Nahrungs- und Futtermittel, Brenn- und Treibstoffe, Eisen und Stahl, Nichteisenmetalle, Textilien und Holz.
Verkehr: Das Verkehrsnetz ist dicht und gut ausgebaut. Das Eisenbahnnetz hat eine Länge von 7 760 km (1984), davon sind 1 704 km elektrifiziert. Das Straßennetz umfaßt 29 690 km (246 km Schnellstraßen). Die beiden Hauptflüsse Donau und Theiß spielen für den Inlandverkehr nur eine geringe Rolle. Die 1946 gegr. nat. Fluggesellschaft MALÉV verkehrt vom Budapester ⚑ Ferihegy nach 35 Städten in Europa und Vorderasien. Der Inlandflugdienst wurde 1970 eingestellt. Budapest wird von 14 ausländ. Gesellschaften angeflogen.
Geschichte: Zur Vorgeschichte ↑Europa. Ungarn bis zur Christianisierung: Der westl. Teil des heutigen U. entspricht im wesentl. dem Gebiet des antiken ↑Pannonien. Seit 896 besetzten die Magyaren das Pannon. Becken, assimilierten die hier lebenden Völker (Germanen, Slawen, Dakoromanen u. a.) und unternahmen Raubzüge in ganz Europa. Besiegt von König Heinrich I. bei Riade 933, von Kaiser Otto I. auf dem Lechfeld 955

Ungarn

und vor Byzanz 970, stellten die Ungarn ihre krieger. Streifzüge endgültig ein. Fürst Géza (⚭ 972–997) festigte die fürstl. Macht und öffnete sein Land der Missionierung. Gézas Sohn, Stephan I., der Heilige, ließ sich im Jahre 1001 mit einer von Papst Silvester II. verliehenen Krone (Stephanskrone) zum König krönen.

Das unabhängige Kgr. Ungarn (bis 1526): Nach dem Erlöschen des kroat. Königshauses (1091) wurde Kroatien (mit Slawonien und Dalmatien) in Personalunion mit U. verbunden (Dalmatien ging 1202 an Venedig verloren). Das Wiedererstarken von Byzanz führte unter Stephan II. (⚭ 1116–31) zu Kriegen mit dem Kaiserreich, das Stephans Gegenspieler unterstützte. Erst Béla III. (⚭ 1172–96) bereitete dem inneren Zwist im Land ein Ende. Jedoch schwächte der Machtanstieg der Großgrundbesitzer das Königtum: zugleich bedrohte er die alten Freiheiten der Mgl. des königl. Heeres (königl. Servienten) und der Anführer der Burgmannschaften („jobbágy"), aus denen sich später der Komitatsadel bildete und die sich diese Freiheiten in der Goldenen Bulle vom Jahre 1222 bestätigen ließen. Die Aufnahme der vor den Mongolen geflohenen Kumanen 1239 führte zu weiteren inneren Spannungen; auf Grund der zusätzl. Auseinandersetzungen mit dem östr. Hzg. Friedrich II. unterlag U. dem Ansturm der Mongolen. Nach deren Abzug (1242) organisierte Béla IV. die Landesverteidigung neu und führte innere Reformen durch. Jedoch behaupteten die Barone ihre Macht, die erst von Karl I. Robert (⚭ 1307–42) aus dem älteren Haus Anjou gebrochen wurde. Nach einem erfolglosen Krieg Karls gegen den rumän. Woiwoden Basarab I. im Nov. 1330 (Niederlage bei Posada) mußte er die Unabhängigkeit der Walachei anerkennen. Karls Sohn, Ludwig I. (⚭ 1342–82), seit 1370 auch König von Polen, betrieb eine expansive Außenpolitik, die sich v. a. in dauernden Kriegszügen gegen die Balkanländer zeigte. Ludwig I. vererbte den Thron an seine Tochter Maria (* 1370, † 1395), deren Gatte Sigismund von Luxemburg 1387 die Reg. (bis 1437) übernahm. Die Osmanen bedrohten nach dem Zusammenbruch Serbiens (1389) bereits unmittelbar die südl. Teile Ungarns. Nach der Niederlage bei Nikopolis 1396 wandte sich Sigismund, seit 1410/11 auch Röm. König, stärker der Reichspolitik zu und suchte eine europ. Koalition gegen die Osmanen zusammenzuführen. Erfolgversprechend begannen die Kampfhandlungen gegen die Osmanen unter dem Oberbefehl J. † Hunyadis, doch der Feldzug des Jahres 1444 endete vor Warna als Katastrophe. Hunyadis Sieg bei Belgrad 1456 bannte die osman. Gefahr von U. für Jahrzehnte. Sein Sohn †Matthias I. Corvinus (⚭ 1458–90) eroberte Mähren, Schlesien und die Lausitz, Niederösterreich und die Steiermark. 1485 zog er in Wien ein und machte es zu seiner Residenz. - Mit dem schwachen König Wladislaw II. (⚭ 1490–1516) verfiel die Zentralmacht. Ein Kreuzzug gegen die Osmanen sollte 1514 die innenpolit. Spannungen abbauen helfen, er entwickelte sich jedoch zum größten Bauernkrieg der ungar. Geschichte. Die bauernfeindl. Bestimmungen des Landtags von 1514 wurden auch in das „Tripartitum" von J. Werböczy (1517) aufgenommen. Die zerrütteten innenpolit. Verhältnisse und die außenpolit. Isolierung unter Ludwig II. (⚭ 1516–26) führten in die Katastrophe des königl. Heeres im Kampf gegen die Osmanen bei Mohács (1526).

Ungarn unter den Osmanen und den Habsburgern (bis 1918): Die nat. Partei wählte Johann Zápolya (⚭ 1526–40), den Woiwoden von Siebenbürgen, die höf. Partei hingegen den Habsburger Ferdinand (⚭ 1526–64) zum König. Mit osman. Unterstützung konnte Johann den habsburgischen Machtbereich auf Ober-U. (die Slowakei) und einen schmalen Streifen im W des Landes beschränken. Die Mitte des Landes mit Slawonien blieb ab 1541 als Paschalik Buda in osman. Hand. Johann II. Sigismund (⚭ 1540–51 und 1556–71) richtete sich unter dem Schutz der Eroberer in den Gebieten östl. der Theiß ein und nahm 1570 unter Anerkennung des Kaisers als König von U. den Titel eines „Fürsten von Siebenbürgen und Herr über Teile Ungarns" an. Fürst Stephan Báthory (⚭ 1571–86) legte die Grundlagen eines starken siebenbürg. Staates, der über Jahrzehnte eine selbständige Politik zw. Wien und der Pforte zu verfolgen vermochte.
Die Zentralisierungsbestrebungen der Habsburger im „königl. Ungarn" unter König Rudolf (⚭ 1576–1608), verbunden mit rigorosen gegenreformator. Maßnahmen, entfachten den Widerstand der ungar. Stände. 1605 wählte der Landtag István Bocskai zum Fürsten von U. und Siebenbürgen. Der König erfüllte im Wiener Frieden 1606 die Forderungen des Aufstandes, sicherte die freie Religionsausübung im habsburg. U. zu und erkannte die Unabhängigkeit Siebenbürgens an. Nach der vergebl. türk. Belagerung Wiens 1683 sowie der raschen Befreiung U.s durch kaiserl. Truppen (1686 Fall Budas, 1697 Sieg bei Zenta) traten die Osmanen im Frieden von Karlowitz 1699 U. mit Ausnahme des Banats, Kroatien und Slawonien an die Habsburger ab. Deren verfassungswidrige Verwaltung und Übergriffe des kaiserl. Militärs führten 1697 zum Tokajer Kurutzenaufstand und 1703–11 zu einem das ganze Land erfassenden Freiheitskampf unter Franz II. Rákóczi. Der Friede von Sathmar (1711) versprach die Aufrechterhaltung der ständ. Verfassung und der Religionsgesetze. Der ungar. Landtag stimmte 1722/23 als Ge-

349

Ungarn

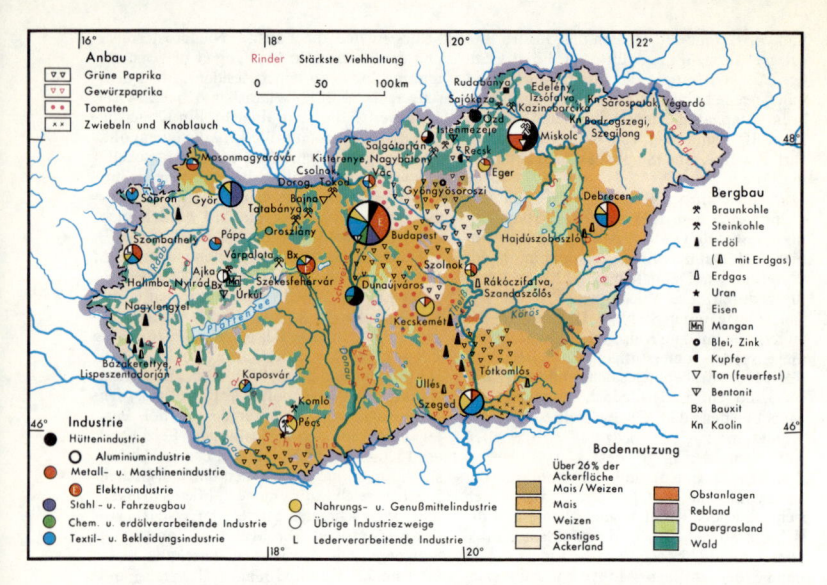

Ungarn. Wirtschaftskarte

genleistung der Pragmat. Sanktion zu. Dadurch war die Unteilbarkeit des Habsburgerreiches gesetzl. festgelegt. Noch unter Karl III. (⚭ 1711–40) begann die Neubesiedlung der unter osman. Herrschaft weitgehend entvölkerten Gebiete. Die Kolonisation († auch deutsche Ostsiedlung), die im ganzen 18. Jh. anhielt, veränderte die ethnograph. Struktur U.s völlig und ließ die Magyaren im Lande zur Minderheit werden. Die für U. nachteilige Wirtschaftspolitik des Wiener Hofes war durch die Steuerfreiheit des Adels und durch das Leibeigenensystem mitbedingt, überkommene Institutionen, an denen der Adel nicht rütteln ließ. Joseph II. (⚭ 1780–90) wollte die Ansätze eines aufgeklärten Absolutismus weiter ausbauen: 1781 gewährte er den Protestanten freie Religionsausübung (Toleranzpatent) und sicherte 1785 den Leibeigenen Freizügigkeit zu. Angesichts einer drohenden offenen Adelsempörung mußte er jedoch die meisten seiner Reformen vor seinem Tode widerrufen.

Durch das aus Revolutionsfurcht und Furcht vor republikan. Bestrebungen hervorgegangene Polizeiregime unter Franz II. (⚭ 1792–1835) kam erst auf dem Landtag 1825–27 der Reformgeist zum Durchbruch, dessen Träger in U. in Ermangelung eines starken Bürgertums der Adel war. Die ablehnende Haltung Wiens gegenüber polit. Reformen führte zur Radikalisierung der Reformbewegung, deren führende Gestalt ab 1841 L. Kossuth wurde. Unter dem Eindruck der Revolutionen in Paris und Wien brach am 15. März 1848 in Pest die *ungar. Revolution* aus. Nach der Erstickung des bereits erfolgreichen Freiheitskampfes im Aug. 1849 mit russ. Hilfe und der Hinrichtung vieler Revolutionäre folgte das neoabsolutist. „Bachsche System". U. verlor seine Selbständigkeit. Das um Siebenbürgen, Kroatien mit Slawonien und das Banater Gebiet verkleinerte U. bekam eine neue Verwaltungseinteilung und wurde nach dem Muster der übrigen östr. Kronländer regiert. Eine positive Wirtschaftsentwicklung setzte ein (Zollunion mit Österreich, 1850). Die Niederlage in Italien zwang Kaiser Franz Joseph, dem Gesamtreich eine neue Verfassung zu geben. Der Weg zu dem den Gesamtstaat Österreich in die östr.-ungar. Monarchie († Österreich-Ungarn) umwandelnden östr.-ungar. Ausgleich wurde jedoch erst nach den östr. Niederlagen 1859 und im Dt. Krieg 1866 frei. Der kroat.-ungar. Ausgleich vom Juni 1868 regelte das Verhältnis zu Kroatien mit Slawonien, die Union Siebenbürgens mit U. wurde auf Grund eines neuen Gesetzes im Dez. 1868 endgültig vollzogen. Das Banat war bereits 1860 wieder an U. gekommen. Nach 1875 begann ein beachtl. wirtschaftl. Aufschwung. Dessenungeachtet verschärften sich die sozialen und nat. Gegensätze. Min.präs. D. Bánffy (1895–99) unterdrückte gewaltsam die Unruhen unter Arbeitern und Bauern und lähmte die Aktivitäten der Nationalitäten. Viel Unheil stiftete die forcierte Magyarisierung. 1913–17 versuchte Min.präs. I. Graf Tisza angesichts des auf Expansion drängenden Nationalismus Serbiens und Ru-

Ungarn

mäniens zu spät eine Einigung mit den Nationalitäten herbeizuführen.

Die Republik Ungarn und die Restauration (1918–45). Die Niederlage im 1. Weltkrieg führte zur Ausrufung der Republik am 16. Nov. 1918. Nach den Bestimmungen des am 13. Nov. 1918 in Belgrad geschlossenen Waffenstillstands mußte die Reg. unter Min.präs. M. Graf Károlyi weite Gebiete im S und O des Landes räumen. Kroatien-Slawonien hatte bereits am 29. Okt. die staatsrechtl. Verbindung mit U. gelöst. Der Versuch der Reg., die Rumänen, Slowaken und Serben zur Annahme ihrer Autonomiepläne im Rahmen des histor. U. zu bewegen, scheiterte. Die unnachgiebige Haltung der Alliierten, deren Note vom 23. Dez. die Räumung der Slowakei forderte, dann der weitere Vormarsch der rumän. Truppen mit deren Zustimmung erschütterte die innenpolit. Lage der Regierung. Der Budapester Arbeiterrat proklamierte am 21. März 1919 die Räterepublik, deren Schlüsselfigur B. Kun wurde. Die Bemühungen um internat. Anerkennung schlugen fehl. Rumänen und Tschechen griffen Mitte April an. In der aussichtslosen militär. Lage dankte der Regierepde Rat (Reg.) am 1. Aug. 1919 ab. Am 4. Aug. besetzte die königl. rumän. Armee Budapest. In Szeged hatte sich Mitte im Mai unter dem Schutz der frz. Besatzung eine gegenrevolutionäre Reg. gebildet, deren Kriegsmin. M. Horthy war. Er zog an der Spitze seiner Nationalarmee am 16. Nov. 1919 in Budapest ein. Die im Jan. 1920 gewählte Nat.versammlung wählte am 1. März 1920 Horthy zum Reichsverweser. Die Staatsform der Monarchie wurde beibehalten. Der Friedensvertrag von Trianon wurde am 4. Juni 1920 unterzeichnet. U. verlor 68% seines früheren Staatsgebietes und 59% seiner früheren Bev., darunter 3 Mill. Magyaren. Die Nationalversammlung sprach am 6. Nov. 1921 die Thronenthebung der Habsburger aus. Min.präs. I. Graf Bethlen von Bethlen (1921–31) gelang zwar die innenpolit. Konsolidierung, die sozialen Spannungen jedoch blieben. Der Freundschaftsvertrag von 1927 mit dem faschist. Italien bedeutete das Ende der internat. Isolierung Ungarns. Die Wiener Schiedssprüche von 1938/40 und die Teilnahme am Angriffskrieg gegen Jugoslawien 1941 brachten U. einen Teil der im 1. Weltkrieg verlorenen Gebiete zurück. Minpräs. L. Bárdossy (1941/42) erklärte am 27. Juni 1941 der Sowjetunion den Krieg. Am 19. März 1944 besetzten dt. Truppen das Land und zwangen Horthy, eine deutschfreundl. Reg. einzusetzen. Sein Versuch, am 15. Okt. 1944 Waffenstillstand zu schließen, scheiterte. Horthy dankte ab und übergab die Macht dem Pfeilkreuzlerführer F. Szálasi, der die letzten Kräfte im Kampf auf seiten Deutschlands mobilisierte. Die Sowjets besetzten das Land schrittweise bis zum 4. April 1945. Am 22. Dez. 1944 hatte sich inzwischen im sowjet. besetzten Debrecen eine provisor. Reg. gebildet, die mit den Sowjets einen Waffenstillstand schloß und Deutschland den Krieg erklärte.

Nachkriegszeit und Gegenwart (seit 1945): Nach den Wahlen vom Herbst 1945 wurde der Führer der Kleinlandwirtepartei, Z. Tildy, zum Min.präs. und am 1. Febr. 1946 zum Staatspräs. gewählt. Der Pariser Friede vom 10. Febr. 1947 stellte die ungar. Grenzen vom 1. Jan. 1938 wieder her und verpflichtete U. zu Reparationszahlungen, v. a. an die Sowjetunion. Noch die provisor. Reg. hatte den Erlaß einer Bodenreform verabschiedet; die Verstaatlichung der Großbanken und der Betriebe sowie des Schulsystems 1946–49 diente der sozialist. Umgestaltung nach sowjet. Muster. Die treibende Kraft der innenpolit. Entwicklung waren die Kommunisten, die von der sowjet. Militärmacht unterstützt wurden. Die Parteien wurden bis Sommer 1948 verboten oder lösten sich selbst auf, die Sozialdemokraten wurden gezwungen, sich am 12. Juni 1948 mit der KP zur Partei der Ungar. Werktätigen zu vereinigen (seit 1956 Ungar. Sozialist. Arbeiterpartei). Die innenpolit. Opposition wurde durch konstruierte Anklagen gegen kirchl. Würdenträger und gegen gemäßigte, „nat.-kommunist." Persönlichkeiten in der KP selbst eingeschüchtert oder vernichtet. Durch die Verfassung vom 20. Aug. 1949 wurde U. eine Volksrepublik. Innenpolit. Spannungen machten nach Stalins Tod (März 1953) eine Liberalisierung notwendig. Anstelle des Stalinisten M. Rákosi wurde am 3. Juli 1953 I. ↑Nagy als Min.präs. eingesetzt. Er führte 1953–55 polit. und wirtsch. Reformen durch; der polit. Terror ließ nach. Die Beschlüsse des XX. Parteitags der KPdSU im Febr. 1956 führten zur Ablösung Rákosis als Generalsekretär, doch folgte ihm der dogmat. Stalinist E. Gerő. Seiner starren und unbesonnenen Haltung ist es zuzuschreiben, daß es am 23. Okt. 1956 zum ungar. Volksaufstand kam, der nur durch das militär. Eingreifen der sowjet. Streitkräfte niedergeschlagen werden konnte. Fast 200 000 Ungarn flüchteten ins westl. Ausland. - Parteisekretär J. Kádár (Nov. 1956–58 und 1961–68 auch Min.-präs.) bemühte sich um verbegl. Versuchen einer blockfreien Politik wieder eine prosowjet. Politik. U. erholte sich polit. und wirtsch. und schlug den Weg einer vorsichtigen Liberalisierung ein. U. kann als dasjenige osteurop. Land angesehen werden, das nach Abschluß der KSZE 1975 am stärksten versucht, den Prinzipien der Schlußakte auch im Bereich der menschl. Kontakte zu entsprechen. Die Jahre seit 1976 sind eine Intensivierung der Beziehungen zu den Nachbarstaaten (auch zu Österreich) gekennzeichnet, durch die v. a. die Rechte nat. Minderheiten verbessert werden sollten.

Auch innenpolit. ist eine Liberalisierung zu verzeichnen. In den Großbetrieben wurde Anfang 1978 in begrenztem Umfang die Mitbestimmung eingeführt („Betriebsdemokratie"); in den 1980er Jahren fördert der Staat verstärkt die wirtsch. Privatinitiative („Unternehmer-Sozialismus"). Seit 1987 orientieren sich Lohnerhöhungen an der Leistung; 1988 wurden die Mehrwert- und die Einkommensteuer eingeführt. Weitere Wirtschaftsreformen traten 1989 in Kraft, u. a. ist jetzt der Aktienerwerb jedem Bürger gestattet. Innenpolit. bedeutsam wurde die Parteikonferenz der Ungar. Sozialist. Arbeiterpartei (USAP) im Mai 1988. Neben Parteichef J. Kádár, der ein Jahr später sämtl. Funktionen in der USAP verlor, mußte fast die gesamte Parteispitze aus dem Politbüro bei den Neuwahlen ausscheiden. Neuer Parteichef wurde K. Grosz; der Rücktritt des Politbüros im April 1989 und die darauf folgenden Neuwahlen stärkten die Reformkräfte in der USAP um M. Németh und I. Pozsgay. Bereits im Febr. 1989 billigte das ZK der USAP die Einführung des Mehrparteiensystems und verzichtete auf den in der Verfassung festgeschriebenen Führungsanspruch in Staat und Gesellschaft. In der Folge wurden neue Parteien gegr., u. a. die Ungar. Volkspartei. Die im Juni begonnenen Verhandlungen zw. USAP und Oppositionsgruppen über die Umgestaltung Ungarns endeten mit dem Beschluß, für Frühjahr 1990 Parlamentswahlen anzusetzen und vorher einen neuen Staatspräs. zu wählen. Ein Referendum im Nov. 1989 über diese Frage änderte jedoch diese Reihenfolge. Im Okt. 1989 löste sich die USAP selbst auf, mehrere Mgl. gründeten die Ungar. Sozialist. Partei. Mit einer Verfassungsänderung am 23. Okt. 1989 änderte das Parlament den Staatsnamen in Republik Ungarn. Im Spätjahr 1989 bildeten sich - auch im Zuge der Selbstauflösung der USAP - eine Reihe neuer polit. Parteien. Das konservativ ausgerichtete Ungar. Demokrat. Forum (UDF) gewann die ersten freien Parlamentswahlen seit 1947 am 25. März/8. April 1990 mit 42,3% der Stimmen (164 Mandate). Der Bund Freier Demokraten erhielt 23,8% und 92 Mandate, die wiedergegr. Partei der Kleinlandwirte konnte 11,7%, die aus der USAP hervorgegangene USP 10,9% der Stimmen gewinnen. Neuer Min.präs. wurde der Vors. des UDF, J. Antall (*9. April 1932).

Politisches System: Nach der Verfassung vom 18. Aug. 1949 (weitgehend revidiert 1972 und erneut 1989 geändert) ist U. eine Republik. *Staatsoberhaupt* ist der vom Parlament gewählte Präsident. Die *Exekutive* liegt beim Min.rat unter Leitung des Min.präs. Der Min.rat wird vom Parlament gewählt und ist diesem rechenschaftspflichtig. *Legislativorgan* ist das Einkammerparlament, dessen 357 Abg. für 5 Jahre in allg., gleichen und geheimen Wahlen gewählt werden. Bis zu den Verfassungsänderungen 1989 oblag die eigentl. Gesetzgebungstätigkeit einem Präsidialrat, der vom Parlament aus seiner Mitte gewählt wurde und zugleich kollektives Staatsoberhaupt war. Einzige *Partei* war bis zu ihrer Selbstauflösung im Okt. 1989 die Ungar. Sozialist. Arbeiterpartei (USAP). Sie verzichtete bereits im Febr. 1989 auf ihre in der Verfassung verankerte Führungsrolle. Ihre Nachfolgeorganisation ist die Ungar. Sozialist. Partei, die für einen demokrat. Rechtsstaat und freie Marktwirtschaft eintritt. Weitere Parteien sind das Ungar. Demokrat. Forum, der Bund freier Demokraten und die Partei der Kleinlandwirte. Im Zentralrat der Ungar. *Gewerkschaften* sind rd. 4 Mill. Mgl. zusammengeschlossen. Zur *Verwaltung* ist U. in 19 Bezirke und 5 Stadtbezirke gegliedert, unter denen die Hauptstadt Budapest eine administrative Sonderstellung einnimmt. Die örtl. Angelegenheiten werden von Räten und Vollzugsausschüssen mit Kommissionen und Fachverwaltungsorganen wahrgenommen. Das *Gerichtswesen* ist dreistufig gegliedert; Gerichte der untersten Ebene sind die Amtsgerichte, der mittleren Ebene die Bezirksgerichte und das Hauptstadtgericht; höchstes Rechtsprechungsorgan und oberste Instanz, auch für die Militär- und Arbeitsgerichte, ist das Oberste Gericht. Eine Verfassungsgerichtsbarkeit gibt es nicht. Die ungar. *Streitkräfte* umfassen 99 000 Mann (Heer 77 000, Luftwaffe 22 000). Die paramilitär. Kräfte sind in 16 000 Mann Grenztruppen und 60 000 Mann Arbeitermiliz gliedert.

📖 *Hoensch, J. K.: Gesch. Ungarns 1867–1983. - Stg. 1984. - Balassa, I./Ortutay, G.: Ungar. Volkskunde. Mchn. 1982. - Raducziner, Z.: Die ungar. Wirtschaftsordnung heute. Bern 1982. - Pécsi, M./Sárfalri, B.: Physical and economic geography of Hungary. Budapest* [2]*1979. - Kopácsi, S.: Die ungar. Tragödie. Dt. Übers. Stg. 1979. - Singer, L.: Der ungar. Weg. Stg. 1978. - Bogyay, T. v.: Grundzüge der Gesch. Ungarns. Darmst.* [3]*1977. - Antal, E.: Das Wirtschaftslenkungssystem des ungar. Sozialismus. Mchn. 1976. - Soziologie u. Gesellschaft in U. Hg. v. B. Balla. Stg. 1974. 4 Bde. - Bak, J. M.: Königtum u. Stände in U. im 14.–16. Jh. Wsb. 1973. - Robinson, W. F.: The pattern of reform in Hungary. New York 1973.*

Ungava Peninsula [engl. ʌŋˈɡaːvə pɪˈnɪnsjʊlə], Halbinsel im N von Labrador, Kanada, zw. Hudsonbai (im W) und Ungava Bay (im O); Eisenerzabbau und -anreicherung bei Hopes Advance.

Ungebühr (Mißachtung des Gerichts), unangemessenes Betragen der vor Gericht erscheinenden Parteien, Beschuldigten, Zeugen, Sachverständigen oder Zuschauer; kann mit einem Ordnungsgeld bis zu 2 000 DM oder einer Ordnungshaft bis zu einer Woche geahndet werden.

Ungehorsam, Bez. für die Weigerung eines Kindes oder Jugendlichen, Anordnun-

gen seines Erziehers ausnahmslos und unreflektiert nachzukommen und dessen Normen und Wertvorstellungen kritiklos zu übernehmen. U. wird als Mißerfolg von Erziehungsbemühungen, aber häufig als Voraussetzung zur Selbstverwirklichung junger Menschen in einer demokrat. Gesellschaft angesehen.
◆ im **Recht** ist ziviler U. gegenüber hoheitl. Anordnungen, soweit er nicht mit Widerstand gegen die Staatsgewalt verbunden ist bzw. eine öffentl. Aufforderung zu Straftaten beinhaltet, ein nicht strafbares, durch Verwaltungszwang zu brechendes Verhalten (↑auch Gehorsamspflicht). - Militär. U. ist strafbar. U. des Beamten wird mit den Mitteln des ↑Disziplinarrechts geahndet.

Ungelernte, Arbeiter, die keinerlei Ausbildung erhalten haben und meist mit Hilfsarbeiten beschäftigt werden.

Ungenauigkeitsrelation, svw. ↑Unschärferelation.

ungerade Funktion, eine Funktion $y = f(x)$, für die $f(-x) = -f(x)$ gilt; die graph. Darstellung einer u. F. ergibt eine zum Ursprung (0, 0) punktsymmetr. Kurve; z.B. die Funktionen $y = x^3$ und $y = \sin x$.

ungerade Zahl, Bez. für eine nicht durch 2 teilbare natürliche Zahl, z.B. 3, 5, 7, 9 usw.

ungerechtfertigte Bereicherung, ohne rechtl. Grund auf Kosten eines anderen erlangte, rückgängig zu machende Vermögensmehrung. Die gesetzl. Regelung in §§ 812 ff. BGB bezweckt den Ausgleich ungeplanter oder fehlgeschlagener, den Wertungen der Rechtsordnung widersprechender Vermögensverschiebungen. Sie gewährt dem Berechtigten einen schuldrechtl. Anspruch auf die Herausgabe des unrechtmäßig Erlangten (condictio, Kondiktion). Die sog. **Leistungskondiktion** greift ein, wenn für die Vermögensverschiebung kein Rechtsgrund gegeben ist; z.B. Zahlung einer irrtümlich angenommenen Schuld, Leistung auf Grund eines unwirksamen Vertrages, Nichterreichung eines ausdrückl. vereinbarten Zweckes, Anerkennung einer nichtbestehenden Schuld durch [Konstitutions-] Schuldanerkenntnis. Die sog. **Eingriffskondiktion** dient dem Ausgleich eines ungerechtfertigten Vermögenserwerbs infolge des Eingriffs in fremde Rechte oder von Naturereignissen; z.B. Verfügung (Veräußerung) eines Nichtberechtigten, die im Interesse der Rechtssicherheit dem Berechtigten gegenüber wirksam ist (↑auch Gutglaubensschutz). Veräußert A die dem B gehörende Sache an C, so kann B von A das aus diesem Veräußerungsgeschäft Erlangte herausverlangen.

Ungerer, Tomi, eigtl. Jean Thomas U., * Straßburg 28. Nov. 1931, frz. Zeichner. - Lebte in New York, Kanada und seit 1976 in Irland; neben karikaturist. bissigen Zeichnungen illustrierte er auch zahlr. Kinderbücher und „Das große Liederbuch" (1975).

Tomi Ungerer. Ohne Titel (1976). Illustration aus dem Buch „Liebesdienste" von Ben Witter (Text) und Tomi Ungerer (Zeichnungen)

Ungern-Sternberg, Alexander Freiherr von, Pseud. Alexander von Sternberg, * Gut Noistfer bei Reval 22. April 1806, † Dannenwalde bei Stargard 24. Aug. 1868, dt. Schriftsteller. - Verfaßte histor. und gesellschaftskrit. Romane („Diane", 1842), Novellen („Die Zerrissenen", 1842) und spannende Unterhaltungsliteratur.

Ungers, Oswald Matthias, * Kaisersesch bei Cochem 12. Juli 1926, dt. Architekt. - Betont als Vertreter des Rationalismus die strenge Stereometrie, die Unterordnung der kleinen Elemente unter die Großform und das individuelle Einbinden in bestehende Strukturen. - Vorwiegend unausgeführte *Entwürfe:* für das Museum Tiergarten in Berlin (1965), die Univ. Ost in Bremen (1975), das neue „Wallraf-Richartz-Museum und Museum Ludwig" in Köln (1976), Hotel Budapester Straße (1978), Berlin, in Frankfurt Messehalle 9 (1983), Messehochhaus (1985) und Architekturmuseum (1984).

ungesättigte Verbindungen, organ. oder anorgan. Verbindungen mit Doppel- oder Dreifachbindungen.

ungeschlechtliche Fortpflanzung ↑Fortpflanzung.

Ungeziefer, aus hygien. Gründen bekämpfte tier. Schädlinge (z.B. Flöhe, Läuse, Wanzen, Milben, Schaben, Motten), die als Blutsauger und Hautschmarotzer bei Menschen und Haustieren sowie als Schädlinge in Wohnräumen, Ställen, Speichern und in Räumen der Lebensmittelbetriebe, ferner als Textil- oder Vorratsschädlinge und an Zimmer- und Gartenpflanzen auftreten. Eine strenge Abgrenzung zu Feld- und Forstschädlingen ist nicht gegeben.

Ungka [malai.] ↑ Gibbons.

Ungleichung, aus Zeichen für mathemat. Objekte (Zahlen, Variable, Funktionen u. a.) zusammengesetzter Ausdruck, der eines der Zeichen $\neq$ (ungleich), $<$ (kleiner als), $>$ (größer als), $\leq$ (kleiner oder gleich), $\geq$ (größer oder gleich), enthält. Beispiele: $a \neq b$ (a [ist] ungleich b), $3 < 5$ (3 [ist] kleiner [als] 5); $5x \geq 6$ ($5x$ [ist] größer [als oder] gleich 6).

Unguentum [lat.] (Abk. Ungt., Ung.), svw. ↑ Salbe.

Ungula [lat.] ↑ Huf.

Ungulata (Ungulaten) [lat.], svw. ↑ Huftiere.

unguligrad [lat.], auf den Zehenspitzen (bzw. Hufen) gehend; von Tieren *([Zehen]-spitzengänger, Unguligrada)* gesagt, deren Füße nur mit dem letzten Zehenglied (der Zehenspitze) auf dem Boden aufsetzen. U. sind Einhufer und Paarhufer.

Unheil, religionswiss. Kontrastbegriff zu ↑ Heil; er bezeichnet eine Existenzweise, die in den prophet. Religionen durch Gottferne charakterisiert ist.

Unhold [zu althochdt. unholdo „böser Geist"], Bez. für einen rohen, grausamen Menschen, v. a. für einen Sittlichkeitsverbrecher.

uni [frz. y'ni; lat.-frz.], einfarbig, ohne Muster (bes. bei Textilgeweben).

uni..., Uni... [zu lat. unus „einer, ein einziger"], Bestimmungswort von Zusammensetzungen mit der Bed. „einzig, nur einmal vorhanden, einheitlich".

UNIDO [engl. jʊˈnaɪdoʊ, Abk. für engl.: United Nations Industrial Development Organization; 1967 gegr. Organisation der UN für industrielle Entwicklung, Sitz Wien. Organe sind der industrielle Entwicklungsrat mit 45 Mgl. und das Sekretariat.

unierte Kirchen [lat./dt.], Bez. für eine Gruppe voneinander unabhängiger ↑ orientalischer Kirchen (Ostkirchen), die mit Rom verbunden (uniert) sind, so daß sie neben der röm.-kath. Kirche zur kath. Kirche gehören.
♦ im prot. Bereich Bez. für Kirchen, die im 19. Jh. durch Zusammenschluß von Kirchen verschiedener Bekenntnisses entstanden.

unifazial [lat.], einseitig gestaltet; in der Botanik von Blättern oder Blattstielen gesagt, deren Oberfläche im Ggs. zum normalen *bifazialen* Bau (Ober- und Unterseite verschieden gestaltet) nur aus der stärker wachsenden Unterseite der Blattanlage gebildet wird. Die auf diese Weise entstehenden Rundblätter (z. B. bei Laucharten) zeigen im Querschnitt ringförmig angeordnete Leitbündel. Durch sekundäre Abflachung entstehen Flachblätter (z. B. bei den Schwertlilienarten).

uniform [lat.-frz.], gleichförmig, einförmig, einheitlich.

Uniform [lat.-frz.], nach einheitl. Richtlinien hergestellte [Dienst]kleidung, die die Zugehörigkeit einer Person zu einer bestimmten Institution (Militär, Polizei, Post, Eisenbahn, Feuerwehr usw. sowie Verbände, Vereine) äußerl. kennzeichnet. U. für den militär. Gebrauch setzten sich mit der Errichtung stehender Heere seit Ende des 17. Jh. durch.

Uniformitätsakte [lat.] (engl. Acts of Uniformity), Bez. für 4 engl. Staatsgesetze zur Einführung einer einheitl. Liturgie in der anglikan. Kirche: 1. Einführung des „Common Prayer Book" in der ersten Fassung von T. Cranmer (1549); 2. Einführung der zweiten (streng kalvinist.) Cranmerschen Fassung (1552); 3. Wiedereinführung der zweiten (nun gemildert kalvinist.) Fassung (1559); 4. Aufhebung der von O. Cromwell eingeführten Presbyterialverfassung und Wiederinkraftsetzung des Elisabethan. Gesetzes von 1559 (1662).

Uniformitätsregel [lat.] ↑ Mendel-Regeln.

Unigenitus [lat. „der eingeborene (Sohn Gottes)"], nach ihrem Anfangswort ben. Bulle vom 8. Sept. 1713, die Papst Klemens XI. gegen den ↑ Jansenismus erließ.

Unikum [lat.], einziges Exemplar; (übertragen:) sonderl. Mensch.

UNILAC [Abk. für engl.: **Un**iversal linear **ac**celerator „universeller Linearbeschleuniger"], der Schwerionenbeschleuniger der Gesellschaft für Schwerionenforschung (GSI), Darmstadt. Mit dem 120 m langen U. können sämtl. Elemente auf variable Energien bis 12 MeV pro Nukleon beschleunigt werden, z. B. Blei- oder Uranionen auf rd. 2,5 GeV (entsprechend 15% der Lichtgeschwindigkeit). Der U. dient der Grundlagenforschung im Bereich der Kern- und Atomphysik.

unilateral, einseitige, nach einem Elternteil ausgerichtete Gesellschaftsordnung.

Unilaterale [lat.] (Monolaterale), Laute, bei deren Artikulation die Luft nur an einer Seite der Zunge entweicht; z. B. bezeichnet kymrisch *ll* einen stimmlosen, dentalen lateralen Reibelaut; bes. in den west- und ostkaukas. Sprachen verbreitet.

Unilever-Konzern [engl. ˈjuːnɪliːvə, niederl. ˈyːniːleːvər], größter Nahrungsmittelkonzern der Erde, Sitz Rotterdam und London; gegr. 1930 durch Fusion von Margarine Unie N. V./Margarine Union Ltd. und Lever Brothers Ltd.; heutiger Name seit 1952. Die brit. Gesellschaft Unilever Ltd. ist Dachorganisation für den Bereich des Commonwealth, die niederl. Unilever N. V. für die übrigen Länder.

Unimak Island [engl. ˈuːnɪmæk ˈaɪlənd], östlichste Insel der Fox Islands der Aleuten, USA, etwa 110 km lang, bis 50 km breit; bis 2857 m hoch.

Unio mystica [lat./griech.] ↑ Mystik.

Union [lat.] (prot. U., ev. U.), auf Betreiben der Kurpfalz 1608 geschlossenes Bündnis süd- und westdt. prot. Reichsstände zur Abwehr von Rechtswidrigkeiten und Gewalttä-

Unionisten

tigkeiten. Als kath. Gegenbündnis bildete sich 1609 die Liga. Durch chron. Geldmangel, Streitigkeiten zw. Lutheranern und Kalvinisten, das Fernbleiben Kursachsens und der norddt. prot. Fürsten in ihrer Handlungsfähigkeit von Anfang an eingeschränkt, war die U. dennoch ein Stütz- und Mittelpunkt aller antikath. und antihabsburg. Bestrebungen. Bei Ausbruch des Dreißigjährigen Krieges in Böhmen erwies sich die U. als der Liga nicht gewachsen; sie schloß ein Neutralitätsabkommen mit der Liga und löste sich im Mai 1621 auf.

Union [lat.], bes. Fall eines Staatenbundes; man unterscheidet Real- und Personal-U.; auch Bez. für supranat. Einrichtungen, die zur Erreichung eines gemeinsamen polit. Zieles geschaffen werden (z. B. Montan-U., Zoll- und Währungsunion).

◆ im *kirchl.-theolog. Sprachgebrauch* ein Zusammenschluß von Kirchen verschiedener Riten (z. B. die U. der röm.-kath. Kirche mit den Griechen) oder - v. a. im prot. Raum - verschiedener Bekenntnisse. Hier unterscheidet man: 1. *Konsensus-U.*: U. auf Grund gemeinsamer Glaubensintention bei verschiedenem Bekenntnis; 2. *Verwaltungs-U.*: administrativer Kirchenzusammenschluß ohne Berücksichtigung der Konfession; 3. *föderative U.*: einheitl. Verwaltung auf der Grundlage eines konfessionellen Gesamttypus (z. B. die U. von 1817 in Preußen).

Unión, La, Dep.hauptstadt im äußersten O von El Salvador, am Golf von Fonseca, 47 900 E. Handelszentrum mit verarbeitenden Betrieben. Einer der wichtigsten Häfen des Landes; Endpunkt der internat. Eisenbahn von Zentralamerika. - Ende des 18. Jh. wurde der Anlegeplatz Amapala als Puerto San Carlos (zu Ehren des span. Königs Karl III.) zum Ort erhoben; zw. 1859 und 1947 von 7 schweren Erdbeben heimgesucht, das letzte verbunden mit einem Vulkanausbruch.

Union Démocratique du Travail [frz. y'njõ demɔkra'tik dytra'vaj], Abk. UDT, ↑ Union des Democrates pour la République.

Union Démocratique et Socialiste de la Résistance [frz. y'njõ demɔkra'tik esɔsja'list dəlarezis'tã:s], Abk. UDSR, 1946 gegr. polit. Partei in Frankr., hatte auf Grund der parteipolit. Konstellationen bis zu ihrem Zerfall 1958 häufig eine Schlüsselrolle inne; stand den Sozialisten nahe; Vors. 1946–53 R. Pleven, 1953–58 F. Mitterand.

Union der Europäischen Rundfunkorganisationen (Abk. UER; Europ. Rundfunk-Union; engl. European Broadcasting Union, Abk. EBU; frz. Union Européenne de Radiodiffusion, Abk. UER), Organisation von 40 europ. Rundfunkanstalten, der 67 außereurop. Anstalten als Assoziierte angeschlossen sind; gegr. 1950 (als Nachfolgerin der Internat. Rundfunkunion [1925–50]), Verwaltungssitz Genf, techn. Zentrum Brüssel. Hauptaufgaben: Vertretung der Interessen der Mitgliedsorganisationen, Förderung der Koordination und des Informationsaustausches, Gewährleistung der Einhaltung internat. Abkommen auf allen Sektoren des Rundfunkwesens sowie Nachrichten- und Programmaustausch in der Eurovision.

Union des Démocrates pour la République [frz. y'njõ de demɔ'krat purlarepy-'blik], Abk. UDR, 1968–76 Name der gaullist. Partei in Frankr. Im Okt. 1958 als Partei de Gaulles unter dem Namen **Union pour la Nouvelle République** (Abk. UNR) u. a. von J. Soustelle, J. M. P. Chaban-Delmas, M. Debré gegr.; wurde bei den Novemberwahlen 1958 stärkste Partei und erreichte 1962 zus. mit den Unabhängigen Republikanern die absolute Mehrheit in der Nat.versammlung; 1962 Zusammenschluß mit der 1959 gegr. linksgaullist. **Union Démocratique du Travail** (Abk. UDT) zur UNR-UDT, konnte 1967 mit Hilfe der Unabhängigen Republikaner und einiger Parteiloser noch die absolute Mehrheit halten. Im Nov. 1967 nahm die Partei den Namen **Union des Démocrates pour la Ve République** an, im Mai 1968 erfolgte die Umbenennung U.d.D.p. la R.; erreichte 1968 wieder die absolute Mehrheit in der Nat.versammlung und konnte 1973 im Bündnis mit den Unabhängigen Republikanern und den Parteien des Zentrums der Reg.mehrheit behaupten; im Dez. 1976 von J. R. Chirac zum Rassemblement pour la République (RPR) umgewandelt, das mit der UDF bis 1981 die Reg.koalition bildete.

Union Européenne Démocrate Chrétienne [frz. y'njõ œropeˈɛn demɔ'krat kre'tjɛn], Abk. UEDC, Europ. Union Christlicher Demokraten, 1956 aus den 1947 gegr. Nouvelles Équipes Internationales (Arbeitsgemeinschaft europ. christl.-demokrat. Politiker und Parteien) hervorgegangener Zusammenschluß von 19 christl.-demokrat. Parteien W-Europas.

Union Française [frz. ynjõfrã'sɛ:z] ↑ Französische Union.

Union Internationale des Chemins de Fer [frz. y'njõ ɛternasjo'nal de'ʃmɛ d'fɛ:r] (Internat. Eisenbahnverband [Abk. IEV]), Abk. U.I.C., 1922 gegr. Organisation (Sitz Paris) mit dem Ziel, den internat. Eisenbahnverkehr rechtl., techn. und betriebl. zu koordinieren und zu fördern.

Union Internationale des Télécommunications [frz. y'njõ ɛternasjo'nal detelekɔmynika'sjõ], Abk. UIT, frz. Name der ↑ Internationalen Fernmelde-Union.

Union Islands [engl. 'ju:njən 'aɪlandz] ↑ Tokelauinseln.

Unionisten [lat.] (engl. Unionists), Bez. für die Befürworter der 1801 errichteten Union zw. Großbrit. und Irland. *Ulster-U.* ist in Nordirland heute der Name der prot. Mehrheitspartei.

355

Union Jack [engl. 'juːnjən 'dʒæk], volkstüml. Bez. für die brit. Nat.flagge.

Union monétaire latine [frz. yˈnjõ mɔneˈtɛr laˈtin] ↑ Lateinischer Münzbund.

Union Pacific Railroad [engl. 'juːnjən pəˈsɪfɪk 'reɪlroʊd] ↑ Central Pacific Railroad.

Union Postale Universelle [frz. yˈnjõ pɔsˈtal ynivɛrˈsɛl], Abk. UPU, ↑ Weltpostverein.

Union pour la Démocratie Française [frz. yˈnjõ purlademɔkraˈsi frãˈsɛːz], Abk. UDF, im Zusammenhang mit den Parlamentswahlen von 1978 gegr. Zusammenschluß der den frz. Staatspräs. V. Giscard d'Estaing stützenden Parteien: Centre des Démocrates Sociaux (CDS), Parti Radical-Socialiste (PRS) und Parti Républicain (PR).

Union pour la Nouvelle République [frz. ynjõ purlanuˈvɛl repyˈblik], Abk. UNR, ↑ Union des Démocrates pour la République.

Union sacrée [frz. ynjõsaˈkre „heilige Union"], von R. Poincaré 1914 benutzte Bez. für die geschlossene Einheit aller Franzosen angesichts des Krieges mit dem Dt. Reich. Die U. s. war sichergestellt, als die CGT am 1. Aug. 1914 zusicherte, daß die Gewerkschaften eine Generalmobilmachung nicht mit einem Generalstreik verhindern wollten, und die SFIO am 2. Aug. die Unterstützung der Sozialisten für einen Verteidigungskrieg ohne Annexionen zusagte.

Unionskonzile (Unionskonzilien), Bez. für die ökumen. Kirchenversammlungen, die die Wiederherstellung der Einheit der Kirche erreichten: die Konzile von Lyon und Ferrara-Florenz (Union mit der Ostkirche) und das Konstanzer Konzil (Behebung des Abendländ. Schismas).

Unionssowjet ↑ Sowjetunion (politisches System).

unipolar, einpolig, den elektr. Strom nur in einer Richtung leitend.

Unisono [italien.], das Fortschreiten mehrerer Stimmen im Einklang (auf gleicher Tonhöhe) oder in Oktaven.

unitär [lat.-frz.], einheitlich; Einigung bzw. Einheit bezweckend oder erstrebend, auf Vereinigung ausgerichtet.

Unitarier [lat.], seit Ende des 16. Jh. Bez. für die Gegner des Trinitätsdogmas (Antitrinitarier), die nur die Lehre vom Vater als einzigem wahren Gott und von Jesus als nicht präexistentem (↑ Präexistenz) Gottessohn vertraten und bald zu Anhängern eines freien rationalist. Christentums wurden.

Unitarier, Deutsche, 1945 aus freiprot. Gruppen entstandene freie dt. Religionsgemeinschaft, die eine pantheist. und naturwiss.-humanist. Einheit (lat. unitas) von Gott, Mensch und Welt vertritt.

Unitarismus [zu lat. unitas „Einheit"], Bez. für Bestrebungen innerhalb eines Staatenverbandes, die Befugnisse der zentralen Instanzen zu Lasten der Kompetenzen der einzelnen Glieder des Staatenbundes oder der Bundesstaaten zu erweitern (Ggs. Föderalismus, Regionalismus).

United Artists Corporation [engl. jʊˈnaɪtɪd 'ɑːtɪsts kɔːpəˈreɪʃən], amerikan. Filmproduktions- und -verleihgesellschaft, die 1919 von C. Chaplin, M. Pickford, D. Fairbanks und D. W. Griffith gegründet wurde, um eine Kontrolle von Produktion und Verleih ihrer Filme durch andere Gesellschaften zu verhindern, insbes. auch um Filme unabhängiger Produzenten unterstützen zu können; 1967 Teil der Transamerica Corporation in San Francisco.

United Fruit Company [engl. jʊˈnaɪtɪd 'fruːt 'kʌmpəni], amerikan. Unternehmen der Nahrungsmittelind., gegr. 1899, seit 1969 Bestandteil der United Brands Company. Die U. F. C. betreibt v. a. den Anbau von Bananen in Zentralamerika und verfügt dort über großen Grundbesitz. Ihr wurde häufig vorgeworfen, sich zur Sicherung ihrer wirtsch. Interessen massiv in die polit. Verhältnisse der betreffenden Staaten eingemischt zu haben.

United Kingdom of Great Britain and Northern Ireland [engl. jʊˈnaɪtɪd 'kɪŋdəm əv 'greɪt 'brɪtn ənd 'nɔːðən 'aɪələnd] ↑ Großbritannien und Nordirland.

United Nations [engl. jʊˈnaɪtɪd 'neɪʃənz] ↑ UN.

United Nations Conference on Trade and Development [engl. jʊˈnaɪtɪd 'neɪʃənz 'kɔnfərəns ɔn 'treɪd ənd dɪˈvɛləpmənt] ↑ Weltwirtschaftskonferenz.

United Press International [engl. jʊˈnaɪtɪd 'prɛs ɪntəˈnæʃənəl] ↑ Nachrichtenagenturen (Übersicht).

United States Information Agency [engl. jʊˈnaɪtɪd 'steɪts ɪnfəˈmeɪʃən ˈeɪdʒənsɪ], Abk. USIA, 1953 durch Zusammenfassung verschiedener Institutionen entstandene, dem amerikan. Präs. direkt unterstellte Behörde mit der Aufgabe, im Ausland Öffentlichkeitsarbeit für die USA zu betreiben sowie die Meinungsbildung über die USA zu beobachten. Dem im Ausland so bezeichneten *United States Information Service* (Abk. USIS) dienen folgende Kommunikationsmittel: Hörfunk (Voice of America), Film, Fernsehen, Zeitschriften und andere Publikationen, Pressedienste, Informationszentren und Bibliotheken (Amerikahaus), Tagungen, Vorträge, Sprachkurse, Ausstellungen und persönl. Kontakte. 1978 umbenannt in *International Communication Agency* (Abk. ICA), die zusätzl. die Abteilung für kulturelle Angelegenheiten beim Außenministerium der USA übernahm.

United States of America [engl. jʊˈnaɪtɪd 'steɪts əv əˈmɛrɪkə] ↑ USA.

United States of America Standards Institute [engl. jʊˈnaɪtɪd 'steɪts əv əˈmɛrɪkə 'stændədz 'ɪnstɪtjuːt], Abk. USASI, die im Jahre 1966 aus der *American Standards*

Association (**ASA**) hervorgegangene zentrale amerikan. Normungs- und Standardisierungskörperschaft (Sitz New York). Ihr gehören über hundert nat. techn. Organisationen an; sie selbst ist Mgl. der ↑International Organization for Standardization. Die ↑DIN Deutsches Institut für Normung e. V. entsprechende USASI fördert und koordiniert die nat. Normungsbemühungen und stellt die Mittel für die Entwicklung und Verbesserung nat. Normen und Normale bereit:

United States Steel Corporation [engl. joʊˈnaɪtɪd ˈsteɪts kɔːpəˈreɪʃən], Abk. U. S. Steel, amerikan. Unternehmen der Stahlind., Sitz New York. Die U. S. Steel entstand 1901 durch den Zusammenschluß mehrerer großer Unternehmen; größtes Unternehmen der Stahlind. in der Welt.

Unit-operation [engl. ˈjuːnɪt-ɔpəˈreɪʃən] ↑Verfahrenstechnik.

Unit-process [engl. ˈjuːnɪtˈprouses] ↑Verfahrenstechnik.

universal [lat.] (universell), allgemein, gesamt; weltweit.

Universalaussage, svw. Allaussage, d. h. eine mit dem Quantor „alle" aus einer Aussageform gebildete Aussage.

Universalbanksystem ↑Banken.

Universalepiskopat, die bischöfl. Obergewalt des Papstes über die gesamte röm.-kath. Kirche.

Universalgeschichte (Weltgeschichte), die Erforschung und Darstellung der Menschheitsgeschichte. Die universalhistor. Betrachtung geht auf die Geschichtsschreibung der Aufklärung zurück. Voltaires „Versuch einer allg. Weltgeschichte ..." (4 Bde., 1760–62) gilt als die erste wirkl. U.; sie stellte die Geschichte der Menschheit als linearen Aufstieg von primitiver Barbarei zur Herrschaft der Vernunft und Tugend dar. Im 20. Jh. erhielt das Interesse an der U. neuen Auftrieb, als Wiss. Technologie und Massenkommunikation die Menschheit in einen globalen Zusammenhang gebracht hatten. Die Analyse der Vorgeschichte dieses gegenwärtigen Weltzusammenhangs ist eine Grundform moderner universalhistor. Betrachtung; eine andere ist die vergleichende Beschreibung ähnl. strukturierter Phänomene in universalhistor. Perspektive. Die moderne U. geht davon aus, daß Ursprung und Ziel der Geschichte wiss. nicht erforschbar seien und faßt U. nicht mehr als einheitl. Prozeß auf.

Universalien [lat.], in der *Philosophie* die Allgemeinbegriffe oder Allgemeinheiten.

Universalienstreit, Bez. für die über das gesamte MA hinweg (v. a. in der Scholastik) geführte Diskussion um die Wirklichkeit (Realität, deshalb auch *Realienstreit* genannt) und Bedeutung oder Unwirklichkeit der Allgemeinbegriffe (Universalien) in ihrem Verhältnis zum konkreten Einzelnen, aus dem sie durch Abstraktion gewonnen werden. In der Hauptsache wurden bei dem - bis heute nicht zufriedenstellend gelungenen - Versuch, dieses Problem zu lösen, drei Positionen vertreten: 1. der *Idealismus* (radikaler Begriffsrealismus), der den Allgemeinbegriffen eine von der des Einzeldings verschiedene Realität (Idee) zusprach (Vertreter: Platoniker, Johannes Scotus Eriugena u. a.); 2. der [gemäßigte] *Realismus*, der den Allgemeinbegriffen eine objektive Gültigkeit zuerkannte, da durch sie das Wesen des Seienden erfaßt werde (Vertreter: P. Abälard, Albertus Magnus, Thomas von Aquin); 3. der *Nominalismus* (Konzeptualismus), der in den Allgemeinbegriffen bloße Worte („nomina", „flatus vocis") sah, durch die ledigl. Ähnliches zusammengefaßt werde (Vertreter: W. von Ockham, Via moderna, moderne Sprachphilosophie).

⟦ *Das Universalien-Problem.* Hg. v. W. Stegmüller. Darmst. 1978. - Stegmüller, W.: *Glauben, Wissen u. Erkennen.* Darmst. ³1974. - Heimsoeth, H.: *Die sechs großen Themen der abendländ. Metaphysik u. der Ausgang des MA.* Stg. u. a. ⁵1966.

Universalindikatoren ↑Indikator.

Universalismus [lat.], auf verschiedenen Gebieten verwendeter Begriff zur Interpretation der Wirklichkeit aus allgemeinsten (universalen) Prinzipien im Ggs. zur Betonung des Teils und des Einzelnen (Partikularismus, Individualismus). In der *Religionsgeschichte* gelten diejenigen Religionen als universalist., die einen Geltungsanspruch für die ganze Menschheit und Wirklichkeit erheben. *Theolog.* ist der U. eine das Allumfassende des göttl. Heilswillens betonende *(Heils-U.)* Gegenposition zur Lehre von der Prädestination. In der *Philosophie* sucht der U., die Vielfalt des Wirkl. den letzten Allgemeinbegriffen (Universalien) unterzuordnen.

Universalität [lat.], 1. Allgemeinheit, Gesamtheit; 2. Allseitigkeit, allseitige, umfassende Bildung.

Universalitätsprinzip (Weltrechtsprinzip), Grundsatz, der gemäß § 6 StGB abweichend von dem in § 3 StGB niedergelegten Territorialitätsprinzip den Geltungsbereich des dt. Strafrechts unabhängig vom Recht des Tatorts und der Staatsangehörigkeit des Täters auch auf bestimmte im Ausland begangene Taten (z. B. Völkermord, bestimmte Kernenergieverbrechen, Menschenhandel) erweitert.

Universalmotor (Allstrommotor), Elektromotor für Gleich- und Wechselstrom.

Universal Pictures Company [engl. juːnɪˈvɔːsəl ˈpɪktʃəz ˈkʌmpəni], 1912 von C. Laemmle begr. Filmstudio in Hollywood, das in den 1920er Jahren in der Produktion von Serienfilmen, in den 30er Jahren in der Produktion von populären Horrorfilmen führend war und zahlr. Filme E. von Stroheims präsentierte; heute im Besitz der Music Corporation of America.

Universal Postal Union

Universal Postal Union [engl. juːnɪˈvɜːsəl ˈpoʊstəl ˈjuːnjən], Abk. UPU, ↑Weltpostverein.

Universalreligion, Begriff, der nicht mit „Weltreligion" ident. ist, sondern sich auf das *Programm* bezieht, durch eine Synthese aller bestehenden Religionen zu nur einer, die gesamte Menschheit umfassenden, d. h. universalen Religion zu gelangen.

Universalsprachen, svw. ↑Welthilfssprachen.

Universalsukzession ↑Rechtsnachfolge.

universell [lat.-frz.], 1. umfassend, weitgespannt; 2. svw. ↑universal.

Universelle Freimaurerliga ↑Freimaurerliga.

Universiade [Kw. aus **Universi**tät und Olymp**iade**], alle zwei Jahre veranstaltete Weltmeisterschaften im Hochschulsport, unterteilt in Winter- und Sommer-U.; die erste U. fand 1959 in Turin statt.

Universitas, 1946 in Stuttgart gegr. allg. Kulturzeitschrift für Wiss., Kunst und Literatur.

Universität [zu lat. universitas „Gesamtheit (der Lehrenden und Lernenden), gesellschaftl. Verband, Rechtskollegium"], traditionell die ranghöchste und älteste Form der wiss. ↑Hochschule.

University Press [engl. juːnɪˈvɜːsɪtɪ ˈprɛs], Bez. für die brit. und amerikan. Univ. angeschlossenen Verlage (mit Druckereien); z. B. Cambridge University Press und Oxford University Press.

Universum [lat.], das (begriffl.) zu einer Einheit zusammengefaßte Ganze; das Weltall.

univok [lat.], eindeutig, einnamig; mit einer Stimme.

Unjamwesibecken, weiträumiges tekton. Becken in Ostafrika, in dessen tiefstem Teil die Victoriasee liegt.

Unkei, * um 1153 oder früher, † vermutl. 5. Jan. 1224, jap. Bildschnitzer. - Bedeutendster Vertreter der realist. Porträtkunst der Kamakurazeit; v. a. „Mutschaku und Seschin" (Nara, Kofukudschi).

Unkair, Jörg [...kaːr], gen. Meister Jürgen von Tübingen, * Lustnau (= Tübingen) um 1500, † Detmold 1553, dt. Baumeister. - Vertreter der frühen Weserrenaissance: Schloß Neuhaus bei Paderborn (1524 ff.), Flügel der Schelenburg bei Osnabrück (um 1530 ff.), Schlösser in Stadthagen (1534 ff.) und Detmold (1548 ff.).

Unken (Feuerkröten, Bombina), Gatt. der Froschlurche mit mehreren, etwa 3,5-7 cm großen Arten in Eurasien; Körper plump, flach, mit warziger Rückenhaut, ohne Trommelfell; Oberseite schwarzgrau bis olivgrünl., manchmal gefleckt, Unterseite grau bis schwarz mit leuchtend gelber bis roter Fleckung. In M-Europa kommen zwei Arten vor: ↑Gelbbauchunke und ↑Rotbauchunke.

Unkosten, weitverbreitete unkorrekte Bez. für den betriebswirtschaftl. Begriff Kosten.

Unkrautbekämpfungsmittel, svw. ↑Herbizide.

Unkräuter (Segetalpflanzen), Stauden *(Wurzel-U.)* oder ein- bzw. zweijährige Kräuter *(Samen-U.)*, die in Kulturpflanzenbestände eindringen und mit den Nutz- bzw. Zierpflanzen um Bodenraum, Licht, Wasser und Nährstoffe konkurrieren und damit deren Ertrag mindern. U. besitzen gegenüber den Kulturpflanzen meist eine kürzere Entwicklungszeit, höhere Widerstandsfähigkeit (z. B. gegen Trockenheit) sowie hohe Regenerations- und Ausbreitungsfähigkeit. U. gehören z. T. zur urspr. heim. Flora (z. B. die Brennessel) und fanden dann im Kulturland gute Lebensbedingungen (Stickstoffanreicherung durch Düngung), oder es sind bereits seit langer Zeit eingebürgerte, aus anderen Florengebieten (vorderasiat. Steppen, Mittelmeergebiet) stammende Zuwanderer; z. T. sind sie auch als Kulturpflanzenbegleiter - in neuerer Zeit auch verstärkt aus Übersee - eingeschleppt worden. Als U. gelten ferner zahlr. ↑Ruderalpflanzen.

unlauterer Wettbewerb, sittenwidriges, z. T. mit Strafe bedrohtes Verhalten im Geschäftsverkehr, geregelt im Gesetz gegen den u. W. (UWG) vom 7. 6. 1909. Wer im geschäftl. Verkehr zu Zwecken des Wettbewerbs Handlungen vornimmt, die gegen die guten Sitten verstoßen, kann auf Unterlassung und Schadenersatz in Anspruch genommen werden (Generalklausel des § 1). Gegen die guten Sitten verstoßen z. B. die wirtschaftl. Boykott, ruinöse Konkurrenz, insbes. Preisschleuderei, die vergleichende Werbung, Kundenfang, Lockvogelwerbung, Anwendung von Zwang, Täuschung der Abnehmer, Chiffreanzeigen von Kaufleuten, bestimmte Arten der Abwerbung von Arbeitskräften; im übrigen erfolgt die Bestimmung der Sittenwidrigkeit nach der Anschauung des verständigen, anständigen Kaufmanns. Sondertatbestände des unlauteren W. sind die *Falschwerbung* durch wissentl. unwahre und irreführende Angaben. Verstöße gegen die Regeln des Ausverkaufs und ähnl. Verkäufe, Bestechung von Angestellten, Kreditschädigung durch Anschwärzung, geschäftl. Verleumdung, Herbeiführung einer Firmenverwechslungsgefahr, Verrat von Geschäftsgeheimnissen. Die wettbewerbsrechtl. Grundsätze gelten im Geschäftsverkehr für alle an ihm teilnehmenden Gewerbetreibenden, freien Berufe und jurist. Personen des öffentl. Rechts. Verstöße gegen diese Regeln bewirken grundsätzl. Ansprüche auf Unterlassung und auf Schadenersatz und sind z. T. bei Vorsatz oder Fahrlässigkeit - zumeist nur als Antragsdelikte im Privatklageverfahren - strafbar.

In *Österreich* entsprechen die Regelungen des Gesetzes gegen den u. W. vom 26. 9. 1923 im wesentlichen denen des dt. Rechts.
In der *Schweiz* sind in ähnl. Weise Mißbräuche der Wettbewerbsfreiheit durch das BG über den u. W. (UWG) vom 3. 9. 1943 verboten.

unmittelbarer Zwang ↑Zwangsmittel.

Unmittelbarkeitsgrundsatz, das zu den Prozeßmaximen gehörende Prinzip, wonach mündl. Verhandlungen und Beweisaufnahme unmittelbar vor dem erkennenden Gericht erfolgen müssen. Die Beweisaufnahme kann in Einzelfällen einem Mgl. des Prozeßgerichts oder einem beauftragten Richter übertragen werden.

Unmöglichkeit der Leistung, im Schuldrecht ein Fall der Leistungsstörung bei Vertragsverhältnissen; die Leistung, zu der der Schuldner verpflichtet ist, kann entweder von ihm (*subjektive* Unmöglichkeit) oder von jedermann (*objektive* Unmöglichkeit) aus tatsächl. oder rechtl. Gründen nicht erbracht werden. Die *anfängl. urspr.* Unmöglichkeit (U.d.L. bei Vertragschluß) führt bei objektiver U. d. L. zur Nichtigkeit des Vertrages (evtl. hat der Schuldner Schadenersatz zu leisten); die subjektive U. d. L. hat der Schuldner stets insoweit zu vertreten, als er Schadenersatz zu leisten hat. Bei *nachträgl.* Unmöglichkeit (nach Abschluß des Rechtsgeschäfts) wird der Schuldner von der Verpflichtung zur Leistung frei, sofern er die U. d. L. nicht zu vertreten hat, anderenfalls ist er schadenersatzpflichtig bzw. kann der Gläubiger bei gegenseitigen Leistungsverpflichtungen vom Vertrag zurücktreten. Hat bei beiderseitigen Leistungsverpflichtungen keine der Parteien die U. d. L. zu vertreten, so wird der Schuldner frei und verliert den Anspruch auf die Gegenleistung, es sei denn, der Gläubiger verlangt den für die untergegangene Leistung erlangten Ersatzvorteil (z. B. Versicherungsanspruch). Bei vom Gläubiger zu vertretender U. d. L. wird der Schuldner frei und behält den Anspruch auf die Gegenleistung.

Unmündigkeit, rechtl. Zustand bis zur ↑Volljährigkeit.

Unna, Krst. im östl. Ruhrgebiet, NRW, 96 m ü. d. M., 58 100 E. Hellweg-Museum; u. a. Maschinen-, Rohrleitungs- und Apparatebau. - 1032 erstmals belegt, entstand bei einer frühen Kirche und einem Königshof; um die Mitte des 13. Jh. befestigt; erlangte um 1290 städt. Rechte; war Münzstätte und Hansestadt. Die bei U. seit 1389 nachweisbaren Solquellen wurden mit Unterbrechungen bis 1941 genutzt. - Ev. got. Stadtpfarrkirche (1322-1467); Fachwerkbauten des 16. bis 18. Jh., Reste der ma. Stadtbefestigung.

U., Kreis in Nordrhein-Westfalen.

UNO, Abk. für engl.: United Nations Organization, ↑UN.

Unpaarhufer (Unpaarzeher, Perissodactyla, Mesaxonia), seit dem Eozän bekannte, im Miozän sehr formenreiche, heute nur noch mit 17 Arten vertretene Ordnung der Säugetiere (Gruppe Huftiere); große bis sehr große, nicht wiederkäuende Pflanzenfresser, deren stammesgeschichtl. Entwicklung aus den Urhuftieren getrennt von der der Paarhufer verlaufen ist; gekennzeichnet durch eine ungerade Anzahl der Zehen mit deutl. Tendenz zur Verstärkung oder alleinigen Ausbildung der mittleren (dritten) Zehe. Von den U. leben heute noch die Pferde, Nashörner und Tapire.

Unperson, in totalitären Regimen Bez. für ehem. einflußreiche Persönlichkeiten, deren Namen aus histor. und/oder publizist. Darstellungen entfernt werden, da sie nicht in das herrschende orthodoxe Geschichtsbild passen.

unpersönliches Verb ↑Impersonale.

UNR [frz. yɛ'nɛːr], Abk. für: Union pour la Nouvelle République, ↑Union des Démocrates pour la République.

Unrechtsbewußtsein, Bewußtsein von der Rechtswidrigkeit des eigenen Verhaltens, d. h., der Täter weiß, daß sein Handeln Unrecht und deshalb verboten ist. Den konkret von ihm verletzten Rechtssatz oder die Strafbarkeit seiner Tat braucht er nicht zu kennen (Parallelwertung in der Laiensphäre). Das U. ist Voraussetzung für eine Bestrafung des Täters. - ↑Irrtum.

Unreinheit, im *religiösen* Verständnis kann U. (Ggs. ↑Reinheit) dingl. aufgefaßt und als Befleckung durch einen Sündenstoff verstanden werden. Menstruation, Krankheit und Tod gelten oft als unrein. Unreine Tiere werden mit einem Speisetabu belegt.

Unruh, Friedrich Franz von, * Berlin 16. April 1893, † Merzhausen (Landkr. Breisgau-Hochschwarzwald) 16. Mai 1986, dt. Schriftsteller. - Bruder von Fritz von U.; Offizier; 1924-32 Journalist. Unter dem Eindruck des Kriegsgeschehens Kampf für den Frieden („Stufen der Lebensgestaltung", Essays, 1928). Warnte mit der Schrift „Nationalsozialismus" (1931) vor der nat.-soz. Gefahr. Verfaßte Novellen und Erzählungen: „Nach langen Jahren" (1960), „Der Teufel im Ruhestand" (1977), zeitkrit. und histor. Darstellungen.

U., Fritz von, * Koblenz 10. Mai 1885, † Diez 28. Nov. 1970, dt. Schriftsteller. - Offizier im 1. Weltkrieg; das Kriegserlebnis ließ ihn zum Pazifisten werden; 1932 Emigration über Italien nach Frankr. (dort 1940 interniert), schließl. in die USA, wo er den Anti-Hitler-Roman „Der nie verlor" (1947) verfaßte. Seine Erstlingsdramen, u. a. „Louis Ferdinand, Prinz von Preußen" (1913), die Probleme des Gewissens und des militär. Gehorsams behandeln, erregten während der Kaiserreichs Mißfallen (Aufführungsverbote); propagierte in den späteren Stücken seine Ideale der Völkerversöhnung und der Menschlich-

Unruh

keit sowie die Ächtung jegl. Gewaltherrschaft („Ein Geschlecht", Trag., 1918; „Platz", Trag., 1920).

U., Walther, * Dresden 10. Jan. 1898, † Wiesbaden 28. Aug. 1973, dt. Theatertechniker. - 1924 techn. Direktor am Landestheater Karlsruhe, 1925–34 am Nationaltheater Mannheim, 1934–45 an der Hamburg. Staatsoper; lehrte ab 1950 an der TU Berlin. Maßgebl. am Wiederaufbau bzw. Neubau der Theater in der BR Deutschland beteiligt. Entwarf Bühnenkonstruktionen u. a. für Bochum (1953), Mannheim (1957), Berlin (West) (1961) sowie für ausländ. Theater.

Unruh, als Drehschwinger ausgebildetes, taktgebendes Schwungrad in Uhren.

Unschärferelation (Heisenbergsche U., Unbestimmtheitsrelation, Ungenauigkeitsrelation, Unsicherheitsrelation), in der Quantentheorie eine Beziehung, die festlegt, wie genau zwei physikal. Größen eines mikrophysikal. Systems (z. B. eines Elementarteilchens) gleichzeitig gemessen werden können. Wird z. B. der Impuls eines Teilchens exakt gemessen, dann ist keinerlei Aussage mehr mögl. über den Ort dieses Teilchens zum Zeitpunkt dieser Messung. Bezeichnet man mit Δp die Unschärfe (Ungenauigkeit) der Messung des Impulses und mit Δs die Unschärfe der gleichzeitig durchgeführten Messung des Ortes eines Teilchens, dann genügen diese beiden Größen der Beziehung $\Delta p \cdot \Delta s \geq \hbar = h/2\pi$ (h Plancksches Wirkungsquantum). Impuls p und Ort s eines Teilchens lassen sich demnach nicht gleichzeitig beliebig genau bestimmen. Je genauer man die eine Größe bestimmt, um so ungenauer ist die andere bestimmbar. Derselben Beziehung gehorchen die Unschärfe ΔW der Energie und Δt des Zeitpunktes eines Ereignisses: $\Delta W \cdot \Delta t \geq \hbar$. Um also die Energie eines mikrophysikal. Systems mit der Genauigkeit ΔW zu messen, braucht man mindestens die Zeit $\Delta t = \hbar/\Delta W$. Die U. ist nicht etwa auf die Eigenschaften der benutzten Meßinstrumente zurückzuführen, sondern ist ein die gesamte Mikrophysik beherrschendes Naturgesetz. In der klass. Physik gilt die U. im Prinzip auch, kann jedoch wegen der Kleinheit von $\hbar$ völlig vernachlässigt werden.

Unschlitt, svw. ↑Talg.

Unschuldige Kinder, in Anlehnung an Matth. 2, 13–18 Gedächtnistag der kindl. Märtyrer des Bethlehemit. Kindermords (28. Dez.). Die Verehrung mit reichem Brauchtum (z. B. Kinderbischof und Kinderpapst, Rutenschlag) setzte im MA ein.

unselbständige Arbeit ↑Arbeit.

Unsere Liebe Frau, Abk. U. L. F., Ehrentitel Marias, der Mutter Jesu; die Bez. U. L. F. wird oft als Weihetitel (bes. für Kathedralen) verwendet.

Unsicherheitsrelation, svw. ↑Unschärferelation.

unsilbisch (asyllabisch), in der Phonetik von Lauten gesagt, die keine Silben bilden, genauer: die nicht Silbenträger oder -gipfel sind. z. B. in „auch" [a‿x] ist [‿] unsilbisch.

Unsöld, Albrecht, * Bolheim (= Herbrechtingen, Landkr. Heidenheim) 20. April 1905, dt. Astrophysiker. - Ab 1932 Prof. in Kiel, Direktor der dortigen Sternwarte; Arbeiten zur Physik der Sonnenatmosphäre und der Sternatmosphären, insbes. über die Bestimmung ihrer Temperaturen und chem. Zusammensetzungen aus den Spektren; u. a. „Der neue Kosmos" (1967).

unspezifisch, in der Medizin für: 1. nicht zu einem bestimmten charakterist. Krankheitsbild gehörend; nicht durch einen spezif. Erreger hervorgerufen (z. B. von Entzündungen); 2. nicht auf eine bestimmte Krankheit einwirkend, der allg. Stimulation des Organismus dienend (z. B. von der Reiztherapie).

Unsterblichkeit, (U. der Seele, der Person) Unvernichtbarkeit des Lebens oder Überwindung des Todes als Übergang in eine neue (höhere oder niederere) Existenz. Der U.glaube findet sich in den meisten Religionen, oft verbunden mit Vorstellungen von Reinkarnation und Seelenwanderung und der Annahme einer Belohnung, Bestrafung oder Läuterung nach dem Tod.
◆ (potentielle U.) ↑Tod.

Unstetigkeitsstelle, eine Stelle x_0 aus dem Definitionsbereich einer Funktion $f(x)$, an der diese Funktion unstetig ist. Bei U. 1. Art ist die Funktion $f(x)$ zwar an der Stelle x_0 unstetig, es existiert dort jedoch sowohl ein rechtsseitiger als auch ein linksseitiger Grenzwert. Eine U. 2. Art liegt dagegen vor, wenn an dieser Stelle der rechtsseitige und/oder der linksseitige Grenzwert nicht existieret.

Unstrut [ˈʊnstrʊt, ˈʊnstruːt], linker Nebenfluß der Saale, entspringt auf dem südl. Eichsfeld, durchbricht bei Heldrungen in der **Thüringer Pforte** die nördl. Randgebirge des Thüringer Beckens, mündet bei Naumburg/Saale, 192 km lang, auf den letzten 71 km mittels 12 Schleusen schiffbar.